EL LIBRO DE LOS
HECHOS

EL Nuevo Comentario Internacional
del Nuevo Testamento

F. F. Bruce

Editorial CLIE
www.clie.es

EDITORIAL CLIE
C/ Ferrocarril, 8
08232 VILADECAVALLS
(Barcelona) ESPAÑA
E-mail: clie@clie.es
http://www.clie.es

Publicado originalmente en inglés por Wm. B. Eerdmans Publishing Co con el título *The Book of the Acts: Revised edition by F. F. Bruce*
© 1988 Wm. B. Eerdmans Publishing Co. Grand Rapids, Michigan.

«Cualquier forma de reproducción, distribución, comunicación pública o transformación de esta obra solo puede ser realizada con la autorización de sus titulares, salvo excepción prevista por la ley. Diríjase a CEDRO (Centro Español de Derechos Reprográficos) si necesita fotocopiar o escanear algún fragmento de esta obra (www.conlicencia.com; 917 021 970 / 932 720 447)».

© 2022 Editorial CLIE, para esta edición en español.

EL LIBRO DE LOS HECHOS
ISBN: 978-84-17131-15-9
Depósito Legal: B 8799-2022
Comentarios bíblicos
Nuevo Testamento
REL006800

Colección Teológica Contemporánea

Estudios bíblicos

Michael J. Wilkins y J. P. Moreland, eds., *Jesús bajo sospecha*, 2003.
Michael Green y Alister McGrath, *¿Cómo llegar a ellos?*, 2003.
Wayne A. Grudem, ed., *¿Son vigentes los dones milagrosos?*, 2004.
Murray J. Harris, *3 preguntas clave sobre Jesús*, 2005.
Bonnidell Clouse y Robert G. Clouse, eds., *Mujeres en el ministerio*, 2005.
J. Matthew Pinson, ed., *La Seguridad de la Salvación*, 2006.
Robert H. Stein, *Jesús, el Mesías. Un estudio de la vida de Cristo*, 2006.
J. S. Duvall y J. D. Hays, *Hermenéutica. Entendiendo la palabra de Dios*, 2008.
D. A. Carson y Douglas J. Moo, *Una introducción al Nuevo Testamento*, 2009.
Panayotis Coutsoumpos, *Comunidad, conflicto y eucaristía en la Corinto romana*, 2010.
Robert Banks, *La idea de comunidad de Pablo*, 2011.

Estudios teológicos

N. T. Wright, *El verdadero pensamiento de Pablo*, 2002.
G. E. Ladd, *Teología del Nuevo Testamento*, 2002.
Leon Morris, *Jesús es el Cristo: Estudios sobre la teología joánica*, 2003.
Richard Bauckham, *Dios Crucificado: Monoteísmo y Cristología en el Nuevo Testamento*, 2003.
Clark H. Pinnock, *Revelación bíblica: el fundamento de la teología cristiana*, 2004.
Millard Erickson, *Teología sistemática*, 2009.
I. Howard Marshall, *Teología del Nuevo Testamento*, 2022.

Comentarios bíblicos

F. F. Bruce, *Comentario de la epístola a los Gálatas*, 2004.
Peter H. Davids, *La Primera epístola de Pedro*, 2004.
Gordon D. Fee, *Comentario de la epístola a los Filipenses*, 2004.
Leon Morris, *El Evangelio de Juan, volúmenes 1 y 2*, 2005.
Robert H. Mounce, *Comentario al libro del Apocalipsis*, 2005.
Gordon D. Fee, *Comentario de las epístolas de 1ª y 2ª de Timoteo y Tito*, 2008.
Gary S. Shogren, *Primera de Corintios*, 2021.
Xabier Pikaza, *Comentario al Evangelio de Marcos*, 2022.
Douglas J. Moo, *Comentario a la epístola de Romanos*, 2022.
F. F. Bruce, *El libro de los Hechos*, 2022.

CONTENIDO

Prefacio...	xiii
Abreviaturas	xvii
INTRODUCCIÓN	**1**
I. HECHOS EN EL NUEVO TESTAMENTO	1
II. ORIGEN Y PROPÓSITO DE HECHOS	4
III. PABLO EN HECHOS	12
IV. BIBLIOGRAFÍA SELECTA..	16
A. EDICIONES Y COMENTARIOS (HECHOS)............	16
B. OTROS LIBROS	19
TEXTO, EXPOSICIÓN Y NOTAS	**28**
I. EL NACIMIENTO DE LA IGLESIA (1:1-5:42)...............	28
A. LOS CUARENTA DÍAS Y DESPUÉS (1:1-26)...........	28
1. Prólogo (1:1-3)..	28
2. La comisión de los apóstoles (1:4-8)......................	34
3. La ascensión (1:9-11)	37
4. En el aposento alto (1:12-14)	39
5. Sustituto para Judas Iscariote (1:15-26)	43
B. EL DIA DE PENTECOSTÉS (2:1-47)	49
1. El descenso del Espíritu (2:1-4)	49
2. El asombro de la multitud (2:5-13)	53
3. La proclamación de Pedro (2:14-36)	60
a. ¡Esto es Eso! (2:14-21).....................................	60
b. La resurrección de Jesús es proclamada (2:22-28)	63
c. Jesús: Señor y Mesías (2:29-36)	66
4. Llamada al arrepentimiento (2:37-40)..................	69
5. La primera iglesia cristiana (2:41-47)	73
C. UN ACTO DE SANIDAD Y SUS CONSECUENCIAS (3:1-4:31)......................................	77
1. Un inválido sanado (3:1-10)	77
2. Discurso de Pedro en el pórtico de Salomón (3:11-26).....	80
a. El poder del nombre de Jesús (3:11-16)	80
b. Llamada al arrepentimiento (3:17-21)	84
c. El testimonio de los profetas (3:22-26)	87

       3. Arresto de Pedro y Juan (4:1-4) 90
       4. Pedro y Juan delante del Sanedrín (4:5-12) 91
       5. Debate en el Sanedrín (4:13-17) 95
       6. Los Apóstoles despedidos con amenazas (4:18-22) 97
       7. Pedro y Juan se reúnen con sus amigos (4:23-31) 99
  D. TODAS LAS COSAS EN COMÚN (4:32-5:11) 102
       1. Comunidad de bienes (4:32-35) 102
       2. La generosidad de Bernabé (4:36-37) 103
       3. Engaño y muerte de Ananías (5:1-6) 104
       4. Muerte de Safira (5:7-11) 108
  E. LOS APÓSTOLES DELANTE DEL
     SANEDRÍN (5:12-42) 110
       1. Señales y prodigios (5:12-16) 110
       2. Los Apóstoles encarcelados y liberados (5:17-21a) 112
       3. Los Apóstoles son traídos ante el
          Sanedrín (5:21b-26) 113
       4. Los cargos del Sumo Sacerdote y la respuesta
          de los Apóstoles (5:27-32) 114
       5. La decisión de la Corte (5:33-40) 116
       6. Los Apóstoles continúan con su testimonio
          público (5:41-42) 120

II. PERSECUCIÓN Y EXPANSIÓN (6:1-9:31) 121
  A. ESTEBAN (6:1-8:1A) 121
       1. El nombramiento de los Siete (6:1-6) 121
       2. Informe de progreso (6:7) 125
       3. La actividad de Esteban suscita oposición (6:8-10) 126
       4. Esteban acusado delante del Sanedrín (6:11-15) 128
       5. La pregunta del Sumo Sacerdote (7:1) 132
       6. La réplica de Esteban (7:2-53) 132
          a. La era Patriarcal (7:2-8) 132
          b. Israel en Egipto (7:9-19) 139
          c. Los primeros días de Moisés (7:20-29) 141
          d. La llamada de Moisés (7:30-34) 143
          e. Peregrinación en el desierto (7:35-43) 145
          f. El Tabernáculo y el Templo (7:44-50) 150
          g. Aplicación personal (7:51-53) 155
       7. El apedreamiento de Esteban (7:54-8:1a) 157
          a. Testimonio final de Esteban (7:54-56) 157
          b. Muerte de Esteban (7:57-60) 161
          c. La aprobación de Saulo (8:1a) 166

B. PELIPE (8:1b-40)	167
1. Persecución y dispersión (8:1b-3)	167
2. Felipe en Samaria (8:4-8)	168
3. Simón el Mago cree y es bautizado (8:9-13)	171
4. Pedro y Juan visitan Samaria (8:14-17)	173
5. Pedro y Simón el Mago (8:18-24)	176
6. Los Apóstoles regresan a Jerusalén (8:25)	178
7. Felipe y el Etíope (8:26-40)	178
C. CONVERSIÓN DE SAULO DE TARSO (9:1-31)	186
1. Saulo expedición a Damasco (9:1-2)	186
2. La luz y la voz desde los cielos (9:3-7)	188
3. Saulo entra en Damasco (9:8-9)	191
4. Ananías es enviado a Saulo (9:10-16)	192
5. Ananías visita a Saulo (9:17-19a)	194
6. Saulo predica en Damasco (9:19b-22)	196
7. Saulo escapa de Damasco (9:23-25)	198
8. Saulo en Jerusalén; Él es enviado a Tarso (9:26-30)	199
9. La iglesia disfruta de paz y prosperidad (9:31)	202
III. LOS HECHOS DE PEDRO Y EL PRINCIPIO DE LA CRISTIANDAD GENTIL (9:32-12:25)	**204**
A. PEDRO EN JUDEA OCCIDENTAL (9:32-43)	204
1. Pedro en Lida: sanidad de Eneas (9:32-35)	204
2. Pedro en Jope: la sanidad de Dorcas (9:36-43)	205
B. LA HISTORIA DE CORNELIO (10:1-48)	207
1. Cornelio el centurión tiene una visión (10:1-8)	*207*
2. Pedro tiene una visión (10:9-16)	210
3. Los mensajeros de Cornelio llegan a Jope (10:17-23a)	213
4. Pedro entra en la casa de Cornelio (10:23b-33)	214
5. Los Gentiles escuchan las Buenas Nuevas (10:34-43)	217
6. Los Gentiles reciben al Espíritu Santo (10:44-48)	223
C. LA ACCIÓN DE PEDRO APROBADA EN JERUSALÉN (11:1-18)	226
1. Pedro llamado a rendir cuentas (11:1-3)	226
2. La defensa de Pedro (11:4-17)	228
3. La defensa de Pedro es aceptada (11:18)	230
D. ANTIOQUÍA SE CONVIERTE EN BASE CRISTIANA (11:19-30)	230
1. Evangelización gentil en Antioquía (11:19-21)	230
2. Bernabé y Saulo ministran en Antioquía (11:22-26)	233
3. Alivio contra la escasez (11:27-30)	236

- E. HERODES AGRIPA I Y LA IGLESIA (12:1-24)............ 240
  1. Martirio de Jacobo y encarcelamiento de Pedro (12:1-4) . 240
  2. Pedro escapa de prisión (12:5-11).............................. 242
  3. Pedro informa de su salida de prisión (12:12-17)............ 245
  4. La escapada de Pedro descubierta (12:18-19) 248
  5. Muerte de Herodes Agripa I (12:20-23)....................... 248
  6. Progreso continuo del Evangelio (12:24) 251

IV. EXTENSIÓN DE LA IGLESIA DESDE ANTIOQUÍA Y EL DECRETO APOSTÓLICO DE JERUSALÉN (12:25-15:35)... **251**
- A. BERNABÉ Y SAULO (12:25-13:3) 251
  1. Los enviados desde Antioquía regresan (12:25) 251
  2. Bernabé y Saulo enviados desde Antioquía (13:1-3)........ 253
- B. CHIPRE (13:4-12)... 255
  1. Los misioneros llegan a Chipre (13:4-5)........................ 255
  2. Confrontación en Páfos (13:6-12)................................ 257
- C. ANTIOQUÍA DE PISIDIA (13:13-52)........................... 259
  1. Llegada a Antioquía de Pisidia (13:13-15) 259
  2. Discurso de Pablo en la sinagoga de Antioquía de Pisidia (13:16-41).. 262
     a. Exordium (13:16) 262
     b. Preparación para Cristo (13:17-22) 262
     c. Cumplimiento en Cristo (13:23-37) 266
     d. Conclusión (13:38-41) 271
  3. Respuesta al discurso de Pablo (13:42-43).................... 273
  4. El interés de los Gentiles suscita la oposición de los Judíos. (13:44-52) 274
- D. ICONIO, LISTRA, DERBE (14:1-28)............................ 280
  1. Aventuras en Iconio (14:1-7) 280
  2. Sanidad milagrosa en Listra (14:8-13) 283
  3. Proclamación del Dios Viviente (14:14-18) 286
  4. Perseguidos en Listra, los misioneros continúan hacia Derbe y luego regresan sobre sus pasos (14:19-23)... 288
  5. Regreso a Antioquía de Orontes (14:24-28).................. 291
- E. EL CONCILIO DE JERUSALÉN (15:1-35) 293
  1. Los Judaizantes visitan Antioquía (15:1-2).................... 297
  2. Pablo y Bernabé suben a Jerusalén (15:3-5).................. 299
  3. La reunión del Concilio (15:6) 300
  4. Discurso de Pedro (15:7-11)....................................... 301
  5. Pablo y Bernabé informan al Concilio (15:12)............... 303

6. Resumen de Santiago (15:13-21) 303
7. La carta apostólica a los cristianos
   gentiles (15:22-29) 308
8. La iglesia de Antioquía recibe la carta
   apostólica (15:30-35) 312

V. PABLO ABANDONA ANTIOQUÍA Y SE DIRIGE AL MUNDO EGEO (15:36-19:20) 313

A. LAS NUEVAS IGLESIAS VISITADAS DE NUEVO (15:36-16:5) 313
1. Pablo y Bernabé se separan y Pablo toma a Silas
   como compañero (15:36-41) 313
2. Pablo y Silas en el sur de Galacia; Timoteo
   se une a ellos (16:1-4) 316
4. Las Iglesias crecen en fe y en número (16:5) 318

B. FILIPOS (16:6-40) 318
1. La llamada de Macedonia (16:6-10) 318
2. De Troas a Filipo (16:11-12a) 322
3. La fe de Lidia (16:12b-15) 323
4. La adivina (16:16-18) 325
5. Pablo y Silas encarcelados (16:19-24) 326
6. Terremoto a medianoche: la conversión del
   carcelero (16:25-34) 329
7. Pablo y Silas abandonan Filipos (16:35-40) 332

C. DE TESALÓNICA A ATENAS (17:1-34) 335
1. Llegada a Tesalónica (17:1-4) 335
2. Problemas en Tesalónica (17:5-9) 336
3. Berea (17:10-15) 339
4. Atenas (17:16-21) 342
5. Pablo en el Areópago (17:22-31) 345
6. La reacción de los atenienses (17:32-34) 356

D. CORINTO (18:1-17) 359
1. Pablo llega a Corinto (18:1-4) 359
2. Pablo pasa 18 meses en Corinto (18:5-11) 363
3. Pablo ante Galión (18:12-17) 365

E. ÉFESO (18:18-19:20) 369
1. Apresurada visita a Éfeso (18:18-21) 369
2. Breve visita a Judea y a Siria (18:22-23) 371
3. Apolos (18:24-28) 373
4. Pablo y los Doce discípulos de Éfeso (19:1-7) 377
5. Discurso en la escuela de Tirano (19:8-10) 380

      6. *Conflicto con los Magos (19:11-19)* 382
      7. *Informe de progreso (19:20)* 385
VI. PABLO PLANEA VISITAR ROMA Y LLEGA ALLÍ POR UNA RUTA INESPERADA (19:21–28:31) **385**
   A. SE PREPARA PARA ABANDONAR ÉFESO HACIA MACEDONIA Y ACAYA (19:21–20:6) 385
      1. *Pablo hace planes para el futuro (19:21-22)* 385
      2. *El disturbio en Éfeso (19:23-41)* 388
         a. Indignación de los Plateros (19:23-28) 388
         b. Manifestación en el teatro (19:29-34) 391
         c. El escribano de la ciudad calma la agitación (19:35-41) 393
      3. *Pablo visita Macedonia y Grecia (20:1-6)* 396
   B. EL VIAJE A JERUSALÉN (20:7-21:16) 399
      1. *Pablo en Troas (20:7-12)* 399
      2. *Desde Troas a Mileto (20:13-16)* 402
      3. *Pablo envía a traer a los ancianos de la iglesia en Éfeso. (20:17)* 403
      4. *Pablo se despide de la iglesia de Éfeso (20:18-35)* 405
         a. Retrospectiva de su ministerio en Éfeso (20:18-21) ... 405
         b. Las perspectivas de Pablo (20:22-24) 406
         c. Su recomendación a los ancianos (20:25-31) 407
         d. Admonición final (20:32-35) 410
      5. *Una despedida afectuosa (20:36-38)* 412
      6. *De Mileto a Tiro (21:1-6)* 413
      7. *De Tiro a Cesárea (21:7-9)* 415
      8. *Ágabo reaparece (21:10-14)* 417
      9. *Llegada a Jerusalén (21:15-16)* 418
   C. PABLO EN JERUSALÉN (21:17-23:30) 419
      1. *Reunión con Santiago y los Ancianos (21:17-26)* 419
      2. *Disturbio en el Templo (21:27-30)* 425
      3. *Pablo rescatado por los romanos (21:31-36)* 427
      4. *Pablo obtiene permiso para dirigirse a la multitud (21:37-40)* 428
      5. *Defensa de Pablo ante el pueblo de Jerusalén (22:1-21)* 430
         a. Sus primeros días (22:1-5) 430
         b. El camino de Damasco (22:6-11) 432
         c. Ananías de Damasco (22:12-16) 433
         d. La visión de Pablo en el Templo (22:17-21) 434

Contenido

    6. *Pablo revela su ciudadanía romana (22:22-29)*............ 435
    7. *Pablo traído ante el Sanedrín (22:30)*...................... 439
    8. *Pablo ante el Sanedrín (23:1-10)*............................ 440
       a. Diálogo con el Sumo Sacerdote (23:1-5).............. 440
       b. La esperanza de la resurrección (23:6-10)........... 443
    9. *El Señor se le aparece de noche a Pablo (23:11)*............ 446
   10. *Conspiración contra la vida de Pablo (23:12-15)*......... 447
   11. *La conspiración desvelada (23:16-22)*..................... 448
   12. *El Tribuno se prepara para enviar a Pablo a Cesárea (23:23-24)*... 450
   13. *Carta del Tribuno a Félix (23:25-30)*...................... 450
D. PABLO EN CESÁREA (23:31-26:32)............................... 452
    1. *Pablo llevado Cesárea (23:31-35)*............................ 452
    2. *Pablo acusado delante de Félix (24:1-9)*..................... 455
    3. *Defensa de Pablo ante Félix (24:10-21)*..................... 459
    4. *Félix aplaza el proceso (24:22-23)*........................... 464
    5. *Entrevista de Pablo con Félix (24:24-26)*.................... 465
    6. *Félix sustituido por Festo; Pablo sigue bajo custodia (24:27)*... 466
    7. *Festo visita Jerusalén (25:1-5)*................................ 468
    8. *Pablo apela a César (25:6-12)*................................. 469
    9. *Agripa II y Berenice visitan a Festo (25:13-22)*............ 473
   10. *Pablo comparece ante Agripa (25:23-27)*.................. 476
   11. *Pablo acepta la invitación de Agripa para hablar (26:1)*... 479
   12. *La "Apología pro vita sua" de Pablo (26:2-23)*........... 480
       a. Exordium (26:2-3).. 480
       b. La esperanza de la resurrección (26:4-8)............. 480
       c. El celo perseguidor de Pablo (26:9-11)............... 482
       d. La visión celestial (26:12-18).......................... 483
       e. Obediencia de Pablo a la visión (26:19-20).......... 486
       f. El arresto de Pablo (26:21)............................... 487
       g. Defensa (26:22-23).. 487
   13. *Intercambio entre Festo, Pablo y Agripa (26:24-29)*...... 489
   14. *Unanimidad en cuanto a la inocencia de Pablo (26:30-32)*... 490
E. VIAJE Y NAUFRAGIO DE PABLO (27:1-44)................ 493
    1. *De Cesárea a Mira (27:1-5)*................................... 495
    2. *Transbordo en Mira para navegar a Creta (27:6-8)*...... 498
    3. *El Consejo de Pablo rechazado (27:9-12)*.................. 500

4. Atrapados por el viento Euraquilón (27:13-20) 503
   5. El ánimo de Pablo (27:21-26) 507
   6. Se aproximan a Tierra (27:27-29) 509
   7. El intento frustrado de huida de los marineros (27:30-32) 511
   8. La comida a bordo (27:33-38) 512
   9. El naufragio (27:39-41) 513
   10. ¡A salvo en la playa! (27:42-44) 515
  F. INVIERNO EN MALTA (28:1-10) 517
   1. ¡Bienvenidos a Malta! (28:1-6) 517
   2. Trabajo de sanidad en Malta (28:7-10) 520
  G. ¡POR FIN ROMA! (28:11-31) 521
   1. El último tramo: ¡Y así llegamos a Roma! (28:11-15) 521
   2. Pablo es entregado y sigue bajo custodia (28:16) 525
   3. Pablo y los judíos de Roma (28:17-28) 526
    a. Primera entrevista (28:17-22) 526
    b. Segunda entrevista (28:23-28) 528
   4. El Evangelio avanza sin dificultad en Roma (28:30-31) 531

ÍNDICE

General 535
Autores 578
Textos bíblicos 592

PREFACIO

La primera edición de esta obra contiene un Prefacio del Editor General de la Serie, el último Ned Bernard Stonehouse, en el cual introduce al comentarista, con el tono amable que le caracteriza. Después de la prematura muerte del Dr. Stonehouse en 1962, el propio comentarista fue invitado a ser el Editor General, responsabilidad que aún mantiene. Para esta edición revisada, nos parece apropiado sustituir el prefacio original y el prefacio del autor con un único prefacio.

Cuando el Dr. Stonehouse me invitó a contribuir al volumen de los Hechos de esta serie, yo estaba trabajando en el comentario del Texto Griego de este libro, que fue publicado en 1951. (Comentario que ha recibido ahora una revisión exhaustiva simultáneamente con el presente volumen.) Acepté fácilmente la invitación del Dr. Stonehouse porque durante la preparación del trabajo del texto Griego habían surgido varias vías de pensamiento que no podían ser abordadas en toda su dimensión, y me pareció que una exposición del texto en inglés me daría una oportunidad para desarrollarlas.

Durante los últimos treinta años, se han hecho contribuciones notables al estudio de La Historia de Lucas en general y al libro de los Hechos en particular. En 1951 la Colección de Martin Dibelius de "Estudios de los Hechos de los Apóstoles" apareció en alemán (la traducción al inglés llegaría cinco años más tarde). Ha sido difícil acceder a un gran número de trabajos reeditados en aquel volumen que fueron publicados al principio, debido a la brecha de comunicación entre los países de habla alemana e inglesa. Pero pronto se hizo patente que los estudios de Dibelius marcaban una nueva era en el estudio de interpretación de los Hechos; su influencia es inequívoca en muchos de los trabajos que se realizaron durante los siguientes años. Otro escritor de gran influencia fue Hans Conzelmann, cuya monografía *Die Mitte der Zeit* (publicada en 1954) fue publicada en inglés bajo el título menos preciso de *The Theology of St. Luke*. En él se argumentó que la motivación de Lucas fue el aplazamiento de la una vez inminente esperada *parousia*, que venía a remplazar la primitiva perspectiva cristiana con algo nuevo, en el que el ministerio de Jesús, coronado por su muerte y resurrección, fuera reconocido no como el *eschaton,* sino como la historia de la era intermedia, precedida por la era de la ley y los profetas (comp. Lucas 16:16) y seguida por la era de la Iglesia. El profesor Conzelmann ha contribuido también al último comentario de Hechos (disponible ahora en inglés) en Lietzmann's Handbuch zum Neuen Testament.

Ernst Käsemann, en varios ensayos, ha mantenido que Lucas es "el primer portavoz del catolicismo primitivo" *(Frühkatholizismus)*, con una perspectiva en la que el ministerio de Jesús no es el centro y origen; sino la era de la Iglesia. En otras palabras, que la *teología crucis paulina, ha sido sobrepasada por la teología gloriae).* Algunas críticas a esta posición fueron hechas por C. K. Barrett en un número de artículos que despertaron la avidez de los lectores por el volumen de los Hechos que se estaba preparando para la serie del Nuevo Comentario Crítico Internacional.

El mejor trabajo sobre los Hechos que se ha producido hasta ahora en el mundo académico, que obtiene su inspiración en Martin Dibelios, es el comentario de Ernst Haenchen, primero publicado en la serie Meyer en 1966 y disponible desde 1971 en una buena traducción inglesa: Los Hechos de los Apóstoles. Y aunque su afinidad con Dibelius, Conzelman y Käsemann son reconocibles, el profesor Haenchen, no los sigue sin criterio; su preocupación es presentar la composición de Lucas, una composición marcada por una libre creatividad que hace de la narrativa histórica el vehículo de la teología de Lucas. Esta teología no es una digresión del pensamiento paulino; es una de las variantes de la teología gentil cristiana, la cual crece a lo largo y después de la teología de Pablo, virtualmente independiente de él.

Sin embargo, estos escritores no han monopolizado la literatura reciente en la materia. Lucas-Hechos permanece, en palabras de W.C. Van Unnik, como "el centro de la tormenta en la erudición contemporánea". Estas palabras forman el título introductorio a su discurso en el simposio, "Estudios En Lucas-Hechos", otorgado a Paul Schubert en 1966. Lo apropiado de sus palabras queda demostrado por la variedad de perspectivas que encuentran expresión en los otros dieciocho ensayos de este volumen. Al margen del Simposio de Schubert, esta variedad podría ser mejor ilustrada por el trabajo de Johannes Munck, y especialmente por su volumen "Pablo y la Salvación De La Humanidad", (como se titula en la versión inglesa). Munck libró una valiente batalla contra las tendencias prevalecientes e insistía en que solamente se podría hacer justicia a la historia y a la literatura de la edad apostólica, cuando el último vestigio de la influencia de Ferdinan Christian Baur y sus asociados fueran eliminadas. Durante estos años, también (1950- hasta hoy) nuestro entendimiento de los Hechos, ha sido enriquecida por una sucesión de estudios, positivos y valiosos de Dom Jacques Dupont. Más recientemente, el registro de Hechos, junto con otras áreas del cristianismo primitivo, ha sido iluminado por el saber y la perspicacia de Martin Hengel.

Un acercamiento nuevo y fresco a los Hechos, es evidente en un gran número de nuevos comentarios que han aparecido en 1980 y los años siguientes –por I. Howard Marshall en inglés y por Jürgen Roloff, Gottfried Schille, Gerhard Schneider, y Arnold Weiser en alemán. En este campo hay hoy en día un "exceso de calidad" en contraste con la situación que existía, cuando la primera edición del presente comentario estaba tomando forma.

Como en todos los volúmenes del Nuevo Comentario Internacional de Nuevo Testamento, la versión americana Estándar de 1901, sirvió como base para la exposición en su primera edición. Ahora ha sido reemplazada por mi propia traducción *ad hoc*.

En el prefacio a la segunda edición de su *Römerbrief*, Karl Barth se queja de la tendencia de muchos comentaristas bíblicos que confían en una forma de interpretación textual, la cual, en su opinión "no es comentario en absoluto, sino solamente el primer paso hacia un comentario". Como ejemplo de un auténtico comentario cita a Calvino en Romanos: "¡con que energía Calvino, habiendo establecido primero lo que dice el texto, se sienta para pensar todo el material y bregar con él hasta que las paredes que separan el siglo XVI del siglo I se hacen transparentes! Pablo habla, y el niño del Siglo XVI escucha".

Sin ninguna duda, según el criterio de Barth, mi volumen en el texto Griego, fue solo "el primer paso hacia un comentario" dedicado a los aspectos lingüísticos, textuales e históricos de los Hechos. Así sea: aquellos que no dan el primer paso, nunca darán el segundo. En efecto, no se puede decir, que incluso el presente trabajo ha hecho transparente la pared entre el Siglo I y el XX. Concretamente, me doy cuenta ahora como no lo hice en 1950, que he hecho mucho menos que justicia a la distintiva teología de Lucas. En vez de intentar remediar esta deficiencia en este momento, yo aconsejo a mis lectores hacerlo, analizando bien a I. Howard Marshall en: *Lucas Historiador y Teólogo*. Pero permítaseme mantener la esperanza expresada en 1954, de que lo que sea que haya descubierto en el curso de este estudio, no solamente sea la voz de Lucas, sino la Palabra de Dios, y que ésta pueda ser captada por mis lectores al final del siglo XX.

ABREVIATURAS

AASF	Annales Academiae Scientiarum Fennicae
AB	Anchor Bible
ad loc.	*ad locum* (en el lugar referido)
AGG	*Abhandlungen der (königlichen) Gesellschaft der Wissenschaften zu Göttingen*
AJA	*American Journal of Archaeology*
AJP	*American Journal of Philology*
AJT	*American Journal of Theology*
AnBib	Analecta Biblica (Rome: Pontifical Biblical Institute)
ANRW	*Aufstieg und Niedergang der römischen Welt* (Berlin: de Gruyter)
Ant.	*Antiquities* (Josephus)
Ap.	*Against Apion* (Josephus)
AS	*Anatolian Studies*
ASNU	Acta Seminarii Neotestamentici Upsaliensis
ASTI	*Annual of the Swedish Theological Institute* (Leiden: Brill)
ASV	American Standard Version (1901)
ATANT	Abhandlungen zur Theologie des Alten und Neuen Testaments (Zurich: Zwingli Verlag)
BA	*Biblical Archaeologist*
BAGD	W. Bauer—W. F. Arndt—F. W. Gingrich—F. W. Danker, *Greek-English Lexicon of the New Testament and Early Christian Literature* (Chicago/Cambridge, 1957, ²1979)
BCH	*Bulletin de Correspondance Hellénique*
BDF	F. Blass—A. Debrunner—R. W. Funk, *Greek Grammar of the New Testament and Other Early Christian Literature* (Chicago, 1961)
Beginnings	*The Beginnings of Christianity*, ed. F. J. Foakes-Jackson and K. Lake (London: Macmillan, 1920-33)
BETL	Bibliotheca Ephemeridum Theologicarum Lovaniensium
BGBE	Beiträge zur Geschichte der biblischen Exegese

BGU	*Aegyptische Urkunden aus den Museen zu Berlin: Griechische Urkunden*, I-VIII (1895-1933)
Bib.	*Biblica*
BJ	*Jewish War* (Josephus)
BJRL	*Bulletin of the John Rylands (University) Library*, Manchester
BMI	*The Collection of Ancient Greek Inscriptions in the British Museum*
BNTC	Black's (Harper's) New Testament Commentaries
BRD	*The Bearing of Recent Discovery on the Trustworthiness of the New Testament* (W. M. Ramsay)
BZ	*Biblische Zeitschrift*
BZNW	Beihefte zur *Zeitschrift für die Alttestamentliche Wissenschaft*
CBCNEB	Cambridge Bible Commentary on the New English Bible
CBQ	*Catholic Biblical Quarterly*
CBSC	Cambridge Bible for Schools and Colleges
CD	Covenant of Damascus (= Zadokite Work)
CDA	*The Composition and Date of Acts* (C. C. Torrey)
CentB	Century Bible
CGT	Cambridge Greek Testament
Chron.	*Chronicon* (Eusebius)
CIG	*Corpus Inscriptionum Graecarum* (1828-77)
CIJ	*Corpus Inscriptionum Judaicarum*, ed. J.-B. Frey (1936)
CIL	*Corpus Inscriptionum Latinarum* (1863-1909)
ClarB	Clarendon Bible (Oxford)
Clem. Recog.	*Clementine Recognitions*
CNT	Commentaar op het Nieuwe Testament
CRINT	Compendia Rerum Iudaicarum ad Novum Testamentum
DCB	*Dictionary of Christian Biography*, ed. W. Smith
ÉB	Études Bibliques
EGT	*Expositor's Greek Testament*, ed. W. R. Nicoll
EKK	Evangelisch-katholischer Kommentar
ENT	Erläuterungen zum Neuen Testament
Ep(p).	*Epistle(s)*
EQ	*Evangelical Quarterly*
ERE	*Encyclopaedia of Religion and Ethics*, ed. J. Hastings
E.T.	English Translation
Exp.	*Expositor*, ed. W. R. Nicoll
ExT	*Expository Times*
FGNTK	Forschungen zur Geschichte des neutestamentlichen Kanons
FRLANT	Forschungen zur Religion und Literatur des Alten und Neuen Testaments

Geog.	*Geography*
GNC	Good News Commentary (Harper & Row)
GNS	Good News Studies (M. Glazier)
HDB	*Hastings' Dictionary of the Bible*, I-V
HE	*Ecclesiastical History* (Eusebius)
Hist.	*History*
Hist. Christ.	*Christian History* (Philip of Side)
HNT	Handbuch zum Neuen Testament, ed. H. Lietzmann
HSNT	Die Heilige Schrift des Neuen Testaments
HTR	*Harvard Theological Review*
HTS	Harvard Theological Studies
HUCA	*Hebrew Union College Annual*
HUL	Home University Library
IB	*Interpreter's Bible*
ibid.	*ibidem*, in the same place
IEJ	*Israel Exploration Journal*
IG	*Inscriptiones Graecae*, 1873-
IGRR	*Inscriptiones Graecae ad Res Romanas pertinentes*, ed. R. Cagnat, I-IV (1911–14)
ILS	*Inscriptiones Latinae Selectae*, ed. H. Dessau
Insch. Eph.	*Inschriften von Ephesos*, ed. H. Wankel, etc., I-VIII (Bonn: Habelt, 1979–84)
INT	*Introduction to the New Testament*
JAC	*Jahrbuch für Antikes und Christentum*
JAOS	*Journal of the American Oriental Society*
JBL	*Journal of Biblical Literature*
JEH	*Journal of Ecclesiastical History*
JHS	*Journal of Hellenistic Studies*
JJS	*Journal of Jewish Studies*
JQR	*Jewish Quarterly Review*
JRS	*Journal of Roman Studies*
JSJ	*Journal for the Study of Judaism*
JSNT	*Journal for the Study of the New Testament*
JSOT Sup.	Supplement(s) to *Journal for the Study of the Old Testament*
JTC	*Journal for Theology and the Church*
JTS	*Journal of Theological Studies*
KEK	Kritisch-Exegetischer Kommentar (= Meyer Kommentar)
KJV	King James Version (1611)
KV	Korte Verklaring der heilige Schrift
LD	Lectio Divina
LXX	Septuagint (pre-Christian Greek version of OT)

MAMA	*Monumenta Asiae Minoris Antiqua*
MHT	J. H. Moulton—W. F. Howard—N. Turner, *Grammar of New Testament Greek*, I-IV (Edinburgh: T. & T. Clark, 1906–76)
MM	J. H. Moulton and G. Milligan. *The Vocabulary of the Greek Testament* (London: Hodder & Stoughton, 1930)
MNTC	Moffatt New Testament Commentary
MT	Masoretic Text (of Hebrew Bible)
NA^{26}	E. and E. Nestle, K. Aland, etc., *Novum Testamentum Graece*, 26. neu bearbeitete Auflage (Stuttgart: Deutsche Bibelstiftung, 1979)
Nat. Hist.	*Natural History* (Pliny)
NCB	New Century Bible
NClarB	New Clarendon Bible
NEB	New English Bible
New Docs.	*New Documents illustrating Early Christianity*, ed. G. H. R. Horsley, I- (Macquarie University, 1981-)
NF	Neue Folge
NGG	*Nachrichten der (königlichen) Gesellschaft der Wissenschaften zu Göttingen*
NICNT	New International Commentary on the New Testament
NIGTC	New International Greek Testament Commentary
NIV	New International Version
NovT	*Novum Testamentum*
NovT Sup.	Supplement(s) to *Novum Testamentum*
n.s.	new series
NT	New Testament
NTD	Das Neue Testament Deutsch
NTL	New Testament Library
NTS	*New Testament Studies*
NTTS	New Testament Tools and Studies
ODCC	*Oxford Dictionary of the Christian Church*
OGIS	*Orientis Graeci Inscriptiones Selectae*, ed. W. Dittenberger
OT	Old Testament
Pan.	*Panarion* (Epiphanius)
Pap.Bibl.Nat.	*Papyri of the Bibliothèque Nationale* (Paris)
PEQ	Palestine Exploration Quarterly
P.Lond.	*Papyri of the British Museum (London)*
P.Mich.	*Michigan Papyri*
P.Oxy.	*Oxyrhynchus Papyri*
Ps.Sol.	*Psalms of Solomon*

Q	Qumran
1 QS	"Rule (Serek) of the Community" from Qumran Cave
4QDt^q	Deuteronomy manuscript from Qumran Cave 4
4QEx^a	Exodus manuscript from Qumran Cave 4
QD	Quaestiones Disputatae
QDAP	*Quarterly of the Department of Antiquities of Palestine*
RAC	*Reallexikon für Antikes und Christentum*
RE	*Real-Enzyklopädie für die Altertumswissenschaft* (Pauly-Wissowa)
RÉG	*Revue des Études Grecques*
RNT	Regensburger Neues Testament
RSPT	*Revue des Sciences Philosophiques et Théologiques* (Paris)
RSR	*Revue des Sciences religieuses* (Strasbourg)
RSV	Revised Standard Version
RTR	*Reformed Theological Review*
SBLDS	Society for Biblical Literature Dissertation Series
SBT	Studies in Biblical Theology
Schürer	E. Schürer, *History of the Jewish People in the Age of Jesus Christ*, I–III (Edinburgh, 1973–87)
SEÅ	*Svensk Exegetisk Årsbok*
SEG	*Supplementum Epigraphicum Graecum*
SIG	*Sylloge Inscriptionum Graecarum*, ed. W. Dittenberger
SJLA	Studies in Judaism in Late Antiquity
SJT	*Scottish Journal of Theology*
SMB:SBO	Série Monographique "Benedictina": Section Biblico-Oecuménique
SNT	Schriften des Neuen Testaments
SNTSM	Society for New Testament Studies Monograph(s)
ST	*Studia Theologica*
SUNT	Studien zur Umwelt des Neuen Testaments
s.v.	*sub verbo, sub vocabulo* (under the word in question)
TAPA	*Transactions of the American Philological Association*
TB	Babylonian Talmud
TBC	Torch Biblical Commentaries
TDNT	*Theological Dictionary of the New Testament*, ed. G. Kittel and G. Friedrich, E.T. by G. W. Bromiley, I-X
Theod.	Theodotion (Greek translator of OT)
THKNT	Theologischer Hand-Kommentar zum Neuen Testament
TJ	Jerusalem (Palestinian) Talmud
TKNT	Theologischer Kommentar zum Neuen Testament

TNTC	Tyndale New Testament Commentaries
Tos.	Tosefta
TQ	*Theologische Quartalschrift*
TR	Textus Receptus ("Received Text"), 1633
TU	*Texte und Untersuchungen*
TynB	*Tyndale Bulletin*
TZ	*Theologische Zeitschrift*
VT	*Vetus Testamentum*
WC	Westminster Commentaries
WMANT	Wissenschaftliche Monographien zum Alten und Neuen Testament
WNT	Westminster New Testament
WTJ	*Westminster Theological Journal*
WUNT	Wissenschaftliche Untersuchungen zum Neuen Testament
ZKG	*Zeitschrift für Kirchengeschichte*
ZKNT	Zahn-Kommentar zum Neuen Testament
ZNW	*Zeitschrift für die neutestamentliche Wissenschaft*
ZTK	*Zeitschrift für Theologie und Kirche*
ZWT	*Zeitschrift für wissenschaftliche Theologie*

INTRODUCCIÓN

I. HECHOS EN EL NUEVO TESTAMENTO

Los Hechos de los Apóstoles es el nombre por el que se conoce desde el siglo II d.C. al segundo volumen *Historia de los Orígenes del Cristianismo* redactado por un cristiano del primer siglo y dedicado a cierto Teófilo. El primer volumen de *Historia* es también uno de los veintisiete documentos que finalmente fueron incluidos en el Canon del Nuevo Testamento: es el trabajo comúnmente conocido como *El Evangelio según Lucas*.[1]

Originalmente, como podríamos esperar, estos dos volúmenes circularon juntos como un libro de *Historia* completo e independiente, pero no por mucho tiempo. Pronto, en el siglo II, el cuarto Evangelio "canónico" (como nosotros lo llamamos) se presentó junto a una colección que empezó a circular como los cuatro Evangelios. Esto significa que el primer doble volumen de *Historia* fue separado de su secuencia natural y añadido a los tres trabajos de otros escritores que cubren más o menos el mismo tema, empezando con la historia de Jesús y terminando con el testimonio de su resurrección. El segundo volumen, Hechos, fue pues abandonado a seguir su propia carrera, pero una importante e influyente carrera, tal y como se demostró con el tiempo

Durante la misma época en que los cuatro Evangelios se unieron para formar una única colección, otras colecciones de documentos cristianos se estaban formando—la colección de la cartas de Pablo. Estas dos colecciones—*El Evangelio* y *El Apóstol*, como fueron llamadas—constituyeron la mayor parte de nuestro Nuevo Testamento. Pero habría un *hiatus* entre las dos colecciones si no fuera por el segundo volumen de la *Historia de los Orígenes del Cristianismo*, el volumen al

---

1. Que estos dos documentos fueron escritos por el mismo autor es universalmente reconocido. La única objeción seria a la identidad del autor en el siglo XX fue de A. C. Clark, *The Acts of the Apostles* (Oxford, 1933), pp. 393–408; Sus argumentos fueron investigados y satisfactoriamente respondidos por W. L. Knox, *The Acts of the Apostles* (Cambridge, 1948), pp. 2–15, 100–109.

que desde ahora nos referiremos de forma abreviada como Hechos. Hechos juega un papel indispensable al relacionar las dos colecciones mutuamente. Con respecto a la colección de los Evangelios, Hechos constituye su continuación natural, como fue desde el principio la continuación de uno de los cuatro documentos hasta la creación de esta colección (el tercer Evangelio). Con respecto a la colección de Pablo, Hechos provee el trasfondo de la narrativa para que las cartas que la componen pueden ser más fácilmente entendidas, y—más importante todavía a los ojos de algunos cristianos de la última mitad del segundo siglo—Hechos provee una convincente e independiente evidencia de la validez de la reivindicación de Pablo hecha en sus cartas, de ser un siervo de Jesucristo que trabajó "más abundantemente" que ninguno de los otros.[2]

La importancia de los Hechos fue aún más subrayada durante la segunda mitad del siglo II como resultado de la controversia en la que Marción y sus enseñanzas emergen. Marción de Sinope fue un excepcional ardiente devoto de Pablo que, sin embargo, lo mal interpretó.[3] Alrededor del año 144 d.C. Marción promulgó en Roma lo que mantenía que era el canon divino de las Escrituras para la nueva era inaugurada por Cristo. Cristo, en las enseñanzas de Marción, era el revelador de una religión enteramente nueva, completamente independiente de todo lo que hubiera precedido a su venida (tal como la fe de Israel documentada en nuestro Antiguo Testamento). Dios el Padre, de quien Cristo da testimonio, nunca ha sido conocido antes en la Tierra: él era un ser superior al Dios de Israel, quien había creado el mundo material y habló a través de los profetas. Pablo, según Marción, era el único apóstol que preservó fielmente la pureza de la nueva religión de Cristo, sin contaminar por la influencia Judía. El Antiguo Testamento no podría tener un lugar en el canon cristiano. El canon cristiano, tal como fue promulgado por Marción, comprendía dos partes,—una llamada *El Evangelio* (una adecuada recensión del tercer Evangelio) y otra llamada *El Apóstol* (una recensión similar editada de las nueve cartas de Pablo a las iglesias y su carta a Filemón).

La publicación del canon de Marción fue un desafío y un estímulo para los líderes de la iglesia en Roma y en otras Iglesias que se sumaron a la fe "católica" (como vino a ser llamada). Esto no les obligó a *crear* el canon de la Sagrada Escritura el cual había sido aceptado, con variaciones menores, a través de la historia de la iglesia cristiana;[4] pero les obligó a *definir* ese canon con gran precisión. Para ellos,

---

2. 1 Cor. 15:10; comp. Rom. 15:17–20; 2 Cor. 11:23.

3. En Marción ver sobre todo A. Harnack, *Marcion: Das Evangelium vom fremden Gott* (Leipzig, 1921, ²1924), complementado por su *Neue Studien zu Marcion* (Leipzig, 1923); también E. C. Blackman, *Marcion and his Influence* (London, 1948).

4. Declaración de Tertuliano de que Valentino, un líder gnóstico (*c.*140d.C.), "parece usar completamente el *instrumentum*," por ejemplo, Nuevo Testamento (*Prescription against heretics* 38.7), es confirmado en gran parte por la evidencia de los primeros tratados de Valentino

los escritos de la nueva era no reemplazaban el canon del Antiguo Testamento; permanecieron juntos como complemento divinamente ordenado. Para ellos, *El Evangelio* no comprendía un documento, sino cuatro, y estos cuatro incluían el texto completo de lo que Marción había publicado de una forma mutilada. Para ellos *El Apóstol* no incluía diez sino trece cartas Paulinas, y no cartas paulinas solamente sino también otros escritos de "hombres apostólicos". Y, uniendo *El Evangelio* y *El Apóstol*, se reconoció que Hechos tenía más importancia que nunca, porque no solo validaba las vindicaciones de Pablo, sino que también validaba la autoridad de los apóstoles originales—estos a quienes Marción repudiaba como falsos apóstoles y corruptores de la verdad así como de Jesús. La posición de los Hechos como la clave en el *corpus* del canon cristiano estaba confirmada. Un trabajo universal como Hechos era un pivote adecuado para un canon universal; no hubiera tenido cabida en un canon sectario como el de Marción.[5]

Este importante aspecto de los Hechos se refleja en el título *Los Hechos de los Apóstoles,* el cual le ha sido dado desde entonces hasta hoy día. Tan lejos como la evidencia existente se extiende, primero recibió este título en el así-llamado Prólogo Anti-Marcionita al tercer Evangelio, más tarde en el siglo II, (el documento existente más antiguo, también, adscribe la autoría del doble trabajo de Lucas, el Médico de Antioquía).[6] El título *Los Hechos de Los Apóstoles* puede haber pretendido testificar que Pablo no fue (como pensaba Marción) el único apóstol fiel a Cristo. Incluso así, da una impresión exagerada: el único apóstol (aparte de Pablo) del que se da un informe extenso es de Pedro. (Si el título fuera simplemente *Hechos de Apóstoles*, entonces podría ser una referencia a Pablo y Pedro—aunque el autor, que restringe el apelativo de "apóstol" a los doce, no se lo da a Pablo en ningún caso en el que Pablo no lo vindicara para sí mismo.[7] Aún

---

encontrados entre los papiros de Nag Hammadi (comp. W. C. van Unnik, *Newly Discovered Gnostic Writings*, E.T. [London, 1960], pp. 58–68, y la advertencia de H. von Campenhausen, *The Formation of the Christian Bible*, E.T. [London, 1972], p. 140, n. 171).

5. Ver A. Harnack, *The Origin of the New Testament*, E.T. (London, 1925), pp. 44–53, 63–68.

6. El consenso que fue mantenido por el así llamado prólogo anti-marcionita del Evangelio pertenece a una colección fechada entre Papias e Irineo (cf. D. de Bruyne, "Les plus anciens prologues latins des Évangiles," *Revue Bénédictine* 40[1928], pp. 193–214; A. Harnack, "Die ältesten Evangelien-Prologe und die Bildung des Neuen Testaments," *Sitzungsbericht der Preussischen Akademie der Wissenschaften*, phil.-hist. Klasse [Berlin, 1928], Heft 24) han sido seriamente desafiados por J. Regul, *Die antimarcionitischen Evangelienprologe* (Freiburg, 1969). Nuestra posición es que el así llamado prólogo anti-marcionita a Lucas (existentes ambos en Griego y Latín) exhiben una tendencia anti-marcionita y probablemente corresponden a las últimas décadas del siglo II. La misma designación Πράξεις Ἀποστόλων se da en Hechos en el texto Griego del prólogo anti-marcionita de Lucas en un manuscrito Griego del Nuevo Testamento.

7. En los dos lugares donde se lo da a Pablo (Hechos 14:4, 14), empareja a Pablo y Bernabé juntos como "los apóstoles".

más exagerada es la forma del título dado en un documento contemporáneo, el Canon Muratori; aquí es titulado *Los Hechos de Todos Los Apóstoles*,[8] aunque nada se dice de la mayoría de ellos después de la elección de Matías para sustituir a Judas al final del primer capítulo.

II. ORIGEN Y PROPÓSITO DE HECHOS

El importante papel de los Hechos en la segunda mitad del siglo II ha sugerido a algunos eruditos que (en la forma final al menos) fue compuesto en aquel tiempo para desempeñar esa función. Un erudito ha argumentado incluso, que Lucas-Hechos fue compuesto como un solo Evangelio-y-Apóstol *corpus* universal para enfrentarse al desafío presentado por el canon sectario de Marción.[9] Contra tales opiniones, una consideración de peso nos dice que: la situación histórica, geográfica y política presupone que Hechos, y para el caso Lucas-Hechos como un todo, es inequívocamente del primer siglo y no del segundo. Esto es especialmente cierto por la invocación de Pablo a su ciudadanía romana y su apelación al César.[10]

El propósito de Hechos no puede ser considerado independientemente del propósito del Evangelio de Lucas. Las dos partes, a pesar de sus diferencias estilísticas,[11] crean un todo integral, con un único propósito coherente. El autor no abandona a sus lectores a especular sobre cuál podría ser el propósito de su obra: él lo dice explícitamente en el prólogo a su Evangelio, que debería leerse como el prólogo a la doble obra. Aquí están sus palabras (Lucas 1:1-4):

> "Como muchos han intentado compilar una narrativa de las cosas que han sido realizadas entre nosotros, tal y como nos han sido trasmitidas por aquellos que desde el principio fueron testigos y ministros de la palabra, me ha parecido bien

---

8. Esto puede ser una exageración anti-marcionita, o puede implicar una crítica contra muchos de los Hechos no canónicos que empezaron a circular en la segunda mitad del siglo II (*Acts of Paul, Acts of Peter, Acts of John,* etc.); Solamente hay un registro autoritativo de los hechos de *todos* los apóstoles, pudo decir el autor, y es Hechos de Lucas (*acta autem omnium apostolorum sub uno libro scripta sunt*).

9. J. Knox, *Marcion and the New Testament* (Chicago, 1942), pp. 119-39. N. B. Stonehouse contribuyó con una cuidadosa y detallada crítica a este trabajo en *WTJ* 6 (1943-44), pp. 86-98. Otro aspecto del argumento para la fecha de Hechos sobre la segunda mitad del siglo II es seguida por J. C. O'Neill en *The Theology of Acts in its Historical Setting* (London, ²1970): Su énfasis apologético se basa en Justino Mártir, ni Justino, ni Lucas mostraron conocimiento alguno del trabajo del otro.

10. Comp. A. N. Sherwin-White, *Roman Society and Roman Law in the New Testament* (Oxford, 1963), pp. 144-62, 172-89.

11. El primer volumen confirma el *género literario* del Evangelio, el cual había sido establecido por Marcos; el segundo volumen sigue el precedente establecido antes por los historiadores Griegos (see E. Plümacher, *Lukas als hellenistischer Schriftsteller* [Göttingen, 1972]).

también a mí, habiendo investigado concienzudamente todas estas cosas desde el principio, escribirlas en un informe para ti, excelentísimo Teófilo, para que tú puedas conocer la verdad acerca de estas cosas, de las cuales has sido informado".[12]

Él mismo, al parecer, no podía pretender ser un testigo de los primeros eventos recogidos en su historia, pero ha tenido acceso a la información que los testigos pudieron suministrarle. No fue el primero en esbozar un relato basado en la información de los testigos (pensando, seguramente, en el Evangelio de Marcos que fue recopilado antes que el suyo), pero vindica que su informe descansa sobre una amplia y concienzuda investigación y que ha sido ordenada en la secuencia correcta.[13]

Cuando dice que él mismo ha "investigado todas estas cosas concienzudamente desde el principio" implica que ha tenido parte en al menos algunos de los últimos eventos recogidos.[14] Es difícil evitar la vinculación de esta afirmación implícita con la incidencia de las secciones "nosotros" en Hechos—es decir, las secciones (que tratan ampliamente los viajes por mar de Pablo y algunos de sus amigos) en las cuales la narrativa se hace en la primera persona del plural ("nosotros" / "nuestro") en vez del uso habitual de la tercera persona plural ("ellos" / "su").[15] Es razonable inferir que el narrador era uno de los compañeros de Pablo durante los períodos incluidos en esas secciones. Esta deducción (que es universalmente aceptada)[16] puede haber dado origen a la tradición de que el autor de esta doble obra era Lucas el médico, mencionado como uno de los compañeros de Pablo en Col. 4:14. Por otra parte, la tradición y la evidencia interna de las secciones "nosotros" pueden ser recíprocamente independientes, y así mutuamente confirmatorias. Esta tradición aparece al final del siglo II, en el así llamado prólogo anti-Marcionita a Lucas y en el Canon Muratori, y posiblemente en una fecha anterior incluso, ya que aparece en una o dos recensiones de Hechos. El texto original no revela el nombre del autor, pero en el papiro Occidental de 11:28, hablando de un incidente ocurrido en Antioquía de Orontes, pronto después de la fundación de la iglesia allí, tiene la

---

12. Ver S. Brown, "The Role of the Prologues in Determining the Purpose of Luke-Acts," en *Perspectives on Luke-Acts*, ed. C. H. Talbert (Edinburgh, 1978), pp. 99–111; L. C. A. Alexander, "Luke's Preface in the Context of Greek Preface-Writing," *NovT* 28 (1986), pp. 48–74.

13. Contrasta la afirmación de Papías de que Marcos recoge las memorias de Pedro, "no en orden, sin embargo" (Eusebius, *HE* 3 .39.15). Papías probablemente utilizó algún otro registro como el estándar contra el cual evaluó el orden de los eventos en el Evangelio de Marcos.

14. Para el significado παρακολουθέω ἄνωθεν (Lucas 1:3) ver H. J. Cadbury, "Commentary on the Preface of Luke," *Beginnings* I.2, pp. 489–510, especialmente págs. 501–3.

15. Las tres secciones "nosotros" están en Hechos 16:10–17; 20:5–21:18; 27:1–28:16. Ver H. J. Cadbury, "'We' and 'I' Passages in Luke-Acts," *NTS* 3 (1956–57), págs. 128–32; M. Hengel, *Acts and the History of Earliest Christianity*, E.T. (London, 1979), págs. 66–67.

16. Para una perspectiva bastante diferente de "nosotros" en Hechos ver E. Haenchen, "'We' in Acts and the Itinerary," E.T. in *JTC* 1 (1965), pp. 65–99.

forma de las secciones "nosotros" ("cuando nosotros nos reunimos"), implicando que el narrador era uno de Antioquía (y según confirma la tradición a este efecto en el prólogo anti-Marcionita),[17] mientras otra recensión temprana (posiblemente la misma) introduce el nombre de Lucas en la narrativa "nosotros" en 20:13.[18] A través de este comentario la autoría de Lucas de la doble obra es aceptada, aunque se entienda que algunos eruditos encuentren imposible creer que el autor podría haber estado personalmente familiarizado con Pablo.[19]

Lucas, (como el autor será llamado desde ahora), después anuncia que su propósito al escribir es dar a Teófilo (quien quiera que éste haya sido) un informe exacto y ordenado de los orígenes del Cristianismo, acerca del cual Teófilo tenía ya alguna información. Estaba ansioso de que Teófilo pudiera confiar plenamente en el relato que ahora le era entregado. La parte temprana del informe (contenida en lo que conocemos como el Tercer Evangelio) es en esencia una recopilación del testimonio apostólico del ministerio de la palabra, hechos, sufrimiento y triunfo, ampliado por el material recogido por el mismo Lucas.[20] El segundo volumen se inicia con el relato de la resurrección de Jesús y va hasta los treinta años siguientes; registra el avance del Evangelio a lo largo del camino que va desde Judea *vía* Antioquía a Roma, y finaliza con el heraldo en jefe proclamando el Evangelio en el corazón del Imperio con la aquiescencia en pleno de las autoridades imperiales.

Pero no es solo información lo que Lucas se propone dar a Teófilo. En el momento en el que escribe, el cristianismo era, usando una de sus propias frases, "una secta de la que en todas partes se habla en su contra" (28:22). Había una sospecha muy extendida de que era un movimiento subversivo, una amenaza contra la ley y el orden imperial. Y ciertamente a los ojos de aquellos que ostentaban la ley y el orden imperial, el cristianismo empezó con una grave dificultad. Su fundador había sido reconocidamente condenado a muerte por un gobernador romano por el cargo de sedición. Así Tácito estimó que su carácter criminal estaba basado parcialmente en el hecho de que debía su creación a un Cristo, quien "fue ejecutado por la sentencia del procurador Poncio Pilatos, cuando era gobernador de Tiberiades".[21] Y así el movimiento, tan adversamente inaugurado, parecía estar acompañado por el tumulto y el desorden dondequiera que se extendía, en las provincias romanas y en la misma Roma. Lucas se propone lidiar con esta dificultad.

17. Ver p. 236 (n. 33).
18. Ver p. 383, n. 31.
19. Comp. C. K. Barrett, "Acts and the Pauline Corpus," ExT 88 (1976–77), p. 4, col. 2; Se refiere a su *New Testament Essays* (London, 1972), pp. 82–83, 98, 115.
20. Comp. tres importantes comentarios: E. E. Ellis, *The Gospel of Luke*, NCB (Grand Rapids/London, ²1974); I. H. Marshall, *The Gospel of Luke*, NIGTC (Grand Rapids/ Exeter, 1978); J. A. Fitzmyer, *The Gospel according to Luke*, AB (Garden City, NY, 1981–85).
21. *Annals* 15.44.4.

La crucifixión de Cristo se presenta en su Evangelio como un craso error de la justicia. Es verdad que Pilatos lo sentenció a muerte, pero ya había pronunciado su "no culpable" de los cargos que se le imputaban, y aprobó la pena de muerte solamente bajo presión y en contra de su mejor juicio.[22] Herodes Antipas, tetrarca de Galilea (donde la mayor parte del ministerio público de Jesús había tenido lugar), está de acuerdo en que los cargos traídos contra él no debían tomarse seriamente.[23]

De la misma manera en Hechos, una variedad de oficiales tanto gentiles como judíos, mostraban buena disposición hacia Pablo y otros misioneros cristianos, o al menos admitían que no había base para las acusaciones de sus oponentes contra ellos. En Chipre, el procónsul de la isla-provincia es favorablemente impresionado por Pablo y Bernabé, y por su mensaje y actividades.[24] En Filipo, una colonia romana, el jefe de los magistrados colegiados se disculpa ante Pablo y Silas por haberlos azotado y encarcelado ilegalmente.[25] En Corinto, el procónsul de Acaya, Galión (miembro de una influyente familia Romana), decreta que las acusaciones que le han sido presentadas contra Pablo por los líderes locales judíos, están relacionadas con disputas internas de la religión judía, y lo declara sin culpa de ninguna ofensa contra la ley romana.[26] En Éfeso, los asiarcas, ciudadanos líderes de la provincia de Asia, se declaraban a sí mismos amigos de Pablo, y el jefe ejecutivo de la administración de la ciudad lo absolvió, a él y a sus asociados, de cualquier cosa de naturaleza sacrílega.[27] Durante la última visita de Pablo a Judea, los Procuradores Félix y Festo sucesivamente declaran no encontrar evidencias para ninguno de los cargos urdidos contra él por el Sanedrín, ni el intento de violación de la santidad del templo de Jerusalén, ni de provocar disturbios a través del imperio.[28] El cliente judío, rey Agripa II, está de acuerdo con Festo en que Pablo no había hecho nada que mereciera ni la muerte, ni la cárcel, y que podría haber sido puesto en libertad inmediatamente si no hubiera apelado a llevar su caso ante el tribunal imperial de Roma.[29] Y cuando es llevado a Roma para que su caso sea escuchado, ocupa su tiempo de espera predicando el Evangelio allí, durante dos años, bajo vigilancia constante, sin ningún intento de estorbarle.[30] Si el Cristianismo fuera tal movimiento sin ley como era ampliamente creído, a

---

22. Lucas 23:4, 24.
23. Lucas 23:15.
24. Hechos 13:7, 12.
25. Hechos 16:37–39.
26. Hechos 18:12–17.
27. Hechos 19:31, 35–41.
28. Hechos 24:22–25:25.
29. Hechos 26:30–32.
30. Hechos 28:30–31.

Pablo ciertamente no se le hubiera permitido propagarlo estando bajo la custodia de la guardia pretoriana.

¿Cómo entonces, se podría preguntar, estuvo el avance del Cristianismo involucrado en tanta lucha y desorden? Lucas procesa a las autoridades judías en Judea y otras provincias como los máximos responsable de esta situación. Fueron las autoridades sacerdotales de la élite de Jerusalén las que acusaron a Jesús ante Pilatos, una generación más tarde, a Pablo ante Félix y Festo; y la mayoría de los disturbios que se produjeron cuando el Evangelio es introducido en las provincias de Roma fueron fomentadas por las comunidades judías locales, que se negaban a aceptar el mensaje de salvación para ellos y se enfadaban cuando sus vecinos gentiles creían.[31]

Sin embargo, Lucas no es anti-judío en principio. El Cristianismo es para él, no innovación sino, el verdadero cumplimiento de la religión de Israel. Él se esfuerza en presentar a Pablo como leal y adscrito a la ley judía. Esto emerge especialmente en los discursos hechos por Pablo en su propia defensa en Jerusalén, Cesárea y Roma.[32] Como con los otros discursos reportados en Hechos, Lucas (siguiendo la mejor tradición Tucedíana) tiene el propósito de mostrar la intención general de lo que realmente se dijo,[33] mientras que al mismo tiempo, hace del discurso una parte integral de su presentación y argumento. En aquellos discursos apologéticos, Pablo vindica creer en la Ley y los Profetas y no haber hecho nada contrario a las costumbres ancestrales de Israel.[34] El tema conflictivo entre él y sus acusadores es la fe en la resurrección: con esto se quiere decir la fe en que Jesús se levantó de los muertos, pero la resurrección de Jesús es para él la confirmación de la esperanza nacional de Israel. ¿Por qué entonces la objetarían?[35] Nada se dice en estos discursos acerca del Evangelio-libre de la ley de Pablo, el cual, de acuerdo con sus cartas, era el principal obstáculo para sus oponentes, ya fueran judíos o cristianos judaizantes.

Es necesario, por tanto, buscar el contexto apropiado para un trabajo que aborda la nota apologética precisamente de esta manera. Una sugerencia atractiva señala el período del año 66 d.C. o poco después, cuando los principales detractores

---

31. Hay dos ocasiones en Hechos en que el ataque contra los misioneros cristianos es de parte de los gentiles, y en ambas ocasiones la razón fue una real o imaginaria amenaza contra intereses de propiedad—en Filipenses (16:16–21) y Efesios (19:23–27).

32. Hechos 22:3–21; 23:6 24:10–21; 25:8, 10–11; 26:2–23; 28:17–20. Ver F. Veltmann, "The Defense Speeches of Paul in Acts" en *Perspectives on Luke-Acts*, ed. C. H. Talbert, pp. 243–56.

33. Tucídides sienta un precedente para los historiadores rigurosos por su política de inclusión de los discursos en su trabajo (*History* 1.22.1). Ver el énfasis de M. I. Finley en su declaración de la política en *Ancient History: Evidence and Models* (London, 1985), pp. 13–15.

34. Hechos 24:12; 28:17. Ver n. 63.

35. Hechos 23:6; 24:14–15; 26:6–8, 23; 28:20.

contra Pablo, las autoridades judías, se desacreditaron completamente a sí mismas ante los ojos de Roma por las revueltas contra la ley imperial.[36] Es verdad que Pablo ya había muerto por aquel entonces, pero las acusaciones contra él, especialmente las de fomentar el desorden público, continuaron contra los cristianos en general, y su defensa, que había sido vista como un evento de vindicación, podría haber sido válidamente aplicada en su nombre. En aquellos años habría sido bastante eficaz enfatizar que, a diferencia de los rebeldes judíos, los cristianos no eran desleales con el imperio—que, de hecho, fueron los propios rebeldes judíos quienes siempre habían renegado de la cristiandad.

El argumento de que no hay nada en Hechos—o incluso en Lucas[37] —que presupone las revueltas judías y la resultante destrucción del templo y la ciudad de Jerusalén (año 70 d.C.) ha sido utilizado en defensa de una fecha anterior al año 70 en dos ensayos—al principio del siglo XX por Adolf Harnack[38] y unos 60 años más tarde por J. A. T. Robinson.[39] En efecto, ha sido también argumentado, ya que no hay alusión a los dos eventos anteriores—la persecución de Nerón y la ejecución de Pablo—que la composición de Lucas-Hechos debería ser probablemente fechada no después del año 65d.C.[40] Con respecto a la persecución de Nerón, incluso Tácito (poco amigo de los cristianos) admite que era la acción de la maldad de un hombre más que la expresión de las políticas sociales,[41] y la reprobación oficial de la memoria y las acciones de Nerón a su muerte deberían haberse extendido a su persecución contra los cristianos en Roma. De modo que, los informes de Lucas sobre los juicios favorables, que fueron los que habían sido pasados a la cristiandad por otras autoridades romanas, podrían haber tenido la intención de sugerir que la actuación de Nerón contra el cristianismo fue un

---

36. Comp. T. W. Manson, *Studies in the Gospels and Epistles* (Manchester, 1962), pags. 56, 62–67. Para otras consideraciones en cuanto a la fecha entre 66 y 70 ver C. S. C. Williams, "The Date of Luke-Acts," *ExT* 64 (1952–53), pp. 283 – 84 *The Acts of the Apostles,* BNTC (London/New York, 1957), pp. 13–15.

37. La forma del discurso de los Olivos de Lucas, especialmente la sustitución de "la abominación de la desolación" (Marcos 13:14) por "Jerusalén rodeado de ejércitos" (Lucas 21:20), ha sido generalmente considerada como evidencia de una fecha posterior al año 70 a.C. Pero ver C. H. Dodd, "The Fall of Jerusalem and the 'Abomination of Desolation' " (1974), en *More New Testament Studies* (Manchester, 1968), pp. 69–83. La fecha de Lucas para la forma del discurso de los Olivos sería, sin embargo, irrelevante para fechar Hechos si C. S. C. Williams estuviera en lo cierto al mantener que la "forma de tratado" en la que Hechos es la secuencia debería ser identificado como "proto-Lucas" (substancialmente, Q + L) ("The Date of Luke-Acts").

38. *The Date of the Acts and of the Synoptic Gospels*, E.T. (London, 1911), pp. 90–116. Cf. R. B. Rackham, *The Acts of the Apostles*. (London, 1901), pp. 1–lv.

39. *Redating the New Testament* (London, 1976), pp. 86–92.

40. Comp. R. B. Rackham, "The Acts of the Apostles. 2. A Plea for an Early Date," *JTS* 1 (1899–1900), pp. 76–87.

41. Tácito, *Annals* 15.44.8.

ataque irresponsable y criminal por el ahora execrable gobernante, contra un movimiento cuya inocencia había sido ampliamente afirmada por muchos dignos representantes del poder de Roma.

De nuevo, si la ejecución de Pablo fue o no un incidente en la persecución de Nerón, el hecho de que no se menciona en Hechos no es un argumento decisivo para fechar el libro:[42] El objetivo de Lucas ha sido conseguido cuando él ha llevado a Pablo a Roma y lo deja allí predicando el Evangelio libremente.[43] Verdaderamente, la llegada de Pablo a Roma, su testimonio del Evangelio allí durante dos años, el procedimiento legal en el que estaba involucrado por llevar su apelación al César, debe haber hecho que el cristianismo fuera notado por las clases sociales de Roma en las cuales no había hecho, hasta entonces, impresión alguna. El interés que todo ello suscitó no murió, sino que se mantuvo y continúo creciendo, hasta Domiciano (81–96 d.C.) alcanzando las clases más altas. En cualquier momento durante este período, una obra, que dio lugar a una historia inteligible del surgimiento y progreso del Cristianismo, y que en todo momento ofreció una respuesta razonada a las calumnias populares que enfrentaba, fue sin duda recibida entre el inteligente público lector – o más bien audiencia[44] —de Roma, de quien Teófilo fue probablemente un ejemplo representativo. Su defensa positiva fue mejor expresada en las palabras de Pablo, un ciudadano romano, cuya apelación al César no fue hecha para su propio beneficio, sino en favor de la comunidad cristiana y de su fe.

Es difícil determinar la fecha de composición de Hechos más allá de algún punto en la época de Flavio (69-79 d.C.), posiblemente sobre la mitad del período. Los argumentos de Sir William Ramsay, a finales del siglo XIX, que concluyen que fue compuesto en el 80 d.C. son precarios,[45] pero ninguno de los descubrimientos

---

42. El hecho de que el resultado del juicio contra Pablo no se menciona en Hechos ha sido explicado con la hipótesis de que Lucas murió antes de terminar su trabajo (comp. J. de Zwaan, "Was the Book of Acts a Posthumous Edition?" *HTR* 17 [1924], pp. 95–153; H. Lietzmann, *The Founding of the Church Universal*, E.T. [London, 1950], p. 78). Pero probablemente Lucas terminó su trabajo tal como tenía planeado.

43. Es absurdo decir como Ramsay dice que, "Nadie puede aceptar el final de Hechos como la conclusión de una historia racionalmente concebida" (*St. Paul the Traveller*, pp. 351–52), y es precario argumentar, como él y algunos otros (incluyendo T. Zahn, *INT*, E.T. III [Edinburgh, 1909], pp. 58–61) han hecho, que Lucas planeaba un tercer volumen para completar su *Historia*,

44. Era costumbre en Roma reunirse todos para escuchar una nueva obra leída por el autor o por alguien más. Comp. también M. Dibelius: "En el mercado de libros, el cual, a diferencia de otros escritos cristianos antiguos, estos 'dos volúmenes' obviamente, fueron probablemente conocidos como "Lucas: Los Hechos de Jesús" y "Lucas: Los Hechos de los Apóstoles" Hechos en particular siendo escrito no solamente para comunidades cristianas "sino también para lectores cultos, ya fueran gentiles o cristianos". (*Studies*, págs. 103–4).

45. Ramsay, sostiene que "en el decimoquinto año del César Tiberio" (Luc.3:1) se contaba desde el año 12 d.C. "Cuando Tiberio estaba asociado con Augusto en el Imperio" y no desde

posteriores ha señalado una fecha más probable. Una consideración, confesadamente subjetiva, es la perspectiva desde la cual el libro fue compuesto. Las relaciones entre Pablo, Pedro y Santiago de Jerusalén son presentadas de una forma que sería más natural si los tres hubieran muerto y el autor hubiera sido capaz de ver sus últimos logros con una perspectiva más adecuada, lo que hubiera sido posible mucho más fácilmente que si aún estuvieran vivos. Ciertamente la impresión que nos da de su relación no es la impresión recibida de Pablo en sus cartas, y eso sería más entendible si llevaran muertos algunos años y sus desavenencias (a los ojos de un hombre como Lucas)[46] no hubieran parecido ya tan importantes como lo habrían sido en su momento.[47]

La narrativa actual de Lucas tal como es, no podría haber sido concebida para servir como evidencia de la defensa cuando la apelación de Pablo llegó a la audiencia de la corte imperial. Un documento esbozado para este propósito podía haber servido como fuente para Hechos, pero en Hechos hay mucho más (y *a fortiori* en Lucas-Hechos) que hubiera sido bastante irrelevante desde el punto de vista forense, ya sea, por un lado, el detallado informe del viaje de Pablo y el naufragio o, por otro lado, el énfasis constante en el papel dominante del Espíritu Santo en la expansión del Evangelio. Este énfasis constituye uno de los principales temas teológicos de Lucas.[48] Otro, es su concepto de la historia de la salvación:[49] el Evangelio, basado como está en la resurrección de Cristo, es la culminación de un largo proceso preparatorio de la revelación divina y al prevalecer, se rastrea hasta el Éxodo de Israel de Egipto (como Pablo afirma en la sinagoga de Pisidia de Antioquía)[50] o incluso antes, hasta la llamada de Abraham (como en la defensa de Esteban ante el Sanedrín).[51]

¿Habrían sido estos aspectos enfatizados más relevantes para el inteligente público que Lucas tiene en mente de lo que hubieran sido para el abogado de la

---

su año de ascensión (14d.C.), concluyendo que tal inusual modo de ajustar cuentas solo podía haberse dado cuando una situación similar se había dado ya (o muy recientemente) – es decir, la asociación de Tito con Vespasiano en la ley imperial del 1 de Julio del 71 d.C. ocho años antes de su ascensión como emperador único (*St. Paul the Traveller*, pp. 386–87). Pero esta interpretación de Lucas 3:1 es improbable.

46. Ver págs. 301–2 siguiente (en 15:38–39).

47. Comp. A. Ehrhardt *The Acts of the Apostles: Ten Lectures* (Manchester, 1969), pp. 4, 50, 88–89, *et passim*.

48. La comunidad Cristiana es llenada e inspirada por el Espíritu, tanto como su voz es la voz del Espíritu (comp. por ej., 5:3; 15:28), y todo la empresa evangelística, desde Jerusalén a Roma, es dirigida por el Espíritu (comp. por ej. 16:6–10).

49. Comp. E. Lohse, "Lukas als Theologe der Heilsgeschichte," Evangelische Theologie 14 (1954–55), pp. 254–75; H. Flender, *St. Luke: Theologian of Redemptive History*, E.T. (London, 1967).

50. Hechos 13:16– 41.

51. Hechos 7:2–53.

defensa de Pablo ante Nerón? Para muchos miembros de aquel público habría tenido poco significado, pero sí para Teófilo personalmente, y algunos otros como él, creyentes o personas interesada en la fe cristiana. En cualquier caso, Lucas desea dejar claro que el progreso de esta fe no era producto meramente humano; estaba dirigido por agencia divina. En un sentido, esto puede haber contribuido al propósito apologético de Lucas, aunque no hubiera sido de mucha utilidad como apelación en una corte romana.

Lucas es, de hecho, el apologeta pionero entre los cristianos, especialmente en esta forma de apología que se dirige a las autoridades civiles para establecer el carácter respetuoso del cristianismo frente a la ley. Pero hay otra forma de apología que está presente a lo largo de este trabajo, especialmente en algunos de los discursos de Hechos. Así, la defensa de Esteban es el prototipo de una defensa cristiana frente a los judíos, diseñada para demostrar que el cristianismo, y no el judaísmo, es el verdadero cumplimiento de la palabra de Dios hablada a través de Moisés y los profetas, y que el rechazo judío del Evangelio es consistente con su rechazo del mensaje divino que les fue predicado por mensajeros anteriores. La defensa de Pablo en el Areópago es uno de los primeros ejemplos de apología contra los paganos, diseñada para mostrar que el verdadero conocimiento de Dios es dado en el Evangelio y no en las vanidades idólatras del paganismo.[52] Su discurso de despedida en Mileto, dirigido a los ancianos de la iglesia de Éfeso, es en parte apologético; él replica implícitamente a algunas voces críticas contra él dentro de la comunidad cristiana.[53] Y su discurso en Cesárea, ante el más joven Agripa, es la corona de la apología de su propia carrera misionera.[54]

III. PABLO EN HECHOS

En algunas de sus cartas Pablo ve necesario defender la realidad de su divino llamado y comisión contra aquellos que lo cuestionan, y apela en defensa de su vindicación a las "señales del apóstol" que asistían su ministerio.[55] Era innecesario para él describir estas señales con detalle a las personas que habían tenido una experiencia personal de primera mano. Pero para otros lectores de sus cartas esta apelación podría carecer de validez alguna si no fuera por el registro de Lucas del ministerio de Pablo. Nadie puede leer Hechos y dudar de que Pablo fuera realmente comisionado por el Cristo resucitado como un "instrumento escogido"[56] por su mano, para la proclamación generalizada del Evangelio.

52. Hechos 17:22–31.
53. Hechos 20:18–35.
54. Hechos 26:2–23.
55. 2 Cor. 12:12; comp. C. K. Barrett, *The Signs of an Apostle* (London, 1970).
56. Hechos 9:15.

Las vindicaciones de Pablo no eran el propósito principal de Lucas al escribir. Lucas lo hace de pasada, al mostrar que la comisión de Pablo era tan válida como la de Pedro, y que los dos fueron igualmente fieles a su llamado. Pero estos aspectos del libro adquieren especial importancia en el siglo II, en vista de la tendencia de Marción de reclamar peculiarmente a Pablo para ellos mismos, y también en vista de la tendencia de otros grupos al menospreciar los logros de Pablo en interés de Pedro o Santiago.[57] Tertuliano, por ejemplo, señala la inconsistencia de estos sectarios, (los marcionitas en particular, sin duda) que rechazaron el testimonio de los Hechos, pero apelaron tan confiadamente a la autoridad única de Pablo. "Debes mostrarnos primero de todo quién era este Pablo," les dijo, "¿Qué era antes de llegar a ser apóstol? ¿Cómo llegó a ser apóstol?"[58] Pablo en sus cartas responde a tales preguntas, pero para corroboración independiente uno, naturalmente, debería apelar a Hechos, una vez que el trabajo había sido publicado. Pero los Marcionitas no podían hacer esto: Hechos vindica las reclamaciones hechas por y para Pablo, ciertamente, pero como vindica simultáneamente las reclamaciones hechas por y para Pedro, su testimonio no era aceptable. Hechos muestra que Pedro y el resto de los doce eran verdadera y fielmente apóstoles de Jesucristo (lo cual negaban los marcionitas), al mismo tiempo que muestra cómo los logros misioneros de Pablo eran no solamente tan grandes como los de ellos, sino los más grandes. Una característica de Hechos, que se observará en el curso de nuestra exposición, es la serie de paralelismos establecidos entre la actividad misionera de Pedro y la de Pablo,[59] aunque ninguno de las dos es el estándar de comparación por el cual el otro es evaluado.

El registrar la grandeza de los logros de Pablo en Hechos podría haber tenido felices consecuencias más allá de la intención inmediata de Lucas. Una comparación de los discursos de despedida en Mileto con la evidencia de las epístolas pastorales sugiere que, después de que Pablo abandona su misión en el campo Egeo, su influencia allí, y especialmente en las provincias de Asia, declina, y que sus oponentes ganan al menos temporalmente una victoria en las iglesias.[60] Pero a medida que dichos oponentes inculcaban tendencias judaizantes, su victoria se convirtió, sin embargo, en puramente temporal. Poco después, el nombre y la

---

57. Tendencias que más tarde encontraron expresión literaria en las *Clementine Homilies* y *Clementine Recognitions* (Siglo III y IV d.C.).

58. *Prescription against heretics* 23. En la sección precedente (22) Tertuliano había dicho de Hechos, "Estos que no aceptan este volumen de la Escritura pueden no tener nada que hacer con el Espíritu Santo, porque realmente no saben si el Espíritu Santo ha sido ya enviado a los discípulos, ni pueden reclamar ser la iglesia, ya que no pueden indicar cuando este cuerpo fue establecido, ni donde nació".

59. Ver, p. 362, n. 14, para más detalles en estos paralelos.

60. Compare 20:29–30 con 2 Tim. 1:15.

reputación de Pablo fueron firmemente restablecidos y venerados en las áreas en las que él había evangelizado (aunque sus enseñanzas no habían sido entendidas o aplicadas tan consistentemente como él hubiera deseado). Hay dos razones para esta vindicación de la memoria de Pablo. Una fue la dispersión de la iglesia en Jerusalén poco antes de la caída de la ciudad en el 70 d.C. Otra razón, y aún más importante fue probablemente la publicación de Hechos y su circulación entre las iglesias Egeas—un público mucho más extenso que aquel al que Lucas se dirige primero en su *Historia*. La aparición de Hechos puede haber reavivado el interés en Pablo, puede incluso, como Edgar J. Goodspeed ha sugerido, haber hecho algo para estimular la colección de sus escritos en una colección literaria que circulaba entre las iglesias.[61] Un punto a tener en cuenta (y uno que ha sido interpretado de varias maneras) es que al autor de Hechos lo traiciona su no conocimiento de las cartas de Pablo;[62] lo que sea que esto indique, significa seguramente que Hechos fue escrito antes de que las cartas empezaran a ser conocidas como una colección.[63]

Pablo es sin duda el héroe de Lucas. Y este hecho explica la diferencia de impresiones entre las que nos da Lucas de la personalidad de Pablo y las que recibimos de las propias cartas de Pablo. Pablo no era ciertamente un héroe a sus propios ojos.

En Hechos, desde el momento en el que Pablo se establece en Antioquía para extender su trabajo misionero desde allí, domina la situación. Siempre seguro de sí mismo; siempre triunfa. En sus cartas, Pablo es a menudo también víctima de conflictos emocionales – "por fuera, conflictos; por dentro, temores". (2 Co. 7:5). Él confiesa que no ha tenido ni seguridad en sí mismo, ni la autoafirmación

---

61. E. J. Goodspeed, *INT* (Chicago, 1937), págs. 210–17.

62. Esto ha sido respondido especialmente por M. S. Enslin, de acuerdo con el cual, Lucas no solamente conocía las auténticas cartas de Pablo, sino que las utilizó como su principal recurso histórico y literario, reconstruyendo las actividades de Pablo con su ayuda siguiendo el principio de que lo que *debería* haber sido *puede* haber sido y realmente fue (*Reapproaching Paul* [Philadelphia, 1962], p. 27; comp. su " 'Lucas' y 'Pablo,' " *JAOS* 58 [1938], págs. 81–91; "Once Again; Luke and Paul," *ZNW* 61 [1970], págs. 253 –71; "Luke, the Literary Physician," en D. E. Aune [ed.], *Studies in New Testament and Early Christian Literature: Essays in Honor of Allen P. Wikgren* = *NovT* Sup. 33 [Leiden, 1972], págs. 135 – 43).

63. Si las cartas Paulinas no fueron la fuente de Lucas, ¿qué recursos utilizó? La pregunta es más difícil de responder en Hechos (ninguna de sus fuentes han sido preservadas independientemente) que en la del Tercer Evangelio (donde una o dos de sus fuentes todavía están disponibles para inspeccionar independientemente). Aparte de la narrativa de "nosotros", él seguramente utilizó otra fuente (tercera-personal) para el itinerario (especialmente para el viaje de Bernabé y Pablo a Antioquía en 13:13–14:26, y quizá el viaje de Pablo en 18:22–23), una o más fuentes de Jerusalén para la historia primitiva de la madre-iglesia, una fuente griega (Antioquía?) (6:8–8:40; 11:19–26), y la colección de los *Hechos de Pedro* (9:32–11:18; 12:1–17). No siempre es fácil decidir qué fuentes originales eran escritas y qué fuentes eran orales. J. Dupont, *The Sources of Acts*, E.T. (London, 1964).

de los intrusos que han suscitado los problemas entre sus convertidos en Corinto: donde estos otros han explotado a sus convertidos, él rehúsa vindicar sus derechos como padre espiritual, y algunos de ellos lo desprecian por su debilidad.[64] El Pablo de las cartas es un personaje multilateral. A veces, seguro, él puede afirmar su autoridad,[65] y este es el aspecto que Lucas muestra mayormente.[66] Pero, sin duda, hay otros aspectos del Pablo real que nosotros apenas podríamos adivinar si no tuviéramos sus cartas, el retrato que Lucas nos da de él es imborrable. Y mostrándonos este retrato, aunque pueda ser limitado, Lucas ha hecho una gran – de verdad, única – contribución al registro de los primeros años de extensión del cristianismo. Su narrativa, de hecho, es un extraordinario libro de consulta para la historia de la civilización.[67]

Podría ser o no una buena cosa que para la mayor parte del mundo, el cristianismo se considere una religión Europea. Pero ¿cómo fue que una fe que surge en Asia ha llegado a integrarse en la civilización europea más que en la asiática? La respuesta está seguramente, en la providencia de Dios, guiando a su heraldo y misionero en las tres décadas que siguen a sus comienzos como ciudadano romano, que vio cómo los centros estratégicos y las comunicaciones del Imperio Romano podrían utilizarse para el servicio del reino de Cristo, y plantó su fe cristiana en aquellos centros y a lo largo de las líneas de comunicación. "En poco más de diez años San Pablo establece iglesias en cuatro provincias del Imperio: Galacia, Macedonia, Acadia y Asia. Antes del año 47d.C. no hay iglesias en estas provincias; en el año 57 d.C. San Pablo podía hablar como si su trabajo estuviera hecho, y podría planear ampliar sus viajes al lejano Este sin ansiedad, por miedo a que las iglesias que había fundado pudieran perecer en su ausencia por la necesidad de guía y apoyo".[68]

Y Lucas es el historiador de esta aventura – una de las que más ha enriquecido la historia del mundo. El muestra llanamente como se llevó a cabo. "Generalmente hablando, la actividad de Pablo se basó en ciertos centros, desde los cuales emprendió sus largos y cortos viajes, y desde los que, a lo largo de los años, se fue transfiriendo de una provincia a otra".[69] El primero de estos centros

---

64. 2 Cor. 10:1–12:13.
65. Comp. 1 Cor. 4:18–21; 5:3–5; 2 Cor. 13:1–4.
66. J. Jervell señala que Pablo, el hombre de poder carismático, de quien Hechos da claro testimonio, es uno de los muchos aspectos de Pablo que aparecen en sus cartas ("Der unbekannte Paulus," in *Die paulinische Literatur und Theologie*, ed. S. Pedersen [Aarhus/Göttingen, 1980]).
67. Con Lucas como historiador griego no hay nada que comparar entre Plubio (fl. 146 a.C.) y Eusebio (fl. d.D. 325); ver A. Ehrhardt, "The Construction and Purpose of the Acts of the Apostles," *The Framework of the New Testament Stories* (Manchester, 1964), p. 64.
68. R. Allen, *Missionary Methods: St. Paul's or Ours?* (London, 1927), p. 3.
69. M. Dibelius, *Paul* (ed. W.G. Kümmel), E.T. (London, 1953), p. 69.

fue Damasco, desde donde (de acuerdo con el propio relato de Pablo en Gálatas) llegó a los Nabateos de Arabia. Podría haber establecido su próximo centro en Jerusalén, si no hubiera sido (de acuerdo con el relato de Lucas) porque la divina providencia no le permitió asentarse allí. Regresó a su nativa Tarso, que le proveyó una cómoda base para la evangelización de las provincias de Siria y Cilicia (por lo cual Pablo mismo, otra vez en Gálatas, es nuestra autoridad). Luego, por períodos más o menos largos, sus centros sucesivos estuvieron en Antioquía de Orontes, Corinto, Éfeso y Roma.[70] Algo de sus logros mientras trabajaba en uno de estos centros tras otro y predicaba el Evangelio a lo largo de los caminos, puede estar recogido en sus cartas. Pero es a Lucas a quien debemos darle las gracias por el informe coherente de la actividad de Pablo.[71] Sin su informe, nosotros seríamos incalculablemente más pobres. Incluso así, hay mucho de la carrera de Pablo que permanece en la oscuridad para nosotros; habría sido mucho peor si no tuviéramos el libro de Hechos.

IV. BIBLIOGRAFÍA SELECTA

A. EDICIONES Y COMENTARIOS (HECHOS)

Alexander, J. A., *A Commentary on the Acts of the Apostles* ([1857] London: Banner of Truth, 1965)

Alford, H., "The Acts of the Apostles," *The Greek Testament*, II (London: Rivingtons/Cambridge: Deighton Bell, ⁶1871), pp. 1–310

Andrews, H. T., *The Acts of the Apostles*, WNT (London: Melrose, 1908)

W. Barclay, *Hechos*, CNT (CLIE, Barcelona 1994)

Bartlet, J. V., *The Acts*, CentB (Edinburgh: Jack, 1902)

Bauernfeind, O., *Die Apostelgeschichte*, THKNT 5 (Leipzig: Deichert, 1939)

Bengel, J. A., *Gnomon Novi Testamenti* ([1742] London/Edinburgh: Williams & Norgate, ³1862), pp. 388–489 ("Annotationes ad Acta Apostolorum")

Beyer, H. W., *Die Apostelgeschichte*, HNT 7 (Tübingen: Mohr, 1938)

Blass, F., *Acta Apostolorum sive Lucae ad Theophilum liber alter: editio philologica* (Göttingen: Vandenhoeck & Ruprecht, 1895)

Blass, F., *Acta Apostolorum sive Lucae ad Theophilum liber alter: secundum formam quae videtur Romanam* (Leipzig: Teubner, 1896)

Blunt, A. W. F., *The Acts of the Apostles*, ClarB (Oxford: Clarendon Press, 1923)

---

70. See D. T. Rowlingson, "The Geographical Orientation of Paul's Missionary Interests," *JBL* 69 (1950), pp. 341–44.

71. Para un intento de presentar un registro coherente de las actividades de Pablo sin la ayuda de Hechos ver J. Knox, *Chapters in a Life of Paul* (New York, 1950); G. Lüdemann, *Paul, Apostle to the Gentiles: Studies in Chronology*, E.T. (London, 1984).

Browne, L. E., *The Acts of the Apostles*, Indian Church Commentaries (London: SPCK, 1925)
Bruce, F. F., *The Acts of the Apostles: The Greek Text with Introduction and Commentary* (Grand Rapids: Eerdmans/Leicester: Inter-Varsity Press, ³1989. Trad. Cast. *Hechos de los Apóstoles.* Nueva Creación, Grand Rapids 1998)
Burnside, W. F., *The Acts of the Apostles*, CGT (Cambridge: University Press, 1916)
Camerlynck, A., and van der Heeren, A., *Commentarius in Acta Apostolorum* (Bruges: Beyaert, ⁷1923)
Clark, A. C., *The Acts of the Apostles: A Critical Edition* (Oxford: Clarendon Press, 1933)
Conzelmann, H., *Die Apostelgeschichte*, HNT 7 (Tübingen: Mohr, 1963, ²1972); E.T., *Acts*, Hermeneia (Philadelphia: Fortress, 1987)
Delebecque, E., *Les Actes des Apôtres: texte traduit et annoté* (Paris: Les Belles Lettres, 1982)
Dupont, J., *Les Actes des Apôtres*, Bible de Jérusalem (Paris: du Cerf, ²1954)
Findlay, J. A., *The Acts of the Apostles* (London: SCM, ²1936)
Foakes-Jackson, F. J., *The Acts of the Apostles*, MNTC (London: Hodder & Stoughton, 1931)
Furneaux, W. M., *The Acts of the Apostles: A Commentary for English Readers* (Oxford: Clarendon, 1912)
Grosheide, F. W., *De Handelingen der Apostelen*, I, II, CNT 5 (Amsterdam: van Bottenburg, 1942, 1948)
Grosheide, F. W., *De Handelingen der Apostelen*, KV (Kampen: Kok, 1950)
Hackett, H. B., *A Commentary on the Acts of the Apostles* (Philadelphia: American Baptist Publication Society, 1882)
Haenchen, E., *The Acts of the Apostles*, E.T. from KEK 5, ¹⁴1965 (Oxford: Blackwell, 1971)
Hanson, R. P. C., *The Acts of the Apostles*, NClarB (Oxford: Clarendon, 1967)
Hilgenfeld, A., *Acta Apostolorum graece et latine secundum antiquissimos testes* (Berlin: Reimer, 1899)
Holtzmann, H. J., *Die Apostelgeschichte*, Hand-Kommentar zum Neuen Testament I.2 (Tübingen: Mohr, ³1901)
Jacquier, E., *Les Actes des Apôtres*, ÉB (Paris: Lecoffre, ²1926)
Kelly, W., *An Exposition of the Acts of the Apostles* (London: Hammond, ³1952)
Knopf, R., *Die Apostelgeschichte*, SNT III (Göttingen: Vandenhoeck & Ruprecht, ³1917)
Knowling, R. J., "The Acts of the Apostles," *Expositor's Greek Testament*, ed. W. R. Nicoll, II (London: Hodder & Stoughton, 1900), pp. 1–554 (repr. Grand Rapids: Eerdmans, 1951)
Krodel, G. A., *Acts*, Augsburg Comm. (Minneapolis: Augsburg, 1986)

Lake, K., and Cadbury, H. J., *The Acts of the Apostles: English Translation and Commentary* = Beginnings I.4 (London: Macmillan, 1933)
Loisy, A., *Les Actes des Apôtres* (Paris: É. Nourry, 1920)
Lumby, J. R., *The Acts of the Apostles*, CBSC (Cambridge: University Press, 1882)
MacGregor, G. H. C., "The Acts of the Apostles," IB IX (New York/Nashville: Abingdon-Cokesbury, 1954), pp. 3–352.
Marshall, I. H., *The Acts of the Apostles*, TNTC (Leicester: Inter-Varsity Press/ Grand Rapids: Eerdmans, 1980)
Meyer, H. A. W., *Critical and Exegetical Handbook to the Acts of the Apostles*, I, II, E.T. from KEK 3, [4]1870 (Edinburgh: T. & T. Clark, 1877)
Munck, J., *The Acts of the Apostles*, AB 31 (Garden City, NY: Doubleday, 1967)
Neil, W., *The Acts of the Apostles*, NCB (London: Oliphants, 1973)
Packer, J. W., *The Acts of the Apostles*, CBCNEB (Cambridge: University Press, 1966)
Page, T. E., *The Acts of the Apostles: The Greek Text . . . with Explanatory Notes* (London: Macmillan, 1886)
Pesch, R., *Die Apostelgeschichte*, I. II, EKK (Neukirchen/Vluyn: Neukirchener, 1986)
Preuschen, E., *Die Apostelgeschichte*, HNT 4.1 (Tübingen: Mohr, 1913)
Rackham, R. B., *The Acts of the Apostles*, WC (London: Methuen, 1901)
Rendall, F., *The Acts of the Apostles in Greek and English with Notes* (London/New York: Macmillan, 1897)
Roloff, J., *Die Apostelgeschichte*, NTD 5 (Göttingen: Vandenhoeck & Ruprecht, 1981. Trad. Cast. *Hechos de los Apóstoles*. Madrid: Editorial Cristiandad 1984)
Ropes, J. H., *The Text of Acts. Beginnings* I.3 (London: Macmillan, 1926)
Schille, G., *Die Apostelgeschichte des Lukas*, THKNT 5 (Berlin: Evangelische Verlagsanstalt, 1983)
Schlatter, A., *Die Apostelgeschichte*, ENT 4 (Stuttgart: Calwer Verlag, 1948)
Schneider, G., *Die Apostelgeschichte*, I, II, TKNT 5 (Freiburg/Basel/Wien: Herder, 1980, 1982)
Stählin, G., *Die Apostelgeschichte*, NTD 5 (Göttingen: Vandenhoeck & Ruprecht, 1962)
Steinmann, A., *Die Apostelgeschichte übersetzt und erklärt*, HSNT (Bonn: Hanstein, [4]1934)
Strack, H. L., and Billerbeck, P., *Kommentar zum Neuen Testament aus Talmud und Midrasch*, II (Munich: Beck, [2]1956), pp. 588–773
Walker, T., *The Acts of the Apostles* ([1910] Chicago: Moody Press, 1965)
Weiser, A., *Die Apostelgeschichte*, I, II, Ökumenischer Taschenbuch-Kommentar zum Neuen Testament 5.1, 2 (Gütersloh: Mohn/Würzburg: Echter Verlag, 1980, 1985)

Weiss, B., *Die Apostelgeschichte: Textkritische Untersuchungen und Textherstellung* = TU 9.3/4 (Leipzig: Hinrichs, 1893)
Wendt, H. H., *Die Apostelgeschichte*, KEK 3 (Göttingen: Vandenhoeck & Ruprecht, ⁹1913)
Wikenhauser, A., *Die Apostelgeschichte übersetzt und erklärt*, RNT 5 (Regensburg: Pustet, ³1956. Tad. Cat. *Los Hechos de los Apóstoles*. Barcelona: Herder 1973)
Williams, C. S. C., *The Acts of the Apostles*, BNTC (London: A & C. Black/New York: Harper, 1957)
Williams, D. J., *Acts*, GNC (San Francisco: Harper & Row, 1985)
Williams, R. R., *The Acts of the Apostles*, TBC (London: SCM, 1953)
Wilson, J. M., *The Acts of the Apostles: Translated from the Codex Bezae, with an Introduction on its Lucan Origin and Importance* (London: Rivingtons, 1877)
Zahn, T., *Die Apostelgeschichte des Lucas*, I, II, ZKNT (Leipzig: Deichert, ³1922, ³·⁴1927)
———*Die Urausgabe der Apostelgeschichte des Lukas*, FGNTK 9 (Leipzig: Deichert, 1916)
de Zwaan, J., *De Handelingen der Apostelen*, Het Nieuwe Testament (Groningen: Wolters, ²1932)

B. OTROS LIBROS

Abrahams, I., *Studies in Pharisaism and the Gospels*, I, II (Cambridge: University Press, 1917)
Barker, C. J., *The Acts of the Apostles: A Study in Interpretation* (London: Epworth, 1969)
Barrett, C. K., *Freedom and Obligation* (London: SPCK, 1985)
———*Luke the Historian in Recent Study* (London: Epworth, 1961)
———*New Testament Essays* (London: SPCK, 1972)
———*The Signs of an Apostle* (London: Epworth, 1971)
Baur, F. C., *The Church History of the First Three Centuries*, E.T., I, II (London/Édinburgh: Williams & Norgate, 1878, 1879)
———*Paul: His Life and Works*, E.T., I, II (London/Edinburgh: Williams & Norgate, 1875, 1876)
Bernard, T. D., *The Progress of Doctrine in the New Testament* ([1864] London: Macmillan, ⁵1900. Trad. Cast. *El desarrollo doctrinal en el Nuevo Testamento*. México: Publicaciones de la Fuente 1961)
Bishop, E. F. F., *Apostles of Palestine* (London: Lutterworth, 1958)
Black, M., *An Aramaic Approach to the Gospels and Acts* (Oxford: Clarendon Press, ³1967)
Blass, F., *Philology of the Gospels* (London: Macmillan, 1898)

Bornhäuser, K., *Studien zur Apostelgeschichte* (Gütersloh: Bertelsmann, 1924)
Brown, R. E., and Meier, J. P., *Antioch and Rome* (London: Chapman, 1983)
Brown, S., *The Origins of Christianity* (Oxford/New York: Oxford University Press, 1984)
Burchard, C., *Der dreizehnte Zeuge*, FRLANT 103 (Göttingen: Vandenhoeck & Ruprecht, 1970)
Burkitt, F. C., *Christian Beginnings* (London: University of London Press, 1924)
Cadbury, H. J., *The Book of Acts in History* (New York: Harper/London: A. & C. Black, 1955)
Cadbury, H. J., *The Making of Luke-Acts* ([1927] Naperville, IL: Allenson/London: SPCK, 1958)
———*The Style and Literary Method of Luke*, 1. *The Diction of Luke and Acts*, HTS 6 (Cambridge, MA: Harvard University Press, 1920)
von Campenhausen, H., *Tradition and Life in the Church*, E.T. (London: Collins, 1968)
Cassidy, R. J., and Scharper, P. J., *Political Issues in Luke-Acts* (Maryknoll, NY: Orbis, 1983)
Chase, F. H., *The Credibility of the Book of the Acts of the Apostles* (London: Macmillan, 1902)
Clemen, C., *Die Apostelgeschichte im Lichte der neueren text-, quellen- und historischkritischen Forschungen* (Giessen: Töpelmann, 1905)
Conzelmann, H., *History of Primitive Christianity*, E.T. (London: Darton, Longman & Todd, 1973)
Conzelmann, H., *The Theology of St. Luke*, E.T. (New York: Harper/London: Faber, 1960)
Cullmann, O., *Christ and Time*, E.T. (London: SCM, 1951. Trad. Cast. *Cristo y el tiempo*. Madrid: Editorial Cristiandad 2008)
———*The Early Church*, E.T. (London: SCM, 1956)
———*Peter: Disciple-Apostle-Martyr*, E.T. (London: SCM, 1953)
———*Salvation in History*, E.T. NTL (London: SCM, 1965)
Davies, W. D., *Jewish and Pauline Studies* (London: SPCK, 1984)
———*Paul and Rabbinic Judaism* (London: SPCK, 1948, ²1958)
Deissmann, G. A., *Bible Studies* E.T. (Edinburgh: T. & T. Clark, ²1903)
———*Light from the Ancient East* E.T. (London: Hodder & Stoughton, ²1927)
———*Paul: A Study in Social and Religious History*, E.T. (London: Hodder & Stoughton, ²1926)
Dibelius, M., *Paul* (ed. W. G. Kümmel), E.T. (London: Longmans, 1953)
———*Studies in the Acts of the Apostles* E.T. (London: SCM, 1956)
Dietrich, W., *Das Petrusbild der lukanischen Schriften* (Stuttgart: Kohlhammer, 1972)
Dodd, C. H., *The Apostolic Preaching and its Developments* (London: Hodder & Stoughton, 1936, 1944)

Duncan, G. S., *St. Paul's Ephesian Ministry* (London: Hodder & Stoughton, 1929)
Dunn, J. D. G., *Baptism in the Holy Spirit*, SBT 2.15 (London: SCM, 1973)
——*Jesus and the Spirit*, NTL (London: SCM, 1975. Trad. Cast. *Jesús y el Espíritu*, Barcelona: CLIE/EST 2014)
——*Unity and Diversity in the New Testament* (London: SCM, 1977)
Dupont, J., *Études sur les Actes des Apôtres*, LD 45 (Paris: du Cerf, 1967)
——*Nouvelles Études sur les Actes des Apôtres*, LD 118 (Paris: du Cerf, 1984)
——*The Sources of Acts*, E.T. (London: Darton, Longman & Todd, 1964)
Easton, B. S., *The Purpose of Acts* (1936) in *Early Christianity: The Purpose of Acts and Other Papers* (Greenwich, CT: Seabury, 1954)
Ehrhardt, A., *The Acts of the Apostles: Ten Lectures* (Manchester: University Press, 1969)
——*The Framework of the New Testament Stories* (Manchester: University Press, 1964)
Ellis, E. E., *The Gospel of Luke*, NCB (Grand Rapids: Eerdmans/London: Oliphants, ²1974)
Epp, E. J., *The Theological Tendency of Codex Bezae in Acts*, SNTSM 3 (Cambridge: University Press, 1966)
Féret, H. M., *Pierre et Paul à Antioche et à Antioche Jérusalem* (Paris: du Cerf, 1955)
Field, F., *Notes on the Translation of the New Testament* (Cambridge: University Press, 1899)
Filson, F. V., *Three Crucial Decades* (London: Epworth, 1964)
Finkelstein, L., *The Pharisees*, I, II (New York: Jewish Publication Society of America, 1938)
Fitzmyer, J. A., *The Gospel according to Luke*, I, II, AB (Garden City, NY: Doubleday, 1981, 1985. Trad. Cast. *Los Hechos de los apóstoles*, 2 vols. Salamanca: Sígueme 2003)
Flender, H., *St. Luke: Theologian of Redemptive History*, E.T. (London: SPCK/Philadelphia: Fortress, 1967)
Foakes-Jackson, F. J., and Lake, K. (eds.), *The Beginnings of Christianity*, Part I, vols. 1–5 (London: Macmillan, 1920–33)
Foakes-Jackson, F. J., *The Life of St. Paul* (London: Jonathan Cape, 1927)
——*Peter: Prince of Apostles* (London: Hodder & Stoughton, 1927)
Gasque, W. W., *A History of the Criticism of the Acts of the Apostles*, BGBE 17 (Tübingen: Mohr, 1975)
Gasque, W. W., and Martin, R. P. (eds.), *Apostolic History and the Gospel* (Exeter: Paternoster/ Grand Rapids: Eerdmans, 1970)
Goguel, M., *La naissance du christianisme* (Paris: Payot, 1946)
——*L'église primitive* (Paris: Payot, 1947)
González Echegaray, J., *Los Hechos de los Apóstoles y el mundo romano* (Estella: Ed. Verbo Divino, 1998)

Goulder, M. D., *Type and History in Acts* (London: SPCK, 1964)
Gourgues, M., *Misión y comunidad. Hch 1-12* (Estella: Ed. Verbo Divino 1990)
———*El evangelio a los paganos. Hch 13-28* (Estella: Ed. Verbo Divino 1991)
Harnack, A., *The Acts of the Apostles*, E.T. (London: Williams and Norgate, 1909)
———*Date of the Acts and of the Synoptic Gospels*, E.T. (London: Williams & Norgate, 1911)
———*Luke the Physician*, E.T. (London: Williams & Norgate, 1907)
———*Mission and Expansion of Christianity*, E.T., I, II (London: Williams & Norgate, ²1908)
Hengel, M., *Acts and the History of Earliest Christianity*, E.T. (London: SCM, 1979)
—*Between Jesus and Paul*, E.T. (London: SCM, 1983)
Hobart, W. K., *The Medical Language of St. Luke* (Dublin: Hodges, Figgis/London: Longmans, Green, 1882)
Hock, R. F., *The Social Context of Paul's Ministry: Tentmaking and Discipleship* (Philadelphia: Fortress, 1980)
Holtz, T., *Untersuchungen über die alttestamentlichen Zitate bei Lukas = TU* 104 (Berlin: Akademie-Verlag, 1968)
Hort, F. J. A., *The Christian Ecclesia* (London: Macmillan, 1897)
———*Judaistic Christianity* (London: Macmillan, 1894)
Hull, J. H. E., *The Holy Spirit in the Acts of the Apostles* (London: Lutterworth, 1967)
Hunter, A. M., *Paul and his Predecessors* (London: SCM, ²1961)
Jervell, J., *Luke and the People of God* (Minneapolis: Augsburg, 1972)
———*The Unknown Paul* (Minneapolis: Augsburg, 1984)
Jewett, R., *Dating Paul's Life/A Chronology of Paul's Life* (London: SCM/ Philadelphia: Fortress, 1979)
Jones, A. H. M., *Cities of the Eastern Roman Provinces*, (Oxford: Clarendon Press, 1937)
———*The Herods of Judaea* (Oxford: Clarendon Press, 1938)
———*Studies in Roman Government and Law* (Oxford: Blackwell, 1960)
Judge, E. A., *The Social Pattern of Christian Groups in the First Century* (London: Tyndale Press, 1960)
Juel, D., *Luke-Acts* (London: SCM, 1984)
Keck, L. E., and Martyn, J. L. (eds.), *Studies in Luke-Acts* (Nashville/New York: Abingdon, 1966)
Kennedy, G. A., *The Art of Rhetoric in the Roman World* (Princeton: University Press, 1972)
Kenyon, F. G., *The Western Text in the Gospels and Acts* (London: British Academy, 1939)
Kertelge, K. (ed.), *Paulus in den neutestamentlichen Spätschriften*, QD 89 (Freiburg: Herder, 1981)

Bibliografía selecta

Kistemaker, S. J., *Hechos. Comentario al NT.* (Grand Rapids: Desafío 1996)
Klausner, J., *From Jesus to Paul,* E.T. (London: Allen & Unwin, 1944)
Klostermann, A., *Probleme im Aposteltexte* (Gotha: Perthes, 1883)
Knox, J., *Chapters in a Life of Paul* (New York/Nashville: Abingdon-Cokesbury, 1950)
——— *Marcion and the New Testament* (Chicago: University of Chicago Press, 1942)
Knox, W. L., *The Acts of the Apostles* (Cambridge: University Press, 1948)
——— *Some Hellenistic Elements in Primitive Christianity* (London: British Academy/Oxford University Press, 1944)
——— *St. Paul and the Church of the Gentiles* (Cambridge: University Press, 1939)
——— *St. Paul and the Church of Jerusalem* (Cambridge: University Press, 1925)
Kremer, J. (ed.), *Les Actes des Apôtres: Traditions, rédaction, théologie,* BETL 48 (Gembloux: Duculot/Leuven: University Press, 1979)
Krenkel, M., *Beiträge zur Aufhellung der Geschichte und der Briefe des Apostels Paulus* (Braunschweig: Schwetschke, 1890)
——— *Josephus und Lucas* Leipzig: Haessel, 1894)
Kürzinger, J., *Los Hechos de los Apóstoles.* Ed. Herder, Barcelona 1974.
Lake, K., *The Earlier Epistles of St. Paul* (London: Rivingtons, 1911)
Lampe, G. W. H., *The Seal of the Spirit* (London: Longmans, Green, 1951)
——— *St. Luke and the Church of Jerusalem* (London: Athlone Press, 1969)
Lekebusch, E., *Die Composition und Entstehung der Apostelgeschichte* (Gotha: Perthes, 1854)
Lietzmann, H., *The Beginnings of the Christian Church,* E.T. (London: Lutterworth, ²1949)
Lightfoot, J. B., *Biblical Essays* (London: Macmillan, 1893)
——— *Dissertations on the Apostolic Age* (London: Macmillan, 1892)
Lohmeyer, E., *Galiläa und Jerusalem,* FRLANT 52 (Göttingen: Vandenhoeck & Ruprecht, 1936)
Löning, K., *Die Saulustradition in der Apostelgeschichte* (Münster: Aschendorff, 1973)
Loyd, P., *The Holy Spirit in the Acts* (London: Mowbray, 1952)
Lüdemann, G., *Paul: Apostle to the Gentiles,* I. *Studies in Chronology,* E.T. (London: SCM, 1984)
——— *Paulus der Heidenapostel,* II. *Antipaulinismus im frühen Christentum,* FRLANT 130 (Göttingen: Vandenhoeck & Ruprecht, 1983)
McLachlan, H., *St. Luke: the Man and his Work* (Manchester: University Press, 1920)
Maddox, R., *The Purpose of Luke-Acts* (Edinburgh: T. & T. Clark, 1982)
Manson, T. W., *Studies in the Gospels and Epistles* (Manchester: University Press, 1962)
Marshall, I. H., *The Gospel of Luke,* NIGTC (Grand Rapids: Eerdmans/Exeter: Paternoster, 1979)
——— *Luke: Historian and Theologian* (Exeter: Paternoster, 1970)

Mattill, A. J., and Mattill, M. B., *A Classified Bibliography of Literature on the Acts of the Apostles*, NTTS 7 (Leiden: Brill, 1966)
Meyer, E., *Ursprung und Anfänge des Christentums*, I-III (Stuttgart/Berlin: Cotta, 1921-23)
Momigliano, A., *Claudius: The Emperor and his Achievement*, E.T. (Cambridge: Heffer, ²1961)
Morgenthaler, R., *Die lukanische Geschichtsschreibung als Zeugnis: Gestalt und Gehalt der Kunst des Lukas*, I, II, ATANT 14, 15 (Zürich: Zwingli Verlag, 1948)
Morton, A. Q., and MacGregor, G. H. C., *The Structure of Luke and Acts* (London: Hodder & Stoughton, 1964)
Munck, J., *Paul and the Salvation of Mankind*, E.T. (London: SCM, 1959)
Nock, A. D., *Early Gentile Christianity and its Hellenistic Background*, Harper Torchbooks (New York: Harper, 1964)
——— *St. Paul*, HUL (London: Lutterworth, 1938)
Norden, E., *Agnostos Theos: Untersuchungen zur Formengeschichte religiöser Rede* (Leipzig/Berlin: Teubner, 1913, ²1929)
Ogg, G., *The Chronology of the Life of Paul* (London: Epworth, 1968)
O'Neill, J. C., *The Theology of Acts in its Historical Setting* (London: SPCK, ²1970)
O'Toole, R. F., *The Christological Climax of Paul's Defense*, AnBib 78 (Rome: Biblical Institute Press, 1978)
Overbeck, F., Introduction to W. M. L. de Wette, *Kurze Erklärung der Apostelgeschichte, 4te Auflage, bearbeitet und stark erweitert von Frz. Overbeck* (Leipzig: Hirzel, 1870; E.T. of the Introduction appears as preface to E. Zeller, *The Contents and Origin of the Acts of the Apostles*, E.T. (London/Edinburgh: Williams & Norgate, 1875)
Paley, W., *Horae Paulinae* (London: J. Davis, 1790, etc.)
Pallis, A., *Notes on St. Luke and the Acts* (London: H. Milford, 1928)
Pierson, A. T., *The Acts of the Holy Spirit* (London: Morgan & Scott, ²1913)
Plümacher, E., *Lukas als hellenistischer Schriftsteller: Studien zur Apostelgeschichte*, SUNT 9 (Göttingen: Vandenhoeck & Ruprecht, 1972)
Ramsay, W. M., *The Bearing of Recent Discovery on the Trustworthiness of the New Testament* (London: Hodder & Stoughton, 1915)
——— *The Church in the Roman Empire to A.D. 170* (London: Hodder & Stoughton, ⁴1895)
——— *The Cities and Bishoprics of Phrygia*, I, II (Oxford: Clarendon Press, 1895, 1897)
——— *The Cities of St. Paul* (London: Hodder & Stoughton, 1907)
——— *Historical Geography of Asia Minor* (London: John Murray, 1890; repr. Amsterdam: A. M. Hakkert, 1962)
——— *Luke the Physician and Other Studies in the History of Religion* (London: Hodder & Stoughton, 1908)

———*Pauline and Other Studies* (London: Hodder & Stoughton, 1906)
———*Pictures of the Apostolic Church: Its Life and Teaching* (London: Hodder & Stoughton, 1910)
———*St. Paul the Traveller and the Roman Citizen* (London: Hodder & Stoughton, 1895, [14]1920)
———*The Teaching of Paul in Terms of the Present Day (London: Hodder & Stoughton,* [2]1914)
Reicke, B., *Glaube und Leben der Urgemeinde*, ATANT 32 (Zürich: Zwingli Verlag, 1957)
Reitzenstein, R., *Die hellenistischen Wundererzählungen* (Leipzig: Teubner, 1906)
Rius-Camps, J., *De Jerusalén a Antioquía. Génesis de la Iglesia cristiana* (Córdoba: Almendro 1989)
———*El camino de Pablo a la misión de los paganos. Comentario lingüístico y exegético a Hch 13-28* (Madrid: Editorial Cristiandad 1984)
Robinson, J. A. T., *Redating the New Testament* (London: SCM, 1976)
———*Twelve New Testament Studies*, SBT 34 (London: SCM, 1962)
Ropes, J. H., *The Apostolic Age in the Light of Modern Criticism* (New York: Scribner/London: Hodder & Stoughton, 1906)
Ryrie, C.C., *Los Hechos de los Apóstoles* (Grand Rapids: Portavoz 1981)
Safrai, S., and Stern, M. (eds.), *The Jewish People in the First Century*, I, II, CRINT 1 (Assen: Van Gorcum, 1974, 1976)
Sahlin, H., *Der Messias und das Gottesvolk*, ASNU 12 (Uppsala: Almquist & Wiksells, 1945)
Sanders, E. P., *Paul and Palestinian Judaism* (Philadelphia: Fortress/London: SCM, 1977)
———*Paul, the Law and the Jewish People* (Philadelphia: Fortress, 1983)
———*The Jews in Luke-Acts* (London: SCM, 1987)
Schneckenburger, M., *Über den Zweck der Apostelgeschichte* (Bern: Fisher, 1841)
Schoeps, H.-J., *Aus frühchristlicher Zeit* (Tübingen: Mohr, 1950)
———*Paul: The Theology of the Apostle in the Light of Jewish Religious History*, E.T. (London: Lutterworth, 1961)
———*Theologie und Geschichte des Judenchristentums* (Tübingen: Mohr, 1949)
Schürer, E., *The History of the Jewish People in the Age of Jesus Christ*, revised English edition, I–III (Edinburgh: T. & T. Clark, 1973–86. Trad. Cast. *Historia del pueblo judío en tiempos de Jesús*, vols. Madrid: Cristiandad 1985)
Schütz, R., *Apostel und Jünger* (Giessen: Töpelmann, 1921)
Sherwin-White, A. N., *Roman Society and Roman Law in the New Testament* (Oxford: Clarendon Press, 1963)
Simon, M., *St. Stephen and the Hellenists in the Primitive Church* (New York/London: Longmans, Green, 1958)

Simon, M., *Verus Israel* (Paris: Boccard, 1948, ²1964), E.T. (Oxford: Oxford University Press, 1986)

Smallwood, E. M., *The Jews under Roman Rule*, SJLA 20 (Leiden: Brill, 1976)

Smith, J., *The Voyage and Shipwreck of St. Paul* (London: Longmans, Green, 1848, ⁴1880)

Spitta, F., *Die Apostelgeschichte: ihre Quellen und derer geschichtlicher Wert* (Halle: Waisenhaus, 1891)

Still, J. I., *St. Paul on Trial* (London: SCM, 1923)

Stonehouse, N. B., *Paul before the Areopagus and Other New Testament Studies* (London: Tyndale Press/Grand Rapids: Eerdmans, 1957)

——*The Witness of Luke to Christ* (Grand Rapids: Eerdmans, 1951)

Suhl, A., *Paulus und seine Briefe: Ein Beitrag zur paulinischen Chronologie* (Gütersloh: Mohn, 1975)

Talbert, C. H., *Literary Patterns, Theological Themes and the Genre of Luke-Acts* (Missoula, MT: Scholars Press, 1974)

Talbert, C. H. (ed.), *Perspectives on Luke-Acts* (Edinburgh: T. & T. Clark, 1978) 1978)

Torrey, C. C., *The Composition and Date of Acts*, HTS 1 (Cambridge, MA: Harvard University Press, 1916)

——*Documents of the Primitive Church* (New York: Harper, 1941)

Trocmé, É., *Le "livre des Actes" et l'Histoire* (Paris: Presses Universitaires de France, 1957)

van Unnik, W. C., *Tarsus or Jerusalem: The City of Paul's Youth*, E.T. (London: Epworth, 1962)

Waszink, J. H., van Unnik, W. C., and de Beus, C. (eds.), *Het oudste Christendom en die antieke Cultuur*, I, II (Haarlem: Willink & Zoon, 1951)

Weiss, J., *Earliest Christianity* (1917), I, II, E.T., Harper Torchbooks (New York: Harper, 1959)

——*Über die Absicht und den literarischen Charakter der Apostelgeschichte* (Göttingen: Vandenhoeck & Ruprecht, 1897)

Wellhausen, J., *Kritische Analyse der Apostelgeschichte*, AGG NF 15 (1914) (Berlin: Weidemann, 1914)

——*Noten zur Apostelgeschichte*, NGG, phil.-hist. Kl. (1907), pp. 1–21

Wikenhauser, A., *Die Apostelgeschichte und ihr Geschichtswert* (Münster: Aschendorff, 1921)

Wilckens, U., *Die Missionsreden der Apostelgeschichte*, WMANT 5.2 (Neukirchen/Vluyn: Neukirchener Verlag, ²1963)

Wilcox, M., *The Semitisms of Acts* (Oxford: Clarendon Press, 1965)

Willi, H., *Am Urquell: Die urchristliche Gemeinde in Jerusalem* (Basel: Gaiser, 1945)

Williams, C. S. C., *Alterations to the Text of the Synoptic Gospels and Acts* (Oxford: Blackwell, 1951)

Wilson, J. M., *The Origin and Aim of the Acts of the Apostles ... with an Appendix on Codex Bezae* (London: Macmillan, 1912)

Wilson, S. G., *The Gentiles and the Gentile Mission in Luke-Acts*, SNTSM 23 (Cambridge: University Press, 1973)
———*Luke and the Law*, SNTSM 50 (Cambridge: University Press, 1983)
Yoder, J. D., *Concordance to the Distinctive Greek Text of Codex Bezae*, NTTS 2 (Leiden: Brill, 1961)
Zeller, E., *The Contents and Origin of the Acts of the Apostles, Critically Investigated*, I, II, E.T. (London/Edinburgh: Williams & Norgate, 1875, 1876)

Texto, exposición y notas

HECHOS 1

I. EL NACIMIENTO DE LA IGLESIA (1:1-5:42)

A. LOS CUARENTA DÍAS Y DESPUÉS (1:1-26)

El primer capítulo de los Hechos provee una breve introducción a la narrativa de Pentecostés, el derramamiento del Espíritu, y su continuación. Trata dos temas: Las conversaciones del Señor Resucitado con sus discípulos la noche de la ascensión, y la elección de Matías para llenar la vacante del apóstol causada por su traición y muerte.

1. Prólogo (1:1-3)

1 *El primer volumen que te escribí,[1] Teófilo, trataba acerca de todo lo que Jesús empezó a hacer y enseñar*
2 *hasta el día que fue tomado, después de haber dado instrucciones a través del Espíritu Santo a los apóstoles que él había escogido.[2]*
3 *Fue a ellos a quienes se apareció vivo, después de su pasión, con muchas convincentes señales: Se les apareció durante un período de cuarenta días y les habló del Reino de Dios.*

1:1-2 Se dirige a Teófilo, a quien este segundo volumen de la Historia de Lucas es aquí dedicado, de manera similar a como aparece en el primer volumen, donde recibe el título de "muy excelentísimo" (Lucas 1:3). Han habido muchas espe-

---

1. El "Yo" de "Yo escribo" (ἐποιησάμην) es idéntico al "mi" de "me parece bien a mi" (ἔδοξε κἀμοί) en Lucas 1:3, y está probablemente incluido en el "nosotros" de las narraciones "nosotros" de Hechos (comp. p. 7). See H. J. Cadbury, "'We' and 'I' Passages in Luke-Acts," *NTS* 3 (1956–57), pp. 128–32.

2. El Texto Occidental original del v.2 probablemente dice: "hasta el día en el que a través del Espíritu Santo dio su mandato a los apóstoles que él había escogido, invitándolos a predicar el Evangelio". La omisión de "fue tomado" (Gr. ἀνελήμφθη) es interesante, porque las palabras correspondientes en Lucas 24:51, "y fue llevado arriba al cielo" (Gr. καὶ ἀνεφέρετο εἰς τὸν οὐρανόν), están desaparecidas del Texto Occidental (están entre aquellas frases al final de Lucas de las que Westcott y Hort escribe entre corchetes como "no-interpolaciones Texto Occidental").

culaciones incisivas acerca de él. Algunos han sugerido que no era una persona, por eso el nombre de Teófilo - que significa "amado por Dios" – sería usado aquí para designar al "lector cristiano". Sin embargo, el uso del título honorífico "el más excelentísimo" hace esto improbable. No obstante, no podemos estar seguros, si el título "el más excelentísimo" es conferido en un sentido técnico, indicando rango, o si se le da como cortesía.[3] No ganaremos mucho ponderando acerca de la omisión del título en Hechos, como cuando se sugiere que se ha convertido al cristianismo desde que recibió el primer volumen y, por tanto, ya no esperaría títulos mundanos de rango u honoríficos ahora que es un compañero-cristiano.

Otra sugerencia es que el nombre Teófilo enmascara la identidad de alguna persona muy conocida, como Tito Flavio Clemente, primo del Emperador Domiciano.[4] Incluso esto es improbable: Teófilo era un nombre propio muy común, atestiguado desde el siglo III a.C. en adelante.

A pesar del evidente propósito apologético de la Historia de Lucas, es igualmente improbable que Teófilo fuera el abogado que actuaría en la defensa de Pablo en la audiencia de apelación ante el Cesar.[5] Es bastante probable que Teófilo fuera un miembro de la clase media culta de Roma, de quien Lucas desea obtener una opinión con menos prejuicios y más favorable al cristianismo que la que circulaba entre ellos en aquellos momentos. Lo cual es cierto para el prólogo del primer volumen de Lucas (que sirve también como prólogo al segundo trabajo): Teófilo había ya aprendido algo acerca de la resurrección y el progreso del cristianismo, y el deseo de Lucas es poner a su disposición información más exacta de la que ya tiene.[6]

---

3. Gr. κράτιστος podría designar a un miembro de la orden ecuestre romana (representando al Lat. *egregius*) o podría ser un título de cortesía (correspondiente al Lat. *optimus*). Compare con las consecutivas apariciones de la palabra en Hechos, donde es un título de cortesía dado a los gobernadores romanos de Judea—Félix (23:26; 24:3) y Festo (26:25).

4. Comp. B. H. Streeter, *The Four Gospels* (London, 1924), pp. 534–39.

5. Comp. C. A. Heumann, "Dissertatio de Theophilo, cui Lucas historiam sacram inscripsit," Bibliotheca Historico-Philologico-Theologica, Cl. 4 (Amsterdam, 1721), pp. 483–505; M. V. Aberle, "Exegetische Studien. 1. Ueber den Zweck der Apostelgeschichte," *TQ* 37 (1955), pp. 173–236; D. Plooij, "The Work of St. Luke: A Historical Apology for Pauline Preaching before the Roman Court," *Exp.* 8,8 (1914), pp. 511–23; "Again: The Work of St. Luke," *Exp.* 8,13 (1917), pp. 108–24; J. I. Still, *St. Paul on Trial* (London, 1923), pp. 84–98. Mas en general, G. S. Duncan sugiere que la narrativa de Lucas fue "designada para suministrar información que se esperaba que pudiera llegar a aquellos que decidirían el destino del apóstol en Roma" (*St. Paul's Ephesian Ministry* [London, 1929], p. 97).

6. En el significado de Lucas 1:1-4 cf. H. J. Cadbury, "Commentary on the Preface of Luke," *Beginnings* II, pp. 489–510; N. B. Stonehouse, *The Witness of Luke to Christ* (London, 1951), pp. 24– 45; I. H. Marshall, *The Gospel of Luke* (Grand Rapids/Éxeter, 1978), pp. 39 –44; L. C. A. Alexander, "Luke's Preface in the Context of Greek Preface-Writing," *NovT* 28 (1986), pp. 48–74. Ver pág. 6.

El libro de los Hechos

Esta forma de dedicatoria era muy habitual en los círculos literarios de la época. Por ejemplo: Josefo dedica sus *Antigüedades Judías*, su *Autobiografía*, y sus dos volúmenes *Contra Apión* a un patrón llamado Epafrodito. Al principio del primer volumen *Contra Apión*, se dirige a él como: "A Epafrodito el más excelente de los hombres";[7] y en el segundo volumen lo introduce con las palabras: "A través del presente volumen, mi más honorable Epafrodito,[8] he demostrado nuestra antigüedad". Estas palabras de introducción son muy parecidas a las de Lucas en su segundo volumen.

Lucas empieza con una breve referencia a su primer[9] volumen como un informe de "todo lo que Jesús empezó a hacer y enseñar hasta el día que fue tomado" – o, si seguimos el Texto Occidental, "hasta el día cuando, por el Espíritu Santo, comisionó a los apóstoles que él había escogido, y les encargó que proclamaran el Evangelio". Esto resume perfectamente el alcance del Evangelio de Lucas desde 4:1 en adelante: la comisión a los apóstoles queda registrada en Lucas 24:44-49. La implicación de las palabras de Lucas en este segundo volumen es que se trata de un informe de lo que Jesús *continuó*[10] haciendo y enseñando después de su ascensión – no en una forma visible en la tierra, pero por su Espíritu, en sus seguidores. La expresión "hacer y enseñar" resume bien el doble tema de los Evangelios canónicos: todos ellos registran *Las Obras y Palabras de Jesús* (citando el título de la presentación de su tema).[11]

Fue "a través del Espíritu Santo" que Jesús dio su encargo de despedida a sus apóstoles. Casi invariablemente[12] Lucas restringe la designación "apóstoles" a los doce hombres a quienes Jesús escogió al principio de su ministerio (Lucas 6:13-16), exceptuando a Judas que fue reemplazado por Matías (como se nos dice más tarde en este capítulo). Su encargo los hace heraldos principales de las buenas

---

7. κράτιστε ἀνδρῶν Ἐπαφρόδιτε (*Ap.* 1.1).

8. τιμιώτατέ μοι Ἐπαφρόδιτε (*Ap.* 2.1).

9. La palabra "primero" del v.1 traduce Gr. πρῶτος que literalmente significa "primero". W. M. Ramsay presenta el sentido clásico de πρῶτος aquí y concluye que Lucas planea un trabajo de tres volúmenes (*St. Paul the Traveller and the Roman Citizen* [London, ¹⁴1920], pp. 27–28, 309). Cf. T. Zahn, *Die Apostelgeschichte des Lucas*, I (Leipzig/Érlangen, ³1922), pp. 16–18. Más recientemente algunos eruditos han sugerido que las Epístolas Pastorales podrían constituir la parte tercera de la obra de Lucas; comp. S. G. Wilson, *Luke and the Pastoral Epistles* (London, 1979); J. D. Quinn, "The Last Volume of Luke: The Relation of Luke-Acts to the Pastoral Epistles," in *Perspectives on Luke-Acts*, ed. C. H. Talbert (Edinburgh, 1978), pp. 62–75. Pero en Griego Helenístico πρότερος, la palabra que estrictamente significa el "primero" de dos, fue ampliamente desplazada por πρῶτος, Lucas nunca utiliza πρότερος y casi nunca aparece en los papiros vernáculos.

10. Esto implica que el verbo "empezar" en el v.1 connota cierto énfasis y no puede ser considerado solamente como un semitismo auxiliar.

11. A. M. Hunter, *The Work and Words of Jesus* (London, 1950, ²1973).

12. Para una excepción ver 14:4, 14, con comentarios.

noticias que él había traído. La extensión de las buenas noticias en el poder del Espíritu Santo es el tema de Hechos. En el bautismo Jesús había sido ungido con el Espíritu Santo y poder (10:38), y más recientemente, en palabras de Pablo, había sido "designado Hijo de Dios en poder de acuerdo con la santidad del Espíritu, por su resurrección de los muertos" (Rom. 1:4). En el relato Juanino de la comisión dada a los discípulos por el Cristo resucitado, indicó el poder por el cual iban a llevar a cabo su comisión cuando él "sopló en ellos" y dijo, "Recibid el Espíritu Santo" (Juan 20:22).[13] Lucas deja claro que es por el poder del mismo Espíritu que todos los hechos apostólicos de los que él va a hablar en su relato fueron llevados a cabo, tanto que algunos han sugerido como título teológicamente apropiado para su segundo volumen, *Los Hechos del Espíritu Santo*.[14]

1:3 Durante un período de cuarenta días entre su ascensión y resurrección, Jesús se apareció varias veces a sus apóstoles y a otros seguidores de una manera que no dejaba lugar a dudas en sus mentes de que él estaba vivo otra vez, resucitado de los muertos. La lista más antigua y completa de estas apariciones es la que nos da Pablo en 1 Cor. 15:5-7, aunque las narraciones del Evangelio indican que incluso la lista de Pablo no es exhaustiva. En ambas partes del trabajo de Lucas las apariciones de la resurrección están confinadas a Jerusalén y sus inmediaciones.[15]

¿Qué les enseñó Jesús durante aquellos días? Muchas escuelas Gnósticas florecieron durante el siglo II y más tarde proclamaron que él les dio ciertas enseñanzas esotéricas, que no están registradas en la literatura canónica de la iglesia universal, de la cual ellos mismos son los custodios e intérpretes. Dentro de las fronteras de la ortodoxia cristiana había una línea de tradición que le representaba

---

13. Gr. ἐνεφύσησεν, el mismo verbo se utiliza en Gen. 2:7 LXX del Creador soplando en la nariz de Adán aliento de vida (comp. también Ezeq. 37:9). La relación de soplar (como es llamado el acto de Cristo en Juan 20:22) al derramamiento del Espíritu Santo registrado en Hechos 2:1-4 es una interesante cuestión crítica y teológica. Es un punto relevante que normalmente parece que Lucas piensa que el Espíritu viene con manifestaciones externas de poder, mientras el incidente registrado por Juan se caracteriza por la ausencia de los fenómenos visible, o audibles experimentados el día de Pentecostés. "Lo que Juan registra no es solamente la anticipación de Pentecostés sino la impartición real del Espíritu con un propósito específico. El derramamiento del Espíritu en Pentecostés fue más público, e involucraba el nacimiento de la comunidad en la que moraba-el Espíritu, la iglesia de la nueva era" (F. F. Bruce, *The Gospel of John* [Grand Rapids/Basingstoke, 1983], p. 397).

14. Comp. J. A. Bengel, *Gnomon Novi Testamenti* ([Tübingen, 1742] London, [3]1862), p. 389 en Hechos 1:1 (los hechos del Espíritu Santo más que de los apóstoles, como el primer volumen contiene los hechos de Jesucristo); A. T. Pierson, *The Acts of the Holy Spirit* (London, [2]1913).

15. Ver H. von Campenhausen, *Tradition and Life in the Church*, E.T. (London, 1968), pp. 42-89; also S. H. Hooke, *The Resurrection of Jesus* (London, 1967); R. H. Fuller, *The Formation of the Resurrection Narratives* (London, 1971); J. W. Wenham, *Easter Enigma* (Exeter, 1984).

a él dando a los apóstoles instrucciones acerca del orden en la iglesia.[16] Pero Lucas declara que él continuó instruyéndoles en los mismos temas fundamentales que les había enseñado antes de su pasión – cosas relacionadas con el Reino de Dios.

Desde los primeros tiempos en Israel, Dios era reconocido como rey (comp. Ex. 15:18). Su reinado es universal (Salmo 103:19), pero es manifestado más claramente donde hombres y mujeres lo reconocen practicando su voluntad. En el Antiguo Testamento, a veces su reinado era especialmente manifestado en la tierra en la nación de Israel: A esta nación él les había dado a conocer su voluntad y los llamó a una relación de pacto con Él mismo (comp. Salmo 147:20). Cuando los reyes humanos reinaban en Israel, eran considerados vice regentes del Rey divino, representando su soberanía en la tierra. Con la caída de la monarquía y el final de la independencia nacional, emerge un nuevo concepto de Reino de Dios destinado a darse a conocer en la tierra en su plenitud en una fecha posterior (comp. Dan. 2:44; 7:13-14). Es a la luz de esta última concepción que deberíamos entender las enseñanzas del Nuevo Testamento con respecto al tema del Reino de Dios. Jesús inaugura el reino: lo "acercó" con el comienzo de su ministerio público (comp. Mr. 1:14-15) y fue liberado con poder por su muerte y exaltación (Comp. Mr.9:1). Las cosas relacionados con el reino de Dios que forman el tema de las enseñanzas después de su resurrección al principio de Hechos son idénticas con "las cosas relacionadas con el Señor Jesucristo" que forman el tema de las enseñanzas de Pablo en Roma al final del libro (28:31). Cuando cuentan la historia de Jesús, los apóstoles proclaman las buenas nuevas del Reino de Dios – las mismas buenas nuevas que Jesús enseñó antes, pero ahora con un cumplimiento más eficaz por los eventos salvíficos de su pasión y triunfo. Puede, razonablemente concluirse, que las enseñanzas acerca del reino de Dios, dado a los apóstoles durante los cuarentas días, fueron calculados para hacer evidente la relevancia de estos eventos salvíficos en el mensaje del reino.

Lucas provee un ejemplo de esta enseñanza hacia el final de su Evangelio, donde muestra al Señor resucitado abriendo las mentes de sus discípulos para que entiendan las Escrituras: "Así está escrito, que el Cristo sufriría y al tercer día sería resucitado de los muertos, y que el arrepentimiento y perdón de los pecados sería predicado en su nombre a todas las naciones. Empezando desde Jerusalén" (Lc.

---

16. El título completo del manual primitivo del siglo II llamado la Didachē—"Las enseñanzas del Señor a través de los Doce Apóstoles a los Gentiles".—sostiene algunas de estas implicaciones. El manual Siriaco del siglo IV, *The Testament of our Lord,* reivindica explícitamente transmitir las instrucciones del propio Jesús en el orden de la iglesia dadas a los apóstoles antes de su ascensión. La obra Copta llamada *Pistis Sophia*, producto del Gnosticismo Valentiniano, vindica el registro de las revelaciones hechas por Jesús a sus discípulos once años después de su resurrección, no solamente sobre un período de cuarenta días.

24:45-47). "El reino de Dios es concebido manifestándose en los eventos de la vida, muerte y resurrección de Jesús, y al proclamar estos hechos, en el contexto adecuado, es predicado el Evangelio del Reino de Dios".[17] Estas palabras de C.H. Dodd pueden ser adoptadas con una anotación: cuando los apóstoles proclaman las buenas nuevas, no paraban en la resurrección y exaltación de Cristo, sino que iban más lejos al hablar de un evento que culminaría la serie salvífica. Pedro dijo a Cornelio que el Cristo le había encargado a sus apóstoles "predicar a todas las personas y testificar que él era el elegido por Dios para juzgar a los vivos y los muertos" (10:42). Pablo dijo a los Areopagitas de Atenas que Dios "ha establecido un día en el cual él va a juzgar al mundo en justicia, por un hombre a quien él ha escogido, y para esto él ha establecido un compromiso, levantándolo de los muertos" (17:31). Este juicio al mundo coincide, en la predicación apostólica, con la parusía de Cristo, final y perfecta manifestación del reino, cuando toda rodilla se doblará en su nombre y toda lengua lo confesará como Señor (Filip. 2:10-11), cuando la voluntad de Dios será hecha en la Tierra y en el Cielo (Mt. 6:10). En la primera venida de Cristo la edad por venir irrumpió en la edad presente; En su venida en gloria la edad por venir reemplazará por completo esta edad presente.[18] Entre las dos venidas las dos edades se superponen; el pueblo de Cristo vive temporalmente en esta edad presente, mientras espiritualmente pertenece al reino de los cielos y disfruta por anticipado de la vida de la edad por venir. La escatología bíblica está culminando, pero no completamente "realizada"; todavía quedan elementos futuros, que se harán realidad en la parusía. Una exposición equilibrada del Nuevo Testamento en la presentación del reino de Dios requiere que se preste tanta atención a este elemento futuro, como a aquellos que ya se han realizado.[19]

17. C. H. Dodd, *The Apostolic Preaching and its Developments* (London, 1936), pp. 46–47. Dodd cree que las enseñanzas de Jesús y la predicación primitiva apostólica presentaban una escatología completamente "realizada"; comp. también su *The Parables of the Kingdom* (London, 1935); *The Coming of Christ* (Cambridge, 1952).

18. O. Cullmann sugiere que la Segunda Venida sostiene una relación con "el evento-Cristo en el punto medio" de la historia comparable al día en el que la celebración del Día de la Victoria lleva a la batalla decisiva en una guerra (*Christ and Time*, E.T. [London, 1951], pp. 139–43).

19. En este tema ver *(inter alia)* R. Otto, *The Kingdom of God and the Son of Man*, E. T. (London, 1943); G. Vos, *The Kingdom and the Church* (Grand Rapids, ²1951); H. N. Ridderbos, *The Coming of the Kingdom*, E.T. (Philadelphia, 1962); R. Schnackenburg, *God's Rule and Kingdom*, E.T. (Edinburgh/London, 1963); G. Lundström, *The Kingdom of God in the Teaching of Jesus*, E.T. (Edinburgh, 1963); N. Perrin, *The Kingdom of God in the Teaching of Jesus* (London, 1963); G. E. Ladd, *The Presence of the Future* (Grand Rapids, 1974); J. Gray, *The Biblical Doctrine of the Reign of God* (Edinburgh, 1979); B. D. Chilton (ed.), *The Kingdom of God in the Teaching of Jesus* (London, 1985); G. R. Beasley-Murray, *Jesus and the Kingdom of God* (Grand Rapids/Éxeter, 1986).

2. La comisión de los Apóstoles (1:4-8)

4 *Mientras comía con ellos[20] les ordenó que no salieran de Jerusalén sino que esperaran lo que el Padre les había prometido. "sobre esto," les dijo: "me habéis oído hablar.*
5 *Pues ciertamente Juan bautizaba con agua, pero vosotros seréis bautizados con el Espíritu Santo dentro de pocos días".*
6 *Entonces, cuando se habían reunido, le preguntaron: "¿Es este el tiempo, Señor, cuando restauraras el reino de Israel?"*
7 *"No es cosa vuestra," respondió él, "saber[21] acerca de los tiempos y las épocas que el Padre ha reservado bajo su propio control.[22]*
8 *Pero recibiréis poder cuando el Espíritu Santo venga a vosotros, y seréis testigos en Jerusalén, y en toda Judea y Samaria, y en toda la Tierra".*

1:4 Que el Cristo resucitado comía en presencia de sus discípulos cuando se les aparecía, está explícitamente registrado en Lucas 24:42-43 (comp. Hechos 10:41). Obviamente, su cuerpo resucitado no necesitaba comida, ni bebida para su sustento. Pero Lucas puede implicar que tomó comida en compañía de sus discípulos, no por alguna necesidad personal, sino para convencerles de que él estaba realmente presente con ellos y que no estaban viendo ningún fantasma. Puede ser, también, un indicio de que él compartió con ellos una comida eucarística, una prueba de que la nueva era había amanecido, semejante a su auto-revelación en Emús "en el partimiento del pan" (Lc. 24:30–31, 35).[23]

En el transcurso de estas apariciones de resurrección, Jesús instruyó a los discípulos a no salir de Jerusalén hasta que el Padre cumpliera su promesa y ellos fueran "investidos con poder de lo alto" (citando desde la narrativa paralela de Lucas 24:49). El ya les había dicho, y les recordó, este prometido regalo. Si nosotros preguntáramos cuándo o dónde lo había dicho, el cuarto Evangelio nos dará la respuesta: Fue la noche que fue traicionado, en el aposento alto en Jerusalén, después de celebrar la Última Cena juntos, antes de abandonar la casa para cruzar el valle del Cedrón y pasar las horas restantes en el huerto de los Olivos. Ciertamente, no tenemos un informe de una referencia previa acerca de la promesa del Espíritu que encaje con la alusión presente tan bien como los cinco famosos pasajes de Juan 14-16. Y es particularmente interesante notar "que el

---

20. Gr. συναλιζόμενος literalmente "comiendo sal (ἅλς) con" (este sentido es confirmado por las versiones Latina, Siríaca y Cóptica Boharica). Menos probable es la traducción popular συναυλιζόμενος "alojándose con".

21. El Texto Occidental original era probablemente "nadie puede conocer" (οὐδεὶς δύναται γνῶναι) comp. T. Zahn, *Die Urausgabe der Apostelgeschichte* (Leipzig, 1916), p. 241.

22. O "el cual el Padre ha fijado en su propia autoridad" (comp. 17:26 para una idea similar).

23. Ver I. H. Marshall, *The Gospel of Luke*, pags. 898, 903; *Last Supper and Lord's Supper* (Exeter, 1980), pp. 124–26.

énfasis de estos cinco pasajes es precisamente subrayar la idea del Espíritu Santo en Hechos 1-15".[24]

1:5 Esta promesa, incluso, fue anunciada por Juan el Bautista.[25] A aquellos que vinieron a recibir el bautismo de arrepentimiento de manos de Juan el Bautista les dijo: "Yo os bautizo con agua, pero el que es más grande que yo...os bautizará con el Espíritu Santo"[26] (Lucas 3:16 par. Marcos 1:8). El tiempo se está acercando ahora, dijo Jesús, cuando estas palabras de Juan se cumplirán: "vosotros seréis bautizados con el Espíritu Santo dentro de pocos días". De acuerdo con la profecía del Antiguo Testamento, los días del cumplimiento estarían marcados por el derramamiento del Espíritu de Dios,[27] y el bautismo de Juan con agua no solo preparaba a su arrepentida audiencia para el juicio, sino que también señalaba el bautismo espiritual del que los profetas habían hablado.

1:6 Estos temas habían sido objeto de conversación entre el Señor resucitado y sus discípulos de tiempo en tiempo durante los cuarenta días. La fórmula de transición al principio del verso 6[28] sugiere que Lucas ahora se dirige hacia la última conversación de todas, que corresponde a la aparición del Señor resucitado inmediatamente antes de su ascensión.

Los apóstoles, evidentemente, mantienen su interés en la esperanza de ver el Reino de Dios realizado en la restauración de la nación de Israel.

Habían sido anteriormente cautivados por la idea de que en el orden restaurado, ellos mismos tendrían posiciones de autoridad (comp. Mr. 10:35–45; Lc. 22:24–27). Por eso ahora, escuchando a su Señor hablar del don del Espíritu Santo, la señal de la nueva era, se preguntan si será la ocasión para restaurar la soberanía de Israel.

---

24. W. F. Lofthouse, "The Holy Spirit in the Acts and the Fourth Gospel," *ExT* 52 (1940–41), p. 336. Los cinco pasajes están en Juan 14:15–17, 26; 15:26–27; 16:7–10, 12–15 (ver W. F. Howard, *The Fourth Gospel in Recent Criticism and Interpretation* [London, ⁴1955], pp. 226–27; *Christianity according to St. John* [London, 1943], págs. 71–80). Como antecedentes para Lucas, además de las profecías de Juan en Lucas 3:16 hay una promesa de Jesús en Lucas 11:13.

25. Juan no es llamado nunca "el Bautista" o "el Bautizador" en Hechos (comp. 1:22; 10:37; 11:16; 13:24–25; 18:25; 19:3–4).

26. Lucas 3:16 añade "y con fuego" (así también Mt. 3:11), produciendo lo que normalmente ha sido considerado como una fusión de la expresión de Marcos "con el Espíritu Santo" con la lectura de Q "con fuego". Para la idea de fuego comp. 2:3. Justino Mártir registra la tradición de que cuando Jesús fue bautizado, "un fuego fue encendido en el Jordán" (*Dialogue with Trypho* 88.3).

27. Comp. Joel 2:28–32, citado en Hechos 2:17–21.

28. οἱ μὲν οὖν ... (Lucas utiliza μὲν οὖν χον φυερζα con fuerza de reanudación: "por lo que entonces").

1:7 La respuesta de Jesús es un "no" contundente. Les dijo que las épocas del cumplimiento del propósito divino[29] eran temas que estaban bajo la exclusiva jurisdicción del Padre. Igualmente, les había asegurado en una ocasión anterior que incluso el Hijo no sabía el día, ni la hora de su parusía; este conocimiento estaba reservado totalmente al Padre (Marcos 13:32). Cualquiera que fuera el propósito que Dios pudiera tener para la nación de Israel, esto no debería ser asunto de los mensajeros de Cristo. El reino de Dios, que ellos habían sido comisionados para proclamar, era la buena nueva de la gracia de Dios en Cristo. Su pregunta actual parece haber sido el último fleco de sus primeras y ardientes expectativas de una teocracia inminente con ellos mismo como jefes ejecutivos. Desde ahora se dedicaran ellos mismos a la proclamación y al servicio del reino espiritual de Dios, al cual hombres y mujeres entran por el arrepentimiento y la fe, y en el que el honor principal pertenece a aquellos que más fielmente siguen al Señor en el camino de la obediencia, el servicio y el sufrimiento.

1:8 En vez del poder político que una vez había sido el objeto de su ambición, un poder más grande y más noble sería para ellos. Cuando el Espíritu Santo viniera sobre ellos, les aseguró Jesús, serían revestidos de poder celestial – en el ejercicio de este poder, sus milagros se completarían y su predicación sería efectiva. Como Jesús había sido ungido en el bautismo con el poder del Espíritu Santo, así sus seguidores serían igualmente ungidos y capacitados para su trabajo.[30] Este trabajo consistiría en llevar testimonio – un tema que es prominente en la predicación apostólica a través de Hechos.[31] En el Antiguo Testamento los profetas habían llamado al pueblo de Israel a ser testigos de Dios en el mundo (Isa. 43:10; 44:8); la tarea que Israel no había completado es llevada a cabo por Jesús, el Siervo perfecto del Señor, y compartido por él con sus discípulos. La estrecha relación entre la llamada de Dios a Israel, "vosotros sois mis testigos", y la comisión del Señor resucitado a sus apóstoles "seréis mis testigos," puede ser mejor apreciada si consideramos las implicaciones de la cita de Pablo de Is. 49:6

---

29. Si hay una diferencia entre "tiempos" (χρόνοι) y "estaciones" (καιροί), el "tiempo" denotaría el intervalo antes de la consumación del reino de Dios, las "estaciones" denotarían los eventos críticos acompañando su establecimiento. Pero probablemente aquí, "como en otros casos de paronomasia, la combinación se ha convertido en un estereotipo de la distinción original entre palabras olvidadas". (Lake-Cadbury, *Beginnings* I.4, p. 8). Cf. 1 Thess. 5:1; Tit. 1:2–3. See J. Barr, *Biblical Words for Time*, SBT 33 (London, 1962).

30. Los apóstoles habían ya (eso parece) recibido el bautismo de Juan; la promesa del bautismo del Espíritu Santo sería completa en ellos, en su medida, con la unción del Espíritu Santo y el poder que Jesús experimentó en él mismo con ocasión del bautismo en el Jordán (comp. 10:38). El había sido ungido cuando Dios lo escogió como su Siervo; ellos serían pronto ungidos para compartir el ministerio del Siervo, llevando la salvación de Dios a través de todo el mundo.

31. Comp. 1:22; 2:32; 3:15; 5:32; 10:39, 41, 13:31, etc.

en Hechos 13:47.³² Allí los heraldos del Evangelio son designados como luz a los gentiles, llevando la salvación de Dios "a lo último de la tierra"; aquí "a lo último de la tierra" y nada menos que eso, es el límite del testimonio apostólico.

En Hechos encontramos la sucesión apostólica en un sentido eclesial, no una sucesión de tradición ortodoxa, sino "una sucesión del testimonio de Cristo, un testimonio apostólico *en* Jerusalén al estilo de los líderes de Israel hasta que finalmente lo rechazaron, y un testimonio apostólico *desde* Jerusalén a Roma y al mundo gentil en los mismos días de Lucas".³³

Ha sido a menudo señalado que los términos geográficos del verso 8 proveen un corto "índice de contenidos" para Hechos. "Vosotros seréis mis testigos" podría ser considerado el anuncio del tema principal del libro; "en Jerusalén" cubre los primeros siete capítulos, "en toda Judea y Samaria" cubre del 8:1 al 11:18, y el resto del libro traza el progreso del Evangelio fuera de las fronteras de la Tierra Santa hasta que finalmente llega a Roma.³⁴

3. La ascensión (1:9-11)

9 *Habiendo dicho esto, fue alzado mientras ellos lo miraban hasta que una nube lo recibió y lo ocultó de su vista.*

10 *Mientras se iba, ellos permanecieron mirando al cielo, cuando de repente dos hombres vestidos de blanco se presentaron al lado de ellos.*

11 *"Hombres de Galilea," dijeron, "¿porqué seguís mirando al cielo? Este Jesús, que ha sido tomado de vosotros al cielo, vendrá de la misma manera tal como lo habéis visto ir al cielo".*

1:9 Cuando el Señor Jesús hubo hecho la comisión suficientemente clara a los discípulos, desapareció de su vista, y no se les concedieron más apariciones de resurrección, del tipo que habían experimentado en varias ocasiones durante los últimos cuarenta días.

Es la mención de Lucas sobre este período de cuarenta días, la responsable del arreglo en el calendario cristiano por el que el Día de la Ascensión cae a los cuarenta días después de Pascua. En el testimonio apostólico, la resurrección de Jesús y su ascensión parece formar un movimiento continuo, ambos juntos constituyen su exaltación. Pero la exaltación no fue pospuesta a los cuarenta días de su triunfo sobre la muerte. La ascensión aquí recogida no era la primera ocasión

---

32. Ver págs. 266–67.

33. G. W. H. Lampe, *St. Luke and the Church of Jerusalem* (London, 1969), p. 27.

34. Se ha sugerido que "el fin de la tierra" aquí es una referencia directa a Roma, como en el *Ps. Sol.* 8:16, donde Pompeyo es enviado por Dios contra la gente desobediente de Jerusalén "desde el fin de la tierra" (ἀπ' ἐσχάτου τῆς γῆς), como, por ejemplo, desde Roma. Pero el sentido de la frase no necesita ser tan limitado en el contexto presente.

que él se desvanecía de la vista de sus compañeros tras su resurrección. También lo hizo así después de darse a conocer por el partimiento del pan a los dos con los que caminó a Emús (Lucas 24:31).

Tampoco debemos suponer que en los intervalos entre sus apariciones después de la resurrección durante los cuarenta días, los pasó en algún estado intermedio, ligado a la Tierra. Las apariciones de la resurrección, en las que él se acomodó a las condiciones temporales de la vida de sus discípulos, llegando incluso tan lejos como hasta comer con ellos, fueron visitaciones desde el orden eterno, al cual su "cuerpo de gloria" pertenecía ahora. Lo que pasó el cuadragésimo día fue que esta serie de visitaciones llegó a su fin con una escena de la gloria celestial de su Maestro que impresionó a los discípulos.

Esta no era la primera ocasión en la que algunos de ellos al menos, habían tenido la ocasión de ver la gloria celestial ascendiendo a los cielos de modo similar. Las palabras "una nube lo recibió ocultándolo a su vista" son una reminiscencia de aquellas con las que el evangélico incidente de la Trasfiguración termina: "una nube vino y los cubrió;... y una voz procedente de una nube, dijo; 'Este es mi Hijo, mi escogido, ¡escuchadle!' Y cuando la voz hubo hablado, Jesús estaba solo" (Lucas 9:34–36).[35] Son también una reminiscencia del propio lenguaje de Jesús acerca de la parusía del Hijo del Hombre – "viniendo en las nubes con gran poder y gloria" (Marcos 13:26); "viniendo en las nubes del cielo" (Marcos 14:62).[36] La transfiguración, la ascensión (como es descrita aquí), y la parusía son tres manifestaciones sucesivas de la Gloria divina de Jesús.[37] La nube en cada caso debe ser entendida como la nube que envuelve la gloria de Dios (la *shekhinah*)—aquella nube que, descansando sobre el tabernáculo de Moisés y llenando el templo de Salomón, fue una señal visible para Israel de que la gloria divina residía allí (Ex. 40:34; 1 Reyes 8:10–11). Así, en el último momento en que los apóstoles vieron a su Señor en una visión externa, se les concedió "una teofanía: Jesús es envuelto en la nube de la presencia divina".[38]

---

35. Ver G. H. Boobyer, *St. Mark and the Transfiguration Story* (Edinburgh, 1942); H. Riesenfeld, *Jésus transfiguré* (Uppsala, 1947); A. M. Ramsey, *The Glory of God and the Transfiguration of Christ* (London, 1949).

36. Ver N. B. Stonehouse, *The Witness of Matthew and Mark to Christ* (Grand Rapids, ²1958), págs. 238–43; A. T. Robinson, *Jesus and His Coming* (London, 1975), págs. 43–58.

37. comp. Apoc. 1:7.

38. A. M. Ramsey, "What was the Ascension?", *Studiorum Novi Testamenti Societas, Bulletin 2* (Oxford, 1951), p. 49. Ver también J. Denney, *HDB* I (Edinburgh, 1898), págs. 161–62 (s.v. "Ascension"); J. H. Bernard, *ERE* II (Edinburgh, 1909), págs. 151–57 (s.v. "Assumption and Ascension"); P. Benoit, "The Ascension" (1949), E.T. en *Jesus and the Gospel,* I (New York, 1973), pp. 209–53; B. M. Metzger, "The Ascension of Jesus Christ," en *Historical and Literary Studies* (Leiden/Grand Rapids, 1968), págs. 77–87.

1:10 No hay necesidad de alarmarse por la sugerencia de que la historia de la ascensión está ligada a una concepción pre-copernicana del universo, y que por lo tanto, la primera es tan obsoleta como la última. Cualquiera abandonando la superficie de la tierra parece a los espectadores estar ascendiendo y por eso, cuando la nube envolvió a su Señor, sus discípulos permanecieron "mirando al cielo" mientras él desaparecía. Algunos de ellos, quizá recordando una experiencia anterior, esperaban que la nube se disolviera y que Jesús se quedara con ellos como en el Monte de la Transfiguración. Sin embargo, se dieron cuenta de repente que dos hombres con túnicas blancas estaban allí. Lucas intenta hacer entender a sus lectores que estos hombres eran ángeles mensajeros, como los dos hombres que se aparecieron a la mujer en la tumba vacía de Jesús "con vestiduras resplandecientes" (Lucas 24:4).[39] En ambas ocasiones, el hecho de que hubiera dos, sugiere que son vistos como testigos, dos siendo el número mínimo para un testimonio fiable (Deut.19:15). En la primera ocasión los dos hombres daban testimonio de la resurrección de Jesús; aquí dan testimonio de su próxima parusía.

1:11 Ellos no necesitaban permanecer observando el cielo, dijeron los visitantes celestiales. "Este Jesús" regresará de la misma manera que se marchó. Desde la perspectiva de Lucas, esta promesa sería de verdad cumplida pero no inmediatamente. Los discípulos habían visto a Jesús irse en poder y gloria; en poder y gloria regresaría. Pero un intervalo transcurriría entre su exaltación y su parusía, y en este intervalo la presencia del Espíritu mantendría a su pueblo viviendo en unidad con su Señor resucitado, glorificado y regresando.[40]

Cristo es ascendido pero su permanente presencia y energía llena todo el libro de Hechos, y toda la subsiguiente historia de su pueblo en la tierra. Su exaltación "a la derecha de Dios"[41] significa que él es efectivamente el que más presente está en la tierra "siempre, hasta el fin de los tiempos" (Mt. 28:20). Como dice Efesios 4:10, él "ascendió por encima de todos los cielos, para llenarlo todo".

4. En el aposento alto (1:12-14)

> 12 *Luego regresaron a Jerusalén desde el Monte de los Olivos,[42] el cual está cerca de Jerusalén como a la distancia permitida de un día de reposo.*

---

39. Comp. Marcos 16:5 con Mt. 28:3; Jn. 20:12. La propia ropa de Jesús cuando él fue trasfigurado se convirtió en "blanca resplandeciente" (Lucas 9:29), "resplandeciente, muy blanca" (Marcos 9:3).

40. Este aspecto del ministerio del Espíritu se desarrolla mas especialmente a través de Pablo, conforme a quien el Espíritu también es "sello," "primeros frutos," o "garantía" (Gr. ἀρραβών) de la herencia venidera de la gloria de los creyentes (Rom. 8:23; 2 Cor. 1:22; 5:5; Ef. 1:14; 4:30).

41. Para esta expresión ver 2:33–35, con comentarios.

42. Gr. ἐλαιών, "olivar".

13 *Cuando entraron (en la ciudad), subieron al aposento alto donde iban a quedarse. Estaba Pedro, Juan, Santiago, y Andrés; Felipe y Tomás, Bartolomé y Mateo, Santiago, el hijo de Alfeo, Simón, el Zelote, y Judas, el hijo de Santiago.*
14 *Todos juntos perseveraban unánimes en la oración, también algunas mujeres, incluida María, la madre de Jesús y sus hermanos.*

1:12 El deber inmediato de los apóstoles era sencillo: esperar en Jerusalén hasta que el poder del cielo viniera a ellos. Así que regresaron a la ciudad. Al lugar donde su Maestro había sido tomado de su vista, Lucas lo llama el Monte de los Olivos, al este de Jerusalén "a la distancia permitida en un día de reposo". Esta distancia era de 2000 codos o cerca de un kilómetro, ingeniosamente recordando la interpretación de Ex.16:29 ("que nadie salga de su lugar en el séptimo día") y a la luz de Num. 35:5 (donde las tierras de cultivo de los Levitas eran medidas en radios de 2000 codos desde cualquiera de las seis "ciudades de refugio").[43] De acuerdo con Lucas 24:50, Jesús "los llevó fuera hasta Betania"; pero no es cierto que esa fuera la misma ocasión a la que se refiere aquí. Betania está en la vertiente oriental de los Olivos y a una distancia de unos quince estadios (dos kilómetros y medio) desde Jerusalén (comp. Juan 11:18).

1:13 De regreso en Jerusalén, los apóstoles fueron al lugar donde se reunían en la ciudad – el "aposento alto". Es posible (aunque naturalmente no se puede probar) que esta fuera la habitación donde Jesús había celebrado la comida de la pascua con ellos la noche de su ejecución; también puede ser la habitación donde él se apareció el día de Pascua (comp. Lucas 24:33, 36; Juan 20:19, 26).[44] Es una especulación atractiva que la casa en la que estaba el aposento alto era la casa de María, la madre de Juan Marcos (comp. 12:12),[45] pero esto es incluso más difícil de demostrar.

Lucas ahora da una lista de apóstoles[46] idéntica a la que ha dado antes en Lucas 6:14-16, excepto por unas pocas variaciones en el orden de los nombres,

---

43. Comp. *Mishnah*, Sôṭāh 5.3. Las regulaciones generales del Sabbat (día de reposo), las observaciones y límites del Sabbat están contenidos en los tratados de la Mishnah Shabbat y erûbîn.

44. Así T. Zahn, *Die Apostelgeschichte des Lucas*, p. 44; él argumenta que el artículo definido τό delante de ὑπερῷον ciertamente podría indicar un aposento alto especial para los lectores cristianos.

45. Comp. T. Zahn, *Die Apostelgeschichte des Lucas* págs. 387-90.

46. Ver la discusión de "The Twelve and the Apostles" in V. Taylor, *The Gospel according to St. Mark* (London, 1952), págs. 619-27; also K. H. Rengstorf, *TDNT* 1, págs. 407- 47 (s.v. ἀπόστολος); A. Fridrichsen, *The Apostle and his Message* (Uppsala, 1947); C. K. Barrett, *The Signs of an Apostle* (London, 1970); R. Schnackenburg, "Apostles before and during Paul's Time," in *Apostolic History and the Gospel*, ed. W. W. Gasque and R. P. Martin (Grand Rapids/ Éxeter, 1970), pp. 287-303; J. H. Schütz, *Paul and the Anatomy of Apostolic Authority*, SNTSM 26 (Cambridge, 1975).

En el aposento alto (1:12-14)

y por supuesto, la omisión de Judas Iscariote. La lista en Marcos 3:16–19 y Mt. 10:2–4 difieren de la de Lucas en poner a Tadeo donde él tiene "Judas, hijo de Santiago". De otra manera, mientras la lista varía considerablemente en el orden, los mismos nombres de los apóstoles en cada grupo de tres en la que los doce son divididos por los tres escritores; Y Pedro, Felipe, y Santiago, hijo de Alfeo, siempre vienen primero, quinto y noveno respectivamente. No hay razón para suponer que Santiago, hijo de Alfeo, era un pariente sanguíneo de Jesús, o que el mismo Alfeo debería identificarse con Cleofás (Juan 19:25).[47]

Simón, el Zelote como es llamado en Lucas 6:15, es llamado "Simón, el Cananeo" en Marcos 3:18 (seguido de Mt. 10:4). "Cananeo" representa la palabra Hebrea o Aramea correspondiente a "Zelote" (del Gr. zĕlōtēs). La palabra podría describir el temperamento celoso de Simón, pero la retención de Marcos de la palabra semítica sin traducir, sugiere que se utiliza como un término técnico, denotando a un miembro del partido de los Zelotes.[48] Los Zelotes constituían el ala militante del movimiento independentista de Israel del siglo I d.C.; fueron ellos los que lideraron la revuelta contra Roma en el años 66 d.C. Aunque el nombre Zelote (o su homólogo Semita) no está explícitamente demostrado antes del 66 d.C.[49] Josefo fecha su ascenso desde la revuelta anterior del año 6 d.C. cuando Judas, el Galileo, rehusó reconocer el derecho del Emperador Romano a recibir impuestos de Judea,[50] y describe su doctrina política como la "cuarta filosofía" entre los Judíos (sumandose a las "filosofías" de los Fariseos, Saduceos y Esenios).[51]

Judas, el hijo de Santiago, puede razonablemente ser identificado como "Judas no el Iscariote" de Juan 14:22.[52]

---

47. Alfeo es en Arameo ḥalpai No hay forma de saber si este Alfeo era el padre de Leví, el cobrador de impuestos (Marcos 2:14). Hegesipo dice que Cleofás era hermano de José el carpintero y padre de Simón, que sucedió a Santiago el Justo, líder de la iglesia de Jerusalén (comp. Eusebio, *HE* 3.11).

48. Gr. ζηλωτής, Heb. qannā', Aram. qannā'im. Los Zelotes era los herederos espirituales de los Hasmoneos insurgentes del siglo II a.C. que se alzaron como respuesta a la llamada de Matías: "¡El que sea un zelote (ζηλῶν) de la ley y apoye el pacto, que se levante y venga conmigo!" (1 Macabeos 2:27). Matías por su parte actuaba en el espíritu de Elías, que era "muy celoso (ζηλῶν ἐζήλωκα) de Yahweh, el Dios de los ejércitos" (1 Reyes 19:10), y anteriormente también de Fines, que "era celoso (ἐζήλωσεν) de su Dios" (Num. 25:13). Cf. 21:20.

49. Josefo, *BJ* 2.651; 4.160–61, etc. Es parecido al contexto de La Guerra de los Judíos en que el qannā'im aparece primero en las fuentes judías (por ejemplo, 'abôt-rabbi Nathan 6.8).

50. Ver 5:37 (con comentario).

51. Josefo, *Ant.* 18.9, 23. Ver M. Hengel, *The Zealots*, E.T. (Edinburgh, 1988).

52. Llamado "Judas Tomás" (Judas el mellizo) en la versión Curetoniana Siríaca. No tenemos medios para identificar al padre de Santiago.

De los apóstoles nombrados aquí, solamente Pedro, Santiago y Juan son mencionados de nuevo en Hechos (o en cualquier otro documento del Nuevo Testamento a parte de los Evangelios).

1:14 Estos once apóstoles tienen en su compañía mujeres que habían subido a Jerusalén desde Galilea con Jesús y sus seguidores (comp. Lucas 8:2–3; 23:55), y en particular María, la madre de Jesús. Es importante notar que la última vez en la que la figura de María aparece en la historia del Nuevo Testamento – o en cualquier otra narrativa a la que se le pueda otorgar valor histórico – se encuentra reunida en adoración con los discípulos de Jesús después de su ascensión.

Con estas mujeres también son nombrados los hermanos de Jesús. Se ha debatido acaloradamente si eran sus hermanos de sangre o parientes más remotos.[53] El peso de la prueba descansa sobre aquellos que entenderían el término en otro sentido que su sentido habitual. Los hermanos de Jesús no lo creyeron durante su ministerio (comp. Juan 7:5), pero después de su resurrección ellos figuran de manera prominente entre sus seguidores. Su cambio de actitud puede haber sido el resultado de las apariciones de resurrección a Santiago (1 Cor. 15:7), quien a su debido tiempo ocupó, indiscutiblemente, una posición de liderazgo en la iglesia de Jerusalén (comp. 12:17; 15:13–21; 21:18). Otros tres hermanos de Jesús son mencionados por nombre – José, Judas y Simón (Marcos 6:3).[54] Ya que los hermanos de Jesús reciben una mención separada aquí de los apóstoles, es evidente que Santiago y Judas que están incluidos en el tercer cuarteto de la lista apostólica, no son los mismos que Santiago y Judas nombrados como dos de los hermanos de Jesús.[55] "Los hermanos del Señor" continúan formando un grupo

---

53. En el siglo IV Epifanio (*Panarion* 78) argumentó que estos hermanos eran hijos de José y de su primera esposa. No fue el primero en mantener este punto de vista, pero otros, como Tertuliano (*Against Marcion* 4.19; *On the Flesh of Christ* 7) habían entendido que eran hermanos uterinos, hijos de José y María. Este último punto de vista triunfó alrededor del año 380 d.C. con Helvidio, un cristiano romano (como parte de su campaña contra la enseñanza prevaleciente de que la virginidad era una forma superior de vida matrimonial). En respuesta Jerónimo escribió un tratado (*Against Helvidius: On the Perpetual Virginity of the Blessed Mary*), en el cual propuso un nuevo punto de vista, es decir, que "los hermanos" del Señor eran sus primos, hijos de Alfeo por "María de Cleofás" (que infirió, probablemente de forma errónea, de Juan 19:25 ser la hermana de la Virgen). La virginidad perpetua tanto de José como de María estaba pues salvaguardada. De los hijos de María de Cleofás, dos son nombrados en Marcos 15:40 como Santiago, el menor, y José. Santiago el menor (ὁ μικρός) llamado así probablemente para diferenciarlo de Santiago, el Justo, pronto convertido en líder de la iglesia de Jerusalén (comp. Gal. 1:19).

54. En el paralelo de Mateo 13:55 "José" aparece en el lugar de "José" de Marcos. En ambos lugares las hermanas de Jesús son mencionadas, pero no por nombre.

55. Los hermanos Santiago y Judas pueden ser identificados en Judas 1:1 "Judas, siervo de Jesucristo y su hermano Santiago".

distintivo en la iglesia hasta bien entrada la era apostólica (1 Cor. 9:5).⁵⁶ Aquí, al inicio de la vida de la iglesia, son recordados como fieles, observando el tiempo de oración en común con los otros miembros de esta considerable compañía de creyentes en Jesús.⁵⁷

5. Sustituto para Judas Iscariote (1:15-26)

15 *Durante esos días Pedro se levantó entre los hermanos (que eras unos 120 en número).*
16 *"Hermanos," les dijo, "era necesario⁵⁸ que se cumpliese la Escritura en la que el Espíritu Santo habló anticipadamente a través de la boca de David, acerca de Judas, que actuó como guía de aquellos que arrestaron a Jesús.*
17 *Era contado entre nosotros, y tenía parte en este ministerio".*
18 *[Este hombre adquirió un campo con sus ganancias injustas, y cayendo de cabeza allí⁵⁹ se reventó, y sus entrañas se desparramaron.*
19 *Esto ha sido sabido por todos los habitantes de Jerusalén; de tal manera que el campo ha venido a llamarse en su propia lengua "Aceldama", esto es "campo de sangre".]*
20 *"Está escrito en el libro de los Salmos," siguió diciendo Pedro: 'que su residencia esté desierta; que nadie viva en ella,'*

Y

'que alguien más tome su responsabilidad.'

---

56. Ver J. B. Lightfoot, "The Brethren of the Lord," *St. Paul's Epistle to the Galatians* (London, 1865), pp. 252–91; J. B. Mayor, *The Epistle of St. James* (London, ²1897), pp. v-xxxvi; T. Zahn, "Brüder und Vettern Jesu," Forschungen zur Geschichte des neutestamentlichen Kanons VI (Leipzig, 1900), pp. 225-363; J. Chapman, "The Brethren of the Lord," JTS 7 (1905–6), pp. 412–33; R. E. Brown and others, *Mary in the New Testament* (London, 1978), pp. 65–72, 270–78.

57. Esta era la compañía original de los testigos de Jesús, incluyendo "a aquellos que habían subido con él desde Galilea a Jerusalén" (13:31). El articulo τῇ delante de προσευχῇ ("oración") puede indicar el servicio señalado de oración. Ver P. T. O'Brien, "Prayer in Luke-Acts," *TynB* 24 (1973), págs. 111–27; A. A. Trites, "The Prayer-Motif in Luke-Acts," in *Perspectives on Luke-Acts*, ed. C. H. Talbert, pp. 215–42. G. W. H. Lampe señala que, como Jesús oraba antes de la venida del Espíritu a él (Lucas 3:21), así los apóstoles y sus compañeros oraban antes del descenso del Espíritu a *ellos*; esto, dice él, ilustra la "repetida doctrina, en Lucas, de que el gran objetivo de la oración es el don del Espíritu" (*The Seal of the Spirit* [London, 1951], p. 44).

58. Leer δεῖ ("es necesario") en el Texto Occidental en vez de ἔδει ("era necesario").

59. Gr. πρηνὴς γενόμενος. Esto a veces ha sido traducido como "hinchándose" (comp. RSV mg.), como si πρηνής fuera cognado de πρήθω o πίμπρημι (comp. 28:6). La antigua Versión Siríaca parece haberlo tenido así, a juzgar por las versiones secundarias basadas en ella y por un comentario de Efrén. En Sabiduría 4:19 πρηνεῖς se traduce *inflatos* en la Vulgata Latina. Una tradición de que Judas se hinchó de verdad en proporción monstruosa fue preservada por Papias (ver J. B. Lightfoot, *The Apostolic Fathers* [London, 1891], pp. 523–24, 534–35). Ver F. H. Chase, "en ΠΡΗΝΗΣ ΓΕΝΟΜΕΝΟΣ en Hechos I:18," *JTS* 13 (1912), págs. 278–85, 415.

21 *Por eso, ahora, de los hombres que nos han acompañado todo el tiempo que el Señor Jesús iba y venía entre nosotros,*[60]

22 *justo desde el bautismo de Juan hasta el día en que de nosotros fue tomado arriba, uno debe ser testigo de su resurrección con nosotros".*

23 *Así presentaron*[61] *a dos: José llamado Barsabás,*[62] *cuyo nombre significa Justo, y a Matías.*

24 *Después oraron, "O Señor, tú que conoces los corazones de todos, muestra a cuál de estos dos has escogido*

25 *para tomar este lugar en el ministerio y apostolado del que cayó Judas, para irse a su propio lugar".*

26 *Luego echaron suertes, y la suerte cayó sobre Matías; y fue contado con los once*[63] *apóstoles.*

1:15 El número de aquellos seguidores de Jesús que estaban juntos en Jerusalén eran alrededor de 120.[64] Además, había más seguidores en otros lugares, especialmente en Galilea. De acuerdo con 1 Co. 15:6, hubo una ocasión en que Jesús se apareció resucitado a más de quinientos de ellos; ésta debe ser probablemente considerada una aparición galilea. La presencia e influencia de los seguidores de Jesús en Galilea no debería olvidarse, aunque el propósito de Lucas sea trazar la expansión del Evangelio a lo largo del camino que empieza en Jerusalén y llega a Roma.[65]

La compañía completa de 120[66] es aquí referida como "hermanos"—palabra usada en un sentido más amplio que en el verso 14 (donde denota los parientes de

60. Gr. ἐφ' ἡμᾶς ("entre nosotros" es una traducción adecuada).

61. El Texto Occidental lee: "él puso delante" (ἔστησεν en vez de ἔστησαν), aunque Pedro tomó la iniciativa en nombrarlos.

62. El Texto Occidental dice "Barnabás," por confusión con José de 4:36.

63. El Texto Occidental lee "doce" (la clausula tendría entonces que ser traducida "él fue contado entre los doce apóstoles"). Agustín combina las dos lectura: "él fue contado el doceavo entre los once apóstoles" (esto es aceptado por Zahn como el texto original; comp. su *Urausgabe der Apostelgeschichte des Lucas,* pp. 29, 244).

64. Lucas normalmente califica su información numérica con la particular ὡς o ὡσεί ("alrededor de").

65. R. Schütz, *Apostel und Jünger* (Giessen, 1921), argumentó que un flujo de cristianos gentiles fluyó al norte desde Galilea. Lo que sea que pueda decirse a favor de tal hipótesis, no puede establecerse a partir de las premisas de Schütz, las cuales están fuertemente ligadas a un inaceptable análisis de los Hechos como derivado de una fuente judía de "apóstoles" y una fuente galilea de "discípulos". En cuanto a la posibilidad de un desarrollo de la cristiandad galilea en la edad apostólica ver también E. Lohmeyer, *Galiläa und Jerusalem* (Göttingen, 1936); W. Marxsen, *Mark the Evangelist*, E.T. (Nashville, 1969); para un aviso preventivo ver G. B. Caird, *The Apostolic Age* (London, 1955), pp. 87–99.

66. Es difícil estar seguro si algún diseño subraya el hecho de que este número es diez veces el total apostólico.

Jesús). Entre ellos, Pedro tiene un lugar de liderazgo, como en gran medida tuvo durante el período que cubre la narrativa del Evangelio. Su negación de Jesús en el patio del sumo sacerdote, bien podría haberlo desacreditado irremediablemente a los ojos de sus colegas, pero el Señor resucitado se le apareció reasignándolo, rehabilitándolo y confirmando su posición de liderazgo definitivamente.[67]

1:16-17 En esta ocasión Pedro toma la iniciativa para llenar la vacante entre los apóstoles causada por la traición y muerte de Judas Iscariote. Con una excepción, donde el término "apóstoles" tiene de alguna manera un sentido diferente,[68] Lucas restringe el uso de este término a los doce. El total de doce era importante: corresponde al número de las doce tribus de Israel, y puede haber marcado a los apóstoles señalados como los líderes del nuevo Israel.[69]

Ambas, la deserción de Judas y la necesidad de reemplazarlo, se ven aquí como temas proféticos del Antiguo Testamento. El uso de "testimonios" mesiánicos del Antiguo Testamento—textos que habían encontrado su cumplimiento en la historia de Jesús y su secuencia y que, por tanto, eran de gran valor como evidencia y testimonio para los judíos—el testimonio y la apología fueron características prominentes de la iglesia cristiana.[70] Se ha mantenido que la colección de tales "testimonios" fueron pronto recopilados y circulaban desde una fecha muy temprana para una pronta referencia, siendo su núcleo la propia instrucción de Jesús a sus discípulos en el cumplimiento de las profecías del Antiguo Testamento (comp. Lucas 24:25–27, 32, 44–47). Incluso antes del tiempo de Jesús, algo del material de los Salmos, (especialmente "los Salmos Reales") fueron interpretados en un sentido mesiánico.[71] Para aquellos que creyeron que Jesús era el Mesías en la línea de David, significaba que muchas de las experiencias de los salmistas (David) eran entendidos como proféticamente aplicables a Jesús (comp. 2:25–31, 34–36). Es más, a la luz de la pasión de Jesús, muchas de las aflicciones soportadas por el Justo Sufriente en los Salmos fue también interpretado como referido a él. De ello se desprende que lo que se dice de los enemigos del Señor ungido o del sufrimiento del Justo debería ser interpretado como de los enemigos de Jesús (comp. 4:25–28). Entre sus enemigos Judas fue inevitablemente prominente, y no era difícil encontrar textos en el Antiguo Testamento que lo señalaran a él.

---

67. Ver G. W. H. Lampe, "St. Peter's Denial," BJRL 55 (1972–73), pp. 346–68.
68. Ver 14:4, 14, con comentarios (pp. 271, 276).
69. Comp. Lucas 22:30 par. Mat. 19:28.
70. Ver J. R. Harris, *Testimonies*, I, II (Cambridge, 1916, 1920); B. P. W. S. Hunt, *Primitive Gospel Sources* (London, 1951); C. H. Dodd, According to the Scriptures (London, 1952); R. V. G. Tasker, *The Old Testament in the New Testament* (London, ²1954); B. Lindars, *New Testament Apologetic* (London, 1961); A. T. Hanson, *The Living Utterances of God* (London, 1983).

71. Las palabras dirigidas al Señor ungido en el Salmo 2:9 están referidas a la venida del David Mesiánico *Ps. Sol.* 17:26 (primera mitad del siglo I A.C.).

En Juan 13:18 Jesús, anunciando la presencia de un traidor en la compañía en el aposento alto, cita el Salmo 41:9 ("el que come mi pan se ha vuelto contra mi"), y orando por sus discípulos en Juan 17:12 dice: "ninguno de ellos se ha perdido si no el hijo de perdición, para que se cumpliese la Escritura". Mateo une un texto de Zacarías a uno de Jeremías que provee un "testimonio" compuesto del precio que Judas recibió por su traición y el campo que compró con él (Mt. 27:9–10).[72] Así Pedro aduce aquí más testimonios desde el Salterio. El verdadero autor, afirma él, es el Espíritu Santo, que habló a través del profeta; David, siendo un profeta, pero también un portavoz o micrófono del Espíritu (comp. 2:30; 4:25).

1:18-19 Antes de que Lucas reproduzca los textos del Salterio a los que Pedro se refiere para establecer su argumento, inserta un paréntesis para que el lector pueda entender las afirmaciones de Pedro. Pedro no necesitaba decirles a sus oyentes del aposento alto lo que había pasado con Judas, ni las palabras del verso 19, "que el campo pasó a llamarse en *su* propia lengua Hakel-dama," podían ser parte del discurso directo de Pedro. Pero cuando Lucas visitó Jerusalén en el año 57 d.C., probablemente le contaron la historia de la muerte de Judas, y él la insertó aquí. Judas, le dijeron, compró un campo con sus malsanas ganancias. Pero no vivió para disfrutar de los frutos de su vergonzosa actuación, porque se cayó y sufrió una fractura fatal.[73] El campo, en consecuencia, se llamó con un nombre Arameo que significa "El campo de sangre".[74]

1:20 Después de este paréntesis Lucas continúa con el informe del discurso de Pedro, y cita los dos textos de los Salmos a los que Pedro se refiere. El primero, el Salmo 69:25, es una oración para que el lugar de descanso de los enemigos del salmista sea desierto; el segundo, del Salmo 109:8, ora para que cierto enemigo muera antes de hora o sea sustituido de su posición de responsabilidad por algún otro. Esto, es pues, una garantía para nombrar al sucesor de Judas.

1:21-22 Las cualificaciones esenciales para un sucesor aceptable de Judas son definidas: debe haber sido un asociado del Señor y sus apóstoles desde el tiempo del ministerio de Juan el Bautista hasta el día de la ascensión del Señor; debe en particular ser testigo de la resurrección, como el resto de los apóstoles. Es importante notar en primer lugar, que el período indicado es el tiempo transcurrido desde la primitiva predicación apostólica, el *kerygma* (comp. 10:37; 13:24–25). En

---

72. Comp. F. F. Bruce, *This is That: The New Testament Development of Some Old Testament Themes* (Exeter/Grand Rapids, 1968), págs. 108–10.

73. La Vulgata Latina armoniza este informe con el de Mat. 27:5 diciendo que "habiéndose colgado el mismo se reventó abriéndose (*crepuit*)".

74. Arameo. ḥăqal dᵉmā' (la letra final de Ἀκελδαμάχ es visual, no fonética, transcripción de la final *aleph*, como en Σιράχ para sîrāʾ). Conforme a Mt. 27:7, era el campo del alfarero y por tanto se usaba para enterrar extranjeros. Mateo también dice que fue el jefe de los sacerdotes quien lo compró con el dinero que Judas les arrojó; E. Jacquier (*Les Actes des Apôtres* [Paris, 1926], p. 34) y otros, han sugerido que ellos lo compraron en el nombre de Judas.

segundo lugar, la afirmación de que los apóstoles habían estado en compañía de Jesús desde los días cuando Juan bautizaba concuerda con la evidencia del Cuarto Evangelio, de acuerdo con el cual la mitad de los doce empezaron a seguir a Jesús en los días inmediatamente siguientes al bautismo de Juan (Juan 1:35–51). El llamado a los apóstoles registrado en los Evangelios Sinópticos tuvo lugar después del encarcelamiento de Juan (Marcos 1:14–20).

1:23 La elección de los apóstoles cayó sobre dos de los numerados que poseían las necesarias cualificaciones. El nombre adicional de José, Barsabás "hijo del Sabbat" puede habérsele dado porque nació en sábado.[75] Como muchos otros judíos de aquella época, tenía un nombre gentil, así como uno judío: El nombre latino Justo es superficialmente similar a José y puede además, haber sido considerado como una prestación para traducir el epíteto Hebreo ṣaddîq ("justo").[76] Según Eusebio y el posteriormente escritor Felipe de Side, Papias informa conforme a la autoridad de la hijas de Felipe (comp. 21:9) que este José, cuando fue desafiado por no creyentes, bebió veneno de serpientes en el nombre del Señor y no sufrió ningún daño.[77] En cuanto a Matías, dice por Eusebio que había sido uno de los setenta discípulos mencionados en Lucas 10:1.[78] Quizá lo fue, pero Eusebio (o su fuente) puede estar solamente suponiendo. Más tarde la tradición presenta a Matías como un misionero a los etíopes.

1:24-26 Los discípulos no echaron suertes al azar: primero seleccionaron dos hombres a los que consideran los más dignos para llenar la vacante. Bien podría ser que no hubiera nada para decidir entre José y Matías; en ese caso la elección por suertes, la cual tiene un precedente muy respetable en la sagrada historia hebrea, era razonable como una forma para decidir a uno de los dos, sobretodo porque rogaron a Dios que anulara la suerte, en el espíritu de Prov. 16:33:

"La suerte se echa en el regazo,
Pero la decisión viene toda del Señor".[79]

No hay, por cierto, ningún ejemplo en el Nuevo Testamento de este procedimiento después del descenso del Espíritu Santo en el día de Pentecostés; esto puede ser o no importante.

---

75. Aram. bar-šabbāʾ; una derivación menos probable es de bar-šabāʾ; ("hijo del mayor"). Otro portador del patronímico Βαρσαββᾶς es mencionado en 15:22.

76. Comp. "Jesús llamado el Justo" en Col. 4:11. Otros portadores de nombres judíos y gentiles son Juan/Marcos (12:12) y Saulo/Pablo (13:9).

77. Eusebio, *HE* 3.39.8; Philip, *Hist. Christ.* La bebida de veneno sin efecto nocivo es mencionado como una "señal" en el apéndice más largo de Marcos (Marcos 16:18).

78. Eusebio, *HE* 1.12.3.

79. Uno puede comparar el procedimiento por el cual los magistrados de la antigua Atenas eran elegidos bajo la constitución de Solón—por κλήρωσις ἐκ προκρίτων, por ejemplo, eligiendo muchos de los candidatos previamente seleccionados en un terreno más racional.

La oración es expresada en un lenguaje dignificado, con ecos litúrgicos.[80] La cuestión de si el "Señor" a quien es dirigida se refiere a Dios Padre o al Señor Jesús se resuelve probablemente por el hecho de que el mismo verbo se usa en el verso 24 ("tú que has elegido") como en el verso 2 ("los apóstoles a quienes él [Jesús] había elegido").[81] El mismo Señor que había elegido a los apóstoles al principio de su ministerio elegiría ahora al sustituto de Judas.

La referencia a Judas yendo a "su propio lugar" es sin duda un eufemismo, pero la reticencia con la que aluden a su destino podría ser marcada y emulada. Las circunstancias de su muerte les dejaban poco espacio para el optimismo en este aspecto, pero ellos no se tomarían la libertad para decir cual era "su propio lugar".[82]

Las suertes, entonces, fueron echadas; Matías fue indicado como el hombre que ocuparía el lugar de Judas. El número de los apóstoles estaba restaurado a doce. Fue la deserción de Judas y no el mero hecho de su muerte lo que creó la vacante; no se dieron pasos para elegir al sucesor de Santiago, hijo de Zebedeo, cuando murió ejecutado por espada, algunos años más tarde.[83] A diferencia de Judas, Santiago fue fiel hasta su muerte, y podría esperar reinar con Jesús en la resurrección, si no (como él mismo había una vez esperado) en la vida presente.[84]

A veces se ha sugerido que los apóstoles se equivocaron al elegir a Matías para completar el número, que deberían haber esperado hasta que, en el perfecto tiempo de Dios, Pablo hubiera estado preparado para llenar la vacante.[85] Esto es un error total, y delata el fracaso en la apreciación del carácter especial del apostolado de Pablo. Pablo no tenía las cualificaciones establecidas en los versos 21 y 22. Él mismo, seguramente, habría desestimado como absurda la idea de que él era por derecho el doceavo apóstol, al mismo nivel que Pedro y el resto de los once.

---

80. Note en particular la invocación "O Señor, Tu que conoces los corazones de todos" (σὺ κύριε, καρδιογνῶστα πάντων); el mismo epíteto ocurre en 15:8.

81. Gr. ἐκλέγομαι.

82. Comp. Ignacio, *To the Magnesians* 5:1, "cada uno va a su propio lugar" (lo cual podría ser un eco del presente pasaje). Ignacio se refiere a ambos, malo y bueno. Policarpo (*A Los Filipenses* 9:2) y Clemente de Roma (*A Los Corintios* 5:4) utiliza un lenguaje similar para señalar el lugar de Gloria.

83. Hechos 12:2.

84. Marcos 10:35-37.

85. Comp. R. Stier, *The Words of the Apostles*, E.T. (Edinburgh, 1869), pp. 12-15; G. Campbell Morgan, *The Acts of the Apostles* (New York, 1924), pp. 19-20.

HECHOS 2

B. EL DÍA DE PENTECOSTÉS (2:1-47)

1. El descenso del Espíritu (2:1-4)

1 Cuando[1] el día de Pentecostés llegó, estaban todos juntos en el mismo sitio.
2 De repente del cielo vino un sonido muy fuerte, una ráfaga de viento, y llenó toda la casa donde ellos estaban sentados.
3 Después aparecieron lenguas como de fuego, que se repartieron entre ellos de manera que se posaron sobre cada uno de ellos.
4 y fueron llenos del Espíritu Santo y empezaron a hablar en lenguas, como el Espíritu les concedió que hablasen.

2:1 El día de Pentecostés fue llamado así porque llegó a los cincuenta días[2] después de la presentación de los primeros frutos de la cosecha de cebada, esto es, a los cincuenta días desde el primer domingo después de la Pascua (pentēkostos siendo la palabra Griega para "quincuagésimo").[3] Entre los judíos que hablaban

---

1. El Texto Occidental amplia: "Y sucedió en aquellos días...."
2. La forma femenina del ordinal, ἡ πεντηκοστή (sc. ἡμέρα o ἑορτή), se encuentra por primera vez como nombre para esta fiesta en Tob. 2:1 y 2 Mac. 12:32. Para el significado de Pentecostés en Hechos ver G. Kretschmar, "Himmelfahrt und Pfingsten," *ZKG* 66 (1954–55), pp. 209-53; J. D. G. Dunn, *Jesus and the Spirit* (London, 1975), pp. 135–56; I. H. Marshall, "The Significance of Pentecost," *SJT* 30 (1977), pp. 347–69; A. T. Lincoln, "Theology and History in the Interpretation of Luke's Pentecost," *ExT* 96 (1984–85), pp. 204–9.
3. El partido Saduceo del siglo I a.C. interpreta el Sabbat en la frase "el siguiente día al sábado" (Lev. 23:15) como el sábado semanal. Mientras el templo permaneció, la interpretación de los Saduceos sería normativa para la celebración pública de la fiesta. En consecuencia, la tradición cristiana ha arreglado el aniversario del descenso del Espíritu en un Domingo (a los "cincuenta días" de Lev. 23:15 siendo contados inclusivamente). Los Fariseos, sin embargo, tomaron el Sabbat de Lev. 23:15 como el día de la fiesta de los panes sin levadura (en el cual, de acuerdo con Lev. 23:7, no se podía trabajar); en este caso, Pentecostés caería siempre el mismo día del mes (Siwan 6), pero no el mismo día de la semana. Los Fariseos podían apelar a Josue 5:11 ("el día después de la Pascua), leído a la luz de Lev. 23:10–14. Comp. Mishnah mənāḥôṯ 10.3; Tos. mənāḥôṯ 10.23.528; TB mənāḥôṯ 65a; ver también L. Finkelstein, *The Pharisees* (Philadelphia, 1946), pp. 115–18.

Hebreo-Arameo era conocida como "la fiesta de las semanas"[4] (Ex. 34:22a; Deut. 16:10) y también como "el día de los primeros frutos" (Num. 28:26; cf. Ex. 23:16a) porque era el día en el que "las primicias de la cosecha del trigo" (Ex. 34:22a) se presentaba a Dios. En una fecha posterior se celebró como el aniversario de la Ley dada en el Sinaí[5] —una deducción razonable de Ex. 19:1, de acuerdo con la cual los Israelitas llegaron al "desierto del Sinaí" en la tercera luna llena después de su salida de Egipto (es decir, al principio de Siwan, unos cuarenta días después de la primera Pascua).

El "lugar" en el que los discípulos estaban en esta ocasión, la "casa" del verso 2, no se especifica más; puede haber sido el aposento alto de 1:13, pero no hay forma de saberlo.

2:2 Entonces, la mañana del día de Pentecostés, el lugar donde los discípulos estaban sentados juntos, de repente, se llenó con lo que al parecer era como una gran vendaval de viento del cielo.[6] Seguramente no tiene sentido hacerse preguntas acerca de este viento, porque no hay probabilidad de responderlas satisfactoriamente. Solamente lo oyeron los discípulos, ¿o fue audible para otros? No hay forma de saberlo. Lo que es cierto es que ese viento fue considerado un símbolo del Espíritu de Dios. Cuando Ezequiel por mandato divino, profetizó al viento y le pidió que soplara sobre los cuerpos muertos en el valle de su visión, fue el aliento de Dios quien sopló sobre ellos y los lleno de nueva vida (Ezeq. 37:9–14). Y, probablemente como alusión a la visión de Ezequiel, Jesús dijo a Nicodemo, "El viento sopla donde quiere, y tú oyes su sonido, pero no sabes de dónde viene, ni a dónde va; así es con todo aquel que nace del Espíritu" (Juan 3:8). Cualquier otra cosa que se pudiera decir sobre la experiencia de los discípulos, esto al menos está claro: el Espíritu de Dios vino a ellos con poder.

2:3 Juan el Bautista predijo la venida de Aquel que efectuaría un bautismo con viento y fuego (Lc. 3:16–17). En la experiencia de Pentecostés de los discípulos pues, el fuego tenía un papel que jugar, como el viento: la manifestación de la venida del Espíritu fue tanto visible como audible. Se vieron lo que parecían lenguas de fuego, cada una de ellas encendidas sobre cada uno de ellos. Otra vez, es difícil traducir esta experiencia en términos que puedan tener verdadero significado. Como en la zarza ardiente, el fuego denota la presencia divina, (Ex. 3:2–5). Quizá nadie ha expresado el significado espiritual del "puro

---

4. Heb. *šāḇūʿôṯ*, que es el nombre del día comúnmente asignado entre los judíos.

5. Este ajuste quizá originó una secta en el judaísmo. comp. Jub. 1:1 con 6:17. Es primero atestiguado en el judaísmo rabínico por José ben Halafta, *c.* A.D. 150 (*seder ʿôlām* R. 5), y luego por Eleazar ben Pedath, *c.* A.D. 270 (TB *pəsāḥîm* 68b). Ver B. Noack, "The Day of Pentecost in Jubilees, Qumran, and Acts," *ASTI* 1 (1962), pp. 73–95.

6. Efrén el Sirio (siglo IV d.C.) dice que la casa estaba llena de fragancia; esto puede ser una reminiscencia de Isa. 6:4.

fuego celestial" que descendió en Pentecostés tan bien como Charles Wesley en su himno "O Tú que viniste de arriba".[7]

No está claro hasta qué punto las "lenguas de fuego" están destinadas a simbolizar las "otras lenguas" en las que los discípulos procedieron a hablar. F. H. Chase sugiere que, "en el momento en que el Espíritu iluminador fue derramado sobre la Iglesia, el rayo de sol de un nuevo día cayó sobre los Apóstoles, y continúa preguntando, "¿no era natural que los cristianos vieran un significado más profundo en los rayos del sol filtrándose a través de las columnas y arcos del Templo y descansando sobre los Apóstoles, y conectando esta visión con las maravillas apostólicas que siguieron, debería jugar un uso no común de la palabra "lengua" y hablar de "lenguas como de fuego" descansando sobre los Apóstoles?"[8]

Esto implica que la "casa donde estaban sentados" era el templo, pero el hecho de que estuvieran "sentados" allí parece descartar esta posibilidad. Ciertamente los atrios del templo serían un lugar adecuado para la reunión de la gran multitud que escuchó las palabras de Pedro (vs. 14-41), y si los discípulos estaban en una casa privada cuando el Espíritu tomó posesión de ellos (que es lo más probable),[9] debieron abandonarla para ir a las calles, o de lo contrario su arrebato de expresión inspirada no hubiera hecho la impresión que hizo. Si ellos salieron a las calles todavía hablando en lenguas, la multitud ciertamente se habría reunido al ruido, y podría suponerse que siguieron a los discípulos hacia el área del templo, donde Pedro se volvió y se dirigió a ellos. Esto requiere leer más en la narrativa de lo que Lucas realmente registra, pero cualquier intento de imaginar lo que realmente pasó implica eso.[10]

2:4 Sin embargo, los fenómenos sensibles han de entenderse, la experiencia interior de los discípulos se describe claramente: "Ellos fueron llenos del Espíritu Santo". El bautismo espiritual predicho por Juan y prometido de nuevo por el Señor era ahora un hecho cumplido. Ser llenos del Espíritu fue una

---

7. Este himno (*Methodist Hymn Book* 386) es en origen una meditación en Lev. 6:13 ("El fuego estará siempre ardiendo en el altar; nunca se extinguirá"), pero la invocación de uno que viene del cielo a la tierra "a impartir el puro fuego celestial" es reminiscencia también del tema de Prometeo.

8. F. H. Chase, *The Credibility of the Book of the Acts of the Apostles* (London, 1902), p. 35.

9. La palabra "casa" (οἶκος) se utilizaba tanto para el templo como para una casa privada (comp. 7:47; Mar. 11:17; Juan 2:16; Isa. 6:4 y LXX *passim*). De acuerdo con Luc. 24:53 los discípulos, después de la partida de Jesús, "estuvieron continuamente en el templo"; pero las palabras en Hechos 2:2 sugieren una casa normal más que el templo.

10. Un argumento para la escena en el templo es la propuesta por R. A. Cole (*The New Temple* [London, 1950], p. 38, n. 18); él señala que si la venida del Espíritu fue manifestada en los recintos del templo puede haber una relación con Ezeq. 47:1-2, donde brotaban aguas de debajo del umbral del templo (un pasaje quizá subrayando en Juan 7:38).

experiencia que se repetiría en varias ocasiones (comp. 4:8, 31), pero el bautismo en el Espíritu que la comunidad creyente estaba experimentando en ese momento fue un evento que tuvo lugar una vez por todas.[11]

En el Antiguo Testamento cuando hombres o mujeres eran poseídos por el Espíritu de Dios, profetizaban. Así fue con Eldad y Medad cuando el Espíritu descansó sobre ellos en el campo de Israel (Num. 11:26), y así fue con muchos otros. Así, ahora, el descenso del Espíritu sobre los discípulos contó con la asistencia del discurso profético, pero discurso profético de un tipo peculiar—pronunciado en "otras lenguas".

Hablar en lenguas, o *glosolalia* (como se le llama comúnmente), no es un fenómeno sin paralelos. No solamente las palabras del hablante están total o parcialmente mas allá de su control consciente, sino que son pronunciadas en idiomas de los que no tienen dominio en circunstancias normales. En el Nuevo Testamento hay una amplia prueba de otra forma de glosolalia—era un "don espiritual" altamente valorado en la iglesia de Corinto. Pablo reconoce que la glosolalia de los corintios es un don genuino del Espíritu Santo, pero desaprueba la indebida importancia que algunos miembros de la iglesia de Corinto le añaden (1 Cor. 12:10, 28–30; 14:2–19). Como se practicaba en la iglesia de Corinto, la glosolalia era comunicada en un discurso que los oyentes podían entender si algún presente recibía el correlativo don espiritual de interpretación. Pero en Jerusalén, en el día de Pentecostés, las palabras habladas por los discípulos en su éxtasis divino fueron inmediatamente reconocidas por los visitantes de muchos otros países que los escucharon. Posiblemente "lo que pasó en aquella ocasión fue que multitud de peregrinos escucharon a los cristianos alabando a Dios en expresiones de éxtasis; y se quedaron asombrados al observar que muchas de las palabras que pronunciaban no eran palabras judías o griegas en absoluto, sino pertenecientes a idiomas de Egipto, Asia Menor e Italia".[12]

El mero hecho de la glosolalia o cualquier otra expresión de éxtasis no es evidencia de la presencia del Santo Espíritu. En la era apostólica era necesario

---

11. Ver comentario v. 38 (p. 69).

12. P. Loyd, *The Holy Spirit in the Acts* (London, 1952), p. 32. Comp. también R. B. Rackham, *The Acts of the Apostles* (London, 1901), págs. 15–16: "Cada nuevo comienzo en el pensamiento o en la vida está inevitablemente acompañado por perturbaciones. Hay lucha con lo antiguo, y el reajuste con lo nuevo, el ambiente. Así la venida del Espíritu es seguida de fenómenos irregulares y anormales. Como el Jordán, la inundación completa y grande del Espíritu "se desborda por todas sus riberas" (Josué 3:15). Al principio los antiguos contenedores gastados de la humanidad no pueden contenerlo; y hay una inundación espiritual de experiencias extrañas y nuevas. Pero cuando se ha desgastado por sí mismo en un profundo canal en la iglesia, cuando las leyes de la nueva vida espiritual son aprendidas y entendidas, entonces algunos de estos fenómenos irregulares desaparecen, otros se convierten en normales, y lo que era tenido por milagroso es reconocido como dotación natural para la vida cristiana".

proporcionar un criterio para decidir si una declaración era de Dios o no, igual que había sido necesario en la época del Antiguo Testamento.[13] Pablo estableció una simple pero infalible prueba: "nadie puede decir 'Jesús es Señor' excepto por el Santo Espíritu (1 Co. 12:3).

Unas cuantas décadas más tarde, Juan toma en consideración la tendencia en su propio entorno insistiendo en una prueba más explícita: "todo espíritu que confiesa que Jesucristo ha venido en carne es de Dios" (1 Jn.4:2). La materia es más importante que la manera; el medio no es el mensaje. En la presente ocasión el contenido de las expresiones extáticas fueron "los poderosos hechos de Dios" (v.11), y el rango de las lenguas en las que era proclamado sugiere que Lucas pensó en la venida del Espíritu, más en particular como una preparación para la proclamación mundial del Evangelio. La iglesia de Cristo todavía habla en muchas lenguas, y su discurso no es ahora normalmente de carácter sobrenatural como el que marcó el día de Pentecostés, el mensaje es el mismo—los poderosos Hechos de Dios.[14]

2. El asombro de la multitud (2:5-13)

5 *Había residiendo en Jerusalén judíos,[15]*
Hombres devotos de todas las naciones bajo el cielo.
6 *Cuando este sonido fue escuchado,*
La multitud se reunió y estaba confundida,
Porque cada persona les oía hablando en su propia lengua.
7 *Estaba desconcertados y asombrados:*
"¿No son todos los que están hablando galileos?" preguntaban.
8 *"¿Cómo es entonces que cada uno de nosotros les oye (sus palabras)*
en nuestra propia lengua, en nuestra lengua materna?
9 *Partos, Medas, Elamitas, y los habitantes de Mesopotamia, Judea, Capadocia, del Ponto y de Asia.*
10 *Frigia y Panfilia, Egipto y las regiones de Libia alrededor de Cirene,*
visitantes de Roma,

---

13. Comp. Deut. 18:22 (si las predicciones de un hombre no se hacen realidad, es un falso profeta); 13:1–5 (incluso si sus predicciones se hacen realidad, pero él seduce a sus oyentes de su lealtad a Dios, es un falso profeta). Ver otras pruebas aplicadas a los profetas también en la Didachē (11:1–12:5)

14. En glosolalia ver K. Lake, *The Earlier Epistles of Paul* (London, 1911), pp. 241–52; A. L. Drummond, *Edward Irving and his Circle* (London, 1937), pp. 236–70, 278–97, and bibliography, p. 300; J. G. Davies, "Pentecost and Glossolalia," *JTS* n.s. 3 (1952), pp. 228–31; J. P. M. Sweet, "A Sign for Unbelievers: Paul's Attitude to Glossolalia," *NTS* 13 (1966–67), pp. 240–57; K. Haacker, "Das Pfingstwunder als exegetisches Problem," in *Verborum Veritas*, ed. O. Böcher and K. Haacker (Wuppertal, 1970), pp. 125–31; W. J. Samarin, *Tongues of Men and Angels* (New York, 1972); A. J. M. Wedderburn, "Romans 8:2—Towards a Theology of Glossolalia," *SJT* 28 (1975), pp. 369–77; W. E. Mills, *Speaking in Tongues* (Grand Rapids, 1986).

15. Ἰουδαῖοι *om.* ℵ* (ver p. 55).

11 *ambos judíos y prosélitos, Cretenses y Árabes,*
   Les oímos en nuestro propio idioma contándonos las grandes obras de Dios".
12 *Estaban asombrados y perplejos, diciéndose unos a otros,*
   "¿Qué significa esto?".
13 *Otros decían burlándose, "Están llenos de vino nuevo".*

2:5-8 Los judíos que estaban viviendo en Jerusalén en esta ocasión, eran en su mayor parte peregrinos llegados desde varios países de la dispersión, que habían venido a la ciudad santa para celebrar la fiesta de Pentecostés. Incluso si la palabra "judío" es un añadido al texto original, a estos judíos o prosélitos se refiere la frase "hombres devotos".[16] Solamente ellos podrían asistir a un servicio especial de sacrificios en el templo de Jerusalén prescrito para aquella "santa convocación" y tener parte en ella (Num. 28:26-31). Muchos de los visitantes se quedaron asombrados al escuchar en voz alta expresiones de alabanzas a Dios de los discípulos en una lengua inspirada (esto es, más que el ruido de un viento recio, que es a lo que se refiere por "sonido" en el v.6),[17] porque reconocían las lenguas autóctonas y dialectos de sus tierras nativas. Los visitantes de las tierras del este sabían Arameo, y aquellos de las tierras del oeste sabían Griego, pero ni el Arameo, ni el Griego eran lenguas extrañas para los discípulos. El acento Galileo era fácilmente reconocible, como Pedro sabia por experiencia propia de una ocasión anterior;[18] pero estos galileos aparecieron de pronto compartiendo con ellos una instrucción en la mayoría de las lenguas habladas en el mundo conocido. Cuando la ley fue dada en el Sinaí, de acuerdo con la posterior tradición rabínica, "los diez mandamientos eran promulgados al unísono, sin embargo dice, "Todos los pueblos percibieron las *voces*" (Ex.20:18); esto muestra que cuando la voz llegaba se dividía en siete voces y luego en setenta lenguas, y cada persona recibió la ley en su propia lengua".[19] Aunque ésta es una tradición, fue aceptado en algunos

---

16. Gr. ἄνδρες εὐλαβεῖς (para εὐλαβής comp. 8:2; 22:12; Luc. 2:25).

17. Gr. τῆς φωνῆς ταύτης (la palabra traducida "sonido" en v. 2 es ἦχος).

18. Ver Mar. 14:70 par. Mat. 26:73 y Luc. 22:59. El discurso Galileo se distingue por la confusión o pérdida de laríngeas o aspiradas; comp. A. Neubauer, "The Dialects of Palestine in the Time of Christ," in *Studia Biblica*, I (Oxford, 1885), p. 51; G. Dalman, *Grammatik des jüdisch-palästinischen Aramäisch* (Leipzig, 1894), pp. 33-40, 42-51; F. Rosenthal, *Die aramäistische Forschung* (Leiden, 1939), p. 108 n.; E. Y. Kutscher, *Studies in Galilaean Aramaic* (Bar-Ilan University Press, Israel, 1976).

19. Midrash *Tanḥuma* 26c; comp. R. *Yoḥanan* (d. A.D. 279) in TB *shabbāṭ* 88b. El verdadero sentido de las palabras citadas de Ex. 20:18 es "todas las personas percibieron el estruendo" (RSV). Las "setenta lenguas" corresponden a las setenta naciones enumeradas Gen. 10:2-31. Con esta exégesis rabínica completa enlazada a Deut. 32:8 MT, "el Altísimo... fijó los límites de los pueblos de acuerdo al número de los hijos de Israel"—los "hijos de Israel" siendo setenta "personas de la casa de Jacob, que llegaron a Egipto" (Gen. 46:27 MT). Comp. Filón, *Decalogue* 36. Ver n. 24 abajo.

El asombro de la multitud (2:5-13)

círculos judíos que Pentecostés marcaba el aniversario de la promulgación de la ley,[20] y podría haber una implicación paralela entre este evento y lo que ahora está ocurriendo en la afirmación de que gente "de toda nación bajo el cielo" oía las alabanzas a Dios, "cada individuo...en su propia lengua". Tal paralelo implícito fue discernido y expresado por John Keble en su himno Whitsuntide, "Cuando el Dios de todos baje del Cielo".[21]

Las personas que oyeron el sonido en esta ocasión, sin embargo, no eran gentiles sino judíos y prosélitos; la evangelización a los gentiles fue un desarrollo revolucionario, registrado con fanfarria de trompetas, en un gran escenario en la narrativa de Hechos.[22] Sin embargo, aquellos "devotos"[23] visitantes son aparentemente considerados por Lucas representativos de los varios países que habían venido, y de los dialectos autóctonos de aquellas tierras.

2:9-11 A esto sigue una impresionante lista de las naciones así representadas. Estas listas geográficas aparecen en algún otro sitio de la literatura antigua, especialmente en los *Rudiments* de Paulus Alexandrinus, un tratado de astrología, en el que las naciones del mundo están repartidas entre los doce signos de zodiaco.[24] Pero la similitud entre la lista de las naciones de Paulus y la lista mucho más

20. Ver p. 50, n. 5.
21. J. Keble, *The Christian Year* (London, 1872), No. 47. La estrofa
"Los fuegos, que se apresuraron en el Sinaí
En repentinos torrentes de temor,
Ahora amable luz, una gloriosa corona,
Sobre la cabeza de cada santo".

es una reminiscencia no solo de las "lenguas de fuego" de Hechos 2:3, sino también de la descripción de Virgilio de la centelleante llama, presagiando el favor del cielo, alrededor de la cabeza de Iulus, hijo de Eneas, en la caída de Troya (*Aeneid* 2.681–86).

22. Ver 10:1—11:18; 11:19–26; 15:7–11.
23. Ver p. 54, n. 16. La palabra no es una de aquellas usadas para designar a Gentiles "temerosos de Dios" (comp. 10:2, n. 7).
24. S. Weinstock, "The Geographical Catalogue in Acts 2:9–11," *JRS* 38 (1948), pp. 43–46, registrado en una nota encontrada al margen, fuera de impresión de F. Cumont, "La plus ancienne géographie astrologique," *Klio* 9 (1909), pp. 263–73 (un artículo sobre la división de los países de la Tierra bajo los signos del zodíaco). La nota marginal, de la mano F. C. Burkitt, tabulaba el catálogo de las naciones de Hechos 2:9-11 junto a la lista de Pablo de Alejandría. Weinstock concluye que Burkitt debe haber considerado la geografía astrológica como la clave para comprender el catálogo de Lucas, y que Lucas, por tanto, "por muy extraña que sea su lista, significa de hecho que "todo el mundo"… todas las naciones que viven bajo los doce signos del zodíaco recibieron el don para entender la predicación inmediatamente". Comp. J. A. Brinkman, "The Literary Background of the 'Catalogue of the Nations' (Acts 2:9–11)," *CBQ* 25 (1963), pp. 418–27. En vista de la referencia a Deut. 32:8 en n. 19 arriba, no es irrelevante recordar que el fragmento hebreo de 4QDt^q con LXX traduce el final de este verso así: "Él fijó las fronteras de las naciones conforme al número de los hijos de Dios" (por ejemplo, los ángeles)—una traducción que a veces ha sido interpretada (o mal interpretada) astrológicamente.

antigua, presentada por Lucas ha sido exagerada. La lista de Lucas es relevante por su contexto y tiene algunas características de interés especial.[25]

Partia, Media,[26] Elam (Elimais), y Mesopotamia están asentadas al este del Éufrates; los judíos en aquellas zonas hablaban Arameo. Estas fueron las tierras de la anterior dispersión, a la que los exiliados de las diez tribus del norte de Israel habían sido deportados por los Asirios en los siglos VIII y VII a.C. No perdieron su identidad tan completamente como tradicionalmente se ha supuesto. Su número fue más tarde aumentado por las deportaciones judías en la época de Nabucodonosor. A pesar del real decreto persa que autorizaba su retorno, muchos de los descendientes de aquellos exiliados prefirieron permanecer allí donde estaban, y sus asentamientos se incrementaron por más inmigración, así que el total de la población judía en aquellos territorios orientales aumentaron probablemente más de algunas decenas, si no cientos de miles. Artajerjes III de Persia estableció un asentamiento de judíos cautivos en Hicarnia, en el Mar Caspio (353 a.C.).[27] Josefo tiene mucho que decir acerca de los asentamientos en Mesopotamia y regiones adyacentes;[28] fue para su beneficio que produjo el primer borrador de su *History of the Jewish War* en Arameo.[29]

La referencia a "Judea" ha sido frecuentemente considerada como un error de un escriba, en parte por razones gramaticales[30] y en parte porque es muy extraño que una mención especial se hiciera de los de Judea residiendo en Jerusalén.[31]

Muchas enmiendas al texto han sido sugeridas, pero en vista de la amplia y preponderante evidencia textual para "Judea" es mejor seguir a B. M. Metzger que dice que: "probablemente la solución menos satisfactoria para un problema admitidamente difícil es aceptar la lectura atestiguada por el abrumador peso de la mayoría de los testigos".[32] Si "Judea" pudiera ser entendido aquí en el sentido más amplio posible, podría denotar la extensión de la tierra desde las fronteras

---

25. Si había una relación literaria entre Lucas y Pablo, deberíamos asumir que hubo una fuente anterior para Pablo. B. M. Metzger, "Ancient Astrological Geography and Acts 2:9–11," *New Testament Studies: Philological, Versional and Patristic*, NTTS 8 (Leiden, 1980), pp. 46–56.

26. En 1 Enoc 56:5 "Partos y Medos" tuvieron un papel destacado en la última Guerra de los Gentiles contra Israel.

27. Jerónimo, *Chronicle* (on Olympiad 105); Syncellus, *History*, ed. G. Dindorf, 1.486.

28. Josefo, *Ant* 11.133; 15.14; 18.310–79.

29. Josefo, *BJ* 1.3, 6.

30. La ausencia del artículo delante de Ἰουδαίαν es una dificultad (ya que la palabra es propiamente un adjetivo): "sin artículo Ἰουδαίαν … es ciertamente una corrupción" (BDF §261, n. 4). Pero Ἰουδαίαν τε καὶ Καππαδοκίαν puede estar bajo el régimen de τήν antes del precedente Μεσοποταμίαν.

31. Como Bede señaló en el siglo VIII.

32. B. M. Metzger, "Ancient Astrological Geography and Acts 2:9–11," *New Testament Studies*, p. 56.

de Egipto hasta el Éufrates, controlados directamente o indirectamente por los reyes de Judea, David y Salomón. Esto podría explicar la ausencia de Siria de la lista.[33]

Para aquellos viviendo en Capadocia, Ponto y Asia, Frigia y Panfilia, hay una amplia evidencia de que existían grandes comunidades judías en aquellas áreas de Asia Menor. Los capítulos centrales de Hechos (13-20) aportan abundante prueba de esto; Filón declara que "la presencia judía es extremadamente numerosa en cada ciudad de Asia y Siria".[34] Hay evidencias de la presencia judía en Lidia desde al menos el siglo VI a.c. (la Sefarad de Abdías, 20 es Sardis, la capital de Lidia). Antíoco III llevó 2.000 familias judías desde Babilonia y las estableció como campamentos militares en Lidia y Frigia (cerca 213 a.C.).[35] Desde la costa norte de Asia Menor algunos judíos cruzaron el Mar Muerto; inscripciones judías han sido encontradas en Crimea.

Aquellos visitantes que vinieron desde Egipto a "los distritos de Lidia alrededor de Cirene" pertenecían a otro sector muy numeroso de los judíos de la dispersión. Los judíos habían vivido continuadamente en Egipto desde principios del siglo VI a.C. y estaban siempre recibiendo nuevas adhesiones, especialmente desde la conquista de Alejandro de Egipto y del descubrimiento de Alejandría en 331 a.C. De acuerdo con Filón, él mismo judío alejandrino, dos de los cinco distritos que integraban la ciudad de Alejandría eran poblaciones judías;[36] él estimó que en el año 38 d.C. había cerca de un millón de judíos viviendo en Egipto[37] (si dividiéramos su cifra entre diez, podríamos estar más cerca del número real). Los judíos de Cilicia son mencionados varias veces en Hechos (6:9; 11:20; 13:1), y Simón de Cirene aparece en la narrativa de la pasión (Mr. 15:21 par. Lc. 23:26).

---

33. Jerónimo lee la Versión Siria aquí. Otras enmiendas posibles son la Armenia (Tertuliano y Agustín), la India (Crisóstomo y, mucho más tarde, R. Bentley), Galacia (M. Dibelius), Ionia (W. L. Knox), Iberia (J. M. Ross, *ExT* 96 [1984–85], p. 217), y Gordyaea, es decir, Kurdistán (F. C. Burkitt, *Encyclopaedia Biblica*, col. 4992). Esta última enmienda tiene el soporte de unos cuantos Manuscritos Arábigos del NT: Bodleian Canon. Or. 129 (los Hechos y las Epístolas en Árabe) abre la lista con *Akrād* (plural de kurdi)—una lectura respaldada por el antiguo Manuscrito del Cairo 99 y por un temprano manuscrito Alepo del siglo XVIII del NT en Árabe (en la biblioteca del obispo Maronite), que traduce principalmente de la Peshitta, pero no completamente, ya que el texto de la presente lista concuerda con los manuscritos Bodleian ya mencionados (E. F. F. Bishop, "Professor Burkitt and the Geographical Catalogue," *JRS* 42 [1952], pp. 84–85).

34. Filón, *Embassy to Gaius* 245 (comp. 15:21, en los que Siria y Asia Menor están principalmente en mente).

35. Josefo, *Ant.* 12.149; cf. F. F. Bruce, *Colossians-Philemon-Ephesians*, NICNT (Grand Rapids, 1984), pp. 8–13.

36. Filón, *Flaccus* 55.

37. Filón, *Flaccus* 43.

Se dice que Ptolomeo I de Egipto (323–283 a.C.) hizo un asentamiento de un número de judíos en Cilicia para asegurarse su lealtad.[38]

Los "visitantes de Roma, ambos judíos y prosélitos" forman el único contingente desde el continente europeo incluido en la lista de Lucas. Los visitantes de Grecia pueden haber estado también presentes, pero ellos no son específicamente mencionados.[39] Lucas está interesado en Roma porque la meta de su narrativa se dirige hacia allí. Es al menos una posibilidad que la iglesia en Roma, cuyos orígenes son tan oscuros, puedan remontarse hasta aquellos "visitantes de Roma" quienes escucharon el Evangelio en Jerusalén aquel día y lo llevaron a casa cuando regresaron. "Por el otoño que siguió a la Crucifixión, es bastante posible que Jesús fuera honrado en la comunidad judía de Roma como El que estuvo en Damasco".[40]

Había una colonia de judíos en Roma en el siglo II a.C. y creció por los judíos traídos allí desde Judea por la gracia del triunfo de Pompeya en el año 61 a.C. y más tarde fueron liberados. Al principio de la era cristiana se estimó que había entre 40.000 y 60.000 judíos residentes en Roma.[41] Nuestro conocimiento de ello se deriva no solo de las fuentes literarias contemporáneas sino también del estudio de las seis catacumbas judías.[42] Ninguna sinagoga judía de la época imperial ha sido excavada todavía en Roma, pero los nombres de once de ellas son perceptibles en las inscripciones.[43] Fue probablemente la propagación de las enseñanzas cristianas en algunas de estas sinagogas lo que condujo a los disturbios del año 49 d.C. el momento en el que el edicto de Claudio establece que todos los judíos deben abandonar Roma" (18:2).[44]

En ningún lugar hubo una actividad proselitista judía que se llevara a cabo más enérgicamente que en Roma, y no es sorprendente que el contingente de Roma incluyera tanto prosélitos como judíos de nacimiento.[45] Un prosélito era un gentil de nacimiento que se había convertido al judaísmo. Se entendía que tal persona observaba la ley judía enteramente y era admitido a la membresía del pueblo escogido en un triple rito: (1) la circuncisión (para prosélitos masculinos),

---

38. Josefo, *Against Apion* 2.44.

39. Esto es un argumento contra la tesis de Burkitt-Weinstock (p. 55, n. 24); La lista de Pablo de Alejandría sitúa "Grecia y Jonia" (bajo el signo de la virgen) entre Asia (debajo de Lion) y Libia y Cirene (bajo las Escalas).

40. F. J. Foakes-Jackson, *Peter, Prince of Apostles* (London, 1927), p. 195.

41. H. J. Leon, *The Jews of Ancient Rome* (Philadelphia, 1960), pp. 135–36; Schürer III, pp. 73–81.

42. H. J. Leon, *The Jews of Ancient Rome*, pp. 46–66.

43. H. J. Leon, *The Jews of Ancient Rome*, pp. 135–66; Schürer III, pp. 95–98.

44. Ver p. 361 con n. 9.

45. Al principio del siglo II d.C. Juvenal todavía tuvo ocasión de satirizar la actividad proselitista judía en Roma (*Satire* 14.96–106).

(2) un acto de purificación de auto bautismo presenciado por testigos,[46] y (3) la ofrenda de un sacrificio (mientras el templo de Jerusalén permaneció en pie).[47] Por los requerimientos de la circuncisión, la proselitización completa parece haber sido más común entre mujeres que hombres. Muchos hombres estaban contentos con ese compromiso rebajado al judaísmo convencionalmente indicado con el término "temeroso de Dios".[48]

El catálogo concluye con la referencia a los Cretenses[49] y los Árabes. Los "árabes" probablemente vivieron en el reino de los Nabateos, al este de Siria y Judea, que se extendía desde el Mar Rojo hasta el Éufrates, con su capital en Petra. Fue en este momento, en el apogeo de su poder bajo Aretas IV (9 a.C. – d.C. 40).[50] La relación de este monarca con Judea puede estar ilustrado en el hecho de que su hija fue la primera mujer del tetrarca Herodes Antipas – la esposa de la que Antipas se divorció para casarse con Herodías.[51]

Todos estos visitantes, pues, escucharon las exclamaciones de éxtasis de los apóstoles y sus compañeros. Las autoridades judías parecen haber sancionado el uso de toda lengua en la recitación de ciertas formulas religiosas—la 'Shema' ("Escucha, O Israel ...," Deut. 6:4), las "Dieciocho Bendiciones," y las bendiciones invocadas sobre las comidas.[52] Las alabanzas a Dios en varias lenguas fueron pues, frecuentemente escuchadas en Jerusalén durante las grandes fiestas, cuando tantos peregrinos de la dispersión se presentaban en la ciudad. ¡Ahora, para su sorpresa, estos peregrinos escuchaban las alabanzas de Dios en todas las lenguas de la dispersión siendo pronunciadas por los galileos a todos los pueblos! Este evento no era nada menos que el reverso de la maldición de Babel.[53]

2:12-13 El asombro público y la perplejidad se propagó. Un tipo de éxtasis es superficialmente muy parecido a otro, e incluso Pablo, quien tenía él

---

46. Ver H. H. Rowley, "Jewish Proselyte Baptism and the Baptism of John" (1940) in *From Moses to Qumran* (London, 1963), pp. 211–35; T. F. Torrance, "Proselyte Baptism," *NTS* 1 (1954–55), pp. 150–54; T. M. Taylor, "The Beginnings of Jewish Proselyte Baptism," *NTS* 2 (1955–56), pp. 193–98; K. Pusey, "Jewish Proselyte Baptism," *ExT* 95 (1983–84), pp. 141–45.

47. De acuerdo con G. W. H. Lampe, *The Seal of the Spirit* (London, 1951), p. 83, este sacrificio "no era indispensable, y era en cualquier caso probablemente una mera idea o regulación teórica, ya que no hay evidencia real de que este conjunto de ceremonias sean de la época del Templo". Ver también Schürer III, pp. 173–74.

48. Ver p. 209, n. 7.

49. Para los judíos en Creta comp. Tit. 1:10–14; Josefo, *BJ* 2.103; *Ant.* 17.327. La segunda esposa de Josefo fue una israelita de Creta (*Life* 427).

50. Él es mencionado en 2 Cor. 11:32 (cf. en 9:23–25).

51. Josefo, *Ant.* 18.109–15 (cf. en 4:27).

52. Mishnah *sôṭāh* 7.1; cf. Schürer II, pp. 22 (n. 78), 454–63.

53. "The account of Pentecost is dependent upon the account of Babel" (J. G. Davies, "Pentecost and Glossolalia," pp. 228–29).

mismo el don de la glosolalia,⁵⁴ tuvo que advertir a los cristianos de Corinto que si un extraño entraba a una de sus reuniones cuando estaban todos "hablando en lenguas" ciertamente pensaría que estaban locos (1 Cor. 14:23).⁵⁵ Así, en esta ocasión, algunos de la multitud desestimaron el extraño evento con una pulla: "están llenos de vino nuevo"—es decir, vino dulce⁵⁶ (porque, aunque para la vendimia del año quedaban aún varios meses, había maneras de mantener el vino dulce durante todo el año.⁵⁷

3. La proclamación de Pedro (2:14-36)

a. ¡Esto es Eso! (2:14-21)

14 *Luego Pedro, estando en pie con los once,*
levantó su voz y se dirigió a ellos.
"Hombres de Judea" les dijo, "y todos vosotros los que vivís en Jerusalén,
sea esto de vuestro conocimiento, y prestad atención a mis palabras.
15 *Estos hombres no están bebidos, como vosotros suponéis,*
es solo la tercera hora del día.
16 *No; esto es lo que dijo el profeta Joel.⁵⁸*
17 *'Será en los últimos días, dice Dios, que yo derramaré mi Espíritu en toda la raza humana: Vuestros hijos y vuestras hijas profetizarán,*
vuestros jóvenes tendrán visiones, y vuestros ancianos soñaran sueños.
18 *Sí; en mis siervos, hombres y mujeres, en aquellos días derramaré de mi Espíritu, y ellos profetizarán.⁵⁹*
19 *Yo mostraré prodigios arriba en el cielo, y señales abajo en la tierra,*
sangre y fuego y niebla de humo;⁶⁰
20 *el sol se convertirá en oscuridad, la luna en sangre, antes de que el grande y notable día del Señor venga;*
21 *y todo aquel que invoque el nombre del Señor será salvo".*

2:14-15 Las expresiones de éxtasis habían conseguido su útil propósito atrayendo a una gran multitud alrededor de los discípulos. Ahora Pedro, puesto en

---

54. 1 Cor. 14:18.

55. Comp. el contraste en Ef. 5:18 entre estar "bebido con vino" y ser "lleno del Espíritu".

56. Gr. γλεῦκος Comp. Eliú en Job 32:19a LXX, hablando del contraste del espíritu interior: "Mi vientres es como vino sin respiradero" (γλεύκους ζέων).

57. "Si quieres mantener el vino dulce todo el año," dice el escritor romano Cato, "pon el vino nuevo en una jarra, sella el tapón con brea, sumérgelo en un recipiente con agua, sácalo después del trigésimo día; tendrás vino dulce todo el año" (*On Agriculture* 120).

58. Cod. D y otros Textos Occidentales omiten "Joel".

59. El Texto Occidental omite y "ellos profetizarán" (probablemente para armonizar con el texto del Antiguo Testamento).

60. El Texto Occidental omite "sangre y fuego y niebla de humo".

pie, apoyado por sus once compañeros apóstoles, empieza a dirigirse a aquellos que se han reunido a su alrededor. Para cualquier informe que pueda darse de la geografía de los versos 1-4, es difícil pensar en uno más apropiado o un mejor escenario para el discurso de Pedro que el atrio exterior del templo.

No hay nada que sugiera que Pedro habla ahora en una lengua desconocida para él mismo, aunque el verbo "dirigirse a" puede implicar inspiración divina.[61] Antes de que proclame el mensaje apostólico, basado en la resurrección del Jesús crucificado, da una explicación del fenómeno que ha reunido a la maravillada multitud.

Empieza con una breve refutación contra la acusación de embriaguez. Si la acusación en sí misma fue hecha en broma, hay buen humor en la desestimación de Pedro en este aspecto; es demasiado pronto por la mañana, dice, como para que ellos hayan tenido la oportunidad de beber en exceso.

2:16 Luego viene una afirmación de tremenda importancia: "Esto es lo que fue dicho por el profeta Joel". Joel, como otros profetas del Antiguo Testamento, había hablado de lo que iba a ocurrir en los "últimos días". Que Pedro aluda a esta profecía significa que esos días, los días del cumplimiento del propósito de Dios, han llegado. En otro lugar, Pedro habla de cómo los profetas que presagiaron la llegada de la manifestación de la gracia de Dios "buscad e investigad acerca de esta salvación; ellos buscaron qué persona o tiempo era indicado por el Espíritu de Cristo en ellos cuando predijeron el sufrimiento de Cristo y la subsiguiente gloria" (1 Pe. 1:10-11). Pero ahora que Cristo había sido "hecho manifiesto en el fin de los tiempos" (1 Pe. 1:20), sus seguidores no tienen más necesidad de seguir buscando e investigando (como tuvieron que hacer los profetas) qué persona o el tiempo que había señalado el Espíritu profético, porque ellos *sabían*: la persona es Jesús, el tiempo es ahora. Los "últimos días" han empezado con la aparición de Cristo sobre la tierra y será consumado por su reaparición; son los días durante los cuales la edad por venir se superpone a la edad presente. De ahí la seguridad con la que Pedro puede citar las palabras del profeta y declarar "¡Esto es eso!"

2:17-18 La cita viene de Joel 2:28-32. Joel anuncia la llegada del día del Señor, el día cuando actuará con justicia y misericordia. Joel dice que los eventos de ese día empezaran "a partir de ahora";[62] Lucas, conjuntando la

---

61. La palabra griega es ἀποφθέγγομαι, utilizada ya como "declaración" Espíritu-inspirada en v. 4. (En LXX es utilizada como profetizando en 1 Cron. 25:1, de la adivinación en Miq. 5:12.)

62. LXX μετὰ ταῦτα (comp. 15:16 abajo), traduciendo Heb. ʾaḥărê ḵen. Para "en los últimos días" introduciendo un oráculo comp. Isa. 2:2 par. Miq. 4:1. Hay otras variantes de los textos del Antiguo Testamento en esta cita: en el A.T. "vuestros hombres jóvenes tendrán visiones" seguido y no precedido de "vuestros hombres jóvenes tendrán sueños"; la frase "y ellos profetizaran" (v.18) está ausente del texto del A.T., como también las palabras "arriba", "señales" y "abajo" (v.19).

predicción con el cumplimiento, utiliza una frase más precisa "en los últimos días".[63] Para Lucas la señal de la edad por venir es la presencia del Espíritu. El contexto de la profecía de Joel contiene una llamada al arrepentimiento con la esperanza del perdón divino (Joel 2:12-14)—una llamada a la que Pedro se referirá más tarde en el verso 38. Pero la característica principal de las palabras que Pedro cita es la predicción del derramamiento del Espíritu de Dios en toda la raza humana – literalmente, "en toda carne". Lucas ve en estas palabras un augurio de la misión mundial a los gentiles, incluso aunque Pedro no se hubiera dado cuenta de su total trascendencia cuando las citó el día de Pentecostés. Ciertamente, el derramamiento del Espíritu sobre los 120 judíos no podía ser, en sí mismo, el cumplimiento total de la predicción de tal derramamiento "sobre toda carne"; pero era el principio del cumplimiento. Las palabras de Joel pueden remontarse a la exclamación de Moisés: "¡Ojalá todo el pueblo del SEÑOR fuera profeta, que el SEÑOR pusiera su Espíritu sobre ellos!" (Num. 11:29). El efecto del derramamiento del Espíritu es el don de la profecía, ejercitada en visiones y sueños y palabra.

2:19-21 Las maravillas y señales para ser reveladas en el mundo natural pueden tener más relevancia en su contexto inmediato de lo que se cree. "Es muy importante," dice B.J. Hubbard, como la cita de Pedro de Joel "alude a tantos fenómenos (incluyendo sueños y visiones) los cuales caracterizan la versión de Lucas de los orígenes del cristianismo".[64] Más concretamente, poco más de siete semanas antes, la gente de Jerusalén había visto el oscurecimiento del sol, durante el medio día del Viernes Santo; y más tarde, en aquel mismo día, la luna llena de Pascua puede haberse levantando roja en el cielo como consecuencia de la sobrenatural oscuridad.[65] Estos fenómenos son ahora interpretados como presagios del advenimiento del día del Señor[66] —un día de juicio, seguramente, pero más

---

63. Similar fraseología es utilizada por otros escritores del N.T. para denotar la inauguración de la nueva era por el Cristo-evento: "el final de las edades" (1 Cor. 10:11), "estos últimos días" (Heb. 1:2), "la consumación de las edades" (Heb. 9:26), "los últimos tiempos" (1 Pet. 1:20), "la última hora" (1 Jn 2:18).

64. B. J. Hubbard, "The Role of Commissioning Accounts in Acts," in *Perspectives on Luke-Acts*, ed. C. H. Talbert (Edinburgh, 1978), p. 198.

65. No podría haber sido un eclipse solar, porque la luna estaba llena en la marea de la Pascua. En el significado de Lc.23:44-45, "la luz del sol falló" (τοῦ ἡλίου ἐκλιπόντος), ver G. R. Driver, "Two Problems in the New Testament," *JTS* n.s. 16 (1965), pp. 331-37 (él atribuye la oscuridad del viernes santo a un ḥamsin viento). Comp. C J. Humphreys and W. G. Waddington, "Dating the Crucifixion," *Nature* 306 (1983), pp. 743-46 (ellos explican que la apariencia de luna de sangre fue causada por un eclipse el 3 de Abril 33 d.C.).

66. El adjetivo "notable" (LXX ἐπιφανής) presupone Heb. *nirʾeh* en lugar del *nôrāʾ* ("terrible").

La resurrección de Jesús es proclamada (2:22-28)

inmediatamente, el día de la Salvación del Señor para todos los que invocan su nombre.[67]

b. La resurrección de Jesús es proclamada (2:22-28)

22 *"Hombres de Israel, escuchad esto. Yo hablo de Jesús de Nazaret, un hombre probado ante vosotros por Dios por grandes obras y maravillas y señales que Dios hizo entre vosotros[68] a través de él, como bien sabéis vosotros.*

23 *El fue entregado a vosotros conforme al consejo señalado y al conocimiento previo de Dios; lo tomasteis[69] y por medio de hombres sin ley, lo clavasteis[70] y lo matasteis.*

24 *Pero Dios lo resucitó, poniendo fin a la agonía de la muerte, porque no era posible para la muerte retenerlo.*

25 *David dijo con respecto a él, "Veía al Señor siempre delante de mí, porque está a mi mano derecha, para que yo no pueda ser conmovido;*

26 *por tanto, mi corazón se ha regocijado y mi lengua se ha alegrado, y mi carne para siempre descansará en esperanza.*

27 *porque no abandonarás mi alma en el Hades, ni permitirás que tu santo vea corrupción.*

28 *Me has hecho conocer los caminos de la vida; con tu presencia me llenaras de gozo".*

2:22   Ahora Pedro empieza su tema principal: la proclamación de Jesús como Señor y Mesías. La temprana proclamación apostólica[71] normalmente comprendía cuatro elementos (no siempre en el mismo orden): (1) El anuncio de que el cumplimiento del tiempo había llegado; (2) un informe del ministerio, muerte y triunfo de Jesús; (3) cita de las Escrituras del Antiguo Testamento que se habían cumplido en estos eventos probando que Jesús era aquel de quien se profetizó; (4) una llamada al arrepentimiento. Estos cuatro elementos están presentes en la proclamación de Pedro aquí. Ha anunciado ya que el tiempo se ha cumplido (v.16); ahora, resume la historia de Jesús.

Las "grandes obras y maravillas y señales" las cuales Dios llevó a cabo a través de Jesús de Nazaret[72] entre los "hombres de Israel" no necesitaron ela-

---

67. Comp. la descripción del gran día de la ira en Ap. 6:12, basada en este mismo oráculo de Joel.

68. El texto Occidental lee "nosotros" (ἡμᾶς) en lugar de (ὑμᾶς) "vosotros".

69. "Tú lo tomaste" traduce el participio λαβόντες, lectura en ℵ² D E Ψ y en la mayoría de los manuscritos cursivos (pero están omitidos en la mayoría de las ediciones críticas).

70. Gr. προσπήγνυμι y no el común ατσυρόω (lit. "sujeto a una estaca").

71. A menudo llamado el *kerygma* (κήρυγμα, de κηρύσσω, "proclamar como heraldo," κῆρυξ).

72. O "Jesús el Nazareno" (Ἰησοῦν τὸν Ναζωραῖον, v. 22). A pesar de la gran variedad de otras explicaciones del título Ναζωραῖος como es usado para Jesús, parece claro que los escritores

boración; estaba reciente en las mentes de todos. Que estos hechos se llevaron a cabo por el poder divino había sido aceptado por todos, excepto por aquellos que vieron que tal conocimiento podía tener implicaciones teológicas indeseables.[73] Los milagros de Jesús no eran meras "maravillas"; eran "grandes obras," evidencia del poder de Dios operando entre su pueblo, y "señales" del reino de Dios – "los poderes de la edad por venir," en el lenguaje de Heb.6:5. "Si es por el dedo de Dios que echo fuera los demonios," dijo Jesús en una ocasión, "entonces el reino de Dios ha venido a vosotros" (Lucas 11:20). Y la mayoría de los que vieron sus poderosas obras estaban de acuerdo: "Dios ha visitado a su pueblo" (Lucas 7:16).[74]

2:23 Sin embargo, este Jesús había sido sentenciado a muerte por crucifixión. Mientras el juez que lo sentenció a esta forma de muerte y los soldados que llevaron a cabo la ejecución eran romanos, "hombres sin ley" en el sentido de que estaban fuera del rango de la ley de Israel,[75] fueron en realidad las autoridades judías, más concretamente el sumo sacerdote, quien lo entregó a los romanos. Semejante acción no fue un hecho sin precedentes: otro Jesús, el hijo de un Ananías, fue colgado por el gobernador romano con el debido procedimiento en el año 62 d.C. a instancias de los magistrados de Jerusalén cuando se dieron cuenta de que ellos mismos no podían sentenciarlo.[76] Las palabras de Pedro están aquí dirigidas al pueblo de Jerusalén, no a los visitantes judíos que estaban presentes en la ciudad para Pentecostés. Sin embargo, la acción de aquellos que tuvieron parte, directa o indirectamente, en llevar a Jesús a la muerte fue revocada por "el

---

del NT lo tomaron como sinónimo de Ναζαρηνός, "perteneciendo a Nazaret". No hay diferencia en el sentido entre "Jesús el nazareno" aquí y "Jesús de Nazaret" en 10:38 abajo. Gr. Ναζωραῖος es equivalente al Heb. noṣrî (con metátesis vocal). Ver M. Black, *An Aramaic Approach to the Gospels and Acts* (Oxford, ³1967), pp. 197–200. Para el plural Ναζωραῖοι utilizado como los seguidores de Jesús (24:5) ver n. 15.

73. Ver en Lucas 11:15 la acusación de que había exorcizado demonios en el nombre de Beelzebú.

74. Comp. D. S. Cairns, *The Faith that Rebels* (London, 1929); A. Richardson, *The Miracle Stories of the Gospels* (London, 1941); C. Brown, *Miracles and the Critical Mind* (Grand Rapids, 1984), pp. 293–325. La palabra Griega para "milagros" (τέρατα) nunca es utilizada en el NT excepto en conjunción con la palabra para "señales" (σημεῖα). Aquí una tercera palabra, "grandes obras" (δυνάμεις), es añadida para dar significado a estos milagros incluso más claramente. Comp. Heb. 2:4.

75. Gr. ἄνομοι, en el sentido que tiene, por ejemplo, en 1 Cor. 9:21, donde ἄνομοι son gentiles (lit. sin ley), como opuesto a los ὑπὸ νόμον judíos (bajo la ley). Para un sentido más general de la palabra (comp. KJV "malvado"), es significativo que a los romanos se les llame a veces en la literatura judía hārəšāʿîm, "los impíos" (el Imperio Romano es mamléḵeṯʿ hārəšāʿîm, "el reino de los malvados"); comp. Mar. 14:41, "el Hijo del hombre es traicionado a manos de pecadores" (ἁμαρτωλοί).

76. Josefo, *BJ* 6.303; cf. G. Vermes, *Jesus and the World of Judaism* (London, 1983), pp. viii-ix.

consejo señalado y el conocimiento previo de Dios". Dios mismo, dice Pablo no ha escatimado a su propio Hijo sino que "lo ha entregado por todos nosotros" (Rom. 8:32). Fue el propósito divino, revelado a través de los profetas, que el Mesías sufriría (comp. 3:18, etc.). Esto no conlleva la disminución de la culpa de aquellos que lo entregaron a la muerte o llevaron a cabo la sentencia; pero sí que señala el camino para quitar su culpa y asegurarse el perdón. Pedro, sin embargo, no dice nada acerca de esto hasta que sus oyentes están verdaderamente convencidos de su pecado.

2:24 La sentencia contra Jesús por una corte terrenal y ejecutada por soldados romanos ha sido invertida, asegura Pedro, por una corte más alta. Ellos mataron a Jesús, pero Dios lo levantó "poniendo fin a la agonía de la muerte".[77] No era posible que el Elegido de Dios permaneciera atrapado por la muerte; "El abismo no puede retener al Redentor como la mujer embarazada no puede retener al niño en su cuerpo".[78] Si su sufrimiento y muerte fueron ordenados por el consejo predeterminado de Dios, así fue su resurrección y gloria.

2:25-28 Ahora viene un "testimonio" del Antiguo Testamento para confirmar la proclamación de Pedro. La cita es de la versión griega del Salmo 16:8-11.[79] Desde los primeros días la iglesia cristiana mantiene que la exaltación de Jesús tuvo lugar como cumplimiento de la promesa de Dios a David (comp.13:34, con su cita de Is.55:3). En los textos hebreo y griego por igual, el Salmo 16 es asignado a David. Pero las palabras ahora citadas (siguiendo el argumento de Pedro) no pueden referirse a David, porque su alma sí descendió a la residencia de la muerte; su cuerpo sufrió la descomposición. Nadie diría que David había sido rescatado de la tumba; su sepulcro – no fue un sepulcro vacío – todavía era un lugar bien conocido (v.29). Las palabras, "Tú no abandonarás mi alma en el Hades, ni permitirás que tu santo vea corrupción," se refieren por tanto al Mesías del linaje de David, "el tataranieto de David" a quien David mismo prefiguraba y en cuyo nombre habló aquellas palabras por el Espíritu de la profecía. (Que la interpretación mesiánica de las palabras persisten en la tradición judía está indicado

---

77. Gr. λύσας τὰς ὠδῖνας τοῦ θανάτου. Las frases hebreas ḥeḇlê māweṯ "las ligaduras de la muerte" (Salmos 18:4; 116:3) y ḥeḇlê šeol, "las ligaduras del Seol" (Salmo 18:5), son traducidas ὠδῖνες θανάτου y ὠδῖνες ᾅδου respectivamente en LXX, posiblemente por causa de la similitud entre el Heb. ḥebel ("cuerda") y ḥēḇel ("dolores de parto"). Pero uno no necesita ver aquí una alusión a ḥeḇlô šel, "los dolores de parto del Mesías" (por ejemplo, los problemas marcando la edad mesiánica; comp. Marcos 13:8). Policarpo (*Ep.* 1:2) puede ser un eco de este pasaje de Hechos cuando él habla de Jesús como aquel "a quien Dios levantó de los muertos, habiendo anulado los dolores del Hades" (τὰς ὠδῖνας τοῦ ᾅδου).

78. G. Bertram, *TDNT* 9, p. 673 (*s.v.* ὠδίν).

79. LXX tiene "Yo veía" (προορώμην) para MT "He puesto" (šiwwîṯî) y "mi lengua" (ἡ γλωσσά μου) para MT "mi gloria" (kᵉḇoḏî); traduce lāḇeṭaḥ ("en seguridad," "a salvo") por ἐπ' ἐλπίδι ("en esperanza") y šaḥaṯ ("pozo") por διαφθορά ("destrucción," "corrupción").

por una glosa del Salmo 16:9 en un posterior *midrash*: "mi gloria se regocija en el Señor Mesías, quien me levantará," esto es, de David.[80]) Estas palabras proféticas, continúa Pedro con su argumento, han sido cumplidas en Jesús de Nazaret y en nadie más; Jesús de Nazaret es, por tanto, el Mesías esperado.

c. Jesús: Señor y Mesías (2:29-36)

29 *"Hermanos míos, puedo hablaros abiertamente del patriarca David. Murió y fue enterrado, y su tumba está con nosotros hasta hoy.*
30 *Pero él fue un profeta, y sabía que Dios había jurado un pacto con él que uno de sus descendientes se sentaría en su trono,[81]*
31 *así miró hacia el futuro y habló de la resurrección de Cristo, diciendo que él no sería abandonado en el Hades, ni su carne vería corrupción.*
32 *Este Jesús ha sido levantado por Dios; de lo cual somos todos testigos.*
33 *Así, habiendo sido exaltado por la mano derecha de Dios, y habiendo recibido del Padre la promesa del Espíritu Santo, él ha sido derramado,[82] como vosotros mismos veis y oís.*
34 *No fue David quien ascendió al cielo; más bien, como David mismo dice, "el Señor dijo a mi señor, Siéntate a mi mano derecha,*
35 *hasta que yo haga a tus enemigos el estrado de tus pies".*
36 *Que la casa entera de Israel por lo tanto sepa que verdaderamente Dios mismo lo ha hecho—este Jesús, a quien crucificasteis es—ambos Señor y Cristo".*

2:29 Era de conocimiento público en Jerusalén y alrededores que David – el "patriarca,"[83] como Pedro lo llama (porque fue el fundador de la dinastía) – murió y fue sepultado y nunca se ha levantado de su tumba donde reposa, al sur de la ciudad, cerca de Siloam. Su tumba es mencionada en Neh.3:16 (el lugar ha sido recordado desde el tiempo pre-exílico). Fue abierta y robada por Juan Hircano durante el asedio a Jerusalén en el año 134 o 135 a.C.; como un siglo después Herodes, habiendo sido detenido (por acción divina, se creyó) en un intento de seguir el ejemplo de Hircano, hizo enmiendas por su impiedad, construyendo un monumento de mármol blanco a la entrada de la tumba.[84] Como David, Jesús había muerto y había sido enterrado, pero incluso si la tumba podía ser señalada,

---

80. Midras Tehillim en Salmo 16:9.

81. La expansión de KJV, "que del fruto de sus lomos, conforme a la carne [comp. Rom. 1:3; 9:5], él levantaría al Cristo sentado en su trono," vuelve a través del Texto Bizantino a la recensión de la lectura del texto Occidental.

82. Algunas autoridades Occidentales añaden "don" después de "este" (τοῦτο τὸ δῶρον); aunque en ninguna parte del texto original, la ampliación indica el verdadero significado.

83. Gr. πατριάρχης denota al fundador o ancestro de una familia; es utilizado en 7:8–9 de los doce hijos de Jacob y en Heb. 7:4 de Abraham.

84. Josefo, *BJ* 1.61; *Ant.* 7.393; 13.249; 16.179–83.

Jesús: Señor y Mesías (2:29-36)

no había necesidad de hacerlo porque, al contrario que David, él fue levantado, no estuvo mucho tiempo allí.

2:30-32 Antes de morir, sin embargo, David recibió la solemne promesa de Dios, como declara el Salmo 132:11

> "El Señor hizo juramento solemne a David
> del cual no se arrepentirá:
> A un hijo de tu cuerpo
> Yo sentaré en tu trono".[85]

Era con respecto a este descendiente de la promesa dada a David, como profeta inspirado, que las palabras pronunciadas presagiaban la liberación de la tumba y la resurrección de la muerte. Y asegurando que Jesús de Nazaret había sido así liberado y levantado por Dios, Pedro y sus colegas estaban haciendo una vindicación que ellos podían confirmar por testimonio personal: "de esto nosotros somos testigos".

En las propias enseñanzas de Jesús no se hace énfasis en su ascendencia Davídica, pero su identidad y autoridad fue muy pronto interpretada en términos cristológicos como un "hijo de David". Las expectativas del Mesías Davídico estaban a flor de piel en los corazones de los judíos piadosos del siglo I a.C., incluyendo aquellos del círculo en el cual Jesús había nacido.[86] Pablo no desarrolla una cristología del "hijo de David", pero da por hecho que Jesús es descendiente de David, lo cual era ampliamente sabido y aceptado en la iglesia primitiva (comp. Rom. 1:3; 15:12).

2:33 Pero dónde estaba Jesús ahora, si había sido levantado de los muertos. Estaba en el trono, exaltado por Dios a su mano derecha.[87] Él había recibido de su Padre la promesa del don del Espíritu Santo, y ahora había derramado su espíritu en sus seguidores; toda la audiencia de Pedro había presenciado las señales externas de su derramamiento. El triunfo de Jesús fue demostrado por el testimonio de sus discípulos y el testimonio de las profecías del Antiguo Testamento, así como fue también probado por la continuidad de su actividad (3:6; 4:10, etc.) y por el testimonio del Espíritu Santo (5:32).

El que había recibido antes el Espíritu para el desarrollo de su propio ministerio terrenal, había recibido ahora el mismo Espíritu para impartirlo a sus representantes, con el propósito de que ellos pudieran continuar, y de verdad compartir, el ministerio que él había comenzado. Su actual impartición del Espíritu a sus discípulos, asistido como fue por señales visibles, era una vindicación más clarificadora de que él era el Mesías exaltado.

---

85. Hay otra alusión a este Salmo en 7:46–47 abajo.
86. *Ps. Sol.* 17:23–51; Lucas 1:32–33, 69.
87. Dativo Instrumental (τῇ δεξιᾷ); comp. 5:31, también Salmo 118:16 (LXX 117:16), δεξιὰ κυρίου ὕψωσέν με ("La mano derecha del Señor me ha exaltado").

2:34-35 La vindicación es ahora corroborada por otra prueba de la Escritura, esta vez del Salmo 110:1.[88] La creencia de que este también era un Salmo Davídico, y que el "Señor" a quien la invitación, "Siéntate a mi diestra," fue dirigida por Dios al que era el Mesías, está probado en el incidente del Evangelio de Marcos 12:35-37. El argumento de Pedro es similar a la defensa basada en el Salmo 16:10. La invitación de sentarse a la diestra de Dios no estaba dirigida a David: David no ascendió personalmente al cielo para compartir el trono de Dios. La invitación estaba dirigida a un hijo de David, y ha encontrado su cumplimiento en Jesús. El ha sido exaltado no solo por la derecha de Dios (tal como fue afirmado en el v.33) sino a tomar su lugar a la derecha de Dios, la posición de supremacía sobre el Universo. Así las palabras, con las cuales él había escandalizado a la corte de investigación judía apenas dos meses antes, fueron vindicadas: "desde ahora el Hijo de Hombre se sentará a la mano derecha del poder de Dios" (Lucas 22:69). Esta exaltación de Jesús, de acuerdo con el Salmo 110:1, es una parte integral del mensaje primitivo apostólico, que permanece como una parte integral del credo histórico cristiano.

2:36 Las buenas noticias han sido proclamadas: el testimonio de los apóstoles y el testimonio de la profecía combinados, dan fuerza a la verdad de la proclamación.[89] Los hechos probados apuntan a una conclusión: Dios ha hecho del Jesús crucificado, ambos Señor y Mesías.[90] El contraste es señalado entre el tratamiento que Jesús recibió de sus jueces terrenales y aquel que había recibido de Dios. Cuando él proclama ser "el Mesías, el Hijo del Bendito" (Marcos 14:61), su declaración fue rechazada como falsa y juzgada como digna de muerte. Pero Dios ha vindicado su demanda como verdadera, y lo ha traído de la muerte, exaltándolo a un lugar más alto que el cielo. Su carácter mesiánico, aclamado en su bautismo,

---

88. Comp. el uso hecho del Salmo 110:1 en Rom. 8:34; 1 Cor. 15:25; Col. 3:1; Heb. 1:3, 13, etc. (y del Salmo 110:4 en Heb. 5:6, etc.). El oráculo aquí citado puede haber tenido su sentido original en el contexto de la ceremonia de coronación del Rey Davídico; que proporciona el fundamento para la afirmación del credo de que Cristo está sentado a la mano derecha de Dios. Ver D. M. Hay, *Glory at the Right Hand: Psalm 110 in Early Christianity* (Nashville/New York, 1973); M. Gourgues, À la droite de Dieu: Résurrection de Jésus et actualisation du Psaume 110, 1, EB (Paris, 1978).

89. "Toda casa de Israel" es llamada a tomar conciencia de la exaltación del crucificado Jesús. Para esta frase comp. Ez. 37:11; aparece en *Qaddish, una oración Aramea de la liturgia judía*:
"Magnificado y santificado sea su gran nombre
En el mundo el cual creó conforme a su voluntad;
Pueda él establecer su trono en tu vida y en tus días,
Y en la vida de cada casa de Israel,
Con rapidez y en un momento próximo.
Y dijeron sí, Amen".

90. Gr. κύριον...καὶ Χριστόν. Comp. la conjunción de ambos títulos, Χριοστὸς κύριος ("el Señor Ungido" o "el Señor Mesías") en Lucas 2:11 (también en *Ps. Sol.* 17:36).

fue confirmado por su resurrección, porque él fue "designado Hijo de Dios en poder" (Rom. 1:4). Pero ha sido exaltado no solamente como Mesías e Hijo de Dios, sino como Señor. El primer sermón apostólico concluye con el primer credo apostólico: "Jesús es Señor" (comp. Rom. 10:9; 1 Cor. 12:3; Fil. 2:11)—"Señor" no solamente como el portador de un título de cortesía, sino también como el portador de "el nombre que es sobre todo nombre" (Filp.2:9). Para un judío había solamente un nombre "sobre todo nombre" – el nombre inefable del Dios de Israel, frecuentemente representado en la lectura de la sinagoga y en la biblia griega con la designación de "Señor"".[91] Lo que el cristianismo primitivo quería decir al dar a Jesús el título de "Señor" en el sentido más elevado de todos, está indicado por no dudar en ningún momento en aplicarle pasajes de las Escrituras del Antiguo Testamento que se refieren a Yahweh.[92] Ciertamente, en este mismo contexto podría muy bien estar la promesa de Joel 2:32, "todo aquel que invoque el nombre del Señor será salvo," se ve como cumpliéndose en aquellos miembros de la audiencia de Pedro que arrepintiéndose, invocan a Jesús como Señor.

4. Llamada al arrepentimiento (2:37-40)

37 *Cuando escucharon esto, fueron golpeados en sus conciencias y dijeron a Pedro y a los otros apóstoles,[93] "¿Qué debemos hacer, hermanos?"*

38 *"Arrepentíos," les dijo Pedro, "y que cada uno se bautice en el nombre de Jesucristo[94] para el perdón de vuestros pecados, y recibiréis el don del Espíritu Santo.*

39 *Porque la promesa es para vosotros y vuestros hijos,[95] incluso para los que están muy lejos—todos, de hecho, a los que el Señor nuestro Dios pueda llamar".*

---

91. El nombre cuyo esqueleto son las consonantes YHWH viene a ser considerado entre los judíos como tan sagrado que no podía ser pronunciado (excepto, según se dice, por el sumo sacerdote el día de la expiación, hasta que el templo estuvo en pie). MT suple las consonantes del esqueleto YHWH con las vocales de cualquier palabra que lo sustituyera en la lectura pública— normalmente ʾădōnāy "Señor". En los manuscritos Cristianos LXX YHWH es normalmente representado por κύριος (más a menudo sin el artículo definido). En el Salmo 110:1 (LXX 109:1), citado en v. 34 (εἶπεν [ὁ] κύριος τῷ κυρίῳ μου), el primer κύριος representa YHWH, el segundo representa ʾădōn, un nombre común que significa "Señor". Cuando Pedro dice que Dios ha hecho a Jesús "Señor," le otorga a ese título un significado pleno que va más allá del significado de un título de cortesía. Comp. V. Taylor, *The Names of Jesus* (London, 1953), pp. 38–51; W. Kramer, *Christ, Lord, Son of God*, E.T., SBT 50 (London, 1966), pp. 65–107, 151–82, 215–22; F. Hahn, *The Titles of Jesus in Christology*, E.T. (London, 1969), pp. 68–135.

92. Considera, por ejemplo, la aplicación de Isa. 45:23 en Fil. 2:10 ("que en el nombre de Jesús se doble toda rodilla"), y en la de Isa. 8:13 en 1 Ped. 3:15 ("santificar en vuestros corazones a Cristo como Señor").

93. Varias autoridades Occidentales omiten "otros" delante de "apóstoles" y enmarca así la siguiente pregunta: "¿Qué haremos entonces, hermanos?" Decidnos".

94. El Texto Occidental inserta "el Señor" delante de "Jesucristo".

95. El Texto Occidental lee "para nosotros y nuestros hijos".

40 *El les advirtió con muchas otras palabras, animándoles a "salvarse de esta perversa generación".*

2:37 La predicación de Pedro demostró ser efectiva, no solo para la mente de su audiencia, sino también para la convicción de sus conciencias. Si Jesús de Nazaret era de verdad el Mesías señalado, entonces la culpa no podía ser mayor que la culpa de tratarlo como lo habían tratado. Si habían rechazado a aquel en quien descansaba toda su esperanza de salvación, ¿qué esperanza de salvación les quedaba ahora? Bien podrían llorar con corazones angustiados, "¿Qué debemos hacer, hermanos?"

2:38 La respuesta fue indeciblemente tranquilizadora. Increíble cómo puede parecer, Pedro les dijo que todavía había esperanza. Que se arrepientan de sus pecados y se vuelvan a Dios; que se bauticen en el nombre de Jesús, confesado como Mesías. Entonces y solo entonces recibirían no solo el perdón de sus pecados, sino que también recibirían el don del Espíritu Santo – el don que había sido conferido a los propios apóstoles solo unas cuantas horas antes.

Ya que Juan el Bautista distinguió su propio bautismo de agua – un "bautismo de arrepentimiento y perdón de los pecados" (Mr.1:4 par. Luc.3:3) – del bautismo del Espíritu administrado por el que Había de Venir, podría haberse esperado que, cuando los discípulos experimentaron el derramamiento del Espíritu desde el día de Pentecostés en adelante, hubieran descontinuado el bautismo de agua como habiendo sido superado por algo mejor. De hecho no lo hicieron: continuaron bautizando a los convertidos con agua "para perdón de los pecados," pero este bautismo era ahora parte de una iniciación más comprensiva, que se caracterizaba especialmente por recibimiento del Espíritu.

El arrepentimiento fue claramente exigido: un cambio completo de corazón, un cambio espiritual rotundo, era esencial si aquellos que habían fallado en reconocer a su Dios-enviado en Jesús estaban con todo disfrutando de la liberación que él había venido a procurar para ellos y que ahora estaba ofreciéndoles desde su lugar de exaltación. La llamada al arrepentimiento había sido efectuada por Juan y Jesús (y por los discípulos de Jesús en su nombre) en los años que precedieron a la crucifixión,[96] y siguió siendo un elemento esencial en la proclamación del mensaje apostólico.[97]

Como en la predicación de Juan, la llamada al bautismo está unida a la llamada al arrepentimiento. Aparentemente el mandamiento de ser bautizados no ocasionó sorpresa. La práctica del bautismo resultaba bastante familiar a la audiencia de Pedro, a quien (como los oyentes de Juan antes que ellos) se les requería recibir el bautismo en agua como señal externa y visible de su arrepentimiento.

---

96. Marcos 1:4, 15; Lucas 5:32; 13:3, 5.
97. Comp. 3:19; 8:22; 17:30; 20:21; 26:20. En el uso de Pablo ver p. 387, n. 45.

Pero ahora había dos características nuevas en el rito del bautismo con agua: es la administración "en el nombre del Jesucristo" y se asoció con "el don del Espíritu Santo". Esta nueva característica enfatiza, en las palabras de G.W.H. Lampe, que el bautismo cristiano "es todavía un rito escatológico, porque apuntaba hacia la redención final, la cual está aún por venir en el regreso en gloria del Señor; pero, considerado en relación a Juan el bautista, representaba la realización y cumplimiento de la esperanza de Israel".[98]

Se administra "en el nombre de Jesucristo" – no solamente por su autoridad sino también, probablemente, en el sentido de que su nombre era invocado o confesado por la persona que estaba siendo bautizada (comp.22:16). Además, la persona que administraba el bautismo parece haber pronunciado el nombre de Jesús sobre los convertidos mientras eran bautizados (comp.15:17). Y está asociado con "el don del Espíritu Santo". El bautismo del Espíritu es un trabajo interior; el bautismo con agua se convierte ahora en una señal externa. Así al bautismo en agua se le da un significado aún más rico del que tenía originalmente, gracias a la obra salvadora de Cristo y a la recepción del Espíritu. El bautismo del Espíritu, el cual era una prerrogativa del Señor Jesús otorgar fue, estrictamente hablando, algo que tuvo lugar una vez y para siempre en el día de Pentecostés cuando Él derramó el don prometido en sus discípulos y así los constituyó como el pueblo de Dios en una nueva era; el bautismo en agua continuó siendo la señal visible por el que aquellos que creían en el Evangelio, que se arrepentían de sus pecados, y reconocían al señor Jesús como Señor, eran públicamente incorporados en la comunidad de los Espíritu-bautizados del nuevo pueblo de Dios.[99]

Sería un error, ciertamente, relacionar las expresiones "perdón de pecados" con el mandamiento de "ser bautizados" excluyendo el mandamiento previo de arrepentimiento. Va en contra de toda religión bíblica suponer que el rito externo podría tener algún valor excepto como compañero del trabajo interior de la gracia. En un pasaje similar en el próximo capítulo (3:19) el perdón de los pecados del pueblo está directamente relacionado con su arrepentimiento y regreso a Dios; nada se dice acerca del bautismo, aunque sin duda está implícito (la idea de un creyente no bautizado parece no estar considerada en el Nuevo Testamento). Así aquí la

---

98. G. W. H. Lampe, *The Seal of the Spirit*, p. 33.

99. Este aspecto es más prominente en Pablo (comp.1 Co.12:13) que en Lucas (que no obstante, deduce de él efectivamente la fecha de la vida de la iglesia cristiana desde el día de Pentecostés con el descenso del Espíritu). Esta unidad vital del pueblo de Dios bajo el nuevo pacto con el pueblo de Dios en épocas anteriores no es negado; el nuevo principio que los creyentes del Antiguo Testamento esperaban es ahora un hecho consumado en la experiencia de aquellos que han recibido el don del Espíritu.

recepción del Espíritu Santo está condicionada no al bautismo en sí mismo, si no al bautismo en el nombre de Jesús como expresión de arrepentimiento.[100]

El don del Espíritu debe distinguirse de los *dones* del Espíritu. El don del Espíritu es el Espíritu mismo, otorgado por el Señor exaltado y la autoridad del Padre; los dones del Espíritu son aquellas facultades espirituales las cuales el Espíritu imparte, como "distribuyendo a cada uno individualmente según su voluntad" (1 Co.12:11). Es verdad, como ha sido frecuentemente señalado, que Lucas cree que recibir el Espíritu está relacionado con manifestaciones impresionantes, las cuales lo acompañaban comúnmente en la era apostólica,[101] pero el don que fue prometido en el verso 38 a aquellos que se arrepentían y eran bautizados es el Espíritu mismo. Este don puede comprender una variedad de *dones* del Espíritu, pero el primero y mayor de ellos es "el beneficio salvador de la obra de Cristo aplicada al creyente por el Espíritu".[102]

La relación entre estos beneficios salvíficos y la obra de Cristo por la cual son hechos disponibles, no están explícitamente especificados por Lucas en el presente contexto, pero está implícito aquí y es declarado más expresamente en algún otro lugar de su informe.

No hay ninguna sugerencia aquí de que la recepción del Espíritu por los creyentes estaba condicionada a la imposición de manos de los apóstoles sobre ellos. Para estar seguros, en tal breve resumen varios detalles inevitablemente se quedarían fuera; pero si Lucas mantenía que la imposición de manos de los apóstoles era un prerrequisito necesario para recibir el Espíritu (como algunos precariamente han inferido de 8:16), es remarcable que no diga nada acerca de ello en esta narrativa de Pentecostés.[103]

2:39 La promesa del Evangelio fue extendida no solamente a la presente ocasión, no solamente a la generación contemporánea sino a sus descendientes

---

100. En bautismo ver H. G. Marsh, *The Origin and Significance of New Testament Baptism* (Manchester, 1941); W. F. Flemington, *The New Testament Doctrine of Baptism* (London, 1948); O. Cullmann, *Baptism in the New Testament*, E.T. (London, 1950); G. W. H. Lampe, *The Seal of the Spirit;* G. R. Beasley-Murray, *Baptism in the New Testament* (London, 1962); K. Barth, *Church Dogmatics*, E.T., 4/4 (Edinburgh, 1969); J. K. Howard, *New Testament Baptism* (London, 1970); J. D. G. Dunn, *Baptism in the Holy Spirit* (London, 1970).

101. Comp. Lampe, *The Seal of the Spirit*, pp. 47–48.

102. N. B. Stonehouse, "Repentance, Baptism and the Gift of the Spirit," in *Paul Before the Areopagus and Other New Testament Studies* (Grand Rapids, 1957), p. 85.

103. Comp. Lampe, *The Seal of the Spirit*, pp. 64–67, con la literatura a la que él se refiere. Note su respuesta al tema "ser bautizado" en el v.38 es utilizado como sinécdoque para cubrir el rito de iniciación completo, incluyendo la imposición de manos apostólica: "No hay evidencia en absoluto que lo apoye, en lo que respecta al Nuevo Testamento" a (p. 68). Cf. pp. 168–70 abajo (en 8:16).

también,¹⁰⁴ no solamente la gente de Jerusalén, sino también aquellos de tierras distantes (y, como aparece más tarde en la narración de Lucas, no solamente judíos, sino gentiles también). Las palabras de Pedro son el eco de dos pasajes proféticos – Is.57:19 ("Paz, paz al que está lejos y al que está cerca, dice el SEÑOR") y Joel 2:32, donde las palabras citadas en los versos 17-21 continúan así: "porque en el Monte de Sión y en Jerusalén habrá aquellos que escapen, como el SEÑOR ha dicho, y entre los supervivientes estarán aquellos a los que el SEÑOR llama". Aquellos que clamen en el nombre del Señor son aquellos a los que el Señor mismo ha llamado – y llamó eficazmente.

2:40 En tales términos, entonces, Pedro lleva su razonado testimonio a los hechos del Evangelio y la promesa de salvación.¹⁰⁵ La generación a la que sus oyentes pertenecen ha sido reprendida por Jesús como una "generación perversa y sin fe" y como una "generación mala" por su incredulidad en respuesta a él y a su mensaje (Lucas 9:41; 11:29). Pero había un camino para librarse del juicio cuando tal infidelidad debía ocurrir inevitablemente. La liberación de la cual Joel había hablado sería disfrutada por un remanente de todo el pueblo; por eso ahora Pedro urge a sus oyentes a hacer claro, por su llamada al arrepentimiento en el Señor, que ellos pertenecían a este remanente y se salvarían a ellos mismos de esta generación perversa. La nueva comunidad es, de hecho el remanente creyente del antiguo Israel y el núcleo de la nueva.

5. La primera iglesia cristina (2:41-47)

41 *Entonces aquellos que aceptaron el mensaje fueron bautizados: aquel día cerca de tres mil personas se añadieron a ellos.*
42 *Se sumaron a las enseñanzas de los apóstoles¹⁰⁶ a la comunión, al partimiento del pan y a la oración.*
43 *Un sentimiento de temor cayó sobre toda persona, y muchos prodigios y señales fueron hechos a través de los apóstoles.¹⁰⁷*
44 *Todos los creyentes estaban juntos en comunión¹⁰⁸ y mantenían las cosas en común:*

---

104. Comp. la promesa a Noé (Gen. 9:9), Abraham (Gen. 13:15; 17:7–8; Gal. 3:16), y David (Salmos 18:50; 89:34–37; 132:11–12).

105. Ver E. Lövestam, "Der Rettungsappell in Ag 2,40," *ASTI* 12 (1983), pp. 84–92.

106. El texto Occidental añade "en Jerusalén".

107. P^{74} ℵ A C y algunas otras autoridades añaden: "en Jerusalén, y gran temor sobre todos".

108. La frase griega ἐπὶ τὸ αὐτό, traduce "juntos en comunión" en v.44 y "a su comunión" en v.47 (comp.1:15), parece haber adquirido un sentido cuasi técnico, "en la comunión de la iglesia" (ver MHT II, p. 473). Estos creyentes pueden haber constituido una especie de sinagoga dentro de una comunidad judía más amplia – la "sinagoga de los Nazarenos".

45 *Vendían sus propiedades y sus bienes y distribuían las ganancias[109] entre todos, de acuerdo con las necesidades de cada uno.*
46 *Se reunían constantemente en el templo día tras día, compartiendo el pan en los hogares, compartiendo la comida con alegría y generosidad de corazón.*
47 *alabando a Dios y disfrutando el favor de todo el pueblo.[110] Y el Señor añadía a su compañía[111] día tras día aquellos que recibían la salvación.*

2:41 Estos oyentes de Pedro, en consecuencia, que creyeron el mensaje, fueron bautizados, unos tres mil en total. A través del testimonio apostólico Jesús adquirió más seguidores en un día que en todo su ministerio público. No sorprende que, en consecuencia, el cuarto evangelista dijera a sus discípulos que, como resultado de su regreso al Padre, ellos realizarían milagros más grandes de los que le habían visto hacer a él. (Juan 14:12)

2:42 Lucas presenta en este párrafo una imagen ideal de esta nueva comunidad, regocijándose en el perdón de pecados y el don del Espíritu. La comunidad, la comunión apostólica, fue constituida en base a las enseñanzas apostólicas. Esta enseñanza era autoritativa porque era la enseñanza que el Señor comunicó a través de los apóstoles en el poder del Espíritu. Para los creyentes de generaciones posteriores las Escrituras del Nuevo Testamento forman el depósito escrito de la enseñanza apostólica. La sucesión apostólica es reconocida más claramente en aquellas iglesias que se adhieren más tenazmente a las enseñanzas apostólicas.

La comunión apostólica encuentra su expresión en un gran número de maneras prácticas, de las cuales dos se mencionan en el verso 42 – el partimiento del pan y las oraciones. El "partimiento del pan" probablemente denota más que comer junto: la observación regular de lo que se ha llamado la Cena del Señor parece estar en el punto de mira. Mientras esta observación parece haber formado parte de las comidas diarias, el énfasis en la acción inaugural del partimiento del pan, "una circunstancia completamente trivial en ella misma," dice Rudolf Otto, sugiere que este era "el elemento importante de la celebración… pero podía solamente ser importante cuando era como un 'signum', viz. del cuerpo de Cristo siendo roto en muerte".[112] En cuanto a las oraciones en las que ellos participaban, la primera referencia sin duda eran los momentos señalados para la oración unida, aunque sabemos que los apóstoles también atendían los servicios de oración en

---

109. El Texto Occidental dice: "Y todos los que tenían propiedades, terrenos u otras propiedades, las vendían, y las distribuían diariamente…".

110. Para "todas las personas" el texto Occidental dice "todo el mundo" (para la expresión comp. Fr. *tout le monde*).

111. Gr. ἐπὶ τὸ αὐτό ("juntos"). El Texto Occidental añade "a la iglesia".

112. R. Otto, *The Kingdom of God and the Son of Man*, E.T. (London, 1943), p. 315.

el templo (comp.3:1). La comunidad de oración seguía el modelo judío, pero su contenido estaría enriquecido por causa del evento-Cristo.[113]

2:43 La convicción de pecados que siguió a la predicación de Pedro no fue un momento de pánico momentáneo, sino que llenó a la gente con una sensación duradera de asombro. Dios estaba obrando en medio de ellos; eran testigos del amanecer de la nueva era. Esta impresión fue intensificada por las maravillas y señales llevadas a cabo a través de los apóstoles. Las palabras de Joel que Pedro había citado al principio de su discurso declara que el "gran y notable día" sería precedido por "maravillas arriba en el cielo" y "señales abajo en la tierra," Entre estas señales en la tierra debían tenerse en cuenta las obras de gracia y poder que Dios llevó a cabo a través de Jesús, como señales del advenimiento de su reino (v.22). Y así como los milagros de Jesús cuando estaba en la tierra eran "signos" del reino de Dios, estos llevados a cabo por los apóstoles participaban del mismo carácter (comp.3:6)

2:44-45 Además de las expresiones de compañerismo mencionadas en el verso 42, los miembros de la nueva comunidad, viviendo juntos así y experimentando un profundo sentido de unidad en el Espíritu, renunciaron a la propiedad privada y "mantuvieron todas las cosas en común," Jesús y sus apóstoles habían compartido un fondo común, y la puesta en común de la propiedad era practicada al menos por los partidos más rigurosos entre los judíos. La idea, por tanto, no era enteramente nueva. Aquellos que creían, entonces, que tenían tierras en propiedad, tanto como aquellos cuyas pertenecías eran más transportables, empezaron a vender sus posesiones compartiendo las ganancias entre los miembros de su comunidad, de acuerdo con las necesidades individuales.[114] Esta puesta en común de la propiedad podría ser mantenida voluntariamente solo porque su sentido de unidad espiritual era excepcionalmente activa. Tan pronto como la llama empezaba a quemar un poco menos, el intento de mantener una vida en común fue acosado con serias dificultades.

2:46-47 Así, durante las semanas que siguieron al primer Pentecostés Cristiano, los creyentes se encontraban regularmente en el recinto del templo para culto público y testimonio público, mientras compartían la comida en las casas los uno de los otros y "el partimiento del pan" de acuerdo con los precedentes

---

113. Para implicaciones más amplias del v. 42 ver P. H. Menoud, *La vie de l'église naissante* (Neuchâtel/Paris, 1952).

114. Es necesario restringir esta acción a aquellos judíos que habían venido a Jerusalén desde sus hogares de la dispersión y compraron tumbas en la Tierra Santa para así disfrutar de ciertas ventajas el día de la resurrección, como sugirió K. Bornhäuser, *Studien zur Apostelgeschichte* (Gütersloh, 1934). Mas detalles acerca de esta comunidad de bienes se da en 4:32–35. La redacción similar de Lucas (εἶχον ἅπαντα κοινά) es utilizada por Iamblichus of the Pythagoreans: κοινὰ γὰρ πᾶσι πάντα (*Life of Pythagoras* 30.168). Para la comunidad de bienes de Qumran ver 4:32–35 (n. 54).

de su Señor. La parte de los recintos del templo donde parecían haberse reunido habitualmente era la columna de Salomón, en dirección al lado este del atrio (comp. 3:11; 5:12). Su comunidad estaba probablemente organizada siguiendo las líneas de algún tipo de voluntariado llamado ḥăḇûrāh, una característica central de la misma era la comida en común. La comida en común no podría ser convenientemente tomada en los recintos del templo, sino que ellos comían "en las casa" (como la frase en griego debe ser traducida).[115] Dentro de la comunidad había un espíritu de regocijo y generosidad;[116] fuera, disfrutaban de muy buena voluntad popular. Las alabanzas a Dios estaban constantemente en sus bocas, y su número estaba constantemente creciendo a medida que Él añadía más y más creyentes al remanente fiel.[117] Es prerrogativa del Señor añadir nuevos miembros a su propia comunidad; es la gozosa prerrogativa de los miembros existentes dar la bienvenida a aquellos que Él ha aceptado.

---

115. Gr. κατ' οἶκον, para el sentido de "por las casas" está probado en papiro. Comp. 20:20 abajo, κατ' οἴκους.

116. Gr. ἀφελότης καρδίας puede traducirse "generosidad de corazón"; comp. ἁπλότης (τῆς) καρδίας en el mismo sentido que Ef. 6:5; Col. 3:22.

117. En vista de la fuerza de σῴζω en vv. 21 y 40 uno podría casi traducir τοὺς σῳζομένους aquí como "el remanente".

HECHOS 3

C. UN ACTO DE SANIDAD Y SUS CONSECUENCIAS (3:1-4:31)

1. Un inválido sanado (3:1-10)

1 *Un día Pedro y Juan iban al templo¹ a la hora de la oración (a la hora novena).*
2 *cuando un hombre, inválido de nacimiento,² fue llevado allí. Solían dejarlo sentado todo el día en la "Puerta Hermosa" del templo (como se le llamaba), para pedir limosna a aquellos que iban a entrar en el templo.*
3 *Cuando vio a Pedro y a Juan a punto de entrar al templo, les pidió limosna.*
4 *Pedro (con Juan a su lado) fijó sus ojos en él y dijo, "Míranos".*
5 *Él los miró con atención, esperando recibir algo de ellos.*
6 *Entonces Pedro dijo: "No tengo plata ni oro, pero lo que tengo te doy: en el nombre de Jesucristo de Nazaret, [levántate y]³ anda".*
7 *Luego lo cogió por la mano derecha y lo levantó. Inmediatamente⁴ sus pies y sus tobillos se fortalecieron.*
8 *y puesto en pie de un salto, empezó a andar,⁵ y entró en el templo con ellos, andando y saltando, y mientras lo hacía alababa a Dios.*
9 *Todos los vieron caminando y (lo escucharon) alabando a Dios.*
10 *y se dieron cuenta de que era el hombre que se sentaba a pedir limosnas a la Puerta Hermosa del templo, y se llenaron de sorpresa y asombro al ver lo que le había ocurrido.*

3:1-3 Después de los eventos de Pentecostés, se nos ha dicho que, "muchas maravillas y señales fueron hechas a través de los apóstoles" (2:43). Lucas ahora

---

1. Después de "templo" hay un añadido Occidental: "para la noche (oblación)".
2. Lit., "paralítico desde el vientre de su madre".
3. Las palabras "levántate y" son omitidas por ℵ B D cop^sah (la coincidencia de B y D es particularmente impresionante; ἔγειρε καί puede haber sido añadido bajo la influencia de Lucas 5:23 par.).
4. El texto Occidental inserta "él se levantó y" (ἐστάθη καί).
5. El texto Occidental añade "regocijándose y exultante".

nos da un informe completo de uno de ellos, seleccionado probablemente porque fue presenciado por un público excepcional.

Los apóstoles continuaron viviendo como creyentes judíos, asistiendo a los servicios de adoración en el templo. Los dos servicios principales del día estaban acompañados de la ofrenda de la mañana y el sacrificio de la tarde. Un mediodía, cuando dos de los apóstoles, Pedro y Juan,[6] subían las escaleras que llevaban del atrio exterior al atrio interior,[7] para estar presentes en el Atrio de Israel en el servicio de la oración que acompañaba el sacrificio de la tarde (alrededor de las 3 p.m.),[8] fueron cautivados al ver a un lisiado echado pidiendo limosna en la "Puerta Hermosa". Ésta debe ser identificada con la Puerta de Nicanor, como se le llama en la Mishná,[9] que llevaba al Atrio de la Mujeres; el nombre dado aquí, debe ser entendido sin reparos como la que fue más tarde identificada con la puerta de bronce corintia descrita por Josefo, de tal exquisita artesanía que "excedía de lejos en valor a aquellas puertas que estaban chapadas con plata y engarzadas en oro".[10]

3:4-6 Fijando sus ojos en el paralítico, Pedro atrajo su atención. Cuando los miró expectante, recibió algo más valioso que el don más generoso que hubiera podido recibir nunca de un caritativo transeúnte. La orden de caminar dada por

---

6. Presumiblemente Juan, el hijo del Zebedeo, quien parece ser el compañero de Pedro en dos ocasiones en Hechos (3:1–4:23 and 8:14–25); en ambas narrativas él está pero como una figura al lado de Pedro. (Es indudable que se trata del mismo Juan que es mencionado como uno de los tres "pilares" de la madre iglesia en Gal.2:9).

7. La parte externa del templo, que fue reconstruida y extendida por Herodes, no formaba parte del recinto sagrado en el sentido estricto: fue abierto a los gentiles, y por tanto a veces era llamado el Atrio de los Gentiles (ver p. 406, n. 46). Desde este atrio uno podía ascender varios pasos y pasar a través de la barrera que lo separaba de los atrios interiores. En esta barrera habían puesto señales en Griego y Latín, advirtiendo a los gentiles que no avanzaran más, bajo pena de muerte (ver p.409, nn.47-49, en 21:28-29). La Puerta Hermosa era probablemente una de las que abría el paso a través de la barrera. El primero de los atrios interiores, conteniendo la tesorería (comp. Mr. 12:41–44), era llamada el Atrio de las mujeres porque las mujeres judías podían entrar hasta allí, pero no más allá. Los judíos laicos podían seguir adelante, hasta el Atrio de Israel. Más allá estaba el Atrio de los Sacerdotes (que contenía, entre otras cosas, el altar de ofrendas ardientes); al final, del lado oeste de este atrio interior más alejado, estaba el edificio del santuario (ναός), con dos estancias separadas, el lugar santo y el santo de los santos.

8. Para la oblación de la noche ver Ex. 29:39–42. Josefo dice que los sacrificios públicos eran ofrecidos en el templo "dos veces al día, uno temprano por la mañana y otro alrededor de la hora novena" (*Ant.* 14.65). Un servicio público de oración acompañaba estos dos sacrificios y había otro servicio de oración a la puesta del sol. Las "ofrendas ardientes continuas" comprendían los sacrificios de la mañana y de la noche, es el tema del tratado Tāmîḏ de la Mishná. Ver Schürer II, pp. 299–307.

9. Mishná, Middôṯ 2.3. Ver E. Stauffer, "Das Tor des Nikanor," *ZNW* 44 (1952–53), pp. 44–66.

10. Josefo, *BJ* 5.201. (Josefo, *BJ* 5.184–247, y el tratado Middôṯ de la Mishná son nuestras principales fuentes de información acerca del templo antes de su destrucción en el año 70 d.C.)

Pedro "en el nombre de Jesucristo de Nazaret," fue acompañada por el poder de caminar, impartido por aquel mismo nombre.

De acuerdo con Cornelio Lapide, Tomás de Aquino una vez fue llamado por el Papa Inocente II cuando éste estaba contando una gran cantidad de dinero. "Ves, Tomás," dijo el Papa, "la iglesia ya no puede decir nunca más 'No tengo ni plata, ni oro.' " "Verdad, santo padre," fue la respuesta; "tampoco puede decir ahora, 'Levántate y anda.' " La moral de esta historia puede ser ponderada por cualquier grupo cristiano que disfruta de cierto grado de prosperidad temporal.

3:7-8 Uniendo la acción a la palabra, Pedro extendió su mano y, tomando la mano derecha del paralítico, lo levantó sobre sus pies. Y en ese preciso momento, este hombre que nunca había podido estar de pie, y mucho menos caminar, fue consciente de una extraña y nueva fuerza en sus piernas y pies; en vez de colapsarse bajo su peso, lo sostuvieron.[11] Primero practicó quedándose de pie, y cuando se dio cuenta que podía hacerlo, avanzó un paso e intentó caminar; cuando vio que podía hacerlo también, pareció que andar normal era un medio de progreso demasiado monótono. Su júbilo necesitaba encontrar una expresión más vigorosa, así que, saltando al aire, arriba y abajo, descubriendo todo lo que sus nuevas extremidades eran ahora capaces de hacer, acompañó a los dos apóstoles al interior del recinto.[12] No era solamente con sus extremidades que se regocijaba en la bondad de Dios para con él, el atrio del templo se llenó con el eco de sus gritos de alabanza.

3:9-10 Naturalmente tal comportamiento indecoroso atrajo a la multitud. La gente lo reconoció como el hombre paralítico que pedía limosna, una imagen muy familiar en la Puerta Hermosa. Ellos sabían que no había habido nada fraudulento acerca de su parálisis, porque había nacido así; naturalmente, entonces, lo que veían los dejó atónitos. Era lo suficientemente maravilloso, eso es seguro, pero era más que una maravilla; era una señal. Los dos apóstoles no habían curado al hombre por su propio poder o habilidad; fue cuando invocaron el nombre y la autoridad de Jesucristo de Nazaret que la sanidad brotó y notó sus pies por primera vez en su vida. Sencillamente, por tanto, el poder por el que Jesús había sanado a tanta gente durante su ministerio público estaba allí presente y activo, no ejercitado directamente sino a través de sus discípulos.

---

11. "Lo que observa el médico durante los meses de la cura gradual ordinaria de un hombre que está paralítico está aquí comprimido en un momento". (A. Harnack, *Luke the Physician*, E.T. [London, 1907], p. 191). Ver también W. K. Hobart, *The Medical Language of St. Luke* (Dublin, 1882), pp. 34–37 (Pero el léxico de Hobart debe ser cuidadosamente revisado).

12. En otras palabras, "dentro del templo" (εἰς τὸ ἱερόν) en el sentido en el que esta expresión ocurre en los v. 1,2, y 3. El ἱερόν comprende el área completa del templo, incluyendo el atrio exterior; el ναός es la casa santa en sí misma (ναός no se utiliza para designar el santuario de Jerusalén en Hechos, pero se emplea varias veces en los cuatro Evangelios, como en el caso de Lucas 1:9, 21–22; 23:45).

Pero, como Pedro y Juan señalaron, ese poder no estaba confinado a su sanidad física. En una ocasión memorable en Capernaum, Jesús había curado a un hombre paralítico al pedirle que se levantara y caminara, en unos términos bastante similares a los que Pedro había utilizado ahora; y su palabra que capacitó al paralítico a caminar fue designada para suplir al público confirmación de su autoridad para perdonar pecados y sanar enfermos (Marcos 2:10–11).[13] Así, también sus discípulos no solamente sanaban a los enfermos en su nombre, sino que también recibieron de él "poder y mandamiento...para declarar y pronunciar a su pueblo, siendo penitente, la absolución y remisión de pecados".[14] Otra vez, en la ocasión presente, la propia conducta del paralítico era una señal en sí misma para aquellos que tenían 'ojos para ver' el avance de la nueva era.[15] De la nueva era se había dicho mucho antes, "saltará el cojo como un ciervo" (Isa. 35:6). Lo que las poderosas obras de Jesús habían significado eran corroboradas por este poderoso acto llevado a cabo por sus discípulos: Él era de verdad Señor y Mesías.

2. Discurso de Pedro en el pórtico de Salomón (3:11-26)

a. El poder del nombre de Jesús (3:11-16)

11 *Mientras el hombre permanecía con Pedro y Juan, toda la gente, llena de asombro, corrió hacia ellos en el Pórtico de Salomón (como era llamado).*[16]

12 *Viendo esto, Pedro se dirigió a la gente: "Hombres de Israel," les dijo, "¿por qué os sorprende esto, o por qué fijáis vuestros ojos en nosotros, como si nosotros hubiéramos hecho caminar a este hombre con algún poder o piedad*[17] *propios?*

13 *'El Dios de Abraham, Isaac, and Jacob,*[18] *el Dios de nuestros padres' ha glorificado a su Siervo Jesucristo,*[19] *a quien habéis crucificado y repudiado en la presencia de Pilatos,*[20] *cuando él había decidido liberarlo.*

13. Par. Mt. 9:6; Lucas 5:24 (n. 3). Comp. Juan 5:8 (en la sanidad del hombre paralítico en el Estanque de Betesda).

14. Desde la absolución final en el *Libro de Oración Común* anglicano.

15. Compare los términos en los que Jesús asegura a Juan el Bautista que él es de verdad *el que había de venir* a quien Juan había señalado (Lucas 7:18–23 par. Mat. 11:2–6); "los cojos andan" era una de las señales que los mensajeros de Juan le reportaron.

16. Hay una ampliación del texto Occidental de este verso: "Y cuando Pedro y Juan vinieron, él salió con ellos, sosteniéndose en ellos; y los otros, llenos de asombro, tomaron su posición en la columna de Salomón (como es llamada)".

17. Crisóstomo y algunas otras versiones (Antigua Latina, Siriaca, y Armenia) dicen "autoridad" (ἐξουσίᾳ) por "piedad" (εὐσεβείᾳ). La versión Latina de Irineo omite "o piedad".

18. El texto Occidental aquí (y en 7:32) repite "el Dios de" delante de "Isaac" y "Jacob" (de acuerdo con Ex. 3:6).

19. Después de "Jesús" el texto Occidental añade "Cristo".

20. Después de "Pilatos" del texto Occidental lee "quien lo juzgó, cuando él estaba deseando liberarlo".

14 *Sí, repudiasteis²¹ al Santo y al Justo, y pedisteis como favor que un hombre que había matado fuera liberado.*
15 *y procurasteis la muerte del autor de la vida. Pero Dios lo levantó de los muertos; de esto somos testigos.*
16 *Es por la fe en su nombre que él ha restablecido a este hombre,²² a quien vosotros veis y conocéis; sí, es por la fe que viene a través de su nombre²³ que lo ha restablecido por completo delante de todos vosotros.*

3:11 Cuando el culto de oración y adoración hubo terminado, Pedro y Juan, junto con el hombre que había sido curado de su parálisis, salieron del área interior del templo al área exterior, probablemente regresando a la Puerta Hermosa, en dirección al lado este del atrio, hacia la columna de Salomón. El trazado tradicional de esta columnata o pórtico como en los días de Salomón es ciertamente infundado; la plataforma del templo no se extendía tanto hacia el este en los días de Salomón. Una multitud de espectadores maravillados se agolpaban en torno a ellos, y cuando llegaron a la columna de Salomón, Pedro tenía una gran audiencia, preparada para escuchar todo lo que les pudiera decir. Si el verdadero significado del milagro escapaba a la multitud, como de hecho así era, Pedro tenía una excelente oportunidad de explicarlo; y el hombre mismo, que permanecía con sus dos benefactores, era la confirmación visible de las palabras de Pedro.

3:12 No os imaginéis, dijo Pedro, dirigiéndose a la multitud, que ha sido por algún poder o piedad especial propio que hemos hecho caminar a este hombre. No nos veáis como si hubiera algo maravilloso en nosotros; y no estéis tan sorprendidos de lo que le ha ocurrido a este hombre: Esto es obra de Dios

3:13 "El Dios de Abraham, Isaac, y Jacob, el Dios de nuestros padres," dijo Pedro (empleando el venerado y antiguo lenguaje litúrgico, que procedía de la teofanía de la zarza ardiente),²⁴ "ha glorificado a su Siervo Jesús". Con el objetivo

---

21. Hay una lectura Occidental "oprimido" (ἐβαρύνατε) en vez de "repudiado" (ἠρνήσαδθε), posiblemente a través de la trasposición de las consonantes en el Arameo original (ver M. Wilcox, *The Semitisms of Acts* [Oxford, 1965], pp. 139–41), pero más probablemente resultado de un esfuerzo sin mucho éxito de mejorar el estilo evitando la repetición de ἠρνήσασθε en dos cláusulas consecutivas.

22. Lit., "su nombre, por fe en su nombre, ha sanado a este hombre"; C. C. Torrey muestra el modo de simplificación de esta construcción sugiriendo que, en el estado de trasmisión del Arameo, taqqîp šāmēh, "Él ha hecho completo," fue cambiado a taqqēp šᵉmēh, "su nombre ha fortalecido" (*Composition and Date of Acts* [Cambridge, Mass., 1916], pp. 14–a16).

23. Tomando el pronombre en genitivo αὐτοῦ en ἡ πίστις ἡ δι' αὐτοῦ siendo neutro (refiriéndose a "su nombre") mejor que masculino ("a través de él").

24. Donde Dios se presenta a sí mismo a Moisés como "el Dios de Abraham, el Dios de Isaac, y el Dios de Jacob…el Dios de nuestros padres" (Ex. 3:6, 15). Las Dieciocho Bendiciones (ver p. 59 con n. 52) abren con la invocación: "Bendito seas tú, O Señor nuestro Dios y Dios de nuestros padres, Dios de Abraham, Dios de Isaac, y Dios de Jacob…"

de explicar cómo el paralítico había sido curado, Pedro se dio cuenta de que era necesario narrar esta obra de Dios que había ocurrido tan recientemente en medio de ellos. El paralítico había sido curado porque Jesús había sido glorificado. Desde su lugar de exaltación Jesús había dotado a sus discípulos con el poder de actuar en su nombre, y de hacer grandes obras como las que él mismo había protagonizado en los días de su presencia física entre ellos.

Hablando de la exaltación de Jesús, siguiendo su humillación y muerte, Pedro emplea un lenguaje tomado de la imagen del obediente y sufriente Siervo del Señor en Is.52:13 – 53:12, una imagen que empieza con las palabras: "Mirad, mi siervo...será exaltado, levantado y muy enaltecido".[25] La voz desde los cielos que vino a Jesús el día del bautismo se dirige a él con el lenguaje de Isaías 42:1, donde el Siervo hace su primera aparición: "mirad mi siervo, a quien sostengo, mi escogido, en quien se deleita mi alma".[26] La figura del este Siervo ha ejercido una profunda influencia en el pensamiento y lenguaje del Nuevo Testamento.[27]

Como el profeta, Pedro empieza a hablar del Siervo siendo glorificado por Dios, y luego vuelve a contarnos de sus sufrimientos. Él no exonera a su audiencia de Jerusalén de su responsabilidad compartida en la muerte de Jesús: que plenamente coincide con la narrativa de la pasión de Lucas, conforme a la cual "la gente" se puso del lado "del sumo sacerdote y de los dirigentes" demandando la liberación de Barrabás y la crucifixión de Jesús (Lucas 23:13-25). Dios ha glorificado a su Siervo, les dice Pedro, pero cuando estuvo en vuestro poder, lo entregasteis para que fuera ejecutado por los romanos; cuando el gobernador romano estaba dispuesto a soltarle, hablasteis contra él.[28]

3:14-15 Vosotros repudiasteis al Santo y Justo, dijo Pedro (empleando una doble designación enraizada en el lenguaje del Antiguo Testamento).[29]

---

25. LXX δοξασθήσεται ("será glorificado"), de donde ἐδόξασεν ("ha glorificado") en este pasaje. En el (posterior) Targum de Jonatán en los profetas, "mi siervo" en Is. 52:13 (como en Is.42:1) es explicado con la palabra adicional "Mesías". En el empleo del concepto Siervo aquí ver O. Cullmann, *Peter: Disciple-Apostle-Martyr*, E.T. (London, 1953), pp. 66–68.

26. Mar. 1:11 par. Lucas 3:22, donde las palabras Isa. 42:1 son precedidas por "Tú eres mi Hijo" del Salmo 2:7 (comp. 13:33 abajo, pp. 259–60 con nn. 79–82). La identificación del Siervo con el David Mesiánico está implícito.

27. Comp. 8:32–35 abajo (pp. 175–77 con nn. 66–70). Ver V. Taylor, *Jesus and his Sacrifice* (London, 1937), pp. 39–48; W. Zimmerli and J. Jeremias, *TDNT* 5, pp. 654–717 (*s.v.* παῖς θεοῦ), publicado a parte como *The Servant of God*, E.T., SBT 20 (London, 1957); también, a modo de advertencia, M. D. Hooker, *Jesus and the Servant* (London, 1959).

28. Ver más referencias a Pilatos en 4:27 (donde su hostilidad hacia Jesús se afirma); 13:28.

29. El título "el santo" (ἅγιος, no ὅσιος como en 2:27) es paralelo en el Nuevo Testamento en Mc. 1:24; Lucas 4:34; 1 Juan 2:20; Ap. 3:7. En el primero de estos pasajes "Es probable... que

El poder del nombre de Jesús (3:11-16)

Vosotros rehusasteis reconocerlo como vuestro divinamente escogido Rey y Salvador, y cuando Pilatos os ofreció liberarlo, vosotros pedisteis condena a muerte en vez de liberarlo. (El papel de Pilatos aquí se ajusta a la presentación en Lucas 23:1-25). Sí, Pedro continuó, vosotros pedisteis que la vida de un asesino fuera preservada, pero matasteis al Autor de la vida[30] —¡una asombrosa paradoja! Esto es lo que *vosotros* hicisteis, pero *Dios* restauró otra vez su vida, y nosotros estamos aquí para testificar del hecho de su resurrección. Otra vez está claro cómo la predicación apostólica de Hechos desea enfatizar el contraste entre el tratamiento de los hombres hacia Jesús y el de Dios.

3:16 Es siguiendo esta línea—que el nombre del una vez humillado y ahora glorificado Siervo de Dios—ha curado a este hombre, dijo Pedro; y es por su fe en ese mismo nombre que él se ha apropiado de la bendición y fortaleza que veis en él ahora. Que su curación era completa fue sencillamente obvio para todos; Pedro recalcó que el poder que había forjado la curación residía en el nombre de Jesús, y que este hombre se había apropiado de ese poder para sí mismo ejerciendo la fe. No había una eficacia mágica en las palabras de Pedro al pronunciar que en el nombre de Jesús él mandaba al paralítico levantarse; el paralítico habría sabido que no habría habido beneficio si no hubiera respondido con fe a lo que Pedro dijo. Pero en cuanto hubo una respuesta de fe, el poder del Cristo Resucitado llenó su cuerpo de salud y fortaleza. Aquí hay un principio más, el cual da a los milagros de sanidad en Hechos la misma cualidad evangélica de aquellos registrados en los Evangelios.

---

el endemoniado use ὁ ἅγιος τοῦ θεοῦ con significado Mesiánico, como expresando un sentido de presencia de una persona sobrenatural" (V. Taylor, *The Gospel according to St. Mark* [London, 1952], p. 174). Títulos similares se le dan en el Antiguo Testamento a Aaron el sacerdote (Salmo 106:16) y a Elías el profeta (2 Reyes 4:9); en ambos lugares (como en otra parte) Heb. qāḏôš se traduce ἅγιος en LXX (donde ὅσιος aparece en la LXX normalmente corresponde a Heb. ḥāsîd). El título "el justo" (δίκαιος) es paralelo en el Nuevo Testamento en Hechos 7:52; 22:14; Stg.5:6; 1 Juan 2:1. Para la insistencia del Antiguo Testamento en la justicia del Señor Ungido ver 2 Sam. 23:3; Isa. 32:1; Zac. 9:9 (comp. también "mi Siervo Justo" en Isa. 53:11). El Mesías es llamado "El Justo" en 1 Enoc 38:2 (comp. 1 Enoc 46:3; 53:6; *Ps. Sol.* 17:35); el estilo plural "los justos y los santos," es usado para describir al pueblo mesiánico en 1 Enoc 38:5; 48:1, 7; 51:2. Ver V. Taylor, *The Names of Jesus* (London, 1953), pp. 80–83.

30. Gr. τὸν ... ἀρχηγὸν τῆς ζωῆς. La palabra ἀρχηγός es empleada cuatro veces para Cristo en el Nuevo Testamento. Aquí y en Heb. 2:10 denota que él es la fuente de la vida y la salvación (ya que "vida" y "salvación" son ambas representadas por una palabra Aramea, ḥayyê, en la frase usada aquí es prácticamente sinónima de τὸν ἀρχηγὸν τῆς σωτηρίας en Heb. 2:10; cf. A. F. J. Klijn, "The Term 'Life' in Syriac Theology," *SJT* 5 [1952], pp. 390–97). En 5:31 abajo ἀρχηγός se utiliza más bien en el sentido de "príncipe" o "líder"; en Heb. 12:2 se aplica a Cristo como el "pionero" o "ejemplo" de fe (τὸν τῆς πίστεως ἀρχηγόν).

b. Llamada al arrepentimiento (3:17-21)

17 *"Ahora, mis hermanos, yo sé[31] que actuasteis[32] así por ignorancia, igual que vuestros gobernantes.*
18 *Pero de esta manera Dios ha cumplido lo que anunció de antemano por boca de los profetas – esto es, que el Mesías sufriría.*
19 *Arrepentíos, por tanto, y volveos (a Dios), para que vuestros pecados sean borrados.*
20 *para que el tiempo del alivio pueda venir desde la presencia del Señor, y que envíe al que había sido designado vuestro Mesías – esto es, a Jesús.*
21 *Él debe permanecer en el cielo hasta el momento en el que se establezca todo lo que Dios ha dicho por los santos profetas desde los tiempos pasados.[33]*

3:17-18 Pedro concedió que el tratamiento impuesto por la gente de Jerusalén a su Mesías fue el resultado de la ignorancia.[34] Ellos no se dieron cuenta de que Jesús de Nazaret era su divinamente enviado Salvador. Incluso sus gobernantes no se dieron cuenta, a pesar de sus claras palabras. Es natural recordar las palabras de Jesús diciendo desde la cruz, "ellos no saben lo que hacen" (Lucas 23:34), aunque normalmente se toman como una alusión a los ejecutores romanos.[35] Se puede pensar que las palabras de Pedro fueron sorprendentemente indulgentes con gente como Caifás y los otros principales sacerdotes, cuya determinación en matar a Jesús se subraya en los cuatro Evangelios. No obstante, aquí está la proclamación de la amnistía divina, ofreciendo perdón a todos los que tomaron parte en la muerte de Jesús, si solamente reconocieran su error, confesaran su pecado, y se volvieran a Dios en arrepentimiento. Porque todas aquellas cosas que le habían ocurrido a Jesús en su sufrimiento y muerte ocurrieron para cumplir las palabras de los profetas, quienes dijeron de antemano que el Mesías debía sufrir.[36] Es verdad, no dijeron con tantas palabras que el Mesías iba a sufrir: hablaron del Siervo obediente de Dios sufriendo por los pecados de otros. Pero Jesús mismo aceptó y cumplió su misión mesiánica en los términos del relato profético del Siervo y de otros justos

---

31. El Texto Occidental tiene "nosotros sabemos" (ἐπιστάμεθα) para "Yo sé" (οἶδα).

32. El Texto Occidental, más explícitamente, lee "tú hiciste una cosa mala" (ἐπράξατε πονηρόν).

33. El Texto Occidental omite desde edades pasadas" (ἀπ' αἰῶνος), para lo cual comp. Lucas 1:70.

34. Se asume, quizá por el efecto dramático, que los jerusalemitas a los que Pedro se dirige son idénticos a "la gente" de Lucas 23:15 que se pusieron del lado de los perseguidores de Jesús, en contraste con las mujeres que lloraban de Lucas 23:27, o los muchos espectadores que regresaban de la crucifixión golpeándose el pecho (Lucas 23:48).

35. En el texto y el significado de Lucas 23:34a ver I. H. Marshall, *The Gospel of Luke*, pp. 867–68. Cf. p. 160, n. 132.

36. La frase παθεῖν τὸν Χριστὸν αὐτοῦ es una característica de Lucas; comp. 17:3; 26:23; Lucas24:46.

sufrientes,[37] y la interpretación de los apóstoles que le siguió. Los sufrimientos del Siervo perduraron para que a través de ellos la salvación pudiera ser llevada a muchos. Dios había predicho esto a través de sus siervos los profetas; Pedro y sus oyentes habían visto los oráculos proféticos cumplidos y la salvación de Dios se había acercado en esos últimos días.

3:19 Todo lo que tenían que hacer ellos para su propia salvación era cambiar su actitud anterior con respecto a Jesús y venir a Dios con una nueva actitud. Dios había claramente declarado su veredicto al levantar a Jesús de los muertos. Que se arrepientan, por tanto, que repudien con horror su aquiescencia en la muerte de su verdadero Mesías, que vuelvan su corazón a Dios, y la salvación y bendición procurada por la muerte del Mesías será de ellos. Sus pecados serán borrados, incluso el pecado de pecados que involuntariamente cometieron al consentir la muerte del Autor de la vida. Eso es el corazón del Evangelio de la gracia.

No solamente sus pecados serán borrados, aquellos tiempos de refrigerio y gozo de los que hablaron los profetas como de la futura nueva era, serán enviados a ellos por Dios.[38]

3:20-21 El amanecer de esos tiempos de refrigerio y gozo estaban conectados, era la esperanza de muchos, con la venida del Mesías. El Mesías vino de verdad, pero ha sido ignorado y repudiado por la mayoría de aquellos a los que había venido. Pero ¿volverá? Esto está implícito en las palabras de Pedro. Cuando habla a sus oyentes de Jesús como aquel que "ha sido designado vuestro Mesías," no quiere decir que Jesús en el presente es solo el Mesías-designado, ya que su sacrificio aguarda su siguiente advenimiento en gloria. Esta idea ha sido sugerida por aquellos que consideran los versos 19-31 como la encarnación de "la cristología más primitiva de todas".[39] Pero no hay nada en la palabra traducida "designado" que implica designación como opuesto a cumplimiento completo: las otras dos veces que esta palabra aparece en el Nuevo Testamento, ambas en Hechos (22:14 y 26:16), está relacionada con la elección de Pablo como heraldo del Evangelio. Se aplica aquí a Jesús en el mismo sentido que las palabras traducidas

---

37. Las experiencias del Justo Sufriente en los Salmos están entretejidos en las narrativas del Nuevo Testamento de la pasión y en otros pasajes.; Ver Lucas 23:35, evocando los Salmos 22:7; 23:36, evocando el Salmo 69:21 (también Rom. 15:3, citando Salmos 69:9); comp. Al que traspasaron de Zac. 12:10 (Juan 19:37; Apoc. 1:7).

38. La palabra Griega traducida "alivio" es ἀνάψυξις, "respiro" (comp. Ex. 8:15, la única aparición de esta palabra en la LXX). El arrepentimiento traería a la gente de Jerusalén un alivio del juicio anunciado por Jesús, como trajo a los Ninivitas un alivio de la destrucción anunciada por Jonás. Posiblemente la intención aquí sea más que alivio, si "el 'tiempo de respiro' es la definitiva era de la salvación" (E. Schweizer, *TDNT* 9, pp. 664–65, *s. v.* ἀνάψυξις).

39. Ver J. A. T. Robinson, "The Most Primitive Christology of All?" in *Twelve New Testament Studies*, SBT 34 (London, 1962), pp. 139–53.

como "designado" en 2:22 y "ordenado" en 10:42.⁴⁰ Es por su resurrección que Jesús ha sido ya "designado" o señalado como Mesías en el sentido de la declaración de Pablo (quizá siendo ésta una evocación de una primitiva confesión de fe) en Rom. 1:4 que ha sido "designado hijo de Dios con poder...por su resurrección de la muerte".

Así investido de dignidad mesiánica (dice Pedro), Jesús ha sido recibido en su divina presencia, y permanecerá allí hasta la consumación de todo lo que los profetas, desde los días antiguos, había predicho. Pero la palabra que significa "consumación" o "establecimiento" puede también, en el contexto apropiado, tener el sentido de "restauración" o "restitución".⁴¹ Si tuviera que reconocerse como una referencia a "la restauración de todas las cosas", deberíamos recordar las palabras de Jesús en Marcos 9:12ª, "Elías vino primero a restaurar⁴² todas las cosas" (palabras que no aparecen en el registro de Lucas de la transfiguración).⁴³ Se ha dicho que Lucas, en estas palabras de Pedro, transfiere a la expectativa del adviento de Jesús el lenguaje original aplicado al ministerio de Elías a su regreso.⁴⁴

Al margen de que, si el significado de "restauración" (bien atestiguada para esta palabra) fuera la única posible aquí, uno podría aducir la imagen de Pablo de una creación renovada coincidiendo con la investidura de los hijos e hijas de Dios (Rom.8:18-23). Pero el significado de "establecimiento" o "cumplimiento" está igualmente bien atestiguado, y tiene mucho sentido en el presente contexto, en referencia al cumplimiento de toda la profecía del Antiguo Testamento, culminando con el establecimiento del orden de Dios en la tierra. Que Jesús debe permanecer en el cielo hasta esa consumación, coincide con la exposición de Pablo del Salmo 110:1: Cristo debe reinar (a la mano derecha de Dios) hasta que todos los poderes hostiles sean vencidos.⁴⁵

---

40. La palabra utilizada aquí es προκεχειρισμένος (participio perfecto pasivo de προχειρίζομαι), que en 2:22 es ἀποδεδειγμένος (de ἀποδείκνυμι), que en 10:42 es ὡριαμένος (de ὁρίζω, el participio aoristo del verbo que aparece en Rom. 1:4).

41. Gr. ἀποκατάστασις. Comp. el verbo correspondiente ἀποκαθιστάνω en 1:6, de la restauración de reino de Israel. La restauración aquí parece idéntica con la regeneración (παλιγγενεσία) de Mt. 19:28.

42. Gr. ἀποκαθιστάνει.

43. Pero ver Lucas 1:17, donde Juan, dotado con "el espíritu y poder de Elías," que hará "volver los corazones de padres a los hijos"—un detalle citado de la profecía del regreso de Elías en Mal. 4:5–6 (al que Mr. 9:12a también se refiere).

44. Ver O. Bauernfeind, *Die Apostelgeschichte* (Leipzig, 1939), pp. 66–68; "Tradition und Komposition in dem Apokatastasisspruch Apostelgeschichte 3, 20 f". in *Abraham unser Vater ... Festschrift für Otto Michel*, ed. O. Betz, M. Hengel, and P. Schmidt (Leiden, 1963), pp. 13–23.

45. 1 Cor. 15:24–28. Mientras el Salmo 110:1 es frecuentemente citado con referencia a Cristo a través del Nuevo Testamento, solamente en 1 Cor. 15:24–28 es una interpretación acerca de los "enemigos" que serán convertidos en reposapiés.

Las gentes de Jerusalén (quizá como representantes de "toda la casa de Israel")[46] son llamadas a revertir el veredicto de la Noche de la Pascua y a otorgar a Jesús unida lealtad como Mesías. Mientras muchos respondieron a esta llamada en los primeros días de la iglesia, siguieron siendo una minoría; es ocioso especular qué hubiera ocurrido si hubieran formado una mayoría. Como si, uno de los motivos de Lucas en Hechos es el progresivo rechazo del Evangelio por los judíos, *pari passu* (desde 11:18 y en adelante) con la progresiva aceptación entre los gentiles. Pero, en el contexto general de Hechos, las palabras de Pedro significan esto: la bendición del Evangelio destinada a fluir desde la muerte y resurrección de Jesús debe extenderse a través del mundo; entonces, y solo entonces, regresará desde la mano derecha de poder.

c. El testimonio de los profetas (3:22-26)

22 *"Moisés dijo,[47] 'El Señor tu Dios levantará de vosotros, de entre vuestros hermanos, un profeta como yo; debéis escucharlo a él, conforme a todo lo que os diga.*
23 *Toda persona que no escuche al profeta será destruido de entre el pueblo.'*
24 *Sí, y todos los profetas—todos los que hablaron, desde Samuel y sus posteriores sucesores—también anunciaron estos días.*
25 *Vosotros sois los descendientes de los profetas y (herederos) del Pacto que Dios ha hecho con vuestros Padres cuando dijo a Abraham, 'En tu descendencia serán benditas todas las familias de la tierra.'*
26 *Dios, habiendo levantado a su Siervo, lo envió primero a vosotros, de modo que cada uno de vosotros se arrepienta de sus hechos de maldad".*

3:22-23 ¿Hablaron de verdad los profetas, desde los días antiguos, de este tiempo en el que Pedro y su audiencia están viviendo ahora? Sí, incluso Moisés, el primero y más grande profeta de Israel, esperaba el día de Cristo. Las siguientes palabras de Deut. 18:15-19 en las que Moisés advierte a los Israelitas de que, cuando deseen conocer la voluntad de Dios, no deben recurrir a las artes mágicas para este propósito, como hacían los Cananitas. Cuando el Señor tiene una comunicación que hacerles, dice Moisés, el "levantará un profeta como yo entre vosotros, de entre los hermanos—a él debéis escuchar—... y a cualquiera que no escuche mis palabras habladas por él en mi nombre, yo mismo le pediré cuentas" (Deut. 18:15, 19).[48]

La primera referencia de estas palabras de Moisés es la institución de los profetas en Israel, como una forma señalada por Dios para dar a conocer su

---

46. Ver 2:36.
47. El Texto Occidental añade "a tus padres".
48. La parte concluyente de esta cita reproducida en nuestro presente texto tiene una gran similitud con Lev. 23:29 (cualquiera que no observe el día del sacrificio "será cortado de su pueblo") que en Deut. 18:19. Ver n. 53.

voluntad a su pueblo. Pero bastante antes de los tiempos apostólicos, esta profecía era interpretada como señal de un profeta en particular, de un segundo Moisés, quien ejercería la plena función de profeta mediador como Moisés había hecho.[49] Entre los Samaritanos,[50] como más tarde entre los Ebonitas,[51] el Mesías era visto en términos de este profeta como Moisés, y nosotros tenemos clara evidencia de que en el Cuarto Evangelio particularmente, los contemporáneos de Jesús encontraron esta forma de expectativas realizadas en él.[52] Desde los primeros días de la predicación apostólica, parece, que este texto de Deuteronomio fue invocado como una predicción Mosaica de Jesús, y fue normalmente incluida en las compilaciones de "testimonio" que circularon por la iglesia.[53]

En el discurso de Pedro el día de Pentecostés, la persona y obra de Jesús es explicada en términos cristológicos.[54] de un "Hijo de David". En el presente discurso, al menos dos, y posiblemente tres, cristologías están presentes una al lado de la otra: un "Siervo" cristológico, posiblemente un "Elías", y un ciertamente "profeta" cristológico. No debe suponerse que estas cristologías fueron originalmente mantenidas separadas, cada una se desarrolló independientemente por un grupo o escuela de pensamiento dentro de la iglesia primitiva. Ellas han sido entretejidas a través del curso de la historia Cristiana, y esa evidencia tal y como está disponible indica que fue así desde el principio. Se ha argumentado contundentemente por Martin Hengel que la fase crucial del desarrollo cristológico debe ser situada en los primeros cinco años después de la muerte y resurrección de Cristo.[55] Las diferentes cristologías fueron todas integradas por el predominante reconocimiento de Jesús como Señor en el sentido implícito de soberanía universal.

49. Ver la aplicación de Qumran a esta profecía en 4Q *Testimonia* 5–7; también 1QS 9.11 ("hasta la llegada de un profeta y los ungidos de Aaron e Israel"). Comp. F. F. Bruce, *Biblical Exegesis in the Qumran Texts* (Grand Rapids/London, 1960), pp. 46–50.

50. Ver J. Macdonald, *The Theology of the Samaritans* (London, 1964), pp. 359–65. El que Ha de Venir en las expectativas de los Samaritanos fue más tarde llamado el "Restaurador" *(Taheb)*. Comp. Juan 4:19, 25, 29.

51. Ver H.-J. Schoeps, *Theologie und Geschichte des Judenchristentums* (Tübingen, 1949), pp. 87–98.

52. Ver Juan 6:14 y 7:40, donde Jesús, como el que trae pan del cielo y agua de vida, es aclamado como "el profeta" (el Segundo Moisés); comp. Juan 1:21b, 25, donde Juan niega que él es "el profeta". En la narrativa de la transfiguración, el mandato desde la nube envolviendo la presencia divina, "oídle a él" (Mc. 9:7), es un eco de Deut. 18:15, e identifica a Jesús con el profeta esperado.

53. Comp. el uso de Deut. 18:15 en el discurso de Esteban (7:37); ver C. H. H. Scobie, "The Origins and Development of Samaritan Christianity," *NTS* 19 (1972–73), pp. 390–414. En la forma en la cual aparece en nuestro texto presente, combinado con Lev. 23:29 (ver n. 48), la cita también aparece en *Clem. Recog.* 1.36 (esto puede sugerir dependencia en una colección de testimonio). Ver también C. H. Dodd, *According to the Scriptures* (London, 1952), pp. 53–57.

54. Ver p. 66.

55. M. Hengel, *Between Jesus and Paul*, E.T. (London, 1983), pp. 30–7.

El testimonio de los profetas (3:22-26)

3:24 El testimonio profético acerca de Cristo que se inició con Moisés, fue llevado a cabo por Samuel y todos los profetas posteriores. Samuel debe ser especialmente mencionado como el siguiente profeta nombrado después de Moisés. Sería difícil encontrar un registro profético de Samuel que pudiera ser aplicado a Jesús tan explícitamente como las Palabras de Moisés que acabamos de citar; pero Samuel fue el profeta que ungió a David como rey y habló del establecimiento de su Reino,[56] y la promesa hecha a David encontró así su cumplimiento final en Jesús (comp..13:34). Y todas las palabras de los profetas igualmente encuentran su cumplimiento final en Él (comp.10:43).

3:25-26 Aquellos Israelitas que estaban escuchando a Pedro eran "hijos de los profetas" – no en el sentido del Antiguo Testamento que denotaba el gremio profesional profético, sino en el sentido de que ellos eran herederos de las promesas hechas por Dios a través de los profetas, promesas que habían encontrado su cumplimiento delante de sus propios ojos. Así, también, ellos eran "hijos del pacto" hecho por Dios con Abraham, y en un sentido especial, porque habían vivido para ver el día en el que el pacto se hacía realidad en Cristo: "en vuestra posteridad todas las familias de la tierra serán bendecidas".[57] Porque Cristo era descendiente de Abraham a través de quien la bendición estaba asegurada y mientras la bendición era para "todas las familias de la tierra," la primera oportunidad de disfrutar era naturalmente extendida a la propia familia de Abraham.[58] fue en medio de ellos que Dios había levantado a su Siervo Jesús – lo levantó para ser su líder y libertador, justo como siglos antes había levantado a su siervo Moisés. (Esto, más que la resurrección de Jesús de la muerte, es probablemente lo que se ve aquí.)[59] Jesús, como descendiente prometido de Abraham, ha venido a ellos para otorgarles la mayor bendición de Dios, alejándolos de su pecado. No le habían prestado atención al principio cuando Dios lo envió; que presten atención ahora, cuando Dios en su gracia perdonadora les estaba dando una segunda oportunidad; de otra manera renunciarían a la bendición pactada.

---

56. Ver 1 Sam. 13:14; 15:28; 16:13; 28:17.

57. Esta cita combina la traducción de la LXX de Gen. 12:3 ("en ti todas las familias de la Tierra serán bendecidas") y de Gen. 22:18 ("en tus descendientes serán bendecidas todas las naciones de la Tierra"). Lucas probablemente anticipa la misión entre los gentiles (comp. Pablo utiliza la misma promesa en Gal. 3:8–9, 16–29).

58. Con "a vosotros primero" comp. 13:46 tan bien como la afirmación de Pablo del principio "a los judíos primero" (Rom. 1:16; 2:9–10).

59. Comp. también 5:30; 13:33. Aquí el verbo es ἀνίστημι, como en v. 22 y 13:33 (en 5:30 es ἐγείρω).

HECHOS 4

3. Arresto de Pedro y Juan (4:1-4)

1 *Mientras estaban hablando¹ al pueblo, [el jefe de] los sacerdotes,² el capitán del templo, y los Saduceos se les echaron encima*
2 *enfadados porque estaban enseñando a la gente y proclamando, en el caso de Jesús, la resurrección de los muertos.³*
3 *Los arrestaron y los encerraron hasta el día siguiente (porque era ya de noche).*
4 *Pero muchos de los que habían escuchado la palabra creyeron, y el número de hombres se elevó hasta alrededor de cinco mil.*

4:1 Tal era la multitud reunida entorno a Pedro y Juan, mientras se dirigían al pueblo en la columna de Salomón, que las autoridades del templo intervinieron. El "capitán" del templo,⁴ el jefe de la policía del templo, era responsable de mantener el orden en los recintos del templo, y puede haber temido que la aglomeración causada por una multitud tan grande pudiera dar lugar a un motín.

4:2 Además, algunos de las otras autoridades tenían fuertes objeciones de contenido religioso acerca de las enseñanzas de los apóstoles, en particular al anuncio de que Jesús había sido levantado de la muerte. Es importante notar que los Saduceos⁵ —

---

1. El Texto Occidental añade "estas palabras".

2. La gran mayoría de los testigos lee "sacerdotes" (ἱερεῖς); "principales sacerdotes" (ἀρχιερεῖς) es la lectura de B y C. En cualquier caso, los principales sacerdotes son mencionados.

3. Cod. D invierte la construcción, "… anunciaban la resurrección de Jesús de los muertos."

4. El capitán (στρατηγός) del templo es mencionado en la literatura rabínica como el sāgān, o a veces como *'îš har habbayit* ("el hombre del monte del templo"). Pertenecía a una de las familias de los principales sacerdotes, y en el templo era, en rango, el siguiente al sumo sacerdote. La guardia del templo era un cuerpo de Levitas escogidos. Comp. 5:24, 26.

5. El nombre "Saduceos se deriva probablemente del nombre propio Sadoq, pero de qué Sadoq, no se sabe. Una asociación con las familias sacerdotales de Sadoq es poco probable, ya que aparecen por primera vez en la historia después de la eliminación de los Saduceos del sumo sacerdocio, y como partidarios del sumo sacerdote de la dinastía de los Hasmoneos. Todos los principales

el partido al que pertenecían las familias[6] de los principales sacerdotes—es especialmente mencionado a este respecto. Ellos objetaban el principio de la doctrina de la resurrección en sí misma, considerándola como una innovación farisaica, y se enfadaron mucho con los dos apóstoles, por su insistencia en el hecho de la resurrección de Jesús, que afirmaban esa doctrina de manera tan pública y convincente.

4:3-4 Ya era de noche (una hora o dos por lo menos se habían ido desde las oraciones del mediodía para las que Pedro y Juan habían subido al templo en primer lugar), y no había tiempo para llevar a cabo una investigación sobre la conducta de los apóstoles antes de la puesta de sol. Así que fueron encerrados durante toda la noche. Pero las autoridades del templo no podían deshacer el daño (así lo consideraban ellos) que Pedro y Juan habían hecho; la sanidad del inválido y la predicación que siguió, tuvo el efecto de sumar un gran número a los tres mil que creyeron el día de Pentecostés. El número de hombres solo,[7] dice Lucas, ahora ascendía a más de cinco mil.

4. Pedro y Juan delante del Sanedrín (4:5-12)

5   *Al día siguiente se reunieron en Jerusalén los gobernantes, los ancianos y los escribas.*
6   *con Anás, el sumo sacerdote, y Caifás, Juan[8] y Alejandro, y todos los que pertenecían a la familia del sumo sacerdote.*
7   *Hicieron comparecer a Pedro y Juan ante ellos y procedieron a investigar: "¿Con qué autoridad o en nombre de quién[9] habéis hecho esto?"*
8   *Entonces Pedro, lleno del Espíritu Santo, les dijo: "Gobernantes del pueblo y ancianos:*

---

sacerdotes desde el reinado de Herodes hasta el estallido de la guerra contra Roma en el año 66 d.C. pertenecían a este partido. Como seguían disfrutando de las prerrogativas de los principales sacerdotes y, de hecho, la existencia de los judíos como nación dependía de la buena voluntad de Roma en aquellos años, los Saduceos colaboraban tanto con las autoridades de Roma como era posible, y se oponían a las aspiraciones religiosas o nacionalistas que pudieran incurrir en su ira.

No ha sobrevivido evidencia de los propios Saduceos acerca de su teología. Lo que está registrado trata principalmente de los puntos en los que se diferencian de los Fariseos (ver n. 51, en 5:34). Rechazaban la "ley oral" o la "tradición de los ancianos" que los Fariseos seguían, manteniendo que la ley escrita sería preservada y aplicada sin modificación. Quizá fuera por esta razón que tenían fama de ser más severos en su juicio que los Fariseos. Ellos desestimaban como innovaciones las creencias de los Fariseos en jerarquías angélicas y demoniacas, junto con la esperanza de la resurrección física (ver 23:8). Ver Josefo, *BJ* 2.164–66; *Ant.* 13.171, 298; 18.16–17; también Schürer II, pp. 404–14.

6. Los principales sacerdotes incluían al sumo sacerdote y los principales oficiales en el templo (J. Jeremias, *Jerusalem in the Time of Jesus*, E.T. [London, 1969], pp. 160–81), junto con el ex-sumo sacerdote y los líderes miembros de las familias sacerdotales de entre las cuales el sumo sacerdote era habitualmente elegido en esta época (ver Schürer II, pp. 232–36).

7. Hombres como distinto de mujeres y niños: ἀνδρῶν, no ἀνθρώπων (comp. Mat. 14:21).

8. Para "Juan" el Texto Occidental lee "Jonatán" (comp. n. 16).

9. Enfático ὑμεῖς, "gente como vosotros".

El libro de los Hechos

9 *Si se nos pregunta hoy con respecto a una buena obra hecha a un lisiado, por qué medio ha sido sanado.*

10 *sabed todos vosotros, y todo el pueblo de Jerusalén, que este hombre está aquí delante de vosotros en perfecto estado de salud por medio de Jesucristo de Nazaret,[10] a quien vosotros crucificasteis pero a quien Dios ha resucitado de los muertos.*

11 *Él es 'la piedra rechazada por los constructores'—por vosotros—'pero ha sido hecha la cabeza del ángulo.'*

12 *Y no hay salvación[11] en nadie más, porque de verdad no hay otro nombre bajo el cielo dado a los seres humanos, por el cual podamos ser salvos".*

4:5-6 A la mañana siguiente el Sanedrín,[12] se reunió (probablemente en un edificio en las inmediaciones de los recintos al oeste del templo[13]), y el jefe sacerdotal, saduceo, elemento cuya membresía estaba especialmente bien representada. Anás, el sumo sacerdote anterior[14] estaba allí, así como su yerno

10. Algunos testigos occidentales añaden "y ningún otro" (comp. v. 12).

11. La frase "salvación sanadora" se utiliza aquí para traducir σωτηρία, indicando que la palabra cubre ambos aspectos: la sanidad física y la sanidad espiritual. (Comp. Salmos 67:2, KJV.)

12. El Sanedrín (una palabra Hebrea y Aramea prestada del Griego συνέδριον, la palabra traducida "corte" en v.15 abajo) era el senado y la corte suprema de la nación de Israel. En el Nuevo Testamento es también πρεσβυτέριον "cuerpo de ancianos" (22:5; Lucas 22:66) y γερουσία, "senado" (5:21); Josefo también se refiere al mismo como βουλή, "concilio" (*BJ* 2.331, 336; 5.532; *Ant* 20.11). La Mishná lo llama el Sanedrín, el gran sanedrín, el sanedrín de los setenta y uno. Comprende al sumo sacerdote, que lo preside en virtud de su oficio, y otros setenta miembros. Aparece por primera vez en la historia durante el período helenístico (*c*. 200 a.C.) como el cuerpo que regulaba los asuntos internos de la nación (Josefo, *Ant*. 12.142); mantuvo esta función hasta la revuelta del año 66 d.C. (No debe confundirse con el posterior Sanedrín de eruditos que regulaba la ley religiosa de Israel después de la guerra del 66-73 d.C. bajo Yoḥanan ben Zakkai como su primer presidente.) El sanedrín en ese tiempo incluía a una mayoría de los miembros del partido Saduceo, apoyando los intereses de los principales sacerdotes, y una poderosa minoría del partido Fariseo, al que pertenecían la mayoría de los escribas o exponentes profesionales de la ley de Moisés. El Nuevo Testamento se refiere al mismo mencionando a alguno o todos sus componentes; así aquí en v.5, "sus gobernantes, ancianos, y escribas" (comp. 5:23, "el sumo sacerdote y los ancianos").

13. La cámara del consejo, de acuerdo con Josefo (*BJ* 2.344; 5.144; 6.354), estaba situada en el extremo noroeste del Puente a través del Valle Tyropoeon (el puente ahora representado por el Arco de Wilson). En el extremo noroeste del puente está el lugar de reunión al aire libre llamado el Xystus, "el pulido (suelo)". La Mishná llama a la cámara del concilio, liškaṯ haggāzîṯ, presumiblemente no significa (como tradicionalmente es traducido) "la sala de piedras pulidas" sino "la sala al lado (o en frente) de Xystus". Ver Schürer II, pp. 223-25; G. H. Dalman, *Jerusalem und sein Gelände* (Gütersloh, 1930), pp. 193-94; J. Simons, *Jerusalem in the Old Testament* (Leiden, 1952), pp. 252-53.

14. Anás o Ananías (Heb. Ḥānān), hijo de Sethi, fue nombrado sumo sacerdote por P. Sulpicius Quirinius, llegado de Siria, en el año 6 d.C. y mantuvo su nombramiento durante nueve años. Incluso después de su deposición continuó ejerciendo una gran influencia: cinco de sus hijos, un yerno (Caifás), y un nieto llegaron a ocupar el cargo de sumo sacerdote por cortos o largos

Caifás,[15] el actual sumo sacerdote, que era presidente del sanedrín en virtud de su oficio. No habían pasado muchas semanas desde que estos hombres habían tomado parte en el arresto y la condena de Jesús. Si ellos creían que se habían deshecho de él, sus esperanzas duraron poco; más bien parecía que iban a tener muchos más problemas por su causa de los que habían tenido antes de su muerte. Con ellos estaban algunos de sus hombres de confianza, dos mencionados por nombre, aunque uno de ellos no puede ser identificado con seguridad, y el otro no puede ser identificado en absoluto.[16]

4:7 Cuando los miembros de la corte habían tomado sus asientos, Pedro y Juan fueron traídos del calabozo y sentados delante de ellos. Se les preguntó, presumiblemente el presidente, con qué autoridad hombres como ellos[17] presuntamente habían actuado como lo hicieron. Quizás el Sanedrín se reunió en esta ocasión más como una corte de investigación que con carácter formal, pero la presencia de tantos miembros veteranos indicaba la seriedad con la que veían la situación.

4:8-10 Para ocasiones tales como ésta, los apóstoles habían recibido instrucciones de su Maestro: "Proponed en vuestras mente, no meditar como responderéis de antemano; porque yo os daré palabra y sabiduría, que ninguno de vuestros adversarios podrá resistir o contradecir" (Lucas 21:14-15). Ellos comprobaron en ese momento la veracidad de esta promesa. Con palabras inspiradas por el Espíritu Santo,[18] Pedro hizo su réplica. Si él y Juan estaban siendo examinados con respecto a la sanidad efectuada sobre un lisiado, y si la corte deseaba saber la causa de la curación de ese hombre, entonces que sepan, y que sepa toda la

---

períodos de tiempo durante medio siglo. Su autoridad personal se refleja en la parte que juega en la narrativa del juicio del Cuarto Evangelio (Juan 18:13-24). Es llamado "el sumo sacerdote" aquí en el sentido de ex sumo sacerdote (o, como podríamos decir, sumo sacerdote emérito). En Lucas 3:2 es emparejado con Caifás (reinando como sumo sacerdote en el momento) en una nota cronológica: "en el sumo sacerdocio de Anás y Caifás" (ἐπὶ ἀρχιερέως Ἅννα καὶ Καϊάφα).

15. Caifás era el apellido de José (Josefo, *Ant.* 18.35, 95), yerno de Anás de acuerdo con Juan 18:13. Fue nombrado sumo sacerdote por Valerio Grato, el preceptor de Judea, en el año 18 d.C. y mantuvo su puesto por un remarcable y extenso período de dieciocho años, los cuales incluyeron los 10 años de la administración de Pilatos. Fue depuesto finalmente por L. Vitellius (quien como legado de Siria visitó Judea en la época de la retirada de Pilatos en el año 36 d.C.) y reemplazado por Jonatán, hijo de Anás.

16. Si la lectura del texto Occidental "Jonatán" (en vez de "Juan") fuera seguido del v.6, la referencia podría ser a Jonatán, hijo de Anás, que eventualmente sucedió a Caifás en el sumo sacerdocio. Por otra parte, ningún Alejandro de la familia del sumo sacerdocio es conocido.

17. Hay un desdén implícito en el enfático "vosotros" (ὑμεῖς) of v. 7, estando, como está, al final de la frase.

18. Gr. πλησθεὶς πνεύματος ἁγίου, "lleno de (el) Espíritu Santo". Debería hacerse una distinción con el participio aoristo pasivo, que denota un momento especial de inspiración, y el uso de adjetivo πλήρης ("lleno") que denota el carácter perdurable de una persona llena del Espíritu (como Esteban 6:5).

nación, que la curación fue hecha en el nombre de Jesús de Nazaret, el Mesías. El hombre lisiado estaba presente en la corte: o bien lo habían encerrado con ellos durante la noche, como siendo parte responsable de la conmoción en la columna de Salomón, o bien lo habían convocado como testigo. "Este hombre está aquí en vuestra presencia completamente sano," dijo Pedro, "por el nombre de Jesús el Mesías, Jesús de Nazaret, a quien enviasteis a la muerte, pero a quien Dios ha resucitado de los muertos". De la responsabilidad de los hombres a los que Pedro se estaba dirigiendo ahora no había ninguna duda; fueron ellos los que habían entregado a Jesús a Pilatos, llevando Caifás la responsabilidad principal. (Es a Caifás a quien, probablemente, hacen referencia las palabras de Jesús a Pilatos en Juan 19:11, "El que me ha entregado a ti, tiene el mayor pecado".) Como antes, hay un remarcable contraste entre el tratamiento de los hombres hacia Jesús y el tratamiento de Dios hacia él.

4:11 Técnicamente, los apóstoles están a la defensiva, pero realmente han ido al ataque. Pedro procede a predicar el Evangelio a sus jueces, y se basa en el argumento bien conocido del texto del Antiguo Testamento. "La piedra que rechazaron los edificadores ha venido a ser cabeza del ángulo" (Salmo 118:22) es uno de los más tempranos testimonios mesiánicos. Fue usado así (por implicación) por el propio Jesús, como conclusión en la parábola de la viña (Marcos 12:1-12).[19] En el contexto original del Antiguo Testamento, la piedra rechazada es probablemente Israel, desestimada por las naciones, pero escogida por Dios para el cumplimiento de su propósito. Pero, como ocurre a menudo en el Nuevo Testamento, los propósitos de Dios para Israel encuentran su cumplimiento en la obra perfecta de Cristo.

---

19. En el pasaje paralelo de Lucas 20:17-18 la piedra desechada es conectada con la piedra de tropiezo de Isa. 8:14-15 contra "la que muchos...caerán y serán rotos" y con la gran piedra en el sueño de Nabucodonosor, la cual golpeó la imagen de manera que el viento se llevó el polvo como hojarasca (Dan. 2:35). En 1 Pe. 2:6 la piedra rechazada es relacionada con la "piedra preciosa angular de la fundación" puesta en Sión (Isa. 28:16), la cual Pablo identifica con Cristo en Rom. 9:33 y posiblemente en Ef. 2:20. La exégesis cristológica interdependiente de estos pasajes de la "piedra" han llevado a mantener que son la evidencia de una fuerte colección de "testimonios" antiguos del Antiguo Testamento. En la literatura cristiana posterior, otros textos de piedras del Antiguo Testamento son mencionados para su interpretación, por ejemplo, la piedra de Jacob en Betel (Gen. 28:11) y la piedra que sostuvo a Moisés durante la batalla con Amalec en Refidim (Ex. 17:12); comp. Cyprian, *Testimonies* 2:16. ver J. A. Robinson, *The Epistle to the Ephesians* (London, 1904), pp. 163-64; J. R. Harris, *Testimonies, I* (Cambridge, 1916), págs. 30-31; E. G. Selwyn, *The First Epistle of Peter* (London, 1946), pp. 268-77; B. P. W. Stather Hunt, *Primitive Gospel Sources* (London, 1951), pp. 126-29; C. H. Dodd, *According to the Scriptures* (London, 1952), pp. 35-36, 69, 99-100; S. H. Hooke, *The Siege Perilous* (London, 1955), págs. 235-49; F. F. Bruce, "The Corner Stone," ExT 84 (1972-73), págs. 231-35. La "cabeza del ángulo" es equivalente a "la piedra superior del frente".

Ambos, aquí y en el uso posterior de este "testimonio," los "edificadores"[20] son identificados como los gobernantes de la nación judía, que fallaron en reconocer a Jesús como el enviado divino; pero la piedra que ellos desecharon ha recibido ahora de Dios el lugar de mayor distinción: Jesús ahora está sentado en el trono, a la mano derecha de Dios.

4:12 Y de él una vez rechazado pero ahora glorificado Jesús y de él solo, vine la verdadera salvación sanadora. La liberación del lisiado de una aflicción física podría servir como una parábola de liberación de la culpa del pecado y del juicio por venir.[21]

Si los gobernantes persisten en rechazar a Jesús, lo cual los ha involucrado ya en culpas de sangre, ninguna liberación de sus consecuencias podría ser esperada de ninguna otra parte o por el poder de ningún otro nombre. El nombre de Jesús, por el que el lisiado había sido fortalecido para levantarse sobre sus pies y caminar, fue el nombre con el que la salvación de Israel (y, como se vio luego, la salvación del mundo) estaba inextricablemente ligada. El sentido del deber y la sabiduría de los gobernantes están claros, por tanto; si lo rechazaban y persistían en su actitud, traerían la destrucción sobre la nación tanto como sobre sí mismos.

Los fundadores de las religiones del mundo no son menospreciados por los seguidores del camino cristiano. Pero de ninguno de ellos puede decirse que no hay salvación en nadie más; solo a uno pertenece ese título: al Salvador del mundo.

5. *Debate en el Sanedrín (4:13-17)*

> 13 *Cuando vieron la habilidad con la que Pedro y Juan hablaban y se dieron cuenta de que eran laicos sin formación, se quedaron sorprendidos y reconocieron que ellos habían estado con Jesús.*
>
> 14 *Y, como vieron al hombre que había sido sanado de pie junto a ellos, no podían replicar nada.*[22]
>
> 15 *Por eso les ordenaron que abandonaran*[23] *el concilio, y conferenciaron entre ellos.*

---

20. "Edificadores" aparece en la literatura rabínica como una figura del lenguaje para los maestros de la ley. En los textos del Qumran "los edificadores del muro" son los líderes de la comunidad religiosa, o bien de la verdadera (como en CD 4.12, aplicado a Mic. 7:11) o de la falsa (como en CD 4.19, con referencia al desvencijado muro de Ezeq. 13:10-16). En el contexto presente, una vez que la piedra desechada ha sido identificada como Jesús, los "edificadores" que la rechazaron son obligatoriamente identificados como las autoridades judías. El Salmo 118:22 se convierte así en "una de las principales páginas de la enseñanza cristiana primitiva". (E. G. Selwyn, *First Peter*, p.269).

21. Para el doble significado de (σωτηρία) comp. 14:9.

22. Lit., "No pudieron decir nada en contra"; el Texto Occidental ha ampliado la lectura: "No pudieron hacer ni decir nada en contra".

23. El Texto Occidental lee "ser conducido fuera" (ἀπαχθῆναι) para "dejar" (ἀπελθεῖν).

16 *"¿Qué haremos a estos hombres?" dijeron ellos. "Es de conocimiento público[24] entre todos los residentes de Jerusalén que un gran milagro se ha realizado a través de ellos; no podemos negarlo.*

17 *Pero para prevenir que esto[25] se divulgue ampliamente entre la gente, advirtámosles, bajo penas severas,[26] para que no hablen a nadie más en este nombre".*

4:13-14 Pedro y Juan obviamente no están instruidos en la enseñanza de las escuelas rabínicas,[27] sin embargo, hablan con tanta habilidad y honestidad que impresionan a sus jueces.[28] ¿Cómo podían laicos sin formación como ellos ser capaces de sostener una discusión teológica con los miembros de la corte suprema? La respuesta no había que buscarla lejos: los jueces se dieron cuenta del hecho[29] de que ellos habían sido compañeros de Jesús. Él tampoco se había sentado a los pies de ningún rabino eminente, pero enseñaba con una autoridad que podían recordar claramente. La gente expresaba la misma sorpresa a cerca de él: "¿Cómo es que este hombre tiene enseñanza,[30] si no ha estudiado nunca?" (Juan 7:15). Nadie podía igualarlo en el manejo de las Escrituras, su infalible habilidad en ir a los antiguos principios para confirmar sus propias enseñanzas y la turbación de sus oponentes. Y sencillamente él había impartido algo de ese mismo don a sus discípulos. No solamente eso, sino que había apoyado sus enseñanzas con los grandes milagros que realizaba; ahora Pedro y Juan estaban haciendo lo mismo.

24. Cod. D tiene el comparativo φανερώτερον (en el sentido superlativo de, "muy claro," "todo muy claro") para el positivo φανερόν.

25. Varios manuscritos occidentales dicen "estas cosas" τὰ ῥήματα ταῦτα).

26. Lit. "amenacémosles" (ἀπειλησώμεθα). El texto Bizantino hace la amenaza más enfática añadiendo ἀπειλῇ antes ἀπειλησώμεθα (lit., "amenacémosles con amenazas") por lo que la versión KJV "vamos a amenazarlos fuertemente".

27. Este es el sentido en el contexto presente de ἀγράμματοι ... καὶ ἰδιῶται. En papiro la primera palabra aparece con el sentido de "analfabeto"; aquí significa más bien "sin formación" con respecto a la formación rabínica. Como para ἰδιώτης, que significa "persona privada" en griego, es interesante notar que aparece como un palabra prestada del hebreo y arameo post bíblico (ḥeḏyôṭ) con el sentido de "plebeyo," "laico," "inexperto". Aquí implica que Pedro y Juan, lejos de ser exponentes profesionales de las Escrituras, son laicos - 'ammê hā'āreṣ ("gente de la tierra") en el sentido rabínico de la frase, denotando el rango y fila de la población judía de quien no podía esperarse que supieran o practicasen los detalles de la ley oral (comp. Juan 7:49). La maravilla era que mostraran semejante maestría del argumento bíblico.

28. Los jueces tomaron nota de su παρρησία, "denuedo al hablar" (comp. vv. 29, 31). "Este denuedo se evidencia a sí mismo... principalmente en el claro testimonio acerca de Jesús, que había sido rechazado por este mismo concilio y sin embargo, era el exclusivo Salvador" (W. C. van Unnik, "The Christian's Freedom of Speech in the New Testament," BJRL 44 [1961-62], p. 478).

29. Gr. ἐπεγίνωσκον - ellos prestaron especial atención a este hecho como una pieza importante de evidencia relevante. Si el compuesto ἐπιγινώσκω debe ser distinguido de γινώσκω, debe ser por cierta cualidad decisiva.

30. Gr. γράμματα οἶδεν, "sabe letras" (comp. ἀγράμματοι aquí).

Los Apóstoles despedidos con amenazas (4:18-22)

Que ese lisiado había sido curado era evidente; estaba de pie delante de ellos como un testigo del hecho. Pedro y Juan clamaron que la sanidad había sido efectuada por el poder del nombre de Jesús; sus jueces no estaban en posición de poder negar la evidencia.

4:15-17 Pedro y Juan, en consecuencia, fueron enviados fuera de la cámara del concilio, mientras ellos conferenciaban.[31] Era difícil saber que acción tomar. No habían roto ninguna ley sanando a un lisiado; además, esta acción los había convertido en héroes populares, y sería contraproducente penalizarlos. Por otro lado, sería igualmente contraproducente dejarlos en libertad para que fueran enseñando y sanando en el nombre de Jesús; las autoridades, por tanto, estaban una vez más confrontadas con el problema que habían pensado que se resolvería con la condena y ejecución de Jesús, y eso de una manera aún más intratable que previamente. La acción que decidieron fue una confesión de su debilidad; despedirían a los dos hombres, pero los amenazarían con serias consecuencias si lo volvían a hacer. Es particularmente llamativo que las autoridades no tomaron, ni en ésta ni en las ocasiones sucesivas, ninguna medida seria para refutar la afirmación central de los apóstoles—la resurrección de Jesús.[32] Si hubiera sido posible refutarlos en este punto, ¡con cuánta avidez habrían aprovechado esa oportunidad! ¡Si hubieran logrado refutar esa cuestión, que rápido y completamente el nuevo movimiento se habría colapsado! Está claro que los apóstoles hablaban de una resurrección física cuando decían que Jesús había sido resucitado de los muertos; está igualmente claro que las autoridades lo entendieron en ese sentido. El cuerpo de Jesús había desaparecido de un modo tan evidente que ni ellos, con todos los recursos a su disposición, hubieran podido hacerlo. La desaparición de su cuerpo, de hecho, estaba lejos de probar su resurrección, pero la aparición de su cuerpo la habría efectivamente refutado. Ahora, los apóstoles clamaban que Jesús estaba vivo, después de haber recibido confirmación pública por el milagro realizado en su nombre. Era, para el Sanedrín, una situación perturbadora.

6. *Los Apóstoles despedidos con amenazas (4:18-22)*

> 18 *Entonces los llamaron adentro y los intimidaron para que no hablaran, ni enseñaran a nadie más a cerca del nombre de Jesús.*
>
> 19 *Entonces Pedro y Juan les respondieron, "Juzgad vosotros mismos si es correcto a los ojos de Dios escucharos a vosotros en vez de a Dios.*

---

31. Es inútil investigar en la fuente de información del narrador a cerca de la conversación que tuvo lugar cuando los apóstoles fueron enviados fuera de la habitación. Las líneas generales podrían inferirse fácilmente de lo que los jueces dijeron cuando Pedro y Juan regresaron.

32. La acción reportada en Mat. 28:13 (la cual confirma incidentalmente que la tumba fue encontrada vacía) puede, a duras penas, llamarse seria; si hubieran tenido una refutación más convincente contra la reivindicación de los apóstoles, hubiera sido elegida.

20 *En cuanto a nosotros, no podemos dejar de hablar lo que hemos visto y oído".*
21 *Entonces los volvieron a amenazar y los soltaron: No pudieron encontrar un modo de castigarlos, porque todos estaban glorificando a Dios por lo que había ocurrido.*
22 *Porque el hombre, en quien este milagro de sanidad se había sido realizado, tenía más de cuarenta años.*

4:18-20 Llamaron a Pedro y a Juan, y les hicieron saber su decisión. Les impusieron la absoluta prohibición de no volver a mencionar en público el nombre de Jesús. Si pensaban que iban a hacer caso a esa prohibición, se desilusionaron rápidamente. Pedro y Juan, probablemente, nunca habían oído hablar de Sócrates, y mucho menos habrían leído la Defensa de Platón, pero les dieron el mismo tipo de respuesta que Sócrates dio cuando le ofrecieron la libertad a cambio de que se rindiera en su búsqueda y discusión de la verdad y la sabiduría: "Yo obedeceré a Dios en vez de a ti".[33] Es, por supuesto, la clase de respuesta que cualquier persona de principios daría cuando se le ofreciera la libertad a cambio del precio de abandonar el camino que la conciencia le dicta. Pero lo más importante para los discípulos era su compromiso personal con el Señor resucitado para ser sus testigos. Si a aquellos jueces se les hubiera expuesto esta situación de manera abstracta como, qué debería obedecerse en primer lugar, un mandamiento divino o una regulación humana en el caso de que hubiera un conflicto entre ambos, ellos hubieran afirmado sin dudarlo, que el mandamiento divino debía ser obedecido por encima de todo. Correcto, dijeron entonces Pedro y Juan, "nosotros no podemos dejar de decir lo qué hemos visto y oído".[34]

4:21-22 A pesar de su claro desafío, el concilio no hizo nada, pero repitió la amenaza de severos castigos. El entusiasmo popular era demasiado grande como para que ellos pudieran hacer algo más. Lucas señala aquí, a la vez que explica la extensión de la amenaza pública, que el paralítico que había sido curado tenía más de cuarenta años ya: había alcanzado una edad en la que semejante sanidad, especialmente en el caso de las enfermedades congénitas, simplemente no ocurrían.[35] Pedro y Juan fueron despedidos.

"Este," dicen los historiadores judíos del siglo XX. "fue el primer fallo que los líderes judíos cometieron con respecto a la nueva secta. Y ese error fue fatal. Probablemente, no hubiera sido necesario arrestar a los nazarenos llamando así la atención sobre ellos y haciéndolos "mártires". Pero una vez arrestados, no deberían haberlos soltado tan rápidamente. El arresto y la liberación incrementó

---

33. Platón, *Apology of Socrates* 29D (para Sócrates "el dios" podría ser más apropiado traducir de τῷ θεῷ que "Dios"). Comp. 5:29 abajo.

34. Gr. οὐ δυνάμεθα ... μὴ λαλεῖν.

35. Comparar con el hombre del estanque de Betesda, cuya enfermedad había durado treinta y ocho años (Juan 5:5); solo que no se dice que haya sido congénita.

rápidamente el número de creyentes; lo que estos eventos muestran por un lado, es que la nueva secta era un poder al que las autoridades temían lo suficiente como para perseguir, y por otro lado, demostraron que no había peligro en ser un discípulo de Jesús (¡siendo él, por supuesto, el que los había salvado de las manos de los perseguidores!)".[36]

7. Pedro y Juan se reúnen con sus amigos (4:23-31)

23 *Cuando fueron liberados, Pedro y Juan se reunieron con sus compañeros y les contaron todo lo que los principales sacerdotes y ancianos les habían dicho.*

24 *Cuando los escucharon, levantaron juntos sus voces[37] a Dios y dijeron: "Soberano Señor, que has creado los cielos y la tierra y el mar y todo lo que en ellos hay.*

25 *quien por el Espíritu Santo has hablado a través de tu siervo David, nuestro Padre:[38]*
'¿Por qué se amotinan las gentes,
Y los pueblos hacen planes vanos?

26 *Los reyes de la tierra se dispusieron,*
Y los gobernantes se reunieron
Contra el Señor y contra su Ungido'—

27 *porque verdaderamente, en esta ciudad, se reunieron contra tu santo Siervo Jesús, a quien tu ungiste, Herodes y Poncio Pilatos, con los gentiles y las gentes de Israel.*

28 *para hacer todo lo que tu mano y tu consejo habían antes determinado que sucediera.*

29 *Y ahora, Oh Señor, mira sus amenazas, y da poder a tus siervos para declarar tu palabra con denuedo.*

30 *mientras extiendes tu mano para sanidad y para realizar milagros y señales a través del nombre santo de tu Siervo Jesús".*

31 *Después de orar, el lugar donde estaban congregados empezó a temblar, y fueron todos llenos del Espíritu Santo y continuaron declarando la palabra de Dios con todo denuedo.[39]*

---

36. J. Klausner, *From Jesus to Paul*, E.T. (London, 1944), pp. 282-83.

37. Gr. ὁμοθυμαδόν ("unanimes"), como en 1:14.

38. El griego es muy extraño aquí: Westcott y Hort dicen: "la extremada dificultad del texto implica que, sin duda contiene un error primitivo". La única manera de interpretarlo es como está (ὁ τοῦ πατρὸς ἡμῶν διὰ πνεύματος ἁγίου στόματος Δαυὶδ παιδός σου εἰπών) es tomar a David como la "boca" (por ej. portavoz) del Espíritu Santo: "que dijo a través de su siervo David nuestro padre, el portavoz del Espíritu Santo". El texto occidental dice: "quien a través del Espíritu Santo habló por la boca de David, su siervo". C. C. Torrey imagina un texto subyacente que podría ser traducido: "como nuestro padre David, su siervo, dijo por boca del Espíritu Santo" (*Composition and Date of Acts* [Cambridge, Mass., 1916], pp. 16-18). H. W. Moule (*ExT 51* [1939-40], p. 396) sugirió que el escritor hizo un borrador y después hizo correcciones, y que un copista, malinterpretando los signos de eliminar o añadir, combinó las palabras previstas como alternativas.

39. El Texto Occidental dice: "para todo aquel que estaba deseando creer".

4:23-24 Los dos apóstoles al ser liberados, regresaron al lugar donde estaban sus compañeros apóstoles y otros creyentes, y cuando les contaron su experiencia ante el sanedrín, la compañía entera recurrió a la oración. Se dirigieron a Dios como Soberano Señor,[40] el Creador de todo, con el lenguaje litúrgico de la antigua tradición derivada de las Escrituras Hebreas.[41]

4:25-28 Luego citaron las palabras del Salmo 2, y hallaron la prueba del origen divino en el cumplimiento de las cosas que habían tenido lugar tan recientemente en su propia experiencia.

Este Salmo, con su referencia explícita al Ungido de Yahweh (Mesías), ha sido interpretado como referencia a la venida del libertador de la línea de David, al menos desde tan temprano como la segunda mitad del siglo I a.C.;[42] las palabras "Tú eres mi Hijo" (Salmo 2:7), dirigidas a Jesús en su bautismo por la voz celestial, ciertamente lo aclaman como ese Mesías. De acuerdo con este entendimiento está la interpretación que ahora los apóstoles sitúan en los versos que inician el Salmo. Los "gentiles" enfurecidos contra Jesús en la persona de los romanos que lo sentenciaron a la cruz y llevaron a cabo la sentencia; los "pueblos" que conspiraron contra él son (a pesar del plural) los judíos, o más bien sus gobernantes; los "reyes" que se dispusieron están representados por Herodes Antipas, tetrarca de Galilea y Perea, mientras que los "gobernantes" son representados por Poncio Pilatos.[43] La referencia a Herodes nos remonta al informe en Lucas 23:7-12, cuando Pilatos, al enterarse de que Jesús era galileo, lleva a cabo una cortesía diplomática remitiéndolo a Herodes. Lucas es el único de los cuatro evangelistas que da a Herodes un papel en la narrativa de la pasión.[44]

El lenguaje profético del Salmo muestra que Pilatos, Herodes, y los otros, unidos contra Jesús, están simplemente llevando a cabo "el designado y previo consejo de Dios" (como es llamado en 2:23), "que el Mesías tenía que sufrir" (3:18).[45] en estas palabras de los apóstoles hay una identificación explícita

---

40. Gr. δέσποτα, vocativo de δεσπότης (comp. Lu. 2:29; Ap. 6:10).

41. Comp. Ex. 20:11; Neh. 9:6; Salmos 146:6; Isa. 42:5; también Sabiduría 13:3, 4, 9 y comp. 14:15; 17:24 abajo).

42. Ver Ps. Sol. 17:26, donde el Salmo 2:9 se aplica al esperado hijo de David, el "ungido señor" (comp. n. 90).

43. Ver n. 28.

44. Para el improbable caso de que la introducción de Herodes en Lucas fuera creado fuera de la exégesis cristiana del Salmo 2:1–2 ver M. Dibelius, "Herodes und Pilatus," *ZNW* 16 (1915), págs. 113–26; G. Lüdemann, *Paul: Apostle to the Gentiles*, E.T. (London, 1984), págs. 12–13, 36–37 (n. 41).

45. Tertuliano (*On the Resurrection of the Flesh 20*) nos da una interpretación ligeramente diferente: "en la persona de Pilatos las naciones (*gentes*) enfurecidas, y en la persona de Israel (*populi*, plural) planearon cosas vanas; los reyes de la tierra se levantaron con Herodes, y con Anás y

del "santo Siervo Jesús" con el Hijo real de Dios mencionado en el Salmo 2:7. Jesús, siervo obediente de Dios, es al que Dios "ungió" e hizo Mesías—en su bautismo.⁴⁶

4:29-30 El sanedrín podría amenazarlos, pero las amenazas habladas no lograron la intimidación y el silencio, sino una mayor valentía para hablar. Los apóstoles, por tanto, oraron para que pudieran tener el coraje de proclamar el mensaje sin miedo o temor,⁴⁷ y para que Dios sellara con aprobación pública su testimonio con más milagros de sanidad y señales similares y maravillas a través del mismo nombre que había curado al hombre paralítico—el nombre de su "Santo Siervo Jesús".⁴⁸

4:31 La garantía del favor y ayuda divina vino mientras aún oraba. El lugar tembló como en un terremoto—si hubo una sacudida objetiva o si ésta era la forma en la que la presencia de Dios y su poder se manifestaron en sus conciencias, no se puede decir—y el Espíritu Santo los llenó y los envió a proclamar las buenas nuevas con confianza renovada. La descripción aquí es una reminiscencia de la descripción de lo que ocurrió el día de Pentecostés, tanto en las señales externas del advenimiento del Espíritu, como en la actitud de oración de los discípulos a su llegada;⁴⁹ pero aunque esto fuera una nueva plenitud del Espíritu, no podría ser considerado un nuevo bautismo.⁵⁰ Si la narrativa de 3:1–4:31 está basada en una fuente diferente de la de 2:1-41, la plenitud del Espíritu aquí no es una duplicación de la de 2:4, cuando por primera vez "ellos fueron llenos del Espíritu Santo"; en la narración que nos ocupa, Pedro ha sido ya "lleno del Espíritu Santo" para su efectiva defensa delante de la corte (4:8).

Caifás los gobernantes se reunieron". La extraña aplicación del plural a Israel λαοί es debido al uso del singular λαός con referencia a Israel como el pueblo de Dios contra ἔθνη, "gentiles"; en Salmo 2:1 el Heb. plural lᵉ'ummîm, LXX λαοί, aparece en paralelismo sinónimo con gōyîm, LXX ἔθνη, no en oposición al mismo.

46. Con "a quien ungiste" (ἔχρισας) comp. 10:38, "Dios ungió (ἔχρισεν) a Jesús de Nazaret"; del verbo χρίω viene la forma χριστός, "Ungido", "Mesías".

47. Ellos se llaman a sí mismos "esclavos" de Dios (δοῦλοι), quizá deliberadamente usando un término más humilde que aquel aplicado a Jesús como siervo de (παῖς).

48. Frases como "a través de tu santo Siervo Jesús" se mantuvieron en circulación en la liturgia de la iglesia durante varias generaciones; comp. *Did.* 9:2 ("a través de Jesús tu siervo"); 1 Clem. 59:3 ("a través de Jesucristo tu amado siervo"); *Mart. Pol.* 14.3 ("a través de ... Jesucristo tu siervo amado"); Hipólito, *Apostolic Tradition* 4.4 ("a través de tu amado siervo Jesucristo"), etc.

49. Ver en 1:14, n. 57.

50. Ver la exposición de 2:38.

D. TODAS LAS COSAS EN COMÚN (4:32-5:11)

1. Comunidad de bienes (4:32-35)

32 *Ahora la multitud de creyentes tenía un solo corazón y alma,[51] y ninguno de ellos reclamaba ninguna propiedad como propia; mantenían todas las cosas en común.*

33 *Los apóstoles, con gran poder, daban testimonio de la resurrección del Señor Jesús,[52] y abundante gracia descansaba sobre todos ellos.*

34 *Nadie tenía necesidad entre ellos, porque todos los que poseían tierra o casas las vendían y traían el precio recibido de la venta*

35 *y lo dejaban a los pies de los apóstoles. La distribución se hacía a cada persona, conforme a su necesidad individual.*

4:32-35 El sumario contenido en estos versos es similar a aquel de 2:43–47, pero tiene un propósito diferente en la narración. El resumen anterior concluye con el informe del día de Pentecostés; este sumario introduce los contrastantes episodios de Bernabé y Ananías.

La comunidad llena del Espíritu[53] exhibió una remarcable unanimidad que se expresa por sí misma incluso en la actitud hacia la propiedad privada. Mientras la institución de un fondo común está explícitamente regulado en los escritos de Qumran,[54] la acción que tuvo lugar aquí, por estos primeros discípulos de Jesús estaba destinada a ser voluntaria. Los miembros consideraban sus propiedades privadas como estando a disposición de la comunidad; aquellos que poseían casas o tierras las vendían para que pudieran estar más convenientemente disponibles para la comunidad en forma de dinero. Los miembros más ricos así proveían para los más pobres, y por un tiempo no hubo necesidad de quejarse de hambre o carencia. (Pero más tarde, cuando los fondos se acabaron y especialmente después que el país fuera duramente golpeado por el hambre mencionada en 11:28, la iglesia de Jerusalén empezó a depender de la generosidad de los compañeros creyentes de otros lugares.) Los apóstoles, como líderes de la comunidad, recibían las ofrendas voluntarias que les traían, pero aparentemente delegaban los detalles de la distribución a otros, porque ellos mismos tenían que dedicar su tiempo y energía al testimonio público del Cristo resucitado. Mientras lo hacían, el poder de Dios, mostrado en grandes milagros, asistía su predicación, en respuesta a sus

---

51. El texto Occidental añade "y no había división entre ellos".

52. Cod. D añade "Cristo"; ℵ y A dice "Jesucristo el Señor".

53. La palabra πλῆθος, traducida como "multitud" en v.32, adquiere un sentido especial de comunidad cívica (en Atenas) y de comunidad religiosa (entre judíos y cristianos). La LXX traduce dos veces el Heb. qāhāl (Ex. 12:6; 2 Cron. 31:18), mas comúnmente traducido ἐκκλησία (comp. 5:11 n. 23). Comp. 6:2, 5; 15:12. 30.

54. Comp. 1QS 1. 12; 5.2; 6. 17–25.

oraciones (v.30). Y continuaron disfrutando de la experiencia de la gracia de Dios y el favor del pueblo de Jerusalén.[55]

2. La generosidad de Bernabé (4:36-37)

36 *Había un José, a quien los apóstoles llamaron Bernabé, que significa "hijo de consolación". Era un Levita, su familia era original de Chipre.*
37 *El poseía un campo que vendió, y trajo el dinero y lo puso a los pies de los apóstoles.*

4:36-37 La etimología exacta para el nombre adicional de José, Bernabé, es material de debate,[56] pero todo lo que nosotros sabemos de él prueba que era un verdadero consuelo. Era un judío de Chipre, pero tenía familiares en Jerusalén[57] y un pedazo de tierra también. Las leyes del Pentateuco que prohibían a los sacerdotes y levitas tener tierras en propiedad parecen haber caído en desuso por esta época.[58] El pedazo de tierra[59] que poseía no podía haber sido muy grande; lo que fuera, lo vendió y entregó el dinero de la venta a los apóstoles para beneficio de la comunidad.

---

55. La "gracia" que descansó en todos ellos (v. 33) puede incluir favor humano y divino, junto con un receptivo espíritu de gratitud (Gr. χάρις cubre todos los matices).

56. Es explicado cómo υἱὸς παρακλήσεως, diversamente traducido como "hijo de consolación" (KJV), "hijo de exhortación" (ASV) o, mejor incluso que ambas, "hijo del ánimo" (RSV), este uso de "hijo" indica el carácter de un hombre siendo un familiar modismo semítico. "Bernabé" podría ser la adaptación de una forma como Palmyrene Bar-Nebo (comp. G. A. Deissmann, *Bible Studies*, E.T. [Edinburgh, ²1909], p. 188); otra sugerencia es que represente Aram. bar nᵉwāḥā' (lit., "hijo del consuelo"); comp. A. Klostermann, *Probleme im Aposteltexte* (Gotha, 1883), págs. 8–14. Ver T. Zahn, *Die Apostelgeschichte des Lucas*, págs. 183–88; S. P. Brock, "ΒΑΡΝΑΒΑΣ: ΥΙΟΣ ΠΑΡΑΚΛΗΣΕΩΣ ", JTS N.S. 25 (1974), págs. 93–98.

57. Ver 12:12 abajo junto con Col. 4:10.

58. Para las prohibiciones ver Num. 18:20, 24; Deut. 10:9; 18:1–2; pero miembros de las familias sacerdotales como Jeremías (Jer. 32:6–15) y Josefo (*Life 422*) mantuvieron tierras en propiedad.

59. El uso de la palabra aquí es ἀγρός, que no aparece en ningún otro sitio en Hechos; en otros sitios en Hechos, un trozo de tierra es un χωρίον (comp. v. 34; 1:18; 5:3, 8) o κτῆμα (2:45; 5:1).

HECHOS 5

3. Engaño y muerte de Ananías (5:1-6)

1 Pero¹ un hombre llamado Ananías y su esposa Safira, vendieron un terreno de su propiedad²
2 y, con la complicidad de su esposa, guardó parte del dinero recibido; después llevó la otra parte y lo puso a los pies de los apóstoles.
3 "Ananías," dijo Pedro, "¿por qué Satán llena³ tu corazón, haciendo que engañes al Espíritu Santo y guardes parte del dinero que has recibido por la tierra?
4 Mientras la tierra permanecía, ¿no te pertenecía? Y cuando la vendiste, ¿no tenías todavía el dinero bajo tu control? ¿Por qué has concebido esta cosa⁴ en tu corazón? Has mentido a Dios, no a los seres humanos.
5 Al oír estas palabras, Ananías⁵ cayó al suelo y murió, y un gran temor vino sobre quien lo oía.
6 Los hombres jóvenes lo recogieron, lo envolvieron en una sábana, y se lo llevaron y lo enterraron.

La historia de Ananías es al libro de los Hechos lo que la historia de Acán es al libro de Josué. En ambas narrativas un engaño interrumpe el victorioso progreso del pueblo de Dios. Puede ser que el autor de Hechos personalmente quisiera hacer esta comparación: cuando dice que Ananías conservó parte del dinero recibido (v. 2), utiliza las mismas palabras griegas que encontramos en la versión griega

---

1. La conjunción griega δέ no tiene necesariamente sentido adversativo, pero aquí es probablemente adversativo, en contraste con Bernabé (4:36-37).

2. Gr. κτῆμα (comp. 2:45, τὰ κτήματα), refiriéndose aquí a terreno en propiedad, grande o pequeño, como queda claro por el uso de χωρίον ("pedazo de tierra") en v. 3.

3. Gr. ἐπλήρωσεν. Por omisión accidental de λ Cod. ℵ lee ἐπήρωσεν (el cual por él mismo tendría el inapropiado significado de "mutilado"); en P⁷⁴ etc. Aparece enmendado ἐπείρασεν ("tentado"); de ahí la Vulgata *tentar*.

4. El Texto Occidental lee "hacer esto (lo) malo" ([τοῦτο] ποιῆσαι τὸ πονηρὸν [πρᾶγμα]).

5. Antes de "cayó" el Texto Occidental inserta "inmediatamente" (comp. v. 10).

de Josue 7:1 donde se dijo que los israelitas (representados por Acán) "rompieron la fe" al retener para uso privado la propiedad que había sido dedicada a Dios.[6]

El incidente de Ananías y Safira representa para muchos lectores como una piedra de tropiezo en parte ética y en parte intelectual. La dificultad intelectual no es tan grande como se supone a veces. No sabemos casi nada de las creencias privadas de Ananías y su esposa, pero en cierto estado de despertar religioso la muerte repentina es una secuencia familiar para darse cuenta de que uno ha infringido sin querer un tabú. (Eso no significa necesariamente que este sea el caso de la muerte de Ananías, pero muestra qué poca sustancia hay en la idea de que la historia es esencialmente improbable.) Y en cuanto a la subsiguiente muerte de Safira, si se piensa que eso "añade tanta improbabilidad como la que yace en una coincidencia,"[7] debe recordarse que ella ha sufrido el choque adicional de saber que su marido ha muerto repentinamente.

No tiene sentido argumentar que la doble muerte no fue tan repentina como la narrativa sugiere, como es el caso, por ejemplo de Joseph Klausner. "Cuando el engaño de la pareja es detectado", dice él, "Pedro se enfada con ellos y los reprende; y cuando mueren poco después, por supuesto, su muerte fue atribuida a esta represión por parte del jefe y el primero de los apóstoles".[8] Incluso más improbable es la sugerencia de P. H. Menoud, de que Ananías y Safira fueron los primeros miembros de la comunidad de creyentes en morir, y que su muerte natural fue tal conmoción para los otros, (que pensaban que Cristo, por su resurrección, había abolido la muerte física de su pueblo), que se sintieron obligados a explicarlo con la suposición de que algún pecado previo y no detectado fue encontrado en ellos.[9]

Un tema mucho más serio es la impresión que la narración nos ofrece sobre la personalidad de Pedro, quien había experimentando tan recientemente la experiencia del perdón y la gracia restauradora de Dios, después de negar a Cristo en el palacio del sumo sacerdote. Es absurdo intentar hacerlo directamente responsable de la muerte de la pareja, pero las palabras que les dirigió, especialmente a Safira, a muchos lectores les ha parecido que reflejan el espíritu de Elías reclamando fuego del cielo sobre los soldados que vinieron a arrestarlo, o a Eliseo pronunciando sentencias de lepra perpetua sobre Giezi, en vez del espíritu del Maestro. "No podría, por supuesto," dice un comentarista, "ser considerado como un cargo contra San Pedro que después de su severa represión a Ananías

---

6. El verbo es νοσφίζομαι (traducido "defraudar" en Tit. 2:10); con ἐνοσφίσατο ἀπὸ τῆς τιμῆς aquí comp. ἐνοσφίσατο ἀπὸ τοῦ ἀναθέματος en Jos. 7: 1 LXX.

7. A. W. F. Blunt, *The Acts of the Apostles* (Oxford, 1923), p. 153.

8. J. Klausner, *From Jesus to Paul*, E. T. (London, 1944), p. 289.

9. P. H. Menoud, "La mort d'Ananias et de Saphira (Actes 5,1–11)," *Aux Sources de la Tradition Chrétienne: Mélanges offerts à M. Maurice Goguel* (Paris/Neuchâtel, 1950), pp. 146–54.

el ofensor cayera muerto repentinamente, aunque uno podría haber esperado que San Pedro, en el futuro, fuera un poco más cuidadoso reprendiendo a los miembros pecadores de la comunidad. Pero la historia continúa y nos relata que Ananías fue enterrado sin que se le dijera nada a su esposa, aunque ella puede haber estado en el vecindario. Cuando ella viene a casa tres horas más tarde, San Pedro en vez de hablarle de la muerte terrible de su marido, así como de darle una oportunidad de arrepentimiento, la examina de tal manera que el pecado en su corazón es traído a la luz como una franca mentira; y luego le dice que su marido había muerto y que ella también iba a morir... Intente, si es posible, imaginar a Cristo tratando a los pecadores como San Pedro esta haciendo aquí".[10]

No es parte del trabajo de un comentarista hacer un juicio moral sobre Pedro; sería necesario, en cualquier caso, saber mucho más de lo que dice el relato. Safira, que para nada es conocido como lo contrario, puede haber sugerido el engaño a su marido. No es el carácter de Pedro, ni el de los desiertos Ananías y Safira, en los que Lucas está especialmente interesado. En lo que está verdaderamente interesado es en subrayar la realidad de la presencia del Espíritu Santo morando en la iglesia, junto con las solemnes y practicas implicaciones de este hecho. Tan pronto era necesario enfatizar la lección formulada más tarde por Pablo: "¿No sabes que tú eres el templo de Dios y que el Espíritu de Dios mora en ti? Si alguien destruye el templo de Dios, Dios lo destruirá a él. Porque el templo de Dios es santo, y el templo sois vosotros" (1 Cor. 3:16-17).[11]

El incidente muestra, también, que incluso en los días más tempranos la iglesia no era una sociedad de gente perfecta. El retrato de la comunidad primitiva que Lucas nos da está, sin duda, idealizado, pero no muy idealizado. Para que sus lectores no sobreestimaran la unidad y santidad de los primeros creyentes, ha registrado este incidente que no solo ilustra su honesto realismo, sino que pretende también servir como una advertencia a los demás.

5:1-2 Dos miembros de la comunidad, Ananías y su esposa Safira,[12] como muchos otros miembros, vendieron un pedazo de tierra que poseían. Retuvieron parte del precio para uso privado, ya que tenían todo el derecho a hacerlo, y

---

10. L. E. Browne, *The Acts of the Apostles* (London, 1925), pp. 83–84.

11. H. A. W. Meyer su énfasis en el principio de disciplina de la iglesia es importante para la valoración del incidente en su contexto (*The Acts of the Apostles*, E.T., I [Edinburgh, 1877], p. 142). Ver también O. Cullmann, *Peter: Disciple-Apostle-Martyr*, E.T. (London, 1953), p. 34.

12. Ananías es Hananiah en el Antiguo Testamento (ḥānayāhû, "Yahweh ha concedido por su gracia"). Safira representa en Aram. šappîrā', "Hermosa". J. Klausner (*From Jesus to Paul* pp. 289–90) sugiere que esta puede ser la Safira cuyo nombre aparece en Arameo (o Hebreo) y griego en un osario encontrado en Jerusalén en 1923. Lo único que se puede decir para apoyar tal identificación es que no se puede demostrar lo contrario.

Ananías trajo el resto a los apóstoles para usarlo en beneficio de la comunidad, pero fingió que era el precio total de lo que había recibido.

5:3 Pedro, percibiendo la realidad de la situación, estalló sobre Ananías con palabras calculadas para transmitir al miserable hombre la enormidad de su pecado. La práctica de artimañas en el comercio ordinario de la vida era común entonces y ahora, pero un modelo de decencia más elevado debe prevalecer entre los seguidores de Cristo. Ananías, en un esfuerzo por ganar una mayor reputación por su gran generosidad de la que había conseguido ya, intenta engañar a la comunidad de creyentes, pero al intentar engañar a la comunidad de creyentes está en realidad engañando al Espíritu Santo, cuyo poder como dador de vida ha creado la comunidad y la mantiene en su ser. Tan real era la apreciación de los apóstoles de la presencia y autoridad del Espíritu en su medio. Puede también inferirse, de hecho, que Ananías y Safira se habían comprometido a dar todo el producto de la venta a Dios, pero luego cambiaron de opinión y entregaron sólo una parte. Mentir a Pedro como a una simple persona podría haber sido relativamente una mentira venial, pero esto – independientemente de que Ananías lo supiera o no – era una mentira a Dios,[13] algo promovido por nadie más que el gran adversario de Dios y la humanidad.[14]

5:4 Nadie había coaccionado a Ananías para que vendiera su propiedad: la virtud de tal hecho, como en el caso de Bernabé, yacía en la espontánea generosidad. La comunidad de bienes en la iglesia primitiva de Jerusalén era bastante voluntaria. El pedazo de terreno pertenecía a Ananías; él podía conservarlo o venderlo como quisiera, y cuando lo había vendido, el dinero obtenido era suyo para utilizarlo también como deseara.[15] La voluntariedad de todo el procedimiento forma un contraste tan grande que se ha cobrado esta temprana práctica cristiana

---

13. El Espíritu Santo en la iglesia es Dios mismo presente en su pueblo (comp. 1Cor. 14:25).

14. Gr. Σατανᾶς es una palabra prestada del Arameo; su correspondiente en Hebreo es śāṭān ("adversario") ocurre como nombre común en el Antiguo Testamento, a veces denota al fiscal jefe en la corte celestial (comp. 1 Cron. 21:1; Job 1:6–2:7; Zac. 3:1–2). Junto con la transliteración Σατανᾶς del NT también ὁ διάβολος, como en 10:38; 13:10 abajo (ver n. 58; p. 249, n. 26).

15. B. J. Capper, "The Interpretation of Acts 5.4," JSNT 19 (1983), pp. 117–31, señala que en las regulaciones de Qumran, un postulante a la membresía de la comunidad entregaba su propiedad provisionalmente al tesorero, pero no se fusionaba con los activos de la comunidad hasta que había completado su período de aprobación y era completamente admitido a la membresía (1QS 6.18–23). Él ha sugerido que Ananías igualmente hizo una trasferencia provisional de su dinero a la iglesia, pero se esperaba que lo trasfiriera todo, incluso aunque solo fuera provisionalmente; hasta entonces, permanecía bajo su control en el sentido de que podían devolvérselo si él no era debidamente admitido a la membresía. Pero no hay evidencia de que tal catecumenado provisional fuera practicado en esta temprana época de la vida de la iglesia.

El contraste también puede verse entre la penalización prescrita por engañar a la comunidad en temas de propiedad – un año de exclusión de la comida de la comunidad y la privación

como un precedente. Pero el carácter voluntario de todo el procedimiento hace que la acción de Ananías sea aún más gratuita. Si no es parte del trabajo de un comentarista hacer un juicio moral sobre Pedro, la tentación debe ser igualmente resistida en hacerlo sobre Ananías. El deseo de ganar una mayor reputación gracias a la generosidad o a alguna otra virtud de uno, no es tan raro como para que alguien adopte una actitud de arrogancia hacia Ananías. En una situación, en la que aquellos que siguieron el ejemplo de Bernabé recibieron una gran consideración dentro del grupo, la presión social en los otros para hacer lo mismo, o incluso para parecer hacer lo mismo, debe haber sido considerable.

5:5 Como dijo Pedro, el pecado de Ananías vino a su casa, y él cayó muerto. Fue un evidente acto de juicio—el juicio que empezó primero en la casa de Dios—y no debería maravillarnos que todos los que se enteraron se llenaran de temor. Pero puede haber sido también un acto de misericordia, si el incidente fuera considerado a la luz de la palabras de Pablo acerca de otro ofensor contra la comunidad de creyentes: "el tal sea entregado a Satanás para destrucción de la carne, a fin de que el espíritu sea salvo en el día del Señor Jesús" (1 Cor. 5:5).[16] Algunos eruditos han citado como un paralelo de la repentina muerte de Ananías, la historia de Arzobispo de York que cayó muerto de miedo, cuando el rey Eduardo I de Inglaterra le lazó una mirada enojada.[17] Pero tal paralelismo no es real: nada en la personalidad de Pedro podía hacer que el corazón de Ananías dejara de latir, si no el darse cuenta repentinamente del sacrilegio que había cometido.

5:6 Inmediatamente su cadáver fue recogido y enterrado por "los hombres jóvenes"—probablemente los miembros más jóvenes de la comunidad más que enterradores profesionales. El entierro en aquel clima se celebraba enseguida después de la muerte; lo que se requería a modo de certificado médico no se sabe. Aparentemente a Safira no se le comunicó la muerte de su esposo; no hay modo de saber si hubo algún intento de comunicarse con ella. El telescopio de dicho procedimiento aumenta el efecto dramático de la narrativa, el primer acto de la historia que ahora es seguido por el segundo.

4. Muerte de Safira (5:7-11)

7 Hubo un lapso de tres horas aproximadamente; luego llegó su esposa. Ella no sabía lo que había pasado.

---

de un cuarto de la ración de la comida de uno (1QS 6.24–25)—y las consecuencias del engaño de Ananías y Safira.

16. No hay acuerdo en si esta "destrucción de la carne" significa la muerte del miembro errante de la iglesia de Corinto o alguna severa aflicción corporal
(comp. 2Cor. 12:7; Job 2:4–7). Para la creencia de que los cristianos podría morir prematuramente por pecados graves ver 1 Cor. 11:30; Stg. 5:20; 1Juan 5:16–17.

17. F. J. Foakes-Jackson, *The Acts of the Apostles*, MNTC (London, 1931), p. 42.

8 *Pedro le dijo[18] "Dime, ¿vendisteis la tierra por este precio?" "Sí," dijo ella, "por ese precio".*

9 *Luego Pedro le contestó, "¿Qué os hizo estar de acuerdo en tentar al Espíritu del Señor? Mira, los pies de los que están enterrando a tu marido en la puerta; ellos te sacaran a ti también"*

10 *Inmediatamente cayó a sus pies y se murió.[19] Los hombres jóvenes vinieron y la encontraron muerta, la sacaron,[20] y la enterraron con su marido.*

11 *Un gran temor cayó sobre toda la iglesia y sobre todos los que lo oyeron.*

5:7-10 La muerte de Ananías puede haber sido como un susto para Pedro, pero las siguientes tres horas le dieron tiempo para considerar la tragedia y reconocer en ella el juicio divino contra el intento de engañar a la iglesia, y engañar al Espíritu de la iglesia. Cuando Safira entró, él le preguntó sencillamente si ella y su marido habían vendido la tierra por la suma que le había sido entregada. Ella tuvo así una oportunidad de decir la verdad, pero cuando ella lo afirmó y repitió la mentira de su marido, Pedro no dudó que ella compartiría el mismo destino que su marido, y así se lo dijo. En este momento Pedro no había tenido mucha experiencia en el ministerio pastoral; de otro modo, probablemente le hubiera dicho la noticia de la muerte de Ananías antes de preguntarle, y el resultado podría haber sido más feliz. Como fue, ambos el marido y la esposa habían sido descubiertos en un plan deliberadamente concebido para ver hasta dónde podían llegar presumiendo de su renuncia al Espíritu de Dios (que es lo que significa "tentarlo"); y habrían llegado lejos.[21] La convicción de complicidad en esta culpa, junto con el áspero y repentino anuncio de la muerte de su marido, fue demasiado para Safira: ella a su vez cayó muerta y se la llevaron y la enterraron.

5:11 No tiene sentido preguntarse si Ananías y Safira eran genuinamente creyentes o no, porque no hay medio de responder a esa pregunta. Por una parte, ellos no se comportaron como si fueran genuinamente creyentes; por otra parte, no puede decirse con seguridad que no lo eran, a menos que uno esté dispuesto a decir que cualquiera que comete un acto de engaño no puede ser un creyente

---

18. Lit., "Pedro le respondió (ἀπεκρίθη) a ella"; pero ella no había hablado. Aquí, como en algunos otros lugares del NT y la LXX, ἀποκρίνομαι significa simplemente "dirigirse a".

19. Gr. ἐξέψυξεν (como en v. 5 arriba); se utiliza otra vez en 12:23 para la muerte de Herodes Agripa I, y nunca más en el NT. En la LXX ἐκψύχω se utiliza para la muerte de Sísara en Jue. 4:21 (recensión A) y en Ezeq. 21:12 (MT 7) del "desmayo" de todos los que oyeron de la destrucción en Jerusalén.

20. Cod. D y la Syriac Peshitta (probablemente preservando la lectura Occidental) tiene "la envolvieron y se la llevaron" (comp. v. 6).

21. Para la idea comp. Ex. 17:2, "¿Por qué has probado al SEÑOR? Y Deut. 6:16, "No probarás al SEÑOR tu Dios" (citado por nuestro Señor en las tentaciones del desierto, Mat. 4:7 par. Luc. 4:12).

genuino. El temor que sobrecogió a toda la comunidad sugiere que muchos miembros de ella (como muchos Israelitas cuando Acán fue expuesto) tenía razones para temblar y pensar, "Allí, excepto por la gracia de Dios, voy yo". La mejor respuesta a preguntas de esta índole es la provista por la doble inscripción en la divina piedra de la fundación: "El Señor conoce a los que son suyos" y "Apártese de toda iniquidad todo aquel que invoque el nombre del Señor" (2 Tim. 2:19).

En el verso 11 la palabra "iglesia" (Gr. *ekklēsia*) ocurre por primera vez en el auténtico texto de Hechos.[22] La palabra griega tiene un trasfondo común para ambos, gentiles y judíos. En su trasfondo gentil denota principalmente a la asamblea ciudadana de una ciudad griega (comp. Hechos 19:32, 39, 41), pero el término hebreo subraya el uso que denota la comunidad de creyentes en Jesús. En la Septuaginta es una de las palabras utilizadas para referirse al pueblo de Israel en su carácter religioso como "asamblea" de Yahweh.

Es una pena que en muchas versión inglesas del Nuevo Testamento se traduzca el termino ("iglesia") el cual está ausente en el Antiguo Testamento. Los lectores de la Biblia griega podrán trazar sus propias conclusiones del uso de *ekklēsia* en el Antiguo y Nuevo Testamento por igual. Lo mismo podrán hacer los lectores de la traducción inglesa de William Tyndale cuando encuentren la palabra "congregación" en ambos Testamentos.[23]

E. LOS APÓSTOLES DELANTE DEL SANEDRÍN (5:12-42)

1. Señales y prodigios (5:12-16)

12 *Muchas señales y prodigios se llevaron a cabo a través de los apóstoles entre la gente. Se reunían en el Pórtico de Salomón.*

---

22. Ver n. 111, para esta ocurrencia del texto Occidental de 2:47.

23. En Deuteronomio y los siguientes libros del Antiguo Testamento, excepto Jeremías y Ezequiel, ἐκκλησία es la traducción habitual en la LXX del Heb. *qāhāl*, "asamblea"; en los primeros cuatro libros del Antiguo Testamento, como en Jeremías y Ezequiel, *qāhāl* es habitualmente representado en la LXX como συναγωγή, que es también utilizado a través de la LXX como la traducción de *'ēḏāh*, "congregación". El equivalente Arameo de *'ēḏāh*, y ocasionalmente de *qāhāl*, era *kᵉništā'*, los cuales pueden estar detrás de los dichos dominicales de Mat. 16:18 y 18:17 y fue posiblemente el término por el que el grupo de los discípulos de Jesús era conocido en Jerusalén (los *kᵉništā'* de los Nazarenos). A su debido tiempo ἐκκλησία vino a ser el término especializado para las reuniones cristianas y συναγωγή para los encuentros judíos. La cristiana ἐκκλησία era ambos, nueva y antigua—nueva, por su relación y testimonio acerca de Jesús como Señor y la época de su muerte y exaltación junto con la venida del Espíritu; antigua, como la continuación de la "congregación del SEÑOR" la cual había sido formalmente confinada a los límites de una nación, pero que ahora, habiendo muerto y resucitado con Cristo, estaba abierta a todos los creyentes sin distinción. Ver F. J. A. Hort, *The Christian Ecclesia* (London, 1897); K. L. Schmidt *TDNT 3*, pp. 501-36 (s.v. ἐκκλησία); G. Johnston, *The Doctrine of the Church in the New Testament* (Cambridge, 1943); O. Cullmann, *The Early Church*, E.T. (London, 1956); E. Schweizer, *Church Order in the New Testament*, E.T. (London, 1961); H. Küng, *The Structures of the Church*, E.T. (London, 1965).

Señales y prodigios (5:12-16)

13 *y ninguno de los otros[24] se atrevía a juntarse con ellos; pero la gente los tenía en gran estima.[25]*

14 *Más y más creían en el Señor y se añadían al número, multitud de ambos, hombres y mujeres.*

15 *así que la gente sacaba a los enfermos a las plazas[26] y los acostaban en lechos y camillas, para que al pasar Pedro su sombra cayera sobre alguno de ellos.[27]*

16 *También vino una multitud de los pueblos de alrededor de Jerusalén, trayendo enfermos y gente atormentada por demonios, y todos eran sanados.*

5:12-16 Este párrafo es un resumen más como el que ya se ha visto en 2:43-47 y 4:32-35. Provee una transición al incidente registrado en los versos 17-42.

Uno podría preguntarse cómo la frase "ninguno de los otros se atrevía a juntarse con ellos" puede cuadrar con el informe de que "más y más" eran añadidos a la comunidad; Podría ser que la muerte de Ananías y Safira asustó a todos, excepto a los totalmente comprometidos. Otra vez, se nos dice que muchos "milagros y prodigios" se llevaban a cabo a través de la agencia de los apóstoles; la atmósfera general es como aquella de los primeros días del ministerio de nuestro Señor en Galilea (Marc. 1:32-34 par. Lu. 4:40-41). La sombra de Pedro era tan eficaz como un medio de poder sanador como el borde del manto del Maestro había sido (Marc. 6:56). No es de extrañar que la gente común contara las alabanzas de los apóstoles y que el número de creyentes se incrementara. Incluso de los pueblos y aldeas de Judea la gente se encaminó a la capital con sus enfermos, con la esperanza de beneficiarse del ministerio sanador de los apóstoles. La reputación de Pedro evidentemente permaneció elevada en ese aspecto.

---

24. Por la dificultad en reconciliar el v. 13a con v. 14a, han sido hechos intentos de enmendar "de los otros" (τῶν ... λοιπῶν) o "juntar" (κολλᾶσθαι) o ambos. A. Hilgenfeld enmendó λοιπῶν a Λευιτῶν ("Levitas"). A. Pallis adoptó esta enmienda y también enmendó κολλᾶσθαι αὐτοῖς a κωλῦσαι αὐτούς ("impedir"): "Y ninguno de los Levitas se atrevía a impedirles" (que tuvieran reuniones en el recinto del templo). F. Blass sugirió que κολλᾶσθαι αὐτοῖς podría ser traducido "entrometerse con ellos"; desgraciadamente no se ha encontrado evidencia convincente para el uso de κολλᾶσθαι en este sentido. M. Dibelius enmendó τῶν δὲ λοιπῶν ("pero de los otros") a τῶν ἀρχόντων ("de los gobernantes"). C. C. Torrey intenta resolver el problema con una referencia a un sustrato Arameo poco convincente (*Composition and Date of Acts* [Cambridge, Mass., 1916], pp. 31-32; *Documents of the Primitive Church* [New York, 1941], p. 96); además, es improbable que un párrafo que resume como este 5:12-16 pudiera tener una fuente Aramea. Ninguna enmienda es necesaria; ver exposición arriba.

25. P^{45} omite "pero el pueblo los tenía en gran estima".

26. Gr. εἰς τὰς πλατείας, lit., "en las plazas". En el pasaje de Marc 6:56 (sin paralelo en Lucas) tiene ἐν ταῖς ἀγοραῖς ("en la plaza del mercado").

27. El texto Occidental añade "y ellos fueron liberados de las enfermedades que cada uno de ellos tenía".

2. Los Apóstoles encarcelados y liberados (5:17-21a)

17 *Ahora el sumo sacerdote y todos sus colegas, del partido de los Saduceos como se llamaba entonces, decidieron actuar. Estaban totalmente indignados.*
18 *así que arrestaron a los apóstoles y los pusieron bajo custodia oficial.*[28]
19 *Pero el ángel del Señor abrió las puertas de la prisión por la noche y los sacó de allí.*
20 *"Id," les dijo, "permaneced en el templo y decidle a la gente todas las palabras de esta Vida".*
21a*Al oír esto, entraron en el templo al amanecer y procedieron a enseñar.*

5:17-18 Se ha considerado que este incidente es un duplicado del informe del arresto de Pedro y Juan y su interrogatorio delante del Sanedrín dado en el capítulo anterior (4:1–22), derivado de una fuente paralela. Si es así o no, Lucas claramente presenta este incidente como una secuencia del anterior. En este momento todos los apóstoles están involucrados, no solamente dos, y en vez de ser despedidos meramente con una advertencia, son castigados por desobedecer la orden de la corte impuesta en el juicio anterior. Pedro y Juan advirtieron que ellos desestimarían esa orden (que les prohibía hablar o enseñar nada a cerca del nombre de Jesús). Ellos y sus colegas continuaron su actividad de predicar, junto con su ministerio de sanidad, el cual reproduce en una escala más amplia la cura milagrosa que les había llevado a su primera comparecencia ante el Sanedrín. Ahora las autoridades del templo, a instancias del jefe del grupo de los sacerdotes (quienes pertenecían, como se nos ha dicho ya, al partido de los Saduceos), arrestaron a toda la banda de los apóstoles—presumiblemente mientras estaban predicando en el pórtico de Salomón—y los tuvieron encerrados toda la noche. Al día siguiente, se propuso que se tomaran medidas más drásticas contra ellos de las que se habían tomado en la ocasión anterior.

5:19-21a Pero cuando amaneció al día siguiente, y se convocó una reunión con el Sanedrín para tratar con los apóstoles, los apóstoles no pudieron ser encontrados. Las puertas de la prisión estaban cerradas, los miembros del cuerpo de policía del templo estaban haciendo guardia en sus puestos, pero los prisioneros se habían ido. En la literatura clásica podemos trazar una "forma" en la que era costumbre describir una inexplicable escapada de prisión,[29] y elementos de esta "forma" han sido detectados aquí; pero tal forma de criticismo tiene muy poco que decir acerca de la historicidad del hecho que es narrado.

Lucas atribuye la escapada de los apóstoles a la agencia divina. Fue "el ángel del Señor" (o "un ángel del Señor"), dice él, el que abrió las puertas de la prisión

---

28. El texto Occidental añade "y cada uno de ellos se fue a su propia casa" (comp. Juan 7:53).

29. Comp. 12:6–10 (pp. 236–38 con nn. 15–21); 16:25–26 (n. 67). Ver R. Reitzenstein, *Die hellenistischen Wundererzählungen* (Leipzig, 1906), pp. 120–22.

por la noche y los liberó. Es una locución sacada del Antiguo Testamento, donde "el ángel del Señor" es una extensión de la personalidad divina—el mismo Yahweh en su manifestación a los seres humanos. Incluso si este es apenas el sentido en el cual Lucas utiliza dicha expresión, él quiere decir que la mano de Dios estaba trabajando en la liberación de los apóstoles.[30] Él no dice si el agente fue un ser sobrenatural o un mensajero humano de parte de Dios;[31] no nos da tales detalles como nos da más tarde de la escapada de Pedro cuando fue hecho prisionero por Herodes Agripa (12:6–10). Pero quienquiera que el "mensajero" pueda haber sido en esta ocasión, tenía voz, porque cuando sacó a los apóstoles de la prisión, les dijo que continuaran proclamando en el templo "todas las palabras de esta vida"—un término apto para el mensaje de salvación.[32]

3. Los Apóstoles son traídos ante el Sanedrín (5:21b-26)

> 21b *El sumo sacerdote y sus colegas llegaron y[33] convocaron al Sanedrín—a todo el senado del pueblo de Israel—y enviaron a la prisión para que trajeran a los apóstoles.*
> 22 *Cuando los oficiales llegaron,[34] no los encontraron allí, así que regresaron y dieron su informe:*
> 23 *"Encontramos la prisión cerrada con todas las medidas de seguridad, y a los guardias delante de las puertas, pero cuando las abrimos, no encontramos a nadie dentro".*
> 24 *Cuando el capitán del templo y el jefe de los sacerdotes escucharon esto, se quedaron perplejos, preguntándose en qué terminaría aquello.*
> 25 *Luego llegó uno y les informó: "Mirad, los hombres que encarcelasteis están en el templo y están enseñando a la gente".*
> 26 *Entonces el capitán del templo salió con los oficiales y los trajo, sin usar la fuerza, porque tenían miedo de ser apedreados.*

5:21b-24 Cuando el Sanedrín se reunió temprano por la mañana, sus líderes estaban naturalmente perturbados al enterarse de que no habían encontrado a los prisioneros. El capitán del templo y sus oficiales estaban aún más perturbados, porque ellos eran los responsables de mantener en custodia a los prisioneros.

5:25 Sin embargo, si los prisioneros habían escapado, no se habían ido muy lejos. Mientras el Sanedrín estaba aún reunido, un mensajero vino y

---

30. Comp. 7:30 (n. 50); también 27:23 (n. 70).
31. Gr. ἄγγελος, como Heb. mal'āk, significa simplemente "mensajero," pero las palabras más comúnmente utilizada en el Antiguo Testamento y el Nuevo Testamento son para designar al mensajero espiritual de Dios.
32. Ver en 3:15, n. 30, para la cercana relación entre ζωή y σωτηρία. La presente expresión es casi idéntica a "la palabra de esta salvación" 13:26 (en la Peshita Siriaca la misma palabra ḥaye, "vida," traduce σωτηρία como traduce ζωή aquí).
33. El Texto Occidental añade "habiéndose levantado temprano".
34. El Texto Occidental añade "habiendo abierto la prisión".

les contó a las autoridades que los apóstoles estaban en el templo, enseñando a la gente como antes. Las autoridades llegaron a la inquietante conclusión de que los apóstoles tenían incluso más apoyo de lo que ellos habían imaginado: tenían simpatizantes, aparentemente, entre los policías del templo, si no incluso entre los propios miembros del mismo sanedrín. ¿Cómo, si no, podían haber sido liberados de prisión de manera tan discreta? ¿Cómo iba a acabar todo aquello?

5:26 El capitán del templo, al escuchar que los apóstoles todavía estaban bajo su jurisdicción, fue con sus tenientes[35] y los persuadió para que lo acompañaran al concilio. No se utilizó la fuerza, pero tampoco se ofreció resistencia alguna. ¿Habían sido los apóstoles mentalizados para permanecer en esa actitud? Podían haber sido liberados con el apoyo de la multitud que los escuchaba y los oficiales del templo hubieran tenido que enfrentar un situación incómoda; gracias a la moderación de los apóstoles, no hubo quebrantamiento de la paz.

4. Los cargos del Sumo Sacerdote y la respuesta de los Apóstoles (5:27-32)

> 27 *Cuando los trajeron, los pusieron delante del Sanedrín. Luego el sumo sacerdote[36] les preguntó:*
>
> 28 *"¿No os dimos órdenes estrictas de que no fuerais enseñando en este nombre? Pero mirad, habéis llenado Jerusalén con vuestras enseñanzas, y queréis hacernos responsables de la sangre de este hombre".*
>
> 29 *Luego Pedro y los (otros) apóstoles respondieron, "Debemos obedecer a Dios antes que a los seres humanos.[37]*
>
> 30 *El Dios de nuestros padres levantó a Jesús, pero vosotros lo matasteis, colgándolo de un madero.*
>
> 31 *Es a él a quien Dios ha exaltado con su mano derecha como Príncipe y Salvador, para dar a Israel arrepentimiento y perdón de pecados.*
>
> 32 *Nosotros somos testigos de estas cosas, y así también el Espíritu Santo, a quien Dios ha dado a aquellos que le obedecen".*

5:27-28 Cuando los apóstoles fueron traídos y estaban delante del Sanedrín, el sumo sacerdote, como presidente de la corte, les recordó la advertencia anterior, y protestó contra ellos por la forma en la que la habían ignorado, continuando con la enseñanza en el recinto del templo y a través de la ciudad. Al parecer, dijo él, estaban intentando colocar la muerte de Jesús sobre él y sus colegas del concilio.

---

35. Gr. ὑπηρέται, uso similar de la policía del templo en Juan 7:32, 45, 46; 18:3, 12.

36. Cod. D tiene ἱερεύς ("sacerdote") para ἀρχιερεύς ("sumo sacerdote"). El Códice Latino Africano h (el cual muestra un texto Occidental) tiene *praetor*, el cual probablemente representa una lectura Griega στρατηγός (ej., capitán del templo).

37. El Texto Occidental parafrasea el v. 29 más gráficamente: "Pero Pedro le dijo, '¿Quién debería ser obedecido? ¿Dios o los seres humanos?' Y él dijo, 'Dios.' Y Pedro le dijo, 'El Dios de nuestros padres. ... '"

Los cargos del Sumo Sacerdote y la respuesta de los Apóstoles (5:27-32)

Quizá la alusión a Jesús como "este hombre" es un ejemplo temprano de la curiosa renuencia en la tradición judía a pronunciar el nombre de Jesús.[38] (Uno podría, por supuesto, referirse a una curiosa renuencia cristiana a pronunciar su nombre, aunque por una razón diferente.)

5:29-31 Las palabras "Pedro y los apóstoles" sin duda implican que Pedro hizo la réplica en nombre de todo el grupo, como había hecho cuando se dirigió a la multitud el día de Pentecostés (2:14). Su réplica ahora es simplemente una repetición de la proclamación apostólica, enfatizando una vez más el contraste entre lo que los gobernantes del pueblo hicieron a Jesús y lo que Dios le hizo. "El Dios de nuestros padres levantó a Jesús" (v.30) se refiere probablemente a la inauguración del ministerio de Jesús: como Dios había una vez levantado a David para ser rey (13:22),[39] así Él había, más recientemente, levantado a Jesús para ser su Mesías (comp. 3:26). Los gobernantes, sin embargo, habían procurado su muerte. Fueron los romanos quienes lo crucificaron, pero las principales autoridades sacerdotales fueron los responsables de entregárselo. El tipo de muerte fue a la manera de lo que la sagrada ley de Israel declaraba como maldita: "el colgado es maldito de Dios" (Deut. 21:23),[40]. Sus enemigos, en otras palabras, han infligido en él la mayor de las desgracias. Pero la poderosa fuerza de Dios[41] lo ha exaltado; Dios le ha otorgado el mayor de los honores, invistiéndolo con la autoridad de un Príncipe[42] y Salvador, para bendecir a su pueblo con la gracia del arrepentimiento y el don del perdón. Con semejante proclamación confiada a ellos, los apóstoles no podían hacer otra cosa que insistir, como habían hecho antes, en que ellos debían obedecer a Dios antes que a las cortes terrenales.[43] La autoridad del sanedrín era grande, pero más grande todavía era la autoridad del que los había comisionado para dar a conocer estas buenas noticias.

---

38. Comp. J. Jocz, *The Jewish People and Jesus Christ* (London, 1949), p. 111.

39. El verbo aquí y en 13:22 es ἐγείρω.

40. La frase κρεμάσαντες ἐπὶ ξύλου ocurre otra vez en 10:39; la cruz de Jesús es similarmente llamada madero (ξύλον, "madera") in 13:29; 1 Pe. 2:24. Este uso de ξύλον va hacia atrás en la LXX hasta el Heb. ʿēṣ, el cual denota a ambos, un árbol y la estaca o palo sobre el que el cuerpo de los criminales era ejecutado, era colgado

(como en Deut. 21:22–23). Para el registro de Pablo de la paradoja de que el único divino bendito debía nada menos que morir bajo la maldición divina ver Gal. 3:10–14. Ver M. Wilcox, " 'Upon the Tree'—Deut. 21:22–23 in the New Testament," JBL 96 (1977), pp. 85–99; J. A. Fitzmyer, "Crucifixion in Ancient Palestine, Qumran Literature, and the New Testament," CBQ 40 (1978), pp. 493–513. Otra forma penal de ξύλον ("cepos") aparece en 16:24.

41. Lit., su mano derecha, como en 2:33.

42. Gr. ἀρχηγός, como en 3:15 (ver n. 30).

43. La réplica de Pedro en v. 29 es mas sucinta que el paralelo en 4:19, e incluso más cercana al paralelo socrático citado *ad loc.* (comp. n. 33).

5:32 Porque ellos eran no solamente heraldos de las buenas noticias, sino también testigos, y no simples testigos por iniciativa propia, sino testigos bajo la dirección del testigo divino, el Espíritu Santo, impartido por Dios a aquellos que le obedecen. Con estas palabras debemos marcar la conciencia de la primitiva comunidad de ser morada y posesión del Espíritu hasta el punto de que ellos eran su órgano de expresión. También debemos marcarla por su notable similitud con el pasaje del Consolador en el Cuarto Evangelio: "Cuando el Consolador venga" dice Jesús a sus discípulos en el aposento alto, "a quien yo enviaré a vosotros del Padre, él dará testimonio de mi; y vosotros también seréis testigos, porque habéis estado conmigo desde el principio" (Juan 15:26–27).[44]

5. La decisión de la Corte (5:33-40)

33 *Cuando oyeron esto, se sintieron profundamente ofendidos y querían matarlos.*
34 *Pero uno de los Fariseos se puso de pie en el Sanedrín, Gamaliel de nombre. Era un doctor de la ley, profundamente respetado por todos. Pidió que sacaran a los hombres un momento.*
35 *y les dijo a sus colegas,*[45] *"Hombres de Israel, tened cuidado con lo que vais a hacer con estos hombres.*
36 *Hace algún tiempo Teudas se levantó, clamando ser alguien,*[46] *y alrededor de unos cuatrocientos hombres le siguieron. Pero fue asesinado,*[47] *y todos aquellos que habían sido persuadidos por él fueron dispersados y reducidos a nada.*
37 *Después de él se levantó Judas el Galileo en la época del censo, y se llevó a muchos tras él. Él también fue destruido, y todos*[48] *aquellos a los que él había persuadido fueron dispersados.*
38 *Y ahora os digo: no interfiráis con estos hombres: dejadlos en paz.*[49] *Si esta idea o actividad es meramente de origen humano, será destruida;*
39 *pero si viene de Dios, no seréis capaces de vencerlos.*[50] *Podéis incluso encontraros luchando contra Dios". Fueron convencidos por él*
40 *y, llamando a los apóstoles, los azotaron y les ordenaron que no hablaran en el nombre de Jesús. Después los despidieron.*

---

44. Ver W. F. Lofthouse, "The Holy Spirit in the Acts and the Fourth Gospel," ExT 52 (1940–41), pp. 334–36.

45. Lit., "él les dijo" (Cod. D amplia "ellos" a "los gobernantes y a quienes se sientan con ellos").

46. El Texto Occidental tiene "alguien grande" (probablemente desde 8:9).

47. Cod. D lee "fue destruido por su propio acto" (κατελύθη αὐτὸς δι' αὐτοῦ para ἀνηρέθη).

48. P^{45} y D omite "todo".

49. D añade "no manchando vuestras manos".

50. El Texto Occidental añade "ni tú, ni reyes, ni tiranos. Abstente, por tanto, de estos hombres".

La decisión de la Corte (5:33-40)

5:33 Los líderes Saduceos del sanedrín estaban tan ofendidos por la desobediencia a sus órdenes que consideraron sentenciar a muerte a los apóstoles (por apedreamiento, presumiblemente). Pero no podían tomar tal decisión sin el apoyo de los miembros Fariseos del concilio.[51] Los Fariseos estaban en minoría, pero contaban con el respeto del público mucho más que los saduceos, tanto es así que los miembros saduceos del concilio consideraban improcedente oponerse a las demandas de los Fariseos.[52] Esto era particularmente importante en un caso como el presente, en el que los demandados disfrutaban de la buena voluntad del pueblo.

5:34 Estaba presente en esta reunión del sanedrín un líder fariseo excepcionalmente eminente, Gamaliel el Viejo, el más grande de los maestros de su día. De acuerdo con la posterior tradición era discípulo de Hillel, a quien sucedió como principal de su escuela. Pero las tradiciones más antiguas, que reflejan alguna memoria directa de Gamaliel y de sus enseñanzas, no lo asocian a él con la escuela de Hillel; hablan más bien de otros como pertenecientes a la escuela de Gamaliel, como si hubiera fundado una escuela él mismo.[53] De acuerdo con Hechos 22:3, Pablo de Tarso fue uno de sus discípulos. Fue recordado por las

---

51. La palabra "fariseos" (Φαρισαῖοι) es más claramente derivada del Aram. pᵉrîšayyāʾ, Heb. pᵉrûšîm "los separados". Este nombre puede indicar ambos, su tendencia general a mantenerse separados del contacto con aquellos que no respetaban cuidadosamente la pureza ceremonial y, en particular, su retirada de la asociación con los Hasmoneos durante el reinado de Juan Hircano I (134-104ª.C.). Ellos eran los herederos espirituales de ḥᵃsîdîm(los Hasedines, Ἀσιδαῖοι, de 1 Macc. 2:42; 7:13; 2 Mac. 14:6), los miembros píos de la comunidad quienes en tiempos helenísticos se daban a sí mismos al estudio, exposición y práctica de la ley escrita y oral y se oponían a las tendencias helenísticas populares. Cuando Antíoco IV intentó abolir la religión judía, los ḥᵃsîdîm apoyaron a los Hasmoneos, los líderes de la resistencia armada, pero les retiraron su apoyo cuando los Hasmoneos iban a establecer su supremacía política y militar, reservándose para ellos mismos, en exclusiva, el sumo sacerdocio. Los Fariseos estuvieron en la oposición al partido que gobernaba desde los tiempos de Juan Hircano hasta la ascensión de la Reina Salomé Alejandra (76-67 a.C.); bajo su mando tuvieron una posición de gran influencia. En el siglo primero d.C. se estima que eran unos 6.000 fuertes, organizados en "compañías" o "asociaciones" muy unidas (Heb. ḥbûrôṯ). Tuvieron una gran influencia religiosa entre la gente, la mayoría de los escribas (comp. 4:5; 6:12; 23:9), los expositores públicos de la ley, pertenecían a este partido. Sus dos escuelas principales en los tiempos del Nuevo Testamento fueron aquellas de Hillel y Shammai, con líderes rabinos que florecieron en la última parte del reinado de Herodes. Después de la caída de Jerusalén y el fin del orden del templo en el año 70 d.C. fueron los Fariseos, y más particularmente sus herederos de la escuela de Hillel, quienes probaron ser los más capaces de sobrevivir al desastre y preservar la continuidad de la vida nacional. Para algunas de sus distintivas creencias ver 23:6–8 (pp. 428–30, nn. 21–23). Ver L. Finkelstein, *The Pharisees* (Philadelphia, 1946); A. Finkel, *The Pharisees and the Teacher of Nazareth* (Leiden, 1946); J. Neusner, *The Rabbinical Traditions about the Pharisees before 70*, I-III (Leiden, 1971); J. Bowker, *Jesus and the Pharisees* (Cambridge, 1973); E. Rivkin, *A Hidden Revolution* (Nashville, 1978); Schürer II, pp. 388–403. Tenemos registros contemporáneos de los Fariseos desde Josefo, que clamaba ser uno de ellos (*BJ* 2 162–63; *Ant.* 18.12–15).

52. Josefo, *Ant.* 18.17.

53. J. Neusner, The Rabbinical Traditions about the Pharisees before 70, 1, pp.341–76.

generaciones posteriores como la encarnación del fariseísmo puro. "Cuando el Rabí Gamaliel el viejo murió," se decía, "la gloria de la Torah cesó, y su pureza y 'separación' ha muerto".[54] Él se levanta ahora en el concilio y advierte que los apóstoles debían ser conducidos fuera de la cámara del concilio para que pudiera hablarles libremente a sus colegas.

5:35-36 Gamaliel les advirtió que no hicieran nada temerario. Su consejo consistió en lo "que sonaba a enseñanzas farisaicas; Dios está sobre todo, y no necesita ayuda de los hombres para cumplir Su propósito; todo lo que los hombres deben hacer es obedecer, y dejarle el asunto a Él".[55] Similar sentimiento al de Gamaliel fue expresado en el dicho del siglo II por el rabí Yohanan, el fabricante de sandalias: "Toda asamblea que está en nombre del cielo será finalmente establecida, pero aquella que no está en el nombre del cielo no será establecida".[56] Gamaliel hizo ese argumento, y lo ilustró recordando a sus oyentes otros movimientos de la época que durante un tiempo disfrutaron de apoyo considerable pero que fueron finalmente no establecidos, porque (evidentemente) ellos no eran "en el nombre del cielo".

Primero, les recordó al insurgente llamado Teudas, que hizo grandes reclamaciones para él mismo, consiguiendo un seguimiento de cuatrocientos hombres, pero no consiguió nada sino su propia destrucción y la dispersión de sus seguidores. No tenemos más información a cerca de Teudas, pero ya que se dice que floreció antes del levantamiento de Judas el Galileo (año 6 d.C.), puede haber sido uno de los muchos líderes insurgentes quienes se levantaron en Palestina después de la muerte de Herodes el Grande (año 4 a.C.)[57]

---

54. Mishnah, Sôṭāh 9.15. Rabbān ("nuestro maestro") fue un término Arameo aplicado como título honorífico para ciertos distinguidos maestros, recalcándolos sobre aquellos que recibieron el título más común *rabbí* ("mi maestro"). La palabra traducida "separación" (o "abstinencia") es p^{e}rîšût, de la misma raíz que la palabra "fariseo"; que denota la suma total de las virtudes farisaicas. A Gamaliel (quien tiende a ser confundido con la tradición más tardía de Gamaliel II 100 d.C.) se le atribuye haber introducido ciertas reformas en las regulaciones del divorcio y segundas nupcias, "como una precaución para el bien general" (Mishná, Giṭṭin 4.2–3; Y^{e}ḇāmôṯ 16.7).

55. J. A. Findlay, *The Acts of the Apostles* (London, 1936), p.85.

56. Pirqê' Aḇôṯ 4.14

57. Según Josefo (*Ant.* 20.97–98) un mago llamado Teudas guió una gran compañía al Jordán prometiéndoles que a su voz de mando se dividiría, de manera que podrían cruzarlo a pie. El procurador Cuspio Fado (44-46 d.C.) envió un cuerpo de jinetes contra ellos; ellos dispersaron a la multitud y llevaron la cabeza de Teudas a Jerusalén. Este evento, sin embargo, debe haber tenido lugar varios años después del incidente que está ahora siendo descrito en Lucas. Aún así, el Teudas de Lucas ha sido identificado con el Teudas de Josefo por alguien que encontró a Lucas culpable de una doble pifia: (a) haciendo Gamaliel referencia a un levantamiento que tuvo lugar bastante después de su pretendidamente presente discurso hubiera tenido lugar (porque la situación de Hechos 5 antecede en algunos años a la de Hechos 12, durante el reinado de Herodes Agripa sobre Judea, 41-44 d.C., y el Teudas de Josefo se levantó poco después de la muerte de

5:37 Después les recordó a Judas el Galileo. Cuando Judea fue reducida a la categoría de provincia de Roma en el año 6 d.C., después de la deposición de Arquelao, se estableció un censo bajo la dirección del legado de Siria, Publio Sulpicio Quirinio, para determinar a cuánto ascendería el tributo a pagar por la nueva provincia al erario imperial.[58] Judas, un hombre de Gamala, en Gaulanitis (Golan), inició una revuelta religiosa y nacionalista, contendiendo que era alta traición contra Dios, el verdadero rey de Israel, y contra su pueblo en su tierra, pagar tributo a un gobernante pagano.[59] La revuelta fue aplastada por Roma, pero el espíritu que la inspiró continúo vivo, y fortaleció al partido de los Zelotes que llevaría el liderazgo en la revuelta Judía del año 66 d.C.[60] El movimiento de Judas probó no ser tan ineficaz como Gamaliel había supuesto en principio.

5:38-39 Por tanto, dijo Gamaliel, no toméis medidas hostiles hacia estos hombres. Si su movimiento no es de Dios, al final desaparecerá; por otra parte, si después de todo demostrara ser de Dios, vosotros podríais, sin querer, encontraros luchando contra Él.[61] Hay mucho sentido común en esta posición, con cierto tipo de hombres—y movimientos—con seguridad se puede confiar que se ahorcarán si se les da suficiente cuerda; pero la política de contemporización de Gamaliel

---

Herodes Agripa; (b) haciendo que el evento del año 44 tuviera lugar antes del levantamiento bajo Judas de Galilea, lo cual está firmemente datado en el año 6 ó 7 d.C. El doble error se explica con la suposición de que Lucas leyó mal a Josefo, quien sigue diciendo, después del informe del mago Teudas, menciona a los hijos de Judas (M. Krenkel, *Josephus und Lucas* [Leipzig, 1894], pp. 162–74). Pero los argumentos para el conocimiento de Lucas de las Antigüedades de Josefo son poco convincentes, y nos llevan a la conclusión de que Lucas mal interpretó a Josefo cada vez que lo consultó. "O Lucas no leyó a Josefo, o olvidó todo lo que había leído" (E. Schürer, *"Lucas und Josephus,"* ZWT 19 [1876], p. 582).

58. Josefo, *Ant* 17.355. El censo judío era evidentemente parte de un censo más amplio llevado a cabo por Quirinio a través de la provincia Siria-Cilicia (que gobernó 6-7 d.C.). Aparentemente oficiales bajo su mando recibieron la orden de supervisar el censo en varias partes de la provincia: La inscripción funeraria de uno de ellos Q. Aemilius Secundus (*CIL* 3.6687, la "lapida Veneciana") nos cuenta como lo supervisó en Apamea de Orontes, y en Judea fue probablemente supervisado por Coponio, a quien Augusto envió a Judea como primera prefectura (*BJ* 2.117). Sobre la relación de este censo con el de Lucas 2:2, también relacionado con el nombre de Quirinio como gobernador de Siria, ver I. H. Marshall, *The Gospel of Luke* (Grand Rapids/Éxeter, 1978), pp. 96–104.

59. Ver Josefo, *BJ* 2.118, 433; 7.253; *Ant.* 18.4–10, 23–25; 20.102.

60. Ver pp. 40–41, con nn. 48–51 (en 1:13).

61. Comp. Súplica de Nicodemo ante Pilatos a favor de Jesús en el apócrifo de *Hechos de Pilatos 5:1* "Déjalo y no planees ningún mal contra él: Si las señales que él ha hecho son de Dios, permanecerán; pero si son de hombres, se convertirán en nada". (En el argumento de Nicodemo, que sin duda está moldeado como el argumento de Gamaliel aquí, las obras de los magos egipcios Jannes y Jambres sirven aquí al mismo propósito que el levantamiento de Teudas y Judas sirven al argumento de Gamaliel.)

no es siempre la más sabia a seguir, ya sea en la vida religiosa o en la vida política. Su pupilo Pablo de Tarso fue uno de pensamiento muy diferente.

5:40 Sin embargo, el consejo de Gamaliel prevaleció en esta ocasión. Probablemente, representaba el punto de vista de los fariseos como un todo. El consejo estuvo contento con infligir la pena menor de azotar a los apóstoles—ya sea con la historia completa de "cuarenta menos uno" o algo más indulgente que no se dice[62] —por desobedecer la orden previa, que es ahora reimpuesta: No deben hablar nada más en el nombre de Jesús.

6. Los Apóstoles continúan con su testimonio publico (5:41-42)

> 41 *Ellos, por su parte, abandonaron el Sanedrín con gozo, porque habían sido tenidos por dignos de sufrir afrenta por su Nombre.*
> 42 *Y cada día, en el templo y en los grupos de las casas,[63] continuaron sin cesar enseñando y contando las buenas nuevas del Mesías, Jesús.*

5:41-42 Los apóstoles no prestaron ninguna atención a la repetida prohibición de hablar en el nombre de Jesús más de lo que lo habían hecho la vez anterior. Tanto en los atrios del templo como en diferentes hogares, continuaron llevando el testimonio de Jesús, el Mesías de Israel. En cuanto a la azotaina que habían recibido, eso no los descorazonó; por el contrario, encontraron una causa de gozo al pensar que Dios los había tenido por dignos de soportar esta humillación por amor al nombre de Jesús.[64] Era, en efecto, insignificante comparado con la desgracia y angustia que Jesús había sufrido; pero, de momento, fue una participación en su sufrimiento, tal como él les había advertido que esperaran.[65]

---

62. El límite de cuarenta latigazos fue fijado en Deut. 25:3; para que no se sobrepasara inadvertidamente, el límite fue fijado en la práctica en treintainueve (comp. 2 Cor. 11:24). Los detalles sobre la imposición de los latigazos están descritos en Mishná, *MaKKôt* 3.10-14.

63. Gr. κατ'οἶκον, como en 2:46 (comp. κατ'οἶκους, 20:20).

64. El texto (v. 41) tiene simplemente "en su Nombre" (ὑπὲρ τοῦ ὀνόματος). Para los cristianos hay un nombre sobre todos los demás, el nombre de Jesús. Este uso absoluto de τὸ ὄνομα ocurre de nuevo en 3 Juan 1:7 y también en los escritos de los Padres Apostólicos.

65. Comp. Mat. 10:17-22; Marc. 13:9-13; Luc. 12:11-12; 21:12-19; Juan 15:18-25; 16:2-3.

HECHOS 6

II. PERSECUCIÓN Y EXPANSIÓN (6:1-9:31)
A. ESTEBAN (6:1-8:1A)
1. El nombramiento de los Siete (6:1-6)

1 *En ese tiempo,[1] como los discípulos[2] estaban creciendo en número, hubo voces de protesta de los helenistas contra los hebreos, porque sus viudas estaban siendo desatendidas en la distribución diaria.[3]*
2 *Entonces los Doce convocaron a todo el grupo de los discípulos y les dijeron: "No es deseable que abandonemos (el ministerio de) la Palabra para servir las mesas.*
3 *Así que, hermanos, buscad siete hombres de los vuestros,[4] hombres de buena reputación, llenos del Espíritu y sabiduría, a quien podamos encargar este trabajo.*
4 *Nosotros continuaremos con la oración y el ministerio de la Palabra".*
5 *Lo que ellos dijeron fue aprobado por toda la compañía, y eligieron a Esteban, hombre lleno de fe y del Espíritu Santo, a Felipe, a Prócoro, a Nicanor, a Timón, a Parmenas y Nicolás, un prosélito de Antioquía.*
6 *Trajeron a estos hombres delante de los apóstoles, quienes oraron y les impusieron las manos.*

El tiempo ha llegado para registrar un nuevo momento y avance en la vida de la comunidad. Este avance consiste en la evangelización a gran escala de los gentiles.

---

1. Lit., "en aquellos días" (ἐν...ταῖς ἡμέραις ταύταις), una fórmula que marca el principio de una nueva división del trabajo y aquí también el uso de una nueva fuente (helena), que registra el lanzamiento de la misión a los gentiles en Antioquía de Siria (11:19–26).

2. Esta es la primera vez que aparece en Hechos la palabra "discípulos" (μαθηταί) como designación a los seguidores de Jesús; se usa frecuentemente en Lucas y los otros Evangelios para designar a aquellos que acompañaron a Jesús durante su ministerio.

3. El Texto Occidental añade: "porque estaba siendo administrado por los hebreos" (ἐν τῇ διακονίᾳ τῶν Ἑβραίων).

4. La lectura Occidental es más completa: "¿Que hacemos entonces, hermanos? Buscad siete hombres de entre vosotros..."

Fueron los helenistass en la iglesia quienes llevaron la iniciativa en esta empresa, y como ellos no habían sido mencionados en el informe hasta ahora, Lucas los introduce en su informe diciendo algo acerca de ellos y de sus líderes.

6:1 La iglesia de Jerusalén, se nos dice ahora, comprendía ambos "hebreos" y "helenistas". La principal distinción entre los dos grupos era probablemente lingüística: los helenistas eran judíos cuyo lenguaje habitual era el griego y que asistían a sinagogas en las que se hablaba el griego; los hebreos hablaban arameo (o el hebreo de la Mishná) y asistían a sinagogas donde los servicios se celebraban en hebreo. Muchos de los helenistas tenían afinidades con las tierras de los judíos de la dispersión sobre las costas mediterráneas, mientras que los hebreos eran judíos palestinos; había sin duda, diferencias menores de carácter social y cultural entre los dos grupos.[5] En el mundo judío como un todo había tensiones entre ellos, y algunas de estas tensiones perduraron entre los miembros de los dos grupos que se habían unido a los "discípulos"[6] —como los seguidores de Jesús son llamados aquí por primera vez en Hechos.

Fue acerca de un tema práctico, y no sobre un asunto de importancia teológica, que el desacuerdo se convirtió en agudo. Al establecer las asignaciones diarias para los miembros pobres de la comunidad desde el fondo común, al cual los miembros más ricos habían contribuido con sus posesiones, empezaron a llegar quejas de que uno de esos grupos estaba siendo favorecido a expensas del otro. Las viudas, naturalmente, formaban una proporción considerable de miembros pobres de la iglesia, y las viudas helenas, se dijo, estaban en desventaja en comparación con las viudas hebreas, quizá porque la distribución de caridad estaba en manos de los "hebreos".

6:2-4 Los apóstoles—o "los Doce," como son llamados aquí[7] —sabiamente determinaron afrontar el problema enseguida. No era su prioridad supervisar la gestión financiera de la comunidad o tener una parte activa con los "limosneros" (como la versión inglesa Coverdale de 1535 los llama).[8] Por tanto,

---

5. En el término "helenistas" (Ἑλληνισταί) ver H. J. Cadbury, "The Hellenists," in *Beginnings* I.5 (London, 1933), pp. 59–74; C. F. D. Moule, "Once More, Who were the Hellenists?" *ExT* 70 (1958–59), pp. 100–102; M. Hengel, *Between Jesus and Paul*, E.T. (London, 1983), pp. 1–29; también H. Windisch, *TDNT 2*, pp. 511–12 (s.v. Ἕλλην); BAGD, s.v. Ἑλληνιστής.

6. Encontramos esta tensión pronto en el período helenista (comp. 1 Macc. 1:11–15), y persistió en el período romano; ver M. Hengel, *Judaism and Hellenism*, E.T. (London, 1974); *Jews, Greeks and Barbarians*, E.T. (London, 1980); I. H. Marshall, "Palestinian and Hellenistic Christianity," *NTS* 19 (1972–73), pp. 271–87.

7. Este término es utilizado para los apóstoles solo en Hechos (comp. "los Once" en 1:26; 2:14, donde uno de los Doce recibe una mención especial y el resto es mencionado de forma colectiva), aunque es bastante común su uso en Marcos y Lucas (comp. 1 Cor. 15:5).

8. Un anglicismo literal de Lutero *in der täglichen Handreichung*.

llamaron a toda la comunidad y acordaron seleccionar a siete hombres responsables para administrar las asignaciones de ayuda. Estos siete debían ser hombres de reputación honorable, para que su prohibición pudiera garantizar confianza absoluta; debían ser hombres sabios, competentes en la administración y también cualificados para lidiar sabiamente con una situación en la que la tan delicada susceptibilidad humana tenía que ser considerada; por encima de todo, debían ser hombres de Dios, llenos del Espíritu. Esto podría ser considerado como un requerimiento ideal para todos los nombramientos de la iglesia. Si tales hombres podían encontrarse para hacerse cargo de la distribución y ver que nunca más hubiera causas de quejas justificadas, los apóstoles quedarían libres para dedicar atención exclusiva a la dirección de los cultos regulares de la iglesia y a la predicación del Evangelio.

6:5 La sugerencia apostólica encontró la aprobación de todos, y siete hombres fueron seleccionados. Parece ser que los siete era Helenistas (esta conclusión no descansa meramente en el hecho de que todos ellos tenían nombres griegos); de hecho, eran probablemente los líderes helenístas reconocidos en la iglesia. Esteban encabeza la lista: él es más particularmente descrito como "un hombre lleno de fe y del Espíritu Santo"—una descripción cuya relevancia y significado aparecerá muy claramente en la historia a continuación. Felipe también juega una parte importante en la subsiguiente narrativa de Hechos.[9] Acerca de los otros cinco Lucas no dice nada más. Prócoro es representado en la tradición posterior como siendo un ayudante de Juan el evangelista, como obispo de Nicomedia, y como mártir en Antioquía.[10] Acerca de Nicolás, el último de los siete nombres, hay dos hechos interesantes que son mencionados: él no era siquiera judío de nacimiento, sino prosélito (un convertido al judaísmo del paganismo), y pertenecía a Antioquía – Antioquía de Orontes. Que el único de los siete que tiene su lugar de origen mencionado perteneciera a Antioquía puede ser una pista del interés especial de Lucas en esa ciudad (a la que, de acuerdo con la tradición él mismo pertenecía).[11] Tan pronto como en la época de Irineo (c. 180 d.C.), y posiblemente antes, este Nicolás fue tenido como el fundador del partido Nicolaíta, quien recibió una mención desfavorable en Apocalipsis 2:6, 15.[12] Los Nicolaítas

---

9. Ver 8:5–40; 21:8–9 (ver n. 10). En cuanto a la posibilidad de que él fuera uno de los informantes de Lucas para algunas secciones de su narrativa.

10. Bajo su nombre nos ha llegado un trabajo apócrifo del siglo XV llamado Los Hechos de Juan, un trabajo ortodoxo, que no debe ser confundido con la composición Gnóstica con el mismo título del siglo II.

11. J. Smith señala como un paralelo que de los ocho registros de la campaña de Napoleón en Rusia (tres de franceses, tres de ingleses y dos de escoceses) solamente los dos escoceses mencionan que el general ruso Barclay de Tolly era de origen escocés, (*The Voyage and Shipwreck of St. Paul* [London, 4 1880], p.4). Ver en 11:28; notas 33, 40.

12. Irineo, *Against Heresies* 1.23.1; cf. 3.11.7. Victorinus of Pettau (c. A.D. 300), en su antiguo comentario en latín al Apocalipsis, tiene un nota en Ap.2:6 "Antes de aquel tiempo, hom-

ciertamente derivan del nombre de algún Nicolás – si de este Nicolás o de otro debe permanecer incierto.

6:6 Fue la comunidad en pleno quien eligió a estos siete hombres y los presentó a los apóstoles para su aprobación; fueron los apóstoles quienes los instalaron en su oficio. Hicieron esto imponiendo sus manos sobre ellos, después de orar. La imposición de manos es mencionada en una variedad de contextos del Antiguo Testamento para el otorgamiento de una bendición (comp. Gen.48:13-20), para identificación expresa, como cuando el sacrificador imponía sus manos sobre la cabeza de la víctima sacrificial (Lev. 1:4; 3:2; 4:4; 16:21, etc.), para comisionar a un sucesor (comp. Num. 27:23), y así sucesivamente. De acuerdo con la Mishná, los miembros del Sanedrín eran admitidos con la imposición de manos.[13] En el ejemplo presente, la imposición de manos apostólica de los Doce está formalmente asociada al nombramiento de los Siete para cumplir con un deber especial. No lo hicieron, por supuesto, para impartir el don del Espíritu; los Siete ya estaban "llenos del Espíritu" (v.3).

Los Siete han sido convencionalmente llamados "diáconos"; en un número de tradiciones cristianas esta designación ha venido a ser utilizada de modo restrictivo para designar a aquellos responsables de los temas financieros de la iglesia. Mientras que el nombre Griego *diakonos* del cual se deriva la palabra "diacono" no es utilizado en este pasaje,[14] el sustantivo relacionado *diakonia* es utilizado (como también el verbo *diakoneō* "servir," en v. 2);[15] pero *diakonia* es usado imparcialmente para la "distribución" diaria (v.1) y el "ministerio" de la predicción (v. 4).[16] Con referencia a la función presente, podría ser mejor describir a los Siete como "asistentes sociales"; y cuando *diakonos* aparece en cualquier otra parte del Nuevo Testamento Griego, denota un tipo de servicio en la iglesia

---

bres facciosos y pestilentes habían hecho ellos mismos una herejía en nombre del diácono Nicolás, enseñando que comer carne ofrecida a los ídolos podía ser exorcizada, de modo que podría ser comida, y que uno que hubiera cometido fornicación podría recibir la absolución en el octavo día". Victoriano es más circunstancial en su descripción que Ireneo, y no hace a Nicolás personalmente responsable del Nicolaísmo; él podría haber obtenido la información sobre este tema (como de muchas otras cosas) de Papias. Los Nicolaítas, evidentemente, animaban a los cristianos a ignorar los términos del decreto apostólico de 15:29 abajo (ver pág. 299–300).

13. Mishná, *Sanhedrin* 4.4. La ceremonia fue llamada s^{e}mîḵāh en Hebreo. Comp. 8:17; 9:12, 17; 19:6 abajo, con el acompañamiento de exposición y notas.

14. El uso en el NT del término diakonos cubre un amplia variedad de acepciones, por ejemplo, para siervos domésticos, para magistrados civiles como siervos de Dios, para predicadores y maestros cristianos como siervos de Cristo, e incluso para Cristo mismo, como "siervo de la circuncisión" (Rom. 15:8).

15. Gr. διακονεῖν τραπέζαις "servir las mesas," donde las "mesas" puede haber sido o bien para disponer la comida o (más probablemente) para distribuir el dinero para comprar la comida.

16. Gr. τῇ διακονίᾳ τῇ καθημερινῇ ... τῇ διακονίᾳ τοῦ λόγου.

distinto del trabajo del "obispo" (*episkopos*) o "anciano" (*presbiteros*)¹⁷ podría ser mejor traducirlo con el término más general de "ministro" (comp. Filip. 1:1; 1 Tim. 3:8–13).

Mientras los Siete fueron designados para servir como asistentes sociales, está claro que su actividad no estaba de ningún modo confinada exclusivamente a esto. Esteban y Felipe, de todos modos, estaban bien preparados para el liderazgo público en general y para el tipo de servicio en particular en el que Lucas los describe como cautivadores—Esteban para la defensa del Evangelio y Felipe para el trabajo de evangelización.

2. Informe de progreso (6:7)

> 7 *La palabra de Dios avanzaba y el número de los discípulos en Jerusalén se incrementaba grandemente, además, muchos sacerdotes¹⁸ obedecían la fe.¹⁹*

6:7 En este punto Lucas interrumpe su narración para introducir un breve informe de progreso. Seis informes de este tipo aparecen a intervalos a través del libro de los Hechos y sirven para puntualizar la historia.²⁰ Pero aquí, inmediatamente antes del informe de la actividad de Esteban, hay un énfasis relevante de Lucas en el crecimiento en número y popularidad de la iglesia. Especialmente, el hecho de que tantos sacerdotes es estuvieran uniendo a la comunidad, significaba que los lazos que unían a muchos de los creyentes al orden del templo serían fortalecidos. Esto no sugiere que los sacerdotes renunciaran a su oficio sacerdotal; la lógica de tal paso no se apreciaría generalmente en esa etapa.²¹ Los sacerdotes normales estaban socialmente, y de muchas otras formas, separados de las principales familias ricas

---

17. Para πρεσβύτερος y ἐπίσκοπος ver 20:17, 28 abajo, con exposición y notas.

18. Hay una variante que lee "judíos" en vez de "sacerdotes" en el Cod. ℵ y en unos cuantos cursivos; también hay en el Occidental una variante "en el templo" (ἐν τῷ ἱερῷ para τῶν ἱερέων).

19. Este uso objetivo de "fe" (lo que ha de ser creído por ejemplo en los Evangelios) es más común en las Cartas Pastorales (comp.. 1 Tim.1:19; 4:6; 6:10) que en ningún otro lugar del NT. Si el articulo no estuviera presente (ὑπήκουον τῇ πίστει), uvo πο uno podría traducir "siendo obediente por fe" (comp. "obediente por fe" en Rom. 1:5; 16:26, por ejemplo, la obediencia que consiste en fe).

20. Comp. 9:31; 12:24; 16:5; 19:20; 28:31. C. H. Turner ("Chronology of the New Testament," *HDB* I, pp. 421–23) señala que Hechos está dividido en seis "paneles" que cubren una media de cinco años cada uno de ellos.

21. K. Bornhäuser interpreta la Carta a los Hebreos con la improbable teoría de que estaba dirigida a estos sacerdotes creyentes (*Empfänger und Verfasser des Briefes an die Hebräer* [Gütersloh, 1932]). C. Spicq, que tomó una línea similar en L'épître aux Hébreux, I (Paris, 1952), págs. 218, 226–31, más tarde argumentó que estos sacerdotes eran "esenios-cristianos" miembros veteranos de la comunidad de Qumram ("L'épître aux Hébreux: Apollos, Jean-Baptiste, les Hellénistes et Qumran," *Revue de Qumran* I [1958–59], pp. 365–90).

sacerdotales, de las que venía la principal oposición al Evangelio. Muchos de los sacerdotes comunes, sin duda, eran hombres santos y humildes de corazón, como Zacarías, el padre de Juan el Bautista,[22] hombres que eran fácilmente persuadidos por la verdad del Evangelio. Pero no era bueno que el nuevo movimiento estuviera tan estrechamente vinculado al antiguo orden; y hay una "tremenda tensión" en la yuxtaposición de la referencia a estos sacerdotes y el relato de la insistencia de Esteban de que el orden del templo había sido ahora superado.[23]

3. La actividad de Esteban suscita oposición (6:8-10)

8 *Esteban, que estaba lleno de gracia y de poder, hacía grandes prodigios y milagros entre el pueblo.*[24]
9 *Entonces algunos miembros de la Sinagoga de los Libertos (como era llamada)— incluyendo cirineos y alejandrinos y hombres de Cilicia y Asia—se levantaron y discutían con Esteban.*
10 *pero fueron incapaces de resistir*[25] *la sabiduría y el espíritu con el que él hablaba.*

6:8 ¿Hacía Esteban "grandes prodigios y milagros" antes de que los apóstoles le impusieran las manos? Como por aquel entonces ya estaba "lleno de fe y del Espíritu Santo" (v.5), es razonable concluir que esta plenitud fue acompañada por la "gracia y poder" que lo capacitaba para hacerlos. Se ha argumentado, sin embargo, que es a través de la imposición de manos apostólicas que "los Siete evidentemente recibieron (o más bien, Esteban y Felipe, evidentemente, recibieron) lo que Lucas considera como un modo distintivo de la actividad del Espíritu en la empresa misionera—el Espíritu de Dios que confirma la palabra de Dios con señales y milagros".[26] Pero fue para autorizar a Esteban y a sus colegas a desempeñar una responsabilidad especial que los apóstoles les impusieron las manos. De todos modos, las "grandes maravillas y señales" (que más probablemente incluían actos de sanidad) traerían naturalmente a Esteban la gran estima "entre el pueblo," como la trajo a los apóstoles (5:12-13). Pero otro aspecto de la actividad de Esteban provocó una fiera hostilidad.

---

22. Lucas 1:5-6.
23. A. Cole, *The New Temple* (London, 1950), p. 33.
24. Por "gracia" el texto Bizantino lee "fe" (de acuerdo con el v.5). Después de "entre el pueblo" hay un añadido Occidental: "por el nombre del Señor (Jesucristo)".
25. Después de "resistir" el texto Occidental continúa: "...la sabiduría que estaba en él y el Espíritu Santo por quien él hablaba, porque fueron refutados delante de él con toda libertad de expresión. Siendo incapaces, por tanto, de encarar (ἀντοφθαλμεῖν) la verdad, sobornaron a unos hombres".
26. G. W. H. Lampe, *The Seal of the Spirit* (London, 1951), p. 74.

6:9-10 Esteban expuso su distintiva enseñanza acerca de las implicaciones del Evangelio en una de las sinagogas[27] de Jerusalén, que era frecuentada por Judíos de varios países de las dispersión, la "Sinagoga de los Libertos," reunía adoradores de Cirene, Alejandría, Cilicia y Asia.[28] Había varias sinagogas en Jerusalén, a algunas de ellas (como a ésta concretamente) asistían judíos helenistas. La mención de Cilicia sugiere la posibilidad de que ésta era la sinagoga a la que asistía Saulo, también llamado Pablo, cuya nativa Tarso era la principal ciudad de Cilicia. (Por otra parte, "un hebreo nacido de hebreos," como él se denomina así mismo en Filip.3:5, podría haber preferido asistir a una sinagoga donde los cultos se celebraban en Hebreo.) Una sinagoga Helenista en Jerusalén del período anterior al año 70 d.C. es conocida por una inscripción griega puesta por su fundador Teodoro y descubierta en Ophel en 1913/14.[29] Se ha mantenido que era la sinagoga a la que Lucas se refiere aquí:[30] la identificación, en casos de esta naturaleza, es imposible de probar. Los libertos eran antiguos esclavos (o los hijos de antiguos esclavos) que se habían emancipado de sus dueños; si sus dueños eran ciudadanos romanos, sus libertos se enrolaban como miembros de la familia. Muchos judíos que fueron llevados cautivos a Roma en la época de la conquista de Pompeya desde Judea (63 a.C.), posteriormente fueron emancipados y, por tanto, tenían el estatus de hombres libres.

La enseñanza de Esteban levantó una afilada oposición, y un debate de gala fue concertado. El tema exacto del debate no está escrito; el carácter mesiánico de Jesús fue sin duda el tema central, pero Esteban expuso las implicaciones de su mesiandad más radicalmente de lo que sus correligionarios habían hecho, con referencia a la validez perdurable de la ley de Moisés y especialmente al orden del templo. La naturaleza de su argumentos pueden ser inferidos de los cargos que se le imputaron (vv. 13–14) y de su réplica (7:2–53). La fuerza de su caso fue tal que

---

27. La sinagoga fue instituida, quizás tan pronto como en la época del exilio en Babilonia, para la lectura y exposición de las Escrituras. Especialmente en los países de la dispersión, servía como un centro para la comunidad judía en general en cualquier localidad. En una gran ciudad podría haber varias sinagogas judías, aunque la tradición de que había 480 en Jerusalén antes de su destrucción (TJ *Megillah* 73d) debería considerarse no sin reservas. Ver Schürer II, pp. 423–54.

28. Lo más probable es que solamente hay una sinagoga aquí en mente, aunque algunos han visto una referencia a dos, tres, cuatro, o incluso cinco sinagogas en el texto. La enmienda de "libertos" a "libios" (como Beza, Tischendorf, M. Dibelius) es tentador en el vecindario de "cirineos" y "alejandrinos"; pero la tentación debe ser resistida. Un *libertinus* (el término en latín aquí debe ser asumido como una palabra prestada del griego) era o el liberado de un ciudadano romano (un *libertus*) o el hijo de uno. Ver A. M. Duff, *Freedmen in the Early Roman Empire* (Oxford, ²1957).

29. *CIJ* 1404; cf. A. Deissmann, *Light from the Ancient East*, E.T. (London, ²1927), pp. 439–41.

30. Comp. L. H. Vincent "Découverte de la Synagogue des Affranchis à Jérusalem," *RB* 30 (1921), pp. 247–77.

sus oponentes en el debate se encontraron derrotados ellos mismos. Aceptaron sus premisas (porque como él, ellos conocían la autoridad de las Escrituras del Antiguo Testamento), pero no pudieron aceptar sus conclusiones, tan escandalosas y revolucionarias les parecieron.

4. Esteban acusado delante del Sanedrín (6:11-15)

11 *Ellos pusieron hombres que dijeron: "Le hemos oído hablar palabras blasfemas contra Moisés y contra Dios".*
12 *Alborotaron al pueblo, a los ancianos y a los escribas, y arremetiendo contra él, lo cogieron y lo llevaron delante del sanedrín.*
13 *Allí llevaron falsos testigos, quienes dijeron: "Este hombre nunca deja de hablar contra este lugar santo y contra la ley;*
14 *Le hemos oído decir que este Jesús de Nazaret destruirá este lugar y cambiará las costumbres de Moisés que nos fueron entregadas".*
15 *Todos los que estaban sentados en el sanedrín fijaron sus ojos en él y vieron su cara: era como la cara de un ángel.*[31]

6:11 Incapaces de hacer callar a Esteban en un debate abierto, sus oponentes adoptaron otro recurso. Los informantes fueron preparados para presentar sus argumentos a la más dañina de las luces. Son llamados "falsos testigos" porque, aunque sus informes tenían una base de verdad, cualquiera que testifique contra un portavoz de Dios es *ipso facto* un falso testigo. Los argumentos de Esteban constituían un ataque a Moisés, dijeron ellos, porque implicaban la abrogación de la ley de Moisés; constituían un ataque contra Dios porque amenazaban con minar el orden del templo, la fundación del culto nacional, al cual (según se creía) la gloria de Dios estaba ligada.

Conforme a la formulación más antigua de la ley rabínica, la blasfemia envolvía el uso profano del inefable nombre del Dios de Israel[32] —y cualquier pronunciamiento de ese nombre, excepto por el pronunciamiento del sumo sacerdote en el Día de la Expiación, era un uso profano. Pero, como la narrativa de la comparecencia de nuestro Señor delante del sanedrín indica, la blasfemia era interpretada en un sentido más amplio en las tempranas décadas del siglo I d.C. (comp. Mr. 14:61-64). Más tarde se nos presenta a Esteban haciendo una reivindicación de Jesús, similar a aquella hecha por Jesús mismo ante el sanedrín (7:56), pero en este punto, el cargo por blasfemia contra Dios estaba evidentemente basado en la alegación de que él había usado un lenguaje acerca del templo similar al lenguaje que Jesús utilizó cuando fue acusado sin éxito por usarlo.

---

31. El texto Occidental añade "de pie en medio de ellos".

32. "El blasfemador no es culpable hasta que expresamente pronunciaba el Nombre" (Mishná, *Sanhedrin* 7.5).

6:12 La acusación traída contra Esteban era la más letal de todas porque era una que enfurecería a la gente de Jerusalén. Cualquier amenaza, real o imaginaria, al templo era no solamente una ofensa contra sus sentimientos religiosos; sino también una amenaza a su estilo de vida. La vida económica de la ciudad y de sus residentes dependía del templo. El partido de los jefes sacerdotales sabían que no debían temer la desaprobación popular en esta ocasión al perseguir a los líderes de la comunidad del Nazareno; al contrario, la gente los apoyaría y ciertamente demandaría severas sanciones de la ley contra este hombre. Esteban fue, en consecuencia, arrestado y llevado a juicio ante el sanedrín.

6:13-14 Los testigos contaron su testimonio. Las enseñanzas de Esteban, dijeron ellos, amenazaban a ambos, al templo ("el lugar santo") y a la ley,[33] porque él mantuvo persistentemente que Jesús de Nazaret destruiría el templo y cambiaría las costumbres que les habían sido entregadas desde los tiempos de Moisés.

Como con los "falsos testigos" que llevaron un testimonio similar contra Jesús ante el sanedrín, los cargos no eran fabricaciones infundadas. Jesús había dicho ciertamente algo acerca de destruir el templo, y Esteban había evidentemente repetido sus palabras. Lo que Esteban quería decir (como aparece en la secuencia) era que la venida de Cristo implicaba el fin del orden del templo. Jesús predijo la destrucción del templo material—"no quedará piedra sobre piedra," dijo él; "todo será destruido" (Mr. 13:2)—pero la acusación contra él en el juicio no estaba basada en esta predicción. Como la acusación fue redactada, él había dicho: "Yo destruiré este templo hecho por manos, y en tres días construiré otro, no hecho por manos" (Mr.14:58); en esto los testigos parecían estar de acuerdo, aunque en los detalles de sus testimonios había tales discrepancias que tuvieron que ser desestimados.

Que Jesús había ciertamente dicho algo parecido era aparentemente de dominio público en Jerusalén; fue recordado en son de burla cuando fue expuesto al escarnio en la cruz (Mr.15:29-30). Pero buscamos en vano en los Evangelios Sinópticos cualquier información acerca del contexto en el que él pronuncio aquellas palabras, o palabras parecidas. Juan, sin embargo, dice que cuando él fue desafiado a justificar su acción de limpiar el templo, dijo: "Destruid este templo, y en tres días lo levantaré" (Juan 2:19). Juan explica estas palabras como una referencia al levantamiento de "el templo de su cuerpo" al tercer día (Jn.2:21). El no describe a Jesús utilizando los términos "hecho por manos" y "no hecho por manos," pero la forma en la cual estos términos entran en el vocabulario cristianos desde una fecha tan temprana, fuertemente sugieren que deben su origen ciertamente a Jesús.[34]

---

33. Compare la acusación contra Pablo en 21:28 abajo.

34. Comp. 7:48. See C. F. D. Moule, "Sanctuary and Sacrifice in the Church of the New Testament," *JTS* n.s. 1 (1950), pp. 29–41; M. Simon, "St. Stephen and the Jerusalem Temple," *JEH* 2 (1951), pp. 133–37; R. J. McKelvey, *The New Temple* (Oxford, 1969), pp. 67–72, 77–80, 86–87.

Es importante notar que Lucas, en su narración del juicio contra Jesús, no reproduce el incidente de los testigos falsos. Este no es el único lugar en el que Lucas omite un tema en el ministerio de Jesús que consta en los otros Evangelios Sinópticos, para tratar con él en un nuevo contexto en la vida de la iglesia primitiva.[35] Aquí tenemos un ejemplo de esta tendencia en su tratamiento del tema de la destrucción del templo por Jesús.

Cualquiera que sea la forma de las palabras que Esteban utilizó, que levantaron la acusación de que él decía que Jesús destruiría el templo, ciertamente comprendían y exponían el significado real de las propias palabras de Jesús. Los apóstoles y muchos de su rango y fila de la iglesia de Jerusalén podrían continuar asistiendo a los servicios del templo y ser respetados como devotos y obedientes judíos; Esteban mantuvo que el Evangelio significaba el final del culto sacrificial y de toda la ley ceremonial. Como él y sus compañeros helenos veían la situación, aquellas cosas eran los signos externos y visibles del particularismo judío, y no podrían ser reconciliados con un enfoque más amplio de la salvación realizada por Jesús. Jesús mismo había dicho que con su mensaje del reino "algo más grande que el templo" había venido (Mt.12:6). La inauguración del nuevo orden significaba la superación del orden del templo por un nuevo edificio no hecho por manos, aquella casa espiritual de rocas vivas descrita en 1 Pe.2:4-10 donde los sacrificios espirituales, aceptables a Dios, son ofrecidos a través de Jesucristo por un sacerdocio santo.

6:15 Cuando se hizo el intento de condenar a Jesús por el delito de amenaza contra la seguridad y santidad del templo, puede haber sido porque la profanación del templo era una ofensa que la administración romana expresamente reservaba a la jurisdicción de las autoridades judías. Si hubiera sido condenado por aquella acusación, podrían haberlo tratado con él a su discreción, sin referirlo a la prefectura. El intento falló contra Jesús, pero había muchas posibilidades de que una acusación contra Esteban en estos términos tendría éxito. No fue necesario elaborar el cargo de hablar contra la ley, cuando la evidencia de hablar contra el templo era tan evidente. Pero mientras sus acusadores los presionaban con sus cargos contra él, Esteban permanecía delante del sanedrín con la cara resplandeciente, como uno que permanece conscientemente en la presencia de Dios.[36] Esto era "no la mirada suave, amable que es a menudo vista en las pinturas de ángeles; no la mirada fiera de un ángel vengador, sino la mirada que muestra

---

35. Comp. 5:15 (n. 26).

36. Acerca de la descripción de la cara de Esteban siendo "como la cara de un ángel" vea el dibujo a lápiz de Pablo en el siglo II en los *Hechos de Pablo* 3 (ver n. 8): "lleno de gracia, porque a veces parecía un hombre, y a veces tenía cara de ángel".

la inspiración interior, ojos claros ardiendo con la luz interior".[37] Lucas no dice explícitamente en esta etapa que Esteban estaba lleno del Espíritu Santo cuando encaraba a sus jueces,[38] aunque si lo dice de Pedro cuando él hizo su defensa delante de un tribunal un poco antes (4:8); no necesita decirlo aquí ahora, ya que toda su narrativa lo da a entender.

---

37. L. E. Browne, *The Acts of the Apostles* (London, 1925), p. 111. Quizás el profesor Browne se deja llevar de alguna manera por la imaginación cuando dice: "Nosotros difícilmente podemos dudar que era Saulo quien recordaba esa mirada, esa mirada que ardía en su alma hasta que se volvió también para aceptar a Jesús como su maestro y enseñó con su propia vida a experimentar la presencia del Espíritu Santo".

38. Se dice explícitamente que Esteban estando "lleno del Espíritu Santo" cuando hubo terminado su defensa, vio al Hijo del Hombre a la mano derecha de Dios (7:55). Ver también v. 5 abajo.

HECHOS 7

5. La pregunta del Sumo Sacerdote (7:1)

1 *El sumo sacerdote dijo,[1] "¿Es esto así?"*

7:1 El sumo sacerdote era probablemente todavía Caifás, como en el juicio de Jesús. Permaneció en su oficio hasta el 36 d.C.[2] Como presidente del sanedrín en virtud de su oficio, era el juez jefe de Israel. Era necesario para la corte del tribunal judío que la persona acusada fuera informada de cuáles eran los cargos contra él, y tener la oportunidad de refutarlos.[3]

6. La réplica de Esteban (7:2-53)

a. La era Patriarcal (7:2-8)

2 *Luego Esteban dijo: "Hermanos y padres, escuchad. La gloria de Dios se apareció a Abraham nuestro padre cuando él estaba en Mesopotamia, antes de que morase en Harán.*
3 *y le dijo: "Deja tu país y tus parientes, y ven a la tierra que yo te mostraré".*
4 *Entonces salió de la tierra de los Caldeos e hizo su residencia en Harán. Después de la muerte de su padre, Dios lo trasladó a esta tierra, en la cual vosotros residís ahora.[4]*
5 *No le dio herencia en ella, ni tan siquiera para poder cubrir su pie, pero le prometió que se la daría en posesión a él y a sus descendientes, aunque todavía no tenía hijos.*
6 *'Tus descendientes,' le dijo Dios, 'residirán como extranjeros en tierra ajena; serán esclavizados y maltratados por cuatrocientos años.*
7 *Pero yo juzgaré a la nación que los esclavizó,' dijo Dios, 'y después de esto saldrán, y me adoraran en este lugar.'*

---

1. El Texto Occidental añade "a Esteban".
2. Ver en 4:6; n. 15.
3. Comp. la referencia al procedimiento Romano en 25:16.
4. El Texto Occidental añade: "y vuestros padres antes que vosotros".

8 *Él les dio, además, el pacto de la circuncisión, y así, cuando nació Isaac a Abraham lo circuncidó al octavo día, e Isaac a su vez tuvo a Jacob, y Jacob a los doce patriarcas.*

Este discurso es comúnmente llamado la defensa de Esteban, o apología, pero, obviamente, no es un discurso de defensa en el sentido forense del término.[5] Semejante discurso no fue, de ningún modo premeditado para asegurarse la absolución delante del sanedrín. Es más bien una pura defensa del cristianismo como el medio de adoración establecido por Dios; Esteban se muestra aquí como el precursor de los apologetas cristianos posteriores, especialmente aquellos que defendieron el cristianismo contra el judaísmo. Los cargos traídos contra Esteban por los testigos de la acusación pueden haber sido tendenciosamente articulados. Esteban expone aquí con cierto detalle los argumentos de los cuales estos cargos fueron parodiados.

Un tema principal de este discurso es, por ejemplo, que la presencia de Dios no está restringida a ninguna tierra o a ningún edificio material. Dios mismo se revela a Abraham muchos antes de que Abraham se estableciera en tierra santa; Él estaba con José en Egipto, Él le dio la tierra a su pueblo Israel a través de Moisés cuando ellos vagaban por el desierto. El pueblo de Dios igualmente no debería restringirse a ninguna localidad en particular; una tienda movible, como la que tenían en el desierto y en los primeros años de su asentamiento en Canaán, fue una morada más apropiada para la presencia divina que la estructura fija de piedra que construyó el rey Salomón. El período de tiempo que Israel pasó como un pueblo peregrino—"la iglesia en el desierto"—se considera como el escenario preparado por el orden divino; a este respecto (como en algunos otros) Esteban recuerda las enseñanzas de los grandes profetas del Antiguo Testamento—de que incluso en el desierto Israel no cumplió las expectativas con respecto al ideal divino.

Otro tema del discurso que se convierte en una característica general de la apologética anti-judaica posterior—es la insistencia de que el pueblo judío se negara a reconocer a Jesús como Mesías, lo cual era totalmente consistente con

---

5. En el discurso de Esteban ver B. W. Bacon, "Stephen's Speech: Its Argument and Doctrinal Relationship," in *Biblical and Semitic Studies* (Yale Bicentennial Publications, 1901), pp. 213–76; M. Jones, "The Significance of St. Stephen in the History of the Primitive Christian Church," *Exp.* 8, 13 (1917), pp. 161–78; W. Mundle, "Die Stephanusrede Apg. 7: Eine Märtyrapologie," *ZNW* 20 (1921), pp. 133–47; F. J. Foakes-Jackson, "Stephen's Speech in Acts," *JBL* 49 (1930), pp. 283–86; A. Fridrichsen, "Zur Stephanusrede," *Le Monde Oriental* 25 (1931), pp. 44–52; A. F. J. Klijn, "Stephen's Speech—Acts VII.2-53," *NTS* 4 (1957–58), pp. 25–31; M. Simon, *St. Stephen and the Hellenists in the Primitive Church* (London, 1958), pp. 39–97; L. W. Barnard, "Saint Stephen and Early Alexandrian Christianity," *NTS* 7 (1960–61), pp. 31–45; J. Bihler, *Die Stephanusgeschichte im Zusammenhang der Apostelgeschichte* (Munich, 1963); T. Holtz, "Die Stephanusrede Act 7," in *Untersuchungen über die alttestamentlichen Zitate bei Lukas* = *TU* 104 (Berlin, 1968), pp. 85–127; J. Kilgallen, *The Stephen Speech: A Literary-Redactional Study of Acts 7:2–53* = AnBib 67 (Rome, 1976).

la actitud habitual contra los mensajeros de Dios desde el principio de su historia nacional. Los hermanos de José lo odiaban, aunque él era el predestinado por Dios para liberarlos; Moisés, otro libertador divinamente elegido, fue repudiado por su pueblo más de una vez. Los profetas también fueron perseguidos y asesinados por aquellos a los que ellos habían llevado la palabra de Dios, y finalmente uno de quien los profetas habían dado testimonio por adelantado, había sido colgado hasta la muerte por aquellos a los que su mensaje salvífico había sido primero proclamado.

Se ha argumentado que el discurso de Esteban está marcado por un énfasis característicamente samaritano.[6] Pero los samaritanos no discutían el concepto de templo, como Esteban hizo: ellos se diferenciaban de los judíos en la cuestión de la localización apropiada—en el Monte Gerizim o en Jerusalén (comp. Jn. 4:20). La insistencia de Esteban de que "El Más Grande no habita en casas hechas con manos" (v. 48) hubiera sido tan aplicable al templo Samaritano en Gerizim mientras permaneció, como al templo que estaba en Jerusalén.

También se ha hecho el intento de relacionar el punto de vista de Esteban con los Ebonitas, aquellos judaizantes cristianos quienes durante siglos mantuvieron sus distintivos del catolicismo cristiano.[7] Ellos compartieron hasta cierto punto la actitud negativa de Esteban con respecto al orden del templo y el rito sacrificial, y veían a Jesús como el que Deuteronomio denomina un "profeta como Moisés" (comp. v. 37). Pero la actitud de los Ebonitas era el resultado de la reflexión en las implicaciones teológicas de la destrucción del templo en el año 70 d.C., mientras que Esteban apreció la lógica de la situación casi cuarenta años antes que ellos.[8]

---

6. Ver A. Spiro "Stephen's Samaritan Background," Appendix V in J. Munck, *The Acts of the Apostles*, AB (Garden City, NY, 1967), pp. 285–300; M. H. Scharlemann, *Stephen: A Singular Saint* = AnBib 34 (Rome, 1968); C. H. H. Scobie, "The Origins and Development of Samaritan Christianity," NTS 19 (1972–73), pp. 390–414.

7. Comp. H.-J. Schoeps, *Theologie und Geschichte des Judenchristentums* (Tübingen, 1949), pp. 440–47. Schoeps presta especial atención a las similitudes entre la presentación de Esteban en Hechos y aquella de Santiago el Justo en la literatura pseudo-Clementina (que según él preserva mucho del material Ebonita). Los paralelos entre estas dos presentaciones son suficientemente curiosas como para constituir un interesante problema en el criticismo literario e histórico. Pero la solución del problema no es la propuesta por Schoeps, quien concluye con que Esteban, "lejos de ser un personaje histórico, es una figura *ersatz* traída aquí por Lucas por razones tendenciosos, con el fin de descargar sobre él doctrinas que el autor consideró inconveniente reconocer como propias" (p. 441). Para una crítica a Schoeps en este punto ver M. Simon, "Saint Stephen and the Jerusalem Temple," *JEH* 2 (1951), pp. 127–42; él concluye que, por el contrario, Esteban es el original y el Santiago pseudo-Clementino de tendenciosa creación (p. 140).

8. Incluso en la comunidad de Qumran y (aparentemente) los Esenios en general, no desaprobaban los rituales del templo en principio: "Se abstenían de participar en ellos porque estaban controlados por una jerarquía ilegitima la cual "transportaba contaminación al santuario" (CD 4.18).

Los Ebonitas estaban lejos de simpatizar con la misión al mundo gentil que estaba lógicamente implícito en el argumento de Esteban y que fue inaugurado con su muerte. Los cristianos que se embarcaron en esta misión mundial eran helenistas como Esteban, y en su discurso podemos reconocer el primer manifiesto de la cristiandad helenista. Esteban y sus seguidores-helenistas, como ha sido ya señalado, fueron más visionarios que sus hermanos "hebreos" en la apreciación de la brecha en el orden del templo implícita en las enseñanzas y obra de Jesús. Pero parece como si también hubieran sido más visionarios en su apreciación del alcance supranacional y universal del Evangelio.

Las palabras de obertura de la defensa de Esteban implicaban que el pueblo de Dios debía estar en marcha, debía levantar las estacas de sus tiendas como hizo Abraham, abandonar su particularismo nacional y rituales ancestrales, y salir a donde Dios los pudiera guiar. Esta nota ciertamente anticipaba la llamada en Heb. 13:13 de abandonar el judaísmo tradicional por amor a Jesús y "salir, pues, a él, fuera del campamento".

En un número de aspectos, Esteban marca una ruta seguida más tarde por el autor de los Hebreos, aunque Esteban es de alguna manera, el más radical de los dos: En Hebreos el ritual levítico es tratado como "una sombra de las cosas buenas por venir" (Heb.10:1), mientras que Esteban mantiene que el sistema sacrificial fue una perversión desde el período del desierto en adelante (vv. 41–43).[9]

Hubo, sin duda, diferentes matices de énfasis entre los cristianos helenistas. Lucas mismo no comparte completamente la visión negativa del templo que sostiene Esteban: hasta un punto posterior de su relato lo menciona con respeto, desde la anunciación angélica a Zacarías en el lugar santo (Lucas 1:8–22) a la visión que Pablo tuvo de Cristo dentro del recinto sagrado (Hechos 22:17). No fue hasta que Pablo fue expulsado del templo durante su última visita a Jerusalén (21:30) que su destino fue sellado.[10]

---

9. Ver especialmente W. Manson, *The Epistle to the Hebrews* (London, 1951), pp. 25–46 (el capítulo titulado "Stephen and the World-Mission of Christianity"; en p. 36 él enumera ocho características importantes de los discursos de Esteban que se repiten en Hebreos, y sugiere en consecuencia que la perspectiva de Esteban puede proveer un punto de partida desde el que buscar un entendimiento de esa epístola. M.Simon, por otra parte, contrasta el enfoque de Esteban con el de Hebreos, particularmente con respecto al templo. "Para Esteban, el templo significa, desde el principio, un alejamiento de la auténtica tradición de Israel, como Dios lo inspiró y dirigió... el punto de vista más comúnmente mantenido más tarde fue, creo yo, el que es expresado en Hebreos: el Templo y su culto fue, junto con el ritual completo de la Ley, 'una sombra de las buenas cosas por venir'. Es ciertamente imperfecto, pero de ningún modo malo o perverso. Porque estas cosas son, como Hebreos dice otra vez, 'figuras de la verdad'. La visión de Esteban no tiene igual en el temprano pensamiento cristiano eclesial". ("Saint Stephen and the Jerusalem Temple," pp. 127–28). Debería tenerse en mente que el escritor a los Hebreos usa el tabernáculo, no el templo, como "una parábola del tiempo presente" (Heb. 9:9).

10. Ver p. 426 con n. 51.

Es incierto si el punto de vista de Esteban, con respecto al templo como una desviación desde la auténtica tradición del culto de Israel, refleja una tendencia particular dentro del judaísmo helenista.[11]

Sin ninguna duda, muchos judíos de la dispersión se sentían menos apegados al templo y los sacrificios que los compañeros-judíos más cerca de casa, pero incluso Filón de Alejandría consideraba el templo con veneración e iba en peregrinaje a Jerusalén para ofrecer oraciones y sacrificios allí.[12] El punto de vista de Esteban, en cualquier caso, estaba determinado por su entendimiento de la diferencia que Cristo había hecho.

7:2-3 Esteban tiene su respuesta preparada. Tiene la forma de retrospectiva histórica—una forma muy común en la tradición judía. "La declaración de fe es, en el Antiguo Testamento, a menudo asociada con una recitación de la intervención divina en la vida de Israel. 'Dios en la historia' era la base subyacente del optimismo rabínico. La declaración a la entrega de los primeros frutos (Deut. 26:5–10) es paralela a la de los Salmos 78 y 107. El discurso de Esteban en Hechos 7 tiene, por tanto, la forma correcta. Es en la *secuela* que se diferencia del modelo de Hebreos".[13]

El repaso histórico de Esteban revisa la historia de la nación desde la llamada de Abraham hasta el edificio del templo de Salomón. Su esquema de la era patriarcal (vv. 2–8) y de Israel en Egipto (vv. 9–19) provee una introducción para sus temas principales; su informe de los primeros días de Moisés (vv. 20–29), la llamada de Moisés (vv. 30–34), y la peregrinación por el desierto (vv. 35–43) proveen una respuesta indirecta a la acusación de hablar contra Dios; el contraste entre la tienda del tabernáculo en el desierto y el templo

---

11. M. Simon, ("Saint Stephen and the Jerusalem Temple," pp. 132–37) aduce cierta evidencia, incluyendo la cuidadosa selección del orden de palabras de la LXX en pasajes significativos, sugiriendo que una sección de los judíos de la dispersión "bien pueden haber dirigido contra el templo de Jerusalén, sus rituales y sus sacrificios, la misma crítica que los filósofos griegos usaron para pronunciarse contra la tradicional religión pagana, sus templos y su ritual" (ver abajo en 17:14–15, pp. 336–37 con nn. 64–67). Ciertamente en su propaganda proselitista, los judíos de la dispersión tendían a enfatizar el carácter moral y espiritual de su religión y suavizar el pedal en sus requerimientos rituales. Ver Schürer III, pp. 138–40; también J. Klausner, *From Jesus to Paul*, E.T. (London, 1944) pp. 123–205. Pero la hostilidad que la tesis de Esteban provocó en los círculos helenistas en Jerusalén sugiere que esa oposición en el ámbito de los principios del templo y sus rituales no eran generalmente aceptables en el judaísmo helenista.

12. Comp. Filo, *On Providence* 2.64.

13. I. Abrahams, *Studies in Pharisaism and the Gospels*, II (Cambridge, 1924), p. 18. A los pasajes del Antiguo Testamento aducidos por Abrahams podrían ser añadidos los Salmos 105; 106; 135; 136; Neh. 9:6–37; comp. también los discursos de Pablo en la sinagoga de Pisidia de Antioquía (13:16–41 abajo).

La era Patriarcal (7:2-8)

de Jerusalén (vv. 44–50) responden particularmente a la acusación de hablar contra el templo.

Empezando con la era patriarcal, le recuerda a su audiencia que fue en Mesopotamia,[14] lejos de la tierra prometida, donde primero Dios se revela a sí mismo a Abraham. Uno podría preguntarse qué podría haber persuadido a Abraham para desarraigarse él mismo como lo hizo, de su tierra de nacimiento y embarcarse en un peregrinaje cuyo resultado no conocía de antemano. De acuerdo con todos los cánones de prudencia de la vida común, era una aventura de locura; pero como está registrado en la narrativa bíblica, fue un acto de verdadera sabiduría. Fue el Dios de gloria[15] quien se le apareció y le convocó para embarcarse en este camino de fe, y la utilización de ese título implica que Dios se manifestó así mismo a Abraham en gloria tan convincentemente que a Abraham no le quedaba más opción que obedecer. Aquellos que son obedientes a la visión celestial, parece estar sugiriendo Esteban, siempre vivirán desinhibidos de cualquier punto de tierra en particular, siempre estarán preparados para salir e ir donde sea que Dios los pueda guiar.

Un vistazo a cualquier edición del Nuevo Testamento, en griego o en inglés, en el cual las citas o alusiones al Antiguo Testamento aparecen en letra distintiva, nos permitirán ver hasta qué punto el lenguaje del Antiguo Testamento entra en la textura del discurso de Esteban. (Es citado normalmente de la LXX). Pero su discurso no es una mera cadena de citas, estudiadamente puestas una al lado de la otra; la secuencia de palabras del Antiguo Testamento es reproducida con tal espontaneidad que sugiere que el autor conoce la narrativa al dedillo y es capaz de usarla con sorprendente frescura y libertad.[16] Aquí, en el verso 3, cita de Gen.12:1 las palabras habladas por Dios a Abraham en Harán después de la muerte de su padre Taré, pero les da el contexto antes de la partida de Abraham hacia Harán en la primera etapa del viaje. Cuando se dice en Gen.15:7 y Neh.9:7 que Dios trajo a Abraham desde Ur de los Caldeos, está probablemente implícito

---

14. Mesopotamia representa la expresión griega más completa Συρία Μεσοποταμία ("Siria entre ríos"), refiriéndose a esa parte del norte de Siria que se extiende entre el Éufrates y Orontes. La antigua Mesopotamia normalmente no incluía el área sur del moderno Iraq, en el que se asentaba la ciudad Babilonia de Ur ("Ur de los Caldeos"), cerca de la desembocadura del Éufrates, la cual Abraham abandonó para ir a Harán. Pero aquí Mesopotamia es sencillamente sinónimo de "la tierra de los Caldeos" (v. 4).

15. Para el título comp. Salmo 29 (LXX 28):3 (y expresiones similares en Ef. 1:17; 1 Cor. 2:8).

16. De este modo, en vv. 6–7, las palabras habladas a Abraham en Ge. 15:13–14 son completadas con la cláusula "y ellos me adoraran en este lugar" (es decir en Canaán), lo cual es un eco de las palabras dirigidas a Moisés en Ex. 3:12: "vosotros serviréis (adoraréis) a Dios sobre este monte" (es decir, Sinaí/Horeb). Este panorama de textos distintivos del Pentateuco debe ser comparado con el panorama de incidentes distintivos en v. 16 (ver n. 35).

que Abraham recibió la comunicación divina tanto allí, como más tarde, cuando se hubo establecido en Harán. Filón y Josefo coinciden.[17]

7:4-5 Abraham por consiguiente abandonó "la tierra de los Caldeos"[18] — un término que es sencillamente sinónimo aquí de "Mesopotamia" (v. 2)[19] —y se estableció en Harán, en la parte alta del valle del Éufrates, en la intercesión de una importante ruta de caravanas de transporte, conocida por haber sido una floreciente ciudad en el segundo milenio a.C.[20] Permaneció allí hasta que su padre murió; Luego, bajo la dirección divina, continuó su migración hasta llegar a Canaán.[21] Pero incluso entonces a Abraham no se le dio tierra en propiedad: por el resto de su vida vivió como un residente extranjero allí. Fue una tierra prometida de hecho para él—prometida a él y a sus descendientes antes de que él tuviera ningún hijo—pero para él y para su inmediata descendencia siguió siendo nada más que una tierra *prometida*. Abraham no tuvo ningún objeto tangible en el cual confiar: creyó la desnuda palabra de Dios, y actuó en consecuencia.

7:6-7 No solamente no recibió Abraham ninguna porción de tierra como regalo en posesión; su fe fue probada aún más por la revelación de que sus descendientes abandonarían esa tierra por una que no sería de su propiedad, y

---

17. Comp. Filón, *On Abraham* 71; Josefo, *Ant.* 1.154.

18. En LXX "Ur de los Caldeos" (Heb. *'ur kasdîm*) es normalmente traducido como "la tierra [Gr. χώρα, no γῆ como aquí] de los Caldeos" Gr. Χαλδαῖοι denota ambos la Ḫaldu de Urartu (Armenia) y el *Kaldu* (Heb. kaśdîm "caldeos") del sur de Babilonia.

19. Josefo igualmente, en su preámbulo de la historia de Abraham, habla de "los caldeos y de otros habitantes de Mesopotamia" (*Ant.* 1.157).

20. Ver S. Lloyd y W. C. Brice, "Harran," *AS* 1 (1951), pp. 77–111. En el tiempo de los griegos y los romanos fue conocido como Carrhae. Su nombre no es idéntico al del nombre del hermano de Abraham, Harán (Gen. 11:27–31), que en hebreo se deletrea con la inicial hē, no ḥēṯ.

21. La información cronológica de Gn. 11:26, 32; 12:4 sugiere que la muerte de Taré tuvo lugar sesenta años después de la partida de Abraham de Ḥarran. J. Ussher y otros cronólogos de una fecha temprana, armonizaron la presente afirmación de Esteban con la evidencia de Génesis con la improbable suposición de que Taré tenía setenta años cuando su hijo mayor Harán nació, y que Abraham no nació hasta que Taré tenía 130 años. Que Abraham no abandonó Ḥarran hasta que su padre murió es afirmado por Filón (*On the Migration of Abraham* 177), y está implícito en el Pentateuco Samaritano, que en Gen. 11:32 da la edad de la muerte de Taré a los 145, no 205 (MT, LXX). A lo cual seguiría que Abraham, que emprendió su viaje desde Ḥarran a la edad de 75 (Gen. 12:4), lo hizo tan pronto como su padre murió. Sería temerario ver aquí una evidencia de la influencia samaritana en el discurso de Esteban: a parte de esta reconocible variante, el Pentateuco Samaritano es básicamente un texto popular palestino. Posiblemente Esteban (o Lucas) y Filón confiaron en la versión griega (que ya no existe) que concuerda con la lectura samaritana de Gen. 11:32. P. E. Kahle dice con gran confianza que "ningún manuscrito de la 'Septuaginta' cristiana ha preservado de Gn.11:32 la lectura que Filón y Lucas leen en su Torah griega del primer siglo" (*The Cairo Geniza* [London, 1947], p. 144).

sufrirían opresión y servidumbre allí durante varias generaciones.[22] Sin embargo, su exilio no sería permanente: a su debido tiempo Dios los liberaría de sus opresores y los traería de regreso para que le adoraran en la tierra de Canaán.[23]

7:8 Una señal le fue dada a Abraham, la señal de la circuncisión, como un signo externo del pacto que Dios había hecho con él.[24] La aceptación de Abraham de este signo visible para él y sus descendientes fue una expresión más de su fe en Dios. Y "por lo tanto, aunque todavía no había un lugar santo, todas las condiciones esenciales para la religión de Israel estaban completas".[25] Cuando Isaac nació, Abraham lo circuncidó al octavo día de su nacimiento,[26] y la señal del pacto fue trasmitida de generación en generación, desde Isaac a Jacob, y de Jacob a sus doce hijos, los progenitores de las doce tribus de Israel.[27]

b. Israel en Egipto (7:9-19)

9 *"Los patriarcas, movidos por celos, vendieron a José en Egipto, pero Dios estaba con él.*

10 *y lo liberó de todas sus aflicciones, y le dio gracia y sabiduría delante del Faraón, rey de Egipto. El Faraón lo nombró gobernador de Egipto y de toda su casa.*

11 *Luego el hambre y una gran aflicción cayeron sobre Egipto y Canaán, y nuestros antepasados no encontraban alimentos.*

12 *Cuando oyó Jacob que había grano en Egipto, envió a nuestros padres por primera vez.*

13 *La segunda vez José se dio a conocer a sus hermanos, y el linaje de José fue desvelado al Faraón.*

14 *Entonces José envió e hizo traer a su padre y a toda su familia, un total de setenta y cinco personas.*

---

22. La figura de 400 años de opresión de los Israelitas se obtiene de Gen. 15:13. De acuerdo con Ex. 12:40 (MT) su viaje en Egipto duró 430 años, por lo que 400 debe considerarse un número redondo. Pero la exégesis rabínica registra 400 años contando desde el nacimiento de Isaac hasta el Éxodo. Comp. Pablo in Gal. 3:17, donde la entrega de la ley (en el tercer mes después del Éxodo) es fechado 430 años después de la promesa a Abraham (Gen. 12:3, 7; 13:15, etc.). Esto concuerda con la expansión del texto samaritano y la LXX de Ex. 12:40, el cual incluye en los 430 años del viaje de Israel a Canaán tanto como a Egipto. El período empleado en Egipto es entonces considerablemente más corto; comp. Gen. 15:16, "a la cuarta generación ellos regresaran aquí".

23. Comp. ver n. 16.

24. Comp. Gen 17:9–14, 23–27.

25. K. Lake and H. J. Cadbury,, *Beginnings* I.4, p. 72.

26. Gen. 21:4.

27. La circuncisión, en la pubertad (comp. Gen. 17:25), si no en la infancia, era practicada por la mayoría de las naciones con las que Israel se relacionaba en los tiempos patriarcales, pero solamente en Israel tenía este significado especial de pacto. El término "patriarcas" (Gr. πατριάρχαι), se usa aquí para los hijos de Jacob como antepasados tribales, así también en 4 Mac. 16:25 y en el título de la versión griega de *El Testamento de los Doce Patriarcas*. Comp. ver en 2:29; n. 83.

15 *Así Jacob salió de Egipto²⁸ y murió allí, como también nuestros padres.*
16 *los cuales fueron trasladados a Siquem y enterrados en el sepulcro que Abraham había comprador a precio de plata a los hijos de Hamor en Siquem.²⁹*
17 *Cuando el tiempo se estaba aproximando para (el cumplimiento de) la promesa que Dios había hecho³⁰ a Abraham, el pueblo se incrementó y multiplicó en Egipto.*
18 *hasta que se levantó en Egipto otro rey, un rey que no conocía a³¹ José.*
19 *Este rey conspiró contra nuestro pueblo; maltrató a nuestros padres, obligándoles a exponer a sus recién nacidos para que no vivieran.*

7:9-10 Ya en la época patriarcal, hubo oposición al propósito de Dios al llamar a Abraham y guiar los destinos de su posteridad. Los hijos de Jacob vendieron a su hermano José a la esclavitud en Egipto. Pero Dios estaba continuamente supervisando el cumplimiento de aquel propósito creciente que inauguró cuando llamó al padre de la fe a salir de Mesopotamia, y el cual iba a encontrar su consumación en la venida de Cristo. Así también dispuso la fortuna de José al que elevó a la máxima autoridad en aquella tierra como gran visir del Faraón.³²

7:11-16 Esto funcionó en beneficio de la familia de Jacob, porque cuando el hambre llegó a Canaán los hijos de Jacob fueron a comprar comida a Egipto, donde gracias a la previsión y autoridad de José se habían preparado grandes almacenes de grano. La segunda vez que fueron a Egipto a comprar alimentos, José (a quien ellos no habían conocido en su primera visita)³³ les reveló su identidad, y se vieron obligados a reconocerlo como su salvador. (Puede sugerirse aquí que uno más grande que José, que tampoco fue reconocido por su pueblo cuando vino a ellos la primera vez, será debidamente reconocido por ellos como su salvador divinamente designado cuando lo vean por segunda vez.) El resultado del reconocimiento de sus hermanos de José y su reconciliación fue que Jacob y toda su familia bajaron a Egipto—setenta y cinco personas en total, dice Esteban,

---

28. Cod. B omite "en Egipto".

29. Los Textos Occidental y Bizantino leen "de Siquem" (τοῦ Συχέμ), por consiguiente KJV "*el padre* de Siquem".

30. Gr. ὡμολόγησεν. P⁴⁵ y el texto Occidental leen ἐπηγγείλατο ("prometido"); 81 y el texto Bizantino lee ὤμοσεν ζ ("jurado").

31. El texto Occidental lee "no recordaba" (οὐχ ἐμνήσθη).

32. El lenguaje de Esteban evoca el del Salmo 105 (LXX 28):16–23 así también como el de Gen. 37–45.

33. W. M. Ramsay argumenta que "la primera vez" (πρῶτον) en v. 12 debe significar la primera de tres, la tercera siendo la ocasión cuando la familia completa de Jacob bajó (*BRD*, p. 254n.). Pero la fuerza del griego clásico πρῶτος no puede ser presionado de esta manera en tiempos helenísticos (comp. en 1:1; n. 9). Aquí "la primera vez" (o "la primera ocasión") es simplemente correlativo a "la segunda ocasión" (ἐν τῷ δευτέρῳ).

Los primeros días de Moisés (7:20-29)

siguiendo el texto griego.[34] Allí murió Jacob; allí, también, sus hijos murieron a su debido tiempo. Pero no fueron enterrados en Egipto sino en la tierra que Dios había prometido a sus descendientes como su herencia.[35] La presencia de su tumba en la tierra prometida, donde las tumbas de Abraham e Isaac estaban ya, fue una señal de que, incluso si morían abajo en Egipto, morían en la fe.[36]

7:17-19 Sus hijos y sus nietos, sin embargo, permanecieron en Egipto y se multiplicaron allí, hasta que llegó el tiempo señalado por Dios para redimir su promesa a los patriarcas y dar a sus descendientes la posesión de la tierra de Canaán. El instrumento en las manos de Dios para lograr su salida de Egipto fue un nuevo rey (presumiblemente uno de los primeros reyes de la Dinastía XIX)[37] quien intentó restringir el creciente número de israelitas con trabajos forzados e infanticidio compulsivo. De no ser por su política, podrían haber encontrado tanta comodidad en Egipto, que nunca hubieran pensado en salir de allí.

c. Los primeros días de Moisés (7:20-29)

20 *"Fue por ese tiempo que Moisés nació—un niño sumamente hermoso.[38] Fue criado durante tres meses en la casa de su padre.*

---

34. Gen. 46:27; Ex. 1:5; Deut. 10:22 MT dice setenta personas (incluyendo a Jacob, y José con sus dos hijos). En Ex. 1:5 el fragmentario texto hebreo MS 4QEx[a] dice setenta y cinco personas; así también dice Gen. 46:17; Ex. 1:5 LXX, omitiendo a Jacob y José, pero dando nueve hijos a José en vez de dos como el MT (Gen. 46:27). Josefo (*Ant.* 2.176; 6.89) acepta la figura de setenta; Filón (*On the Migration of Abraham* 199–201) reconcilia las discrepancias con una lectura alegórica: el número cinco, simbolizando los sentidos, ha sido omitido del número más pequeño, significando la transición del recalcitrante Jacob a Israel, el hombre con la visión de Dios es (así como Heb. 'îš rō'eh ēl, "hombre que ve a Dios").

35. Jacob fue enterrado en Hebrón, en la cueva de Macpela, la cual Abraham había comprado de Efrón el heteo por 400 siclos de plata (Gen. 23:16; 49:29–32; 50:13). José fue enterrado en Siquem, en el pedazo de terreno que Jacob había comprados por 100 piezas de dinero (si ese es el significado de q^{e}śîṭāh NEB "oveja") de los hijos de Hamor (Josue 24:32). De acuerdo con Josefo (*Ant.* 2.199), los otros hijos de Jacob fueron enterrados en Hebrón. Las dos compras por separado de terreno están especificadas aquí. Es poco probable que la supresión de Hebrón a favor de Siquem sea un signo de la influencia samaritana; el entierro de Abraham, Isaac, y Jacob en Hebrón está tan claramente registrado en la biblia samaritana como en el Texto Masorético.

36. Comp. Heb. 11:13.

37. Es evidente desde los primeros capítulos de Éxodo que la corte egipcia no estaba lejos del lugar de asentamiento de los hebreos en Egipto; lo cual encaja con la Dinastía XIX más que con la XVIII. La referencia al edificio de "Ramsés" en

Ex. 1:11 evidentemente apunta a Pi-Ramsessē (cerca de la moderna Qantir), la Residencia al este del delta de Ramsés II (*c.* 1290–1224 B.C.), el más grande de los reyes de la Dinastía XIX.

38. Gr. ἀστεῖος τῷ θεῷ, "hermoso para Dios" ("divinamente hermoso"). Tales expresiones ocurren también con fuerza elativa; comp. Jonás 3:3 donde se dice que Nínive es "grande para Dios" (LXX πόλις μεγάλη τῷ θεῷ). Moisés es descrito como ἀστεῖος in Ex. 2:2 (LXX para Heb. ṭôḇ "bueno") y Heb. 11:23.

21 *Luego fue abandonado, pero la hija del Faraón lo adoptó y los crió como hijo suyo.*
22 *Así Moisés fue educado en toda la sabiduría de los egipcios; era poderoso en sus palabras y hechos.*
23 *Cuando tenía casi cuarenta años, tuvo la idea de visitar a sus hermanos, el pueblo de Israel.*
24 *Cuando vio que uno de ellos estaba siendo injustamente tratado, salió en su defensa y devolviendo la herida infligida, le dio un golpe mortal al egipcio.*[39]
25 *El pensó que sus hermanos entendería que Dios iba a liberarlos por medio de él, pero no lo entendieron así.*
26 *Al día siguiente abordó a unos enfrascados en una pelea e intentó reconciliarlos pacíficamente. 'Hombres,' les dijo, 'vosotros sois hermanos.*[40] *¿Por qué os herís el uno al otro?'*
27 *Pero el que estaba atacando al otro, lo empujó diciéndole: '¿Quién te ha hecho gobernante y juez sobre nosotros?'*
28 *'¿Quieres matarme, como mataste ayer al egipcio?'*
29 *Cuando oyó esto, Moisés huyó. Vivió como un extranjero en la tierra de Madián. Allí tuvo dos hijos.*

7:20-22 El edicto de que todo niño varón de los israelitas debía ser asesinado al nacer, o arrojado al Nilo, fue desafiado por los padres de Moisés. Lo conservaron durante tres meses antes de exponerlo, y luego, cuando finalmente lo expusieron, lo hicieron de tal modo que fue rápidamente rescatado.[41] Una hija del rey lo encontró, fue atraída hacia él, y lo crió como su hijo, al estilo propio de un príncipe real.[42] Así Moisés recibió la mejor educación que la corte egipcia podía ofrecer, y se distinguió por su hablar y actuar.[43] Esteban se expresó a sí mismo

---

39. El texto Occidental añade "de su raza" después de "siendo injustamente tratado" y "y lo enterró en la arena" después de "dando al egipcio un golpe mortal" (siguiendo Ex. 2:12).

40. El texto Occidental añade "¿Qué estáis haciendo, hermanos?"

41. Comp. Ex. 2:1–10.

42. Es vana la tarea de intentar identificar a esta princesa con el nombre de cualquiera de las hijas de un rey egipcio. El escritor helenista judío Artabano, en su obra *Concerning the Jews* (citado por Eusebio, *Preparation for the Gospel* 9:27), la llama Merris, un nombre bastante parecido al de una hija de Ramsés II y de su esposa Hitita—pero esta hija de Ramsés era probablemente una generación, al menos, más joven que Moisés.

43. Que él era grande en palabras podría parecer estar en conflicto con la renuncia de Moisés por su falta de elocuencia en Ex. 4:10, pero este descargo no debería tomarse demasiado seriamente; Mas adelante en la narrativa del Pentateuco, Moisés es un contundente y persuasivo orador. La afirmación de que era poderoso en obras está ilustrado en la leyenda preservada por Josefo (*Ant.* 2.238–53) en su liderazgo en la campaña egipcia contra los etíopes—una leyenda quizás originada en un intento de explicar su matrimonio con su esposa cusita, (Num. 12:1, donde la LXX la llama etíope).

con más moderación que otros judeo helenistas, quienes representaban a Moisés como padre de la ciencia y la cultura y como fundador de la civilización egipcia.[44]

7:23-28 Que un rey egipcio intentara frustrar el propósito divino era inteligible, pero algunos del pueblo elegido intentaron ellos mismos inintencionadamente obstaculizarlo. Si faraón era un instrumento de Dios para destetar a los israelitas de su apego a Egipto, Moisés era su agente para llevarlo a cabo. Moisés había empezado a darse cuenta, pero sus compañeros israelitas eran lentos en reconocerlo como su libertador. Esto queda patente en el momento en que él se presenta a sí mismo como su campeón, después de alcanzar la edad adulta,[45] pero su intervención a su favor no fue apreciada. El escritor de Hebreos nos cuenta cómo en ese momento Moisés hizo la gran renuncia, rehusando volver a ser conocido nunca más como el hijo de una princesa real y prefiriendo apostar por el pueblo oprimido de Dios (Heb. 11:24-26). Aquí otra vez surge un modelo de comportamiento que encuentra su expresión completa y última cuando Jesús aparece entre su gente como el Salvador provisto por Dios.

7:29 Moisés se ha expuesto a sí mismo a un gran peligro en su intento de defender a su pueblo oprimido. El hecho de haber matado a un matón egipcio fue más ampliamente divulgado de lo que él hubiera querido. Su crianza real no lo hubiera protegido si el Faraón hubiera sospechado que planeaba liderar una revuelta de esclavos. Moisés tenía que abandonar Egipto de prisa, y encontrar refugio en el noroeste de Arabia.[46] Allí, igual que sus antepasados patriarcales, se convirtió en "un peregrino en tierra extranjera" (Ex. 2:22)—un hecho que reconoció cuando llamó a su hijo primogénito Gerson ("visitante").[47]

d. La llamada de Moisés (7:30-34)

> 30 "Cuando habían trascurrido cuarenta años, un ángel se le apareció en el desierto del Monte Sinaí, en la llama de una zarza ardiendo.

---

44. Artabano (*loc. cit.*) dice que los egipcios deben toda su civilización a Moisés, a quien él identifica con el egipcio Hermes (Tot). Un judío helenista Eupolemo, describe a Moisés como el inventor del alfabeto escrito (*On the Kings in Judaea*, citado por Eusebio, *Preparation* 9.26). De acuerdo con Filón (*Life of Moses* 1.20-24), Moisés era diestro en geometría, aritmética, poesía, música, filosofía, astrología, y todas las ramas de la enseñanza. Josefo (*Ant.* 2.229-30) lo describe como único en sabiduría, estatura y belleza. ¡Después de todo esto, el leguaje de Esteban parece casi una subestimación! Ver también J. G. Gager, *Moses in Greco-Roman Paganism* (Nashville/New York, 1972).

45. "Cuando Moisés hubo crecido," dice Ex. 2:11 (LXX μέγας γενόμενος citado en Heb. 11:24), pero Esteban dice que tenía 40 años en aquel momento. Esto tiene su paralelo en la tradición rabínica, donde su vida de 120 años (Beut.34:7) se divide en tres partes iguales, la primera finalizando en este punto y la segunda a su regreso desde Madián a Egipto (comp. Ex. 7:7).

46. Madián es probablemente la región este de Aqaba.

47. El segundo hijo, Eliezer, es mencionado en Ex. 18:3-4.

31 *Cuando Moisés la vio, se quedó asombrado. Al acercarse para mirarla, la voz del Señor vino a él.*[48]

32 *'Yo soy el Dios de tus padres, el Dios de Abraham, Isaac y Jacob.*[49] *Moisés, temblando, no se atrevía a mirar.*

33 *Entonces el Señor le dijo, 'Quítate las sandalias de los pies; el lugar en el que estás es tierra santa.*

34 *He visto ciertamente la aflicción de mi pueblo en Egipto. He oído su lamento, y he descendido para liberarlos. Ven ahora, te enviaré a Egipto.'*

7:30-34 El exilio de Moisés fue parte del plan divino: fue allí en el noroeste de Arabia, "en el desierto del Monte Sinaí," que un ángel del Señor se le apareció en una zarza ardiendo y la voz de Dios se dirigió a él.[50] El Dios que se reveló a sí mismo a Abraham en Mesopotamia, y dio a José la seguridad de su presencia en Egipto, ahora se comunicaba con Moisés con visión y voz en Madián, lejos de las fronteras de la tierra santa. Aquel pedazo de territorio gentil era "tierra santa" por la sola razón de que Dios se manifestó a sí mismo a Moisés allí.[51] Ningún lugar en la tierra posee ninguna santidad innata por sí misma. En su aplicación cristiana, este principio es excelentemente expresado por William Cowper en estas líneas:

"Jesús, donde se reúne tu pueblo,
    Allí está tu trono de misericordia;
Donde te buscan, allí eres encontrado,
Y cada lugar es tierra sagrada".

Pero encontró expresión mucho antes en el pacto de la ley de Israel: "en cada lugar," dice Yahweh, "donde yo haga recordar mi nombre, vendré a ti y te bendeciré". (Ex. 20:24).

El mensaje que Moisés recibió de Dios en esa tierra sagrada fue de fidelidad a su promesa. Dios no se había olvidado de su pacto con los patriarcas: seguía siendo el Dios de Abraham, Isaac y Jacob. Tampoco fue negligente con el sufrimiento de sus descendientes en Egipto: estaba en el punto de intervención

---

48. El texto Occidental lee "El Señor le habló, diciendo".

49. El texto Occidental sigue al Antiguo Testamento (Ex. 3:6) repitiendo "el Dios de" delante de "Isaac" y "Jacob". Comp. 3:13 (pp. 79–80, nn. 18, 24).

50. Comp. Ex. 3:1–4:17. La "montaña de Dios" se refiere allí como Horeb; la identidad de Horeb y Sinaí está indicada por una comparación de Ex. 3:12 y Deut. 1:6, etc., con Ex. 19:11–25. La identificación tradicional del Monte Sinaí con Jebel Musa en la Península del Sinaí no parece antedatar el Peregrinaje de Egeria (A.D. 385–88). El "ángel" visto por Moisés (v. 30) tiene especial interés mal'ak Yahweh (Ex. 3:2), por ejemplo, Yahweh se manifiesta a sí mismo a los seres humanos. En Ex.3 se le llama varias veces "el Ángel de Yahweh" (v. 2), "Dios" (v. 4), y "Yahweh" (v. 7); así en la narrativa de Esteban el ángel habla con la voz del Señor (v. 31), afirma ser Dios (v. 32), y es llamado "el Señor" (v. 33). Comp. vv. 35, 38, y 53 abajo (y nn. 56, 58, and 99).

51. Descalzarse era un signo de reverencia en la presencia divina, como era una señal de respeto del invitado cuando hacía una visita.

para su liberación, y en esta liberación Moisés tenía que ser su agente. "Ven, te enviaré a Egipto".

e. Peregrinación en el Desierto (7:35-43)

35 *"Este hombre Moisés, a quien ellos repudiaron con las palabras '¿Quién te ha nombrado nuestro gobernante y juez?'*[52] *—este es el hombre al que Dios ha enviado como su gobernante y libertador, con el poder del ángel que se le apareció en la zarza.*
36 *Este es el hombre que los sacó, después de hacer maravillas y señales en la tierra de Egipto y en el Mar Rojo, como también durante cuarenta años en el desierto.*
37 *Este es aquel Moisés que dijo al pueblo de Israel, 'Dios levantará un profeta como yo de entre tus hermanos.'*[53]
38 *Este es el que estuvo en la asamblea del desierto con el ángel que le habló en el Monte Sinaí y con nuestros antepasados; es el que recibió oráculos vivientes para que nos los trasmitiera.*
39 *Pero nuestros padres rehusaron obedecerle: lo rechazaron y regresaron a Egipto en sus corazones.*
40 *'Haznos dioses que vayan delante de nosotros," le dijeron a Aaron; 'porque este hombre Moisés, que nos sacó de la tierra de Egipto, no sabemos que le haya pasado.'*
41 *En aquellos días, además, hicieron un becerro, ofrecieron sacrificios al ídolo, y se regocijaron en lo que habían hecho sus manos.*
42 *Así que Dios les dio la espalda: los abandonó al culto de los ejércitos celestes. Como está escrito en el libro de los profetas:*
'¿Me trajisteis sacrificios y ofrendas a mí,
'aquellos cuarenta años en el desierto, oh casa de Israel?
43 *No: llevasteis el tabernáculo de Moloc*
'Y la estrella de vuestro dios Renfán
'Imágenes que os hicisteis para adorarlas.
'Yo os deportaré más allá de Babilonia.'[54]

7:35-36 El mismo hombre que su pueblo había rechazado, fue el hombre que Dios había escogido para ser su gobernante y redentor. Lo rechazaron la primera vez (como los hermanos de José había rechazado a José), pero la segunda vez que vino a ellos, no tenían más opción que aceptarlo (como los hermanos de José lo reconocieron en la segunda ocasión). El paralelo implícito con el reciente rechazado de Jesús es tan claro que no requiere elaboración. Toda la autoridad del

---

52. Algunos manuscritos Alejandrinos (א C 81) y el texto Occidental añaden "sobre nosotros" desde el v. 27.

53. El Texto Occidental, siguiendo el Antiguo Testamento (Deut. 18:15), añade "escuchadle a él".

54. Para "más allá de Babilonia" el Texto Occidental lee "a las partes de Babilonia"; esto fue probablemente calculado para concordar mejor con "más allá de Damasco" en Amós 5:27.

mensajero divino al que él había visto en la zarza ardiente permanece detrás de Moisés cuando regresa a Egipto para sacar a su pueblo de allí, y lo llevó a cabo y los sacó, en medio de las señales de su comisión celestial de modo que nadie pudiera negar—"las maravillas y señales[55] en la tierra de Egipto y en el Mar Rojo," por no hablar de aquellas que marcaron los siguientes años de travesía por el desierto.[56]

7:37 ¿Fue Moisés en todo esto un predecesor de Jesús, como Esteban parece estar reclamando? Las propias palabras de Moisés proveen una buena respuesta—y aquí Esteban cita la promesa a cerca del profeta como Moisés de Deut. 18:15 la cual Pedro ha citado ya en el atrio del templo (3:22).

7:38 Allí en el desierto Moisés fue el líder de su pueblo; allí se constituyeron en asamblea de Yahweh;[57] allí tuvieron el "ángel de la presencia"[58] en medio de ellos; allí recibieron a través de Moisés los oráculos vivientes de Dios.[59] ¿Qué más podía desear el pueblo de Dios?—y todo fue suyo en el desierto, lejos de la tierra prometida y de la ciudad santa.

7:39-41 A pesar de todo, ellos no estaban contentos: desobedecieron a Moisés y repudiaron su liderazgo, aunque él había hablado como portavoz de Dios y vice regente entre ellos. ¿Fue acusado Esteban de hablar "palabras blasfemas contra Moisés"—de propagar doctrinas que amenazaban la validez permanente de "las costumbres que Moisés nos entregó"? ¡Tal acusación bien vino de los

---

55. Así Jesús fue divinamente acreditado ante sus contemporáneos con "poderosos hechos y maravillas y señales" los cuales Dios realizó a través de él entre ellos (2:22).

56. La narrativa del Éxodo ilustra bien los dos vehículos principales de revelación especial empleados por Dios en el Antiguo Testamento—poderosas obras y comunicación profética. Las poderosas obras asistiendo al Éxodo no habrían sido entendidas por los israelitas de no haber tenido a Moisés, como el profeta o portavoz de Dios, interpretando su significado. Pero las grandes obras no fueron causadas por Moisés o sus palabras; estaban sencillamente más allá del control humano. Las grandes obras y palabras proféticas se apoyaban mutuamente, y a través de las dos unidas Dios mismo se dio a conocer a su pueblo. Cf. H. H. Rowley, *From Moses to Qumran* (London, 1963), pp. 3–31.

57. En Deut. 18:16, inmediatamente después del recordatorio de Moisés de la promesa divina de levantar un profeta como él mismo, menciona la petición que el pueblo había hecho a Dios "en el monte Horeb, el día de la asamblea" (Heb. *qāhāl*, LXX ἐκκλησία), que ellos no pudieran oír su voz hablándoles a ellos directamente. Como con Moisés la ἐκκλησία entonces, Cristo está con su ἐκκλησία ahora, y es todavía una ἐκκλησία peregrina, "la asamblea en el desierto". Ver en 5:11; n. 23.

58. El "ángel de la presencia" de Dios (lit., "el mensajero de su rostro," Heb. *mal'ak pānāw*) es el ángel que hizo su presencia real a los seres humanos—en otras palabras, el Ángel de Yahweh (ver n. 50). No se hace mención de este ángel en la narrativa del Éxodo dando la ley; compare, sin embargo, "el ángel del Señor" en Ex. 14:19; también Ex. 33:14, "mi presencia [Heb. *pānāi* 'mi rostro,' pero LXX αὐτός, 'yo mismo'] iré con vosotros". Ver también Isa. 63:9, con referencia al Éxodo y su continuación, "el ángel de su presencia los salvó" (LXX "él mismo los salvó"). Ver también n. 99 abajo.

59. Gr. λόγια ζῶντα (comp. Rom. 3:2; Heb. 4:12; 1 Pe. 1:23).

descendientes de aquellos que habían rehusado la autoridad de Moisés en su misma época, de gente cuya actitud hacia el profeta más grande que Moisés les había mostrado que eran hijos dignos de sus antepasados! Por qué, para aquellos israelitas en el desierto, con todos sus sagrados privilegios, la presencia de Dios no era suficiente: anhelaban volver a Egipto, de donde Moisés los había guiado para salir.[60] La invisible presencia de Dios no era suficiente para ellos: añoraban alguna forma de divinidad que pudieran ver. Cuando Moisés estaba ausente, recibiendo los "oráculos" de Dios en el Monte Sinaí, persuadieron a Aron para que fabricase "dioses que vayan delante de nosotros".[61] Así mostraron lo mucho que les importaba el culto puro, sin iconos, al Dios de sus padres. La larga historia de Israel degenerando en la idolatría, que provocó la protesta de un profeta tras otro y que finalmente los llevó al exilio, tiene sus principios en el desierto, cuando ellos ofrecieron sacrificios de homenaje al becerro de oro y celebraron un gran festival en honor a sus propias manualidades.[62]

7:42-43 El curso de su idolatría, tal como está trazado desde el Antiguo Testamento, desde el peregrinaje por el desierto hasta el exilio en Babilonia, lo encuentra Esteban resumido en las palabras de Amos 5:25-27. El culto en toda regla a los "ejércitos del cielo," los poderes planetarios, a los cuales Jerusalén se entregó durante los últimos años de la monarquía, bajo influencia Asiria, fue la fructificación de esa anterior idolatría en el desierto.[63] Fue más que su fructificación, de hecho; fue el juicio divinamente ordenado por aquella actitud rebelde. Dios se volvió y "los abandonó al culto a las huestes del cielo". Estas son palabras terribles, pero el principio de que hombres y mujeres están abandonados a las debidas consecuencias de sus propias acciones, está bien establecido en la Escrituras y la experiencia.[64] Mientras Esteban establece el principio aquí con respecto a la nación judía, Pablo la establece con respecto al mundo gentil en Rom. 1:24, 26, 28.

El texto Masorético de las palabras citadas de Amós difiere considerablemente de la forma reproducida aquí (la traducción de la LXX, con algunas variaciones). En las palabras y contexto original de Amós, profetizando la noche de la invasión Asiria que llevó al reino del norte de Israel a su desaparición, advierte a los israelitas de que serán deportados "más allá de Damasco" y de que llevarán con ellos al exilio los mismos símbolos de su idolatría—"Sakkuth vuestro rey y

---

60. Comp. Num. 14:3–4.

61. Ex. 32:1–6.

62. Comp. Salmo 115 (LXX 28):4 y 135 (LXX 134):15, donde los ídolos de las naciones son descritos como "plata y oro, obra de manos de hombres,"

63. Para las "huestes de los cielos" ver Deut. 4:19; 17:3; 2 Reyes (LXX 4 Kms.) 21:3, 5; 23:4–5; Jer. 8:2; 19:13; Zac. 1:5. Comp. p. 149, n. 71 abajo.

64. Comp. Ezeq. 20:25–26.

Kaiwan vuestro dios-estrella"—por los cuales Yahweh está a punto de juzgarlos.⁶⁵ Las dos formas del texto empiezan con la pregunta: "¿Me trajisteis sacrificios y ofrendas durante los cuarenta años en el desierto, oh casa de Israel?" Y en ambas formas del texto la respuesta implícita es "No".

Debe ser determinado cómo la respuesta implícita "No" fue entendida primero por Amós y después por Esteban.

Con respecto a la intención de Amós, se ha creído generalmente que él asumía que el culto de Israel en el desierto había sido enteramente no-sacrificial. Pero esta interpretación fracasa al ignorar el énfasis principal de sus palabras. Su pregunta probablemente quiere decir: "¿Eran meramente sacrificios y ofrendas, como un fin en sí mismos y no una expresión de vuestra lealtad de espíritu, lo que ofrecisteis en los días del desierto?" La respuesta esperada entonces sería: "No: ofrecimos algo más que eso; nosotros ofrecimos verdadero culto de corazón y justicia".⁶⁶ Amós, como Jeremías, mira hacia atrás a la experiencia en el desierto del período de luna de miel de Israel, cuando Yahweh era su delicia.⁶⁷

Esteban, sin embargo, siguiendo la LXX, entiende que el implícito "No" significa: "No: nosotros ofrecimos sacrificios y ofrendas de hecho, pero a otros dioses, no al Dios de Israel".⁶⁸ Él ha enfatizado de hecho la infidelidad de Israel al adorar al becerro de oro, e infiere de este episodio que la idolatría que los profetas más tarde condenaron, tiene su origen en el desierto. Incluso entonces el pueblo había sido rebelde de corazón; incluso entonces se habían extraviado en pos de divinidades extranjeras, llevándose "la tienda de Moloc" y "la estrella de vuestro dios Refán"—siendo Refán una designación para el planeta Saturno.

Esteban ciertamente no quiere decir que el tabernáculo de Moisés se había convertido realmente en "la tienda de Moloc" por causa de la perversión del puro

---

65. Un juicio similar es pronunciado sobre Babilonia en Isa. 46:1–2.

66. Para la interpretación de las palabras de Amós ver H. H. Rowley, *From Moses to Qumran*, pp. 72–75; *The Unity of the Bible* (London, 1953), pp. 30–43. Él cita a D. B. Macdonald proponiendo el mismo punto de vista en "Old Testament Notes: (2) Amós 5:25," *JBL* 18 (1899), pp. 214–15. Comp. Isa. 1:10–17; Jer. 7:21–23; Oseas 6:6; Miq. 6:6–8.

67. Comp. Jer. 2:2–3; también Oseas 2:14–15. Contrasta Ezeq. 20:13.

68. H.-J. Schoeps (*Theologie und Geschichte*, pp. 221–33, 238, 442–43) relaciona la negación implícita de Esteban de que Israel ofreció sacrificios a Yahweh en el desierto con el punto de vista de los Ebonitas de que la legislación sacrificial era una interpolación espúrea de la ley de Moisés; una de las tareas del Mesías, el profeta como Moisés (comp. v. 37), cuando viniera, sería para (creían ellos) eliminar aquellos añadidos y restaurar la ley a su pureza original. Incluso desde los textos del Pentateuco tal y como están, sería posible inferir que, mientras la legislación sacrificial fue de hecho dada a través de Moisés en el desierto, no era para ser llevada a cabo hasta después de su asentamiento en Canaán (comp. Deut. 5:31b y más especialmente Num. 15:2b)—pero esto sería irrelevante para el argumento de Esteban.

orden del culto de Israel:⁶⁹ se habla con mucho respeto del tabernáculo de Moisés en la siguiente frase, como el símbolo de la fidelidad permanente de Dios. Moloc y Refán son miembros de las "huestes del cielo";⁷⁰ Esteban quiere decir que el culto a los poderes planetarios, por el cual la nación perdió su libertad y sufrió la deportación, fue el clima del proceso idolátrico que había comenzado en el desierto. En principio, al menos, el culto a aquellos poderes tuvo su inicio en el desierto: fue a ellos a quienes los sacrificios y ofrendas fueron llevados incluso en aquella temprana fecha.⁷¹ Esteban no menciona la apostasía de Baal-peor, cuando Israel "comió los sacrificios a los muertos" (Salmo 106 [LXX 105]:28), pero eso hubiera reforzado su argumento.

Amós, profetizando el exilio del reino del norte a manos de los asirios, describió el lugar de su cautividad como "más allá de Damasco"; la traducción de la LXX coincide con el texto Masoreta. Pero la misma deslealtad a Dios de sus padres trajo un juicio similar en el reino del sur más de un siglo después, en el exilio de Babilonia, y Esteban en consecuencia, reemplaza "más allá de Damasco" con "más allá de Babilonia" (quizá por ser más pertinente en el contexto de

---

69. Comp. M. Simon ("St. Stephen and the Jerusalem Temple," p. 138): "Los sacrificios, incluso si son ofrecidos a Yahweh, en el templo, incluso construido en Jerusalén, siguen siendo lo que eran al principio—obras de idolatría. Ellos proceden en todos los casos de la mera y vana iniciativa humana: nunca fueron aprobados o santificados por Dios. No son más que una consecuencia, aceptada por Dios para prevenir el culto al becerro de oro: están al mismo nivel que el becerro de oro". Esta deducción de las palabras de Esteban son como la deducción comúnmente trazada desde los ataques de los grandes profetas a la práctica sacrificial contemporánea, quienes se oponían al principio del sacrificio en sí y no solamente al mal uso del mismo. La deducción en ambos casos puede no ser adecuadamente apreciada con la tendencia de la dicción profética de decir "no esto, sino aquello" donde nosotros diríamos "no solamente esto, sino aquello también" o "no tanto esto como aquello". Esteban ciertamente se expresa en el estilo de la tradición de los grandes profetas.

70. "El tabernáculo of Moloc" representaría Heb. sukkaṯ mōleḵ una re-vocalización de sikkûṯ malᵉḵem "Sakkut vuestro rey," donde sikkûṯ es en Acadiao *sakkut,* un nombre del planeta Saturno, equipado con la vocal señalada de Heb. siqqûṣ, "abominación". (Igualmente Moloch, mejor que Molech, es probablemente Heb.meleḵ "rey," utilizado como un título divino, equipado con la vocal señalada de bōšeṯ "vergüenza"—aunque Otto Eissfeldt, *Molk als Opferbegriff im Punischen und Hebräischen und das Ende des Gottes Moloch* [Halle, 1935], explicó la forma desde el Fenicio *molk,* un término para sacrificio humano probado en inscripciones de Cartago.) Raiphan (varias formas de deletrearlo Rephan, Remphan, Rompha, etc.) parece ser una forma de *repa* un nombre egipcio para Saturno, usado por los traductores de la LXX para reemplazar Kaiwan, el nombre asirio del mismo planeta (MT kiyyûn comp. KJV Chiun, involucra de nuevo el uso de la vocal señalada siqqûṣ).

71. Fue más precisamente bajo la influencia Asiria en el siglo VIII a.C. que el culto a las divinidades planetarias se hizo tan popular en Israel, pero la evidencia de los nombres de lugares cananitas muestra que fueron adorados tan pronto como desde el período de la correspondencia de Tell el-Amarna (*c.* 1370 a.C.).

Jerusalén). Los ídolos que habían hecho para adorar, no podrían darles ninguna ayuda en aquel terrible día.

f. El Tabernáculo y el Templo (7:44-50)

44 *"Nuestros antepasados tenían la tienda del testimonio en el desierto, como Moisés fue dirigido, por aquel que le hablaba, para hacerlo conforme al modelo que había visto.*

45 *Nuestros antepasados que les sucedieron, lo trajeron con Josué cuando desalojaron a las naciones que Dios expulsó de delante[72] de ellos, (y así permaneció) hasta los días de David.[73]*

46 *David halló favor a los ojos de Dios y buscó proveer un tabernáculo para el Dios[74] de Jacob.*

47 *Pero fue Salomón quien le construyó una casa.*

48 *El Altísimo, sin embargo, no habita en casas hechas con manos. Así el profeta dice:*

49 *'El cielo es mi trono;*
La Tierra es el estrado de mis pies.
¿Qué casa construiréis para mí?' dice el Señor,
'O cuál será mi lugar de descanso?

50 *¿No han sido mis manos las que lo crearon todo?'[75]*

7:44 Pero ¿no tenía el pueblo de Israel santuario en el desierto, ningún recordatorio de la presencia de Dios en medio de ellos, que tan inexplicable y tan rápidamente lo olvidaron y cayeron en la idolatría? Sí, en efecto, dice Esteban; tenían la "tienda del testimonio"—la "Tienda de la Cita," como traduce James Moffat. Fue llamada la tienda del testimonio porque contenía las tablas de la ley,

72. Lit., "delante de nuestros padres".

73. No está claro si "hasta los días de David" marca el final del proceso de desposeimiento o el fin de la peregrinación de la "tienda del testimonio"; en vista de lo que sigue, lo último es más probable.

74. Para "Dios" (θεῷ), la lectura de of ℵ^c A C E Ψ byz lat syr cop etc., hay una variante fuertemente probada "casa" (οἴχῳ), en P^{74} ℵ*B D H 049 *pc* cop$^{sa.cod}$. Un fuerte argumento a favor de "casa" es que pueda tratarse más de un asimilación por trasmisión a "Dios," la lectura de la LXX lee Salmo 131 (MT 132):5, que *vice versa*. Hort y Ropes, están de acuerdo que θεῷ puede haber sido una enmienda de οἴκῳ sugiere que οἴκῳ mismo puede ser una corrupción primitiva de κυρίῳ ("Lord"), escrito κω (en la LXX τόπον τῷ κυρίῳ aparece en paralelo con σκήνωμα τῷ θεῷ Ἰακώβ. La dificultad en aceptar οἴκῳ es que "proveer un tabernáculo para la *casa* de Jacob" es una idea poco natural en el contexto, donde el énfasis reside en la imposibilidad de hacer un lugar de morada para *Dios*. Además, ἀυτῷ en la siguiente frase puede significar "para Dios"; no puede tener "la casa de Jacob" como su antecedente. A favor de οἴκῳ, ver Lake-Cadbury, *Beginnings* I.4, p. 81; Schoeps, *Theologie und Geschichte*, p. 238; F. C. Synge, "Studies in Texts: Acts 7:46," *Theology* 55 (1952), pp. 25–26; para la defensa de θεῷ ver M. Simon, "Saint Stephen and the Jerusalem Temple," p. 128.

75. Isa. 66:1–2.

ampliamente conocida como "el testimonio". El arca en la que estas tablas fueron colocadas fue, por tanto, llamada el "arca del testimonio"; la tienda, que servía como un santuario para el arca, fue correspondientemente llamada (entre otras cosas) la tienda del testimonio.[76] No era una tienda corriente: Fue hecha bajo el mandato divino de Dios, y construida en cada detalle conforme al modelo que le había sido mostrado a Moisés en el monte sagrado.[77] El escritor a los Hebreos presta especial atención a este modelo, identificándolo con el santuario celestial, "establecido no por hombre sino por el Señor" (Heb.8:2). Pero, mientras el escritor a los Hebreos presta atención a los sacrificios ofrecidos asociados con el santuario en el desierto y a su significado tipológico, Esteban guarda un silencio significativo al respecto; los únicos sacrificios que menciona son aquellos ofrecidos a los ídolos.

Esteban acaba de contrarrestar el cargo de blasfemia contra Moisés con una *vos quoque; ahora procede a contrarrestar el cargo de blasfemia contra Dios*—esto es, contra su morada—de la misma manera. Los antepasados de sus acusadores y jueces se habían rebelado contra Moisés; mostraron el mismo desprecio por el santuario que daba testimonio de que Dios estaba continuamente morando en medio de ellos a medida que se desplazaban de un lugar a otro.

7:45 Cuando los israelitas finalmente entraron en la tierra de Canaán bajo el liderazgo de Josue,[78] se llevaron la tienda del testimonio con ellos, juntos con el arca sagrada que la consagraba. La tienda permaneció con ellos, en un lugar u otro, a través del periodo de desalojo de los cananitas y su asentamiento en la tierra, hasta la época de David. "En su carácter móvil—nosotros podemos llenar aquí los intersticios del argumento—la tienda era un tipo o figura del Dios nunca cesante, de las citas nunca suspendidas para la salvación de Su pueblo".[79]

7:46 Hacia el final del período de los jueces, el arca fue capturada por los filisteos. Cuando se sintieron obligados a restaurarla, Samuel sabiamente la relegó a un sitio de oscuridad. Cuando el rey David estableció la nueva capital en Jerusalén, realzó su carácter sagrado sacando el arca de su lugar relegado en Kiriath-jearim e instalándola en una tienda santuario que él había erigido para ello en el Monte Sión.[80] La conmemoración de este acto está en el Salmo132:2-5, donde está relatado

---

76. LXX uses ἡ σκηνὴ τοῦ μαρτυρίου para traducir no solamente Heb. miškan hā‛ēḏūṯ șomo en Ex. 38:21 (LXX 37:19), etc., sino también Heb. ʾōhel mô‛ēḏ "tienda de reunión," como en Ex. 27:21, etc. (Es la expresión posterior que Moffatt traduce "tienda de citas".)

77. Ex. 25:9, 40; 26:30; 27:8. Comp. la elaboración de este tema en Heb. 8:5; 9:23–24.

78. Gr. Ἰησοῦς por consiguiente KJV "Jesús" (como en Heb. 4:8). Puede ser una sugerencia táctica que no es por accidente que el líder que los llevó a la tierra prometida, llevara el mismo nombre de aquel por cuyo liderazgo el pueblo de Dios iba a heredar mejores promesas.

79. W. Manson, *The Epistle to the Hebrews*, pp. 33–34.

80. Comp. 1 Sam. (LXX 1 Kms.) 4:1b–7:2; 2 Sam. (LXX 2 Kms.) 6:1–7:29.

"de cómo él juró a Yahweh,
　e hizo voto al Poderoso de Jacob:
'No entraré en mi casa
　Ni me iré a la cama;
No daré descanso a mis ojos
　Ni dormir a mis pestañas,
Hasta que encuentre un lugar para Yahweh,
　Una morada para el Poderoso de Jacob.' "[81]

Pero cuando derrotó a sus enemigos dentro y fuera de la tierra, David anhelaba proveer una morada más noble para el arca (la señal de la presencia de Dios en medio de su pueblo) que esa tienda-santuario. El contraste entre su propio palacio, forrado de madera de Cedar, y las cortinas de la tienda con el arca encima, pesaba en su mente. Le hizo esta confidencia al profeta Natán, y su primera reacción fue felicitar al rey y encomiarle a actuar conforme a su deseo y construir un palacio para el arca de Dios. Pero Natán pronto se cercioró más claramente de la mente de Dios, y regresó a David con el mensaje de que Dios no deseaba una casa de Cedar para El. Por el contrario, lo que deseaba era establecer la casa de David—su dinastía—a perpetuidad.

Natán siguió diciéndole a David que su hijo y sucesor construiría una casa para el "nombre" de Dios. Pero Esteban evidentemente no consideraba que la construcción del templo de Salomón era el cumplimiento de esta promesa. Está claro que muchos de los primeros cristianos interpretaron la promesa de acompañamiento, de que este hijo de David establecería su trono para siempre, como cumplimiento en Cristo.

"El será grande, y será llamado Hijo de Altísimo;
　Y el Señor Dios le dará el trono de su hijo David,
　Y el reinará sobre la casa de Jacob para siempre;
　　Y su reino no tendrá fin" (Lucas 1:32–33).

Era también en Cristo, creían ellos, que la promesa de una nueva casa, construida para el nombre, fue totalmente cumplida. Fue directamente después de la entrada en Jerusalén, cuando él fue aclamado como hijo de David, que Jesús entró en el área del templo y expulsó del atrio de los gentiles a los intrusos cuya actividad impedía el cumplimiento de su verdadero propósito. "¿No está escrito," preguntó, "'Mi casa será llamada casa de oración para todas las naciones'?" (Mr. 11:17).[82]

---

81. Según M. Simon ("Saint Stephen and the Jerusalem Temple," p. 129), el "lugar" (Gr. τόπος) en esta cita es Jerusalén; el "lugar de morada" (Gr. σκήνωμα, "tabernáculo," "vivac") es la tienda-santuario que David erigió para el arca en Sión (comp. 2 Sam. [LXX 2 Kms.] 6:17; 1 Cron. 15:1), en contraste con la "casa" (Gr. οἶκος) que construyó Salomón (v. 47; comp. 2 Sam. [LXX 2 Kms.] 7:6 con 1 Cron. 17:5).

82. ¿Estaba implícita la preocupación de nuestro Señor por aquellos gentiles que deseaban acercarse tanto como fuera posible para adorar al verdadero Dios lo que guió a los griegos a

En estas palabras se vislumbra lo que el nuevo templo en el que aquellos que eran anteriormente "extranjeros y peregrinos" son hechos ahora "conciudadanos con los santos" y "edificados" en un santuario vivo que es perfecto para "la morada de Dios en el Espíritu" (Ef. 2:19–22). El trabajo de edificación comienza con la resurrección de Jesús: era de "el templo de su cuerpo" de lo que él estaba hablando cuando se comprometió a levantarlo en tres días (Jn.2:20-21). Si algo de dicha intención es correctamente rastreado en el lenguaje de Esteban aquí, subraya la relevancia de este discurso como una introducción teológica a la narrativa de Lucas con respecto a la misión a los gentiles.

7:47 En contraste con el "tabernáculo" o vivac[83] que David erigió a Dios, la casa[84] que Salomón, su hijo, construyó era una estructura de piedra, inmóvil, fija a un punto determinado. La brevedad con la que la construcción de Salomón se introduce y se abandona, y el contraste implícito con la intención de David, que no iba a llevarse a cabo hasta el advenimiento de uno más grande que Salomón, expresa sencillamente desaprobación. Sin embargo, tal vez no es tanto la acción de Salomón lo que Esteban desaprueba—el mismo Salomón confiesa que ningún templo hecho con manos podría albergar al Dios del cielo: "Los cielos, y los cielos de los cielos no pueden contenerte; ¡Mucho menos la casa que yo te he construido!" (1 Reyes 8:27)[85] Fue más bien el estado de ánimo lo que levantó el templo—un estado de ánimo que no podía haber sido engendrado por el tabernáculo móvil—lo que Esteban reprobó, como Jeremías había hecho en su día.

7:48 Los dioses paganos podrían ser albergados en santuarios materiales, pero no el Dios Altísimo. Esto fue enseñado por el más alto paganismo, así como también por judíos y cristianos.[86] El contraste entre lo que es "hecho con

---

pedirle una entrevista durante la Semana Santa en Jerusalén (Jn.12:21) Es importante notar que él fue inmediatamente para hablarles de su inminente "glorificación"—su ser "resucitado" en doble sentido—como la condición para el acercamiento de él mismo no solamente a los judíos creyentes, sino a todos sin distinción. Es importante, también, notar, que mientras la descripción del templo como "una casa de oración para todas las naciones" es una cita directa de Is. 56:7, es también un eco del pasaje de la oración de dedicación de Salomón, donde se hizo provisión para el extranjero que "venga a orar en esta casa" (1 Reyes [LXX 3 Kms.] 8:41–43).

83. Gr. σκήνωμα, como en Salmo 132 (LXX 131):5 (comp. n. 81).

84. Comp. 1 Reyes (LXX 3 Kms.) 6:2, "la casa (Gr. οἶκος traduciendo Heb. báyiṭ) la cual el rey Salomón construyó para Yahweh".

85. También debería ser observado que en la oración de dedicación de Salomón (1 Reyes [LXX 3 Kms.] 8:23–53) nada se dice sobre el uso de sacrificios en el templo; su principal función era ser una casa de oración. Comp. el punto de vista adscrito a Trifón el Judío en el *Diálogo* (117:2) de Justino, que Mal. 1:10–12 significa que "Dios no aceptó los sacrificios de aquellos que moraban entonces en Jerusalén, y eran llamados israelitas; pero declara su placer con las oraciones de los miembros dispersos de la nación, y llama a sus oraciones sacrificios".

86. Fue constantemente enfatizado en la propaganda judía, y más tarde también cristiana, contra el paganismo (comp. 17:24–25); para el paganismo más grande ver la cita de Eurípides

manos" y lo que es "no hecho con manos" es una característica prominente en la catequesis primitiva del Nuevo Testamento y la temprana apologética cristiana.[87] En lo que respecta al templo, el contraste parece ir hasta el mismo Señor. Aunque la evidencia dada en el juicio contra él, a efectos de lo que él dijo, "Yo destruiré este templo hecho con manos, y en tres días construiré otro, no hecho con manos" (Mr. 14:58), es descrito como "falso testimonio," no es probable que haya sido falso en este punto.[88]

7:49-50 Para enfatizar la total concordancia de este caso con la revelación profética, Esteban cita las palabras de obertura de Is. 66—palabras que claramente anticipan su propio argumento, ya sea que su primera referencia sea la construcción del segundo templo o alguna otra ocasión.[89] Allí el profeta viene a decir en el nombre de Yahweh, casi inmediatamente después del pasaje citado por Esteban: "Pero este es el hombre al que yo miraré, a aquel que es humilde y contrito de espíritu, y que tiembla a mi palabra" (Isa. 66:2b). Esto bien describe el carácter del pueblo de Dios, quien constituye el verdadero templo (comp. Isa. 57:15). Pero para aquellos que imaginan que pueden localizar la presencia de Dios, la desdeñosa respuesta es: "¿Cuál es el lugar de mi reposo?" ¿Creen que pueden hacer que Dios "este quieto"—apresarlo en una hermosa jaula adornada?[90]

---

debajo, p.336 Comp. también el Oráculo de Sibila 4.8-11: "Él no tiene por habitación una piedra puesta como un templo, sorda y muda, una perdición y ¡ay de los mortales! Sino uno que puede no ser visto desde la tierra, o ser medido con ojos mortales, ya que no fue hecha con mano mortal". (Algunas líneas más abajo este poema, 25-30, puede ser comparado con las palabras citadas de Trifón en n.85: "Feliz entre los seres humanos en la tierra aquel que...vuelva sus ojos desde todo templo y todos los altares, estructuras vanas de piedra que no pueden oír, profanado con la sangre de cosas vivientes y sacrificios de bestias de cuatro patas, y mira la gran gloria de único Dios".)

87. Comp. la referencia despectiva en 19:26 a continuación "dioses hechos con manos". En contraste con el adjetivo compuesto "no hecho con manos" (Gr. ἀχειροποίητος), utilizado en Marc. 14:58 del nuevo templo, es utilizado en 2 Cor. 5:1 de la resurrección del cuerpo, en Col. 2:11 de la circuncisión espiritual, como contra "los así llamados circuncisión en la carne, llevada a cabo por mano humana" (Ef. 2:11).

88. Comp. M. Simon, "Saint Stephen and the Jerusalem Temple," pp. 133–37; C. F. D. Moule, "Sanctuary and Sacrifice in the Church of the New Testament," *JTS* n.s. 1 (1950), pp. 29–41.

89. La ocasión es casi ciertamente el edificio del templo de Zorobabel, aunque se han hecho intentos a veces (por ej. T. K. Cheyne and B. Duhm) en relacionar el oráculo con un templo samaritano en Gerizim. T. C. G. Thornton ("Stephen's Use of Isaiah LXVI," *JTS* n.s. 25 [1974], pp. 432–34) cita un Midrash arameo en el cual Isaías hace Is.66:1-2 (junto con 1 Reyes 8:27) la base de una predicción de Nabucodonosor sobre la destrucción del templo de Salomón, y así esto incurre en la ira asesina del rey Manasés.

90. Este es el gravamen del argumento de Esteban. En muchos aspectos el tabernáculo y el templo son comparables. Ambos son copias de los bocetos divinamente entregados: el tabernáculo del desierto fue creado de acuerdo con el arquetipo mostrado a Moisés en el Sinaí, y el templo de Salomón, de acuerdo con Crónicas, fue construido conforme a un plano que David "hizo claro

"El propósito del Templo no era...convertirse en una institución *permanente*, deteniendo el avance del plan divino para el pueblo de Dios".[91]

El argumento de Esteban concluye pues así; todo lo que falta es conducir a casa la conciencia de su audiencia. El ha respondido a los cargos presentados por la acusación; En cuanto al cargo de subversión contra la tradición Mosaica, no es él, si no la nación, y preeminentemente sus líderes, que deberían ser declarados culpables: su culpabilidad está ampliamente probada por sus propias Sagradas Escrituras, hasta la época del mismo Moisés. En cuanto al cargo de blasfemar a Dios al anunciar la supresión del templo por "este Jesús de Nazaret," no hace ningún intento de negarlo, pero justifica su posición reivindicando que es la posición que mantuvieron los patriarcas y profetas, mientras que la posición de sus oponentes involucra una negación ciega al consistente testimonio de las Escrituras. "el discurso de Esteban, pues, se convierte el mismo en una gran defensa de la doctrina de la Iglesia Invisible, basada en un amplio repaso de la historia del pueblo de Dios".[92]

g. Aplicación personal (7:51-53)

51 *"Vosotros, gente obstinada, desobedientes de corazón y de oído,*
siempre os oponéis al Espíritu Santo. Vuestro padres lo hicieron, y así también vosotros.
52 *¿A cuál de los profetas no persiguieron vuestros padres? Mataron a aquellos que anunciaron de antemano la venida[93] del Justo; vosotros ahora lo habéis traicionado y asesinado—*
53 *vosotros, que recibisteis la ley por medio de los ángeles, pero no la obedecisteis".*

7:51 Habiendo defendido así su posición, Esteban ahora aplica la moral a sus oyentes en un autentica vena profética. Lo repentino de su invectiva ha tomado a algunos de sus comentaristas por sorpresa, como seguramente les pasó a sus oyentes; y se ha sugerido que las inmediatas palabras precedentes pueden haber ocasionado un estallido de ira en la corte, al que ahora él va a responder. Pero es innecesario pensar en ninguna interrupción en este punto. Realmente no había nada que añadir después de su cita de Isa. 66:1–2; que cerró su caso. Las palabras

---

por escrito de la mano de Yahweh al respecto". (1 Cron. 28:19). Ambos, de acuerdo con los escritos canónicos del Antiguo Testamento, estaban asociados con los sacrificios rituales, aunque Esteban no diga nada al respecto (sería necio, sin embargo, extraer conclusiones positivas de su silencio). Ver M. Simon, *Verus Israel* (Paris, 1948), pp. 111–17. El punto en el que Esteban se concentra es el punto principal de distinción de las dos estructuras: el tabernáculo era movible, el templo no.

91. W. Manson, *The Epistle to the Hebrews*, p. 34.
92. A. Cole, *The New Temple* (London, 1950), p. 38.
93. Gr. ἔλευσις G. D. Kilpatrick ha argumentado que esta palabra podría haber sido usada como un término técnico del helenismo judío, designando el adviento mesiánico ("Acts VII 52 ΕΛΕΥΣΙΣ, "*JTS* 46 [1945], pp. 136–45). No ocurre en ningún otro lugar de la biblia griega.

que siguen resumen en términos puntuales y personales el dictamen que había estado construyendo a lo largo de su discurso.

Que la nación era obstinada, de "dura cerviz," era una queja tan antigua como la peregrinación por el desierto—una queja hecha por Dios mismo (Ex. 33:5). La descripción de ellos como desobedientes—"incircuncisos de corazón y de oído"—significa que, mientras ellos estaban circuncidados en el aspecto literal, de acuerdo a la institución Abrahamica, su falta de respuesta y resistencia a la revelación de Dios eran tales, que bien podrían haberse esperado de los gentiles a quienes Él no había dado a conocer su voluntad (comp. Lev. 26:41; Deut. 10:16; Jer. 4:4; 6:10; 9:26; Ezeq. 44:7). Moisés y los profetas habían descrito a las generaciones anteriores en estos términos; eran igualmente ciertos, dijo Esteban, para la generación contemporánea.

7:52 Muchos de los profetas de Dios en los tiempos del Antiguo Testamento sufrieron persecución y algunas veces la misma muerte por su fidelidad al propósito divino. Hay una amplia evidencia de esto en los libros canónicos, y la tradición judía elabora el tema,[94] describiendo por ejemplo, el martirio de Isaías por aserramiento en el reinado de Manases[95] y el de Jeremías por apedreamiento a manos del pueblo que le había obligado a bajar a Egipto con ellos.[96] Mucha de esa oposición a los profetas fue debida a su ataque contra las pervertidas nociones de Israel con respecto al verdadero culto a Dios—un ataque ilustrado en los textos proféticos citados en el discurso de Esteban. Esteban se sitúa a sí mismo en la sucesión profética al atacar el historial de Israel precisamente en este punto; es por tanto, especialmente relevante, que la tradicional hostilidad de Israel sea mencionada aquí.

Pero ¿no reprobaron los judíos de los últimos días el comportamiento de sus antepasados hacia los profetas? Ciertamente sí. "Si nosotros hubiéramos vivido en los días de nuestros padres," dijeron ellos, "no hubiéramos tomado parte en el derramamiento de sangre de los profetas" (Mt. 23:30). Pagaron tributo a la memoria de los profetas y construyeron monumentos en su honor. Pero Esteban insistió en que ellos eran todavía los hijos de sus antepasados, manteniendo la misma hostilidad hacia los mensajeros de Dios:[97] si aquellos antepasados mataron a aquellos que les anunciaron la venida de Justo,[98] ellos mismos – y aquí el dict-

---

94. Ver T. Schermann (ed.), *Prophetarum Vitae Fabulosae* (Leipzig, 1907); C. C. Torrey (ed.), *Lives of the Prophets* (Philadelphia, 1946); H. -J. Schoeps, "Die jüdischen Prophetenmorde," in *Aus frühchristlicher Zeit* (Tübingen, 1950), pp. 126–43.

95. Ver *Ascension of Isaiah* 5:1–14; TB Y^{e}bāmôt 49b; *Sanhedrin* 103b; Justin *Dialogue* 120.5; Tertullian, *On Patience* 14.

96. Ver Tertuliano, *Remedy against Scorpions* 8; Jerónimo *Against Jovinian* 2:37.

97. Comp. el argumento en Mat. 23:29–37; 1 Tes. 2:15–16.

98. Para la designación de Cristo comp. 3:14 (n. 29); 22:14.

amen de Esteban es dirigido particularmente a los principales jefes sacerdotales – habían llevado esa hostilidad a su conclusión lógica entregando al Justo a una muerte violenta.

7:53 Al rechazar al Mesías, habían cumplido las expectativas de sus padres. Sus padres habían rechazado sistemáticamente el plan de Dios, el propósito por el cual Dios los había hecho una nación y los había llamado a una relación de pacto con él; sus descendientes habían repudiado ahora a aquel en quien el plan y propósito divino debía ser consumado. En los primeros días de la nación, desobedeció la ley de Dios, aunque habían recibido la ley por mediación angélica.[99] Y ahora en estos últimos días, cuando Dios les había hablado no por medio de un ángel, sino a través del Justo *par excellence,* los oyentes de Esteban lo rechazaron incluso con mayor firmeza.

7. El apedreamiento de Esteban (7:54-8:1a)

a. Testimonio final de Esteban (7:54-56)

54 *Al oír esto, se enfurecieron y rechinaban los dientes contra él.*
55 *Pero él, siendo lleno del Espíritu Santo, miró al cielo y vio la Gloria de Dios, y a Jesús[100] estando a la mano derecha de Dios.*
56 *"¡Mirad!" dijo, "veo los cielos abiertos, y al Hijo del Hombre estando a la mano derecha de Dios".*

---

99. Los ángeles, a través de cuya mediación se dice que la ley ha sido instituida, son mencionados en otros lugares del Nuevo Testamento. En Gal.3:19 la administración angélica de la ley es aducida por Pablo para mostrar su inferioridad con respecto a la promesa que Dios hizo a Abraham sin ninguna mediación. En Heb.2:2 se argumenta que si incluso la ley, "hablada a través de ángeles," impuso penas inexorables sobre aquellos que la infringieron, mucho más inexorable debe ser la pena por ignorar la revelación última de Dios, comunicada no a través de ángeles sino de propio su Hijo, "tanto más superior a los ángeles como el nombre que ha obtenido es más excelente que el de ellos".(Heb. 1:4). En Deut. 33:2 LXX se dice que Dios fue asistido por ángeles en su teofanía en el Sinaí (ἐκ δεξιῶν αὐτοῦ ἄγγελοι μετ' αὐτοῦ), y esta idea aparece en varios textos judíos posteriores, pero la asistencia angélica (comp. Salmo 68 [LXX 67]:17) no implica necesariamente mediación. Hay un posible paralelo de la afirmación de Esteban acerca de la mediación angélica en Josefo (*Ant.* 15.136), donde Herodes dice que las doctrinas judías y la ley han sido aprendidas de Dios a través de ángeles (δι' ἀγγέλων), pero esa referencia puede ser a mensajeros humanos, profetas. Sin embargo, Esteban (Lucas), Pablo, y el escritor de Hebreos, todos parecen tratar la mediación angélica de la ley como una idea familiar y aceptada. El argumento de Esteban es que la impiedad de aquellos, que habiendo recibido la ley, la menospreciaron era la más atroz porque fue comunicada a través de seres tan superiores y santos como los ángeles. See F. F. Bruce, *The Epistle to the Galatians,* NIGTC [Grand Rapids/Exeter, 1982], pp. 176–78).

100. El texto Occidental lee "El Señor Jesús".

7:54 A la primera parte del discurso de Esteban sus jueces pueden quizá haber escuchado con considerable interés, preguntándose a dónde le llevaría su esquema de los tiempos patriarcales. Pero a medida que continuaba, el giro de su argumento se hacía más claro, y lo escucharon con creciente enfado y horror.[101] Y cuando él lanzó la acusación de blasfemia, oposición persistente a Dios y a sus caminos, señalándolos a ellos mismo, su enojo y rabia ya no podían ser contenidos.[102]

7:55-56 Mientras sus oyentes daban rienda suelta a su enfado, Esteban permaneció calmado, completamente controlado, como antes, por el Espíritu de Dios, cuando de repente, mientras mantenía su mirada fija arriba, una visión de la Gloria de Dios fue percibida por su ojo interno. Mucho más real para él que los gestos y gritos de enfado de aquellos que le rodeaban, era la presencia de Jesús a la derecha de Dios. "Mirad" exclamó, "Veo los cielos abiertos y al Hijo de Hombre estando a la mano derecha de Dios".[103]

No muchos años antes, otro prisionero había estado en el banquillo del mismo tribunal, acusado de las mismas ofensas que Esteban. Pero cuando la evidencia hostil emergió, el sumo sacerdote exhortó al prisionero para que dijera al tribunal llanamente si era de verdad el Mesías, el Hijo de Dios. Él había dicho "Sí" y nada más, no está claro que podría haber sido condenado por un delito capital. "Mesías" no era su elegida auto-designación, pero si la pregunta se le hubiera hecho así, podría haber dicho "No". Él continuó, sin embargo, para contextualizar su respuesta con palabras de su propia elección: "vosotros veréis al Hijo de Hombre sentado a la mano derecha del Altísimo, y viniendo en las nubes del Cielo (mr.14:62).[104] No se requirió nada más: Jesús fue declarado culpable de blasfemia y juzgado digno de muerte. Ahora Esteban en el mismo lugar, estaba haciendo la misma declaración, de hecho, que aquellas palabras de Jesús, lejos de ser falsas y blasfemas, eran palabras de sobria verdad que habían recibido su vindicación y cumplimiento de parte de Dios. A menos que los jueces estuvieran preparados para admitir que su primera decisión fue trágicamente un error, no tenían otra opción que encontrar a Esteban culpable de blasfemia también.

---

101. Llamar al discurso "un tedioso esquema de la historia de Israel" (G. B. Shaw, *Androcles and the Lion* [London, 1928], p. lxxxv) traiciona con sorprendente insensibilidad su tendencia revolucionaria.

102. "Se enfurecieron" (Gk. διεπρίοντο). Para el mismo verbo comp. 5:33. Para el rechinar de dientes como un gesto de rabia comp. Job 16:9; Salmo 35 [LXX 34]:16). También se utiliza para expresar la angustia infructuosa de la desesperación; comp. Luc. 13:28 (βρυγμὸς ὀδόντων, de βρύχω, el verbo usado aquí).

103. Igualmente Santiago el Justo, de acuerdo a Hegesipo, dijo a sus jueces, "¿Por qué me preguntáis a cerca del Hijo del Hombre? Está sentado a la mano derecha del Altísimo en el cielo, y volverá en las nubes del cielo" (Eusebio, *HE* 2.23.13).

104. Para la interrelación de los tres sinópticos en el relato de estas palabras ver I. H. Marshall, *The Gospel of Luke*, NIGTC (Grand RapidsÉxeter, 1978), pp. 849–51.

Testimonio final de Esteban (7:54-56)

Esta es la única ocurrencia en el Nuevo Testamento de la frase "Hijo del Hombre" fuera de los Evangelios.[105] Aparte de este ejemplo, se encuentra solamente en los labios de Jesús. Tiene su raíz en el Antiguo Testamento en Dan. 7:13-14, donde una figura humana ("uno como un hijo de hombre" en la traducción literal del arameo) se ve venir al entronizado Anciano de los Días "en las nubes del cielo" para recibir el dominio universal. La expresión no griega "el Hijo de Hombre" (más literalmente el Hijo del Hombre") significa "el 'uno como un hijo de hombre' " quien va a recibir el dominio del mundo, pero como no era un término técnico de uso corriente, Jesús podría y de hecho lo utilizó libremente para sí mismo y en el sentido que él eligió. El contexto en Dan. 7:13-27 relaciona estrechamente al "uno como un hijo de hombre" con "los santos del Altísimo," a quienes en el Nuevo Testamento se identifica con los discípulos de Jesús y sus convertidos.[106]

La respuesta de Jesús a la pregunta del sumo sacerdote combina la descripción de Daniel de "uno como un hijo de hombre" viniendo en las nubes del cielo con el oráculo del Salmo 110:1 en el que el rey de Israel es invitado por Yahweh a sentarse a su mano derecha. Este oráculo subraya la descripción de la presente visión de Esteban. Pero Esteban ve al Hijo de Hombre no sentado, sino estando a la mano derecha de Dios. ¿Hay alguna diferencia significativa en este cambio de verbo?

Algunos comentaristas han pensado que no; C. H. Dodd, por ejemplo, remarca que el verbo estar "tiene habitualmente el sentido de 'estar situado', sin implicar necesariamente una actitud de estar erguido".[107] Pero en alusión al Salmo 110:1 el participio "sentado" es tan constante que esta excepción demanda una explicación. Varias explicaciones se han venido ofreciendo. "Él no ha tomado

---

105. La expresión en Apoc. 1:13 y 14:4 no es el título ὁ υἱὸς τοῦ ἀνθρώπου sino ὅμοιον υἱὸν ἀνθρώπου ("uno como el hijo del hombre," por ej. Una figura humana, como en Dan. 7:13).

106. La literatura sobre el tema del "Hijo del Hombre" es voluminosa. Ver (entre otras discusiones) C. Colpe, *TDNT* 8, pp. 400-477 (*s.v.* ὁ υἱὸς τοῦ ἀνθρώπου); T. W. Manson, "The Son of Man in Daniel, Enoch and the Gospels," in *Studies in the Gospels and Epistles* (Manchester, 1962), pp. 123-45; H. E. Tödt, *The Son of Man in the Synoptic Tradition*, E.T. (London, 1966); F. H. Borsch, *The Son of Man in Myth and History* (London, 1967); M. D. Hooker, *The Son of Man in Mark* (London, 1967); C. F. D. Moule, "Neglected Features in the Problem of 'the Son of Man,' " in *Neues Testament und Geschichte*, ed. J. Gnilka (Freiburg, 1974), pp. 413-28; R. Pesch and R. Schnackenburg (eds.), *Jesus und der Menschensohn* (Freiburg, 1975); M. Casey, *Son of Man* (London, 1979); A. J. B. Higgins, *The Son of Man in the Teaching of Jesus* (Cambridge, 1980); J. Coppens, *Le Fils de l'Homme Néotestamentaire* (Leuven, 1981) and *Le Fils de l'Homme Vétéro- et Intertestamentaire* (Leuven, 1983); B. Lindars, *Jesus: Son of Man* (London/Grand Rapids, 1983); S. Kim, "The 'Son of Man' "as the Son of God, WUNT 30 (Tübingen, 1983); G. Vermes, "The Present State of the 'Son of Man' Debate," in *Jesus and the World of Judaism* (London, 1983), pp. 89-99.

107. C. H. Dodd, *According to the Scriptures* (London, 1952), p. 35n.; cf. G. H. Dalman, *The Words of Jesus*, E.T. (Edinburgh, 1902), p. 311.

todavía definitivamente su asiento," dice William Kelly, "sino que estaba aún dando a los judíos una última oportunidad. ¿Rechazarían el testimonio de Él ciertamente elevado a las alturas, pero como una señal de estar esperando si por ventura vinieran al arrepentimiento y él pudiera ser enviado para traer los tiempos de refrigerio aquí abajo?"[108] Pero desde el punto de vista de Lucas esta no era la "última oportunidad" para los judíos; ellos continúan recibiendo más oportunidades hasta el mismo final de su narración[109]

Es más plausible, que Jesús haya sido descrito como levantándose del trono de Dios para saludar a su proto-mártir; J. A. Bengel, que acepta este punto de vista, cita a los mismos efectos al poeta cristiano del siglo XVI Arator.[110] Otros han entendido que Esteban predice el advenimiento de la Gloria de Cristo: "Cristo se levanta en preparación para su Parusía," dice Huw Pari Owen.[111] Un refinamiento de esta interpretación es propuesta por C. K. Barrett: Jesús está de hecho de pie porque "está a punto de venir," pero Lucas cree que "la muerte de cada cristiano estaría marcada por lo que nosotros denominaríamos una privada y personal *parusía* del Hijo del Hombre".[112]

Mas probablemente las palabras de Esteban deberían interpretarse juntamente con la promesa de Jesús: "todo aquel que me reconoce delante de los hombres, el Hijo del Hombre también lo reconocerá delante de los ángeles de Dios" (Lc. 12:8; en Mt. 10:33 "El Hijo del Hombre" es sustituido por "Yo"). Es decir, Jesús permanece como testigo y abogado en la defensa de Esteban. Esteban apela desde el juicio adverso del tribunal terrenal, y "en el tribunal celestial... este miembro de la comunidad del Hijo del Hombre ya ha sido vindicado por el presidente de dicha comunidad—*el* Hijo del Hombre *par excellence* (C. F. D. Moule).[113] Si en el momento en el que estaba a punto de empezar a testificar delante del sanedrín,

---

108. W. Kelly, *An Exposition of the Acts of the Apostles* (London, ³1952), pp. 102–3; comp. J. N. Darby: "El no se sienta, por decirlo así, hasta que Israel ha rechazado formalmente el testimonio, cuando el grito de Esteban alcanza Su oído. El tomó Su lugar, sentándose hasta que Sus enemigos sean hechos el estrado de sus pies, después de rechazar el testimonio del Espíritu Santo. Esteban está siendo recibido por Cristo en el cielo, Israel como Israel debe esperar fuera". (*Collected Writings* 28, p. 283).

109. Por tanto E. W. Bullinger vio la transición dispensacional no aquí si no en 28:28; ver *The companion Bible* (London, 1909–21), Appendix 181 ("The Dispensational Position of the Book of the 'Acts' ").

110. *Gnomon Novi Testamenti*, p. 420: " *stantem: quasi obvium Stephano* " (Bengel).

111. H. P. Owen, "Stephen's Vision in Acts VII 55–56," *NTS* I (1954–55), p. 225.

112. C. K. Barrett, "Stephen and the Son of Man," in *Apophoreta: Festschrift für Ernst Haenchen*, BZNW 30 (Berlin, 1964), pp. 32–38.

113. C. F. D. Moule, "From Defendant to Judge—and Deliverer" (1953), in *The Phenomenon of the New Testament*, SBT 2.1 (London, 1967), pp. 90–91.

Esteban tuvo algún presagio de esta visión beatifica, no es de extrañar que su cara brillara como la de un ángel (6:15).

¿Involucraba la visión de Esteban del Hijo del Hombre una apreciación de su ejercicio de dominio del mundo? De acuerdo con William Manson, *"Esteban comprendió y afirmó más del oficio e importancia de Jesús en el sentido judeo mesiánico de lo que en la historia religiosa había llegado a ser entendido.* Mientras los nacionalistas judíos se estaban aferrando a la permanencia de sus privilegios históricos nacionales, e incluso los 'hebreos' cristianos reunidos alrededor de los apóstoles estaban, con toda su nueva Mesiánica fe, idealizando las instituciones sagradas del pasado, "continuando tenazmente en el templo', 'subiendo al templo a la hora de la oración' que era también la hora del servicio de los sacrificios, cobijándose bajo los aleros del Lugar Santo, Esteban vio que el Mesías estaba en el trono del universo".[114]

Esto puede ser solamente una apreciación del pensamiento de Esteban, pero ninguna certeza a este respecto es posible. La interpretación de Manson es parte de su argumento de considerar a Esteban como el precursor del escritor de Hebreos. Lo que puede decirse con cierta confianza es que Lucas trata el ministerio de Esteban como una introducción a la misión de los gentiles, en la que la afirmación de Cristo acerca del señorío del mundo, empezó a ser vindicada.

La vindicación de soberanía afirmada por la misión a los gentiles, aparece de nuevo como tema en el discurso de Santiago en el concilio de Jerusalén (15:14–18).

En resumen, la presencia de Hijo del Hombre a la mano derecha de Dios significaba para su pueblo que un camino de acceso a Dios más inmediato y satisfactorio había sido abierto que el que el templo podía proveer. Significaba que la hora del pleno cumplimiento había llegado, y que la era del particularismo había tocado a su fin. La soberanía del Hijo del Hombre era para acoger a todas las naciones y razas sin distinción: bajo su influencia no hay lugar para una institución que da privilegios religiosos a un grupo preferente por encima de los demás.

b. Muerte de Esteban (7:57-60)

57 *Pero con grandes gritos, se taparon los oídos y arremetieron a una contra él.*[115]

58 *Luego lo echaron de la ciudad y empezaron a apedrearlo. Los testigos pusieron sus ropas a los pies de un hombre llamado Saúl.*

59 *Así apedrearon a Esteban, mientras él invocando (al Señor) decía: "Señor Jesús, recibe mi Espíritu".*

---

114. W. Manson, *The Epistle to the Hebrews*, pp. 31–32. Ya que el Hijo del Hombre ha recibido el dominio ilimitado sobre el mundo, sigue llamando al pueblo de Dios ahora a marchar bajo la dirección del una vez rechazado Jesús, "a quien el trono del mundo y Señorío de la Edad por Venir perteneció" (p. 32).

115. Una manuscrito Occidental (el Latino Africano Codex h) hace al pueblo el sujeto de esta frase.

El libro de los Hechos

60 *Luego, cayendo sobre sus rodillas, gritó: "Señor no les tengas en cuenta este pecado".*
Y diciendo esto se durmió.

7:57-58 Los comentaristas difieren acerca de lo que pasó después. Muchos de los que escucharon como Esteban describía su visión, pueden haber sentido que eso era un desprecio descarado de la Shekhinah.[116] ¿Se tomó la multitud de espectadores la justicia por su mano y lo lincharon? Joseph Klausner pensaba que el apedreamiento de Esteban fue obra de "algunas personas fanáticas...que decidieron tomarse la justicia por su cuenta. Vieron a Esteban como un "blasfemo" digno de apedreamiento, aunque de acuerdo con la ley del Talmud 'el blasfemo' no es culpable a menos que pronuncie el Nombre él mismo—cosa que Esteban no había hecho. Los fanáticos no se molestaron en seguir las leyes judiciales; llevaron a Esteban fuera de la ciudad y lo apedrearon". Puede ser verdad, como dice Klausner, que "en opinión de los Fariseos, no había en sus palabras verdadera blasfemia, sino solamente una ofensa que requería los cuarenta latigazos menos uno". Pero eso no justificaba la conclusión de que "el sanedrín no veía la forma de imponerle la pena de muerte". El acepta que Esteban "pueda haber merecido eso de acuerdo con la reglas de los Saduceos";[117] y en el juicio de Esteban, como en la exanimación de Jesús, fueron los principales sacerdotes saduceos los que llevaban la voz cantante. Debemos tener cuidado al suponer que los juicios delante del sanedrín en las primeras décadas del siglo I d.C. eran invariablemente conducidas en una atmósfera de severa imparcialidad y calma judicial como se prescribía en el idealizado registro de la Mishná.[118]

La referencia a los testigos sugiere fuertemente que el apedreamiento de Esteban fue llevado a cabo como una ejecución legal, como la pena por blasfemia. La restricción de blasfemia al pronunciamiento del nombre inefable fue un refinamiento rabínico posterior;[119] no hay razón para pensar que las au-

---

116. Rabinos de una fecha posterior debaten si la *shekhinah* (la presencia divina) descansó o no sobre el segundo templo como lo hizo en el de Salomón (2 Cron. 5:13–14 7:1–2). Pero sus debates (comp. TB Z^{e}bāḥîm118b; Yômā'9b) fueron principalmente ejercicios en teorizar; mientras el segundo templo permaneció, fue venerado como la habitación de Dios (comp. Mat. 23:21, "aquel que jura por el templo, jura por él y por el que mora en él".

117. J. Klausner, *From Jesus to Paul*, E.T. (London, 1944), p. 232.

118. Ver the Mishnaic tractate *Sanhedrin*. En relación con el procedimiento del sanedrín en el juicio de Jesús ver J. Blinzler, *The Trial of Jesus* E.T. (Cork, 1959); P. Winter, *On the Trial of Jesus* (Berlin, 1961); E. Bammel (ed.), *The Trial of Jesus*, SBT 2.13 (London, 1970); D. R. Catchpole, *The Trial of Jesus* (Leiden, 1971); W. Grundmann, "The decision of the Supreme Court to put Jesus to death (Juan 11:47–57) in its context: tradition and redaction in the Gospel of John," and K. Schubert, "Biblical criticism criticised: with reference to the Markan report of Jesus's examination before the Sanhedrin," in E. Bammel and C. F. D. Moule (eds.), *Jesus and the Politics of His Day* (Cambridge, 1984), pp. 295–318, 385–402.

119. Mishnah, *Sanhedrin* 7.5.

toridades saduceas limitaban la ofensa de tal manera. Cuando Esteban sugiere que el Jesús crucificado permanecía en una posición de autoridad a la mano derecha de Dios, debe haberse considerado como blasfemia en el pensamiento de aquellos que sabían que un hombre crucificado moría bajo la maldición divina.

En cuanto a los testigos, era su deber cumplir con esta parte en tal tipo de ejecución—un deber prescrito en la Torah escrita. "La mano de los testigos caerá primero contra él para darle muerte, y después la mano de todo el pueblo" (Deut. 17:7; comp. Lev. 24:14; Deut. 13:9–10). Para arrojar las primeras piedras los testigos debían naturalmente desvestirse primero de sus propias ropas, como dice aquí que hicieron.

El hombre joven llamado Saulo, que guardaba las ropas de los principales ejecutores, jugará una parte de creciente importancia en el registro de los Hechos, como un campeón del liderazgo en la causa de la que ahora es un oponente. Saulo era su nombre de familia como israelita; es más conocido en la historia por su nombre romano Paullus (Pablo). Puede ser considerado como una coincidencia inesperada que mientras Lucas es el único que nos informa de que su nombre judío era Saúl, él mismo clama pertenecer a la tribu de Benjamín.[120] Sus padres, pues, le dieron el nombre del miembro más ilustre de aquella tribu en la historia nacional—el nombre del primer rey de Israel, Saúl.[121]

Si el apedreamiento de Esteban fue una ejecución legal, ¿cómo pudo llevarse a cabo sobre el terreno, sin la autorización del gobernador de Roma que requería la ley provincial? No es una repuesta adecuada sugerir que pudo haber tenido lugar en el *interregnum* después de que Pilatos fuera cesado de su oficio en el año 36 o 37 d.C. Por una razón, no hubo *interregnum* (Lucio Vitelio, legado de Siria, vio eso);[122] por otra cosa, incluso si hubiera habido un *interregnum*, el ejercicio de la jurisdicción capital por el tribunal judío hubiera sido todavía una usurpación de la prerrogativa romana, como se mostró cuando Santiago el Justo fue ejecutado en el año 62 d.C., en el intervalo entre la muerte de Festo y la llegada de su sucesor.[123] La acusación contra Esteban que se consideró probada—hablando contra el templo—probablemente pertenecía a la categoría de ofensa contra el templo para el cual la administración romana, como una concesión excepcional, permitía a las autoridades judías ejecutar la sentencia de muerte sin referirla previamente al gobernador.[124]

---

120. Rom. 11:1; Fil. 3:5.
121. Comp. 13:21.
122. Josefo, *Ant.* 18.89.
123. Josefo, *Ant.* 20.200–203.
124. Ver en 21:28 (pp. 425–26, nn. 47–49).

7:59 La antigua ley dirigida a los testigos para llevar la iniciativa en el acto de apedreamiento fue ampliada más tarde en el tiempo y, registrada pues, en la Mishná (a finales del siglo II d.C.):

> "Cuando el juicio ha terminado, el hombre convicto debe ser traído para ser apedreado... Cuando a diez codos del lugar de la lapidación le dicen, 'Confiesa;'[125] porque es costumbre que todos los que están a punto de ser ejecutados hagan una confesión, y todo aquel que confiesa tiene una parte en la edad por venir.'... A cuatro codos del lugar de la lapidación el criminal es desvestido.[126] ... La caída desde el lugar del apedreamiento era el doble de la altura del hombre. Uno de los testigos empuja al criminal desde atrás, de modo que cae boca abajo. Despues se le da la vuelta sobre su espalda. Si muere por la caída, es suficiente...'[127] Si no, el segundo testigo toma la piedra y se la arroja a la cabeza. Si esto causa la muerte, es suficiente, de lo contrario, es apedreado por toda la congregación de Israel".[128]

En la Mishná, ésta (o cualquier otra) forma de ejecución es tratada como una necesidad no bienvenida, que debe ser evitada si el más leve resquicio es encontrado; Lucas no da la impresión de que los verdugos de Esteban lo apedrearon reluctantemente como un deber desagradable, pero inevitable.

Ni Esteban hizo confesión a sus jueces o ejecutores. En vez de eso, cuando estaba siendo apedreado él mismo se encomienda a su abogado en lo alto con las palabras: "Señor Jesús, recibe mi espíritu". Estas palabras son una reminiscencia del último dicho de Jesús desde la cruz en la narrativa de la Pasión de Lucas: "¡Padre, en tus manos encomiendo mi espíritu! (Lc. 23:46).[129] Hay una curiosa diferencia: mientras Jesús encomienda su espíritu a Dios, Esteban lo encomienda a Jesús— elocuente evidencia de la rápida emergencia de la alta cristología en la iglesia.[130]

7:60 Hay incluso otra de las palabras de nuestro Señor desde la cruz de las que Esteban se hizo eco. Porque sobre sus rodillas, en medio de las piedras

---

125. Comp. el caso de Acán (Josue 7:19).

126. Por esta razón F. C. Conybeare sugirió que "sus ropas" (v. 58) debería ser enmendado "las ropas (de Esteban)" ("The Stoning of St. Stephen," *Exp.* 8. 6 [1913], pp. 466–70). Pero el texto como está es confirmado en 22:20.

127. El registro de la muerte de Santiago el Justo (ver n.103) sigue estas prescripciones de la Mishná: "Entonces ellos los cogieron y lo tiraron abajo y empezaron a apedrearlo, ya que no murió de la caída". (Eusebio, *HE* 2.23.16). Comp. *Clem. Recog.* 1.70, donde Simón el Mago (¿un disfraz para Pablo?) suscita un tumulto contra Santiago y lo lanza hacia abajo de cabeza desde lo alto de una escalera en el recinto del templo. Schoeps (*Theologie und Geschichte*, pp. 381–456) puede tener razón al rastrear esto y mucho más en la literatura pseudo-Clementina hasta un *Hechos de los Apóstoles* Ebonita, compuesto como una réplica a los Hechos del Canón (comp. n. 7).

128. Mishná, *Sanhedrin* 6.1–4.

129. Una oración del Salmo 31 (LXX 30):5, precedido por el vocativo "Padre".

130. Para la temprana emergencia de un alta cristología en la iglesia ver M. Hengel, *Between Jesus and Paul*, E.T. (London, 1983), pp. 30–47.

que volaban, él hizo su última apelación al tribunal celestial—esta vez no para vindicarse a sí mismo, sino para suplicar misericordia hacia sus verdugos. Antes de ser finalmente agredido en el silencio y la muerte, se le oyó que gritaba, "Señor, no les tengas en cuenta este pecado" (el "Señor" siendo otra vez, presumiblemente, el Señor Jesús).[131]

Hay otra historia en el Antiguo Testamento de otro mensajero de Dios que por su fidelidad fue apedreado hasta la muerte, no (como Esteban) fuera de la ciudad, sino en el edificio del templo, "entre el altar y el santuario," como dijo nuestro Señor (Lc.11:51)—Zacarías el hijo de Joiada, sacerdote y profeta. Pero cuando Zacarías estaba a punto de espirar su último aliento, oró: "¡Yahweh lo vea y lo vengue!" (2 Cron. 24:22). Las muertes de los mártires eran parecidas; sus oraciones ampliamente diferentes. Esteban había aprendido su lección en la escuela de aquél quien, cuando estaba siendo asfixiado en la cruz, oró: "Padre, perdónalos, porque no saben lo que hacen" (Lc. 23:34).[132] Habiendo orado así, dice Lucas, Esteban "se durmió""—una inesperada descripción tan pacifica para una muerte brutal, pero que encaja con el espíritu en el que Esteban aceptó su martirio.

---

131. "El mártir en sus últimas palabras ruega a la corte celestial misericordia para aquellos contra los que es vindicado" (C. F. D. Moule, *The Phenomenon of the New Testament*, SBT 2.1, p. 91). Hegesipo presenta a Santiago orando, mientras es apedreado, "Te ruego a Ti, Señor Dios y Padre, perdónalos; porque no saben lo que hacen" (Eusebio, *HE* 2.23.16). Ver más p. 84 con n. 35.

132. Para el problema textual presentado en estas palabras de Jesús ver el comentario de Lucas *ad loc.*; comp. también J. R. Harris, *Side-lights on New Testament Research* (London, 1908), pp. 96–103; B. H. Streeter, *The Four Gospels* (London, ²1930), pp. 138–39.

HECHOS 8

c. La aprobación de Saulo (8:1a)

1a *Saulo aprobaba completamente la ejecución.*

8:1a Saulo, un nativo de la ciudad de Tarso en Cilicia, como se nos dirá más tarde (9:11), puede haber asistido a la sinagoga en Jerusalén donde Esteban participaba en una discusión con el portavoz del antiguo orden (6:9). El también era excepcionalmente visionario, y se dio cuenta tan claramente como hizo Estaban, de la incompatibilidad fundamental entre el antiguo orden y el nuevo. La política de contemporización de su maestro Gamaliel[1] (5:34–39) no era para él: él vio que ninguna concesión era lógicamente posible, y si había que preservar el antiguo orden, la nueva fe debía ser erradicada. Por tanto, él expresó su aprobación con respecto a la sentencia de muerte de Esteban tan públicamente como le fue posible, guardando las ropas de los verdugos[2] —una acción que no olvidaría fácilmente (comp. 22:20). Se ha sugerido además que actuó como *praeco* o heraldo, encargado de proclamar que la persona convicta era ejecutada por la ofensa especificada.[3]

La negativa a contemporizar en el tema entre el judaísmo y el cristianismo, que determinó su presente actitud, continuó determinando su política en los

---

1. Ver 22:3.

2. Incluso aquí hay un paralelo entre las narrativas de Esteban y Santiago. El Ebonita *Hechos de los Apóstoles* postulado por H.- J. Schoeps (ver p. 164, n. 127) describe como Pablo "ambos, planeó y montó un ataque asesino contra el líder de la iglesia, Santiago el hermano del Señor, y puso en marcha un sangriento pogromo contra los judíos cristianos. Este informe de eventos pasados," presupone Schoeps (*Theologie und Geschichte,* p. 448), "quizá esté más cerca de la verdad que el informe [de Hechos 7:58–8:3]". Pero la reseña Ebonita de Santiago es mucho más probable que esté basada en el Esteban de Lucas que *vice versa* (ver p. 134, n. 7).

3. F. C. Conybeare, "The stoning of St. Stephen," *Exp.* 8,6 (1913), pp. 468–69. La afirmación de que Saulo "aprobó" (ἦν συνευδοκῶν) la ejecución de Esteban no implica necesariamente que él era un miembro del sanedrín; ver 22:20, donde la expresión aparece de nuevo.

días posteriores, cuando, como predicador del Evangelio y maestro de la iglesia, construiría la obra que al principio se había empeñado en destruir.

B. PELIPE (8:1b-40)

1. Persecución y dispersión (8:1b-3)

> 1b *Aquel día una gran persecución[4] estalló contra la iglesia en Jerusalén, y fueron dispersados entre las regiones de Judea y Samaria, excepto los apóstoles.[5]*
> 2 *El cuerpo de Esteban fue recogido y enterrado por hombres piadosos, que hicieron gran lamentación por él.*
> 3 *Pero Saulo procedió a devastar la iglesia: entrando en las casas una por una, y arrastrando a hombres y mujeres, los entregaba en la prisión.*

8:1b-2 La ley prescribía el deber de enterrar los cuerpos de las personas ejecutadas, pero desaconsejaba la lamentación pública por ellos.[6] Esteban, de todos modos, recibió el último tributo de sus devotos,[7] hombres que evidentemente desaprobaban su condena y ejecución.

Su muerte, sin embargo, era la señal para una campaña inmediata contra la iglesia en Jerusalén. Si leemos el párrafo presente en su contexto más amplio, podemos concluir que fueron los helenistas de la iglesia (el grupo del que Esteban había sido el líder) que formaba el principal blanco del ataque, y por eso, la mayoría de ellos se vieron compelidos a abandonar Jerusalén.[8] Algunos de ellos, de hecho, podían estar convencidos de que, al rechazar el testimonio de Esteban, la ciudad había incurrido irrevocablemente en maldición; era el camino de la sabiduría, por tanto, abandonarla.[9] A partir de este momento en adelante la iglesia de Jerusalén parece haber sido predominantemente un cuerpo "hebreo".[10]

---

4. Gr. διωγμός, El texto Occidental añade "y tribulación" (καὶ θλῖψις), el término empleado en 11:19.

5. El texto Occidental añade "que permanecieron en Jerusalén" (lo que en cualquier caso está implícito).

6. Mishná, Sanedrín 6:6.

7. Gr εὐλαβεῖς, utilizado normalmente en el Nuevo Testamento para judíos devotos (ver pp. 53–55, nn. 16, 23 [on 2:5]); aquí probablemente se refiera a los judíos seguidores de Jesús.

8. Comp. 11:19–20.

9. Ver M. Hengel, *Acts and the History of Earliest Christianity*, E. T. (London, 1979), pp. 74–75. La mención de un tal Mnason en 21:16 (más de veinte años después) muestra que no todos los creyentes helenistas abandonaron Jerusalén.

10. Esto es, hasta su dispersión cerca del año 66 d.C., e incluso más tarde hasta el exilio posterior después de esto. Después de que el emperador Adriano reconstruyera Jerusalén en el año 135 d.C. como la colonia romana de Aelia Capitolina, la iglesia de Jerusalén era una comunidad completamente gentil-cristiana, no teniendo continuidad con la iglesia judeo cristiana del primer siglo de Jerusalén.

Los doce apóstoles permanecieron en Jerusalén, en parte sin duda alguna, porque estaban convencidos de que era su deber permanecer en sus puestos,[11] y en parte, como se puede suponer, porque el resentimiento popular estaba dirigido no tanto a ellos como a los líderes de la iglesia helenista. La persecución y la dispersión, sin embargo, trajo consigo el principio del cumplimiento de la comisión del Señor resucitado a sus discípulos: "series mis testigos en Jerusalén, y en toda Judea y Samaria..." (1:8). "Las Iglesias de Dios en Cristo Jesús que están en Judea (como diría Pablo en 1 Tes. 2:14)[12] trazaba sus inicios como comunidades separadas desde el tiempo de la persecución.

8:3 El primer agente en la campaña de represión fue Saulo de Tarso, que ahora estaba a cargo de una acción más efectiva contra al nuevo movimiento, de la que había exhibido en la lapidación de Esteban. Armado con la necesaria autoridad de los líderes de los principales sacerdotes del sanedrín,[13] acosó[14] a la iglesia, arrestando a sus miembros en sus propias casas y enviándolos a prisión. Un fanático de las tradiciones ancestrales de su nación,[15] que vio que la nueva fe amenazaba aquellas tradiciones. Era necesario tomar medidas drásticas: esta gente, pensó, no eran solamente desviados entusiastas cuyo sincera aceptación del error llamaba a la paciente iluminación; eran impostores deliberados, proclamando que Dios había resucitado de la tumba como Señor y Mesías a un hombre cuya forma de muerte era más que suficiente para mostrar que la maldición divina había caído sobre él.[16]

2. Felipe en Samaria (8:4-8)

4 *Así que, aquellos que fueron dispersados iban predicando las buenas nuevas.*
5 *Felipe bajó a una[17] ciudad de Samaria y empezó a predicarles a Cristo.*
6 *Las multitudes unánimes prestaban atención a lo que Felipe estaba diciendo al escuchar y ver las señales que él hacía.*

---

11. Lucas puede haber visto una conveniencia teológica en su permanencia en Jerusalén, como los líderes del último-día del pueblo de Dios; comp. G. W. H. Lampe, *St. Luke and the church of Jerusalem* (London, 1969), p. 21.

12. Ver 9:31 (p. 196).

13. Comp. 9:1-2; 26:10.

14. Gr. ἐλυμαίνετο, un verbo el cual, de acuerdo con Lake-Cadbury (*ad loc.*), se refiere especialmente a la devastación de un cuerpo por una bestia salvaje. Pablo mismo dice que "él intentó destruir" la iglesia (Gal. 1:13), usando un término militar (πορθέω) el cual denota el asalto a una ciudad sitiada (comp. Hechos 9:21).

15. Comp. Gal. 1:14.

16. Comp. Gal. 3:13, y ver en 5:30 n. 40.

17. Gr. εἰς πόλιν τῆς Σαμαρείας, lee C D E Ψ byz. El artículo τήν es añadido antes de πόλιν en P^{74} A B 1175 pc (ℵ tiene la lectura aberrante εἰς τήν πόλιν τῆς Καισαρείας). Ver p. 165.

7 *Porque espíritus impuros, con gran ruido, salían de muchos que estaban poseídos,*[18] *y muchos paralíticos y cojos eran curados.*
8 *Había gran gozo en la ciudad.*

8:4 Como el antiguo Israel fue dispersado entre los gentiles, así debe el nuevo pueblo de Dios ser dispersado.[19] Las palabras de un escritor apocalíptico de finales del siglo I d.C. han sido consideradas como un paralelo de la narrativa de Lucas aquí: "Yo esparciré a este pueblo [los judíos de Judea del año 70 d.C.] entre los gentiles, para que hagan bien a los gentiles" (2 Bar. 1:4).[20] En la presente ocasión, los creyentes dispersados hicieron el mayor de los bienes entre los pueblos a los que habían ido, al contarles las buenas nuevas de liberación logradas por Cristo. No solo hicieron esto en Palestina, sino que algunos de ellos llevaron el mensaje aún más lejos, de acuerdo con un pasaje posterior de Hechos que empieza con la misma secuencia de palabras (11:19–26).

8:5 De momento, sin embargo, el interés de la narrativa está concentrado en Felipe, otro líder helenista quien, como Esteban, era uno de los siete asistentes sociales nombrado para gestionar la administración diaria del fondo común. Expulsado de su trabajo en Jerusalén, Felipe fue al norte de Samaria y predicó el Evangelio allí.

Entre las poblaciones de Judea y Samaria había una escisión de larga data, que se retrotraía al aislamiento de Judá de las otras tribus durante el período del asentamiento (comp. Deut. 33:7). Esta escisión encontró notable expresión en la interrupción de la monarquía hebrea después de la muerte de Salomón (*c* 930 a.C.). A pesar de los intentos de reconciliación en los tiempos postexilicos,[21] la escisión se agravó aún más cuando los samaritanos rehusaron compartir el edificio del templo en Jerusalén y erigieron un templo rival en su sagrada montaña de Gerizim.[22] El templo en Gerizim fue destruido por el líder Hasmoneo, Juan Hircano I (134–104 a.C.) cuando conquistó Samaria y la añadió a su propio reino.[23] Con la conquista romana de Palestina en el año 63 a.C., los samaritanos fueron liberados de la dominación de Judea, pero el Nuevo Testamento y los escritos de

---

18. Lit., "muchos de aquellos que tenían espíritus inmundos salieron…"

19. Comp. el título epistolar en Santiago 1:1 ("A las doce tribus de la dispersión") y en 1 Pedro 1:1 ("A los exiliados de la dispersión").

20. Este trabajo, el *Apocalipsis de Baruc* Siriaco, pertenece al último cuarto del siglo primero.

21. E incluso, en tiempos pre-exiticos, bajo Ezequías (2 Cron. 30:1–11) y Josías (2 Reyes 23:21–23).

22. Josefo, *Ant.* 11.310, 322–24, 346.

23. Josefo, *Ant.* 13.256, incluso después de la destrucción de su templo, los samaritanos continuaron adorando en el Monte Gerizim (como de hecho todavía hacen); comp. Juan 4:20, donde la mujer de Sicar dice a nuestro Señor, "Nuestros padres adoraron en este monte".

Josefo dan amplio testimonio de que las relaciones poco amistosas persistieron entre los dos grupos.

Fue, pues, un movimiento audaz de parte de Felipe predicar el Evangelio a los samaritanos. Los samaritanos, sin embargo, compartían con los judíos la esperanza de la venida de un libertador, que ellos preveían en términos de un profeta como Moisés de acuerdo con Deut. 18:15-19;[24] En un tiempo posterior, si no en este mismo escenario, ellos lo describieron como el Taheb o "restaurador".[25] Felipe sería capaz de edificar en esta esperanza cuando "empezó a predicarles a Cristo": Jesús, al parecer, ya había sido identificado por sus seguidores en Jerusalén, ambos "hebreos" y "helenistas," como el profeta prometido semejante a Moisés.

No se sabe qué ciudad fue evangelizada por Felipe. La antigua ciudad llamada Samaria había sido refundada por Herodes el Grande y renombrada Sebaste, en honor al Emperador Romano,[26] pero era una ciudad helenista, y la impresión que nos da nuestra narración es que la gente a la que Felipe predicó eran genuinos samaritanos. Otra sugerencia es que se trataba de Gitta, la cual (de acuerdo con Justino Mártir) fue la ciudad natal de Simón el Mago.[27] Más probablemente, tendemos a pensar nosotros, en los alrededores de Siquem. De acuerdo con el Cuarto Evangelio, ambos Juan el Bautista y Jesús habían estado activos por un tiempo en este área (Juan 3:23; 4:4–42); su actividad pudo haber provisto un fundación en la cual Felipe edificó.[28]

8:6-8 Cualquiera que fuera la ciudad, el ministerio de Felipe estuvo marcado por trabajos de exorcismo y sanidad tan notables que un gran numero creyó su mensaje y fueron llenados de gozo. Como es habitual en el registro de

---

24. Ver en 3:22-23; 7:37.

25. Ver J. Macdonald, The Theology of the Samaritans' (London, 1964), pp.362-71. Es probablemente en el Taheb (o como quiera que lo llamarán) que la mujer de Sicar se refiere en Juan 4:25—"cuando él venga, él nos mostrará todas las cosas".

26. Gr. Σεβαδτόσ (cf. 25:21) fue usado como equivalente del Latín Augusto.

27. Justino, *First Apology* 26.2 (Gitta es comúnmente identificado con el moderno Jett, *c.* 11 millas al sureste de Cesárea). Justino era nativo de Samaria, nació *c.*100d.C. en Flavia Neapolis (la moderna Nablus, cerca de una milla al oeste de la antigua Siquem) fundada como una colonia por Vespasiano en el año 72d.C.

28. Comp. J. A. T. Robinson, "The 'Others' of John 4:38," en *Twelve New Testament Studies*, SBT 34 (London 1962), pp. 61–66, en donde se argumenta que los "otros" que trabajaban allí donde Juan el Bautista y sus compañeros, en cuyas "labores" los discípulos de Jesús ahora entraban. Esto es en parte una respuesta a O. Cullmann, "Samaria and the Origins of the Christian Mission," E.T. en *The Early Church* (London, 1956), pp. 183–92, donde se argumenta que los "otros" eran Felipe y sus ayudantes, en cuyas labores los apóstoles Pedro y Juan subsecuentemente entraron (comp. vv. 14–17 abajo). En la misión Samaritana de Felipe ver también C.H. Scobie, "The Origins and Development of Samaritan Christianity," *NTS* 19 (1972–73), pp. 390-414; R. J Coggins, "The Samaritans and Acts," *NTS* 28 (1981-82), pp. 423–34; M. Hengel, *Between Jesus and Paul*, E.T. (London, 1983), pp. 121–26.

Hechos, los beneficiarios de las obras de sanidad fueron los paralíticos y cojos. Como en el ministerio de Jesús mismo y de los apóstoles, así en el ministerio de Felipe estas obras de misericordia y poder eran "señales" visibles que confirmaban el mensaje que él proclamaba.

3. Simón el Mago cree y es bautizado (8:9-13)

9 Por aquel tiempo había un hombre en la ciudad llamado Simón, que practicaba la magia y asombraba notablemente a la nación samaritana clamando ser alguien grande.
10 Todos ellos le prestaban atención, grandes y pequeños: "Este hombre" decían, "es el poder de Dios que es llamado grande".
11 Le prestaban mucha atención, porque durante mucho tiempo los había asombrado con sus artes mágicas.
12 Pero cuando creyeron a Felipe que les predicaba las buenas nuevas del reino de Dios y el nombre de Jesucristo, fueron bautizados, tanto hombres como mujeres.
13 Incluso Simón mismo creyó y fue bautizado, y se unió a Felipe, y al ver las señales y grandes obras de poder que se hacían, estaba maravillado.

8:9-11 Simón el Mago juega un papel extraordinario en la temprana literatura cristiana. La palabra "mago" originalmente denotaba a un miembro del sacerdocio de la tribu de Madían,[29] pero llegó a ser usado en un sentido más extenso para referirse a un profesional de varios tipos de hechicería e incluso curanderismo, como Elimas, el hechicero de Páfos en Chipre, a quien encontraremos más adelante en la narración de Hechos (13:6–11). Los "Magos" u "hombres sabios" del Oriente (Mt. 2:1), que vieron la estrella ascendente del recién nacido rey de los judíos, eran evidentemente astrólogos. Este Simón es descrito en los textos post-apostólicos como el padre de todas las herejías Gnósticas.[30] Justino Mártir cuenta como se aseguró un grupo de seguidores no solo en Samaria sino también en Roma, donde estuvo en la época de Claudio.[31] En el libro apócrifo de *Los*

---

29. Ver J. H. Moulton, *Early Zoroastrianism* (London, 1913), pp. 182–253.

30. Ireneo (*Against Heresies* 1.16) afirma que Simón fue el padre del Gnosticismo—del "conocimiento que es así falsamente llamado" (τῆς ψευδωνύμου γνώσεως), dice él citando 1 Tim. 6:20, y que la secta de los Simonitas se deriva de él. Él cuenta también como Simón tenía como consorte a una mujer llamada Helena, a la que había redimido de la esclavitud en Tiro, y de quien él declaraba que era la encarnación de Ἔννοια (el pensamiento o concepción de la mente divina), desde la cual los poderes angélicos y materiales del universo provenían. Hipólito (*Refutation of All Heresies* 6.2–15) nos da un informe más completo del presunto sistema de Simón, basado en un trabajo gnóstico titulado *The Great Disclosure* (ἡ μεγάλη ἀπόφασις), y explica como él permitió que lo enterraran vivo en Roma, prometiendo que se levantaría al tercer día—pero la promesa no se cumplió.

31. En Roma, de acuerdo con Justino (*First Apology* 26.2), Simón fue honrado con una estatua dedicada a "Simón el dios santo"; pero o Justino o los mismos Simonitas pueden haber

Hechos de Pedro (4–32) se dice de él que corrompía a los cristianos de Roma con sus enseñanzas falsas y predisponía negativamente a las autoridades contra ellos, pero que fue finalmente derrotado en un concurso de magia con Pedro. Pero en el pseudo-Clementino *Recognocimientos y Homilias encontramos la leyenda de Simón más curiosamente elaborada: en estos escritos no solamente aparece como el adversario incansable de Pedro si no que parece, al menos hasta cierto punto, servir como un camuflaje para Pablo, reflejando los sentimientos* anti-Paulinos entre algunos de los grupos ebonitas e igualmente judeo cristianos.[32] Algunos eruditos han pensado que el herético Simón, fundador de la secta gnóstica de los Simonitas,[33] era una persona originalmente diferente de este Simón de Hechos, pero que fueron confundidos posteriormente por la tradición.[34] Es más probable que se trate de la misma persona: Lucas sabe más acerca de Simón de lo que registra; en este relato solo cuenta lo que juzga que es relevante para su propósito.

De cualquier forma, Simón el samaritano, impresionaba mucho a sus conciudadanos con el ejercicio de sus poderes mágicos, tanto que lo aceptaron en los términos en los que él se describía a sí mismo y lo consideraban como el gran visir del Dios supremo, el canal de ambos, del poder divino y la revelación divina.[35]

---

sido llevados a engaño por una inscripción que empezaba a SEMONI SANCO DEO, "A el dios Semo Sancus," en honor a una antigua divinidad Sabina, que guardaba los juramentos (comp. *CIL* 6.567), la cual malinterpretaron como SIMONI SANCTO DEO. Tertuliano (*Apology* 13.9) también conecta la estatua y la inscripción con Simón el mago.

    32. Comp. F. J Foakes-Jackson, *Peter: Prince of Apostles* (London, 1927), pp. 165–82; H -J Schoeps, *Theologie und Geschichte des Judenchristentums*, pp. 127–35; "Simon Magus in der Haggada?" in *Aus frühchristlicher Zeit* (Tübingen, 1950), pp. 239–54

    33. Hacia la mitad del siglo III solo un puñado de simonitas subsistía (Origen, *Against Celsus* 1.57)

    34. Comp. G. Salmon, "Simon Magus," *DCB* 4 (London, 1887), pp. 681–88; también *ODCC*, s.v. "Simon Magus,"

    35. Muchos paralelos reales o imaginarios a "el poder de Dios el cual es llamado grande" (ἡ δύναμις τοῦ θεοῦ ἡ καλουμένη μεγάλη) han sido aducidos. Totalmente opuesta es la inscripción de Lidia citada por W. M. Ramsay (*BRD*, p. 117; cf. *New Docs.* 3 [1978],§7): εἷς θεός ἐν οὐρανοῖς Μὴν οὐράνιος μεγάλη δύναμις τοῦ ἀθανάτου θεοῦ ("un Dios en el cielo, celestial Min, gran poder del Dios inmortal"). Una contrapartida femenina es facilitada por una inscripción samaritana en honor a Kori (cf. D. Flusser, *The Great Goddess of Samaria, IEJ* 25 [1975], pp. 13–20, pl. 2; *New Docs.* 1 [1976],§68): εἷς θεός ὁ πάντων δεσπότης μεγάλη Κόρη ἡ ἀνείκητος ("un Dios, el gobernante de todo, gran Kori [Maiden] el no conquistado"). En Simón el mago ver también R. P. Casey, *"Simon Magus,"* en *Beginnings* 1.5, pp. 151–63; A. Ehrhardt, *The Framework of the New Testament Stories* (Manchester, 1964), pp. 161–64; M. Smith, "The Account of Simon Magus en Hechos 8," H. A. Wolfson *Jubilee Volume, II* (Jerusalem, 1965), pp. 735–49; K. Beyschlag, "Zur Simon-Magus-Frage,"*ZTK* 68 (1971), pp.395–426; *Simon Magus und die christliche Gnosis*, WUNT 16 (Tübingen, 1974); J.W. Drane, *Simon the Samaritan and the Lucan Concept of Salvation History, EQ* 47 (1975), pp. 131–37; C. K Barrett, "Light on the Holy Spirit from Simon Magus

8:12-13 Pero el propio Simón el mago fue impresionado por las acciones y palabras de Felipe. Como los magos de Egipto en la presencia de Moisés, reconoció que el mensajero del verdadero Dios había accedido a una fuente de poder que superaba el suyo. La proclamación anunciada por un enviado tal debe ser aceptada, y Simón "creyó". La naturaleza de su creencia debe permanecer en suspense. Sin ninguna duda, era sincera, pero era superficial e inadecuada. Jesús mismo, se nos dice en Juan 2:23-24, daba poco valor a la fe que descansa en milagros solamente. Sin embargo, cuando los otros que creyeron el anuncio de Felipe de las "buenas nuevas del reino de Dios y el nombre de Jesucristo"[36] fueron bautizados, Simón fue para recibir el bautismo también y permanecer en compañía de Felipe. Ninguna objeción parece haberse levantado acerca de lo apropiado de bautizar a los samaritanos: incluso si los samaritanos estaban excluidos del objetivo de la misión original de los Doce, ellos indudablemente eran "ovejas perdidas de la casa de Israel" (Mt. 10:5-6). La adhesión de Simón y sus seguidores a Felipe y sus convertidos podría haber dado un peculiar coloridoal cristianismo samaritano, pero estaba destinado a durar poco.

4. Pedro y Juan visitan Samaria (8:14-17)

> 14 *Cuando los apóstoles en Jerusalén escucharon que los samaritanos habían recibido la palabra de Dios, les enviaron a Pedro y a Juan.*
> 15 *Cuando Pedro y Juan llegaron, oraron por los convertidos, y les preguntaron si habían recibido al Espíritu Santo.*
> 16 *Pero todavía no había descendido sobre ninguno de ellos; solo habían sido bautizados en el nombre del Señor Jesús.*
> 17 *Entonces Pedro y Juan impusieron las manos sobre ellos, y recibieron al Espíritu Santo.*

8:14 Las noticias sobre la misión evangelística de Felipe fueron llevadas a Jerusalén, y los apóstoles enviaron a dos de sus miembros a Samaria a inspeccionar el trabajo. En los primeros años de la misión cristiana, los apóstoles de Jerusalén parecen haber considerado su deber ejercer una supervisión general sobre el progreso del Evangelio donde quiera que fuera llevado (comp. 11:22). Pedro y Juan, los dos líderes del apostolado, desempeñaron esa misión. Esta es la última ocasión en la que Juan juega un papel por nombre en la narrativa de los Hechos; aquí, como antes, su papel es en silencio al lado de Pedro. Juan, con su hermano Santiago, habían sugerido una vez que fuego descendiera del cielo sobre la comunidad samaritana por su comportamiento desconsiderado hacia su Maestro (Lucas

---

(Acts 8, 4–25)," in *Les Actes des Apôtres: Traditions, Rédaction, Théologie*, ed. J. Kremer, BETL 48 (Leuven, 1979), pp. 281–95.

36. Comp. 1:3 (exposición y notas en p. 31–33).

9:52-55). Fue con una actitud diferente que él es enviado ahora hacia Samaria con Pedro. La prohibición anterior a los apóstoles de no entrar en ninguna ciudad de los samaritanos (Mt.10:5) había sido rescindida por la comisión ilimitada de llevar testimonio impuesto sobre ellos por el Cristo resucitado, en la que Samaria era una de las áreas explícitamente mencionadas (Hechos 1:8).

Felipe ahora desaparece de la escena de Samaria. Se ha mantenido que el relato de la visita de Pedro y Juan fue originalmente una alternativa al relato de la misión de Felipe;[37] pero la misión de Felipe se presupone como trasfondo para los eventos de la visita de Pedro y Juan.

8:15-17 La secuencia de la llegada de los apóstoles ha sido objeto de mucho debate teológico. A diferencia de los convertidos el día de Pentecostés, los convertidos samaritanos, aunque bautizados por Felipe "en el nombre del Señor Jesús,"[38] no habían recibido en aquel momento el don del Espíritu Santo. Pero cuando Pedro y Juan vinieron a la ciudad, oraron por ellos, pidiendo a Dios que les concediera el Espíritu Santo, y luego, cuando impusieron las manos sobre los convertidos, el Espíritu Santo vino a ellos. Está claramente implícito que la recepción del Espíritu estaba marcada por manifestaciones externas tal y como habían marcado su descenso sobre los primeros discípulos en Pentecostés.[39]

Muchos comentaristas antiguos y modernos han inferido que lo que Pedro y Juan hicieron fue realizar un rito de confirmación; algunos han inferido incluso que la confirmación puede ser administrada solamente por un apóstol o alguien de la sucesión del ministerio apostólico (por ej. en el orden Episcopal). Pero hay forzar el sentido de la presente narración para extraer este significado de él. Si la confirmación de un apóstol fuera necesaria para la recepción del Espíritu,[40] uno

---

37. J. Behm, *Die Handauflegung im Urchristentum* (Leipzig, 1911), pp. 24-36, prevé dos fuentes para Hechos 8:1-25, en la primera de las cuales los samaritanos son evangelizados por Felipe, en la última por Pedro y Juan; siendo el v.14 el enlace editorial entre los dos.

38. Esta expresión (εἰς τὸ ὄνομα τοῦ κυρίου Ἰησοῦ), repetida en 19:5, difiere de alguna manera de ἐν τῷ ὀνόματι Ἰησοῦ Χριστοῦ en 2:38; 10:48 (ver n. 98). La frase εἰς τὸ ὄνομα aparece normalmente en un contexto comercial, donde alguna propiedad es transferida o pagada "en nombre" de alguien. Así la persona bautizada "en el nombre de Jesús" da testimonio público de que ha pasado a ser propiedad de Jesús, ahora reconocido como Señor. La formula trinitaria εἰς τὸ ὄνομα de Mat. 28:19 (comp. *Didaque* 7.1) fue la apropiada para los "discípulos de todas las naciones," saliendo del paganismo para servir al Dios viviente, mientras que a los judíos y samaritanos, que ya adoraban al único verdadero Dios, se les requería solamente confesar a Jesús como Señor (comp. G. F. Moore, *Judaism* ,I [Cambridge, Mass., 1927], pp. 188-89)

39. Comp. N.B. Stonehouse, "The Gift of the Holy Spirit," *WTJ* 13 (1950-51). pp. 10-11: "uno debe reconocer lo peculiarmente apropiado, en un gran volumen sobre el curso externo de la historia del cristianismo, de centrar la atención sobre el extraordinario poder milagroso del Espíritu para llevar a cabo el plan divino en el pueblo de Dios".

40. Ver para este punto de vista A. J. Mason, *The Relation of Confirmation to Baptism* (London, 1891); G. Dix, *Confirmation or the Laying On of Hands?* (London, 1936); *The Theology*

podría haber esperado que eso estuviera establecido más explícitamente en uno o más pasajes relevantes del Nuevo Testamento. Pero tal cosa ni se insinúa, incluso en pasajes donde hubiera podido ser introducido si hubiera alguna necesidad de hacerlo. Tampoco es sugerido por Pablo cuando habla en 2 Cor. 1:21–22 de cristianos siendo ungidos, sellados, y dado el Espíritu en sus corazones como una garantía; él no incluye el poder de impartir así el Espíritu entre los dones espirituales listados en 1 Cor. 12:4–11, y cuando da gracias a Dios porque él no ha bautizado más que a un puñado de sus convertidos en Corinto (1 Cor. 1:14–16) toda la fuerza de su argumento desaparecería si nosotros tuviéramos que suponer que, a pesar de ello, los confirmó a todos. En otros lugares de Hechos tampoco se insinúa que las manos apostólicas fueran impuestas a los convertidos antes de que ellos recibieran al Espíritu. No se dice que nada de esto se hiciera entre los creyentes de Pentecostés en Jerusalén (2:38– 42) o, más tarde, en la casa de Cornelio en Cesárea (10:44–48). El único paralelo cercano a la presente ocasión es el caso excepcional de los discípulos efesios en 19:1–7. En general, parece asumirse a través de todo el Nuevo Testamento que aquellos que creían y eran bautizados recibían también al Espíritu Santo.

En el ejemplo presente, alguna evidencia especial puede haber sido necesaria para afirmar a los samaritanos, tan acostumbrados a ser despreciados como forasteros por la gente de Jerusalén, para que ellos fueran completamente incorporados a la nueva comunidad del pueblo de Dios. Era una cosa para ellos ser bautizados por un evangelista independiente como Felipe, pero hasta que no fueron reconocidos y bienvenidos por los líderes de la iglesia de Jerusalén no experimentaron las señales que confirmaban y probaban su membresía en la sociedad que poseía el Espíritu. "La imposición de manos es entonces," en palabras de G. W. H. Lampe, "primeramente una señal de compañerismo y solidaridad; es solo un símbolo eficaz secundario con respecto al don del Espíritu; se convierte en un símbolo tal exclusivamente en virtud de ser una señal de incorporación a la Iglesia del Espíritu".[41]

Lucas presenta la misión samaritana como el primer avance importante de la misión cristiana. El registro del "pentecostés" samaritano implica que un nuevo núcleo de la comunidad en expansión ha sido establecido, así que el Evangelio podía ahora "extenderse desde este nuevo centro de la misión del Espíritu".[42] Además, "el nuevo Israel de la iglesia de Jesucristo había tenido éxito en llevar el reino completo de David bajo el cetro de su Hijo, algo que los judíos habían

---

of Confirmation in Relation to Baptism (London, 1946); N. Adler, *Taufe und Handauflegung* (Münster, 1951); y, para una crítica magistral de la misma G. W. H. Lampe, *The Seal of the Spirit* (London, 1951).

41. Lampe, *The Seal of the Spirit,*, p. 70.
42. Lampe, *The Seal of the Spirit*, p. 72.

intentado, con mucho menos éxito por la fuerza de las armas durante los últimos quinientos años".[43]

5. *Pedro y Simón el Mago (8:18-24)*

18 *Cuando Simón vio que el Espíritu[44] fue dado a través de la imposición de manos de los apóstoles, les ofreció dinero.*
19 *"Dadme también a mi esa autoridad," dijo él, "así que cualquiera en quien yo ponga mis manos pueda recibir al Espíritu Santo".*
20 *Pero Pedro y Juan le dijeron, "que tu plata perezca contigo, por pensar que el don de Dios pudiera ser obtenido con dinero.*
21 *Tú no tienes parte ni porción en este asunto, porque tu corazón no es recto delante de Dios.*
22 *Así que arrepiéntete de esta maldad tuya, y ora al Señor para que el pensamiento de tu corazón pueda ser perdonado.*
23 *Yo veo que tu estas todavía lleno de amargura y ajenjo, todavía llevando cadenas de injusticia".*
24 *Simón contestó, "¿Podéis, por favor, orar al Señor por mí, para que ninguna de esas cosas que habéis dicho vengan a mí".[45]*

8:18-19 Si las señales externas que acompañaron la recepción del Espíritu en esta ocasión fueron idénticas a las señales de Pentecostés o no, fueron en todo caso de una naturaleza tan impresionante que Simón el mago imploraba el poder de reproducirlas a su antojo. Ahora siente que se está acercando al corazón de estos misterios; el último fenómeno estaba obviamente asociado con la imposición de manos. ¡Si solamente pudiera estar asociado con *su* imposición de manos! Así que, considerando a Pedro y Juan como practicantes de magia religiosa extraordinariamente dotados, les ofreció comprar de ellos una porción de su secreto poder. Es este hecho de Simón que ha dado lugar al término "simonía" en nuestro vocabulario religioso.

8:20-23 Simón estaba bastante poco preparado para las severas palabras que su requerimiento, propio de una mente simple, evocaron. En una ocasión anterior Pedro y Juan fueron incapaces de dar plata u oro (3:6); ahora rehusaron aceptar nada, y estaban conmocionados de que se les hubiera ofrecido a ellos. La idea de Simón de que un don libre de Dios pudiera ser comprado y vendido mostró que él no tenía apreciación en absoluto por el carácter interno del Evangelio o la operación del Espíritu. "Que la perdición se lleve tu plata," dijo Pedro, "como te

---

43. A. Ehrhardt, *The Acts of the Apostles* (Manchester, 1969), p. 47.

44. Para "Espíritu" (πνεῦμα), la lectura de ℵ B cop^{sa}, la expresión ampliada "el Espíritu Santo" (τὸ πνεῦμα τὸ ἅγιον) aparece en $P^{45.74}$ A C D E Ψ byz lat syr cop^{bo}.

45. Para "Espíritu" (πνεῦμα), la lectura de ℵ B cop^{sa}, la expresión ampliada de "el Espíritu Santo" (τὸ πνεῦμα τὸ ἅγιον) aparece en $P^{45.74}$ A C D E Ψ byz lat syr cop^{bo}.

llevará también a ti a menos que te arrepientas y busques el perdón de tus pecados para tus malvados pensamientos". Simón había creído el mensaje de Felipe y sido bautizado, pero todavía manifestaba signos de su antigua naturaleza no regenerada. La raíz venenosa de egoísmo supersticioso no había sido erradicada de su corazón; su alma se seguía manteniendo firme todavía a las "cadenas de injusticia".[46] era dudoso, a los ojos de Pedro, si Simón había experimentado la gracia de Dios real en algún sentido. Simón interpretó todo lo que vio y escuchó en términos de sus propios parámetros, pero el Evangelio pertenecía completamente a una nueva dimensión, a la que él permanecía extraño. En este reino él, claramente, no tenía "ninguna parte ni porción".

El relato de Lucas de esta confrontación entre Pedro y Simón provee el arquetipo para las posteriores confrontaciones que tuvieron los dos. Felipe podría haber estado contento con Simón y sus seguidores incluidos, pero los más exigentes requerimientos de la ortodoxia apostólica no pudieron encontrar lugar para Simón y sus seguidores en la comunidad de creyentes. Aquellos que se atreven a especular en los podría-haber-sido de la historia, pueden considerar cual hubiera sido el resultado si Simón y sus seguidores hubieran sido incorporados a la iglesia en esta temprana etapa, y decidir si hubiera sido una buena cosa o una cosa mala para el progreso del cristianismo.[47] Arnold Ehrhardt sintió que "la iglesia perdió a un hombre aquí, que podía haber sido salvado; San Pedro pisoteó la nueva plantación de San Felipe".[48] Otros juzgaran la situación de manera diferente.[49]

8:24 Simón estaba aterrorizado. Haber incurrido en el agravio contra los hombres que aparentemente tenían tanto poder a su cargo era un pensamiento terrible; el Texto Occidental, que nos dice que se mantuvo llorando todo el tiempo mientras Pedro estaba hablándole, puede ser correcto dada la situación, si Simón era el tipo de médium emocionalmente inestable, que no es desconocido

---

46. Por otra parte, Pedro puede querer decir que Simón se dirige hacia un final amargo: "Puedo ver que estas condenado a degustar el fruto amargo y a llevar las cadenas del pecado" (NEB). La construcción (el verbo "ser" seguido de εἰς) denota destino en papiro, y ha sido usado en el v.20 (lit. "que tu plata sea tu perdición," εἴη εἰς ἀπώλειαν). El lenguaje de Pedro recuerda el lenguaje del Antiguo Testamento; Comp. Deut. 29:18 (es un eco de Heb. 12:15) e Isa. 58:6, note especialmente ἐν χολῇ καὶ πικρίᾳ en LXX del texto anterior y σύνδεσμον ἀδικίας en LXX del posterior.

47. Si Simón hubiera permanecido dentro de la iglesia, podría haber sido más plausible en el diagnostico de M. D. Goulder del Gnosticismo Samaritano como uno de "las dos raíces del mito cristiano" en *The Myth of God Incarnate,*, ed. J. Hick (London, 1977), pp. 64-86.

48. A. Ehrhardt, *The Acts of the Apostles*, p. 47.

49. Lucas mismo, por su simpatía hacia la misión helena de Felipe, parece aprobar la severa represión de Pedro a Simón. A sus ojos Simón personifica el concepto helenista de θεῖος ἀνήρ, el hombre divinamente poseído o divinamente iluminado – la única persona en Hechos 8, "y Lucas no lo aprobó" (C. K. Barrett, "Theologia Crucis – in Acts," in *Theologia Crucis -Signum Crucis, Festschrift für* E. Dinkler [Tübingen, 1979], p. 80). Ver p. 215, n. 33.

en nuestros días, aunque esa descripción no encaja muy bien con la del Simón el mago de la tradición posterior. Pedro le ha dicho que ore para pedir perdón, pero de acuerdo con la manera de pensar de Simón, las oraciones de tales manipuladores del poder como Pedro y Juan serían mucho más eficaces que la suya propia, por lo que les ruega que oren por él. Arnold Ehrhardt elogia a Simón por la "inesperada humildad expresada en su hermosa respuesta" a la denuncia de Pedro; él confiesa, de hecho, "la sensación de que Simón sale mejor parado de este encuentro con los apóstoles, que el tempestuoso San Pedro que no le dio ni una palabra de consolación".[50]

La literatura canónica se despide de Simón con este ruego en sus labios para que por la intercesión de los apóstoles pueda escapar del juicio pronunciado contra su retorcido corazón.[51] Los documentos posteriores de su actividad dan la impresión de que o no intercedieron por él, o la intercesión fue ineficaz. A pesar de ello, Simón y sus seguidores continuaron siendo conocidos como cristianos, tal y como admite Justino Mártir[52] —un tributo, quizá, a lo que Simón aprendió durante el poco tiempo que paso en compañía de Felipe.

6. Los Apóstoles regresan a Jerusalén (8:25)

> 25 *Así, después de haber testificado solemnemente y hablado la palabra del Señor, volvieron a Jerusalén, y por el camino predicaron el Evangelio en muchos pueblos samaritanos.*

8:25 Lucas finaliza su informe de la visita apostólica con un "resumen generalizado" antes de terminar la historia de Felipe. Después de que Pedro y Juan han visto la obra de Dios en el temporal campo misionero de Felipe, no dudan lo más mínimo en evangelizar otras comunidades samaritanas cuando toman la carretera hacia el sur, a su regreso a Jerusalén.

7. Felipe y el Etíope (8:26-40)

> 26 *Ahora el ángel del Señor habló a Felipe. "Levántate," le dijo, "y ve en dirección sur[53] por el camino que va de Jerusalén a Gaza". (Que es un camino por el desierto).*

---

50. A. Ehrhardt, *The Acts of the Apostles*, p.46.

51. "Tu corazón no es recto (εὐθεῖα)," le dice Pedro en v. 21 (igualmente Salmo 77 [MT 78]:37, LXX).

52. Justino, *First Apology 26.6*.

53. Gr. κατὰ μεσημβρίαν. En LXX μεσημβρία normalmente significa "mediodía" (comp. περὶ μεσημβρίαν 22:6 abajo), excepto en Dan. 8:4,9 donde significa "sur" (Theodotion traduce νότος). Pero aquí "hacia el sur" es el sentido más natural (pero ver W. C. van Unnik, "Der Befehl an Philippus," *ZNW* 47 [1956], pp. 181-91).

27 *Así que se levantó e inicio su viaje. Allí se encontró con un hombre de Etiopía, un oficial poderoso de Kandakē, reina de los etíopes, un chambelán que estaba a cargo de todo su tesoro. Él había ido a Jerusalén a adorar.*
28 *y en su camino de regreso iba sentado en su carro, leyendo al profeta Isaías.*
29 *El Espíritu dijo a Felipe: "Ve a ese carro y únete a él".*
30 *Así que Felipe corrió hacia él y lo oyó leyendo al profeta Isaías. "¿Tu entiendes lo que estás leyendo?" le preguntó.*
31 *"¿Cómo podría" dijo el hombre, "a menos que alguien me guie?" E invitó a Felipe a subir al carro y sentarse con él.*
32 *El pasaje de las Escrituras que estaba leyendo era este:*
"Como una oveja que es llevada al matadero,
Y como un cordero mudo delante de su trasquilador, así él no abrió su boca.
33 *Fue humillado y se le quitaron sus derechos:*
Y por su descendencia ¿quién declarará? Porque su vida es quitada de la tierra".
34 *Entonces el chambelán empezó a hablar. "Dime, por favor," le dijo a Felipe: "¿Quién es la persona de la que el profeta está diciendo esto? ¿De sí mismo, o de alguien más?"*
35 *Entonces Felipe empezó a hablarle: y comenzando desde esta Escritura le contó las buenas nuevas acerca de Jesús.*
36 *Conforme viajaban por el camino, llegaron a un lugar con agua. "Mira," dijo el chambelán, "aquí hay agua.[54] ¿Qué impide que sea bautizado?"[55]*
38 *Dio órdenes para que detuvieran el carro, y ambos, Felipe y el chambelán, descendieron al agua, y Felipe lo bautizó.*
39 *Cuando salieron del agua, el Espíritu del Señor arrebató a Felipe,[56] y el chambelán no lo volvió a ver; pero continúo gozoso su camino.*
40 *En cuanto a Felipe, se presentó en Azoto.[57] Después, yendo de ciudad en ciudad, predicó el Evangelio en todas ellas hasta que llegó a Cesárea.*

8:26 La historia de Felipe se reanuda ahora. Esta parte es contada en un estilo que, en algunos aspectos, evoca las narrativas del Antiguo Testamento de Elías[58] Mientras aquí, como en 5:19, la traducción de la frase griega "el ángel del Señor" es aquella usada en la LXX para el mensajero sobrenatural que manifiesta la

---

54. P P^{45} omite ἰδοὺ ὕδωρ.

55. Aquí el texto Occidental añade: "Y él le dijo, 'Si tú crees con todo tu corazón, puedes.' Él respondió: 'yo creo que Jesucristo es el Hijo de Dios.'" Aunque este añadido no aparece en el texto Bizantino, fue incorporado por Erasmo en su edición impresa; pensó que se había omitido por un descuido del escriba. Está impreso como el v.37 en KJV pero está apropiadamente omitido de los textos del *The Greek New Testament according to the Majority Text*, ed. Z. C. Hodges y A. L. Farstad (Nashville, 1982), donde es mencionado en las notas de texto como incluido en el Textus Receptus.

56. El Texto Occidental lee "el Espíritu del Señor" cayó sobre el eunuco, y el ángel del Señor arrebató a Felipe".

57. Gr. εὑρέθη εἰς Ἄζωτον. Con este uso del pasivo de εὑρίσκω comp. Fr. *se trouver*

58. Comp. 1 Reyes 18:12; 2 Reyes 1:3; 2:16.

presencia divina a los seres humanos,[59] la frase de Lucas "el ángel de Señor habló a Felipe, 'Levántate...'" es probablemente una forma vívida para designar la guía divina de Felipe. En la siguiente narrativa es difícil ver ninguna distinción real entre "el ángel del Señor" y "el Espíritu del Señor," aunque el texto Occidental introduce una distinción en el verso 39.

Como quiera que sea, Felipe recibió un mandato divino de ir al sur e ingresar en la carretera Jerusalén-Gaza—probablemente la carretera que va por el camino de Betogabris, Betogabris de Ptomoleo (reconstruida más tarde como Eleutheropolis por Séptimo Severo). La palabra "desierto" puede referirse o a Gaza o a la carretera. La antigua ciudad fue destruida por el rey Hasmoneo Alejandro Janneo en el año 96 a.C.; una nueva ciudad fue más tarde construida más próxima al Mediterráneo por Gabino en el 57 a.C., la antigua ciudad, como Estrabón dice, "permanece desierta".[60] Por otra parte, era importante que Felipe supiera qué camino tomar; si hubiera tomado otra carretera, habría perdido al etíope. Gaza figura en el Antiguo Testamento como una de las cinco ciudades filisteas.

8:27-28 A lo largo de la carretera del desierto de Gaza, Felipe se encontró con un carruaje o carreta cubierta viajando hacia el sur; en ella iba sentado el tesorero del reino de Etiopía (Nubia), quien había hecho una peregrinación a Jerusalén y estaba ahora regresando a casa. El reino de Etiopía yacía en el Nilo, al sur de la primera catarata (en Asuán); Sus dos ciudades principales era Meroe y Napata. El rey de los etíopes era venerado como el hijo del sol y considerado como un personaje demasiado sagrado como para ocuparse de las funciones seculares de la realeza; estas funciones eran desempeñadas en su nombre por la reina madre, que ostentaba el titulo dinástico de Kandakē.[61]

El tesorero etíope era probablemente un gentil adorador del Dios de Israel. Él es mencionado con un término que en su sentido más amplio podría entenderse como "chambelán" o en el sentido más estricto como "eunuco".[62] Los eunucos eran normalmente empleados como oficiales de la corte en el Cercano Oeste, desde la antigüedad y hasta tiempos bastante recientes. La ley de Israel excluía a los eunucos de los privilegios religiosos que disfrutaban los otros miembros de la comunidad (Deut. 23:1); la eliminación de esta prohibición es presagiada en Is.

---

59. Comp. en 7:35–38; n. 50 y n. 58.

60. Estrabón, *Geography* 16.2.30 (μένουσα ἔρημος).

61. De acuerdo con Bion of Soli (*Aethiopica 1*), "los etiopes no daban a conocer los padres de sus reyes, pero trasmitían la tradición de que eran hijos del sol. Llamaban a la madre de cada rey Kandaki" ver también Estrabón, *Geography* 17.1.54; Plinio, *Natural History* 6.186 ; Dio Cassius, *History* 54.5.4

62. Gr. εὐνοῦχος. Comp. Plutarco, *Demetrius* 25.5: "los reyes...acostumbraban generalmente a tener eunucos como guardianes de su tesoro".

56:3-5. De cualquier modo, como los griegos mencionados en Juan 12:20,[63] este hombre había visitado Jerusalén como un adorador, probablemente durante uno de los grandes festivales de peregrinación, y ahora estaba encantado en su viaje de regreso a casa, estudiando el libro de Isaías en la versión griega.

8:29-31 El monitor divino (llamado el Espíritu en ese tiempo) instruyó a Felipe a que se acercara al carruaje, y al hacerlo, escuchó que el etíope estaba leyendo una copia de Isaías. La lectura en la antigüedad se hacía casi exclusivamente en voz alta.[64] Por qué debía ser así será evidente para cualquiera que intenta leer la copia de un manuscrito antiguo: las palabras necesitan ser deletreadas, y eso es más fácil en voz alta que en silencio. Además, los principiantes normalmente leen en voz alta; requiere considerable experiencia (por no decir sofisticación) leer en silencio, aunque ese nivel se alcanza más fácilmente con la moderna letra impresa que con las caligrafías de la antigüedad.

El pasaje profético que el etíope estaba leyendo en voz alta dio a Felipe una oportunidad inmediata: "¿Tú entiendes lo que estás leyendo?"[65] le preguntó. El hombre admitió francamente que no—que no podía entenderlo sin un guía o intérprete. Como parecía que Felipe sabía de lo que estaba hablando, el lector lo invitó a subir al carro y sentarse a su lado. Desde luego no podía haber encontrado mejor guía para el significado de lo que estaba leyendo que el hombre que tan extrañamente se había acercado a él.

8:32-33 Porque el pasaje que estaba leyendo era la gran profecía del Siervo Sufriente del Señor, el cual había encontrado su cumplimiento tan recientemente en el sacrificio y muerte de Jesús de Nazaret. El profeta mismo, mientras pronunciaba estas declaraciones, podría muy bien haberse preguntado e "indagado qué persona o qué tiempo le indicaba el Espíritu de Cristo" a él cuando así "predecía el sufrimiento de Cristo y la subsiguiente gloria" (1 Pedro 1:11), porque debe haber sido casi imposible entender como sus palabras podrían cumplirse hasta que Jesús vino y las cumplió. Jesús mismo parece haber hablado de su muerte en los términos de esta profecía (Isa. 52:13-53:12)—por ejemplo, cuando él dijo que "el Hijo del Hombre... no vino a ser servido, sino a servir, y a dar su vida en rescate por muchos" (Marcos 10:45).[66] Las palabras dirigidas a

---

63. Comp. en 7:46; n. 82.

64. En sus *Confesiones* (6.3) Agustín registra algo digno de notar que Ambrosio de Milán lee silenciosamente.

65. Aquí hay un juego de palabras (ἄρά γε γινώσκεις ἃ ἀναγινώσκεις), reproducido en el Latín de la Vulgata, *intellegis quae legis??*

66. Comúnmente se supone que estas palabras son un eco del sentido de Isa. 53:10, donde la vida del Siervo es ofrecida como una ofrenda por las culpas (LXX περὶ ἁμαρτίας); ver, por otra parte, M. D. Hooker, *Jesus and the Servant* (London, 1956), pp. 74-79 *et passim* ; C. K. Barrett, "The Background of Mark 10:45," in *New Testament Essays: Studies in Memory of T. W. Manson*, ed. A. J. B. Higgins (Manchester, 1959), pp. 1-18.

él por una voz celestial en su bautismo (Marcos 1:11) implicaban que el Mesías real, aclamado por Dios como su Hijo en el Salmo 2:7, era cumplir su destino en la misión trazada para el Siervo del Señor introducido en Isa. 42:1. Era natural enlazar el oráculo de obertura con "Mirad mi Siervo" en Is. 42:1 con la obertura de similares palabras en Is.52:13. No hay evidencia de que nadie antes del tiempo de Jesús haya identificado el Siervo de Isaías con el David Mesiánico, pero él parece haberlos identificados en su propia persona y por sus propios hechos. Cuando insistía en que lo que estaba *escrito* acerca del Hijo del Hombre[67] que debería "sufrir muchas cosas y ser tratado con desprecio (Marcos 9:12), es difícil pensar en un pasaje más apropiado como la base de tales palabras que Isa. 52:13–53:12.

La sección que Lucas en realidad cita (Isa. 53:7–8 LXX) no incluye, en efecto, ninguna declaración explícita del sufrimiento *vicario* encontrado en cualquier otra parte en esta "cuarta canción del Siervo". Uno puede preguntarse si, muy a menudo en el Nuevo Testamento, la cita de unas pocas clausulas de un pasaje de "testimonio" lleva consigo el contexto completo por implicación:[68] esta pregunta podría responderse con gran seguridad aquí si tuviéramos algunos detalles de la aplicación de Felipe de "esta Escritura". Lucas seguramente conoce mejor el contexto de lo que está reproducido aquí: él cita Isa. 52:13 en Hechos 3:13 e Isa. 53:12 en Lucas 22:37. Pero si prestamos atención solamente a las clausulas que Lucas reproduce, será difícil deducir de ellos cualquier cosa excepto una teología del sufrimiento.

8:34-35 La pregunta del etíope, "¿quién es esta persona acerca de la que el profeta dice esto? ¿De sí mismo, o de alguien más?" a menudo sirve hoy día como el texto de un ensayo académico o pregunta de examen, tan numerosas son las respuestas que se han propuesto.[69] Pero Felipe no encontró ninguna dificultad, ni dudó entre diferentes respuestas alternativas. El mismo profeta podría no haberlo sabido, pero Felipe lo sabía, porque la profecía se había hecho realidad en su día, y por eso, "empezando por esta Escritura, le contó las buenas nuevas acerca de Jesús". En una época en que ni una línea del documento del Nuevo Testamento había sido escrita, ¿qué Escritura podría cualquier evangelista haber usado mas adecuadamente como punto de partida para la presentación de la historia de Jesús a uno que no lo conocía? Fue Jesús, y no otro, quien ofreció su vida como

---

67. En la relevancia de la designación "el Hijo del Hombre" en este escenario M. Black, "Servant of the Lord and Son of Man" *SJT* 6 (1953), pp. 1-11. (Ver pp. 154-55 con nn. 104, 106, on 7:56.)

68. Ver C. H. Dodd, *According to the Scriptures* (London, 1952), pp. 88-94.

69. Ver C. R. North, *The Suffering Servant in Deutero-Isaiah* (Oxford, 1948), pp. 6-116, para un resumen de las respuestas ofrecidas desde tiempos pre-cristianos hasta los 1940, y H. H. Rowley, *The Servant of the Lord and Other Essays on the Old Testament* (Oxford, ²1965), pp. 3-93, para un repaso de las respuestas dadas desde 1921, cuando S. Mowinckel propugnó el punto de vista de que el profeta decía estas cosas acerca de sí mismo.

Felipe y el Etíope (8:26-40)

un sacrificio por el pecado, y justificado a muchos al llevar sus iniquidades, exactamente como había sido escrito del Siervo Obediente. Como el hecho histórico del inmerecido sufrimiento y muerte Jesús son ciertos, igualmente cierto es que a través de su sufrimiento y muerte, hombres y mujeres de todas las naciones han experimentado perdón y redención, tal y como el profeta predijo.[70]

8:36-38 La persuasiva exposición de Felipe sobre la pasión del Siervo encuentra su camino hacia el corazón del etíope. ¿Le dijo también Felipe, como Pedro había dicho a su audiencia en Jerusalén en el día de Pentecostés, que la respuesta apropiada a tales buenas noticias era el arrepentimiento y el bautismo para remisión de pecados y la recepción del Espíritu Santo? No lo sabemos. De cualquier modo, a medida que transcurre el viaje, encuentran un lugar en el que hay agua—si es Wadi el-Hesi al nordeste de Gaza, como tradicionalmente se ha señalado el lugar, correcta o incorrectamente identificado, es totalmente dudoso. "¡Mira, aquí hay agua! Dijo el etíope. "¿qué impide que yo sea bautizado?"[71] No había nada que lo impidiera, así que el carruaje se paró, ambos descendieron al agua y Felipe lo bautizó.

Este es el informe en el texto original. Pero en una fecha bastante temprana (probablemente en el siglo II), un editor sintió que esto no era adecuado. Felipe debe seguramente estar satisfecho él mismo de la fe genuina del etíope. (Sin ninguna duda, Felipe estaba bastante satisfecho, pero hay algunas mentes incapaces de permitir que esto sea inferido.) Así que algunas palabras fueron añadidas en las que Felipe prueba la fe del hombre, y él responde con una confesión formal: "Yo creo que Jesucristo es el Hijo de Dios".[72] Las palabras añadidas del Texto

---

70. Para la interpretación de los Himnos del Siervo de Isaías, especialmente el cuarto, ver también W. Zimmerli y J. Jeremias, *TDNT* 5, pp. 654-717 (*s.v.* παῖς Θεοῦ); S. R. Driver and A. Neubauer,*The Fifty-Third Chapter of Isaiah according to the Jewish Interpreters* (Oxford, 1877); G. H. Dalman, *Der leidende und der sterbende Messias der Synagoge im ersten nachchristlichen Jahrtausend* (Berlin, 1888), and *Jesaja 53, das Prophetenwort vom Sühnleiden des Heilsmittlers mit besonderer Berücksichtigung der synagogalen Literatur* (Berlin, ²1914); J. J. Brierre-Narbonne, *Le Messie souffrant dans la littérature rabbinique* (Paris, 1940); H. W. Wolff, *Jesaja 53 im Urchristentum* (Berlin, 1950); H. W. Robinson, "The Cross of the Servant," in *The Cross in the Old Testament* (London, 1955), pp. 55-114; E. Lohmeyer, *Gottesknecht und Davidssohn*, FRLANT NF 43 (Göttingen, ²1953); A. Bentzen, *King and and Messiah*, E.T. (London, 1955); E. Lohse, *Märtyrer und Gottesknecht*, FRLANT 64 (Göttingen, 1955); V. de Leeuw, *De Ebed Jahweh-Profetie:en: Historisch-kritisch Onderzoek naar hun Ontstaan en hun Betekenis* (Assen, 1956); E. Fascher, *Jesaja 53 in christlicher und jüdischer Sicht* (Berlin, 1958); D. J A. Clines, *I, He, We and They* JSOT Sup. 1 (Sheffield, 1976); R. N. Whybray, *Thanksgiving for a Liberated Prophet*, JSOT Sup. 4 (Sheffield, 1978).

71. Gr. τί κωλύει με βαπτισθῆναι; Para el uso del verbo κωλύω aquí y en 10:47 (allí en los labios del predicador, no del convertido), se ha inferido que podría tratarse de una formula bautismal primitiva (comp. también Marc. 10:14 y siguientes); lo cual es dudoso. Ver O. Cullmann, *Baptism in the New Testament*, E.T., SBT 1 (London, 1950), pp. 71-80.

72. Ver p. 179, n. 55.

Occidental reflejan una práctica temprana del cristianismo, a la cual se hace que se ajuste el etíope.[73]

8:39 El propósito divino al enviar a Felipe a la carretera de Gaza se había cumplido; ahora fue dirigido al norte por el Espíritu con otra misión. El texto Occidental, sin embargo, hace que el *ángel* del Señor arrebate a Felipe, mientras el *Espíritu* del Señor cae sobre el etíope.[74] El propósito de esta alteración textual puede ser en parte traer a colación al ángel del Señor al final del episodio, ya que había estado ahí al principio; pero el efecto más importante de la lectura ampliada es dejar claro que el bautismo del etíope fue seguido del don del Espíritu. Incluso en la lectura corta es razonable inferir que recibió al Espíritu,[75] aunque esto sería una inferencia no permisible en el pensamiento de aquellos que creen que el Espíritu solamente es otorgado mediante la imposición de manos apostólicas.[76] Cuando el etíope desaparece de nuestra vista, continuando gozoso su camino, no cabe duda de que el gozo que llena su corazón era ese "gozo del Espíritu Santo" del que Pablo habla en Rom. 14:17.[77]

Qué fue de él no podemos contarlo. De acuerdo con Ireneo, se convirtió en un misionero en medio de su propio pueblo,[78] lo cual era de esperar—aunque probablemente Ireneo no tenga más información específica de la que nosotros mismos tenemos. Pero con el registro de su conversión Lucas ha empezado a tocar la evangelización a los gentiles—un tema especialmente querido en su corazón. Los etíopes eran considerados por los griegos y por sus vecinos, desde los tiempos de Homero en adelante, como los que vivían en el filo del mundo.[79] En la época de Lucas, el interés en ellos se había acelerado por las expediciones romanas de los años 62-63 d.C. que exploraron el Nilo hasta Meroe y más arriba.[80] Muy pronto después de la comisión del Señor Resucitado a sus discípulos había su testimonio alcanzado "el fin del mundo" (1:8).

---

73. Ver 22:16. También O. Cullmann, *The Earliest Christian Confessions*, E.T. (London, 1949), pp. 19-20

74. Ver n. 56. Para la acción del Espíritu arrebatando a Felipe comp. las experiencias de Elías (n. 58) y Ezequiel (Ezeq. 3:14; 8:3).

75. Comp. G. W. H. Lampe, *The Seal of the Spirit*, pp. 43n., 65, 67

76. Ver n. 40.

77. Comp. Gal. 5:22, donde "gozo" figura al lado de "amor" en "los frutos del Espíritu".

78. Ireneo, *Against heresies* 3.12.10. No tenemos constancia de la iglesia etíope (Nubia) anterior al siglo IV. Ver B. M. Metzger, "The Christianization of Nubia and the Old Nubian Version of the New Testament," in *Historical and Literary Studies*, NTTS 8 (Leiden, 1968), pp. 111-22

79. Homero, *Odyssey* 1.23 (donde los etíopes son llamados ἔσχατοι ἀνδρῶν, "los últimos hombres").

80. Comp. Estrabón, *Geography* 17.1.54; Plinio, *Natural History* 6.35.

8:40 Después Felipe aparece en Azoto, un antigua ciudad Filistea de Ashdod, unas veinte millas al norte de Gaza. Desde allí se dirigió al norte, a lo largo de la carretera de la costa, predicando el Evangelio en todas las ciudades que encontraba a su paso,[81] hasta que finalmente llegó a Cesárea.[82] Allí parece haberse establecido—o por lo menos, es allí donde lo encontramos cuando hace su siguiente aparición en la narración, veinte años más tarde, (21:8). Por aquel entonces se ha convertido en un hombre de familia, tiene cuatro hijas, cada una es una profetisa—dignas hijas de tal padre.[83]

---

81. Incluyendo probablemente Lida y Hope, pronto visitadas por Pedro (9:32-43).

82. Cesárea fue construida por Herodes el Grande sobre la fundación fenicia, la Torre de Estrabón, entre Jope y Dora. Estaba equipada con un espléndido puerto artificial, de modo que se convirtió en el puerto principal durante el reinado de Herodes. Llamó a la nueva ciudad (completada el año 13 a.C.) Cesárea en honor a Augusto César. Después del año 6 d.C. se convirtió en la residencia de los gobernadores romanos de Judea, quienes establecieron allí los cuarteles generales de los *praetorium* de Herodes (comp. 23:35). Vespasiano fue proclamado emperador allí en el 69 d.C. Después de la guerra judía permaneció como gobernador del legado de la provincia imperial de Judea, con un nuevo status como colonia romana (*Colonia Flavia Augusta Caesariensis*) y exenta de impuestos. Ver Josefo *BJ* 1.408-15; 3.409-13; *Ant.* 15.331-41; 16.136-41. Mucho de la ciudad herodiana y romana ha sido extensamente excavado desde 1959 y en adelante. Ver L. I. Levine, *Caesarea under Roman Rule*, SJLA 7 (Leiden, 1975).

83. Ver pp. 399 -401 con nn. 8 -10.

HECHOS 9

C. CONVERSIÓN DE SAULO DE TARSO (9:1-31)

1. Saulo expedición a Damasco (9:1-2)

1 *En cuanto a Pablo, continuaba respirando amenazas de muerte contra los discípulos del Señor; fue al sumo sacerdote*
2 *y le pidió cartas para la sinagoga de Damasco, de manera, que si encontraba algún seguidor del Camino, hombres o mujeres, pudiera traerlos encadenados a Jerusalén.*

9:1 La narrativa regresa ahora a Saulo de Tarso y su campaña de represión contra los creyentes de Jerusalén, que fue mencionada de pasada en 8:3. No estaba contento con sacarlos de Jerusalén; debía perseguirlos y arrancarlos de raíz allí donde escaparan, no solo dentro de las fronteras de Israel[1] sino más allá también. "En un exceso de furia contra ellos," como le dice más tarde al más joven Agripa, "los perseguí incluso en ciudades extranjeras" (26:11). Los grandes paragones de celo religioso en la historia de Israel—Finnes,[2] Elías,[3] y Matías[4] (el padre de los Macabeos)—estaban preparados para llegar a la violencia extrema contra los enemigos de Dios, y ellos eran los ejemplos en los que Saulo se miraba a sí mismo en su celo contra la iglesia.

9:2 Cuando el Estado Judío ganó su independencia bajo los sacerdotes gobernantes de la dinastía Hasmonea (142 a.C.), los romanos, que patrocinaron el nuevo estado por razones particulares, exigieron a los estados vecinos que les garantizaran los privilegios de estado soberano, incluido el derecho de extradición. Una carta de esa época entregada por un embajador romano a Ptolomeo VIII de Egipto, concluye con la siguiente demanda: "Si alguno de los hombres pestilentes han huido a vosotros desde su propio país [Judea], enviadlos a Simón, el sumo sacerdote, para que él pueda castigarlos conforme a su ley" (1 Mac. 15:21). En

---

1. La tierra de Israel en esta época consistía en la principal provincia romana de Judea (la cual incluía a Samaria) y Herodes Antipas era el tetrarca de Galilea y Perea.
2. Num. 25:7-13; Salmo 106: 30-31
3. 1 Reyes 18:40; 19:10,14.
4. 1 Mac. 2: 23 -28.

47 a.C. Julio Cesar confirmó aquellos derechos y otorgó nuevos privilegios a la nación judía (aunque Judea ya no era un estado soberano), y más particularmente al sumo sacerdocio.[5] La narrativa de Lucas implica que los derechos de extradición continuaban siendo disfrutados por el sumo sacerdocio bajo la administración provincial instalada en el año 6 d.C. Los seguidores del Camino, a quien Saulo estaba autorizado a traer de regreso de Damasco, eran refugiados de Jerusalén, no discípulos nativos de Damasco. Los cargos contra ellos pueden haber sido de complicidad con Esteban en la ofensa contra el templo.

"El Camino" es una designación para el nuevo movimiento que aparece varias veces en Hechos (19:9,23; 22:4; 24:14,22; comp. también 16:17; 18:25–26). Fue evidentemente, un término usado por los primeros seguidores de Jesús para denotar su movimiento como modo de vida o modo de salvación. Palabras similares se usan en sentido religioso en otros lugares; un paralelo especialmente cercano es el uso de la palabra hebrea para "camino" en la Obra Zadokita y otros documentos de la Comunidad de Qumran para denotar la membresía y el estilo de vida de la comunidad.[6]

La historia de Damasco se remonta a tiempos muy antiguos. Ya era una ciudad en los días de Abraham, y en la época de la monarquía de Israel era la capital del reino Arameo más importante. Más tarde fue la sede de la administración de la provincia Asiria. En tiempos helenísticos fue nuevamente urbanizada, siguiendo el plan urbanístico Hipodámico. Desde el año 64 a.C. en adelante perteneció a la provincia romana de Siria, pero disfrutaba de cierta medida de autonomía municipal dentro de la libre confederación de ciudades llamada Decápolis. Había una gran población judía en la ciudad,[7] así que no es sorprendente que hubiera varias sinagogas, cada una ejerciendo una supervisión disciplinaria sobre las demás.

---

5. Josefo, *Ant.* 14.192-95; ver S. Safrai y M. Stern (ed.), *The Jewish People in the First Century*, I (Assen, 1974), p. 456.

6. CD 1.13; 2.6; IQS 9.17-18; 10.20-21; ver E. Repo, *Der "Weg" als Selbstbezeichnung des Urchristentums*, AASF B 132.2 (Helsinki, 1964). La Obra Zadokita, descubierta hacia el final del siglo XIX en dos manuscritos mutilados en una antigua sinagoga de Fostat (Antiguo Cairo), y publicado primero en *Fragments of a Zadokite Work*, ed. S. Schechter, I (Cambridge, 1910), reveló la presencia en Damasco de un grupo judío (ahora se sabe que había estado estrechamente relacionado, si no era idéntico, a la comunidad de Qumran) unidos por pacto como un nuevo y purificado Israel, consagrado al sacerdocio Zadokita y a una forma distintiva de esperanza mesiánica. Ver L. Ginzberg, *An Unknown Jewish Sect* (New York, 1976); P. R. Davies, *The Damascus Covenant*, JSOT Sup. 25 (Sheffield, 1983); also G. Vermes, *The Dead Sea Scrolls in English* (Harmondsworth, [2]1975), pp. 95-117. Si el "Damasco" de este documento debe entenderse literalmente, uno debería preguntarse qué relación tenían los pactantes de Damasco con los discípulos locales de Jesús, pero es probablemente imposible responder a esta pregunta con algún grado de certeza.

7. De acuerdo con Josefo, *BJ* 2.561, el estallido de la revuelta judía en el año 66 d.C. estuvo marcada por la masacre de 10.500 judíos habitantes de Damasco; en *BJ* 7.368, su número se eleva hasta los 18.000.

2. La luz y la voz desde los cielos (9:3-7)

3 *Mientras iba de camino, llegando cerca de Damasco, de repente una luz del cielo resplandeció a su alrededor.*
4 *Cayó al suelo, y oyó una voz que le decía, "Saulo, Saulo, ¿por qué me persigues?"*[8]
5 *"¿Quién eres tú, mi Señor?" preguntó él. Él respondió,*[9] *"Yo soy Jesús,*[10] *al que tú estás persiguiendo.*[11]
6 *Pero levántate y ve a la ciudad, y se te dirá lo que debes hacer".*
7 *Los hombres que viajaban con él se quedaron sin palabras; escucharon la voz pero no vieron a nadie.*[12]

9:3-6 Armado con la autoridad del sumo sacerdote, Saulo se puso en camino hacia Damasco, y había casi llegado cuando el transcendental momento tuvo lugar. Cerca del mediodía[13] una luz que eclipsó al sol brilló a su alrededor, y mientras yacía en el suelo a donde había caído, una voz sonó en sus oídos, dirigiéndose a él en arameo:[14] "¡Saulo! ¡Saulo! ¿por qué me persigues?"[15]

La voz que él escuchó, en lo que respecta a paralelos literarios, puede ser reconocida como el fenómeno conocido por los rabís como ba<u>t</u> qôl, "la hija de la voz [de Dios]," el eco celestial. En los últimos tiempos, ellos creían que, cuando

---

8. El añadido Occidental, "Duro te es dar coces contra el aguijón," está en dos de los Manuscritos Griegos y en algunos de los testigos de las versiones Latina y Siriaca transferido aquí desde el v.5 (ver n. 11 abajo) para armonizar con 26:14.

9. El texto Bizantino lee "El Señor dijo".

10. Unos cuantos manuscritos, principalmente el Occidental en carácter, añade "el Nazareno" del 22:8.

11. Hay un añadido del Occidental aquí (calcado en parte de 22:10 y 26:14): "te es duro dar coces contra el aguijón. Y él, temblando y atónito, dijo: 'Señor ¿qué quieres de mi?' Y el Señor le dijo" (la conjunción "pero" al principio del verso 6 está consecuentemente omitida). Este añadido no ocurre con frecuencia en los Manuscritos Griegos, pero se encuentra en los Códices de la Antigua Versión Latina y la Vulgata, y también en parte como lectura alternativa señalada con un asterisco en la versión Siriaca Harclean. Erasmo, considerando que estas palabras se habían perdido del Texto Griego, las tradujo introduciéndolas en el Nuevo Testamento Griego; forman parte, por tanto, del "*Textus Receptus*" y de la KJV o Reina Valera.

12. Hay un añadido en el texto Occidental, preservado solamente en el Códice h Antigua Latina: "Cuando él hablo. Pero él les dijo, 'levantadme del suelo'" (las palabras del inicio del v.8 serían por tanto: "Y cuando lo levantaron…").

13. Así 22:6; 26:13.

14. "En lengua Hebrea," dice Pablo en 26:14 (ver n. 24). Excepto en el Apocalipsis, el lenguaje "hebreo" en el Nuevo Testamento normalmente significa Arameo. G. H. Dalman reconstruye la expresión aramea como šā'ûl šā'ûl mā'att rā<u>d</u>ᵉpinnî (*Jesus-Jeshua*, E.T. [London, 1929], 18). ¿Fue dicho en arameo porque era la lengua materna de Jesús o porque era la lengua materna de Saulo?

15. Como dice Agustín, "era la cabeza en el cielo suplicando en nombre de los miembros que todavía estaban en la tierra" (*Sermon* 279.1).

La luz y la voz desde los cielos (9:3-7)

no había más profetas para hacer oír la voz de Dios, el eco de su voz podía todavía ser oída ocasionalmente por algunos. La solemne repetición del nombre de la persona a la que va dirigida era común en las alocuciones divinas.[16] Saulo probablemente discernió una cualidad divina en la voz que le habló; por lo tanto "¿Quién eres tú, mi Señor?" puede ser una mejor traducción de su respuesta que "¿Quién eres tú, Señor?" Pero no estaba preparado para la respuesta a su pregunta: el que le hablaba era Jesús, una vez crucificado, pero ahora Señor celestial—aquel al que él celosamente perseguía en la persona de sus seguidores.

Cualquier intento de explicar la experiencia de Saulo en la carretera de Damasco en términos médicos debe considerar sus efectos revolucionarios y de larga duración. La extraordinaria mejora de iluminación experimentada por los epilépticos descrita, por ejemplo, por Dostoievski,[17] es un asunto muy diferente a la conversión total que Saulo experimentó—una conversión de la voluntad, el intelecto, y la emoción, la cual dictó el propósito permanente y la dirección subsiguiente de su vida y actividad. Que la iluminación fue tanto interior como exterior se hace evidente en su propio lenguaje sobre la transición desde la incredulidad a la fe—"viendo la luz del evangelio de la Gloria de Cristo, que es la imagen de Dios… Porque es Dios el que dijo: 'Que la luz brille sobre la oscuridad,' quien ha brillado en nuestros corazones al darnos la luz del conocimiento de la gloria de Dios en el rostro de Cristo" (2 Cor. 4:4,6).

Que Saulo verdaderamente vio al Cristo resucitado además de escuchar su voz no está expresamente indicado en la narrativa de la propia conversación, pero está confirmado más abajo en las palabras de Ananías (v. 17) y Bernabé (v. 27).[18] Sus propias referencias a su conversión implican de paso que él escuchó la voz de Cristo, pero enfatizan, por encima de todo, que lo vio como el Resucitado y Glorificado.[19] Hay afinidades entre su experiencia de conversión y la visión inaugural de Ezequiel, en la que el profeta vio la "semejanza" de un trono celestial y por encima de éste, la "semejanza como de forma humana" (Ezeq. 1:26);[20] pero en el caso de Saulo aquel que tenía forma humana se identificó a sí mismo como un persona histórica: "Yo soy Jesús". Poco de la percepción distintiva de Saulo

---

16. Comp. Dalman, *Jesus-Jeshua*, p. 18

17. Ver F. Dostoyevsky, *The Idiot*, E.T. (London, 1913), pp. 224-25; también la discusión en J. Klausner, *From Jesus to Paul* E.T. (London, 1944), pp. 326-30.

18. Comp. 22:14; 26:16.

19. Comp. 1 Cor. 9:1; 15:8; Gal. 1:16.

20. Comp. C. Rowland, "The Influence of the First Chapter of Ezekiel on Jewish and Early Christian Literature" (diss. Cambridge, 1974) *The Open Heaven* (London, 1982, pp. 84-85, 95-96, *et passim*.

con respecto al significado del Evangelio no se remonta al evento del camino de Damasco, o al desarrollo de ese evento en su vida y pensamiento.[21]

Tan cierto como que Jesús el Crucificado se había aparecido "vivo tras su pasión" a Pedro, Santiago, y a otros en la primera mañana de la Pascua Cristiana y en los días que siguieron, así también ahora, "como a uno nacido fuera de tiempo," se apareció a Saulo (I Cor. 15:5-8). Sus compañeros de viaje (de acuerdo con 22:9) vieron la luz que resplandeció tan repentinamente alrededor de ellos, pero para ellos no estuvo acompañada de la iluminación cegadora que hizo la revolución en el perseguidor fanático, y desvió su celo hacia la propagación de la fe, que hasta ese momento, él se esforzaba en destruir.

El propio informe de Pablo acerca de su experiencia no es solamente adecuado en el resultado: lo es también en su carácter. Cuanto más se estudia, más se convence uno de que el estadista del siglo XVIII George Lyttelton tenía razón cuando dijo que "la conversión y apostolado de San Pablo, debidamente considerados, son en sí mismos una demostración suficiente que prueba que el cristianismo es una revelación divina".[22]

Un paralelo moderno y atractivo de esta narrativa es la historia de la conversión personal de Sundar Singh, después de un período de amarga hostilidad hacia el Evangelio. Orando en su habitación el 18 de Diciembre de 1904, vio una gran luz. "Después mientras oraba y miraba la luz, vi la forma del Señor Jesucristo. Tenía una apariencia de tal gloria y amor. Si hubiera sido una encarnación Hindú me hubiera postrado delante de él. Pero era al Señor Jesucristo a quien yo había estado insultando unos pocos días antes. Sentí que la visión no podía venir de mi propia imaginación. Oí su voz diciéndome en hindú, '¿Cuánto tiempo me perseguirás? He venido para salvarte; estabas orando para conocer el camino correcto. ¿Por qué no lo tomas?' Después vino a mí el pensamiento, 'Jesucristo no está muerto sino vivo y debe ser Él Mismo.' Así que caí a Sus pies y obtuve está maravillosa Paz que no había podido encontrar en ninguna otra parte. Este es el gozo que yo anhelaba tener. Cuando me levanté, la visión había desaparecido del todo, pero aunque la visión desapareció, la Paz y el Gozo han permanecido conmigo desde entonces".[23] Diversas circunstancias hacen difícil considerar esta experiencia como un sueño o como el efecto de la auto-hipnosis; también es interesante decir que, de acuerdo con su memoria, "en aquel tiempo él no conocía la historia de la conversión de Pablo; aunque, por supuesto, en un tema de esta índole

---

21. Comp. S. Kim, *The Origin of Paul's Gospel* (Tübingen/Grand Rapids, ²1984)

22. G. Lyttelton, *Observations on the Conversion and Apostleship of St. Paul* (London, 1747), párrafo 1, "un tratado," escribió Samuel Johnson, "en el que la infidelidad nunca ha sido capaz de fabricar una respuesta especiosa" (*Lives of the Most Eminent English Poets* [London, 1779-81]).

23. B. H. Streeter y A. J. Appasamy, *The Sadhu* (London, 1921), pp. 6-8. Es interesante notar que la voz se dirigió a él en hindú y no en inglés.

no se puede confiar implícitamente en la memoria"²⁴ (pues incluso si no conocía la historia en ese momento de su conversión, la conocía en el momento en que relata su conversión en las palabras antes citadas, y eso puede haber influenciado las palabras de su narrativa. Aquí tampoco podemos evaluar apropiadamente el relato de la experiencia de Sadhu sin tener en cuenta su extraordinaria vida que fue la consecuencia y señal excepcional que asistió su ministerio.²⁵

9:7 La declaración de que los compañeros de viaje de Saulo "se quedaron sin palabras; escucharon la voz, pero no vieron a nadie," algunas veces se ha creído que se contradicen con su propia declaración, "todos nosotros caímos al suelo" (26:14), y aún más con la declaración de que los hombres que estaban con él "no oyeron la voz del que me estaba hablando a mi" (22:9). La primera discrepancia es inmaterial: presumiblemente los otros fueron capaces de levantarse mientras Saulo permanecía aún caído en el suelo. En cuanto a la otra discrepancia, la explicación de Crisóstomo es que la voz escuchada por los compañeros de viaje, era la voz de Saulo hablando al Señor Resucitado²⁶ lo cual choca con la dificultad de que "la voz" en el verso 7 se considera más natural que se refiera a la "voz" del verso 4. La explicación más normal es que, mientras que los otros oyeron un ruido (como la multitud en Juan 12:29 que "dijeron que era un trueno" cuando la oración de Jesús fue respondida por una voz celestial), ellos no distinguieron una voz articulada.²⁷

No se especifica si los compañeros de Saulo estaban viajando en la misma caravana, o si habían sido, de hecho, enviados con él para ayudarle en su misión.²⁸ Ya que había sido comisionado para traer a los refugiados encadenados a Jerusalén habría, naturalmente, requerido la ayuda de otros (quizá miembros de la policía del templo) para detenerlos y llevarlos de vuelta.

3. Saulo entra en Damasco (9:8-9)

8 *Saulo se levantó del suelo, pero cuando sus ojos fueron abiertos no veía nada; así que ellos lo llevaron de la mano y lo condujeron a Damasco.*
9 *Permaneció sin vista tres días, y no comió ni bebió.*

---

24. Streeter and Appasamy, *The Sadhu*, p. 8.
25. Ver pp. 236-37 abajo (en 12:10-11).
26. Crisóstomo, *Homilies on Acts* 47
27. Así J. H. Moulton, MHT I, p. 66. Pero su apelación a que hay "una antigua y bien conocida distinción entre el acusativo y el genitivo con ἀκούω " (contrasta τὴν δὲ φωνὴν οὐκ ἤκουσαν en 22:9 con ἀκούοντες μὲν τῆς φωνῆς aquí) no está respaldado por el uso de Lucas; ver R. G. Bratcher, "ἀκούω en Hechos ix. 7 and xxii. 9," *ExT* 71 (1959-60), p. 243.
28. A ellos se les llama sus συνοδεύοντες, "aquellos que estaban en la caravana con él" (comp. συνοδία, Lucas 2:44).

9:8-9 Finalmente Saulo es capaz de levantarse del suelo, pero cuando lo hace, es incapaz de ver, "cegado por el exceso de luz". Sus compañeros, por tanto, lo tomaron de la mano y lo guiaron a la puerta de Damasco, el lugar donde, presumiblemente, se habían hecho arreglos para que se quedara. Allí permaneció tres días, sin tomar alimentos ni bebidas. (No hay necesidad de considerar su abstinencia como un ejemplo del temprano ayuno antes del bautismo;[29] fue más probablemente el resultado del shock).

4. Ananías es enviado a Saulo (9:10-16)

10 *En Damasco había un discípulo llamado Ananías. A él el Señor le habló en una visión: "Ananías". "Heme aquí, Señor," contestó él.*
11 *El Señor le dijo, "Levántate y ve a la calle que se llama Derecha, y pregunta en la casa de Judas por el hombre de Tarso, llamado Saulo. Porque te aseguro que está orando.*
12 *y ha visto [en una visión][30] a un hombre llamado Ananías que se le acerca y pone las manos sobre él, para que pueda recuperar la vista".*
13 *Pero Ananías contestó, "Señor, he oído hablar acerca de este hombre a mucha gente—sobre todo el daño que ha hecho a tus santos en Jerusalén.*
14 *Y él tiene también aquí la autoridad de los principales sacerdotes para encadenar a todo aquel que invoque tu nombre".*
15 *"Ponte en marcha," le dijo el Señor; "este hombre es un instrumento escogido por mí, para llevar mi nombre delante de los gentiles y reyes e israelitas.*
16 *Voy a mostrarle todo lo que debe sufrir por amor a mi nombre".*

9:10-12 Hacia el final de estos tres días, Saulo, mientras estaba orando, recibió una visión más, en la cual un hombre llamado Ananías vino y puso las manos sobre él, con el resultado de que recuperaba la vista. Este Ananías resultó ser una persona real, un hombre de Damasco que era un discípulo de Jesús, aunque él evidentemente no era uno de los fugitivos de la persecución en Jerusalén.[31] Al parecer el Evangelio había hecho ya su viaje independientemente a Damasco—posiblemente desde la base norte en Galilea. Ananías sabía, sin embargo, sobre la persecución en Jerusalén que había dispersado a tantos creyentes de la ciudad, y sabía del importante papel que Saulo había jugado en todo aquello. También sabía

---

29. La práctica del ayuno antes del bautismo cristiano está demostrada primero en la *Didaqué* 7.4 y luego en Justino, *First Apology* 61.2.

30. La frase "en una visión" (ἐν ὁράματι) está añadida en B y C, con el texto Bizantino. Incluso si no es parte del texto original, es exegéticamente correcto.

31. Esto puede ser inferido de la exposición más amplia de Ananías y su carácter en 22:12.

que Saulo había venido a Damasco con la autoridad de arrestar a los creyentes que habían venido huyendo de Jerusalén para refugiarse allí.[32]

Podemos imaginarnos el asombro de Ananías cuando él a su vez recibió las indicaciones del Cristo resucitado[33] en una visión, para ir al lugar donde Pablo estaba residiendo y poner las manos sobre él para que la vista le fuera restaurada. La "calle llamada Derecha," donde Saulo vivía hospedado, es todavía hoy en día una de las vías principales de Damasco, el *Darb al-Mustaqim*. La localización tradicional de la casa de Judas está cerca del extremo occidental.

9:13-14 "Señor," dijo Ananías cuando recibió estas instrucciones: "He oído a cerca de este hombre de muchas personas". El no había experimentado personalmente el acoso de Saulo a los discípulos, pero aquellos que podían hablar por haberlo experimentado personalmente le habían contado de la actividad de Saulo, y las noticias de su viaje a Damasco para llevar a cabo su sombrío trabajo allí, habían llegado a la ciudad antes que el mismo Saulo. Cuando Ananías, en respuesta al Señor, habló de "a todos los que invoquen tu nombre," él se refería a los seguidores de Jesús, aquellos que le confesaran como Señor.[34] El antecedente de esta expresión se encuentra en Joel 2:32, "todo aquel que invoque el nombre del Señor será salvo," citado por Pedro el día de Pentecostés (Hechos 2:21).

9:15 Pero la protesta de Ananías fue desestimada: el Señor resucitado tenía sus ojos en el hombre de Tarso y tenía un gran trabajo para que él realizara. A pesar de su reciente expediente como perseguidor, Saulo fue un instrumento escogido[35] en las manos del Señor, un mensajero que esparciría las semillas de las buenas nuevas en el nombre de Jesús más ampliamente de lo que nadie haría. Los gentiles y sus gobernantes, y no solamente el pueblo de Israel, escucharían la proclamación de la salvación de sus labios. Mientras Pablo dice que la revelación del Hijo de Dios que recibió en la carretera de Damasco le fue dada para que él pudiera "proclamarla entre los gentiles" (Gal. 1:16), Lucas consistentemente incluye a los judíos entre los beneficiarios de su ministerio, en reconocimiento al hecho de que él predicó a los judíos, como haría en breve en las sinagogas de Damasco (v. 20), y de que hubo un gran número de creyentes judíos entre sus convertidos.

---

32. El uso de ἐκεῖσε εν ςες δε ἐκεῖ en τοὺς ἐκεῖσε 'ὄντας (22:5) implica que Saulo fue a Damasco para arrestar a aquellos que habían huido *allá*, no a aquellos que eran residentes habituales *allí* (quienes en ningún caso hubieran estado incluidos en las cartas de extradición).

33. Que "el Señor" en el v.10 es el Cristo resucitado es evidente por el v.17.

34. "Todos los que invocan tu nombre" son los mismos que aquellos llamados "vosotros santos" en el v.13. "Santos" (ἅγιοι) es una designación habitual de los cristianos del Nuevo Testamento, especialmente en las cartas Paulinas; se refiere a ellos como el pueblo de Dios o de Cristo, separados para él y su servicio.

35. Para la conciencia de Pablo en cuanto a su elección para un servicio especial ver Rom. 1:1, 5; Gal. 1:15-16; Ef. 3:7-13.

9:16 Incluso se le aseguró a Ananías que si Pablo había infringido él mismo sufrimiento a aquellos que creían en Jesús, él mismo a su vez tendría mucho sufrimiento que soportar por amor al nombre de Jesús.[36]

5. Ananías visita a Saulo (9:17-19a)

17 *Ananías fue, entró en la casa, y puso las manos sobre él. "Hermano Saulo," le dijo, "el Señor—que es Jesús, quien se te apareció en el camino por el que venías—me ha enviado para que recuperes la vista y seas lleno de Espíritu Santo".*

18 *Inmediatamente una especie de sustancia escamosa le cayó de los ojos; recuperó la visión,[37] se levantó y fue bautizado.*

19a *Luego comió y su fortaleza le fue restaurada.*

9:17 Ananías obedientemente hizo su camino hacia la calle llamada Derecha, y entró en la casa de Judas. Allí, sin dilación, cumplió su misión, poniendo las manos sobre el hombre ciego y dirigiéndose a él en términos de amistad fraternal. La forma del nombre "Saulo" en el texto original en este punto—la misma forma que fue usada por la voz celestial que escuchó Saulo en el camino[38]—sugiere que Ananías hablaba en arameo.

En el posterior discurso a la población de Jerusalén desde arriba de la escalinata que conectaba las inmediaciones del templo con la Torre Antonia (22:14–16), Pablo dio un informe más amplio de lo que Ananías le dijo; en su discurso ante Agripa (26:16–18) incluye la comunicación de Ananías de lo que se le dijo durante la visión celestial. En la narrativa actual, también, está claro que la visión en el camino de Damasco y el mensaje de Ananías eran mutuamente confirmatorios; por esta doble comunicación Saulo recibió su comisión del Señor. En su carta a los Gálatas Pablo se esfuerza en negar, en los términos más incondicionales, que él recibió su comisión apostólica de ningún hombre mortal, o a través de ningún hombre mortal: él la recibió, afirma, inmediatamente del Cristo que se le reveló como Hijo de Dios (Gal. 1:1, 11–20). ¿Cómo encaja esto con la parte atribuida a Ananías en Hechos?

En primer lugar, Pablo en Gálatas está respondiendo al cargo de que él dependía, para la autoridad misionera que pudiera tener, de los apóstoles en

---

36. En "sufriendo por el nombre" comp. 5:41; 21:13. El comentario del propio Pablo sobre estas palabras puede ser encontrado en 2 Cor. 11:23-27. En el reino de Cristo sufrir por amor a él es una señal de su favor y ganancia en aras de su recompensa (comp. 14:22; Mat. 5:11-12; Rom. 8:17; Fil. 1:29-30; 2 Tes. 1:5-8; 2 Tim. 2:12).

37. Varios testigos (C^2 E L 614 *pm* lat^p sy^{hcl}) añaden "inmediatamente" (παραχρῆμα).

38. La forma Σαούλ es utilizado en el vocativo por el Señor (v. 4 par. 22:7 y 26:14) y por Ananías (aquí y en 22:13); es utilizado en el acusativo para el Rey Saúl en 13:21. Por otra parte, la forma helenizada de Σαῦλος se utiliza en Hechos.

Jerusalén. El papel jugado por Ananías no podía haber afectado al argumento de un modo u otro. Un discípulo privado como Ananías no podía, de ningún modo, haber tenido poder para comisionarlo a él. En segundo lugar, Ananías para este propósito tan especial ocupó un estatus tan elevado, que sus palabras a Saulo fueron las palabras del Cristo resucitado. Habiendo sido enviado por el Cristo resucitado a poner sus manos sobre Saulo, él era en esta ocasión su agente y, de hecho, su portavoz—Lucas no lo hubiera llamado a él apóstol, pero la designación no habría sido inapropiada.[39] Ya sea que se le llame apóstol o no, él fue sin duda un profeta autorizado. Fue como portavoz de Cristo que fue enviado a Saulo; no tenía nada que decir más allá de las palabras que el Señor puso en su boca. Ananías expresó las palabras, pero como él también dijo, fue Cristo mismo quien comisionó a Saulo como su embajador. Ananías impuso sus manos sobre Saulo, pero fue el poder de Cristo el que en el mismo momento le iluminó los ojos y lo llenó del Espíritu Santo. Que Saulo hubiera recibido la plenitud del Espíritu mediante la imposición de manos de un tan oscuro discípulo como Ananías muestra claramente que Lucas no consideraba la imposición de manos *apostólicas* como necesarias para esto (en su entendimiento del término "apostólico").[40] Tal plenitud era la cualificación indispensable para el ministerio profético esbozado por Saulo en las palabras del Señor del verso 15—un ministerio comparable a aquel al que Jeremías fue llamado en su día (Jer. 1:5). De ahora en adelante Saulo considera este ministerio como dotado de poder celestial (comp. v. 22).

La puesta en marcha de Saulo, y el papel jugado en ella de Ananías, debe permanecer siempre como una piedra de tropiezo en el camino de aquellos cuya concepción del ministerio apostólico está demasiado fuertemente ligado a una particular línea de transmisión o forma de ordenación. Si el Señor resucitado comisionó a tan ilustre siervo en una forma tan "irregular", ¿no puede volver a hacerlo otra vez y no puede hacerlo así otra vez aún, cuando la ocasión lo requiera?

Así Ananías entra y abandona la narrativa, y nosotros no sabemos más del él. Pero como el primer amigo de Saulo después de su conversión, el primer seguidor de Jesús en saludarlo como hermano, tanto como por ser el que fielmente llevó a cabo la comisión del Señor, Ananías tiene un lugar de honor en la historia sagrada, y un derecho especial de gratitud de todos aquellos que de una manera u otra han entrado en la bendición que brota de la vida y trabajo del apóstol a los gentiles.

9:18-19a Cuando Ananías ha ejecutado su encargo y posa sus manos sobre Saulo, una sustancia escamosa cae de los ojos de Saulo.[41] Era capaz de ver otra vez;

---

39. Comp. G. W. H. Lampe, *The Seal of the Spirit* (London, 1951), p. 72: "Ananías...es, para el propósito de encontrarse con Pablo, un apóstol debidamente comisionado".

40. Para el entendimiento de Lucas del término "apóstol" y "apostólico" ver p. 30 (en 1:2).

41. Comp. Tob. 3:17 ("cayó la cobertura blanca de los ojos de Tobías"); 11:13 ("la cobertura blanca cayó de los ojos de Tobías").

se levantó y fue bautizado inmediatamente en el nombre de Jesús (recibiendo su bautismo de las manos de Ananías, debemos suponer nosotros naturalmente);[42] ingirió comida por primera vez en tres días y la fortaleza física acompañó al influjo del nuevo poder espiritual.

6. Saulo predica en Damasco (9:19b-22)

19b *Permaneció algunos días*[43] *con los discípulos en Damasco.*
20 *e inmediatamente empezó a predicar a Jesús en las sinagogas, diciendo, "Él es*[44] *el Hijo de Dios".*
21 *Todo los que lo escuchaban se quedaban atónitos, "¿No es este el hombre," se preguntaban, "que ha devastado en Jerusalén a aquellos que invocaban su nombre? ¿No ha venido aquí con el único propósito de llevárselos encadenados a los principales sacerdotes?"*
22 *Pero el poder de Saulo continuó creciendo*[45] *y confundía a los judíos que eran residentes de Damasco al demostrarles que Jesús era el Mesías.*[46]

9:19b-20 De acuerdo con el guión autobiográfico provisto por Pablo en Gal. 1:15-17, no conferenció con ningún ser humano después de haber recibido su "revelación de Jesucristo" sino que se fue a Arabia (al reino de los nabateos, el cual se extiende desde la frontera oriental de Siria y el estrechamiento sur del Mar Rojo). No necesita excluirse el corto período de tal testimonio en Damasco como aquí se adscribe—o antes de salir para Arabia (lo cual parece más probable) o después de regresar a Damasco ("inmediatamente" en v. 20 no necesita ser enfatizado demasiado, especialmente porque Lucas no tiene nada en absoluto que decir de su visita a Arabia).

Es más importante de lo que pueda parecer a simple vista que la única ocurrencia del título "Hijo de Dios" en Hechos aparezca en este informe de la primera predicación de Saulo.[47] Fue como el Hijo de Dios que Cristo le fue revelado a Pablo en la carretera de Damasco (Gal. 1:16; comp. 2 Cor. 1:19; Rom. 1:4).

---

42. Ver en 22:16, n. 22. El bautismo de Saulo puede, como el de Cornelio y su casa en 10:44-48, haber sido seguido la recepción del Espíritu; esto no puede determinarse con seguridad de la narrativa.

43. Gr. ἡμέρας τινάς, para el cual P^{45} leer ἡμέρας ἱκανάς, "muchos días" (comp. vv. 23, 43).

44. Algunos manuscritos importantes Occidentales insertan "el Cristo".

45. Algunos manuscritos importantes Occidentales leen "era el más fortalecido en la palabra".

46. Hay un añadido Occidental: "en quien Dios estaba bien complacido".

47. Comp. La cita del Salmo 2:7 en Hechos 13:33 (de nuevo en boca de Pablo). De hecho, "el uso más interesante y mas distintivamente paulino de υἱός en Rom. 8 y Gal. 4, va mucho "más profundamente que el mero mesianismo". Pero incluso en Hechos 9:20 algo "mucho más profundo

Este título, o su equivalente, es usado en el Antiguo Testamento (1) para el pueblo de Israel (Ex. 4:22; Os. 11:1), (2) para el rey ungido de Israel (2 Sam.7:14; Salmo 89:26–27), y por tanto (3) del ideal del rey futuro, el Mesías de la línea de David (ver especialmente Salmo 2:7 como citado abajo en 13:33; comp. también, 2:25–26). Con respecto al uso del título mesiánico en los libros pseudoepigráficos comp. 1 Enoc 105:2; 4 Esdras 7:28–29; 13:32, 37, 52; 14:9. Que los contemporáneos de nuestro Señor creían que el Mesías era en un sentido especial el Hijo de Dios es interpretado probablemente por las palabras de la pregunta del sumo sacerdote en el juicio: "¿Eres tú el Mesías, el Hijo del Bendito?" (Mr. 14:61 par. Mt. 26:63; Lu. 22:67, 70). Como aplicado a nuestro Señor, entonces, el título "Hijo de Dios" lo señala como el verdadero representante del Dios de Israel y como el rey ungido; pero no es un título meramente oficial. Como él mismo lo entendió por la voz celestial que le dijo en el bautismo, "Tú eres mi Hijo" (Mr. 1:11 par. Lu. 3:22), expresaba su relación única y compañerismo con el Padre.[48] A. E. Harvey encuentra tres aspectos de la filiación implícitos en la inscripción del título de Jesús: su perfecta obediencia a Dios, su ser como la revelación última de Dios, y su ser como el agente autorizado de Dios.[49] La proclamación de Jesús como el Hijo de Dios representa un avance en el camino en el cual su mesianidad ha sido proclamada hasta ahora en Hechos.

9:21-22 Fue a las sinagogas de Damasco que Saulo había sido enviado con la comisión del sumo sacerdote, y a las sinagogas de Damasco fue. Pero en vez de presentar sus cartas credenciales y demandar la extradición de los discípulos de Jesús, aparece como el portador de una muy diferente comisión, emitida por una autoridad mayor que la del sumo sacerdote, y como un discípulo y mensajero de Jesús anunció las demandas de su Maestro. No es de extrañar que sus oyentes se quedaran atónitos por el cambio que le había ocurrido. Las nuevas de su misión no se habían mantenido en secreto: aquí estaba el hombre cuya llegada habían esperado, pero en vez de arrestar a los discípulos de Jesús, él estaba confundiendo a los judíos de Damasco con su argumento de que lo que los discípulos testificaban era verdad: Jesús era de hecho el Mesías, el Hijo de Dios.[50] La plenitud del

---

que el mero mesianismo" puede estar implícito: Lucas no es necesariamente representativo de Pablo aquí "uno de los niveles menos profundos del pensamiento propio de Pablo" (C. F. D. Moule, "The Christology of Acts," en *Studies in Luke-Acts,* ed. L. E. Keck and J. L. Martyn [Nashville, 1966], p. 174).

48. Ver especialmente el famoso *logion* Mt. 11:25-27 par. Lucas 10:21-22.

49. A. E. Harvey, *Jesus and the Constraints of History* (London, 1982), pp. 154-73. Ver también J. Bieneck, *Sohn Gottes als Christusbezeichnung der Synoptiker,* ATANT 21 (Zürich, 1951); V. Taylor, *The Names of Jesus* (London, 1953), pp. 52-65; G. Vos, *The Self-disclosure of Jesus* (Grand Rapids, 1954), pp. 141-226; M. Hengel, *The Son of God,* E.T. (London, 1976).

50. El verbo traducido "probaba" (Gr. συμβιβάζω) significa literalmente "situar juntos" – aquí situando las promesas del Antiguo Testamento y por tanto "probando" que Jesús era aquel al

El libro de los Hechos

Espíritu que él había recibido dio a sus palabras un poder expositivo que no podía confundirse: como con Esteban en una fecha anterior, así ahora con Saulo, sus oyentes "no pudieron resistir la sabiduría y el espíritu con el que él hablaba". (6:10).

7. Saulo escapa de Damasco (9:23-25)

23 *Después de muchos días, los judíos planearon matarlo;*
24 *pero Saulo se enteró de sus planes. Ellos en efecto guardaban las puertas de la ciudad de día y de noche para matarlo.*
25 *pero los discípulos se lo llevaron de noche y lo descolgaron por el muro, bajándolo en una canasta.*

9:23-25 Así la aventura aquí documentada por Lucas debe ser comparada con el relato de Pablo en 2 Cor. 11:32-33: "En Damasco el gobernador del rey Aretas vigilaba la ciudad para apresarme, pero fui descolgado en un canasta a través de un agujero en el muro y escapé de sus manos". Aretas IV (9 a.C. – 40 d.C.) fue el dirigente del Reino Nabateo en el que Saulo pasó algún tiempo después de su conversión (Gal. 1:17). Comúnmente se ha supuesto que el viaje de Pablo a Arabia tenía la naturaleza de retiro religioso: que él buscaba la soledad del desierto—quizá incluso yendo al Monte Horeb como Moisés y Elías habían hecho—para comunicarse con Dios y pensar en las implicaciones de su nueva vida sin ser molestado. Pero el contexto en el que nos cuenta su viaje a Arabia, inmediatamente después de recibir su comisión de proclamar a Cristo entre los gentiles, sugiere que fue allí a predicar el Evangelio.[51] El interés hostil que las autoridades nabateas demostraron, implica que él había hecho algo que les había enfadado—algo más que el retiro en el desierto para la contemplación solitaria. El gobernador defendía los intereses de muchas personas nabateas que vivían en Damasco, y en general actuaba como el representante del rey Aretas en la ciudad.[52] Cualquiera que fuera la parte que los judíos locales tuvieran en esa trama, Pablo evita mencionar algo en detrimento de su propia gente, pero una posibilidad es que, sabiendo los oficiales nabateos de la

---

que ellos se referían. Este era el método de argumentación empleado normalmente (según Lucas) de Pablo, Apolos, y de otros en las sinagogas a lo largo del oriente Mediterráneo (comp. 17:2-3 18:28 26:22-23).

51. Comp. K. Lake, *The Earlier Epistles of St. Paul* (London, 1914), pp. 320-23.

52. E. Meyer, *Ursprung und Anfänge des Christentums*, III (Stuttgart/Berlin, 1923), p. 346, describe al enarca como "cabeza de la colonia Nabatea de Damasco"; comp. E. A. Knauf, "Zum Ethnarchen des Aretas 2 Kor 11,32," *ZNW* 74 (1983), pp. 145-47. Se ha argumentado – por ejemplo, Schürer (II, pp. 129-30) – por la ausencia de monedas romanas en Damasco entre el 34 y 62 d.C. que Damasco estaba en ese tiempo incluida en el reino Nabateo. Para los argumentos en contra de este punto de vista, Meyer se refiere con aprobación a E. Schwartz, "Die Aeren von Gerasa und Eleutheropolis," *NGG* 1906, pp. 367-68. Si Damasco hubiera estado bajo el control del etnarca nabateo podía haber arrestado a Saulo abiertamente.

animosidad contra él, advirtieron al gobernador de su paradero, para que pudiera arrestarlo cuando abandonara la ciudad y llevarlo de regreso para tratar con las autoridades nabateas.[53] Sin embargo, mientras los enemigos de Pablo estaban vigilando las puertas de la ciudad para capturarlo, algunos de sus amigos se lo llevaron y lo pusieron a buen recaudo.[54] Uno de ellos tenía una casa construida en el muro de la ciudad, y lo descolgaron con una canasta o red[55] a través de una ventana de la casa, que estaba, de hecho, cortada en el muro de la ciudad.

Lucas dice que este incidente tuvo lugar "cuando habían trascurrido muchos días;" Pablo, mas definitivamente, dice en Gal. 1:18 que fueron tres años después de su conversión (por recuento inclusivo, sin duda) que fue a Jerusalén—y desde la narrativa de Hechos parece haber ido a Jerusalén inmediatamente después de escapar de Damasco.

8. Saulo en Jerusalén; Él es enviado a Tarso (9:26-30)

26 *Cuando llegó a Jerusalén, intentó unirse a los discípulos. Pero ellos le tenían miedo; no podían creer que él era un discípulo.*

27 *Pero Bernabé lo recibió, y lo trajo a los apóstoles, y les contó cómo había visto al Señor en el camino, y qué le había dicho, y cómo había predicado valientemente en Damasco en el nombre de Jesús.*

28 *Así que permaneció con ellos en Jerusalén, entrando y saliendo libremente.*

29 *y predicaba con valor en el nombre del Señor. También habló a los helenos[56] y debatió con ellos, pero ellos intentaron matarle.*

30 *Cuando los hermanos se enteraron de esto, lo llevaron a Cesárea y lo enviaron a Tarso.*

9:26 Cuando Saulo regresó a Jerusalén, estaba en una situación difícil. Sus antiguos asociados sabían de su deserción, no podía esperar una bienvenida muy amable. Por otra parte, los discípulos de Jesús, con quienes ahora deseaba realmente relacionarse, no habían olvidado su campaña de persecución. Uno apenas puede sentir sorpresa ante sus recelos cuando él les hacia alguna propuesta. El papel de *agente provocador* era tan común en la antigüedad como en los tiempos más recientes; ¿Qué garantía tenían de que no era un engaño de Saulo para ganarse su confianza para su más efectiva destrucción?

---

53. Comp. H. Windisch, *Der zweite Korintherbrief*, KEK 6 (Göttingen ⁹1924), p.366.

54. La expresión "sus discípulos" (v.25) sugiere que la predicación de Saulo en Damasco no había sido improductiva.

55. La palabra traducida "cesta" aquí es σπυρίς (otra forma de deletrearla σφυρίς), la palabra usada en la alimentación de los 4.000 (Mr.8:8). La palabra en 2 Cor. 11:33 es σαργάνη, "un gran tejido o bolsa de red o una cesta adecuada para heno, paja... o para fardos de lana" (Lake-Cadbury, *Beginnings* 1.4, p. 106).

56. Para "helenistas" (Ἑλληνιστάς) A lee "griegos" (Ἕλληνας).

9:27 Fue Bernabé quien, fiel a su nombre, actuó como protector de Saulo y los animó a recibirlo. Es posible que Bernabé estuviera ya familiarizado con Saulo, conociera la integridad de su carácter, y estuviera convencido de la genuinidad de su corazón.[57] Cuando Saulo desesperadamente necesitó a un verdadero amigo en Damasco, Ananías estuvo ahí para él; ahora, cuando estaba en una necesidad igual en Jerusalén, encontró a un amigo en Bernabé. Y el prestigio de Bernabé entre los apóstoles y los otros creyentes de Jerusalén era tal, que cuando les garantizó que Saulo era ahora verdaderamente un discípulo de Jesús, ellos se tranquilizaron.

Cuando Lucas dice que Bernabé trajo a Saulo "a los apóstoles," la narrativa de Gálatas 1:18–20 nos compele a interpretar esto como un plural generalizador. De acuerdo con la solemne declaración del propio Pablo, el único líder de la iglesia de Jerusalén con quien se vio en aquella ocasión fue con Pedro (Cefas) y Santiago, el hermano del Señor (a quien Pablo llamaba apóstol, aunque no habría satisfecho las condiciones de Lucas para esa designación).

9:28-30 Con el relato de Lucas aquí, el pasaje completo de Gal. 1:18–24 debe ser comparado: "Luego, después de tres años subí a Jerusalén para conocer[58] a Cefas, y estuve con él quince días. Pero no vi a ningún otro apóstol, excepto a Santiago, el hermano del Señor. Te aseguro que lo que te estoy escribiendo es verdad, como Dios es mi testigo, que no te miento. Después fui a los territorios de Siria y Cilicia. Permanecí en el anonimato de cara a las iglesias de Judea que están en Cristo; ellos solamente seguían escuchando: 'aquel que en otro tiempo nos perseguía está ahora predicando la fe que una vez intentó devastar,' y glorificaban a Dios por mí". El énfasis con el que Pablo afirma la verdad de este relato sugiere que él conocía otra versión, que podía haber llegado a oídos de sus convertidos en Galacia, y que él estaba ansioso por refutar. Se ha argumentado, de hecho, que este informe rival es el que Lucas esboza aquí,[59] pero eso es bastante improbable.

La principal preocupación en esta sección de Gálatas es mostrar que recibió su Evangelio, y su comisión para predicarlo, sin mediación humana—en particular, que él no estaba de ningún modo en deuda con las autoridades de Jerusalén. Él empezó a cumplir su misión (en Arabia) antes de tener ningún contacto con Jerusalén, y cuando a su debido tiempo subió a Jerusalén, fue para una visita privada. Lucas puede generalizar y decir que vio a los apóstoles, pero para Pablo era

---

57. Para una reconstrucción imaginativa de las relaciones tempranas de Bernabé con Saulo ver J. A. Robertson, *The Hidden Romance of the New Testament* (London, 1920), pp. 46-61

58. Quizá el verbo traducido "llegar a conocer" (ἱστορῆσαι) debería ser definido en el sentido más preciso o clásico: "hacer indagaciones sobre Cefas". Ver F. F. Bruce, *The Epistle to the Galatians*, NIGTC (Grand Rapids Éxeter, 1982), pp. 98-99; también O. Hofius, "Gal. 1:18 ἱστορῆσαι Κηφᾶν, " *ZNW* 75 (1984), pp. 73-85.

59. Comp. O. Linton, "The Third Aspect: A Neglected Point of View," *ST* 3 (1949), pp. 79-95.

importante especificar y decir con qué apóstoles se encontró en realidad. Pero el relato generalizado de Lucas no sugiere en absoluto que "los apóstoles" a quienes Bernabé presenta a Saulo le confirieran ninguna autoridad a él.

No es fácil reconciliar la descripción de Lucas acerca de la actividad pública de Saulo en Jerusalén en asociación con los apóstoles, con la declaración en Gal. 1:22 de que, hasta el momento de su partida hacia Siria y Cilicia (y después de esto), él "permaneció como una cara desconocida para las iglesias de Judea," las cuales lo conocían solo de oidas. Un comentarista suprime la frase "en Jerusalén" del verso 28 (considerándolo una glosa) y considera los versos 28 y 29 como una continuación de la descripción de Bernabé sobre la actividad de Saulo en *Damasco*. El verso 30 sería entonces así: Y los hermanos lo reconocieron[60] (esto es, como un discípulo) y lo bajaron a Cesárea y de allí lo enviaron a Tarso". Por tanto, se nos asegura, "todas las dificultades desaparecen".[61] No es así, e incluso si desaparecieran, uno debería tener sus reservas con respecto a esta enmendación, por muy ingeniosa que pueda parecer, la cual es propuesta no porque haya ninguna prueba textual, sino porque su adopción ayudaría a eliminar una discrepancia. Es verdad que hay un marcado parecido entre el relato de la actividad de Pablo en Damasco (su audaz predicación y el consiguiente plan contra su vida) y este de su actividad en Jerusalén. Las fuentes de Lucas probablemente le proporcionaron pocos detalles acerca de su visita a Jerusalén; de ahí los términos generalizados en los que se expresa.

Él describe a Saulo durante su visita a Jerusalén, como tomando el relevo del trabajo que Esteban había hecho hasta su muerte, participando en debates con los helenistas.[62] Su reacción fue rápida y violenta. Saulo era peor que Esteban: él era a sus ojos un traidor a la verdadera causa, y con su cambio de chaqueta había abandonado a aquellos que primeramente le siguieron lealmente como su líder en la supresión del nuevo movimiento. Con la nueva información dada aquí, tenemos de alguna forma que combinar el informe de Saulo (reproducido más adelante

---

60. Como un paralelo en este sentido de ἐπιγινώσκω su uso en 1 Cor. 16:18 es citado (RSV "dar reconocimiento a").

61. L. E. Browne, *The Acts of the Apostles* (London, 1925), pp. 162-66. Otra manera de mitigar las discrepancias es suponer que "las Iglesias de Judea" en Gal.1:22 son las Iglesias fuera de la capital, la iglesia de Jerusalén queda excluida. (Ver A. Ehrhardt, *The Acts of the Apostles* [Manchester, 1969], p. 63.) Pero esta interpretación no es natural en el contexto. Esto habría tenido poco valor en la insistencia de Pablo de que él había permanecido desconocido en las iglesias de Judea si sus lectores hubieran sido libres de inferir que él era conocido por la iglesia de Jerusalén; que era la verdadera impresión que él intenta borrar.

62. "El recién convertido Saulo no era uno de los que guardan silencio por una quincena, y muy probablemente predicó en la ciudad. Las palabras 'yendo y viniendo fuera de Jerusalén' no significa que visitaba lugares fuera de la ciudad, sino que se movía libremente y sin temor dentro y fuera de las casas de la ciudad" (A. H. McNeile and C. S. C. Williams, *Introduction to the New Testament* [Oxford, 1953], p.113); cf. H. N Ridderbos, *The Epistle of Paul to the Churches of Galatia*, NICNT (Grand Rapids, 1953), pp. 72-73

en 22:17-21) de la aparición de Jesús en el templo, diciéndole que abandonara Jerusalén porque su testimonio no sería escuchado allí. Él protestó que era un testigo especialmente valioso porque la gente de Jerusalén conocía su historial tanto como perseguidor de los creyentes como por su aprobación en la muerte de Esteban. Pero el Señor le repitió su mandato de que abandonara Jerusalén, añadiendo que lo enviaría a los gentiles.[63]

Jerusalén estaba demasiado sensible como para soportar a Saulo. Sus amigos le salvaron la vida llevándolo hasta Cesárea, donde lo subieron a bordo de un barco en dirección a su nativa Tarso. Así, como él mismo dice, "fui a los territorios de Siria y Cilicia" (Gal. 1:21). Siria y Cilicia en aquella época formaban una provincia imperial unida.[64] Tarso, la ciudad principal de Cilicia, tenía ahora casi mil años. Había sido sometida, de tiempo en tiempo, por los asirios, los persas, y los macedonios griegos. Quedaron bajo el control de Roma en el 64 a.C., pero retuvieron su autonomía como una ciudad libre. Bajo Augusto la administración de la ciudad fue confiada a su principal maestro, Atenodoro, él mismo nativo de Tarso, quien parece haber establecido el derecho de propiedad para sus ciudadanos.[65] Tarso era un importante centro cultural, con escuelas dedicadas a la filosofía, la retórica y la ley, aunque no tenía el estatus de las escuelas internacionales de Atenas y Alejandría.[66] No es sabio, sin embargo, exagerar la influencia que el sistema educativo de Tarso ejerció sobre el más ilustre de sus hijos.[67]

Allí, entonces, dejamos a Saulo por algún tiempo, involucrado en una evangelización sin crónicas; lo encontraremos nuevamente en 11:25.

9. La iglesia disfruta de paz y prosperidad (9:31)

> 31 *Así la iglesia[68] a través de toda Judea, Galilea, y Samaria tenía paz y continuaba edificándose y creciendo, permaneciendo en el temor al Señor y fortalecida por el Espíritu Santo.*

---

63. W. M. Ramsay (*St. Paul the Traveller* [London, [14]1920], pp. 60-64) mantiene que la visión descrita en 22:17-21 debe haber tenido lugar durante su segunda visita a Jerusalén después de su conversión (la visita de ayuda contra el hambre de 11:30), porque (entre otras razones) la causa de su partida desde Jerusalén y el final de su primera visita (como es relatada aquí por Lucas) fue "totalmente diferente" de aquella asignada en su descripción de la visión. L. E. Browne *(Acts*, p. 166) señala que esta es otra discrepancia eliminada por su enmienda.

64. Ver E. M. B. Green, "Syria and Cilicia – A Note," *ExT* 71 (1959-60), pp. 52-53.

65. Ver en 21:39

66. Estrabón, *Geography* 14.5.13.

67. Ver en 22:3, W. M. Ramsay tiende a sobreestimar la influencia de Tarso sobre Pablo en su admirable sección de *Tarsus in The Cities of St. Paul* (London, 1907), pp. 83–244. Para Tarso ver también D.Magic, *Roman Rule in Asia Minor* (Princeton, 1950), I, p.272; II, pp.1146–48.

68. Los Textos Occidental y Bizantinos leen: "las Iglesias" con verbos en plural.

9:31 Así Lucas utiliza el singular "iglesia" aquí donde Pablo prefiere usar el plural y hablar de "las Iglesias de Judea (Gal. 1:22; comp. 1 Tes. 2:14). Era, de hecho, la iglesia original de Jerusalén, ahora desaparecida y descentralizada "La *Eclesia*," dice F. J. A. Hort, "estaba todavía confinada a la población judía o casi judía y a la antigua tierra judía; pero ya no era la *Eclesia* de una sola ciudad, y sin embargo era *una*: probablemente como corresponde por estos tres modernos distritos representativos de Judea, Galilea y Samaria, a la antigua *Eclesia* la cual tenía su casa en toda la tierra de Israel".[69]

Con este resumen de progreso, la narrativa de Lucas sobre la conversión de Saulo llega a su final. La persecución que estalló después de la muerte de Esteban, murió con la conversión y partida del líder perseguidor. Pero tal es la importancia que Lucas da a este evento que, a pesar de las limitaciones de espacio a su disposición, la narra con más detalle en dos ocasiones posteriores, en ambas la historia es contada por Pablo en primera persona—una vez a la multitud hostil de la cual acababa de ser rescatado en los recintos del templo (22:1–21), y otra vez en su *apología* ante el más joven Agripa (26:2–29).[70]

Con la estimación de Lucas sobre la importancia de la conversión de Saulo, ni historiadores ni teólogos pueden discutir. La expansión de la cristiandad en el Imperio Romano no puede ser imaginada a parte de su trabajo. Él fue de hecho un instrumento escogido en las manos del Señor Resucitado, equipado para la obra de su vida antes de su conversión—apartado para ello de hecho, como él mismo reconoce, antes de su nacimiento (Gal. 1:15). Nacido "hebreo" hijo de padres "hebreos",[71] y recibiendo la mejor educación en las tradiciones ancestrales que el judaísmo contemporáneo podía proveer,[72] también heredó el raro privilegio de la ciudadanía romana, cuya deuda con la cultura helena es evidente para cualquier lector de sus cartas. Cuando, a su debido tiempo Dios "reveló a su Hijo" a Saulo de Tarso, él entregó toda su riqueza heredada, junto con sus raras cualidades naturales, a la tarea de evangelizar a los gentiles; y, aunque el último en llegar, fue uno entre los apóstoles, él "trabajó más duro que ninguno de ellos, aunque (añade él) no fui yo, sino la gracia de Dios la cual está en mi" (1 Cor. 15:10).

---

69. F. J. A. Hort, *The Christian Ecclesia* (London, 1897), pp. 55–56. La posibilidad de que la lectura original sea en plural es reabierta por K. N. Giles, "El uso de Lucas del término ΕΚΚΛΗΣΙΑ con referencia especial a Hechos 20.28 y 9.31," *NTS* 31 (1985), pp. 135–42.

70. En los tres informes ver G. Lüdemann, *Paul, Apostle to the Gentiles: Studies in Chronology*, E.T. (London, 1984), pp. 139, 180 (n. 3).

71. Fil. 3:5, Ἑβραῖος ἐξ Ἑβραίων.

72. Gal. 1:14; comp. 22:3 abajo.

III. LOS HECHOS DE PEDRO Y EL PRINCIPIO DE LA CRISTIANDAD GENTIL (9:32-12:25)

A. PEDRO EN JUDEA OCCIDENTAL (9:32-43)

1. Pedro en Lida: sanidad de Eneas (9:32-35)

32 *Mientras Pedro estaba haciendo un viaje general[73] fue a visitar a los santos que residían en Lida.*
33 *Allí encontró a un hombre llamado Eneas, que estaba paralizado y había estado confinado a una cama desde hacía ocho años.*
34 *"Eneas," le dijo Pedro, "Jesucristo te sana. Levántate y haz tu cama". Y enseguida se levantó.*
35 *Todos los residentes de Lida y de la (Llanura de) de Sharon lo vieron y se volvieron al Señor.*

9:32 Dejamos a Pedro en 8:25 cuando regresaba a Jerusalén con Juan de su visita a Samaria. Ahora lo encontramos, seguramente aprovechando el colapso de la reciente persecución, involucrado en un ministerio itinerante de visitación entre las comunidades de los cristianos dispersados por Judea. Había una tal comunidad en Lida (el nombre griego de Lod). El núcleo de esta comunidad estaba, sin duda, formado por los fugitivos de la persecución en Jerusalén; deberíamos recordar también que Felipe pasó por estas zonas predicando el Evangelio durante su viaje a Azoto en Cesárea (8:40). Lida era en aquel tiempo el centro de la toparquía o distrito administrativo.

9:33-34 Es natural suponer que Eneas, el hombre a quien Pedro curó de sus ocho años de parálisis[74] en Lida, era un miembro del grupo local cristiano, aunque esto no se indique expresamente. La orden, "Jesucristo te sana," puede implicar un juego de palabras en griego.[75] Las siguientes palabras, "Levántate y haz tu cama," podrían ser alternativamente traducidas como, "levántate y pon la mesa"—esto es, "prepárate algo para comer".[76] Esto se ha pensado que concuerda bien con el interés mostrado por Lucas y otros escritores del Nuevo Testamento en la provisión de nutrición para personas convalecientes.[77] Pero la traducción "hazte la cama" es más probable en el contexto. Si Eneas ya estaba en casa, no se le

---

73. Gr. διερχόμενον διὰ πάντων, "yendo a todas partes".

74. Es posible entender ἐξ ἐτῶν ὀκτώ (v. 33) en el sentido "desde hacía ocho años" pero la interpretación habitual es la más probable.

75. Gr. ἰατοί σε Ἰησοῦς Χριστός. Para el oído griego Ἰησοῦς bien podría parecer ser un cognado de ἰάομαι, "sanar" (ver en 17:18; n. 35). El presente ἰᾶται es aoristo: "él te sana en este momento" (ver MHT I, p. 119). Pero H. J. Cadbury, "Un posible perfecto en Hechos 9:34," *JTS* 49 (1948), pp. 57-58, sugiere acentuar la palabra como perfecto, ἴαται ("ha sanado"). Gr.

76. Gr. στρῶσον σεαυτῷ. El objeto de στρώννυμι tiene que ser suplido: Podría ser "cama" o "mesa".

77. Comp. v. 19a, p. 194, también Marc. 5:43 par. Lu. 8:55.

hubiera podido decir que enrollara el colchón y volviera a casa, como al paralítico de Capernaum en Marcos 2:9 y paralelos (comp. Juan 5:8); pero se le hubiera podido decir eso sí, que lo enrollara y lo dejara a un lado.

9:35 Las noticias de la cura de Eneas se extendió por todo el vecindario y la llanura costera de Sharón. Mucha gente de aquella área vino a verlo, y el resultado fue la llegada de nuevos creyentes. Ya que la mayoría de la población era gentil en gran parte de ese territorio, un incremento adicional en el alcance del mensaje Salvador está implícito.

2. Pedro en Jope: la sanidad de Dorcas (9:36-43)

36 *Mientras, en Jope había una discípula llamada Tabita—su nombre significa "Gacela" (Dorcas en griego). Ella empleaba todo su tiempo en hacer buenas obras y actos de bondad.*
37 *Por aquel entonces se puso enferma y murió, así que la lavaron y la pusieron en una habitación del piso de arriba.*
38 *Los discípulos en Jope oyeron que Pedro estaba en Lida, así que, como Lida estaba muy cerca de Jope, le enviaron dos hombres con este ruego: "Por favor, no tardes en venir a vernos".*
39 *Pedro se levantó y se fue con los hombres. Cuando él llegó, lo llevaron al aposento alto, y todas las viudas vinieron a él y lloraban, mostrándole los vestidos y abrigos que Dorcas les había hecho[78] mientras estaba con ellos.*
40 *Pedro pidió que todos salieran, se puso de rodillas y oró, y luego volviéndose hacia el cuerpo, dijo, "Tabita, levántate".[79] Ella abrió los ojos y, viendo a Pedro, se incorporó.*
41 *Luego él le dio la mano y la levantó; entonces llamó a los santos y a las viudas y la presentó viva.*
42 *Esto fue sabido a través de todo Jope, y muchos creyeron en el Señor.*
43 *Pedro permaneció en Jope por un tiempo considerable, con Simón, el curtidor.*

9:36-38 Jope (Jaffa, Heb. *Yafo*) está en la costa del Mediterráneo, cerca de diez u once millas al noroeste de Lida. Es mencionado en los registros egipcios del siglo XV a.C., y varias veces en el Antiguo Testamento. Hoy está incluida en una gran aglomeración urbana en la moderna ciudad de Tel-Aviv.

En Jope, como en Lida, había un grupo de creyentes en Jesús. Mientras Pedro estaba en Lida, un miembro de este grupo se puso enferma y murió. Su nombre, Tabita, es arameo, y significa "gacela";[80] Dorcas es el equivalente griego. (La correspondiente forma en Hebreo, Sibia, ocurre como nombre de mujer en 2 Reyes 12:1.) El trabajo de caridad cristiana de Dorcas se había granjeado el cariño de sus amigos y vecinos. Los líderes de los creyentes en Jope, habiendo oído quizá

---

78. Gr. ἐποίει ("usado para hacer"). P[45] lee ἐ'ποίησεν αὐταῖς ("hizo para ellos").
79. El Texto Occidental añade "en el nombre de nuestro Señor Jesucristo" (comp. 3:6).
80. Aram. *ṭaby^eṭā*.

de la sanidad de Eneas a través de Pedro, enviaron a Lida y le rogaron que viniera a Jope.[81] (Es interesante notar que frecuentemente en el libro de Hechos, como en el caso que nos ocupa, una delegación consiste en dos hombres.)

9:39 Pedro vino a Jope con los dos mensajeros, y fue llevado sin tardanza a la habitación donde habían acostado el cuerpo de Dorcas, después de ser lavado conforme a la costumbre judía de purificación de los muertos.[82] Allí estaban las viudas que habían sido las principales beneficiarias de su caridad, mostrando, ya que las llevaban puestas,[83] las ropas que Dorcas les había confeccionado.

9:40-42 Pedro las envió junto con el resto de dolientes fuera de la habitación, como él había visto hacer a su Maestro antes de resucitar a la hija de Jairo de su lecho de muerte; luego, pronunció una corta frase en arameo, diferente solamente en una letra de las palabras de Jesús a la hija de Jairo. Mientras Jesús había dicho *Talitha qum(i)* (Mar. 5:41),[84] Pedro ahora dijo *Tabitha qum(i)*—"Tabita, levántate". Ella abrió los ojos y se sentó, y Pedro la levantó sobre sus pies y la presentó viva a sus sorprendidos amigos.[85] "Los detalles circunstanciales de la recuperación gradual de Tabita," dice Hobart, "son bastante al estilo de una descripción medica".[86] Muchos otros habitante de Jope se unieron inevitablemente a los seguidores del Maestro por cuyo poder tan maravilloso un acto de sanidad y restauración había sido logrado.

9:43 Pedro se quedó en Jope por un tiempo considerable. Su anfitrión, Simón el curtidor, vivía al lado del mar; sin duda utilizaba agua de mar para su trabajo.[87] No nos sorprendería que viviera un poco alejado de la ciudad; cierto grado de impureza se da por descontado en el trabajo de curtidor, porque conllevaba contacto frecuente con pieles de animales muertos. Lucas muestra interés en los nombres de anfitriones y huéspedes y en la ocupación de las personas.[88]

---

81. Sus palabras en v. 38 (lit., "No dudes en venir a nosotros") se deben simplemente a una educada solicitud: "Por favor, ven aquí".

82. Comp. Mishnah, *Shabbāṭ* 23.5.

83. La Voz Media, ἐπιδεικνύμεναι, sugiere esto. Las viudas son mencionadas aquí, como en 6:1, porque eran las receptoras naturales de la caridad. No son miembros de una orden especial adjunta a la iglesia, como en 1 Tim. 5:3–16.

84. El texto Occidental de Mr. 5:41, por confusión con este pasaje de Hechos, lee Tabita en lugar de *Talita*.

85. "A los santos y viudas," dice Lucas, no queriendo decir que las viudas no pudieran ser santas. Pero sin duda la caridad de Dorcas se había extendido más allá de las fronteras de la comunidad local de discípulos.

86. W. K. Hobart, *The Medical Language of St. Luke* (Dublin, 1882), p. 41

87. A. Harnack sugirió que el gremio de pescadores de Pedro influyó en su elección de una casa cerca del mar (*The Acts of the Apostles*, E.T. [London, 1909], p. 85).

88. Ver H. J. Cadbury, "Lexical Notes on Luke-Acts, III. Luke's Interest in Lodging," *JBL* 45 (1926), pp. 305–22.

HECHOS 10

B. LA HISTORIA DE CORNELIO (10:1-48)

1. Cornelio el centurión tiene una visión (10:1-8)

1 *En Cesárea vivía un hombre llamado Cornelio, un centurión de la cohorte llamada la Italiana.*
2 *Era un hombre religioso; él y toda su casa adoraban a Dios, y él hacía muchas obras de caridad a la gente (judía) y oraba a Dios diariamente.*
3 *Un día, cerca de la hora novena, él vio claramente en una visión a un ángel de Dios que venía a él y le decía, "¡Cornelio!"*
4 *Lleno de asombro, fijó en él sus ojos y dijo: "¿Qué es, señor?" "Tus oraciones y buenas obras," le dijo el ángel, "han subido como memoria a la presencia de Dios.*
5 *Ahora, envía hombres a Jope y que busquen a Simón, de sobrenombre Pedro.*
6 *Está alojado con Simón, el curtidor, cuya casa está junto al mar".*
7 *Cuando el ángel dijo esto desapareció, Cornelio llamó a dos de sus criados, y a un soldado que era su ayudante, y él mismo un hombre religioso.*
8 *y cuando les había contado toda la historia, los envió a Jope.*

10:1 El alcance del mensaje apostólico ha sido ampliado de manera constante. Ya ha empezado a cruzar la barrera que separaba a los judíos de los gentiles; ahora ha llegado el momento de que la barrera sea cruzada con autoridad por un apóstol.

El apóstol que lo cruzó fue Pedro, el líder de los Doce; el lugar en el que lo cruzó fue la gran ciudad gentil de Cesárea. Los gentiles que primero escucharon el Evangelio de sus labios fueron la familia y amigos de Cornelio,[1] un centurión del ejercito de Roma, perteneciendo a una de las cohortes destinadas en Judea.[2]

---

1. Cornelio era un nombre común en Roma desde el 82 a.C., cuando Cornellio Sulla emancipó a 10.000 esclavos que estaban enrolados en su *gens Cornelia*.

2. En el ejército regular romano, una cohorte era una décima parte de una legión y tenía una fuerza de 600 hombres. Pero no había tropas legionarias en Judea entre el 6 d.C. y el 66; los gobernadores romanos de Judea disponían de fuerzas auxiliares. Una cohorte auxiliar tenía la fortaleza de 1.000 hombres. La "cohorte italiana" era una de estas; fue llamada así, presumiblemente, porque originalmente surgió en Italia, pero a su debido tiempo, se habían convertido

Los centuriones que hacen su aparición en los informes del Nuevo Testamento dan buena impresión. Es importante notar que el primer gentil con el que Jesús se relacionó durante su ministerio público (de acuerdo con la información disponible) fue un centurión destinado en Capernaum (posiblemente adscrito por el ejército romano a las fuerzas de seguridad de Herodes Antipas); fue en referencia a la fe de este hombre que se reporta que dijo, "muchos vendrán desde el este y el oeste y se sentaran en la mesa con Abraham, Isaac y Jacob en el reino de los cielos" (Mat.8:11).[3] Estas palabras empiezan ahora a encontrar su cumplimiento con otro centurión.

Un centurión estaba al mando normalmente de cien hombres: aunque su estatus era el de un suboficial, sus responsabilidades eran más parecidas a las de un capitán del ejército de nuestros días. Los centuriones eran la columna vertebral del ejército romano. El historiador Polibio sumariza las cualificaciones necesarias así: "Los centuriones deben ser no osados y aventureros si no buenos líderes, de mente estable y prudente, no propensos a tomar la ofensiva o iniciar una lucha sin motivo, si no a ser capaces, cuando están abrumados y presionados, a permanecer firmes y a morir en su puesto".[4]

Pedro y Cornelio fueron, cada uno de ellos, preparados para su encuentro por una visión. La narración completa, la cual "lleva el sello de probabilidad y verdad" (según el punto de vista de Foakes-Jackson),[5] es de gran importancia, no solamente porque nos cuenta como Pedro utiliza las llaves del reino para abrir una "puerta de fe" a los gentiles, sino también porque introduce la cuestión de las relaciones sociales entre creyentes judíos y gentiles y la admisión de los creyentes gentiles a la iglesia sin circuncisión. Estos temas serán debatidos más tarde en el Concilio de Jerusalén, y el episodio de Cornelio será allí aducido como un caso a examinar (15:7–9). La apreciación de Lucas de la importancia del episodio de Cornelio se muestra en el espacio que dedica a la experiencia de entrenamiento de

---

consistentemente en provinciales; de hecho, los soldados que componían una unidad auxiliar eran comúnmente de las provincias; A ellos, no obstante, se les otorgaba la ciudadanía romana cuando su período de servicio expiraba. Hay inscripciones que así lo evidencian (*ILS* 9168) de la presencia en Siria cerca del 60 d.C. de cortes auxiliares como *cohors II Italica ciuium Romanorum* ("segunda cohorte italiana de ciudadanos romanos"); pero no hay evidencia directa de la identidad de las unidades militares en Judea entre el año 6 d.C. y el 41. Ver más en 27:1, "La Cohorte Augusta".

3. El *logion* ocurre también en Lucas 13:28–29, pero no en el contexto de la sanidad del siervo del centurión (que está relatado en Lucas 7:2–10).

4. Polibio, *History* 6.24.

5. F. J. Foakes-Jackson, *The Acts of the Apostles*, MNTC (London, 1931), p. 87. M. Dibelius distingue la historia original (derivada, cree él, de la tradición de algunas comunidades helenas) de los añadidos de Lucas; ver también en 10:14–16 (n. 19); 10:36–37 (n. 46); 11:2–3.

Pedro en 11:4-17, tanto como a la repetición de las características más destacadas del incidente dentro de la narrativa que nos ocupa.⁶

10:2 Además, es importante observar que Cornelio, aunque era gentil, era un adorador del Dios de Israel. Tales gentiles son comúnmente llamados "temerosos de Dios"; mientras que este no es un término técnico, es uno cómodo de usar.⁷ Muchos gentiles de aquellos días, aunque no estaban preparados para convertirse completamente al judaísmo⁸ (el requerimiento de la circuncisión siendo una de las principales piedras de tropiezo para los hombres), eran atraídos por el simple monoteísmo del culto de las sinagogas judías y por las normas éticas del modo de vida judío. Algunos de ellos asistían a la sinagoga y llegaban a familiarizarse con las oraciones y enseñanzas de la Escritura que escuchaban leídas en la versión griega; algunos observaban, con mayor o menor escrupulosidad, el día de reposo y la abstención de ciertos tipos de comida (especialmente el cerdo). La adhesión de Cornelio a la religión judía se evidencia en la oración diaria al Dios de Israel y obras de caridad al pueblo de Israel. Uno puede decir, de hecho, que él cumplía todos los requisitos, excepto la circuncisión, para satisfacer los requerimientos judíos.

El ejército romano tenía sus propias prácticas religiosas, oficialmente prescritas para días señalados y llevadas a cabo con la misma meticulosa rutina que las liturgias de las Iglesias modernas, pero totalmente incapaces de alimentar el alma de los hombres.⁹ Los soldados romanos que sentían la necesidad de satisfacer su

---

6. Por ejemplo, la repetición de Cornelio (vv. 30-32) de lo esencial de su visión (vv. 3-6).

7. Ver Schürer III, pp. 150-77; K. G. Kuhn, *TDNT* 6, pp. 743-44 (*s.v.* προσήλυτος, D II); L. H. Feldman, "Jewish 'Sympathizers' in Classical Literature and Inscriptions," *TAPA* 81 (1950), pp. 200-208; F. Siegert, "Gottesfürchtige und Sympathisanten," *JSJ* 4 (1973), pp. 109-64; A. T. Kraabel, "The Diaspora Synagogue: Archaeological and Epigraphic Evidence since Sukenik," *ANRW* 2/19 (Berlin, 1979), pp. 477-510; "The Disappearance of the 'God-fearers,' " *Numen* 28 (1981), pp. 113-26; M. Stern, *Greek and Latin Authors on Jews and Judaism*, II (Jerusalem, 1980), pp. 103-6; M. Wilcox, "The 'God-fearers' in Acts—A Reconsideration," *JSNT*, issue 13 (1981), pp. 102-22; T. M. Finn, "The God-fearers Reconsidered," *CBQ* 47 (1985), pp. 75-84. La "desaparición" de los temerosos de Dios, a los cuales se refiere Kraabel, se refiere a la ausencia de cualquier mención a ellos en las inscripciones de las sinagogas. Hay una similar ausencia de mención de los judíos libres en las inscripciones de las catacumbas en Roma; Sin embargo, hay una gran evidencia, de otras fuentes, de la presencia de judíos libres en Roma y otros lugares del imperio; comp.G. Fuks, "Where have all the Freedmen gone? On an Anomaly in the Jewish Grave Inscriptions from Rome," *JJS* 36 (1985), pp. 25-32.

8. Ver en 2:10 (nn. 44-47).

9. A. Ehrhardt (*The Acts of the Apostles* [Manchester, 1969], p. 54) ilustra esto de la *feriale* o calendario de días festivos del ejército romano descubierta en Dura Europus en el Éufrates (comp. R. O. Fink, A. S. Hoey, y W.F. Snyder, "The *Feriale Duranum,*" *Yale Classical Studies* 7 [1940], pp. 1-222).

hambre religiosa buscaban en otras partes—muchos en el Mitraísmo; algunos, como Cornelio, en el Judaísmo.

Que los primeros gentiles que escucharon y aceptaron el Evangelio (como el eunuco etíope y Cornelio) debían ser adoradores del Dios de Israel es de lo más importante en el registro de Hechos porque, como veremos, fueron los tales temerosos de Dios los que formaron el núcleo de la comunidad cristiana en una ciudad tras otra en el curso de la actividad misionera de Pablo. El interés de Lucas en ellos es tal que uno podría preguntarse si él mismo no era un gentil temeroso de Dios que creyó el Evangelio en cuanto lo oyó.

10:3-6 A Cornelio, entonces, un mediodía a la hora habitual de la oración (comp. 3:1) un mensajero celestial se le apareció en una visión. Su alarma inicial al ser abordado por semejante visitante fue superada cuando se le aseguró que su fidelidad en la oración y limosnas no habían sido desestimadas por Dios, sino que habían sido aceptadas por él como una ofrenda digna. La fraseología del ángel está llena de la terminología sacrificial tal como la que encontramos en las prescripciones para las ofrendas levíticas; Las obras de caridad y piedad de Cornelio habían ascendido a la presencia divina como el incienso o el humo de un sacrificio.[10] Dios honraría el "memorial" con la respuesta adecuada; la naturaleza de aquella respuesta se le aclararía completamente a Cornelio si él enviaba a Jope e invitaba a un Simón Pedro, que vivía allí, a venir para visitarlo.

10:7-8 Inmediatamente, Cornelio dio las instrucciones que había recibido en la visión. Envió a dos de sus sirvientes domésticos y a uno de sus celadores, un soldado temeroso de Dios como él mismo, a Jope.

2. Pedro tiene una visión (10:9-16)

9 *Al día siguiente, mientras aquellos hombres estaban en camino y cerca de la ciudad, Pedro subió a la azotea a orar. Era alrededor de la hora sexta.*

10 *Le entró hambre y quería comer. Mientras le preparaban algo, cayó en un trance.*

11 *Vio los cielos abiertos y algo[11] descendiendo como una gran sábana, siendo bajada a la tierra por las cuatro esquinas.*

---

10. "Tus oraciones y tus actos de caridad han ascendido" (Gr. ἀνέβησαν) como el humo de los sacrificios (comp. la palabra hebrea para holocaustos, 'ôlāh, lit. "ascendiendo"). Para la referencia sacrificial de la palabra "memorial" (Gr. μνημόσυνον) comp. Lev. 2:2 LXX, donde este término se utiliza para designar la parte de la ofrenda del cereal que se quemaba, por ejemplo, presentado a Dios. Para la eficacia sacrificial de tales actos religiosos como aquellos de Cornelio comp. Salmo 141 (LXX 30):2; Tob. 12:12, y en el NT Fil. 4:18; Heb. 13:15-16.

11. Gr. σκεῦος, "instrumento" (como en 9:15); aquí traducido como una palabra más indefinida, tal como "cosa" u "objeto". P^{45} lee "un cierto objeto, atado por las cuatro esquinas, bajado a la tierra".

12 *En ella estaban todos los cuadrúpedos y réptiles de la tierra¹² y las aves de los cielos.*
13 *Una voz vino y le dijo: "Levántate, Pedro;¹³ mátalos y come".*
14 *"No, Señor," dijo Pedro; "Nunca he comido nada profano o inmundo".*
15 *Volvió a él la voz por segunda vez: "No debes considerar profano lo que Dios ha limpiado".*
16 *Esto ocurrió tres veces; luego, la cosa fue, enseguida,¹⁴ recogida de regreso al cielo.*

10:9-10 Pedro tenía que ser preparado para el encuentro tanto como Cornelio, y había escrúpulos que Pedro debía superar por su parte como no los había en Cornelio. Un gentil temeroso de Dios como Cornelio no tenía ninguna objeción hacia la sociedad judía, pero incluso un judío ortodoxo moderado no estaría deseando entrar en la morada de un gentil, por muy temeroso de Dios que fuera. Sin ninguna duda, algunos de los escrúpulos inherentes a Pedro se habían aligerado de peso en él por este tiempo, pero hacerle aceptar la invitación a visitar a un gentil hacía necesaria una revelación especial.

Tal revelación llegó a Pedro el día después de la visión de Cornelio, cuando los mensajeros de Cesárea se estaban acercando a Jope. Sobre el mediodía Pedro subió al terrado de la casa del curtidor para silencio y oración. El mediodía no era uno de los tiempos asignados para la oración pública, pero los judíos piadosos como Daniel (Dan. 6:10) que oraban tres veces al día, probablemente oraban entonces (comp. Salmo 55:17). Mientras Pedro estaba en la azotea empezó a sentir hambre¹⁵ y probablemente, pidió algo de comer. Fue mientras se lo estaban preparando que la revelación le vino en una visión, y fue, sin duda, por causa de su hambre que la visión se centró alrededor de la comida.

10:11-13 En esta experiencia estática Pedro parece haber visto una gran sábana, u objeto similar, bajando desde el cielo. Ya fuera el toldo diseñado para dar sombra en la azotea, o la vela de una nave en el horizonte, que adoptó esta forma en su visión, no es cosa que deba preocuparnos. Cuando bajó donde estaba Pedro, sin embargo, la sábana estaba llena de toda clase de cuadrúpedos, réptiles y aves,¹⁶ ambos, apropiados y no apropiados para comer de acuerdo a las leyes

---

12. El texto Bizantino sitúa la frase "de la tierra" después de "cuadrúpedos" y sigue con "y las bestias salvajes" antes "y cosas reptiles" (comp. KJV).

13. P^{45} omite "Pedro"

14. Los Textos Occidental y Bizantino tienen "otra vez" en lugar de "en seguida" (comp. KJV).

15. La palabra traducida "hambre" en v. 10 (Gr. πρόσπεινος) ocurre también, hasta donde se sabe, solamente en el primer siglo, en los escritos de un doctor oculista llamado Demóstenes. F. W. Dillistone (" πρόσπεινος [Hechos x. 10]," *ExT* 46 [1934–35], p. 380) sugiere que Lucas puede haber sido discípulo suyo. "Comer" es literalmente "probar" (γεύσασθαι); comp. 20:11 (n. 30).

16. El mundo animal está clasificado bajo estas tres divisiones en Gen. 6:20 ("aves ... ganado ... toda cosa reptil sobre la tierra").

y costumbres judías.¹⁷ La visión de estos fue acompañada por una voz del cielo pidiéndole que matara y comiera lo que así se le proveía.

10:14-16 Todo esto estaba mal, como la ancestral conciencia de Pedro le decía. Animales impuros no podían ser utilizados como comida en absoluto, e incluso los animales "limpios" tenían que ser sacrificados con el ritual apropiado antes de que su carne pudiera ser comida. Las protestas de Pedro contra el mandato divino tomó forma verbal tanto como la protesta del profeta Ezequiel la había una vez tomado cuando se le ordenó que preparara y comiera "carne abominable" (Ezeq. 4:14): "No, Señor; yo nunca he comido nada profano o inmundo," dijo Pedro (con la implicación de: "y no voy a empezar ahora").¹⁸ Volvió la voz del cielo: "Tú no debes considerar como profano lo que Dios ha limpiado". Tres veces tuvo lugar este intercambio; luego, la sábana subió con su contenido y la visión se disolvió.

La abolición de las barreras se ha hecho evidente a través de una visión con especial referencia a las restricciones judías de la comida, pero Pedro se dará cuenta pronto de que su alcance es mucho más amplio.¹⁹ Quizá, mientras él pensaba acerca de la visión, recordó palabras similares escuchadas en una ocasión anterior, aunque no había captado entonces su importancia. Sin duda, estaba presente cuando su Maestro, en un debate con los fariseos y escribas, insistió que no es lo que va al estómago de alguien lo que trasmite impureza, sino lo que sale del corazón de uno (Mr. 7:14–19a). Esto era en efecto la abrogación de las leyes ceremoniales de la comida y mucho más de su mismo carácter, pero no fue hasta más tarde, como resultado de su experiencia en el tejado de Jope, que Pedro apreció esto. Es muy posible que debamos a Pedro el comentario añadido por el evangelista al pronunciamiento de Jesús en este tema: "Así declaró limpia toda la comida" (Mr. 7:19b).

La divina limpieza de la comida en la visión es una parábola de la divina limpieza de los seres humanos en el incidente al que nos conduce la visión. No

---

17. Las leyes que distinguían entre animales puros e impuros están establecidas en Lev. 11:2–47. Aquellos cuadrúpedos eran puros (y por tanto adecuados para comer) los cuales eran rumiantes y tenían pezuñas.

18. Pedro podría no haber dudado en sacrificar y comer uno de aquellos animales "puros"; pero estaba escandalizado por aquella mezcla impía de animales puros e impuros. Esto es especialmente importante en vista de la forma práctica en la que él había inmediatamente aplicado la lección de la visión.

19. El hecho de lo que la visión de Pedro tenía que ver con las restricciones de la comida, mientras que la narrativa en la que se encuentra, tiene que ver con la conveniencia de un judío entrando a una casa gentil, es considerado por M. Dibelius como una indicación de que los vv. 9–16 son parte del trabajo de Lucas sobre una narración original que no tenía nada del significado especial que adquiriere en el esquema de la historia de Lucas. (*Studies in the Acts of the Apostles*, E.T. [London, 1956], pp. 111–12).

le llevó mucho tiempo a Pedro entender esto: "Dios me ha enseñado," dice más tarde en la narrativa presente, "a no llamar a *ningún ser humano* profano o inmundo" (v. 30). En el marco de esta visión, es la comida lo que Dios ha limpiado por declaración dominical, pero en la narrativa más amplia son hombres y mujeres, incluso gentiles, cuyos corazones han sido limpiados por fe (comp. 15:9). Sin embargo, la limpieza de la comida no es completamente parabólica: hay una conexión entre la abrogación de las restricciones levíticas y la eliminación de la barrera entre creyentes judíos y gentiles, porque era, en gran medida, la comida que comían los gentiles lo que los hacía "impuros" (no *kosher*) conforme a la ley judía, y eso que hacía que asociarse con ellos fuera una fuente de "deshonra" para los judíos. (comp. v. 28).

3. Los mensajeros de Cornelio llegan a Jope (10:17-23a)

17 *Mientras Pedro estaba perplejo intentando entender cuál podría ser el significado de la visión que había tenido, los hombre a quien Cornelio había enviado, después de preguntar por la casa de Simón, llegaron allí y luego a la puerta de la calle.*

18 *Llamaron y preguntaron si Simón, de sobrenombre Pedro, se hospedaba allí.*

19 *Mientras Pedro estaba todavía pensando acerca de la visión, el Espíritu le dijo, "Mira, hay tres[20] hombres buscándote.*

20 *Levántate, baja, y acompáñalos en su camino. No lo dudes; Soy Yo quien los ha enviado".*

21 *Así Pedro bajó a donde estaban los hombres[21] y dijo, "Mirad, yo soy el hombre que estáis buscando. ¿Cuál es la razón por la que habéis venido aquí?"*

22 *Ellos dijeron, "El centurión Cornelio, un hombre justo y temeroso de Dios, que es muy estimado en toda la nación de Israel, fue instruido por un santo ángel para enviar a buscarte para que vayas a su casa y escuchar lo que tienes que decirle".*

23a *Luego Pedro los invitó a entrar y los hospedó.*

10:17-20 El trance había pasado, pero Pedro permaneció en el tejado, profundamente pensativo, preguntándose por el significado de lo que había visto y oído en la visión. De repente el Espíritu de Dios, por una admonición interior, le hizo saber que algunos hombres lo estaban buscando, y que tenía que ir con ellos sin ninguna duda o temor. En ese momento, los mensajeros de Cesárea, estaban preguntado por la casa de Simón el curtidor, y estaban delante de la puerta de la calle.

Se podría preguntar si hay alguna diferencia entre la comunicación angélica de Cornelio (vv. 3–6) y la incitación de Pedro por el Espíritu, como, de

---

20. Dos hombres, de acuerdo con B; Los textos Occidental y Bizantino omiten el numeral. La lectura B, siendo la más difícil (por la discrepancia con el v.7 y 11:11), se ha afirmado como la original; si es así, sugiere que dos siervos domésticos fueron los mensajeros, el soldado que los acompañó actuaba como guardia.

21. El texto Bizantino añade "quien había sido enviado a ellos por Cornelio" (comp. KJV).

modo similar, se ha considerado la pregunta en la narrativa de Felipe y el etíope (8:26-39). Aquí la distinción es bastante obvia: la comunicación angélica fue hecha "en una visión, claramente" (v. 3), mientras Pedro estaba consciente de una voz en su interior. Pero una pregunta más general surge de la relación entre la experiencia de uno del Espíritu Santo y la experiencia de uno del Cristo resucitado—una pregunta bastante difícil de responder porque es a través del Espíritu Santo que el Cristo resucitado manifiesta su poder y su presencia.[22] Pero ¿a quién considera Pedro que se está dirigiendo como "Señor" cuando declina la invitación de sacrificar y comer la carne provista en su visión? En aquella ocasión la voz parece venir de fuera, deduce uno, y era probablemente una voz que Pedro recordaba muy bien, e instantáneamente reconoció.

10:21-23a Pedro bajó luego (por una escalera exterior, sin duda) y encontró a los mensajeros de Cornelio en la puerta preguntando por él. Les dijo que él era el hombre al que estaban buscando, y preguntó por el motivo de su visita. Así que ellos le contaron como su señor Cornelio había sido divinamente instruido para invitarle a su casa, con el objetivo de escuchar una comunicación importante de su parte. Para ese entonces, la comida que Pedro había solicitado estaba preparada, así que invitó a los hombres a compartirla. No solamente eso, sino que también les proveyó un lugar para pasar la noche, ya que era demasiado tarde para dirigirse hacia Cesárea después de haberlos invitado a comer. Para Pedro, invitar a estos gentiles a su alojamiento, era un paso en la dirección correcta, aunque no se exponía a sí mismo al riesgo de contaminación, tal como lo haría la aceptación de un judío de la hospitalidad en la casa de un gentil.

4. Pedro entra en la casa de Cornelio (10:23b-33)

23b *Al día siguiente, se levantó y se fue con ellos. Algunos de los hermanos de Jope los acompañaron.*
24 *Al otro día entraron en Cesárea. Cornelio los estaba esperando;[23] Él había llamado a sus familiares y a sus mejores amigos.*
25 *Cuando Pedro llegó, Cornelio lo recibió; se postró a sus pies y lo reverenció.*
26 *Pero Pedro lo levantó: "Levántate," le dijo, "Yo también soy un ser humano".*
27 *Así, conversando con él, entró y encontró a mucha gente reunida.*
28 *Luego les dijo, "Vosotros sabéis[24] cuán ilegal es para un hombre judío asociarse o hacer causa común con un extranjero; pero el Señor me ha enseñado que no llame a ningún ser humano profano o impuro.*

---

22. Comp. F. F. Bruce, "Christ and Spirit in Paul," *BJRL* 59 (1976-77), pp. 259-85.

23. Desde aquí hasta el final del v.25 el texto Occidental ha ampliado la lectura: "y habiendo llamado a reunirse a sus familiares y amigos más íntimos, estaban esperándolos. Cuando Pedro estaba cerca de Cesárea, uno de los esclavos se adelantó y anunció que había llegado. Entonces Cornelio, saltando fue a encontrarlo, cayendo a sus pies y reverenciándolo".

24. D añade "muy bien" (βέλτιον).

29 *Por eso, cuando fui llamado, vine sin reparos. Me gustaría saber, pues, la razón por la que me habéis hecho llamar".*

30 *"Hace cuatro días[25] a esta misma hora," dijo Cornelio, "Yo estaba orando[26] en mi casa a la hora novena. De repente un hombre con vestiduras resplandecientes se puso delante de mí.*

31 *'Cornelio,' dijo, 'tu oración ha sido oída y tus obras de caridad han sido recordadas en la presencia de Dios.*

32 *Por tanto, envía a Jope y llama a Simón, de sobrenombre Pedro; se hospeda en la casa de Simón el curtidor, junto al mar.'[27]*

33 *Inmediatamente, pues, envié a buscarte,[28] y tú has sido tan bueno que has venido.[29] Ahora, pues, estamos todos aquí presentes delante de Dios,[30] para oír todo lo que el Señor te ha indicado que digas".*

10:23b-24 El Día 1 Cornelio vio al ángel y envió a sus mensajeros a Jope; el Día 2 llegaron a Jope a mediodía, justo después de la experiencia extática de Pedro en el tejado de la casa de Simón. El día 3 se dirigió a Cesárea con ellos. En vista de la novedad de su misión, actuó sabiamente al llevarse con él algunos compañeros creyentes de Jope—seis en número, según reporta él mismo en 11:12. Pasaron la noche del Día 3 en algún lugar entre Jope y Cesárea, y llegaron a Cesárea el Día 4.[31] Mientras tanto Cornelio había reunido a sus familiares y amigos más cercanos, preparándose para la llegada de Pedro.

10:25-26 Cuando Pedro llegó, Cornelio se apresuró a prestarle el debido respeto que juzgó adecuado para un mensajero de Dios, postrándose a los pies del apóstol en actitud de reconocimiento y súplica.[32] Un mensajero de Dios se suponía que tenía alguna cualidad semejante a Dios él mismo, ser un *theios anēr*, como indica el propio término técnico.[33] Es improbable que Pedro hubiera recibido jamás semejante reverencia y, sin duda, lo incomodó considerablemente: "Por favor,

---

25. D lee, "hace tres días"; esto acorta el tiempo que llevó el viaje de Jope a Cesárea.

26. El texto Occidental lee "ayunando y orando"; esta ampliación pietista es característica del texto Occidental.

27. El texto Occidental y Bizantino añaden "quien, cuando llegue, te hablará" (comp. KJV).

28. El texto Occidental añade "pidiéndote que vinieras".

29. El texto Occidental añade "rápidamente".

30. P^{45} omite "todo" y "delante de Dios".

31. Ver n. 25.

32. Como la nota a pie de página señala en ASV, el Gr. προσκυνέω se utiliza como un acto de reverencia, ya sea a Dios o (como aquí) a una criatura (de naturaleza angélica o humana).

33. Ver en 8:9-24; n. 49. Ver en 28:6; n. 14. Comp. L. Bieler, *Theios AnEr. Das Bild des "göttlichen Menschen" in Spätantike und Frühchristentum* (Darmstadt, 1967); C. R. Holladay, *Theios AnEr in Hellenistic Judaism*, SBLDS 40 (Missoula, MT, 1977).

levántate," le dijo, ayudando a su anfitrión a erguirse sobre sus pies; "Yo solo soy un mortal".

10:27-29 Luego, hablando amigablemente con él, Pedro lo acompañó adentro, y allí estaba el grupo completo de amigos de Cornelio, llenos de ansiosa expectación. Dos o tres días antes, Pedro no hubiera creído posible que él pudiera encontrarse en semejante compañía, bajo el tejado de un gentil; pero habían pasado muchas cosas desde entonces. "Tú sabes muy bien," le dijo a Cornelio y a los otros, "que relacionarse con gentiles es tabú[34] para un judío piadoso; pero Dios me ha enseñado que no considere a ninguna persona como no apta para asociarse con ella". De hecho, los términos de su visión en la azotea de Jope le enseñaron a no llamar a ninguna *comida* profana o inmunda si Dios la declaraba limpia; pero él había rápidamente captado la analogía entre las leyes ceremoniales de la comida y los convencionalismos que afectaban las relaciones con los no judíos.

Era principalmente por su falta de escrúpulos en el tema de la comida, que los gentiles eran considerados ritualmente impuros para un judío piadoso. Relacionarse con gentiles no estaba categóricamente prohibido; pero era suficiente para hacer a un judío ceremonialmente impuro, como lo era incluso entrar en un edificio gentil[35] o manejar artículos que pertenecieran a los gentiles. Los tipos más comunes de comida, tales como el pan, la leche, o el aceite de oliva procedentes de gentiles, podrían no comerse por un judío estricto, por no mencionar la carne, la cual podría proceder de un animal prohibido o de uno que había sido sacrificado a divinidades paganas, y el que, en cualquier caso, contenía sangre. Por tanto, de todas las formas de relacionarse con gentiles, aceptar su hospitalidad y sentarse con ellos a su mesa era de lo más intolerable. Sin embargo, la lección de Pedro estaba tan clara en su mente, que acompañó a los mensajeros de Cornelio sin escrúpulos o protestas. Y ahora que había llegado, les pidió que le explicaran más específicamente la razón por la cual lo habían invitado.

10:30-33 Cornelio entonces describió la visión,[36] la cual había tenido hacia tres días (el cuarto día incluía el recuento), a la misma hora en la que él está hablando ahora, la hora de la oración del mediodía. Repitió las palabras que el

---

34. Una palabra apropiada para usar aquí como el equivalente al Gr. ἀθέμιτος. La palabra para "gentil" o "extranjero" en v.28 es ἀλλόφυλος, la cual (suficientemente significativa) es normalmente utilizada en la LXX para denotar a los filisteos incircuncisos. Josefo (*BJ* 5.194) la utiliza (en lugar de la inscripción ἀλλογενής) parafraseando la nota de advertencia en el templo prohibiendo a los gentiles traspasar los recintos interiores (ver en 21:28, n. 48).

35. Por tanto, el Viernes Santo, los acusadores de Jesús se quedaron fuera, en el patio del pretorio de Pilatos; para entrar en el edifico mismo habrían necesitado estar ceremonialmente purificados de nuevo, para poder celebrar la Pascua esa noche (Juan 18:28).

36. La descripción de la visión de Cornelio brinda la oportunidad de repetir parte de la narración en la muy importante historia de Lucas, como la descripción de la visión de Pedro en 11:5–10 ofrece la oportunidad de repetir otra parte.

visitante celestial le había dicho a él, puesto de pie a su lado con vestiduras resplandecientes.[37] Fue de acuerdo a sus instrucciones, explicó, que había enviado a buscar a Pedro, él le agradecía de corazón que hubiera venido tan pronto. "Ahora, entonces", dijo, "estamos todos aquí presentes delante de Dios, para escuchar todo lo que el Señor te haya dirigido a decir". Nunca había tenido un predicador del Evangelio una audiencia más prometedora—como prometedora a su manera fue la audiencia de Felipe de un solo hombre en la carretera de Gaza cuando fue invitado a exponer la profecía de Isaías del Siervo Sufriente (8:30–35).

5. Los Gentiles escuchan las Buenas Nuevas (10:34-43)

34 *Entonces Pedro habló. "De verdad," dijo "me doy cuenta de que Dios no tiene favoritos;*
35 *sino que en cada nación en el que uno le teme y hace lo que es justo es aceptable para él.*
36 *Vosotros conocéis el mensaje que[38] él envió a su pueblo Israel, predicando las buenas nuevas de paz a través de Jesucristo—él es Señor de todo—*
37 *(sabéis) lo que ha pasado[39] a través de toda Judea, empezando desde Galilea después del bautismo[40] que Juan proclamó.*
38 *con respecto a Jesús de Nazaret, cómo Dios lo ungió con el Espíritu Santo y poder. Él fue haciendo bien y sanando a todos los que estaban bajo el dominio del mal, porque Dios estaba con él.*
39 *Nosotros de hecho somos testigos de todo lo que él hizo en la tierra de los judíos y en Jerusalén. Al que ellos ejecutaron colgándolo en un madero.*
40 *él es al que Dios levantó al tercer día[41] e hizo que se manifestase—*
41 *no a todo el pueblo, sino a los testigos que Dios señaló de antemano—a nosotros, de hecho, que comimos y bebimos con él después que resucitó de los muertos.[42]*
42 *Él nos encargó que predicáramos a la gente y testificáramos que él es el que Dios ha designado como Juez de vivos y muertos.*
43 *Es acerca de él que todos los profetas testificaron, que todo aquel que cree en él recibirá perdón de pecados a través de su nombre".*

37. Comp. 1:10 (p. 38) para vestidura angélica.

38. El pronombre relativo está omitido por A B *et al.* (una omisión de haplografía de ὄν después de λόγον). El texto Occidental rescata la construcción de los vv. 36–38 así: "Para que conozcáis el mensaje que él envió a los hijos de Israel, que fue publicado a través de toda Judea, cuando él predicaba las buenas nuevas de paz a través de Jesucristo (él es Señor de todo). Porque empezando en Galilea, después del bautismo proclamado por Juan, Jesús de Nazaret, a quien Dios ungió con el Espíritu Santo y poder, anduvo haciendo bienes..."

39. Gr. τὸ γενόμενον ῥῆμα, lit. "la palabra que tuvo lugar" (para ῥῆμα en el sentido de "cosa," "evento," comp. 5:32).

40. B lee κήρυγμα ("proclamación") para βάπτισμα ("bautismo").

41. D lee "después del tercer día" (quizás en un intento de armonización con Mr. 8:31; Mt. 27:63, etc.).

42. El texto Occidental amplía: "que comió y bebió y conversó con él cuarenta días después de la resurrección de los muertos".

10:34-35 La expresión "Entonces Pedro habló" (literalmente, "Pedro abrió su boca") es una frase que se utiliza para introducir alguna declaración importante. Las primeras palabras que Pedro habló eran palabras de suma importancia, barriendo los prejuicios raciales y religiosos de siglos. Las palabras de Cornelio confirmaron la lección que Pedro mismo había aprendido en Jope: que Dios no tiene favoritos[43] como entre una nación u otra, sino que cada uno, de cualquier nación, que le teme y actúa correctamente[44] es aceptable para él. Esto puede ser de lo más evidente para nosotros, pero era una revelación revolucionaria para Pedro. Sin embargo, estaba implícita en la enseñanza de los profetas anteriores. Ellos insistieron en que Dios había escogido a Israel en un acto de gracia, no de parcialidad, y que fue llamado a una respuesta de servicio obediente, no a descuidada complacencia. Si Dios sacó a Israel de Egipto a la tierra de su herencia, él también había sacado a los filisteos de Creta y a los sirios de Kir (Amós 9:7). Vendrá un día que Dios bendecirá "A Egipto mi pueblo" y "A Asiria la obra de mis manos" junto con "Israel mi heredad" (Isa. 19:25). Si, como dice Miqueas, los requerimientos principales del Señor son que los hombres y las mujeres actúen con justicia y amor misericordioso y caminar humildemente con su Dios (Mic. 6:8), entonces los gentiles podrían cumplir esos requerimientos tan fácilmente como los israelitas. Lucas, él mismo gentil de nacimiento, tiene buenas razones para enfatizar la narrativa de la inclusión de los gentiles, por la acumulación de repeticiones dentro de la narrativa y por otros medios.

10:36-37 El discurso de Pedro, del cual Foakes-Jackson dijo que era "peculiarmente apropiado para la ocasión"[45] (aunque Martin Dibelius lo consideró como una interpolación de la historia original de Cornelio),[46] está dedicado casi por entero a resumir la predicación apostólica. Algún conocimiento del guión principal

---

43. Gr. προσωπολήμπτης ("hace acepción de personas," lit. "levantador de caras") refleja el modismo hebreo nāśā' pānîm, "levantar (de alguien) la cara" y por tanto "mostrar favor" o, en un sentido peyorativo, "mostrar favoritismo". Este modismo es traducido en griego como πρόσωπον λαμβάνω y frases similares (comp. Lu. 20:21; Gal. 2:6); el nombre προσωπολήμπτης (aquí aparece por primera vez en la literatura griega y la única vez en el NT) y προσωπολημψία ("parcialmente") están formados a partir de esta frase (comp. Rom. 2:11; Ef. 6:9; Col. 3:25; Stg. 2:1; 1 Pe. 1:17).

44. Gr. ὁ ἐργαζόμενος δικαιοσύνην (v. 35) sin duda significa la práctica de justicia en el sentido más amplio, pero es relevante recordar el sentido más especializado de la palabra (como ṣeḏāqāh en el hebreo de la Mishná) para denotar limosnas (comp. Dan. 4:27; Mat. 6:1), en vista de la actividad caritativa de Cornelio.

45. *The Acts of the Apostles*, MNTC, p. 93.

46. "Un discurso que es tan largo, relativamente hablando, no puede haber tenido lugar como una leyenda contanda entre cristianos acerca de la conversión de un centurión" (Dibelius, *Studies*, p. 110). Como los otros discursos en Hechos, decía Dibelius, este discurso es una composición literaria de su autor; nada en él es (aparte de las observaciones introductorias de vv.34-35) relevante con respecto a la pregunta especial de la evangelización a los gentiles, y el propio registro de Pedro del proceso no da lugar a tal discurso, porque él cuenta como el Espíritu Santo cayó sobre Cornelio y su casa "cuando yo empecé a hablar" (11:15). Pero, ya que Dibelius

de la historia de Jesús se asume (porque los oyentes de Pedro estaban lejos de ser toscos paganos), pero se dan más detalles que en los resúmenes de las predicaciones anteriores de Pedro.[47] Hasta qué punto refleja la cantidad real de detalles dados por Pedro en sus respectivos discursos, y hasta qué punto es debido a la forma en la que Lucas los resume, no puede decidirse fácilmente. C. H. Dodd, sin duda, tiene razón cuando dice "que el discurso ante Cornelio representa la forma de *kerygma* utilizado por la Iglesia primitiva en sus primeras aproximaciones a una predicación más amplia".[48] El alcance del *kerygma*, como demuestra esta predicación de Pedro, es casi exactamente el alcance del Evangelio de Marcos,[49] empezando con el ministerio bautismal de Juan, y siguiendo con la descripción del ministerio de Jesús en Galilea,[50] Judea,[51] y Jerusalén, de su crucifixión y resurrección, seguido por la insistencia en el testimonio personal y la llegada del juicio, con el ofrecimiento del perdón de pecados a través de la fe en Él, aquí y ahora. Pero la referencia a la resurrección de Jesús parece corresponder no al registro de Marcos (en el que no aparece) sino a Lucas. Esto es especialmente evidente en la afirmación de que los apóstoles "comieron y bebieron" con el Señor resucitado (v. 41).

En la casa de Cornelio, Pedro puede haber hablado en griego, pero alguno ha pensado que es más probable que hablara en arameo a través de un intérprete.[52]

---

considera la defensa de la acción de Pedro en 11:4–17 como equitativamente un exceso de trabajo en la "leyenda" original, da la impresión de que el último argumento tiene poca fuerza.

47. Comp. 2:14–36; 3:12–26; 4:8–12; 5:29–32.

48. C. H. Dodd, *The Apostolic Preaching and its Developments* (London, 1936), p. 56.

49. Comp. C. H. Dodd, "The Framework of the Gospel Narrative," *ExT* 43 (193–32), pp. 39–400, nuevamente editado en su *New Testament Studies* (Manchester, 1953), pp. –11. Contra el punto de vista propuesto por K. L. Schmidt en *Der Rahmen der Geschichte Jesu* (Berlin, 1919), de que el registro de Marcos consiste principalmente en perícopas independientes insertadas por medio de cortos resúmenes editoriales (*Sammelberichte*) los cuales no tienen valor histórico en sí mismos, cuando se ponen juntos, aparecen como un bosquejo coherente del ministerio de Jesús, comparable al bosquejo de la predicación apostólica encontrada en otros lugares del NT, y en particular el bosquejo del discurso de Pedro dirigido a Cornelio. Para una crítica al argumento de Dodd ver D. E. Nineham, "The Order of Events in St. Mark's Gospel—An Examination of Dr. Dodd's Hypothesis," in *Studies in the Gospels: Essays in Memory of R. H. Lightfoot*, ed. D. E. Nineham (Oxford, 1955), pp. 22–39.

50. "Este énfasis en el principio de Galilea parece haber sido integrado al modelo del kerygma desde el principio" (C. H. Dodd, *According to the Scriptures* [London, 1952], pp. 80–81). "Empezando por Galilea" caracteriza el ministerio de Jesús, "empezando por Jerusalén" (Luc. 24:47) caracteriza el de los apóstoles.

51. La expresión "a través de toda Judea" (v.37) y "en el país de los judíos" (v. 39) probablemente denota toda la tierra de Israel y no solamente la provincia romana de Judea. Comp. 26:20.

52. De acuerdo con el informe de Papias sobre el origen del Evangelio de Marcos (preservado por Eusebio, *HE* 3.39.15, y probablemente reflejado en el así llamado prólogo anti marcionita al Evangelio), Pedro incluso en una fecha tardía utilizó el servicio de un intérprete.

este discurso, en cualquier caso, está más fuertemente marcado por aramismos que los discursos de Pedro en los capítulos anteriores de Hechos. La presencia de aramismos sugiere que el discurso no es una libre invención de Lucas, sino más bien una reproducción literal de lo que él encontró en sus fuentes (bien escritas o bien orales). El griego de los versos 36-38 en particular es, de alguna manera, una lectura torpe, como lo hace la traducción bastante literal de las antiguas versiones inglesas, pero es casi seguro que se puede volver atrás palabra por palabra hasta un arameo natural e inteligible.[53]

10:38 La declaración de que Jesús de Nazaret fue "ungido" por Dios con el Espíritu Santo y poder, es un reminiscencia de las palabras de Isa.61:1–2, las cuales leyó Jesús en la sinagoga de Nazaret—"El Espíritu del Señor DIOS está sobre mí, porque el Señor me ha ungido..."—y las cuales él clamaba que se habían cumplido en su ministerio (Lucas 4:17–21).[54] El profeta, quien se introduce a sí mismo en estas palabras, puede estar asumiendo el papel del Siervo de Isa. 42:1 – 53:12.[55] Cuando el siervo es presentado al principio en Isa. 42:1, es descrito como el elegido, en quien Dios ha puesto su Espíritu; esto lo sitúa en relación con el soberano profetizado de la línea de David en Isa. 11:1–5 en quien "el Espíritu del SEÑOR descansará". Fue en el bautismo que Jesús fue por tanto ungido, porque entonces el Espíritu Santo descendió sobre él desde arriba, mientras la voz del cielo lo aclamaba como Hijo de Dios y su escogido—Mesías y Siervo. Parte de la fuerza de las palabras de Pedro será evidente si por un momento traducimos "Dios lo ungió" como "Dios lo hizo Mesías".[56] Estas palabras pueden ser entendidas como "comentando sobre el significado y la implicación del ya aceptado nombre de Jesús" (por ejemplo, el Cristo).[57]

Cuando Jesús hubo sido pues ungido, él "regresó a Galilea en el poder del Espíritu" (Lucas 4:14) y se embarcó en un ministerio que cumplió los términos de Isa. 61:1–2 y otros pasajes proféticos de la Escritura—sanando a los enfermos

---

53. Comp. C. C. Torrey, *Composition and Date of Acts* (Cambridge, Mass., 1916), pp. 27, 35–36.

54. En la exposición de Jesús de Nazaret de estas palabras está bosquejada la misión a los gentiles; por eso la afirmación de Pedro aquí de que Jesucristo es el "Señor de todo" implica su señorío sobre gentiles tanto como sobre judíos (comp. Rom. 10:12). Las "buenas nuevas de paz" predicadas a través de él (Isa. 52:7) es a propósito de aquellos que están "lejos" tanto como aquellos que están "cerca" (Isa. 57:19; ver en 2:39).

55. Las afinidades de Isa. 61:1–2 con la Canción del Siervo pueden ser reconocidas sin la inclusión formal de aquel pasaje como un suplemento a la Canción del Siervo (comp. Una nota de alguien que así lo ha incluido en C. R. North, *The Suffering Servant in Deutero-Isaiah* [Oxford, 1948], pp. 137–38).

56. Comp. 4:27 (n. 46); ver también C. H. Dodd, *According to the Scriptures* (London, 1952), pp. 52–53, 94–96.

57. A. E. Harvey, *Jesus and the Constraints of History* (London, 1982), p. 139, n. 95.

y liberando a los poseídos por demonios,⁵⁸ proclamando con palabra y hechos las buenas nuevas del Reino de Dios. Cuando consideramos este breve resumen de la predicación, deberíamos tener en mente que en el momento que tenía lugar seguramente estaría ampliada por la inclusión de algunos de ejemplos de las obras de misericordia y poder de Jesús ("paradigmas," para usar un término técnico del criticismo bíblico), tal como está registrado en los Evangelios.⁵⁹

10:39 Pedro insiste en que él y sus colegas son testigos presenciales de aquellas cosas, las cuales tuvieron lugar a lo largo de todo la tierra de Israel. Sin embargo, las obras de sanidad y liberación de Jesús, sigue diciendo, no lo libraron de ser condenado a muerte—y ejecutado por los medios en los que la ley de Moisés determinaba como un maldición, porque sus enemigos lo mataron "colgándolo en un madero". Ya hemos considerado el significado de esta particular expresión como una forma de describir la muerte por crucifixión (comp. 5:30).⁶⁰

10:40-41 Otra vez, como tantas veces en la predicación apostólica, aparece el señalado contraste entre el tratamiento que los hombres dieron a Cristo y el que Dios le dio: al mismo a quien los hombres mataron es aquel a quien Dios resucitó a una nueva vida el tercer día.⁶¹ No podía haber duda en cuanto a su resurrección: se apareció a muchos testigos—no por cierto a la gente en general,

---

58. El participio "haciendo bien" (εὐεργετῶν) está relacionado con la designación real Euergetes, "benefactor" (comp. Lucas 22:25). En cuanto a Jesús "sanando a todos aquellos que estaban bajo la dominación del mal," el Evangelio adscribe no solamente la posesión demoniaca sino también otros ciertos tipos de dolencias por agencia satánica (comp. Lucas 13:16), por no mencionar la incredulidad y falsedad (comp. Mat. 13:19, 39; Jn. 8:44). Gr. διάβολος (traducido "mal" como en 13:10) significa "calumniador" o "acusador falso"; es el equivalente del Heb. śāṭān (ver en 5:3, n. 14).

59. Estos ejemplos no deberían ser meras ilustraciones en la predicación; eran (entre otras cosas) las pruebas del cumplimiento de la profecía, como Jesús mismo da a entender cuando él envió de vuelta a los mensajeros de Juan el Bautista con la orden de decirle, a Juan, lo que habían visto y oído (Lucas 7:22). Juan reconocería a través de este informe que el programa profético (por ejemplo, de Isa. 35:5-6) estaba de hecho llevándose a cabo, y que Jesús era, por tanto, El Que Había de Venir del que hablaron los profetas.

60. Ver p. 115, n. 40.

61. El "tercer día"(v. 40) es mencionado no solamente por la exactitud cronológica, sino para enfatizar el cumplimiento de otra profecía; comp. 1 Cor. 15:4, donde Pablo cita el primitivo mensaje apostólico que afirma que Cristo fue "resucitado al tercer día conforme a las Escrituras". El testimonio del Antiguo Testamento citado en la predicación apostólica refleja a veces el reconocimiento de que las experiencias del Mesías exhiben el mismo modelo que las experiencias de Israel; por tanto, la afirmación de que "después de dos días nos dará vida, el tercer día nos resucitará" (Os. 6:2) podría encontrar su cumplimiento en la resurrección de Jesús. La referencia de Pablo al Cristo resucitado como las "primicias" en 1 Cor. 15:20, 23 puede sugerir que él vio su resurrección como un cumplimiento a la ordenanza de Lev. 23:10-11 de que los primeros frutos de la cosecha de la cebada debían ser presentados a Dios después del día pascual del sábado (esto es, el primer día de la semana).

sino a aquellos seleccionados por Dios para ver y proclamar al Salvador Resucitado, a Pedro y a sus seguidores-discípulos. Ellos podían testificar con seguridad de su resurrección, porque no solo lo habían visto vivo otra vez después de su pasión, sino que habían incluso comido y bebido con él. Lucas, el único de los cuatro evangelistas que deja constancia del Señor resucitado comiendo con sus discípulos (Lucas 24:41–43), considera esta como la más convincente, entre las muchas muestras, de su resurrección corporal (comp. 1:4 arriba); así, en un fecha posterior, lo hizo Ignacio ("él comió y bebió con ellos como un ser de carne, aunque estaba espiritualmente unido al Padre"). Los discípulos estaban convencidos de que no era un fantasma sin cuerpo que se les apareció.[62]

10:42 Durante estas apariciones, dijo Pedro, Cristo le mandó y a los otros apóstoles que proclamaran "al pueblo" el mensaje del reino de Dios, ahora inaugurado por su muerte y resurrección, y también de anunciarlo como el divinamente señalado para ser Juez sobre todo, ambos vivos y muertos—aquel "a la semejanza del Hijo de Hombre" de la visión de Daniel a quien se le dio autoridad para ejecutar juicio (Dan. 7:13–14; Juan 5:27).[63]

Mientras la comisión de los apóstoles era para todo el mundo—"hasta el final de la tierra," de acuerdo con 1:8, Pedro habla de ello como específicamente dirigido al pueblo judío (comp. 13:31); y esto está de acuerdo con el hecho histórico. Aparte de su actual visita a Cornelio, Pedro no es recordado como evangelizando a los gentiles. Unos cuantos años después de esto, en el Concilio de Jerusalén descrito en Gal. 2:1–10, se acordó que Pedro y sus colegas debían concentrarse en la evangelización a los judíos, mientras Pablo y Bernabé seguirían desempeñando su misión de predicar a los gentiles; y la narrativa de Hechos refleja esta división de tareas. En cuanto a la comisión de 1:8, Pedro y los Once llevaron el testimonio a Jerusalén y Judea y Felipe el evangelista (principalmente) a Samaria, pero en el registro de Lucas, la difusión del mensaje hasta lo último de la tierra está reservada a Pablo.

10:43 La función del Cristo Resucitado no estaba, de ninguna manera, limitada a la ejecución del juicio; él era también aquel a través del cual, conforme a los Profetas, aquellos que creyeran en él tendrían el perdón de sus pecados.[64] Como Jesús dijo él mismo cuando curó al paralítico de Capernaum, "el Hijo del Hombre tiene autoridad para perdonar pecados en la tierra" (Marcos 2:10). La apelación de Pedro a "todos los Profetas" sería demostrado por citas relevantes de

---

62. Lucas 24:39; comp. las palabras adscritas al Cristo resucitado en una obra perdida, citada por Ignacio (*Smyrnaeans 3:2*): "Yo no soy un espíritu sin cuerpo" (οὐκ εἰμὶ δαιμόνιον ἀσώματον).

63. Comp. 17:31, donde, el discurso de Pablo en Atenas encuentra su clímax en el anuncio del justo juicio de Dios al mundo "por el hombre a quien él ha ordenado".

64. Comp. 13:38; 26:18; Lucas 24:47.

sus escritos, incluyendo más probablemente la descripción del Siervo del Señor quiera era el que "hace a muchos justos" y "lleva sus iniquidades" (Isa. 53:11).

6. Los Gentiles reciben al Espíritu Santo (10:44-48)

44 Mientras Pedro estaba todavía hablando estas palabras, el Espíritu Santo cayó sobre todos los que estaban escuchando el mensaje.
45 Los creyentes de la circuncisión, que habían venido con Pedro, se quedaron asombrados porque el don del Espíritu Santo había sido derramado sobre los gentiles;
46 porque los oían hablando en[65] lenguas y magnificando a Dios.
47 Luego Pedro dijo, "¿Puede alguien impedir el agua? ¿Por qué no deberían ser bautizadas estas personas, que han recibido el Espíritu Santo como nosotros?"
48 Así que dio las órdenes para que los bautizaran en el nombre de[66] Jesucristo. Luego le pidieron que se quedara con ellos algunos días.

10:44 Pedro todavía no había terminado su discurso[67] cuando el "Pentecostés del mundo gentil" tuvo lugar.[68] El Espíritu Santo cayó sobre todos sus oyentes. El evento no fue tanto un Segundo Pentecostés, estando al lado del primero, como la participación de los creyentes gentiles en la experiencia del primer Pentecostés.[69] Lo que estaba en juego fue más tarde resumido por Pablo: "en un Espíritu somos todos bautizados en un solo cuerpo, ya sean judíos o griegos". (1 Cor. 12:13).

Pero, en cuanto a lo que concernía a los oyentes de la predicación apostólica, el orden de los eventos difería marcadamente del de los oyentes el día de Pentecostés en Jerusalén. Los oyentes en Jerusalén fueron exhortados al arrepentimiento y a ser bautizados para poder recibir la remisión de pecados y el don del Espíritu. Pero la experiencia de los oyentes en Cesárea reproducía más bien el de la original compañía de discípulos en Jerusalén sobre los que el Espíritu descendió repentinamente.[70] Esto puede reconocerse en el paralelo trazado por Pedro (v. 47) entre la casa de Cornelio y los discípulos originales más bien que entre la casa de Cornelio y los tres mil que creyeron el día de Pentecostés (comp. 11:15; 15:8).

10:45-46 El descenso del Espíritu sobre aquellos gentiles fue exteriormente manifestado de la misma manera que lo había hecho cuando los discípulos originales recibieron el Espíritu en Pentecostés: hablaron en lenguas y proclamaron

---

65. El texto Occidental inserta "otros" (comp. 2:4).
66. El texto Occidental inserta "el Señor" (como lo hace en 2:38).
67. Comp. 11:15.
68. Así esta ocasión es llamada por F. H. Chase, *The Credibility of the Acts of the Apostles* (London, 1902), p. 79.
69. Comp. N.B. Stonehouse, "Repentance, Baptism and the Gift of the Holy Spirit," in *Paul Before the Areopagus and Other New Testament Studies* (Grand Rapids, 1957), pp. 76–77.
70. Comp. G. W. H. Lampe, *The Seal of the Spirit* (London, 1951), p. 66.

los maravillosos hechos de Dios.[71] Aparte de tales manifestaciones externas, ninguno de los creyentes judíos presentes, quizás ni el mismo Pedro, estaban preparados para aceptar la realidad del Espíritu descendiendo sobre ellos. Los creyentes judíos que habían acompañado a Pedro desde Jope estaban asombrados por lo que vieron y oyeron: *los gentiles*, aquella "raza inferior sin ley," habían, de hecho, recibido el mismo Santo Espíritu que ellos habían recibido cuando creyeron el mismo mensaje. ¡Qué acertado había estado Pedro en su nueva visión sobre la imparcialidad de Dios entre los pueblos de una raza y otra! Como en la visión de Pedro la voz de Dios abolió las restricciones de la comida, incluso aquellas impuestas con la autoridad divina, así ahora el acto de Dios enviando al Espíritu abolía la sagrada tradición que prohibía la asociación con gentiles.

10:47-48 El día de Pentecostés (2:37–41) la secuencia de iniciación en la nueva comunidad fue la convicción de pecado, arrepentimiento y fe, bautismo en el nombre de Jesucristo para la remisión de pecados, y la recepción del Espíritu. Aquí la recepción del Espíritu viene primero. No hay una mención explícita de fe en el contexto inmediato, pero está ciertamente implícita; se ha sugerido más definitivamente en 11:17, donde las palabras de Pedro "cuando nosotros creímos en el Señor Jesucristo" claramente significa que los gentiles recibieron el Espíritu cuando *ellos* creyeron,[72] mientras en 15:7–9 Pedro expresamente conecta la recepción de los gentiles del Espíritu con sus creencias y teniendo sus corazones limpios por fe.[73] Solamente después de manifestarse el descenso del Espíritu en estos creyentes gentiles es que fueron bautizados en agua. Como por la imposición de manos apostólicas[74] (cualquiera que sean las inferencias que pudieran desprenderse del silencio en este tema del capítulo 2), nada de eso tuvo lugar antes de que los gentiles recibieran el Espíritu, y nada se dice de que tuviera lugar en un momento posterior.

Si Pedro no hubiera sido confrontado con un divino *fait accompli* en el derramamiento del Espíritu sobre Cornelio y sus amigos, él no podría haber tomado la iniciativa de bautizarlos. Pero, tal y como sucedieron las cosas, Dios los había sencillamente aceptado, y Pedro no tenía otra opción que aceptar lo que Dios había hecho. Justificando su acción unos días más tarde, preguntó, "¿Quién soy yo para estorbar a Dios? (11:17). Aquí su pregunta, "¿Puede alguien impedir el agua?" (Como la pregunta del etíope en 8:36, "¿Qué impide que yo sea bautizado?"), se

---

71. "Magnificando a Dios" (μεγαλυνόντων τὸν θεόν) en el v. 46 es sinónimo de "declarando las grandes obras de Dios" (λαλούντων ... τὰ μεγαλεῖα τοῦ θεοῦ) en 2:11.

72. El arrepentimiento de estos gentiles es mencionado en 11:18.

73. La "limpieza" del corazón de los gentiles por la fe está estrechamente conecta a las palabras dirigidas a Pedro en su visión: "Tu no debes considerar profano lo que yo he declarado limpio". El mismo verbo (καθαρίζω) es utilizado en ambos lugares.

74. Contrasta la experiencia de los creyentes samaritanos en 8:17.

Los Gentiles reciben al Espíritu Santo (10:44-48)

ha pensado que señala una costumbre por la cual, antes de que un convertido fuera bautizado, se investigaba si había alguna "causa justa o impedimento" para que el bautismo no tuviera lugar.[75] Si esto era así o no, no se alegó ningún impedimento en la presente ocasión, y Pedro dio órdenes de que estos nuevos creyentes fueran bautizados en el nombre de Jesucristo.[76] Su recepción del Espíritu no fue considerado como un sustituto del bautismo en agua; más bien, su bautismo en agua fue la adecuada respuesta al acto de Dios en el otorgamiento de su Espíritu. Pero nadie parece haber sugerido que Cornelio debería ser circuncidado. Su caso, pues, sirve como un precedente especial y apropiado cuando la circuncisión de los creyentes gentiles se planteó más tarde en el Concilio de Jerusalén (capítulo 15).

---

75. El mismo verbo (Gr. κωλύω) es aquí traducido "prohibido" como es traducido "obstaculizar" en 11:17; también aparece en un contexto bautismal en 8:36 (ver n.71).

76. La misma frase se utiliza en 2:38.

HECHOS 11

C. LA ACCIÓN DE PEDRO APROBADA EN JERUSALÉN (11:1-18)

1. Pedro llamado a rendir cuentas (11:1-3)

1 *Los apóstoles y los hermanos que estaban en Judea oyeron que los gentiles también habían recibido la palabra de Dios.*[1]

2 *Así, cuando Pedro subió a Jerusalén, aquellos que eran del partido de la circuncisión discutían con él.*[2]

3 *"¿Por qué?" preguntaban, "¿fuiste a visitar a hombres incircuncisos e incluso comiste con ellos?"*

11:1 El nuevo comportamiento revolucionario de Pedro, entrando en una casa gentil en Cesárea, llegó a Jerusalén antes que él mismo. El texto Occidental lo hace pasar un largo tiempo en Cesárea, y después se involucra en un ministerio de enseñanza en la región entre Cesárea y Jerusalén.[3] Puede que haya algo de verdad en ello, aunque puede que la mayor preocupación del revisor principal del texto Occidental fuera, probablemente, evitar dar la impresión de que el derramamiento del Espíritu en Cesárea fue seguido inmediatamente por la controversia dentro de la comunidad llena-del-Espíritu en Jerusalén. Pero, por muy largo que hubiera sido el intervalo, la acción de Pedro no podía dejar de suscitar alarma

---

1. Algunas formas del texto Occidental añaden (prematuramente) "y glorificaban a Dios" (comp. v. 18).

2. El texto Occidental amplia v.2 como sigue: "Pedro luego, después de un considerable tiempo, deseó ir a Jerusalén; y llamando a los hermanos y afirmándolos, inició su partida, involucrándose mucho en la predicación a través de las regiones y enseñándoles. Cuando los encontró [en Jerusalén], les informó de la gracia de Dios, pero aquellos que eran (parte) de la circuncisión protestaron contra él".

3. Ver n. 2. Algunos eruditos (por ejemplo, G. Salmon, "Blass's Commentary on the Acts," *Hermathena* 9 [1896], p. 235, citado con aprobación por F. Blass, *Philology of the Gospels* [London, 1898], p. 129), aceptando la lectura aquí del texto Occidental, la ha conectado con la lectura Occidental de 21:16 que hace que Mnason, el chipriota, viva en una de la villas entre Cesárea y Jerusalén; pero esto es improbable. Ver pp. 418-19, nn. 15, 19.

en Jerusalén. Hasta ahora, aunque Esteban y sus seguidores-griegos incurrieron en hostilidad popular, los apóstoles habían sido capaces de disfrutar en buena medida de la buena voluntad en general; pero si las noticias de que el propio líder de los apóstoles había empezado a fraternizar con los gentiles se esparcían, esa buena voluntad pronto se disiparía. Y de hecho, puede muy bien haber ocurrido así. No fue mucho después de esto que Herodes Agripa I, nombrado gobernador de Judea por el emperador Claudio en el año 41 d.C., ejecutó a Santiago, el hijo de Zebedeo y luego, en vista de la buena acogida de esta acción, arrestó a su vez a Pedro (12:1–3). Por la misma época también, Santiago, el hermano de Jesús, emerge como reconocido líder de la iglesia de Jerusalén, por encima de cualquier otro de los doce apóstoles (comp. 12:17; 15:13).

11:2-3 Luego, cuando Pedro llegó a casa, fue inmediatamente reprendido por "aquellos que eran de la circuncisión"[4] (como la frase puede ser traducida con bastante literalidad). La misma frase se utiliza para los creyentes judíos que acompañaron a Pedro desde Jope hasta Cesárea (10:45), pero allí simplemente denota gente que era de origen judío como distinto de los gentiles. Aquí se refiere más particularmente a aquellos judíos creyentes que eran especialmente celosos de la ley e insistían en que no debería haber interacción social entre los circuncidados y los no circuncidados. Pablo utiliza la frase en este sentido en Gal. 2:12 cuando habla de aquellos visitantes de Jerusalén a Antioquía que persuadieron a Pedro de abstenerse de la mesa fraternal con los gentiles cristianos. "¿Por qué?" le preguntan a Pedro en esta ocasión, "¿fuiste a los hombres incircuncisos y comiste con ellos?"

En la forma original de la historia, Martin Dibelius sugiere, que Pedro no necesitaba defenderse a sí mismo por predicar el Evangelio a Cornelio más que Felipe por haberlo predicado al etíope eunuco.[5] En la historia original, el tema de comer con los gentiles no se había suscitado; fue introducido más tarde, a causa del papel que jugaría en la discusión de los términos que se establecerían para la admisión de los creyentes gentiles a la membresía de la iglesia.

No hay, efectivamente, referencia expresa a comer con gentiles en la narrativa del capítulo 10. Pero el problema está presente en la narrativa por implicación. Fue el pensamiento de comer con gentiles en particular lo que hizo que la idea de entrar en casa de un gentil fuera tan censurable, porque la comida de los gentiles era "profana e impura"; y es el pensamiento de comer con gentiles que suple el nexo entre la visión de Pedro, en la que las restricciones levíticas de la comida son abrogadas, y la aplicación práctica de que esa lección al ignorar las objeciones ceremoniales para entrar en una casa gentil.

---

4. Gr. οἱ ἐκ περιτομῆς.

5. Ver su estudio "The Conversion of Cornelius" en *Studies in the Acts of the Apostles*, E. T. (London, 1956), pp. 109–22.

2. La defensa de Pedro (11:4-17)

4 Entonces Pedro empezó a hablar y expuso los eventos delante de ellos en orden.
5 "Yo estaba orando en la ciudad de Jope," dijo, "y en un trance tuve una visión—algo como una gran sábana descendiendo, bajada de los cielos por las cuatro esquinas, y vino derecha a donde yo estaba.
6 Cuando la miré cuidadosamente, fui capaz de ver animales terrestres de cuatro patas, bestias salvajes, criaturas reptiles, y aves del cielo.
7 También escuché una voz que me decía, 'Levántate Pedro, mata y come.'
8 Pero yo dije, "No, Señor; nada profano o impuro ha entrado nunca en mi boca.'
9 Una voz que venía del cielo, por segunda vez, me respondió,[6] 'No debes considerar profano lo que Dios ha limpiado.'
10 Esto ocurrió tres veces; después todo fue llevado de nuevo al cielo.
11 En aquel mismo momento había tres hombres de pie en la puerta de la casa donde yo estaba;[7] habían sido enviados a buscarme desde Cesárea.
12 El Espíritu me dijo que fuera con ellos sin hacer ninguna distinción. Y estos seis hermanos vinieron conmigo, y entramos en la casa del hombre.
13 Él nos contó cómo había visto al ángel en su casa, que de pie le dijo, 'Envía a Jope y trae a Simón, de sobre nombre Pedro;
14 él te hablará palabras por las cuales tú y tu casa seréis salvos.'
15 Cuando empecé a hablar, el Espíritu Santo cayó sobre ellos como sobre nosotros al principio.
16 Entonces recordé lo que el Señor dijo: 'Juan bautizaba con agua, pero yo os bautizaré con el Espíritu Santo.'
17 Pues, si Dios les dio el mismo don que a nosotros cuando creímos en el Señor Jesucristo, ¿quién era yo para ser capaz de estorbar a Dios?"[8]

11:4-10 La mayor defensa de la conducta de Pedro era una narración franca de su experiencia. Así que les contó su visión en el tejado de la casa del curtidor en Jope. En esta repetición de la historia una variedad de expresiones es combinada con la similaridad en la construcción. Aunque condensa completamente el capítulo 10, aún así introduce uno o dos detalles que estaban ausentes allí. En los versos 5 y 6 hay una vívida descripción de Pedro de la gran sábana que contrasta en comparación con la ausencia de color del relato en tercera persona de 10:11–12.[9] Mientras se distinguen tres categorías de animales en 10:12, en el capítulo 11:6 se distinguen cuatro, sumando las bestias salvajes a los cuadrúpedos domésticos,

6. D lee: "allí vino una voz del cielo a mí".

7. "Nosotros somos" (ἦμεν) es la lectura P[74] ℵ A B D pc; "Yo era" (ἤμην) es la lectura de P[45] E Ψ 33 81 byz (y todas las versiones).

8. El texto Occidental lee: "¿quién era yo para impedir a Dios que les diera el Espíritu Santo cuando creyeron en él?"

9. Igualmente el verbo "levantado arriba" es más vigoroso que "llevado arriba" (10:16).

como en la narración de la Creación en Génesis.[10] La redacción de la negativa de Pedro en el verso 8 está incluso más cerca que aquella de 10:14 de la protesta de Ezequiel cuando se le pide que coma comida "impura": "carne abominable nunca ha entrado en mi boca" (Ezeq. 4:14).

11:11-14 Luego les contó como los mensajeros de Cornelio lo invitaron a Cesárea, y como él fue con ellos prontamente en el Espíritu, "sin hacer ninguna distinción" (v. 12). Los seis miembros de la comunidad de creyentes de Jope que lo habían acompañado a Cesárea, habían venido también con él a Jerusalén, y estaban presentes como testigos de la autenticidad de su relato. La referencia a "el ángel" en el verso 13 implica que la historia del visitante sobrenatural de Cornelio ya es conocida—conocida, es decir, para los lectores de Lucas más que para los oyentes de Pedro (aunque, probablemente se supone, que nosotros entendemos que lo que tenemos aquí es un breve resumen de la historia contada por Pedro). De acuerdo con este relato, el ángel informó a Cornelio que las palabras que él oiría de Pedro (comp. 10:22) eran palabras que traerían salvación a él mismo y a su casa. Ya ha quedado claro que Cornelio era aceptable a Dios como un hombre temeroso de él y que practicaba la justicia (10:35). A través de la Biblia, el juicio divino es regularmente pronunciado de acuerdo a las obras de una persona;[11] pero la salvación no es por obras sino por fe (comp. 15:11), y la salvación no entró en casa de Cornelio hasta que Pedro vino allí con el evangelio. La "casa" (v. 14) incluía no solamente a Cornelio y su familia inmediata en el sentido moderno, sino a todos aquellos bajo su autoridad—esclavos, ayudantes y otros dependientes.[12]

11:15-17 Luego Pedro llega a su clímax en la narración, contando cómo cuando apenas había empezado a hablar a Cornelio y a sus acompañantes, el Espíritu Santo descendió sobre ellos, del mismo modo que había descendido sobre Pedro y sus compañeros-discípulos en Pentecostés.[13] Las palabras del Cristo resucitado a sus discípulos, "Juan verdaderamente bautizaba con agua, pero yo os bautizaré con el Espíritu Santo en unos pocos días" (1:5), se cumplieron rápidamente en Jerusalén en el día de Pentecostés, pero cuando Pedro vio lo que

---

10. Gen. 1:24–25; comp. Salmo 148:10 ("bestias y todo el ganado, réptiles y aves voladoras").

11. Comp. Rom. 2:6 (Cornelio, descrito por Lucas, es un buen ejemplo de aquellas personas descritas por Pablo en Rom. 2:7).

12. Todas las personas, de hecho, en el ámbito de la familia romana. Compare el lenguaje similar usado para el carcelero de Filipo en 16:31.

13. M. Dibelius ve discrepancias entre "cuando yo había empezado a hablar" aquí y "mientras Pedro estaba aún hablando" en 10:44: "De acuerdo a 10:44," el Espíritu fue manifestado "al final del sermón de Pedro, conforme a 11:15, justo cuando él había empezado a hablar" (*Studies*, p. 110). Pero la idea de *al principio* no debe presionarse indebidamente (comp. p. 218; n. 46). En varios lugares en la narrativa del Nuevo Testamento, ἄρχομαι es poco menos que un semitismo auxiliar redundante; comp. J. H. Moulton in MHT I, pp. 14–15.

tuvo lugar en casa de Cornelio, y oyó a aquellos gentiles hablando en lenguas y magnificando a Dios, las palabras vinieron de nuevo a su mente, y reconoció que ahora se habían cumplido de nuevo. Dios, evidentemente, no hizo distinción entre creyentes gentiles y creyentes judíos; ¿cómo iba Pedro a mantener una barrera que Dios simplemente ignoraba? Hacer eso hubiera sido oponerse a Dios. No hay una mención expresa aquí (como la hay en 10:47–48) del bautismo de los gentiles, aunque está quizás implícito en el lenguaje del verso 17.

3. La defensa de Pedro es aceptada (11:18)

> 18 *Cuando oyeron esto, se quedaron en silencio. Luego glorificaron a Dios. "¡Entonces," dijeron, "a los gentiles también Dios les ha concedido arrepentimiento para vida!"*

11:18 Nada pudo decirse para contrarrestar el argumento de Pedro. Sus críticos fueron silenciados. Dios había actuado, y había mostrado claramente su voluntad. Que Dios había conferido su bendición también a los gentiles—o *incluso* a los gentiles—dándoles a través de su Espíritu un cambio de mente y de corazón y la seguridad de vida eterna, fue un asunto para el asombro y la alabanza. Sus objeciones cesaron; su alabanza comenzó. Los problemas prácticos que llegarían a ser tan agudos cuando la evangelización a los gentiles a gran escala empezara, no surgieron en esta etapa. Aún así, se puede suponer que la aprobación de la acción de Pedro fue más sincera de parte de sus compañeros-apóstoles, que de parte de las filas y rango celoso de la iglesia de Jerusalén.[14] Esta puede haber sido la razón por la que Santiago el Justo fue reconocido desde ahora, como el líder indiscutible de la iglesia madre: Santiago, al menos, disfrutaba de una reputación intachable en cuanto a cualquier sospecha de confraternizar con los gentiles.[15] Pero al menos los apóstoles, habían admitido el principio de evangelizar a los gentiles, y lo habían hecho a tiempo para reconocer que el mismo principio estaba funcionando más al norte a una escala nunca antes imaginada.

D. ANTIOQUÍA SE CONVIERTE EN BASE CRISTIANA (11:19-30)

1. Evangelización gentil en Antioquía (11:19-21)

> 19 *Ahora bien, aquellos que habían sido dispersados por causa de la tribulación que estalló contra Esteban, llegaron hasta Fenicia, Chipre, Cirene y Antioquía, no hablando a nadie, excepto a los judíos exclusivamente.*

---

14. Ver 21:20.
15. Ver en 12:17.

Evangelización gentil en Antioquía (11:19-21)

20 *Pero hubo algunos de ellos, hombres de Chipre y de Cirene, que cuando llegaron a Antioquía hablaron a los griegos[16] también, contándoles las buenas nuevas del Señor Jesús.*
21 *La mano del Señor estaba con ellos, y un gran número de ellos creyeron y se volvieron al Señor.*

11:19 La narrativa de Lucas vuelve ahora al mismo punto de partida que encontramos en 8:4, que inicia con las mismas palabras. Allí cuenta como aquellos que se habían dispersado por la persecución que siguió a la muerte de Esteban "fueron propagando las buenas nuevas"; aquí nos cuenta como algunos de ellos llegaron al norte, a lo largo de la costa de Fenicia, desde donde tomaron un barco a Chipre, mientras otros continuaron más al norte hasta llegar a Antioquía de Orontes.

Antioquía de Orontes (la moderna Antakya en la provincial de Hatay en Turquía), situada a unas 18 millas río arriba, fue fundada en el 300 a.C. por Seleuco Nicátor, primer gobernador de la dinastía Seléucida, que fue nombrada por él en honor a su padre Antíoco. Él ya había dado su propio nombre a Seléucia Pieria, en la desembocadura del Orontes, puerto de Antioquía (comp. 13:4). Así la capital de la monarquía Seléucida Antioquía se convirtió en una ciudad de gran importancia. Cuando Pompeyo reorganizó Asia Occidental en el 64 a.C. hizo de Antioquía una ciudad libre; llegó a ser el lugar por excelencia de la administración de Roma en la provincia de Siria. Era, en ese momento, la tercera ciudad más grande del mundo greco-romano (sobrepasada en población solamente por Roma y Alejandría). Fue planificada desde el principio siguiendo el plan de red diseñado por Hipódamo; fue agrandada y adornada por Augusto y Tiberio, mientras Herodes el Grande suministró columnas a ambos lado de sus calles principales y pavimentó incluso la calle con piedras pulidas. Los productos de Siria y de las tierras más al este pasaban por ella en su camino hacia el oeste; era un centro comercial tanto como capital política. A causa de su situación entre el mundo urbanizado Mediterráneo y el desierto oriental, fue incluso más cosmopolita que las ciudades helenas. Aquí la cristiandad desplegó su carácter cosmopolita.

La colonización judía en Antioquía empezó prácticamente con la fundación de la ciudad. Al principio de la era Cristiana, se ha dicho que los prosélitos judíos eran especialmente numerosos en Antioquía;[17] Ya hemos conocido a Nicolás,

---

16. Gr. πρὸς τοὺς Ἕλληνας, el cual lee de P⁷⁴ ℵ^c A D* 1518, con Eusebio y Crisóstomo; πρὸς τοὺς Ἑλληνιστάς se lee en B D^c E Ψ byz (y es comúnmente pensado que el aberrante εὐαγγελιστάς of ℵ*, puede haber sido sugerido por la siguiente palabra εὐαγγελιζόμενοι). La versión no ayuda, ya que ellos no hacían distinción entre Ἕλλην y Ἑλληνιστής. Pero, ya que los judíos en Antioquía ya habían sido evangelizados, el sentido del pasaje requiere Ἕλληνας, por ejemplo, griegos paganos (comp. 16:1; Rom. 1:16), no Helenistas (comp. 6:1).

17. Comp. Josefo *BJ* 7.45.

un prosélito de Antioquía, como líder entre los griegos en la iglesia primitiva de Jerusalén (6:5). Muchas otras nacionalidades estaban representadas entre sus residentes: es Antioquía la ciudad que tiene en mente el joven satírico Juvenal cuando se queja de que "ya hace mucho tiempo que las aguas residuales de Orontes se descargan en el Tíber".[18] La reputación de laxitud moral de la ciudad era realzada por el culto a Artemis y Apolo en Dafne, a cinco millas de distancia, donde la antigua Siria adoraba a Astarté y su consorte, con su ritual de prostitución que se llevaba a cabo bajo nomenclatura griega.[19] Pero un nuevo capítulo en la historia de Antioquía estaba a punto de ser escrito, porque iba a ser la metrópolis de la cristiandad gentil.[20]

11:20 Hasta ahora, los discípulos judeo-helenistas que habían escapado de la persecución en Jerusalén, habían confinado su actividad evangelística a las comunidades judías de los varios lugares a los que habían llegado. Los miembros de aquellas comunidades eran predominantemente helenistas como ellos. La idea de que el Evangelio pudiera tener relevancia alguna para los no judíos no era algo que naturalmente se les ocurriera a ellos. Pero en Antioquía algunos espíritus atrevidos, entre ellos hombres de Chipre[21] y Cirene,[22] dieron un paso transcendental hacia adelante. Si el Evangelio era tan bueno para los judíos, ¿cómo podría no serlo también para los gentiles? De todos modos, harían el experimento. Así que empezaron a dar a conocer a la población griega de Antioquía la afirmación de Jesús como Señor y Salvador. Presentarlo como Mesías a la gente que no sabía nada de la esperanza de Israel hubiera sido un ejercicio inútil, pero los términos griegos *kyrios* ("Señor") y *sōtēr*, ("Salvador") eran ampliamente utilizados en el mundo religioso del Mediterráneo oriental.[23] Muchos estaban intentando encontrar en

---

18. Juvenal, *Satire* 3.62.

19. Por tanto, Antioquía, para ser distinguida de otras ciudades con el mismo nombre, fue llamada a veces ἡ ἐπὶ Δάφνη, de ahí Epidafna (Tácito, *Annals* 2.83.3). Comp. también 1 Mac. 11:41–51; Josefo, *BJ* 3.29; 7.41–62, 106–11; *Ant.* 12.119; 16.148; *Ap.* 2.39; Estrabón, *Geography* 16.2.4–7.

20. Ver G. Downey, *A History of Antioch in Syria from Seleucus to the Arab Conquest* (Princeton, 1961), abridged in *Ancient Antioch* (Princeton, 1963); W. A. Meeks and R. L. Wilken, *Jews and Christians in Antioch in the First Four Centuries of the Common Era* (Missoula, MT, 1978); R. E. Brown and J. P. Meier, *Antioch and Rome: New Testament Cradles of Catholic Christianity* (London, 1983), pp. 11–86 ("Antioch," by J. P. Meier); D. S. Wallace-Hadrill, *Christian Antioch: A Study of Early Christian Thought in the East* (Cambridge, 1982).

21. Como Bernabé (4:36).

22. Comp. 2:10; 6:9 13:1. Los hijos de Simón de Cirene fueron también conocidos en algunas áreas de la iglesia primitiva (Mc. 15:21).

23. Comp. la referencia de Pablo a "muchos 'señores'" 1 Cor. 8:5). Pero eso no implica que la proclamación de Jesús como Señor y Salvador se desarrolló en el ambiente gentil por analogía con la terminología e interés de los cultos de misterio. Ver J. G. Machen, *The Origin of Paul's Religion* (New York, 1921), pp. 211–317, para una discusión plena y concluyente.

varios cultos de misterio un señor divino que pudiera garantizar salvación e inmortalidad a sus devotos; ahora a los paganos de Antioquía, se les aseguraba que lo que ellos vanamente buscaban en aquellos alojamientos, podía ser encontrado a través del Hijo de Dios que se había convertido en hombre últimamente, sufrido la muerte, y conquistando la tumba en Palestina.

11:21 Esta empresa tuvo éxito instantáneo. Los gentiles aceptaron el mensaje cristiano como lo que verdaderamente estaban esperando, como lo que necesitaban exactamente, y un gran número de ellos creyeron el Evangelio y cedieron su lealtad a Jesús como Señor. Puede ser que algunos de los gentiles que creyeron pertenecieran a la clase comúnmente llamada de los temerosos-de-Dios, quienes ya conocían algo de la revelación del Antiguo Testamento por su asistencia a las sinagogas judías;[24] Sería conforme a la analogía en otros lugares que tales personas formaron el núcleo de la iglesia de Antioquía. Pero Lucas no dice eso, y no podemos estar seguros. En cualquier caso, el poder de Dios fue manifestado en la conversión de los gentiles en esta ciudad. Un chambelán etíope de había convertido en cristiano en algún momento previo, mientras viajaba a casa a lo largo del camino de Gaza, y un centurión romano y su casa habían creído el Evangelio cuando un apóstol lo explicaba en su casa en Cesárea, pero la escala de gentiles evangelizados en Antioquía era algo enteramente nuevo.

2. Bernabé y Saulo ministran en Antioquía (11:22-26)

22 Cuando estas noticias llegaron a oídos de la iglesia en Jerusalén, enviaron a Bernabé hasta Antioquía.

23 Cuando él llegó allí, y vio la gracia de Dios, se regocijó, y los animó a todos a permanecer fieles al Señor de todo corazón;

24 porque era un buen hombre, lleno del Espíritu Santo y fe. Un gran número fue añadido al Señor.[25]

25 Entonces Bernabé fue a Tarso para buscar a Saulo.

26 y cuando lo encontró, lo trajo a Antioquía. Así pasaron un año entero congregándose en la iglesia y enseñando a la multitud. Fue en Antioquía que a los discípulos se les llamó por primera vez "cristianos".[26]

11:22-24 Los líderes de la iglesia de Jerusalén reconocieron la novedad de la situación en Antioquía cuando llegaron las noticias. Se consideraron responsables

---

24. Ver p. 209; n. 7.

25. Los originales de B omiten "al Señor".

26. El Occidental rescata los v.25 y 26 así: "Y oyendo que Pablo estaba en Tarso, fue a buscarlo, y cuando lo encontró, lo animó a que viniera a Antioquía. Y cuando llegaron trabajaron juntos durante todo un año en la iglesia, enseñando a mucha gente, y después los discípulos fueron por primera vez conocidos como cristianos de Antioquía".

de la dirección del movimiento en toda su extensión. Por tanto, como Pedro y Juan habían ido antes a Samaria para investigar el trabajo misionero de Felipe allí, así ahora Jerusalén envió un delegado a Antioquía para observar los extraños eventos que estaban ocurriendo en aquella ciudad. Fue un momento crítico: mucho—mucho más de lo que ellos podrían darse cuenta—dependía de su elección de un delegado. En la providencia de Dios, escogieron al mejor hombre para esta delicada e importante misión—Bernabé, el "hijo de la consolación" (4:36). Bernabé mismo era chipriota judío de nacimiento, como algunos de aquellos que habían empezado a predicar el Evangelio a los gentiles de Antioquía, y su simpatía, en cualquier caso, sería más grande que la de aquellos creyentes de Jerusalén que nunca habían puesto un pie fuera de Judea. Puede ser, en efecto, que él tomara la iniciativa de ofrecer sus servicios para esta misión, y su ofrecimiento fue entusiásticamente aceptado.[27]

A Antioquía pues, Bernabé fue enviado, como el representante o "apóstol"[28] de la madre iglesia. Cuando llegó a Antioquía, su espíritu generoso se llenó de gozo al ver la situación. Aquí estaba la gracia de Dios en acción, trayendo bendición no solamente sobre los judíos locales, sino también sobre la población gentil a medida que escuchaban y aceptaban las buenas nuevas. Fiel a su nombre, animaba a todo el que podía. Misioneros y convertidos a la vez habían empezado bien; lo que necesitaban era el don de la perseverancia, y los instó a perseverar y mantener su servicio fiel al Señor en quien habían creído. La presencia de un hombre de tan admirable carácter y fe, un hombre "lleno del Espíritu Santo,"[29] les dio el estímulo que necesitaban para proseguir con su evangelización incluso más vigorosamente; el número de convertidos aumentó rápidamente.

11:25-26 Pronto el grado de responsabilidad de Bernabé era tal que no se podía esperar que él lo desempeñara sin ayuda de nadie. Tenía que encontrar un colega. Pero no era un tema fácil encontrar al hombre adecuado para la situación. Bernabé, sin embargo, decidió que él conocía a ese hombre, solamente tenía que localizarlo. Algunos años habían pasado desde que Saulo de Tarso había sido escoltado hasta Cesárea por sus nuevos amigos en Jerusalén y subido a bordo de un barco hacía su ciudad nativa. Bernabé no podía pensar en nadie más eminentemente adecuado para la responsabilidad de compartir su ministerio en Antioquía.

---

27. Comp. M. Hengel, *Acts and the History of Earliest Christianity* E.T. (London, 1979), pp. 101–2.

28. "'Apóstoles' de iglesias" (ἀπόστολοι ἐκκλησιῶν) son mencionados en otros lugares del Nuevo Testamento; comp. 2 Cor. 8:23. En tal contexto la palabra tiene un significado más general que cuando es usado para los apóstoles específicamente comisionados por Cristo. Ver en 14:4; n. 7.

29. La misma palabra se utiliza para Esteban en 6:5.

Él, por tanto, fue a Tarso en persona a buscarlo[30] —una tarea algo difícil, quizás, ya que Saulo parece haber sido desheredado por haberse unido a los seguidores de Jesús y no podría ser encontrado en su casa ancestral nunca más. Bernabé lo encuentra sin embargo, y lo lleva a Antioquía. Allí, durante todo un año la buena obra prosigue a buen ritmo bajo la dirección conjunta de ambos. Mas convertidos son añadidos a la comunidad de creyentes, y cuando son añadidos, reciben sistemática instrucción en los principios del nuevo camino al que han entrado.

Ninguna dificultad parece haberse sentido en esta situación en cuanto a la unidad de la comunidad de convertidos judíos y convertidos gentiles. El nuevo camino era suficientemente amplio para acomodar a creyentes de los más diversos orígenes. Antioquía era una ciudad cosmopolita, donde judíos y gentiles, griegos y bárbaros se codeaban, donde la civilización Mediterránea se encontraba con el desierto de Siria; las diferencias raciales y religiosas que emergían a lo largo de Judea parecían mucho menos importantes aquí. La iglesia de Antioquía desde el principio tenía un *ethos* bastante distinto del de la iglesia en Jerusalén. Los paganos de Antioquía, también, sabían acerca de esta gente, porque no se mantuvieron callados con respecto a su fe, sino que la proclamaban en todas partes a donde iban. Cristo—*Christos*, la forma griega del título Mesías ("el ungido")—podría ser el nombre de un cargo para judíos de habla griega, pero para los paganos de Antioquía era simplemente el nombre de un hombre de quien estas personas estaban siempre hablando: un nombre curioso, es verdad, a menos que fuera el mismo que Chrēstos ("servicial"), un nombre habitual para personas esclavas o libres por igual.[31] "¿Quién son estas personas?" podría preguntar uno de Antioquía

---

30. El verbo ἀναζητέω, más allá de su significado general, "es especialmente usado para buscar seres humanos, con un implicación de dificultad, como en los pasajes del Nuevo Testamento" (J. H. Moulton and G. Milligan, *The Vocabulary of the Greek Testament* [Edinburgh, 1930], p. 32). Comp. Lucas 2:44. Para la posibilidad de que Pablo hubiera sido desheredado comp. su afirmación en Filp. 3:8 que por amor a Cristo ha "sufrido la pérdida de todas las cosas". Durante aquellos años en Siria y Cilicia (comp. Gal. 1:21) probablemente soportó algunos de los sufrimientos descritos en 2 Cor. 11:23-27 y padeció la misteriosa experiencia descrita en 2 Cor. 12:2-9. Además, se puede inferir, por el número de alusiones que hay en sus cartas, que Pablo había empezado a evangelizar a los gentiles por propia iniciativa antes de que Bernabé lo llevara a Antioquía (comp. Gal. 1:23). Su comisión de proclamar al Hijo de Dios entre los gentiles fue evidentemente recibida en el camino de Damasco (Gal. 1:16), y su referencia en Gal. 2:2, 7 a su evangelización de los gentiles probablemente señala atrás en el tiempo, a un momento anterior a su asociación con Bernabé para trabajar en Antioquía. Ver también 22:21 (pp. 418–19). Bernabé puede, de hecho, haber sabido algo de la actividad evangelística de Pablo en Cilicia y por esa razón pensó en llevarlo a Antioquía. La presente narrativa fortalece la impresión recibida en 9:27 de que Bernabé tenía algún conocimiento de él incluso antes de su conversión en la carretera de Damasco.

31. Suetonio (*Claudius* 25.4) habla de los disturbios que estallaron en la comunidad Judía en Roma "a instigación de Cresto," más probablemente Cristo (ver en 18:2; n. 10). Cresto ocurre en *CIL* VI. 10233 como el apellido de un ciudadano Romano. El deletreo de Χρηστιανός para

a otro, cuando dos o tres misioneros no oficiales reunían un grupito de oyentes más o menos interesados y discutían alrededor de una de las columnas de la ciudad. "Oh, estos son la gente que está siempre hablando de *Christos*, la gente de Cristo, los Cristianos". Igual que en Palestina, los adherentes a la dinastía de Herodes fueron llamados herodianos, así, dice Lucas, en Antioquía los adherentes a Jesucristo fueron los primeros en ser popularmente conocidos como Cristianos.[32]

3. Alivio contra la escasez (11:27-30)

27 *Por aquellos días unos profetas bajaron de Jerusalén a Antioquía.*[33]
28 *Uno de ellos, llamado Ágabo, se levantó e indicó a través del Espíritu que una gran hambre vendría sobre todo el mundo. (Esto tuvo lugar bajo el reinado de Claudio.*[34] *)*
29 *Luego cada uno de los discípulos decidieron una suma de dinero, cada uno conforme a sus medios, para enviar una ofrenda de caridad a los hermanos que vivían en Judea.*
30 *Así lo hicieron, y lo enviaron a los ancianos por mediación de Bernabé y Saulo.*

11:27 El don de profecía en la iglesia apostólica era como el don de lenguas en que era ejercitado bajo la inspiración de Dios; se diferenciaban en que era expresado por medio del lenguaje normal. El lugar de este don espiritual en la iglesia está reconocido en las cartas de Pablo: Pablo lo consideraba de gran valor y situaba a

---

Χριστιανός es encontrado de manera similar (por ejemplo en el documento de primera mano ℵ las tres veces que ocurre en el Nuevo Testamento el término: 26:28 y 1 Ped. 4:16 también como aquí).

32. El verbo traducido "vino a ser conocido como" es χρηματίσαι, literalmente "tramitar negocios". Tramitar negocios bajo un nombre propio es en efecto ser públicamente conocido por ese nombre. E. J. Bickerman, "The Name of Christians," HTR 42 (1949), pp. 71–124, argumenta que χρηματίζω debe significar "asumir el nombre," "estilo propio," y que había, por tanto, discípulos que adoptaron la designación de "cristianos," significando con ellos "siervos de Cristo," *ministri regis* (comp. οἱ τοῦ Χριστοῦ en 1 Cor. 15:23), justo como *Caesariani* era el siervo del emperador (οἱ τοῦ Καίσαρος). Este intransitivo χρηματίζω debe ser distinguido de χρηματίζω significando "dar una respuesta oracular" (usado en voz pasiva en 10:22). Comp. MHT II, p. 265. El término Χριστιανός es una formación en Latín (con el sufijo -ιανός de *-ianus*). En el NT es utilizado solamente por no cristianos (*pace* Bickerman)—en 26:28 en boca del joven Agripa, y en 1 Ped. 4:16 en el lenguaje de la acusación cuando uno sufre "como un cristiano". La ocurrencia más antigua del término en la literatura no cristiana está en Josefo *Ant* 18.64 (donde "la tribu de los cristianos" dice llamarse así por "el así llamado Cristo"); Plinio, *Epistles* 10.96–97 (correspondencia con Trajano acerca de los cristianos en Bitinia); Tácito, *Annals* 15.44.3–4 (donde los chivos expiatorios por el fuego del 64d.C. son aquella "gente odiada por sus vicios, que eran comúnmente llamados cristianos—nombre derivado de Cristo, quien fue ejecutado por Poncio Pilatos cuando Tiberio era emperador"); y Suetonio, *Nerón* 16.2 ("el castigo fue impuesto sobre los cristianos, una clase de gente adicta a una nueva y maliciosa superstición").

33. El texto Occidental enlaza los versos v. 27 y 28 así: "y hubo mucho regocijo; y cuando nos reunimos, uno de ellos, de nombre Ágabo, habló indicando…"

34. El texto Bizantino lee "Claudio César" (cf. KJV).

los profetas justo después de los apóstoles.³⁵ Aquí y allí la narrativa de los Hechos ilustra cómo era ejercido.

11:28 Entre los profetas que vinieron a Antioquía desde Jerusalén en aquellos días, había uno llamado Ágabo,³⁶ quien anunció bajo inspiración, que habría una gran hambruna a través de todo el mundo romano.³⁷ Puede ser que Ágabo tuviera en mente la situación de hambre que haría su contribución en la esperada aflicción de los últimos tiempos (comp. Mr. 13:8).³⁸ Tal situación de escasez, dice Lucas, fue experimentada en el principado de Claudio (41–54d.C.). Sabemos por otras fuentes que el principado de Claudio estuvo marcado por una sucesión de malas cosechas y consecuente escasez en varias partes del imperio—en Roma, Grecia, y Egipto, tanto como en Judea.³⁹

Si una verdadera tradición se refleja en la lectura del texto Occidental en este pasaje, conforme a la cual Ágabo pronunció su profecía "cuando estábamos todos reunidos,"⁴⁰ entonces, Lucas puede haber tenido una razón personal para recordar la profecía y el efecto producido en la iglesia de Antioquía. Esta lectura muestra al menos la influencia de la tradición preservada en el así-llamado prólogo anti-Marcionita al tercer Evangelio, y en otras partes, de que Lucas era nativo de Siria de Antioquía.⁴¹ Si Lucas era uno de los gentiles de Antioquía que fueron

---

35. Comp. 1 Cor. 12:28; 14:24–25, 29–32; Eph. 4:11. See D. Hill, *New Testament Prophecy* (London, 1979); D. E. Aune, *Prophecy in Early Christianity and the Ancient Mediterranean World* (Grand Rapids, 1983).

36. Ágabo reaparece en 21:10, en una sección "nosotros" de Hechos. No hay ninguna razón sólida para suponer que su introducción aquí es una lectura dentro del contexto de los detalles de la última visita de Pablo a Jerusalén (cuando el fondo de ayuda organizado en su misión gentil fue entregado a la iglesia madre); comp. G. W. H. Lampe, *St. Luke and the Church of Jerusalem* (London, 1969), p. 24.

37. La "palabra" aquí, como en Lucas 2:1, es el οἰκουμένη (*orbis terrarum*). C. C. Torrey (*CDA*, pp. 20–21) mantuvo (improbablemente) que "el mundo entero" representa un error de la frase aramea que significa "toda la tierra" (de Israel). Pero esta no es una de las secciones de Hechos en las que un sustrato arameo sea probable en absoluto. Ver M. Wilcox *The Semitisms of Acts* (Oxford, 1965), pp. 147–48.

38. Comp. M. Hengel, *Acts*, p. 111.

39. Las condiciones de hambruna son certificadas por Roma, al principio del mandato de Claudio (Dio Cassius, *History* 60.11), en Egipto, en el quinto año (P. Mich . 123, 127), en Grecia, en el año octavo y noveno (Eusebius, *Chronicle*, Year of Abraham 2065), y otra vez en Roma, entre el noveno y el undécimo año (Tácito *Annals* 12.43; Orosius *History* 7.6.17). En términos más generales, Suetonio dice que su principado estuvo marcado por una "persistente sequía" (*Claud* 18.2).

40. Ver p. 236; n. 33.

41. Este prólogo (de fecha incierta, pero posiblemente tan antiguo como del siglo II) empieza con las palabras "Lucas estuvo en Antioquía de Siria". La frase es repetida por Eusebio (*HE* 3.4.6) y Jerónimo (*On Illustrious Men 7; Preface to Commentary on Matthew*) Comp. p. 5, n. 6, y 6:5 con exposición y nota (n. 11).

evangelizados en aquellos días, podemos fácilmente apreciar ambos, su interés en Antioquía, y su entusiasmo por la misión a los gentiles.

11:29-30 Si los cristianos de Antioquía infirieron de los términos generales de la profecía de Ágabo que Judea sería especialmente golpeada por la predicción del hambre, es algo que Lucas no dice. Sabemos que Judea de hecho sufrió severamente escasez en algún momento entre los años 45 y 48. En aquel tiempo Helena, la reina madre de Adiabene, prosélito judío, compró grano en Egipto e higos en Chipre e hizo que los llevaran a Jerusalén para su distribución, mientras su hijo, el rey Izates envió grandes sumas de dinero a las autoridades en Jerusalén para ser usado contra el hambre.[42] La iglesia de Antioquía de igual modo, organizó un fondo de ayuda para la iglesia madre.[43] Los distintos miembros de la iglesia parecen haber acordado una suma fija de sus ingresos o bienes, como contribución a este fondo, del mismo modo que Pablo asesoró a los creyentes de Corintio cuando organizó más tarde un fondo de ayuda para Jerusalén (1 Cor. 16:1-4). Cuando la suma de la colecta estuvo preparada fue enviada a Judea. Bernabé y Saulo fueron los delegados para llevarla allí. A su llegada, se la entregaron a los ancianos, quienes desde ahora en adelante juegan un papel cada vez más importante en la iglesia de Jerusalén.[44] Esta es la segunda vez en el informe de Lucas en que Pablo visita Jerusalén después de su conversión (la primera brevemente descrita en 9:26-30). Él mismo registra las dos visitas que hizo a Jerusalén; surge la posibilidad de que la visita de ayuda-contra el hambre de Hechos 11:30 sea idéntica a la descrita en Gal.2:1-10, cuando fue a Jerusalén con Bernabé catorce años después de su

---

42. Josefo, *Ant* 20.51-53. En *Ant*. 20.101 fecha la hambruna en la época de los procuradores Cuspio Fado y Tiberio Julio Alejandro (entre el 44 y 48 d.C.) o, de acuerdo con la variante, en la de Alejandro (A.D. 45/46-48). K. S. Gapp, " *The Universal Famine under Claudius*," *HTR* 28 (1935), pp. 258-65, identifica esta hambruna con una mencionada en *Ant* 3.320-21, y concluye que se extendió hasta la primavera del 46 o 47. J. Jeremías, "Sabbathjahr und neutestamentliche Chronologie," *Abba* (Göttingen, 1966), pp. 233-37, señala que, si la cosecha fallaba en 46/47, la incidencia del año sabático 47/48 habría intensificado la escasez de comida en Judea: las condiciones de hambre habrían prevalecido hasta la primavera del 49.

43. Tal acto de comunión fue contado para fortalecer los lazos de la fe común que unía a la totalidad de los judíos cristianos de la iglesia de Jerusalén con la iglesia principalmente gentil de Antioquía. La iglesia de Jerusalén en la edad apostólica parece haber sufrido de pobreza crónica; esto ayuda a explicar por qué sus miembros, o un grupo influyente de ellos, fueron llamados "los pobres" (Heb. hā'ebyônîm, de ahí el posterior "Ebonitas").

44. Con la dispersión de los asistentes sociales griegos en 6:5 durante la persecución que siguió a la muerte de Esteban, la carga de los temas económicos de la iglesia parece haber recaído sobre los ancianos. Los ancianos (entre los que Santiago el Justo emerge como *primus inter pares*) constituyeron un tipo de sanedrín Nazareno. En Hechos 15 compartieron el liderazgo de la iglesia con los apóstoles; desde ese entonces, los apóstoles desaparecieron de la escena de Jerusalén y los ancianos ejercieron completamente el liderazgo corporativo (comp. 21:18).

conversión (que es la interpretación más probable de Gal.2:1).⁴⁵ Más común, sin embargo, es la identificación de la visita de Gal.2:1-10 con aquella de Hechos 15; esto suscita problemas que serán considerados más adelante.⁴⁶

---

45. Ver F. F. Bruce, *The Epistle to the Galatians*, NIGTC (Grand Rapids/Éxeter, 1982), pp. 105–28.

46. Ver pp. 282–84. Ver también J. Knox, *Chapters in a Life of Paul* (London, 1950), pp. 71–72; C. H. Buck, "The Collection for the Saints". HTR 43 (1950), pp. 1–29 (especially pp. 15–21); J. Dupont, "La famine sous Claude, Actes 11,28," Études sur les Actes des Apôtres (Paris, 1967), pp. 163–65; R. W. Funk, "The Enigma of the Famine Visit," JBL 75 (1956), pp. 130–36; G. Strecker, "Die sogenannte zweite Jerusalemreise des Paulus (Act 11,27-30)," ZNW 53 (1962), pp. 67–77; G. Ogg, *The Chronology of the Life of Paul* (London, 1968), pp. 43–57; R. Jewett, *Dating Paul's Life* (London, 1979), p. 34; G. Lüdemann, *Paul, Apostle to the Gentiles: Studies in Chronology*, E.T. (London, 1984), pp. 13–15, 149–52; S. Dockx, *Chronologies néotestamentaires et vie de l'Église primitive* (Leuven, 1984), pp. 62–69, 89–95.

HECHOS 12

E. HERODES AGRIPA I Y LA IGLESIA (12:1-24)

1. Martirio de Jacobo y encarcelamiento de Pedro (12:1-4)

1 *Fue aproximadamente por este tiempo que el rey Herodes puso sus manos hostiles sobre algunos de los miembros de la iglesia.*
2 *Decapitó[1] a Jacobo, el hermano de Juan:*
3 *y cuando vio que esto[2] era del agrado de los judíos, fue a arrestar a Pedro también. Era el tiempo de los panes sin levadura.*
4 *Después de arrestarlo lo puso en prisión, haciendo que lo custodiasen cuatro grupos de cuatro soldados. Su intención era entregarlo a la gente después de la Pascua.*

12:1 El rey Herodes, introducido bastante abruptamente al principio de esta narrativa, es el Viejo Herodes Agripa, un nieto de Herodes el Grande y de su reina Hasmonea Mariamne. Cuando su padre Aristóbulo fue ejecutado en el año 7 a.C., Agripa, que tenía entonces cuatro años, fue enviado por su madre para ser educado en Roma. Allí creció en términos bastante amigables con algunos miembros de la familia imperial, en particular con Claudio, su exacto contemporáneo, y con Cayo, sobrino-nieto de Tiberio. Cuando Cayo sucedió a Tiberio como emperador en el 37 d.C., le concedió a Agripa las antiguas tetrarquías de Filipo y Lisanias en el sur de Siria (comp. Lc. 3:1), junto con el título de "rey". Dos años más tarde, el reino de Agripa se había agrandado al sumarse Galilea y Perea, la antigua tetrarquía de su tío Antipas, a quien Cayo desposeyó bajo su mandato y envió al exilio. Cuando Claudio fue hecho emperador en el año 41 d.C. después del asesinato de Cayo, incrementó el reino de Agripa por la adición de Judea, la cual desde el año 6 d.C. había sido gobernada en nombre del emperador por un prefecto.[3]

---

1. Lit., "matado con espada" (ἀνεῖλεν ... μαχαίρῃ).

2. Para "esto" (no expresado en Griego) el texto Occidental añade "su ataque a los creyentes" (πιστοί, como en 10:45).

3. Ver Josefo, *Ant* 18.126, 131–34, 143–69, 179–204, 228–56, 289–301; 19.236–44, 265, 274–77, 288, 292–354; Filo, *Flaccus* 25–29, 103; *Embassy to Gaius* 179, 261–333; también

Martirio de Jacobo y encarcelamiento de Pedro (12:1-4)

Agripa era más popular entre los judíos que muchos otros miembros de la familia de Herodes: su descendencia de la dinastía de los Hasmoneos era un punto a su favor. Él se preparó diligentemente para ganar y mantener su buena voluntad.[4]

12:2 Los "miembros de la iglesia" a los que él señaló para atacar eran los apóstoles. Es evidente un cambio de actitud de la gente de Jerusalén hacia los apóstoles, quienes no habían sido molestados desde la persecución que siguió a la muerte de Esteban, y que Agripa ahora ha convertido en su principal objetivo.[5]

La primera de sus víctimas fue Jacobo, el hijo de Zebedeo, a quien ejecutó. Jacobo fue el primero de los apóstoles en sufrir la muerte por martirio; así experimentó el cumplimiento de la promesa de Jesús para él y para su hermano Juan de que ellos, ambos, beberían de su copa y compartirían su "bautismo" (Mc. 10:39). Jesús no dijo, o ni siquiera sugirió, que ambos sufrirían la muerte juntos; de hecho, parece que el apóstol Juan fue el último de los apóstoles en morir. La teoría propuesta por Eduard Schwartz y otros, de que en la forma original de la presente narrativa Jacobo y Juan, fueron, ambos, ejecutados por Herodes Agripa, no tiene mucha base.[6]

Schürer I, pp. 442–54; A. H. M. Jones, *The Herods of Judaea* (Oxford, 1938), pp. 184–216.

4. La Mishná (Sôṭāh 7.8) relata cómo leyó "la ley de la realeza" (Deut. 17:14–20) públicamente en la Fiesta de los Tabernáculos en un año sabático (presumiblemente el 41 d.C.), y lloró cuando leía las palabras: "No debes poner a un extranjero sobre ti, que no sea tu hermano" (v. 15), pues recordaba la descendencia Edomita de Herodes. Pero el pueblo, recordando más bien su descendencia Hasmonea, gritaba insistentemente, "No tengas miedo; ¡tú eres de hecho nuestro hermano!"

5. La frase "por aquel tiempo" (v. 1) se refiere a los eventos narrados en 11:27–30. En realidad los eventos de 12:1–23 ocurrieron entre la profecía de Ágabo (11:28) y la visita a Jerusalén de Bernabé y Saulo (11:30).

6. E. Schwartz, "Über den Tod der Söhne Zebedaei" (1904), in his *Gesammelte Schriften V: Zum Neuen Testament und zum frühen Christentum* (Berlin, 1963), pp. 48–123; "Zur Chronologie des Paulus" (1907), *Gesammelte Schriften V*, pp. 128–31; "Noch einmal der Tod der Söhne Zebedaei," ZNW 11 (1910), pp. 89–104. La base principal para esta teoría es la facilitada por un manuscrito (Codex Coislinianus 305, descubierto en 1862) del siglo XIX Georgios Hamartolos, *Chron.* 3.134. 1, de acuerdo con el cual Papías de Hierápolis, escribiendo como "un testigo presencial de Juan," registró en el segundo libro (de su *Exegesis of the Dominical Oracles*) que Juan fue "asesinado por los judíos". Esta lectura peculiar puede haber sido interpolada de un epítome del siglo V *Chronicle* de Felipe de Side: "Papías en su segundo libro dice que Juan el divino y Santiago su hermano fueron asesinados por los judíos" (*Bodleianus MS Baroccianus 142*, publicado por C. de Boor, "Neue Fragmente des Papias, Hegesippus und Pierius," *TU* 5.2 [1888], pp. 165–84, especialmente p. 170). La evidencia del calendario de la iglesia primitiva y martirologio han sido también citados. Pero el "mito crítico" de la temprana muerte del apóstol Juan, descansa sobre una evidencia tan débil que "hubiera producido burla si hubiera sido aducida a favor de una conclusión conservadora" (A. S. Peake, *Holborn review* 19 [1928], p. 394). Ver J. H. Bernard, "The Traditions as to the Death of John, the Son of Zebedee," *Studia Sacra* (London, 1917), pp. 260–84.

12:3 Si se pregunta por qué este ataque contra los apóstoles demostró "ser aceptable para los judíos," la respuesta puede encontrarse en la ampliación de la actividad apostólica, la cual había recientemente consistido en la visita de Pedro al gentil Cornelio de Cesárea. Aquellos miembros de la iglesia de Jerusalén, quienes bajo el liderazgo de Santiago el Justo y sus compañeros ancianos (v. 17), mantuvieron una resistencia más rigurosa al debilitamiento de las alianzas con el particularismo judío, continuaron disfrutando de la tolerancia durante dos décadas más. No fue por accidente que Agripa, después de matar a Jacobo, el Zebedeo[7] y comprobar la reacción popular, le echara mano al líder de los apóstoles—el que, por otra parte, había tomado la iniciativa de confraternizar con los gentiles.

12:4 Los siete días de los "panes sin levadura"[8] estaban empezando cuando Pedro fue arrestado. Él estuvo, por tanto, encerrado en prisión durante el período festivo. La intención de Agripa era sacarlo para juicio y ejecución pública inmediatamente después de que este período hubiera expirado.[9] Pero, sabiendo el gran número de simpatizantes, tanto secretos como conocidos, que los apóstoles tenían en Jerusalén, tomó precauciones especiales contra cualquier intento de liberar al prisionero. Cuatro relevos de soldados hacían turnos para vigilarlo:[10] cuatro guardias a la vez, uno a cada lado de él (que estaba encadenado) y dos en la puerta de la celda.

2. Pedro escapa de prisión (12:5-11)

5 *Así pues, Pedro estaba encerrado en prisión,[11] y una ferviente oración por él estaba siendo ofrecida a Dios por la iglesia.*

6 *La noche antes de que Herodes lo sacara, Pedro estaba durmiendo entre los dos soldados, sujeto a ellos con dos cadenas, mientras los centinelas estaban enfrente de la puerta, guardando la prisión.*

---

7. Eusebio (*HE* 2.9.2–3) preserva la tradición del séptimo libro de Clemente de Alejandría *Hypotyposes* de que el oficial que guardaba a Santiago estaba tan impresionado por su testimonio que profesó él mismo como cristiano y fue decapitado junto a él.

8. Los días de los panes sin levadura iban desde el Nisan 14 (Noche de Pascua) hasta el Nisan 21 (Ex. 12:18). "Pascua" en v. 4 se utiliza en el sentido amplio del término, como el período completo de la fiesta pascual desde que empezaban las celebraciones pascuales. Comp. Lc. 22:1, como distinto de Mr.14:1.

9. Una ejecución pública se consideraría ofensiva durante la estación sagrada; Comp. Mr.14:2, donde los enemigos de Jesús planean arrestarlo y ejecutarlo "no durante la fiesta [de los panes sin levadura], no sea que haya un tumulto de la gente".

10. Esto puede referirse particularmente a las horas de la noche, cada relevo siendo asignado a las cuatro vigilias de la noche. "Las vigilias se dividían en cuatro; de acuerdo con el reloj de agua, así que no era necesario mantener la vigilancia más de tres horas durante la noche" (Vegetius, *On Military Affairs* 3.8).

11. Algunos testigos del texto Occidental añaden "por la cohorte del rey".

> 7 *De repente un ángel del Señor se puso a su lado y una luz brilló en la celda. Golpeó a Pedro en el costado y lo despertó: "¡Rápido!" le dijo, "¡Levántate!" Las cadenas cayeron de sus manos.*
> 8 *Luego el ángel dijo, "vístete y ponte las sandalias". Pedro lo hizo. "Ponte el manto," dijo el ángel, y "sígueme".*
> 9 *Pedro salió y lo siguió: no se daba cuenta de que lo que el ángel hacía era real, sino que pensaba que estaba viendo visiones.*
> 10 *Atravesaron la primera guardia y la segunda, y llegaron a la puerta de hierro que guardaba la ciudad. Se abrió para ellos por sí misma, así que salieron[12] y pasaron una calle. Después, inmediatamente, el ángel lo abandonó.*
> 11 *Entonces Pedro, dándose cuenta, dijo, "Ahora sé que el Señor ha enviado a su ángel y me ha librado de la mano de Herodes y de lo que los judíos estaban esperando".*

12:5-9 Mientras tanto, continuas oraciones estaban ofreciéndose por Pedro por la iglesia de Jerusalén—la súplica del justo la cual "tiene gran poder en sus efectos" (Stg. 5:16).Y mientras estaban perseverando en oración ferviente durante la que, según la intención de Agripa, sería la última noche de Pedro sobre la tierra, su oración, sin saberlo ellos mismos, estaban recibiendo una respuesta efectiva. Porque Pedro fue despertado de su sueño—la calma del sueño que brota de una buena conciencia y quieta confianza en Dios—por un golpe en el costado y una voz que le ordenó que se levantara rápidamente. Las cadenas, por las cuales había estado encadenado a los soldados a ambos lados, cayeron al levantarse él. La celda se iluminó; un visitante desconocido estaba de pie a su lado y le ordenó que se abrochara el cinturón, se atase las sandalias, que se envolviera en el manto, y lo siguiera. Era esta narrativa, probablemente, lo que Charles Wesley tenía en mente cuando escribió estos versos:

> "Me desperté; la mazmorra brillando con luz.
> Mis cadenas se cayeron, mi corazón era libre,
> Me levante, me fui y te seguí".

Totalmente sorprendido, y solamente medio despierto, Pedro hizo lo que se le dijo, no dándose cuenta de lo que verdaderamente estaba ocurriendo, pero sospechando que era un sueño, y que pronto se despertaría y se encontraría a sí mismo con los soldados en la celda, compelido a encarar lo que la mañana podría traer.

A través de una puerta y otra pasaron, ambas vigiladas. Puede ser que a Pedro le fuera "permitido pasar la primera y la segunda, siendo presumiblemente considerado como un siervo; pero a un siervo no se le permitiría pasar más allá de la puerta exterior durante la noche, y un curso diferente sería necesario allí".[13] Maravilloso relato, sin embargo, la puerta exterior se abrió automáticamente cuando

---

12. El texto Occidental añade "y bajaron siete escalones".
13. W. M. Ramsay, *St. Paul the Traveller* (London, [14]1920), p. 28.

Pedro y su misterioso guía se acercaron, y se encontraron en la calle—después de bajar "los siete escalones," como nos informa el Texto Occidental. Este añadido tiene tal carácter circunstancial que muchos consideran que es una pieza genuina de sabor local, procedente de un informante que sabía cómo era Jerusalén antes del año 70d.C. Lucas no dice dónde estaba la prisión en la que encerraron a Pedro, pero es más que probable que se tratara de la Torre Antonia, donde Pablo fue más tarde confinado (comp. 21:31–23:32). La fortaleza estaba al noroeste del área del templo, y puede que hubiera un tramo de escalera que bajara hasta el nivel de la calle semejante a los tramos excavados al sur o suroeste del monte del templo desde 1968.[14]

12:10-11 Atravesaron una calle, y de repente Pedro se encontró solo. Hasta aquí había seguido a su rescatador como un hombre en trance o un sonámbulo; ahora se despertó en esta extraña situación e hizo balance de la misma. Era la mano de Dios: fue un ángel del señor el que había venido para arrebatarlo de su inminente destino.

¿Qué vamos a contar de la escapada de Pedro de la cárcel? ¿Qué clase de mensajero era el que lo liberó? Si humano o sobrenatural, él no tenía duda de que era un mensajero de Dios. Hay algunas características de la narrativa que apuntarían a un plan cuidadosamente elaborado y ejecutado "desde dentro"; probablemente esa fue la conclusión de Agripa. Hay otras características que contienen una fuertemente reminiscencia de la "forma" en la que otras escapadas milagrosas de prisión son descritas en la literatura antigua.[15] Pero Pedro, aparentemente, reconoció la intervención divina de tipo sobrenatural, y así evidentemente lo hizo Lucas: introduce el incidente con locuciones de la Septuaginta, y las palabras iniciales del verso 7 son muy similares a aquellas del principio de Lucas 2:9, donde el ángel se aparece a los pastores para anunciarles el nacimiento de Cristo.

Un llamativo paralelo moderno ha sido citado más de una vez a propósito de las experiencias de Sundar Singh. Por orden del jefe lama de una comunidad tibetana fue echado en un pozo seco, la cobertura del mismo fue cerrada a conciencia. Lo dejaron allí para que se muriera, como muchos otros antes que él, cuyos huesos y carne en descomposición yacían en el fondo del pozo. Durante la tercera noche, cuando había estado clamando a Dios en oración, oyó que alguien abría la cubierta del pozo y la quitaba. Entonces, una voz le habló diciéndole que se agarrase a la cuerda que le estaban bajando. Él así lo hizo, y se alegró mucho al encontrar una lazada en el extremo de la cuerda en la que podría colocar el pie, porque le habían herido el brazo antes de arrojarlo al pozo. Luego fue subido,

---

14. Ver N. Avigad in *Jerusalem Revealed*, ed. Y. Yadin (New Haven/London, 1976), pp. 25–30.

15. Comp. 5:19–23 (n. 29); 16:25–28 (n. 67). Josefo dice (*BJ* 6.293) como poco antes del estallido de la guerra del año 66 d.C., la pesada puerta oriental del atrio interior del templo se abrió por la noche "por su propia voluntad" (αὐτομάτως, con lo cual comp.αὐτομάτη, v. 10).

la cubierta del pozo fue puesta de nuevo y cerrada, pero cuando miró alrededor para dar las gracias a su rescatador, no pudo encontrar ningún rastro de él. El aire fresco lo alcanzó, y su brazo herido parecía sano otra vez. Cuando llegó la mañana, regresó al lugar en el que había sido arrestado, y siguió predicando. Le llevaron las noticias al jefe lama de que el hombre al que habían arrojado dentro del pozo para su ejecución había sido liberado y estaba predicando otra vez. Sundar Singh fue traído ante él e interrogado, y contó la historia de su liberación. El lama declaró que alguien debía haberse apoderado de la llave y lo había sacado, pero cuando se hizo la búsqueda de la llave, se encontró atada al propio cinturón del lama.[16]

"Ahora," dice Laurence Browne, "aunque esta historia es de nuestro tiempo, su interpretación es tan difícil como la historia de la escapada de San Pedro. Es posible que ambos eventos sean no milagrosos, que alguna persona bien dispuesta actuara como rescatador. Pero la dificultad del rescate en ambos casos sugiere que ambas fueron de hecho intervenciones milagrosas de Dios. Una diferencia llamativa entre los dos relatos es la opinión del prisionero. San Pedro pensó que era una visión hasta que se encontró sano y salvo en la calle. Sadhu pensaba que se trataba de un hombre hasta que desapareció".[17]

En cualquier caso, la narrativa da testimonio de la gracia liberadora de Dios y del poder de la oración del creyente. Que Jacobo muriera mientras Pedro escapó es un misterio de la providencia divina que se ha repetido en incontables ocasiones a lo largo de la historia del pueblo de Dios. Por fe, dice el escritor de Hebreos, algunos "escaparon del filo de la espada"; por fe otros "fueron matados por la espada" (Heb. 11:34, 37).

3. Pedro Informa de su salida de prisión (12:12-17)

12 *Pedro, después de hacer balance de la situación, fue a casa de María la madre de Juan (de sobrenombre Marcos), donde muchos se habían reunido para orar.*

13 *Llamó a la puerta de la entrada, y una muchacha sirvienta llamada Rode salió a responder a su llamada.*

14 *Cuando reconoció la voz de Pedro, se puso tan contenta que no abrió la puerta de la entrada, sino que corrió adentro y anunció que Pedro estaba en la entrada.*

15 *"Estás loca," le dijeron. Pero ella insistía en que era así. Luego dijeron, "es su ángel".*

16 *Mientras tanto Pedro siguió llamando, y cuando abrieron la puerta y lo vieron se quedaron perplejos.*

17 *Pedro gesticulando con las manos les pidió que guardasen silencio, y les contó como el Señor lo había sacado de la prisión. Luego les dijo, "Informad de esto a Santiago y a los hermanos". Y diciendo esto, se marchó a otro lugar.*

---

16. Ver B. H. Streeter y A. J. Appasamy, *The Sadhu* (London, 1921), pp. 30–32.
17. L. E. Browne, *The Acts of the Apostles* (London, 1925), pp. 204–5.

12:12 Lo primero para Pedro era dar a conocer a sus compañeros-creyentes en Jerusalén su escapada; lo siguiente ir a esconderse, para que la policía de Agripa no lo encontrara otra vez. Así que primero fue al principal lugar de encuentro de los cristianos en Jerusalén, la casa de María. Los lectores de Lucas estarían más familiarizados con cristianos de la segunda generación que con aquellos de la primera, especialmente cuando la segunda generación de cristianos alcanzó tal nivel de distinción como Marcos tuvo eventualmente; por lo tanto, María se identifica como la madre de Marcos (uno puede comparar la identificación de Simón de Cirene como el padre de Alejandro y Rufo en Marcos 15:21).

Como otras varias personas mencionadas en Hechos, el hijo de María tenía ambos, un nombre judío (Juan) y un nombre romano (Marcos). José, de sobrenombre Justo (1:23), era otro igual; el ejemplo más conocido es "Saulo que es llamado Pablo" (13:9). Este Juan Marcos es probablemente el mismo Marcos mencionado en otros lugares del Nuevo Testamento (Col. 4:10; Filem. 1:24; 2 Tim. 4:11; 1 Pe. 5:13) y el autor del Segundo Evangelio.[18]

La iglesia de Jerusalén era demasiado grande como para reunirse en uno de sus edificios: sus miembros evidentemente se dividían para el compañerismo y la adoración en un número de casas-iglesias, una de las cuales—presumiblemente, era la casa de María. Su casa era grande: Martin Hengel la llama "espléndida",[19] porque se distinguía por tener una verja de entrada y un patio[20] que conducía desde la calle a la puerta de la entrada de la casa. El palacio del sumo sacerdote estaba similarmente equipado: cuando Pedro estaba abandonando el edificio, la noche del juicio de Jesús, él "salió al patio" (Mat. 26:71).

12:13-16 La escena que ahora está teniendo lugar en la puerta de la calle y dentro de la casa está completamente llena de humor silencioso. La alegría de Rode al oír la voz de Pedro hace que se olvide de abrirle la puerta y de dejarle entrar; los que están dentro no pueden creer que sus oraciones hayan sido contestadas tan rápidamente: Rode debe estar loca, o de otro modo es el ángel guardián de Pedro, su espíritu, eso es lo que ella debe haber oído.[21] Mientras tanto Pedro sigue fuera, continúa llamando para que le abran—no demasiado fuerte, porque

---

18. Posteriores escritores nos contarán como sirvió a Pedro como ayuda de campo e intérprete en Roma, y como después de fundar la iglesia de Alejandría (esta última tradición probablemente refleja la llegada del Evangelio de Marcos a Alejandría). Ver extractos de Papías, Ireneo, Clemente de Alejandría, y otros preservados por Eusebio (*HE* 2.15.1–16.2; 3.39.14–16; 5.8.3; 6.14.6); también M. Hengel, *Studies in the Gospel of Mark*, E. T. (London, 1985), pp. 2–24.

19. M. Hengel, *Between Jesus and Paul*, E. T. (London, 1983), p. 108.

20. Gr. πυλών (vv. 13–14).

21. Este "ángel" (como el fravaši en el Zoroastrismo) fue considerado capaz de asumir la apariencia del ser humano al que protegía. El papel del ángel Rafael en Tob. 5:4–16 probablemente reflejaba esta creencia. Comp. Mt. 18:10. Ver J. H. Moulton, "It is his angel," JTS 3 (1902), pp. 514–27, especialmente pp. 516–17; *Early Zoroastrianism* (London, 1913), pp. 254–85.

puede que la voz de alarma ya se haya dado, y la casa de María será la primera a la que el grupo de búsqueda acudirá.

12:17 Cuando finalmente es admitido, les cuenta su milagrosa liberación, y les pide que se lo digan a "Santiago y a los hermanos". Luego se marcha, se va de incógnito con tanto éxito que aún hoy en día nadie ha descubierto con seguridad a dónde fue. El informante de Lucas probablemente no lo sabía, y Lucas no tenía otro modo de averiguarlo.[22]

La descripción del gesto ansioso de Pedro, y de sus señas ante la sorpresa y alegría de la compañía para que no hicieran ruido, es el toque de un auténtico testigo ocular—ya sea que Lucas obtuviera esta historia de Marcos (a quien conoció más tarde en Roma) o de Rode, como afirma Ramsay, o de algún otro testigo.

Además de la compañía que encontró en casa de María, había evidentemente otros asociados de Santiago, el hermano de Jesús. Ellos también debían ser informados de la salida de Pedro de la cárcel. Los "hermanos" mencionados junto a él, probablemente incluirían a sus compañeros ancianos (comp. 11:30; 21:18). Parece que por esta época Santiago había alcanzado una posición de liderazgo indiscutible en la iglesia de Jerusalén. Cuando Bernabé y Pablo tuvieron la conferencia con los "pilares" de la iglesia descrita en Gal. 2:1-10, los tres "pilares" con los que ellos conferenciaron era Santiago, Cefas (Pedro), y Juan, nombrados en este orden. Santiago en aquella ocasión concurrió con sus dos colegas en intercambiar "la mano derecha de la comunión" con Bernabé y Pablo entendiendo que los dos últimos evangelizarían a los gentiles, mientras los líderes en Jerusalén continuarían concentrándose en la misión a los judíos.

Santiago tenía la amplitud de miras de un estadista, como se desprende de su política en el Concilio de Jerusalén (15:13-21). Pero tuvo la precaución de mantener la confianza de los miembros de la iglesia, muchos de los cuales eran "celosos de la ley" (21:20). Además, continuó hasta el final manteniendo el respeto de la población de Jerusalén, en gran parte por su estilo de vida ascético y su participación diaria en el servicio de oración del templo, donde intercedía por el pueblo y la ciudad. Independientemente de lo que Pedro y otros miembros de los Doce puedan haber hecho, Santiago estaba libre de toda sospecha en cuanto a la confraternización con los gentiles. Cuando fue apedreado en el año 62 d.C.,

---

22. Antioquía (comp. Gal. 2:11) o Roma han sido sugeridos como el "otro lugar" al cual fue enviado en este momento. Eusebio (*Chron.*) lo trae a Roma en el 42 d.C. pero esta fecha es demasiado temprana, y probablemente pertenezca a las tradiciones subrayadas en los *Hechos de Pedro* y el corpus de Clemente, el cual recoge su llegada a Roma en el tiempo de Claudio, para contender con Simón el Mago (ver pp. 166-67, con nn. 30-35). Es difícil tomar seriamente las sugerencias de que "otro lugar" fuera la morada celestial de los seres difuntos Hechos 12:3-17 siendo una narrativa pictórica del martirio de Pedro (cf. D. F. Robinson, "Where and when did Peter die?" *JBL* 64 [1945], pp. 255-67; W. M. Smaltz, "Did Peter die in Jerusalem?" *JBL* 71 [1952], pp. 211-16) Ver también J. W. Wenham, "Did Peter go to Rome in A.D. 42?" *TynB* 23 (1972), pp. 94-102.

a instancias de Anás II, mucha de la gente puede haberse quedado gravemente conmocionada; y algunos años más tarde, algunos adscribieron la calamidad que sobrecogió a la ciudad y a sus habitantes, al cese de las oraciones de Santiago a su favor.[23]

4. La Escapada de Pedro descubierta (12:18-19)

18 *Cuando amaneció el día, hubo una gran conmoción entre los soldados: ¿Qué había pasado con Pedro?*

19 *Herodes ordenó su búsqueda, y cuando no pudo encontrarlo, interrogó a los guardias y ordenó que fueran castigados.[24] Luego se marchó de Judea y pasó algún tiempo en Cesárea.*

12:18-19 Se hizo una búsqueda de Pedro, pero no fue encontrado en ningún sitio. Agripa interrogó a los soldados que eran responsables de custodiarlo, y los envió para que fueran castigados, sospechando que quizá la huída de Pedro de la cárcel era el resultado de un plan, y que los guardas habían sido sobornados. Conforme a la Ley Romana (la cual, sin embargo, no era vinculante en la administración interna del reino de Agripa) un guardia que permitía que su prisionero se escapara era susceptible de sufrir la misma pena que habría sufrido el prisionero que se había escapado.[25]

Pronto después de esto, Agripa se marchó de Jerusalén a Cesárea, la sede del gobierno en Judea bajo los romanos. Cuando se dice que "bajó desde Judea," Judea es utilizado en el sentido más estricto del término como el territorio de los judíos. Cesárea, aunque pertenecía políticamente a Judea, no era territorio estrictamente judío: desde su fundación por Herodes el Grande, era predominantemente una ciudad gentil.

5. Muerte de Herodes Agripa I (12:20-23)

20 *Ahora Herodes tenía un furioso conflicto contra la gente de Tiro y Sidón. Una delegación unida de aquellas ciudades vino ante él y, habiéndose asegurado el buen hacer[26] de Blasto, que era el chambelán del rey, buscaban la reconciliación. Su país dependía para la comida del territorio del rey.*

---

23. Josefo, *Ant.* 20.200–201. Una descripción más legendaria por Hegesipo es preservada por Eusebio (*HE* 2.23). Ver F. F. Bruce *Men and Movements in the Primitive Church* (Exeter/Grand Rapids, 1979), pp. 86–119.

24. Lit. "para ser llevados'. (ἀπαχθῆναι). Cod. D (el principal testigo Occidental) dice "condenado a muerte" (ἀποκτανθῆναι); este coincide con el uso idiomático Ático del término ἀπάγω en el sentido de sacados para ejecutar (comp. Lucas 23:26). Este sentido es más posible en el presente contexto que el significado heleno de "arrestar" o "llevar a la cárcel".

25. *Code of Justinian* 9.4.4.

26. Lit., "habiendo persuadido" (πείσαντες).

21 *El día señalado, Herodes, vestido con sus ropas reales, se sentó en el tribunal, e hizo un discurso público para ellos.*[27]
22 *La gente gritaba, "¡Es un dios, no un ser humano, el que está hablando!"*
23 *Inmediatamente un ángel del Señor lo hirió, porque no le dio a Dios la gloria;*[28] *y murió, consumido por gusanos.*

12:20 Fue mientras estaba en Cesárea que Agripa encontró la muerte, y Lucas relata las circunstancias. Las ciudades de la costa Fenicia, Tiro y Sidón, dependían de Galilea para el suministro de alimentos, como habían hecho miles de años antes, en los tiempos de Hiram y Salomón (1 Reyes 5:9–12). Cuando, por tanto, los habitantes de aquellas ciudades encontraron que habían ofendido a Agripa gravemente, por alguna razón que no ha sido registrada, se dieron cuenta de que sería sabio para ellos reconquistar su favor tan pronto como fuera posible. Hicieron buen uso de la habilidad de su chambelán Blasto (aunque sus servicios tuvieran un coste, el precio valía la pena), y se encontró una oportunidad de presentarse ellos mismos ante el rey y hacer las paces con él públicamente.

12:21-23 Estamos en deuda con Josefo por el informe paralelo que sigue a continuación. En Cesárea, dice Josefo, Agripa "hacía exhibiciones en honor a César, sabiendo que esto era celebrado como una fiesta para su bienestar. Se reunieron para esta ocasión un gran número de oficiales provinciales y otros de posición distinguida. El segundo día de la celebración, Agripa se puso su túnica entretejida de plata, de un tejido bastante esplendoroso, y entró en el teatro al romper el día, de modo que la plata brillaba y resplandecía cuando los primeros rayos del sol cayeron sobre ella, y su resplandor inspiró una especie de temor y temblor en aquellos que lo contemplaban. Inmediatamente, sus aduladores empezaron a gritar desde diferentes direcciones en un lenguaje que no presagiaba nada bueno, porque lo invocaban como a un dios: "¡Sé clemente con nosotros!" gritaron. "Hasta ahora te hemos reverenciado como a un ser humano, pero a partir de ahora nosotros confesamos que tú eres más que un ser mortal". Él no les reprendió, ni tampoco repudió su adulación impía. Pero, pronto después de aquello, miró y vio un búho sentado en una cuerda por encima de su cabeza, y reconoció enseguida que se trataba de un mensajero del mal, como en una anterior ocasión había sido un mensajero del bien;[29] y una punzada de dolor le atravesó el corazón.

---

27. El texto Occidental añade "habiendo sido reconciliados con los de Tiro".

28. El texto Occidental añade después de "gloria" como sigue: "Y, habiendo bajado de la tribuna, fue comido por gusanos aún vivo, y así murió".

29. (Cuando Agripa fue arrojado a las cadenas algunos años antes por orden de Tiberio, se apoyó contra un árbol en el que vio a un búho sentado; un compañero de prisión alemán le dijo que el ave presagiaba una pronta liberación y una buena gran fortuna, pero que si alguna vez la veía de nuevo, a él le quedarían solamente cinco días más de vida. (Josephus, *Ant.* 18. 195–201). El hecho de que Josefo llame al pájaro "mensajero" (Gr. ἄγγελος), mientras Lucas dice en v. 23 que "el ángel (ἄγγελος) del Señor lo hirió," no es más que una coincidencia verbal.

Al mismo tiempo, un severo dolor se asió de sus entrañas, que rápidamente creció en intensidad. ...Fue llevado a toda prisa al palacio, y... después de cinco días de constante dolor en el vientre, murió, en el quincuagésimo cuarto año de su vida y el séptimo año de su reinado".[30]

Los relatos de Lucas y Josefo son independientes, pero están de acuerdo en lo esencial.[31]

El "día señalado" en el que los fenicios tenían que reconciliarse públicamente con Agripa, es comúnmente aceptado que se trataba del día de una festividad celebrada quinquenalmente el 5 de Marzo en honor a la fundación de Cesárea.[32] (Otra posibilidad es que se tratara de la celebración del cumpleaños del emperador el 1 de Agosto.[33] Las "ropas reales" que Agripa llevaba son descritas con gran detalle por Josefo. La forma en la que la plata entretejida reflejaba los rayos del sol al amanecer ha sugerido a uno o dos estudiantes que Agripa se presentó a sí mismo ante la multitud reunida como una manifestación de la divinidad (más concretamente del dios sol), *theos epiphanēs*, como los gobernantes fenicios habían hecho en los días antiguos.[34] Lo cual es improbable. Ambos, Lucas y Josefo están de acuerdo al decir que fue saludado como un dios y no meramente como un mortal, así como en desaprobar la aceptación táctica de esta blasfema adulación. (Hay una mayor reminiscencia de este asunto en la tradición rabínica)[35] El dolor mortal que lo atenazó es interpretado por Lucas como un golpe del juicio divino. Expertos médicos han intentado diagnosticar el problema, pero la información es demasiado imprecisa: las sugerencias incluyen peritonitis (resultando de una perforación de la apéndice),[36] envenenamiento por arsénico,[37] obstrucción

---

30. Josefo, *Ant.* 19.343–50.

31. Ver E. Meyer, *Ursprung und Anfänge des Christentums*, III (Stuttgart/Berlin, 1923), pp. 167–68.

32. La fecha de los *dies natalis* de la ciudad es preservada por Eusebio (*Martyrs of Palestine* 11.30). La institución de la festividad el año 9 a.C. es recogida por Josefo (*BJ* 1.415; *Ant* 16.136–44). La identificación de esta festividad como aquella en la que se presenció la enfermedad mortal de Agripa fue propuesta por E. Schwartz, "Zur Chronologie des Paulus" (1907), in *Gesammelte Schriften* V (Berlin, 1963), pp. 127–28.

33. La fecha es conocida por Suetonio (*Claudius* 2.1).

34. Ver S. Lösch, *Deitas Jesu und Antike Apotheose* (Rottenburg a/N, 1933), pp. 14–15; J. Morgenstern, "The Chanukkah Festival and the Calendar of Ancient Israel," HUCA 20 (1947), pp. 1–136, especialmente pp. 89–90, n. 167, y "The King-God among the Western Semites and the Meaning of Epiphanes," *VT* 10 (1960), pp. 138–97, especialmente pp. 156–59.

35. "En aquella hora los enemigos de Israel se ganaron la destrucción, porque adularon a Agripa" (Tosefta, *Sôṭāh* 7.16; cf. TB *Sôṭāh* 41b).

36. E. M. Merrins, "The Deaths of Antiochus IV, Herod the Great, and Herod Agrippa I," Bibliotheca Sacra 61 (1904), pp. 561–62.

37. J. Meyshan, "The Coinage of Agrippa the First," *IEJ* 4 (1954), p. 187, n. 2.

intestinal aguda,³⁸ la ruptura de un quiste hidatíco.³⁹ La declaración de Lucas de que fue "consumido por gusanos" provee algún tipo de pista pero tal término es utilizado por varios escritores antiguos en relación con la muerte de personas a las que se consideraba dignas de tan desagradable final.⁴⁰

A la muerte de Agripa, Judea revirtió la administración a los gobernadores romanos. Tres de los hijos de esta figura aparecerán más tarde en la narración de Hechos: Agripa, el joven, Berenice (25:13), y Drusila (24:24).

6. Progreso Continuo del Evangelio (12:24)

24 *Pero la palabra de Dios⁴¹ crecía y se multiplicaba.*

12:24 Este es el tercero de los breves informes de progreso con los que la narrativa de Hechos está marcada (comp. 6:7; 9:31). Este informe de progreso y prosperidad de la causa del Evangelio es enfatizado por el contraste con el miserable final del rey perseguidor.

IV. EXTENSIÓN DE LA IGLESIA DESDE ANTIOQUÍA Y EL DECRETO APOSTÓLICO DE JERUSALÉN (12:25-15:35)

A. BERNABÉ Y SAULO (12:25-13:3)

1. Los enviados desde Antioquía regresan (12:25)

25 *Bernabé y Saulo⁴² regresaron, después de terminar su ministerio en Jerusalén.⁴³ Se llevaron con ellos a Juan, de sobrenombre Marcos.⁴⁴*

12:25 La visita de alivio contra el hambre de Bernabé y Saulo desde Antioquía a Jerusalén fue relatada en 11:30 para completar el informe de la profecía de

---

38. A. R. Short, *The Bible and Modern Medicine* (London, 1953), pp. 66-68.

39. El último C. C. Harvey (del Departamento de Salud Infantil, University of Sheffield), en una comunicación privada.

40. Comp. 2 Mac. 9:5-12 (de Epifanio Antíoco); Josefo, *Ant.* 17.168-70 (de Herodes el Grande); Luciano, *Alexander* 59 (Alejandro el impostor); Eusebio, *HE* 8.16.3-5 (of Galerius); Theodoretus, *HE* 3.9 (del tío y tocayo de Julián el Apóstata).

41. Para "Dios" B lat^vg cop^bo.codd lee "el Señor".

42. Algunos testigos del texto Occidental (614 lat^p syr^hcl*) añaden "que tenía de sobrenombre Pablo".

43. Gr. εἰς Ἰερουσαλὴμ πληρώσαντες τὴν διακονίαν, la lectura de of ℵ B 81 byz syr^hcl.mg eth. For εἰς P⁷⁴ A 33 945 1739 *al* lee ἐξ, D E Ψ 36 614 1175 *al* lee ἀπό. Algunos minúsculos sustituyen εἰς Ἀντιόχειαν para εἰς Ἰερουσαλήμ, mientras E 104 323 945 1175 1739 1898 lat^e p syr^pesh cop^sa tienen una lectura combinada de ἐξ (ο ἀπὸ) Ἰερουσαλὴμ εἰς Ἀντιόχειαν.

44. Después de "Marcos" Efrén añade "y Lucas de Cirene" (ver en 13:1; n. 1).

Ágabo y la respuesta de los cristianos de Antioquía a la misma. La respuesta tomó forma de contribuciones semanales, y transcurrió algún tiempo antes de que la recaudación se completara y la necesidad apareciera en Judea. Por ese entonces Bernabé y Saulo fueron a Jerusalén, Agripa había muerto. Su regreso, aunque no su planificación, está relatado en orden cronológico.

Ambas, las variaciones textuales y la sintaxis de esta frase han suscitado muchas preguntas, a las que se han propuesto diversas respuestas.[45] Pero, tal como está en la narrativa de Lucas, la frase provee la transición desde 11:30, donde Bernabé y Saulo van a Jerusalén, a 13:1, donde ellos están en Antioquía otra vez. Como la referencia a Marcos, provee la transición desde el 12:12, donde Marcos está, por implicación en Jerusalén, a 13:5b, donde él acompaña a Bernabé y a Saulo cuando ellos se preparan para ir de Antioquía a Chipre. Si, como es lo más probable, este es el Marcos mencionado Col. en 4:10, el último pasaje nos informa de que él era primo de Bernabé.

---

45. Ver n. 43. La lectura "de (fuera de) Jerusalén" en vez de "en Jerusalén" surge del intento de construir la frase con el verbo "regresar" (ya que "regresado de Jerusalén" no tiene sentido en el contexto). La frase tiene que ser construida con "habiendo completado su ministerio". Para eliminar la frase como una glosa, como L. E. Browne hace (comp. su tratamiento de una frase similar en 9:28), es un consejo a la desesperada. Ver J. Dupont, "La mission de Paul 'à Jérusalem' (Actes 12,25)," Études sur les Actes des Apôtres (Paris, 1967), pp. 217–41, para un resumen admirablemente satisfactorio de esta frase.

HECHOS 13

2. Bernabé y Saulo enviados desde Antioquía (13:1-3)

1 *En la iglesia que estaba en Antioquía había profetas y maestros—Bernabé, Simón llamado Niger, Lucio de Cirene, Manaén, hermano adoptivo de Herodes, y Saulo.*
2 *Mientras estaban sirviendo al Señor y ayunando, el Espíritu Santo dijo,[1] "Apartad para mí a Bernabé y a Saulo para la obra a la que yo los he llamado".*
3 *Luego, después[2] de ayunar y orar, impusieron las manos sobre Bernabé y Saulo y los despidieron.*

13:1 La iglesia de Antioquía tenía entre sus líderes algunos hombres extraordinarios. Además de Bernabé y Saulo, tres recibieron especial mención como "profetas y maestros". Desearíamos saber más acerca de ellos. ¿Quién era "Simón llamado Niger"? ¿Por qué le dieron un apellido en *latín*?[3] La razón para su apellido,

---

1. Una lectura interesante de los vv.1 y 2 hasta este punto, se encuentra en la obra en latín titulada *Prophecies collected from all the books* originaria de la iglesia Africana de principios del siglo IV: "Ahora había en la iglesia profetas y maestros, Bernabé y Saulo, a quien los siguientes profetas impusieron las manos—Simeón llamado Niger, Lucio de Cirene que permanece hasta el día de hoy, Tito su hermano adoptivo; ellos habían recibido una respuesta del Espíritu Santo, por lo cual dijeron..." Como esta obra es también un testigo de la lectura Occidental en 11:27-28, que el narrador introduce en Antioquía, puede ser que aquí identifique a Lucio de Cirene con Lucas el Evangelista. En cuanto a Tito, es una inferencia natural de Gal. 2:1-3 que era de Antioquía; que era el hermano de Lucas ha sido sugerido por W. M. Ramsay, *St. Paul the Traveller*, p. 390; *Luke the Physician* (London, 1908), pp. 17-18; A. Souter, "A Suggested Relationship between Titus and Luke," *ExT* 18 (1906-7), p. 285; "The Relationship between Titus and Luke," pp. 335-36. T. Zahn, en su reconstrucción del texto Griego asume que la base de esta lectura en latín implica que algunas palabras han desaparecido y amplia "Tito su hermano adoptivo" a "Tito (de Antioquía, y Manaén, de Herodes el tetrarca) hermano adoptivo" (*Urausgabe der Apostelgeschichte* [Leipzig, 1916], pp. 280-81; él reproduce el texto Latino en p. 80). Él asume esta lectura como la original del Texto Occidental del pasaje.

2. D. amplia: "cuando *todos* ellos habían ayunado y orado".

3. En la provincia romana de África se hablaba el Latín, pero era más hacia el oeste a lo largo de la costa del Norte de África que Cirene. ¿Usaron los evangelistas "Cirineo" en el sentido general de "africano"?

a parte de su latinidad, apenas puede ser cuestionado; era presumiblemente de complexión oscura. Es tentador identificarlo con Simón de Cirene, a quien se le obligó a llevar la cruz de Cristo de camino a la ejecución,[4] pero Lucas no sugiere esa identificación, aunque él menciona a Simón en su narrativa de la pasión (Lucas 23:26); más aún, es Lucio, no Simón, quien es aquí llamado de Cirene.

En cuanto a Lucio, no hay evidencia para relacionarlo con el Lucio (pariente de Pablo) de Rom. 16:21, y su identificación con Lucas, el médico y evangelista, no es solamente indemostrable, sino improbable, aunque se hizo en los primeros tiempos del cristianismo, tal y como aparece en algunas variantes de algunos manuscritos.[5] Lucio, uno de los dieciocho *praenomina* Latinos, era un nombre común en el mundo romano. Este Lucio puede también haber sido uno de los hombres de Cirene quien, junto con hombres de Chipre, predicó primero el Evangelio a los gentiles en Antioquía (11:20).[6]

Manaén es la forma griega del hebreo de Menahem (que significa "confortador"). El título "hermano adoptivo" era dado a los muchachos de la misma edad que los príncipes, que eran llevados a la corte para ser educados con ellos. (La palabra se encuentra en inscripciones con el sentido más amplio de "cortesano" o "amigo íntimo,"[7] pero no hay motivo para darle este sentido aquí.) Herodes el Tetrarca, de quien Manaén era hermano adoptivo, era Herodes Antipas, el joven hijo de Herodes el Grande, quien gobernaba Galilea y Perea como tetrarca desde el 4a.C. al 39 d.C.[8]

Josefo[9] menciona a un Menahem anterior, un esenio, que fue honrado por Herodes el Grande por haber predicho su ascenso al poder real; se ha conjeturado que él podría haber sido el abuelo de este Menahem (Manaén). Es natural suponer que el acceso de Lucas a la información acerca de la familia de Herodes se derivó de este Manaén. Pero ¡qué comentario en el misterio y la soberanía de la gracia divina, que estos dos chicos crecieran juntos, uno obteniendo honor como líder cristiano, mientras el otro sería recordado por su lamentable comportamiento al asesinar a Juan el Bautista y el juicio de Jesús!

13:2 Como estos profetas y maestros estaban llevando a cabo su ministerio señalado en la iglesia, el Espíritu Santo les hizo conocer su voluntad—sin

---

4. Marcos 15:21, donde este Simón es identificado como "el padre de Alejandro y Rufo". Si es identificado así porque Alejandro y Rufo son conocidos en la iglesia de Roma, la pregunta que surge es si Rufo es el hombre al que Pablo envía saludos en Rom. 16:13.

5. Ver p. 251, n. 44; p. 253, n. 1.

6. Ver H. J. Cadbury, "Lucius of Cyrene," *Beginnings* 1.5 (London, 1933), pp. 489–95.

7. Ver MM, s.v. σύντροφος (p. 615); *New Docs. 3* (1978), §9.

8. Ver en 4:27; n. 44.

9. Josefo, *Ant.* 15.373–78.

ninguna duda a través de alguna expresión inspirada de uno de sus miembros.[10] Hay indicaciones en el Nuevo Testamento de que los cristianos eran especialmente sensibles a las comunicaciones del Espíritu durante el ayuno. En esta ocasión, el mensaje divino dirigido a los líderes de la iglesia de separar a Bernabé y a Saulo para una obra especial a la que él los había llamado. Es quizá importante notar que los dos hombres a los que había que liberar para, lo que hoy llamaríamos servicio misionero de ultramar, eran los dos más eminentes y dotados líderes de la iglesia.

13:3 Después de ayunar y orar, Bernabé y Saulo fueron comisionados y liberados para su nuevo servicio. Sus colegas impusieron las manos sobre ellos, y los enviaron con su bendición y buena voluntad. Les impusieron las manos en esta ocasión para impartir en Bernabé y Saulo no un don espiritual o autoridad, que ellos ya poseían; sino que de esta forma la iglesia de Antioquía, a través de sus líderes, expresaba su compañerismo con ellos y los reconocía como sus delegados o "apóstoles".[11] Fueron enviados por toda la iglesia, y fue a la iglesia como un todo a la que ellos dieron sus informes cuando, a su debido tiempo, regresaron a Antioquía (14:26–27).

B. CHIPRE (13:4-12)

1. Los misioneros llegan a Chipre (13:4-5)

4 *Así Bernabé y Saulo, comisionados por el Espíritu Santo, descendieron a Seléucida, y desde allí navegaron a Chipre.*

5 *Y cuando llegaron a Salamina, proclamaron la palabra del Señor en las sinagogas de los judíos. Tenían también a Juan de ayudante.*

13:4 Bernabé y Saulo, entonces, habiendo sido encomendados a su viaje por la iglesia de Antioquía, tomaron un barco desde Seléucida Pieria, Puerto de Antioquía, cinco millas al norte de la desembocadura de Orontes,[12] y navegaron hacia Chipre. Chipre figura en los textos cuneiformes desde el siglo XVIII a.C. bajo el nombre de Alashiya, Elisa en Gen. 10:4.[13] Su principal exportación era el cobre, del cual toma su nombre.[14] Sus habitantes, en los primeros tiempos, fueron conocidos por los griegos como Eteochipriotas, pero en tiempos históricos fue extensamente colonizada por los griegos y fenicios. Fue anexionada por Roma en

---

10. Esto está implícito en la lectura citada en n. 1.

11. Ver en 14:4.

12. En o cerca del sitio de la moderna Samandağ. Seléucida fue fundada por Seleucus Nicator (fundador de la dinastía Seléucida) en 301 a.C.

13. Es normalmente llamado Kittim en el Antiguo Testamento, del nombre de su principal asentamiento Fenicio Kition (moderna Larnaka).

14. *cuprum* = *aes cyprium*, "Cyprian bronze".

el 57 a.C., e incorporada a la provincia de Cilicia dos años más tarde. En el 27 a.C. se convirtió en una provincia separada, gobernada en nombre de Augusto por un legado imperial; en el 22 a.C. Augusto la transfirió al control del Senado Romano, y desde aquel año, igual que otras provincias senatoriales, fue administrada por un procónsul,[15] como dice Lucas en el verso 7.

13:5 Juan Marcos, primo de Bernabé, a quien habían llevado con ellos desde Jerusalén a Antioquía, los acompañaba en esta misión, y actuaba como su "asistente"—lo que ha llevado a algunos eruditos a entender que fue de mucho provecho por su conocimiento como testigo presencial de ciertas fases importantes de la historia del Evangelio, en particular la narrativa de la Pasión.[16]

El primer lugar en Chipre en el que predicaron fue Salamina, ciudad griega en la costa este de la isla y el centro administrativo del este de Chipre. Era un floreciente puerto comercial, y su comunidad judía, que data probablemente de los tiempos cuando la isla pertenecía a los Ptolomeos, era aparentemente lo suficientemente grande como para requerir más de una sinagoga. La práctica de presentar primero el mensaje cristiano en la sinagoga judía o sinagogas de cada ciudad visitada era una característica habitual del procedimiento misionero de Bernabé y Pablo. Era una expresión práctica del principio establecido por Pablo en Rom. 1:16—que el Evangelio debía ser presentado "a los judíos primeramente". Algunos se han preguntado si Bernabé y Pablo continuaron con esta política después del acuerdo de Jerusalén descrito en Gal. 2:9, según el cual ellos debían concentrarse en predicar el Evangelio a los gentiles, dejando la evangelización de los judíos a Pedro y los líderes de la iglesia de Jerusalén. Pero incluso así la sinagoga proveía un puente para alcanzar a los gentiles: Pablo "estuvo siempre convencido de que una buena apertura para su misión a los gentiles era entre los 'temerosos de Dios,' que formaban parte de su audiencia en cada sinagoga".[17]

---

15. Como el Gr. ὕπατος era usado como el equivalente de *cónsul*, así ἀνθύπατος (ἀντί + ὕπατος) servía como el equivalente de *procónsul*.

16. La palabra "asistente" representa el Gr. ὑπηρέτης, usado también en Lucas 1:2, ὑπηρέται ... τοῦ λόγου, "ministros de la palabra"—entre quien Marcos es probablemente contado. A. Wright, *Composition of the Four Gospels* (London, 1890), pp. 15–16, argumenta que Marcos ayudaba a Bernabé y a Saulo como catequista debidamente autorizado; comp. G. Salmon, *Some Thoughts on the Textual Criticism of the New Testament* (London, 1897), p. 142. "Puede ser que Marcos acompañara a Pablo en su primer viaje misionero porque sus recuerdos como testigo presencial aportaban un elemento en la predicación del Evangelio que ni Pablo ni Bernabé podían suministrar" (G. J. Paul, *St. John's Gospel: A Commentary* [London, 1965], p. 26, n. 1, citado por C. F. D. Moule, *Essays in New Testament Interpretation* [Cambridge, 1982], p. 47).

17. W. M. Ramsay, *St. Paul the Traveller*, p. 72. W. Schmithals, *Paul and James*, E.T., SBT 46 (London, 1965), pp. 46–61, está de acuerdo en que Pablo inició su misión en cada nuevo lugar intentando establecer una conexión con las personas temerosas de Dios allí, pero niega que, después del acuerdo en Gal. 2:9, él siguió yendo a la sinagoga a buscarlos. Pero la sinagoga era el lugar más conveniente para entrar en contacto con ellos.

2. Confrontación en Páfos (13:6-12)

6 *Atravesaron toda la isla hasta Páfos. Allí encontraron a un mago, un judío, falso profeta, que se llamaba Barjesús.*[18]
7 *Él formaba parte del sequito del procónsul Sergio Paulo. El procónsul, un hombre inteligente, envió a buscar a Bernabé y a Saulo, y pidió escuchar la palabra de Dios.*
8 *Pero Elimas*[19] *el mago (que es lo que significa su nombre cuando se traduce) se oponía a ellos, e intentaba apartar de la fe al procónsul.*
9 *Entonces Saulo, cuyo otro nombre era Pablo, lleno del Espíritu Santo, fijó sus ojos en él y le dijo:*
10 *"Tú eres hijo del diablo, lleno de todo engaño y astucia, ¿cuándo dejarás de pervertir los caminos rectos del Señor?*
11 *Mira, ahora, la mano del Señor está contra ti, te quedarás ciego, y por mucho tiempo no verás la luz del sol". Inmediatamente una densa oscuridad cayó sobre él, y deambulaba por allí, buscando a alguien que lo condujese de la mano.*
12 *Cuando el procónsul vio lo que había ocurrido, creyó: maravillado de las enseñanzas del Señor.*

13:6-8 Desde Salamina los dos misioneros atravesaron la isla del este al oeste hasta que llegaron a Páfos, la sede del gobierno provincial, en el suroeste de la costa. Éste era el asentamiento griego de Nueva Páfos, así llamado para distinguirlo del antiguo asentamiento de la Antigua Páfos, establecida unas siete millas al sureste. Ambas ciudades eran notables, entre otras cosas, por el culto a la diosa llamada "la Pafian", una divinidad de origen sirio identificada con la diosa griega Afrodita. Aquí los misioneros tuvieron una entrevista con el procónsul; aquí, también, se encontraron con el hechicero Barjesús, quien de algún modo estaba unido a la comitiva proconsular.

El procónsul en aquel tiempo era Sergio Paulo,[20] miembro de una familia que rindió distinguidos servicios al Imperio en el primer y segundo siglo. Este hombre puede ser idéntico a Quinto Sergio Paulo, que es mencionado en una inscripción de Kythraia, en el norte de la isla, que mantuvo su cargo en Chipre bajo Claudio (aparentemente).[21] El procónsul convocó a Bernabé y Saulo a su pre-

---

18. D. lee Bariēsouan, una aproximación más cercana al Aram. Bar-Yēšûaʻ, suministrado con el acusativo griego terminado en -*n*.

19. El Texto Occidental parece haber leído Etymas o Hetoimas, ortografías que recuerdan a la de Átomos, el nombre de otro mago judío que se registra como viviendo en Chipre durante esta época (Josefo, *Ant.* 20. 142; cf. pp. 447–48 abajo). Ver también p. 248, n. 24.

20. La ortografía en latín es Paullus mejor que Paulus.

21. *IGRR* 3. 935, lectura corregida en J. L. Myres, *Handbook of the Cesnola Collection of Antiquities from Cyprus* (New York, 1914), § 1903 (pp. 319, 548). Una inscripción de Soloi, Norte de chiore, menciona a un procónsul llamado Paullus que ocupó el cargo en el décimo año de algún emperador (*IGRR* 3.930). La escritura es probablemente demasiado tardía como para

sencia, les preguntó acerca de su mensaje, y mostró interés en él. Pero el hechicero hizo lo mejor que pudo para distraer la atención del procónsul del mensaje del Evangelio, oponiéndose a él tanto como era posible; sin duda sospechaba que, si el procónsul prestaba demasiada atención a la fe que proclamaban los misioneros, su propio lugar en la corte podía peligrar.

La palabra griega traducida "mago" o "hechicero" es *magos*.[22] Como Pedro confrontó a Simón el Mago en Samaria, así Pablo confrontó a Barjesús en Chipre.[23] Un judío, un judío renegado incluso (como este hombre era evidentemente), no habría sido un miembro del sacerdocio de los magos; él era un *mago* en el sentido más popular. Lucas lo llama un falso profeta, no (probablemente) en el sentido de que predecía cosas las cuales no se cumplían, sino en el sentido de que clamaba falsamente ser un médium de revelación divina. Elimas, el nombre alternativo que Lucas le da, es probablemente una palabra semítica con un significado similar a *magos*;[24] no puede ser una interpretación de "Barjesús".

13:9-11 Por su intento de perjudicar al procónsul contra el Evangelio, el hechicero recibió una severa amonestación de Saulo—a quien, por primera vez en Hechos, le es dado su nombre romano Pablo, por el cual será en adelante normalmente conocido.[25] Por su oposición a la verdad se ha mostrado a sí mismo como un hijo del Diablo,[26] en vez de ser un hijo o un seguidor de Jesús (como su

---

tratarse del principado de Claudio; en cualquier caso, incluso si fuera el emperador Claudio, su décimo año (A.D. 50/51) sería demasiado tarde para el incidente que nos ocupa. Otros han favorecido la identificación de nuestro procónsul con Lucius Sergius Paullus, un curandero del Tíber bajo Claudio (*CIL* VI. 31545); no hay evidencia para conectarlo con Chipre.

22. Comp. ver en 8:9; n. 29

23. Ver A. D. Nock, "Paul and the Magus," *Essays on Religion and the Ancient World* ed. Z. Stewart (Oxford, 1972), I, pp. 308–30.

24. Quizá similar al Árabe 'alim, "sabio". Se ha hecho el intento (por A. Klostermann y T. Zahn) de asociar la lectura Occidental de Ἑτοιμᾶς (comp. Gr. ἕτοιμος, "preparado") con la lectura Occidental de Βαριησοῦα(ν) en v. 6, como si la última se derivara del Heb.šāwāh en el sentido de "estar preparado" (comp. el nombre Ishvah en Gen. 46:17; 1 Cron. 7:30). Esto es demasiado inverosímil para ser plausible.

25. Como ciudadano Romano, Pablo habría tenido tres nombres—primer nombre, nombre gentil y apellido—de los cuales Paullus era su *apellido*. Es probablemente mera coincidencia que Lucas lo llamara primero por su nombre romano en un contexto en el que figura otro Paullus. El primer nombre y el nombre gentil del apóstol no habrían sido, desafortunadamente, preservados; el nombre gentil hubiera probablemente dado alguna indicación de cuáles fueron las circunstancias en las que su familia adquirió la ciudadanía romana (ver en 22:28). See C. J. Hemer, "The Name of Paul," *TynB* 36 (1985), pp. 179–83.

26. Gr. διάβολος, "calumniador," era probablemente utilizado como la traducción del Heb. śāṭān, "adversario" (comp. 10:38). En sus cartas Pablo prefiere utilizar la transliteración del griego Σατανᾶς (comp. p. 107, n. 14, en 5:3); διάβολος ocurre en Ef. 4:27; 6:11; 1 Tim. 3:6-7; 2 Tim. 2:26.

nombre Barjesús podría indicar).²⁷ El juicio divino ha sido pronunciado contra él, y tomaría la forma de ceguera temporal. Pablo, dice el Venerable Bede, "recordando su propio caso, supe que por la ceguera de los ojos la ceguera de la mente podría ser restaurada a la luz".²⁸ Al decir Pablo las palabras, el hombre fue herido por la ceguera, y buscaba alrededor a alguien que guiara sus pasos ciegos.

13:12 El procónsul fue grandemente impresionado. Qué significa exactamente la afirmación de que él "creyó" es un tema de discusión. Ramsay sugiere que, para Lucas, creer es el primer estado en el proceso de la conversión, en que el segundo es "volverse al Señor" y el tercero es asentarse en la vida cristiana.²⁹ Lake y Cadbury, por otra parte, sospechan que los misioneros "confundieron cortesía por conversión".³⁰ Pero si el procónsul había sido ya impresionado por sus enseñanzas, esa impresión podría muy bien haber sido confirmada por la repentina ceguera que había caído sobre el mago. Al principio del ministerio de nuestro Señor, la gente de Capernaum fue impresionada por la autoridad con la que enseñaba, ya que no solamente escuchaban sus palabras, sino que también fueron testigos de su poder sanador (Marcos 1:22,27).

Ramsay pensó que había encontrado una inscripción que sería una evidencia de la presencia del cristianismo en la familia de Sergio Pablo en generaciones posteriores: no obstante, su argumento es más ingenioso que convincente.³¹

C. ANTIOQUÍA DE PISIDIA (13:13-52)

1. Llegada a Antioquía de Pisidia (13:13-15)

13 *Luego Pablo y sus compañeros zarparon desde Páfos y fueron a Perge de Panfilia; allí Juan los dejó y regresó a Jerusalén.*
14 *Ellos por su parte cruzaron (la cordillera) desde Perge y llegaron a Antioquía de Pisidia. El día de reposo entraron en la sinagoga y se sentaron.*
15 *Después de leer la Ley y los Profetas, los oficiales de la sinagoga les enviaron un mensaje: "Hermanos, si alguno de vosotros tiene palabra de exhortación para el pueblo, hablad".*

13:13 Habiendo evangelizado parte de Chipre, los misioneros ahora navegaron a la costa sur de Asia Menor. Perge estaba cerca del río Cestrus (el actual Aksu); uno podría alcanzarlo desde el mar, nos cuenta Estrabón, navegando unas siete

---

27. El nombre de su padre fue probablemente Jeshua.
28. *Comm. on Acts, ad loc.* ; comp. Crisóstomo, *Homilies on Acts*, 28.
29. W. M. Ramsay *BRD* (London, 1915), p. 165.
30. *Beginnings* I.4 (London, 1933), p. 147.
31. *BRD*, pp. 150–72.

millas río arriba.³² La ciudad (cuyas impresionantes ruinas son una atracción turística hoy en día) se encuentran en la cima llana de una colina, alrededor de tres millas desde el punto más cercano del de Cestrus, donde presumiblemente tenían un embarcadero y las instalaciones portuarias. Perge, como su nombre indica, fue una pre-fundación griega, pero fue colonizada por los griegos desde el final de la edad micénica, y después de las conquistas de Alejandro el Grande fue completamente helenizada.

Panfilia yacía entre los Montes Tauro y el Mediterráneo; limita al oeste con Licia y al este con Cilicia. En ese tiempo (entre el 43 y el 68 d.C.) formaba parte de la provincia romana Panfilia-Licia.

Lucas no dice por qué Juan Marcos abandonó a Bernabé y a Pablo en Perge y regresó a casa. Él indica en un punto posterior de la narrativa (15:38) que Pablo consideró su partida como una deserción. Quizá no estaba preparado para los crecientes rigores que la evangelización en Asia Menor envolvía; quizá se resintió por la forma en que su primo Bernabé fue cayendo en segundo lugar. Cuando la expedición se propone desde Siria, Lucas habla de "Bernabé y Saulo"; por la época que abandonan Chipre, es "Pablo y su compañía". Es poco probable que este cambio de expresión sea puramente debido a un cambio de fuente.

13:14 Pablo y Bernabé ahora estrenan país. Se ha sugerido que, al salir de Perge, cruzaron los Montes Tauro por el Klimax (actual Çubuk Boğaz) y viajaron al norte hacia el Lago Limnae (actual Eğridir), a lo largo de la costa del sudeste de ese lago hacia el valle Anthios, y así hasta Pisidia de Antioquía.³³ W. M. Ramsay ha inferido de la referencia de Pablo en Gal.4:13 que debido a la enfermedad que le causó su visita a Galacia, en la que contrajo la malaria en el territorio de baja altitud alrededor de Perge, hizo que fuera a recuperarse a altitudes más elevadas al norte.³⁴ Ciertamente Pisidia de Antioquia estaba a bastante más altitud: a unos 3600 pies por encima del nivel del mar. Pero la inferencia de Ramsay es bastante especulativa.

Pisidia de Antioquía o Antioquía de Pisidia, fue llamada así porque estaba situada cerca de Pisidia, o contra ella, como señala Estrabón.³⁵ En realidad estaba en Frigia, en la parte que perteneció al reino de Galacia y fue incorporada a la

---

32. Estrabón, Geog. 14.4.2.

33. Comp. T. R. S. Broughton, "Three Notes on St. Paul's Journeys in Asia Minor," in *Quantulacumque* : Studies *presented to K. Lake*, ed R. P. Casey etc. (London, 1937), pp. 131–33.

34. *St. Paul the Traveller*, pp. 94–97.

35. *Geog.* 12.3.31, 6.4, 8.14. Ver W. M. Ramsay, *The Cities of St. Paul* (London, 1907), pp. 245–314; "Colonia Caesarea (Pisidian Antioch) in the Augustan Age," *JRS* 6 (1916), pp. 83–134; W. M. Calder, "Colonia Caesareia Antiocheia," *JRS* 2 (1912), pp. 78–109; B. Levick, *Roman Colonies in Southern Asia Minor* (Oxford, 1967), pp. 34–35, 58–67, 130–44 *et passim*.

Llegada a Antioquía de Pisidia (13:13-15)

provincia de Galacia, establecida por Augusto en el 25 a.C.[36] En aquel tiempo Augusto la hizo una colonia romana (bajo el nombre de Colonia Cesárea); era el centro civil y militar de esa parte de Galacia. Pablo parece haber concedido gran importancia a la evangelización de esos centros, desde los cuales el Evangelio se irradiaría fácilmente a los países contiguos. Las ruinas de Antioquía de Pisidia pueden todavía ser vistas cerca de la villa de Yalvaç.

13:15 Había una colonia judía en Antioquía de Pisidia, y por tanto, una sinagoga. El primer día de reposo desde su llegada, los dos misioneros hicieron su camino a la sinagoga y se sentaron entre la congregación. Después de la llamada a la adoración y recitación de las apropiadas oraciones, las Escrituras fueron leídas – una de ellas era el Pentateuco y una de los Profetas.[37] (El Pentateuco era leído en secuencia conforme al leccionario trienal;[38] la lección de los Profetas era normalmente seleccionada en relación a la lección del Pentateuco.)[39] Después, un miembro apropiado de la congragación daba un mensaje. Era parte de los deberes del responsable o responsables de la sinagoga elegir a alguien para dar el mensaje.[40] En la sinagoga de Antioquía de Pisidia había más de un responsable. Enviaron a un asistente que se acercó a los dos visitantes y los invitó a hablar una "palabra de exhortación"[41] a la congregación.

---

36. La provincia romana de Galacia, formada en el año 25 a.C. después de la muerte de Amyntas, el último rey de Galacia, fue (como el reino de Amyntas) más extenso que la "Galacia étnica," el territorio de la isla así llamado por los gálatas (Galos) quienes se asentaron allí después de la invasión de Asia Menor en el siglo III a.C. Además de la etnia de Galacia la provincia de ese nombre incluía partes del Ponto, Frigia, Licaonia, Pisidia, Panfilia, e Isauria, con un número de ciudades griegas y colonias romanas. Una ampliación de la provincia de Pisidia se hizo en el 295 d.C., con Pisidia de Antioquía como la ciudad principal, por lo tanto, sin duda, la lectura "Pisidia de Antioquía" (τῆς Πισιδίας, Δ Ε Ψ 33 81 byz), remplazando la anterior "Antioquía de Pisidia" (τὴν Πισιδίαν, P^{45} 74 ℵ A B C *pc*, donde Πισιδίαν es un adjetivo).

37. Ver Schürer II, pp. 447–54.

38. Ver A. Büchler, "The Reading of the Law and the Prophets in a Triennial Cycle," *JQR* 5 (1892–93), pp. 420–68; 6 (1893–94), pp. 1–73; J. Mann, *The Bible as Read and Preached in the Old Synagogue* (Cincinnati, 1940); J. Heinemann, "The Triennial Lectionary Cycle," *JJS* 19 (1968), pp. 41–48. Para este propósito el texto del Pentateuco se dividía en 154 sᵉḏārîm. Más allá del Éufrates se utilizó un leccionario anual cíclico, el texto del Pentateuco se dividió para este propósito en 54 pārāsiyyôt; se trata esencialmente del ciclo que se sigue hoy día en las sinagogas ortodoxas a largo del mundo.

39. Ver I. Abrahams, "The Freedom of the Synagogue," *Studies in Pharisaism and the Gospels*, I (Cambridge, 1917), pp. 1–17.

40. Los ἀρχισυνάγωγοι eran escogidos de entre los ancianos de la congregación teniendo a su cargo en general los servicios de la sinagoga. A veces este oficio era hereditario; otras veces el título era otorgado como *honoris causa*. Ver Schürer II, pp. 433–36.

41. Para λόγος παρακλήσεως comp. Heb. 13:22; Quizá se utilizaba como una expresión para designar el sermón de la sinagoga.

Estamos en deuda con Lucas por su relato de las dos reuniones en las sinagogas—una en Palestina, en la sinagoga de Nazaret en la que Jesús inició su ministerio público (Lucas 4:16-27),[42] y otra dada aquí, en una sinagoga de la dispersión. Estos dos registros hacen una contribución valiosísima a nuestro conocimiento del procedimiento de las sinagogas del primer siglo.

2. Discurso de Pablo en la sinagoga de Antioquía de Pisidia (13:16-41)

a. Exordium (13:16)

16 *Luego Pablo se puso en pie, hizo un gesto con la mano y dijo: "Compañeros Israelitas, y aquellos de vosotros que adoráis a Dios, escuchad esto.*

13:16 Pablo responde a la invitación de ir al bēma o púlpito y se dirige a la congregación. Hizo un gesto con la mano invitando a prestar atención y empezó a hablar. Sus palabras de obertura indicaban bastante claramente la doble composición de la audiencia. Estaban los "Israelitas" (judíos de nacimiento y posiblemente, en algunos casos, por conversión) y estaban los gentiles que reconocían que el Dios verdadero era adorado en la sinagoga, y deseaban unirse a su adoración. Estas son las personas que normalmente, pero no técnicamente, son conocidas como temerosos de Dios.[43] En ésta, como en muchas otras sinagogas donde Pablo predicó, era este último grupo el que demostraba estar más preparado para aceptar las buenas nuevas que él proclamaba.

Permanecer de pie parece haber sido lo normal para los predicadores en las sinagogas de la dispersión. Jesús, por otro lado, permaneció de pie para leer la lección pero se sentó para exponerla. Esto puede reflejar diferentes prácticas entre las sinagogas de Palestina y aquellas de la dispersión; también se ha sugerido que una palabra de exhortación era dada por un predicador de pie, mientras uno sentado exponía las Escrituras.[44]

b. Preparación para Cristo (13:17-22)

17 *"El Dios de este pueblo de Israel escogió a nuestros antepasados y exaltó a su pueblo durante su permanencia en la tierra de Egipto, y los sacó de allí con su brazo en alto.*
18 *Y por un tiempo como de cuarenta años los soportó[45] en el desierto.*

---

42. Ver N. B. Stonehouse *The Witness of Luke to Christ* (Grand Rapids/London, 1951), pp. 68-92.

43. Ver en 10:2; n. 7.

44. Ver I. Abrahams, *Studies in Pharisaism and the Gospels*, I, p. 8.

45. La evidencia textual es equitativamente equilibrada entre ἐτροφοφόρησεν, "él los alimentó" ("los llevó como una enfermera") y ἐτροποφόρησεν, "él soportó sus caminos". Las dos

Preparación para Cristo (13:17-22)

19 *Luego, habiendo destruido siete naciones en la tierra de Canaán, les dio en herencia su tierra después de 450 años.*[46]
20 *Después de eso,*[47] *les dio jueces hasta Samuel el profeta.*
21 *Luego pidieron un rey, y Dios les dio a Saúl el hijo de Cis, un hombre de la tribu de Benjamín, durante cuarenta años.*
22 *Cuando lo quitó, levantó a David para ser rey. Acerca de él dio testimonio diciendo: 'He encontrado a David el hijo de Jesse, un hombre que es todo lo que mi corazón podría desear; él hará todo lo que yo quiero.'*

13:17 La exhortación de Pablo toma la forma de retrospectiva histórica,[48] como lo fue en la defensa de Esteban. El repaso retrospectivo de Pablo del curso de Dios guiando a su pueblo Israel, va desde la elección de los patriarcas y liberación de la nación de Egipto, hasta la ascensión de David y el establecimiento de su dinastía; luego va directamente desde David a Cristo, como aquel en quien la promesa divina dada a David para él y su descendencia se cumplía.

Los versos 17–22 corresponden a un antiguo sumario confesional, ellos narraban: "cuidadosamente aquellos actos redentores de Dios de los cuales Israel daba testimonio en su recital de confesión de las obras de Dios".[49] Las primeras frases de este recital están incorporadas en el reconocimiento de Deut.26:5–10, en el cual el adorador, trae su ofrenda de los primeros frutos de la cosecha al altar, recordando con gratitud como Dios ha escogido a los patriarcas y redimido a sus descendientes para él mismo en los eventos del Éxodo, y como les ha dado a ellos la tierra de Canaán como su herencia (comp. también Jos. 24:2 –13, 17–18). A estos actos de Dios los adoradores de días posteriores añadieron a su elegido David como rey sobre Israel (Salmos 78:67–72; 89:3– 4). Estos eventos, de hecho, constituyen un *kerigma* del Antiguo Testamento que son resumidos en el discurso de Pablo como un preludio al *kerygma* del Nuevo Testamento: los eventos proclamados en la predicación apostólica se muestran como una secuencia inevitable que han tenido lugar en el trato de Dios con su pueblo en los antiguos días.

Este discurso, dice J. W. Doeve, fue compuesto por alguien que "debe haber tenido una excelente habilidad hermenéutica como era habitual en el

---

mismas variantes se encuentran en Deut. 1:31 LXX (al que Pablo alude aquí). El texto Hebreo lee simplemente nāśā, "llevó".

46. Los textos Occidental y Bizantino leen "por cerca de 450 años" inmediatamente antes de "él les dio jueces" (v. 20) en vez de en la posición indicada arriba (que es la del Texto Alejandrino, la Vulgata Latina, y la Versión Armenia).

47. El Texto Occidental omite "después de esto".

48. Comp. I. Abrahams, *Studies in Pharisaism and the Gospels*, I, p. 8: la dirección, dice él, "sigue las líneas judías en su estructura".

49. G. E. Wright, *God Who Acts* (London, 1952), p. 76.

judaísmo rabínico".[50] Más especialmente, J. W. Bowker ha reconocido en él una forma particular de homilía de la sinagoga, "la homilía preámbulo". Esta forma de homilía está relacionada no solamente con las lecciones de la Escritura para el día, sino también con el texto relevante que sirve como un preámbulo a la homilía.[51] El texto preámbulo en esta ocasión debe haber sido 1 Sam. (LXX 1 Kms.) 13:14 (citado en v. 22). También se ha conjeturado que la lectura del Pentateuco era o Deut. 1 o Deut. 4:25 – 46, y que la lectura de los Profetas era 2 Sam. (LXX 2 Kms.) 7:6–16.[52] Esto solamente son tentativas inferidas del sermón mismo; no sabemos en qué época del año se dio este discurso.

El lenguaje en el que la historia de Israel es esbozada desde los tiempos patriarcales, evoca fuertemente el propio vocabulario del Antiguo Testamento. El "brazo alzado" con el que Dios sacó a su pueblo de la tierra de Egipto es una alusión a Ex. 6:1, 6 y al Salmo 136 (LXX 30): 11–12; La figura de lenguaje enfatiza la fuerza poderosa manifestada por Dios en el Éxodo.

13:18 Dios soportándolos a través del desierto procede de Deut. 1:31. Hay dos variantes en la lectura: conforme a nuestra decisión por la una o la otra, él o los sostuvo o los soportó. Ambas podrían ser verdad en el registro, pero la primera es probablemente lo que se quiere decir.

13:19 Las siete naciones destruidas en la tierra de Canaán son enumeradas en Deut. 7:1, cuyo vocabulario queda reflejado aquí; allí son nombrados como los hititas, los gergeseos, los amorreos, los cananeos, los ferezeos, los heveos y los jebuseos, "siete naciones más grandes y más ponderosas que vosotros mismos". La desposesión de estas naciones y la ocupación de su territorio se extendieron por un largo período de años; no fue hasta el séptimo año del reinado del rey David que los jebusitas, los últimos mencionados, fueron finalmente reducidos. (Los jebusitas fueron los habitantes pre-israelitas de Jerusalén.) Los 450 años parecen cubrir el período de peregrinación de Egipto (cuatrocientos años, conforme a Gen. 15:13; comp. Hechos 7:6), junto con los cuarenta años vagando en el desierto y el intervalo transcurrido entre el cruce del Jordán y la distribución de la tierra registrado en Josué 14:1–5.[53] (El vocabulario de Josué 14:1–2 ha dejado también su marca en el lenguaje del verso 19.)

---

50. J. W. Doeve, *Jewish Hermeneutics in the Synoptic Gospels and Acts* (Assen, 1954), pp. 175–76.

51. J. W. Bowker, "Speeches in Acts: A Study in Proem and Yelammedenu Form," NTS 14 (1967–68), pp. 96–111, especialmente 101–10.

52. Que el seder era Deut. 1 ha sido sugerido por A Guilding, *The Fourth Gospel and Jewish Worship* (Oxford, 1960), p. 78; otras sugerencias son aquellas de J. W. Bowker (ver n. 51).

53. El dativo ὡς ἔτεσιν τετρακοσίοις καὶ πεντήκοντα expresa punto en el tiempo, no duración de tiempo; uno podría haber esperado el número ordinal "en el año 450".

Preparación para Cristo (13:17-22)

13:20-21 La época de los jueces, finalizada con Samuel el profeta,[54] fue seguida por el reinado de Saúl[55] —"un hombre de la tribu de Benjamín," como el Saúl que estaba dando este discurso.[56] Pero el rey Saúl demostró no ser todo lo que el corazón de Dios hubiera deseado, y su dinastía no duró; fue quitado de su reino y reemplazado por otro.[57]

13:22 Este hombre fue David, a quien Dios confirma su promesa de soberanía permanente, por su disposición a hacer todo lo que Dios quisiera.[58] A él Dios dio testimonio con las palabras reproducidas en el Salmo 89:19-29:

"He puesto la corona sobre uno que es poderoso,
He exaltado a un escogido de mi pueblo.
He hallado[59] a David, mi siervo;
Con mi santo óleo lo he ungido;
Así que mi mano estará siempre sobre él,
Mi brazo también lo fortalecerá…
Y lo haré mi primogénito,
El más excelso de los reyes de la tierra.
Para siempre conservaré mi misericordia hacia él,
Y mi pacto con él permanecerá firme.
Estableceré su descendencia para siempre
Y su trono como los días de los cielos".[60]

Estas palabras, recordando las promesas hechas por Dios a David, fueron escritas el día cuando el desastre había alcanzado la casa de David, y el salmista estaba angustiado por el contraste entre las promesas divinas y el lamentable espectáculo que veían sus ojos—la corona de David profanada y arrojada al suelo. No es de extrañar que se lamentara (Salmo 89 [LXX 88]:49):

54. Samuel, el último de los jueces, aparece en 3:24 como primero en la sucesión de los profetas (después de Moisés).

55. La figura de 40 años dada aquí para el reinado de Saúl es paralela en Josefo, *Ant.* 6.378 (Texto Griego; la versión Vulgata Latina da 20 años, como también lo hace el texto Griego en *Ant.* 10.143). J. A. Bengel, (*Gnomon Novi Testamenti*, p. 441) los 40 años son el computo de la administración de Samuel y Saúl juntos.

56. Rom. 11:1; Fil. 3:5.

57. Comp. 1 Sam. 13:13-14; 15:23, 26, 28.

58. Las palabras "un hombre que es todo lo que mi corazón podría desear" (ἄνδρα κατὰ τὴν καρδίαν μου) son tomadas de 1 Sam. (LXX 1 Kms.) 13:14 (ἄνθρωπον κατὰ τὴν καρδίαν αὐτοῦ), ἄνδρα (*om* B) es un equivalente más preciso del Heb. 'îš que es en la LXX ἄνθρωπον. La cláusula añadida "Él hará todo lo que yo deseo" (ὃς ποιήσει πάντα τὰ θελήματά μου) conforme a la paráfrasis del Heb. $kil^eḇāḇô$ ("conforme a su corazón") en el Tárgum de Jonatán: $'āḇêdr^e'ûṯêh$ (o plural $wāṯêh$). Ver M. Wilcox, *The Semitisms of Acts* (Oxford, 1965), pp. 21-24.

59. LXX εὗρον (Salmo 88:21), por tanto "Yo he encontrado" en v. 22.

60. Estos versos del Salmo 89 (LXX 88) están basados en la narrativa de 2 Sam. (LXX 2 Kms.) 7:1, donde Yahweh se compromete a mantener la dinastía de David a perpetuidad (comp. 7:46 anteriormente, con la exposición que le acompaña, pp. 147-49).

"Señor, ¿dónde está tu antigua misericordia,
que por fidelidad juraste a David?"

En días posteriores, sin embargo, cuando la soberanía de la casa de David parecía haber pasado para siempre en lo que respecta al factor humano, se reconoció que las promesas hechas a David serían cumplidas y de hecho las sobrepasaría en un gobernante de la línea de David a quien Dios levantaría. El reinado de David, de acuerdo con las palabras de Ezequiel cuando cayó el monarca de Judá, estaba enterrado en ruinas: "No habrá ni rastro de él hasta que venga aquel a quien corresponde el derecho; y a él se lo daré" (Ezeq. 21:27).[61] Este gobernante que vendría sería uno nuevo y más grande que David; el carácter de su gobierno fue expresado por su nombre, el cual, dice Jeremías, sería "El SEÑOR nuestra justicia" (Jer. 23:5; 33:16).[62] A medida que pasaban los siglos después del exilio, y especialmente después de la extinción por Roma de la independencia nacional brevemente disfrutada bajo los Hasmoneos, el anhelo por un mesías libertador se intensificó más que nunca.[63]

c. Cumplimiento en Cristo (13:23-37)

23 *"De la descendencia de David, Dios, conforme a su promesa, ha traído[64] a Israel un salvador—a saber, Jesús.*
24 *Antes de su venida, Juan había ya proclamado un bautismo de arrepentimiento para todo el pueblo de Israel.*
25 *Cuando Juan estaba terminando su carrera, dijo: '¿Quién[65] creéis que soy yo? Yo no soy él.[66] Pero fijaos: después de mi viene uno cuyas sandalias no soy digno de desatar de sus pies.*
26 *Hermanos, hijos del linaje de Abraham, todos vosotros[67] que adoráis a Dios, es a nosotros[68] que este mensaje de salvación nos ha sido enviado.*

---

61. Probablemente una referencia ampliada para la bendición de Jacob de Judá en Gen. 49:10, "... hasta que él venga a quien pertenece".

62. Comp. también Jer. 30:9; Ezeq. 34:23-24; 37:24.

63. Este anhelo encuentra elocuente expresión en los *Salmos de Salomón*, compuestos poco después de la Conquista de la toma de Judea en el año 63 a.C., especialmente en el pasaje empezando "Mira, o Señor, levanta para ellos rey, el hijo de David..." (*Ps. Sol.* 17:23).

64. Un número de testigos (incluyendo C D 33 614 syr[pesh hcl] cop[sa] arm) lee "alzado" (ἤγειρεν) en vez de "trajo" (ἤγαγεν). Esta variante en la lectura puede haber sido influenciada por pasajes del Antiguo Testamento tales como Jue. 3:9, "el Señor levantará un salvador para los hijos de Israel".

65. Los textos Occidental y Bizantino tienen "quién" en vez de "qué".

66. Es posible puntuar diferentemente y tomar estas cláusulas juntas como una frase: "Yo no soy lo que suponéis que soy". Pero la puntuación anterior da un énfasis más correcto.

67. A D 81 lee "aquellos entre nosotros" (οἱ ἐν ἡμῖν) por "aquellos entre vosotros" (οἱ ἐν ὑμῖν).

68. P[45] C E byz lat syr cop[bo] lee "para ti" (ὑμῖν) por "a nosotros" (ἡμῖν).

Cumplimiento en Cristo (13:23-37)

27 *Los habitantes de Jerusalén⁶⁹ y sus gobernantes fallaron al no reconocerlo. No entendieron las declaraciones de los profetas que se leen cada sábado; ellos las cumplieron al condenarlo a él.⁷⁰*
28 *Aunque no encontraron acusaciones probadas contra él que lo hicieran merecedor de la muerte, aun así pidieron a Pilatos que lo matara.*
29 *Luego, cuando habían cumplido todo lo que se había escrito acerca de él, lo descolgaron del madero y lo acostaron en una tumba.*
30 *Pero Dios lo levantó de la muerte.*
31 *y se apareció por un período de varios días a aquellos que habían subido con él desde Galilea a Jerusalén: y ahora son sus testigos ante el pueblo.*
32 *Así, nosotros también os anunciamos el Evangelio acerca de la promesa hecha a nuestros padres:*
33 *Dios la ha cumplido para nosotros y para nuestros hijos⁷¹ al resucitar a Jesús.⁷² Así como está escrito en el Salmo 2:⁷³ 'Tu eres mi Hijo; hoy te he engendrado.'⁷⁴*
34 *Y con respecto a su resurrección de los muertos, no volverá a ver corrupción, así ha hablado: 'Os daré las santas y fieles bendiciones prometidas a David.' —*
35 *porque en otro Salmo dijo también, 'no permitirás que tu santo vea corrupción.'*

69. El texto Occidental de vv. 27–29 ha sido reconstruido por J. H. Ropes (*Beginnings* I.3, p. 261) en una forma que puede ser traducida así: "Porque los habitantes y gobernantes de Jerusalén, no entendieron los escritos de los profetas los cuales son leídos públicamente cada día de reposo, los han cumplido, y aunque no encontraron contra él un cargo probado que mereciera la muerte, ellos lo juzgaron y lo colgaron hasta la muerte bajo Pilatos. Y cuando habían completado todas las cosas que habían sido escritas a cerca de él, pidieron a Pilatos después de su crucifixión que lo bajaran del madero, y habiendo obtenido su permiso, lo bajaron y lo acostaron en una tumba".

70. La frase "condenándolo" (κρίναντες) fue transferida por Lachmann para seguir inmediatamente después de "fallaron en reconocerlo" (Moffatt acepta esta enmendación en su versión "por condenarlo en su ignorancia"). Blass enmienda κρίναντες ("condenándolo") a μὴ ἀνακρίναντες ("no discerniendo").

71. El peso de la evidencia (P^{74} ℵ A B C* D *pc* lat) favorece "a nuestros hijos" (τοῖς τέκνοις ἡμῶν). Pero como la promesa fue hecha a los padres, sería de esperar que se nos dijera que fue cumplido en *sus* hijos; de hecho, "a nosotros [sus] hijos" (τοῖς τέκνοις [αὐτῶν] ἡμῖν) aparece en la lectura de C³ E byz syr. "A duras penas puede dudarse que ἡμῶν es una corrupción primitiva de ἡμῖν," dice Hort. Pero la frase ἡμῖν καὶ τοῖς τέκνοις ἡμῶν ("a nosotros y a nuestros hijos"), conjeturada por F. H. Chase, *The Credibility of the Acts of the Apostles* (London, 1902), p. 187, n. 1, es muy atractiva, y pondría el pasaje en línea con 2:39, "a vosotros y a vuestros hijos" (comp. Salmos Salomón 8:39, "para nosotros y nuestros hijos es su misericordia para siempre").

72. El texto Occidental tiene la reverente expresión "el Señor Jesucristo".

73. El texto Occidental lee "en su primer salmo" (P^{45} lee simplemente "en los salmos"). Orígenes (en el Salmo 2) dice que él ha visto dos manuscritos en hebreo en los que los dos salmos están unidos en uno. Justino, Tertuliano, Cipriano, Eusebio e Hilario también testifican, más o menos explícitamente, la práctica de considerar estos salmos como uno y hay evidencia rabínica para la tradición de que "Bendito es el hombre" (Salmo 1) y "¿Por qué conspiran las naciones?" (Salmo 2) forman "un solo capítulo" (TB *B^{e}rākôt* 9b).

74. El texto Occidental continua la cita del Antiguo Testamento añadiendo "Pedidme, y yo os daré las naciones como vuestra herencia, y hasta el final de la tierra como posesión vuestra".

> 36 *Porque en cuanto a David, cuando hubo servido a su propia generación según la voluntad de Dios, durmió y fue reunido con sus antepasados, y vio corrupción;*
> 37 *pero aquel a quien Dios levantó, no vio corrupción.*

13:23 Lo que Pablo anunciaba, entonces, era que el Salvador Mesiánico había sido levantado por Dios de la familia de David, y que su nombre era Jesús. El significado de Jesús como descendiente de David es enfatizado en su discurso como lo fue en el discurso de Pedro en Jerusalén el día de Pentecostés (2:25–36).[75]

13:24-25 Estos versos introducen un bosquejo del *kerygma* primitivo comparable a la predicación de Pedro en la casa de Cornelio, empezando con el ministerio de Juan el Bautista (comp. 10:37). El bautismo de Juan para arrepentimiento pavimentaba el camino para la aparición pública de Jesús, como Juan mismo declara expresamente: cuando la gente se preguntaba si el propio Juan podría ser el objeto de la extendida expectación, él respondió, "Yo no soy él".[76] Hasta ahora se reconoce a sí mismo como subordinado a aquel cuyo camino está preparando y del que declara que él no es digno ni aun desatar sus sandalias.

Este sumario del ministerio de Juan combina características del registro sinóptico (el bautismo de arrepentimiento y el advenimiento inminente de uno que es más grande y fuerte que Juan) con la peculiar característica del cuarto Evangelio, especialmente la negación de Juan de que él era el Mesías.

13:26-29 "A nosotros," dice Pablo, otra vez dirigiéndose a los dos segmentos de su audiencia, los judíos y los gentiles temerosos de Dios, "a nosotros nos ha sido anunciado este mensaje de salvación". Luego, sigue contando la muerte del Salvador: el pueblo de Jerusalén, en la persona de sus gobernantes, mostraron su ignorancia del verdadero significado profético de las Escrituras, y en consecuencia fallaron en reconocer a Jesús como el Salvador a quien señalaban con antelación. En vez de eso, pasaron juicio adverso contra él, y así, inconscientemente cumplieron las profecías que anunciaban cómo sufriría y moriría. Sin embargo, su juicio adverso era totalmente injustificable: él no hizo nada excepto proclamar que él era la persona que realmente era. A pesar de su inocencia, ellos pidieron a Pilatos que lo sentenciara a muerte, y la sentencia fue ejecutada con la crucifixión. Como en algunas ocasiones anteriores (comp. 5:30; 10:39), la cruz es llamada "madero," para enfatizar la conexión con Deut. 21:23. Cuando todo había terminado, y las profecías de su pasión habían sido cumplidas, su cuerpo fue descolgado y sepultado.[77] La mención explícita de la tumba en la cual fue

---

75. Ver pp. 64–66.

76. Comp. Lu. 3:15–17; Jn. 1:20 ("Yo no soy el Cristo"). Ver en 19:4 (n. 13).

77. El sujeto plural, "ellos lo bajaron... y lo acostaron en una tumba," puede ser una generalización; en los Evangelio José de Arimatea y Nicodemo (miembros del sanedrín) son especialmente mencionados en relación a este tema (Lu. 23:50–53; Jn. 19:38–42). Los gobernantes

acostado puede ser intencionada para puntualizar la realidad de su muerte, y por tanto, de su resurrección.[78] Además, el enterramiento de uno que había sido colgado de un árbol o tronco de madera es específicamente ordenado en Deut. 21:23, y puede tratarse de una insistencia implícita de que todo se llevó a cabo de acuerdo con las Escrituras.

13:30-31 Pero Dios revirtió el juicio de los hombres: aquí la constante nota de triunfo que hizo de la predicación apostólica un mensaje tan gozoso emerge de nuevo. Dios levantó a Jesús de la muerte, y sobre un período de muchos días—cuarenta en total, como Lucas ha dicho al principio de su segundo volumen (Hechos 1:3)—apareció a sus discípulos que le habían acompañado desde Galilea a Jerusalén. Ellos eran ahora, personal y públicamente, testigos de su resurrección y carácter mesiánico; a los ojos de Lucas, eran los garantes primordiales de la historia del Evangelio (comp.1:21–22). Solamente en el Evangelio de Lucas se menciona el hecho de las apariciones de la resurrección en Galilea. Más sorprende todavía es la ausencia, en un discurso adscrito a Pablo, de mención alguna sobre la aparición del Señor en el camino de Damasco. Podemos estar seguro de que, si Pablo refirió las apariciones presenciadas por Pedro y otros, añadió, "al último de todos, se me apareció también a mi" (1 Cor. 15:8).

13:32-33 Aquí, entonces, está la gran buena noticia. La promesa hecha por Dios a los patriarcas ha sido ahora confirmada a los hijos—y no solamente a ellos, hubiera dicho el Pablo histórico, tanto creyentes gentiles como creyentes judíos son bendecidos en el creyente Abraham (Gal. 3:8–9).

Después de largos años de expectante anhelo, Dios, que había una vez "levantado a David para ser su rey," ha levantado ahora al Hijo de David, de acuerdo con el oráculo real del Salmo 2:7, "Tú eres mi Hijo; Yo te he engendrado hoy".[79] El día de la unción del rey en Israel "era idealmente el día en el que él, como representante de la nación, nacía a una nueva relación filial con Jehová".[80] Jesús entró no a una *nueva* relación filial con su Padre celestial; sino que en el día en que Dios lo ungió con su Espíritu Santo y poder[81] y lo llamó a su misión mesiánica,

---

parecen, en cualquier caso, haber tomado medidas para asegurarse que su cuerpo debía ser retirado de la cruz antes de la puesta de sol (Jn. 19:31).

78. La mención del entierro de Jesús, inmediatamente antes de la mención de su resurrección (comp. 1 Cor. 15:4), implica que la tumba fue encontrada vacía, como las narrativas de los Evangelio explícitamente afirman.

79. La resurrección de Jesús para ser el Mesías de su pueblo, más que siendo resucitado de la muerte, parece ser el sentido del v.33 (su resurrección de la muerte es mencionado en el v.34). Para este sentido de ἀνίστημι comp. 3:22; 26 7:37; el sinónimo ἐγείρω es usado en este sentido en 5:20; 13:22. En el uso del Salmo 2 en la predicación apostólica ver 4:25–26 con exposición y notas (pp. 98–99).

80. F. H. Chase, *The Credibility of Acts*, p. 126.

81. Comp. 10:38 con exposición.

fue en términos de aquel oráculo que le dirigió: "Tu eres mi Hijo" (ciertamente el texto occidental de Lucas 3:22 reproduce la cita completa del Salmo 2:7, "Tu eres mi Hijo; hoy yo te he engendrado".)[82]

13:34-37 No solamente Dios levantó a Jesús para ser el Mesías de su pueblo; lo levantó en un sentido más amplio cuando lo trajo de regreso de la muerte; y esto también fue un cumplimiento profético de la Escritura. Las promesas hechas a David y su descendencia no podrían haberse cumplido sino a través de la resurrección del crucificado Mesías. Siglos después de las promesas que fueron hechas a David mismo, Dios las renovó en el tiempo de la restauración, después del exilio, para asegurar a su pueblo que Él les daría las señales de la promesa "conforme a las misericordias fieles mostradas a David" (Isa. 55:3). Una de estas señales de la promesa—de hecho la más importante de ellas—fue la resurrección del Hijo de David, de acuerdo con lo asegurado en el Salmo 16 (LXX 15):10, citado en este mismo sentido por Pedro en el día de Pentecostés (comp. 2:27): "No permitirás que tu Santo vea corrupción". En la versión griega, un enlace entre estos dos pasajes es provisto por un término común, el adjetivo *hosios*, "santo"— "Yo te daré al Santo y bendición segura prometida a David". Y "Tú no dejaras a tu Santo ver corrupción".[83] El aprovechamiento de un término tan común es una característica bien conocida de la interpretación rabínica: Pablo la práctica en sus cartas, incluso cuando (como aquí) el término común es encontrado solamente en la versión griega, y no en el texto Hebreo.

El argumento utilizado por Pedro en Pentecostés es, en esencia, repetido por Pablo aquí: Las palabras del Salmo 16 (LXX 15):10 podrían referirse no personalmente a David, porque él murió, fue enterrado, y sufrió la descomposición física, después que hubo cumplido la voluntad de Dios en su propia vida. Ellos se refieren más bien a aquel que no permitió "ver corrupción"—aquel al que levantó de los muertos, demostrando así que era el Mesías.

El parecido entre el discurso de Pedro en Jerusalén el día de Pentecostés y el discurso de Pablo en la sinagoga de Antioquía de Pisidia ha hecho que algunos lectores cuestionen la autenticidad no de uno, sino de ambos discursos. B. W. Bacon, por ejemplo, sostiene que el presente discurso no podría "ser más que el intento del historiador de contarnos lo que Pablo podría haber dicho: porque como un todo simplemente repite el sermón de Pedro en Pentecostés, con una pequeñas variaciones, algunas de las cuales nos recuerdan el sermón de Esteban.

---

82. Comp. C. H. Dodd, *According to the Scriptures* (London, 1952), pp. 31–32.

83. En Isa. 55:3 LXX ὅσια traduce ḥasdê, "misericordias prometidas"; en el Salmo 16 (LXX 15):10 τὸν ὅσιόν σου traduce ḥăsîdᵉkā, "tu Santo". El principio rabínico exegético *gezerah shawah* (según el cual el sentido de dos textos está vinculado a los términos comunes que comparte) es aplicado al texto griego (como en Gal. 3:10, 13).

En todo caso, es bastante no-paulino, y no tiene los rasgos de su característico Evangelio".[84] Percy Gardner, por otro lado, pensó que el sermón de Pedro en Pentecostés "es tan parecido al sermón atribuido a Pablo que difícilmente podríamos equivocarnos si lo consideráramos una composición libre," mientras que el tema del presente discurso "es eminentemente paulino; y la forma, a parte de la mera elección de las palabras, es también paulino… podemos entonces considerar el sermón de Antioquía de Pisidia como una sinopsis del tipo de sermón utilizado por Pablo con sus conciudadanos".[85]

Más común es el punto de vista de que ambos, los discursos petrinos y paulinos, son composiciones Lucanas, un punto de vista basado en el doble supuesto de su estilo común y exégesis interdependiente.[86] Pero deberíamos tener en mente (a) la propia insistencia de Pablo de que la historia del Evangelio que él proclamaba era la misma que proclamaban los otros apóstoles y los primeros testigos oculares, (b) el hecho de que el bosquejo común del primitivo *kerygma* puede ser trazado a través del Nuevo Testamento, independientemente de quien pueda ser el orador o escritor, y (c) la evidencia de que compartían un amplio recaudo común de *testimonia* o selecciones del Antiguo Testamento utilizadas por todos los antiguos predicadores del Evangelio, el cual va más allá de la explicación para su común e interdependiente exégesis.[87]

d. Conclusión (13:38-41)

38 *"Por tanto, hermanos, sabed que este es aquel a través del cual el perdón de pecados os es proclamado a vosotros.*[88]
39 *Por él, en verdad, todo el que cree es justificado de todas las cosas—una justificación que no podríais recibir por la ley de Moisés.*
40 *Tened, pues, cuidado de que no venga sobre vosotros lo dicho por los profetas:*

---

84. B. W. Bacon, *the Story of St. Paul* (London, 1905), p. 103.

85. P. Gardner, "The Speeches of St. Paul in Acts," in *Cambridge Biblical Essays*, ed. H. B. Swete (Cambridge, 1909), pp. 397–98.

86. Comp. H. J. Cadbury, "The Speeches in Acts," Beginnings I.5, pp. 402–27.

87. Comp. C. H. Dodd, *The Apostolic Preaching and its Developments* (London, ²1944), p. 30: "Si recordamos la cercana similitud, en general, del *kerygma* como se deriva de Hechos, así como la afirmación enfática de Pablo en cuanto a la identidad de su Evangelio con la tradición cristiana general, no encontraríamos para nada increíble que el discurso en Antioquía de Pisidia pueda representar en general una forma de predicar de Pablo, la forma, quizá, que adoptaba cuando tenía la oportunidad de predicar allí".

88. El texto Occidental refunde el v.39 así: "… y arrepentíos de todas las cosas de las cuales no podríais ser justificados por la ley de Moisés, en él por tanto, todo el que cree es justificado a los ojos de Dios".

41 *'Mirad, vosotros despreciadores, y asombraos, y desapareced; porque yo en vuestros días estoy haciendo una obra que no creeríais si alguien os la describiera.'* "[89]

13:38-39 La predicación fue concluida con una aplicación directa a los oyentes. Aquí la aplicación comprende la oferta del perdón de los pecados y la justificación a través de la fe en Jesucristo y una advertencia contra el rechazo de dicha oferta. El perdón de los pecados ha sido sistemáticamente proclamado al final de los sermones que aparecen en Hechos (comp. 2:38; 3:19; 5:31; 10:43), pero ahora la justificación es también mencionada aquí. Conociendo cómo el Evangelio de Pablo se desarrolla en sus cartas a los Gálatas y a los Romanos, no nos sorprende encontrar esta referencia a la justificación en el primer sermón atribuido a él en Hechos. Pero debemos ser precavidos y no ser confundidos por una pura coincidencia verbal. "El lenguaje de 13:39," dice B. W. Bacon, "es considerado paulino por una única palabra 'justificar'. La doctrina es exactamente la que Pablo fundamentalmente rechaza, y la que en Gal. 2:15 – 21 demuestra contra Pedro insostenible, es decir que un hombre pueda confiar en las obras de la ley para su justificación en general, y pueda confiar en la muerte de Cristo para cubrir las deficiencias".[90]

Incluso si Bacón estuviera en lo cierto en cuanto a las líneas generales en la exégesis de estas palabras, no necesariamente implicarían una contradicción tan radical con el argumento de Gálatas como él supone. Uno podría fácilmente entender las palabras en este sentido: "Incluso si tú esperas disfrutar de una relación correcta con Dios en base a la ley de Moisés, recuerda que la ley de Moisés no provee para el perdón de pecados cometidos 'despóticamente.' Porque para tales pecados deliberados, en contraste con los pecados de ignorancia, no hay expiación posible: la condena total es prescrita. ¿Por qué, entonces, seguir intentando establecer una relación correcta con Dios de esta manera, ahora que se les ha presentado un Salvador que asegura la justificación de todos los pecados y la completa aceptación de Dios a todo aquel que cree en él?"

Gramaticalmente, las palabras podrían muy bien ser interpretadas como que Cristo provee para todo el que cree, justificación de todas aquellas cosas para las que la ley de Moisés no provee justificación—esto es, más pecados deliberados. Pero con toda seguridad, significa que los creyentes en Cristo son *completamente* justificados ("justificados de todas las cosas")—para algunas de las cuales la ley de Moisés nunca alcanzaría de ninguna manera para nadie. En otras palabras, la ley

---

89. El texto Occidental (614 syr[hcl*]) lee "y él mantiene su paz" (La lectura de D, "y ellos mantienen su paz," es probablemente una corrupción de éste.

90. B. W. Bacon, *The Story of St. Paul*, p. 103, n. 1; cf. A. Harnack, *Date of the Acts and of the Synoptic Gospels*, E.T. (London, 1911), p. 58; P. Vielhauer, "On the 'Paulinism' of Acts" (1950/51), E.T. in *Studies in Luke-Acts*, ed. L. E. Keck and J. L. Martyn (Nashville/New York, 1966), pp. 41–42.

de Moisés no justifica; la fe en Cristo sí.[91] Si el acuerdo de esta interpretación con la doctrina de la justificación en las cartas paulinas es desestimada como irrelevante en la exégesis de estas palabras en el presente contexto, permítaseme decir que el contexto mismo, con el énfasis natural del argumento, requiere esta interpretación. Pablo en su conclusión no está haciendo declaraciones parciales, sino declaraciones absolutas de la eficacia del Evangelio contra la ley. Es verdad que, al exponer la justificación por la fe, Pablo en sus cartas no habla de cómo ser justificado *de* nada. Pero eso no implica que el sentido general de las palabras presentes sea antipaulino. Es importante recordar, también, que el único otro pasaje en los escritos Lucanos en donde la justificación es explicada como un acto de Dios, el recaudador de impuesto que se confiesa a sí mismo como pecador y se excluye a sí mismo de la gracia divina vuelve a casa *justificado*, en vez del hombre que cuidadosamente regula su vida conforme a las demandas de la ley de Moisés (Lucas 18:14).

13:40-41 El sermón finaliza con una nota de advertencia. El profeta Habacuc, la noche del alzamiento de los caldeos al poder mundial, llamó a las naciones, en el nombre de Dios, a mirar con asombro la inminente invasión:

"Mirad entre las naciones, y ved;
Maravillaos y asombraos.
Porque estoy haciendo una obra en vuestros días
Que no creeríais aún si os lo contaran" (Hab. 1:5).

Como estas palabras de Habacuc son un recuerdo de las advertencias pronunciadas anteriormente por Isaías en los días del peligro asirio (Isa. 28:21 –22; 29:14), así Pablo ahora las recoge (en la versión de la Septuaginta, que hace la aplicación más clara)[92] y las aplica a la nueva situación en la que Dios está ofreciendo liberación a través de la más grande de todas sus grandes obras. Grande como era el desastre que sobrecogería a aquellos que ignoraron la advertencia profética, un desastre incluso mayor caería sobre aquellos que rehúsan el Evangelio.[93]

3. Respuesta al discurso de Pablo (13:42-43)

42 *Cuando salían, la gente les rogaba que les hablasen de nuevo estas palabras el siguiente día de reposo.*

---

91. Esto es prácticamente lo que Pedro dice en 15:7–11. Comp. la nota al margen de William Tyndale en nuestro presente texto: "La fe justifica y no la ley".

92. TEXTO MASORETICO baggôyîm ("entre las naciones") es sustituido en la LXX por οἱ καταφρονηταί ("aborrecedores"), que traduce la variante hebrea habbôg^{e}dîm, una lectura comprobada en el comentario de Qumram a Habacuc (1QpHab). No hay nada en el Texto Masorético correspondiente a la LXX καὶ ἀφανίσθητε ("y desaparece").

93. Comp. C. H. Dodd, *According to the Scriptures*, p. 87. Además de otra literatura citada en la exposición y notas, ver M. Dumais, *Le langage de l'évangelisation: L'annonce missionnaire en milieu juif* (Acts 13,16–41) (Tournai/Montreal, 1976).

43 *Cuando la congragación de la sinagoga se dispersó, muchos de los judíos y prosélitos piadosos siguieron a Pablo y a Bernabé. Les hablaron más y los animaron para que perseveraran en la gracia de Dios.*

13:42 Las palabras de Pablo despertaron un intenso interés en gran parte de la congregación. Habían oído la exposición de las Escrituras en otras ocasiones, y exhortaciones morales, pero nada como esto. Ellos querían aprender más de este nuevo mensaje, y pidieron oír más del mismo tema el próximo día de reposo. Este requerimiento tenía que ser dirigido a los gobernantes de la sinagoga, porque era su prerrogativa invitar a los predicadores para dirigir la reunión.

13:43 Los gobernantes de la sinagoga, sin embargo, con otras personas de autoridad en la comunidad, habían escuchado el discurso con recelo. Despidieron a la congregación, quizás, como Hort sugiere, "por razones prudentes".[94] Muchos oyentes, sin embargo, ambos judíos de nacimiento y prosélitos, siguieron a Pablo y a Bernabé mostrándose favorablemente dispuestos ellos mismos al mensaje de la proclamación del perdón y la justificación a través de la fe en Jesucristo. Pablo y Bernabé les animaron a continuar en ese espíritu, a perseverar en su respuesta gozosa a la gracia que Dios les había extendido a ellos en el Evangelio.

Una pregunta surge acerca de los "adoradores prosélitos" mencionados aquí. Algunos comentaristas los identifican con los gentiles temerosos de Dios de los versos 16 y 26, y el participio utilizado aquí ocurre en referencia a tales personas en otros lugares de Hechos. Pero no es un término técnico, y la palabra determinante es "prosélitos," que debe ser tomada aquí, como en otros lugares, para denotar conversión total al judaísmo. Los prosélitos eran miembros de la sinagoga, los gentiles temerosos de Dios no; probablemente hubiera sido considerado inapropiado para los últimos, hacer sugerencias con respecto a la gestión del servicio o el tema de la predicación.[95]

4. El interés de los Gentiles suscita la oposición de los judíos. (13:44-52)

44 *El siguiente día de reposo casi toda la ciudad se congregó para escuchar la palabra del Señor.*[96]

---

94. "Notes to Select Readings," Westcott and Hort's *The New Testament in the Original Greek*, II (London, 1882), Appendix 1, pp. 95–96.

95. K. Lake apropiadamente entiende que el griego quiere decir "muchos de los judíos y prosélitos que eran adoradores" ("Proselytes and God-fearers," *Beginings* I.5, p. 88). No es necesario, con E. Haenchen (*Acts*, p. 413, n. 5), sospechar que προσηλύτων es una glosa (de modo similar K. G. Kuhn, *TDNT* 6, p. 743, § 4, s. v. προσήλυτος).

96. Para "el Señor" B* C E Ψ byz lat[vg.cl] syr cop[bo] leen "God" (comp. similar variación en v. 48).

El interés de los Gentiles suscita la oposición de los judíos. (13:44-52)

45 Pero cuando los judíos vieron a la multitud, se llenaron de celos y contradecían lo que Pablo estaba diciendo, injuriándolo.[97]

46 Luego Pablo y Bernabé hablaron con denuedo y dijeron: "Era necesario," dijeron, "que la palabra de Dios os fuera hablada a vosotros primero. Pero ya que la rechazáis, y os juzgáis a vosotros mismos indignos de la vida eterna, ved, nosotros nos dirigimos a los gentiles.

47 Porque este es el mandamiento que el Señor nos ha dado: "Os he puesto por luz a los gentiles, como medio de salvación[98] hasta los confines de la tierra.'

48 Cuando lo gentiles escucharon esto, se regocijaron y glorificaban[99] la palabra del Señor;[100] y todos los que estaban ordenados para vida eterna creyeron.

49 Así la palabra del Señor fue llevada a través de toda la región.

50 Pero los judíos incitaron a las mujeres piadosas de alto rango, y a los hombres prominentes de la ciudad, y provocaron persecución[101] contra Pablo y Bernabé. Las autoridades los expulsaron de su distrito.

51 Ellos, sin embargo, se sacudieron el polvo de sus pies contra ellos, y se fueron a Iconio.

52 Los discípulos, mientras tanto, estaban llenos de gozo y del Espíritu Santo.

13:44-45 Durante la siguiente semana, los gentiles que habían oído el sermón de Pablo difundieron el mensaje por la ciudad con el buen resultado de que el siguiente Sabbat una gran multitud de gentiles subió a la sinagoga. Sabiendo (como lamentablemente sabemos) como los fieles cristianos regulares pueden manifestar una indignación bastante anti cristiana cuando llegan a la iglesia el domingo por la mañana y encuentran sus sitios habituales ocupados por unos forasteros que han venido para oír a algún famoso predicador visitante, podemos fácilmente entender el enfado de la comunidad judía al encontrar su sinagoga parcialmente tomada por una audiencia gentil para esta ocasión. Pero había una razón aún mayor para su disgusto: estos gentiles estaban sencillamente bien dispuestos para prestar oído favorablemente a un mensaje que ellos mismos, en su mayor parte, encontraban inaceptable. Muchos judíos, de acuerdo a la narración, dieron la bienvenida al mensaje que Pablo había predicado el sábado anterior, pero la mayoría, y especialmente sus líderes, no estaban acostumbrados a una salvación que estaba abierta a los gentiles en los mismos términos que a los judíos. Fue esto en realidad lo que levantó la oposición. Así que ellos se pronunciaron en un intento

---

97. El Texto Occidental amplia a "contradiciendo y denigrando" ("contradiciendo" es pleonástico después de "contradecían" en la cláusula principal).

98. Literalmente, "deberías ser para salvación" (τοῦ εἶναί σε εἰς σωτηρίαν).

99. Algunos testigos del Occidental (D lat^g) leen "aceptado" (ἐδέξαντο) para "glorificado" (ἐδόξαζον).

100. B D E y algunos otros testigos leen "la palabra de Dios".

101. El texto Occidental amplia a "gran tribulación y persecución" (comp. la ampliación similar en 8:1).

El libro de los Hechos

de refutar los argumentos de Pablo, y difamaron como indignos a los misioneros (seguramente incluyendo el nombre de Jesús en sus comentarios difamatorios).

13:46 Pablo y Bernabé dieron una respuesta directa a sus palabras despectivas. Era correcto y apropiado, afirmaron, que los judíos tuvieran la primera oportunidad de escuchar y creer las buenas nuevas.[102] De haber aceptado los judíos de Antioquía de Pisidia el mensaje, suyo habría sido el privilegio de evangelizar a los vecinos gentiles, de acuerdo con los términos de la misión mundial de Israel establecidos en las canciones del Siervo de Isaías y sus contextos.[103] Pero si rehusaban recibir la luz ellos mismos, no podrían llevarla de ningún modo a los gentiles. La vida de la edad por venir[104] había sido acercada a ellos aquí y ahora como un don de Dios libre y gratuito; si ellos se consideraban a sí mismos indignos[105] de un don que declinaban aceptar, habría otros que lo apreciarían: sería directamente ofrecido a los gentiles.

Así somos introducidos en una secuencia de eventos que se reproduciría en un lugar tras otro en donde el Evangelio era predicado, derecho hasta el final de la narrativa de Lucas. Los judíos locales, casi invariablemente,[106] rehusaban corporativamente el Evangelio (aunque en todo lugar había entre ellos quien lo aceptaban), y fue acordado proclamarlo a los gentiles, quienes lo aceptaban en gran número.[107] Fueron, por lo general, los gentiles temerosos de Dios que asistían a las sinagogas, los que formaron los núcleos de las "iglesias gentiles" de Pablo.

Esto en sí mismo fue lo que hizo que Pablo se ganara la desaprobación de los líderes judíos. Lo consideraron como a uno que cazaba furtivamente en sus cotos, un ladrón de ovejas que seducía en las sinagogas a muchos gentiles bien dispuestos y de quienes ellos esperaban una completa conversión al judaísmo— los seducía ofreciéndoles una bendición total de Dios, con la incorporación a su pueblo, para los que parecía haber condiciones más favorables de las requeridas en la sinagoga para los aspirantes a prosélitos. La respuesta de Pablo a esta queja habría sido que era solamente su propio rechazo a recibir la luz del Evangelio lo que les impedía ser los portadores de la luz a los gentiles. Una sinagoga que cedía su lealtad a Jesús como Mesías no correría el peligro de perder a sus seguidores

---

102. Ver p. 247.

103. Ver exposición del v.47 a continuación.

104. "Vida eterna" (ζωὴ αἰώνιος) refleja Heb. ḥayyê hāʿôlām habbāʾ, "la vida de la edad por venir"—por ejemplo, la edad de la resurrección. En Cristo esta vida puede ser poseída y disfrutada aquí y ahora como un regalo de Dios. En las enseñanzas de Pablo es la propia vida resucitada de Cristo que él comparte con aquellos unidos a él por fe.

105. Para la idea de dignidad o indignidad a este respecto comp. Mat. 22:8; Lu. 20:35.

106. Aquellos de Berea se registran como una excepción (17:11).

107. Comp. 28:28 con exposición (pp. 508–9).

El interés de los Gentiles suscita la oposición de los judíos. (13:44-52)

gentiles sino que, como Pablo (y Lucas) veían la lógica de la situación, serían capaces de incorporarlos inmediatamente como miembros de pleno derecho.

13:47 Esto es en efecto lo que Pablo y Bernabé dijeron en esta ocasión, citando las palabras de Isa. 49:6. Es importante notar que en el contexto de esta profecía (la segunda canción del Siervo) la nación de Israel es designada primero como el Siervo de Yahweh (v. 3):

> "Tú eres mi siervo,
> Israel,[108] en quien yo seré glorificado".

Pero Israel, como un todo, era un siervo desobediente, y la profecía encontró su particular cumplimiento en uno que era, en algún sentido, el representante o que incorpora a Israel, aunque distinguido de la nación, a la que en realidad su misión es dirigida en primer lugar, tanto como (a partir de ahí) al mundo gentil:

> "Es demasiado poco que tú seas mi siervo
> Para levantar la tribu de Jacob,
> Y para que restaures el remanente de Israel;
> Te daré como luz a las naciones,
> Para que mi salvación alcance toda la tierra".

En el Nuevo Testamento este siervo obediente es identificado con Jesús (fue él probablemente el pionero en hacer esta identificación). Lucas ya ha contado cómo, en la infancia de Jesús, Simeón de Jerusalén, viendo al tan esperado Señor Ungido recostado en sus brazos, se alegra de haber vivido para saludar aquel día (Lucas 2:29–32):

> "Señor, ahora permite que tu siervo se vaya en paz,
> Conforme a tu palabra;
> Porque han visto mis ojos tu salvación
> La cual has preparado en presencia de todos los pueblos,
> Luz para revelación a los gentiles,
> Y para gloria de tu pueblo Israel".

Pero si el Siervo fiel, a través de su sufrimiento y consecuente triunfo, logró la obra salvadora sin la ayuda de nadie, su misión fue de aquí en adelante compartida con sus seguidores, a medida que se extendía la luz del Evangelio en su nombre a través de las naciones. El propio relato de Pablo acerca de su llamamiento evoca el lenguaje de la llamada del Siervo. Pero él habría dicho más claramente de lo que lo hace Lucas, que mientras otros compartían este aspecto del ministerio del Siervo el cual fue dirigido a Israel, su propia comisión específica era proclamar

---

108. Para el argumento contra la expulsión de "Israel" desde el texto aquí ver H. H. Rowley, *The Servant of the Lord* (Oxford, ²1965), pp. 8–9.

al Hijo de Dios entre los gentiles[109] —y, conforme al informe de Pablo, Bernabé fue también reconocido como primeramente llamado a la evangelización gentil.[110] Aquí ambos leen su propia designación para la comisión del Siervo: "este es el mandato que el Señor *nos* ha dado".

13:48-49 Ingrato como este anuncio fue para los líderes de la sinagoga, fueron noticias de gozo para los gentiles que lo escucharon, y muchos de ellos creyeron el Evangelio—todos, de hecho, los que habían sido inscritos para vida eterna en los registros del cielo (porque este parece ser el sentido de las palabras utilizadas aquí).[111] Y no solamente en la ciudad misma, sino a través de los campos de los alrededores, aquellos que creían las buenas nuevas las llevaban a otros.

13:50 Los líderes judíos no podían impedir que los gentiles aceptaran el Evangelio, pero podían hacer que el lugar fuera demasiado peligroso para conservar a los misioneros. Hicieron esto predisponiendo a las autoridades civiles de Antioquía de Pisidia contra ellos. Las esposas de muchas autoridades—como las mujeres de bien de muchas ciudades del mundo romano—eran atraídas a la religión judía y se encontraban entre los gentiles temerosos de Dios que frecuentaban la sinagoga, y fue, evidentemente, a través de ellas que sus maridos fueron influenciados, para desventaja de Pablo y Bernabé. Lucas sufre al describir como los líderes judíos principalmente suscitan la oposición contra Pablo en un lugar tras otro, más que las autoridades civiles o provinciales actuando por propia iniciativa.[112] Esto es un elemento apologético en el argumento de Lucas. La parte desempeñada por las mujeres influyentes, dice Ramsay, "encaja perfectamente con las costumbres del país. En Atenas o en una ciudad Jónica hubiera sido impensable".[113]

13:51-52 Así forzados a abandonar Pisidia de Antioquía, Pablo y Bernabé "se sacudieron el polvo de los pies" contra aquellos que los expulsaban—un gesto

---

109. Comp. Gal. 1:15–16, "… agradó a Dios revelar a su hijo en mí, para que yo lo predicara a los gentiles" (ἐν τοῖς ἔθνεσιν), que es un eco no solamente. 42:1; 49:6, etc., sino también de Jer. 1:5.

110. Comp. Gal. 2:9.

111. No hay razón para debilitar la nota de predestinación aquí, como (por ejemplo) H. Alford hace al traducir "tantos como estaban dispuestos para la vida eterna". El participio griego es τεταγμένος de τάσσω, y hay evidencia en papiros para el uso de este verbo con el sentido de "inscritos" o "enrolados" (comp. ὁρισμὸν ἔταξας, "tú has firmado un decreto," en la versión de Teodoción de Dan. 6:12). La idea de estar inscrito en el libro de la vida se encuentra en varios contextos bíblicos (por ejemplo, Ex. 32:32–33; Salmo 69 [LXX 68]:28; Isa. 4:3; Dan. 12:1; Lu. 10:20; Fil. 4:3; Apoc. 13:8; 17:8; 20:12–15; 21:27), en la pseudoepigráfica (por ejemplo, Jub. 30:20; 1 Enoc 47:3; 104:1; 108:3), y en la literatura rabínica por ejemplo, (TJ Rosh ha-Shanah 1.9.57a; TB Rosh ha-Shanah 16b). El Tárgum de Jonatan en Is.4:3 ("escritos entre los vivientes") explica esto como ser "escritos para la vida de la era por venir" (es decir, vida eterna).

112. Las excepciones son los incidentes en Filipo (16:19–24) y en Éfeso (19:23–41).

113. W. M. Ramsay, *St. Paul the Traveller*, p. 102. Cf. 16:14, 17:12.

El interés de los Gentiles suscita la oposición de los judíos. (13:44-52)

que Jesús había recomendado a los discípulos cuando abandonaran un lugar no hospitalario[114] —y tomaron el camino del este hacia Iconio. El gesto no implicaba en este caso una ruptura en las relaciones con Pisidia de Antioquía: los misioneros habían dejado un grupo de creyentes allí, y unos meses más tarde regresaran para visitarlos (14:21).

Iconio (moderna Konya), yace a unas noventa millas al este-sudeste de Antioquía de Pisidia. Era la ciudad más oriental de Frigia.[115] Durante dos siglos y medio había sido gobernada por Seléucida, Galacia, y los reyes del Ponto. Pasó a estar bajo la influencia de Roma en el año 65 a.C. y se convirtió en parte del imperio en el 25a.C., cuando el antiguo reino de Galacia fue incorporado como la provincia de Galacia. Desde Claudio recibió el título honorífico de imperial y llegó a ser conocida por un tiempo como Claudiconium.[116] A esta ciudad, pues, llegaron los dos misioneros. Pero los convertidos a quienes dejaron atrás en Antioquía de Pisidia, lejos de estar desanimados por la expulsión de los dos hombres que les habían llevado el Evangelio, estaban (a pesar de la expulsión, y sin duda, a pesar de la persecución que ellos mismos tuvieron que soportar) llenos de gozo engendrado por la morada del Espíritu de Cristo.

---

114. Lucas 9:5; 10:11. La idea original detrás de este gesto era que la comunidad contra la que fue dirigido estaba condenada (posiblemente auto condenada) a la destrucción—una destrucción que alcanza incluso el polvo, por lo que debe ser removido. Comp. 18:6.

115. Había sido así desde los días de Jenofonte (*Anabasis* 1.2.19). Ver también en 14:6 (p. 272 con nn. 10–15).

116. Ver W. M. Ramsay, *The Cities of St. Paul*, pp. 317–82.

HECHOS 14

D. ICONIO, LISTRA, DERBE (14:1-28)

1. Aventuras en Iconio (14:1-7)

1 *En Iconio, de la misma manera,¹ fueron a la sinagoga de los judíos y hablaron de tal manera que una gran multitud creyó, tanto judíos como griegos.²*
2 *Pero los judíos que no creyeron³ instigaron a los gentiles y los indispusieron contra los hermanos.*
3 *A pesar de lo cual, pasaron un tiempo considerable allí, hablando con denuedo confiadamente en el Señor, el cual confirmaba el mensaje de su gracia capacitándolos para obrar señales y prodigios.*
4 *La gente de la ciudad se dividió: algunos estaban de parte de los judíos y otros de parte de los apóstoles.⁴*
5 *Pero cuando se planeó un ataque de los gentiles y judíos, junto con sus autoridades, con la intención de maltratarlos y apedrearlos.*

1. Gr. κατὰ τὸ αὐτό. Ver E. Nestle, "Acts xiv. 1," *ExT* 24 (1912–13), pp. 187–88.

2. Griegos, esto es, que asistían a la sinagoga, los así llamados temerosos de Dios. "Ciertamente, el término 'griegos' se encuentra en Hechos 11:20 y era algunas veces utilizado para describir a este tipo de personas" (S. Brown, *The Origins of Christianity* [Oxford/New York, 1984], p. 98; él lo compara también en 18:4; 19:10).

3. Gr. οἱ...ἀπειθήσαντες "los que desobedecieron". El texto Occidental refunde el texto del v.2 como sigue: "Pero los jefes de la sinagoga y sus dirigentes provocaron una persecución contra los justos e inflamaron las mentes de los gentiles contra los hermanos; pero el Señor les dio paz". La última frase intenta explicar por qué Pablo y Bernabé pasaron un tiempo considerable en Iconio (v.3) a pesar de la acción hostil del v.2. Ramsay considera el v.3 una glosa antigua (*St. Paul the Traveller*, pp. 107–9); otros, como Moffatt, han transpuesto los versos 2 y 3. La lectura Occidental implica dos ataques separados (uno corto en el v.2, al principio de su visita misionera, y otro más violento en el v.5, al final); pero podemos dejar el texto como está, tomando el v.2 como una indicación del principio de la oposición y el v.5 como el intento exitoso de instigación de los magistrados y la población.

4. El texto Occidental añade "sumándose a ellos por causa de la palabra de Dios".

6 ellos, conscientes de la situación, huyeron a las ciudades de Licaonia, Listra y Derbe y a la región vecina.
7 y continuaron la predicación del Evangelio.[5]

14:1-2 Cuando Pablo y Bernabé vinieron a Iconio, siguieron el mismo procedimiento que en Antioquía de Pisidia, visitando la sinagoga judía y predicando el Evangelio allí. Aquí, también, muchos de los que escucharon creyeron las buenas nuevas, judíos y gentiles temerosos de Dios por igual. Pero aquí, también, las autoridades judías, que no aceptaban el Evangelio, tomaron medidas efectivas para expulsar a los dos misioneros, e hicieron todo lo que pudieron para predisponer las mentes de los magistrados locales y de los ciudadanos contra ellos.

14:3 Les llevó mucho tiempo, sin embargo, hasta que la oposición se convirtió en algo serio, y mientras, los misioneros continuaron predicando el Evangelio libre y valientemente. La predicación era asistida por señales milagrosas, de manera que confirmaban la verdad en las mentes de las personas. Más tarde, cuando escribe a los convertidos de Iconio y de las otras ciudades evangelizadas por ese tiempo en el sur de Galacia,[6] Pablo apelará a las poderosas obras llevadas a cabo en medio de ellos por el poder del Espíritu, como evidencia de que el mensaje de fe, y no la predicación de la ley, era el Evangelio aprobado por Dios (Gal. 3:5). El Evangelio es aquí llamado "el mensaje de su gracia" porque la gracia divina es el tema por excelencia (comp. 20:24, 32).

14:4-5 Cuanto más duraba este trabajo de evangelización, más decididamente se dividía la población, o al lado de los líderes judíos o con Pablo y Bernabé—quienes son aquí, como en el verso 14 (excepcionalmente en Hechos), llamados "los apóstoles".[7] Hasta que finalmente se produjo el estallido, y el gentío de la ciudad fue incitado a asaltar y apedrear a los dos hombres.

14:6 Afortunadamente, Pablo y Bernabé se enteraron de la conspiración contra ellos, e hicieron su escapada a Iconio antes de que el gentío pudiera lograr su objetivo. Pero ellos habían dejado su marca en Iconio; un grupo de convertidos se había quedado allí para mantener el testimonio que ellos mismos

---

5. El texto Occidental añade "y toda la población fue conmovida por la enseñanza. Y Pablo y Bernabé pasaron algún tiempo en Listra".

6. Para la opinión de que las iglesias mencionadas en la Epístola de los Gálatas fueron instauradas durante la presente campaña misionera ver F. F. Bruce, *The Epistle to the Galatians*, NIGTC (Grand Rapids/Éxeter, 1982), pp. 5–18.

7. Solamente aquí y en el verso 14 utiliza Lucas el término "apóstoles" fuera del círculo de los Doce. Este uso más amplio, quizás referido a los dos hombres como comisionados por la iglesia de Antioquía (13:3-4), puede haber sido tomado por Lucas de un documento de viaje que le proporcionó el marco para la narrativa de los capítulos 13 y 14. Lucas no le da la designación de "apóstol" a Pablo en el sentido especial que Pablo reclama para sí mismo. (Pablo aparentemente sitúa a Bernabé al mismo nivel que él en Gal. 2:9; 1 Cor. 9:6.)

habían empezado. Se ha argumentado que la apariencia física de Pablo dejó una impresión en Iconio que no fue pronto olvidada—esto ha quedado reflejado en una descripción preservada de la segunda mitad del siglo II en los *Hechos de Pablo*. Allí un tal Onesíforo, residente de Iconio, se dispone a encontrarse con Pablo que viene de camino a la ciudad. "Y vio a Pablo acercándose, un hombre de corta estatura, calvo y con las piernas torcidas, con el cuerpo en buen estado, cejijunto y de nariz aguileña, lleno de amabilidad; por ahora parecía como un hombre, y luego tenía la cara de un ángel".[8] Se ha sugerido que una descripción tan vigorosa y poco convencional debe estar basada en una buena tradición local acerca de la apariencia de Pablo.[9] Y puede que así sea, pero también podría muy bien ser producto de la vívida imaginación del escritor.

Desde Iconio, entonces, Pablo y Bernabé hicieron su camino hacia "las ciudades de Licaonia, Listra y Derbe". La implicación es que Iconio no estaba en Licaonia. El antiguo reino de Licaonia estaba dividido en ese tiempo: la parte occidental (llamada quizás Galacia Licaonia) quedaba dentro de la provincial de Galacia, hacia el este de Galacia Frigia, mientras su parte oriental (Antioquía Licaonia) pertenecía al territorio de Antíoco IV, rey de Comagene (afiliado al Estado de Roma).

Sir William Ramsay ha registrado cómo fue que esta nota geográfica lo condujo a su "primer cambio de criterio" en relación con el valor histórico del libro de los Hechos. Jenofonte, en el 401 a.C., se refiere a Iconio como "la última, la ciudad [más oriental] de Frigia,"[10] pero escritores como Cicerón[11] y Plinio el viejo,[12] que vivieron mucho más cerca de los tiempos apostólicos la llaman ciudad de Licaonia. Ramsay, al principio asumió, como otros habían hecho antes, que el autor de Hechos, deseando añadir verisimilitud a un informe de eventos en un área con la cual él no estaba personalmente familiarizado, tomó prestada la información de Jenofonte de que Iconio estaba en Frigia, sin darse cuenta de que la frontera regional había cambiado desde la época de Jenofonte. Pero una mayor familiaridad tanto con la evidencia literaria como con la geográfica lo convencieron de que la afirmación de Hechos era totalmente correcta, Iconio era una ciudad de Frigia a mediados del siglo I d.C. como lo había sido 450 años antes. En los *Hechos de Justino* (*c.* 165 d.C.) Hierax, uno de los compañeros de Justino Mártir,

---

8. *Acts of Paul* 3.3; cf. W. M. Ramsay, *The Church in the Roman Empire* (London, 1893), pp. 31–32.

9. W. M. Ramsay, *BRD*, pp. 35–52.

10. *Anabasis* 1.2.19.

11. *Letters to Friends* 15.4.2.

12. *Natural History* 5.25. Pero más tarde en el mismo libro (5.41) Plinio menciona Conium (que puede ser idéntica a Iconium) como una ciudad de Frigia.

dice a un magistrado instructor que fue "arrastrado lejos de Iconio de Frigia,"[13] y en el 232 d.C. un concilio provincial de la iglesia se celebró en "Iconio, un lugar de Frigia".[14] Inscripciones locales muestran claramente que Frigia se decía en Iconio hasta el final del siglo II.[15] Aquellos escritores que se referían a Iconio como Licaonia lo hacían tan libremente porque se encontraba tan cerca de la frontera de Licaonia que compartían habitualmente la suerte de esa región.

Listra, como Pisidia de Antioquía, fue hecha colonia Romana por Augusto en el año 25 a.C. Sirvió como base para una más efectiva supresión de los merodeadores de las montañas de Tauro que amenazaban la paz de Roma. Las dos colonias, que estaban a unas 100 millas de distancia, fueron conectadas por una carretera militar que pasaba a través de Iconio. El lugar de Listra, a unas dieciocho millas al sur-suroeste de Iconio, fue identificado por J. R. S. Sterrett en 1885 en Zostera o Zoldera, cerca de Hatunsaray.[16]

14:7 La afirmación de que Pablo y Bernabé predicaron el Evangelio en las ciudades de Licaonia anticipa el relato más completo de su trabajo en los versos 15–17 (en Listra) y verso 21 (en Derbe).

2. Sanidad milagrosa en Listra (14:8-13)

8 *En Listra había un hombre sentado que no tenía fuerza en los pies; estaba paralítico desde su nacimiento y nunca había caminado.*

9 *Él[17] estaba escuchando hablar a Pablo, y Pablo, viendo que tenía fe para ser sanado.*

10 *dijo en voz alta,[18] "Levántate sobre tus pies—¡ponte derecho!"[19] Él saltó y empezó a caminar.*

11 *Cuando la multitud vio lo que Pablo había hecho, levantaron sus voces diciendo en lengua Licaonica, "¡Los dioses han venido a nosotros en semejanza humana!"*

12 *Llamaban a Bernabé Zeus; como a Pablo llamaban Hermes, porque él era el que llevaba la palabra.*

---

13. *Acts of Justin* 4.

14. Cipriano, *Epistles* 75.7 (desde Firmilia a Cipriano).

15. Ver W. M. Calder, "Corpus Inscriptionum Neophrygiarum," *JHS* 31 (1911), pp. 159–215, especialmente pp. 188–94; W. M. Ramsay, *BRD*, pp. 39–78.

16. La pista decisiva fue una inscripción en latín (*CIL* III.6786) nombrando el lugar *Col(onia) Iul(ia) Felix Gemina Lustra* (ver W. M. Ramsay, *Historical Geography of Asia Minor* [London, 1890], p. 332; *The Cities of St. Paul* [London, 1907], pp. 407–19; B. Levick, *Roman Colonies in Southern Asia Minor* [Oxford, 1967], pp. 37, 52, 154, 195–97; A. H. M. Jones, *The Cities of the Eastern Roman Provinces* [Oxford, ²1971], pp. 134–35).

17. El texto Occidental añade "teniendo temor".

18. El texto Occidental añade "Te digo, en el nombre del Señor Jesucristo"—una adición calculada para intensificar el parecido con 3:6.

19. El texto Occidental añade "y camina" (comp. 3:6), y continua: "e inmediatamente saltó y empezó a caminar".

13 *Entonces el sacerdote de Zeus, cuyo templo estaba enfrente de la ciudad,[20] trajo toros y guirnaldas a las puertas, y quería ofrecer sacrificios juntamente con las multitudes.*

14:8 La descripción del hombre lisiado de Listra, y de su sanidad a través del poder de la palabra hablada por Pablo, es notablemente similar a la descripción del hombre lisiado en la puerta del templo de Jerusalén, que fue sanado a través de la fe en el nombre de Jesús, invocado por Pedro.[21] Pero las consecuencias de la presente sanidad son totalmente diferentes, y es narrada en una forma remarcablemente vívida. La genuina y aparentemente incurable naturaleza de la imposibilidad del hombre es enfatizada por la repetición: él no tenía, se nos dice, ninguna fuerza en los pies; era paralítico desde su nacimiento; nunca había caminado.

14:9-10 Sin embargo, mientras Pablo estaba predicando, vio a este hombre escuchándolo y reconoció que "tenía fe para ser sanado". Mientras aquí la expresión se refiere a la recuperación de la salud física, sin embargo, aún en un contexto pagano "yace latente en alguna manera indefinida y apenas consciente el pensamiento de lo espiritual y de lo moral, que hace que se adapte al propósito de Pablo de forma admirable".[22] En Hechos, como en los Evangelios, la fe es normalmente enfatizada como una condición para recibir ambas, sanidad física y espiritual.[23] Que este hombre lisiado tenía fe, se hizo evidente por su pronta obediencia a la orden de Pablo de ponerse en pie: saltó sobre sus pies, se dio cuenta de que sostenían su peso, y empezó a caminar por primera vez en su vida.

14:11-12 La cura milagrosa sorprendió a la multitud de espectadores. Estos no eran los ciudadanos de la colonia romana, cuya lengua (tal y como consta en las inscripciones funerarias) era el latín, sino la población nativa de Anatolia, que todavía hablaba su lengua vernácula de Licaonia. El hecho de que gritaran en licaonio en esta ocasión es mencionado por Lucas por dos razones: primero, Pablo y Bernabé reconocieron que este lenguaje (aunque ellos no lo entendían) era diferente del habla de Frigia que ellos habían escuchado en la población indígena de Pisidia de Antioquía e Iconio; segundo, que la multitud usó el licaonio explica por qué Pablo y Bernabé no se dieron cuenta de lo que estaban planeando hasta que los preparativos para rendirles honores divinos estaban bien avanzados.

Los de Listra, al ver la cura instantánea llevada a cabo en el hombre lisiado, concluyeron que estaban siendo favorecidos con una visitación divina. La leyenda

---

20. El texto Occidental lee: "Luego los sacerdotes del local Zeus Propolis".

21. Ver 3:2–10.

22. W. M. Ramsay, *The Teaching of Paul in Terms of the Present Day* (London, 1914), p. 95; cf. H. C. Kee, *Miracle in the Early Christian World* (New Haven, 1983), p. 101 (para el uso de la misma palabra σωθῆναι en este sentido en el culto a Asklepios). Comp. σωτηρία, 16:17 (pp. 312–13).

23. Comp. Mc. 5:34, ἡ πίστις σου σέσωκέν σε.

Sanidad milagrosa en Listra (14:8-13)

local contaba de ocasiones anteriores cuando los dioses habían bajado a ellos en semejanza de seres humanos—en particular, dos dioses conocidos por los griegos como Zeus (padre de los dioses y los hombres) y Hermes (su hijo por Maia, y un mensajero de los dioses).[24] No podemos estar seguros si la multitud utilizó estos dos nombres o (ya que hablaban licaonio) los nombres de las dos divinidades de Anatolia identificaban a Zeus y Hermes.

Ovidio cuenta la historia de una pareja piadosa de ancianos de la región, Filemón y Baucis, que albergaron a Júpiter y Mercurio (los equivalentes romanos de Zeus y Hermes) sin saberlo y fueron recompensados por su hospitalidad. A principios del siglo XX la evidencia epigráfica ha efectivamente complementado la leyenda clásica. Dos inscripciones de Sedasa, cerca de Listra, fechadas en la segunda mitad del siglo III, y descubierta por W. M. Calder, una registra la dedicación a Zeus de una estatua de Hermes por hombres con nombres de Licaonia; la otra menciona a los "sacerdotes de Zeus".[25] Otra indicación del culto conjunto a Zeus y Hermes en aquellas tierras ha sido preservada en un altar de piedra descubierto en 1926 cerca de Listra por W. M. Calder y W. H. Buckler, dedicado al "Oidor de Oraciones" (presumiblemente Zeus) y Hermes.[26]

Bernabé puede haber sido identificado con Zeus por su porte más digno; Pablo, el más animado de los dos, fue llamado Hermes "porque era el orador principal"—una expresión muy parecida es usada con respecto a Hermes a principios del siglo IV por el escritor neoplatónico Jámblico cuando describe los misterios de Egipto.[27]

14:13 Si los dioses habían condescendido en hacer a la gente de Listra una visita, ellos deberían recibirlos con los apropiados honores, por eso, el pueblo, guiado por el sacerdote de Zeus Propolis (Zeus cuyo templo estaba a las puertas de la ciudad,[28] y que, por tanto, debía ser considerado el protector de la ciudad),[29] se preparó para ofrecerles un sacrificio de bueyes, los bueyes debidamente engalanados con guirnaldas de lana o animales convenientemente preparados para ser sacrificados.

---

24. Ver Ovidio, *Metamorphoses* 8.620–724. Cf. W. M. Calder, "New Light on Ovid's Story of Philemon and Baucis," *Discovery* 3 (1922), pp. 207–11.

25. Ver W. M. Calder, *A Cult of the Homonades," Classical Review* 24 (1910), pp. 76–81, especialmente pp. 77–79; "Zeus and Hermes at Lystra," *Exp.* 7, 10 (1910), pp. 1–6.

26. *MAMA* 8 (Manchester, 1962), § 1; cf. W. M. Calder, citado en una nota editorial en *Discovery* 7 (1926), p. 262. "Hearer of Prayer" representa Gr. ἐπήκοος

27. Iamblichus, *On the Egyptian Mysteries* 1 (θεὸς ὁ τῶν λόγων ἡγεμών, con el cual comp. la expresión de Lucas aquí: ὁ ἡγούμενος τοῦ λόγου)

28. Ver W. M. Calder, "The 'Priest' of Zeus at Lystra," *Exp.* 7, 10 (1910), pp. 148–55, para argumentos a favor aceptando la lectura Occidental de "los sacerdotes del local Zeus Propolis".

29. Para este sentido de πρό ver Aeschylus, *Seven against Thebes* 164 (σύ τε, μάκαιρ' ἄνασσ' " Ογκα, πρὸ πόλεως ἑπτάπυλον ἕδος ἐπιρρύου); comp. también B. Reicke, *TDNT* 6, pp. 684–85 (*s.v.* πρό).

3. Proclamación del Dios Viviente (14:14-18)

14 *Cuando los apóstoles Bernabé y Pablo escucharon lo que iban a hacer, se rasgaron las vestiduras y salieron corriendo[30] entre la multitud, gritando.*
15 *"Hombres ¿qué es lo que vais a hacer? Nosotros mismos[31] somos seres humanos con sentimientos como vosotros. Os traemos las buenas noticias para que os volváis de estas cosas vanas al Dios viviente[32] —al Dios que ha creado los cielos y la tierra y el mar y todo lo que en ellos hay.*
16 *En las generaciones pasadas permitió que todas las naciones anduviesen en sus propios caminos;*
17 *aunque no dejó de dar testimonio de sí mismo, porque os hizo bien, enviándoos lluvia desde los cielos y estaciones fructíferas, satisfaciéndoos con comida y alegría".*
18 *Así hablaron, a pesar de lo cual difícilmente pudieron disuadirlos de que les ofrecieran sacrificio.[33]*

14:14 Fue un poco más tarde que Pablo y Bernabé entendieron lo que el pueblo tenía en mente. Cuando lo hicieron, se apresuraron a salir de donde estaban,[34] totalmente horrorizados[35] por el culto idolátrico del cual iban a ser los receptores involuntarios, y protestando contra ellos con tanta vehemencia como era posible.

Aquí, como en el verso 4, los dos hombres son llamados "apóstoles"—una designación que no se les vuelve a dar a ninguno de los dos en ningún otro lugar de Hechos. La opinión de que su uso en estos dos pasajes es asumida por Lucas de la fuente que él siguió durante su viaje, se ver fortalecida por el orden de las palabras "Bernabé y Pablo," en contraste con el acostumbrado "Pablo y Bernabé" de Lucas".[36]

14:15-17 Ellos protestaron que ellos no era dioses, ni siquiera "hombres divinos" sino seres humanos corrientes,[37] que habían venido a ellos como men-

---

30. El texto Bizantino lee εἰσεπήδησαν ("saltaron").

31. Gr. καὶ ἡμεῖς (P⁴⁵ omite καί).

32. ℵᶜ A B C D² lee "un Dios vivo"; la mayoría de los otros textos importantes tienen "el Dios vivo," pero en un variedad suficiente de formas como para sugerir que el articulo definido estaba ausente en el original (como en 1 Tes. 1:9).

33. El Texto Occidental (representado por C 6 33 36 81 431 614 1175 1739 *al* lat^h syr^hcl. mg arm) aparentemente añadió "sino que cada uno de ellos debería volver a casa".

34. Efrén el sirio pensó (quizá correctamente) que los bueyes para el sacrificio fueron llevados a la puerta de la casa en la que estaban Pablo y Bernabé.

35. Desgarrarse las vestiduras entre los judíos era un gesto de horror por blasfemia (comp. Mr. 14:63).

36. Mientras que él llama a Pablo con su nombre judío, Lucas dice "Bernabé y Saulo," pero cuando llama a Pablo por su nombre romano, prefiere el orden "Pablo y Bernabé" (el orden "Bernabé y Pablo" en 15:12, 25 es natural en el contexto de Jerusalén).

37. Gr. ὁμοιοπαθεῖς ... ἄνθρωποι (para el adjetivo como. Stg. 5:17). Lucas está muy lejos de retratar a los misioneros como "hombres divinos" (θεῖοι ἄνθρωποι); comp. Pedro en 10:26 (n. 33).

sajeros trayéndoles noticias del Dios verdadero. El sumario que Lucas procede a dar de su amonestación nos provee de uno de los dos ejemplos en Hechos de la predicación del Evangelio a audiencias puramente paganas—a las personas que, a diferencia de los gentiles que asistían a la sinagoga para adorar, no tenían ningún conocimiento del Dios de Israel o de los profetas hebreos.[38] El otro, y más completo ejemplo, es el sermón predicado por Pablo en la corte Atenea del Areópago (17:22–31).[39] No se habría esperado de predicadores a tales audiencias que insistieran en el cumplimiento de la profecía del Antiguo Testamento, como harían al dirigirse a las congragaciones de la sinagoga; en su lugar, una apelación a la revelación natural del Dios de la Creación aparece al principio. Con todo, este discurso está redactado en un lenguaje en gran parte procedente del Antiguo Testamento. Martin Dibelius señala que el discurso en Listra muestra su dependencia de la Septuaginta—incluso más, piensa él, que el posterior discurso en Atenas. "La proclamación acerca de Dios," dice él, "…es predicada completamente al estilo del Antiguo Testamento (ver Ex.20:11); los dioses son descritos como 'vanos' (o 'vanidades'), como en 3 King[dom]s 16:2, 13, 26; 4 King[dom]s 17:15; Ester 4:17 [LXX]; Jer. 2:5; 8:19; 3 Mac. 6:11".[40]

Si se preguntara si Pablo y Bernabé se hubieran expresado en estos mismos términos, incluso ante una audiencia pagana, podría señalarse que la descripción dada de Pablo, Silvano, y Timoteo de la conversión de los tesalonicenses del paganismo (1 Tes. 1:9) presupone una predicación muy similar a aquella dada en Listra. A los judíos y a los gentiles temerosos de Dios, que ya sabían que Dios es uno, y que es el Dios viviente y verdadero, el Evangelio proclamaba que este Dios había enviado a su Hijo como Mesías y Salvador; pero a los paganos había que enseñarles primero lo que los judíos ya habían confesado con respecto a la unidad y el carácter de Dios. "Dios es uno," se dice a los paganos de Listra, "y no se ha dejado a sí mismo sin testimonio. Su obras de creación y providencia muestran que Él es el Dios vivo, que suple las necesidades de hombres y mujeres; por tanto, abandonad esos dioses que no son dioses sino ficciones vacías de la mente, y volveos al Dios verdadero". Solamente entonces se les podría enseñar,

---

38. Aunque Cornelio y su casa eran gentiles cuando Pedro los visitó en Cesárea, no eran paganos ignorantes, sino que adoraban al Dios de Israel, familiarizados con las Escrituras del Antiguo Testamento, y tal y como se da a entender, con el esquema general de la historia de Jesús.

39. Ver pp. 332–42 .

40. M. Dibelius, "Paul on the Areopagus," *Studies in the Acts of the Apostles*, E.T. (London, 1956), p. 71, n. 23. Un repaso exegético de las predicaciones en Listra y Atenas y de Rom. 1:18–23 es presentado por M. Lackmann, *Vom Geheimnis der Schöpfung* (Stuttgart, 1952); ver también B. Gärtner, "Paulus und Barnabas in Lystra: Zu Apg 14, 8–15," *SEA* 27 (1962), pp. 83–88.

como a los convertidos de Tesalónica, "a esperar de los cielos a su Hijo, al cual resucitó de los muertos,—a Jesús, quien nos libra de la ira venidera" (1 Tes. 1:10).[41]

Que en los días antiguos Dios permitiera a las naciones "ir por su propios caminos" es paralelo a la afirmación en 17:30 de que Él "pasó por alto" las épocas de ignorancia que precedieron a la revelación completa de su voluntad. Con todo, la ignorancia no habría sido tan grande como realmente fue, porque Dios había ordenado las estaciones con el fin de proveer comida para todos y eso debía haber hecho a la gente consciente de Él y de su demanda de adoración. En Rom. 1:19–20 Pablo insiste igualmente en que, si los hombres y mujeres hubieran prestado cuidadosa atención a las obras de la creación de Dios, podrían haber encontrado ellos mismos muestras de "su eterno poder y deidad". Hay, ciertamente, una diferencia en el énfasis entre lo que él escribe a este respecto a los cristianos en Roma y lo que dice a la audiencia pagana en Listra y Atenas: en estas predicaciones el tema es que, hasta que la completa revelación de Dios llegara a los gentiles, Él pasaba por alto los errores que surgían de ignorar su voluntad, mientras que en la carta a los Romanos, Dios abandonando al mundo pagano a su propia voluntad, es la pena por su rechazo de incluso la limitada luz que aún estaba disponible para ello. Pero su "pasar por alto" los errores no era una señal de indiferencia, sino de paciencia.

La providencia de Dios para dar a los seres humanos lluvias y cosechas es un tema en el Antiguo Testamento (comp. Gen. 8:22), y la combinación de "comida y gozo" (comp. 2:46) es una característica del lenguaje del Antiguo Testamento (comp. Salmo 4:7; Isa. 25:6; Ecl. 9:7).

14:18 Así Pablo y Bernabé hablaron, y tuvieron éxito—no sin dificultad—en disuadir a los de Listra para que no les rindieran honores divinos a los seres humanos con sentimientos como ellos mismos.[42]

4. Perseguidos en Listra, los misioneros continúan hacia Derbe y luego regresan sobre sus pasos (14:19-23)

> 19 *Luego*[43] *vinieron unos judíos de Antioquía e Iconio y hablaron a las multitudes sobre su manera de pensar. Apedrearon a Pablo con piedras y lo arrastraron fuera de la ciudad, dándolo por muerto.*

---

41. El punto en el que se podría hacer una transición desde el argumento general de la revelación natural a una predicación distintivamente cristiana puede verse en 17:30-31.

42. M. Dibelius, quien considera la predicación de los vv. 15–17 una inserción editorial en una narrativa independiente y dramática, cree que la narración debe haber originalmente terminado en una forma menos "insípida" ("Paul on the Areopagus," p. 72 en n. 24; "The Acts of the Apostles in the Setting of the History of Early Christian Literature," *Studies*, p. 198, n. 11).

43. El Texto Occidental amplia este verso: "Y cuando estaban pasando algún tiempo allí y enseñando, ciertos judíos vinieron de Iconio y Antioquía, y mientras [los misioneros] argu-

20 *Pero cuando los discípulos⁴⁴ se habían reunido en torno a él, se levantó⁴⁵ y entró en la ciudad. Al día siguiente salió con Bernabé para Derbe.*
21 *Después de haber predicado el Evangelio en aquella ciudad y de hacer muchos discípulos, regresaron a Listra, Iconio y Antioquía.*
22 *Fortalecieron las almas de los discípulos, animándoles a permanecer firmes en su fe. "Es a través de muchas tribulaciones," dijeron, "que debemos entrar en el reino de Dios".⁴⁶*
23 *Luego designaron ancianos para ellos en cada iglesia, y con oración y ayuno los encomendaron al Señor en quien habían creído.*

14:19 Lucas no dice si había una comunidad judía y sinagoga en Listra. Probablemente la había, sin embargo; eso explicaría con mayor facilidad cómo los judíos de Pisidia de Antioquía e Iconio fueron capaces de incitar a los de Listra contra Pablo y Bernabé. Esto no habría sido tan fácil si aquellos judíos hubieran sido completamente extraños, sin ningún punto de contacto con la población de Listra, pero podrían lograr sus propósitos más convenientemente a través de la comunidad judía en Listra. Aunque más de cien millas separaban Listra de Pisidia de Antioquía, la relación entre los dos lugares es evidente por el estatuto de la Concordia que los ciudadanos de Listra establecieron en Pisidia de Antioquía.⁴⁷

Además, los de Listra estaban probablemente enfadados por el rechazo de los misioneros a aceptar honores divinos de ellos: aquello los había hecho parecer necios, y tenían resentimiento. Pablo, tan recientemente aclamado como el mensajero de los inmortales, fue el principal objetivo del violento ataque que siguió. Cuando, algunos años más tarde, rememora los sufrimientos que había soportado por amor al Evangelio, dice: "una vez fui apedreado" (2 Cor. 11:25), refiriéndose necesariamente a esta ocasión. Y cuando, escribiendo a cristianos en las ciudades que figuran en la presente narrativa, dice: "Yo llevo en mi cuerpo las marcas de Jesús" (Gal. 6:17), aquellas marcas o *stigmata* ciertamente incluían las indelebles cicatrices que le dejó el apedreamiento en Listra. ¡Fue una triste ironía el rápido cambio de actitud de los locales hacia los dos visitantes!⁴⁸

---

mentaban con destreza, estos persuadieron a la multitud a rebelarse contra ellos, diciendo, 'Nada de lo que dicen es verdad; todo son mentiras.' Así que, habiendo incitado a la multitud y habiendo apedreado a Pablo, lo arrastraron fuera de la ciudad..."

44. P^{45} D E lee "sus discípulos".

45. El texto Occidental lat^h y el testigo Alejandrino cop^{sa} añaden "por la noche," que está implícito también en la paráfrasis de Efrén el sirio.

46. El pronombre "nosotros" indica que esto es estilo directo: el ὅτι que introduce las palabras entre comillas, es por tanto un ejemplo de "ὅτι recitativo".

47. W. M. Ramsay, *The Church in the Roman Empire*, p. 50.

48. Contrasta la rápida reversión de juicio en la dirección opuesta en Malta (28:4–6). Ver n.14.

14:20 La descripción de Lucas de la repentina recuperación de Pablo, poniéndose de pie y regresando a la ciudad, después de haber sido arrastrado fuera y abandonado porque lo habían dado por muerto en la cuneta de la carretera, tiene cierto aroma de milagro al respecto. La declaración adicional del texto Occidental de que era de noche cuando regresaron a Listra, es probablemente muy cierta.

Derbe, hacia la cual se encaminó al día siguiente con Bernabé, quedaba a unas sesenta millas al sureste de Listra, en la frontera oriental de la provincial de Galacia, "muy cerca de Capadocia," dice Estrabón.[49] Su sitio ha sido identificado en o cerca del montículo llamado Kerti Hüyük, a unas trece millas al nordeste de Karaman (la antigua Laranda).[50] Se dice que su nombre había sido derivado de la palabra de Licaonia *delbeia*, que significa "juniper".[51] Iconio recibió el nombre del emperador como un título honorífico, y fue conocida durante un tiempo como Claudioderbe.[52]

14:21 Después de predicar y plantar una iglesia en Derbe, Pablo y Bernabé regresan sobre sus pasos. No era parte de su presente plan ir más allá de la frontera provincial. "Los nuevos magistrados," sugiere Ramsay, "habían llegado ahora al poder en todas las ciudades de las que habían sido expulsados, y era por tanto posible regresar".[53] Incluso así, se debe pagar tributo al coraje de estos dos hombres por volver tan pronto a Listra, Iconio y Pisidia de Antioquía—ciudades de las que habían tan recientemente sido expulsados con vergonzosa brutalidad.

14:22 En aquellas tres ciudades fortalecieron y animaron a las jóvenes iglesias tan recientemente plantadas. Los miembros de aquellas iglesias necesitaban ser animados: habían visto a Pablo y Bernabé violentamente asaltados y expulsados, ellos mismos habían ciertamente sufrido algún tipo de persecución. Casi se da por sentado a través del Nuevo Testamento que la tribulación era la porción habitual de los cristianos de aquella época: Son aquellos que sufren por y con Cristo ahora los que compartirán su Gloria. "Sin cruz, no hay corona".[54]

---

49. Estrabon, *Geography* 12.6.3. .

50. Ver M. Ballance, "The Site of Derbe: A New Inscription," *AS* 7 (1957), pp. 147–51; "Derbe and Faustinopolis," *AS* 14 (1964), pp. 139–40; G. Ogg, "Derbe," *NTS* 9 (1962–62), pp. 367–70; B. Van Elderen, "Some Archaeological Observations on Paul's First Missionary Journey," in *Apostolic History and the Gospel*, ed. W. W. Gasque and R. P. Martin (Grand Rapids/Éxeter, 1970), pp. 156–61. El capítulo de Derbe en W. M. Ramsay, *The Cities of St. Paul*, pp. 383–404, fue escrito cincuenta años antes de que la identificación epigráficamente probara el lugar en o cerca de Kerti Hüyük, pero todavía contiene material valioso.

51. Así Esteban de Bizancio (*c.* 500 d.C.).

52. A. D. Momigliano, *Claudius: The Emperor and his Achievement*, E.T. (Cambridge, [2]1961), p. 118, sugiere que el título honorífico fue otorgado cerca del año 41 d.C., cuando Derbe "se convirtió en la frontera romana frente al Reino de Comagene".

53. *St. Paul the Traveller*, p. 120.

54. Comp. Rom. 8:17; 2 Tim. 2:12a.

Lucas ciertamente registra el progreso irresistible del Evangelio, pero no con un espíritu triunfalista. En palabras de C. K. Barrett: "Deja claro que el camino por el que sus héroes estaban viajando era el camino de la cruz".[55]

14:23 Una manera de fortalecer las iglesias era proveyendo de liderazgo para ellas. En cada una de ellas había algunos miembros que ya habían alcanzado el suficiente grado de madurez como para servir a sus compañeros creyentes como guías, y darles más instrucción y ánimo requería enfrentar las pruebas o persecución que debían esperar si mantenían su testimonio cristiano. Muchos lectores de Hechos han sugerido que la elección formal de ancianos refleja más la posterior situación de las Epístolas Pastorales que esta etapa temprana en la historia apostólica. El lenguaje puede ser de Lucas,[56] pero está claro por las cartas de Pablo que él hizo provisión para la guía espiritual de las iglesias que fundó y animó a los miembros a reconocer y respetar a sus líderes.[57] Cuál era la política de Bernabé con respecto a este tema, no tenemos medios independientes de saberlo. Se ha señalado más de una vez, que la política misionera más actual habría pensado que es peligrosamente idealista reconocer a convertidos de apenas unas semanas como líderes de sus iglesias; quizá Pablo y Bernabé eran más conscientes de la presencia y el poder del Espíritu Santo en las comunidades creyentes.[58]

Con oración y ayuno, entonces, encomendaron a las jóvenes iglesias, con sus líderes, al Señor, y continuaron su viaje.

5. Regreso a Antioquía de Orontes (14:24-28)

24 *Luego atravesaron Pisidia y vinieron a Panfilia.*
25 *Cuando predicaron la palabra en Perge, bajaron a Atalia.*[59]
26 *Desde allí navegaron a Antioquía, desde donde habían sido encomendados por la gracia de Dios para la obra que ahora habían completado.*
27 *Cuando llegaron, reunieron a la iglesia y les informaron de todo lo que Dios había hecho a través de ellos,*[60] *contándoles como había abierto una puerta de fe a los gentiles.*
28 *Después pasaron un tiempo considerable con los discípulos.*

---

55. C. K. Barrett, "Theologia Crucis—in Acts," in *Theologia Crucis—Signum Crucis: Festschrift für E. Dinkler*, ed. G. Andresen and E. Klein (Tübingen, 1979), p. 79.

56. En 20:17 Lucas designa como πρεσβύτεροι aquellos hombres efesios de la iglesia a quienes Pablo llama ἐπίσκοποι y (por implicación) ποιμένες (20:28). Ver n. 63.

57. Comp. 1 Cor. 16:15–18; Gal. 6:6; Fil. 1:1; 2:29 ("honrar a tales personas"); 1 Tes. 5:12–13.

58. Ver R. Allen, *Missionary Methods: St. Paul's or Ours?* (London, 1927), pp. 107–42; G. Schneider, *Die Entwicklung kirchlicher Dienste in der Sicht der Apostelgeschichte,"* Theologisch-praktische Quartalschrift* 132 (1984), pp. 356–63; C. K. Barrett, *Church, Ministry and Sacraments in the New Testament* (Exeter, 1985), p. 52.

59. El texto Occidental añade "predicándoles el Evangelio a ellos".

60. Para "con ellos" el texto Occidental tiene el semitismo "con sus almas" (comp. Salmo 66 [LXX 65]:16, τῇ ψυχῇ μου = "para mi").

14:24-26   Partiendo de Antioquía de Pisidia, cruzaron la región fronteriza de Frigia y Pisidia, que era el territorio más meridional de la provincia de Galacia. Cruzaron Pisidia desde el norte al sur, y entraron en la provincia de Panfilia. Allí predicaron en Perge, a donde habían llegado cuando desembarcaron en Asia Menor desde Chipre (13:13); luego bajaron a Atalia (actual Antalya), el puerto principal de Panfilia, en el nacimiento de la Cataratas (actual Düden-su). Atalia deriva su nombre de su fundador, Atalo II, rey de Pérgamo; construyó y fortificó la ciudad alrededor del año 158 a.C. El general romano Pompeyo estableció allí la base de operaciones contra los piratas en el año 67 a.C. Su breve mención aquí es un ejemplo más del interés de Lucas por los puertos de embarque y desembarque. Desde Atalia los dos misioneros tomaron un barco hacia Siria y bajaron a Antioquía de Orontes, completando así un recorrido circular muy agitado.

14:27-28   La iglesia de Antioquía estaba naturalmente impaciente por saber cómo les había ido el viaje: compartía la responsabilidad y la gloria de su servicio, porque fue con su bendición y compañerismo que habían iniciado su campaña más extensa de evangelización a los gentiles. El viaje misionero había llevado la mayor parte del año, si no más; y ahora Pablo y Bernabé resumen su ministerio de este período en Antioquía. Pero su actividad en Chipre y Así Menor era materia de interés no solo para la iglesia de Antioquía, sino incluso más, en particular, para la iglesia de Jerusalén que estaba preocupada acerca de las implicaciones de un movimiento en crecimiento que tan decisivamente había alterado el equilibrio entre judíos y gentiles en toda la comunidad cristiana.

HECHOS 15

E. EL CONCILIO DE JERUSALÉN (15:1-35)

El concilio de Jerusalén[1] es un evento al que Lucas otorga una gran importancia; es un momento que para él "hace época", tanto como la conversión de Pablo o la predicación del Evangelio a Cornelio y sus familiares. Según su informe, el Concilio fue una reunión de los apóstoles y los ancianos de la iglesia de Jerusalén, convocada para considerar en primer lugar, los términos en los cuales los creyentes gentiles podrían ser admitidos a la membresía de la iglesia (prestando especial atención a la pregunta de si deberían ser circuncidados o no); en segundo lugar, para considerar los cauces por los que la interacción social, y especialmente la mesa de comunión, podrían ser promovidos entre los judíos y los gentiles creyentes. Pablo y Bernabé, con algunos representantes de la iglesia de Antioquía de Orontes, estaban presentes en la reunión, donde se les dio la oportunidad de contar

---

1. Ver (entre la literatura más relevante) H. Lietzmann, "Der Sinn des Aposteldekretes und seine Textwandlung," in *Amicitiae Corolla ... presented to* J. R. Harris, ed. H. G. Wood (London, 1933), pp. 203–11; K. Lake, "The Apostolic Council of Jerusalem," in *Beginnings* I.5 (London, 1933), pp. 195–212; M. Dibelius, "The Apostolic Council" (1947), E.T. in *Studies in the Acts of the Apostles* (London, 1955), pp. 93–111; B. Reicke, "Der geschichtliche Hintergrund des Apostolkonzils und der Antiocheia-Episode," in *Studia Paulina in honorem J. de Zwaan*, ed. J. N. Sevenster and W. C. van Unnik (Haarlem, 1953), pp. 172–87; E. Haenchen, "Quellenanalyse und Kompositionsanalyse in Act 15," in *Judentum, Urchristentum, Kirche: Festschrift für J. Jeremias*, ed. W. Eltester (Berlin, ²1964), pp. 153–64; M. Simon, "The Apostolic Decree and its Setting in the Ancient Church," *BJRL* 52 (1969–70), pp. 437–60; G. Zuntz, "An Analysis of the Report about the 'Apostolic Council,'" in *Opuscula Selecta* (Manchester, 1972), pp. 216–49; T. Holtz, "Die Bedeutung des Apostelkonzils für Paulus," *NovT* 16 (1974), pp. 110–48; D. R. Catchpole, "Paul, James and the Apostolic Decree," *NTS* 23 (1976–77), pp. 428–44; E. Bammel, "Der Text von Apostelgeschichte 15," in *Les Actes des Apôtres* = BETL 48, ed. J. Kremer (Gembloux/Leuven, 1979), pp. 439–46; A. Strobel, "Das Apostoldekret als Folge des antiochenischen Streites," in *Kontinuität und Einheit: Festschrift für F. Mussner*, ed. P.-G. Müller and W. Stenger (Freiburg, 1981), pp. 81–104; C. K. Barrett, "Apostles in Council and in Conflict," in *Freedom and Obligation* (London, 1985), pp. 91–108.

sus recientes experiencias en Chipre y Asia Menor, pero no tomaron parte en la decisión; eso era responsabilidad de los líderes de Jerusalén.

El informe de Lucas es directo: las dificultades surgen cuando se hace el intento de relacionar el informe de Pablo en Gal. 2:1-10 sobre la conversación que él y Bernabé tuvieron en Jerusalén con los tres "pilares" o líderes de la iglesia madre: Santiago, Pedro y Juan. La gran mayoría mantiene que Lucas y Pablo informan acerca de la misma ocasión; ciertamente, un erudito declara que la identificación de la visita de Pablo y Bernabé a Jerusalén de Gal.2:1-10 con la de Hechos 15:2-30 es "uno de los resultados demostrados del criticismo de Hechos".[2] Pero en el criticismo bíblico ningún resultado está tan "demostrado" que nadie pueda cuestionarlo, y hay razones de peso para cuestionar la identificación de estas dos visitas.[3] La discusión de la que Pablo informa en Gal. 2:1-10 se centra en el tema de la demarcación de los límites de la actividad misionera (se acordó que Pablo y Bernabé deberían continuar con su trabajo de evangelización a los gentiles, mientras los líderes de Jerusalén debían concentrarse en el testimonio entre los judíos); la circuncisión recibió solamente una mención marginal (en términos que no necesariamente implican que fuera un tema discutido entonces en absoluto),[4] y nada se dice en cuanto a facilitar la mesa de la comunión entre cristianos judíos y gentiles. Además, en la conferencia de Gal. 2:1-10 expresamente se dice que había sido privada;[5] la reunión de Hechos 15 fue una reunión pública, en presencia de la iglesia de Jerusalén.[6] Podría argumentarse que la entrevista privada de Gal. 2:1-10 tuvo lugar durante la visita que también estuvo presente durante la reunión pública;[7] si es así, es difícil entender por qué Pablo no dijo

---

2. G. Strecker, "Die sogenannte zweite Jerusalemreise des Paulus (Act 11,27-30)," *ZNW* 53 (1962), pp. 67-77 (p. 73).

3. Ver F. F. Bruce, *The Epistle to the Galatians*, NIGTC (Grand Rapids/Éxeter, 1982), pp. 19-32, 43-56, 105-34, para el punto de vista de que la conferencia en Jerusalén de Gal. 2:1-10, la controversia de Antioquía en Gal. 2:11-14, e incluso la escritura de la carta a los Gálatas (a las iglesias cuya fundación está registrada en Hechos 13:48-14:23) anteceden a la fecha del concilio en Hechos 15.

4. Gal. 2:3-5 debería probablemente considerarse como una digresión, y los versos 4 y 5 como un paréntesis dentro de dicha digresión, con referencia a la ocasión ligeramente posterior a la conferencia de Pablo y Bernabé con los "pilares" de Jerusalén: el tema de la circuncisión, explica Pablo, no fue tratado en aquella conferencia, si no más tarde, "cuando los falsos hermanos se infiltraron en nuestra comunión". Comp. T. W. Manson *Studies in the Gospels and Epistles* (Manchester, 1962), pp. 175-76; B. Orchard, "A New Solution of the Galatians Problem," *BJRL* 28 (1944), pp. 154-74; "The Ellipsis between Galatians 2,3 and 2,4" *Bib.* 54 (1973), pp. 469-81.

5. Gal. 2:2, κατ' ἰδίαν.

6. Hechos 15:12 (πᾶν τὸ πλῆθος), 22 (σὺν ὅλῃ τῇ ἐκκλησίᾳ).

7. Para este punto de vista comp. J. B. Lightfoot, *St. Paul's Epistle to the Galatians* (London, 1865), pp. 125-26; H. N. Ridderbos, *The Epistle of Paul to the Churches of Galatia*, NICNT (Grand Rapids, 1953), pp. 78-82. Pero "no tenemos razones para suponer que la iglesia

El Concilio de Jerusalén (15:1-35)

nada a los gálatas cristianos de las decisiones alcanzadas en la reunión pública, ya que eran relevantes para la controversia de los gálatas. Otra sugerencia es que en Hechos 15, Lucas combina en una narración dos encuentros originalmente distintos: uno (registrado en Gal. 2:1–10) en el que Pablo y Bernabé estuvieron presentes, y otro (que produjo la decisión de Hechos 15:28–29) en la que Pablo y Bernabé no estuvieron presentes.[8] Es más sencillo concluir que la ocasión de la que Pablo informa y aquella descrita por Lucas no eran la misma.

Por otro lado, parte de la narrativa autobiográfica de Pablo en Gálatas probablemente provee el trasfondo para Hechos 15. En Gal. 2:11–14 Pablo nos cuenta como (presumiblemente algún tiempo después de la entrevista de Gal. 2:1–10)[9] Pedro visitó Antioquía y (de acuerdo con sus convicciones y práctica general) compartió la mesa libremente con los cristianos gentiles allí. Pero algunas personas[10] vinieron de Jerusalén—"de Santiago," dice Pablo—y persuadieron a Pedro para que se retirara de la mesa de comunión de los gentiles. Lo que le dijeron a Pedro debe ser conjeturado: probablemente le contaron que las noticias sobre su libre y abierta confraternización con los gentiles estaban llegando a Jerusalén y causando nerviosismo, y posiblemente peligro, entre los líderes allí.[11] Pedro fue lo suficientemente presionado como para retirarse (temporalmente al menos) de las comidas en común con los creyentes cristianos, y su ejemplo fue seguido por otros judíos cristianos de Antioquía, incluyendo "incluso a Bernabé". Pedro

---

había, por estas fechas, alcanzado ese nivel de democracia en el que la reunión pública ratifica su consentimiento a una decisión previamente alcanzada por los miembros líderes" (W. L. Knox, *The Acts of the Apostles* [Cambridge, 1948], p. 42).

8. Para esta sugerencia comp. H. Lietzmann, "Der Sinn des Apostledekretes …" ; H. W. Beyer, *Die Apostelgeschichte*, KEK 3 (Göttingen, 1951), pp. 91–97; O. Cullmann, *Peter: Disciple—Apostle—Martyr*, E. T. (London, 1953), p. 49; T. W. Manson, *Studies in the Gospels and Epistles*, p. 186; M. Dibelius, *Studies in the Acts of the Apostles*, pp. 98–99, 106–7; F. Hahn, *Mission in the New Testament*, E.T., SBT 47 (London, 1963), pp. 77–86. La fuerza de esta sugerencia se debilita si de hecho la visita a Jerusalén de Gal. 2:1–10 y la de Hechos 15 eran distintas.

9. Se han sugerido otros puntos de vista sobre la secuencia cronológica. Algunos han datado la controversia de Gal. 2:11–14 antes de la conferencia de Gal. 2:1–10; ver por ejemplo, T Zahn, *Der Brief des Paulus an die Galater* (Leipzig, ³1922), p. 110; H. M. Feret, *Pierre et Paul à Antioche et à Jérusalem* (Paris, 1955); J. Munck *Paul and the Salvation of Mankind*, E. T. (London, 1959), pp. 100 –103. W. L. Knox (*The Acts of the Apostles*, p. 49) supone que la controversia de Antioquía precedió a la primera expedición misionera de Pablo y Bernabé: que fue, de hecho, la polémica que hizo que la iglesia de Antioquía decidirá "lanzar una vigorosa misión a los gentiles".

10. Para el plural τινας (Gal. 2:12) P^{46} y algunos testigos de la versión Latina tienen el singular τινα ("una cierta persona"), mientras P^{46} y varios unciales tienen el singular ἦλθεν ("vino") para el plural ἦλθον en la segunda mitad del verso. Si se prefiere el singular, la persona en cuestión puede haber sido simplemente el portavoz del grupo.

11. Ver T. W. Manson, *Studies in the Gospels and Epistles*, p. 181; B. Reicke, "Der geschichtliche Hintergrund … der, Antiocheia-Episode"; R. Jewett, "The Agitators and the Galatian Congregation," NTS 17 (1970–71), pp. 198–212.

y Bernabé podrían haber declarado que tomaron esa decisión en consideración a los hermanos débiles, pero Pablo vio que su acción era una amenaza contra la libertad del Evangelio de los gentiles, y públicamente protestó contra Pedro. La acción de Pedro, decía, significaba forzar a los gentiles a adoptar el estilo de vida judío. Pedro, sin duda, estaba pesaroso por la contrariedad que su acción había causado en Antioquía. Pero ya que la acción había sido incitada por un mensaje de los de Santiago, el problema debía ser tratado con Santiago. En consecuencia, una reunión de los líderes de Jerusalén fue celebrada bajo la presidencia de Santiago. Esta reunión rechazó la demanda, hecha por algunos miembros de la iglesia de Jerusalén, de que los convertidos gentiles deberían someterse a la circuncisión y otros requerimientos de la Ley de Moisés; y luego, volvieron a considerar los términos en los que la mesa de comunión entre judíos y gentiles podría llegar a ser aceptable. Cuando lo que parecía ser una decisión satisfactoria fue alcanzada, Pedro, el constructor de puentes entre los apóstoles,[12] debe haberse sentido muy complacido. La decisión, que tenía en gran parte que ver con la abstinencia de ciertos tipos de comida de los gentiles cristianos, prometió prevenir la recurrencia de la torpeza que había surgido recientemente en Antioquía,[13] y Pedro, en el curso de sus extensos viajes misioneros, probablemente lo recomendó a las otras iglesias.[14]

En cuanto a Pablo, tomó una línea diferente. Donde la verdadera religión y los principios éticos cristianos básicos estaban involucrados, él fue tan perentorio como cualquier otro lo hubiera sido, en dirigir a sus convertidos a evitar la idolatría y la fornicación.[15] Pero en materias (como la comida) que eran religiosa y éticamente neutrales, rehusó seguir la ley establecida. Ninguna comida, mantenía él, era "común o impura" *per se*—ni siquiera incluso si había sido prohibida por la ley de Moisés, ni siquiera si procedía de un animal que había sido sacrificado a una divinidad pagana. Eran los seres humanos los que importaban, no la comida; si un cristiano estaba considerando si podía o no comer este o aquel tipo de comida, la decisión debía depender del efecto que el tomarla o dejar de tomarla tendría en la conciencia de un compañero cristiano.[16] Cuando se le pidió a Pablo una regulación para comer la carne de animales que habían sido "sacrificados a los ídolos" (comp. 1 Cor. 8:1–11:1), la última cosa que se le habría ocurrido sería citar la decisión de la iglesia de Jerusalén como vinculante para los cristianos gentiles.

---

12. Comp. J. D. G. Dunn, Unity and Diversity in the New Testament (London, 1977), p. 385.

13. Ver A. Strobel, "Das Aposteldekret als Folge des antiochenischen Streites".

14. Ver H. Lietzmann, *The Beginnings of the Christian Church*, E.T. (London, 1949), p. 151; C.K. Barrett, "Things Sacrificed to Idols," *NTS* 22 (1964–65), p. 150.

15. Por ejemplo, 1 Cor. 6:12–20; 10:7–8, 14–22.

16. Comp. Rom. 14:14–23.

1. Los Judaizantes visitan Antioquía (15:1-2)

1 *Algunas personas[17] subieron de Judea y empezaron a instruir a los hermanos: "A menos que seáis circuncidados[18] conforme a la costumbre de Moisés," dijeron, "no podéis ser salvos".*

2 *Lo cual resultó en división, y Pablo y Bernabé mantuvieron un considerable debate con ellos.[19] Entonces Pablo y Bernabé fueron elegidos[20] para subir a Jerusalén para tratar esta cuestión con los apóstoles y los ancianos.*

15:1 Las personas que bajaron de Judea pueden haber sido aquellos quienes, en la narración de Pablo, vinieron a Antioquía "de los de Santiago" (Gal. 2:12). Ya fuera que fueran ellos o no, excedieron los términos de su comisión, de acuerdo con la carta apostólica del verso 24. Otra posibilidad es que fueran los "hermanos falsos traídos en secreto" de Gal. 2:4, si (como así parece) Antioquía era el lugar donde estos últimos intentaron "espiar" la libertad que Pablo y los cristianos gentiles disfrutaban en su comunión.[21]

El rápido progreso de la evangelización a los gentiles en Antioquía y más lejos, supuso para los creyentes judíos más conservadores un serio problema. Los apóstoles habían consentido la acción de Pedro en la casa de Cornelio porque había sido acompañada de señales evidentes de la aprobación divina; pero ahora una nueva situación los confrontaba. Dentro de poco habría más gentiles cristianos que judíos cristianos en el mundo. Muchos judíos cristianos, sin duda, temían que el influjo de tantos convertidos del paganismo traería un debilitamiento de las

---

17. El texto Occidental añade "del partido de los fariseos, que eran creyentes" (comp.v.5).

18. El texto Occidental inserta "y caminéis".

19. El texto Occidental añade: "porque Pablo insistían que debían permanecer como eran cuando creyeron (comp. 1 Cor. 7:20, 24). Aquellos que habían venido de Jerusalén pidieron a Pablo y Bernabé y a algunos otros que subieran a los apóstoles y ancianos de Jerusalén para ser juzgados delante de ellos con respecto a este tema" (la forma de las palabras es quizá prestada en parte de 25:9, pero aquí está implícito que los judaizantes estaban investidos con la autoridad de la iglesia de Jerusalén, y que Pablo y Bernabé estaban bajo sus órdenes).

20. Lit., "ellos escogieron a (ἔταξαν) Pablo y Bernabé..."; el sujeto del verbo no está expresado, pero la implicación es que "ellos" eran la iglesia de Antioquía, o sus líderes.

21. Son identificados como los "falsos hermanos" por J. Weiss, *Earliest Christianity*, E. T., I (New York, 1959), pp. 26–67; H. Lietzmann, *An die Galater*, HNT 10 (Tübingen, ²1923), p. 11; H. Schlier, *Der Brief an die Galater*, KEK 7 (Göttingen, ⁵1971), p. 39; A Oepke, *Der Brief des Paulus an die Galater*, THKNT 9 (Berlin, ²1957), p. 47; F. Hahn, *Mission in the New Testament*, p. 78.

normas morales de la iglesia, y la evidencia de las cartas de Pablo muestra que sus temores no eran infundados. ¿Cómo podía ser controlada esta nueva situación?

Algunos miembros de la iglesia de Jerusalén tenían una respuesta sencilla. Ya que tantos judíos habían fallado en reconocer a Jesús como Mesías, tendrían que conceder la necesidad de admitir a los gentiles en la comunidad mesiánica para compensar la dotación completa. Pero aquellos gentiles deberían ser admitidos en términos similares a los requeridos a los prosélitos del judaísmo: debían ser circuncidados y asumir la obligación de guardar la ley de Moisés.

Pero parece claro que no se había insistido en estas condiciones. No parece que Cornelio y sus familiares hubieran sido presionados para cumplir con la circuncisión; y ciertamente, los convertidos gentiles en las recientemente evangelizadas ciudades al sur de Galacia, como aquellos de la misma Antioquía, habían sido bienvenidos a la comunión de la iglesia sin ser circuncidados. Hubo ciertamente algunos judíos en aquellos días que pensaban que el rito externo de la circuncisión podía ser omitido, con solo que su significado espiritual fuera entendido; pero estos no eran más que una pequeña minoría.[22] La gran mayoría, incluyendo a un tal helenizado judío como Filón de Alejandría,[23] insistía en la circuncisión como indispensable para todos los hombres en la comunidad de Israel, ya fuera que entraran por nacimiento o como prosélitos. Esta era probablemente la actitud de la tropa en la iglesia de Jerusalén—"celosos por la ley," como son llamados en una ocasión posterior (21:20). Para muchos de ellos la iglesia era el verdadero remanente del judaísmo, encarnando la esperanza ancestral a la cual todo Israel debía haber dado la bienvenida, preparándose para el inminente día del Señor: tolerar cualquier relajación en los términos del pacto con Abraham, sellados en la carne por la circuncisión, sería renunciar a toda pretensión de justicia para el remanente, a todo título de salvación en el día final. Si Pablo y Bernabé descuidaban hacer cumplir los requerimientos de la ley a los miembros gentiles de la iglesia de Antioquía y sus iglesias hermanas, había aquellos en la iglesia de

---

22. De acuerdo con Josefo (*Ant* 20.38–46), Ananías, el instructor judío de Izates, rey de Adiabene (*c*.40 d.C.), le aconsejó adorar a Dios conforme a la religión judía sin ser circuncidado; pero un visitante judío más estricto, Eleazar, lo persuadió para circuncidarse, ya que de otra manera Dios estaría disgustado con él. En los debates con la escuela de Shamai, algunos Hilelitas mantenían que, para que los gentiles se convirtieran en prosélitos del judaísmo, el bautismo inicial era suficiente aparte de la circuncisión (TB Y^{e}bāmôṭ 46a, baraita); pero esto parece haber sido más una proposición para el debate que un tema práctico.

23. Filón (*Migration of Abraham* 89–94) se opone a aquellos judíos que descuidan la observancia literal de las leyes ceremoniales basándose en que es suficiente aprender y practicar las lecciones espirituales que las leyes enseñan; "ni tampoco, porque la circuncisión significa apartarse del placer y de todas las pasiones y la destrucción de la gloria de los impíos,…vamos a abolir la ley de la circuncisión".

Jerusalén que estaban preparados para reparar dicha omisión, y fueron a Antioquía, la ciudadela de la cristiandad gentil, para repararla allí.

15:2 No fue suficiente dar rienda suelta a la disensión y discusión en Antioquía: todo el asunto tenía que ser debatido y decidido al más alto nivel. De otra manera, había grave peligro de una escisión completa entre las iglesias de Jerusalén y Judea por un lado y la iglesia de Antioquía y sus hermanas por otro. La iglesia de Antioquía, por tanto, envió a Pablo, a Bernabé, y a un grupo de miembros responsables para discutir el tema con los líderes de la iglesia de Jerusalén.[24]

2. Pablo y Bernabé suben a Jerusalén (15:3-5)

3 *Entonces, siendo enviados por la iglesia, pasaron a través de Fenicia y Samaria, contando la conversión de los gentiles, y llevando gran gozo entre los hermanos.*

4 *A su llegada a Jerusalén, fueron bien recibidos por la iglesia, y por los apóstoles y los ancianos, e informaron de todo lo que Dios había hecho a través de ellos.*[25]

5 *Pero algunos miembros del partido de los fariseos que eran creyentes, se levantaron y dijeron:*[26] *"Ellos*[27] *deben ser circuncidados, y mandarles que guarden la ley de Moisés".*

15:3 Pablo, Bernabé, y sus compañeros tenían que pasar a través de Fenicia y Samaria en su camino hacia el sur para ir a Jerusalén.[28] Aprovecharon la oportunidad para visitar los grupos cristianos de estas regiones y les contaron el éxito de la misión entre los gentiles. Como las iglesias de Samaria y Fenicia, también eran fruto de la misión helena que siguió a la muerte de Esteban (8:5–25; 11:19), ellos, naturalmente, se regocijarían con las noticias, sin ser molestados por los recelos que sentían tantos de los creyentes en Jerusalén.

15:4 Incluso en Jerusalén los líderes y los otros miembros de la iglesia escucharon con gran interés el informe de Pablo y Bernabé de "todo lo que Dios

---

24. Lucas no dice si de hecho tuvieron la oportunidad de discutir esta cuestión con los líderes de Jerusalén. En cuanto al informe del propio Pablo, la discusión que él y Bernabé tuvieron con aquellos líderes (dos apóstoles y un anciano, en la nomenclatura de Lucas) tenían que ver con otro tema (Gal. 2:6–9).

25. Comp. 14:27.

26. El texto Occidental no repite la referencia a los fariseos creyentes, ya introducida en el v. 1, sino que refunde el principio del v.5 así: "Pero aquellos que les pidieron que subieran a ver a los ancianos se pusieron de pie y dijeron".

27. Gr. αὐτούς, por ejemplo, los gentiles convertidos. El antecedente de αὐτούς no está expresado, excepto en la adición del texto Bizantino al final del v.4: "y que él había abierto una puerta de fe a los gentiles" (tomado de 14:27).

28. M. Hengel, (*Between Jesus and Paul*, E.T. [London, 1983], p. 123) señala que este texto refuta una frecuente interpretación incorrecta de Lucas 17:11, conforme a la cual Lucas ignoraba la geografía de Palestina, al mostrar que él sabía que Samaria se extendía inmediatamente al norte de Judea y era posible pasar directamente de Samaria y Fenicia.

había hecho con ellos," pero este interés de ningún modo involucraba satisfacción de todo corazón.

15:5 La voz de la insatisfacción se hizo oír especialmente por aquellos miembros de la iglesia de Jerusalén que estaban asociados con el partido de los fariseos. Los fariseos, como creyentes en la doctrina de la resurrección, podían convertirse al cristianismo sin renunciar a sus creencias distintivas: a lo que ellos ya creían, podían añadir que Jesús había sido resucitado de la muerte y era, por tanto, divinamente proclamado como Señor y Mesías. Pero si su cristianismo no iba más allá de esto, permanecerían legalistas de corazón—a diferencia de su ilustre compatriota fariseo Pablo, cuya entera perspectiva fue completamente reorientada por su experiencia en el camino de Damasco: no solamente le fue Jesús revelado como el Señor resucitado sino que fue llamado a predicar el Evangelio libre de la ley en su nombre. Los fariseos creyentes de la iglesia de Jerusalén eran naturalmente los líderes que insistían en que los gentiles convertidos debían ser instruidos para someterse a la circuncisión y a la obligación general de guardar la ley de Moisés que la circuncisión conllevaba.[29]

Las repeticiones en la tradición textual de los versos 1-5 sugieren que estos versos son la composición de Lucas, formando como una transición editorial desde el informe de la misión en Anatolia hasta el concilio apostólico.

3. La reunión del Concilio (15:6)

6 Así los apóstoles y los ancianos se reunieron para ver este asunto.[30]

15:6 Cuántos de los apóstoles estaban todavía residiendo en Jerusalén es incierto; probablemente aquellos que estaban disponibles fueron reunidos para esta consulta. Pedro seguramente regresó de su ministerio entre los judíos de la dispersión para estar presente.[31] Mientras otros miembros de la iglesia estaban presentes en la reunión,[32] la deliberación y decisión descansó sobre los líderes responsables. Evidentemente, ellos no tenían ninguna duda de su competencia para legislar en temas que afectaban a la misión gentil tanto como en temas que eran de su responsabilidad personal.

---

29. Comp. Gal. 5:3.

30. Una traducción literal del Gr. 'ιδεῖν περὶ τοῦ λόγου τούτου. Ver J. L. North, "Is ΙΔΕΙΝ ΠΕΡΙ *(Acts 15:6; cf. 18:15) a Latinism?" NTS* 29 (1983), pp. 264–65; sugiere que es una acuñación del análogo Latín *uidere de* (él encuentra otros dos ejemplos de la frase griega: Epictetus, *Dissertations* 1.17.10; 4.8.24).

31. Comp. O. Cullmann, *Peter: Disciple - Apostle - Martyr*, E.T., p. 50.

32. Comp. vv. 12 ("toda la congragación"), 22 ("toda la iglesia").

4. Discurso de Pedro (15:7-11)

7 *Después de un largo debate, Pedro se levantó³³ y se dirigió a ellos.³⁴ "Hermanos," dijo, "vosotros sabéis que hace mucho tiempo³⁵ Dios nos escogió³⁶ para que por mi boca los gentiles escucharan el mensaje del Evangelio y vinieran a la fe.*

8 *Dios, que conoce los corazones, dio testimonio a favor de ellos al darles³⁷ el Espíritu Santo como nos dio a nosotros:*

9 *no hizo distinción entre nosotros y ellos, sino que purificó³⁸ sus corazones por la fe.*

10 *Ahora pues, ¿por qué ponéis a prueba la paciencia de Dios (con esta propuesta) poniendo sobre la cerviz de aquellos discípulos un yugo que ni nosotros ni nuestros antepasados hemos sido capaces de llevar?*

11 *No: es por la fe en el Señor Jesús que nosotros somos salvos,³⁹ igual que ellos".⁴⁰*

15:7-9 Pedro, como líder de los apóstoles, habló sin ambigüedad en interés de la libertad del Evangelio. Había mantenido esta preocupación de todo corazón desde su visita a Cornelio en Cesárea: no se dio cuenta de que los estaba poniendo en peligro cuando hizo su retirada táctica de la mesa de comunión de los gentiles de Antioquía. "La figura de un San Pedro judaizante es un producto de los críticos de Tubinga sin base histórica".⁴¹

---

33. Después de "se levantó" el texto Occidental añade "en Espíritu," implicando que habló por inspiración.

34. Para "ellos" p^{45} lee "los apóstoles".

35. Gr. ἀφ' ἡμερῶν ἀρχαίων, "en los primeros días" (por ejemplo, de la historia de la iglesia).

36. Gr. ἐν ὑμῖν ἐξελέξατο, un semitismo para "te escogió" Comp. Neh. 9:7 (LXX 2 Esdr. 19:7), ἐξελέξω ἐν Ἀβραάμ, "escogiste a Abraham"; también 1 Sam. (LXX 1 Kms.) 16:9–10; 1 Reyes (LXX 3 Kms.) 8:16, 44; 1 Cron. 28:4–5. Ver G. Zuntz, *Opuscula Selecta*, pp. 250–51. Dios escogió a los apóstoles para que a través de uno de ellos (Pedro, como su representante) los gentiles escuchen el Evangelio.

37. Gr. δοὺς . . . καθαρίσας (v.9). Estos dos participios son ejemplo de "simultaneidad" y "coincidencia" del participio aoristo ("dando… purificando"): Dios testificó de la genuinidad de la fe de estas personas al darles el Espíritu y así purificó sus corazones en un momento regenerativo.

38. Gr. δοὺς (v.8). . . . καθαρίσας. Estos dos participios son ejemplo de "simultaneidad" y "coincidencia" del participio aoristo ("dando… purificando"): Dios testificó de la genuinidad de la fe de estas personas al darles el Espíritu y así purificó sus corazones en un momento regenerativo.

39. Gr. πιστεύομεν σωθῆναι, que podría significar o (1) "creemos que seremos salvos" (para el infinitivo aoristo en sentido de futuro comp. 2:30; 3:18), (2) "creemos que hemos sido salvados," o (3) "creemos así ser salvos" (infinitivo epexegetico), por ejemplo, somos salvos por fe (que parece ser lo más probable en este caso).

40. Gr. καθ' ὃν τρόπον κἀκεῖνοι. Aquí los cristianos gentiles son el criterio de comparación, como los cristianos judíos lo son al final del v. 8, καθὼς καὶ ἡμῖν (comp. 10:47, ὡς καὶ ἡμεῖς).

41. K. Lake, *The Earlier Epistles of St. Paul* (London, 1911), p. 116.

Él, ahora, recuerda a la compañía que el principio fundamental que estaban discutiendo se había resuelto cuando varios años antes, había sido guiado por Dios a la casa de Cornelio y los gentiles habían escuchado el Evangelio de su boca. En esta ocasión Dios les dio la señal de su aceptación de los gentiles, porque el Espíritu Santo vino sobre ellos cuando escucharon a Pedro, igual que había venido sobre Pedro y sus compañeros apóstoles en el primer Pentecostés cristiano. Cornelio y su familia ni siquiera habían hecho una confesión oral de su fe cuando el Espíritu Santo tomó posesión de ellos, pero Dios, que lee los corazones humanos, vio la fe en ellos. Y si Dios había aceptado a aquellos gentiles y había limpiado sus corazones y sus conciencias por la impartición del Espíritu Santo tan pronto como creyeron el Evangelio,[42] ¿por qué deberían imponérseles más condiciones—condiciones que Dios mismo sencillamente no requirió?

15:10-11 Además, el yugo que algunos de ellos estaban intentando imponer sobre los cristianos gentiles era uno que ellos mismos y sus antepasados habían encontrado demasiado pesado de llevar. El término "yugo" es particularmente apropiado en este contexto: un prosélito, comprometiéndose a guardar la ley de Moisés, se decía que "llevaba el yugo del reino de los cielos".[43]

No todos los judíos pensaban que la ley era una carga intolerable. Algunos pensaban que Dios había honrado a Israel al darles tantos mandamientos.[44] El autor del Salmo 119 encontraba en ellos su delicia; Filón declaró que no eran "demasiado numerosos o demasiado duros para la fortaleza de aquellos que eran capaces de hacer uso de ellos".[45] Pero Pedro hablaba como un representante del rango y filas de los judíos galileos. Él sabía bastante de rehusar la comida *no kosher* o de no confraternizar con gentiles (10:14, 28), pero él y la gente como él no podían esperar que supieran o practicasen todos los detalles de la tradición legal. En contraste con aquellas "cargas pesadas, difíciles de llevar" (Mt. 23:4), él y sus asociados habían aprendido a regocijarse en el Maestro de la carga ligera (Mt. 11:29-30). Reconocieron que su propia salvación era debida a la gracia de Cristo; ¿iban a reconocer un principio diferente y más oneroso para los creyentes gentiles?

---

42. Para la asociación de la purificación interna con la impartición del Espíritu comp. la variante al final de Lucas 11:2, "Permitamos que el Espíritu venga a nosotros y nos purifique" (162 700 Marcion Greg.-Nyss. Max. Conf.), que puede haber sido la sustitución de Marción para "Venga tu reino" (aunque B. H. Streeter, *The Four Gospels* [London, 1924], p. 277, considera muy probable que eso es lo que Lucas escribió).

43. Esta expresión venía a denotar la recitación de la Shemaʽ, la confesión de fe judía, "Escucha, Oh Israel ..." (Deut. 6:4-5). Aparece en este sentido en la Mishná, Bᵉrāḵôt 2.2, junto con la expresión "poner sobre uno mismo el yugo de los mandamientos" (recitándolos).

44. En cuanto al lugar de la ley en la vida judía del primer siglo ver Schürer II, pp. 464-87; E. P. Sanders, *Paul and Palestinian Judaism* (London, 1977), pp. 33-428; W. D. Davies, *Jewish and Pauline Studies* (London, 1984), pp. 3-26, con la bibliografía en p. 303.

45. *On Rewards and Punishments* 80.

Aquí Pedro desparece de la narración de Hechos;[46] en lo que a Lucas respecta, dice Martin Hengel, "la legitimación de la misión a los gentiles es virtualmente el último trabajo de Pedro".[47]

5. Pablo y Bernabé Informan al Concilio (15:12)

> 12 Luego[48] *la congragación permaneció en silencio, y escucharon a Bernabé y a Pablo que contaban todas las señales y maravillas que Dios había hecho a través de ellos entre los gentiles.*

15:12 Durante el silencio que siguió a la apelación de Pedro, Bernabé y Pablo (que son nombrados naturalmente en este orden cuando se trata de Jerusalén) añadieron más evidencias que probaban el argumento de Pedro. La mente de Dios en este asunto, decisivamente mostrada en la casa de Cornelio, había sido más ampliamente desplegada en la bendición que había otorgado a los creyentes gentiles de Antioquía y en su reciente misión en Chipre y Asia Menor. Pero Bernabé y Pablo hablaron como testigos, no como consultantes o como participantes en el debate; y en Jerusalén sus palabras no podían tener ningún peso comparable a las de Pedro. Ni siquiera las palabras de Pedro fueron decisivas, sin embargo, quedaba una voz por ser escuchada.

6. Resumen de Santiago (15:13-21)

> 13 *Cuando habían terminado de hablar, Santiago replicó (en el debate): "Hermanos, escuchadme.*
> 14 *Simeón[49] nos ha contado como Dios primero visitó a los gentiles para tomar pueblo de ellos para su nombre.*
> 15 *Esto concuerda con las palabras de los profetas, como está escrito:*
> 16 *'Después de esto regresaré*
> *Y reedificaré el tabernáculo caído de David:*
> *Reparare sus ruinas y lo volveré a levantar.*
> 17 *para recordar a la humanidad que debe buscar al Señor.*

---

46. Él había probablemente interrumpido la actividad misionera en la que ya se había embarcado después la dispersión para estar presente en el concilio. Ver O. Cullmann, *Peter: Disciple—Apostle—Martyr*, p. 50.

47. M. Hengel, *Acts and the History of Earliest Christianity*, E.T. (London, 1979), p. 125.

48. El Texto Occidental añade "cuando los ancianos habían dado su consentimiento a las palabras habladas por Pedro".

49. Gr. Συμεών (comp. 2 Pe. 1:1, Συμεὼν Πέτρος), la forma en la LXX de Simeón, se acerca más a la pronunciación Hebrea o Aramea que la habitual en el Nuevo Testamento de Σίμων.

18 incluidos todos los gentiles sobre los que mi nombre es invocado, dice el Señor que ha dado a conocer estas cosas desde la antigüedad.[50]
19 Por lo cual, yo dictamino que no se moleste a los gentiles que se han vuelto a Dios.
20 sino que se les envíe una carta ordenándoles que se abstengan de contaminarse con la idolatría, la fornicación, los animales estrangulados y la sangre.[51]
21 Después de todo, Moisés tiene desde hace muchas generaciones predicadores en cada ciudad;[52] es leído en las sinagogas cada sábado".

15:13 Los ojos de todos se volvieron a Santiago, el hermano del Señor, un hombre que tenía el respeto y la confianza de todos.[53] Si los ancianos de la iglesia de Jerusalén estaban organizados como una especie de Sanedrín Nazareno, Santiago era su presidente, *primus inter pares*. La prontitud de la iglesia en reconocer su liderazgo fue debido más a su carácter personal y a su historia que a su parentesco consanguíneo con el Señor. (Había otros hermanos, pero eran figuras en la sombra comparados con Santiago.) Cuando él dijo "Escuchadme"[54] le escucharon.

15:14 Santiago empezó resumiendo el discurso de Pedro (a quien se refiere como Simeón, la forma hebrea o aramea de su nombre personal). No se hace ninguna mención del informe que Bernabé y Pablo habían dado. Esto podría ser un gesto político: Santiago quería mantener a la difícil audiencia con él, y fue la actividad de Bernabé y Pablo la que había creado la situación que había levantado tal aprensión en las mentes de la tropa de Jerusalén.

La traducción al inglés de las palabras, "Dios visitó primero a los gentiles para tomar de ellos pueblo para su nombre," a penas refleja la fuerza paradójica del griego. En el Antiguo Testamento las "naciones" o "gentiles" (Gr. ethnē) están en contraste con el "pueblo" (Gr. laos), es decir, Israel. Cuando Moisés dice a los Israelitas en Deut. 14:2, "Yahweh te ha escogido para ser un *pueblo* para su propia posesión, de entre todas las *naciones* que están sobre la faz de la tierra," la versión griega utiliza *laos* para "pueblo" contra *ethnē* para "naciones"; los dos términos

---

50. El Texto Occidental refunde estas palabras: "dice el Señor, que hace estas cosas. Conocido desde la antigüedad que es la obra del Señor" (El Texto Bizantino: "...son todas sus obras").

51. Gr.τοῦ ἀπέχεσθαι τῶν ἀλισγημάτων τῶν εἰδώλων καὶ τῆς πορνείας καὶ πνικτοῦ καὶ τοῦ αἵματος. El Texto Occidental omite καὶ πνικτοῦ, y después de αἵματος añade καὶ ὅσα μὴ θέλουσιν ἑαυτοῖς γίνεσθαι ἑτέροις μὴ ποιεῖν. P^{45} omite καὶ τῆς πορνείας (la evidencia no está disponible para la repetición del decreto en v. 29 y 21:25). Ver p. 309; n. 71.

52. P^{45} omite "en cada ciudad".

53. Ver 12:17.

54. Comp. Stg. 2:5, "Escuchad, mis queridos hermanos". J. B. Mayor (*The Epistle of St. James* [London, 1897], pp. iii-iv) ha enumerado lo que él llama "acuerdos notables entre este discurso y la carta de Santiago".

se oponen el uno al otro.⁵⁵ Pero cuando Santiago usa estos dos mismos términos, no dice que Dios tomó un pueblo *en contraste con* los gentiles, sino que toma un pueblo *constituido por* gentiles—una "asombrosa paradoja," como Bengel dice.⁵⁶ La *Referencia de la Biblia de Scofield,* en su nota de texto, tiene un punto llamado "dispensacionalmente,... el pasaje más importante del Nuevo Testamento". Lo que Santiago afirma concisamente aquí está implícito a través del Nuevo Testamento: un ejemplo es 1 Pe. 2:9, donde la descripción de Dios sobre el regreso del exilio de Judá, "el pueblo que formé para mí mismo, declarará mis alabanzas" (Is. 43:21), es aplicado a los gentiles convertidos al cristianismo. Comp. también Ti. 2:14.

15:15-18 Así la iniciativa de Dios de "visitar a los gentiles" fue evidente cuando Él envió a su Espíritu a Cornelio y a su familia mientras escuchaban la predicación de Pedro. Pero Él había predicho su acción a través de los profetas. Para demostrarlo Santiago cita Amós 9:11–12.

Este oráculo de Amós es citado principalmente de la versión LXX. Las variantes principales de la LXX son la sustitución de "en aquel día" por "después de esto yo regresaré" (Jer. 12:15) al principio de la cita, y la sustitución de "quién hace esto" por "quién hace estas cosas conocidas desde la antigüedad" (comp. Isa. 45:21) al final. Más llamativas son las desviaciones de la LXX del Texto Masorético, especialmente en la redacción de la frase "que puedan poseer el remanente de Edom". El sentido principal del Texto Masorético es que Dios restaurará las fortunas caídas de la casa real de David, para que reine sobre todo el territorio que una vez estuvo incluido en el imperio de David, no solamente lo que queda de los edomitas sino también "todas las naciones que son llamadas por mi nombre". La redacción de la LXX incluye dos lecturas o variantes,⁵⁷ pero el resultado es una completa espiritualización del pasaje: "que ellos puedan poseer el remanente de Edom" se convierte en "que el resto de la humanidad pueda buscar" (el objeto de "buscar" no está expresado en la LXX, pero el objeto implícito está claramente en "a mi"—que es, "el Señor," como la cita de Santiago dice claramente). La espiritualización de la LXX está en línea con la misión de Israel de traer el conocimiento del Dios verdadero a los gentiles. Allanando así el camino para la aplicación de Santiago de la profecía a la iglesia de la misión gentil. Ya ha sido enfatizado en Hechos que, por la resurrección y exaltación de Jesús, el Hijo de

---

55. El equivalente habitual Hebreo de ἔθνη es gôyîm y de λαός 'am; en Deut. 14:2, sin embargo, es TM 'ammîm, no gôyîm, que es traducido ἔθνη en la LXX.

56. *Egregium paradoxon* (J. A. Bengel, *Gnomon Novi Testamenti* [London, ³1862], p. 449). Ver N. A. Dahl, "A People for his Name (Acts xv. 14)," *NTS* 4 (1957–58), pp. 319–27; J. Dupont, "Un Peuple d'entre les Nations," *NTS* 31 (1985), pp. 321–35.

57. La LXX (ἐκζητήσωσιν) presupone el Heb.yiḏᵉšû ("puedan buscar") en vez del TM yîrᵉšû ("puedan poseer") y la vocalización y ("humanidad," "género humano") en vez del TM 'eḏōm ("Edom"); además, ignora la partícula 'eṯ delante de šᵉ'ērîṯ, que lo señala como el objeto del verbo; su traducción del griego οἱ κατάλοιποι τῶν ἀνθρώπων lo trata como el sujeto.

David, Dios ha cumplido sus promesas dinásticas a David (comp. el argumento de Pedro en 2:25-36 y a Pablo en 13:23, 32-37). Esto puede ser lo que se entiende aquí como levantar el tabernáculo caído de David. Pero la prometida extensión de la soberanía de la casa de David sobre los gentiles está teniendo lugar aquí y ahora, dice Santiago, a través de la misión gentil: sobre un área muchísimo más amplia de la que David gobernó nunca, hombres y mujeres de la sociedad gentil están comprometiéndose con el Tataranieto de David sin demora y con una lealtad voluntaria y gozosa.

"El resto de la humanidad" incluye a los gentiles—"todos aquellos gentiles sobre los que mi nombre ha sido invocado" (por ejemplo, en el bautismo). Una fraseología similar aparece en Santiago 2:7, donde a los lectores se les recuerda "ese honorable nombre invocado sobre vosotros".

La misión gentil, por tanto, es la obra de Dios: Él la dio a conocer "desde la antigüedad" y ahora ha hecho que suceda.

Puede preguntarse si es posible que Santiago haya citado la versión de la LXX en este contexto. Quizá no (la elección de la LXX es probablemente de Lucas); pero ya se ha señalado que "incluso nuestro texto Masorético Hebreo hubiera servido al propósito presente de forma admirable, ya que predice que "el tabernáculo de David, es decir, la iglesia del Mesías, ganaría la posesión de todas las naciones que son llamadas por el nombre [del Dios de Israel]".[58]

Ha sido reconocido que el discurso de Santiago toma la forma conocida por los rabinos como una respuesta y^{e}lamm^e ḏēnû, en la que se apela a las Escrituras para confirmar lo que ya ha sido dicho o hecho y lo que está a punto de ser decidido.[59]

15:19 La cita de Amós no responde a la pregunta sobre la circuncisión: se podría argumentar que los gentiles sobre quienes el nombre del Señor es invocado responderían a la invocación siendo circuncidados. Pero Santiago no acepta este argumento. De hecho, él no menciona la circuncisión, pero cuando establece que los judíos creyentes deberían "dejar de molestar"[60] a los convertidos gentiles repite en diferentes términos la protesta de Pedro de poner sobre la cerviz de los convertidos un yugo intolerable. La demanda de esta circuncisión llevaba con ella

---

58. C. C. Torrey, *Composition and Date of Acts* (Cambridge, MA, 1916), pp. 38-39. Así también C. Rabin : "El TM apoyaría ciertamente la exégesis ofrecida aquí" (*The Zadokite Documents* [Oxford, ²1958], p. 29).

59. Como respuesta a la petición y^{e}lamm^{e}ḏēnû rabbēnû, "que nuestro maestro nos enseñe". Ver J. W. Bowker, "Speeches in Acts: A Study in Proem and Y^{e}lamm^{e}ḏēnû Form," *NTS* 14 (1967-68), pp. 96-111 (especialmente pp. 107-9).

60. Gr. μὴ παρενοχλεῖν. Ver G. Zuntz, *Opuscula Selecta*, p. 240 con n. 3.

la obligación de asumir tal yugo: el "dejar de molestar" de Santiago significa en efecto "dejar de demandar la circuncisión".[61]

15:20 Allí había, sin embargo, un problema práctico. En la mayoría de las ciudades los gentiles creyentes tenían que vivir junto a los judíos creyentes, que habían sido educados para observar las restricciones levíticas de la comida y evitar el contacto con gentiles tanto como fuera posible. Si tenía que haber una libre asociación entres estos dos grupos, ciertas pautas generales debían ser establecidas, especialmente con respecto a la mesa de comunión. Los miembros de la iglesia de Jerusalén podían tener poca experiencia con este problema social en casa, pero les molestaba oír que judíos cristianos en otros lugares se asociaban con cristianos gentiles de una manera totalmente relajada, como si la restricción de alimentos consagrada por el tiempo, ya no tuvieran validez alguna. El incumplimiento inicial del convenio por parte de Pedro al entrar en la casa de Cornelio había sido pasado por alto, ya que actuó bajo coacción divina; pero sentarse a la mesa con los cristianos gentiles de Antioquía causó un grave escándalo en Jerusalén. Los lectores actuales del Nuevo Testamento están familiarizados con la actitud totalmente emancipada de Pablo a este respecto, y uno puede ser tentado a creer que esa era la tónica general en aquel momento; pero de hecho, Pablo fue probablemente bastante excepcional en este aspecto (como en algunos otros) entre los judíos creyentes.

Santiago, por tanto, dio como su juicio ponderado que los cristianos gentiles deberían ser dirigidos a evitar la comida que había estado asociada con la idolatría y la carne de animales cuya sangre no había sido completamente drenada, y que deberían amoldarse al código judío en las relaciones entre sexos en vez de permanecer en el modelo pagano en el cual habían estado viviendo hasta ahora.

Es natural que, cuando la piedra de tropiezo de la circuncisión había sido removida, se hiciera para proveer un *modus vivendi* práctico para los dos grupos de personas procedentes de tan diferentes formas de vida. El *modus vivendi* fue probablemente similar en términos, a aquellos que los judíos de la dispersión encontraron posible, para tener, en alguna medida, comunión con los gentiles temerosos de Dios. La prohibición de comer carne con sangre (incluida la carne de animales estrangulados) estaba basada en el "decreto de Noé" de Ge. 9:4.[62] En un momento posterior, cuando el tema tratado por el concilio apostólico ya no era un tema candente, los cambios provisionales hechos por Santiago y adoptados por los otros líderes, fueron modificados convirtiéndose en mandamientos judi-

---

61. Esta decisión, a pesar de las condiciones que conllevaba, debe haber comprometido a la iglesia delante de sus vecinos judíos: se requería no poca valentía y "daba testimonio de una gran magnanimidad que difícilmente puede ser entendida excepto por el sentido de obligación...seguir el propósito del mensaje de Jesús" (M. Hengel, *Victory over Violence* E.T. [London, 1975], p. 87).

62. Comp. Lev. 17:10; Deut. 12:16, 23–25.

ciales puramente éticos; así, el Texto Occidental hace que Santiago proponga a los gentiles convertidos "abstener de idolatría, de fornicación y de derramamiento de sangre,[63] y de no hacer a otros lo que no les gustaría que les hicieran a ellos".[64]

15:21 Esta política, argumenta Santiago, no funcionaria en detrimento de la misión de Israel al mundo gentil; había todavía amplia oportunidad para los gentiles para aprender la ley de Moisés, porque se leía públicamente cada sábado en las sinagogas a través de todo el mundo civilizado. Pero con respecto a los gentiles convertidos al cristianismo, "Moisés, por así decirlo, no sufría ninguna pérdida, al no obtener la lealtad de los que nunca había sido suyos".[65] Esta observación quizá tenía la intención de calmar la aprensión de los creyentes fariseos, a cuyos ojos era especialmente importante que toda la Torah fuera enseñada entre los gentiles; esto, dijo Santiago, estaba haciéndose ya en las sinagogas.

7. La carta apostólica a los cristianos gentiles (15:22-29)

22 *Entonces los apóstoles y los ancianos, con toda la iglesia, resolvieron seleccionar hombres de sus filas y enviarlos a Antioquía en compañía de Pablo y Bernabé—Judas (de sobrenombre Barsabás) y Silas, varones líderes entre los hermanos.*

23 *A través de ellos escribieron una carta como sigue: "Los apóstoles y los ancianos, vuestros hermanos,[66] , a los hermanos gentiles de nacimiento en Antioquía, Siria y Cilicia: Saludos.*

24 *Hemos oído que algunos de los nuestros os han confundido con sus argumentos, inquietando[67] vuestras mentes,[68] aunque nosotros no les dimos semejantes instrucciones;*

---

63. Idolatría, fornicación y asesinato son los tres pecados cardinales para los judíos; evitarlos se consideraba vinculante para toda la raza humana. Durante la severa represión que siguió al aplastamiento de la revuelta de Bar-kokhba (135d.C.), los rabinos de Lida establecieron, que si la vida de un judío estuviera en peligro, podría romper cualquiera de los mandamientos excepto aquellos que prohibían estas tres cosas. Pero la situación que estaba tratando el Concilio de Jerusalén era bastante diferente.

64. La forma negativa de la Regla de Oro aparece en otros lugares de la literatura judía y cristiana; comp. Tobit 4:15; *Didachēi* 1.2; TB Shabbāṯ 31a; 'Aḇôṯ de-R Nathan 2.26. La idea de que la forma positiva de la Regla de Oro (comp. Mt. 7:12) es peculiar del cristianismo y desconocida para el judaísmo es un error; aparece por ejemplo en Maimonides (*The Code of Maimonides*, E.T. 14 [New Haven, 1949], p. 200).

65. R. B. Rackham, *The Acts of the Apostles* (London, [6]1912), p. 254. Otra interpretación hace que Santiago quiera decir que, ya que las comunidades judías están en cada ciudad, sus escrúpulos deben ser respetados.

66. Gr. οἱ ἀπόστολοι καὶ οἱ πρεσβύτεροι ἀδελφοί.

67. Gr. ἀνασκευάζοντες, metáfora militar, saquear una ciudad.

68. Muchos testigos Occidentales añaden "diciendo que deberían ser circuncidados y guardar la ley".

25 *por tanto, hemos resuelto, habiendo alcanzado un acuerdo unánime en este asunto, seleccionar hombres y enviarlos a vosotros en la compañía de nuestros queridos amigos Bernabé y Pablo.*
26 *que han expuesto sus vidas por el nombre de nuestro Señor Jesucristo.*[69]
27 *Los hombres que os enviamos son Judas y Silas, y ellos os darán el mismo mensaje personalmente.*
28 *El Espíritu Santo y nosotros hemos resuelto no imponer ninguna carga más sobre vosotros que ésta: es necesario*[70]
29 *que os abstengáis de la comida sacrificada a los ídolos, de sangre, de ahogado y de fornicación.*[71] *Si os guardáis de estas cosas vosotros mismos, bien haréis.*[72] *Que sigáis bien".*

15:22 La propuesta de Santiago fue elogiada por sus propios colegas, y parece haber ganado al menos la aquiescencia de la iglesia de Jerusalén en general. Los líderes de la iglesia seleccionaron a dos personas para ir a Antioquía y llevar las conclusiones del concilio de la iglesia de esa ciudad. De estos dos mensajeros, Judas—que tenía el mismo sobrenombre que el José mencionado en 1:23—no aparece excepto en este pasaje. El otro, Silas, continúa apareciendo en la narrativa de Hechos como un compañero de Pablo en la evangelización Filipo, Tesalónica y Corinto. Es sencillamente el mismo Silvano de las cartas de Pablo (2 Cor. 1:19; 1 Tes. 1:1; 2 Tes. 1:1); su relación con el Silvano mencionado en 1 Pe. 5:12 es incierta. Es una exégesis absurda identificar a Judas y Silas con los emisarios problemáticos de Santiago mencionados por Pablo en Gal. 2:12.[73]

---

69. El Texto Occidental añade "en cada juicio".

70. Traduciendo πλὴν τούτων ἐπάναγκες (א* Δ 33 *pc*). Muchos manuscritos leen "estas cosas necesarias" (τούτων τῶν ἐπάναγκες א² B C Ψ 81 614 945 1175 1739 *al* o τῶν ἐπάναγκες τούτων byz).

71. El Texto Occidental omite "de carne estrangulada" y añade la Regla de Oro negativa, como en v. 20. Tertuliano omite "de carne estrangulada" pero no añade la Regla de Oro negativa; algunos Manuscritos de la versión Vulgata Latina omiten "y de la fornicación". Algunos han sugerido que las factores en común más frecuentes de las lecturas de los versos 20 y 29 representan el texto original: que el decreto era exclusivamente sobre la ley de la comida, prohibiendo comer carne que había sido sacrificada a divinidades paganas y carne cuya sangre no había sido completamente drenada; y que esta doble prohibición fue más tarde ampliada de diversas formas de lo cual nuestros diferentes manuscritos dan testimonio. Ver P. H. Menoud, "The Western Text and the Theology of Acts," *SNTS Bulletin* 2 (1951), pp. 19–32, especialmente pp. 22–28; C. S. C. Williams, *Alterations to the Text of the Synoptic Gospels and Acts* (Oxford, 1951), pp. 72–75; para la opinión de que era una triple prohibición, omitiendo la referencia a la fornicación, ver G. Zuntz, *Opuscula Selecta*, pp. 224–29.

72. El Texto Occidental característicamente añade "llevándose acabo por el Espíritu Santo". (comp. 2 Pe. 1:21).

73. Así H. Lietzmann, *The Beginnings of the Christian Church*, p. 108. D. W. B. Robinson, "The Circumcision of Titus, and Paul's Liberty," *Australian Biblical Review* 12 (1964), pp. 40–41, lee τινα mejor que τινας en Gal. 2:12 (ver n. 10), trata la forma como neutro plural y toma "ciertas

15:23 Judas y Silas fueron no solamente para comunicar las conclusiones del concilio a la iglesia de Antioquía personalmente, sino también para llevar una carta de los apóstoles y ancianos de Jerusalén. Los que la envían se llaman a sí mismos "los apóstoles y los ancianos, vuestros hermanos" (así NIV; o similar RSV). La traducción "los apóstoles y los hermanos ancianos" podría recomendarse también como más natural, pero ya que los "hermanos ancianos" (en un sentido religioso) es una locución sin paralelo en el Nuevo Testamento, sería mejor tomar "hermanos" como aposición de "apóstoles y ancianos".[74] La carta está dirigida a los cristianos gentiles de Antioquía y de la provincia unida de Siria-Cilicia de la que Antioquía era la capital. Las recientemente fundadas iglesias del sur de Galacia podrían haber estado incluidas en el ámbito de la carta, pero no son mencionadas.

15:24-27 Ya que el problema había sido causado por la actividad no autorizada de los anteriores visitantes de Jerusalén a Antioquía (v. 1), era necesario enfatizar que los presentes delegados, cuyo trabajo era deshacer el daño causado por los visitantes anteriores, fueron completamente acreditados por la iglesia de Jerusalén. Una nota conciliadora fue añadida, deliberadamente amistosa, en referencia a Bernabé y a Pablo y a los peligros que habían sufrido por su trabajo de evangelización.

15:28 Las palabras "ha parecido bien al Espíritu Santo y a nosotros," que son los términos en los que la decisión del concilio han sido introducidos, subrayan el papel de la iglesia como vehículo del Espíritu. "No hay paralelo," dice Wilfred Knox, "para pronunciar tal frase con respecto a una decisión corporativa por un órgano de decisión".[75] Tan conscientes eran los líderes de la iglesia de estar poseídos y controlados por el Espíritu que se le menciona primero como el principal autor de su decisión.

Se ha señalado la importancia del hecho de que ninguno de los verbos griegos de mandato es utilizado cuando se transmiten las directrices del concilio.[76] Pero la forma de las palabras utilizadas, "Se ha resuelto," es bastante autoritativa: era una formula ampliamente usada en el lenguaje imperial y otros decretos de

---

cosas" como el contenido del decreto; para el punto de vista de que la disputa de Gal. 2:11–14 fue precipitada por la llegada del decreto a Antioquía ver también D. R. Catchpole, "Paul, James and the Apostolic Decree" (p. 282, n. 1); J. D. G. Dunn, "The Incident at Antioch," *JSNT*, issue 18 (1983, pp. 3–57).

74. W. L. Knox (*The Acts of the Apostles*, p. 50) considera la inusual expresión οἱ πρεσβύτεροι ἀδελφοί como una de las peculiaridades en esta carta "lo cual sugiere que estamos tratando con un documento original que Lucas copió más o menos palabra por palabra". Comp. E. A. Judge, quien dice con respecto a esta carta y aquella de Lisias (23:26–30), "Debemos preguntar... si el propósito del autor de Hechos no era que sus lectores las tomaran como la cita directa de las transcripciones que él tenía disponibles" (*New Docs.* 1 [1976], § 26, p. 78).

75. *The Acts of the Apostles*, p. 50, n. 1.

76. Comp. F. J. A. Hort, *The Christian Ecclesia* (London, 1897), p. 82.

gobierno. Además, las cuatro abstenciones prescritas se dice que son "necesarias· no opcionales. A parte de las cuales, sin embargo, ninguna otra carga fue impuesta sobre los gentiles: eso incluiría la circuncisión y otras obligaciones legales, parte del "yugo" del que Pedro dijo que no deberían estar obligados a llevar.

15:29 Las cuatro cosas de las que debían abstenerse son las indicadas por Santiago en su resumen. Su más general "contaminación idolátrica" es reemplazada por el más especifico "comida que ha sido sacrificada a los ídolos". Se podía ofrecer comida de varios tipos a los ídolos, pero la carne de animales sacrificados es lo que se tiene en mente aquí: "solamente podía ofrecerse un animal de suficiente tamaño como para que una parte vendible sobrara después del sacrificio".[77] Tal carne (que sería de primera calidad) era libremente expuesta para la venta en las carnicerías de las ciudades paganas, ya que los templos recibían más de la que podrían usar; la cuestión de comerla (ya fuera que su origen fuera conocido o desconocido) era un asunto de conciencia para algunos cristianos gentiles, como muestra la correspondencia de Pablo a los Corintios.[78] El decreto de Jerusalén lo prohíbe por completo. También prohíbe comer la carne de animales estrangulados, o la sangre en forma alguna.

La prohibición de la fornicación, entendida en términos generales, es una prohibición ética en todas las formas de texto (Occidental u otros), pero la palabra puede ser utilizada aquí en un sentido más especializado, de matrimonio dentro de los grados de consanguinidad o afinidad prohibidos por la legislación en Lev. 18:6–18. Es usada en este sentido en 1 Cor. 5:1 y también posiblemente en las "clausulas de a excepción de" en Mat. 5:32 y 19:9.[79] La fornicación en general, como el culto a los ídolos en general, fue descartado por los principios más fundamentales de la instrucción cristiana.

El decreto es considerado irrevocable en las cartas a las siete iglesias proconsulares de Asia (Ap. 2:14, 20). Hacia el final del segundo siglo el decreto es observado por las iglesias del valle de Rhone (que estaban estrechamente relacionadas

---

77. *New Docs.* 2 (1977), § 7, p. 37. El término εἰδωλόθυτον fue usado por judíos y cristianos, para los que la divinidad pagana era un mero ídolo; un pagano lo llamaría ἱερόθυτον (cf. 1 Cor. 10:28).

78. Ver p. 285. C. K. Barrett, "Things Sacrificed to Idols," *NTS* 11 (1964–65), pp. 138–53, sugiere que el tema cobró importancia en la iglesia de Corinto porque se intentó imponer el decreto allí.

79. Ver F. Hauck/S. Schulz, *TDNT* 6, p. 593 (*s.v.* πορνεία); W. K. L. Clarke, *New Testament Problems* (London, 1919), pp. 59–65; J. Bonsirven, *Le divorce dans le Nouveau Testament* (Paris, 1948), pp. 46–60; W. A. Heth and G. J. Wenham, *Jesus and Divorce* (London, 1984), pp. 153–68. Heb. zᵉnût se utiliza en un sentido especializado similar (CD 4.17). Pero G. Zuntz desestima esta interpretación restrictiva de πορνεία en el decreto como una "ilusión" (*Opuscula Selecta*, p. 228).

con aquellas de Asia) y de la provincia de África.[80] Hacia finales del siglo IX los términos del decreto, junto con la Regla de Oro negativa, fueron incluidas por el rey inglés Alfred en el preámbulo de su fuero.

8. La iglesia de Antioquía recibe la carta apostólica (15:30-35)

> 30 *Fueron despedidos, y luego bajaron a Antioquía. Allí reunieron a la congregación y les entregaron la carta.*
> 31 *Cuando los de Antioquía la leyeron, se regocijaron por la consolación.*
> 32 *Judas y Silas, que también eran profetas ellos mismos,[81] dieron mucho ánimo a los hermanos personalmente, y los fortalecieron.*
> 33 *Después de pasar un tiempo allí, los hermanos los enviaron de regreso con saludos de paz[82] a aquellos que los habían comisionado a ellos.[83]*
> 35 *Pero Pablo y Bernabé permanecieron en Antioquía, enseñando y predicando la palabra de Dios junto con muchos otros.*

15:30-35 Las noticias desde Jerusalén trajeron un gran alivio a los gentiles cristianos de Antioquía. Probablemente las restricciones escritas en la carta no suponían ninguna carga; en cualquier caso, eran un pequeño precio a pagar para evitar la repetición de la embarazosa situación ocasionada por los anteriores visitantes de Santiago. En los términos prescritos, la mesa de comunión entre judíos y gentiles creyentes podría ahora ser reanudada. (Lo que Pablo pensaba acerca de ellos puede ser inferido por sus cartas más que por el informe de Lucas.) Más allá de los ánimos contenidos en la carta apostólica, la iglesia recibió un mayor estimulo del ministerio profético de Judas y Silas,[84] quienes pasaron un tiempo en Antioquía antes de regresar a Jerusalén. Cuando se preparaban para su viaje de regreso a casa, fueron los de Antioquía los que les despidieron con "¡la paz

---

80. Eusebio, HE 5. 1.26, informa de uno de los mártires de Viena y Lion que protestaba, "¿Cómo podrían los cristianos comer niños, si no se les permite ni beber la sangre de una bestia?" Así también Tertuliano: "Nos abstenemos de comer animales estrangulados y aquellos que han muerto por ellos mismos" (*Apology* 9.13).

81. El Texto Occidental añade "lleno del Espíritu Santo".

82. Lit., "con paz" (μετ' εἰρήνης), por ejemplo, en los saludos "Ve en paz" o "La paz sea contigo".

83. El Occidental añade, "Pero Silas resolvió permanecer allí; solo fue Judas," fue diseñado para asfaltar el camino para el v. 40 (lo cual no necesariamente implica que Silas estaba todavía en Antioquía; en cualquier caso, hay un cambio de fuente entre este párrafo y el siguiente). La primera de las dos cláusulas fue tomada del texto Bizantino, y aparece como el v. 34 en el *textus receptus* (cf. KJV).

84. La afirmación de que ellos "eran también profetas" puede implicar que añadieron su don profético a aquellos "profetas y maestros" de la iglesia local (13:1).

sea con vosotros!" sonando en sus oídos. Después de su partida, Pablo y Bernabé permanecieron en Antioquía un poco más, sirviendo al Señor en la iglesia juntos con sus colegas en el ministerio. (El verso 35 repite más completamente la declaración de 14:28.)

V. PABLO ABANDONA ANTIOQUÍA Y SE DIRIGE AL MUNDO EGEO (15:36-19:20)

A. *LAS NUEVAS IGLESIAS VISITADAS DE NUEVO (15:36-16:5)*

1. Pablo y Bernabé se separan y Pablo toma a Silas como compañero (15:36-41)

36 *Después de algún tiempo[85] Pablo dijo a Bernabé, "Volvamos y visitemos a los hermanos en todas las ciudades donde predicamos la palabra del Señor, y veamos como están".*

37 *Bernabé deseaba llevar consigo a Juan, de sobrenombre Marcos, con ellos.*

38 *Pero Pablo se negaba a llevarlo con ellos,[86] porque se había apartado de ellos en Panfilia y no había ido con ellos a la obra.*

39 *El desacuerdo entre ellos fue tal, que se separaron. Bernabé tomó a Marcos y navegaron hacia Chipre.*

40 *Pero Pablo escogió a Silas y salió, habiendo sido encomendado por los hermanos a la gracia del Señor.*

41 *Viajó a través de Siria y Cilicia, fortaleciendo a las iglesias.[87]*

15:36-39 La historia del desacuerdo entre Pablo y Bernabé no resulta agradable de leer. Pero el realismo de Lucas al registrarlo nos ayuda a recordar que estos dos hombres, como ellos mismos dijeron a la gente de Listra, eran "seres humanos con sentimientos" como cualquier otro. Lucas no relata la discusión de modo que da la razón a Pablo y se la quita a Bernabé. En vista de la moderación de Lucas, es ocioso para el lector intentar asignar la culpa.

Cuando Pablo le propone a Bernabé visitar las Iglesias que habían plantado durante su reciente *tour* por Chipre y el centro de Anatolia, Bernabé está

---

85. Una nota de tiempo bastante indefinida (Gr. μετὰ ... τινας ἡμέρας), aquí probablemente marcando la transición de una fuente a otra.

86. En v. 37 "se llevaron con ellos" traduce el infinitivo aoristo griego (συμπαραλαβεῖν), en v. 38 "llevarse" traduce el infinitivo de presente (συμπαραλαμβάνειν). Con este "delicado matiz" J. H. Moulton señala, "Bernabé, en riesgo de olvidar fácilmente, desea συνπαραλαβεῖν a Marcos—Pablo rehúsa συνπαραλαμβάνειν, tener con ellos día tras día a alguien que había demostrado ser poco fiable" (MHT I, p. 130). Para el verbo comp. 12:25.

87. El Texto Occidental añade "entregándoles las ordenanzas de los ancianos" (comp. 16:4).

de acuerdo, y sugirió que deberían llevar a Marcos con ellos, como habían hecho la ocasión anterior. Pero Pablo, creyendo que la partida de Marcos de Perge durante su primer viaje había sido injustificada,[88] y probablemente estimando que revelaba algún defecto de carácter que lo hacía inadecuado para tal trabajo, rehusó a quema ropa llevárselo de nuevo. Podemos pensar que hubiera sido necio por parte de Marcos unirse a otra expedición misionera en la que Pablo era uno de los líderes. Por otra parte, Bernabé probablemente discernió cualidades prometedoras en su joven sobrino, que podría desarrollar mejor bajo su cuidado que con el de Pablo. Le hizo bien a Marcos pasar más tiempo en compañía de tal "hijo de consolación"; eventualmente sus latentes cualidades alcanzarían madurez completa y fue reconocido a su debido tiempo por el propio Pablo (Col. 4:10; Filp. 23; 2 Tim. 4:11).

Es una pena que se permitiera que la disputa llegara a generar tal amargura; podría no haberlo hecho así, excepto por el recuerdo del incidente en Antioquía cuando "incluso Bernabé", como dice Pablo, siguió el ejemplo de Pedro retirándose de la sociedad de los cristianos gentiles.[89] Después de eso, es dudoso si Pablo y Bernabé podría volver a ser tan felices en su asociación como lo habían sido antes. La antigua confianza mutua había sido dañada y no podría ser restaurada: "nunca volvió una mañana de feliz confianza". No es la política de Lucas registrar tales desacuerdos sobre cuestiones de principios generales, pero los desacuerdos en temas generales que registra aquí pueden ser leídos con gran comprensión a la luz del informe de Pablo en su carta a los Gálatas. Incluso así, este desacuerdo fue sobreseído para bien: en vez de una expedición misionera y pastoral hubo dos. Bernabé tomó a Marcos y fueron a Chipre para continuar la evangelización en su isla nativa; Pablo visitó las jóvenes iglesias de Anatolia.

15:40-41 Pablo ahora tenía que encontrar un nuevo compañero de viaje. Había tenido la oportunidad, durante la reciente visita a Antioquía de Judas y Silas, para hacer una evaluación de Silas, y en muchos sentidos había encontrado su alma gemela.[90] Lucas, verdaderamente, intenta que sus lectores identifiquen al Silas al que Pablo había escogido como su compañero, con el Silas que con Judas Barsabás, habían llevado la carta apostólica desde Jerusalén a Antioquía, y no hay ninguna buena razón para cuestionar esta identificación. No solo se encomienda a Pablo como un colega genial; sería ventajoso tener un miembro destacado de la iglesia de Jerusalén como su compañero. Parece, además, por la historia de sus aventuras en Filipo, que Silas como el mismo

---

88. Comp. 13:13b (pp. 250–51).

89. Gal. 2:13.

90. F. C. Burkitt, aventurándose a conjeturar, dice, "yo diría que Silas había oído a San Esteban con mucho gusto" (*Christian Beginnings* [London, 1924], p. 133).

Pablo y Bernabé se separan y Pablo toma a Silas como compañero (15:36-41)

Pablo, era un ciudadano romano (16:37–38); así Pablo se libraría de la situación embarazosa de reclamar privilegios o excepciones cívicas para sí que su colega no pudiera compartir. Encomendados de nuevo a la divina gracia por la iglesia de Antioquía, como en la ocasión anterior cuando se puso en camino con Bernabé (13:3),[91] Pablo fue con Silas a través de las ciudades de Siria y Cilicia, animando a los creyentes y fortaleciendo a las iglesias.

---

91. Pero Antioquía no sirvió como base misionera de Pablo por más tiempo; su centro de operaciones se trasladó durante los siguientes años al oeste del mundo Egeo.

HECHOS 16

2. Pablo y Silas en el sur de Galacia; Timoteo se une a ellos (16:1-4)

1 *Después llegó¹ a Derbe y a Listra. Ahora bien, en este último lugar había un discípulo llamado² Timoteo, el hijo de una mujer judía que era creyente, aunque su padre era griego.*
2 *del que daban buen testimonio los hermanos de Listra e Iconio.*
3 *Pablo quiso que éste fuera con él, así que lo tomó y lo circuncidó por causa de los judíos de aquellos lugares. (Todos sabían que su padre era griego.)*
4 *Y a medida que pasaban por las ciudades, les entregaban los acuerdos tomados por los apóstoles y los ancianos de Jerusalén.³*

16:1-2 Después de pasar por Cilicia, Pablo y Silas cruzaron la cordillera Tauro pasando por las llamadas Puertas de Cilicia,⁴ y después de atravesar parte del territorio de Antíoco IV, rey de Comagene,⁵ entraron en la región suroriental de la provincia de Galacia. Allí visitaron las ciudades que habían sido evangelizadas por Pablo y Bernabé dos o tres años antes—Derbe, Listra, Iconio, y (probablemente) Pisidia de Antioquía.

En Listra⁶ (el término común para "Derbe y Listra" del v.1 y "Listra e Iconio" del v.2) Pablo decidió llevar con él como compañero personal a un joven

---

1. El Texto Occidental (D lat^g syr$^{hcl.mg}$) lee "Y pasando a través de estas naciones llegó…"

2. P^{45} omite "llamado".

3. El Texto Occidental lee "y yendo a través de las ciudades proclamaron al Señor Jesucristo con todo denuedo, al mismo tiempo que les entregaban los mandamientos de los apóstoles y ancianos de Jerusalén".

4. Ver W. M. Ramsay, "St. Paul's Road from Cilicia to Iconium," *Pauline and Other Studies* (London, 1906), pp. 273–98; también J. Murphy-O'Connor, "On the Road and on the Sea with St. Paul," *Bible Review* 1.2 (1985), pp. 38–47 (donde se señala que en los viajes del este al oeste Pablo prefería ir por tierra, por causa de los retrasos ocasionados por los vientos contrarios en el mar).

5. Ver p. 282.

6. La traducción al latín de Orígenes en el comentario a los Romanos (en 16:21) llama a Timoteo "un ciudadano de Derbe" (comp. La enmendación de Valckenaer y Blass en 20:4, mencionada en la pag.380, n.4).

hombre llamado Timoteo que, junto a su madre, se habían convertido a la fe en Cristo durante la visita misionera anterior, y quien desde entonces había hecho un progreso prometedor en la vida cristina. Que los hermanos de Listra e Iconio lo conocieran mejor que aquellos de Listra y Derbe es bastante natural: Listra estaba mucho más cerca de Iconio que de Derbe, aunque Listra y Derbe eran ciudades de Licaonia e Iconio estaba en Frigia.

La declaración de que la madre de Timoteo (de nombre Eunice, según 2 Tim. 1:5) se había casado con un gentil sugiere que había menos rigidez en la segregación social entre los judíos del centro de Asia Menor que la que había entre aquellos de Palestina. En Frigia, dice Ramsay, "no hay duda de que los judíos se casaban con las familias preponderantes";[7] y lo mismo puede haber sido verdad en el caso de Licaonia.

16:3 Fue la ascendencia mixta de Timoteo lo que hizo que Pablo decidiera circuncidarlo antes de llevárselo como su joven colega. Conforme a la ley judía Timoteo era judío, porque era el hijo de una mujer judía, pero como estaba sin circuncidar era técnicamente un judío apostata. Si Pablo deseaba mantener su relación con la sinagoga, no podía ser visto como tolerante con la apostasía.[8] Él se opuso rotundamente a circuncidar a los creyentes gentiles como Tito (Gal. 2:3-5), pero Timoteo era una situación diferente (Gal. 5:6; 6:15); solamente cuando se consideraba como una condición de aceptación con Dios implicaba un lapso de la gracia y la obligación de guardar toda la ley de Moisés (Gal. 5:3-4). La circuncisión de Timoteo era una cirugía menor llevada a cabo por un propósito práctico—su mayor utilidad en el ministerio del Evangelio. Sin duda alguna, Pablo fue acusado de inconsistencia por esta acción (como ha sido acusado en tiempos más recientes también); pero la consistencia que a algunos les gustaría imponer a Pablo es esa "consistencia tonta" que R. W. Emerson describe como "el duende de las pequeñas mentes, adorada por pequeños estadistas, filósofos y teólogos".[9] Aquellos que deploran la ausencia de este tipo de consistencia en Pablo se pierden una consistencia superior que tiene como propósito reunir todas las actividades de su vida y pensamiento "en cautividad a la obediencia a Cristo" (2 Cor. 10:5) y subordinar cualquier otro interés al supremo interés del Evangelio (1 Cor. 9:23).

---

7. *BRD*, p. 357.

8. Comp. M. Hengel, *Acts and the History of Earliest Christianity*, E.T. (London, 1979), p. 64; también A. E. Harvey, *The New English Bible: Companion to the New Testament* (Oxford/Cambridge, 1970), p. 459. Ya que nadie, ni siquiera "los judíos de aquellos lugares," sabían que su padre era griego, se daría por sentado que estaba circuncidado. El pretérito imperfecto al final del v.3 (ὑπῆρχεν) podría implicar que su padre ya no vivía; esto se hace explícito por un testigo a mano en v. 1 (104 *pc* lat[g] p vg.codd) el cual dice que su madre era viuda.

9. "Essay on Self-Reliance," *Essays, Lectures and Orations* (London, 1848), p. 30; comp. F. J. Foakes-Jackson, *Life of St. Paul* (London, 1927), p. 15.

Hay indicios en las Epístolas Pastorales de que los líderes de la iglesia en casa de Timoteo se unieron a Pablo para su puesta en marcha en el ministerio evangélico.[10]

16:4 A partir de 15:40 los sucesivos verbos están en singular, con Pablo como sujeto. Ahora se utiliza el plural: "entregaron los decretos". Este era el deber de Silas, no de Pablo.[11] Los decretos de hecho habían sido dirigidos expresamente a los gentiles creyentes de Antioquía y de Siria y Cilicia, no del sur de Galacia; desde entonces, sin embargo, las ciudades ahora visitadas que han sido evangelizadas desde Antioquía, se podría argumentar que, estaban incluidas por implicación. Pero, si las iglesias en estas ciudades eran aquellas a las que la carta de Pablo a los Gálatas habían sido recientemente enviadas, ¿cómo habrían reaccionado a la entrega de las directrices de Jerusalén por el compañero de viaje de Pablo? El propio Pablo, como hemos visto, nunca invoca los "decretos" de Jerusalén cuando trata acerca de las practicas que ellos prohíben.[12] Hay razones para dudar si este verso es parte del texto original de Hechos.[13]

4. Las iglesias crecen en fe y en número (16:5)

5 *Así las iglesias eran afirmadas en fe y se incrementaban en número día a día.*

16:5 Una fase crucial de la narrativa de Lucas concluye ahora con el tercero de los seis breves informes de progreso. La escena de la acción se traslada al mundo Egeo.

B. FILIPOS (16:6-40)

1. La llamada de Macedonia (16:6-10)

6 *Así pasaron a través de*[14] *la región de Frigia y Galacia: habiéndoles impedido el Espíritu Santo hablar la palabra en Asia.*

---

10. En 1 Tim. 4:14 se dice que Timoteo había recibido un don espiritual "por declaración profética" cuando los ancianos de su iglesia impusieron las manos sobre él (comp. 1 Tim. 1:18); en 2 Tim. 1:6 se dice que lo había recibido cuando *Pablo* impuso las manos sobre él.

11. Comp. 15:22, 27.

12. Ver p. 285.

13. Es un doblete de la lectura Occidental de 15:41 (excepto que allí son las iglesias de Siria y Cilicia las que reciben los "mandamientos", mientras que aquí son las iglesias de Derbe, Listra, etc.). Ver A. S. Geyser, "Paul, the Apostolic Decree and the Liberals in Corinth," in *Studia Paulina in honorem J. de Zwaan* (Haarlem, 1953), p. 137.

14. Gr. διῆλθον. El Texto Bizantino lee "habiendo pasado a través de" (διελθόντες), lo cual sugiere que la prohibición de predicar en Asia vino después de que hubieran atravesado "la región de Frigia y Galacia," mientras que en realidad llegó antes, o al principio de la travesía.

La llamada de Macedonia (16:6-10)

7 Cuando llegaron a Misia, intentaron ir hasta Bitinia, pero el Espíritu de Jesús[15] no se lo permitió;
8 así pasaron por Misia y regresaron al mar de Troas.[16]
9 Aquí una visión se le apareció a Pablo de noche; un hombre de Macedonia estando en pie y rogándole, "Ven a Macedonia y ayúdanos".
10 Cuando tuvo la visión, inmediatamente procuramos partir hacia Macedonia, concluyendo que Dios nos había llamado a predicarles el Evangelio.[17]

16:6 Los viajes misioneros de Pablo se despliegan en una extraordinaria combinación de planeadas estrategias y perspicaz sensibilidad a la guía del Espíritu de Dios, no obstante, esa guía fue trasmitida—por declaraciones proféticas, persuasión interior o desestimando las circunstancias externas. En esta ocasión su intención había sido probablemente, después de visitar las iglesias plantadas al Sur de Galacia por Bernabé y él mismo, continuar a lo largo de la carretera hacia el oeste a Éfeso. Pero el Espíritu le impidió a él y a sus asociados tomar ese camino. La prohibición fue evidentemente dada antes de que pasaran a través de la "región de Frigia y Galacia"[18] (probablemente el territorio de Frigia incorporado a la provincia de Galacia, en la que Iconio y Pisidia de Antioquía se extendían);[19] quizá tomó la forma de declaración profética en la iglesia de Listra. El Espíritu, como podemos observar, les avisó ampliamente del cambio de planes.

16:7-8 Si la provincia de Asia no era el campo de actividad evangelística inmediata, entonces era natural que dirigieran la mirada más al norte, y pensaran en la provincia altamente civilizada de Bitinia en el noreste de Asia Menor, con sus ciudades griegas (de las cuales Nicodemia y Nicaea eran las más importantes) y sus asentamientos judíos.[20] Así que, en lugar de continuar hacia el oeste hasta Éfeso, giraron al norte (probablemente desde Pisidia de Antioquía), cruzaron la cordillera del Sultán Dağ, y llegaron a Filomelium (actual Akşehir). Desde allí

---

15. El Texto Bizantino omite "de Jesús".

16. El Texto Occidental lee "y pasando a través de Misia, llegaron a Troas".

17. El Texto Occidental reestructura este verso: "Despertándose, entonces, nos contó su visión, y reconocimos que el Señor nos había llamado a evangelizar a aquellos en Macedonia".

18. Puede haber sido conocido como Frigia Galacia (análogo de Ponto Galacia, probado en *CIL* III.6818). La frecuentemente repetida objeción de que Φρυγία (femenino singular) no se utiliza adjetivamente ha sido suficientemente refutada por C. J. Hemer, que aduce treinta y un ejemplos usados así ("The Adjective 'Phrygia,'" *JTS* n.s. 27 [1976], pp. 122–26; "Phrygia: A Further Note," *JTS* n.s. 28 [1977], pp. 99–101).

19. Ver W. M. Calder, "The Boundary of Galatic Phrygia," *MAMA* 7 (Manchester, 1956), pp. ix–xvi.

20. Fue unido bajo un gobernador con la parte occidental del antiguo reino del Ponto. Para los asentamientos judíos en Bitinia comp. Filón, *Embassy to Gaius* 281. Bitinia fue evangelizada temprano; comp. 1 Ped. 1:1 y Plinio, *Epistle* 10.96 (su carta al Emperador Trajano sobre el crecimiento de la cristiandad en su provincia).

se dirigieron al noroeste, tomando una de las dos posibles rutas que conducen a través de Frigia en Asia. Podríamos reconstruir el resto del viaje si supiéramos con certeza donde recibieron la segunda admonición divina, advirtiéndoles de que se alejaran de Bitinia. Si "enfrente de Misia" o "al otro lado de Misia" significa, como dice Ramsay: "cuando habían alcanzado tal punto que una línea cruzaba el país en ángulo recto con respecto a la línea general de la ruta que tocaría Misia,""[21] luego llegarían a una u otra de las carreteras que cruzan Dorylaeum (actual Eskişehir) o (más probablemente) Cotiaeum (actual Kütahya), y en vez de continuar hacia el norte hasta Bitinia giraron al oeste hasta que alcanzaron el mar de Troas.[22]

Al decir que se impuso esta segunda prohibición por "el Espíritu de Jesús" ¿está sugiriendo Lucas algo importante al cambiar la terminología? Era el mismo Espíritu que les prohibió "hablar la palabra en Asia", pero el hecho de que en esta ocasión lo llama "el Espíritu de Jesús" puede indicar que su guía era ahora dada a través de dichos proféticos expresamente en el nombre de Jesús. Pablo y Silas eran ambos profetas,[23] y dispuestos a ser usados por el Espíritu o por el Señor Exaltado para declarar su voluntad.

16:9 Troas—Alexandria Troas (para darle su nombre completo)—fue fundada al final del siglo IV a.C. y permaneció como una ciudad libre hasta que Augusto le dio el estatus de colonia romana. Era un puerto de escala habitual para los navíos que viajan entre Asia proconsular y Macedonia (comp. 20:5) y fue un importante centro en el sistema romano de comunicaciones. Los restos de su puerto y otros edificios todavía pueden verse en Dalyan.[24]

En Troas, no obstante, la serie de prohibiciones divinas dieron paso a una instrucción positiva. La instrucción esta vez tomó la forma de visión nocturna que experimentó Pablo. En esta visión un hombre de Macedonia puesto en pie apelaba a Pablo para que cruzara hasta Macedonia y ayudara a la gente allí. Macedonia, que fue el centro del poder dominante del mundo griego bajo Filipo II y Alejandro Magno durante el siglo IV a.C. había sido una provincia romana desde el 146 a.C. Es innecesario preguntar cómo supo Pablo que el hombre era

---

21. *The Church in the Roman Empire* (London, ⁴1895), p. 75n. Si así, κατὰ τὴν Μυσίαν podría ser traducido en el idioma moderno como "en la latitud de Misia".

22. Ver T. R. S. Broughton, "Three Notes on St. Paul's Journeys in Asia Minor," in *Quantulacumque: Studies presented to K. Lake* (London, 1937), pp. 135–38. Pablo y sus compañeros habían pasado a través de la parte de Misia para ir a Troas; "pasaron por Misia" en el sentido de que no pararon a predicar allí.

23. Comp. 13:1; 15:32.

24. Ver J. M. Cook, *The Troad* (Oxford, 1973), pp. 16–21; C. J. Hemer, "Alexandria Troas," *TynB* 26 (1975), pp. 79–12.

macedonio: su petición: "Ven a Macedonia y ayúdanos" indicaba claramente su nacionalidad.

16:10 En este punto el narrador muestra discretamente que se ha unido al grupo misionero como un cuarto miembro, continuando la historia en la primera persona del plural en vez de la tercera. En el prólogo al Tercer Evangelio (que fue diseñado como el prólogo para todo Lucas-Hechos), afirma haber mantenido contacto con los eventos relatados "desde algún tiempo atrás"; el "algún tiempo atrás" va al menos hasta este punto.[25] Aquí, por tanto, se inicia la primera de las secciones "nosotros" de Hechos. Ninguna otra explicación es tan probable como que el "nosotros" que lo caracteriza incluya el "yo" del prólogo de Lucas y Hechos. Un escritor que incorpora en su narrativa el diario de algún otro testigo presencial y que no se tratara de él mismo, no lo habría hecho de una forma tan simplista.[26] Si el narrador era Lucas, el médico de Col. 4:14, podríamos preguntarnos si estaba practicando su profesión en Troas en aquel momento, o a la espera de ser asignado como médico en algún barco, pero no tenemos manera de saberlo. En cualquier caso, acompañó a Pablo, Silas y Timoteo a Macedonia, después de haber tomado parte en la decisión conjunta para ir allí como respuesta a la visión de Pablo.

Si el plan original de Pablo había sido evangelizar la costa oriental del Egeo para llevar el cristianismo a Éfeso, "esa gran metrópolis en la que el oriente miraba al occidente,"[27] entonces, el plan fue solo pospuesto, no desechado por completo. Pero primero se dirigió a la costa occidental del Egeo, a llevar la fe a Filipo, Tesalónica, Berea y Corinto antes de asentarse en Éfeso. Puntos estratégicos en la circunferencia del círculo del que Éfeso era el centro que iba a evangelizar primero—en Macedonia y Acaia tanto como el sur de Galacia—y luego fue completando su trabajo en toda esa área a lo largo de casi tres años de ministerio hasta el centro. La intervención del Espíritu no frustró la estrategia de Pablo, sino que aumentó su efectividad.

---

25. Ver H. J. Cadbury, "Commentary on the Preface of Luke," *Beginnings* I.2 (London, 1922), pp. 501–3; J. H. Ropes, "St. Luke's Preface: ἀσφάλεια and παρακολουθεῖν," *JTS* 25 (1923–24), pp. 70–71.

26. En la uniformidad del estilo y lenguaje de las sección "nosotros" con aquéllas del resto de Hechos ver A. Harnack, *Luke the Physician*, E.T. (London, 1907), pp. 26–120; J.C. Hawkins, *Horae Synopticae* (Oxford, ²1909), pp. 182–89. Si el narrador incorporó el diario de alguien más, debe haber trabajado sobre él profundamente; entonces ¿por qué deja esta transición tan abrupta de tercera persona a primera, sin ninguna pista de la identidad del autor? Si, por otra parte, el estilo narrativo de la primera persona fuera un recurso literario para sugerir la presencia de un testigo ocular y así dar la impresión de mayor autoridad o inmediatez en el registro, ¿no hubiera sido utilizado con menos moderación? Ver p. 7.

27. F. J. A. Hort *Prolegomena to Romans and Ephesians* (London, 1895), p.83.

2. De Troas a Filipo (16:11-12a)

> 11 *Así que zarpando*[28] *de Troas, navegamos directo a Samotracia, y al día siguiente (fuimos) a Neápolis.*
> 12a *De allí fuimos a Filipos, una ciudad del primer distrito de Macedonia,*[29] *una colonia romana.*

16:11 El viento era favorable para navegar a través del norte Egeo, y sólo tardaron dos días. (El viaje de regreso desde Filipos a Troas, registrado en 20:6, les llevó cinco días.) Durante la noche del primer día llegaron a Samotracia, una isla montañosa que se eleva a 5.000 pies, formando un conspicuo paisaje. En la historia religiosa la principal importancia de Samotracia residía en que era la cuna del ampliamente patrocinado culto de misterio, la adoración a Cabiri, que había sido practicado allí desde tiempos inmemoriales. Pablo y sus amigos no se quedaron allí, sin embargo; al día siguiente tomaron un barco que los llevó a Neápolis, en el continente. Neápolis, la actual Kavalla, era el puerto de Filipos, que se extiende unas diez millas tierra a dentro. En Neápolis la gran Carretera Egea, una carretera romana que enlazaba el Adriático con el Egeo, llegaba a su final en el este.[30] A Lucas le gusta anotar los puertos de llegada y partida, y en las secciones "nosotros" es especialmente cuidadoso en anotar los avances diarios que se hacen durante los viajes.

16:12a Desembarcando en Neápolis, los misioneros llegaron a Filipos a lo largo del Camino Egeo. Esta ciudad recibió su nombre de Filipo II, padre de Alejandro Magno, que se hizo con las minas de oro de la vecindad y fortificó lo que anteriormente había sido el asentamiento Taso de Crénides. Con el resto de Macedonia, Filipos pasó a estar bajo el control de Roma al final de la Tercera Guerra Macedonia en el 168 a.C. En aquel tiempo Macedonia estaba dividida en cuatro distritos administrativos o repúblicas. Más tarde en el año 146 a.C.,

---

28. El Texto Occidental añade "al día siguiente".

29. Esta traducción que presupone el Griego ἥτις ἐστὶν πρώτης μερίδος τῆς Μακεδονίας πόλις, no se encuentra en ningún manuscrito griego, pero está sustentado por algunos códices del latín de la Vulgata y por las versiones medievales en Provenzal y alemán. Fue conjeturado por F. Field, F. Blass, y C. H. Turner, y ha sido defendido más recientemente por E. Haenchen y H. Conzelmann (cf. NA[26]). La mayoría de las lecturas griegas es πρώτη, no πρώτης, pero es difícil dar sentido a "cuál es la primera ciudad del distrito de Macedonia". El Texto Occidental interpreta que significa que Filipos era "capital de Macedonia" (κεφαλὴ τῆς Μακεδονίας), pero tal distinción pertenecía a Tesalónica, no a Filipos. La situación histórica está fielmente reflejada en la lectura "la cual es una ciudad del primer distrito de Macedonia".

30. Su término occidental estaba en Apolonia y Dirraquio (actual Poyani y Durrës en Albania). Ver N. G. L. Hammond, "The Western Part of the Via Egnatia," *JRS* 64 (1974), pp. 185–94. Los romanos construyeron la carretera a través de Macedonia después de que el país se convirtió en provincia en el 146 d.C.

fue reducida al estatus de provincia. Cerca de Filipos tuvo lugar la batalla del 42 a.C. que resultó en la victoria de Marco Antonio y Octavio (el futuro emperador Augusto) sobre Bruto y Casio, asesinos de Julio César.[31] Después de la batalla, los vencedores situaron a un número de sus veteranos en Filipos e hicieron de la ciudad una colonia romana; Octavio instaló más colonos allí después de su victoria contra Antonio y Cleopatra en Accio el 31 a.C.

Lucas describe Filipos como una ciudad del primer distrito de Macedonia[32]— que es el primero de los cuatro distritos en los que el reino original fue dividido por los romanos. Mientras se refiere a algunas otras ciudades que se sabe que habían sido colonias romanas en aquel tiempo, Filipos es la única a la que expresamente llama una colonia romana.[33] Los detalles de su administración dados en la siguiente narrativa son los que eran especialmente característicos de tal colonia. Las colonias romanas utilizaban el derecho romano y su constitución se configuraba conforme a la constitución municipal de Roma.

3. La fe de Lidia (16:12b-15)

12b *En esta ciudad pasamos varios días.*
13 *El día de reposo salimos fuera de la puerta, a la orilla de un río, a un lugar en el que habitualmente se celebraba la oración,[34] y nos sentamos y hablamos a las mujeres que se habían reunido.*
14 *Una de las mujeres, Lidia de nombre, vendedora de purpura de la ciudad de Tiatira, escuchaba atentamente.[35] El Señor abrió su corazón para que escuchara prestando atención a lo que Pablo estaba diciendo.*
15 *Cuando fue bautizada con su familia, nos suplicaba, diciendo: "Si habéis juzgado que soy una creyente fiel al Señor, venid a mi casa y quedaos allí". No aceptó una negativa.[36]*

31. La batalla inmortalizada en el *Julio César* de Shakespeare, especialmente en el siniestro *au revoir*, "tú me verás en Filipos" (Acto 4, Escena 3).

32. Ver n. 29. Para la división en cuatro distritos ver Livy, *History* 45.29.

33. Él translitera *colonia* (κολωνία) en vez de usar el Gr. ἀποικία. El propósito original de las colonias romanas era militar; era considerado como una buena cosa tener asentamientos de ciudadanos romanos en puntos estratégicos a través de la esfera de influencia romana. Otras colonias romanas que aparecen en Hechos son Pisidia de Antioquía, Listra, Troas, Corinto y Ptolomeos.

34. Los manuscritos principales del Texto Alejandrino están corruptos aquí (ℵ A B requiere emendación); la verdadera lectura puede haber sido preservada en el texto Bizantino, οὗ ἐνομίζετο προσευχὴ εἶναι, correctamente traducida en KJV: "donde solía hacerse la oración" (la lectura Occidental lee οὗ ἐδόκει προσευχὴ εἶναι es probablemente debido a una tergiversación de ἐνομίζετο como "se pensaba"). Aquí y en v. 16 προσευχή puede significar "oración" o "lugar de oración" (casi seguro, sinónimo de συναγωγή).

35. Gr. ἤκουεν (imperfecto), "escuchaba".

36. Gr. παρεβιάσατο ἡμᾶς, "nos compelía".

16:12b-13 En Filipos, entonces, pasaron varios días. Cuando Pablo visitó la nueva ciudad, como era costumbre en él tal y como hemos visto, asistió a la sinagoga local judía el primer día de reposo después de su llegada y buscó la oportunidad de hacer su mensaje conocido allí. En Filipos, sin embargo, parece que no había sinagoga. Eso solo puede significar que había muy pocos judíos residentes; si hubiera habido diez hombres judíos, habría sido suficiente para constituir una sinagoga.[37] Ningún número de mujeres hubiera sido suficiente para compensar ni la ausencia de un hombre para hacer un *quórum* de diez. Había, sin embargo, un lugar fuera de la ciudad donde un número de mujeres—ya sea judías de nacimiento o gentiles que adoraban al Dios de Israel—se reunían para cumplir con el servicio de oración del día de reposo, a pesar de que no podían constituir una congregación válida para la sinagoga. Pablo y sus compañeros encontraron ese lugar, a las orilla de rio Gangites, y se sentaron con las mujeres y les hablaron de Jesús.

16:14-15 Una de aquellas mujeres, gentil temerosa de Dios, vino de Tiatira de la provincia de Asia. Su nombre era Lidia, "la mujer Lidia" nos recuerda que Tiatira se extiende en el antiguo reino de Lidia. La gente de aquella área tenía fama por su habilidad en manufacturar tinte púrpura, extracto del jugo de la raíz de la rubia.[38] Todavía se utilizaba para tintar alfombras al final del siglo XIX, antes de ser sustituido por los tintes químicos.[39] Lidia había venido evidentemente a Filipos como vendedora de purpura. Hay inscripciones que evidencian la existencia de un gremio de comerciantes de purpura en Filipos.[40] Pero ella había, posiblemente, aprendido a adorar al verdadero Dios en su nativa Tiatira: donde había, probablemente, una comunidad judía.[41]

Mientras Pablo y sus amigos hablaban, Lidia creyó lo que decían y reconoció a Jesús como Señor. Ella fue, pues, la primera persona convertida de Pablo en Europa. Cuando fue bautizada, junto con su familia (la cual incluía siervos y otros dependientes, tanto como su familia), dio pruebas prácticas de su fe presionando a los cuatro misioneros para que fueran sus invitados. Las mujeres en Macedonia

---

37. Para diez como el quórum (minyān) para la congregación de una sinagoga comp. *Pirqê Aḇôt* 3.7: "Rabbi Halafta ben Dosa, de la villa de Hananya, dijo, 'Cuando diez personas se sientan juntas y se ocupan de la Torah, la shekkinah permanece entre ellos, como se ha dicho, 'Dios permanece en la congragación de Dios' (Salmo 82:1)".

38. Ver C. J. Hemer, "Lydia and the Purple Trade," *New Docs.* 3 (1978), pp. 53–55.

39. Ver W. M. Ramsay, *Historical Geography of Asia Minor* (London, 1890), p. 123. Las mujeres de Lidia se relacionan con el teñido del color purpura desde Homero (*Iliad* 4.141–42).

40. *CIL* III.664 (*purpurarii*).

41. Ya que Tiatira fue fundada por Seléucida I, puede ser incluida entre "las ciudades que él fundó en Asia" en las cuales, de acuerdo con Josefo (Ant.12.119) garantizó la ciudadanía a los judíos. Comp. Schürer II, p. 440, n. 63 (*CIG* 3509, citado allí, habla de un Σαμβαθεῖον en frente de la ciudad de Tiatira). Tiatira fue más tarde el lugar de una iglesia, una de las siete iglesias mencionadas en Apocalipsis (Rev. 2:18–29).

sobresalían por su independencia; más incluso, bajo la ley romana (que gobernaba la vida en la colonia), mujeres nacidas libres con tres hijos y mujeres libertas con cuatro hijos tenían un número de privilegios garantizados, incluso podían realizar transacciones legales bajo su propia iniciativa.[42]

4. La adivina (16:16-18)

16 *Entonces, mientras íbamos camino al lugar de la oración,[43] nos salió al encuentro una chica esclava que estaba poseída por un espíritu de adivinación. Daba muchas ganancias a sus dueños[44] diciendo la buena fortuna.*

17 *Nos seguía a Pablo y a nosotros, y gritando decía, "Estos hombres son siervos[45] del Dios Altísimo; ¡Os están proclamando el camino de la salvación!"[46]*

18 *Lo hizo durante muchos días. Pablo, contrariado, se volvió y le dijo al espíritu, "¡Te ordeno en el nombre del Señor Jesucristo que salgas de ella!" Y salió en aquel mismo momento.*

16:16 Tres personas son especialmente mencionadas por Lucas entre aquellos cuyas vidas fueron influenciadas para bien por el Evangelio en Filipos; son tan diferentes entre sí que uno podría pensar que han sido deliberadamente seleccionadas para mostrar como el poder salvador del nombre de Jesús fue mostrado en los más diversos tipos de hombres y mujeres. La primera fue Lidia, la mujer de negocios independiente de buena reputación y temerosa de Dios, que cuando escuchaba el Evangelio "el Señor abrió su corazón" y creyó. La segunda es una persona de una estampa totalmente diferente: una desafortunada chica esclava, cuyos propietarios explotaban para su ganancia material. Es descrita por Lucas como "teniendo un espíritu de adivinación" o siendo una "pitonisa"—esto es, una persona inspirada[47] por Apolo, la deidad griega especialmente asociada con el don de los oráculos, que era adorado como el dios "Pito" en el santuario del oráculo

---

42. Ya que ella ha confesado ya su fe en el bautismo, "si me habéis juzgado ser una creyente en el Señor" debe ser equivalente a "ya que me habéis considerado ser una creyente..." Ver W. D. Thomas, "The Place of Women in the Church at Philippi," *ExT* 83 (1971–72), pp. 117–20; cf. p. 323, n. 5.

43. O "orar" (εἰς τὴν προσευχήν); comp. n. 34.

44. Gr. ἐργασία, "trabajo", "negocio".

45. P[45] omite δοῦλοι, probablemente por accidente.

46. La evidencia textual está bastante igualada entre "vosotros" (ὑμῖν) y "nosotros" (ἡμῖν), con una ligera preponderancia a favor de "vosotros".

47. Plutarco (*The Failure of the Oracles* 9.414e) llama a tales personas "ventrílocuos" (Gr. ἐγγαστρίμυθοι)—ventrílocuo, es decir, aquel cuyas declaraciones no son realmente suyas y no están aparentemente bajo su control consciente. En la LXX la misma palabra griega se utiliza para aquellos que tienen un espíritu familiar (Heb. 'ôḇ), como la adivina de Endor (1 Sam. [LXX 1 Kms.] 28:7).

del Delfos en Grecia central. Su sacerdotisa era la profeta Pitonisa *par excellence*; la chica de quien Lucas habla era solo un pálido reflejo de ella. Las expresiones involuntarias de esta chica se consideraban la voz de dios, y tenía una gran demanda de personas que deseaban que les dijera la buena fortuna o recibir información o consejo que creían que podía ser suministrado por tal fuente.

16:17 La liberación de la chica esclava requería de medidas mucho más espectaculares que las de la apacible Lidia de corazón en el Señor. Día tras día, cuando los misioneros iban al lugar de la oración, ella los seguía a través de las calles de Filipos, anunciando a gritos que eran siervos del Dios Altísimo, quienes les estaban trayendo el camino de salvación a la ciudad. El título de "Dios Altísimo" proporcionaba a judíos y gentiles un cómodo común denominador para el Ser Supremo,[48] y la "salvación" en el sentido religioso, era ansiosamente buscada tanto por gentiles como por judíos.[49]

16:18 Los misioneros, sin embargo, no apreciaban su no solicitado testimonio, y al menos Pablo, irritado por su continuo clamor, exorcizó al espíritu que la poseía, ordenándole en el nombre del Señor Jesucristo que saliera de ella. Las palabras apenas habían abandonado sus labios cuando ella fue liberada de su poder. La autoridad superior que tales espíritus habían reconocido cuando Jesús mismo les ordenaba abandonar a sus víctimas, era igualmente reconocida cuando su nombre era invocado por uno de sus discípulos, y resultó tan potente en exorcismo como en otras formas de sanación. (comp.3:6)

5. Pablo y Silas encarcelados (16:19-24)

19 *Cuando sus dueños vieron que la esperanza de beneficiarse[50] había "salido" de ella, prendieron a Pablo y a Silas y los arrastraron al fórum[51] ante los magistrados.*

---

48. En LXX θεὸς ὕψιστος es la traducción de 'ēl'elyôn, la designación divina encontrada en Gen. 14:18, etc. Para su uso por los gentiles comp. Num. 24:16; Isa. 14:14; Dan. 3:26 (LXX/Theod. 3:93); 1 Esdr. 2:3. In Mr. 5:7 "Legión" se dirige a Jesús como υἱὲ τοῦ θεοῦ τοῦ ὑψίστου. Josefo (*Ant.* 16.163) cita un edicto de Augusto en el que Hircano II es llamado ἀρχιερεὺς θεοῦ ὑψίστου. Para el uso de la chica esclava de θεὸς ὕψιστος ver aquí y comparar (y contrastar) con el uso de Esteban de ὁ ὕψιστος en 7:48. Ver A. B. Cook, *Zeus II*.2 (Cambridge, 1925), p. 889; A. Deissmann, *Light from the Ancient East*, E.T. (London, ²1927), pp. 413-24; A. D. Nock, C. H. Roberts, y T. C. Skeat, "The Gild of Zeus Hypsistos" (1936), en Nock, *Essays*, pp. 414-43; también *CIJ* 2. 1433, donde una sinagoga de Alejandría (siglo II a.C.) es dedicada a θεῷ ὑψίστῳ, y otras dedicaciones citadas en *New Docs.* 1 (1976), § 5.

49. Ver en 14:9 (n. 22).

50. Gr. ἐργασία, como en v. 16.

51. Gr. ἀγορά, la cual, en referencia a la ciudad romana, es una traducción de *forum*. El fórum de Filipos, el cual se extendía al lado sur de la Vía Egnatia, es una de las principales atracciones del lugar, aunque los edificios que se ven actualmente datan principalmente de la época de Marco Aurelio (161–80).

20 *Después de traerlos delante de los magistrados,[52] dijeron, "Estos hombres están causando disturbios en nuestra ciudad. Judíos como son.*
21 *están proclamando costumbres que nosotros ni aceptamos, ni practicamos, como ciudadanos romanos que somos.*
22 *La multitud se levantó a una contra ellos, y los magistrados les desgarraron la ropa y ordenaron azotarlos con varas.*
23 *Despues de haberles infligido muchos golpes, los arrojaron en la prisión y ordenaron al carcelero que extremara la vigilancia con ellos.*
24 *Recibiendo tal encargo, los echó en el calabozo más profundo y los aseguró con cepos en los pies.*

16:19 La buena obra hecha a la chica esclava no fue en absoluto del agrado de sus propietarios; cuando Pablo exorcizó el espíritu que la poseía, exorcizó su modo de vida: ella no podría nunca más decir la buena fortuna.

Hay un paralelo literario en una de las comedias de Menandro en la que una chica poseída, no por Apolos sino por Cibeles, lamenta la pérdida de sus címbalos y pandero y de su don de profecía, de los cuales depende.[53] La justa indignación de los propietarios de la chica esclava de Filipos se basaba en el ataque sin sentido de los misioneros a los derechos sagrados de propiedad (tal como ellos lo veían).[54] Además, los hombres que habían infringido estos derechos no eran ciudadanos romanos como ellos (o eso pensaban); ni siquiera eran griegos, como la población a su alrededor, sino judíos errantes, involucrados en propagar alguna variedad de su propia perversa superstición. Ellos, por lo tanto, arrastraron a Pablo y a Silas antes los magistrados y presentaron una denuncia contra ellos. Lucas y Timoteo aparentemente no fueron molestados: Pablo y Silas no eran los únicos líderes del grupo sino los más obviamente judíos (Lucas era un gentil y Timoteo un medio-gentil). Un sentimiento anti-judío permeaba muy cerca de la superficie en la antigüedad pagana.

16:20-21 Como Filipos era una colonia romana, su administración municipal, igual que la de Roma, estaba en manos de dos magistrados colegiados. Los magistrados colegiados de una colonia romana eran comúnmente llamados duunviros, pero en algunos lugares preferían el título más digno de magistrados,

---

52. Esta frase prácticamente repite la anterior, con un verbo menos violento. Los "magistrados" (στρατηγοί) aquí son los "principales" (ἄρχοντες) del v. 19.

53. Menander, Theophoroumenē *("The Divinely Inspired Girl")*, Act 2, Scene 1; see T. B. L. Webster, *An Introduction to Menander* (Manchester, 1974), p. 191.

54. La única ocasión en la que Lucas informa de un ataque de los gentiles a los misioneros cristianos surge a causa de una amenaza (real o imaginaria) presentada por el Evangelio contra los intereses de propiedad; comp. 19:23-27 (pp. 374-75).

y así es como los principales magistrados de Filipos eran llamados.[55] Delante de dos magistrados, entonces, Pablo y Silas fueron arrastrados, y sus acusadores los presentaron como a vagabundos judíos que estaban causando disturbios en la ciudad e inculcando costumbres que los ciudadanos romanos no podían admitir, ni practicar. La proselitización de los ciudadanos romanos por judíos no era positivamente ilegal, hasta donde las evidencias indican,[56] pero ciertamente incurrían en una fuerte desaprobación. Los magistrados estaban obligados, en cualquier caso, a tener conocimiento de tales actividades religiosas como amenazas que pudieran romper la paz o que incitaran a prácticas u organizaciones fuera de la ley; y Pablo y Silas fueron acusados precisamente de este tipo de actividad.

16:22 Hubo gran indignación entre los ciudadanos romanos al haber sido molestados por vendedores ambulantes de una religión extravagante. Había que enseñar a semejantes personajes cuál era su verdadero lugar y a que no molestaran a sus mayores. No hubo una investigación seria de los cargos: Pablo y Silas fueron inmediatamente despojados[57] de sus ropas y entregados a los lictores—los asistentes policiales de los magistrados—para ser fuertemente azotados; a continuación, se ordenó al carcelero de la ciudad que los encerrara.

Los lictores[58] eran los asistentes oficiales de los principales magistrados en Roma y en otras ciudades romanas. Llevaban, como símbolo de su oficio, un manojo de varas con un hacha insertada entre ellas en ciertas circunstancias—las *fasces et secures*[59] —denotando el derecho de los magistrados de infligir castigo físico y, si era necesario, capital. Fue con las varas de los lictores que los dos misioneros fueron golpeados en esta ocasión. No fue la única vez que Pablo sufrió este tratamiento: cinco o seis años después, Pablo declara haber sido azotado con varas tres veces (2 Cor. 11:25), aunque nosotros no tenemos información sobre las otras dos ocasiones.

16:23-24 Cuando, después de haber sido fuertemente azotados, fueron entregados a la custodia del carcelero, él interpretó las instrucciones estrictamente y ató sus piernas en los cepos, en la parte más remota de la prisión. Estos cepos tenían más de dos agujeros para las piernas, los cuales podían separarse de tal

---

55. Compare los principales magistrados de Capua (una colonia romana en la misma Italia), de quien Cicerón dijo: "mientras son llamados duumviro (*duo uiri*, 'dos hombres') en nuestras colonias, estos hombres desean ser llamados magistrados" (*On the Agrarian Law* 2.93).

56. Ver A. N. Sherwin-White, *Roman Society and Roman Law in the New Testament* (Oxford, 1963), p. 81.

57. La idea de que fue su propia ropa la que los magistrados rasgaron (comp. 14:14) es ridículamente erróneo.

58. Gr. ῥαβδοῦχοι, "portadores de varas".

59. Es, en parte, de la adopción del tal manojo de varas como el símbolo de un partido político italiano después de la Primera Guerra Mundial, que el término político "fascista" se deriva.

manera que causaban mucho malestar y dolorosos calambres.⁶⁰ No era problema del carcelero pensar en la comodidad de los prisioneros, sino asegurarse de que no escaparan. Posiblemente era un soldado retirado, y mientras sirvió en el ejército de Roma desarrolló muchas buenas cualidades, que no incluían la amabilidad humana. Sin embargo, este hombre es la tercera persona en Filipos a quien Lucas describe como influenciado por el poder Salvador de Cristo. Era una persona totalmente diferente a ambas, Lidia y la adivina, y requirió de un terremoto y una confrontación con la muerte para hacerle pensar en su salvación; sin embargo, el mismo mensaje que había bendecido a aquellas dos mujeres, ahora le traería bendición a él.

6. Terremoto a medianoche: la conversión del carcelero (16:25-34)

25 *A medianoche Pablo y Silas estaban orando y cantando himnos a Dios, y los prisioneros los estaban escuchando.*

26 *De repente hubo un gran terremoto; los cimientos de la prisión se sacudieron, todas las puertas de la prisión se abrieron al instante,*⁶¹ *y todas las cadenas se soltaron.*

27 *El carcelero se despertó; cuando vio las puertas de la prisión abiertas, desenvainó su espada y estaba a punto de matarse, porque pensaba que todos los presos habían escapado.*

28 *Pero Pablo gritando le dijo, "¡No te hagas daño; estamos todos aquí!"*

29 *El carcelero, entonces, pidió luces, y se precipitó dentro, y cayó temblando a los pies de Pablo y Silas;*

30 *los sacó de allí*⁶² *y les dijo, "Señores, ¿qué debo hacer para ser salvo?"*

31 *"Cree en el Señor Jesús,"*⁶³ *le respondieron, "y serás salvo tu y los tuyos".*

32 *Luego, le hablaron la palabra del Señor*⁶⁴ *a él, y a todos aquellos que estaban en su casa.*

33 *A aquella misma hora de la noche se los llevó y les lavó las heridas;*⁶⁵ *luego, fue inmediatamente bautizado, juntos con todos los suyos.*

34 *Despues los llevó a su casa y preparó comida para ellos.*⁶⁶ *Habiendo creído en Dios, se regocijaba con todos los suyos.*

---

60. Eusebio nos cuenta cómo esta forma de tortura fue sufrida por los confesores de Viena y Lion en el 177 d.C. (*HE* 5.1.27) y por Orígenes en una fecha posterior (*HE* 6.39).

61. B y lat^g omite "en seguida".

62. El Texto Occidental inserta "habiendo asegurado a los otros prisioneros".

63. El Texto Occidental y Bizantino añade "Cristo".

64. Cod. B con el de primera mano א y otros testigos leen "la palabra de Dios".

65. Gr. πληγαί, "heridas" (traducido "golpes" en v.23).

66. Gr. παρέθηκεν τράπεζαν, "poniendo una mesa junto a (cada uno)". La expresión es antigua y coloquial: aparece en Herodoto (*Hist.* 6.139) y una frase similar se encuentra en Homero (e.g. *Iliad* 24.476; *Odyssey* 5.196; 7.174–75; 17.333–35). Mesas individuales se ponían delante de cada invitado, y la comida se colocaba encima.

16:25 Este párrafo tiene todas las trazas de ser una narración independiente, insertada por Lucas en el informe sobre los eventos en Filipos. Probablemente, lo derivó de otra fuente que su contexto: si el verso 35 hubiera seguido inmediatamente después del verso 24, el lector no habría sido consciente del hiato.[67] Pero podemos estar contentos de que Lucas lo añadiera en este punto: enriquece el informe del ministerio de Pablo en Filipos.

Ni el dolor de las varas, ni la incomodidad de los cepos habían sido planeados para llenar a Pablo y a Silas de gozo, pero alrededor de la medianoche los otros prisioneros, al escuchar, oyeron sonidos procedentes de la mazmorra más profunda—sonidos, no de queja o maldición, sino de oración e himnos. "Las piernas no sienten nada en los grilletes cuando el corazón está en el cielo," dice Tertuliano.[68] ¿Qué clase de hombres eran estos?

16:26 Quizá fue la impresión de asombro que el comportamiento de los dos misioneros produjo en los otros prisioneros lo que hizo posible disuadirlos de escapar cuando un repentino terremoto sacudió la fundación de la prisión, abrió las puertas, y soltó los grilletes que ataban las cadenas de los prisioneros a las paredes.

16:27 El terremoto que sacudió los cimientos de la prisión despertó al carcelero de su sueño de medianoche. Inmediatamente fue a investigar la situación. Lo peor había ocurrido: las puertas de la prisión estaban de par en par; los prisioneros, por supuesto, habrían aprovechado la ocasión y habrían escapado. Para un hombre educado en los ideales del deber y la disciplina de un soldado romano, solo había una salida honorable—suicidio.

16:28 Pero mientras estaba allí, en la puerta exterior de la prisión, a punto de conducir la punta de su espada a su garganta o a su corazón, su mano fue detenida por una voz procedente de la oscuridad interior: "¡No te hieras a ti mismo; estamos todos aquí! Aunque él no podía ver nada cuando miraba hacia la oscuridad interior, aquellos dentro podían ver su silueta en la puerta de fuera

---

67. M. Dibelius, en su ensayo sobre el estilo de Hechos, concluye que el relato del terremoto es una leyenda independiente insertada en el itinerario, sin conexión con él, aunque Lucas (considera él) ha complicado el panorama al añadir la predicación y los bautismos de los vv. 32-33 (*Studies in the Acts of the Apostles*, E.T. [London, 1956], pp. 23-24). R. Reitzenstein señala un patrón recurrente en las historias de fugas en la literatura griega; comp. 5:19; 12:6-10 (*Die hellenistischen Wundererzählungen* [Leipzig, 1906], pp. 12-22). Orígenes (*Against Celsus* 2.34) compara esta narrativa y la de la liberación de Pedro en 12:6-10 con el relato de Eurípides de la fuga de Baco y Dionisio en *Bacchae* 443-50, 586-602 (Celsus había preguntado por qué Jesús no escapó de sus cadenas como lo hizo Dionisio). En cuanto a los cantos de medianoche, se ha encontrado una afinidad literaria en el *Testament of Joseph* 8:4-5, 9:4, donde, después de que José es golpeado y arrojado en prisión, se le escuchó "dando gracias al Señor y cantando alabanzas en la casa de las tinieblas" (W. K. Lowther Clarke, "St. Luke and the Pseudepigrapha: Two Parallels," *JTS* 15 [1913-14], pp. 597-99; también *Beginnings* I.2, pp. 77-78).

68. *To the Martyrs* 2. Comp. Epíteto: "entonces seremos emuladores de Sócrates, cuando seamos capaces de componer himnos en la cárcel" (*Dissertations* 2.6.26).

y podían ver lo que estaba a punto de hacer. No solamente estaban Pablo y Silas todavía allí, sino que habían, aparentemente, retenido a los otros prisioneros también. ¡Había algo misterioso acerca de estos dos hombres!

16:29-30 Así, pidiendo luz, corrió al interior de la prisión y sacó a Pablo y a Silas. Primero, conforme al revisor del Occidental (que probablemente imaginó lo que él hubiera hecho si hubiera estado en los zapatos del carcelero), prudentemente aseguró a los otros prisioneros otra vez.[69] Después, ansiosamente preguntó a Pablo y a Silas, "¿Qué debo hacer para ser salvo?"

Qué quería decir exactamente, es difícil de determinar. Podía haber oído (o oyó acerca de) la pitonisa que anunciaba que aquellos hombres habían venido a proclamar un "camino de salvación";[70] en tal caso, podía haber visto el terremoto como una vindicación supra natural de ellos y de su mensaje. Qué involucraba esta salvación puede no haber estado claro para él, pero estaba totalmente conmocionado en cuerpo y alma, y si alguien podía mostrarle el camino de la paz mental, liberación del temor, y sentido de seguridad, Pablo y Silas (estaba convencido) podían hacerlo.

16:31-32 Allí y entonces los dos misioneros le aseguraron que la fe en Jesús, el Señor a quien ellos proclamaban, era el camino de salvación para él mismo y su familia. Lo que significaba fe en Jesús como Señor, procedieron a explicárselo con la mayor sencillez posible a toda la familia, presentando el Evangelio en términos que pudieran realmente entender.

16:33-34 ¡Este era el mensaje por el que habían vivido! Con gozo lo aceptaron. El carcelero les lavó las heridas de la espalda a los dos hombres, probablemente en el pozo del patio de la prisión, y allí también él y su familia fueron bautizados. "Él lavó y fue lavado," dice Crisóstomo: "él los lavó de los azotes, y fue lavado de sus pecados".[71] Si no se dice nada explícitamente acerca de recibir el Espíritu Santo, está implícito en el gozo que lleno la casa.[72]

Allí, en la casa de la prisión a la que habían sido llevados,[73] recibieron un trato hospitalario: se les sirvió comida, y anfitriones e invitados se regocijaron juntos, unidos en la fe y amor de Cristo. El carcelero no era culpable de nin-

---

69. W. M. Ramsay está inclinado a aceptar el añadido del Texto Occidental como auténtico, que "sugiere el carácter ordenado y disciplinado del carcelero" (*St. Paul the Traveller* [London, [14]1920], p. 222); W. L. Knox lo desestima como "una divertida inserción" (*St. Paul and the Church of Jerusalem* [Cambridge, 1925], p. xxiv). ¡Así de diferente reaccionan los estudiantes de Hechos a las peculiares lecturas del Texto Occidental!

70. Ver también en 14:9 (pp. 273-74).

71. *Homilies on Acts* 36.2. Para el bautismo de la familia del carcelero comp. v. 15; también 10:44-48 con 11:14; 1 Cor. 1:16.

72. Comp. el etíope, quien "siguió su camino regocijándose" (8:39).

73. Fue en un piso superior, a juzgar por ἀναγαγών.

gún incumplimiento de sus deberes al llevar a los dos prisioneros a su casa; su responsabilidad era sacarlos cuando así se le pidiera. No había razón para pensar que huirían y lo dejarían en la estacada. El tercer ejemplo de Lucas del poder del Evangelio en Filipos es el más maravilloso de todos. Y quizá Pablo y Silas consideraban que las varas y los cepos habían valido la pena por el gozo que habían compartido en la casa del carcelero.

7. Pablo y Silas abandonan Filipos (16:35-40)

35 *Al romper el día[74] los magistrados enviaron a los lictores con un mensaje: "Libera a esos hombres".*

36 *El carcelero informó de sus palabras a Pablo: "los magistrados han dicho que debéis ser liberados; así que ahora salid e id en paz".[75]*

37 *Pero Pablo dijo a los lictores, "Nos han azotado públicamente, sin juicio previo,[76] a ciudadanos romanos como somos, y nos han arrojado a la prisión. ¿Ahora creen que pueden liberarnos secretamente? Ni hablar; que vengan ellos en persona a escoltarnos".*

38 *Los lictores informaron de estas palabras a los magistrados. Éstos se asustaron cuando supieron que los hombres eran ciudadanos romanos.*

39 *y fueron[77] y les pidieron disculpas; los sacaron y les suplicaron que abandonaran la ciudad.*

40 *Así que, abandonando la prisión, fueron a casa de Lidia, donde vieron a los hermanos[78] y los animaron; después emprendieron la marcha.*

16:35 A la mañana siguiente, la excitación del día anterior había pasado. Los magistrados decidieron que los dos vagabundos judíos habían aprendido la lección necesaria por las varas de los lictores y la noche encerrados. Todo lo que se requería ahora era soltarlos y enviarlos fuera de la ciudad; seguro que no tendrían ninguna prisa en volver. El encarcelamiento no era una pena común por el quebrantamiento de la ley civil; al tomar a Pablo y a Silas y encerrarlos durante la noche después

---

74. Despues de "al romper el día" el Texto Occidental continúa: "los magistrados fueron al foro y, pensando en el terremoto que había tenido lugar, se llenaron de temor y enviaron a los lictores..." Una respuesta es así suplida a la natural pregunta: ¿qué efecto tuvo el terremoto en la gente fuera del recinto de la prisión?

75. Algunos manuscritos del Occidental omiten "en paz".

76. Gr. ἀκατακρίτους, "sin condenar" (el Texto Occidental tiene ἀναιτίους, "no culpable"). Aquí, como en 22:25, la palabra griega puede representar *re incognita*, "sin investigar nuestro caso" (comp. W. M. Ramsay, *St. Paul the Traveller*, pp. 224–25).

77. El Texto occidental lee: "Y habiendo llegado con muchos amigos a la prisión, les rogaban que se fueran, diciendo, 'no sabíamos la verdad acerca de vosotros, que sois hombres justos.' Y guiándolos fuera, les rogaban diciendo, "Salid de esta ciudad, no sea que algún otro percance venga a nuestros cuerpos, clamando contra vosotros".

78. El Texto Occidental añade: "relataron todo lo que el Señor había hecho con ellos" (comp. 14:27; 15:4).

de azotarlos, los magistrados simplemente habían ejercido su derecho policial de *coercitio*—coerción sumaria o castigo. Ahora enviaron a los lictores a la cárcel con la orden al carcelero de que liberara a los dos prisioneros.

16:36-37 Pero cuando el carcelero informó del mensaje a Pablo y a Silas y les dijo que debían partir libremente, Pablo objetó. Se había cometido una injusticia, y no debía ser encubierta de esa manera. Él y su compañero eran ciudadanos romanos—tan ciudadanos romanos como los colonos y magistrados de Filipos—y sus derechos como ciudadanos romanos habían sido groseramente violados. Los cargos contra ellos debían haber sido apropiadamente investigados, pero habían sido golpeados y encarcelados sin ninguna investigación. Por una serie de leyes de Valeriano y Porcio promulgadas entre el principio de la Republica y el Siglo II a.C. los ciudadanos romanos estaban exentos de formas de castigo degradantes y tenían ciertos valiosos derechos establecidos en lo que respecta a la ley.[79] Estos privilegios habían sido más recientemente reafirmados bajo el imperio por la Ley Julia que trataba sobre el desorden público.[80]

¿Por qué no apeló Pablo a su ciudadanía romana el día anterior?[81] La respuesta dada a veces, es que hubiera sido embarazoso pedir para él privilegios de los que Silas no podía disfrutar, pero esta razón parece quedar excluida por la sencilla implicación en el presente pasaje, de que ambos Silas y él eran ciudadanos romanos. Puede ser que hubieran protestado en su momento, pero que nadie les prestara atención debido a la excitación del momento. Un ciudadano romano reclamaba sus derechos legales con la afirmación *ciuis Romanus sum*, "Yo soy un ciudadano romano".[82] No está claro si había alguna documentación que lo evidenciara sobre el terreno. Pablo estaba probablemente registrado como ciudadano en la oficina pública de registros de Tarso, y una copia certificada del registro podría obtenerse, pero ¿la llevaba consigo allí a donde iba?[83] En cualquier caso, en esta ocasión la demanda de Pablo giró las tornas de las quejas de sus engreídos

---

79. Refiriéndose a la promulgación del 195 a.C., Cicerón dice: La ley Porcia elimina las varas de los cuerpos de todos los ciudadanos romanos" (*On behalf of Rabirius, charged with treason* 12).

80. The *lex Iulia de ui publica* (ver A. H. M. Jones, *Studies in Roman Government and Law* [Oxford, 1960], pp. 97–98).

81. En 22:25 Pablo está cuidadosamente reclamando sus derechos de ciudadanía antes de ser azotado, pero allí estaba a punto de ser azotado con un instrumento más asesino que las varas de los lictores (ver pp. 420-21).

82. Cicerón (*Verrine Orations* 2.5.161–62) relata, como un procedimiento escandalosamente ilegal, que un ciudadano romano fuera públicamente azotado en el foro de Mesina, Silicia, a pesar de la protesta de su *ciuis Romanus sum*.

83. Ver F. Schulz, "Roman Registers of Births and Birth Certificates," *JRS* 32 (1942), pp. 78–91; 33 (1943), pp. 55–64; A. N. Sherwin-White, *Roman Society and Roman Law in the New Testament*, pp. 144–50.

acusadores, de que los respetables ciudadanos romanos no debían ser molestados por judíos vagabundos. Si los magistrados querían que abandonaran Filipos, dijo él, que vengan y muestren la cortesía debida a ciudadanos romanos, en vez de echarlos de mala manera.

16:38-39 Los lictores trajeron de regreso el mensaje de Pablo a los magistrados, que se mostraron consternados al saber que, con la excitación del día anterior, no se habían dado cuenta de—que estos dos judíos eran tan buenos ciudadanos romanos como ellos mismos. Si una queja del tratamiento ilegal que estos ciudadanos romanos habían sufrido llegaba a oídos de las autoridades en Roma, podían encontrarse en una situación difícil. Su arrogancia estaba saludablemente desinflada, cuando fueron a la cárcel y pidieron a Pablo y a Silas que abandonaran Filipos. Los ciudadanos romanos que no eran convictos de ningún crimen no podían ser *expulsados* de una ciudad romana, pero la responsabilidad de proteger a los dos impopulares ciudadanos romanos era más de lo que los magistrados se sentían capaces de hacer. Por tanto, pidieron disculpas a Pablo y Silas y los escoltaron fuera del precinto de la prisión, pidiéndoles que, por favor, no permanecieran por más tiempo en Filipos.

16:40 Una vez libres de la prisión, fueron a casa de Lidia y hablaron palabras de ánimo a los cristianos reunidos allí. La insistencia de Pablo en una disculpa oficial podía haber servido en cierto grado como protección de momento. (Que los creyentes de Filipos sufrieron persecución por causa de su fe algunos años más tarde es evidente por Fil. 1:27–30.) Luego Pablo y Silas, con Timoteo, salieron de Filipos en dirección hacia el oeste a lo largo de la Vía Egnatia. Lucas quizá se quedó allí; de cualquier modo, reaparece en Filipos en 20:5– 6, al principio de la segunda sección "nosotros" de Hechos. Él es posiblemente "el verdadero hermano compañero" a quien Pablo dirige una petición especial en Filip. 4:3.[84]

La historia posterior de la iglesia de Filipos es una lectura agradable. La misma amabilidad que proveyó a Pablo y sus amigos de hospitalidad durante su primera visita a la ciudad fue mostrada con repetidos obsequios a Pablo durante sus subsecuentes viajes y encarcelamiento en Roma (Fil. 4:10–16).[85]

---

84. Esto presupone que la sección de Filipenses dirigida al "verdadero hermano compañero" pertenece a una etapa anterior a la fecha del encarcelamiento de Pablo en Roma, a la que la mayor parte de la carta pertenece. La identificación con Lucas es menos improbable que la identificación con Lidia, especialmente cuando el término "hermano compañero" (σύζυγος) se entiende como "esposa" (así E. Renan, *St. Paul*, E.T. [London, 1889], p. 76; S. Baring-Gould, *A Study of St. Paul* [London, 1897], pp. 213–16).

85. Comp. F. F. Bruce, *Philippians*, GNC (San Francisco, 1983), pp. 123–29.

HECHOS 17

C. DE TESALÓNICA A ATENAS (17:1-34)

1. Llegada a Tesalónica (17:1-4)

1 *Tomando la carretera a través de Anfípolis[1] y Apolonia, llegaron a Tesalónica. Había una sinagoga judía allí.*
2 *y tal y como acostumbraba, Pablo fue allí, y durante tres sábados consecutivos dialogó con ellos sobre las Escrituras.*
3 *Declarando y explicando (los eventos que se habían cumplido), y les mostró que era necesario que el Mesías padeciera y resucitara de la muerte, añadiendo, "Este es el Mesías—este Jesús, a quien yo os proclamo".*
4 *Algunos de ellos creyeron[2] y se unieron a Pablo y Silas, incluyendo un gran número de griegos temerosos de Dios, y mujeres nobles no pocas.*

17:1 Desde Filipos, Pablo y Silas, con Timoteo, tomaron la Vía Egnatia hacia el oeste a través de Anfípolis en el río Strymon (antiguamente un importante punto estratégico en la frontera Traco-Macedonia) y luego, a un segundo día de viaje, a través de Apolonia, llegaron a Tesalónica, antes, como ahora, la principal ciudad de Macedonia. Tesalónica fue fundada en el 315 a.C., en el lugar del asentamiento anterior de Terma, por Casandro, quien la nombró tras su esposa, hermanastra de Alejandro Magno. Los tres viajeros aparentemente se detuvieron solo una noche en Anfípolis y otra en Apolonia, pero en Tesalónica (a unas 62 millas al oeste de Filipos) se quedaron más tiempo: la importancia de esta ciudad la emplazaba como lugar adecuado para la evangelización intensiva.

---

1. Después de "Anfípolis" el Texto Occidental continúa: "Bajaron a Apolonia y desde allí a Tesalónica".

2. Después de "creyeron" (ἐπείσθησαν, "fueron persuadidos") el Texto Occidental continúa: "Y muchos de los temerosos de Dios se adhirieron a la enseñanza, y un gran número de griegos, y no pocas esposas de los hombres importantes". (El revisor Occidental resta importancia a la iniciativa femenina.)

17:2-3 Conforme a su costumbre, Pablo visitó la sinagoga local, y (probablemente siendo invitado a dirigirse a la congregación, como previamente fue en Pisidia de Antioquía) expuso las escrituras del Antiguo Testamento durante tres sábados consecutivos. Aportó como pruebas de su cumplimiento los hechos históricos recientemente acaecidos en el ministerio, muerte y resurrección de Jesús, estableciendo estos eventos junto con[3] las predicciones, de manera que la fuerza de su argumento les ayudara a entenderlo fácilmente. De acuerdo con aquellas profecías, el Mesías debía padecer y luego resucitar de entre los muertos.[4] Estas dos experiencias se habían cumplido en Jesús, y en nadie más; por tanto, decía Pablo, este Jesús de quien yo os hablo es el Mesías prometido.

17:4 Como había ocurrido en las sinagogas al sur de Galacia, así también en Tesalónica, algunos de los oyentes de Pablo fueron convencidos por lo que él decía, pero la mayoría de sus convertidos de aquellas tres semanas eran gentiles temerosos de Dios. Entre ellos había un gran número de mujeres de la clase alta. Las mujeres macedonias tenían una merecida reputación por su independencia y espíritu emprendedor.[5] Si algunas de las mujeres que creyeron en el Evangelio eran las esposas de ciudadanos importantes, la iniciativa fue de ellas, no de sus esposos. Jasón, que es mencionado como el anfitrión de los misioneros en el verso 5, fue, presumiblemente, uno de los judíos que creyeron (el nombre griego de Jasón fue adoptado por muchos judíos cuyo nombre originalmente era Josué); Aristarco y Segundo, descritos como tesalónicos en 20:4, fueron probablemente también convertidos a la fe cristiana en este tiempo.

2. Problemas en Tesalónica (17:5-9)

> 5 Los judíos, sin embargo, movidos por la envidia y, reclutando la ayuda de algunos personajes que ganduleaban alrededor del ágora, preparados para hacer trastadas,[6] reunieron una multitud y se prepararon para alborotar la ciudad. Atacaron la casa de Jasón y buscaron a los hombres para llevarlos ante la asamblea pública.
> 6 Pero como no los encontraron, arrastraron a Jasón y algunos hermanos delante de las autoridades. "Estos hombres," gritaban, "que han trastornado el mundo entero han llegado aquí también;
> 7 Jasón los ha hospedado. Todos ellos practican cosas contrarias a los decretos del César; dicen que hay otro emperador, Jesús".

3. Gr. παρατιθέμενος, "situando uno al lado de otro" y por tanto "presentando la evidencia".

4. "Era necesario" para el Mesías que padeciera y se levantara de los muertos para cumplir la Escritura. Comp. Lu. 9:22; 24:26, 44. 3:18; 26:23. Pablo (1 Cor. 15:3-4) y Pedro (1 Pet. 1:11) enfatiza que la muerte y resurrección de Cristo tuvo lugar de acuerdo a las Escrituras.

5. Ver W. W. Tarn and G. T. Griffith, *Hellenistic Civilisation* (London, ³1952), pp. 98-99.

6. Gr. τῶν ἀγοραίων ἄνδρας τινὰς πονηρούς, "ciertos compañeros lascivos de la clase más baja" (es difícil mejorar la traducción de KJV, aunque no sea inglés del siglo XX).

8 La multitud y las autoridades se alborotaron al oír esto.
9 Las autoridades exigieron una fianza a Jasón y a los otros, y los dejaron en libertad.

17:5 No fue solamente en la predicación en la sinagoga y la conversión de muchas personas que la secuencia de eventos en las ciudades del sur de Galacia se reprodujo en Tesalónica. Aquí también los judíos que no creyeron el Evangelio, indignados por la predisposición de tantos prosélitos potenciales a aceptar el mensaje de los misioneros y adherirse a ellos, incitaron a la chusma de la ciudad contra Pablo y sus compañeros. Para cuando asaltaron la casa donde los misioneros habían estado hospedados, ellos habían logrado escapar; sin duda, algunos de sus convertidos, presagiando lo que iba a ocurrir, los escondieron donde no pudieran ser encontrados. El tumulto fue, por tanto, incapaz de arrastrarlos delante de la asamblea cívica,[7] tal como esperaban.

17:6-7 Pero si Pablo y sus colegas no estaba allí, Jasón mismo, el propietario de la casa, sí estaba, y él, junto con algunos otros nuevos creyentes, fueron arrastrados delante de los magistrados. Los magistrados de Tesalónica son llamados "autoridades," un título que es conocido por las muchas inscripciones en las que se les da a los principales magistrados de las ciudades de Macedonia.[8] Una queja mucho más seria fue presentada contra los misioneros y sus anfitriones. Jasón y sus amigos fueron acusados de albergar agitadores judíos, políticos mesiánicos, que habían despertado el malestar[9] en otras ciudades del Imperio Romano. Roma[10]

---

7. Gr. δῆμος Como Tesalónica era una ciudad libre, su asamblea cívica (compuesta por un grupo de ciudadanos) desempeñaba funciones legislativas y judiciales. La ley en muchas ciudades griegas, como la ley de Roma, dependía en gran medida de informantes particulares para ponerlo en movimiento.

8. El título πολιτάρχης o πολίταρχος se encuentra en unas 32 inscripciones desde el siglo II a.C. al III d.C. empleado para los magistrados de las ciudades macedonias. La forma πολιτάρχης solo se atestigua en inscripciones; πολίταρχος ocurre en Eneas Táctico, *Siege Warfare* 26.12. El término similar πολιάρχης / πολίαρχος fue utilizado para los magistrados de las ciudades Tesalonicenses. Ver E. D. Burton, "The Politarchs," *AJT* 2 (1898), pp. 598–632; C. Schuler, "The Macedonian Politarchs," *Classical Philology* 55 (1960), pp. 90–100; J. H. Oliver, "Civic Constitutions for Macedonian Communities," *Classical Philology* 58 (1963), pp. 164–65; F. Gschnitzer, "Politarch¢s," PW Supplement 13 (1973), cols. 483–500; J. M. R. Cormack, "The Gymnasiarchal Law of Beroea," in *Ancient Macedonia*, ed. B. Laourdas and Ch. Makaronas, II (Thessaloniki, 1977), pp. 140–41; B. Helly, "Politarques, Poliarques et Politophylaques," in *Ancient Macedonia*, II, pp. 531–44; comp. *New Docs.* 2 (1977), §5.

9. Este es el sentido del verbo ἀναστατόω, que se usa normalmente en sentido peyorativo, como 21:38 abajo (comp. Gal. 5:12, οἱ ἀναστατοῦντες ὑμᾶς, "aquellos que te perturban"). Aparece en Dan. 7:23 LXX en el sentido de "pisotear"; se encuentra en un papiro vernáculo, notablemente en la carta del chico malo Theon a su padre (*P. Oxy.* 119.10, segundo/tercer siglo d.C.), donde cuenta su hostilidad a su madre diciendo ἀναστατοῖ με, ἄρρον αὐτόν ("él me molesta; ¡échalo!").

10. Suetonio, *Claudius* 25.4 (ver en 18:2).

y Alejandría[11] habían experimentado recientemente tales problemas; ahora, dijeron los acusadores, los alborotadores han llegado a Tesalónica. Su sediciosa y revolucionaria actividad no era solamente ilegal en sí misma; estaban realmente proclamando a un Jesús como un emperador rival al que estaba gobernando en Roma. Eso era una acusación muy delicada: incluso una sospecha infundada de este tipo, era suficiente para arruinar a cualquiera contra el que se hiciera la denuncia. En el presente caso había bastante verdad en la acusación como para hacerla plausible y mortal. Los misioneros proclamaban el reino de Dios—un reino muy diferente, esa es la verdad, a cualquier imperio secular—y podían incluso darle a Jesús la designación griega de *basileus* ("rey"), la cual fue acordada para el emperador romano por muchos de sus súbditos de habla griega.[12] Este Jesús, además, había sido ejecutado por sedición bajo la sentencia de un juez romano.

Puede ser que algo más que simple sedición estuviera implícita en la acusación de que Pablo y sus colegas contravenían los "decretos del César".[13] La sedición (*maiestas*) era una ofensa contra la ley pública[14] y no requería un decreto especial del César para hacerlo ilegal. Pero está claro por el sumario del mensaje apostólico que aceptaron los tesalonicenses (1 Tes. 1:9-10), y por otras referencias en la correspondencia tesalónica, que hubo un fuerte énfasis escatológico en la predicación. Tal enseñanza, como la que se desprende de 2 Tes.2:5-7, con su velada alusión a la eliminación del poder imperial, podría muy bien haber sido construida como infringiendo uno o más de los decretos del Cesar.[15] Augusto y Tiberio habían sido muy sensitivos acerca de las actividades de los astrólogos y otros pronosticadores y habían emitido decretos que prohibían predicciones o consultas que afectaran asuntos de estado o el bien estar personal del emperador.[16]

17:8-9 Al escuchar tales acusaciones, las autoridades compartieron la perturbación de la multitud. Era su responsabilidad hacer que los decretos imperiales se respetaran en la ciudad.[17] La administración provincial, por no hablar de las autoridades imperiales en Roma, no estarían muy satisfechas si trataran a

---

11. Ver la carta de Claudio a los alejandrinos (*P. Lond.* 1912).

12. El emperador es llamado βασιλεύς en Jn. 19:15; 1 Pe. 2:13, 17.

13. Ver E. A. Judge, "The Decrees of Caesar at Thessalonica," *RTR* 30 (1971), pp. 1–7.

14. Ver R. A. Bauman, *The* Crimen Maiestatis *in the Roman Republic and Augustan Principate* (Johannesburg, 1967); *Impietas in Principem* (Munich, 1974); C. W. Chilton, "The Roman Law of Treason under the Early Principate," *JRS* 45 (1955), pp. 73–81.

15. "No hubiera sido difícil interpretar tal anuncio como predicción de cambio de gobernante" (E. A. Judge, "The Decrees of Caesar …," p. 3).

16. Dio Cassius, *Hist.* 56.15.5–6; 57.15.8; cf. also Tacitus, *Annals* 2.27–32; Paulus, *Sententiae* 5.21.

17. Comp. E. A. Judge, *The Social Pattern of the Christian Groups in the First Century* (London, 1960), pp. 34–35.

la ligera tales graves acusaciones. Pero, al contrario que los magistrados en Filipos (que reaccionaron tan violentamente ante una acusación mucho menos grave), ellos actuaron bastante racionalmente. La evidencia de tal acusación era escasa, y los hombres a los que se imputaba no podían ser encontrados. Jasón y sus asociados fueron hechos responsables para que no hubiera más problemas; tenían que dar una fianza por la buena conducta de los misioneros, y eso, a efectos prácticos, significaba que los misioneros tenían que abandonar la ciudad tranquilamente y no regresar.

Pablo y sus amigos no tenían elección en este asunto. A Pablo le hubiera gustado quedarse y fortalecer a sus convertidos con más enseñanza. En este momento, sus convertidos del paganismo francamente superaban a aquellos que habían creído el Evangelio cuando lo escucharon en la sinagoga: el testimonio claro de la correspondencia tesalonicense es que aquellos que lo recibieron se habían "convertido a Dios de los ídolos" (1 Tes. 1:9). ¿Podía la fe de tales personas sobrevivir a la repentina partida de Pablo (dejándolos, como podría parecer, en la estacada) y bajo la presión que, sin duda, se ejercería sobre ellos para que volvieran a su antigua forma de vida? Es probable que dada la situación Pablo les dijera, algunas semanas más tarde, que estaba anhelando volver para verlos, "pero Satanás nos lo impidió" (1 Tes. 2:18).[18] Podía muy bien discernir maquinaciones satánicas detrás de las decisiones de las autoridades, mientras ellos mismos considerarían su decisión como leve pero eficaz. En este caso, la reciente nueva iglesia de Tesalónica estaría sujeta a una persecución abierta y a formas más sutiles de desánimo, sin embargo, mantuvieron su fe y testificaron de una manera que llenaron los corazones de Pablo y sus compañeros de gozo sin límites cuando se enteraron.

3. Berea (17:10-15)

10 *Entonces los hermanos enviaron a Pablo y a Silas secretamente de noche a Berea. Cuando llegaron allí, fueron a la sinagoga judía.*

11 *Los judíos de Berea tenían una mente más abierta que aquellos de Tesalónica: aceptaron el mensaje con toda solicitud y examinaban las Escrituras diariamente para ver si estas cosas eran así.[19]*

12 *Muchos de ellos creyeron entonces, así como un considerable número de mujeres griegas de clase alta, y no pocos hombres.[20]*

---

18. Comp. W. M. Ramsay, *St. Paul the Traveller* (London, [14]1920), p. 231.

19. El Texto Occidental añade "como Pablo declara".

20. El Texto Occidental lee: "algunos de ellos, por tanto, creyeron, pero algunos no creyeron [comp. 28:24], y muchos de los griegos, ambos hombres y mujeres de la clase alta, creyeron" (el revisor occidental invierte la prioridad dada a las mujeres).

13 Pero cuando los judíos de Tesalónica se enteraron de que la palabra de Dios había sido proclamada también en Berea, fueron allí, molestando a las[21] multitudes y lanzándose a la agitación.[22]

14 Entonces los hermanos inmediatamente enviaron a Pablo para que fuese hasta la costa,[23] mientras Silas y Timoteo se quedaron atrás en Berea.

15 Los hombres que guiaban a Pablo lo llevaron a Atenas.[24] Luego regresaron con instrucciones de que Silas y Timoteo se reunieran con él tan pronto como fuera posible.

17:10 Pablo y Silas fueron enviados desde Tesalónica por sus amigos que tenían que garantizar su partida, e hicieron su camino hacia Berea. Tuvieron que abandonar la Vía Egnatia y tomaron la carretera que giraba al sur, a Tesalia y la provincia de Acaya. Pablo, piensan algunos, había concebido el plan de viajar a lo largo de la Vía Egnatia hasta los términos del Adriático, donde habría sido muy fácil cruzar el Estrecho de Otranto y tomar la carretera a Roma. Deja claro que tenía planeado visitar Roma varias veces antes de hacerlo realmente (Rom. 1:13; 15:22).[25] Pero si hubiera intentado hacerlo así en este momento, podría haber encontrado su plan frustrado: probablemente se habría encontrado judíos viajando desde Roma hacia el este a lo largo de la Vía Egnatia, contando como el emperador Claudio los había expulsado de la capital. Su giro hacia el sur puede haber sido contrario a su plan pero, como demuestran los eventos, era el plan de Dios.

Berea es descrita por Cicerón como "fuera de las vías de la ciudad,"[26] queriendo decir que se extendía fuera de la Vía Egnatia. Estaba a unas cuarenta y cinco millas al oeste-suroeste de Tesalónica, en el afluente de Haliacmón al pie del Monte Bermios. Fue la primera ciudad de Macedonia entregada a los romanos al final de la Tercera Guerra Macedonia (168 a.C.); entonces fue incluida en el tercero de los cuatro distritos en los que Macedonia fue dividida. En Berea, Timoteo se reincorporó a Pablo y Silas.

---

21. El Texto Occidental añade: "y no paraban de molestar".

22. P^{45} omite "y lanzándose ... a la agitación".

23. ἕως ἐπὶ τὴν θάλασσαν. El Texto Occidental lee ὡς ἐπὶ τὴν θάλασσαν ("como si el mar"), el Texto occidental lee ἐπὶ τὴν θάλασσαν ("al mar").

24. Después de "Atenas" el Texto Occidental continúa: "pero pasó por Tesalia, porque se le impidió predicarles [una imitación de 16:6–8?]; y partieron, habiendo recibido orden de Pablo a Silas y Timoteo de venir a él rápidamente".

25. Comp. A. Harnack, *The Mission and Expansion of Christianity*, E.T., I (Edinburgh, 1908), pp. 74–77; H. J. Cadbury, *The Book of Acts in History* (New York, 1955), pp. 60–61; E. A. Judge and G. S. R. Thomas, "The Origin of the Church at Rome," *RTR* 25 (1966), p. 90; G. Bornkamm, *Paul*, E.T. (London, 1971), pp. 51–55; A. Suhl, *Paulus und seine Briefe* (Gütersloh, 1975), pp. 94–96.

26. *Against Piso* 36.89.

17:11-12 Aquí también había una sinagoga judía, pero cuando fueron visitados por Pablo y Silas la congregación dio un recibimiento al mensaje bastante diferente del que le dieron los judíos de Tesalónica. Con admirable libertad de prejuicios,[27] llevaron la proclamación de los misioneros a la piedra de toque de la Sagrada Escritura. Su procedimiento es digno de imitar por todos los que tienen una nueva forma de enseñanza religiosa presionándolos para aceptarla. Estos judíos de Berea se habrían quedado sorprendidos si hubieran visto cuantos grupos cristianos en días posteriores se llamarían así mismos "de Berea" en honor a su notable ejemplo del estudio de la Biblia. Como podría esperarse de gente que dio la bienvenida al Evangelio con tanta solicitud, muchos de ellos creyeron. Como en Tesalónica, los creyentes incluían griegos temerosos de Dios, ambos hombres y mujeres, y algunos de estos, especialmente las mujeres, pertenecían a familias importantes de la ciudad. Entre los convertidos de Berea uno al menos es conocido por su nombre—Sópater hijo de Pirro, mencionado abajo en 20:4.[28]

17:13 Pero, como en los anteriores viajes misioneros, los judíos de Pisidia de Antioquía e Iconio siguieron a los misioneros a Listra y agitaron los problemas allí, así ahora los judíos de Tesalónica, oyendo que Pablo y Silas habían llegado a Berea, enviaron una diputación allí para repetir el curso de acción que había sido tan efectivo en Tesalónica.

17:14-15 Una vez más, Pablo, el principal objetivo de la oposición, tuvo que ser sacado de la ciudad rápida y silenciosamente. Algunos de los amigos de Berea lo llevaron a la costa—a Metone o Dium—y lo subieron a bordo de un barco hacia El Pireo (el puerto de Atenas). Hay, no obstante, otra lectura del texto (representado en KJV)[29] el cual implica que hicieron como si lo llevaran a la costa, pero en realidad, despistando así a los posibles perseguidores, lo escoltaron hacia el sur por la carretera hasta Atenas. De una manera u otra, llegaron a Atenas, y enviaron de regreso a sus amigos a Berea con instrucciones a Silas y Timoteo para que se reunieran con él tan pronto como fuera posible, mientras él los esperaba.[30]

---

27. Esto parece significar aquí εὐγενέστεροι, "más abierto de mente". Lit. "más noble".

28. Quizá el mismo Sosípater de Rom. 16:21.

29. La lectura Bizantina (comp. n. 23).

30. Los movimientos de Silas y Timoteo entre la partida de Pablo de Berea y su reunión con él en Corinto (18:5) deben ser reconstruidos con la ayuda de 1 Tes. 3:1-6. Parece que, tal como fueron instruidos, se reunieron con Pablo en Atenas (1 Tes. 3:1), de allí Timoteo fue enviado de regreso a Tesalónica (1 Tes. 3:2). (T. W. Manson sugiere que en esta ocasión Timoteo llevaba la 2 Tesalonicenses, que cree que fue escrita antes que la 1 Tesalonicenses. Silas también fue enviado de regreso a Macedonia—dónde exactamente no está indicado (18:5). Pablo entonces fue de Atenas a Corinto (18:1), donde se reunió con Silas y Timoteo a su regreso de Macedonia (18:5; 1 Tes. 3:6). Ver K. Lake, *The Earlier Epistles of St. Paul* (London, 1911), p. 74; T. W. Manson, *Studies in the Gospels and Epistles* (Manchester, 1962), pp. 266–67.

4. Atenas (17:16-21)

16 *Mientras Pablo los esperaba en Atenas, su espíritu se enardecía al ver la ciudad tan llena de ídolos.*
17 *Así que conversaba en la sinagoga con los judíos y los temerosos de Dios y en el ágora a diario con los que se encontraban por allí.*
18 *Algunos de los filósofos epicúreos y estoicos se reunían con él. Unos preguntaban: "¿Qué querrá decir este charlatán?" Otros decían: "Parece ser predicador de divinidades extrañas"—porque estaba predicando el Evangelio de Jesús y la Resurrección.*
19 *Así que lo llevaron al Areópago. Allí dijeron: "¿Podemos saber qué es esta nueva enseñanza de la que hablas?*
20 *Porque dices cosas que nos resultan extrañas; nos gustaría saber lo que significan".*
21 *Porque todos los atenienses y residentes extranjeros no tenían tiempo para nada más que contar o escuchar las últimas novedades.*

17:16 Aunque Atenas hacía mucho tiempo que había perdido la eminencia política de épocas pasadas, continuaba representando el nivel cultural más alto jamás conseguido en la antigüedad clásica. La escultura, literatura, y oratoria de Atenas en los siglos V y IV a.C. nunca habían sido en realidad superados. En filosofía también ocupaba el primer lugar, siendo la ciudad nativa de Sócrates y Platón, y la casa adoptiva de Aristóteles, Epicúreo, y Zenón. En todos estos campos Atenas mantenía un prestigio indiscutible, y su gloria política como la cuna de la democracia no fue completamente difuminada. En consideración a su espléndido pasado, los romanos dieron a Atenas el derecho de mantener sus propias instituciones como una ciudad libre y aliada dentro del Imperio Romano.[31]

Los visitantes de Atenas hoy que ven las obras de arte de los grandes arquitectos y escultores de la época de Pericles las admiran libremente como obras de arte: para nadie en nuestros días son nada más. Pero en el primer siglo cristiano eran no solamente admiradas como obras de arte: eran templos e imagines de divinidades paganas. Los templos y las imágenes de divinidades paganas no eran ninguna novedad para un nativo de Tarso, pero este nativo de Tarso se había criado en el espíritu del primer y el segundo mandamiento del decálogo. Lo que Pablo puede haber sentido a modo de apreciación artística—y su educación no había fomentado ninguna capacidad para esto—el sentimiento que predominaba en su mente mientras caminaba de aquí para allá a través de la ciudad de la corona violeta era el de indignación: la ciudad estaba llena de ídolos, dedicada a adorar a dioses que no eran dioses—porque "lo que sacrifican los paganos a los demonios lo ofrecen, y no a Dios" (1 Cor. 10:20).

---

31. Ver D. J. Geagan, "Roman Athens: Some Aspects of Life and Culture, I. 86 B.C.-A.D. 267," *ANRW* 2.7.1 (Berlin, 1975), pp. 371–437.

17:17 Pablo no era hombre que se tomara vacaciones del principal negocio de su vida, así que no perdió el tiempo mientras esperaba a que sus amigos se reunieran con él desde el norte. En cualquier caso, el espectáculo de una ciudad tan enteramente dedicada al culto falso le dio la convicción de que aquí, como en cualquier lugar, había hombres y mujeres que necesitaban urgentemente el Evangelio en el que él había confiado. Atenas le permitió una amplia confirmación de lo que ya había aprendido, que, "en la sabiduría de Dios, el mundo no conoce a Dios a través de la sabiduría" (1 Cor. 1:21). Visitó la sinagoga en Atenas, por tanto, y mantuvo un discurso allí con judíos y gentiles temerosos de Dios, mientras en el Ágora, el centro de la vida y actividad ateniense, debatía día tras día con aquellos que estaban por allí. Se ha observado a menudo con qué sutileza y precisión Lucas recrea el ambiente local y la atmósfera de cada ciudad de la que se ocupa. "En Éfeso Pablo enseñó 'en la escuela de Tirano'; en la ciudad de Sócrates discutió temas morales en la plaza del mercado. ¡Que incongruente resultaría si se invirtieran los términos!"[32] El Ágora se extiende al norte de la Acrópolis. Si este fue el lugar por el que Pablo entró a Atenas, habría visto a Hermes (una plaza de pilares presididos por la cabeza de Hermes) desde donde quiera que mirara, "un verdadero bosque de ídolos".[33]

17:18 Entre aquellos con los que Pablo se encontró y conversó en el Ágora había filósofos de las escuelas rivales, estoicos y epicúreos.

Los estoicos, que clamaban a Zenón el chipriota (*c.* 340–265 a.C.) como su fundador, se llamaron así porque se reunían en el stoa poikilē, "pórtico pintado" del Ágora, donde habitualmente enseñaban en Atenas. Su sistema aspiraba a vivir consistentemente con la naturaleza, y en la práctica se enfatizaba la primacía de la facultad racional de la humanidad y la autosuficiencia del individuo. En teología eran esencialmente panteístas, Dios era considerado el alma del mundo. Su creencia en un cosmopolis o estado mundial, en el que todas las almas verdaderamente libres tuvieran los mismos derechos ciudadanos, ayudó a romper con las distinciones nacionales y clasistas. El Estoicismo, en su momento más álgido, estuvo marcado por una gran serenidad moral y un alto sentido del deber. Elogiaron el suicidio como un medio honorable para escapar de una vida que no podía sostenerse de modo digno. Algo del espíritu orgulloso de la independencia personal que se fomentaba es expresado por W. E. Henley en *Invictus:*

"Doy gracias a los dioses que puedan existir
Por mi alma inconquistable".

---

32. W. M. Ramsay, *St. Paul the Traveller*, p. 238.

33. R. E. Wycherley, "St. Paul at Athens," *JTS* n.s. 19 (1968), pp. 619–20; cf. S. Halstead, "Paul in the Agora," in *Quantulacumque: Studies presented to K. Lake* (London, 1937), pp. 139–43.

Dado el caso, otro poeta inglés utiliza la misma expresión, "los dioses que puedan existir" en un contexto tan distintivamente epicúreo como el esencialmente estoico de Henley. Esto es de A. C. Swinburne en *The Garden of Proserpine*:

"Del demasiado amor a la vida,
　De la esperanza y el miedo libres,
Damos brevemente las gracias
　A los dioses que puedan existir
Que ninguna vida vive para siempre;
Que los muertos no se levantan nunca;
Que incluso al río más cansado
　Los vientos llevan sin duda al mar".

La Escuela Epicúrea, fundada por Epicúreo (340–270 a.C.), miembro de una familia de colonos atenienses en Samos, basaba su teoría ética en la física de los átomos de Demócrito y presentaba el placer como el fin principal de la vida, el mayor placer más digno de ser disfrutado siendo la vida de tranquilidad (*ataraxia*), libre del dolor, pasiones molestas, y miedos supersticiosos (incluyendo en particular el temor a la muerte). No negaba la existencia de los dioses, pero mantenía que ellos no se interesaban en la vida de hombres y mujeres. El estoicismo y el epicureísmo representaban alternativas al paganismo pre-cristiano en un intento de explicar la vida, especialmente en tiempos de incertidumbre y dificultades; el paganismo post-cristiano nunca ha sido capaz de idear algo apreciablemente mejor. Pero los estoicos y epicúreos por igual, por mucho que puedan diferir entre sí, están de acuerdo al menos en esto: que el mensaje recién interpuesto por este judío de Tarso no era uno que podría atraer a la gente razonable. Lo veían como un minorista de migajas de segunda mano de la filosofía, "un aprendiz recogedor de migajas" (como el Karshish de Browning), una especie de vendedor ambulante de religión, no desconocido en el Ágora, y utilizaron un término despectivo de la jerga ateniense para describirlo.[34] Otros prefirieron clasificarlo como un propagandista de divinidades extranjeras—hablaba de Jesús y *Anastasis* (la palabra griega para "resurrección"), y para algunos de sus oyentes estas dos palabras sonaban como si denotara la personificación y divinización de poderes de "sanidad" y "restauración".[35]

---

34. Gr. σπερμολόγος, lit. "picoteador-de-semillas," "gorrión-de-alcantarilla"; alguien que recoge las sobras en el Mercado, un personaje despreciable (comp. La descripción de Demóstenes de Aeschines como σπερμολόγος περίτριμμα ἀγορᾶς, "un charlatán, un picoteador de mercado," *On the Crown* 127); por tanto, alguien que recogía migajas de conocimiento siempre que podía, que es el significado aquí.

35. F. H. Chase, *The Credibility of Acts* (London, 1902), pp. 205–6) sugiere que pudieron haber asociado Ἰησοῦς con ἴασις ("sanador") o con Ἰασώ (Ionio Ἰησώ), la diosa de la salud, una hija de Asclepios. "Esta interpretación de las palabras Ἰησοῦς y ἀνάστασις sería confirmado en la mente de los atenienses si hubieran captado la palabra σωτηρία y σωτήρ en la enseñanza de

17:19-20 Pero en Atenas había una venerable institución, la Corte del Areópago, que ejercía jurisdicción en materia de religión y moral. Este cuerpo aristocrático, de venerable antigüedad, recibió el nombre de Areópago, de la "montaña de Ares" (el dios griego de la guerra), al suroeste de la Acrópolis, en la que tradicionalmente se encontraban. En el momento del que nos estamos ocupando se celebraba su encuentro habitual en el "Pórtico Real" (*stoa basileios*), en la esquina noroeste del Ágora.[36] (Se reunía en el Areópago para juzgar casos de homicidio). Su poder tradicional se redujo con el crecimiento de la democracia ateniense en el siglo V a.C., pero en la época de Roma su autoridad fue realzada y gozaba de gran respeto.[37] Ante este organismo, entonces, Pablo fue llevado, no para ser juzgado en el sentido forense, ni tampoco para ser examinado con el fin de obtener la licencia de profesor público,[38] sino simplemente para tener la oportunidad de exponer sus enseñanza delante de los expertos.

17:21 Después, comentando sobre el interés de los atenienses por la novedosa enseñanza de Pablo, Lucas resume su actitud general en una frase que Eduard Norden describió como "la cosa más cultural encontrada nunca en el Nuevo Testamento".[39] Los atenienses admitían ellos mismos que su pasión por cualquier novedad podía caer en el exceso; el orador Demóstenes, por ejemplo, cuatro siglos antes, les había reprochado que iban a preguntarle cuales eran las últimas novedades del día cuando en realidad la política agresiva de Felipe de Macedonia requería hechos, no palabras.[40]

5. Pablo en el Areópago (17:22-31)

22 *Así, estando en medio del Areópago (la corte)[41] Pablo dijo, "¡Varones atenienses! Veo que sois en todo muy religiosos.*

---

san Pablo". La opinión de que era un predicador de divinidades extranjeras recuerda los cargos presentados en una fecha anterior en Atenas contra Protágoras, Anaxágoras, y Sócrates (comp. Platón, *Euthyphro* 3B, *Apology* 24B-C; Xenophon, *Memorabilia* 1.1.1).

36. Ver C. J. Hemer, "Paul at Athens: A Topographical Note," *NTS* 20 (1973-74), pp. 341-50.

37. Ver D. J. Geagan, *The Athenian Constitution after Sulla* (Princeton, 1950), p. 50: "Ordo Areopagitarum Atheniensium," in *Phoros: Tribute to E. D. Meritt*, ed. D. W. Bradeen and M. F. McGregor (New York, 1974), pp. 51-56.

38. Esta era la opinión de Ramsay (*St. Paul the Traveller*, p. 247); recuerda como Cicerón indujo al Areópago a pasar un decreto invitando a Cratipo, el filósofo peripatético, para convertirse en profesor en Atenas," e infiere "que alguna ventaja se le concedió" (comp. Plutarch, *Cicero* 24.5).

39. *Agnostos Theos* (Leipzig, 1913), p. 333.

40. Demostenes, *Philippic* 1.10; comp. reproche de Cleón: "sois las personas mejor engañadas por algo nuevo que se dice" (Thucydides . *Hist.* 2.38.5).

41. Gr. ἐν μέσῳ τοῦ Ἀρείου πάγου. La frase "en medio de" muestra que es la corte, no el monte, lo que significa aquí "el Areópago" (comp. ἐκ μέσου αὐτῶν, v. 33; ἐν τῷ μέσῳ, 4:7). Que

23 *Mientras paseaba a través de (vuestra ciudad) y miraba vuestros objetos de culto, encontré un altar que lleva esta inscripción: 'Al Dios Desconocido'. Este Dios, a quien vosotros adoráis como a un desconocido, es el Dios de quien yo os hablo.*
24 *El Dios que creó el mundo y todo lo que hay en él, Señor del cielo y la tierra como es, no reside en templos hechos de manos.*
25 *No es porque necesite algo que acepta el servicio de manos de seres humanos; es de Él que todos reciben la vida, el aliento y todas las cosas.*
26 *De un hombre⁴² ha hecho todas las naciones de la humanidad para que habiten toda la superficie de la tierra. Prefijó las estaciones y las fronteras de su residencia.*
27 *para que pudieran buscar a Dios,⁴³ y aunque sea a tientas lo encuentren. En realidad, Él no está lejos de ninguno de nosotros.*
28 *'porque en Él vivimos y nos movemos y existimos' —como ciertamente algunos de vuestros⁴⁴ poetas⁴⁵ han dicho:*
'porque nosotros verdaderamente somos su linaje.'
29 *Por tanto, ya que somos linaje de Dios, no debemos pensar que la naturaleza divina es como el oro o la plata o las piedras, el grabado del arte y diseño humano.*
30 *Dios ha pasado por alto los tiempos de esta ignorancia, pero ahora su orden a todas las personas de todo lugar es que se arrepientan;*
31 *porque él ha establecido un día en el que va a juzgar⁴⁶ al mundo con justicia, por el hombre que él ha escogido; y ha dado pruebas a todos, al levantarlo de los muertos".*

17:22 Probablemente no haya diez versos en Hechos cuyo texto haya suscitado tal abundancia de comentarios como los que forman parte del discurso de Pablo en el Areópago.⁴⁷ Otros puntos de vista diametralmente opuestos han expresado

---

la expresión completa "la corte (concilio) del Areópago" se acortó en el lenguaje común a "Areópago" está atestiguada por Cicerón (*Letters to Atticus* 1.14.5), Séneca (*On Tranquillity* 5), Valerio Máximo (*Memorable Deeds and Words* 2.64), y por una inscripción en Epidauro (*IG* 4.937.2).

42. Gr. ἐξ ἑνός. Los Textos Occidental y Bizantino añaden αἵματος (comp. KJV "de sangre").

43. El Texto Occidental lee "especialmente que pudieran buscar la naturaleza divina" (τὸ θεῖον, como en v. 29).

44. P⁷⁴ B y algunos otros testigos leen "nuestro" (καθ' ἡμᾶς) por "vuestro" (καθ' ὑμᾶς); "nuestro" puede haberse considerado más apropiado porque Arato, a punto de ser citado, era de Cilicia como Pablo.

45. El Texto Occidental omite "poetas" (el significado es entonces "vuestros propios hombres"); la Pesita Siriaca tiene "hombres sabios" en vez de "poetas".

46. El Texto Occidental lee "un día para juzgar" (ἡμέραν κρῖναι).

47. Ver, además de la discusión en comentarios, E. Curtius, "St. Paul in Athens" (1893), E.T. in *Exp.* 7,4 (1907), pp. 436–55; E. Norden, *Agnostos Theos: Untersuchungen zur Formengeschichte religiöser Rede* (Leipzig/Berlin, 1913, ²1929), pp. 1–140; A. von Harnack, *Ist die Rede des Paulus in Athen ein ursprünglicher Bestandteil der Apostelgeschichte?* = *TU* 39.1 (Leipzig, 1913); R. Reitzenstein, "Die Areopagrede des Paulus," *Neue Jahrbücher für das klassische Altertum* 31 (1913), pp. 393–422; E. Meyer, *Ursprung und Anfänge des Christentums*, III (Stuttgart/Berlin,

Pablo en el Areópago (17:22-31)

la pregunta de si Pablo dio, o en realidad puedo haber dado, tal discurso. Durante los primeros años del siglo XX, B. W. Bacon, un crítico no marcado por el conservadurismo, concluyó que este discurso, "a diferencia de aquel atribuido a Pablo en Hechos 13:16-41, es realmente de tipo paulino,"[48] mientras Percy Gardner encuentra expresado un punto de vista tan diferente de aquel del capítulo 1 de Romanos, y de hecho tan contradictorio, que lo llama "el menos auténtico de los discursos paulinos en Hechos".[49] Eduard Norden considera fuera de toda discusión que Pablo pudiera haber dado este discurso. El historiador Eduard Meyer, sin embargo, que confiesa que él mismo es incapaz de entender "cómo esta escena podría ser explicada como una invención,"[50] clamó haber persuadido a Norden para que admitiera la posibilidad de que Lucas correctamente reproduce el contenido de un discurso genuinamente paulino.[51] Pero desde entonces, los cuidadosos

---

1923), pp. 89–108; A. Schweitzer, *The Mysticism of Paul the Apostle*, E.T. (London, 1931), pp. 6–9; W. L. Knox, *St. Paul and the Church of the Gentiles* (Cambridge, 1939), pp. 1–26; W. Schmid, "Die Rede des Apostels Paulus vor den Philosophen und Areopagiten in Athen," *Philologus* 95 (1942), pp. 79–120; M. Pohlenz, *Paulus und die Stoa* (1949; Darmstadt, 1964); M. Dibelius, "Paul on the Areopagus" (1939) and "Paul in Athens" (1939), E.T. in *Studies in the Acts of the Apostles* (London, 1956), pp. 26–92; A. D. Nock, "The Book of Acts" (1953), *Essays on Religion and the Ancient World*, II (Oxford, 1972), pp. 829–32; W. Eltester, "Gott und Natur in der Areopagrede," in *Neutestamentliche Studien für Rudolf Bultmann*, ed. W. Eltester, BZNW 21 (1954), pp. 202–27; G. Schrenk, *Studien zu Paulus* (Zürich, 1954), pp. 131–48; B. Gärtner, *The Areopagus Speech and Natural Revelation* (Lund, 1955); H. Hommel, "Neue Forschungen zur Areopagrede Acta 17," *ZNW* 46 (1955), pp. 145–78; W. Nauck, "Die Tradition und Komposition der Areopagrede," *ZTK* 53 (1956), pp. 11–52; N. B. Stonehouse, *Paul Before the Areopagus and Other New Testament Studies* (Grand Rapids, 1957), pp. 1–40; H. Conzelmann, "The Address of Paul on the Areopagus" (1958), E.T. in *Studies in Luke-Acts*, ed. L. E. Keck and J. L. Martyn (Nashville/New York, 1966), pp. 217–30; H. P. Owen, "The Scope of Natural Revelation in Romans 1 and Acts 17," *NTS* 5 (1958–59), pp. 133–43; R. E. Wycherley, "St. Paul at Athens," *JTS* n.s. 19 (1968), pp. 619–21; T. D. Barnes, "An Apostle on Trial," *JTS* n.s. 20 (1969), pp. 407–19; A.-M. Dubarle, "Le discours à l'Aréopage (Actes 17, 22–31) et son arrière-plan biblique," *RSPT* 57 (1973), pp. 576–610; S. G. Wilson, *The Gentiles and the Gentile Mission in Luke-Acts*, SNTSM 23 (Cambridge, 1973), pp. 196–218; C. J. Hemer, "Paul at Athens: A Topographical Note," *NTS* 20 (1973–74), pp. 341–50; C. K. Barrett, "Paul's Speech on the Areopagus," in *New Testament Christianity for Africa and the World: Essays in honour of Harry Sawyerr*, ed. M. E. Glasswell and E. W. Fasholé-Luke (London, 1974), pp. 69–77.

48. *The Story of St. Paul* (London, 1905), p. 164.

49. "The Speeches of St. Paul in Acts," in *Cambridge Biblical Essays* ed. H. B. Swete (Cambridge, 1909), p. 401.

50. *Ursprung und Anfänge des Christentums*, III, p. 105.

51. *Ursprung und Anfänge*, III, p. 92, n. 4. H. J. Cadbury comenta que "los clásicos son los más inclinados a defender la historicidad de la escena en Atenas" (*Beginnings* I.5, p. 406, n. 1). Una notable excepción a esta regla fue U. von Wilamowitz-Moellendorff: aunque insuperable en su apreciación de Pablo como "un clásico del helenismo," sentía que no tenía una base común con aquellos que podían atribuir el *Areopagitica* al Pablo de las genuinas epístolas (*Die griechische*

estudios estilísticos de Martin Dibelius, que llega a la conclusión de que "Pablo nunca hubiera escrito de esta manera,"[52] ha pesado mucho sobre los estudiantes del discurso: "lo que tenemos ante nosotros," dice él, "es un discurso *helenístico* sobre el verdadero conocimiento de Dios".[53]

Cuando el Evangelio fue presentado a los paganos, incluso paganos cultos como los miembros de la Corte del Areópago, era necesario empezar con una declaración acerca del Dios vivo y verdadero. El conocimiento de Dios, de acuerdo con Pablo en Rom. 1:19–22, era accesible a todos en su obra de creación, pero la capacidad o deseo para adquirirlo se había deteriorado por la idolatría. Si el autor de Romanos 1-3 había sido invitado a dirigirse a una audiencia ateniense sobre el conocimiento de Dios, es difícil ver como el sentido general de sus palabras podía haber sido tan diferente de lo que Lucas reporta aquí que Pablo dijo. El tono del *Areopagita* es diferente de aquel de Romanos 1-3, pero Pablo conocía la sabiduría de adaptar su tono y acercamiento a la audiencia en general o a los lectores en particular a los que se estaba dirigiendo en el momento.

Si el discurso en Antioquía de Pisidia en 13:16–41 está destinado a servir como ejemplo de la predicación de Pablo a la congregación de una sinagoga, el discurso presente está igualmente bien diseñado para servir como ejemplo de su predicación a los paganos (comp. el sumario mucho más breve en 14:15–17). Aquí no cita las Escrituras hebreas, las cuales habrían sido bastante desconocidas por su audiencia; las citas directas de su discurso son de poetas griegos. Pero él no es condescendiente con el nivel de su audiencia al argumentar primero desde los principios como uno de sus propios filósofos podría haber hecho. Su argumento está firmemente basado en la revelación bíblica; es un eco a través del pensamiento, y a veces del mismo lenguaje del Antiguo Testamento. Como la propia revelación bíblica, su argumento se inicia con el Dios Creador de todo y finaliza con Dios el Juez de todo.

Él empieza mencionando que lo que ha visto en la ciudad le ha impresionado por la extraordinaria religiosidad ateniense (una impresión recibida por muchas otras personas de la antigüedad, algunos de los cuales consideraban a los atenienses como los más religiosos de todos los seres humanos).[54] Esta caracterización de los atenienses hecha por Pablo no necesariamente era un elogio gratuito:

Literatur des Altertums = *Die Kultur der Gegenwart*, ed. P. Hinneberg, I.8 (Berlin/Leipzig, ³1912), p. 232).

52. M. Dibelius, *Studies* p. 61.

53. *Studies*, p. 57.

54. Comp. Sófocles, *Oedipus at Colonus* 260 ("dice que los atenienses eran los más piadosos hacia los dioses"); Josefo *Ap.* 2.130 ("los más piadosos de los griegos"); Pausanias, *Description of Greece* 1.17.1 ("los atenienses veneran a los dioses más que los otros"); también Estrabón, *Geog.* 9.1.16; Livy, *Hist.* 45.27.

Pablo en el Areópago (17:22-31)

se nos dice que estaba prohibido utilizar cumplidos *exordia* al dirigirse a la Corte del Areópago, con la esperanza de garantizar así la buena voluntad.[55] La expresión empleada por Pablo podría también significar "bastante supersticiosos"; era un término ambigüo en griego como "religión" en inglés, y lo que era piedad para los griegos era superstición para los judíos (y *vice versa*).[56]

17:23 Pablo continúa diciéndoles que, de entre otros monumentos, hay una que particularmente le llama la atención: un altar con la inscripción "al Dios Desconocido" (o más posiblemente "A un dios desconocido").[57] Otros escritores dicen que altares a "dioses desconocidos" se veían en Atenas;[58] Dídimo de Alejandría[59] y Jerónimo probablemente tienen estas declaraciones en mente cuando dicen que Pablo cambió el plural "dioses" al singular. Jerónimo[60] dice que, en realidad, el altar que Pablo vio llevaba la inscripción "A los dioses de Asia, Europa y África, a los desconocidos y extranjeros dioses" (presumiblemente conocía la inscripción del tal altar en Atenas, la cual tradujo al latín). Pero Pablo puede haber visto un altar dedicado exactamente como dice. Cuando un altar en ruinas era reparado y la dedicación original no podía determinarse, la inscripción "A el (un) dios desconocido" hubiera sido bastante apropiado. Un altar en el Monte Palatino en Roma fue reconstruido cerca del año 100 a.C. y dedicado "a un dio o una diosa";[61] la vaguedad de las palabras refleja la ignorancia de la divinidad en cuyo honor se había erigido originalmente el altar.[62]

---

55. Comp. Luciano, *Anacharsis* 19.

56. Gr. δεισιδαιμονεστέρους. Comp. 25:19 para el nombre δεισιδαιμονία.

57. Gr. ἀγνώατῳ θεῷ. Pablo lo considera como una referencia al Dios verdadero; los autores podían haber querido decir algo diferente. El estilo lapidario en cualquier caso prescinde del artículo definido.

58. Comp. Pausanias, *Description of Greece* 1.1.4; Philostratus, *Life of Apollonius* 6.3.5.

59. *Commentary on 2 Corinthians* (10:5).

60. *Commentary on Titus* (1:12). E. Norden (*Agnostos Theos*, pp. 118-20) aunque esta declaración podría ser de Minucio Felix (*Octavius* 6.2), que afirma que los romanos veneraban a los dioses de las naciones conquistadas, erigiendo altares a las divinidades que ellos desconocían.

61. *CIL* I.632. Otro paralelo se ha discernido en una inscripción del período imperial en Pérgamo, θεοῖς ἀγν[ώστοια] Καπίτ[ων] δᾳδοῦχος, "A des[conocidos] dioses: Capit[o], torchbearer" (H. Hepding, *Athenische Mitteilungen* 35 [1910], pp. 454-57; cf. A. Deissmann, *Paul*, E.T. [London, 1926], pp. 287-91, with Plates V and VI); pero no es seguro que la segunda palabra sea realmente ἀγνώστοις.

62. También podría mencionarse a Diógenes Laertius, que contaba (*Lives of Philosophers* 1.110) como los atenienses una vez, durante una pestilencia, enviaron a por Epiménides, el hombre sabio de Creta (*c.* 600 a.C.), que les aconsejó liberar ovejas blancas y negras desde el Areópago y luego, en el lugar donde cada una se acostara, sacrificarla "al dios apropiado" (al dios de la localidad). Según, dice Diógenes, "altares anónimos" (altares a los dioses no nombrados) se podía ver a través de Ática. La presencia de tales altares es mencionada por otros escritores.

Este Dios a quien veneraban, dice Pablo, aún confesando que ignoraban su identidad, era el Dios a quien él ahora se proponía darles a conocer. Pero no se expresó de una forma tan personal, como si incondicionalmente identificara al "dios desconocido" de la inscripción con el Dios a quien él proclamaba. Empleó el neutro, no el masculino, "por tanto, al que adoráis sin conocerlo, a este yo os anuncio" (RSV).[63] Ya que reconocían su ignorancia de la naturaleza divina, él les contaría la verdad sobre ello.

17:24 Luego empieza a hablarles del verdadero Dios. Él es el que ha creado el Universo y todo lo que existe en él; es el Señor de Cielo y Tierra. Aquí está el Dios de la revelación bíblica; no hay ninguna distinción entre un ser supremo y un demiurgo que formó el mundo material. El Dios que es Creador de todo y Señor universal es introducido en un lenguaje fuertemente reminiscente de las Escrituras del Antiguo Testamento. Igualmente reminiscente de aquellas Escrituras es el lenguaje en el que Pablo describe al Dios verdadero como no habitando santuarios construidos por manos humanas.[64] Si incluso el templo de Jerusalén, erigido para adorar al verdadero Dios, no podía contenerlo, ¡cuanto menos los esplendidos templos de la Acrópolis de Atenas, dedicados a divinidades que no tenían existencia real! Cierto que incluso el paganismo tenía conocimiento de que ninguna casa material podía acomodar la naturaleza divina,[65] pero la afinidad de los términos empleados aquí por Pablo son más bíblicos que clásicos.

17:25 El Dios que ha creado todo no podía ser concebido como requiriendo algo de sus criaturas. Si se complace en aceptar su servicio, no es porque esté en necesidad de algo que ellos puedan suplir. Aquí nuevamente pueden aducirse paralelos al argumento de Pablo de la literatura y filosofía griega.[66] Pero los grandes profetas de Israel también habían refutado la noción falsa de que Dios de alguna manera depende del culto y servicio de su pueblo, cuando vieron cuantos de sus paisanos israelitas estaban dedicados a ello. ¿Cómo puede el Señor del cielo y la tierra *necesitar* algo que sus criaturas pueden darle a él?

"No aceptaré becerros de vuestras casas,
 Ni macho cabríos de vuestros apriscos.
Porque todos los animales del bosque son míos,
 Los millares de ganado en los montes.
Conozco todos los pájaros del aire,

---

63. Comp. τὸ θεῖον, "la naturaleza divina," en v. 29, en vez de τὸν θεόν, "Dios". Ver N. B. Stonehouse *Paul Before the Areopagus*, p. 19.

64. Comp. 1 Reyes 8:27; Is. 66:1–2; y ver la discusión en una declaración similar en el discurso de Esteban (en 7:47–50).

65. Comp. Eurípides, fragmento 968: "¿Qué casa construida por artesanos podría encerrar la forma divina entre paredes?"

66. Comp. Eurípides, *Heracles* 1345–36 ("Dios, si es realmente Dios, no necesita nada"); Platón, *Euthyphro* 14C ("¿Qué ventaja reciben los dioses de lo que obtienen de nosotros?").

> Y todo lo que se mueve en el campo es mío.
> Si yo tuviera hambre, no te lo diría a ti;
> Porque el mundo y todo lo que hay en él es mío".[67]

Lejos de ser capaces de cubrir alguna de sus necesidades, es Él el que provee para las necesidades de ellos: a todos ellos les da "vida, aliento y todas las cosas".

17:26 El Creador de todas las cosas en general es el Creador del ser humano en particular. Los atenienses podían estar orgullosos de ser autóctonos—nacidos en la tierra de su nativa Ática[68] —pero este orgullo era infundado. Toda la humanidad tenía un único origen—todos creados por Dios y todos descendientes de un ancestro común. Esto elimina cualquier justificación imaginaria de la creencia de que los griegos eran innatamente superiores a los bárbaros, como elimina toda justificación de creencias similares. Ni en la naturaleza ni en la gracia, ni en la antigua creación ni en la nueva, hay ningún espacio para las ideas de superioridad racial.

Y Dios, habiendo creado todas las razas de seres humanos, les ha dado toda la tierra para morar en ella, proporcionando el espacio apropiado para cada nación. Otra interpretación, apoyada por Dibelius, es que Dios ha proporcionado las zonas habitables de la tierra a la familia humana para vivir.[69] Pero la asignación divina de los territorios nacionales tiene autoridad bíblica, el *locus classicus* siendo Deut. 32:8:

> "Cuando el Altísimo dio a las naciones su herencia,
> Cuando separó a los hijos de los hombres,
> Fijó las fronteras de los pueblos
> Según el número de los hijos de Dios".[70]

Según el relato del Génesis, la tierra fue formada y amueblada para ser un hogar para la humanidad antes de que la humanidad fuera traída a la existencia para ocuparla; los tiempos de los verbos griegos aquí igualmente sugieren que "la determinación de la casa del hombre *precede* a su creación, en el plan Divino".[71]

---

67. Salmo 50:9–12. El argumento del salmista es precisamente el de Pablo: Dios no tiene necesidad de nada porque es el propietario de todo. Es extraño, entonces, que M. Dibelius diga que "solamente dos veces se enfatiza en la LXX que Dios no necesita nada, pero incluso estos dos únicos pasajes son suficientes para probar el origen griego de la idea" (*Studies*, p. 44); se refiere a 2 Mac. 14:35 y 3 Mac. 2:9. Comp. Mic. 6:6–8.

68. Esta creencia refleja el hecho histórico de que los atenienses eran los únicos griegos en el continente europeo que no tenían tradición de sus antepasados llegando a Grecia: pertenecían al antiguo movimiento (Iónico) de la migración griega.

69. Comp. Dibelius, *Studies*, pp. 35–37.

70. MT lee "...hijos de Israel"; pero la lectura de la LXX está probada en Hebreo en un manuscrito de Qumran (4QDt^q).

71. J. H. Moulton, MHT I (Edinburgh, 1906), p. 133.

Y parte de la formación y preparación de esta casa consistía en la regulación de las "estaciones asignadas," por las cuales, después de la analogía del sermón de Listra (14:17), probablemente entenderemos las estaciones del año a través de cuya secuencia se hace provisión anual para el suministro de alimentos. (Otra, pero más improbable, interpretación ve en las "estaciones asignadas"[72] los divinamente predeterminados períodos de tiempo para el surgir y caer de los imperios, como en las visiones del libro de Daniel.)

17:27 ¿Cuál fue el propósito de Dios para organizar así el tiempo y el lugar tan providencialmente para el bienestar de los hombres y mujeres?[73] Desde entonces la Creación, dice él en Rom.1:20, las cosas que Dios ha hecho señalan claramente su poder y divinidad". Si los seres humanos, engañados y confundidos por el culto falso, han fallado en percibir la naturaleza de Dios en las obras de su creación, están sin excusa. La actitud expresada en la carta a los Romanos no es tan ampliamente diferente de aquella del *Areópago. Hay, es cierto, una diferencia de énfasis: en esa carta Pablo escribe a los cristianos establecidos, mientras aquí está intentando ganar la audiencia de paganos; pero no hay ningún indicio en el discurso de que la ignorancia confesada de los atenienses sobre la naturaleza divina sea sin culpa. Incluso algunos de sus propios profesores se habían dado cuenta de la torpeza al intentar representar la naturaleza divina con imágenes materiales, adorarlos en un altar material, u hospedarlos en templos materiales, y habían percibido tenuemente, sin embargo, qué cerca estaba Dios de aquellos que de verdad lo buscaban.*[74]

17:28 En este punto Pablo ilustra su argumento citando dos poetas griegos en el que la relación de la humanidad con el Dios Supremo se establece. Una de ellas parece haber sido la cuarta estrofa de un cuarteto preservado de un poema atribuido a Epiménides de Creta (*c.* 600 a.C.), pero en realidad de fecha posterior:

"Formaron una tumba para ti, Oh santo y grande—
¡Los Cretenses, siempre mentirosos, malas bestias, vientres ociosos!—
Pero tú no estás muerto; vives y permanecerás para siempre,
Porque en ti vivimos, nos movemos y tenemos nuestro ser".[75]

---

72. Gr. προστεταγμένοι καιροί. Comp. Lucas 21:24, καιροὶ ἐθνῶν, el período señalado para la dominación gentil de Jerusalén (el parecido es principalmente verbal).

73. El verbo ψηλαφάω conlleva la idea de buscar a Dios "a tientas" en la oscuridad o penumbra, cuando la luz de su revelación completa no está disponible.

74. Un enlace verbal se ha encontrado en Dio Crisóstomo, *Oration* 12.28, "donde aquellos primeros días son descritos como "no se establecieron separadamente ellos mismos lejos (οὐ μακράν, como aquí) del ser divino o fuera de él, sino... compartiendo su naturaleza".

75. La estrofa es citada de una versión Siria por el comentarista del siglo XIX Ishoʻdad (ed. M. D. Gibson, *Horae Semiticae* X [Cambridge, 1913], p. 40). Ishoʻdad dependía aquí probablemente de Teodoro de Mopsuestia (350–428); él reproduce el uso de Teodoro de la historia de Diógenes Laertius (ver p. 336, n. 62) para ilustrar la expresión "Al Dios Desconocido". La afirma-

La otra es parte de la quinta estrofa del *Phainomena,* del paisano de Pablo, el ciliciano Arato (nacido 310 a.C.), que abre con estas palabras:

"Empecemos con Zeus. Nunca, oh hombre, lo dejemos sin mencionar.
Todos los caminos están llenos de Zeus,
Y todos los mercados de los seres humanos.
El mar está lleno de él; así están los puertos.
En todos los sentidos tenemos que ver con Zeus,
Porque somos verdaderamente su simiente".[76]

En ambos poemas Zeus es considerado no como el jefe del panteón tradicional de la mitología griega, sino como el ser supremo de Grecia, especialmente de la filosofía estoica. Pero ¿intentaba Pablo identificar al Zeus de la filosofía griega *simpliciter* con el Dios de la revelación bíblica, a quien en sus cartas el repetidamente llama "Dios y Padre de nuestro Señor Jesucristo"? Ciertamente no. ¿Está pues, simplemente desvinculándolo de los sentimientos del contexto original que, hasta donde su fraseología lo permite, se presta a su incorporación en un contexto judeo-cristiano. Otra vez no. Incluso en sus contextos, las palabras citadas (especialmente aquellas de Arato) podían ser consideradas como señalando a algún reconocimiento de la verdadera naturaleza de Dios—ese reconocimiento que, según el escritor a los Hebreos, es su recompensa a "aquellos que lo buscan" (Heb. 11:6); ellos "podían ser conocedores," dice N. B. Stonehouse, "hasta tal punto que implicaba una percepción real de la verdad revelada".[77]

17:29 Nosotros somos, pues, la simiente de Dios, dice Pablo, no en ningún sentido panteísta, sino en el sentido bíblico de la doctrina del hombre, como seres creados a la propia imagen de Dios. Hay, en realidad, un grandiosa diferencia entre esta relación de hombres y mujeres con Dios en la antigua creación y esa relación redentora que los miembros de la nueva creación disfrutan como hijos e hijas de Dios "en Cristo Jesús" (Gal. 3:26). Pero Pablo está tratando con la responsabilidad de todo ser humano como criatura de Dios de darle el honor que

---

ción cretense de ser capaces de señalar la tumba de Zeus fue considerada una falsedad impía. La segunda línea de la estrofa está citada en Tit. 1:12; conforme a Clemente de Alejandría (*Miscellanies* 1.14.59.1–2) viene de un trabajo de Epiménides. Un sentimiento similar aparece en el *Himno a Zeus* de Callimachus (líneas 7–8): "Los cretenses siempre mienten: porque los cretenses, O Rey, en realidad han inventado una tumba para ti. Pero tú no has muerto, tú vives para siempre". La línea citada aquí por Pablo puede, con poca dificultad, dársele forma de hexámetro; Cod. D estropea la rima al añadir "día tras día" al final.

76. Estas últimas palabras (τοῦ γὰρ καὶ γένος ἐσμέν) pueden haber sido imitadas por Arato de las palabras de apertura de la línea 4 del el *Himno a Zeus* de Callimachus (ἐκ σοῦ γὰρ γένος ἐσμέν). K. Lake (*Beginnings* I.5, p. 247) señala que la siguiente línea del poema de Arato tiene "un fuerte parecido" al v. 26 de Pablo el *Areopagitica*.

77. *Paul Before the Areopagus*, p. 30; comp. R. Stob, *Christianity and Classical Civilization* (Grand Rapids, 1950), pp. 58–60.

merece. Y este honor no es ciertamente dado si contemplan la naturaleza divina en forma de imágenes plásticas.[78] Incluso si los filósofos paganos racionalizaban las imágenes como símbolos materiales de la divinidad invisible, la gran mayoría de los adoradores rendirían homenaje divino a las imágenes en sí.

17:30 Los atenienses tenían, entonces, razón al reconocer su ignorancia acerca de Dios. Pero incluso si dicha ignorancia no estaba libre de culpa, Dios en su misericordia la había pasado por alto. Hay un paralelo aquí no solamente en la afirmación del sermón de Listra que en las generaciones pasadas Dios "permitió a todas las naciones seguir sus propios caminos" (14:16),[79] sino también en las enseñanzas de Pablo en Rom.3:25 acerca de la paciencia de Dios en pasar por alto los pecados cometidos antes de la venida de Cristo. Queda implícito en todos estos lugares que la venida de Cristo marca un nuevo comienzo en los asuntos de Dios con la humanidad. En este lugar, Dios pasando por alto la anterior ignorancia se ve teniendo en mente la revelación completa dada ahora en el adviento y obra de Cristo. "Pero ahora" en el presente contexto es un paralelo al "pero ahora" de Rom. 3:21.[80] Si la ignorancia de la naturaleza divina era culpable antes, ahora es inexcusable. Que toda la gente en todas partes (los oidores atenienses incluidos) se arrepientan, por tanto, de su falsa concepción de Dios (y consecuencias del consiguiente desprecio de su voluntad)[81] y abracen el verdadero conocimiento de su Ser ahora disponible gracias al Evangelio.

17:31 Porque Dios el Creador de todo es también Dios el Juez de todo. Ya en su consejo soberano ha fijado un día en el que Él "juzgará al mundo con justicia"[82] —otra expresión bíblica. El pensamiento griego no daba tal oportunidad a un juicio escatológico como anuncia la revelación bíblica.[83] Pero no solamente

---

78. Esto es un eco de la polémica del Antiguo Testamento contra la adoración de imágenes encontrada en pasajes como Is. 44:9–20; Salmo 115 (LXX 65):4–8 par. 135 (LXX 134):15–18; el argumento se desarrolla en Sabiduría 13:5, 10; 15:4, 15–17; en las *Cartas de Aristeas* 134–37; y en los antiguos apologistas cristianos.

79. Esto, dice W. L. Knox, "es simplemente otra manera de decir que Dios 'los ha entregado a sus mentes reprobadas'". (*The Acts of the Apostles* [Cambridge, 1948], p. 70, refiriéndose a Rom.1:28).

80. "Pero ahora" en Rom. 3:21 está relacionado con la revelación de la justicia de Dios en Cristo y su muerte expiatoria.

81. Para la asociación del arrepentimiento con el pasar por alto los pecados comp. Sabiduría 11:23, "Tú has pasado por alto los pecados de los hombres para que se arrepientan".

82. Comp. Salmo 9:8; 96 (LXX 95):13; 98 (LXX 97):9. Para otras referencias Paulinas al día señalado de juicio comp. Rom. 2:5, 16; 1 Cor. 1:8; Fil. 1:6, 10; 1 Tes. 5:2, 4; 2 Tes. 1:10; 2:2.

83. No hay implicación acerca del fin del tiempo en el juicio ejercido en el reino de los muertos por Minos, Rhadamanthys, y Aeacus, tres mortales que por su piedad en esta vida fueron nombrados jueces sobre las sombras, de acuerdo con la mitología griega, no hay tal implicación en la reinterpretación de Platón del mito (*Gorgias* 523A–527A).

está fijado el día del juicio; el agente del juicio también ha sido ya dispuesto.[84] Pablo no se refiere directamente a la figura humana—"uno como el hijo de hombre"—de Dan. 7:13; sino este que es "el hombre" a quien tiene en mente, aquel en quien el propósito eterno de Dios tiene su cumplimiento, aquel a quien el Padre ha dado "autoridad para ejercer justicia, porque él es el Hijo de Hombre" (Jn 5:27).[85] Aún más, afirma, Dios ha establecido una prueba firme de que es este hombre a través de quien él va a juzgar al mundo, porque es este el hombre a quien ha levantado de los muertos.

Así, pues, Pablo concluye su sermón en el *Areópago*. No hay necesidad de suponer que el discurso se vio seriamente comprometido por la burla con la que algunos miembros de la audiencia recibieron la referencia a Jesús resucitado de entre los muertos. El sermón como está, admirablemente resume una lección introductoria del cristianismo a la cultura pagana. La primera cosa que los atenienses, como los tesalonicenses, habían aprendido era a "volverse a Dios de los ídolos, para servir al Dios viviente y verdadero (1 Tes. 1:9). Por tanto, la mejor parte del discurso es, como observa Dibelius, el tema del verdadero conocimiento de Dios. Él lo calificó como "un discurso *helenístico acerca del verdadero conocimiento de Dios*";[86] con esto uno puede también estar de acuerdo. Pero ¿habría el Pablo histórico, con su política de ser "a todos de todo" (1 Cor. 9:22), intentado ganar a los atenienses del paganismo con un sermón *Hebraico* acerca del conocimiento de Dios? El hombre que se llamaba a sí mismo "hebreo de hebreos" (Filip.3:5) era al mismo tiempo, desde otro punto de vista, un heleno de helenos. El contenido esencial de su discurso es bíblico, pero la presentación es helenista.

El conocimiento de Dios presentado aquí no es meramente una disciplina filosófica: involucra responsabilidades morales y religiosas, y por falta de este conocimiento, en la medida en que era accesible para ellos, los oyentes son llamados al arrepentimiento. El conocimiento de Dios es visto en las Escrituras del Antiguo Testamento como perteneciendo al mismo orden moral que la verdad, la bondad y la fidelidad (comp. Os. 4:1; 6:6); la falta de este conocimiento traía destrucción con su séquito (Os. 4:6), mientras la tierra se llenará de este conocimiento cuando la voluntad de Dios sea perfectamente hecha y su pacto finalmente se establezca con

---

84. Comp. 10:42.

85. En Juan 5:25–27 la autoridad del Hijo para ejercer justicia "porque es el Hijo del Hombre" (ὅτι υἱὸς ἀνθρώπου ἐστίν) parece ser el corolario de su autoridad, también recibida del Padre, tiene "vida en sí mismo" e imparte vida a otros. W. L. Knox (*Some Hellenistic Elements in Primitive Christianity* [London, 1944], p. 28) considera la cristología del *Areopagitica* simplemente aquella de Rom. 1:4, donde la resurrección de Cristo lo marca como Hijo de Dios—en respuesta a las dudas expresadas acerca de la cristología de este pasaje por J. de Zwaan in "Was the Book of Acts a Posthumous Edition?" *HTR* 17 (1924), pp. 95–153, especialmente pp. 132–41 (un artículo en el que Knox está por el contrario, de acuerdo en general).

86. Ver p. 348, n. 53.

su pueblo (Hab. 2:14; Jer. 31:34). Es en estas categorías que este discurso se mueve, junto con el pensamiento tras él, incluso aunque los profetas no son formalmente citados; las "alusiones delicadamente adaptadas" a los dogmas estoicos y epicúreos que han sido discernidos en el discurso,[87] y las citas directas de los poetas griegos, tienen su lugar como puntos de contacto con los oyentes, e ilustran el argumento en términos familiares para ellos, pero de ningún modo se compromete el orador a la aquiescencia de sus presuposiciones filosóficas. Uno puede estar de acuerdo con Dibelius en ver al orador del Areópago como "el precursor de los apologetas,"[88] sin negar que Pablo podía haber desempeñando esa tarea asumiendo que tal defensa ante los gentiles no comprometía los principios bíblicos.

Dibelius califica las palabras concluyentes como "las únicas frases cristianas del discurso del Areópago".[89] de acuerdo: anuncian el tema de la segunda lección. Después de volverse al Dios vivo y verdadero, los tesalonicenses tuvieron que aprender a "esperar a su Hijo desde el cielo, a quien El había levantado de los muertos, Jesús, nuestro Salvador de la ira venidera" (1 Tes. 1:10). Los términos en los que Jesús es introducido aquí en Atenas son tan completamente escatológicos como aquellos en los que fue introducido en Tesalónica. Pablo podría haberles dicho más, dice J. A. Bengel, si hubieran deseado escuchar.[90] La segunda lección hubiera desarrollado el contenido comprimido del verso 31. ¿Quién era este hombre escogido por Dios? ¿Y cuáles fueron las circunstancias de ser levantado de los muertos? Se podría decir que, en el informe de Pablo dirigido a la sinagoga en 13:16–41, ninguna palabra cristiana es hablada antes del verso 23. La diferencia entre este y el presente (aparte del contraste entre los "hebraísmos" del primero y los "helenismos" del segundo) es que, en el primero, el cumplimiento se trata tanto como la preparación, mientras el segundo está casi completamente dedicado a la preparación, una declaración detallada del mismo se dejó probablemente para más tarde.

6. La reacción de los atenienses (17:32-34)

> 32 *Cuando oyeron de la resurrección de los muertos, algunos de ellos lo ridiculizaron (la idea); otros dijeron, "Ya te escucharemos acerca de esto en otra ocasión".[91]*
> 33 *Así Pablo salió de en medio de ellos.*

---

87. MHT II (Edinburgh, 1929), p. 8, n. 3>. Tal alusión ha sido trazada en v. 25, donde hay paralelos a la doctrina Epicúrea de que el ser divino no necesita nada de los mortales (ni siquiera adoración) y la doctrina Estoica de que Él es el origen de toda vida.

88. *Studies*, p. 63

89. *Studies*, p. 56.

90. "Plura erat dicturus audire cupientibus" (*Gnomon Novi Testamenti*, p. 460).

91. Gr. καὶ πάλιν.

La reacción de los atenienses (17:32-34)

34 *Pero algunos hombres se unieron a él y creyeron; entre ellos estaba Dionisio el areopagita.*[92] *Había también una mujer llamada Dámaris, y otros con ellos.*

17:32 La idea de la resurrección de los muertos era incompatible con la mentalidad de la mayoría de los oyentes atenienses de Pablo. Todos ellos, excepto los epicúreos, sin duda, habría estado de acuerdo con él en lo que había hablado sobre la inmortalidad del alma individual; pero en cuanto a la resurrección, se habrían adscrito a los sentimientos del dios Apolo, expresados con ocasión de la fundación de la corte del Areópago por la diosa Atenea, patrona de la ciudad: "Cuando un hombre muere y la tierra bebe su sangre, *no* hay *resurrección*".[93] Algunos de ellos, por tanto, ridiculizaron la declaración que les parecía tan absurda. Otros, más educados pero igualmente escépticos, sugirieron que habría oportunidad más adelante para que expusiera su enseñanza.[94]

17:33-34 Pablo, entonces, abandonó la reunión de la corte, y no mucho después abandonó Atenas. Antes de marcharse, había consolidado unos pocos seguidores, dos son mencionados por nombre. Uno de ellos era un miembro de la corte del Areópago, Dionisio de nombre. Eusebio informa, bajo la autoridad de un Dionisio posterior (Obispo de Corinto c. 170 d.C.), que Dionisio el Areopagita llegó a ser primer obispo de Atenas;[95] eso dice la tradición. Más tarde se le atribuyó la autoría de una colección de literatura Neoplatónica, que data en realidad de los siglos V y VI.

En cuanto a Dámaris, Ramsay sugirió que debe haber sido "una mujer extranjera, quizás educada como *Hetairai*,"[96] ya que era improbable que una mujer ateniense estuviera presente en tal ocasión. Una reunión celebrada en las columnatas del Ágora no podía ser privada; habría una multitud de espectadores escuchando lo que les pareciera interesante,[97] y Dámaris era probablemente una de ellos. Es menos probable que fuera una mujer temerosa de Dios que escuchó

---

92. Cod. D lee "un Dionisio, un areopagita de condición honorable," y omite toda referencia a Dámaris; Esto, sin embargo, no puede representar al texto original Occidental. El códice greco-latino E/e adjunta la descripción "de estado honorable" a Dámaris, no a Dionisio.

93. Aeschylus, *Eumenides* 647-48 ("no hay *anastasis*," la misma palabra como es usada en v. 32).

94. J. S. Stewart ve algo más que una educada despedida aquí: "estos hombres de Atenas decidieron escuchar al apóstol otra vez; porque verdaderamente anhelaban que su mensaje fuera verdad" (*A Faith to Proclaim* [London, 1953], p. 117).

95. Eusebio, *HE* 3.4.11; 4.23.3.

96. *St. Paul the Traveller*, p. 252; cf. *The Church in the Roman Empire* (London, 1893), p. 161.

97. Las reuniones formales de la corte del Areópago eran acordadas, pero ésta apenas era una reunión formal.

a Pablo en la sinagoga; da la impresión que escuchó a su *Areopagita*. Crisóstomo la hace esposa de Dionisio.[98]

No hay mención de bautismos en Atenas, ni se dice que Pablo plantará una iglesia. Aunque Atenas estaba en la provincia Romana de Acaya, es una familia residente en Corinto la que Pablo describe como "los frutos de Acaya" (1 Cor. 16:15).[99] Si la respuesta a su predicación en Atenas fue escasa, la razón puede ser la negativa de los atenienses a tomarlo en serio más que a los términos de su mensaje. La idea, popular de muchos predicadores, que su determinación cuando llegó a Corinto, de "no saber nada" allí "excepto a Jesucristo y a este crucificado" (1 Cor. 2:2), fue el resultado de la desilusión con la línea de aproximación que había empleado en Atenas, tiene poco que comentar.[100] Los atenienses de hoy han compensado la indiferencia de sus antepasados, grabando el texto *Areopagita* de Pablo en una tablilla de bronce al pie del ascenso al Areópago, y nombrando una calle vecina en honor al apóstol.[101]

---

98. *On the Priesthood* 4.7. El nombre Dámaris es una variante de δάμαλις, "vaquilla" (lat[h] realmente se deletrea *Damalis*). La forma original del Texto Occidental quizá la describe como εὐσχήμων ("de estado honorable"), como mujer griega temerosa de Dios de Berea (v. 12).

99. Es inútil mantener, con Zahn (*INT*, E.T. [Edinburgh, 1909], I, p. 266) y algunos otros, que Estéfanas pudo haberse convertido en Atenas. Ver W. M. Ramsay, "The Firstfruits of Achaia," *BRD*, pp. 385–411.

100. Ver la crítica de esta popular idea en N. B. Stonehouse, *Paul Before the Areopagus*, pp. 31–40.

101. Otra calle de la vecindad lleva el nombre de Dionisio el Areopagita.

HECHOS 18

D. CORINTO (18:1-17)

1. Pablo llega a Corinto (18:1-4)

1 *Después de esto, Pablo abandonó Atenas y fue a Corinto.*
2 *Allí conoció a un judío llamado Aquila, cuya familia era del Ponto; había llegado recientemente de Italia, con su esposa Priscila, por causa del edicto de Claudio de que todos debían abandonar Roma. Así que Pablo se unió a ellos.*
3 *y se quedó con ellos, y trabajaba, porque tenían el mismo oficio: eran fabricantes de tiendas.[1]*
4 *Dialogaba en la sinagoga cada sábado, hablando persuasivamente tanto a judíos como a griegos.[2]*

18:1 Desde Atenas Pabló continuó su viaje en dirección suroeste, hasta llegar a Corinto.

Corino, en el istmo de Corinto, con el puente que conecta el Peloponeso con el centro y norte de Grecia, ocupaba la posición más favorable para el comercio en el cruce de las rutas marítimas hacia el oeste y el este y de las rutas terrestres hacia el norte y el sur. Tenía dos puertos—Lequeo, en el Golfo de Corinto (que conduce al Mar Jónico y al Mediterráneo central y occidental), y Céncreas, en el Golfo Sarónico (que conduce al Mar Egeo, al este del Mediterráneo y al Mar Negro). Durante mucho tiempo Corinto rivalizó con Atenas política, comercial y navalmente. En el 146 a.C. en una salvaje represalia por una revuelta contra Roma, Corinto fue reducida a escombros por el general Romano L.Mummius,

---

1. El Texto Occidental de los vv. 2 y 3 parecen ser como sigue: "Y encontró a Aquila, un hombre del Ponto por familia, que había venido a Italia con Priscila, su esposa, y se unió a ellos. Se habían marchado de Roma porque Claudio César había ordenado a todos los judíos que abandonaran Roma, y se afincaron en Acaya. Y Pablo conoció a Aquila porque eran de la misma raza y del mismo oficio, y se quedó con ellos y trabajaban juntos, porque eran fabricantes de tiendas".

2. El Texto Occidental del v.4 dice: "Y entraba en la sinagoga cada sábado y dialogaba con ellos, introduciendo el nombre del Señor Jesús, y hablando persuasivamente no solo a judíos sino a griegos también".

y el sitio estuvo abandonado durante un siglo. Luego, en el 44 a.C. la ciudad fue fundada por Julio César y se le concedió el estatus de colonia romana, con el título de *Laus Iulia Corinthus* ("Corinto, la alabanza de Julio"). En el 27 a.C. se convirtió en la sede de la administración de Roma en la provincia de Acaya. Corinto no tardó en recuperar su antigua prosperidad.[3] Desde el principio Corinto había adquirido una reputación de libertinaje sexual remarcable incluso para la antigüedad clásica,[4] y junto con la recuperación de la prosperidad comercial romana, Corinto recuperó también algo de su antigua reputación: está claro para los lectores de la correspondencia de Pablo a los corintios que la comunidad cristiana que él fundó en Corinto tenía dificultades para seguir el modelo de conducta sexual que el Evangelio requería.[5]

18:2-3 A pesar de eso, Corinto fue el tipo de ciudad que el ojo estratégico de Pablo discernió como centro prometedor para una evangelización intensiva, y allí se estableció durante un tiempo considerable. No mucho después, conoció un matrimonio, recién llegado a Corinto desde Italia, con quien estableció una firme y permanente amistad. Eran Aquila y Priscila, "fabricantes de tiendas"—o quizá, más en general, curtidores de pieles[6]—para el comercio. Parece que fue esto lo que aparentemente hizo que Pablo entrara en contacto con ellos, porque él mismo había sido aprendiz del mismo oficio. Este oficio estaba estrechamente relacionado con el producto principal de la provincia nativa de Pablo, un paño de pelo de cabra llamado *cilicium*, que se utilizaba como capas, cortinas y otras telas diseñadas para proteger contra la humedad. En el judaísmo no se consideraba apropiado que un escriba o rabí recibiera remuneración por sus enseñanzas, por eso muchos de ellos practicaban un oficio además de su estudio y enseñanza de la ley.[7] Pablo, como una cuestión política, se ganaba la vida de esta manera

---

3. Ver O. Broneer, "Corinth: Center of St. Paul's Missionary Work in Greece," *BA* 14 (1951), pp. 78–96; J. Wiseman, *The Land of the Ancient Corinthians* (Göteborg, 1978), and "Corinth and Rome. I: 228 B.C. - A.D. 267," *ANRW* 2.7.1 (Berlin, 1979), pp. 438–548; J. Murphy-O'Connor, *St. Paul's Corinth: Texts and Archaeology*, GNS 6 (Wilmington, DE, 1983).

4. En Griego Clásico κορινθιάζομαι (lit., "acto corinto") significa practicar la fornicación; Κορίνθιαι ἑταῖραι ("compañero corintio") o Κορίνθιαι κόραι ("chicas corintias") eran rameras. En el Templo de Afrodita en el Acrocorinto (la Acrópolis de Corinto) otorgaba sanción religiosa a este tipo de actividad. El Templo de Afrodita Corinto de la época de Roma era mucho más modesto en comparación que su predecesor clásico.

5. Comp. 1 Cor. 5:1–13; 6:12–20; 2 Cor. 12:21.

6. Para el sentido extenso de σκηνοποιός comp. el sentido extenso de "guarnicionero" que significa trabajador o distribuidor de cuero y no solo fabricante de sillas de montar.

7. A Hillel se le atribuye la observación: "Aquel que hace beneficio de la corona de la Tora será consumido" *Pirqê 'Aḇôṯ* 4.7)—es decir, uno no debería dar instrucción religiosa a cambio de dinero. En una fecha posterior, Gamaliel III recomienda el estudio de la Torá combinado con alguna otra ocupación "secular": "Todo estudio de la Torá que no está combinado con trabajo será en última instancia inútil y llevará al pecado" (*Pirqê 'Aḇôṯ* 2.2). La cultura griega por otro

durante su carrera misionera (comp. 20:34; 1 Cor. 9:3–18; 2 Cor. 11:7; 1 Tes. 2:9; 2 Tes. 3:8).[8]

Aquila y Priscila, se nos dice, habían venido a Corinto porque el Emperador Claudio había ordenado que todos los judíos abandonaran Roma. Esta no fue la única ocasión que las autoridades de Roma tuvieron a bien limpiar la ciudad expulsando a grupos indeseables de inmigrantes orientales. El edicto de Claudio es habitualmente relacionado con una declaración de Suetonio, que expulsó a los judíos de Roma porque estaban "en constantes disturbios por causa de Cresto".[9] Este Cresto puede haber sido un alborotador desconocido que fue muy activo en los círculos judíos en Roma alrededor de la mitad del primer siglo, pero en este caso Suetonio probablemente lo hubiera llamado "un cierto Cresto".[10] Más probablemente tenía en mente al Fundador de Cristianismo pero, al escribir unos setenta años después de estos eventos, equivocadamente supuso que este "Cresto," que había sido mencionado en una de sus fuentes de información como el líder de uno de los partidos involucrados, estaba de hecho en Roma en aquel momento, teniendo un papel importante en la disputa.[11] La declaración de Suetonio, de

---

lado, tendía a despreciar el trabajo manual, una excepción es provista por escritores científicos, que hablan respetuosamente de los artesanos. En su actitud L. C. A. Alexander encuentra un posible contexto para la referencia de Lucas acerca de la práctica de Pablo ("Luke's Preface in the Context of Greek Preface-Writing," *NovT* 28 [1986], p. 70).

8. R. F. Hock, que examina el trabajo manual de Pablo en el contexto heleno (comp. "Paul's Tentmaking and the Problem of his Social Class," *JBL* 97 [1978], pp. 555–64; "The Workshop as a Social Setting for Paul's Missionary Preaching," *CBQ* 41 [1979], pp. 438–50; *The Social Context of Paul's Ministry: Tentmaking and Apostleship* [Philadelphia, 1980]), discierne una nota polémica en la propia referencia de Pablo hacia él; no hay tal nota en el informe de Lucas aquí.

9. *Life of Claudius* 25.4. La cuestión surge de la relación entre esta acción y la registrada por Dio Cassio (*History* 60.6): "Como los judíos habían crecido en número otra vez, y difícilmente podrían ser desterrados sin un tumulto dado el número de ellos, él (Claudio) en realidad no los expulsó, sino que les prohibió reunirse conforme a sus costumbres ancestrales". La acción registrada por Dio data del principio del reinado de Claudio. E. M. Smallwood correctamente distingue dos iniciativas: la primera, cuando Claudio impone restricciones a los judíos de Roma, y la segunda, cuando Claudio (las restricciones impuestas resultaron ser ineficaces) los expulsó (*The Jews under Roman Rule* [Leiden, 1976], pp. 210–16). La orden de expulsión más probablemente data del 49d.C.—una fecha que tiene la dudosa autoridad de Orosio (*History* 7.6.15–16) pero encaja bastante bien con otros datos cronológicos.

10. *Chrestus* (Gk. χρηστός, "útil") era un nombre común en el mundo greco-romano, especialmente entre esclavos, y aparece como una variante deletreado para el no familiar *Christus* (Χριστός). (En Griego las dos palabras se pronuncian igual.) Para el punto de vista que hace referencia a alguna demanda mesiánica de hecho presente en Roma en aquel tiempo ver R. Eisler, *The Messiah Jesus and John the Baptist* (London, 1931), p. 581; E. A. Judge and G. S. R. Thomas, "The Origin of the Church at Rome," *RTR* 25 (1966), p. 87.

11. Para una inferencia similar en el siglo XX ver R. Graves and J. Podro, *Jesus in Rome* (London, 1957), pp. 38–53.

hecho, apunta a la disensión y el desorden dentro de la comunidad judía de Roma que resulta de la introducción del cristianismo en una o más de las sinagogas de la ciudad.

Es difícil saber si Aquila y Priscila participaron de alguna manera en aquella disensión o si simplemente eran víctimas involuntarias de la orden de expulsión de emperador. En las referencias de Pablo no se sugiere que fueran convertidos suyos; lo más seguro es que eran cristianos antes de abandonar Roma, miembros fundadores quizá, de la iglesia de Roma.[12] Muy a menudo, Priscila es mencionada antes que su marido tanto en el caso de Lucas como en el de Pablo;[13] algunos han inferido de ello que pertenecía a una clase social más alta que él—que estaba conectada por emancipación, si no por nacimiento, con la noble familia romana *gens Prisca*. No se puede saber si, como Aquila, era judía de nacimiento. Cuando Pablo la menciona en sus cartas, usa el nombre más formal de Prisca; cuando Lucas la menciona emplea el nombre más familiar de Priscila, siguiendo con la práctica que es evidente en los nombres de otros protagonistas de su narrativa.[14] Cualesquiera que fueran sus antecedentes,[15] Priscila y Aquila vinieron a Corinto para proseguir su oficio allí y al poco tiempo Pablo se unió a ellos como un compañero de comercio.

18:4 Una gran ciudad comercial como Corinto inevitablemente tendría una considerable colonia judía, y Pablo inmediatamente fue capaz de continuar su habitual procedimiento y de proclamar el mensaje cristiano en la sinagoga local.[16] Aquí, sábado tras sábado, mantuvo discusiones con los judíos y gentiles temerosos de Dios, mostrando como Jesús había cumplido las profecías del Antiguo Testamento. De acuerdo con el Texto Occidental, hizo eso "insertando el nombre del Señor Jesús" como una expansión interpretativa en aquellos pasajes

---

12. Ver A. Harnack, "Probabilia über die Adresse und den Verfasser des Hebräerbriefs," *ZNW* 1 (1900), pp. 16–41, especialmente pp. 32 y siguientes.

13. Comp. vv. 18, 26; Rom. 16:3; 2 Tim. 4:19.

14. "Lucas normalmente utiliza un lenguaje de conversación, en el que los diminutivos son frecuentes; y por eso habla de Priscila, Sopatros y Silas siempre, aunque Pablo habla de Prisca, Sosipatros y Silvano" (Ramsay, *St. Paul the Traveller* [London, [14]1920], p. 268).

15. "Hay mucho más que descubrir con respecto a este interesante par" (*St. Paul the Traveller*, p. 269)—estas palabras son tan ciertas hoy como cuando Ramsay las escribió en 1895. No hay razón para conectar esta Priscila con la señora del mismo nombre en cuyo honor se nombró el Cementerio de Priscila en la Vía Salaria, una de las primeras catacumbas en Roma. Ni se debería asociar el nombre de Aquila con el de Acilii Glabriones, una noble familia romana que poseía una cripta en este cementerio.

16. El fragmento en griego de la inscripción en una puerta, encontrada en Corinto, y cuya fecha oscila entre el 100 a.C. y el 400 d.C. evidentemente dice cuando se completa "Sinagoga de Hebreos" (comp. B. Powell, "Greek Inscriptions from Corinth," *AJA* 2, 7 [1903], pp. 60–61, § 40; A. Deissmann, *Light from the Ancient East*, E.T. [London, [2]1927], p. 16).

que—como evento probado—lo señalaban a Él. Incluso si la adición del Occidental no es parte del texto original, nos da una imagen convincente del tipo de cosa que Pablo hizo.[17]

2. Pablo pasa 18 meses en Corinto (18:5-11)

> 5 *Cuando Silas y Timoteo regresaron de Macedonia, Pablo se dedicó exclusivamente a predicar, testificando a los judíos que el Mesías era Jesús.[18]*
> 6 *Pero cuando lo contradijeron y lo insultaron, se sacudió la ropa y les dijo, "Vuestra sangre caiga sobre vuestras cabezas; yo he cumplido. Desde ahora me dirigiré a los gentiles".*
> 7 *Así que, saliendo de la sinagoga,[19] se fue a casa se Ticio[20] Justo, un hombre temeroso de Dios que vivía al lado de la sinagoga.*
> 8 *Crispo, el jefe de la sinagoga, con toda su familia, creyó en el Señor, y muchos de los corintios, cuando se enteraron, creyeron y fueron bautizados.*
> 9 *Luego el Señor habló a Pablo en una visión de noche: "No tengas miedo," le dijo, "sigue hablando y no calles.*
> 10 *porque yo estoy contigo, y nadie podrá hacerte ningún mal, porque yo tengo mucho pueblo[21] en esta ciudad".*
> 11 *Así que se quedó allí un año y seis meses, enseñándoles la palabra de Dios.*

18:5 Después de unas pocas semanas, Pablo se reunió con sus compañeros Silas y Timoteo, que habían regresado de Macedonia (quizás por mar). Las noticias que traían—especialmente las noticias traídas por Timoteo sobre la firmeza de los creyentes durante la difícil prueba de Tesalónica—causaron un gran alivio a Pablo.[22] Al mismo tiempo, un obsequio económico de sus amigos de Filipos lo relevó, por el momento, de la necesidad de mantenerse a sí mismo fabricando tiendas;[23] fue capaz, por tanto, de concentrarse en la predicación del Evangelio, e

---

17. Para tal inserción interpretativa comp. Isa. 42:1; 52:13 en el Tárgum de Jonatan, donde "Mesías" es insertado después de "mi siervo", o Isa. 42:1 LXX, donde "Jacob" es insertado antes de "mi siervo" e "Israel" antes de "mi escogido".

18. El Texto Occidental característicamente amplia a "el Señor Jesús", y sigue: "Y mientras mucha discusión tuvo lugar y las Escrituras fueron interpretadas…"

19. Gk. ἐκεῖθεν ("desde allí"), que el Texto Occidental erróneamente interpreta como "de Aquila" (pero Pablo no cambió sus aposentos privados de la casa de Aquila a la de Ticio Justo, sino que hizo la casa de Ticio Justo el lugar de sus enseñanzas en vez de la sinagoga).

20. Ticio se deletrea Tito en ℵ E 36 1175 1739 al syr^{pesh} cop y se omite en A B² D* Ψ y del Texto Bizantino.

21. Gr. λαός … πολύς. Como en 15:14, λαός, la designación de Israel como el pueblo de Dios, ahora abarca a todos los creyentes sin distinción, gentiles tanto como judíos.

22. Comp. 1 Tes. 3:6-10.

23. Comp. 2 Cor. 11:9; también Fil. 4:16, que probablemente significa, "Incluso cuando estaba en Tesalónica, y más de una vez (en otros lugares) me enviasteis para mis necesidades".

intento convencer a los oyentes judíos de que el Mesías prometido había venido, y había venido en la persona de Jesús.

18:6-7 Al final su testimonio en la sinagoga suscitó una oposición tan intensa que tuvo que buscar otro lugar en el que proseguir la evangelización. Con un gesto espectacular (sacudiéndose las vestiduras de modo que ni una mota de polvo de la sinagoga se le quedara adherida[24]) expresó su voluntad de acabar con ese edificio aborrecible de charla difamatoria en la que sus oponentes se complacían—no tanto contra el propio Pablo, sino contra aquel al que Pablo proclamaba Mesías y Señor. Había cumplido su responsabilidad con ellos, les aseguró; si no aceptaban las nuevas de salvación que les traía, él estaba libre de culpa.[25] Como en Pisidia de Antioquía y otros lugares, así también en Corinto llevaría su mensaje a las personas que sabrían apreciarlo. Y no tenía que ir muy lejos. Porque junto a la sinagoga estaba la casa de un gentil temeroso de Dios que había escuchado a Pablo y había sido persuadido de la verdad de sus palabras. Este hombre ahora puso su casa a la disposición de Pablo, y la gente que estaba acostumbrada a asistir a la sinagoga no tenía que abandonar su rutina habitual si deseaban seguir escuchando a Pablo: hacían su camino hacia la sinagoga, como habitualmente, pero entraban en la siguiente puerta.

La forma más probable del nombre de este temeroso de Dios, dado por Lucas, es Tito Justo—un *nombre* y *apellido* romano que sugiere que era un ciudadano romano, quizá un miembro de una de las familias establecidas en Corinto por Julio César cuando estableció la colonia romana. ¿Pero cuál era su *praenomen*? Hay mucho que decir sobre el punto de vista favorecido por W. M. Ramsay y E. J. Goodspeed, que era Gayo—que este hombre es el Gayo mencionado por Pablo en 1 Cor. 1:14 como uno de los pocos convertidos en Corinto a quien él mismo bautizó.[26] Si es así, es casi seguro que es identificado también con "Gayo, que es mi anfitrión y de toda la iglesia," como dice Pablo en Rom. 16:23. Un hombre cuya casa era lo suficientemente grande para acomodar a la congregación voluntaria de Pablo y (más tarde) a la iglesia entera de Corinto (si la identificación es correcta) habría sido un ciudadano bastante bien acomodado.

18:8 En 1 Cor. 1:14 Pablo menciona otro convertido de Corinto que fue bautizado personalmente por él, Crispo de nombre. Lucas nos muestra quien fue este Crispo—nada menos que el jefe de la sinagoga. Él y su familia[27] evidentemente siguieron a Pablo en su salida de la sinagoga, y se unieron a la nueva comunidad

---

24. Comp. 13:51.

25. Para el sentido general comp. Ez. 33:5.

26. Comp. W. M. Ramsay, *Pictures of the Apostolic Church* (London, 1910), p. 205, n. 2; E. J. Goodspeed, "Gaius Titius Justus," *JBL* 69 (1950), pp. 382–83.

27. Para la conversión de familiares y conocidos comp. 16:15, 16:31–34.

cristiana en Corinto. Muchos otros corintios vinieron a oír las buenas nuevas, y creyeron y fueron bautizados y recibidos en la nueva comunidad.

18:9-10 Pronto, después de que Pablo abandonara la sinagoga, tuvo una experiencia esperanzadora: recibió una de esas visiones que llegaban en los momentos críticos de su vida, alentándolo para lo que pudiera depararle el futuro.[28] En esta ocasión, el Cristo resucitado se le apareció de noche y le aseguró que ningún daño caería sobre él en Corinto, por mucha oposición que su testimonio pudiera suscitar. Sus oponentes habían hecho imposible que permaneciera en Tesalónica y Berea; sus oponentes en Corinto no tendrían el mismo éxito, por mucho que intentaran forzar su salida. Había llegado a Corinto lleno de dudas—"con mucho temor y temblor," dice él mismo (1 Cor. 2:3)—pero debía abandonar todo temor y seguir proclamando todo el Evangelio. Recogería una abundante cosecha al hacerlo así, porque el Señor tenía muchos en Corinto que habían sido marcados por Él como su pueblo.[29]

18:11 Así lleno de nueva confianza, Pablo permaneció en Corinto y continuo su trabajo de predicar y enseñar durante un año y medio. Los siguientes cinco años, de hecho, estuvo dedicado, no tanto a viajar y plantar iglesias, sino a consolidar el testimonio cristiano en dos importantes centros al oeste y este del Egeo—primero en Corinto y luego en Éfeso. El tiempo empleado en Corinto probablemente se alargó desde el otoño del 50 d.C., a la primavera del 52 d.C.; somos capaces de fechar este período de la carrera de Pablo con considerable exactitud gracias a la siguiente mención de Galión como procónsul de Acaya.

3. Pablo ante Galión (18:12-17)

12 *Cuando Galión era procónsul de Acaya, los judíos concertaron un ataque contra Pablo. Lo llevaron ante el tribunal*[30]
13 *diciendo:*[31] *"Este hombre incita a la gente a adorar a Dios de manera contraria a la ley".*
14 *Cuando Pablo iba a defenderse a sí mismo, Galión dijo a los judíos, "Escuchad, judíos:*[32] *Si se tratara de un crimen, o algún acto de fraudulenta malicia,*[33] *sería razonable que yo tomara parte en vuestro caso.*

---

28. Comp. 23:11; 27:23-24.

29. Comp. n. 21.

30. El Texto Occidental lee, "los judíos poniéndose de acuerdo [ὁμοθυμαδόν, traducido como "concertados"], habiendo tomado consejo entre sí en contra de Pablo, le echaron mano y lo llevaron al procónsul".

31. El Texto Occidental lee "gritando contra él y diciendo".

32. Gr. ὦ Ἰουδαῖοι (el Texto Occidental tiene la forma más completa de ὦ ἄνδρες Ἰουδαῖοι).

33. Gr. ἀδίκημά τι ἤ ῥᾳδιούργημα πονηρόν. Moulton and Milligan, *Vocabulary of the Greek Testament* (London, 1930), p. 563, cita el sentido de "falsas pretensiones" para ῥᾳδιούργημα (comp. 13:10, ῥᾳδιουργία).

El libro de los Hechos

15 *Pero si son disputas acerca de palabras y nombres y de vuestra propia ley, vedlo vosotros mismos. Yo rehúso ser juez de tales cosas".*
16 *Así que los echó del tribunal.*
17 *Entonces todos*[34] *(los transeúntes) se abalanzaron sobre Sóstenes, el jefe de la sinagoga, y procedieron a golpearlo frente al tribunal. Pero Galión no prestó ninguna atención a esto.*[35]

18:12 Pablo había recibido una promesa divina de que ningún daño caería sobre él a través de ningún ataque en Corinto, pero no se le prometió que no se le atacaría. De hecho se le atacó, y podría haber tenido serias consecuencias. En esta ocasión, sus oponentes judíos, en vez de provocar a la chusma de la ciudad contra él o de acusarlo antes las autoridades civiles, se dirigieron a la administración romana de la provincia. Cualquier decisión tomada por las autoridades civiles, como los politarcas de Tesalónica, hubieran tenido un efecto limitado en su jurisdicción, pero el veredicto de un gobernador romano no sería efectivo solamente en su provincia sino que podría ser considerado como un precedente por los gobernadores de las demás provincias. Si el procónsul de Acaya[36] hubiera pronunciado un juicio desfavorable contra Pablo, el progreso de la cristiandad durante la próxima década más o menos, habría sufrido mayores dificultades de las que de hecho experimentó.

Galión fue un hijo de Séneca el Viejo, el retórico (c.50 a.C. – *c.* 40d.C.), y hermano del Séneca el joven, el filósofo estoico (*c.* 3 a.C.–. 65 d.C.). Su nombre fue originalmente Marco Anneo Novato; pero después su padre lo trajo a Roma desde su Córdoba nativa en el principado de Tiberio, fue adoptado por el retórico Lucio Junio Galión, y desde entonces llevó el nombre de su padre adoptivo. Sus contemporáneos hablan de él como un hombre de gran encanto personal—"no mortal," dijo su hermano Séneca, "es tan agradable para cualquier persona como Galión es a todo el mundo".[37] Después de ostentar el cargo de la pretoría en Roma, fue nombrado procónsul de Acaya. De una inscripción en Delfos en la Grecia central, que registra una directriz del Emperador Claudio, se puede inferir

---

34. El Texto Occidental y Bizantino leen "todos los griegos" (una glosa correcta).

35. La paráfrasis del Texto Occidental, "Galión pretendió no verlo".

36. Acaya fue gobernada por un procónsul desde el 27 a.C. hasta el 15 d.C. cuando se fusionó con Macedonia y Moesia para formar una provincia imperial; en el 44 d.C. fue devuelta al senado y fue una vez más gobernada por un procónsul. "Era una provincia de segundo rango"; el procónsul ostentaba este cargo "después de la Pretoría, y generalmente antes del consulado" (Ramsay, *St. Paul the Traveller*, p. 258).

37. Séneca, *Natural Questions* 4a, Preface, 11; comp. Statius, *Silvae* 2.7.32; Dio Cassius, *Hist.* 61:35.

con bastante precisión que tomó el cargo de procónsul en el verano del 51d.C.[38] Abandonó Acaya a causa de una fiebre (quizá antes de finalizar su primer año de mandato) y se fue a un crucero por su salud.[39] En una fecha posterior, después de su consulado (55d.C.),[40] hizo un crucero de Roma a Egipto amenazado de tisis.[41] En el 65d.C., como otros miembros de su familia, fue víctima de las sospechas de Nerón.[42]

18:13 La acusación presentada contra Pablo delante de Galión era de propagandista religioso y basándose en eso, de formar una sociedad no legalizada por la ley romana. La comunidad judía y la sinagoga de Corinto, como las comunidades y sinagogas judías de otros lugares a través del imperio, tenían el estatus de un *collegium licitum*,[43] pero los acusadores de Pablo mantuvieron que el Evangelio que predicaba no tenía nada que ver con su fe ancestral: no era una verdadera forma de judaísmo, y por tanto, no debería compartir la protección extendida al judaísmo por la ley romana. A Pablo se le debería prohibir seguir con la propagación del Evangelio, si no de hecho ser castigado por la actividad propagandista hasta el momento.

---

38. Esta inscripción, fechada en el período de la aclamación de Claudio del veintiséis como *imperator* (es decir, dentro de los primeros siete meses del año 52 d.C.) se refiere a "mi amigo Galión, procónsul de Acaya," en términos que implican que Galión ha ostentado el cargo recientemente, pero ya no. El verano del 51 d.C. es pues indicado como la fecha más tardía en que Galión asumió el cargo de procónsul. Para esta inscripción (*SIG* 2³, § 801) ver A. Brassac, "Une inscription de Delphes et la chronologie de Saint Paul," *RB* 10 (1913), pp. 36–53, 207–17; A. Plassart, "L'inscription de Delphes mentionnant le Proconsul Gallion," *RÉG* 80 (1967), pp. 372–78; B. Schwank,, "Der sogenannte Brief an Gallio und die Datierung des 1 Thess.," *BZ* n.s. 15 (1971), pp. 265–66; J. H. Oliver, "The epistle of Claudius which mentions the Proconsul Junius Gallio," *Hesperia* 40 (1971), pp. 239–40; K. Haacker, "Die Gallio-Episode und die paulinische Chronologie," *BZ* n.s. 16 (1972), pp. 252–55; C. J. Hemer, "Observations on Pauline Chronology," in *Pauline Studies*, ed. D. A. Hagner and M. J. Harris (Exeter/Grand Rapids, 1980), pp. 6–9; J. Murphy-O'Connor, *St. Paul's Corinth*, pp. 149–50, donde la aparición de Pablo ante Galión es fechada entre Julio y Octubre, del 51 d.C. G. Lüdemann (*Paul, Apostle to the Gentiles: Studies in Chronology*, E.T. [London, 1984], pp. 158–75), que fecha la evangelización de Pablo a los corintios diez años antes, asignando el incidente de Galión a la última visita de Pablo a la ciudad (comp. 20:2-3)—una conclusión aceptada solamente si la evidencia fuera singularmente convincente (que no lo es).

39. Séneca, *Moral Epistles* 104.1.

40. Para la fecha de su consulado ver E. M. Smallwood, "Consules Suffecti of A.D. 55," *Historia* 17 (1968), p. 384.

41. Plinio, *Natural History* 31.33.

42. Dio Cassio, *Hist.* 62.25.

43. Ver Applebaum, "The Legal Status of the Jewish Communities in the Diaspora," in *The Jewish People in the First Century*, ed. S. Safrai and M. Stern, I (Assen, 1974), pp. 420–63, especialmente p. 460; también Schürer III, pp. 107–25.

18:14-16 Un primoroso podio con vistas a la terraza inferior del foro romano de Corinto es habitualmente identificado como el tribunal de Galión, donde se sentaba a impartir justicia.[44] En esta ocasión, Pablo estaba a punto de abrir su boca para replicar a los cargos que se le imputaban, cuando Galión abruptamente terminó el procedimiento. Después de escuchar las acusaciones, rápidamente decidió que era una disputa interna de la comunidad judía, consistente en un conflicto de interpretación de la ley religiosa judía. Pablo era, obviamente, tan judío como lo eran sus acusadores. Lo que Pablo estaba propagando, reconoció Galión, era simplemente una variedad del judaísmo, lo cual no fue del agrado de los líderes de la comunidad judía local; y no tenía ninguna intención de adjudicar en este tipo de materias. Si Pablo hubiera sido acusado de un crimen o delito reconocido, dijo, él naturalmente hubiera tomado cartas en el asunto;[45] pero era simplemente un desacuerdo con respecto a la terminología religiosa judía, debían resolverlo ellos mismos. Así les ordenó que se marcharan de su tribunal.

18:17 Mientras se iban tuvo lugar un incidente que revela cuán propenso era el populacho de estas ciudades griegas a las manifestaciones antijudías. Aprovechando el desaire que el procónsul había propiciado a los líderes judíos, la multitud de espectadores se apoderó de uno de los líderes judíos, Sóstenes (posiblemente el sucesor de Crispo como jefe de la sinagoga),[46] y lo golpearon en la presencia misma del procónsul, que todavía no había abandonado el tribunal. Pero Galión hizo la vista gorda ante esta brutal ventilación del sentimiento anti-judío.

La decisión de Galión significaba, en efecto, que Pablo y sus asociados, siempre y cuando no cometieran ninguna violación del orden público, podían seguir compartiendo la protección que el Derecho Romano había concedido a la práctica del judaísmo. Seguramente sirvió como precedente para los otros jueces de Roma, especialmente ya que procedía de un hombre cuyo hermano (Séneca) ocupaba una posición de influencia en la corte imperial. Eso significaba que en los próximos diez o doce años, hasta que la política hacia los cristianos sufrió un giro completo,[47] el Evangelio podía ser proclamado en las provincias del imperio sin temor a entrar en conflicto con la ley romana. Los siguientes cargos presen-

---

44. Se ha mantenido, sin embargo, que este βῆμα se utilizaba solamente para ocasiones especialmente formales y no para audiencias cotidianas como la registrada aquí; comp. cf. E. Dinkler, "Das Bema zu Korinth," in *Signum Crucis: Aufsätze zum Neuen Testament und zur christlichen Archäologie* (Tübingen, 1967), pp. 118-33.

45. Gr. κατὰ λόγον ἂν ἀνεσχόμην ὑμῶν (para este sentido legal de ἀνέχομαι, significando "aceptar una queja," comp. BAGD, p. 65).

46. Si este es el Sóstenes de 1 Cor. 1:1, entonces se convirtió al cristianismo muy pronto después de esta dolorosa experiencia. Pero no hay medio de saber si se trata de la misma persona.

47. La acción de Nerón contra los cristianos de Roma a raíz del incendio del año 64 d.C. fue evidentemente una iniciativa personal. Pero con el crecimiento de la cristiandad gentil ya no fue posible para la iglesia seguir bajo la protección extendida por la Ley Romana a la sinagoga.

tados contra Pablo delante de un juez romano fueron personales.[48] El informe de Lucas acerca de la decisión de Galión es de gran relevancia para el propósito apologético de su historia. Y puede ser que, como Ramsay pensó, la memoria de la decisión de Galión fue una de las cosas que animaron a Pablo, algunos años más tarde, a apelar "de la periférica e inferior corte del procurador de Judea, que siempre era de mucha menor influencia en el partido del poder en Jerusalén, al tribunal supremo del Imperio".[49]

E. ÉFESO (18:18-19:20)

1. Apresurada visita a Éfeso (18:18-21)

18 *Así que Pablo pasó allí muchos días más; después, se despidió de los hermanos, y navegó hacia Siria, y con él Priscila y Aquila. Se rapó la cabeza en Céncreas, porque tenía voto.*[50]

19 *Desembarcaron en Éfeso, y*[51] *Pablo dejó allí a sus compañeros. Él fue a la sinagoga y mantuvo un dialogo con los judíos.*

20 *Ellos le pidieron que se quedara con ellos más tiempo, pero no consintió;*

21 *se despidió de ellos diciendo:*[52] *"Volveré, si Dios lo permite," y zarpó de Éfeso.*

18:18 No era probable que Pablo abandonara Corinto inmediatamente después de la decisión que había tomado Galión. Aquella decisión, que (sin que Galión lo pretendiera así) demostró ser tan favorable para la misión de Pablo, ocurrió probablemente en el verano o al principio del otoño del 51 d.C.; Pablo permaneció allí durante el invierno que siguió. Finalmente, sin embargo, se marchó de Corinto porque deseaba hacer una visita a Siria y Judea. Junto con Priscila y Aquila, por tanto, navegó a través del Egeo desde Céncreas, el puerto oriental de Corinto. Antes de levar anclas, se cortó el cabello: había permitido que creciera durante mucho tiempo por un voto que había hecho. Seguramente no era un voto nazareo formal, que no hubiera podido llevarse a cabo apropiadamente fuera de Tierra Santa,[53] sino un voto privado, el cumplimiento del cual era un acto de

---

48. Comp. 24:5-8.

49. *St. Paul the Traveller*, p. 260

50. El Texto Occidental (representado por lat[h]) adscribe el voto y el corte de pelo a Aquila ("Aquila, que como había hecho voto, se había rapado la cabeza"); La Vulgata Latina adscribe la acción a ambos, Priscila y Aquila ("que se raparon la cabeza en Céncreas, porque habían hecho voto").

51. El Texto Occidental inserta "el siguiente sábado".

52. Los Textos Occidental y Bizantino añaden: "Yo debo por todos los medios asistir a la fiesta en Jerusalén, pero..."

53. Si el voto fue hecho en otro país, su cumplimiento requeriría al menos residir durante 30 días en Judea, y al final de ese tiempo el cabello debía ser rapado y ofrecido en el templo (comp.

gratitud—posiblemente por la promesa divina del verso 10, el cual había sido confirmado por la preservación de todo daño a través de su ministerio en Corinto.

18:19 El barco en el que embarcaron los llevó a Éfeso. Aquí Priscila y Aquila se establecieron durante algunos años, o transfiriendo su negocio desde Corinto a Éfeso, o dejando una sucursal en Corinto al cuidado de un administrador (como quizá habían hecho al abandonar la sucursal de Roma) y abriendo una nueva en Éfeso.

Éfeso era por ese tiempo la ciudad comercial más grande de Asia Menor al norte de la cordillera de Tauro, aunque su puerto requería dragados constantes debido a los aluviones del Caistro, en cuya desembocadura se alzaba. Estando en la ruta principal desde Roma al Este, disfrutaba de importancia política además de las ventajas geográficas: fue la sede de la administración de la provincia de Asia, y al mismo tiempo una ciudad griega libre, con su propio senado y asamblea cívica; era una ciudad jurídica, y se enorgullecía especialmente de su título "Templo Guardián de Artemisa" (comp. 19:35). El gran templo de Éfeso de Artemisa, construido para reemplazar uno anterior que había sido destruido por el fuego en el 356 a.C., fue reconocido como una de las siete maravillas del mundo antiguo. Gran parte de la romana Éfeso está desocupada; ha sido excavada durante muchos años por arqueólogos austriacos, que han restaurado algunos edificios. Parte está ocupada ahora por la ciudad de Saluk, formalmente llamada Ayasaluk (nombre que conmemora la residencia en Éfeso de "Juan el Divino").[54]

Había un gran asentamiento de judíos en Éfeso. Los privilegios que se les concedieron en el 44 a.C. por Dolabela (un partisano de Julio César, y cónsul romano en aquel año) fueron subsecuentemente confirmados por las autoridades cívicas[55] y por el Emperador Augusto y sus tenientes.[56] Pablo ahora hace una breve visita a la sinagoga antes de continuar su viaje.

Num. 6:18). El voto mencionado en 21:23–26 abajo era un voto realmente Nazareno (ver el tratado de la Mishná Nāzîr). Es gramáticamente posible hacer de Aquila el sujeto de los siguientes verbos, pero "el énfasis natural marca a Pablo como el sujeto aquí" (Ramsay, *St. Paul the Traveller*, p. 263).

54. Ayasoluk es una corrupción del Gr. ἅγιος θεολόγος, "el divino santo". La montaña en la que la basílica justiniana de San Juan se alza es comúnmente llamada la montaña de Ayasoluk.

55. Comp. Josefo, *Ant.* 14.225–27.

56. Comp. Josefo, *Ant.* 16.162–68, 172–73. En Éfeso ver O. Benndorf y otros, *Forschungen in Ephesos*, I- (Vienna, 1906-); W. M. Ramsay, *Letters to the Seven Churches of Asia* (London, 1909), pp. 210–50; D. Magie, *Roman Rule in Asia Minor* (Princeton, 1950), I, pp. 74–76; II, pp. 885–88; F. Miltner, *Ephesos: Stadt der Artemis und des Johannes* (Vienna, 1958); J. Keil, *Ephesos: Ein Führer durch die Ruinenstätte und ihre Geschichte* (Vienna, ²1964); also "Asia," *RAC* I, cols. 740–49; C. Foss, *Ephesus After Antiquity* (Cambridge, 1979); D. Knibbe y W. Alzinger, "Ephesos vom Beginn der römischen Herrschaft in Kleinasien bis zum Ende der Prinzipatszeit: Geschichte und Archäologie," *ANRW* 2.7.2(Berlin, 1980), pp. 748–830; C. J. Hemer, *The Letters to the Seven Churches of Asia in their Local Setting* (Sheffield, 1986), pp. 35–56.

18:20-21 Conforme al Texto Occidental, Pablo estaba ansioso por llegar a Jerusalén a tiempo para las fiestas judías. Si se trataba de la fiesta de la Pascua, había probablemente buenas razones para sus prisas: la navegación por mar se suspendía hasta el 10 de Marzo,[57] y en el 52 d.C. la Pascua cayó a principios de Abril. Tenía tiempo para mantener algún discurso introductorio con los miembros de la sinagoga pero, aunque estaban interesados en lo que había dicho y le pidieron que se quedara más tiempo, fue incapaz de hacerlo. Un barco estaba a punto de abandonar el puerto de Éfeso que podía llevarlo a Judea para la fecha señalada, así que se despidió de ellos y les prometió, si era la voluntad de Dios, que volvería y pasaría más tiempo con ellos.

2. Breve visita a Judea y a Siria (18:22-23)

> 22 *Después de desembarcar en Cesárea, subió a saludar a la iglesia, y luego bajó hasta Antioquía.*
> 23 *Despues de pasar algún tiempo allí, partió y fue a través de las regiones de Galacia y de Frigia, ciudad por ciudad, fortaleciendo a todos los discípulos.*

18:22 El barco de Pablo desde Éfeso lo trajo a Cesárea, entonces el principal puerto Mediterráneo de Palestina. Cuando el viento es del este al norte es más fácil llegar a Cesárea que a Seléucida. Desembarcando en Cesárea, subió a Jerusalén y saludó a la madre iglesia. Jerusalén no es mencionada, pero está ciertamente implícito:[58] la referencia a "la iglesia" en territorio de Judea sin especificar no puede ser otra que la iglesia de Jerusalén, y desde Jerusalén, no desde Cesárea, uno podría "bajar". (Uno no podría "bajar" desde un lugar en la costa, como Cesárea, a una ciudad interior, como Antioquía). Si tenía alguna misión especial en relación con la fiesta o al revés, Lucas no lo dice. Unos cuantos eruditos adscriben considerable importancia a esta visita a Jerusalén, identificándola con la que Pablo describe en Gal. 2:1-10.[59] Aparte de los problemas cronológicos involucrados en esta

---

57. Vegetius, *On Military Affairs* 4.39.

58. *Pace* B. H. Streeter, "The Primitive Text of the Acts," *JTS* 34 (1933), p. 237, que mantiene que Cesárea es lo que se pretendía originalmente y que el Texto Occidental del 19:1 (ver n. 1) debería ser transferido a este punto, para explicar el fracaso de Pablo en llevar a cabo su plan original de ir a Jerusalén, dicho por él en el Texto Occidental del v. 21 (ver n. 52).

59. J. Knox, *Chapters in a Life of Paul* (Nashville, TN, 1950), pp. 68-69; J. van Bruggen, "Na Veertien Jaren" (Kampen, 1973), pp. 40-43, 223-25; G. Lüdemann, *Paul, Apostle to the Gentiles: Studies in Chronology*, pp. 152-56. De acuerdo con Knox y Lüdemann esta fue la única visita de Pablo a Jerusalén entre aquella de 9:26 (= Gal. 1:18) y 21:15. J. Wellhausen sostuvo anteriormente que esta visita es un doblete de aquella en 21:15 ("Noten zur Apostelgeschichte," *NGG* [1907], pp. 1-25; "Kritische Analyse der Apostelgeschichte," *AGG* n.s. 15.2 [1914], pp. 37-38), followed by A. Loisy *Les Actes des Apôtres* (Paris, 1920), pp. 708-9.

identificación, hay una dificultad aún mayor: Bernabé, que acompañó a Pablo a Jerusalén en la ocasión mencionada en Gal.2:1, no estaba con él en ese momento.

Cuando Pablo hubo terminado lo que fuera que tenía que hacer en Jerusalén, "bajó" a Antioquía (para la expresión podríamos comparar 11:27, donde un grupo de profetas "bajaron" de Jerusalén a Antioquía).[60]

18:23 Antioquía (en Orontes) era la ciudad de la que Pablo había sido enviado a su viaje misionero con Silas (como en su anterior viaje misionero con Bernabé), y, aunque Antioquía no era ya su base, puede muy bien haber informado a la iglesia allí del continuo obrar de Dios en él mismo y en otros gentiles que habían entrado por la misma "puerta de fe" que los gentiles de Chipre y del Sur de Galacia, cuya conversión él y Bernabé habían reportado a esa iglesia algunos años antes (14:27).

Después de pasar algún tiempo en Antioquía, prosiguió su viaje de nuevo. Se da la impresión de prisa por la sucesión de participios en el texto griego de los versos 22 y 23; de hecho, su viaje de más de 1500 millas es cubierto en estos dos versos y en el 19:1. Lucas probablemente dependía aquí de un esquema del itinerario—no el mismo itinerario que el representado por el "nosotros" de la narrativa de Hechos, el cual es más detallado. Desde Antioquía Pablo se dirigió hacia el centro de Asia Menor por la misma ruta terrestre que él y Silas habían seguido previamente, cruzando la cordillera de Tauro por las Puertas de Cilicia. Aunque "la región de Galacia y Frigia" aquí no es la misma frase que se emplea en 16:6 ("la región de Frigia y Galacia"),[61] no hay probablemente mucha diferencia material entre ambas. W. M. Ramsay y W. M. Calder pensaron (correctamente, puede ser) que "la región Galacia" aquí significa Licaonia Galacia (es decir, esa parte de Licaonia que se extiende dentro de la provincia de Galacia, como diferente de la Licaonia oriental, que formaba parte del Reino de Antíoco).[62] En ese caso, Pablo parece haber pasado una vez más a través de Derbe, Listra, Iconio y Pisidia de Antioquía, no haciendo evangelismo pionero sino ayudando y animando a antigüos amigos y convertidos. En esta ocasión, ningún obstáculo fue colocado en su camino hacia el oeste, por lo que su camino hacia Éfeso estaba ahora abierto.

---

60. Que se usen verbos diferentes—κατῆλθον en 11:27 (comp. 15:1, 30) y κατέβη aquí—no afecta la fuerza del prefijo común κατά.

61. Φρυγία es usado sustantivamente aquí, y adjetivamente en 16:6.

62. Ver W. M. Ramsay, *HDB* II (Edinburgh, 1899), p. 90 (s.v. "Galatia, Region of"); W. M. Calder, "Asia Minor in the New Testament," in *Commentary on the Bible*, ed. A. S. Peake, Supplement (London, 1936), p. 32. K. Lake de acuerdo con (*Beginnings* I.5, pp. 239–40) el punto de vista de Ramsay, que él mismo aceptó cuando escribió *The Earlier Epistles of St. Paul* (London, 1911), pp. 260–61, "ciertamente encajan los hechos".

3. Apolos (18:24-28)

24 *Ahora un judío llamado Apolos,[63] cuya familia pertenecía a Alejandría, vino a Éfeso. Era un hombre instruido,[64] muy versado en las Escrituras.*
25 *Había sido instruido[65] en el camino del Señor y estaba radiante en el Espíritu;[66] cuando hablaba, enseñaba la historia de Jesús con exactitud, aunque solo conocía el bautismo de Juan.*
26 *Él empezó a expresarse libremente en la sinagoga. Cuando Priscila y Aquila[67] lo escucharon, se lo llevaron a casa con ellos y le explicaron con más precisión el camino del Señor.*
27 *Cuando deseó pasar a Acaya, los hermanos lo animaron y escribieron a los discípulos de allí, pidiéndoles que lo recibieran. Cuando llegó, fue de gran ayuda a los que habían creído por (divina) gracia;[68]*
28 *él argumentaba enérgica y convincentemente con los judíos, y así en público, les mostraba[69] con las Escrituras que el Mesías era Jesús.*

18:24-25 Entre la partida de Pablo de Éfeso (después de su apresurada visita) y su regreso (después de haber estado en Judea y Siria) otro extremadamente interesante cristiano llegó a la ciudad. Este era Apolos, un judío de Alejandría—quizás un tipo de comerciante viajero no desconocido en el primer siglo,[70] que prestaba una gran ayuda a las sinagogas de las ciudades que visitaba. No está expresamente dicho (excepto en el Texto Occidental) que Apolos recibió su precisa instrucción en "el camino del Señor" (es decir el Evangelio) en su nativa Alejandría, pero puede muy bien haber sido así. El Evangelio ciertamente llegó a Alejandría en una fecha temprana, aunque los orígenes del cristianismo alejandrino se pierden en la oscuridad (solamente durante la segunda mitad del siglo II empieza a disiparse esta oscuridad).[71]

---

63. ℵ lo llama "Apelles," D "Apollonius" (la forma completa del nombre) y la Vulgata Latina "Apollo".

64. Gr. ἀνὴρ λόγιος (el adjetivo significa "instruido" en griego clásico y moderno, el significado de "elocuente" es secundario).

65. El Texto Occidental añade "en su patria" (ἐν τῇ πατρίδι).

66. O "ferviente de espíritu" (Gr. ζέων τῷ πνεύματι).

67. El Texto Occidental invierte el orden "Aquila y Priscila" (ver en 17:12; n. 20).

68. Es difícil decidir si "a través de gracia (divina)" debería ser construido con "ayudar" o "creer". En el Texto Occidental del v.27 añade: "Y algunos corintios que fueron a visitar Éfeso y habían oído de él lo invitaron a cruzar con ellos a su tierra natal. Cuando él consistió, los efesios escribieron a los discípulos para que recibieran a este hombre; y cuando tomó residencia en Acaya fue de gran ayuda a las iglesias".

69. El Texto Occidental lee "discurría y mostraba".

70. Como Ananías en Adiabene (Josefo, *Ant.* 20.34–42).

71. Ver H. I. Bell, *Jews and Christians in Egypt* (London, 1924); "Evidences of Christianity in Egypt during the Roman Period," *HTR* 37 (1944), pp. 185–208; W. Bauer, *Orthodoxy and*

El entendimiento de Apolos del cristianismo se desviaba, al menos en un punto importante con respecto a la forma del cristianismo con base en Jerusalén, que nos es descrito en Hechos: el único bautismo del que él tenía conocimiento era el bautismo administrado por Juan el Bautista; el bautismo en el nombre de Jesús, como es proclamado por Pedro el día de Pentecostés (comp. 2:38), era evidentemente desconocido para él. Se ha sugerido que su "preciso" conocimiento de la historia de Jesús vino a él en forma de un escrito primitivo del Evangelio no muy diferente de nuestro Evangelio de Marcos;[72] es dudoso, sin embargo, si la palabra "instruido" sería apropiada en el caso del conocimiento a través de la mera lectura; más bien implica escuchar a un maestro.

Pero Apolos combinaba el gran conocimiento de la lectura de las Escrituras con la habilidad magistral de exponer su contenido mesiánico, y esto lo hacía con gran fervor espiritual—una expresión que probablemente denota no tanto entusiasmo temperamental como plenitud del Espíritu de Dios (que es lo que significa cuando lo utiliza Pablo en Rom. 12:11).[73] Puede parecer extraño, sin duda, que alguien que estaba lleno y fortalecido por el Espíritu no supiera nada del bautismo

---

Heresy in Earliest Christianity (1934, ²1964), E.T. (Philadelphia, 1971), pp. 44–60; E. Molland, *The Conception of the Gospel in Alexandrian Theology* (Oslo, 1938); C. H. Roberts, "The Christian Book and the Greek Papyri," *JTS* 50 (1949), pp. 155–68; *Manuscript, Society and Belief in Early Christian Egypt* (London, 1971); S. G. F. Brandon, *The Fall of Jerusalem and the Christian Church* (London, 1951), pp. 217–43; A. Ehrhardt "Christianity before the Apostles' Creed," The Framework of the New Testament Stories (Manchester, 1964), pp. 151–99; L. W. Barnard, "St. Mark and Alexandria," *HTR* 57 (1964), pp. 145–50; "St. Stephen and Early Alexandrian Christianity," *NTS* 7 (1960–61), pp. 31–45; M. Smith, *Clement of Alexandria and a Secret Gospel of Mark* (Cambridge, MA, 1973); E. A. Judge and S. R. Pickering, "Papyrus Documentation of Church and Community in Egypt to the Mid-Fourth Century," *JAC* 20 (1977), pp. 47–71. Aquellos trabajos que estaban basados en papiros (como aquellos por H. I. Bell, C. H. Roberts, E. A. Judge, and S. R. Pickering) son menos especulativos que algunos de los listados.

72. F. Blass, *Philology of the Gospels* (London, 1898), pp. 29–31.

73. "El uso de la expresión 'ferviente en el Espíritu' es claramente definido por Rom. 12:11 como una frase habitual en el lenguaje de edificación cristiana; y su posición entre las dos cláusulas con respecto a Apolo como un cristiano, establece su significado" (E. Käsemann, "The Disciples of John the Baptist in Ephesus," E.T. in *Essays on New Testament Themes* [London, 1964], p. 143). G. W. H. Lampe va más lejos (en realidad demasiado lejos): "Posiblemente se estimó que la comisión directa del Señor le conferida a él [por] el Espíritu, un lugar entre los apóstoles, siendo considerado por los corintios aproximadamente al mismo nivel que San Pedro o San Pablo" (*The Seal of the Spirit* [London, 1951], p. 66). Ver también J. H. A. Hart, "Apollos," *JTS* 7 (1905–6), pp. 16–28; B. T. D. Smith, "Apollos and the Twelve Disciples at Ephesus," *JTS* 16 (1914–15), pp. 241–46; H. Preisker, "Apollos und die Johannesjünger in Act 18,24–19,6," *ZNW* 30 (1931), pp. 301–4; E. Schweizer, "Die Bekehrung des Apollos, Ag 18, 24–26," *Beiträge zur Theologie des Neuen Testaments: Neutestamentliche Aufsätze* (1955–1970) (Zürich, 1970), pp. 71–79; C. K. Barrett, "Apollos and the Twelve Disciples of Ephesus," in *The New Testament Age: Essays in Honor of Bo Reicke*, ed. W. C. Weinrich, I (Macon, GA, 1984), pp. 29–39.

cristiano; pero el cristianismo primitivo se fue trenzando con muchas hebras, y de algunas de esas hebras tenemos poco o ningún conocimiento. Incluso después de la adicional instrucción, no se dice que Apolos recibiera el bautismo cristiano.[74]

18:26 Priscila y Aquila, que continuaban asistiendo a la sinagoga en Éfeso después de la partida de Pablo, escucharon a Apolos cuando empezaba a exponer las Escrituras allí, y se quedaron muy impresionados por la enseñanza y la habilidad que dedicaba a la defensa del Evangelio. Ningún otro que ellos hubieran conocido se había acercado tanto a su amigo Pablo en esta habilidad. Al escucharlo, se dieron cuenta de algunas lagunas en su conocimiento, a pesar de lo preciso que era, así que se lo llevaron a casa y le expusieron "el camino del Dios" con mayor precisión aún (ellos posiblemente habían tenido la misma experiencia cuando Pablo los conoció y suplementó su conocimiento del Camino que habían adquirido en Roma), Arnold Ehrhardt remarca que Pablo era de mayor valor para la iglesia de Jerusalén del que se le da aquí, porque o directamente (como en 19:1–7) o indirectamente, (como aquí), fue capaz de corregir formas desviadas del cristianismo en consonancia con la forma de Jerusalén.[75] Que Jerusalén es la norma se da por hecho de acuerdo con Lucas.[76] Pero el procedimiento de Priscila y Aquila fue admirable: ¡Es mucho mejor ayudar discretamente a un maestro cuya comprensión de un tema es deficiente que corregirlo o denunciarlo públicamente!

18:27-28 Después de algún tiempo, Apolos deseó cruzar el Egeo y visitar Grecia: de acuerdo con el Texto Occidental, fue invitado a hacer eso por algunos corintios que lo habían conocido en Éfeso. De todas maneras, fue a Corinto, armado con una carta de presentación de sus amigos de Éfeso a la iglesia de Corinto. El demostró ser una torre de fortaleza para los creyentes allí, enseñando tanto en la iglesia como predicando a aquellos fuera de la iglesia, especialmente a los judíos de Corinto, ya que argumentaba convincentemente (refutando todos los contra-argumentos) que el Mesías de quien las Escrituras hablaban debía ser identificado con Jesús de Nazaret.[77] La influencia que Apolos ejerció en Corinto se puede deducir de la correspondencia de Pablo a los corintios. Pablo habla de él

---

74. B. T. D. Smith ("Apollos and the Twelve Disciples at Ephesus," p. 245) piensa que "puede inferirse de la narrativa" que ahora recibió el bautismo cristiano. Pero esto no es una inferencia clara. Apolos, si ya había recibido el Espíritu, no estaba al mismo nivel que los discípulos de 19:1-7. Para él, como evidentemente para los apóstoles originales, el bautismo de Juan *plus* recibir al Espíritu trasmitía todo lo que el bautismo cristiano podía haber trasmitido. (*El bautismo del gentil Cornelio en* 10:44–48 después de su recepción del Espíritu fue una señal de bienvenida a la comunidad del pueblo creyente de Dios.)

75. *The Framework of the New Testament Stories*, p. 94.

76. Comp. G. W. H. Lampe, *St. Luke and the Church of Jerusalem* (London, 1969), p. 26.

77. El mismo giro de la frase se utiliza de él aquí como lo hace Pablo en v.5.

como el que regó las semillas que él plantó.⁷⁸ Si alguno de los cristianos de Corinto estaba dispuesto a proclamar a Apolos como líder del partido en detrimento de Pablo⁷⁹ (impresionado quizá por su método alejandrino de interpretación bíblica), no hay ningún indicio de que Apolos mismo alentara dicha tendencia, y Pablo habla de él en términos cálidos como de un colega apreciado.⁸⁰

---

78. 1 Cor. 3:6.

79. 1 Cor. 1:12; 3:4.

80. Comp. 1 Cor. 16:12. La sugerencia de Lutero de que Apolos fue el escritor de la Epístola a los Hebreos (en un sermón sobre 1 Cor. 3:4 y siguientes en 1537 [Weimar edition 45, p. 389] y en su comentario a Génesis, 1545 [Weimar edition 44, p. 709]) ha sido nuevamente propuesto y apoyado con nuevos argumentos por (entre otros) T. W. Manson, "The Problem of the Epistle to the Hebrews" (1949), *Studies in the Gospels and Epistles* (Manchester, 1962), pp. 242–58; W. F. Howard, "The Epistle to the Hebrews," *Interpretations* 5 (1951), pp. 80–91; C. Spicq, *L'Épître aux Hébreux* (Paris, 1952–53), I, pp. 209–19; H. W. Montefiore, *A Commentary on the Epistle to the Hebrews* (New York/London, 1964), pp.9–29.

HECHOS 19

4. Pablo y los Doce discípulos de Éfeso (19:1-7)

1 *Mientras Apolos estaba en Corinto, Pablo pasó a través de las regiones altas del país y bajó a Éfeso.¹ Allí encontró a algunos discípulos.*
2 *"¿Recibisteis al Espíritu Santo cuando creísteis?" les preguntó. "No," dijeron ellos; "ni siquiera hemos oído que el Espíritu Santo esté disponible".²*
3 *"¿Qué bautismo habéis recibido,³ entonces?" les preguntó. "El bautismo de Juan," dijeron ellos.*
4 *Luego Pablo dijo, "Juan bautizaba con bautismo de arrepentimiento, diciendo a la gente que creyera en el que venía después de él, es decir, en Jesús".*
5 *Cuando oyeron esto, fueron bautizados en el nombre del Señor Jesús.⁴*
6 *Entonces, cuando Pablo les impuso las manos, el Espíritu Santo vino sobre ellos, y empezaron a hablar en lenguas y a profetizar.*
7 *Los hombres eran unos doce en total.*

19:1 Después de visitar las Iglesias del sur de Galacia, Pablo continuó hacia el oeste, camino de Éfeso, "tomando la ruta de mayor altitud y la más directa, no la ruta comercial a un nivel más bajo por los valles de Lico y Meandro".⁵ Parte de la Asia Frigia, que atravesó, era popularmente conocida como la Frigia Alta. Se acercó a Éfeso desde el lado norte del Monte Messogis (actual Aydin Daglari).

---

1. El Texto Occidental lee: "Pero cuando Pablo deseó, de acuerdo con sus planes, ir a Jerusalén, el Espíritu le ordenó regresar a Asia, y después de recorrer las regiones superiores, vino a Éfeso". Ver en 18:21–22, nn. 52 y 58.

2. Lit., "si hay un Espíritu Santo" (εἰ πνεῦμα ἅγιόν ἐστιν). El Texto Occidental lee "si alguno ha recibido el Espíritu Santo".

3. Lit., "¿en qué habéis sido bautizados?"

4. El Texto Occidental añade: "Cristo" y continúa: "para la remisión de pecados" (ineficazmente, porque este era el propósito del bautismo de Juan que los discípulos ya habían recibido).

5. W. M. Ramsay, *St. Paul the Traveller* (London, ¹⁴1920), p. 265; comp. *The Church in the Roman Empire* (London, ⁴1895), pp. 93–96.

Con el tiempo llegó a Éfeso, Apolos había cruzado del Egeo a Corinto. Poco después de su llegada a Éfeso, Pablo conoció a una docena de hombres cuyo conocimiento del Camino era considerablemente más deficiente que el que Apolos tenía antes de que Priscila y Aquila le dieran las instrucciones que le faltaban. Si los hombres son llamados "discípulos" sin más, de acuerdo con el uso de Lucas, parece significar que eran discípulos de Jesús.[6] Si Lucas hubiera querido indicar que eran discípulos de Juan el Bautista (como se ha deducido a veces del v.3), lo habría dicho explícitamente.[7] Cómo adquirieron conocimiento a cerca de Jesús puede ser solamente conjeturado—puede haber sido de una fuente independiente de la base principal de Jerusalén que Lucas traza en Hechos—pero cuando escucharon de él, creyeron. Esto está al menos implícito en la pregunta de Pablo, "¿Recibisteis al Espíritu Santo cuando creísteis?"[8]

19:2 La pregunta de Pablo implica algo más: cuando los encontró y conversó con ellos, no solamente notó que su conocimiento del Camino era deficiente; también fue capaz de poner el dedo en la llaga. No había nada que mostrara que habían recibido al Espíritu Santo. Por tanto, fue directo en su pregunta. Su respuesta demostró que su diagnóstico era correcto.

Su respuesta debe ser entendida en su contexto. Tal y como está podría significar que la expresión misma "Espíritu Santo" es nueva para ellos. Si hubieran tenido algún conocimiento del Antiguo Testamento, habrían tenido alguna idea del Espíritu de Dios, que a veces es llamado "Espíritu Santo".[9] Más específicamente, ya que habían recibido el bautismo de Juan el Bautista, presumiblemente se les habría dicho que el bautismo de Juan era preparatorio, en vista del acercamiento del que les bautizaría con el Espíritu Santo.[10] Si fue así, no sabían que Jesús, en quien habían creído, era el que administraría este bautismo del Espíritu Santo, o que este bautismo había sido ya inaugurado. Ciertamente, nunca habían recibido

---

6. Comp. A. Ehrhardt, *The Acts of the Apostles* (Manchester, 1969), pp. 101-2; J. A. T. Robinson, *The Priority of John* (London, 1985), p. 172.

7. La idea de que había un grupo de discípulos de Juan el Bautista en Éfeso (contra quienes, incidentalmente, se alega que el cuarto Evangelio polemiza) carece de evidencia sólida a su favor, desde luego no en el cuarto Evangelio.

8. La cláusula "cuando creísteis" traduce el participio aoristo griego πιστεύσαντες, el "participio aoristo coincidente" el cual "es doctrinalmente importante" (J. H. Moulton, MHT I, p. 131n.). Comp. 11:17; Ef. 1:13.

9. Comp. Num. 11:16-17, 24-29; Joel 2:28-32; y, para la expresión, "Espíritu Santo" Isa. 63:10-11.

10. Comp. 1:5; 11:16. Con el vocabulario de su respuesta, "Nunca hemos oído siquiera que hay un Espíritu Santo," comp. Jn. 7:39, "el Espíritu no era todavía," donde los Textos Occidental y Bizantino añaden "dado".

el Espíritu Santo. De esta forma estaban menos avanzados que Apolos, quien cuando llegó a Éfeso ya estaba "brillando con el Espíritu" (18:25).[11]

19:3 La pregunta de Pablo acerca de su bautismo implica una conexión entre recibir el Espíritu y el bautismo.[12] Asumió que habían sido bautizados (un creyente no bautizado apenas se contempla en el Nuevo Testamento), o ellos mismos habían mencionado su bautismo. Era una anomalía a sus ojos que una persona bautizada no hubiera recibido al Espíritu, así que les preguntó más directamente y se dio cuenta de que habían recibido el bautismo de Juan. Dónde y de quién lo habían recibido no se dice: es posible que lo hubieran recibido del mismo Juan en Judea un cuarto de siglo antes, pero hay otras posibilidades. No hay manera de saber si el ministerio distintivo de Juan fue continuado por algunos de sus discípulos tras su muerte.

19:4 El bautismo de Juan era uno de preparación más que de plenitud, como era ahora el bautismo cristiano. De acuerdo con esto, Pablo les explicó el carácter anticipatorio del bautismo de Juan y su estrecha relación con su anuncio del más grande que él, que estaba a punto de venir. El resumen de Pablo combina el mensaje de Juan en el Evangelio de Marcos, con su énfasis en el arrepentimiento, con el informe Juanino, en el que Juan expresamente señala a Jesús como el Bautizador con el Espíritu Santo.[13] Ahora que Jesús había venido y completado su misión en la tierra, ahora que había regresado a la presencia del Padre y enviado a sus seguidores el don del Espíritu Santo, un bautismo anticipatorio ya no era apropiado ni adecuado.

19:5-7 Entonces los doce hombres recibieron el bautismo "en el nombre del Señor Jesús" (las mismas palabras que se utilizan para los creyentes samaritanos en 8:16). Este es el único registro de re-bautismo encontrado en el Nuevo Testamento. Los apóstoles mismos (o muchos de ellos) parecen haber recibido el bautismo de Juan, pero nunca se planteó la cuestión de re-bautismo en su caso. Probablemente su dotación con el Espíritu en Pentecostés transformó el significado preparatorio del bautismo que ya habían recibido con el significado consumado del bautismo cristiano. Igualmente no hay sugerencia de que a Apolos se le requiriera recibir el bautismo cristiano de nuevo y sobre el de Juan, que ya conocía; su experiencia existente del Espíritu habría hecho tal requerimiento innecesario. Pero los discípulos efesios no tenían tal experiencia del Espíritu. Fueron bautizados, por tanto, en sentido cristiano, y cuando Pablo les impuso las manos, recibieron el Espíritu a modo Pentecostal, con señales audibles de su entrada en ellos. Puede que haya un paralelo intencional entre la imposición de manos de Pablo en estos

---

11. Ver 18:25, n. 73
12. Comp. 2:38.
13. Con v. 4a comp. Mr. 1:4; con v. 4b comp. Jn. 1:26–34. Ver en 13:24–25 (n. 76).

hombres y la imposición de Pedro (y Juan) sobre los convertidos samaritanos en una fecha anterior.[14] G. W. H. Lampe, en prosecución de su tesis, encuentra que la llegada de Pablo a Éfeso marca "otro momento decisivo en la historia misionera".[15] Éfeso iba a ser el nuevo centro misionero para la misión gentil—siguiendo en importancia a Antioquía de Orontes—y estos doce discípulos fueron probablemente el núcleo de la iglesia en Éfeso. Con este procedimiento excepcional, fueron integrados en el programa misionero de la iglesia.[16]

5. Discurso en la escuela de Tirano (19:8-10)

8 *Entonces Pablo fue a la sinagoga y habló[17] por espacio de tres meses; en sus discursos exponía persuasivamente el reino de Dios.*

9 *Pero cuando algunos se obstinaron y no creían,[18] sino que hablaban mal del Camino a la congregación, Pablo se apartó de ellos y tomó a parte a sus discípulos, debatiendo día tras día en la escuela de Tirano.[19]*

10 *Así continuó por espacio de dos años, de manera que todos los que vivían en Asia, ambos judíos y griegos, escucharon la palabra del Señor.*

19:8 Pablo ya había establecido relaciones con los judíos que había conocido en la sinagoga de Éfeso cuando les hizo una visita durante su viaje de Corinto a Judea. Entonces, lo habían presionado sin éxito para que se quedara más tiempo. Ahora, sin embargo, después de completar sus negocios en Judea y Siria, había vuelto a Éfeso y continuó sus discursos en la sinagoga conforme a su promesa. Pero el antiguo modelo de eventos empezó a reproducirse nuevamente. Durante tres meses disfrutó de libertad en la sinagoga, debatiendo con sus miembros y

---

14. Lucas parece, deliberada pero discretamente, trazar una serie de paralelismos entre el ministerio de Pedro y el de Pablo; por ejemplo, pronto en su ministerio ambos sanaron a un hombre paralítico (3:2–8; 14:8–10); ambos exorcizaron demonios (5:16; 16:18); ambos tuvieron encuentros triunfantes con hechiceros (8:18–24; 13:6–11); ambos resucitaron muertos (9:36–41; 20:9–12); ambos escaparon milagrosamente de prisión (12:7–11; 16:25–26). Comp. la exposición del verso 12 (pp. 367–68).

15. *The Seal of the Spirit* (London, 1951), p. 76. Ver B. T. D. Smith, "Apollos and the Twelve Disciples at Ephesus," *JTS* 16 (1915), pp. 241–46; N. B. Stonehouse, "Repentance, Baptism and the Gift of the Holy Spirit," in *Paul before the Areopagus and Other New Testament Studies* (Grand Rapids, 1957), pp. 80–82; E. Käsemann, "The Disciples of John the Baptist in Ephesus," E.T. in *Essays on New Testament Themes* (London, 1964), pp. 136–48; J. K. Parratt, "The Rebaptism of the Ephesian Disciples," *ExT* 79 (1967–68), pp. 182–83; C. K. Barrett, "Apollos and the Twelve Disciples of Ephesus," in *The New Testament Age: Essays in Honor of Bo Reicke*, ed W. C. Weinrich, I (Macon, GA, 1984), pp. 29–39.

16. En la forma de Jerusalén como la norma ver p. 360 con nn. 75 y 76.

17. Gr. ἐπαρρησιάζετο. El Texto Occidental añade "con gran poder".

18. Gr. ἠπείθουν, "fueron desobedientes".

19. El Texto Occidental añade "desde la quinta a la décima hora".

estableciendo la verdad acerca del reino de Dios—es decir, todo lo que implicaba la muerte y exaltación de Jesús.[20]

19:9 Al extender esta libertad a Pablo durante tres meses, las autoridades de la sinagoga en Éfeso demostraron ser más ilustrados que sus homólogos en Tesalónica, que le habían permitido apenas tres semanas. Pero, finalmente, el peso de la oposición a su predicación, incluso en Éfeso, alcanzó un punto en el que no podía seguir utilizando la sinagoga como centro de sus enseñanzas. Tenía que encontrar otro lugar en el que no fuera interrumpido con calumnias dirigidas públicamente contra el Evangelio y el Salvador a quien proclamaba. Encontró este centro en la escuela de Tirano. Tirano (un nombre atestiguado en Éfeso) se supone, en general, que era el profesor que enseñaba habitualmente allí; es posible, sin embargo, que fuera el propietario del edificio, que quisiera alquilárselo a Pablo a veces, cuando no fuera requerido por el profesor o profesores habituales. De acuerdo con el Texto Occidental, Pablo habría usado el edificio de 11 a.m. a 4 p.m. cualquiera que pueda ser la base textual de esta lectura, probablemente representa lo que de hecho ocurrió. Tirano (si era el profesor) sin duda impartiría sus enseñanzas temprano por la mañana. A las 11 a.m. la actividad pública tendía a parar en las ciudades de Ionio (como en muchas otras partes del mundo Mediterráneo),[21] y Lake y Cadbury están sin duda en lo cierto al decir que habría más gente durmiendo a la 1 p.m. que a la 1 a.m.[22] Pero Pablo, después de pasar las primeras horas de la mañana fabricando tiendas (comp. 20:34), se dedicaba en el calor del día a su más importante y exhaustivo negocio, y debe haber transmitido algo de su energía y celo a sus oyentes, los que le habían seguido de la sinagoga a la escuela, porque estaban dispuestos a renunciar a su propia siesta con el fin de escuchar a Pablo.

19:10 Esta labor continuó por dos años.[23] Mientras Pablo estaba en Éfeso, sus colegas desarrollaron actividades misioneras en las ciudades vecinas. Durante aquellos años, su colega Epafras parece que evangelizó las ciudades del valle de Lico, Colosas, Laodicea y Hierápolis—ciudades que Pablo evidentemente no visitó en persona (Col. 1:7–8; 2:1; 4:12–13). Quizá las siete Iglesias a las que se dirige el Apocalipsis de Juan fueron fundadas en este momento. La provincia fue intensamente evangelizada, y siguió siendo uno de los centros importantes de la cristiandad durante muchos siglos.

---

20. Ver en 1:3 (nn. 17–19).

21. Comp. Martial, *Epigrams* 4.8.3: "Roma prolongaba sus diferentes tareas hasta la quinta hora".

22. *Beginnings* I.4, p. 239.

23. El período indicado en el v. 10 puede haber sido bastante más de dos años; Luego, si añadimos tres meses del v. 8, tenemos aproximadamente los tres años del 20:31—probablemente desde el otoño del 52 al verano del 55.

6. Conflicto con los Magos (19:11-19)

11 Dios hacía milagros extraordinarios a través de Pablo.
12 Paños y delantales que habían estado en contacto con su cuerpo se llevaban y se aplicaban sobre los enfermos, de manera que las enfermedades desaparecían y los espíritus malos eran expulsados.
13 Algunos exorcistas itinerantes judíos también invocaban el nombre de Jesús sobre aquellos que estaban poseídos por espíritus malos. "Os conjuro," decían, "en el nombre de Jesús a quien Pablo proclama".
14 Había siete hijos de un tal Esceva, jefe de los sacerdotes judíos, que hacían esto.[24]
15 Pero los espíritus malos le contestaban, "A Jesús conocemos, y a Pablo conocemos, pero tú ¿quién eres?
16 Entonces el hombre que estaba poseído por un espíritu malo se abalanzó sobre ellos y los dominó; y pudo más que todos[25] así que escaparon de aquella casa desnudos y heridos.
17 Esto se hizo público a todos los que vivían en Éfeso, tanto judíos como griegos. El temor cayó sobre todos ellos, y el nombre de Jesús fue glorificado.
18 Muchos de aquellos que habían creído venían y hacían confesión, divulgando sus hechizos.[26]
19 Un considerable número de aquellos que habían practicado artes mágicas[27] trajeron sus libros y los quemaron delante de todos. Calcularon su precio, y se dieron cuenta de que ascendía a un total de cincuenta mil monedas de plata.

19:11-12 El ministerio de Pablo en Éfeso estuvo marcado por manifestaciones de poder divino, especialmente de sanidad y exorcismo. El uso de pedazos de material que habían estado en contacto con Pablo para la sanidad de la enfermedad es una reminiscencia de la sanidad de aquellos que tocaron el borde del manto de Jesús

---

24. V. 14 se amplía como sigue en el Texto Occidental: "entre aquellos también los hijos de Esceva, un sacerdote que deseaba hacer lo mismo (solían exorcizar a tales personas), y entrando en la casa del hombre poseído por el demonio empezaron a invocar el Nombre, diciendo, 'En el nombre de Jesús, a quien Pablo predica, sal.'" Mientras el Testigo Occidental omite el número de hijos, el códice Latino *gigas* dice "dos hijos" (comp. n. 25 abajo).

25. Gr. ἀμφοτέρων ("ambos"); hay amplia evidencia para el uso de esta palabra en el sentido de "todos" en el griego tardío. Comp. F. G. Kenyon (ed.), *Greek Papyri in the British Museum*, II (London, 1898), p. 221, en *P.Lond.* 336.13 (A.D. 167), donde ἀμφότεροι se refiere a cinco hombres: "ἀμφότεροι = πάντες en el griego Bizantino tardío... y es posible que el uso coloquialmente existiera antes". Una observación parecida (como la señalada por E. Haenchen, *ad loc.*) fue hecha casi al mismo tiempo por E. Nestle en *Berliner Philologische Wochenschrift* 18 (1898), col. 254. La aparente discrepancia entre ἀμφοτέρων aquí y ἑπτά en v. 14 llevó al revisor del Occidental a omitir el numeral allí.

26. Gr. πράξεις, aquí un término técnico para prácticas de magia (el verbo πράσσω también tiene el sentido técnico de "practicar magia" en el contexto apropiado).

27. Gr. περίεργα, lit. "obras superfluas," otro término técnico para prácticas de magia (como Lat. *curiosa*). Comp. G. A. Deissmann, *Bible Studies*, E.T. (Edinburgh, ²1909), p. 323, n. 5.

(Marcos 5:27–34; 6:56). También se detecta un paralelo aquí con el efecto sanador de la sombra de Pedro en 5:15.[28] Los pedazos de material eran presumiblemente aquellos que Pablo empleaba en la fabricación de tiendas o cuero del trabajo— las cintas para el sudor que se ataban alrededor de la cabeza y los delantales que se ponían alrededor de la cintura.[29] Ninguna eficacia intrínseca de curación se atribuye a estas cosas; la eficacia sanadora yacía en el nombre poderoso de Jesús.

19:13 Tanto poder tenía este nombre cuando Pablo lo invocaba, evidenciado en el exorcismo de demonios de los poseídos por ellos, que otros exorcistas empezaron a invocarlo también. Entre los practicantes de magia de los tiempos antiguos, los judíos gozaban de gran prestigio,[30] porque se creía que tenían hechizos excepcionalmente eficaces bajo su custodia. En especial, el hecho de que el nombre del Dios de Israel no se podía pronunciar por labios vulgares era generalmente sabido entre los paganos, y mal interpretado por ellos, de acuerdo con sus principios mágicos habituales. Varios papiros de magia que han sobrevivido de aquellos días contienen intentos de reproducir la verdadera pronunciación del nombre inefable—*Iaō, Iabe, Iaoue*, y etcétera—así como otras expresiones y nombres judíos tales como Sabaot y Abraham, empleados como elementos en hechizos mágicos.[31] El paralelo más cercano al mal uso del nombre de Jesús por los exorcistas de Éfeso, aparece en un papiro de magia perteneciente a la Biblioteca Nacional de París, y contiene el conjuro: "Yo te conjuro por Jesús, el Dios de los hebreos".[32]

19:14-16 Entre aquellos judíos exorcistas estaban los hijos de un tal Esceva,[33] un judío, descrito aquí como un sacerdote jefe. Es posible que este tal Esceva de hecho perteneciera a la familia judía de los sacerdotes principales, pero más probablemente "sacerdote jefe judío" (o incluso "sumo sacerdote judío") era su auto-designación escrita en un cartel: Lucas podría haber puesto estas palabras entre comillas porque se habían inventado en su época.[34] El sumo sacerdote ju-

---

28. Ver, n. 14

29. Ambas palabras griegas usadas aquí son de origen latino: σουδάρια de *sudaria*, "toallas para el sudor" (comp. Lu. 19:20; Jn. 11:44; 20:7), y σιμικίνθια de *semicinctia*, "delantales".

30. Ver M. Simon, *Verus Israel* (Paris, 1948), pp. 394–416.

31. Ver G. A. Deissmann, *Bible Studies*, pp. 322–36; *New Docs*. 1 (1976), § 8.

32. K. Preisendanz, *Papyri Graecae Magicae*, I (Leipzig, 1928), Pap. Bibl. Nat. Suppl. gr. 574, líneas 3018–19. El uso del nombre de Jesús por los judíos para sanar fue severamente denunciado por algunos rabís; comp. Tos. Ḥullîn 2.22–23; TJ Snabbāṯ 14.4.14d y 'Aḇôḏāh Zārāh 2.2.40d–41a; TB 'Aḇôḏāh Zārāh 27b.

33. En el nombre de Esceva ver B. A. Mastin, "Scaeva the chief priest," *JTS* n.s. 27 (1976), pp. 405–12; "A Note on Acts 19:14," *Biblica* 59 (1978), pp. 97–99.

34. Mastin sugiere que su designación ἀρχιερεύς pretendía "autentificar la actividad de sus hijos como exorcistas de *bona fide*" ("Scaeva the chief priest," p. 405). El Texto Occidental lo llama ἱερεύς, no ἀρχιερεύς.

dío era el hombre que estaba autorizado a pronunciar el, por otra parte, nombre inefable; esto se hacía una vez al año, en el transcurso del servicio prescrito para el Día de la Expiación.[35] Tal persona, por tanto, disfrutaba de un gran prestigio entre los magos. No era el nombre inefable, sin embargo, si no el nombre de Jesús, el que los hijos de Esceva empleaban en un intento de imitar el ministerio de exorcizar de Pablo. Pero cuando intentaron utilizarlo, como un arma con la que no se está completamente familiarizado y es erróneamente manejada, les explotó en las manos. "Ese Jesús a quien Pablo proclama" era un nombre bien conocido por los demonios que estaban intentando echar,[36] pero ¿qué derecho tenían ellos de utilizarlo? El hombre poseído por el demonio, fortalecido con una fuerza sobrenatural, asaltó a los pretendidos exorcistas tan violentamente que corrieron para salvarse fuera del edificio en el que estaban, sus ropas arrancadas y sus cuerpos maltrechos.

19:17 Las noticias del incidente se propagaron rápidamente y llenaron de asombro a los que las oyeron; este nombre, invocado por Pablo y sus colegas, tenía efectos beneficiosos, pero no era un nombre para usar a la ligera.

19:18-19 Toda la atmósfera de este pasaje, de hecho, encaja admirablemente con la reputación que Éfeso tenía en la antigüedad como centro para la práctica de la magia. Shakespeare sumariza esa reputación en las palabras que pone en boca de Antífolo de Siracusa en su *Comedia de Las Equivocaciones*:

> "Dicen que esta ciudad está llena de estafadores,
> Como magos ágiles que engañan el ojo,
> Hechiceros oscuros que trastornan la mente,
> Brujas que matan el alma deformando el cuerpo,
> Tramposos disfrazados, saltimbanquis charlatanes,
> Y toda clase de inmorales libertinos".[37]

Sin embargo, aún incluso a los magos efesios el Evangelio demostró su poder. Muchos de ellos creyeron, y vinieron a Pablo y a sus compañeros misioneros, confesando su magia y revelando sus hechizos. De acuerdo con la teoría de la magia, la potencia de un hechizo está ligada a su secreto; si es divulgado, se convierte en ineficaz. Así estos convertidos magos renunciaron a su imaginado poder al rendir sus hechizos inoperantes. Muchos de ellos también reunieron sus papiros de magia e hicieron un gran fuego con ellos. Un número de tales rollos de magia han sobrevivido hasta nuestros días; hay ejemplos especialmente famosos

---

35. *Mishnah,* Yômā 5.1; 6.2.

36. Es dudoso que debamos otorgar gran importancia al cambio del verbo: "A Jesús conozco (γινώσκω) y a Pablo conozco (ἐπίσταμαι)". Había una distinción de hecho, en que conocía a Jesús de oídas y a Pablo de vista, pero esa no es la distinción normal en el significado entre los dos verbos griegos.

37. Acto 1, escena 2, líneas 97–102.

en las colecciones de Londres, París y Leiden.[38] La conexión especial de Éfeso con la magia está reflejada en el término "Cartas Efesias" para libros de magia.[39] Los hechizos que abundan son en su mayor parte simple algarabía, un galimatías de palabras y nombres que se consideraban inusualmente potentes, dispuestos a veces en patrones que eran esenciales para la eficacia del hechizo. Costaban un alto precio. En la ocasión que nos ocupa se calculó que el valor de los documentos ascendía a 50.000 dracmas que se convirtieron en humo. (La quema pública de literatura como expresión de rechazo y condena de sus contenidos tiene paralelos tanto en tiempos antiguos como modernos.)

7. Informe de progreso (19:20)

> 20 *Así, poderosamente, la Palabra del Señor seguía difundiéndose e incrementando su fuerza.*

19:20 Lucas se detiene en este punto para hacer el quinto informe de progreso.[40] Queda por contar un episodio más del ministerio de Pablo en Éfeso, pero el plan de los Hechos requiere una pausa aquí.

VI. PABLO PLANEA VISITAR ROMA Y LLEGA ALLÍ POR UNA RUTA INESPERADA (19:21–28:31)

A. SE PREPARA PARA ABANDONAR ÉFESO HACIA MACEDONIA Y ACAYA (19:21–20:6)

1. Pablo hace planes para el futuro (19:21-22)

> 21 *Cuando todo esto se había hecho, Pablo planeó en el Espíritu pasar a través de Macedonia y Acaya y luego ir a Jerusalén. "Después de estar allí," dijo: "también debo ir a Roma".*

---

38. La mayor colección de tales documentos es Preisendanz's (I, 1928; II, 1931); ver n. 32. Comp. G. A. Deissmann, *Light from the Ancient East*, E.T. (London, ²1927), pp. 254–64, 302–8, 453–60. Un papiro amuleto de la Universidad de Princeton ha sido editado con traducción y notas por B. M. Metzger, en *Papyri in the Princeton University Collections*, III (1942), pp. 78–79; él ha dado un informe general en "St. Paul and the Magicians," *Princeton Seminary Bulletin* 38 (1944), pp. 27–30, donde lo describe como "una muestra de primera mano de la misma clase de artificio mágico que Pablo encontró en Éfeso". Ver ahora H. D. Betz (ed.), *The Greek Magical Papyri in Translation*, I- (Chicago, 1986–).

39. Gr. Ἐφέσια γράμματα (Anaxilas, citado por Ateneo, *Deipnosophists* 12.548c; Plutarco, *Convivial Questions* (*Table Talk*) 706e; Clemente de Alejandría, *Miscellanies* 5.8.45.2; comp. A. Deissmann, "Ephesia Grammata," in *Abhandlungen zur semitischen Religionskunde und Sprachwissenschaft W. W. Graf von Baudissin ... überreicht* (Giessen, 1918), pp. 121–24; E. Kuhnert, RE 5, cols. 2771–73 (*s.v.* "Ephesia Grammata"); K. Preisendanz, *RAC* 5, cols. 515–20 (*s.v.* "Ephesia Grammata").

40. Ver en 6:7 (n. 20).

22 *Así que envió a sus ayudantes, Timoteo y Erasto, a Macedonia, mientras él permanecía algún tiempo más en Éfeso.*

19:21 El período del ministerio de Pablo en Éfeso termina. Ha sido el ministerio más fructífero y alentador, a pesar del peligro personal que lo acompañó, del que poco se dice en Hechos aunque hay varias alusiones a ello en las cartas de Pablo enviadas a otras partes (especialmente a Corinto) por esta época.[41] Ahora han pasado unos dos años y medio desde que estableció su sede en Éfeso. El cristianismo se ha establecido con firmeza en la orilla este del Egeo (como previamente en la orilla oeste), y las jóvenes iglesias de Asia (como las de Macedonia y Acaya) podían continuar por sí mismas su vida de comunión y testimonio bajo la dirección del Espíritu Santo. La actividad de Pablo podía ser transferida a otras áreas, y buscaba a su alrededor nuevos mundos que conquistar para Cristo. Su política de no construir sobre la fundación de otros (Rom. 15:20) le prohibía considerar el trabajo misionero en Egipto o Cirene; en Roma también había ya una comunidad cristiana.[42] Él anhelaba, sin embargo, visitar Roma, no con la intención de quedarse sino para detenerse allí algún tiempo en su camino a España. Porque España, el punto más occidental de la civilización romana, era la nueva Macedonia que lo llamaba para que viniera a plantar la fe entre sus, hasta entonces, no evangelizados habitantes.[43] Pero Roma es la meta en la narrativa de Lucas, y está más interesado en los planes de Pablo de visitar Roma que en su proyecto para España. Ya sea que el proyecto de Pablo para España se realizara o

---

41. Comp. 1 Cor. 15:32; 2 Cor. 1:8–11. Se ha pensado también que uno o más de los frecuentes encarcelamientos a los que Pablo se refiere en 2 Cor. 11:23 pueden haber ocurrido en Éfeso; comp. H. Lisco, *Vincula Sanctorum* (Berlin, 1900); A. Deissmann, "Zur ephesinischen Gefangenschaft des Apostels Paulus," in *Anatolian Studies presented to Sir W. M. Ramsay* (Manchester, 1923), pp. 121–27 (in *Light from the Ancient East*, p. 237, n. 1, Deissmann dice que introdujo esta hipótesis durante un conferencia en Herborn en 1897); W. Michaelis, *Die Gefangenschaft des Paulus in Ephesus* (Gütersloh, 1925); G. S. Duncan, *St. Paul's Ephesian Ministry* (London, 1929). La reticencia de Lucas con respecto a los problemas de Pablo en Éfeso (aparte del conflicto de los vv. 23–41) ha sido atribuida a su propósito apologético: si estos problemas estuvieron conectados de alguna manera con el procónsul Lucio Junio Silano (ver p. 379, n. 82), probablemente hubiera sido políticamente incorrecto mencionar cualquier incidente en el que él se hubiera visto involucrado (así Duncan, *St. Paul's Ephesian Ministry*, pp. 103–4).

42. Fue, sin duda, en gran parte desestimado por el edicto de expulsión del 49 d.C. (comp. p. 347 con nn. 9–12); pero se habría convertido en letra muerta a la muerte de Claudio en el año 54, y poco más de dos años después de que la comunidad cristiana en Roma estuviera creciendo y floreciendo, con gentiles ahora aparentemente en mayoría (Rom. 1:8; 11:13; 15:14; 16:3–16, 19).

43. Comp. Rom. 15:24, 28. La expresión "Pablo planeó en el Espíritu" más probablemente denota consciencia de la guía del Espíritu Santo; "parece intentar describir un propósito formado con intenso fervor" (J. H. Kennedy, *The Second and Third Epistles of St. Paul to the Corinthians* [London, 1900], p. 20). Cf. 20:22.

Pablo hace planes para el futuro (19:21-22)

no es algo que Lucas sabía en la época en la que publicó su obra, pero es algo que nosotros no sabemos. Es probable, también, que Roma tuviera un papel estratégico en la misión de Pablo, lo que hace que el que Lucas la elija como la meta de su narrativa sea doblemente apropiado.[44] Desde este punto en adelante, seguiremos a Pablo hasta Roma, al final de los Hechos, él llega a la ciudad imperial por una ruta imprevista y se queda predicando diligentemente allí el Evangelio cuando los lectores se despiden de él.

Antes de poner sus planes en marcha, sin embargo, Pablo pretende visitar a sus amigos en Macedonia y Acaya, y luego ir a Jerusalén. Lucas no menciona la razón principal de esta visita a Jerusalén,[45] pero los propios escritos de Pablo dejan claro que deseaba estar allí en persona, juntos con los delegados de las iglesias gentiles, del este y oeste del Egeo, para entregar a los líderes de la iglesia de Jerusalén el producto del fondo que había organizado en aquellas iglesias para el alivio de los pobres en Jerusalén.[46]

19:22 Así que envió a dos de sus compañeros, Timoteo y Erasto, hacia Macedonia antes de emprender su propio viaje hacia allá. Timoteo no ha sido mencionado en el informe de Hechos desde que regresó de Macedonia para unirse a Pablo en Corinto (18:5). Pero estaba ciertamente con Pablo durante parte al menos del ministerio en Éfeso; en algún momento de ese período de tiempo Pablo lo envió a Corinto y esperaba que regresara a Éfeso (1 Cor. 4:17; 16:10-11). Es dudoso si ese era el viaje al que se hace referencia aquí.[47] Es improbable que el Erasto mencionado aquí sea el mismo Erasto tesorero de la ciudad de Corinto, a quien Pablo se refiere en Rom. 16:23.[48]

---

44. Ver H. Chadwick, "The Circle and the Ellipse: Rival Concepts of Authority in the Early Church (1959), in his *History and Thought of the Early Church* (London, 1982), pp. 3-17; F. F. Bruce, "The Romans Debate—Continued," *BJRL* 64 (1981-82), pp. 334-59.

45. Aparte de la vaga alusión a la defensa de Pablo ante Félix en 24:17 (ver p. 445 con nn. 28 y 29).

46. Comp. 1 Cor. 16:1-4; 2 Cor. 8:1-9:15; Rom. 15:25-28. Cuando 1 Corintios fue escrita (poco antes de la partida de Pablo de Éfeso, a juzgar por 1 Cor. 16:8), Pablo todavía no había decidido visitar Jerusalén personalmente con los portadores de las contribuciones de sus Iglesias (1 Cor. 16:4); para el momento en que Romanos se había escrito, Pablo definitivamente había decidido ir él mismo. Para la importancia que Pablo adjudica a esta recaudación ver F. F. Bruce, *Paul: Apostle of the Free Spirit* (Exeter/Grand Rapids, 1977), pp. 319-24.

47. En algún punto entre la escritura de 1 Corintios y la tercera visita de Pablo a Corintios (2 Cor. 12:14; 13:1), probablemente la visita implícita en 20:2-3 abajo, Pablo hizo la "dolorosa visita" a Corinto (2 Cor. 2:1).

48. El Erasto de Rom. 16:23 es probablemente el hombre mencionado en la inscripción de un pavimento de piedra caliza descubierta en Corinto, por arqueólogos americanos en 1929: "Erasto, en agradecimiento por su condición de edil sufragó este pavimento" (comp. J. H. Kent, *Corinth VIII/3: The Inscriptions 1926-1950* [Princeton, 1966], p. 99).

2. El disturbio en Éfeso (19:23-41)

a. Indignación de los Plateros (19:23-28)

23 *Por aquel tiempo hubo un serio disturbio en relación con el Camino.*
24 *Porque un platero llamado Demetrio, que fabricaba en plata[49] templos[50] de Artemisa y proveía un considerable negocio para sus compañeros artesanos.*
25 *los reunió a todos, junto con aquellos involucrados en la misma línea de negocio, y se dirigió a ellos como sigue: "Caballeros,[51] sabéis que nuestra prosperidad se basa en este negocio.*
26 *Ahora, como veis y escucháis, no solamente en Éfeso[52] sino a través de casi toda la provincia de Asia, este tal Pablo[53] ha persuadido a un gran número de personas en su manera de pensar: él insiste en que los dioses hechos a mano no son dioses.*
27 *Hay un doble peligro aquí: no solo nuestra línea de negocio[54] está siendo desacreditada, sino que también el templo de la gran diosa Artemisa será menospreciado, y ella, que es adorada en toda Asia y de hecho en todo el mundo, perderá su preeminencia".[55]*
28 *Cuando oyeron de esto, se enfurecieron y[56] empezaron a gritar, "¡Grande es Artemisa de los efesios!"[57]*

19:23 El estilo de la narrativa de Hechos ha sido comparado a "un discurso con diapositivas; las imágenes se muestran una tras otra ilustrando la historia que el orador quiere contar, mientras se hace la transición de una imagen a otra con algunas observaciones de carácter general".[58] Esta comparación es especialmente adecuada en el relato del ministerio de Pablo en Éfeso. Tres "imágenes" han sido mostradas ya (el incidente de los doce discípulos, el programa de enseñanza en la escuela de Tirano, y el encuentro con los magos); ahora llega el cuarto, que es el más vívido de todos. Es pospuesto hasta que los planes del siguiente viaje han

---

49. Cod. B omite "plata".

50. Una glosa en "santuarios" ha encontrado su forma en el texto del Cod. 1739 y otros pocos testigos: quizás "pequeñas tazas" (ἴσως κιβώρια μικρά).

51. Gr. ἄνδρες, al que el Texto Occidental añade συντεχνῖται, "compañeros artesanos".

52. El Texto Occidental lee "tan lejos como Éfeso".

53. El Texto Occidental añade "quienquiera (que pueda ser)" (τίς ποτε).

54. Gr. μέρος. Moulton-Milligan (*Vocabulary*, p. 399) cita un papiro del siglo III d.C. para el uso de esta palabra en el sentido de "sucursal o línea de negocio".

55. El Texto Occidental reestructura estas tres frases: "sino que también el templo de la gran diosa Artemisa pierda importancia y su preeminencia probablemente se venga a abajo".

56. El Texto occidental inserta "corriendo en plena calle " (o "plaza," Gr. εἰς τὸ ἄμφοδον).

57. El Texto Occidental lee esto como una invocación (en vocativo), no una exclamación "¡Gran Artemisa de los efesios!" (Como también en v. 34). Ver p. 391, n. 69.

58. W. C. van Unnik, "The 'Book of Acts' the Confirmation of the Gospel," *NovT* 4 (1964), p. 35.

sido anunciados—en parte para darle prominencia a aquellos planes, y en parte porque el disturbio a punto de ser descrito tuvo lugar muy poco antes de que Pablo se marchara de Éfeso.

El disturbio, que podría haber tenido muy malas consecuencias, surge por la amenaza que el Evangelio representa para todos los cultos paganos, y especialmente para el culto de la gran diosa Artemisa, y aquellos negocios que dependían en gran parte de dicho culto.

El culto a la diosa Artemisa de Éfeso era anterior a la fecha en que los griegos se asentaron en Éfeso; el nombre Artemisa no es griego. Artemisa era tradicionalmente venerada como la protectora de las criaturas salvajes.[59] Esta asociación con las criaturas salvajes sobrevive en una forma adaptada al culto en la tierra griega como la "reina y cazadora, casta y justa" en el poema de Ben Jonson;[60] La Artemisa de Éfeso, por otra parte, parece haber adquirido alguna de las características de la gran diosa venerada desde tiempos inmemoriales en Asia Menor. Su templo, que reemplazaba el anterior destruido por el fuego en 356 a.C. fue considerado una de las siete maravillas del mundo antiguo. Cubría una área cuatro veces más grande que el Partenón en Atenas; estaba sostenido por 127 pilares, cada uno de ellos de sesenta pies de altura y decorados por Praxíteles y otros grandes escultores de la antigüedad.[61] Se encontraba a una milla y media al noroeste de la ciudad que Pablo conocía. Todo conocimiento sobre su ubicación fue olvidado durante siglos, sus cimientos fueron descubiertos el último día de 1869.[62] El gran altar, al oeste del edificio principal, fue descubierto en 1965.

19:24 Los plateros de Éfeso consideraban que su gremio estaba bajo el especial patronazgo de Artemisa, en cuyo honor muchos de sus productos eran fabricados. Entre estos productos se encontraban las hornacinas en miniatura

---

59. Homero la llama "Artemisa de la selva, amante de los animales salvajes" (*Iliad* 21.470-71); Esquilo la describe preocupadamente indignada por los seres salvajes heridos (*Agamemnon* 134-38). Ver W. K. C. Guthrie, *The Greeks and their Gods* (London, 1950), pp. 99-106.

60. *Hymn to Diana*, línea 1. "Que tal diosa [como Artemisa de los efesios] se represente con el nombre de Diana es casi ridículo" (A. Souter, *Dictionary of the Apostolic Church*, I [Edinburgh, 1915], p. 295, *s.v.* "Diana").

61. El templo anterior fue quemado, según se dice, la noche que nació Alejandro Magno, por un hombre joven llamado Heróstrato, que dijo que lo había hecho para que su nombre fuera recordado. En el templo del Nuevo Testamento ver Estrabón, *Geog.* 14.1.22-23; Plinio *Nat. Hist.* 16.213; 36.95-97, 179.

62. Por J. T. Wood ; ver su *Discoveries at Ephesus* (London, 1877); también J. Fergusson, *The Temple of Diana at Ephesus* (London, 1883); R. C. Kukula, "Literarische Zeugnisse über den Artemistempel," *Forschungen in Ephesos*, I (Vienna, 1906), pp. 237-82; D. G. Hogarth, *Excavation at Ephesus: The Archaic Artemisia* (London, 1908); A. Bammer, *Die Architektur des jüngeren Artemision von Ephesos* (Wiesbaden, 1972); "Forschungen im Artemision von Ephesus von 1976 bis 1981," *AS* 32 (1982), pp. 61-87.

de plata, que contenía una imagen de la diosa, cuyos devotos compraban para dedicarlas en el templo.[63] La venta de los mismos era una fuente de considerable beneficio para los plateros, y estaban alarmados frente a la caída de la demanda que la propagación de la cristiandad estaba causando. Cuando la devoción religiosa y los intereses económicos fueron ofendidos simultáneamente, una cólera bastante excepcionalmente apasionada se emergió.[64]

19:25-27 Demetrio, un prominente miembro del gremio de los plateros, probablemente su presidente, convocó una reunión para todos aquellos involucrados en el negocio, y los persuadió para organizar una protesta masiva contra la propaganda subversiva propagada por Pablo y sus colegas. Aquellos predicadores, al negar la existencia de toda divinidad hecha por manos humanas,[65] y condenar cualquier intento de representar la semejanza divina de una forma visible, estaban amenazando el medio de vida de aquellos que llevaban a cabo un negocio tan rentable con la fabricación de imágenes de Artemisa. Más que eso, estaban desafiando la preeminente majestad de la gran divinidad en sí misma—su diosa era venerada no solamente en Éfeso y en toda la provincia de Asia, sino también en todo el mundo civilizado.[66] Era intolerable permanecer de brazos cruzados y permitir tal afrenta contra la diosa y su templo, el más magnifico santuario sobre la tierra.

19:28 Encendidos por las palabras de Demetrio, su audiencia corrió en plena calle (como el Texto Occidental expresamente dice), clamando a voz en cuello a su diosa con el grito cultico: "¡Grande es Artemisa de los efesios!"

---

63. Conocemos santuarios en miniatura de terracota, pero los de plata parecen no haber sobrevivido. Una inscripción en griego y latín encontrada en el teatro de Éfeso (*BMI* III.481 = *Insch. Eph.* I.27) registra que un oficial romano, Gayo Vibio Salutaris, regaló una imagen de plata de Artemisa y otras estatuas para ser colocadas en el teatro durante las reuniones de la asamblea cívica (ver R. Heberdey y others, *Das Theater = Forschungen in Ephesos,* II [Vienna, 1912], pp. 147–49; A. Deissmann, *Light from the Ancient East,* pp. 112–13). Ver nn. 69, 72 abajo. E. L. Hicks, "Demetrius the Silversmith: An Ephesian Study," pp. 401–22, señaló que "fabricante de santuario" (νεωποιός) era la designación para un miembro de la sacristía del templo compuesta probablemente de doce hombres).

64. Compare la indignación de los amos de la chica esclava que decía la buena ventura en 16:16–21; también el informe del joven Plinio (*Epistles* 10.96.10) de que las ventas de forraje para los animales de los sacrificios cayeron en picado en Bitinia alrededor del 112 d.C. por causa de la propagación del cristianismo por la provincia.

65. Esta descripción se amplía a los templos materiales en 7:48; 17:24.

66. K. Wernicke, in Pauly-Wissowa's *Real-enzyklopädie* II, cols. 1385–86 (*s.v.* "Artemis"), enumera treinta y tres lugares, en todo el mundo conocido, donde la Artemisa de los efesios era venerada.

b. Manifestación en el teatro (19:29-34)

29 *La ciudad se llenó de griterío, y todos a una se precipitaron hacia el teatro. Se apoderaron de los dos compañeros de viaje de Pablo, Gayo y Aristarco, que eran de Macedonia,[67] y se los llevaron con ellos.*
30 *Pablo quería ir a confrontar a la multitud, pero los discípulos no se lo permitieron.*
31 *Algunos de los asiarcas, que eran amigos de Pablo, también enviaron a rogarle que no se aventurara a presentarse en el teatro.*
32 *Así que algunos gritaban una cosa y otros otra, porque la asamblea estaba en un estado de confusión total, y la mayoría no tenía ni idea de por qué se habían reunido.*
33 *Algunos de la multitud subieron a Alejandro;[68] los judíos lo empujaron al frente. Alejandro, pidiendo silencio con la mano, deseaba hacer un discurso para defenderse ante la multitud.*
34 *Pero cuando se dieron cuenta de que era judío, empezaron a chillar, gritando durante dos horas seguidas: "¡Grande es Artemisa de los Efesios!"[69]*

19:29 El entusiástico resentimiento de los plateros infectó a sus conciudadanos. Ramsay puede estar en lo cierto al pensar que los plateros, dejando el lugar en el que Demetrio les había hablado, corrieron por la calle más tarde reconstruida como la Vía Arcadia, que llevaba del puerto a la parte delantera izquierda del teatro.[70] Cuando la agitación se propagó a la multitud, el teatro era el lugar natural para organizar una manifestación. El teatro de Éfeso, cortado en la ladera occidental del monte Pion (moderna Panayırdağ), podía acomodar cerca de 25.000 personas.[71] Era el lugar habitual de reunión para asambleas cívicas, que se celebraban tres veces al mes; en esta ocasión la manifestación popular parece haberse constituido por

---

67. Algunos minúsculos (36 307 431 453 y otros pocos) leen el singular "un hombre de Macedonia" (Μακεδόνα) en vez del plural (Μακεδόνας), posiblemente bajo la influencia de 20:4, donde se dice que Gayo era un hombre de Derbe (ver p. 377, n. 4). Pero puede que no sea el mismo Gayo; el nombre era muy común en el mundo romano. Si el singular es la lectura correcta aquí, entonces el plural se debe a un problema de diptografía de la letra inicial de la palabra siguiente συνεκδήμους ("compañeros de viaje"); si el plural es el original, el singular es debido a haplografía. Aristarco era "un Macedonio de Tesalónica" (27:2; comp. 20:4).

68. Gr. συνεβίβασα. El Texto Occidental κατεβίβασαν, es decir, la multitud "tiró de él hacia bajo", cuando los judíos lo pusieron de pie para hablar.

69. El Texto Occidental, como en el v. 28, hace esto una invocación (ver n. 57). Aquí la cláusula es repetida en Cod. B—"pintorescamente," dicen Lake y Cadbury, que reproducen la repetición en su traducción (*Beginnings* I.4, p. 249), añadiendo, "puede ser una diptografía, si es así, está bien". En la inscripción de Salutación (ver n. 63) Artemisa es repetidamente designada "la más grande de las diosas".

70. W. M. Ramsay, *The Letters to the Seven Churches* (London, 1909), p. 224.

71. Ver R. Heberdey and others, *Das Theater = Forschungen in Ephesos*, II (Vienna, 1912).

sí misma en una reunión de asamblea, pero absolutamente irregular.[72] A medida que se apresuraban hacia el teatro, echaron mano a dos compañeros de Pablo, Gayo y Aristarco, y los arrastraron con ellos hacia el teatro. Se ha conjeturado que la vívida descripción de Lucas de lo que sucedió en el teatro se debe al relato facilitado por uno u otro de aquellos dos hombres.

19:30-31 La multitud no había sido capaz de echarle mano al propio Pablo, pero en cuanto se enteró de lo que estaba pasando, se preparó para ir y dar la cara ante la enfadada asamblea. Pero los efesios cristianos, alarmados, le impidieron a la fuerza hacer lo que parecía una locura. Los asiarcas también, autoridades de la provincia de Éfeso, le enviaron mensajes para disuadirlo de arriesgar su vida de aquella manera. El título de asiarca se daba a las autoridades de aquellas ciudades que se habían vinculado en una federación, más particularmente aquellos que estaban ocupando un alto cargo en la federación, o que lo habían hecho con anterioridad. (Era, aparentemente, de entre los de este rango que se elegía anualmente al sumo sacerdote para el culto imperial de la provincia.)[73] Que semejantes hombres fueran amigables con Pablo sugiere que en aquel momento la política imperial no era hostil al cristianismo, y que las clases más educadas no compartían la antipatía que sentían por Pablo los de rango más supersticioso.

19:32 En el teatro, sin embargo, la gente estaba dando rienda suelta a su indignación. Había un desorden total. La mayoría de la multitud no tenía una idea clara de por qué estaban allí—una observación que revela el sentido del humor de Lucas.[74]

19:33-34 Un grupo de los residentes de Éfeso tenía un motivo especial de ansiedad en el curso de estos acontecimientos. Era la comunidad judía. Es cierto que el motivo principal del disturbio era la misión de Pablo, pero Pablo era judío, y los judíos eran bien conocidos por no creer en Artemisa y todas las demás divinidades paganas. Aquellos miembros de la población que no estaban suficientemente informados acerca de la causa de la manifestación eran propensos

---

72. De acuerdo con Crisóstomo (*Homilies on Acts* 42.2), la asamblea se reunía tres veces al mes. "Incluso esta multitud alborotada aún conservaba alguna idea del modo de hacer las cosas. Era bastante común al antiguo estilo griego que una vez se constituyeran en una reunión como el Pueblo de Éfeso, y procedieran a discutir los temas y adoptar acuerdos… Pero esta reunión no se estaba llevado a cabo por las personas encargadas y en posesión de la autoridad de la multitud" (Ramsay, *Letters to the Seven Churches*, pp. 224-25). Comp. la inscripción mencionada en n. 63.

73. En el 155 o 156 d.C. Felipe de Tralles, un Asiarca, era aparentemente también "sumo sacerdote de Asia" (*Martyrdom of Polycarp* 12.2; 21.1). See L. R. Taylor, "The Asiarchs," *Beginnings* I.5, pp. 256-62; D. Magie, *Roman Rule in Asia Minor* (Princeton, 1950), I, pp. 449-50; II, pp. 1298-1301; M. Rossner, *Studii Clasice* 16 (1974), pp. 101-42, resumido en *SEG* 26 (1976-77), § 1864; *New Docs.* 1 (1976), § 32.

74. Para el sentido del humor de Lucas ver H. McLachlan, *St. Luke: The Man and his Work* (Manchester, 1920), pp. 144-60.

a caer en una agitación anti judía en general cuando se enteraran de que el honor de la gran diosa estaba en peligro.

Los judíos de Éfeso juzgaron necesario disociarse abiertamente de Pablo y de los otros misioneros, así que expusieron a Alejandro,[75] uno de sus miembros, para demostrarle a la multitud que ellos no tenían nada que ver con el problema que les ocupaba—que estaban tan en contra de Pablo, de hecho, como el resto de los manifestantes. Pero cuando Alejandro fue a hablar, la gente se negó a escucharle. Lo único que les importaba es que era judío, y por tanto no adoraba a Artemisa; algunos de ellos incluso pensaron que él era la causa del problema, viendo que tenía tanto interés en hacer un discurso de defensa. Cuando pidió silencio y atención, por tanto, lo acallaron con sus berridos, y durante las siguientes dos horas continuaron gritando: "¡Grande es Artemisa de los efesios!"

c. El escribano de la ciudad calma la agitación (19:35-41)

35 Al final el escribano de la ciudad calmó a la multitud "Caballeros efesios," dijo, "todo el mundo sabe que la ciudad de los efesios es la guardiana del templo de la gran Artemisa y de la imagen que cayó del cielo.

36 Eso es innegable; por tanto, debéis calmaros, guardar silencio y no hacer nada temerario.

37 Habéis traído estos hombres aquí, aunque no son culpable de ningún sacrilegio o blasfemia contra nuestra diosa.

38 Si Demetrio y sus asociados artesanos tienen alguna denuncia contra alguien, para eso están las sesiones judiciales y hay personas tales como los procónsules; que vayan allí y presenten sus acusaciones unos contra otros.

39 Y si demandáis alguna otra cosa, el asunto será decidido en una asamblea legítima.

40 De hecho, corremos peligro de que se nos acuse de disturbio por los sucesos de hoy: no podemos alegar ningún motivo que justifique esta conmoción".

41 Y así despidió a la asamblea.

19:35 Había un ciudadano en Éfeso que estaba particularmente alarmado por la conducta desenfrenada de la gente. Era el escribano de la ciudad,[76] el oficial ejecutivo de la asamblea cívica, que participaba en la redacción de los decretos que se adoptaban, y los inscribía cuando se aprobaban. También actuaba como oficial de enlace entre la asamblea cívica y la administración provincial romana, que tenía su cuartel general en Éfeso. Las autoridades romanas lo responsabilizarían de los

---

75. Alejandro es introducido como si se esperara que los lectores lo reconocieran por nombre, pero no se sabe nada más de él. Su identificación con el enemigo de Pablo "Alejandro el calderero" de 2 Tim. 4:14 es pura conjetura. Comp también 1 Tim. 1:20 para otro Alejandro, evidentemente un cristiano errante.

76. Gr. γραμματεύς, "secretario". Ver W. M. Ramsay, *HDB* I, p. 723 (*s.v.* "Ephesus"); A. W. Gomme, *Oxford Classical Dictionary*, p. 476 (*s.v.* "Grammateis").

disturbios de la asamblea, y podían imponer severas multas a la ciudad. Él, por tanto, hizo lo mejor que pudo para calmar a la asamblea, y cuando finalmente lo consiguió se dirigió a ellos.

No tenían por qué preocuparse del honor de la gran diosa, dijo, porque su fama y majestad eran universalmente conocidas. Todo el mundo sabía que su imagen no era obra de mano mortal sino que había caído del cielo[77] para ser custodiada por la gente de Éfeso; todos sabían que en consecuencia la ciudad llevaba orgullosamente el título de "Guardiana del templo de Artemisa".[78] (Había varias imágenes en la antigüedad que tenían la reputación de haber caído del cielo. Originalmente el término se usaba para los meteoritos, pero más tarde se extendió para incluir objetos sagrados de otro origen o material.)[79]

19:36-37 Por tanto, continuó el escribano de la ciudad, el poder de la diosa era innegable e inexpugnable. Los ciudadanos debían mantener la calma y no dejarse llevar por la excitación hacia un comportamiento que más tarde lamentarían. Los hombres que habían sido arrastrados al teatro no eran culpables de ningún crimen: no habían cometido ningún robo en el templo, ni ninguna otra forma de sacrilegio; no habían hablado mal de Artemisa.[80]

19:38-41 Si Demetrio y sus artesanos asociados tenían alguna queja seria que hacer, dijo el secretario de la ciudad, que lo hagan de la manera apropiada. Había días programados para las sesiones judiciales[81] —los días que la asamblea de ciudadanos se reunía bajo la presidencia del gobernador provincial (quizá está implícito que las sesiones jurídicas no se estaban celebrando en ese momento). La

---

77. Gr. διοπετές (comp. KJV "la imagen que cayó desde Júpiter").

78. Gr. νεωκόρος, una palabra que literalmente significa "barrendero del templo"; adquirió un estatus más honorable, siendo otorgado como un título de dignidad tanto a individuos como a ciudades. Hay una inscripción que evidencia esta designación en Éfeso como "Guardiana del Templo de Artemisa". (*CIG* 2972). Ver W. M. Ramsay, *Cities and Bishoprics of Phrygia*, I (Oxford, 1895), pp. 58–60; D. Magie, *Roman Rule in Asia Minor*, I, p. 637; II, pp. 1497–98; A. N. Sherwin-White, *Roman Society and Roman Law in the New Testament* (Oxford, 1963), pp. 88–89; L. Robert, "Sur des inscriptions d'Éphèse," Revue de Philologie 41 (1967), pp. 7–84, especialmente p. 48.

79. Copias de los "muchos bustos" de la imagen de Artemisa han sobrevivido desde la antigüedad. Otras imágenes u objetos de culto de mano de obra sobrenatural fueron el Palladium de Troya, y las imágenes de la Artemisa Tauro (*Eurípides, Iphigenia in Tauris* 87–88, 1384–85), de la *Magna Mater* traída desde Pessinus a Roma en 204 a.C. (Livy, *Hist.* 29.11, 14), de Ceres en Enna (Cicerón, *Verrines* 2.5.187), y de El Gabal de Emesa (Herodian, *Hist.* 5.3, 5). En el culto a los meteoritos ver A. B. Cook, *Zeus*, III (Cambridge, 1940), pp. xii, 881–942.

80. La tradición interpretativa judía lee Ex. 22:28a (comp. p. 426) como una prohibición contra los ataque difamatorios a las divinidades paganas (comp. Josephus, *Ant.* 4.207; *Ap.* 2.237; Philo, *Life of Moses* 2.205; *Special Laws* 1.53).

81. Gr. ἀγοραῖοι, originalmente "días de mercado"; estos eran días convenientes para el *conventus* del jurado de los ciudadanos de una ciudad bajo la presidencia del procónsul. Las sesiones jurídicas se celebraban en nueve de las ciudades de Asia por turno.

El escribano de la ciudad calma la agitación (19:35-41)

administración provincial seguía funcionando, incluso si en ese momento hubiera un interregno entre dos procónsules.[82] Las partes agraviadas debían hacer uso de esos medios legales de justicia. Si el tema que les causaba preocupación era tal, podía ser tratado más adecuadamente por el cuerpo de ciudadanos de Éfeso, debían esperar a una de las reuniones habituales de la asamblea cívica, en vez de convocar una asamblea irregular y desordenada como esta.[83] Las autoridades romanas no tolerarían tan irregular procedimiento; de este manera, podían muy bien actuar contra la ciudad bajo la acusación de motín a consecuencia de lo que había ocurrido, y la ciudad no podría alegar ninguna justificación. Para ese entonces, la gente se había tranquilizado considerablemente escuchando los argumentos del secretario del ayuntamiento que daban que pensar, y cuando los despidió (como habría hecho al final de una asamblea habitual), se fueron pacíficamente a casa. La argumentación razonada del secretario de la ciudad contra los fútiles cargos interpuestos contra los cristianos, no solamente en Éfeso sino en otros lugares también, es un elemento importante en el aspecto apologético de Hechos.

---

82. De ahí el plural generalizador "procónsules". El procónsul de Asia, Marco Junio Silano (que era, como Nerón, un biznieto de Augusto, fue envenenado a instigación de Agripina, la madre de Nerón, pronto después de que Nerón ascendiera al poder imperial en Octubre del 54 d.C. (Tácito, *Annals* 13. 1-3; comp. Dio Cassio, *Hist.* 61.6.4–5). El interregno entre su muerte y la llegada de su sucesor fue quizás un período especialmente peligroso para Pablo; ver G. S. Duncan, *St. Paul's Ephesian Ministry* (London, 1929), pp. 102–7. Pero la sugerencia de Duncan de que el plural "procónsules" aquí se refiere a Helio y Celer, los oficiales a cargo de los asuntos personales de Nerón en Asia, como si llevaran a cabo responsabilidades proconsulares en el interregno—una sugerencia anticipada por H. M. Luckock, *Footprints of the Apostles as traced by St. Luke in the Acts* (London, 1897), II, p. 189—es improbable; ver W. M. Ramsay, "Some Recent Editions of the Acts of the Apostles," *Exp.* 6, 2 (1900), pp. 334–35.

83. Gr. ἐκκλησία se utiliza tanto para denominar una asamblea ordinaria como la presente asamblea turbulenta. La expresión "asamblea legal" (ἔννομος ἐκκλησία) era el "termino técnico correcto para distinguir una reunión regularmente convocada por el pueblo de la pelea presente" (A. N. Sherwin-White, *Roman Society and Roman Law in the New Testament*, p. 87).

HECHOS 20

3. Pablo visita Macedonia y Grecia (20:1-6)

1 *Cuando cesó el disturbio, Pablo envió a por los discípulos y los animó; luego, se despidió de ellos y emprendió su viaje hacia Macedonia.*
2 *Y después de pasar a través de aquel territorio y dar muchas palabras de ánimo a las gentes de allí, se fue hacia Grecia.*
3 *Allí pasó tres meses. Luego, cuando estaba a punto de navegar hacia Siria, los judíos tramaron una conspiración contra él y decidió regresar a través de Macedonia.[1]*
4 *Estaba acompañado[2] de Sópater, hijo de Pirro,[3] de Berea, de Aristarco y Segundo de Tesalónica, de Gayo de Derbe[4], y Timoteo; y de Tíquico[5] y Trófimo de Asia.[6]*
5 *Ellos fueron delante[7] y nos esperaron en Troas.*
6 *pero nosotros navegamos desde Filipos después de los panes sin levadura, y llegamos a donde estaban ellos cinco días después. Allí nos quedamos siete días.*

1. El Texto Occidental lee: "una conspiración se fraguó contra él por los judíos, así que decidió navegar hacia Siria, pero el Espíritu le dijo que regresara a través de Macedonia". Su decisión de navegar hacia Siria no fue debido a la conspiración; para la introducción del Espíritu dictando un cambio de planes comp. 16:6–8; también el Texto Occidental de 19:1.

2. A D y la mayoría de los testigos Bizantinos insertan "tan lejos como Asia" (inútilmente, ya que dos de los hombres mencionados habían venido de Asia para unirse a él).

3. El Texto Bizantino omite "hijo de Pirro".

4. El Texto Occidental llama a Gayo un "Doberian" (en vez de "de Derbe"), es decir, nativo de Doberus en Macedonia, veintiséis millas al noroeste de Filipos. Esto facilitaría su identificación con el Gayo de 19:29, que era evidentemente de Macedonia (ver 19:29, n. 67). Pero no hay una razón convincente para identificarlos. L. C. Valckenaer, Seguido por F. Blass, enmienda el texto aquí y hace que diga: "de los tesalonicenses, Aristarco, Segundo y Gayo; y Timoteo de Derbe". No hay necesidad de tal enmienda; en cualquier caso Timoteo era probablemente de Listra (ver 16:1–2 con exposición, y comp. n. 6).

5. D lo llama Eutico, por confusión con el joven del v. 9.

6. El Texto Occidental, más explícitamente, los llama "efesios" y no simplemente asiáticos (comp. 21:29).

7. Gr. προελθόντες, por el que el Texto Alejandrino (א B* etc.) lee προσελθόντες, "habiendo venido a (nosotros)".

20:1 El alboroto en el teatro de Éfeso fue uno de los últimos—aunque uno de los más espectaculares—de los incidentes ocurridos en el ministerio de Pablo en Éfeso. De acuerdo con 1 Cor. 16:8, escrito unos pocos meses antes, él había planeado abandonar Éfeso después de Pentecostés (probablemente en el 55 d.C.); se ha conjeturado que el disturbio tuvo lugar cerca del tiempo del festival efesio a Artemisa, celebrado anualmente en Marzo o Abril.[8] En el año 55, Pentecostés cayó el 25 de Mayo. Pablo puede, por supuesto, haber cambiado sus planes por causa del alboroto y otros problemas que experimentó en la provincia de Asia.

A la luz de 2 Cor. 2:12–13, W. M. Ramsay supone que Pablo tomó un barco costero desde Éfeso a Troas.[9] En Troas esperaba encontrar a Tito, que había sido enviado a Corinto para hacer frente a una situación inquietante allí. Aunque había amplia oportunidad para el testimonio del Evangelio allí y alrededor de Troas, no pudo calmarse para sacar el máximo provecho de la situación, a causa de su ansiedad por Corinto. Como Tito no llegaba, Pablo se despidió de sus amigos en Troas, y continuó su viaje hacia Macedonia. Probablemente se quedó en Troas hasta que se dio cuenta de que no podía esperarse que Tito llegara por mar a través del Egeo y que tendría que viajar por tierra.[10] Así que partió con la esperanza de encontrarlo en algún punto del camino, y de hecho lo encontró en Macedonia. Las noticias tranquilizadoras que Tito trajo de Corintio causaron en Pablo un gran alivio y gozo—sentimientos que encuentran elocuente expresión en 2 Cor. 1–9.

20:2 Cuánto tiempo pasó Pablo en Macedonia no se nos dice; parece haber sido un período bastante prolongado. Es probable que en aquella época fuera hasta el Llírico (Rom. 15:19); su viaje macedonio anterior a través de Filipos, Tesalónica y Berea (16:12–17:10) no lo llevaron a ningún lugar cerca de la frontera del Llírico. En esta ocasión debemos entender que viajó a lo largo de la costa oeste del Egeo, quizá tan lejos como hasta Dyrrachium (actual Durrës) en el Adriático, y luego giró al norte en dirección al Llírico. El período entre su partida de Éfeso y su marcha de Macedonia hacia "Grecia" (es decir, la provincia de Acaya), incluyendo su estancia en Troas y su ministerio y actividad pastoral en Macedonia, pueden muy bien haberse prolongado aproximadamente un año y medio—o sea, desde el verano del 55 d.C. hasta finales del 56.[11]

---

8. Comp. G. S. Duncan, *St. Paul's Ephesian Ministry* (London, 1929), p. 34.

9. *St. Paul the Traveller* (London, [14]1920), p. 283.

10. Comp. W. L. Knox, *St. Paul and the Church of the Gentiles* (Cambridge, 1939), p. 144, n. 2.

11. G. S. Duncan pensó que después de que Pablo llegara a Dyrrachium "hubo un período de trabajo evangelístico, que no necesariamente había sido extenso o prolongado, en Llírico; desde allí, como el invierno se aproximaba, navegó al sur hacia Nicópolis (comp. Tit. 3:12),

20:3 Los tres meses que pasó en Grecia fueron los meses del invierno del 56-57 d.C. La mayor parte de este tiempo lo pasó en Corinto, donde disfrutó de la hospitalidad de su amigo Gayo (plausiblemente identificado con el Ticio Justo de 18:7),[12] y envió su carta a los cristianos de Roma, preparándolos para la visita que esperaba hacerles muy pronto, de camino a España.[13] Entre sus ocupaciones en Macedonia y Acaya en ese tiempo, debe incluirse la finalización de los arreglos para la entrega de las ofrendas recogidas de las iglesias de aquellas provincias a Jerusalén.[14] Hacia finales del invierno los delegados de las iglesias colaboradoras se reunieron en Corinto para prepararse para navegar con Pablo a Judea en cuanto la navegación se reanudara. Puede que su primera intención fuera tomar un barco de peregrinos desde Céncreas (comp. 18:18), que recogía en los puertos principales a aquellos que deseaban estar en Jerusalén para la próxima fiesta. Pero Pablo se enteró de un complot para matarlo una vez a bordo del barco, así que cambió su plan, y decidió regresar a Macedonia y navegar desde allí.[15] Los delegados navegaron como estaba previsto, desembarcaron en Troas, y esperaron allí hasta que Pablo los alcanzó.

20:4-5 Lucas menciona a los compañeros de Pablo por nombre, pero no dice por qué lo estaban acompañando en este viaje. Es extrañamente reticente acerca de la ayuda para Jerusalén. Pero cuando Pablo, poco después de dejar Corinto, envió saludos a los cristianos en Roma de "todas las Iglesias de Cristo" (Rom. 16:16), tenía buenas razones para hacerlo, porque representantes de aquellas Iglesias se habían unido a él en aquel tiempo. Las iglesias de Macedonia estaban representadas por Sópater,[16] Aristarco,[17] y Segundo; aquellos de Asia por Tíquico[18] y Trófimo;[19] aquellos de Galacia por Gayo de Derbe.[20] (Timoteo también pertenecía originalmente a una de las iglesias de Galacia, llamada Listra, pero él

---

y con el tiempo llegó a Corinto" (*St. Paul's Ephesian Ministry*, p. 221). Enlazó la visita de Tito a Dalmacia (2 Tim. 4:10) con su ministerio en Llírico.

12. Ver Rom. 16:23 (comp. n. 26).

13. Comp. Rom. 1:9-15; 15:22-29.

14. Ver en 19:21, nn. 45 y 46.

15. Ramsay (*St. Paul the Traveller*, p. 287) supuso que el plan original era estar en Jerusalén para la *Pascua*, pero cuando el retraso causado por la trama y el consiguiente cambio de itinerario lo hizo prácticamente imposible, Pablo decidió llegar el último día de Pentecostés (comp. v. 16).

16. Probablemente Sosípater de Rom. 16:21 (ver n. 14).

17. Comp. 19:29; 27:2; Col. 4:10.

18. Comp. Ef. 6:21-22; Col. 4:7-8; 2 Tim. 4:12; Tit. 3:12.

19. Comp. 21:29; 2 Tim. 4:20.

20. Posiblemente un convertido de Bernabé y Pablo durante su primera visita allí (14:20-21); ver n. 4.

estaba en el grupo probablemente no como delegado de iglesia sino como el joven compañero de Pablo y *fidus Achates*.)

No se hace mención a ningún delegado de la iglesia de Corinto. La ausencia de toda referencia a este respecto puede tener algo que ver con las tensas relaciones entre Pablo y la iglesia. Pero Pablo había recientemente dicho a los cristianos de Roma que esas contribuciones venían de Acaya (Rom. 15:26). Una posibilidad es que la iglesia de Corinto hubiera confiado su contribución a Tito (comp. 2 Cor. 8:6-23; 12:18); si es así, la falta de mención de Tito aquí es parte del problema de su ausencia en todo el registro de Hechos. Otra posibilidad está relacionada con la tradición de que Lucas es "el hermano cuya alabanza en el Evangelio está en todas las iglesias"[21] y quien fue nombrado por las iglesias para viajar con Pablo y los demás "en esta obra de gracia que llevamos a cabo" (2 Cor. 8:18-19). Él fue a Corinto junto con Tito, y puede haber sido comisionado por la iglesia allí para llevar su contribución. Si ese "hermano" ha de identificarse con Lucas, y Lucas es el narrador aquí, eso explicaría la falta de cualquier alusión a un delegado desde Corinto. Pero todo esto yace en el terreno de la especulación.

20:6 En cuanto a Pablo, esperó en Filipos hasta el final de la Semana de los Panes sin Levadura (en el 57 d.C. fue del 7 al 14 de Abril). Luego, navegó con Lucas, presumiblemente desde Neápolis (comp. 16:11). Sus cinco días de viaje a Troas fueron el doble de tiempo que el del viaje desde Troas a Neápolis unos cuantos años antes; el viento prevaleciente, que les había ayudado en la ocasión anterior, ahora era contrario. En Troas se reunieron con sus compañeros que habían viajado desde Céncreas, y pasaron una semana allí con ellos y con los cristianos locales.

B. EL VIAJE A JERUSALÉN (20:7-21:16)

1. Pablo en Troas (20:7-12)

> 7 *El primer día de la semana, nos reunimos para partir el pan. Como Pablo tenía la intención de salir al día siguiente, estaba enseñándoles y prolongó su discurso hasta bien entrada la noche.*

---

21. La identificación de este "hermano" con Lucas se hace en un pasaje de Orígenes citado por Eusebio (*HE* 6.25.6), donde el Evangelio de Lucas es descrito como "el Evangelio alabado (ἐπαινούμενον) por Pablo" (con ἐπαινούμενον comp. 2 Cor. 8:18, donde Pablo habla del "hermano" ἔπαινος ἐν τῷ εὐαγγελίῳ). (Posiblemente, sin embargo, al menos para Eusebio, ἐπαινούμενον simplemente significa "citado" y Eusebio puede haber tenido en mente la noción del error que expresa en *HE* 3.4.7, que la frase de Pablo "conforme a mi Evangelio" [Rom. 2:16, etc.] se refiere al Evangelio de Lucas.) Compare el eco de 2 Cor. 8:18 ("cuya alabanza está en el Evangelio") en el Collect for St. Luke's Day (October 13) en el anglicano *Book of Common Prayer*. Si Lucas es en realidad la persona referida en 2 Cor. 8:18, que descarta la conjetura de días más recientes—de que Tito no es mencionado en Hechos porque era el hermano de Lucas (W. M. Ramsay, *St. Paul the Traveller*, pp. xxxviii, 390; A. Souter, "A Suggested Relationship between Titus and Luke," *ExT* 18 [1906-7], p. 285; "The Relationship between Titus and Luke," *ibid.*, pp. 335-36). Nada podría haber sido más contraproducente para Pablo que enviar al hermano de sangre de Tito con él para la delicada misión financiera en Corinto.

8 Había muchas lámparas²² en el piso de arriba en el que estábamos reunidos.
9 Un chico joven llamado Eutico, que estaba sentado en el quicio de una ventana, empezó a dormirse mientas Pablo continuaba su discurso; profundamente dormido cayó desde el tercer piso y lo levantaron muerto.
10 Pero cuando Pablo bajó, se abalanzó sobre él²³ y lo abrazó. "No os asustéis," dijo; "aún está con vida".
11 Después volvió a subir y partió el pan. Después de comer, siguió hablando mucho más hasta el amanecer. Luego se marchó.
12 Ellos²⁴ se llevaron al chico vivo, para gran consuelo de todos.²⁵

20:7 La descripción de este crítico viaje a Jerusalén se da con considerables detalles. Algunos la han comparado con la detallada descripción en el Evangelio de Lucas sobre el viaje crítico de Jesús a Jerusalén. Pero el tipo de detalles es diferente; la exactitud en esta segunda narrativa "nosotros" con respecto al tiempo y lugar es debido al hecho de que el cronista era parte del grupo y mantenía un diario. Podemos contrastar el tratamiento superficial de los viajes de Pablo a Macedonia (vv. 1–2), en los que no estaba acompañado por Lucas.

La referencia a la reunión para partir el pan "el primer día de la semana" es el texto más antiguo que tenemos en el que se deja constancia, con razonable certeza, de que los cristianos se reunían con regularidad para adorar ese día.²⁶ El partimiento del pan era probablemente una comida fraternal en el transcurso de la cual se celebraba la Eucaristía (comp. 2:42). Está claro por la narración que los miembros de la iglesia de Troas (ellos) estaban presentes tanto como los compañeros de viaje de Pablo (nosotros); la ocasión era probablemente la reunión semanal de la iglesia para adorar. El ministerio de Pablo en Troas, un año o dos antes, había sido evidentemente mucho más fructífero de lo que él pensaba (2 Cor. 2:12–13). Ese domingo (quizá el 24 de Abril del 57 d.C.) era el último día completo de los viajeros en Troas; continuarían su viaje al día siguiente. La reunión se celebró por

---

22. Gr. λαμπάδες. D lee ὑπολαμπάδες ("ventanas"), pero el texto latín del mismo codex (d) tiene *faculae* ("pequeñas antorchas").

23. Lit., "cayó sobre él" (ἐπέπεσεν αὐτῷ).

24. El Texto Occidental lee "y cuando se estaban despidiendo de él, él [Pablo] trajo al joven vivo..."

25. Lit., "y fueron consolados no moderadamente (οὐ μετρίως), es decir, "muy grandemente" (un ejemplo típico de la ironía de Lucas).

26. Ver O. Cullmann, *Early Christian Worship*, E.T. (London, 1955), pp. 10–14, 88–93; C. F. D. Moule, *Worship in the New Testament* (London, 1961), pp. 16, 28–29; R. P. Martin, *Worship in the Early Church* (London, 1964), pp. 78–80; W. Rordorf, *Sunday*, E.T. (London, 1968), pp. 196–205; S. Bacchiocchi, *From Sabbath to Sunday* (Rome, 1977), pp. 101 –11; R. T. Beckwith and W. Stott, *This is the Day* (London, 1978), pp. 28, 31–32, 36–38, 89–90. Incluso en la referencia más temprana al "primer día de la semana" en 1 Cor. 16:2 no hay mención explícita de una reunión para adoración, aunque puede estar implícito. Compare también la implicación de Jn. 20:19, 26.

la noche[27] —una hora conveniente para muchos miembros de las iglesias gentiles, que no eran sus propios amos y no tenían tiempo libre durante el día—y Pablo conversaba con ellos. Las reuniones de la iglesia no se regían por el reloj en aquellos días, y la oportunidad de escuchar a Pablo no era como para acortarla; ¿qué importaba si su conversación se prolongaba hasta la medianoche?

20:8-10 Pero el aire en la concurrida habitación comenzó a llenarse del humo de las antorchas que habían encendido para disipar la oscuridad de la noche. Un chico joven llamado Eutico, aunque estaba sentado al lado de la ventana donde el aire era fresco, no pudo mantenerse despierto. Quizá había tenido un duro día de trabajo desde el amanecer hasta la puesta de sol, y ahora en esa atmósfera sofocante ni siquiera las palabras del apóstol le impidieron dormirse. De repente perdió el equilibrio, y cayó desde la ventana (una mera abertura en la pared) al suelo—y la habitación estaba en el tercer piso.[28] No es de extrañar que cuando lo recogieron "estuviera muerto" como dice Lucas, "implicando aparentemente que, como médico, así lo habría constatado él mismo".[29] Es imposible estar seguros si Eutico estaba clínicamente muerto o no; la afirmación de Lucas de que fue "recogido muerto" tiene que ser contrastada con las tranquilizadoras palabras de Pablo: "aún está con vida". La intención de Lucas puede ser que sus lectores entiendan que la vida del chico volvió a él cuando Pablo lo abrazó. El tratamiento de Pablo, similar al dado en otras circunstancias por Elías y Eliseo (1 Reyes 17:21; 2 Reyes 4:34–35), sugieren respiración asistida. Puede que pasaran varias horas hasta que Eutico recuperara la conciencia.

20:11-12 Después de esta adversa interrupción, Pablo continuó con su discurso. Era probablemente pasada la media noche (y por tanto la mañana del lunes) cuando Pablo finalmente "partió el pan" y compartieron la comida fraternal;[30] luego continuó hablándoles hasta el amanecer. Al romper el día el barco en el que iban a navegar debía partir, así que el grupo embarcó—todos excepto Pablo, que se quedó hasta el último momento, probablemente para asegurarse de la completa recuperación de la consciencia y salud de Eutico, y luego tomó un atajo por tierra para alcanzar el barco en Asón.

---

27. El domingo por la noche, no sábado por la noche. Lucas no está usando el modelo judío desde la puesta de sol a la puesta de sol, sino desde la media noche a la media noche: aunque fue aparentemente después de la puesta de sol cuando se reunieron, su partida fue por la mañana "del siguiente día".

28. El edificio era evidentemente un bloque de viviendas como los de Roma donde vivía Marcial: "Yo vivo en el tercer tramo de escaleras, en el de arriba". (*Epigrams* 1.118.7).

29. Ramsay, *St. Paul the Traveller*, pp. 290–91.

30. Quizás κλάσας τὸν ἄρτον (v. 11), donde el artículo señala κλάσαι ἄρτον (v. 7), que se refiere al partimiento eucarístico del pan, mientras γευσάμενος (traducido "después de comer" lit. "habiendo probado"; γεύομαι = "comer" com. 10:10) se refiere a la comida fraternal.

2. Desde Troas a Mileto (20:13-16)

13 *Nosotros[31] fuimos delante[32] al barco y navegamos hacia Asón. Nuestra intención era recoger allí a Pablo, porque así lo había decidido: hizo parte del camino por tierra.[33]*
14 *Así, cuando lo encontramos en Asón, subió a bordo y fuimos a Mitilene.*
15 *Zarpando de allí, llegamos el día siguiente a Quío, y el siguiente[34] atracamos en Samos, y[35] un día después llegamos a Mileto.*
16 *Pablo había decidido pasar de largo por Éfeso, para no perder tiempo en Asia. Quería a toda costa, si fuera posible, estar en Jerusalén el día de Pentecostés.*

20:13 El barco que abordaron hacia Troas, debía parar en algunos de los principales puertos de la costa de Asia Menor, pero era un navío más rápido que cualquier otro que hubieran tomado; por ejemplo, navegaba a través de la desembocadura del Golfo de Éfeso, en vez de ir a Éfeso. En uno de los puertos del sudoeste de Asia Menor, esperaban encontrar otro barco que los llevaría a Siria y Judea; y así fue (21:1-2).

Cuando abandonó Troas, el barco tenía que rodear el Cabo Lectum (actual Baba-burun) para llegar a Asón. Pablo esperó un poco más, y luego, tomando la carretera directa por tierra a Asón (a una distancia de 20 millas), llegó a tiempo de unirse a sus compañeros a bordo del barco.

Asón (actual Behram-kale) era una ciudad bien fortificada situada en un cono volcánico a 750 pies de altura. Su puerto, abajo en la playa, estaba protegido por un malecón, que todavía se puede ver.[36]

20:14-15 Desde Asón, el barco los llevó a Mitilene, la ciudad principal de la isla de Lesbos (en una fecha anterior casa de los poetas líricos Alceo y Safo); luego, haciendo escala en un punto del continente frente a la isla de Quíos (en algún lugar cerca del Cabo Argennum, actual Beyaz-burun) y, un día después, en la isla de Samos, llegaron a Mileto tres días después de salir de Troas. El Texto Occidental dice que pasaron la noche antes de llegar a Mileto en Trogyllium.

---

31. Efrén el Sirio en su comentario a Hechos (preservado en una traducción Armenia) presupone el Texto de la Siriaca Antigua que lee aquí: "Pero yo Lucas, y aquellos que estaban conmigo, subimos a bordo". El habitual "nosotros" se consideró inapropiado porque Pablo no estaba con ellos desde Troas a Asón. Ver F. C. Conybeare's translation of Ephrem in *Beginnings* I.3, p. 442.

32. Gr. προελθόντες. Como en v. 5, hay una variante προσελθόντες (A B* etc.); el Texto Occidental lee κατελθόντες, "habiendo bajado (a la playa)".

33. Gr. πεζεύειν, normalmente ir a pie como opuesto a montar, pero aquí ir por tierra como opuesto a navegar.

34. B y algunos minúsculos añaden "por la noche".

35. El Texto Occidental y Bizantino añaden "habiendo estado en Trogyllium (Trogyllia)".

36. Ver Estrabón, *Geography* 13.1.57-58, 66; también J. M. Cook, *The Troad* (Oxford, 1973), pp. 240-50. Asón fue el lugar de nacimiento de Cleantes el estóico.

Trogyllium es un promontorio que sobresale de la parte continental hacia el sureste de Samos, formando un estrecho de menos de una milla de ancho. Una estancia de una noche fuera en Trogyllium podría haberse debido a la dificultad de la navegación por el estrecho durante la noche.

Mileto quedaba en la orilla sur del Golfo Latmian. Incluso entonces el golfo estaba constantemente obstruido por el río Meandro, que entraba desde el norte. Hoy el Golfo Latmian sobrevive como un lago interior, Lago Bafa, que está conectado con el Meandro por la salida hacia el norte. La isla Lade, que se alzaba frente a la costa oeste de Mileto, había sido por mucho tiempo parte del continente. Mileto era una ciudad de gran antigüedad; es mencionada por los Hititas y en los textos Micénicos. Homero la conocía como la ciudad de Caria,[37] antes de que los jónicos se asentaran allí; fue de hecho la más meridional de las colonias jónicas en Asia Menor. La presencia de una comunidad judía en tiempos romanos está demostrada por una inscripción encontrada en el teatro, que asignaba un bloque de asientos a "los judíos que también son llamados temerosos de Dios".[38]

20:16 A pesar de su natural deseo de ver Éfeso de nuevo, Pablo había decidido que era impensable si quería llegar a Jerusalén para Pentecostés (que en el 57 d.C. cayó el 29 de Mayo); él, por tanto, eligió un barco que iba directo de Quíos a Samos. Pero el barco debía pasar varios días en el Puerto de Mileto; lo cual le dio la oportunidad de ver algunos de sus amigos de Éfeso.

3. Pablo envía a traer a los ancianos de la iglesia en Éfeso. (20:17)

17 *Desde Mileto envió a Éfeso, y convocó a los ancianos de la iglesia.*

20:17 Mientras el barco permanecía en el puerto de Mileto, Pablo envió un mensaje a Éfeso, que estaba a unas 30 millas al norte, pidiendo a los ancianos de la iglesia de la ciudad que vinieran a verlo. (Probablemente algún miembro capacitado de la iglesia de Mileto actuó como mensajero.) Ramsay considera que el mensajero podría haber acortado su viaje tomando un barco a través de la parte norte del Golfo Latmian y continuar por tierra desde Priene.

Pablo deseaba animar a los líderes efesios tanto como fuera posible. El discurso que sigue no es solamente su discurso de despedida de ellos, y de la iglesia a la que ellos representaban, sino, en lo que a la perspectiva de Hechos se refiere, su última voluntad y testamento para las iglesias que había plantado tanto al este como al oeste del Egeo.

---

37. *La Ilíada* 2.868–69.

38. Ver A. Deissmann, *Light from the Ancient East*, E.T. (London, ²1927), pp. 451–52. En Mileto ver también T. Wiegand y otros, *Milet: die Ergebnisse der Ausgrabungen und Untersuchungen* (Berlin, 1906); A. G. Dunham, *The History of Miletus* (London, 1915); G. Kleiner, *Alt-Milet* (Wiesbaden, 1966); *Die Ruinen von Milet* (Berlin, 1968); *Das römische Milet* (Wiesbaden, 1970).

Este discurso es especialmente peculiar de entre todos los sermones publicados en Hechos. Es el único discurso paulino dirigido a cristianos del que Lucas informa, y no es sorprendente descubrir lo rico que es en paralelo con las cartas paulinas, especialmente, de hecho, las últimas. Explicar estos paralelos desde una perspectiva crítico literaria, suponiendo que Lucas obtuvo el material adecuado para la composición de este sermón de las cartas de Pablo, ha sido desestimado al considerar que en otras partes de Hechos, Lucas demuestra no tener ningún conocimiento de ellas, incluso en lugares donde le habrían servido como fuentes de primera mano si hubiera tenido acceso a ellas. Además, incluso en términos de crítica literaria, el informe no podría ser descrito como una mera recopilación de pasajes de las cartas de Pablo. "Todo el sermón es claramente según el estilo del escritor de Hechos," escribió Percy Gardner, "y sin embargo, ocurre el fenómeno que parece implicar que fue guiado por la memoria en la composición".[39] Como el sermón de la sinagoga en Antioquía de Pisidia (13:16-41) es un modelo del acercamiento de Pablo a una audiencia judía, y los discursos en Listra (14:15-17) y Atenas (17:22-31) modelos de su acercamiento a audiencias paganas, así podría ser que este discurso en Mileto sea un modelo de su ministerio a una audiencia cristiana. Pero es más que la clase de cosas que Pablo acostumbraba a decir a audiencias cristianas: es un sermón de despedida, perfecto para la ocasión en la que fue predicado. Ya que aparece en la sección "nosotros" de la narrativa de Lucas, es muy posible que Lucas lo haya escuchado; si es así, podía estar transcribiendo la esencia de memoria.[40]

El sermón es principalmente hortatorio, pero es también apologético. Parece estar implícito aquí y allí que los oponentes de Pablo en la provincia de Asia habían intentado predisponer la mente de sus convertidos contra él en su ausencia.; él, por tanto, defiende su enseñanza y comportamiento en general

---

39. "The speeches of St. Paul in Acts," in *Cambridge Biblical Essays*, ed. H. B. Swete (Cambridge, 1909), p. 403. Gardner considera, además, que de entre los discursos de Pablo en Hechos "el de Mileto es el que más posibilidades tiene de ser histórico" (*ibid.*, p. 401). Ver también M. Dibelius, "The Speeches in Acts and Ancient Historiography" (1949), E.T. in *Studies in the Acts of the Apostles* (London, 1956), pp. 155-58; C. L. Mitton, *The Epistle to the Ephesians* (Oxford, 1951), pp. 210-13, 217-20, 266-67; J. Munck, "Discours d'adieu dans le Nouveau Testament et dans la littérature biblique," en *Aux sources de la tradition chrétienne: Mélanges offerts a M. Goguel* (Neuchâtel/Paris, 1950), pp. 155-70; J. Dupont, *Le discours de Milet: Testament pastoral de saint Paul (Ac 20, 18-36)* (Paris, 1962); "La construction du discours de Milet," *Nouvelles études sur les Actes des Apôtres* (Paris, 1984), pp. 424-45; H.-J. Michel, *Die Abschiedsrede des Paulus an die Kirche Apg 20, 17-38: Motivgeschichtliche und theologische Bedeutung* (Munich, 1973); C. K. Barrett, "Paul's Address to the Ephesian Elders," en *God's Christ and His People: Studies in Honour of N. A. Dahl*, ed. J. Jervell and W. A. Meeks (Oslo, 1978), pp. 107-21; J. Lambrecht, "Paul's Farewell-Address at Miletus (Acts 20, 17-38)," en *Les Actes des Apôtres*, ed J. Kremer, BETL (Leuven, 1979), pp. 307-37.

40. Comp. F. H. Chase, *The Credibility of the Acts of the Apostles* (London, 1902), pp. 234-88; A. Harnack, *The Acts of the Apostles*, E.T. (London, 1909), p. 129.

apelando al conocimiento personal que sus oyentes tienen de él.[41] Él percibe que la oposición a sus enseñanzas, que ha empezado ya a surgir en la iglesia en Éfeso, continuará incrementándose, y que la iglesia será invadida por falsos maestros desde fuera. Sus líderes deben, por tanto, cumplir con su responsabilidad como pastores, nombrados por Dios para guardar el rebaño.

Lucas llama a aquellos hombres "ancianos," pero Pablo habla de ellos como "guardianes" y "pastores". Hay poco o nada de institucionalismo en la parte que se les ve desempeñar aquí.

4. Pablo se despide de la Iglesia de Éfeso (20:18-35)

a. Retrospectiva de su ministerio en Éfeso (20:18-21)

18 *"Cuando llegué aquí", les dijo, "sabéis como me conduje todo el tiempo.[42] Estuve con vosotros desde el primer día que puse el pie en Asia.*

19 *sirviendo al Señor con toda humildad y con lágrimas en medio de las pruebas que me vinieron por las intrigas de los judíos.*

20 *No me guardé nada que pudiera beneficiaros: he predicado y enseñado públicamente y en vuestras casas.*

21 *proclamando solemnemente[43] a judíos y gentiles por igual, el arrepentimiento delante del Señor y la fe en nuestro Señor Jesús.[44]*

20:18-21 En la parte introductoria de su sermón Pablo recuerda a los oyentes su manera de vivir el tiempo que estuvo en medio de ellos—su humilde y fiel servicio, sus preocupaciones, el peligro al que estuvo expuesto por la hostilidad y conspiraciones de los judíos, su incesante proclamación del Evangelio tanto a judíos como a gentiles,[45] la instrucción cristiana útil y completa que ha dado a

---

41. Para apelaciones similares al conocimiento personal comp. 1 Cor. 6:11, etc,; Gal. 3:2–5; 4:13; Fil. 4:15; 1 Tes. 2:1–2, 5, 10–11; 3:3–4; 4:2; 2 Tes. 2:5; 3:7.

42. Para "todo el tiempo" D lee "tres años o incluso más".

43. Gr. διαμαρτυρόμενος, "una de las palabras favoritas de Lucas" (E. Plümacher, *Lukas als hellenistischer Schriftsteller* [Göttingen, 1972], p. 48); de las 15 veces que aparece en el Nuevo Testamento, diez están en los escritos de Lucas. Como el simple μαρτύρομαι, en Hechos tiene normalmente el sentido de predicar en el poder del Espíritu (comp. 5:32).

44. "Cristo" es añadido en P^{74} ℵ A C E y muchos minúsculos, con lat^{vg} syr^{pesh}. D lee "a través de nuestro Señor Jesucristo".

45. El Evangelio aquí dice que evoca "arrepentimiento delante de Dios (o volverse a Dios) y fe en nuestro Señor Jesús". En las cartas de Pablo el arrepentimiento no figura soteriológicamente tan enfáticamente como la fe. Pero "verdadero arrepentimiento" dice C. F. D. Moule, "...significa responder comprensivamente a los esfuerzos creativos de la reconciliación". Si es así, entonces esto "es precisamente lo que Pablo está expresando todo el tiempo" con un lenguaje diferente. "Justificación por fe involucra semejante respuesta a esa obra terminada [de Cristo] cuando el creyente se identifica más íntimamente con la costosa obra de Cristo, involucrándolo a

sus convertidos, tanto públicamente (primero en la sinagoga y después en la escuela de Tirano) como en privado en sus casas. Sus palabras contienen trazos de experiencias de las que apenas se habla en sitio alguno de Hechos, aunque otras pistas aparecen en la correspondencia de Pablo.[46] En la medida en que aquellas experiencias surgieron de la oposición de los judíos en la provincia de Asia, las enfrentaron una vez tras otra, y quizás de manera especialmente intensa, con un problema con el que había lidiado recientemente en Rom. 9–11.

b. Las perspectivas de Pablo (20:22-24)

22 *"Y ahora, como veis, voy camino de Jerusalén, compelido por el Espíritu.[47] Y no sé lo que me ocurrirá allí:*

23 *Sé solamente esto, que en una ciudad tras otra, el Espíritu Santo me asegura que prisiones y sufrimientos me aguardan.*

24 *Pero de ninguna manera considero mi vida como valiosa, como si fuera preciosa para mí mismo,[48] con tal de poder completar mi carrera[49] y el ministerio que he recibido del Señor Jesús—proclamar[50] el Evangelio de la gracia de Dios.*

20:22-24 Pablo, luego, sigue hablándoles de su empresa actual y de sus recelos acerca de los resultados. Que aquellos recelos eran reales está claro porque los había compartido con los cristianos de Roma como un tema de preocupación por el que deseaba que orasen (Rom. 15:30–31). Ellos experimentan una confirmación creciente a medida que él va de puerto en puerto hacia Judea: de ciudad en ciudad el Espíritu Santo, hablando presumiblemente a través de la boca de los profetas, como más tarde en Tiro y Cesárea (21:4, 11), mostrándole que tendría que enfrentar el encarcelamiento y otras penalidades cuando llegara a Jerusalén. Que los recelos no eran infundados es evidente por la forma de la narrativa de Lucas de los eventos que siguieron a la llegada de Pablo a Jerusalén.

él ineludiblemente con el costoso y doloroso arrepentimiento" ("Obligation in the Ethic of Paul," *Essays in New Testament Interpretation* [Cambridge, 1982], pp. 271–72).

46. Ver n. 41.

47. Gr. . δεδεμένος ... τῷ πνεύματι, donde (especialmente en vista de lo que él dice en v. 23) es mejor entender una referencia al Espíritu de Dios, y no simplemente una sensación de compulsión espiritual del mismo Pablo. Comp. 19:21 (n. 43).

48. El Texto Occidental amplía: "Pero no hice ningún cálculo para mí mismo, ni consideré mi vida como preciosa para mí mismo".

49. El Texto Bizantino lee "con gozo".

50. Gr. διαμαρτύρσαθαι (cf. n. 43). D y algunos otros testigos añaden "a judíos y griegos".

Pero Pablo estaba dispuesto a renunciar a su libertad y, si era necesario, a su vida por amor a Cristo y a servirle.[51] La auto preservación no era un motivo que él tuviera en alta estima: su principal preocupación era completar el curso que Cristo le había marcado correr,[52] predicando en el poder del Espíritu el libre Evangelio de la gracia de Dios en Cristo. Vida o muerte no eran temas importantes: lo que más importaba era, como dijo a otra iglesia, que Cristo fuera magnificado en su cuerpo, "ya sea por vida o por muerte" (Fil. 1:20).

c. Su recomendación a los ancianos (20:25-31)

25 *"Y ahora, os digo, sé que no me volveréis a ver—ninguno de vosotros entre quienes he andado[53] proclamando el reino.[54]*

26 *Por tanto, declaro delante de vosotros que estoy libre de responsabilidad de la sangre de todos vosotros.*

27 *Porque no he rehuido poner delante de vosotros toda la voluntad y propósito de Dios.*

28 *Manteneos alerta por vosotros y por todo el rebaño en el que el Espíritu Santo os ha puesto como guardianes: alimentad a la iglesia de Dios,[55] la iglesia que compró con la sangre de su propio Hijo.[56]*

29 *Sé que después de mi partida[57] lobos feroces vendrán sobre vosotros que no perdonaran al rebaño;*

---

51. Porque Pablo está preparado para entregarse él mismo por amor al Evangelio. comp. también 2 Cor. 4:7–12; 6:4–10; 12:9–10; Fil. 2:17; 3:8; Col. 1:24.

52. Para la comparación del servicio cristiano a una carrera (δρόμος) para ser corrida comp. 1 Cor. 9:24–27; Gal. 2:2; Fil. 2:16; 2 Tim. 4:7; también las palabras de Juan el Bautista en 13:25.

53. Lit., "que todos vosotros entre quienes he andado...no volveréis a ver mi cara".

54. El Texto Occidental lee "de Jesús"; el Texto Bizantino añade "de Dios".

55. P^{74} A D y el Texto Occidental lee "del Señor" (que iría sin problemas con la frase "con su propia sangre," si esa fuera la apropiada traducción de διὰ τοῦ αἵματος τοῦ ἰδίου). El Texto Bizantino exhibe la lectura combinada "del Señor y Dios".

56. Gr. διὰ τοῦ αἵματος τοῦ ἰδίου, para el que el Texto Bizantino lee διὰ τοῦ ἰδίου αἵματος. El Texto Bizantino solamente podría significar "con su propia sangre," pero la lectura aquí adoptada es mejor traducida como "con la sangre de su uno único/propio". El sentido de ὁ ἴδιος está bien atestiguado en papiros vernáculos, donde se utiliza como un término cariñoso en relaciones cercanas, como por ejemplo ὁ δεῖνα τῷ ἰδίῳ χαίρειν ['tal-y-tal a su propio (amigo), saludos']" (J. H. Moulton, MHT I, p. 90). Como se utiliza aquí, ἴδιος es el equivalente al hebreo yāḥîd ("único"), en otras partes aparece con el Gr. ἀγαπητός ("amado"), ἐκλεκτός ("elegido"), y μονογενής ("único-engendrado"). A la vista de lo cual, es innecesario conjeturar, con F. J. A. Hort, que υἱοῦ ("hijo") puede haberse perdido del texto después de ἰδίου (que puede ser suplido a propósito de la traducción).

57. Gr. ἄφιξις, relacionado con ἀφικνέομαι ("llegar"); el sentido "llegada" está bien probado para el nombre en el griego clásico. Pero en el griego helenístico el sentido "partida" está igualmente bien probado, y es el único sentido que encaja bien aquí.

30 *y no solamente eso, sino que de entre vosotros mismos algunos se levantaran y pervertirán la verdad con sus palabras, para arrastrar a los discípulos tras ellos.*

31 *Estad alerta, por tanto; recordad que durante tres años, de noche y de día, nunca he dejado de aconsejaros a cada uno de vosotros, llorando mientras lo hacía.*

20:25-27 Y ahora, se dirige a los líderes de la iglesia de Éfeso como uno que les habla por última vez. Se está despidiendo del mundo del Mar Egeo, el área en la que durante siete u ocho años ha "ido proclamando el Reino".[58] Desde ahora en adelante, si llega a salvo a Jerusalén, el Mediterráneo Occidental será su nuevo campo de acción.[59] (Si los efesios lo volverían a ver o no otra vez, no es de gran relevancia en la exégesis de estas palabras, pero Lucas no habría dicho, ni lo hubiera repetido tan enfáticamente, si hubiera sabido que, a la larga, no resultarían ciertas.) Pablo había vivido en Éfeso, como en otras ciudades, y entrado y salido entre las personas como un heraldo del reino de Dios; había plantado la semilla del Evangelio y ahora era responsabilidad de otros regarlas. Sus oyentes podían dar testimonio de su fidelidad en la proclamación del mensaje divino: él les había dejado claro el plan de salvación de Dios para ellos, toda su voluntad para sus vidas.[60] Como Ezequiel, el centinela fiel,[61] él ha hecho sonar la trompeta para que toda la provincia de Asia la oiga. Si hubo alguno que no prestó atención, su sangre sería sobre su cabeza: Pablo está libre de responsabilidad con respecto a su perdición.

20:28 Sobre aquellos ancianos, entonces, caía el peso de la responsabilidad. El Espíritu Santo les había confiado a ellos la responsabilidad del pueblo de Dios en Éfeso; debían cuidarlos como los pastores cuidan sus rebaños. Puede implicar que su comisión de llevar la responsabilidad pastoral de la iglesia había sido transmitida por declaración profética, en la que la dirección del Espíritu fue reconocida.[62] La palabra traducida como "guardianes" es la forma de la que se deriva la palabra "obispo,"[63] pero utilizar esa palabra aquí podría darle un sentido

---

58. Es una tarea infructuosa intentar hacer aquí una distinción entre "proclamando el reino" y "proclamando las buenas nuevas de la gracia de Dios". Tal distinción es hecha por W. Kelly, quien lamenta que la "confusión por la mezcla de ambos conceptos, nunca goza tampoco de la sencilla y completa verdad" (*The Acts of the Apostles* [London, ³1952], p. 306). Para el tema del reino ver en 1:3.

59. Ver Rom. 15:23-29.

60. En Gr. βουλή aquí ambas ideas de la voluntad de Dios y de su plan o propósito parecen combinarse.

61. Ez. 3:16-21; 33:1-9.

62. Comp. 1 Tim. 4:14; también 13:2, 4.

63. Gr. ἐπίακοπος (comp. Fil. 1:1; 1 Tim. 3:2; Tit. 1:7). Otras designaciones para aquellos ejerciendo este tipo de ministerio en las iglesias aparecen en 1 Tes. 5:12; Rom. 12:8; Heb. 13:17. La presente redacción dista mucho de ser la estereotipada terminología del "incipiente catolicismo," tal como se concibe frecuentemente, sobretodo en el sentido dado a *Frühkatholizismus* por eruditos

oficial que resultaría en un anacronismo. Si su comisión fue recibida a través de declaración profética, ellos la recibieron, sin duda, porque eran conocidos por ser aquellos a quienes las cualificaciones necesarias para esta labor habían sido otorgadas—y otorgadas por el mismo Espíritu cuya voluntad fue confirmada por declaración profética.[64] Su responsabilidad era de lo más seria porque el rebaño que debían atender no era otro que la iglesia de Dios, que él había comprado para sí mismo (un eco del lenguaje del Antiguo Testamento aquí)[65] —y comprado por el precio, nada menos que, de la vida-sangre de su amado Hijo.[66]

20:29-31 Pablo mira ahora hacia el futuro, y las perspectivas para la iglesia de Éfeso no son totalmente prometedoras. El rebaño tendrá que ser protegido con vigilancia incesante, porque lobos feroces intentaran abrirse paso en medio de ellos y causaran estragos entre ellos. Como en la parábola de nuestro Señor sobre el Buen Pastor, así aquí los verdaderos pastores del rebaño contrastan con los falsos maestros, descritos como lobos por el caos que causan.[67] Pero no es de los intrusos de fuera solamente que las falsas enseñanzas procederán: desde sus propias filas algunos se levantaran para seducir a sus seguidores por caminos

---

protestantes alemanes. Ver J. B. Lightfoot, "The Christian Ministry," disertación en *Saint Paul's Epistle to the Philippians* (London, 1868), pp. 181–269 (también pp. 95–99, excursus en "The synonyms 'bishop' and 'presbyter' "); T. M. Lindsay, *The Church and the Ministry in the Early Centuries* (London, 1902); H. B. Swete (ed.), *Essays on the Early History of the Church and Ministry* (London, 1918); B. H. Streeter, *The Primitive Church* (London, 1929), pp. 27–83; T. W. Manson, *The Church's Ministry* (London, 1948), pp. 53–77; *Ministry and Priesthood: Christ's and Ours* (London, 1958); R. P. C. Hanson, *Christian Priesthood Examined* (London, 1979), pp. 7–32; G. Schneider, "Die Entwicklung kirchlicher Dienste in der Sicht der Apostelgeschichte," *Theologisch-Praktische Quartalschrift* 132 (1984), pp. 356–63.

64. Comp. 1 Cor. 12:7–11.

65. Comp. en particular el Salmo 74 (LXX 73):2, "Acuérdate de tu congregación (LXX συναγωγή, traduciendo Heb. ʿēdāh), la que adquiriste en la antigüedad"; Isa. 43:21, "el pueblo que yo formé (LXX περιεποιησάμην, "adquirí," "compré," el mismo verbo se usa aquí) para mí mismo". Para "iglesia" (Gr. ἐκκλησία) ver en 5:11.

66. La redención por la sangre de Cristo es Paulina, no doctrina lucana, aunque Pablo prefiere el verbo ἀγοράζω (ἐξαγοράζω) o el nombre ἀπολύτρωσις para expresar redención mas que περιποιέομαι, el cual se usa aquí (ambos περιποιέομαι y el sustantivo relacionado περιποίησις aparecen en la LXX para la adquisición de Dios de su pueblo Israel; comp. Ef. 1:14; 1 Pe. 2:9 para περιποίησις usado con respecto a la iglesia como posesión de Dios). El lenguaje paulino aquí no puede ser descartado como un "giro de la frase" introducido "para dar al discurso un sello paulino" (H. Conzelmann, *The Theology of St. Luke*, E.T. [London, 1960], p. 201). Mejor dicho, "este es Pablo, no algún otro orador; y no está evangelizando, sino recordando a una comunidad ya evangelizada sus ideas más profundas. En otras palabras, la situación, tanto como la teología, es precisamente la de una carta paulina, no la de un evangelismo preliminar" (C. F. D. Moule, "The Christology of Acts," in *Studies in Luke-Acts: Essays in Honor of Paul Schubert*, ed. L. E. Keck and J. L. Martyn [Nashville/New York, 1966], p. 171).

67. Jn. 10:12. Los falsos profetas son descritos como lobos vestidos de ovejas en Mat. 7:15; comp. también 4 Ezra 5:18; 1 Enoc 89:13–27.

de herejía. Que esta evolución de hecho tuvo lugar en Éfeso es evidente por las Epístolas Pastorales[68] y por la carta a la iglesia de Éfeso en el Apocalipsis. En 2 Tim. 1:15 se hace mención a una revuelta general contra Pablo y sus enseñanzas a través de la provincia de Asia; y en la carta apocalíptica a la iglesia de Éfeso se le reprocha haber abandonado el amor que tuvo al principio.[69] (Felizmente, la carta de Ignacio a la misma iglesia, una o dos décadas después, muestra que prestaron atención a la admonición y recuperaron su amor en abundancia.[70]) Previendo estas tendencias, Pablo urge a los ancianos a estar vigilantes[71] y a seguir su propio ejemplo. Que recuerden cómo él mismo ha mostrado tal cuidado y preocupación compasiva hacia sus convertidos, durante los tres años[72] de su residencia entre ellos, señalando incesantemente, de día y de noche, el camino correcto por el que deben proseguir.[73]

d. Admonición final (20:32-35)

32 *"Ahora pues, os encomiendo a Dios y a la palabra de su gracia,[74] que es poderosa para edificaros y daros heredad entre los que son santificados.[75]*

33 *No he codiciado ni oro, ni plata, ni ropas.*

34 *Vosotros sabéis mejor que nadie que estas manos han sido la provisión para mis necesidades y las de mis compañeros.*

35 *De esta manera os he mostrado que debemos trabajar duro para ayudar a aquellos menos capaces, y recordar las palabras del Señor Jesús: 'Mas bienaventurada cosa es dar que recibir.'"*

20:32 Ahora se está despidiendo: no podían por más tiempo contar con su presencia personal para la guía pastoral y la sabia instrucción. Pero, aunque Pablo

---

68. Comp. 1 Tim. 1:19–20; 4:1–3; 2 Tim. 2:17–18; 3:1–9.

69. Apocalipsis 2:4.

70. Ignacio, A los Efesios 1:1–2:1.

71. "Estad vigilantes," Gr. γρηγορεῖτε (v. 31), es una "palabra pastoral," como Bengel la llama. Comp. 1 Cor. 16:13; Col. 4:2; 1 Tes. 5:6, 10; también el sinónimo ἀγρυπνέω en un contexto similar en Heb. 13:17 (los líderes "vigilan" sobre las almas de aquellos que les han sido confiados proteger).

72. Para la duración de la estancia de Pablo en Éfeso ver en 19:10, n. 23.

73. Para "consejo" (Gr. νουθετέω, "admonición") comp. 1 Cor. 4:14; Col. 1:28.

74. Gr. τῷ λόγῳ τῆς χάριτος αὐτοῦ, una frase usada también en 14:3. Si τῆς χάριτος es un genitivo de cualidad (es decir, la "palabra" se caracteriza por la propia gracia de Dios), luego "la palabra de gracia" es una traducción adecuada (comp. Lu. 4:22); si expresa el tema de la palabra, entonces "la palabra de su gracia" (comp. v. 24) es una traducción apropiada.

75. El Texto Occidental añade: "A Él sea la Gloria por siempre y siempre. Amén. (una doxología evidentemente derivada de un leccionario, en el cual una lección prescrita llega a su final en este punto).

se fuera, Dios estaba aún con ellos, y así también la palabra de Dios que habían recibido—la palabra que comunicaba su gracia redentora y santificadora.⁷⁶ (No hay diferencia apreciable entre la "palabra de gracia de Dios" aquí y el "Evangelio de la gracia de Dios" en el verso 24.) A Dios entonces, y a su palabra (con la gracia que proclama) Pablo los encomienda. Por esa palabra, que habían aceptado y obedecido, serían edificados en fe y amor junto con sus compañeros cristianos; por esa palabra, también, se les aseguraba su herencia entre todo el pueblo de Dios, todos aquellos que él había apartado para sí mismo.⁷⁷ A su debido tiempo Pablo, como todos los apóstoles, abandonarían esta vida terrenal; pero las enseñanzas que dejaron tras ellos para ser guardadas por sus sucesores como un depósito sagrado, serían preservadas no solamente en su memoria, sino eventualmente en las escrituras del Nuevo Testamento, que permanece hasta hoy como la palabra de la gracia de Dios. Y aquellos más verdaderamente en la sucesión apostólica son aquellos que reciben esta enseñanza, junto con el resto de la Sagrada Escritura, como su regla de fe y vida.

20:33-35 Volviendo otra vez al ejemplo que él les ha dado, Pablo, entonces, les recuerda que aquellos que cuidan al pueblo de Dios deben hacerlo así, sin pensar en recompensa material. Como Samuel llamó a todo Israel para presenciar la entrega de su cargo judicial (1 Sam. 12:3), así Pablo llama a los ancianos de Éfeso para presenciar que en todo el tiempo que ha pasado con ellos no ha deseado nada que no fuera suyo. Al contrario, ni siquiera se ha permitido el derecho de ser mantenido en asuntos materiales por aquellos de cuyo bienestar espiritual se ha preocupado; en vez de eso, se ha ganado su modo de vida, y el de sus colegas, con su propio trabajo (fabricante de tiendas): "Estas manos" dice (inevitablemente con el gesto respectivo), "han hecho provisión para mí y para mis compañeros".⁷⁸ Que aquellos que lo están escuchando hablar hagan lo mismo, trabajando duro y ayudando no solo a sí mismos sino a otros también—— los débiles y los enfermos en particular.⁷⁹ Para el mismo efecto es la admonición a los ancianos en 1 Pe. 5:2–3, "pastoread al rebaño de Dios…, no como obligación, sino voluntariamente… no por sórdidas ganancias, sino por afecto, no como tiranos… sino siendo ejemplo al rebaño". Así se cumplirían las palabras del Señor Jesús, que siempre debían llevar

---

76. "Este mensaje de la generosidad de Dios es la palabra que tiene el más grande efecto en el corazón humano, y por eso es capaz de construir la iglesia" (R. B. Rackham, *The Acts of the Apostles*, WC [London, 1902], p. 395).

77. Por su herencia entre los santos comp.26:18b; Col. 1:12. El lenguaje evoca Deut. 33:3–4, "todos aquellos consagrados a él estaban en su mano;… una herencia para la asamblea de Jacob".

78. Para esta insistencia de parte de Pablo comp. 1 Cor. 4:12; 9:3–15; 2 Cor. 4:5; 11:7–11; 12:13; 1 Tes. 2:3–12; 2 Tes. 3:7–10.

79. Comp. la admonición en Rom. 15:1; Gal. 6:2; Ef. 4:28; 1 Tes. 4:11–12; 2 Tes. 3:10–13.

en mente: "Más bienaventurada cosa es dar que recibir". Este *logion* dominical *no aparece en ninguno de los Evangelios canónicos, pero el espíritu está expresado en muchos otros dichos de Jesús que ellos sí recogieron.*[80]

Con esta apropiada nota Pablo concluye su exhortación a los ancianos de Éfeso.

5. Una despedida afectuosa (20:36-38)

36 *Despues de decir esto, se puso de rodillas y oró con ellos.*
37 *Todos rompieron a llorar, y abrazando a Pablo, lo cubrieron de besos.*
38 *Lo que más les apenaba era lo que les había dicho de que no lo volverían a ver personalmente. Así lo acompañaron al barco.*

20:36-38 Cuando Pablo terminó de hablarles, y se había arrodillado con ellos en oración, le dieron una afectuosa pero dolorosa despedida. Fue en particular su declaración de que no se volverían a ver lo que llenó sus corazones de dolor y sus ojos de lágrimas. Pero el barco estaba a punto de salir para Mileto después de su estancia de varios días allí, y acompañaron a Pablo al muelle antes de volver a casa en Éfeso.

---

80. Comp. Lu. 6:38; 11:9–13; Jn. 13:34; también Mat. 10:8, "habéis recibido sin pagar, dad sin pagar". Cuando Pablo desea afirmar el derecho de aquellos que predican el Evangelio para vivir del Evangelio, se suele referir a otro dicho de Jesús (1 Cor. 9:14). También refiere los dichos de Jesús en Rom. 14:14; 1 Cor. 7:10; 11:24–25; 1 Tes. 4:15; 1 Tim. 5:18. H. Windisch argumenta que la ocurrencia de este *logion* aquí muestra que Lucas el médico no podía haber sido el autor de Lucas-Hechos porque, si lo fuera, él hubiera incorporado sin duda "un dicho tan bueno" en su Evangelio (*Beginnings* I.2, p. 331). Este argumento, como W. L. Knox acertadamente señala, "delata un completo fracaso en el entendimiento de sus métodos" *Some Hellenistic Elements in Primitive Christianity* [London, 1944], p. 29).

HECHOS 21

6. De Mileto a Tiro (21:1-6)

1 *Cuando nos separamos de ellos zarpamos con rumbo directo a Cos. Al día siguiente llegamos a Rodas y desde allí a Pátara.*[1]
2 *Allí encontramos un barco que iba a cruzar hacia Fenicia, así que subimos a bordo y zarpamos.*
3 *Cuando avistamos Chipre, dejándola a babor, navegamos hacia Siria y llegamos a Tiro; era allí donde el barco tenía que descargar su mercancía.*
4 *Localizamos a los discípulos y nos quedamos con ellos siete días. Aquellos discípulos decían a Pablo a través del Espíritu que no subiera a Jerusalén.*[2]
5 *Cuando se había completado nuestra estancia de una semana, partimos y continuamos nuestro viaje. Ellos nos acompañaron a las afueras de la ciudad, con sus esposas y sus hijos. Nos arrodillamos en la playa y oramos.*
6 *Después nos despedimos los unos de los otros y subimos a bordo del barco, mientras ellos volvían a casa.*

21:1-2 Los ancianos de Éfeso acompañaron a Pablo y sus amigos al barco, y al final, como dice Lucas, "nos separamos de ellos" (si le damos al verbo toda su fuerza).[3] Desde Mileto navegaron a Cos, una de las islas del Dodecaneso, famosa por ser el hogar de la escuela de medicina fundada por Hipócrates en el siglo V a.C. Al día siguiente zarparon hacia Rodas. "Rodas" es aquí la ciudad y no la isla del mismo nombre (la isla más grande del Dodecaneso). La ciudad de Rodas, está situada en la extremidad noreste de la isla, fue fundada en el 408 a.C. por una amalgama de tres asentamientos anteriores. Como el viento predominante era del noreste, fueron capaces de completar esta parte del viaje de un tirón. Desde Rodas giraron al este y navegaron a lo largo de la costa sur de Licia, poniéndose

---

1. El Texto occidental añade "y Mira" (ver n. 4 abajo).
2. O "poner pie (ἐπιβαίνειν) en Jerusalén" (ASV).
3. El verbo griego aquí es el pasivo ἀποσπάω (el verbo se utiliza en voz activa en 20:30 en el sentido peyorativo de seducir a la gente a seguir falsas enseñanza).

en Pátara (anteriormente el puerto de Janto, capital del reino de Licia y ahora la sede del gobernador de Roma de la provincia). Allí (o de acuerdo con el Texto Occidental, en Mira)[4] encontraron, tal y como esperaban, un barco con destino a los puertos fenicios, que los llevaría bastante cerca de su destino.

21:3 El primer puerto al que este nuevo buque debía llegar era Tiro, en Fenicia. Esto significa un viaje que atravesaba el mar, en lugar de un viaje bordeando la costa; el viaje, por tanto, fue considerablemente corto. (La nave era probablemente un gran buque mercante; las embarcaciones pequeñas preferían navegar bordeando la costa.) De acuerdo con Crisóstomo, el viaje desde Pátara a Tiro llevó cinco días. Por el camino Lucas informa que avistaron Chipre por el lado de babor. Así que llegaron a Tiro, y allí era necesario pasar una semana mientras el barco descargaba; pero el tiempo ganado durante el viaje significaba que el grupo podía darse el lujo de esperar en Tiro hasta que el barco estuviera preparado para navegar de nuevo. Pablo sabía que ahora había muchas posibilidades de conseguir su deseo de estar en Jerusalén a tiempo para Pentecostés (comp. 20:16).

21:4 Ellos sabían que había una iglesia cristiana en Tiro; había sido fundada, con toda probabilidad, como resultado de la dispersión helenista de Jerusalén tras la muerte de Esteban (comp. 11:19). Pablo y sus amigos buscaron a los cristianos de Tiro y pasaron una semana con ellos. Entre aquellos cristianos había algunos que tenían el don de profecía; al presagiar ellos mismos el grave peligro que esperaba a Pablo en Jerusalén, le advirtieron para que abandonaran su plan de ir allí. Pero Pablo ya se había hecho a la idea, y no iba a ser desviado ahora de su propósito por aquellas previsiones. Tiro no era el primer lugar en el que le habían dado este tipo de indicaciones acerca de lo que le aguardaba en Jerusalén (comp. 20:23). No debería, pues, concluirse que su determinación de seguir adelante era desobediencia a la guía del Espíritu de Dios; fue guiado por el Espíritu que se dirigía a Jerusalén con tal determinación (19:21; 20:22). Era natural que sus amigos que tenían el espíritu profético, fueran capaces de prever su tribulación y encarcelamiento, e intentaran disuadirlo de seguir adelante, pero con una falta total de preocupación por su propia seguridad, con tal de poder cumplir con su sagrada mayordomía, Pablo, como su Señor, "afirmó su rostro para ir a Jerusalén" (Lucas 9:51).

21:5-6 Los discípulos de Tiro no eran antiguos amigos de Pablo, como eran los ancianos de Éfeso, pero el amor a Cristo es uno de los vínculos más fuertes, y para el fin de semana eran amigos entrañables, como si se hubieran conocido

---

4. Mira era un gran puerto para el tráfico de trasbordares que atravesaban el mar de Siria y Egipto; el revisor del Occidental (ver n. 1), sabiendo esto, debe haber pensado que también fue usado en esta ocasión (si es que no estaba dejándose influir simplemente por su mención en 27:5). Pero Mira se encuentra a cincuenta millas al este de Pátara en línea recta, una distancia demasiado larga para ser encajada dentro de la travesía del día, que es todo el itinerario implícito aquí.

toda la vida. Cuando el barco estaba listo para zarpar, todos los cristianos de Tiro, con sus familias, acompañaron a Pablo y a sus compañeros a la playa.[5] Allí se arrodillaron y oraron, antes de despedirse afectuosamente unos de otros. Luego, los discípulos de Tiro regresaron a sus casas, mientras el barco emprendía su viaje.

7. De Tiro a Cesárea (21:7-9)

> 7 *Luego continuamos el viaje[6] desde Tiro y llegamos a Tolemaida. Saludamos a los hermanos allí y pasamos un día con ellos.*
> 8 *Al día siguiente partimos y llegamos a Cesárea. Allí fuimos a casa de Felipe el evangelista, uno de los siete, y nos quedamos con él.*
> 9 *El tenía cuatro hijas solteras, que tenían el don de profecía.*

21:7 Desde Tiro continuaron su viaje, y se dirigieron hacia Tolemaida, el más meridional de los puertos fenicios. Aparece en el Antiguo Testamento con el nombre de Aco (Jue. 1:31), por el cual es conocido hoy día. Aunque fue conocido en los tiempos greco-romanos con el nombre de Tolemaida (el cual recibió aparentemente en honor a Ptolomeo II, 285–246 a.C.), más tarde recuperó su nombre semítico en la época de los cruzados como el afrancesado Acre.[7] En esta época era una colonia Romana. Había sido evangelizada probablemente por la misma época que Tiro, y Pablo y sus amigos pasaron el día en compañía de los cristianos de la ciudad.

21:8 Tolemaida era seguramente el último puerto en el que su barco debía atracar; no está claro si tomaron otro barco hasta Cesárea o si fueron por tierra. En Cesárea fueron hospedados por Felipe. Felipe era uno de los siete oficiales helenos elegidos en los primeros días de la iglesia de Jerusalén para supervisar la distribución del fondo común de dádivas a aquellos que estaban en necesidad (comp. 6:3–6). Más tarde se involucró en la actividad misionera en Samaria y en la llanura costera de Judea,[8] y lo último que oímos de él fue cuando llegó a

---

5. En el período romano, Tiro era una próspera ciudad comercial, famosa por sus productos de colorante purpura. El muelle que Alejandro Magno construyó para su asedio a la isla de Tiro en el 332 a.C. se fue ampliando por la constante acumulación de arena, la cual formó dos suaves playas.

6. Gr. τὸν πλοῦν διανύσαντες, si no "habiendo completado el viaje," pero F. Field nota que la expresión es repetidamente usada con el significado de "continuar un viaje" en Xenophon Ephesius (siglo II d.C.); ver sus *Notes on Translation of the New Testament* (Cambridge, 1899), pp. 134–35.

7. Más completamente San Juan de Acre, después de los Caballeros de San Juan. La tendencia de recuperar los antiguos nombres semitas después del período greco-romano puede comprobarse profusamente en Siria y Palestina.

8. Es por esta actividad misionera que se le llama "Felipe el Evangelista," quizá para distinguirlo de Felipe el Apóstol. Incluso así, son confundidos por escritores posteriores. Policarpo,

Cesárea (8:40). Ahora, después de un lapso de unos veinte años, lo encontramos todavía en Cesárea. Es interesante notar que lo dejamos allí en la narrativa de tercera-persona de Hechos, mientras lo encontramos ahora en la misma ciudad en medio de la sección "nosotros". Esto es una confirmación incidental de la integridad de las secciones "nosotros" con la narrativa principal de Hechos, como lo es también la referencia a "los siete".

21:9 Por aquella época, Felipe tenía una floreciente familia de cuatro hijas, para orgullo de su padre, porque todas tenían el don de profecía. Algunos años más tarde Felipe y sus hijas, con otros cristianos palestinos, migraron a la provincia de Asia, y pasaron el resto de sus días allí. Las tumbas de Felipe y de al menos dos de sus hijas aparecieron en Hierápolis, en el valle de Lico, hacia el final del segundo siglo. Las hijas, o al menos algunas de ellas, vivieron muchos años, y eran tenidas en gran estima según los informes acerca de las personas y acontecimientos correspondientes a los primeros años del cristianismo en Judea.[9] Se ha conjeturado que incluso en la época que nos ocupa, cualquier información que hubiera podido ser facilitada por Felipe y por sus hijas hubiera sido muy apreciada por Lucas, quien la utilizaría para la composición de su doble historia[10] —no solamente de los pocos días que pasaban ahora en Cesárea, sino también de los dos años del encarcelamiento de Pablo allí (comp. 24:27). Pero nada se dice de ninguna profecía que se pronunciara durante la presente visita: un novelista no

---

Obispo de Éfeso, escribiendo a Víctor de Roma *c.* 190 d.C., incluye entre las "grandes lumbreras" cuyas tumbas pueden ser señaladas en la provincial de Asia a "Felipe, uno de los doce apóstoles, que murió en Hierápolis, junto con sus dos hijas que se conservaron vírgenes, y otra hija que vivió en el Espíritu Santo y ahora descansa en Éfeso". Pero Eusebio, con quien estamos en deuda por esta cita (*HE* 3.31.3), entendió claramente que se refería a Felipe el evangelista, porque justo después reproduce del Diálogo de Proclo el Montanista con Gayo el Obispo de Roma (*c.* 200 d.C.) la afirmación de que "las cuatro hijas de Felipe, que eran profetisas, estaban en Hierápolis en Asia; sus tumbas están allí, y la de su padre también"—y cita Hechos 21:8 como la referencia bíblica a esta familia. Que era Felipe el evangelista que migró a Asia con sus hijas fue mantenido por T. Zahn, *Apostel und Apostelschüler in der Provinz Asien*, FGNTK 6 (Leipzig, 1900), pp. 158-75; A Harnack, *Luke the Physician*, E.T. (London, 1907), p. 153; que era Felipe el apóstol fue mantenido por J. B. Lightfoot, *St. Paul's Epistles to the Colossians and to Philemon* (London, 1879), pp. 45-47; J. Chapman, *John the Presbyter and the Fourth Gospel* (London, 1911), pp. 64-71. Pero otros nos han urgido a no pasar por alto la posibilidad de que sea la misma persona, que "Felipe fue originalmente uno de los 'doce' y... fue además uno de los 'Siete' " (así, más recientemente, M. Hengel, *Between Jesus and Paul*, E.T. [London, 1983], p. 14; hace referencia además a E. Meyer, *Ursprung und Anfänge des Christentums* I [Stuttgart/Berlin, 1924], pp. 296, 338; J. Weiss, *Earliest Christianity*, E.T. [New York, 1959], p. 167, n. 4).

9. Esta última pieza de información se la debemos a Papías, Obispo de Hierápolis, citado por Eusebio (*HE*) 3.39.9). Para la historia que cuentan acerca de Josefo Barsabás ver en 1:23. Ver también P. Corssen, "Die Töchter des Philippus," *ZNW* 2 (1901), pp. 289-99.

10. Comp. A. Harnack, *Luke the Physician*, pp. 153-60; J. V. Bartlet, *The Acts of the Apostles*, CentB (London, 1902), p. 23; J. A. Findlay, *The Acts of the Apostles* (London, 1934), pp. 49-50.

habría dejado escapar esta oportunidad sin poner algunas palabras apropiadas en sus bocas.

8. Ágabo reaparece (21:10-14)

10 *Mientras pasábamos unos días allí, un profeta llamado Ágabo bajó de Judea.*
11 *Vino a vernos, tomó el cinturón de Pablo, se ató sus propias manos y pies con él, y dijo: "Así dice el Espíritu Santo: Así es como los judíos de Jerusalén ataran al dueño de este cinto, y lo entregaran al poder de los gentiles".*
12 *Cuando oímos eso, le rogamos—tanto nosotros mismo como las personas del lugar—que no subiera a Jerusalén.*
13 *Entonces Pablo replicó, "¿Qué os pasa para llorar así y para intentar romper mi voluntad? Estoy preparado no solamente para ser atado sino también para morir en Jerusalén en nombre del Señor Jesús".*
14 *Como no lo pudimos persuadir, desistimos de presionarlo: "Hágase la voluntad del Señor," dijimos.*

21:10-11 Aunque no se da ninguna palabra profética de las hijas de Felipe, otro profeta aparece con una palabra para la ocasión. La aparición de Ágabo proporciona un vínculo adicional entre la narrativa "nosotros" y la narrativa general de Hechos. En 11:27–28 se dijo que Ágabo bajó de Jerusalén a Antioquía con algunos otros profetas y predijeron la hambruna de los días de Claudio. Ahora, en esta sección "nosotros", él baja a Cesárea[11] y predice el arresto y encarcelamiento de Pablo en Jerusalén. Pero, a diferencia de los cristianos de Tiro que hablaron "a través del Espíritu" (v. 4), Ágabo no saca a relucir el corolario de que Pablo no debería continuar su viaje. El estilo de su profecía es una reminiscencia de mucha de la profecía del Antiguo Testamento: se transmite tanto con una acción como por palabra. Como Ahías, el silonita rasgó su capa nueva para mostrar cómo el reino de Salomón sería desgarrado (1 Reyes 11:29–39), como Isaías fue desnudo y descalzo para mostrar cómo los egipcios serían llevados cautivos por los Asirios, (Isa. 20:2–4), como Ezequiel representó a Jerusalén sitiada por los babilonios sitiándose él mismo como una réplica de la ciudad (Ezeq. 4:1–3), así Ágabo predijo cómo atarían a Pablo atándose él mismo con el cinturón de Pablo. La actuación era parte de la profecía tanto como la palabra hablada: ambas juntas comunicaban la efectiva y auto-cumplida palabra de Dios (comp. Isa. 55:11). Los términos de la predicción de Ágabo se parecen a las palabras del Señor sobre su propio arresto por las autoridades de Jerusalén y la entrega a los gentiles (comp. Mr. 10:33); en

---

11. Cuando se dice que bajó "desde Judea," "Judea" es sencillamente utilizado en el sentido estricto de territorio judío propiamente dicho, y no en el sentido oficial de provincia romana; la provincia romana de Judea incluía Cesárea (comp. 12:19).

su caso, sin embargo, Pablo fue rescatado *por* los gentiles *de* los judíos, quienes se vieron obligados contra su voluntad a entregarlo.

21:12-14 Si Ágabo no interpretó que su profecía significaba que Pablo no debería ir a Jerusalén, los compañeros de Pablo y los cristianos de Cesárea llegaron rápidamente a esa conclusión, y le rogaban con lágrimas que no subiera. Pero ninguna de sus súplicas logró debilitar la determinación de Pablo. No podía volverse atrás de su camino de obediencia y sacrificio y estaba dispuesto, si era necesario, a sufrir la muerte tanto como el encarcelamiento por amor a su Maestro. No fue conmovido por las suplicantes lágrimas de sus amigos, y les rogó que desistieran de intentar ablandar su determinación.[12] Cuando vieron que su mente era inamovible, desistieron de seguir suplicándole, orando solamente que se hiciera la voluntad del Señor. Lucas, sin duda, tiene la intención de que sus lectores disciernan en esta oración un eco de la oración del propio Señor en la oración del Getsemaní (Lucas 22:42).[13]

9. Llegada a Jerusalén (21:15-16)

> 15 *Después de esos días nos preparamos para el camino[14] y subimos a Jerusalén.*
> 16 *Algunos de los discípulos de Cesárea vinieron con nosotros, y nos llevaron[15] a Mnasón, un chipriota, antiguo discípulo, con quien debíamos hospedarnos.*

21:15 Así, después de pasar varios días en Cesárea, emprendieron el último tramo de su viaje. Preparándose para el camino, iniciaron las setenta y cuatro millas de su viaje a Jerusalén. Se ha inferido por el lenguaje de Lucas que se les proveyó de animales, de manera que pudieran montarlos en vez de subir a pie.[16]

21:16 Fueron acompañados por algunos amigos cristianos de Cesárea, que conocían un lugar en Jerusalén donde podían ser cómodamente

---

12. Gr. συνθρύπτοντές μου τὴν καρδίαν, "golpeando" mi corazón (es decir, mi resolución) "como una lavandera" (J. A. Findlay). Lucas no explica por qué Pablo consideraba su visita a Jerusalén como un imperativo tan solemne; su determinación puede ser mejor entendida a la luz de Rom. 15:25–32, donde Pablo expone la importancia de su visita allí con la evidencia de su ministerio entre los gentiles hasta ese momento.

13. Compare la respuesta de Policarpo en un situación similar: "Que se haga la voluntad de Dios" (*Martyrdom of Polycarp* 7.1.).

14. El Texto Occidental lee "nos despedimos de ellos".

15. El Texto Occidental añade: "y ellos nos trajeron con aquellos que nos dieron su hospitalidad. Y cuando llegamos a cierta villa, nos quedamos con Mnasón de Chipre, un antiguo discípulo". Ver n.19.

16. Crisóstomo (*Homilia* 45) suple la expresión de Lucas ἐπισκευασάμενοι
("habiéndose preparado") con un objeto, τὰ πρὸς τὴν ὁδοιπορίαν ("las cosas para el camino"). Esto podría referirse a las cosas necesarias, pero W. M. Ramsay lo toma como animales de carga (*St. Paul the Traveller* [London, ¹⁴1920], p. 302).

hospedados.¹⁷ Era la casa de Mnasón, un chipriota de familia y un miembro fundador de la iglesia de Jerusalén.¹⁸ No todos los miembros de la iglesia de Jerusalén hubieran estado dispuesto a tener un grupo de cristianos gentiles en su hogar; pero ellos estaban seguros de la amable bienvenida de Mnasón, uno de la pequeña minoría de helenistas que todavía permanecían en la madre-iglesia. La lectura del Texto Occidental tiene pocas posibilidades, de acuerdo con el cual Mnasón fue su anfitrión no en Jerusalén, sino en una pequeña villa entre Cesárea y Jerusalén donde pasaron una noche de camino.¹⁹ La mención especial de Lucas acerca de Mnasón de que era un antiguo discípulo, ha sugerido a algunos lectores que adquirió de él información; Ramsay, por ejemplo, pensaba que Mnasón era la fuente autorizada de Lucas en los episodios de Eneas y Dorcas (9:32–42).²⁰

C. PABLO EN JERUSALÉN (21:17-23:30)

1. Reunión con Santiago y los Ancianos (21:17-26)

17 *Cuando llegamos a Jerusalén,²¹ los hermanos nos recibieron con alegría.*
18 *Al día siguiente Pablo subió con nosotros a ver a Santiago, y todos los ancianos estaban presentes.*
19 *Él los saludó, y les contó detalladamente las cosas que Dios había hecho entre los gentiles a través de su ministerio.*
20 *Cuando lo oyeron dieron Gloria a Dios. Después le dijeron, "Ya ves, hermano, cuantos miles de creyentes hay entre los judíos,²² y todos son celosos de la ley.*
21 *Ahora bien, han oído que tu enseñas a todos²³ los judíos que viven entre los gentiles a cometer apostasía contra Moisés, diciéndoles que dejen de circuncidar a sus hijos y que no sigan las costumbres ancestrales.*

17. Quizás algunos cristianos de Cesárea habían ido a Jerusalén a hacer los arreglos para la estancia del grupo durante los "varios días" que pasaron en Cesárea.

18. La expresión ἀρχαίῳ μαθητῇ ("un discípulo antiguo") probablemente significa que había sido discípulo desde el principio (ἀρχή).

19. Ver n. 15. La lectura Occidental aquí, sin embargo, ha sido leída a la luz del Texto Occidental de 11:2 (ver p. 219, nn. 2 y 3). G. Salmon, revisando F. Blass's *Acta Apostolorum* (Göttingen, 1895) en *Hermathena* 9 (1896), p. 239, encuentra aquí otro punto de contacto entre la parte anterior de Hechos y la narrativa "nosotros", y dice que es "una combinación natural" que Mnasón era uno de los convertidos de Pedro en su viaje a casa desde Cesárea a Jerusalén.

20. *BRD*, p. 316, n. 2.

21. El Texto Occidental lee: "Y cuando partimos de allí [es decir, a medio camino de la villa], fuimos a Jerusalén".

22. Cod. ℵ omite "entre los judíos"; el texto Occidental lee "en Judea"; el texto Bizantino lee "de judíos".

23. Unos pocos manuscritos (incluyendo los códices griegos P^{74} A D E 33, la Vulgata Latina, y la Versión Copta Boharica) omiten "todos".

22 Entonces ¿qué debemos hacer?²⁴ Porque, sin duda, oirán que has llegado.
23 Por tanto, haz lo que te decimos. Tenemos cuatro hombres que han tomado un voto sobre sí.
24 Llévatelos y purifícate con ellos, y paga los gastos para que se rasuren la cabeza. Así todo el mundo sabrá que no hay nada de verdad en lo que se les informó acerca de ti; verán que tú mismo eres obediente a la ley.
25 Con respecto a los gentiles que han creído, ya les hemos enviado una carta con nuestra decisión de que se abstengan de lo sacrificado a los ídolos, de sangre, de la carne de animales estrangulados y de la fornicación".²⁵
26 Entonces Pablo se llevó a los hombres y al día siguiente, después de purificarse con ellos, subió al templo para notificar los días de la purificación que tenían que cumplirse hasta que la ofrenda fuera presentada por cada uno de ellos.

21:17 Los "hermanos" quienes "nos recibieron con alegría" pueden haber sido Mnasón y sus asociados, quizás el remanente heleno de la iglesia. Alternativamente, pueden haber sido Santiago y los ancianos, si el verso 17 es un resumen anticipatorio de los versos que siguen. Esta interpretación implica cierta torpeza con "al día siguiente" estando donde está al principio del verso 18; no puede ser fácilmente explicado por el cambio de fuente, ya que la narrativa del "nosotros" llega a su fin con el informe de la visita a Santiago en el curso del verso 18.

21:18 Ya que "todos los ancianos estaban presentes" cuando Pablo y sus compañeros fueron a ver a Santiago, debe inferirse que su visita había sido anunciada. La casa de Santiago debe haber sido un edificio de considerable tamaño, para poder albergar al grupo de ancianos tanto como al grupo de visitantes.²⁶

Nada se dice de la ofrenda que Pablo y sus compañeros trajeron, pero ayuda a entender el informe de Lucas si el obsequio traído se tiene en mente. Ambos, Pablo y Santiago, habían recordado el mandato de "acordarse de los pobres" que, en la visita previa a Jerusalén, Pablo había recibido de los "pilares" de la iglesia (Gal. 2:10). De aquellos "pilares" solamente uno era ahora residente en Jerusalén. Pedro y Juan habían emprendido responsabilidades misioneras más prolongadas. Pero Santiago, el hermano del Señor, permanecía ejerciendo sabia y juiciosamente el liderazgo sobre la iglesia-madre, grandemente respetado no solamente por sus

---

24. P^{74} ℵ A C² D E, el Texto Bizantino, y la Vulgata Latina añaden "una multitud se reunirá" y continua: "porque oirán..."

25. El Texto occidental, como en 15:20, 29, lee "nosotros enviamos una carta acerca de nuestra decisión de que no deberían observar ningún precepto excepto guardarse de lo sacrificado a los ídolos, de sangre y de fornicación" (pero no se añade la regla de oro). Ver en 15:20, 29, nn. 63 y 71.

26. Comp. M. Hengel, *Between Jesus and Paul*, p. 108.

miembros sino también por todos los judíos de Jerusalén.[27] En sus obligaciones administrativas era ayudado por un grupo entero de colegas—los ancianos de la iglesia de Jerusalén. Cuántos de ellos, no se nos dice, pero en vista del gran número de creyentes en Jerusalén[28] pueden haber sido muy bien unos setenta—la figura tradicional de los ancianos de Israel. Sin embargo, fueran los que fueran, todos ellos estaban presentes para recibir a Pablo y sus asociados al día siguiente de su llegada a la ciudad.

21:19-21 La narrativa de todo lo que Dios había hecho a través de Pablo y su ministerio a ambos lados del Egeo fue para los oyentes un motivo de gozo. Los representantes de muchas de las iglesias gentiles que él había fundado estaban allí con él, como testigos vivos de la verdad de su informe, y la ofrenda que trajeron (aunque Lucas no dice nada de ello) demostraba que la gracia divina que habían recibido encontró una respuesta tanto de palabra como de hecho. Así Santiago y sus colegas alabaron a Dios por su asombrosa gracia manifestada en los gentiles.[29]

Pero había algo que les causaba verdadera preocupación, y ahora tenían una gran oportunidad de descargar sus mentes hablando con Pablo personalmente acerca de ello. Se rumoreaba libremente en Jerusalén que Pablo no solamente se negaba a imponer como requirimientos la ley judía a los gentiles convertidos (y, a pesar del decreto de Jerusalén, esto era probablemente causa de resentimiento todavía para algunos de los "celosos de la ley"[30] de la iglesia); él, de hecho, disuadía a los *judíos* creyentes de continuar practicando sus costumbres ancestrales, entregadas a Moisés: incluso los animaba a no circuncidar a sus hijos. Santiago

---

27. Fue por la población en general que fue llamado "el Justo" (posiblemente "el ṣaddîq"), de acuerdo con Hegesipo (*ap.* Euseb. *HE* 2.23.4, 7).

28. El elemento hiperbólico en πόσαι μυριάδες ("cuántas miríadas") puede ser apreciado cuando se recuerda que, de acuerdo con los cálculos de Joaquín Jeremías ("Die Einwohnerzahl Jerusalems zur Zeit Jesu" [1943], en *Abba* [Göttingen, 1966], pp. 335–41; *Jerusalem in the Time of Jesus*, E.T. [London, 1969], pp. 77–84), la población habitual de Jerusalén por estas fechas era probablemente entre 25,000 y 55,000. Varios eruditos, sin base en la tradición textual, han argumentado para la eliminación de τῶν πεπιστευκότων ("de aquellos que han creído") del v. 20, así que las "miríadas" serían de los judíos de Jerusalén en general; así entre otros, F. C. Baur, *Paul* E.T., I (London, ²1876), pp. 201–4; J. Munck, *Paul and the Salvation of Mankind*, E.T. (London, 1959), pp. 240–42; cf. A. D. Nock : "Podemos de alguna manera ser escépticos acerca de esta referencia a la multitud (literalmente 'miríadas') de los cristianos judíos: el peligro real venía de los judíos en general" (*St. Paul* [London, 1938], p. 136).

29. Comp. 15:3-4.

30. Cuando Santiago y los ancianos describen las bases de la iglesia como "celosos de la ley," el término "zelote" no se utiliza en el sentido del partido (tal como vemos en 1:13) sino en el sentido en el que Pablo se lo aplica así mismo en Gal.1:14 donde declara haber sido "celoso de las tradiciones ancestrales". Incluso así, es improbable que los miembros de la iglesia no permanecieran completamente afectados por el espíritu insurgente que emergió en el país durante el gobierno de Félix.

y los ancianos evidentemente consideraron estos rumores como falsos; pero sería necesario algo más que afirmaciones verbales para persuadir a aquellos que habían creído a pies juntillas tales rumores de que habían sido mal informados.

La posición de Pablo en tales temas está diáfanamente clara en sus cartas. La circuncisión de los gentiles convertidos como una especie de póliza de seguros, a menos que la fe en Cristo fuera insuficiente en sí misma, él lo denunciaba como una desviación de la pureza del Evangelio (Gal. 5:2-4). Pero en sí misma la circuncisión era un tema indiferente; no había diferencia en el estatus de cada uno a los ojos de Dios (Gal. 5:6; 6:15). Si un padre judío, después de convertirse en seguidor de Jesús, deseaba circuncidar a sus hijos conforme a las costumbres ancestrales, Pablo no tenía objeción alguna.[31] Él adoptó la misma actitud de flexibilidad para costumbres tales como la observancia de días especiales o la abstención de ciertos tipos de comida: "que cada uno esté completamente convencido en su propia mente" (Rom. 14:2-6). Él mismo estaba contento de cumplir con las costumbres judías cuando se encontraba en un ambiente social judío. Tal conformidad le resultaba fácil, debido a su propia educación, pero había aprendido a ser igualmente feliz adaptándose a las costumbres gentiles en compañía de gentiles. Si se preguntara qué práctica adoptaba cuando se encontraba en medio de judíos y gentiles mezclados, la respuesta probablemente es que actuaba como él pensaba que requería cada situación: cualquier judío que estuviera integrado en una sociedad mixta habría aprendido ya algunas medidas de adaptación. Para cualquier persona que permaneciera en la letra y el espíritu de la ley, Pablo consideraría algunos de sus requisitos como asuntos dignos de indiferencia, al tratar como opcionales algunas cosas que la ley había establecido como obligatorias, podía en sí mismo haber sido considerado como "apostasía contra Moisés"; pero en la práctica él evitaba ofender a aquellos en cuya compañía se encontraba de cuando en cuando.

21:22-24 Había, sin embargo, una manera en la que el propio Pablo podía desmentir eficazmente estos inquietantes informes. Si él fuera visto tomando parte públicamente en una de las costumbres ancestrales, se darían cuenta de que él, después de todo, era un observador y practicante de la ley. Por tanto, en su *naïveté*, le hicieron una propuesta. Cuatro de sus miembros habían tomado un voto nazareo: aunque el tiempo límite no está especificado, su voto duraría treinta días.[32] Durante este período se abstendrían de vino y bebidas fuertes, deberían evitar cualquier contacto profano (por ejemplo, un cadáver), y no se cortarían el cabello. Al final de ese tiempo, presentarían una ofrenda en el templo, y su

---

31. Compare la circuncisión de Timoteo, su propio "hijo en la fe" (ver en 16:3).
32. Mishnah, *Nāzîr* 6.3.

cabello, que se cortaría ahora, sería consumido en el fuego sacrificial.[33] Otro israelita podría asociarse con el nazareo al sufragar el coste de su ofrenda; esto era considerado como una acción pía y caritativa.[34] La propuesta de los ancianos, pues, era que Pablo debería asociarse él mismo con los cuatro nazareos cuando ellos dieran cuenta de su voto en el templo y pagara los gastos.

Para hacer esto el propio Pablo debía purificarse: acababa de regresar de una larga estancia en tierras gentiles, y la impureza ritual que inevitablemente iba unida a él, tenía que ser eliminada antes de que pudiera tomar parte en tan solemne ceremonia. Pero su purificación debería ser distinguida de la purificación de los nazareos. En la LXX el mismo término griego[35] se refiere al deber tanto de los ritos de purificación por la impureza en general (como en Num. 19:12) como a las varias formas de abstención que los nazareos tenían que practicar durante el período de su voto (como en Num. 6:3); y Lucas aquí usa el termino en ambos sentidos. Si los dos tipos de purificación son distinguidos, no será necesario suponer tampoco que Pablo tenía un voto nazareo personal que cumplir en esta ocasión[36] o que los cuatro nazareos habían inadvertidamente contraído alguna contaminación durante el período de sus votos y ahora debían ser purificados de la misma.[37]

21:25 Los ancianos también le aseguraron que no tenían intención de volverse atrás con respecto al decreto apostólico, e imponer requerimientos legales para los creyentes gentiles. En lo que a *ellos* concernía, dijeron los ancianos, todo lo que se requería de ellos era que se abstuvieran de comer carne que había sido sacrificada a los ídolos o muertos de manera que la sangre no hubiera sido completamente drenada, y de la práctica de la fornicación.

No hay razón para el punto de vista alguna vez expresado, de que esta era la primera vez que a Pablo se le hablaba de los términos del decreto apostólico.[38]

---

33. La ofrenda comprendía un cordero, una oveja y un carnero, acompañado de una cesta de comida y libaciones (Num. 6:14-15). Junto con el "cabello de la consagración" todo completo fue llamado una "ofrenda del cabello" (Mishnah, *Nāzîr* 6.5-6).

34. Josefo probablemente presupone que Herodes Agripa I realizó una obra meritoria de este tipo, cuando, a su entrada a Jerusalén como rey, dirigió a muchos nazareos a cortarse el cabello (*Ant.* 19.294).

35. El verbo ἁγνίζω ("purificar") con el nombre deriva ἁγνισμός ("purificación").

36. Comp. el voto se cumplió en Céncreas (ver en 18:18).

37. Siete días tenían que pasar antes de que un nazareo que había contraído tal deshonra pudiera ser purificado; se rapaba la cabeza en el séptimo día y la ofrenda era traída en el octavo día (Num. 6:14-15; Mishnah, *Nāzîr* 6.6-9).

38. Así H. Lietzmann, *The Beginnings of the Christian Church*, E.T. (London, 1949), p. 109, mantenía que el decreto apostólico fue elaborado después del Concilio de Jerusalén, a espaldas de Pablo, y que "solamente hacia el final de su vida, cuando volvió a visitar Jerusalén, se le dio personalmente información oficial".

la repetición de aquellos términos, como una idea de última hora o como una especie de nota a pie de página, era perfectamente natural en aquel contexto.[39] Los ancianos deseaban asegurar a Pablo que sus recelos se limitaban a sus enseñanzas según los informes dados a los creyentes judíos. Estamos contentos de saber, dicen en efecto, que tú no enseñas a los judíos creyentes a abandonar las costumbres ancestrales, y nos gustaría dejar eso claro para todo el mundo aquí. En cuanto a los creyentes gentiles, por supuesto, estamos de acuerdo en que nada debe imponérseles excepto el abstenerse de lo detallado en la carta apostólica.

21:26 Pablo aceptó su sugerencia, y acompañó a los cuatro nazareos al templo. Se notificó simultáneamente la fecha prevista del pago de su voto, y la finalización del proceso de purificación de Pablo. La frase "habiendo sido purificado junto con ellos"[40] debe referirse a la iniciación del proceso de purificación; el proceso no estaría completo hasta el séptimo día.

La sabiduría de Pablo de cumplir con el plan de los ancianos bien puede ponerse en duda. Probablemente él mismo no era demasiado optimista en cuanto a los resultados; pero si acceder a su propuesta les aliviaba del disgusto, él estaba dispuesto a seguir con su política declarada: "a aquellos bajo la ley, me he hecho uno bajo la ley—aunque yo mismo no estoy bajo la ley—para ganar a aquellos que están bajo la ley" (1 Cor. 9:20). Ciertamente no se le puede acusar de comprometer los propios principios del Evangelio.

En cuanto a los ancianos, la impresión que Lucas da en su informe es que eran hombres muy bien intencionados, pero profundamente preocupados. Ellos sabían que si se mostraban tolerantes con Pablo al aceptar las ofrendas de las iglesias gentiles, podrían perjudicar su misión a Israel y su influencia en su propio rebaño. Pero si Pablo públicamente hacia algo que desmintiera los inquietantes rumores que circulaban acerca de él, eso suavizaría la situación de todos. Pero se han hecho intentos de leer entre líneas el registro de Lucas. Se ha sugerido que el curso de acción de los ancianos era una forma de condición para aceptar las ofrendas.[41] Incluso se ha sugerido que a sabiendas trazaron un plan para que Pablo "cayera en una emboscada al atraerlo hacia el Templo"—y que esta sospecha rondó por la mente del propio Lucas cuando Pablo fue tumultuosamente asaltado mientras seguía sus instrucciones.[42] Si alguna de esas sospechas se le pasaron por la mente a Lucas, las ha ocultado muy hábilmente.

---

39. Comp. H. Conzelmann, *Die Apostelgeschichte*, HNT (Tübingen, 1963), p. 123; E. Haenchen, *The Acts of the Apostles*, E.T. (Oxford, 1971), p. 610.

40. Gr. σὺν αὐτοῖς ἁγνισθείς—¿es el aoristo ingresivo?

41. Comp. J. D. G. Dunn, *Unity and Diversity in the New Testament* (London, 1977), p. 257.

42. A. J. Mattill, "The Purpose of Acts: Schneckenburger Reconsidered," in *Apostolic History and the Gospel*, ed. W. W. Gasque and R. P. Martin (Exeter/Grand Rapids, 1970), pp. 115–16.

2. Disturbio en el Templo (21:27-30)

27 *Cuando estaban a punto de cumplirse los siete días, unos judíos de Asia lo vieron en el templo. Alborotaron a toda la multitud y le echaron mano.*
28 *"Hombres de Israel," gritaban, "¡venid y ayudadnos! Este es el hombre que propaga sus enseñanzas por todas partes, adoctrinando a todo el mundo en detrimento de nuestro pueblo, nuestra ley y este lugar. No contento con eso, ha traído griegos al interior del templo y ha profanado este santo lugar".*
29 *Ellos ya habían visto a Trófimo de Éfeso con él en la ciudad, y supusieron que Pablo lo había traído al templo.*
30 *La ciudad entera se alborotó, y la gente venía corriendo de todas partes. Se apoderaron de Pablo y lo arrastraron fuera del templo, e inmediatamente cerraron las puertas.*

21:27-29 El proceso purificador de Pablo duraba siete días; había una ceremonia especial de purificación el tercer día y el séptimo día.[43] Prácticamente había completado todos los requerimientos[44] cuando un disturbio surgió en los recintos del templo. Entre los judíos de la dispersión, aquellos de la provincia de Asia, eran particularmente hostiles contra Pablo; él había incurrido en su enemistad durante los años de su ministerio en Éfeso.[45] Algunos de estos judíos residentes en Asia habían venido a Jerusalén para la fiesta de Pentecostés, y encontraron allí a Pablo, determinaron tomar medidas contra él más eficaces de las que habían podido tomar en Éfeso. Entre los amigos gentiles que habían venido con Pablo a Jerusalén estaba Trófimo de Éfeso, a quien estos judíos de Asia reconocieron en cuanto lo vieron en compañía de Pablo. Cuando más tarde encontraron a Pablo en el templo, en la Corte de Israel,[46] cumpliendo con los rituales de la purificación a los que se había sometido, pensaron que Trófimo estaba allí con él. Pero esto era una ofensa capital: los gentiles podían visitar la parte exterior del templo (que precisamente por esta razón era llamado el Atrio de los Gentiles), pero estaba prohibido penetrar en ninguna de las estancias interiores so pena de muerte. Las autoridades romanas eran tan conciliadoras con los escrúpulos religiosos judíos en este sentido, que autorizaron la pena de muerte para el que traspasara esta ley incluso si el ofensor era un ciudadano romano.[47] Para que ningún gentil entrara sin querer en las áreas prohibidas, había anuncios escritos en griego y latín en

---

43. Comp. Num.19:12

44. Cada requerimiento para el proceso purificador había sido completado, de acuerdo con el sentido natural del participio perfecto "purificado" (ἡγνισμένον) en 24:18.

45. Comp. 20:19.

46. La Corte de Israel era el área de los precintos interiores en el que los hombres judíos que no eran sacerdotes o levitas eran admitidos (ver en 3:1–3, n. 7).

47. Tito, el comandante romano al mando, recuerda a los defensores del templo esta concesión en un discurso que Josefo le atribuye (*BJ* 6.126).

la barrera que los separaba en el atrio exterior, advirtiendo a los gentiles que no entraran bajo pena de muerte.[48] Dos de estos anuncios (ambos en griego) han sido descubiertos—uno en 1871 y otro en 1935—el texto dice como sigue: "Ningún extranjero puede entrar más allá de esta barrera que rodea el templo y al interior del mismo. Cualquiera que sea sorprendido traspasándola, asumirá su responsabilidad personalmente por su subsiguiente muerte".[49]

Si los cargos contra Pablo de los judíos de Asia hubieran sido justificados, él ciertamente habría sido culpable de ayudar e instigar, y de hecho de participar en uno de los crímenes más serios contra la ley judía, y uno que obligatoriamente habría inflamado de manera inmediata los ánimos de todos los judíos de Jerusalén contra él. Los judíos de Asia eran muy conscientes de ello cuando levantaron el clamor contra él: este hombre, gritaron, no contento con atacar al pueblo judío, la ley y el santuario, lo cual hace y enseña en todo el mundo—una acusación que evoca fuertemente la acusación contra Esteban[50] —ha profanado de hecho el lugar santo, trayendo griegos a su interior.

21:30 El tumulto estalló a una; la multitud que estaba presente en el Atrio de Israel se abalanzó sobre Pablo, lo arrastraron fuera del recinto interior bajando las escaleras hacia el recinto exterior. Las noticias se propagaron rápidamente desde el área del templo a la ciudad, y muchos otros se apresuraron al lugar de la acción. Las "puertas del santuario", que llevaban de los atrios interiores al atrio exterior, fueron cerradas por los policías del templo, que estaban ansiosos por preservar la santidad de los recintos sagrados apropiadamente de ser ultrajados por la violenta multitud con resultados potencialmente mortales.

Algunos comentaristas han visto un significado simbólico en el breve enunciado "inmediatamente las puertas fueron cerradas"; y tal significado puede haber sido previsto por Lucas. T. D. Bernard, por ejemplo, en sus Conferencias en Bampton en 1864, dice de este incidente: "'Creyendo todas las cosas que están escritas en la Ley y en los Profetas' y 'sin haber cometido ningún delito contra el pueblo o las costumbres de [sus] padres' él [Pablo] y su credo son forzados fuera de su propia casa. A este credo, tanto como a él mismo, las puertas del Templo les fueron cerradas".[51] Para el mismo Lucas, este puede haber sido el momento cuando el Templo de Jerusalén dejó de desempeñar el papel de honor que hasta ahora le había otorgado en su doble historia. La exclusión del mensaje y del

---

48. Comp. Josefo, *BJ* 5.194; 6.12–25; *Ant.* 15.417; *Ap.* 2.103–4; Philo, *Embassy to Gaius* 212.

49. Comp. C. S. Clermont-Ganneau, "Discovery of a Tablet from Herod's Temple," *PEQ* 3 (1871), pp. 132–33; J. H. Iliffe, "The ΘΑΝΑΤΟΣ Inscription from Herod's Temple," *QDAP* 6 (1936), pp. 1–3.

50. Comp. 6:13; ver pp. 126–27.

51. T. D. Bernard, *The Progress of Doctrine in the New Testament* (London, [5]1900), p. 121.

mensajero de Dios de la casa una vez llamada por su nombre, selló su perdición: ahora estaba madura para la destrucción que Jesús había predicho muchos años antes (Lucas 21:6).

3. Pablo rescatado por los romanos (21:31-36)

> 31 *Mientras procuraban matarlo, se le dio un aviso al comandante de la compañía romana de que toda Jerusalén estaba amotinada.*
> 32 *Inmediatamente tomó a sus soldados y centuriones y corrió hacia ellos. Cuando vieron al comandante y a los soldados, dejaron de golpear a Pablo.*
> 33 *Cuando el comandante llegó lo arrestó y mandó que lo encadenaran con una cadena en cada mano, y le preguntó quién era y qué había hecho.*
> 34 *Algunos de la multitud gritaban una cosa, y otros otra; así que, cuando vio que no podía sacar nada en claro por el tumulto, ordenó que lo llevaran a la fortaleza.*
> 35 *Cuando llegaron a las gradas, Pablo tuvo que ser llevado en volandas por los soldados a causa de la violencia de la multitud;*
> 36 *porque la multitud les seguía, gritando: "¡que lo maten!"*

21:31-32 Mientras tanto, en el atrio exterior, Pablo estaba siendo fieramente atacado y golpeado por la muchedumbre, y apenas habría aguantado con vida unos minutos más de no haber sido por la oportuna intervención de la guarnición romana. En la zona noroeste del templo se alzaba la Fortaleza Antonia (una vez llamada Baris pero reconstruida por Herodes el Grande, que le cambió el nombre en honor a Marco Antonio). Era una guarnición en ese tiempo de una cohorte auxiliar de tropas romanas bajo el mando de un comandante militar.[52] La Fortaleza estaba conectada con el patio exterior del templo por dos tramos de escaleras, de modo que la guarnición podía intervenir rápidamente en caso de motín. En esta ocasión, inmediatamente después de recibir el informe del tumulto, el comandante convocó a un destacamento de soldados con sus centuriones,[53] y ellos bajaron las escaleras corriendo hacia el patio, obligando a los asaltantes de Pablo a dejar de maltratarlo.

21:33-34 El tribuno, entonces, formalmente arrestó a Pablo, y ordenó que lo esposaran a dos soldados. Sin duda, pensó que el hombre era un criminal, pero fuere lo que fuere que hubiera hecho para enfurecer a la multitud de esa manera, tenía que ser tratado legalmente, y no con aquella violencia desenfrenada. Pero

---

52. Gr. χιλίαρχος, lit. "comandante de un millar"; la cohorte auxiliar (σπεῖρα) que el comandaba constaba de 1.000 hombres en lista (760 soldados a pie y 240 a caballo). Comp. en 23:23, n. 44. Los detalles de la Fortaleza Antonia son facilitados por Josefo, *BJ* 5.238–45. Ver también P. Benoit, "The Archaeological Reconstruction of the Antonia Fortress," in *Jerusalem Revealed*, ed. Y. Yadin (New Haven/London/Jerusalem, 1975), pp. 87–89.

53. Ya que centuriones aparece en el plural, debía haber al menos dos de ellos, cada uno a cargo de una "centuria" es decir 100 hombres (en lista).

cuando intentó descubrir qué había hecho este hombre, o quién era, no pudo obtener respuestas claras. Tan grande era el jaleo y tan confusas y conflictivas las acusaciones que se estaban lanzando contra Pablo. Tenía que encontrar la verdad del asunto por otros medios, así que ordenó que los soldados llevaran a Pablo a la Fortaleza.

21:35-36 La decepcionada multitud, a la que tan perentoriamente habían robado su víctima, se apretujaba contra los soldados que custodiaban a Pablo; y cuando llegaron a los escalones que conducían a la Fortaleza, Pablo tuvo que ser llevado en volandas por los soldados para evitar que la multitud se hiciese con él de nuevo. Esta escapada del peligro no fue más gloriosa que aquella en la que fue descolgado dentro de un cesto por el muro de Damasco: Pablo podía añadirlo a su almacén de memorias de situaciones, las cuales lo mantendría humilde en los momentos en los que era tentado a ser "exaltado sobremanera" (2 Cor. 12:7). El grito "¡Matadlo!"[54] que lo perseguía mientras subía las escaleras, era el grito con el que la muerte de Jesús había sido demandada no lejos de ese lugar unos veintisiete años antes (Lucas 23:18; Juan 19:15).

4. Pablo obtiene permiso para dirigirse a la multitud (21:37-40)

37 *Cuando estaban a punto de entrar en la fortaleza, Pablo le dijo al comandante: "¿Me das tu permiso para decir algo?" "¿Qué?" preguntó "¿hablas griego?"*

38 *Entonces, ¿tú no eres aquel egipcio que hace algún tiempo provocó una revuelta y condujo al desierto a unos cuatro mil 'asesinos'?"*

39 *"No," dijo Pablo; "Yo soy judío, nativo de Tarso de Cilicia, ciudadano de una ciudad no insignificante. Por favor, déjame hablar a la gente".*

40 *Así Pablo, con el permiso del comandante, se puso de pie en las gradas y haciendo una señal con las manos para que guardasen silencio, empezó a hablarles en 'hebreo' cuando se hizo un gran silencio.*

21:37-38 Para el momento en el que llegó a lo alto de las escaleras, Pablo debía presentar un aspecto lamentable—magullado, golpeado, sucio y despeinado. Pero, como tan frecuentemente en Hechos, rápidamente se repuso e hizo frente a la situación.

El tribuno, empeñado en descubrir la causa del problema, sacó una conclusión precipitada. Unos tres años antes, un egipcio aventurero apareció en Jerusalén clamando ser un profeta, y condujo a una gran banda de seguidores al Monte de los Olivos.[55] Allí les dijo que esperaran hasta que, a su voz de mando,

---

54. Gr. αἶρε αὐτόν (comp. *P. Oxy.* 119.10, citado p. 324, n. 9).

55. La historia es contada por Josefo, *BJ* 2.261–63; *Ant.* 20.169–72. Él no sugiere que los seguidores del hombre fueran "asesinos" (*sicarios*), como dice el comandante. Los *sicarios*, o hombres de la daga, (de *sica*, "daga"), empezaron a estar activos alrededor de este tiempo y, después de asesinar al antiguo sumo sacerdote Jonatán, convertido en el principal objetivo por los judíos pro romanos, se mezclaban con las multitudes en las fiestas y apuñalaban a sus víctimas a escondidas (comp. Josefo, *BJ* 2.254–57; *Ant.* 20.162–65, 185–87). Al decir que el egipcio los guió al desierto,

las murallas de la ciudad cayeran; luego, marcharían derrocando a la guarnición romana y tomarían posesión del lugar. Pero Félix, procurador de Judea, envió sus tropas contra ellos; mataron a algunos de ellos e hicieron prisioneros a otros.[56] El egipcio desapareció discretamente. Aquellos a los que había engañado no acariciaban sentimientos de amistad hacia él. Ahora, pensó el tribuno, el impostor había reaparecido y la gente quería descargar su furia contra él.

Se quedó, por tanto, sorprendido cuando Pablo, habiendo sido llevado arriba de las gradas y puesto en pie, se dirigió a él en una educada voz en griego y le pidió permiso para hablar a la multitud de abajo. Debía estar equivocado en cuanto a la identificación de Pablo, concluyó, y Pablo, al ser interrogado, confirmó que de hecho él no era egipcio.

21:39-40 Por el contrario, dijo Pablo, era ciudadano de la ilustre ciudad ciliciana de Tarso,[57] nacido de estirpe judía; y repitió su petición de permiso para dirigirse a la enfadada multitud abajo en el patio. Su petición fue atendida, así que, puesto en pie en lo alto de las gradas (que estaban fuertemente custodiadas por los soldados), empezó a hablar a la multitud de la gente de Jerusalén abajo, dirigiéndose a ellos en su arameo nativo.[58] Hacer que guardaran silencio con un gesto característico de sus manos[59] es, probablemente, el intento de Lucas de dar testimonio de la fuerza de su personalidad.

Su elección de hablarles en arameo en vez de en griego no fue en absoluto un fracaso para garantizar su tolerancia mientras les hablaba. Si su audiencia hubiera sido galesa o escocesa, a punto de ser abordada por alguien sospechoso de traición a la causa nacional, se darían cuenta enseguida que les estaban hablando no en lengua sajona, sino en su lengua nativa celta, el gesto, sin duda, suscitaba al menos momentáneamente una medida de buena voluntad. El arameo no era solamente la lengua nativa de la mayoría de los judíos palestinos; era también la lengua común de todas las personas que no hablan griego en el Asia occidental, hasta el este, e incluyendo, el imperio de los Partos más allá del Éufrates.

---

el comandante puede estar incluyéndolo a él con otros impostores quienes en ese tiempo guiaron a sus engañados seguidores hacia el desierto de Judea, prometiéndoles hacer milagros allí (comp. Mat. 24:26), de acuerdo con (*BJ* 2.259; *Ant.* 20.167–68); ver P. W. Barnett, "The Jewish Sign Prophets, A.D. 40–70—Their Intentions and Origin," *NTS* 27 (1980–81), pp. 679–97.

56. Josefo dice que el número de sus seguidores era como de 30.000; el número de 4.000 mencionado aquí es mucho más probable.

57. El tribuno fue mucho más impresionado por la última revelación de Pablo de que era un ciudadano romano (22:25–29) que por su presente declaración de ser un ciudadano de Tarso: ¿qué era Tarso para él?

58. El arameo parecer ser el significado real de cualquier referencia a la lengua "hebrea" en el Nuevo Testamento, excepto en Ap. 9:11; 16:16. Ver F. Rosenthal, *Die aramaistische Forschung* (Leiden, 1939).

59. Comp. 13:16.

HECHOS 22

5. Defensa de Pablo ante el pueblo de Jerusalén (22:1-21)

a. Sus primeros días (22:1-5)

1 *"Hermanos y padres, escuchadme mientras os hablo ahora en mi defensa".*
2 *Cuando se dieron cuenta de que les estaba hablando en hebreo, le prestaron incluso más atención.*
3 *"Yo soy judío nacido en Tarso de Cilicia, pero criado en esta ciudad, educado a los pies de Gamaliel conforme a la interpretación estricta de nuestra ley ancestral. Era celoso de Dios,[1] como vosotros lo sois hoy.*
4 *I Perseguí este Camino hasta la muerte; apresando hombres y mujeres con cadenas y entregándolos para encarcelarlos.*
5 *De hecho, el sumo sacerdote[2] puede atestiguar esto de mí junto con todo el consejo de ancianos. De ellos recibí cartas para nuestros hermanos en Damasco, y estaba viajando allí para traer a Jerusalén como prisioneros a aquellos que habían escapado hacia allá,[3] para castigarlos.*

22:1-2 Entonces, Pablo hablando en arameo, pidió a la multitud que escuchará lo que tenía que decir, empezando con las mismas palabras que Esteban había dicho muchos años antes, al iniciar *su* defensa.[4] Cuando se dieron cuenta de que el hombre al que habían execrado como un renegado, les estaba hablando en su lengua vernácula, el silencio que le habían concedido a regañadientes a la señal de su mano se hizo más profundo aún, y le permitieron seguir adelante.

---

1. Para "Dios" la Vulgata Latina lee "la ley" y la Siriaca Harclean tiene la lectura opcional "mis tradiciones ancestrales" (prestado de Gal. 1:14).

2. Unos cuantos manuscritos Occidentales añaden "Ananías" (comp. 23:2). Pero Ananías no era sumo sacerdote en la época de la misión de Pablo en Damasco.

3. Gr. τοὺς ἐκεῖσε ὄντας (esta traducción está diseñada para mostrar la fuerza de ἐκεῖσε, "hacia allá").

4. Comp. 7:2.

Sus primeros días (22:1-5)

22:3-4 Su defensa tomó forma autobiográfica, mientras cuenta a sus oyentes de su patrimonio y educación estrictamente ortodoxa como judío, de su llamado y comisión del Jesús resucitado en el camino de Damasco, y de él siendo enviado a evangelizar el mundo gentil. Este es el segundo informe de la conversión de Pablo en el libro de Hechos; el primero está narrado en tercera persona en 9:1–22, y la tercera, como ésta, está en primera persona, de la boca del propio Pablo, cuando vuelve a defenderse—esta vez frente a Agripa (26:2–23). Junto con la identificación virtual del tema en cuestión, hay sutiles divergencias de estilo y presentación, especialmente entre los dos en primera persona, cada uno de los cuales está especialmente adaptado a su audiencia.

Aquí Pablo enfatiza que aunque nació en Tarso, fue criado en Jerusalén, expuesto solamente a influencias judías. Algunos escritores han dado rienda suelta a su imaginación al describir las huellas de las influencias que los años de formación en Tarso habrían dejado en Pablo; de acuerdo con este relato, sin embargo, pasó sus años de formación en Jerusalén.[5] Cuando llegó el tiempo de recibir su más alta educación, no asistió a ninguna de las academias de su ciudad natal, sino a la escuela de Gamaliel. Ya hemos conocido a Gamaliel como líder de los Fariseos en Jerusalén e ilustre maestro de la ley.[6] La "interpretación estricta de nuestra ley ancestral" que Pablo aprendió en su escuela concordaba con la tradición farisea. Lo que se dice aquí se puede comparar en el informe de Pablo en Gal. 1:14 sobre su avance en el judaísmo mas allá de muchos de sus contemporáneos y su celo por las tradiciones ancestrales. Como en sus cartas, así aquí también enfatiza su persecución del Camino[7] como la suprema manifestación de su celo por Dios.[8]

22:5 Él continúa diciéndoles cómo, en el cumplimiento de su campaña de represión contra los discípulos de Jesús, fue a Damasco, armado con cartas que lo acreditaban como un emisario del sumo sacerdote y del sanedrín de Jerusalén. Éstas lo autorizaban para procurar la detención y extradición de aquellos discípulos que habían buscado refugio en aquella antigua ciudad Siria.

---

5. Ver W. C. van Unnik, *Tarsus or Jerusalem: The City of Paul's Youth*, E.T. (London, 1962).

6. En Gamaliel ver 5:34, con exposición y notas. El celo perseguidor del alumno constituye un agudo contraste con la moderación y tolerancia que caracterizaba a su maestro; pero, probablemente, el alumno vio con mayor claridad que su maestro la gravedad que la nueva amenaza representaba con respecto a la antigua. El alumno no identificado de Gamaliel quien, de acuerdo con el Talmud de Babilonia, manifestó "insolencia en materia de educación" (*shabbāṯ* 30b), es identificado con Pablo por J. Klausner (*From Jesus to Paul*, E.T. [London, 1944], pp. 310–11), pero con contundencia dudosa.

7. Para "el Camino" ver en 9:2.

8. Comp. 8:3; 9:1 26:9–11; Gal. 1:13; Fil. 3:6 ("como celoso, perseguidor de la iglesia"). Para la comparación de su antiguo celo con el celo actual comp. Rom. 10:2 ("ellos tienen celo de Dios, pero no están iluminados").

b. El camino de Damasco (22:6-11)

6 "Así, cuando iba por el camino hacia Damasco, estaba llegando a la ciudad cuando de repente, al mediodía, una gran luz del cielo resplandeció a mi alrededor.
7 Yo caí al suelo, y oí una voz que me decía,[9] 'Saulo, Saulo, ¿por qué me persigues?'[10]
8 '¿Quién eres tú, Señor?' Pregunté. 'Yo soy Jesús', dijo, '—Jesús el Nazareno, a quien tu persigues.'
9 Los hombres que estaban conmigo vieron la luz pero no oyeron la voz del que me estaba hablando.
10 '¿Qué quieres que haga, Señor?' dije. 'Levántate,' me dijo el Señor, 'y entra en Damasco; allí se te dirá todo lo que ha sido dispuesto que hagas.'[11]
11 Como[12] yo no podía ver[13] a causa de la gloria de la luz, mis compañeros me llevaron de la mano y llegué a Damasco".

22:6-9 Pablo ahora describe la luz cegadora que brilló a su alrededor y alrededor de los que viajaban con él a mediodía mientras se aproximaban a los muros de Damasco, y la voz que lo desafiaba mientras yacía postrado en el suelo: "Saulo, Saulo, ¿por qué me persigues?" "¿Quién eres, Señor?" fue la sorprendida respuesta de Pablo, y aún más asombrosa fue la rápida respuesta: "Yo soy Jesús de Nazaret,[14] al que tu persigues". Mientras este intercambio está teniendo lugar entre Pablo y el glorificado Señor, sus compañeros seguían asombrados. Ellos también habían visto el destello de luz y fueron momentáneamente aturdidos por él; ahora oían hablar a Pablo, pero nadie escuchó o vio a la persona a quien sus palabras iban dirigidas.[15]

22:10-11 Esta frase de condena, "Yo soy Jesús de Nazaret," impuso sobre Pablo una lealtad de por vida hacia aquél, a quien, por ignorancia e incredulidad, había resistido hasta este momento. Ahora esperaba las órdenes de aquél a quien desde ahora en adelante reconocería como Señor, y que le dijo que fuera a Damasco, donde se le darían más instrucciones. Así, ciego, fue conducido de la mano hacia Damasco.

---

9. Dos Manuscritos Occidentales (el Códice Latino *gigas* y en el margen de la Siriaca Harclean) añaden "en la lengua hebrea" (tomado de 26:14).

10. Un número de testigos, muchos de carácter occidental, añaden "duro te es dar coces contra el aguijón" (tomado de 26:14).

11. Para "a cerca de todas las cosas que se han dispuesto que tú hagas" algunos manuscritos Bizantinos leen "que tú debes hacer" (de 9:6).

12. El Texto Occidental lee: "Y al levantarme no podía ver. Y como no podía ver..."

13. Cod. B lee "Yo no veía nada".

14. Esta es la única de las tres narrativas de la conversación de Pablo en la que Jesús se llama a sí mismo "Jesús el Nazareno" (ver en 2:22, n. 72); en 9:5 y 26:15 él dice, "Yo soy Jesús". G. H. Dalman reconstruyó la frase en Arameo como 'ănā Yēšûa' Nāṣerāyā de'att rādepinnēh (*Jesus-Jeshua*, E.T. [London, 1929], p. 18).

15. Ver 9:7.

c. *Ananías de Damasco (22:12-16)*

12 *"Había un cierto Ananías, un hombre devoto conforme a la ley, que tenía muy buena reputación entre los judíos residentes allí.*
13 *Vino a mí, se puso a mi lado, y me dijo, 'Saulo, mi hermano, recibe la vista.'*[16] *En aquel mismo momento miré y lo vi a él.*[17]
14 *Luego él dijo, 'El Dios de nuestros padres te ha escogido para que conozcas su voluntad, y para que veas al Justo y oigas palabras de su boca.*
15 *porque tu vas a ser su testigo de todas las cosas que has visto y oído.*
16 *Y ahora ¿por qué retrasarlo? Levántate y bautízate y lava tus pecados, invocando su nombre.'*

22:12 Como Pablo ha enfatizado su formación ortodoxa y su devoción a la ley y tradiciones ancestrales, así ahora enfatiza la parte relacionada con su experiencia de conversión con Ananías de Damasco, descrito como un judío devoto y fiel a la ley, que gozaba del respeto de sus compañeros judíos en la ciudad.

22:13-16 La primera cosa que hizo Ananías cuando llegó a la casa en la que estaba Pablo fue anunciarle la restauración de la vista en el nombre del Cristo Resucitado. La orden "Mira" podría también ser traducido como: "recibe el poder de ver de nuevo". Las primeras palabras de Ananías a Pablo de las que aquí se informa, resumen la declaración más amplia de 9:17. Pero las siguientes palabras de los versos 14-16 son más completas que las atribuidas a él en cualquier otro informe.[18] Era importante subrayar en la ocasión presente que la comisión que Pablo recibió del Cristo Resucitado fue en gran medida comunicada a través de este piadoso y creyente judío.[19] En el siguiente discurso delante de Agripa no habrá necesidad para este énfasis particular, y así la esencia de lo que Ananías dijo a Pablo aquí en el nombre del Señor, es allí dirigido a él directamente por el Señor en el camino de Damasco. Debe decirse que a este respecto el discurso ante Agripa está más en la línea con el testimonio de Pablo en sus cartas, con su insistencia en el carácter sin mediación del llamado y misión de Pablo (Gal. 1:12).

El estilo judío del anuncio de Ananías contribuye a la presentación general de su rol en esta narrativa: la iniciativa en el llamado de Pablo es tomada por "el Dios de nuestros padres" (en contraste con "el Señor—que es Jesús" en 9:17), y Jesús mismo se identifica como "el Justo".[20]

---

16. Gr. ἀνάβλεψον, que puede significar o "mira" (ἀνά = "arriba") o "ve de nuevo," es decir, "recupera la visión" (ἀνά = "otra vez").

17. Gr. ἀνέβλεψα εἰς αὐτόν.

18. Ver, sin embargo, la instrucción dada a Ananías por el Señor en 9:15–16.

19. En cuanto al papel de Ananías aquí con respecto a la afirmación de Pablo en Gal. 1:1, 11–12, ver la exposición de 9:17 (pp. 187–89).

20. Para esta designación comp. 3:14; 7:52 (ver n. 29).

Así Pablo recibió su misión. Ha visto al Cristo resucitado,[21] había oído su voz, y desde ahora en adelante iba a cumplir su ministerio de dar testimonio de la verdad, contando con confianza lo que había visto y oído, con todo lo que ello implicaba—que Jesús de Nazaret, crucificado por los hombres, exaltado por Dios, era Señor de todos. Pero primero debía bautizarse él mismo, como un signo externo y visible de su limpieza interna y espiritual del pecado.[22] Y en el acto de ser bautizado, su invocación de Jesús como Señor debía ser declarado como el poder dominante en su vida de aquí en adelante.[23]

d. La visión de Pablo en el Templo (22:17-21)

17 *"Entonces cuando regresé a Jerusalén y estaba orando en el templo, tuve una visión*
18 *y lo vi diciéndome, '¡Date prisa! Sal de Jerusalén rápidamente: ellos no aceptarán tu testimonio acerca de mí.'*
19 *'Señor,' dije, 'ellos saben que yo solía encarcelar y azotar en una sinagoga tras otra a aquellos que creían en ti.*
20 *Y cuando se derramaba la sangre de tu testigo Esteban, yo mismo estaba presente dando mi aprobación, y guardando las ropas de aquellos que lo estaban matando.'*
21 *'Vete,' me dijo; 'Yo te enviaré lejos a los gentiles.'"*

22:17-21 La visión en el templo de Jerusalén que Pablo describe ahora fue probablemente experimentada durante su visita registrada en 9:26-30. La narración de la misma puede estar influenciada por la visión inaugural de Isaías en Isa. 6:1-13.[24] Pero ésta no era una visión inaugural para Pablo. Su misión de predicar a Cristo entre los gentiles había sido recibida cuando el Señor Resucitado se le

---

21. Que Pablo realmente vio al Señor Resucitado y Exaltado además de escuchar su voz es enfatizado más en sus cartas que en Hechos. Es mencionado, efectivamente en Hechos (aquí y en 26:16); pero mientras en la narrativa de Hechos el énfasis está principalmente en lo que el Señor le dijo, el propio Pablo deja bien claro que la visión de Cristo fue la característica central y más importante de su experiencia de conversión (Gal. 1:12, 16; 1 Cor. 9:1; 15:8).

22. Para la opinión de que Pablo fue invitado a bautizarse él mismo ver B. S. Easton, "Self-Baptism," *AJT* 24 (1920), pp. 513-18. A su favor está la analogía de bautismo del prosélito, el cual se auto administraba; por otra parte, la voz pasiva ἐβαπτίσθη, "fue bautizado," se utiliza en 9:18. La voz media aquí (βάπτισαι) probablemente significa "bautízate"; similar a ἀπόλουσαι (también voz media) que puede ser traducido "haz que (tus pecados) sean lavados". Comp. ἀπελούσασθε, 1 Cor. 6:11; ἐβαπτίσαντο, 1 Cor. 10:2.

23. Su invocación al nombre de Jesús significa que fue bautizado "en el nombre" (o "con el nombre") de Jesús en el sentido de 2:38; 10:48. Tal invocación podría ser la "palabra" (ῥῆμα) referida en Ef. 5:26.

24. Ver O. Betz, "Die Vision des Paulus im Tempel von Jerusalem," in *Verborum Veritas: Festschrift für G. Stählin,* ed. O. Böcher and K. Haacker (Wuppertal, 1970), pp. 113-23. A ambos, Isaías y Pablo, se les dijo que su testimonio no sería aceptado, pero a Isaías se le dijo que persistiera, mientras a Pablo se le dijo que se marchara.

apareció en el camino de Damasco.[25] Su testimonio a este efecto en Gal. 1:16 está confirmado por su informe en 26:16–18. Pero es enteramente creíble que, cuando él visitó Jerusalén por primera vez después de su conversión, el deseo de su "corazón y la oración a Dios" por la salvación de Israel (del que habla en Rom. 10:1) hacían que anhelara dar testimonio a sus compañeros judíos. De acuerdo con Lucas, empezó durante esa visita a involucrarse en vigorosos debates con los helenistas de Jerusalén, e inmediatamente se despertó una aguda hostilidad, tanto más porque recordaban su antiguo celo oponiéndose al movimiento de Jesús, y lo veían ahora como un traidor y un trásfuga (9:29).

La aparición de Cristo vino a él en este momento de éxtasis[26] reafirmando lo que ya había oído en el camino de Damasco—que su llamado era para dar testimonio de Cristo a los gentiles. Jerusalén no oiría su testimonio. Pablo intentó protestar: su actividad anterior anti-cristiana en aquella ciudad, argumentó, estaba todavía fresca en la memoria del pueblo, y muchos podían recordar la parte de responsabilidad que él había tenido en el martirio de Esteban.[27] Su razonamiento, al parecer, era que la gente que conocía su antiguo historial estaría más preparada para ser convencida de que su cambio de actitud debía estar basado en motivos más que convincentes. Pero, de hecho, el conocimiento de su antiguo historial hacía que ellos no desearan escucharlo en absoluto. El Señor, por tanto, le mandó que abandonara perentoriamente Jerusalén; su campo de misión iba a ser el mundo de los gentiles.

Conforme al registro de Lucas (9:29–30), los líderes de la iglesia de Jerusalén, enterándose de los rumores de una confabulación contra la vida de Pablo durante aquella visita, lo escoltaron hacia Cesárea y lo pusieron a bordo de un barco con destino a Tarso. Ésta no es la única vez en nuestra narrativa donde la dirección divina y la acción humana coinciden.

6. Pablo revela su ciudadanía romana (22:22-29)

22 *Lo escucharon hasta que dijo esto; después empezaron a gritar, "¡Echadlo de aquí! ¡A un individuo como él no se le debería permitir vivir!"*[28]
23 *Gritaban, ondeaban sus mantos por encima de ellos y lanzaban polvo al aire.*

---

25. Y empezó inmediatamente a cumplirlo yendo a Arabia, es decir, el Reino Nabateo (Gal. 1:17).

26. Gr. ἐν ἐκστάσει (v. 17); La frase también aparece en la experiencia de Pedro en la azotea de Jope (10:10; 11:5).

27. Comp. 7:58, 8:1a, con exposición y notas. En las palabras de Pablo "tu testigo Esteban" así vemos el principio del desarrollo semántico cristiano del Gr. μάρτυς desde "testigo" a "mártir" (comp. Ap. 2:13; 17:6).

28. Gr. αἶρε ἀπὸ τῆς γῆς τὸν τοιοῦτον, οὐ γὰρ καθῆκεν αὐτὸν ζῆν.

24 *así que el tribuno ordenó que Pablo fuera llevado dentro de la Fortaleza, y dio instrucciones para que fuera interrogado bajo látigo para saber por qué estaban gritando contra él de aquella manera.*

25 *Pero cuando lo estaban atando para azotarlo,[29] Pablo dijo al centurión que estaba a su lado, "¿Es legal que azotéis a un ciudadano romano que no ha sido previamente juzgado?"[30]*

26 *Al oír esto el centurión fue al tribuno y se lo contó: "¿Qué te propones hacer?" le dijo. "Este hombre es un ciudadano romano".*

27 *El tribuno vino y le preguntó, "Dime: ¿tú eres romano?" "Sí," dijo él.[31]*

28 *El tribuno replicó, "A mí me costó una gran suma de dinero adquirir la ciudadanía".[32] "Pero yo," dijo Pablo, "soy un ciudadano romano de nacimiento".*

29 *Entonces los hombres que iban a interrogarlo se retiraron inmediatamente, y el tribuno se asustó cuando supo que el hombre al que había encadenado era ciudadano romano.*

22:22-23 La multitud abajo en el patio exterior había escuchado bastante pacientemente a Pablo mientras hablaba desde lo alto de las gradas, hasta que mencionó su misión a los gentiles. Esta palabra hizo que todo su resentimiento emergiera con el doble de furia. Chillaban y gesticulaban en un motín de rabia sin control. El tribuno no había entendido nada de lo que Pablo había dicho, ya que habló en Arameo (seguramente tampoco lo habría entendido en absoluto aunque hubiera hablado en el idioma del tribuno); pero aunque era imposible para él saber la naturaleza exacta de la queja contra de Pablo, era evidente que eran amargamente hostiles contra él y estaban fuera de control. En unas pocas palabras bien escogidas Lucas describe la escena; no podemos verlos ondeando sus mantos en el aire[33] y lanzando polvo en su excitación. "En Inglaterra," como Lake y Cadbury señalan, "el barro está más frecuentemente disponible".[34]

22:24 Desesperado, entonces, por obtener alguna explicación coherente para todo ese ruido y furia de los manifestantes, el tribuno decidió encontrar la verdad por sí mismo a través del propio Pablo, por interrogación bajo tortura. Si el

---

29. O "con correas" (τοῖς ἱμᾶσιν).

30. O "no condenado" (ἀκατάκριτος), como en 16:37.

31. Gr. ἔφη Ναί, para el que la lectura Occidental es sinonimo de εἶπεν Εἰμί.

32. El Texto Occidental lee "Yo sé la gran suma que me costó adquirir la ciudadanía" (comp. n. 39 abajo).

33. "Ondeando" o "sacudiendo" parece ser el sentido de ῥιπτούντων aquí; el verbo ῥιπτέω es una variante de ῥίπτω ("tirar," "lanzar"). Para la acción comp. la frase en latín *iactatio togarum*. Crisóstomo (*Homilies on Acts* 48.2), describiendo la escena, explica ῥιπτέω por ἐκτινάσσω ("sacudir"); comp. F. Field, *Notes on the Translation of the New Testament* (Cambridge, 1899), p. 136.

34. Puede ser que el horror de los sacrilegios imaginados de Pablo fueran expresados de esta manera. Ver H. J. Cadbury, "Dust and Garments," *Beginnings* I.5, pp. 269-77.

instrumento prescrito era el látigo, (Lat. *flagellum*),³⁵ era un temible instrumento de tortura, consistía en unas correas de cuero, con pesadas piezas de metal o hueso en los extremos, unidos a un mango de madera robusta. Si el hombre no moría bajo el castigo del flagelo, bien podía quedar lisiado de por vida. Pablo había sido golpeado con varas en tres ocasiones (una al menos a manos de los lictores romanos), y había sido sentenciado cinco veces al látigo disciplinario infligido por las autoridades de la sinagoga judía,³⁶ pero ninguno de estos castigos tenía la cualidad asesina de *flagellum*.

22:25 Afortunadamente para Pablo, era una forma de castigo del que los ciudadanos romanos estaban legalmente exentos.³⁷ Al principio la exención era total, y aunque bajo el imperio hubo veces en que se infligió a ciudadanos como pena después de la condena, todos estaban exentos de ella como método de investigación de tercer grado antes del juicio. Así que, cuando algunos de los soldados estaban preparando a Pablo para el flagelo,³⁸ le preguntó al centurión que estaba al mando si era legal que un ciudadano romano fuera tratado así, antes de haber sido debidamente juzgado.

22:26-28 Sabiendo muy bien que eso no era legal, el centurión fue a decirle al tribuno lo que Pablo le había dicho. El tribuno alarmado por las noticias, fue rápidamente al sitio en el que estaba Pablo y le preguntó si era ciudadano romano. "Si," le dijo Pablo. Quizá no tenía el aspecto de un ciudadano romano en aquel momento: después de haber sido atacado por la multitud y arrastrado abajo, hacia el atrio exterior del templo, junto con el trato rudo en general que había recibido, debía ser todo un espectáculo de maltrato e indignidad. Algo de esto debe haber pasado por la mente del tribuno cuando dijo, "A mí *me* costó una gran suma de dinero conseguir la ciudadanía romana"—siendo la implicación que el privilegio debe haberse convertido en algo mucho más barato en los últimos tiempos, si una persona de tan lamentable aspecto como el que presentaba Pablo podía clamar que la tenía.³⁹

Se quedó de lo más sorprendido por la tranquila y digna respuesta de Pablo. El tribuno había técnicamente comprado su ciudadanía; presumiblemente,

---

35. Como se ha sugerido por el uso de μάστιξ (μάστιξιν ἀνετάζεσθαι) en v. 24.

36. 2 Cor. 11:24–25. Uno de los castigos con varas lo recibió en Filipos (ver en 16:22).

37. Por las leyes de Valeriano y Porcio (ver en 16:37).

38. La víctima era comúnmente atada a un pilar o poste a la altura conveniente para la flagelación. F. Field (*Notes on the Translation of the New Testament*, pp. 136–37) aduce alguna evidencia que apoya la opinión de que la víctima era atada a cierta altura del suelo.

39. Bede of Jarrow, en su exposición de Hechos, dice aquí: "Otra edición indica más claramente lo que quiere decir: 'El tribuno dijo: ¿afirmas tan fácilmente que eres ciudadano romano? Porque yo sé por cuan gran precio adquirí yo la ciudadanía.' " Comp. la lectura del Occidental (n. 32).

ya que su nombre gentil era Claudio (23:26), lo había hecho bajo el principado de Claudio. Técnicamente, el gran precio que había pagado fue "el soborno dado a los intermediarios de la secretaría imperial o de la administración provincial que escribieron su nombre en la lista de los candidatos para la emancipación".[40] Este tipo de soborno alcanzó dimensiones escandalosas bajo el mandato de Claudio.[41] Pero Pablo, el hombre al que el tribuno estaba interrogando más bien intempestivamente, era de *nacimiento* ciudadano romano. Eso significaba que su padre era ciudadano romano antes que él. Cómo adquirieron el padre o el abuelo de Pablo la ciudadanía es algo que no tenemos medio de saber, pero por analogía sugerimos que fue por los valiosos servicios prestados a un general o administrador romano en el área del sudeste de Asia Menor, como a Pompeyo en el 66-64 a.C. o a Antonio una generación más tarde.[42]

22:29 La revelación de la ciudadanía romana de Pablo dio a todo el asunto un aspecto diferente. Los métodos ásperos y rápidos que podían darse a los comunes mortales debían ser evitados cuando la persona afectada era un ciudadano romano. El tribuno se estremeció al darse cuenta de lo cerca que había estado de cometer una ilegalidad grave; en realidad, ya había comenzado a perpetrarla al dar la orden de azotar a Pablo; pero al menos la flagelación misma había sido detenida.[43] Él era ahora ante sus superiores responsable de la protección de este

---

40. A. N. Sherwin-White, *Roman Society and Roman Law in the New Testament* (Oxford, 1963), pp. 154–55.

41. Mesalina, la esposa de Claudio y sus cortesanos favoritos usaban este procedimiento como un medio para enriquecerse ellos mismos. Comp. Dio Cassio, *History* 60.17.5–6. El nombre personal del tribuno Lisias indica que era griego de nacimiento. Riqueza o influencia (probablemente ambos) habían hecho posible no solo que se convirtiera en ciudadano romano sino también en oficial superior del ejército romano.

42. "¿No había sido hecho su padre (o posiblemente su abuelo) ciudadano por Antonio o Pompeyo? ¿No eran ellos unos fabricantes de σκηνοποιοί, capaces de ser muy útiles en la guerra de un procónsul?" (W. M. Calder, personal letter, February 18, 1953). La afirmación de Jerónimo de que la familia de Pablo procedía de Gischala (Gush Halab) en Galilea y emigraron a Tarso en la época de la conquista romana de Judea (*On Illustrious Men* 5) ha sido tratada muy seriamente por un número considerable de eruditos (incluyendo M. Dibelius, *Paul*, E.T. [London, 1953], p. 16, que lo relaciona con la afirmación de Pablo en 3:5 de ser un "hebreo de hebreos"). W. M. Ramsay desestima la historia de Jerónimo como "imposible en sí misma" (*The Cities of St. Paul* [London, 1907], p. 185) al parecer sin base sólida.

43. El tribuno estaba también asustado "porque lo había encadenado" (v. 29, ὅτι αὐτὸν ἦν δεδεκώς). Esto probablemente se refiere a la acción en 21:33, más que a Pablo siendo atado para el flagelo—el verbo utilizado para haber sido atado no es el verbo habitual para encadenar (δέω) sino el que denota atar tirante (προτείνω). Puede ser que las dos ἁλύσεις con las que habían encadenado a Pablo en 21:33 fueran más pesadas que las ἅλυσις que continuaba llevando durante su custodia en Judea (delante de Agripa, 26:29) y más tarde en Roma (28:20). Cuando en el v. 30 se dice que el tribuno "lo liberó" (ἔλυσεν αὐτόν) antes de traerlo ante el sanedrín, el significado

7. Pablo traído ante el Sanedrín (22:30)

> 30 *Al día siguiente, deseando saber con seguridad la razón por la que los judíos lo acusaban, lo liberó*[44] *y ordenó a los principales sacerdotes y a todo el sanedrín que se reunieran; luego, llevó a Pablo e hizo que compareciera ante ellos.*

22:30 Si la agitada multitud judía no podía dar un informe coherente de las quejas que tenían contra Pablo, el supremo sanedrín seguramente sería capaz de arrojar alguna luz sobre la situación. Cualesquiera que fueran los cargos contra Pablo, se trataba de un delito de algún tipo contra las costumbres o sentimientos religiosos judíos, y el sanedrín era el cuerpo apropiado para tratar con este tipo de asuntos. Así que al día siguiente, el tribuno pidió al sanedrín que se reuniera. La administración romana de Judea era una administración militar, y en ausencia del procurador, el oficial al mando de la guarnición Antonia era el jefe representativo de la autoridad de Roma en Jerusalén. Si él le ordenaba al sanedrín que se reuniera, el sanedrín se reunía. Cuando el tribunal estaba al completo, trajo a Pablo de la fortaleza a la sala de reuniones en la vertiente occidental de la colina del templo.[45] Debe ser determinado, en primer lugar, que había una *prima facie* del caso para ser juzgado por el sanedrín, y al menos hasta que se determinara, Pablo seguía bajo protección militar.

---

puede ser que lo liberara (temporalmente) de su encarcelamiento en la Fortaleza (comp. La lectura bizantina, n. 44).

44. El Texto Bizantino añade ἀπὸ τῶν δεσμῶν, "de sus ataduras," es decir, de la custodia, haciendo explícito lo que en cualquier cado está implícito.

45. Ver p. 92, n. 13.

HECHOS 23

8. Pablo ante el Sanedrín (23:1-10)

a. Diálogo con el Sumo Sacerdote (23:1-5)

1 Entonces, fijando sus ojos en el Sanedrín, Pablo dijo: "Hermanos, me he conducido en todo con buena conciencia delante de Dios hasta el día de hoy".
2 Pero el sumo sacerdote Ananías ordenó a los que estaban al lado de Pablo que lo golpearan cruzándole la boca.
3 "Dios te golpeará a ti, pared blanqueada," le dijo Pablo. "¿Te sientas para juzgarme conforme a la ley y mandas que me golpeen quebrantando la ley?"
4 Los que estaban a su lado le dijeron: "¿Cómo te atreves a insultar al sumo sacerdote de Dios?"
5 A lo que Pablo contestó: "No sabía que él era el sumo sacerdote, hermanos; si lo hubiese sabido, hubiera respetado las escrituras que dicen: 'No te rebelarás contra un príncipe de tu pueblo.'"

23:1 Una vez traído delante del Sanedrín, Pablo se dirige al consejo para defenderse. Su afirmación de que ha vivido su vida en todo con buena conciencia a los ojos de Dios fue una declaración atrevida, pero no sin paralelos en el caso de Pablo. No mucho tiempo después, aseguró ante el procurador Félix que se había esforzado en mantener una buena conciencia tanto delante Dios como delante los seres humanos por igual (24:16); podemos comparar el repaso de su vida anterior en Filp. 3:6, donde afirma que era, "en cuanto a la justicia bajo la ley, sin culpa".[1] La conciencia habla como un testigo independiente del comportamiento de uno mismo. Pablo podía muy bien apelar al testimonio de la conciencia delante de la suprema corte de Israel; no era en su propia justicia, sin embargo, en la que él confiaba para su justificación, sino en la corte celestial (Fil. 3:9). La más pura conciencia era una base inestable en la que confiar bajo el escrutinio de Dios: "De

---

1. Incluso su persecución a la iglesia fue llevada a cabo con buena conciencia; era su deber, pensaba él (comp. 26:9). El verbo πεπολίτευμαι ("Me he conducido") se refiere particularmente a su vida pública.

nada tengo mala conciencia," dice a los cristianos corintios, "pero no por eso soy justificado, es el Señor quien me juzga" (1 Cor. 4:4).[2]

23:2 No se le permitió ir muy lejos con esta línea de defensa. El sumo sacerdote, presidente de la corte suprema, estaba tan indignado con su declaración que mandó a los que estaban a su lado que le golpearan cruzándole la boca.

El sumo sacerdote en aquella época era Ananías, hijo de Nebedeo, que recibió el nombramiento de Herodes de Calcis (el hermano más joven de Herodes Agripa I) en el 47 d.C. y lo mantuvo durante once o doce años. No aportó credibilidad a su cargo. Josefo cuenta cómo sus siervos iban a los campos de trilla para apoderarse de los diezmos que correspondían a los sacerdotes,[3] mientras el Talmud preserva una parodia del Salmo 24:7 en la que su codicia fue satirizada:

> "Alzad vuestras cabezas, oh puertas;
> que Yoḥanan[4] ben Narbai,[5] el discípulo de Pinqai,[6] pueda entrar
> y llenarse la barriga con los sacrificios divinos".[7]

Unos cinco años antes había sido enviado a Roma por el legado de Siria bajo sospecha de complicidad en un conflicto sangriento entre judíos y samaritanos, pero fue declarado inocente y restaurado como principal sacerdote por el emperador Claudio, gracias a la defensa del joven Agripa.[8] Su gran riqueza hizo que fuera un hombre temible incluso después de la deposición de su cargo; no tenía ningún escrúpulo en emplear la violencia y el asesinato con tal de defender sus intereses. Su política colaboracionista con el imperio hizo, sin embargo, que fuera objeto de una intensa hostilidad por parte de los militantes nacionalistas judíos, y cuando estalló la guerra contra Roma en el 66 d.C. fue arrastrado fuera del acueducto en el que había intentado esconderse, por los insurgentes y asesinado

---

2. Ver H. Osborne, "Συνείδησις," *JTS* 32 (1931), pp. 167-79; C. A. Pierce, *Conscience in the New Testament* (London, 1955); J. Stelzenberger, *Syneidesis im Neuen Testament* (Paderborn, 1961); M. E. Thrall, "The Pauline Use of Συνείδησις," *NTS* 14 (1967-68), pp. 118-25; R. Jewett, *Paul's Anthropological Terms* (Ledien, 1971), pp. 402-46.

3. *Ant.* 20.206.

4. Yoḥanan presenta los mismos elementos encontrados en Ananías = Hananiah (ḥănanyāhû, "Yahweh ha dado graciosamente"), pero al revés.

5. Narbai puede ser una corrupción de Nadbai (= Nedebaeus) que emerge del parecido de las letras *r* y *d* en la transcripción hebrea.

6. Hay un satírico juego de palabras aquí en el nombre personal de Pinqai, que puede ser una variación de (pinḥās), y el nombre pink[1], "plato de carne" (en alusión a la proverbial avaricia de Ananías).

7. TB P^{e}sāḥîm 57a.

8. Josefo, *Ant.* 20.131-36.

junto con su hermano Ezequías. Su hijo Eleazar, capitán del templo, tomó fieras represalias contra sus asesinos.⁹

23:3 Tal comportamiento impropio de un miembro de la corte suprema produjo en Pablo una réplica indignada. Los derechos de los acusados estaban cuidadosamente protegidos por la ley judía, y eran presumiblemente inocentes hasta que se demostrara su culpabilidad. Pablo todavía no había sido formalmente acusado, y mucho menos juzgado y condenado. El sumo sacerdote que estaba allí para administrar la ley, había roto la ley al ordenar que Pablo fuera golpeado.

La reacción de Pablo ha sido contrastada con la de Jesús, "quien, cuando le maldecían, no respondía con maldición" (1 Pe. 2:23).¹⁰ Pero cuando Jesús mismo fue golpeado durante su interrogatorio ante Anás, también protestó contra la ilegalidad de tal acción.¹¹ No hay necesidad de unirse al coro de voces desaprobatorias de antigüos comentaristas, que con tanta libertad condenan a Pablo por su justa protesta en una situación que probablemente ellos mismos no tuvieran que enfrentar. La ardiente impetuosidad de un hombre de pasiones semejantes a las nuestras están vívidamente retratadas en esta escena del juicio, y no hay duda de cuál de ellos presenta los modales más dignos—Pablo o el sumo sacerdote. La metáfora de "pared blanqueada" sugiere una pared tambaleante cuya precaria condición ha sido disimulada con una generosa capa de cal:¹² a pesar de las apariencias, un hombre que se comporta como lo hizo Ananías tiene que acabar sufriendo. Lo suyo era la "altivez" de espíritu" de Prov. 16:18, que "precede a la caída". Las palabras de Pablo eran más proféticas de lo que él creía; si hubiera conocido íntimamente a este hombre, no habría podido hablarle más acertadamente.

23:4-5 Pero los presentes se mostraron escandalizados, esa no era forma de hablar al sumo sacerdote.¹³ No parecieron tan escandalizados por el exabrupto de Ananías, aunque esa no era la forma de hablar de un sumo sacerdote. Tan pronto, sin embargo, como le indicaron a Pablo que el hombre al que hablaba con tanta libertad era el sumo sacerdote de Dios, se disculpó al oficial, si no al hombre mismo. Y en su disculpa mostró su total sumisión a la ley de la que se le acusaba de desobedecer. "No sabía que era el sumo sacerdote," dijo, queriendo decir que,

---

9. Josefo, *BJ* 2.441–42, 448.

10. W. Kelly cree que "el apóstol en todo esto, apenas parece estar respirando una atmósfera espiritual ordinaria" (*An Exposition of the Acts of the Apostles* [London, ³1952], p. 344).

11. Juan 18:21–23.

12. Comp. la pared de Ezeq. 13:10–16, embadurnada con lodo. La palabra griega aquí traducida "blanqueada" es la misma que emplea Jesús en "tumbas blanqueadas" en Mt. 23:27, pero la comparación es diferente.

13. Comp. la reconvención dirigida a Jesús en Juan 18:22, "¿Es así como respondes al sumo sacerdote?"—palabras de hecho acompañadas por un golpe.

de haberlo sabido, no le habría llamado pared blanqueada, ya que la ley de Moisés prohibía a un israelita revelarse contra un príncipe del pueblo (Ex. 22:28b).[14]

Pero ¿qué quería decir Pablo al afirmar que no sabía que el hombre con el que hablaba era el sumo sacerdote? En una reunión habitual el sumo sacerdote presidía, y habría sido facilmente reconocido por esa razón. ¿O no estaba Pablo mirando en dirección al lugar del que procedían las palabras, de manera que no sabía con certeza quién las había pronunciado? ¿O estaba hablando irónicamente, como si dijera, "no creía que un hombre que habla de esa manera pudiera ser el sumo sacerdote? R. B. Rackham entiende estas palabras en el sentido de que no se había dado cuenta de que el hombre que pronunció tan objetables palabras era el sumo sacerdote, y que, por tanto, no hubiera replicado de modo tan áspero;[15] pero eso apenas hace justicia al sentido natural de la disculpa de Pablo. Las visitas de Pablo a Jerusalén habían sido poco frecuentes y breves, y seguramente no conocía a Ananías de vista. Una sugerencia que puede ser desestimada es la de Ramsay; él argumenta que la reunión fue convocada por el tribuno romano, que habría presidido el procedimiento personalmente como en una asamblea romana, con Pablo a un lado de él y el sanedrín al otro, mientras Lucas y los otros formaban el "círculo de los presentes".[16]

b. La esperanza de la resurrección (23:6-10)

6 *Pero Pablo, dándose cuenta de que una parte de ellos pertenecía a los saduceos y la otra parte a los fariseos, alzó la voz en el concilio diciendo: "Hermanos, yo soy fariseo, hijo de fariseos. Es con respecto a la esperanza de la resurrección[17] que estoy siendo juzgado".*

7 *Cuando dijo eso se produjo una discusión entre los fariseos y los saduceos; y la asamblea se dividió.*

8 *Los saduceos negaban la resurrección, y la existencia de ángeles y espíritus, pero los fariseos creían en ambos.*

9 *Se produjo un gran vocerío: algunos escribas del partido de los fariseos se pusieron de pie y contendían: "No encontramos ningún delito en este hombre. ¿Qué pasa si algún espíritu o ángel le ha hablado?"*

10 *La discusión tomó tales bríos, que el tribuno temió que despedazaran a Pablo entre ellos, así que ordenó a los soldados que bajaran y lo sacaran de allí para llevarlo a la Fortaleza.*

---

14. Compare la interpretación de la parte precedente de este mandamiento (Ex. 22:28a) mencionada en la nota de 19:37 (n. 80).

15. R. B. Rackham, *The Acts of the Apostles* (London, ⁶1912), p. 433.

16. W. M. Ramsay, *BRD*, pp. 90–94. El argumenta, además, que cuando Pablo apeló a la esperanza de la resurrección en (v. 6), los miembros fariseos del concilio cruzaron la sala y se sentaron al lado de Pablo.

17. Lit., "esperanza y resurrección"—ejemplo de hendíadis.

23:6 La interrupción del sumo sacerdote tuvo el efecto de cambiar la táctica de Pablo. En vez de proseguir con la defensa que apenas había iniciado, se dio cuenta de que el sanedrín estaba compuesto principalmente de una mayoría de saduceos y una fuerte minoría de fariseos. Igual que abordó al tribuno como ciudadano romano, ahora se dirigió al sanedrín como fariseo. "Soy fariseo," dijo; "mis antepasados eran fariseos, y el cargo contra el cual estoy siendo ahora examinado está relacionado con la esperanza nacional, la cual depende para su cumplimiento de la resurrección de los muertos".

Aquí otra vez Pablo ha sido criticado por antiguos comentaristas. (Los comentaristas modernos están menos predispuestos a hacer juicios morales.) "Si lo pensamos un poco no se merecía la severa reprimenda del sumo sacerdote," dijo F. W. Farrar; "si, referimos su comportamiento a la corte de última instancia, que consiste en compararlo con los preceptos y ejemplo de su Señor, podemos estar seguros de que el que llamó a Herodes 'zorra' hubiera también llamado a Ananías 'pared blanqueada'; por otra parte, no podemos sino pensar que crear esta división entre sus enemigos comunes en base a estar de acuerdo de manera más bien parcial y limitada, sobre los dogmas que algunos de ellos mantenían, no era digno de San Pablo; y sabiendo lo que sabemos de los fariseos, no podemos imaginar al Maestro Divino diciendo jamás, bajo ninguna circunstancia, 'yo soy fariseo'."[18] Ciertamente, no; el Divino Maestro de Pablo no hubiera dicho 'yo soy fariseo,' porque no era fariseo; Pablo sí—de hecho, su afirmación puede implicar que era el fariseo más consistente de todos ellos. Además, Pablo conocía mucho mejor a los fariseos de lo que el Decano Farrar y sus contemporáneos podrían conocerlos. Y la creencia en la resurrección, que Pablo compartía con los miembros fariseos del sanedrín, lejos de ser "muy parcial y limitada" era fundamental.[19] Pablo y ellos estaban de acuerdo en la ancestral esperanza de Israel que estaba ligada a la resurrección de los muertos. Pablo y otros fariseos que creyeron en Jesús, fueron más lejos aún, al mantener que la esperanza de Israel se cumplía de hecho en el que menos de treinta años atrás, había sido levantado de la muerte; pero la creencia en particular de la resurrección de Cristo era, en la mente de Pablo, la clave de la resurrección en general de los muertos. "Si los muertos no resucitan, entonces Cristo no ha sido resucitado; si Cristo no ha sido resucitado, nuestra fe es inútil" (1 Cor. 15:16–17). Un saduceo no podía convertirse al cristianismo sin abandonar uno de los dogmas más distintivos de la teología de su partido; un fariseo podía

---

18. F. W. Farrar, *The Life and Work of St. Paul* (London, 1879), pp. 327–28.

19. W. Kelly, que está de acuerdo con Farrar en que el comportamiento de Pablo aquí está por debajo de su nivel habitual (ver n. 10)—sugiere que ¡la atmósfera espiritual de Jerusalén tenía un efecto adverso en él!—está lejos de adscribir un significado "muy parcial y limitado" a esta creencia común en la resurrección: "No obstante, había verdad y la verdad es importante, por encima de todo, aquí" (*Exposition of Acts*, p. 344).

convertirse al cristianismo y seguir siendo fariseo—en la edad apostólica, al menos.[20] Para los cristianos fariseos la fe cristiana no implicaba necesariamente el Evangelio libre de la ley con el que Pablo estaba comprometido.

23:7-8 El anuncio de Pablo fue la manzana de la discordia entre las filas del sanedrín. Los fariseos se inclinaron inmediatamente a conceder que un hombre que hablaba así de una doctrina central del fariseísmo no podía ser tan malo después de todo; los saduceos se enfurecieron más que nunca a la invocación de lo que a sus ojos era una herejía posteriormente inventada. Porque, como Lucas explica a sus lectores (que no habrían estado muy versados en las diferencias teológicas entre los dos principales partidos judíos), los saduceos negaban la doctrina de la resurrección física,[21] y rechazaban la creencia de un mundo espiritual de ángeles y demonios,[22] mientras que los fariseos aceptaban ambas[23] como elementos esenciales de su credo. Los saduceos afirmaban a este respecto representar la antigua ortodoxia de Israel; se ha pensado incluso que ellos interpretaban el término "fariseos" ("los separados") como "Persianizeres," en base a que los fariseos importaron características del Zoroastrismo a la religión de Israel.[24] Pero la esperanza mesiánica en tiempos posteriores al exilio estaba íntimamente conectada con la creencia de la resurrección, la cual a su debido tiempo llegaría a ser un principio fundamental de la "normativa" del Judaísmo.[25] En la Mishná

---

20. El punto de vista común es que no fue hasta la última década del primer siglo que se produjo la brecha definitiva entre judíos cristianos y el resto de judíos, cuando se añadió al *birkat hamminím*, la oración: "los nazarenos y herejes puede ser que perezcan de repente y sean borrados del libro de la vida," efectivamente inhabilitó a los cristianos judíos de participar en el culto en las sinagogas. Ver K. L. Carroll, "The Fourth Gospel and the Exclusion of Christians from the Synagogue," *BJRL* 40 (1957–58), pp. 19–32; R. Kimelman, " *Birkat Ha-Minim* and the Lack of Evidence for an anti-Christian Jewish Prayer in Late Antiquity," in *Jewish and Christian Self-Definition*, ed. E. P. Sanders, II (London, 1981), pp. 226–44; W. Horbury, "The Benediction of the *Minim* and Early Jewish-Christian Controversy," *JTS* n.s. 33 (1982), pp. 19–61.

21. Lucas ha mencionado ya esto en Lucas 20:27 (ver también la nota 5 en 4:2). Josefo, que intenta describir los grupos religiosos judíos a modo de escuelas filosóficas griegas, dice que era la inmortalidad lo que lo saduceos negaban (*BJ* 2.165; *Ant.* 18.16).

22. "Lo que rechazaban era el desarrollo doctrinal de los dos reinos con sus jerarquías de espíritus buenos y malos" (T. W. Manson, *The Servant-Messiah* [Cambridge, 1953], p. 17, n. 3).

23. La palabra "ambos" en v.8 probablemente comprende (*a*) la creencia en la resurrección y (*b*) la creencia en ángeles y espíritus. Es menos probable que aquí haya otro ejemplo de utilización imprecisa de ἀμφότεροι = πάντες como en 19:16 (ver n. 25). En tal caso la referencia sería a la creencia en (*a*) resurrección, (*b*) ángeles, (*c*) espíritus.

24. Comp. T. W. Manson, "Sadducee and Pharisee," *BJRL* 22 (1938), pp. 144–59, especialmente pp. 153–58.

25. Comp. Dan. 12:2.

aquellos que decían que no había resurrección de los muertos eran incluidos entre aquellos que no tenían "parte en la era por venir".²⁶

23:9-10 La disputa que estalló enseguida entre los dos partidos en la cámara del concilio excluía toda posibilidad de conseguir una cuidadosa investigación de Pablo o una clarificación de los cargos contra él. Algunos de los eruditos fariseos²⁷ presentes afirmaron que lo que había hecho no era erróneo; si hablaba de haber recibido una revelación divina en una visión, bien podría ser que algún espíritu o un ángel hubiera contactado con él. Esta concesión, admitiendo la posibilidad de que la experiencia de Pablo en el camino de Damasco tuviera algo que ver con ello, es sorprendente. Pero Lucas nunca menosprecia a los fariseos: para él, ellos representan lo mejor del judaísmo, y algunos de ellos, en esta ocasión, demuestran no estar lejos del reino de Dios.²⁸ De acuerdo con Ernst Haenchen, Lucas está preocupado en mostrar "que los puentes entre judíos y cristianos no se han roto. Es la honesta convicción de Lucas que la relación entre fariseísmo y cristianismo es posible después de todo: los fariseos también tienen la esperanza del Mesías, esperan la resurrección de los muertos"²⁹ —lo que les falta es reconocer que Jesús ya ha sido levantado de los muertos, ya ha sido hecho "ambos, Señor y Mesías" (2:36).

Los saduceos, por su parte, repudiaban la idea de que la comunicación con un espíritu o ángel fuera posible. En esta atmósfera de discusión teológica, la esperanza de cualquier investigación judicial desapareció. El tribunal, al ver que su intento de que el Sanedrín investigara la acusación contra Pablo había sido un esfuerzo inútil, ordenó a los soldados que sacaran a Pablo de en medio de la disputa y lo llevaran de regreso a salvo a la fortaleza.

9. El Señor se le aparece de noche a Pablo (23:11)

11 *A la noche siguiente el Señor vino y se puso al lado de Pablo: "¡Ánimo!"³⁰ dijo, "como has dado testimonio de mí en Jerusalén, así debes darlo también en Roma".*

---

26. *Sanedrín* 10.1.

27. Los "escribas" (γραμματεῖς) o expertos en la ley pertenecían principalmente al partido de los fariseos, en la medida que se desprende de nuestros informes (comp. Mar. 2:16). Podemos comprobar el deleite con el que "algunos de los escribas" escuchaban la refutación de Jesús a los argumentos de los saduceos contra la resurrección: "Maestro, has hablado bien" (Lucas 20:39). Pero los saduceos también tenían expertos legales.

28. Como el escriba que fue animado por Jesús en Mar. 12:34.

29. E. Haenchen, *The Acts of the Apostles*, E.T. (Oxford, 1971), p. 643.

30. Los Textos Occidental y Bizantino añaden el vocativo "Pablo" (comp. 27:24, "No te preocupes, Pablo").

23:11 Las peores aprensiones de Pablo de lo que podría ocurrirle en Jerusalén se habían cumplido con creces.³¹ ¿Dónde quedaban ahora sus planes para llevar el Evangelio al lejano oeste, y visitar Roma a su paso? Después de los eventos de aquellos dos días, podría muy bien haberse sentido abatido y desanimado. Ninguna ayuda ni ánimos podían esperarse de los líderes de la iglesia de Jerusalén; en cualquier caso había poco que ellos pudieran hacer, pero probablemente juzgarían más adecuado quedarse al margen de cualquier problema suscitado por la desacertada acción en la que habían instado a Pablo a involucrarse.

Pero la siguiente noche a su fallida aparición frente al Sanedrín, el Señor resucitado se apareció a Pablo³² como había hecho en momentos críticos antes,³³ y le pidió que se animase: Pablo había llevado testimonio de él a Jerusalén (una referencia ésta, sin duda, a su discurso desde las gradas a la multitud en el patio del templo), y viviría para llevar testimonio también a Roma. Esta confirmación significó mucho para Pablo durante los contratiempos y ansiedades de los siguientes dos años, y más aún si consideramos la conducta calmada y digna que a partir de ahora lo marcan como un maestro de los acontecimientos en vez de su víctima.

10. Conspiración contra la vida de Pablo (23:12-15)

12 *Cuando rompió el día, los judíos³⁴ tramaron una conspiración, haciendo el juramento de no comer ni beber nada hasta que mataran a Pablo.*

13 *Fueron más de cuarenta los que formaron parte de esta conspiración.*

14 *Se dirigieron al sumo sacerdote y a los ancianos, y les dijeron: "hemos invocado solemnemente una maldición sobre nosotros, que no ingeriremos nada hasta que hayamos matado a Pablo.*

15 *Por eso ahora, tú y el Sanedrín pedid al tribuno que lo haga comparecer ante vosotros³⁵ con el pretexto de que queréis hacer una investigación más detallada de su caso. Entonces, antes de que llegue cerca de vosotros, estaremos preparados para matarlo".³⁶*

---

31. Comp. 20:22–23; Rom. 15:31.

32. Gr. ἐπιστάς, traduce "vino, se acercó" enfatizando la fuerza del aoristo.

33. Comp. 18:9; 22:17.

34. Para "los judíos" los Textos Occidental y Bizantino leen "algunos de los judíos," que por su puesto es más exacto—unos cuarenta de ellos, de hecho (v. 13).

35. El Texto Occidental añade: "Entonces, ahora, os pedimos este (favor). Reunid al sanedrín y pedid al tribuno que os lo traiga".

36. El Texto Occidental añade "incluso si debemos morir por ello".

23:12-15 Decepcionados por haber permitido que Pablo se les escapara de las manos, uno del grupo de los zelotes determinó que ingeniaría una segunda oportunidad para matarlo, y esta vez no fallarían. Hicieron un pacto, eran unos cuarenta o más, e hicieron un juramento solemne que probablemente tenía la familiar forma del Antiguo Testamento: "Así nos haga Dios a nosotros, y más incluso, si comemos o bebemos cosa alguna antes de que matemos a Pablo".[37] Luego fueron al sumo sacerdote y a los líderes del Sanedrín, a contarles el juramento que habían hecho y les sugirieron que pidieran al tribuno que trajera a Pablo a la sala del concilio para investigar más: ellos estarían preparados para atacar y matarlo antes de que alcanzara el lugar de reunión. Se puede suponer que los "ancianos" a quienes les contaron sus planes no incluían a ninguno de los fariseos simpatizantes de Pablo. Pero su plan habla de su devoción fanática, ya que Pablo habría estado custodiado por soldados romanos, y cualquier intento de asesinarlo, con o sin éxito, hubiera inevitablemente desencadenado entre los asesinos un gran número de víctimas.

11. La conspiración desvelada (23:16-22)

16 *El hijo de la hermana de Pablo oyó de la emboscada planeada, así que fue a la Fortaleza, logró entrar, y avisó a Pablo del asunto.*

17 *Pablo llamó a uno de los centuriones y le dijo: "Lleva a este joven al tribuno; tiene algo que decirle".*

18 *Así que se lo llevó al tribuno y dijo: "Pablo, el prisionero, me pidió que trajera a este joven para hablar contigo; tiene algo que decirte".*

19 *El tribuno le dio la mano y se lo llevó a parte: "¿Qué tienes que decirme?" le preguntó.*

20 *Entonces le dijo: "los judíos han acordado pedirte que lleves a Pablo ante el Sanedrín mañana, con el pretexto de que intentan[38] hacer averiguaciones más detalladas sobre él.*

21 *Pero, por favor, no te dejes convencer por ellos, porque más de cuarenta de ellos han planeado una emboscada. Han hecho un juramento de no comer ni beber nada hasta que lo maten, y ahora mismo están ya preparados, esperando que se lo concedas".*

22 *Entonces el tribuno despidió al joven. "No le digas a nadie," le dijo, "que me has dado esta información".*

---

37. La Mishná preveía la cancelación de estos votos cuando no se podían cumplir "por causa de fuerza mayor" (N°dārîm 3.1, 3).

38. Gr. ὡς μέλλον (א* 33 1891 *pc*), de acuerdo con συνέδριον ("Sanedrín"). Cinco formas más del mismo participio, singular y plural, aparecen entre las variantes (ASV, "como que quieren... " traduce ὡς μέλλων).

23:16 Ahora viene uno de los incidentes más sugerentes de Hechos, para todos aquellos que están interesados en la vida privada y relaciones familiares de Pablo. ¿Quién era el sobrino de Pablo que recibió tan pronto noticia del atentado? ¿Cómo se enteró tan rápidamente? Es improbable que estuviera presente cuando se fraguaba, aunque sería posible construir el texto griego en ese sentido[39] (eso implicaría que los conspiradores asumieron que los familiares de Pablo eran sus más amargos oponentes). Cuando Pablo dice en Fil. 3:8 que por amor a Cristo "había perdido todas las cosas," normalmente se entiende (y de manea muy razonable) que fue desheredado por aceptar y proclamar a Jesús como Mesías. Su padre, ciudadano de Tarso y también ciudadano romano, habría sido también un hombre rico.[40] Pero puede ser que la madre del joven retuviera algún afecto fraternal hacia Pablo, y algo de ese afecto hubiera pasado a su hijo. No sabemos si ella vivía en Jerusalén; quizá sí, pero quizás vivía en Tarso, y su hijo había venido a Jerusalén por su educación, como su tío Pablo había hecho hacía algunos años. Nos gustaría mucho saber más, pero no es posible.

23:17-22 Pablo, como ciudadano romano no convicto, estaba retenido en honorable custodia en la torre Antonia: se le permitía recibir visitas y los centuriones se encargaban de que sus peticiones fueran atendidas. Así, cuando su sobrino fue a la Fortaleza y reportó la conspiración contra Pablo, Pablo inmediatamente pidió a un centurión que llevara al joven al tribuno, para que escuchara personalmente lo que tenía que decirle. El tribuno recibió amablemente al joven. "Nunca fue un tribuno más amable," comenta Alfred Loisy, quizá con ironía[41] —aunque Lucas presenta a todos los oficiales romanos en tono "amable". Despues de escuchar lo que el hombre joven tenía que decir, el tribuno trató su información con seriedad,[42] decidió mentalmente lo que debía hacerse y despidió a su informante advirtiéndole que no contara a nadie que le había informado de la conspiración.

---

39. Tomando παραγενόμενος, "habiendo llegado (a la fortaleza)," significa "habiendo estado presente (participando en la conspiración)". Pero esta traducción es improbable por el orden y la posición de los verbos en v.16.

40. Se fijó un título de propiedad de 500 dracmas para obtener la ciudadanía, quizá por Atenodoro en algún momento después del 30 a.C. (Dione Crisóstomo, *Oration* 34.23).

41. A. Loisy, *Les Actes des Apôtres* (Paris, 1920), p. 840.

42. A diferencia de J. Klausner que en una fecha posterior, se refiere a esta trama como una sospecha "probablemente infundada" por parte de Pablo (*From Jesus to Paul*, E.T. [London, 1944], p. 403).

12. El Tribuno se prepara para enviar a Pablo a Cesárea (23:23-24)

> 23 Entonces llamó a dos de sus centuriones y les dijo: "Alistad⁴³ doscientos soldados, con setenta de caballería y doscientos lanceros,⁴⁴ para salir hacia Cesárea esta noche a las nueve.
> 24 Preparad una cabalgadura para Pablo, y llevadlo sano y salvo⁴⁵ al gobernador Félix".

23:23-24 La vida de Pablo sencillamente no estaba a salvo en Jerusalén. El tribuno no podía permitirse incurrir en responsabilidad alguna por el asesinato de un ciudadano romano bajo su custodia, o exponerse él mismo a cualquiera de los otros inevitables riesgos que conllevaba tener a Pablo bajo su cargo. Pablo debía ser enviado de una vez a Cesárea, bajo fuerte vigilancia. Estaría a salvo allí, y el procurador mismo sería responsable de él. Así que ordenó a dos centuriones que alistaran una fuerte escolta de infantería pesada, caballería, y tropas de armas ligeras, y se prepararan para llevar a Pablo a Cesárea esa noche. Caballos o mulos se tenían que preparar para Pablo: Las sesenta millas que van de Jerusalén a Cesárea tenían que cubrirse tan rápidamente como fuera posible. El tribuno sentía que no podría descansar hasta que Pablo estuviera a salvo bajo la custodia del procurador.

13. Carta del Tribuno a Félix (23:25-30)

> 25 Escribió una carta en estos términos:⁴⁶
> 26 "Claudio Lisias al excelentísimo gobernador Félix: saludos.
> 27 Este hombre fue apresado por los judíos y estaban a punto de matarlo, cuando fui con los soldados y lo rescaté, al enterarme de que era ciudadano romano.

43. El Texto Occidental lee: "'Preparad soldados armados para ir a Cesárea, un centenar de jinetes y doscientos hombres de tropa ligera.' Y dijeron 'Ya están preparados'. Y ordenó a los centuriones también que proveyeran de una montura a Pablo y lo llevaran a salvo durante la noche a Cesárea, a Félix el gobernador. Porque tenían miedo de que los judíos lo atraparan y lo mataran, y que él mismo fuera, en medio de todos eso, culpado de haber aceptado soborno".

44. El significado de δεξιολάβους (lit., "sosteniendo con la mano derecha") es rara. Aparece aquí por primera vez, y no vuelve a encontrarse hasta el siglo VI. Hay una débil variante comprobada δεξιοβόλους (A 33, lit. "lanzando con la mano derecha"), que podría significar "honderos" o "lanzadores de jabalina"; es adoptado por la Peshitta Siríaca. Cualquiera que sea el significado preciso de δεξιολάβοι, se refiere a algún tipo de tropa ligera. La escolta hasta Antípatris consistía en doscientos hombres de infantería pesada, con dos centuriones al frente. Esto no debilitaba excesivamente la guarnición en la Fortaleza Antonia, porque era una cohorte auxiliar, y tal cohorte comprendía normalmente mil hombres.

45. El Texto Occidental inserta "a Cesárea,"

46. Gr. ἔχουσαν τὸν τύπον τοῦτον. El Texto Occidental lee περιέχουσαν τάδε, "conteniendo estas cosas" (así 15:23, Texto Occidental).

28 *Cuando quise informarme de las causas de las acusaciones contra él, lo llevé al Sanedrín,*[47]

29 *y me di cuenta de que estaba siendo acusado de cargos en relación a cuestiones de su ley,*[48] *pero no de ningún delito que mereciera la muerte o el encarcelamiento.*[49]

30 *Ya que he sido informado de que se ha tramado una conspiración contra él, te lo envío inmediatamente,*[50] *ordenando a sus acusadores que presenten los hechos con respecto a él*[51] *delante de ti".*[52]

23:25 Lucas, podría suponerse, no estaba en posición de ver la carta que el tribuno envió a Félix, hasta el punto de reproducir su contenido *verbatim*, aunque la frase "en estos términos" sugiere que se afirma más que el sentido en general.[53] Pero incluso si él la presenta solo en términos generales, la versión de la carta resulta bastante cierta, especialmente en cuanto al énfasis de la rápida iniciativa del tribuno y en la ligera manipulación del orden de los eventos en el verso 27.

23:26 El nombre del tribuno se menciona ahora por primera vez en la narrativa. Era evidentemente griego de nacimiento, y su nombre griego Lisias se convirtió en su *cognomen* cuando adquirió la ciudadanía romana; en aquel momento probablemente asumió el *nomen gentile* Claudio porque era el emperador.[54] El título "excelentísimo" con el que se dirige a Félix pertenece, propiamente dicho, al orden ecuestre de la sociedad romana[55] (de la que Félix era miembro) y también se daba a los gobernadores de las provincias subordinadas como Judea, que estaban normalmente bajo su jurisdicción.

23:27-30 La carta resume desde los eventos del alboroto en los recintos del templo que hicieron peligrar la vida de Pablo, hasta el descubrimiento de Lisias sobre la conspiración contra él. Lisias se enteró de que Pablo era ciudadano romano no como dice la carta antes de rescatarlo de los alborotadores, sino después de ordenar que lo azotaran—este episodio es discretamente omitido. Luego, se da un

---

47. La frase "Lo llevé al Sanedrín" está ausente en B* y 81, pero aparece en el margen de B.

48. El Texto Occidental añade: "con referencia a Moisés y cierto Jesús" (comp. 25:19).

49. El Texto Occidental añade: "Lo traje con cierta dificultad, por la fuerza".

50. Para "inmediatamente" (ἐξαυτῆς) algunos Textos Alejandrinos leen "de entre ellos" (ἐξ αὐτῶν).

51. Gr. τὰ πρὸς αὐτόν. B 1175 omiten τά, siendo el sentido entonces "contra él".

52. א Ψ 81 y el Texto Bizantino añaden "Adiós" (ἔρρωσο).

53. E. A. Judge argumenta que τύπος εν en semejante contexto (comp. 3 Macc. 3:30) implica una copia literal (*New Docs*.) 1 [1976], § 26; comp. 2 [1977], § 27).

54. Comp. 22:28 (n. 41).

55. La orden ecuestre, o la orden de los "caballeros" (*equites*), estaba clasificada como la siguiente después de la orden del senado. Para el título κράτιστος ver p. 29, n. 3.

informe de la infructuosa aparición de Pablo ante el sanedrín, en la que Lisias se dio cuenta de que la disputa no era contra el derecho romano, sino una cuestión de interpretación teológica judía.[56] Cuando dice que "no hubo ninguna acusación que mereciera la muerte," implica que en la audiencia ante el sanedrín no se dijo nada de una supuesta violación contra la santidad del templo—que era de hecho una ofensa capital.[57] Finalmente, Lisias le informa de la conspiración contra la vida de Pablo y en consecuencia su decisión de enviárlo a Cesárea, para que este caso pudiera ser tratado en la corte del procurador mismo.

D. PABLO EN CESÁREA (23:31-26:32)

1. Pablo llevado cesárea (23:31-35)

31 *Así los soldados, de acuerdo con las instrucciones, se llevaron a Pablo y lo escoltaron de noche a Antípatris.*
32 *Al día siguiente, dejaron que la caballería lo llevara mientras ellos volvían a la fortaleza.*
33 *Cuando llegaron a Cesárea y entregaron la carta al gobernador, también le presentaron a Pablo.*
34 *Leyó la carta y preguntó de qué provincia era Pablo.[58] cuando dijo que era ciliciano,*
35 *le dijo: "te daré audiencia cuando vengan aquí los que te acusan". Y dio orden de que lo mantuvieran en el pretorio de Herodes.*

23:31-32 La escolta militar partió tres horas después de la puesta de sol,[59] y llegó a Antípatris a la mañana siguiente. Debe haber sido una marcha forzada para la infantería, porque Antípatris estaba a treinta y cinco millas de distancia de Jerusalén. Antípatris, al pie de las colinas de Judea, probablemente en el lugar en el que hoy esta Rosh ha'Ayin, fue construido por Herodes el Grande en la llanura bien regada y arbolada de Kaphar-Saba y nombrada así en honor a su padre Antipater.[60] Los conspiradores se habían quedado bastante lejos, así que no era necesario que Pablo tuviera una escolta tan fuerte. La infantería, por tanto, regresó desde Antípatris y dejó a la caballería acompañar a Pablo las restantes veintisiete millas más o menos hasta Cesárea. Esta parte del camino era a través de campo

---

56. Compare el pronunciamiento de Galión en 18:15. Lisias, así, contribuye a los testimonies del trato legalmente respetuoso que los cristianos recibieron, discretamente presentados por Lucas.

57. En el informe de Lucas ante la audiencia del sanedrín (vv. 1–10) esta acusación no se menciona. Surge en la audiencia de Pablo ante Félix (24:6).

58. El Texto Occidental exhibe una lectura más vívida: "Y cuando había leído la carta, preguntó a Pablo: '¿De dónde eres?' El dijo: 'Soy ciliciano.' Y cuando comprendió esto, dijo…"

59. "La tercera hora de la noche," de acuerdo con v.23. los romanos dividían el período entre la puesta de sol y el amanecer en doce horas, en analogía a las doce horas de luz solar.

60. Comp. Josefo, *BJ* 1.99, 417; *Ant.* 13.390; 16.142.

abierto donde la población era mayormente gentil. Lucas podría dibujar el camino a medida que escribía: probablemente había venido por el mismo camino desde Cesárea a Jerusalén con Pablo y los otros compañeros apenas dos semanas antes de este viaje nocturno de Pablo.[61]

23:33-35 La caballería pues, llegó a Cesárea, y Pablo fue entregado a Félix. Cuando Félix leyó la carta del tribuno, le preguntó de qué provincia provenía. Si Pablo hubiera procedido de uno de los reinos del área de Siria o Anatolia, hubiera sido diplomáticamente deseable consultar con el soberano del estado en cuestión.[62] Pero venía, de hecho, de una provincia romana—una provincia, además, que estaba unida a la provincia de Siria, cuyo gobernador era el superior de Félix—así que era competencia del gobernador romano proceder y tratar el caso sin necesidad de consultas externas. Teniendo esto en cuenta, Félix le dijo a Pablo que le concedería una audiencia plena cuando los que le acusaban llegaran; de momento, ordenó que estuviera detenido en el lugar construido por Herodes el Grande para él mismo en Cesárea, el cual ahora servía como cuartel general del procurador o *praetorium*.[63]

Marco Antonio Félix (como habitualmente se ha considerado su nombre completo)[64] fue un hombre de nacimiento humilde, que debía su ascensión sin precedentes a un puesto de honor generalmente reservado para la orden ecuestre, a la influencia de su hermanos Palas que ejerció en la corte imperial bajo el mandato de Claudio. Palas era un liberto de Antonia, la madre de Claudio, y fue durante muchos años el jefe de la administración imperial. Félix sucedió a Ventidio Cumano como procurador de Judea en el 52 d.C.,[65] pero puede que antes ocupara

---

61. Comp. M. Hengel, *Between Jesus and Paul*, E.T. (London, 1983), pp. 119–20.

62. Así Poncio Pilatos, gobernador de Judea, al oír que Jesús venía de Galilea, remitió su caso a Herodes Antipas, a quien pertenecía la tetrarquía de Galilea. Antipas agradeció la cortesía, pero era demasiado prudente como para aprovecharse de ello (Lucas 23:6–12). Ver p. 100 con n. 44.

63. Para "el palacio más caro" de Herodes ver Josefo, *Ant.* 15.331. Ahora la sede del procurador. Lat. *praetorium* (de ahí el préstamo lingüístico πραιτώριον) denotaba la residencia oficial del gobernador de Roma en la provincial imperial. En Marcos 15:16 y Juan 18:28 se utiliza para la sede de Pilatos en Jerusalén (Probablemente el palacio de Herodes en el muro occidental). En Fil. 1:13 posiblemente se refiere a la guardia pretoriana en Roma.

64. Tácito (*History* 5.9) le da a Félix *nomen gentile* de Antonio, implicando que, como su hermano Palas, fue liberado por Antonia, madre del emperador Claudio. Pero el MSS de Josefo (*Ant.* 20.137) le da el *nomen gentile* de Claudio, lo cual implicaría que fue liberado por Claudio, quien heredó la casa de su madre después de su muerte. Una inscripción encontrada en 1956 en Bir el-Malik, cerca de Athlit, Israel, menciona un procurador llamado Tiberio Claudio, cuyo *cognomen* está convenientemente desaparecido. Ver M. Avi-Yonah, "The Epitaph of T. Mucius Clemens," *IEJ* 16 (1966), pp. 258–64, con la placa 28; F. F. Bruce, "The Full Name of the Procurator Felix," *JSNT* 1 (1978), pp. 33–36; C. J. Hemer, "The Name of Felix Again," *JSNT* 31 (1987), pp. 45–59.

65. Josefo, *BJ* 2.247; *Ant.* 20.137–38.

un puesto subordinado en Samaria bajo Cumano.[66] Su tiempo como procurador estuvo marcado por una creciente insurgencia a través de la provincia, y por la aparición de los *sicarii*. La crueldad con la que sofocaba estos levantamientos produjo la alienación de muchos judíos y provocó más sublevaciones. Tácito resume su carácter y carrera en uno de sus mordaces epigramas: "ejerció su poder como un rey con una mente de esclavo".[67] A pesar de sus orígenes humildes, tuvo mucho éxito con sus matrimonios (desde el punto de vista de posición social); sus tres sucesivas esposas eran de la realeza, según Suetonio.[68] La primera era nieta de Antonio y Cleopatra;[69] la tercera era Drusila, la hija más joven de Herodes Agripa I, que figura en la siguiente narrativa.[70]

66. Esto puede inferirse de Tácito, *Annals* 12.137–38.
67. Tácito, *History* 5.9.
68. Suetonio, *Life of Claudius* 28.
69. Tácito, *History* 5.9.
70. Ver 24:24 (n. 36).

HECHOS 24

2. Pablo acusado delante de Félix (24:1-9)

1 *Cinco días después, el sumo sacerdote Ananías vino con algunos de los ancianos y cierto orador llamado Tértulo. Ellos presentaron las acusaciones contra Pablo delante del gobernador.*
2 *Cuando Pablo fue convocado, Tértulo empezó a acusarlo como sigue: "¡Oh Excelentísimo![1] Ya que gracias a ti disfrutamos de gran paz, y que a través de tu providencia se siguen haciendo mejoras en favor de esta nación.*
3 *aceptamos esto con toda gratitud, en todo momento y de todas las maneras.*
4 *Para no molestarte[2] más, te ruego conforme a tu clemencia, que nos escuches brevemente.*
5 *Hemos descubierto que este hombre es una plaga, que provoca disensiones entre los judíos por todo el mundo, y un cabecilla de la secta de los nazarenos.*
6 *Incluso intentó profanar el templo, pero nosotros lo arrestamos [e intentamos juzgarlo conforme a nuestra ley,*
7 *cuando Lisias, el tribuno militar, entró en escena y nos lo quitó de las manos con gran violencia,*
8 *ordenando a sus acusadores que viniéramos a ti.][3] Cuando tú lo interrogues personalmente descubrirás todas estas cosas de las que le acusamos".*
9 *Los judíos también se unieron al ataque, afirmando que esto era así.*

24:1 Cinco días después de la llegada de Pablo, llegó una delegación del Sanedrín guiados por el sumo sacerdote que bajaron de Cesárea para exponer su caso contra Pablo. Contrataron los servicios de un abogado llamado Tértulo para presentarlo

---

1. Gr. κράτιστε Φήλιξ (cf. 23:26). Ver en 1:1, n. 3.
2. Gr. ἐγκόπτω, "estorbar"; aquí quizás en el sentido de κόπτω, "cansar," "aburrir".
3. Las palabras entre paréntesis aparecen en el Texto Occidental, y por tanto traducidas en el *Textus Receptus*. Pero no están en los manuscritos Bizantinos, y por tanto, no están incluidos en *The Greek New Testament according to the Majority Text*, ed. Z. C. Hodges and A. L. Farstad (Nashville, TN, 1982).

según la retórica forense convencional de la época. El abogado era probablemente un judío helenista; su nombre era muy común en el mundo romano.

24:2-4 Sin duda, lo que tenemos aquí es un escueto resumen del discurso de la acusación que hizo Tértulo, pero puede que sea bastante fiel al original por el espacio que dedica, en proporción bastante grande, a los lujosos halagos del exordio. Eso era parte de la moda retórica de la época. Tértulo podía hablar de la "gran paz" que disfrutaba el pueblo de Judea como resultado de la administración de Félix, pero había muchos en Judea que, de haberlo sabido en el momento, hubieran aplicado a esta "paz" el epigrama acerca de los romanos que Tácito puso en boca del héroe de Calcedonia Calgaco: "Ellos han creado un desierto y lo llaman paz".[4]

La referencia a la "providencia"[5] del gobernador es una reminiscencia de lo que se dice del sumo sacerdote Onías III en 2 Mac. 4:6, "Pues veía que sin la providencia del rey sería imposible alcanzar el establecimiento de la paz". Este tipo de lenguaje se consideraba el apropiado al dirigirse a los dirigentes, especialmente en el Próximo Oriente. También era propio de la época prometer brevedad, como Tértulo hace aquí (v. 4); la promesa a veces se cumplía, y a veces no, pero ponía de relieve la buena voluntad del orador al principio del discurso. Así como la adulación con respecto a la clemencia y moderación de Félix[6] —una referencia singularmente inapropiada para un gobernante cuya ferocidad está atestiguada tanto por Josefo como por Tácito.

24:5-6 Después del exceso de cortesía de su proemio, Tértulo procede a presentar los cargos contra Pablo. Después de describirlo como una plaga perfecta—un término con implicaciones siniestras, sin excluir la insinuación de traición—empieza a ser un poco más específico, yendo de lo menos particular a lo más particular: Pablo es (a) un promotor de sublevaciones entre los judíos de todo el imperio, (b) un cabecilla de la secta de los Nazarenos, (c) un hombre que ha intentado violar la santidad del templo.[7]

Al llamar a Pablo una plaga,[8] Tértulo sugiere que habitualmente incita a la subversión pública contra la ley y el orden. La acusación es similar a la traída

---

4. Tácito, *Agricola* 30.

5. Gr. πρόνοια. Era uno de los términos favoritos entre los Estoicos; comp. el título de un tratado de Crisipo, *Concerning Providence* (Περὶ Προνοίας). Solamente aparece otra vez en el Nuevo Testamento en el sentido no técnico de "provisión" (Rom. 13:14).

6. Gr. ἐπιείκεια, un término que era usado en ese tiempo casi como título honorífico: "Vuestra Clemencia".

7. Compare la triple estructura de los cargos traídos contra nuestro Señor ante Pilatos (Lucas 23:2).

8. Gr. λοιμός. Comp. La carta de Claudio a los Alejandrinos (Noviembre 10, 41d.C.) en la que advierte a los judíos de esa ciudad que, si persisten en actividades que levanten sospechas, él

contra Pablo y sus compañeros en Tesalónica (17:6–7).⁹ La acusación de traición contra el emperador estaba explícita allí, y está probablemente implícita aquí: Si Pablo no lo refuta directamente en esta ocasión ante Félix, lo refuta directamente en una ocasión posterior ante Festo (25:8).¹⁰ Uno de los principales motivos de Lucas al escribir esta doble historia es demostrar que no hay base para semejante acusación de subversión traída no solamente contra Pablo sino contra los cristianos en general—que jueces competentes e imparciales han confirmado repetidamente la inocencia del movimiento cristiano y de los misioneros cristianos con respecto a la ley de Roma.

En cuanto al cargo de fomentar disturbios entre los judíos a través de todo el imperio, era bien sabido que en años recientes se habían visto tales disturbios en las comunidades judías de algunas de las ciudades más grandes—aquellas en Alejandría y Roma, por ejemplo¹¹ —en las que Pablo no había estado involucrado. Pero era también innegable que la presencia de Pablo en una ciudad tras otra había estado acompañada de disturbios en las comunidades judías. Así había sido en las ciudades del sur de Galacia, en Tesalónica, Corinto, y Éfeso.¹² Pablo, de hecho, no tenía nada que ver con el "mesianismo" político que operaba como un fermento en aquel tiempo en muchos lugares de la dispersión, tanto como en la tierra de Israel,¹³ pero requería más discriminación de la que los magistrados romanos eran capaces de ejercer para distinguir entre sus enseñanzas y la propaganda de los agitadores mesiánicos.

La siguiente acusación en el dictamen contra Pablo fue que era un cabecilla de los Nazarenos.¹⁴ ¿Se esperaba que Félix tuviera alguna idea de lo que eso significaba? Si era así ¿qué clase de impresión se pretendía que esta información tuviera en su mente? Quizá Félix, con su "conocimiento bastante exacto del

---

"procederá contra ellos con la mayor severidad por fomentar una plaga general (νόσος) que infecta a todo el mundo" (*P.Lond.* 1912, line 99).

9. Comp. p. 338, n. 14.

10. F. J. Kramer nota que no era infrecuente "como buena medida incluirlo en una acusación *maiestas* junto con otras acusaciones menos graves" (*Astrology in Roman Law and Politics* [Philadelphia, 1954], p. 252).

11. Para Alejandría comp. la carta de Claudio a los alejandrinos (n. 8); para Roma comp. Suetonio, *Claudio* 25.4 (ver p. 347, n. 9).

12. Comp. 13:45, 50; 14:2–5; 17:5–9, 13; 18:6, 12–17; 19:9; 20:19.

13. El mesianismo político es un término inexacto para los movimientos que buscaban la independencia de Judea por el uso de la fuerza armada, pero eso no involucraba necesariamente la creencia personal en el Mesías. Por lo tanto, la revuelta contra el Imperio Romano del 66 d.C. no era en sentido estricto mesiánica, mientras la del 132 d.C. sí lo era.

14. Los nazarenos son aquí llamados partido o secta (Gr. αἵρεσις), como los saduceos en 5:17 y los fariseos en 15:5. En Judea eran todavía considerados como un partido judío, a pesar de ser considerado subversivo y herético desde el punto de vista de la casta sacerdotal.

Camino" (v.22), tenía una idea más clara de los nazarenos que la mayoría de los oficiales romanos hubieran tenido. Este es el único lugar en el Nuevo Testamento en el que el término "Nazareno"—o "Nasoreo" como la palabra griega aquí particularmente usada podría ser más exactamente traducida—se utiliza para referirse a los seguidores de Jesús; en cualquier otro lugar se utiliza para referirse solo al propio Jesús. El punto de vista más aceptado es que fue aplicado primero a Jesús porque su ciudad natal era Nazaret, y de ahí viene que se utilizara para sus seguidores también. Aparentemente fue usada por los judíos cristianos desde los primeros días, y esta designación en la lengua semítica se ha perpetuado: hasta el día de hoy, a los cristianos en general se les conoce en Hebreo y Árabe como "Nazarenos".[15] Pero la palabra, o una muy parecida a ésta, puede haber sido muy corriente entre los judíos del primer siglo para denotar a un grupo o tendencia de la que se podría haber esperado que Félix hubiera visto con disgusto;[16] la evidencia, no obstante, es inadecuada como para hacer una afirmación positiva.

La última acusación era más concreta y más seria: Pablo, se alegó, había intentado profanar el templo de Jerusalén. No era tan concreto como el rumor que había desencadenado el ataque contra Pablo, que era que había, de hecho, llevando gentiles con él a los recintos prohibidos del templo. Si una *prima facie del caso se hubiera podido probar de este rumor, entonces Pablo podría haber sido entregado a la jurisdicción del Sanedrín. Pero sus acusadores evidentemente sabían que tal prima facie* del caso no podía probarse, ya que no había testigos presenciales a la vista. La acusación de *intento* de profanación era más difícil de probar o refutar; este era el caso de Tértulo, por eso lo arrestaron, y así las autoridades del templo habían impedido su intento de llevarlo a cabo. Pero representar el ataque desenfrenado de la multitud, como un arresto en toda regla, llevado a cabo por la policía del

---

15. Ver en 2:22, n. 72. Heb. noṣrîm, Arab. Naṣārā, Aram./Syr. Nāṣᵉrāyē (el nombre por el que los Mandeos son llamados en sus escritos sagrados). Jesús y sus seguidores son normalmente llamados noṣrîm en el Talmud; el uso más antiguo registrado de la palabra hebrea para designar a un seguidor de Jesús está en birkaṯ hammînîm (ver p. 428, n. 20). Posiblemente, los judíos asociaban la palabra con la "rama (Heb. nōṣer) de violencia" la cual, conforme al texto hebreo de Eclesiástico. 40:15, "no tiene retoños" (es decir, sin posteridad); del mismo modo los cristianos asociados con la Rama Mesiánica (Heb. nēṣer) de Isa. 11:1 (probablemente la escritura aludida en Mt. 2:23).

16. Los Nazarenos pueden haber sido confundidos con la gente llamada los nôṣᵉrîm o "observantes". Epifanio hace una distinción entre los Nazarenos (Νασαραῖοι) y los Nasoreos (Ναζωραῖοι) en su colección de herejías, los primeros aparecen en quinto lugar en su lista de herejías judías (*Panarion, 1.18*), los últimos en el noveno lugar en su lista de herejías cristianas (Pab. 1.29). Llama Nazarenos a aquellos judíos cristianos que no están en comunión con la iglesia católica, pero los Nasoreos para él representan a un grupo judío ascético, similar pero no idéntico a los esenios, que vivían al este del Jordán y pertenecen a una época anterior al cristianismo. Pero es posible que Epifanio se haya descarriado al distinguir a los Nasoreos de los Nazarenos como al distinguir a los Esenios (*Pan.* 1.10) de los Osenios (*Pan.* 1.19).

templo, era torcer los hechos incluso más violentamente de lo que Lisias había hecho en su carta a Félix; pero en ese caso, Tértulo intenta anotarse un punto en contra de Lisias, quien no habría tenido derecho a interferir con aquellos que mantenían la ley y el orden en el templo de acuerdo con las normas establecidas.

24:7-9 La queja contra Lisias se hace más explícita en el Texto Occidental ampliado, que llegó al Texto Recibido y, por tanto, a la versión King James (como el final del v.6, el v.7 completo y el principio del v.8). El lector que recuerde la narrativa de 21:27–36 debe estar asombrado de la "gran violencia" con la que Lisias arrebató a Pablo de aquellos que estaban intentando lincharlo, más que ¡proponiendo llevárselo en custodia para que tuviera un juicio legal! El tono de la ampliación del Texto Occidental coincide tanto con el resto del discurso de Tértulo que uno se inclina a aceptarlo como genuino. Solo hay una pequeña diferencia en el sentido: si la ampliación es aceptada, entonces "al interrogarlo" (v.8) probablemente significa "al interrogar a Lisias"; de otra forma significa "al interrogar a Pablo". Podría considerarse un punto a favor de la lectura más corta, ya que es de hecho a Pablo a quien el gobernador invita a hablar después de Tértulo; pero, por supuesto, Lisias no estaba presente para dar su versión de los hechos: después de la réplica de Pablo, el gobernador pospone el proceso de investigación hasta que Lisias personalmente baje a Cesárea (v.22).

El discurso de Tértulo parece perder fuerza hacia el final, con una conclusión coja e impotente que contrasta fuertemente con las florituras retóricas con las que empezó. Pero J. H. Moulton es probablemente demasiado duro con él cuando dice que "logra su meta por la vía del anacoluto—Lucas cruelmente trascribe al orador *verbatim*".[17] Esto es solamente un resumen del discurso, e incluso así, Tértulo no era el único orador en esta ocasión que cayó en el anacoluto.[18] La delegación del Sanedrín parece, en cualquier caso, haber estado satisfecha con la presentación del caso, porque afirmaron estar de acuerdo con su declaración de incidentes.

3. Defensa de Pablo ante Félix (24:10-21)

> 10 *El gobernador, entonces, hizo señas a Pablo para que hablara,[19] y él replicó: "Sé que has sido juez de esta nación desde hace muchos años, así que con gusto hablaré en mi defensa.*

---

17. MHT I, pp. 224–25.

18. El propio Pablo lo hace en vv. 18–19, como frecuentemente en sus cartas (ver n. 21 abajo).

19. El Texto occidental (representado por la lectura en el margen de Harclean Siriaca) amplia: "El gobernador, entonces, hizo señas a Pablo para que hiciera su defensa, y él tomó una actitud divina y dijo..." Una actitud divina se creía apropiada en un orador (lo que Pablo no pretendía ser).

11 Como puedes comprobar no hace más de doce días que subí a Jerusalén a adorar.
12 Ni en el templo me encontraron disputando con nadie, ni congregando a la multitud, ni en las sinagogas, ni en ningún otro lugar de la ciudad;
13 Ni tampoco pueden proveer ninguna prueba de ninguno de los cargos que traen ahora contra mí.
14 Pero yo te confieso esto: Yo adoro al Dios de nuestros padres conforme al Camino,[20] al que ellos llaman 'secta,' creyendo todo lo establecido por la ley o escrito en los profetas.
15 Yo tengo la misma esperanza en Dios que ellos tienen—que habrá resurrección tanto de los justos como de los injustos.
16 Por esta razón procuro mantener buena conciencia continuamente a los ojos de Dios y de la humanidad.
17 Después de una ausencia de varios años, he venido a traer limosnas a mi pueblo y para presentar ofrendas.
18 Mientras estaba en ello, me encontraron purificado en el templo, no con una multitud, ni causando alboroto.
19 Pero había unos judíos de Asia[21] —deberían estar aquí en tu presencia para exponer los cargos que puedan tener contra mí.
20 o que estos mismos hombres te digan qué crimen encontraron contra mí cuando comparecí ante el Sanedrín.
21 aparte de esta declaración que hice en voz alta cuando estaba con ellos: '¡Es acerca de la resurrección de los muertos que soy juzgado ante vosotros hoy!'"

24:10 Cuando Félix indicó a Pablo que replicara al discurso de Tértulo, empezó igualmente con un exordium de elogio, pero más breve y menos pretencioso que el del fiscal. Afirma estar preparado para hacer su defensa ante Félix porque Félix no es un recién llegado a la administración de Judea: ha gobernado la provincia durante varios años, y la experiencia con los judíos y el judaísmo que ha obtenido en ese tiempo, lo capacitan para evaluar los cargos contra Pablo con mayor precisión.

24:11-13 Continúa explicando que ha estado ausente de Jerusalén durante varios años, hasta su reciente llegada a la ciudad para adorar en la fiesta de Pentecostés. Cinco años, de hecho, han pasado desde la última visita a Jerusalén—la muy breve visita que apenas es mencionada en 18:22. Los doce días que puntualiza eran los días durante los cuales estuvo presente en Jerusalén desde su reciente llegada a la ciudad: son el recuento hasta la noche que salieron para Cesárea.[22] Durante aquellos doce días tuvo poca oportunidad de causar ningún

---

20. El Texto Occidental parece haber omitido "el Camino," leyendo "conforme al partido (αἵρεσις), como lo llamaban".

21. No hay nada en el texto griego que corresponda a "habían": "algunos judíos de Asia" (τινὲς δὲ ἀπὸ τῆς Ἀσίας Ἰουδαῖοι) es un sujeto sin verbo.

22. Así A. Schlatter, *Die Apostelgeschichte* (Stuttgart, 1948), p. 285, y E. Haenchen, *The Acts of the Apostles*, E.T. (Oxford, 1971), p. 654. Los cinco días que habían ahora pasado en Cesárea no están incluidos. Las notas del tiempo desde su llegada a Jerusalén son detallas y precisas: Día 1,

problema—durante los tres últimos, por cierto, había estado prisionero en la fortaleza Antonia. Y durante el tiempo que era un agente libre no había hecho nada que pudiera considerarse excepcional: No se había involucrado en ninguna discusión pública, ni había reunido ninguna multitud o provocado ningún tumulto en la asamblea, ni en los recintos del templo, ni en la sinagoga, ni en ningún otro lugar de la ciudad. Habría estado en su derecho de involucrarse en debate público, pero en esta ocasión no quiso llamar innecesariamente la atención sobre él o hacer algo que pusiera en un aprieto a los líderes de la iglesia (que estaban, sin duda, bastante en apuros por la mera presencia de Pablo en la ciudad.) Sus acusadores, dijo, podrían traer una variedad de acusaciones contra él, pero no había ni una que pudieran corroborar.

24:14-16 Aunque no había hecho ninguna de las cosas que sus oponentes alegaban, Pablo no dudó en declarar lo que sí había hecho: el adoraba al Dios ancestral de Israel (como tenía todo el derecho de hacer libremente bajo la ley de Roma) conforme al verdadero Camino—ese Camino que sus acusadores describían como un partido o secta, aunque de hecho, abarcaba y cumplía más fielmente la esperanza nacional de Israel. Lejos de desviarse de algún punto en particular de la antigua fe de Israel, creía con todo su corazón todas las Sagradas Escrituras—"todo lo que establecía la ley o lo escrito en los profetas"—y disfrutaba de la esperanza de la resurrección, como la mayoría de los judíos hacían.[23] Parece inferir que sus acusadores mismos compartían esta fe; el sumo sacerdote y otros miembros del partido Saduceo, por supuesto, no compartían esto, alegando a este respecto (como en otros) ser conservadores a la antigua usanza.[24] Puede, sin embargo, haber habido algunos fariseos entre los "ancianos" (miembros del Sanedrín) que habían bajado a Cesárea con el sumo sacerdote.

Es interesante notar que este es el único lugar en el Nuevo Testamento donde Pablo afirma inequívocamente creer en la resurrección de los injustos tanto como de los justos.[25] No hay necesidad de cuestionar que, como otros fariseos,

---

Pablo llega a Jerusalén (21:17); Día 2, Pablo y sus acompañantes son recibidos por Santiago y los ancianos (21:18); Día 3, Pablo inicia la ceremonia de purificación (21:26); Días 3–9, los siete días de la purificación (21:27); Día 9, Paul atacado en el templo y rescatado por los soldados romanos (21:27–22:29); Día 10, Pablo llevado ante el Sanedrín (22:30–23:10); Día 11, Conspiración contra Pablo; Pablo enviado lejos de Jerusalén (23:12–30); Día 12, Pablo llega a Cesárea (23:31–33).

23. Otra vez enfatiza la centralidad de la esperanza de la resurrección en su predicación (comp. 23:6; 26:8); que relaciona la esperanza de la resurrección explícitamente con la resurrección de Jesús se hace evidente en 25:19. Cf. L. De Lorenzi (ed.), *Résurrection du Christ et des chrétiens (1 Co 15)*, SMT:SBO 8 (Rome, 1985).

24. Ver p. 429 con nn. 21 y 22 (en 23:8).

25. Para la resurrección de los justos comp. Lucas 14:14; 20:35–36. Para la resurrección de los injustos además de los justos comp. Juan 5:28–29 y Ap. 20:12–15. Normalmente es en ese sentido que se entiende Dan. 12:2 (otra interpretación, favorecida por Sa'adya Ga'on y otros, con-

había heredado la creencia en dicha doble resurrección, pero cuando él desarrolla la doctrina en sus cartas, se concentra en la esperanza de la resurrección preparada para "aquellos que pertenecen a Cristo," quienes en la resurrección (en el advenimiento de Cristo) participaran de su resurrección, la cosecha de la que su resurrección era los primeros frutos (1 Cor. 15:20–23; comp. Fil. 3:20–21). Con esta firme creencia en la resurrección venidera, con el corolario de una comparecencia ante el tribunal divino, se prepara constantemente[26] (le dice a Félix, como ya le había dicho previamente al Sanedrín) para mantener una conciencia limpia delante de Dios y de los seres humanos por igual.[27]

24:17 La razón por la que regresa a Jerusalén después de una ausencia de varios años, afirma, era traer limosnas y ofrendas a sus compañeros judíos allí. Esta es la referencia más clara en Hechos—de hecho uno podría decir que es la única referencia—a la ofrenda que Pablo ha organizado entre las iglesias de su campo misionero gentil para el alivio de los judíos cristianos de Jerusalén.[28] Ya que, en respuesta a al requerimiento de los líderes de la iglesia de Jerusalén, a él y a Bernabé, de "recordar a los pobres" (Gal. 2:10), esta ofrenda fue especialmente realizada más particularmente "para los pobres entre los santos de Jerusalén" (Rom. 15:26), podría ser apropiadamente descrita como "limosnas". En cuanto al término que lo acompaña "ofrendas" Pablo deja bien claro (especialmente en 2 Cor. 8:1–9:15) que la donación era un tributo de acción de gracias a Dios tanto como una dádiva para el alivio de su pueblo. Pablo, obviamente, da gran importancia a esta ofrenda: a sus ojos era el apropiado reconocimiento de parte de los cristianos gentiles de la deuda que tenían con Jerusalén, desde donde el Evangelio en su progreso se había extendido hasta ellos, y él también esperaba que podría levantar en la iglesia de Jerusalén (muchos de cuyos miembros miraban con recelo la misión a los gentiles) un sentido de gratitud hacia los creyentes gentiles, lo que podría contribuir a soldar la unidad espiritual de ambos grupos. En este último aspecto, la recaudación logró, en el mejor de los casos, solo un éxito parcial, si de hecho no fue un rotundo fracaso.

---

sideran a aquellos que son destinados "para vergüenza y condenación eterna" como siendo dejados sin levantar del "polvo de la tierra"). No es probable que Pablo tenga en mente la resurrección de los injustos cuando dice que "en Cristo todos resucitaran" (1 Cor. 15:22).

26. Gr. ἀσκῶ, "yo mantengo" (la única vez que esta palabra aparece en el Nuevo Testamento). Hay una nota de estricta moralidad en la palabra, sin tener el sentido de ascetismo (que en el griego paulino es expresado como ἀφειδία σώματος, "severidad con el cuerpo," como en Col. 2:23).

27. Ver p. 424 con n. 2 (on 23:1).

28. G. W. H. Lampe, *St. Luke and the Church of Jerusalem* (London, 1969), p. 24, sugiere que la referencia puede ser "solamente a sus actos de piedad judía en el Templo que se ocupan de los votos y sacrificios que llevó a cabo" (comp. 21:23–26).

Lucas, evidentemente, sabía acerca de la recaudación pero, igualmente evidente, es muy reticente acerca del tema. Esto puede deberse a que la empresa terminó en desastre; otra posible razón es que en el juicio de Pablo fue mal interpretado como una desviación indebida de dinero que debería haber aumentado el impuesto del templo en Jerusalén, y Lucas juzgó prudente referirse a ello solo en los términos más generales.[29]

24:18-19 Poco después de su llegada a Jerusalén, continuó Pablo, estaba en los recintos del templo, cuando había ya completado la ceremonia de purificación de la manera apropiada. No había hecho nada para ocasionar el tumulto público que estalló: los responsables de aquello fueron algunos judíos de la provincia de Asia. Aquellos judíos de Asia deberían haber comparecido delante de Félix como los acusadores de Pablo, o como testigos del fiscal si tenían alguna acusación seria contra él. Eso fue un punto fuerte en su defensa: la gente que había puesto el grito en el cielo en primera estancia, afirmando ser testigos de su supuesto sacrilegio, no hubieran debido tener problemas en estar presentes. Puede ser que el sanedrín pensara que era mejor que los judíos de Asia no se presentaran ante la corte, ya que el interrogatorio pronto habría revelado la falsedad de sus acusaciones, y un juez romano no hubiera visto con buenos ojos a la gente que malgasta su tiempo con acusaciones infundadas.

24:20-21 Pero, ya que los judíos asiáticos no habían tenido a bien hacer acto de presencia, dijo Pablo, que los miembros del Sanedrín que estaban presentes, expusieran más explícitamente de lo que Tértulo había hecho, cuál fue el crimen que descubrieron que él había cometido cuando el tribuno lo trajo ante el concilio en Jerusalén para interrogarlo. El único crimen del que podían acusarle como resultado del interrogatorio era el crimen de haber declarado que el tema real en su caso en cuestión era la resurrección de los muertos—en otras palabras, ningún crimen en absoluto.[30]

---

29. Para la colección ver pp. 371–72 con nn. 45 y 46 (en 19:21), pp. 381–82 (en 20:3 y 4). Ver también K. Holl, "Der Kirchenbegriff des Paulus in seinem Verhältnis zu dem der Urgemeinde" (1921), in *Gesammelte Aufsätze zur Kirchengeschichte, 2: Der Osten* (Tübingen, 1928), pp. 44–67; C. H. Buck, "The Collection for the Saints," *HTR* 43 (1950), pp. 1–29; J. Knox, *Chapters in a Life of Paul* (London, 1954), pp. 51–58, 60, 69–72; D. Georgi, *Die Geschichte der Kollekte des Paulus für Jerusalem* (Hamburg, 1965); K. F. Nickle, *The Collection: A Study in Paul's Strategy* (London, 1966); K. Berger, "Almosen für Israel: Zum historischen Kontext der paulinischen Kollekte," *NTS* 23 (1976–77), pp. 180–204; S. Garofalo, "Un chef d'oeuvre pastoral de Paul: la collecte," in *Paul de Tarse: Apôtre du notre temps*, ed. L. De Lorenzi, SMT:SBO 1 (Rome, 1979), pp. 575–93.

30. F. W. Farrar ve una confesión de error en las palabras del v. 21: "En la afirmación de san Pablo ante el tribunal de Félix me parece ver—aunque nadie más lo ha notado—un cierto sentido de compunción por el método en el que se había desenredado de un peligro acuciante" (*The Life and Work of St. Paul*, II [London, 1879], p. 328).

4. Félix aplaza el proceso (24:22-23)

22 *Félix, entonces, aplazó la audiencia: tenía un conocimiento bastante exacto del Camino. "Cuando el tribuno Lisias venga," dijo, "os haré saber mi decisión con respecto a vuestro caso".*

23 *Dio órdenes al centurión de que mantuviera a Pablo bajo custodia, con cierto grado de libertad, y que a ninguno de sus amigos se les impidiera cuidar de él.*

24:22 Parece que Félix se hizo idea de la situación con bastante exactitud. Cómo había adquirido especial conocimiento del movimiento cristiano, no se nos dice; se ha pensado que fue a través de su esposa Drusila, un miembro de la familia de Herodes—pero ¿qué oportunidad podía haber tenido ella de conocerlo? De cualquier modo, él vio probablemente donde yacía la verdad del asunto, pero de momento aplazó la vista, quizá con la formula *Amplius* ("juicio reservado").³¹ El testimonio de Lisias sería sencillamente altamente considerado; él había dado un breve resumen de los eventos en su carta (23:25-30), pero en vista del conflicto de declaraciones hechas por Tértulo y Pablo, sería necesario indagar más en los detalles de Lisias.³²

24:23 Mientras tanto, dio órdenes de que Pablo siguiera bajo custodia, pero que se le permitiera cierto grado de razonable consideración, como correspondía a un ciudadano romano contra quien no se había probado ningún delito. En particular, era libre de recibir visitas y cualquier tipo de atención por parte de sus amigos—posiblemente miembros de la iglesia de Cesárea o cristianos gentiles que lo habían acompañado a Jerusalén y habían ahora venido a Cesárea para ver si podían hacer alguna cosa por él.

Lucas no dice si Lisias bajó a Cesárea o si Félix reanudó la audiencia. Probablemente, Lisias vino y proveyó más información, pero no se alcanzó ninguna decisión. Félix vio, sin duda, que el caso contra Pablo no se sostenía, pero no quería ofender al Sanedrín al ponerlo en libertad. Ya los había ofendido bastante durante su gobierno en Judea, y no le importaba seguir haciéndolo, pero no podía permitírselo, especialmente ahora que ya no podía contar con la indiscutible influencia de su hermano Palas en la corte imperial como había sido capaz de hacerlo bajo el principado de Claudio.³³

---

31. El procedimiento ahora aplazado por Félix es identificado por J. A. T. Robinson como la "primera defensa" de Pablo, a la cual se hace referencia en 2 Tim. 4:16 (*Redating the New Testament* [London, 1976], p. 74; comp. su *Can We Trust the New Testament?* [London, 1977], pp. 65-66).

32. Como Tértulo había sugerido, de acuerdo con el Texto Occidental de los vv. 7-8.

33. De acuerdo con Tácito (*Annals* 13.14.1) Palas fue depuesto por Nerón en el 55 d.C. de su muy influyente puesto como cabeza del Tesoro Imperial. Ver n. 43 abajo.

5. Entrevista de Pablo con Félix (24:24-26)

24 *Algunos días después, Félix vino con su esposa Drusila, que era judía.*[34] *Lo oyó hablar acerca de la fe en Cristo Jesús.*
25 *Pero como Pablo hablaba acerca de la justicia, el dominio propio, y el juicio por venir, Félix se asustó. "Ya puedes irte por ahora," le dijo; "cuando tenga tiempo libre te llamaré".*
26 *Al mismo tiempo, estaba esperanzado de que Pablo le daría algún dinero, así que mandaba traerlo bastante a menudo y hablaba con él*

24:24 Teniendo a este eminente cristiano en custodia en Cesárea, Félix aprovechó la oportunidad para mejorar su ya "bastante exacto" conocimiento del Camino. De acuerdo con el Texto Occidental, era Drusila quien estaba especialmente interesada en conocer a Pablo. Drusila era la hija más joven de Herodes Agripa I, y en ese tiempo todavía no había cumplido los veinte años. Siendo niña había sido prometida al príncipe heredero de Comagene, en el este de Asia Menor pero el matrimonio no se llevó a cabo porque el futuro novio rehusó convertirse al proselitismo judío. Luego, su hermano, Agripa II[35] la dio en matrimonio al rey de Emesa (actual Homs), un pequeño estado en Siria. Pero cuando sólo tenía dieciséis años, Félix, con la ayuda de un mago chipriota llamado Átomos,[36] la persuadió par abandonar a su esposo y convertirse en su esposa, prometiéndole (jugando con su nombre) toda la "felicidad" si ella accedía. De acuerdo con esto, se unió a él como su tercera esposa, y tuvo un hijo llamado Agripa, quien encontraría la muerte en la erupción del Vesubio en el 79 d.C.[37]

24:25 Félix y Drusila, entonces, enviaron a llamar a Pablo y lo escucharon exponer su fe cristiana. Pero dejó claro que el Evangelio tenía implicaciones éticas y, al hablar acerca de esto, Félix y Drusila sintieron que la entrevista había tomado un giro incómodo para ellos. Ciertamente, no fue un discusión tan "abstracta" como Joseph Klausner supuso;[38] por el contrario, los distinguidos oyentes de Pablo, probablemente nunca habían escuchado hasta tal punto una enseñanza tan práctica para sus vidas como cuando lo oyeron hablar acerca de "la justicia, el dominio propio y el juicio por venir"—tres temas acerca de los cuales aquella

---

34. El Texto Occidental (preservado al margen de Harclean Siriaca) añade: "quien pidió ver a Pablo y escucharlo hablar, por lo que deseando satisfacerla, lo llamó".

35. Ver pp. 456–57 con n. 23 (en 25:13).

36. Sería descabellado conectar Átomos con Etimas (Hetoimas), la lectura Occidental del nombre de Elimas, el mago de Chipre de 13:8. Algunos manuscritos de *Ant.* 20.142 tienen "Simón" en lugar de "Átomos".

37. Ver Josefo, *Ant.* 19.354; 20.139–44.

38. J. Klausner, *From Jesus to Paul*, E.T. (London, 1944), p. 406.

pareja necesitaba ser informada. No es de extrañar que Félix temblara y decidiera que ya había escuchado demasiado de momento.

24:26 Pero estaba lo suficientemente interesado como para llamar a Pablo a su presencia bastante frecuentemente y conversar con él, aunque (como Lucas sugiere) había otro motivo para estas repetidas entrevistas. A pesar de los severos y reiterados edictos contra el soborno, las ruedas de la justicia romana, especialmente en algunas provincias, corrían más suave y rápidamente si eran jugosamente untadas; y un número de gobernadores provinciales eran deplorablemente corruptos. Félix tenía la impresión de que Pablo estaba en posición de pagar un soborno por su liberación. Cómo recibió esa impresión, es difícil decir; el hecho es que Pablo había llegado recientemente a Jerusalén con una sustancial cantidad de dinero en concepto de "dádivas y ofrendas" quizá eso le hizo creer que Pablo tenía acceso a dichos fondos.[39] Pero las expectativas de Félix a este respecto, fueron decepcionadas.

6. Félix sustituido por Festo; Pablo sigue bajo custodia (24:27)

> 27 Pero dos años después Félix fue sustituido por Porcio Festo, y, deseando congraciarse con los judíos, dejó preso a Pablo.

24:27 Los dos años se entienden más naturalmente como el tiempo que pasó entre la audiencia judicial de Pablo ante Félix y su destitución del cargo.[40] Es menos probable que indiquen la duración de Félix como procurador de Judea. La ocasión de la destitución de Félix de su cargo fue el estallido de un conflicto de carácter civil entre los habitantes judíos y gentiles de Cesárea, en el que Félix intervino con tropas de tal manera que causó una gran matanza entre los líderes de la facción judía.[41] A su regreso a Roma hubiera tenido que enfrentar una pena severa, según nos informa Josefo, de no haber sido por la defensa de su hermano Palas.[42] Palas había sido destituido de su puesto como jefe del servicio civil imperial

---

39. W. M. Ramsay supuso que Pablo disponía de considerables recursos personales por aquel tiempo, y que los gastos del juicio y de sus períodos de custodia en Cesárea y Roma serían pagados con la propiedad heredada, la cual puede haber recibido "como herencia legal (cuyo derecho no podía ser interferido por ninguna voluntad)" (*St. Paul the Traveller*, pp. 310–12). Pero todo el asunto pertenece al campo de la especulación—¡como ocurre tan a menudo con el dinero!

40. Pablo podía haber encontrado estos dos años tediosos, pero para Lucas, dice J. H. Moulton, "fueron sin duda una gran oportunidad para recoger el material para su Evangelio y la primera parte de Hechos" (MHT II, p. 19).

41. Josefo, *BJ* 2.266–70; *Ant.* 20.173–78, 182–84.

42. Josefo, *Ant.* 20.182.

en el 55 d.C., pero (principalmente gracias a su colosal fortuna) retuvo una gran influencia durante varios años después de esto.⁴³

Félix fue sucedido como procurador de Judea por Porcio Festo, cuya breve administración, aunque perturbada por estallidos de insurgencia, no estuvo marcada por los desmanes de su predecesor y de sus sucesores.⁴⁴ Pero el cambio de administración no favoreció a Pablo. Félix lo dejó en custodia, esperando que esto al menos, fuera aceptado por las autoridades judías como un gesto de buena voluntad; y la llegada de un nuevo e inexperimentado gobernador significaba reabrir el caso en circunstancias menos favorables para Pablo.

---

43. Incluso cuando había sido destituido de su cargo, Palas podía estipular con éxito que no debía haber un escrutinio de su conducta en el cargo y de que sus cuentas con el estado debían ser consideradas cuadradas con el balance. (Tácito, *Annals* 13.14.2). Su influencia duró hasta el 62 d.C. cuando cayó víctima del deseo de Nerón de poner sus manos sobre su riqueza (Tácito, *Annals* 14.65.1). No hay nada en la carrera de Palas para desestimar su efectiva intervención a favor de Félix en el 59 d.C.

44. Comp. Josefo *BJ* 2.271; *Ant.* 20.182–97. Festo parece haber gobernado Judea desde el 59 d.C. hasta su muerte en el 62. Eusebio da el año 55 d.C. como el año en el que Félix fue reemplazado por Festo (*Chronicon*, año de Abraham 2072), y en esto ha sido seguido no solo por Jerónimo sino también por algunos otros eruditos de fecha más reciente (ver K. Lake en *Beginnings* I.5, pp. 464–67, 470–73; H. Conzelmann, *Die Apostelgeschichte* [Tübingen, ²1972], pp. 129–30). Pero esto da a Félix un período demasiado corto como gobernador y comprime la carrera de Pablo desde el procónsul Galión de Acaya (ver en 18:12, n. 38) en un espacio demasiado corto. Una pista más fiable de la fecha de la sustitución de Félix se ha encontrado en el cambio de moneda en la provincia de Judea atestiguada para el quinto año de Nerón (58–59 d.C.); este tema de la moneda "es más probable que fuera obra de un nuevo procurador que de un saliente que ya había acuñado un gran problema" (E. M. Smallwood, *The Jews under Roman Rule*, SJLA 20 [Leiden, 1976], p. 269, n. 40). See F. W. Madden, *History of Jewish Coinage* (London, 1864), p. 153; A. Reifenberg, *Ancient Jewish Coins* (Jerusalem, 1947), p. 27; cf. also H. J. Cadbury, *The Book of Acts in History* (New York, 1955), p. 10; Schürer I, p. 255, n. 42.

HECHOS 25

7. Festo visita Jerusalén (25:1-5)

1 *Cuando Festo llegó a la provincia, tres días más tarde subió de Cesárea a Jerusalén.*
2 *Allí los principales sacerdotes y los dirigentes judíos le dieron información contra Pablo y apelaron a él.*
3 *pidiéndole por favor que, para desventaja de Pablo, lo hiciera traer a Jerusalén. Planeaban¹ una emboscada y matarlo por el camino.*
4 *Festo respondió que Pablo estaba bajo custodia en Cesárea, y que en breve él mismo regresaría allí.*
5 *"Así," dijo, "que vuestros hombres dirigentes bajen conmigo y formulen su acusación contra este hombre, si han encontrado alguna culpa en él".²*

25:1-3 Era deseable que el nuevo procurador estableciera relaciones lo antes posible con los líderes de las autoridades nacionales de su provincia. Así que, tres días después de tomar su cargo en Cesárea, Festo bajó a Jerusalén para conocer a los principales sacerdotes y otros líderes del sanedrín. Después de los saludos preliminares, no perdieron tiempo en aprovechar el favor que Félix les había hecho dejando a Pablo como prisionero en Cesárea. Contando quizá con la inexperiencia del nuevo gobernador, le plantearon el tema de Pablo, y le pidieron que diera órdenes a Cesárea para hacer traer a Pablo a Jerusalén. Los cuarenta zelotes que habían visto frustrados su conspiración anterior contra Pablo, u otros que emulaban su celo, podrían encontrar una mejor oportunidad de deshacerse de él en el camino de Cesárea a Jerusalén.

25:4-5 Festo, sin embargo, no vio necesidad de acceder a esta petición en particular. No pensaba quedarse mucho tiempo en Jerusalén; en breve regresaría

---

1. El Texto Occidental está posiblemente representado por la lectura más completa al margen de Harclean Siriaca: "aquellos que habían hecho un voto de echarle mano planearon ..." (adscribiendo esta emboscada a los conspiradores de 23:12–15).

2. Lit., "si hay alguna cosa impropia (ἄτοπον, con lo cual comp. Luc. 23:41) en el hombre".

a Cesárea, y si una delegación de los gobernantes judíos quería acompañarlo, podían presentar su caso contra Pablo ante de él allí.

8. Pablo apela a César (25:6-12)

> 6 *Después de pasar algunos días entre ellos, no más de ocho o diez, bajó a Cesárea. Al día siguiente tomó su asiento en el tribunal y ordenó que trajeran a Pablo.*
> 7 *Cuando llegó, los judíos que habían bajado desde Jerusalén estaban allí, presentando contra él muchas acusaciones graves que no eran capaces de probar.*
> 8 *Pablo por su parte respondió en su defensa, "Ni contra la ley de los judíos, ni contra el templo, ni contra el César he hecho nada malo".*
> 9 *Entonces Festo, deseando hacer un favor a los judíos, preguntó a Pablo, "¿Quieres subir a Jerusalén y ser juzgado allí delante de mí con respecto a estos cargos?"*
> 10 *Pablo dijo, "Es delante del tribunal del César que estoy; y es donde me corresponde ser juzgado.³ No he cometido ningún delito contra los judíos, como tu bien sabes.*
> 11 *Si soy culpable, si he hecho algo que merezca la pena de muerte, no pido escapar de la muerte. Pero si no hay base en las acusaciones de estos hombres contra mí, nadie puede entregarme a ellos. Yo apelo a César".*
> 12 *Festo, entonces, deliberó con su consejo y respondió: "A César has apelado ¿no? A César irás".*

25:6-8 Todo el caso contra Pablo se abre ahora desde el principio, gracias a la negligencia de Félix al no pronunciar su absolución y liberarlo. Festo pasó poco más de una semana en Jerusalén y regresó a Cesárea, y una delegación del sanedrín lo acompañó. Al día siguiente de su llegada de Cesárea, Festo tomó su asiento como juez,⁴ ordenó que Pablo fuera traído a la corte, y dio oportunidad a sus acusadores de volver a exponer los cargos contra él. Ellos procedieron, pero aunque muchos de los cargos que expusieron eran serios en carácter y mortales en intención (siendo probablemente una repetición de aquellos detallados por Tértulo ante Félix), no pudieron presentar ninguna evidencia que los demostrara. Sin testigos a la vista que aportaran pruebas de ellos, todo lo que Pablo tenía que hacer cuando respondiera en su defensa era negarlos categóricamente uno por uno.

La naturaleza de los cargos puede ser inferida de la triple negación de Pablo. Fue acusado en general de quebrantar la ley judía y en particular de violar la santidad del templo. En cuanto a la acusación en general, Lucas lo presenta

---

3. Cod. B repite el participio "estando" (ἑστώσ): "estando ante el tribunal de César, estoy compareciendo donde debería ser juzgado" (una atractiva lectura, que Lake y Cadbury adoptan).

4. Esta formalidad era necesaria para que su decisión tuviera validez legal. Para el "tribunal" de un magistrado romano (βῆμα) comp. 18:12, 16; Mat. 27:19; Juan 19:13; Josefo, *BJ* 2.172, 301; 3.532 (de acuerdo con Josefo, *Ant.*18.:207, Felipe el tetrarca tomaba su asiento oficial en el cargo, su θρόνος, con él cuando viajaba por su tetrarquía para juzgar los casos urgentes).

como un puntilloso observador de la ley judía, y el propio Pablo está de acuerdo en que la obedece cuando está entre aquellos sujetos a la ley judía (1 Cor. 9:20) – especialmente en Judea, donde el decreto judicial del sanedrín se ejecutaba; (lo que hacía en las tierras de los gentiles estaba fuera de su jurisdicción.) Como en cuanto al cargo particular contra la profanación del templo, aquellos que primero levantaron el clamor contra él en este aspecto, no se presentaron como testigos cuando el presunto delito era reciente, ninguna evidencia que lo sustentara podía presentarse ahora. Si una *prima facie* del caso se hubiera podido probar contra él, podía haber sido entregado al Sanedrín para juicio; pero los cargos sin pruebas no constituían una *prima facie* del caso.[5]

La acusación de actuar contra los intereses del emperador era una de las acusaciones más graves, eran del tipo de acusaciones de las que los representantes del César estaban obligados a prestar especial atención. Era probablemente una repetición de los cargos contra Pablo y sus amigos en Tesalónica (17:6–7) y una extensión de la caracterización que Tértulo había hecho de él como una "peste" (24:5).[6] Pero al acusarlo de fomentar el desorden en la provincia, los acusadores de Pablo se extralimitaron, porque esto era un asunto que entraba claramente bajo la jurisdicción imperial, no bajo la jurisdicción del sanedrín, y una acusación por la que Pablo podía muy apropiadamente apelar al mismo emperador.

25:9 Pero entre las acusaciones del sanedrín y las declaraciones de Pablo, Festo estaba totalmente perdido, tanto más porque no podía averiguar cuál era la queja real contra él. Además él era completamente nuevo en su cargo como gobernador de Judea, el sanedrín era la corte suprema de la nación que él había venido a gobernar, y sería políticamente aconsejable empezar su administración haciendo algo para ganarse su buena voluntad, si eso podía hacerse sin infringir la justicia de Roma. La justicia romana debía mantenerse a toda costa cuando el hombre acusado era un ciudadano romano. Pero era totalmente indiferente hasta aquí, en lo que a la justicia romana concernía, si se reabría el caso para su audiencia en Cesárea o en Jerusalén. El sanedrín claramente deseaba ser oído en Jerusalén: al menos podía concederles esto. Así que le propuso a Pablo que bajara a Jerusalén para tratar el asunto allí; Festo mismo sería el juez. Parecía una propuesta bastante razonable, más incluso porque el crimen específico del que se acusaba a Pablo, que era la violación de la santidad del templo, fue presuntamente cometido en Jerusalén.

25:10-11 Pero Pablo no consideraba que la propuesta fuera razonable en absoluto. Volver a Jerusalén significaba sobre todo ponerse en una situación de peligro otra vez. Si Festo empezaba haciendo concesiones al sanedrín, podría ser persuadido de hacer nuevas concesiones incluso más perjudiciales para la seguridad

---

5. Comp. 21:27–29 (p. 409 con nn. 47–49).
6. Ver p. 325 con nn. 13–16, pp. 439–40 con nn. 8–13.

de Pablo. Félix había sido un administrador experimentado en Judea cuando el caso de Pablo se le adjudicó a él, pero Festo era un principiante, y su inexperiencia podría ser muy bien explotada en detrimento de Pablo. Había un camino abierto para Pablo como ciudadano romano para escapar de esta precaria situación, incluso si era una vía que conllevaba sus propios riesgos. No era, le aseguró a Festo, que él deseara evadirse de la ley de Roma o escapar a la debida condena por alguna cosa que pudiera haber hecho. Si él había de hecho cometido algún crimen, como sus acusadores mantenían, estaba preparado para sufrir la suprema pena capital por ello; pero si ellos no podían probar sus acusaciones, él no debía ser puesto a su merced. Que la justicia romana decida. Como Festo era un representante del César, el tribunal delante del cual Pablo estaba era el de César; pero ya que no tenía suficiente confianza en la imparcialidad de este tribunal subordinado, él apelaba al tribunal supremo. "Yo apelo al César" declaró.

El derecho de apelación (*prouocatio*) al emperador surgió del anterior derecho de apelación del pueblo soberano el (*populus Romanus*), uno de los más antigüos derechos del ciudadano romano, tradicionalmente remontándose hasta la fundación de la República en el 509 a.C. Era normalmente ejercido apelando contra el veredicto de un magistrado, pero podía ser ejercido en cualquier etapa anterior durante el procedimiento pidiendo "que la investigación fuera llevada a Roma y la sentencia dictada por el propio emperador".[7] En una etapa temprana durante su principado, a Augusto se le concedió el derecho de juzgar una apelación;[8] no muchos años más tarde, la ley Julia contra el desorden público salvaguardaba a los ciudadanos romanos no solamente contra formas degradantes de coacción o castigos, sino también en contra de ser sentenciado después de que se hubiera solicitado una apelación en voz alta, o de que se impidiera que llegara a Roma para celebrar la audiencia allí en un plazo razonable.[9]

Pablo no apeló mientras Félix estaba en el cargo: Félix había decidido virtualmente que no había caso contra él y estaba simplemente posponiendo la absolución final y cesar la culpa. Un día (podría haber esperado Pablo) la negligencia de Félix se acabaría y sería liberado. Pero con la retirada de Félix, una nueva y potencialmente peligrosa situación se estaba desarrollando para Pablo; de ahí su decisión trascendental. Pablo no había perdido su confianza en la justicia romana, de la cual tenía buenas experiencias en un número concreto de lugares, notablemente en Corinto ante el tribunal de Galión.[10] Pero temía que en Jerusalén

---

7. Schürer I, p. 369.

8. Dio Cassio, *History* 51.19; en la frase griega de Dio ἔκκλητον δικάζειν A. H. M. Jones reconoce su equivalente en Lat. *ex prouocatione cognoscere* (*Studies in Roman Government and Law* [Oxford, 1960], p. 96).

9. *Digest* 48.6–7; Paulus, *Sententiae* 5.26.1.

10. Comp. 18:12–17 (pp. 351–54).

la justicia romana pudiera ser derrotada por poderosas influencias locales. No había razón (hasta donde él sabía) para tal temor en Roma. Allí (podía muy bien parecerle a un ciudadano romano que en realidad nunca había visitado Roma) la justicia romana sería administrada con mayor imparcialidad.

El resto de personas del imperio no tenían los privilegios que disfrutaban los ciudadanos romanos. La distinción entre estas dos categorías persistió largamente en el tiempo. Por ejemplo, cuando Plinio el Joven fue confrontado por el alarmante crecimiento de la cristiandad en Bitinia en el 112 d.C. tomó una acción sumaria contra los cristianos condenados, pero a aquellos que eran ciudadanos romanos los envió a Roma para ser examinados apropiadamente y juzgados por el emperador, no estando él mismo bastante seguro del procedimiento legal correcto.[11]

Para nosotros que conocemos la historia de Nerón en relación con el cristianismo romano, puede parecer extraño que Pablo hubiera apelado a él con tal confianza. Pero como sea que fuera el carácter de Nerón, los primeros cinco años de su principado (54-59 d.C.), cuando la administración imperial se llevada a cabo bajo la influencia de su tutor Séneca, el filósofo estoico, y Afranio Burro, prefecto de la guardia pretoriana, [aquellos cinco años] quedaron guardados en el pasado como una miniatura de edad dorada. Había poco en el 59 d.C. que pudiera hacer presagiar los eventos de los años 64 y 65 d.C.

25:12 Festo escuchó con gran alivio las palabras de Pablo. Al apelar al César, Pablo le permitía escapar de una responsabilidad con la que él se sentía incapaz de lidiar. Consultó con su concilio[12] —un cuerpo formado por los oficiales de más alta graduación y un hombre joven que lo acompañaba para adquirir experiencia en el gobierno de la provincia— y de buen grado acordaron que el caso de Pablo fuera trasferido a Roma (de hecho, una vez que Pablo había hecho la apelación, Festo no tenía otra opción en el asunto).

Pablo probablemente no hizo su apelación solamente en interés de su seguridad personal, sino también por el deseo de ganar reconocimiento para las

---

11. Plinio, *Epistles* 10.96.4. Hubo una erosión gradual en los privilegios de los ciudadanos a medida que avanzaba el siglo II (Esto es evidente en la *Letter of the Churches of Lyon and Vienne*, reproducida por Eusebio, *HE* 5.1, describiendo la persecución de los cristianos en el Valle de Rhone en el año 177 d.C. bajo Marco Aurelio), hasta el 212 d.C. en el que la ciudadanía se extendió a todos las personas del imperio nacidas libres. El registro de Lucas en cuanto a la apelación de Pablo es consistente con todas las condiciones relevantes que conocemos de finales de los años cincuenta del siglo I. Ver A. H. M. Jones, *Studies in Roman Government and Law*, pp. 5–98; A. N. Sherwin-White, *Roman Society and Roman Law in the New Testament* (Oxford, 1963), pp. 57–70; P. Garnsey, "The *Lex Iulia* and Appeal under the Empire," *JRS* 58 (1966), pp. 167–89.

12. Gr. συμβούλιον, comprendiendo su σύνεδροι o *comites*.

Iglesias gentiles como asociaciones autorizadas[13] de pleno derecho. Y puede que fuera motivado más que por ninguna otra cosa, por la incomparable oportunidad, que la audiencia de su apelación proveía, de predicar el Evangelio en el trono del poder imperial.[14]

9. Agripa II y Berenice visitan a Festo (25:13-22)

13 *Algunos días después, el rey Agripa y Berenice vinieron a Cesárea para saludar a Festo.*
14 *Como estaban pasando varios días allí, Festo informó al rey del caso de Pablo: "hay un hombre," dijo, "que Félix dejó como prisionero".*
15 *Cuando yo estuve en Jerusalén, los principales sacerdotes y los ancianos judíos me presentaron las acusaciones contra él, pidiendo una sentencia condenatoria.*
16 *Yo les dije que no era costumbre entre los romanos entregar a alguien para ser castigado antes de que la persona acusada se encontrara cara a cara con los acusadores y tuviera la oportunidad de defenderse a sí mismo contra los cargos.*
17 *Así, cuando se reunieron aquí, no los hice esperar, tome mi asiento en el tribunal al día siguiente y ordené que trajeran al hombre.*
18 *Tomaron su posición en torno a él, pero no lo acusaron de las ofensas[15] que yo sospechaba que alegarían.*
19 *En vez de eso, las acusaciones contra él tenían que ver con discusiones acerca de su propia religión,[16] y en particular acerca de cierto Jesús, ya fallecido, pero que Pablo afirma que está vivo.*
20 *Como yo estaba perdido en cómo manejar una investigación sobre temas de esta índole, le pregunté si estaría dispuesto a bajar a Jerusalén y ser juzgado de estas cosas allí.*
21 *Pero como Pablo apeló a seguir bajo custodia hasta la exanimación y decisión de Su Majestad Imperial,[17] he dado órdenes para que se quede hasta que yo pueda mandarlo[18] al Cesar".*
22 *Agripa dijo a Festo, "A mí me gustaría escuchar a ese hombre personalmente". "Mañana lo oirás" le contestó Festo.*

13. El estatus legal deseado es expresado por *collegium licitum* (*Digest* 47.22) en vez de la *religio licita* (*Apology* 21.1) de Tertuliano, el cual no es un término legal en la ley romana.

14. Comp. Ef. 6:19-20; Fil. 1:19-20, y posiblemente 2 Tim. 4:17.

15. Lit., "no trajeron acusaciones de cosas malas" (οὐδεμίαν αἰτίαν ... πονηρῶν); P^{74} A C Ψ y otros testigos leen "no acusaciones malas" (αἰτίαν ... πονηράν); ℵ* C^2 lee el acusativo πονηρά, "cosas malas," en aposición con αἰτίαν, mientras el Texto Bizantino omite "malo".

16. Gr. δεισιδαιμονία, lo cual puede ser ligeramente despectivo ("superstición") o no, dependiendo del contexto. El sentido despectivo es inapropiado aquí, ya que Festo se estaba dirigiendo a un distinguido judío. Comp. el adjetivo δειαιδαιμονεστέρους en 17:22 (n. 56).

17. Gr. εἰς τὴν τοῦ Σεβαστοῦ διάγνωσιν. Aquí y en v. 25 Festo se refiere al emperador con el título griego Σεβαστός, el equivalente del Lat. *Augustus* (cf. KJV).

18. Esto es, "enviarlo" (ἀναπέμπω, "prisión preventiva," "remitir") a la corte suprema a la cual él ha apelado.

25:13 Ahora solo quedaba un problema para Festo. Cuando enviara a Pablo a Roma, para la audiencia de su caso delante del emperador, sería necesario que enviara un informe de cómo se había desarrollado el caso hasta el momento en el que Pablo apeló. Sin duda, había informes de la audiencia ante Félix que podrían ser consultados, y quizá la carta de Lisias (23:26-30) y había más evidencias disponibles, pero el propio Festo sería el responsable de la redacción del informe, y si quería que fuese coherente e inteligible, necesitaría una mejor comprensión de las cuestiones del litigio de las que poseía en el momento presente. Escuchar los discursos de la fiscalía y los de la defensa solamente había logrado incrementar su perplejidad.

Afortunadamente para Festo, una manera de resolver esta dificultad se había presentado espontáneamente. Herodes Agripa II, gobernador del reino subordinado al noreste de la provincial de Festo, llegó a Cesárea en una visita de cortesía, para felicitar al nuevo procurador por su nombramiento. Este hombre tenía la reputación de ser un experto en temas religiosos judíos, y Festo esperaba que pudiera facilitarle alguna ayuda extraoficial en la redacción del informe. Marco Julio Agripa, como se llamaba así mismo en sus monedas (usando su nombre de ciudadano romano), era el hijo de Herodes Agripa I.[19] Él estaba en Roma cuando su padre murió en el año 44 d.C., y el Emperador Claudio estaba dispuesto a hacerlo rey de los judíos sucediendo a su padre; pero por causa de la juventud del joven Agripa (que tenía diecisiete años en aquel momento) se le disuadió del plan, y Judea fue una vez más administrada por gobernadores romanos. En el año 50 d.C. sin embargo, Claudio le dio el reino de Chalcis (en el Líbano), como sucesor de Herodes, el hermano de su padre, junto con el derecho de nombrar a los principales sacerdotes judíos.[20] En el 53 entregó este reino a cambio de uno más grande que consistía en las antiguas tetrarquías de Filipo y Lisanias.[21] Este territorio fue extendido tres años más tarde por Nerón, que le añadió las regiones de Tiberiades y Tarichaea, al este del lago de Galilea, junto con Julias en Perea y

---

19. Ver 12:1-23.

20. Durante los años 6 y 37 d.C. los principales sacerdotes eran nombrados por un gobernador romano. El derecho de nombramiento le fue otorgado a Herodes Agripa I en el 41 d.C. Cuando murió tres años más tarde, una delegación de judíos visitó Roma y protestó ante Claudio contra el intento hecho por Cuspio Fado, recientemente nombrado procurador de Judea, de asegurarse el derecho de nombrarlos (el cual llevaba consigo la custodia de las vestiduras del sumo sacerdote) para él mismo. Su protesta fue apoyada por el joven Agripa, y Claudio los apaciguó dándole el derecho a Herodes de Chalcis (hermano mayor de Agripa). Ver Josefo, *Ant.*20.6-16.

21. Este fue el territorio que el Emperador Gayo le dio a Herodes Agripa I en el 37 d.C. Para las dos tetrarquías comp. Lucas 3:1, donde la tetrarquía de Felipe es descrita como "la región de Traconite, y Lisanias tetrarca de Abilinia". Ver Schürer I, pp. 561-73.

catorce villas vecinas. En un gesto de gratitud a Nerón, Agripa cambio el nombre de su capital, Cesárea de Filipo (Actual Banias),[22] a Neronias.[23]

En esta visita Agripa estaba acompañado de su hermana, Julia Berenice.[24] Era la hija mayor de Herodes Agripa I, nacida en el año 28 d.C. Fue dada en matrimonio por su padre a su hermano Herodes, rey de Chalcis.[25] Cuando Herodes murió en el 48, vivió en la casa de su hermano Agripa. Más tarde se casó con Polemón, rey de Cilicia, pero pronto lo abandonó y regresó con Agripa.[26] En varias inscripciones se le da el título de "reina" o incluso "gran reina".[27]

25:14-19 En un momento oportuno durante la estancia de Agripa en Cesárea, Festo abordó el tema de Pablo. Le contó al rey cómo Félix había dejado prisionero a Pablo, cómo el sanedrín le había pedido que pronunciara

22. Cesárea de Filipo fue llamada así para distinguirla de la Cesárea Marítima, en la costa Mediterránea de Judea. Fue la capital de la tetrarquía de Filipo desde el 4 a.C. hasta su muerte en el 34 d.C. Banyas es la pronunciación arábiga del anterior nombre griego Paneas.

23. Agripa hizo lo mejor que pudo para impedir la revuelta del 66 d.C. (ver el discurso disuasivo atribuido a él por Josefo, *BJ* 2.345-401). Cuando sus esfuerzos fracasaron, se mantuvo fiel a Roma y fue recompensado después de la guerra con un mayor incremento de su territorio y (en el 75) fue promocionado al rango pretoriano. Él estaba de acuerdo con Josefo acerca de la última *Guerra Judía*, confirmando su exactitud

(Josefo, *Life* 362–66; *Ap*.1.51). Murió en el año 100 d.C., sin tener hijos, y por eso fue llamado "el último Herodes," Ver Josefo, *BJ* 2.233, 245, 247, 309, 337–407; 3.56–57; 7.97; *Ant*.19.354, 360–62; 20.104, 135, 138–40, 159, 179, 189–93, 203, 211–13; *Life* 34, 38–39, 46, 48, 52, 61, 74, 112, 114, 126, 131, 149, 154–55, 162, 180–82, 185, 220, 340–56, 359, 362–67, 381–84, 388–91, 397–98, 407–8, 410; también A. H. M. Jones, *The Herods of Judaea* (Oxford, 1938), pp. 207–31; Schürer I, pp. 471–83.

24. "Bernice" era la pronunciación helenística popular del nombre macedonio Berenice (la forma por la cual Josefo siempre se refiere a ella).

25. Berenice le dio dos hijos a él, Bereniciano e Hircano (Josefo, *Ant*.20.104). Un considerable número de matrimonios entre tíos y sobrinos tuvo lugar en la familia Herodes. Así, Herodías, la hija de Aristóbulo, se casó sucesivamente con dos hermanastros de su padre—Herodes Felipe y Herodes Antipas; su hija Salomé se caso con el hermanastro de su padre, Felipe el tetrarca.

26. Como su hermano, ella intentó con todas sus fuerzas impedir la guerra que explotó en el 66 d.C. En la primavera de ese año, ella hizo un voto Nazareo en Jerusalén, e intentó, en vano (y no sin considerable riesgo personal), impedir la masacre de judíos llevada a cabo por el procurador Gesio Floro. Más tarde, sin embargo, cuando su casa (junto con la de su hermano) fue quemada por los insurgentes extremistas, apoyó ardientemente a Flavio. Atrajo la atención de Tito durante la guerra, y vivió con él en el Palacio cuando fue a Roma con su hermano en el 75. Tito se hubiera casado con ella, de no haber sido por las fuertes presiones de desaprobación entre los ciudadanos de Roma, que le hicieron cortar sus relaciones con ella. Ver Josefo, *BJ* 2.217, 220–21, 310–14, 333–34, 405, 426, 595; *Ant*.19.276–77, 354; 20.104, 143, 145–46; *Life* 48, 119, 180–81, 343, 355; Juvenal, *Satire* 6.156–60; Tacitus, *Histories* 2.2; Suetonius, *Titus* 7.1; Dio Cassius, *History* 65.15; 66.18; also G. H. Macurdy, "Julia Berenice," *AJP* 56 (1933), pp. 246–53.

27. En una inscripción en Latín de Beirut es llamada "Reina Berenice, hija del gran rey Agripa" (*Comptes rendus de l'Académie des Inscriptions* [1927], pp. 243–44); en una inscripción griega es llamada "Julia Berenice, la gran reina" (*IG* III.556 = *CIG* 361).

un veredicto de "culpabilidad" contra él, y cómo él les había respondido estrictamente de acuerdo a los principios de la justicia romana: la parte acusada debe tener la oportunidad, en una audiencia pública, de escuchar los cargos contra él y de replicar a ellos.[28] Cuando tal audiencia tuvo lugar en Cesárea, los acusadores hicieron su exposición, pero a Festo, sorprendido y perplejo, le pareció que las acusaciones se centraban entorno a algún punto de discusión de su religión judía, particularmente en referencia a "un Jesús, que estaba muerto, pero de quién Pablo afirmaba que estaba vivo". Pablo había insistido ya, delante del sanedrín y delante de Félix, que su caso se basaba en la esperanza de la resurrección. Ahora parece ser más explícito que antes, que él relacionaba su insistente esperanza de la resurrección estrechamente con el hecho de que Jesús ya había sido resucitado de la muerte. Que la resurrección de Jesús era el punto en cuestión del asunto, se había hecho evidentemente claro en la audiencia ante Festo, aunque Festo no se daba cuenta de su importancia. Agripa probablemente sabía suficiente acerca del movimiento cristiano como para que su interés se hubiera agudizado por lo que Festo le acababa de contar.

25:20-22 Festo sigue diciéndole que le había sugerido a Pablo subir a Jerusalén y celebrar el juicio allí, y que Pablo había apelado al César. Pablo ahora seguía en custodia en Cesárea hasta que llegara la oportunidad de enviarlo a Roma para la audiencia de su apelación. "Bien," dijo Agripa, "A mí me gustaría escuchar al hombre personalmente". Festo de acuerdo con lo dicho, se comprometió a organizar una audiencia para el día siguiente.

10. Pablo comparece ante Agripa (25:23-27)

> 23 Así que al día siguiente, cuando el Rey Agripa y Berenice vinieron con gran ceremonia y entraron en la sala de la audiencia, con los oficiales de alto rango y las personalidades más distinguidas de la ciudad,[29] Festo dio orden de que trajeran a Pablo.
> 24 Luego, Festo dijo, "Rey Agripa, y caballeros[30] todos que estáis presentes con nosotros, aquí veis a este hombre. Toda la comunidad judía me ha hecho una petición, tanto en Jerusalén como aquí,[31] clamando que no debe permanecer vivo más tiempo.

---

28. F. Field cita de Apio, *Civil war* 3.54: "La ley requiere, de los miembros del concilio, que un hombre que está en proceso judicial escuche la acusación y hable en su propia defensa antes de ser juzgado" (*Notes on the Translation of the New Testament* [Cambridge, 1899], p. 140).

29. Una ampliación de Occidental está preservada en el margen de Harclean Siríaca: "que habían bajado de la provincia".

30. Gk. ἄνδρες El masculino es formal, y Berenice no se habría sentido expresamente ignorada.

31. Después de "y aquí" el Texto Occidental lee (al final del v.25): "que debería entregárselo a ellos para castigo sin ninguna defensa. Pero no podía entregárselo, teniendo en cuenta las demandas que tenemos de Su Majestad Imperial. Pero si alguien va a acusarlo, digo que me siga a Cesárea, donde está en custodia; y cuando vinieron, clamaron que debía ser sentenciado a

25 Pero he llegado a la conclusión de que no ha hecho nada que merezca la pena de muerte, y cuando él mismo apeló a Su Majestad Imperial, decidí enviarlo a él (a Roma).

26 Pero como no soy capaz de escribir nada definitivo[32] acerca de él a mi soberano señor, por eso, lo he traído delante de vosotros, y especialmente delante de ti, Rey Agripa, para que, cuando lo examinemos, pueda tener algo que escribir.

27 A mi me parece absurdo, enviar un preso, y no indicar también los cargos traídos contra él".

25:23 Al día siguiente, entonces, se celebró una audiencia, a la que asistieron no solo Agripa y su hermana, sino también miembros del personal del procurador[33] y altas personalidades de Cesárea (que eran principalmente, si no todos, gentiles). El propio Festo, como era lo apropiado, presidía la audiencia. Hay un sutil humor en el relato de Lucas acerca de la "gran ceremonia"[34] con la que se reunieron: Lucas tiene un verdadero sentido de los valores, y sabía que en Pablo había una grandeza interior que no tenía necesidad de ser engalanada con los adornos de grandeza que rodeaban a sus distinguidos oyentes. La historia ha vindicado la perspectiva de Lucas. Ha sido sugerido que, al traer a Pablo en contacto con tan grandes personalidades, Lucas intenta engrandecer su estatus a los ojos de sus lectores;[35] pero incluso entonces algunas de las personas que leen este relato se dan cuenta de que fue un privilegio para aquellas personalidades tener este breve encuentro con Pablo. Y muchas de las personas de hoy en día, que saben algo acerca de Agripa y Berenice y Festo, las conocen por ser las personas que, por un breve período de tiempo, se cruzaron en el camino de Pablo y lo oyeron hablar palabras que podían haberles llevado mucha bendición, si ellos hubieran estado seriamente dispuestos a prestar atención a lo que dijo. Todas estas personas tan importantes, habrían estado gratamente sorprendidas, y no poco escandalizadas, si hubieran podido prever las estimaciones al respecto que las generaciones posteriores se formarían de ellos y del preso que ahora estaba delante de ellos para exponer su caso.

25:24-27 Pablo fue entonces conducido a la sala de la audiencia, y Festo lo introdujo a Agripa y a los demás, contándoles como no había podido encontrar

---

muerte. Pero cuando escuché una parte y la otra, no encontré que fuera digno de muerte de ninguna manera. Pero cuando le dije, '¿Quieres ser juzgado delante de ellos en Jerusalén?' Entonces él apeló al César".

32. Gr. ἀσφαλές, "fiable".

33. Los tribunos militares incluidos en su personal eran cinco en número, como había cinco cohortes auxiliares en Cesárea (Josefo, *Ant.*19.365).

34. Gk. μετὰ πολλῆς φαντασίας. La palabra griega sobrevive como un préstamo del árabe de Palestina (*fantasía*), en el sentido de procesión festiva.

35. Ver la discussion en E. Haenchen, *The Acts of the Apostles*, E.T. (Oxford, 1971), pp. 673–75, 678–79.

nada que sostuviera los cargos capitales que sus demandantes judíos instaban contra él, y como Pablo había apelado al César. Se desprende claramente de estas palabras que Festo estaba bastante perdido acerca de los términos en los que debía elaborar su informe en el caso de Pablo—"No soy capaz de escribir nada definitivo acerca de él a mi soberano señor,"[36] dijo—y que estaría muy contento de que Agripa le ayudara en este asunto. Él, por tanto, entregó la dirección de la investigación a su visitante real.

Era una investigación puramente extra-oficial;[37] no era de ningún modo un juicio. Agripa no tenía autoridad para dirigir un juicio en Judea, y en cualquier caso, ya que Pablo había ahora apelado al César, no podía ser sometido a ningún otro juicio hasta que su apelación fuera escuchada en Roma. La investigación se llevó a cabo para que Agripa pudiera entender lo suficientemente el caso de Pablo como para ayudar a Festo a elaborar su informe. Solamente Festo era responsable de su elaboración, aunque era libre de recibir ayuda de cualquier procedencia que él escogiera. Se veía obligado a enviar un informe: al decir que encontraba absurdo enviar un prisionero a la corte suprema y no indicar los cargos que se habían levantado contra él, no da a entender que no fuera posible enviar a Pablo a Roma sin ningún informe de los cargos y de la gestión de los procedimientos hasta aquí.[38]

---

36. "A mi κύριος": el título κύριος con una connotación divina fue dado a los emperadores romanos por sus subordinados en las provincias orientales, ya que se les había dado a los Ptolomeos y a otras dinastías; Deissmann nota que hay un considerable incremento en la frecuencia de tales inscripciones bajo Nerón y sus sucesores (*Light from the Ancient East*, E.T. [London, ²1927], pp. 353–62; cf. *New Docs.* 2 [1977], § 6).

37. La palabra ἀνάκρισις en v. 26 significa "investigación preliminar" cuando se utiliza en sentido técnico, aquí no se usa en sentido técnico por ser una investigación informal.

38. Tal informe fue llamado *litterae dimissoriae* o *litterae apostoli* (*Digest* 49.6.1).

HECHOS 26

11. Pablo acepta la invitación de Agripa para hablar (26:1)

1 *Agripa le dijo a Pablo: "Puedes hablar por ti mismo".[1] Pablo[2] entonces, levantó la mano y procedió a hacer su defensa.*

26:1 Ya que el procedimiento no era ni judicial, y de ninguna manera oficial, Festo invitó a Agripa para que dirigiera el proceso en la forma que considerara más adecuada. Entonces Agripa se volvió hacia Pablo invitándole a exponer su caso. Pablo estaba más que dispuesto a aceptar la invitación del rey, así que levantó la mano para saludarlo[3] y procedió a hablar. Si su discurso es llamado su "defensa," es así llamado pero no en sentido forense; es más bien una defensa del Evangelio que él predicaba y de su modo de vida en conformidad con él.

De algún modo este discurso cubre los mismos aspectos que Pablo había expuesto desde arriba de las escaleras de la Fortaleza Antonia, a la multitud sublevada que estaba abajo en el patio del templo.[4] Pero el tono general y la atmósfera de los dos discursos eran diferente, cada uno de ellos bien adaptado a sus muy distintivas audiencias. Aquí, en la calmada y digna sala de audiencias del gobernador en Cesárea, Pablo pronunció un discurso que, más que ningún otro de sus discursos en Hechos, puede ser dignamente llamado su *Apologia pro vita sua*. En él intenta demostrar que ni su manera de vivir, ni sus enseñanzas deberían ser causa de hostilidad, especialmente entre los judíos. La construcción del discurso es más cuidadosa que de costumbre, la gramática más clásica, y el estilo más

---

1. O mejor "acerca de ti mismo" (la lectura περὶ σεαυτοῦ está mejor atestiguada que ὑπὲρ σεαυτοῦ).

2. Hay una inserción en el Occidental, preservada en el margen de Harclean Siriaca: "confiado y fortalecido por el Espíritu Santo".

3. Este gesto (ἐκτείνω τὴν χεῖρα) no es aquel que el orador hace para pedir silencio a la audiencia (κατασείω τῇ χειρί, 13:16; 21:40).

4. Comp. 22:3–21.

literario, para adecuarse a la distinguida audiencia.⁵ El argumento está diseñado para apelar particularmente a la mente de Agripa, quien tenía reputación de estar interesado en la teología judía, incluso aunque Festo se sintiera totalmente fuera de lugar después de las primeras frases.

12. La "Apología pro vita sua" de Pablo (26:2-23)

a. Exordium (26:2-3)

2 *"Es un privilegio para mi, Rey Agripa, poder hacer mi defensa delante de ti hoy, con respecto a todos los cargos de los que me acusan los judíos.*

3 *especialmente porque⁶ tu eres experto en todas las costumbres y controversias entre los judíos. Por tanto, te ruego, que me escuches con paciencia.*

26:2-3 Pablo se congratula a sí mismo primero de todo, por la oportunidad de explicar su caso y exponer sus enseñanzas delante de un hombre de la eminencia de Agripa, particularmente uno tan experto en los detalles de las creencias y práctica de la religión judía. Él, al menos, podría apreciar la fuerza del argumento de Pablo, de que el mensaje que proclamaba era la consumación misma de la fe ancestral de Israel. Para tal oyente y examinador, ninguna declaración superficial, sino una narración y exposición razonada de su caso completo, era lo apropiado. A diferencia de Tértulo ante Félix,⁷ Pablo no promete ser breve, pero pide paciencia para ser escuchado; probablemente esperaba que Agripa estaría lo suficientemente interesado como para escucharlo hasta el final.

b. La esperanza de la resurrección (26:4-8)

4 *"El curso de mi vida desde mi más temprana juventud⁸ entre los de mi nación, y (particularmente) en Jerusalén,⁹ es bien conocida de todos los judíos.*

5 *Ellos me conocen desde hace mucho tiempo,¹⁰ y pueden testificar, si quieren, que he vivido como fariseo, conforme al partido más estricto de nuestra religión.*

---

5. Comp. F. Blass, *The Philology of the Gospels* (London, 1898), p. 9; J. H. Moulton, MHT I, n. 1; H. Conzelmann, *Die Apostelgeschichte* (Tübingen, 1963), p. 137.

6. Algunos manuscritos (P^{74} ℵ^c A C 33 *al* syr ^{pesh}) añaden ἐπιστάμενος, "sabiendo" ("especialmente porque yo sé que tú eres...").

7. Comp. 24:4.

8. Gr. ἐκ νεότητος ... ἀπ' ἀρχῆς, "desde mi juventud, desde el principio" (para la siguiente frase comp. Lc. 1:2).

9. No es probable que "entre mi nación y en Jerusalén" signifique "entre la gente de Tarso y (más tarde) en Jerusalén," como Lake y Cadbury piensan.

10. Gr. ἄνωθεν (comp. Lc. 1:3), no necesariamente remontándose tanto como ἀπ' ἀρχῆς (v.4).

La esperanza de la resurrección (26:4-8)

> 6 *Y ahora, es en base a la esperanza de la promesa que Dios hizo a nuestros padres, que yo permanezco aquí en este juicio.*
> 7 *Es por el cumplimiento de esta promesa que nuestras doce tribus, diligentemente se ocupan día y noche en servir a Dios, esperando obtenerla; y es con respecto a esta esperanza, Vuestra Majestad, que yo soy acusado—¡acusado por judíos!*[11]
> 8 *¿Por qué se juzga increíble entre vosotros*[12] *que Dios resucite a los muertos?*

26:4-8 Pablo sigue, entonces, describiendo su temprana educación. Sus contemporáneos saben todo esto, y podrían atestiguarlo si se les pidiera, que había sido criado como fariseo y vivido de acuerdo con las estrictas reglas de ese partido. Huelga decir que un fariseo fiel creía en la resurrección de los muertos, y no contemplaba el cumplimiento de la fe ancestral de Israel sin la resurrección. Pero la sorprendente y, de hecho, absurda peculiaridad de la presente controversia era que él estaba siendo perseguido por la proclamación de esa misma esperanza—y procesado por los judíos, de todo el pueblo. Esta esperanza era la esperanza de que Dios mantendría su promesa hecha a los padres de la nación hacía mucho tiempo; era la esperanza que daba vida y sentido y propósito a las ordenanzas de la adoración divina, fielmente mantenida por las doce tribus de Israel[13] generación tras generación, especialmente en los incesantes servicios de la mañana y los sacrificios y oraciónes de la noche. Era la esperanza de que Dios algún día vendría a liberar su pueblo como había hecho cuando eran esclavos en Egipto, que levantaría para ellos "un cuerno de salvación…en la casa de su siervo David, como había dicho por boca de sus santos profetas desde la antigüedad" (Lucas 1:69–70). ¿Por qué deberían pensar que era increíble que Dios honrara su esperanza y cumpliera su promesa de resucitar a los muertos?[14]

Los fariseos responderían que no pensaban que eso fuera increíble; ellos ardientemente creían en Dios como aquel que levantaba a los muertos. Pero la clave en la mente de Pablo era que esta creencia había ahora sido validada por Dios al levantar a un hombre de la muerte, demostrando por este mismo hecho que un

---

11. La posición de ὑπὸ Ἰουδαίων puede denotar énfasis.

12. Un manuscrito Occidental (P^{29}) parece omitir "¿por qué lo consideráis increíble entre vosotros?" Ver también p. 478, n. 36.

13. Para las doce tribus (enfatizando la nación en su totalidad) comp. Mt. 19:28 par. Lucas 22:30; Stg.. 1:1 (con la nota de F. J. A. Hort *ad loc.*); Apc. 7:4–8 21:12. El mito de las diez tribus perdidas no forma parte de los registros bíblicos.

14. No hay artículo definido aquí en el texto griego; la frase puede ser traducida: "que Dios resucita muertos". El plural es generalizador, pero Pablo tiene en mente un ejemplo en particular—la resurrección de Jesús. Comp. Rom. 1:4, donde Jesús es "designado Hijo de Dios en poder… por su resurrección de la muerte"—lit., "por la resurrección de muertos" (aquí también el plural generalizador señala a la resurrección de Jesús en particular). Es inútil, da a entender Pablo, reconocer la resurrección de los muertos en principio y rehusar creer en un ejemplo autentificado de tal resurrección.

hombre único era el tan esperado Salvador de Israel, aquel en quien la antigua esperanza se había cumplido. Delante de Agripa, como previamente delante del Sanedrín y ante Félix, Pablo insistió en que el eje de su caso era enteramente la esperanza de la resurrección, pero por la esperanza de la resurrección él quería decir esa esperanza que se había realizado en "cierto Jesús, que había fallecido, pero del que Pablo afirmaba que estaba vivo" (25:19). Incluso Festo entendió algo del mensaje, a pesar de su falta total de trasfondo. ¿Por qué aquellos que creían en la resurrección de los muertos encontraban difícil creer que Dios había de hecho resucitado a Jesús, designándolo así "Hijo de Dios con poder" (Rom. 1:4)? Si Dios no había resucitado a Jesús, ¿por qué creer que resucitaba a los muertos en absoluto? Así razonaba Pablo ahora, pero 'erase una vez' cuando razonaba de forma bien diferente.

c. El celo perseguidor de Pablo (26:9-11)

9 *"Sin duda, yo mismo estaba convencido de que debía hacer todo lo posible contra el nombre de Jesús de Nazaret.*
10 *Yo me oponía a su nombre en Jerusalén: encerré a muchos santos en prisión, cuando recibí la autoridad de hacerlo de los principales sacerdotes, y cuando los mataban yo di mi voto contra ellos.*
11 *En todas las sinagogas los castigaba repetidamente e intentaba hacerles blasfemar. Totalmente enfurecido contra ellos, seguí persiguiéndolos incluso en las ciudades extranjeras.*

26:9-11 Pero Pablo entendía muy bien la mentalidad de sus oponentes; que una vez había compartido él mismo. Para él mismo, a pesar de su creencia en la resurrección de los muertos en el último día, era impensable que Dios hubiera resucitado al crucificado Jesús; y cuando los discípulos insistieron en que lo había resucitado de verdad, Pablo los trataba de charlatanes y blasfemos. No podía tomarse en serio su reivindicación de que lo habían visto vivo otra vez. Su movimiento, como él lo veía, era un cáncer atacando los signos vitales de la vida de Israel; debía ser desarraigado, y él propio Pablo tomó desesperadamente la iniciativa para erradicarlo.

Armado con la autoridad de los principales sacerdotes, dijo, iba de casa en casa y arrastraba a los seguidores de Jesús a la cárcel; iba de sinagoga en sinagoga e iniciaba procedimientos judiciales contra ellos, y cuando eran llevados a juicio votaba para que los condenaran y exigía la pena de muerte para ellos. El cuerpo gobernante de cada sinagoga constituía una corte judicial menor o *beth din*, pero, verdaderamente, bajo la administración romana tal tipo de corte no tenía competencia para llevar a cabo sentencias de muerte. Esta competencia pertenecía en principio al supremo Sanedrín, pero bajo la ley del Imperio Romano era solamente en el caso de que la santidad del templo fuera violada que el sanedrín tenía autoridad para infligir la pena capital sin informar al gobernador. Esto, probablemente, explica la ejecución sumaria de Esteban, pero tal restrictiva autoridad no podía aplicarse en general a los seguidores de Jesús. A los ojos de Pablo eran participes de la ofensa de Esteban, pero su opinión no tenía necesariamente efecto legal. Una posibilidad es que en referencia a ser condenados a muerte, el plural pueda ser una generalización, y es realmente el consentimiento de Pablo en la muerte de Esteban lo que se tiene en mente aquí.[15]

En cualquier caso, Pablo no quería hacerlos mártires en la medida que pudiera evitarlo; si podía hacer que abjuraran de su fe en Jesús, eso sería mucho más satisfactorio. Hizo lo mejor que pudo[16] en sinagoga tras sinagoga para forzarlos blasfemar, a llamar a Jesús anatema,[17] y por tanto repudiar sus reivindicaciones. Pero tales intentos tuvieron poco éxito: los discípulos preferían morir o el exilio antes que la apostasía.[18] Tampoco Pablo confinó sus actividades a Jerusalén o Judea: cuando sus víctimas buscaron refugio más allá de las fronteras de la provincia, él los perseguía en las sinagogas de las ciudades gentiles también, donde las órdenes del sanedrín eran obedecidas. En aquel momento en cuestión, el nuevo movimiento se estaba desarrollando exclusivamente dentro de la comunidad de Israel: los creyentes eran miembros de la sinagoga y susceptibles de la disciplina allí.

d. La visión Celestial (26:12-18)

12 *"Mientras estaba involucrado en esto, iba de viaje a Damasco con la autoridad y comisión de los principales sacerdotes.*

13 *Fue como al mediodía, Su Majestad, cuando vi en el camino una luz desde el cielo, que brillaba más que el sol, la cual me rodeó a mí y a los que viajaban conmigo.*

14 *Todos caímos al suelo,[19] y yo[20] oí una voz en hebreo que se dirigía a mí diciéndome, 'Saulo, Saulo, ¿por qué me persigues? Dura cosa te es dar coces contra el aguijón.'*

15 *¿Quién eres, Señor? pregunté. El Señor me dijo, 'Yo soy Jesús,[21] a quién tu persigues.*

---

15. Por su aquiescencia en la ejecución de Esteban, que fue juzgado y condenado por el Sanedrín supremo de Jerusalén, ver 8:1a (n. 3).

16. Gr. ἠνάγκαζον. Ελ ιμπερφεχτο σιγνιφιχα el imperfecto significa "intenté obligar" I (no, como en KJV, "obligué").

17. Comp. 1 Cor. 12:3.

18. Así, en el informe de Plinio el Joven a Trajano le dice que, si las personas sospechosas de ser cristianas obedecieran su orden de maldecir a Cristo (*male dicerent Christo*), debe ponerlas en libertad, porque ha sido informado de que esto es algo que "a las personas que son realmente cristianas no pueden de ningún modo obligarles a hacer" (*Epistles* 10.96.5).

19. El Texto Occidental añade "por el miedo".

20. El Texto Occidental lee "solamente yo".

21. El Texto Occidental añade "el Nazareno" (de 22:8).

16 Pero levántate y ponte²² de pie. Para esto me he aparecido a ti: para nombrarte mi siervo, un testigo de lo que has visto de mi y de lo que todavía te mostraré de mi.²³
17 Te libraré del pueblo y de los gentiles: es a ellos a quienes te envió ahora.
18 para abrir sus ojos, para que se vuelvan de las tinieblas a luz, del dominio de Satán a Dios, para que puedan recibir perdón de pecados y herencia entre aquellos que, por la fe en mí, han sido hechos mi pueblo santo.'

26:12-15 Fue mientras Pablo estaba involucrado en hostigar a los seguidores de Jesús, que la revolución tuvo lugar en su vida. Otra vez cuenta su viaje hacia Damasco, el relámpago que lo cegó, el desafío del Señor resucitado. En esta versión no solamente Pablo, sino también sus compañeros de viaje cayeron al suelo. Este es, además, el único de los tres relatos del evento en el que se reportan las palabras del Señor a Pablo, "Dura cosa te es dar coces contra el aguijón".²⁴ Este proverbio de la tierra procedente de la vida agrícola²⁵ se ha pensado que sugiere que Pablo había comenzado ya a sufrir los remordimientos de su intranquila conciencia, por una medio consciente convicción de que había más en el caso de los discípulos de lo que él estaba dispuesto a admitir. Se ha sugerido incluso que, en algún nivel de su mente, se había dado cuenta ya de que el argumento de Esteban era incontestable y su comportamiento extrañamente inquietante. Pero no hay ninguna pista en Hechos ni en las cartas de Pablo, de que antes de su conversión hubiera en él el menor resquicio de conflicto interior. Él afirma repetidamente en sus discursos apologéticos que había mantenido una clara conciencia toda su vida (23:1; 24:16) lo cual es confirmado por la evidencia de sus cartas. Pablo disfrutaba de una robusta conciencia: hasta el momento de su confrontación con el Señor en la carretera de Damasco, él consideraba su campaña de persecución un servicio aceptable a Dios, y en la cúspide de su carrera apostólica podía decir (sujeto al juicio del Señor, que es el que tiene la última palabra) que no tenía conciencia contra él (1 Cor. 4:4). Cuando Agustín y Lutero descubrieron lo que Pablo decía tan directamente de su condición, puede que asumieran de modo natural que, antes de su conversión, él sobrellevaba el mismo tipo de malestar espiritual que ellos habían experimentado en sus propias vidas; y eso ha llevado a la adscripción tradicional por parte de Pablo de lo que Krister Stendahl ha llamado "la con-

---

22. Cod. B omite "y ponte" (καὶ στῆθι) por accidente después de "levántate" (ἀνάστηθι).

23. Lit., "un testigo de las cosas que has visto en mi y de aquellas que te mostraré".

24. Este es también el único de los tres relatos en el que se dice que el Señor se dirigió a él en Arameo ("en lengua hebrea"; comp. p. 188, n. 14; p. 429, n. 58); pero nosotros lo hubiéramos inferido en cualquier caso por la forma del vocativo Σαοὺλ Σαούλ (9:4; 22:7), no Σαῦλε Σαῦλε.

25. Varios paralelos a este dicho proverbial aparecen en la literatura Griega y Latina; ninguno parece citarse de una fuente semítica, pero este tipo de proverbio sería muy común en cualquier comunidad donde se utilizaba el buey como medio de transporte.

ciencia introspectiva de occidente".[26] Pero si la conversión de Pablo fue precedida de un período de incubación subconsciente, no ha quedado ninguna pista en los registros supervivientes (ni se arroja ninguna luz de tal período en Rom. 7:7–25). El "aguijón" contra el que se le dice ahora que es inútil dar coces, no eran los remordimientos que molestaban su conciencia, sino las nuevas fuerzas que ahora lo estaban impulsando en la dirección opuesta a la que había seguido hasta este mismo momento, la nueva "necesidad" que de aquí en adelante, por tanto, se impondría en él (1 Cor. 9:16).

26:16-18 No había necesidad en esta ocasión de explicar en detalle la parte del piadoso y observador de la ley Ananías, como Pablo había hecho cuando se dirigió a los jerusalemitas en el atrio del templo. Aquí el mensaje del Señor a través de Ananías emerge a través de las palabras dirigidas directamente a Pablo en el camino de Damasco, y con aquellas dirigidas también a él en el templo cuando regresó a Jerusalén (22:14–21). Pablo describe los términos en los que el Señor lo comisionó para ser su testigo y mensajero—términos que recuerdan aquellos en los que Jeremías[27] y Ezequiel[28] recibieron su comisión profética en los antiguos días. La comisión en sí misma es un eco de la comisión del Siervo del Señor en Isa. 42:1–7, y muy apropiadamente, la comisión de Pablo y de todos los testigos cristianos es la perpetuación de la comisión del Siervo, como se ha dejado ya bien claro en Hechos (comp. 13:47). Como el Siervo iba abrir los ojos del ciego y transformar la oscuridad en luz, así Pablo fue llamado para continuar con este ministerio de sanidad.[29] Los términos de su comisión permanecieron en su mente siempre; resuenan en las palabras en las que él recuerda a los cristianos colosenses cómo Dios Padre "nos ha capacitado para compartir la herencia de los santos en luz,…nos ha liberado del dominio de las tinieblas y nos ha transferido al reino de su amado Hijo, en quien tenemos redención, el perdón de pecados" (Col. 1:12–14). Porque estas palabras resumen la bendición que, en la visión celestial, fue encargado que comunicara en todo lugar a todos los que pusieran su fe en Cristo, no solamente judíos, sino también gentiles. Que los creyentes gentiles iban

---

26. Comp. K. Stendahl, "The Apostle Paul and the Introspective Conscience of the West" (1963), in *Paul among Jews and Gentiles* (London, 1977), pp. 78–96.

27. Comp. Jer. 1:7–8: "a quien quiera que te mande, tú irás, y lo que sea que te mande decir, tú lo dirás… porque yo estoy contigo para liberarte" (observe también que Jeremías es nombrado "profeta a las naciones," Jer. 1:5; cf. Gal. 1:16).

28. Comp. Ezeq. 2:1, 3: "ponte de pie…yo te envió al pueblo de Israel".

29. La "dominación (ἐξουσία) de Satán" es la "dominación (ἐξουσία) de la oscuridad" (Col. 1:13); él es jefe sobre los "gobernantes de este mundo de oscuridad" (Ef. 6:12). Con el término de la llamada de Pablo comp. especialmente Isa. 42:6–7, donde el Siervo es comisionado a ser "una luz a las naciones, a abrir los ojos de los ciegos, para que saque a los presos de la cárcel, de la prisión a aquellos que moran en tinieblas". En Isa. 42:5–9 see C.R. North, *The Suffering Servant in Deutero-Isaiah* (Oxford, 1948), pp. 131–35.

a compartir una parte igual y legítima en la herencia del pueblo santo de Dios, era una característica del Evangelio que era la peculiar misión de Pablo proclamar y poner en práctica a través de su ministerio (comp. Gal. 1:16; Ef. 2:19; 3:1–10). Nosotros podemos preguntarnos si Agripa, experto como era en temas religiosos judíos, siquiera empezó a captar el significado de todo esto.

e. Obediencia de Pablo a la visión (26:19-20)

19 *"Por consiguiente, Rey Agripa, no fui desobediente a la visión celestial;*
20 *por el contrario, primero a aquellos en Damasco y luego en Jerusalén y en cada país, a judíos y gentiles,[30] procedí a declararles[31] que debían arrepentirse, y hacer las obras que corresponden a su arrepentimiento.*

26:19-20 Desde el momento en el que escuchó las palabras, "yo soy Jesús," Pablo supo que era el Maestro. Por tanto, recibir órdenes de aquel Maestro era ponerse a obedecerlas. Así, después de su conversión, inmediatamente proclamó a Jesús el Hijo de Dios en Damasco (9:20), luego en Jerusalén, durante su corta visita, a los judíos helenistas (9:29), y después en muchas tierras a los judíos[32] y especialmente a los gentiles. En Hechos, a diferencia de sus cartas, Pablo es un misionero a los judíos y gentiles por igual, un "apóstol al mundo".[33] Con su proclamación iba el llamado a arrepentirse y volverse a Dios,[34] y a realizar las obras que eran fruto natural de un verdadero arrepentimiento. Juan el Bautista había pedido tales obras en parte a sus oyentes, a aquellos que declaraban arrepentimiento al recibir el bautismo de sus manos; les correspondía a ellos mostrar la autenticidad de este arrepentimiento por su posterior manera de vivir (Mt. 3:8 par. Lc. 3:8). Mientras Pablo insistía en que no es "por causa de las obras" sino a través de la fe que hombres y mujeres reciben la gracia salvadora de Dios, igualmente insiste en que aquellos que han recibido esta gracia salvadora son de Dios: "somos hechura,

---

30. Las palabras "en todo el país, a judíos y gentiles" traduce la enmienda de F. Blass (εἰς πᾶσάν τε χώραν Ἰουδαίοις καὶ τοῖς ἔθνεσιν por (εἰς) πᾶσαν τε τὴν χώραν τῆς Ἰουδαίας καὶ τοῖς ἔθνεσιν (ver n. 32 abajo).

31. ἀπήγγελλον, imperfecto.

32. La enmienda de Blass (citada en n.30) es doblemente atractiva tanto por la dificultad del texto tradicional, incluso en el (Bizantino?) el añadido de εἰς delante de πᾶσαν y especialmente sin ella, y porque la afirmación de que Pablo evangelizó "todo la tierra de Judea" está sencillamente reñido con la evidencia de la narrativa de Lucas (eso sin hablar de la evidencia del informe de Pablo en Gal. 1:17–24). La enmienda fue aprobada por Ramsay (*St. Paul the Traveller* [London,¹⁴ 1920], p. 382).

33. Comp. J. Jervell, "Paulus in der Apostelgeschichte und die Geschichte des Urchristentums," *NTS* 32 (1986), p. 380.

34. En el arrepentimiento comp. 2:38; 3:19; 20:21; en volverse a Dios comp. 3:19; 9:35; 11:21; 14:15; 15:19.

creados en Cristo Jesús para buenas obras, las cuales Dios preparó de antemano, para que anduviéramos en ellas" (Ef. 2:8–10).

f. El arresto de Pablo (26:21)

21 *"Por esta razón, los judíos me prendieron cuando estaba en el templo, e intentaron matarme".*

26:21 ¿Fue verdaderamente "por esta razón," por su incesante actividad misionera, que fue atacado en el templo? Lo fue: la acusación de que había profanado el templo al llevar gentiles con él al interior de los recintos prohibidos fue solo un pretexto. La hostilidad de los judíos del proconsulado de Asia, que pusieron el grito en el cielo contra él en esta ocasión, se remontaba a los años de ministerio en Éfeso. Lo que objetaban no era su anuncio del cumplimiento de lo que Moisés y los profetas habían anticipado; sino los términos en los que él lo anunciaba—su predicación de un Evangelio libre de la ley, el cual, en efecto, obliteraba las barreras religiosas entre judíos y gentiles—eran bastante inaceptables. Esta inaceptable característica de su predicación no es mencionada en el discurso en cuestión (aunque puede estar implícito): el lector de Hechos está familiarizado (e incluso más el lector de las carta de Pablo), pero es poco probable que Agripa comprendiera algo de eso por lo que se dice aquí.

Festo había encontrado extremadamente difícil determinar por qué Pablo había sido arrestado en primer lugar, y por qué sus oponentes judíos querían sangre; sin embargo, era importante que él conociera el motivo, para poder incluirlo en su informe a Roma. Contaba con la ayuda de Agripa en este asunto, e incluso si Agripa no entendía el punto fundamental de la disputa, sin duda, captó lo suficiente como para darle a Festo la ayuda deseada. Pablo había, en todo caso, dejado claro que predicaba el mismo mensaje a judíos y a gentiles, y Agripa, conociendo el clima de la religión judía como lo conocía, podía sacar sus propias conclusiones.

g. Defensa (26:22-23)

22 *"Habiendo recibido ayuda de Dios, entonces, he seguido hasta este día, llevando testimonio a ambos grandes y pequeños, no diciendo nada excepto lo que Moisés y los profetas dijeron que pasaría—*
23 *que el Mesías debía sufrir, y que por ser el primero en resucitar de los muertos,[35] anunciaría luz tanto a nuestro pueblo como a los gentiles".*

---

35. Gr. πρῶτος ἐξ ἀναστάσεως νεκρῶν (comp. Rom. 1:4, donde ἐξ ἀναστάσεως νεκρῶν se usa en referencia a la resurrección de Cristo; ver n. 14). Comp. 1 Cor. 15:20, 23 ("Cristo…las primicias").

26:22-23 En conclusión, Pablo enfatiza que las enseñanzas que, con la ayuda de Dios, había consistentemente dado a todos a los que había testificado eran totalmente fieles a la ancestral fe de Israel y en completa armonía con la revelación divina impartida a través de Moisés y los Profetas. Aquí probablemente deberíamos entender que él aduce un texto tras otro de las Escrituras del Antiguo Testamento que encontraban su cumplimiento en la vida, muerte, y triunfo de Jesús. En una etapa temprana del curso de la predicación cristiana, estos textos parecen haber sido agrupados bajo un apropiado título, que algunas veces tenían forma de preguntas. Aquí Lucas no reproduce las citas de Pablo de tal "testimonio" mesiánico *in extenso*, pero las indica brevemente al citar los títulos interrogativos bajo las que se agrupaban: "¿Debe sufrir el Mesías? ¿Debe resucitar de los muertos? ¿Debe llevar luz al pueblo de Israel y a las naciones gentiles?"[36] (Los "debe" de estas cuestiones son los "debe" del plan determinado de Dios, dado a conocer antes de su cumplimiento a través de sus siervos los profetas.)[37]

Anunciar la luz al pueblo judío y a los gentiles es parte del ministerio del Siervo de Isaías: "Es poca cosa," dice Dios, "que seas mi siervo para levantar a las tribus de Jacob y restaurar el remanente de Israel; Yo te daré como luz a las naciones, para que mi salvación llegue a toda la Tierra" (Isa. 49:6).[38] Pablo y Bernabé en Pisidia de Antioquía afirmaron estas palabras para definir su propia comisión (13:47), como Simeón en Jerusalén se hace eco de ellas cuando saluda al infante Mesías (Lucas 2:32).[39]

---

36. Los títulos son introducidos aquí por el interrogativo εἰ ("si" como se usa en preguntas indirectas). E. Nestle, erróneamente toma εἰ como condicional, buscando una apódosis, y encontrándola en el v.8, "¿Por qué es juzgado increíble entre vosotros?" Esta cláusula ya lleva una cláusula "si" adjunta (εἰ ὁ θεὸς νεκροὺς ἐγείρει); Nestle le proporciona dos más (las cláusulas "si" del v. 23) proponiendo la transposición del v.8 siguiendo al v.22. Siguiéndolo a él, James Moffatt traduce las palabras reordenadas: "¿Por qué consideraríais increíble que Dios levante a los muertos, que los sufrimientos de Cristo son aceptables, y que debería ser el primero en resucitar de los muertos y traer el mensaje de luz al Pueblo y a los gentiles?"

37. Comp. J. R. Harris, *Testimonies,* I (Cambridge, 1916), pp. 19-20; *Testimonies,* II (Cambridge, 1920), p. 77; C. H. Dodd, *According to the Scriptures* (London, 1952), pp. 16-17; B. Lindars, *New Testament Apologetic* (London, 1961), p. 80; A. T. Hanson, *The Living Utterances of God* (London, 1983), p. 81. Justino (*Dialogue* 39.7) representa a Trifón como diciendo "Ha sido suficientemente demostrado que la necesidad de los sufrimientos de Cristo es proclamado a través de las Escrituras" (igualmente 89.2).

38. Ver n. 29; comp. Isa. 60:1–3. Es porque Is. 60:3 ("naciones vendrán a tu luz") fue reconocido como el cumplimiento en la visita de los Magos (Mt. 2:1–12) que ese incidente ha sido tradicionalmente llamado "la Epifanía de Cristo a los gentiles".

39. Ver p. 278 con notas al pie de página.

13. Intercambio entre Festo, Pablo y Agripa (26:24-29)

24 *Mientras Pablo estaba haciendo su defensa en estos términos, Festo dijo en voz audible: "¡Estás loco, Pablo!*[40] *Es todo este conocimiento el que te ha vuelto loco".*

25 *Pero Pablo*[41] *replicó, "No estoy loco, Oh Excelencia; las palabras que hablo declaran la sobria verdad.*[42]

26 *El Rey sabe todas estas cosas: de verdad,*[43] *le hablo con toda franqueza. Estoy convencido de que no ignora ninguna de estas cosas. Este negocio no se ha llevado a cabo en ningún rincón.*

27 *¿Crees en los profetas, Rey Agripa? Yo sé que crees".*

28 *"En resumen," le dijo Agripa a Pablo, "estás intentando hacerme actuar como un cristiano".*[44]

29 *"En resumen o no," replicó Pablo, "oro, no solamente para que tú sino todo el que me está escuchando hoy llegue a ser como yo, excepto por estas cadenas".*

26:24 Festo ya no podía aguantar más. Pablo era un hombre obviamente de gran cultura, pero era igualmente obvio que su conocimiento lo estaba volviendo loco. De otra manera, nunca habría podido hablar de manera seria y tan extensamente acerca de cosas a las que un sensato romano no podía adjudicar ningún sentido; y ningún hombre en su sano juicio habría antagonizado con toda su nación por semejante insustancial filosofía. "Estás loco, Pablo," le dijo; "todo este conocimiento te ha vuelto loco".

26:25-27 Pero lo que era pura locura para el modo de pensar del gobernador era la más pura verdad y sumo bien para Pablo. Así se lo aseguró a Festo, y apeló a Agripa para que lo confirmara. Los eventos que cumplían las antiguas promesas se daban a conocer pública y ampliamente: esto no era un agujero en un rincón de un misterio esotérico, a cuyos iniciados se les hacia prometer que guardarían el secreto. El ministerio y muerte de Jesús eran asuntos de conocimiento público; su resurrección estaba ampliamente probada; el Evangelio

---

40. El Texto Occidental, preservado en lat[h], tiene la lectura completa: "estás loco, Pablo, estás loco".

41. Los Textos Occidental y Bizantino omiten "Pablo" ("Pero él contestó").

42. Lit., "Yo hablo palabras de verdad y de cordura".

43. Cod. B omite "ciertamente" (καί).

44. Gr. ἐν ὀλίγῳ με πείθεις χριστιανὸν ποιῆσαι, lit., "En resumen, estás persuadiéndome [με πείθεις, es decir, 'intentando persuadirme,' tiempo presente] para actuar como cristiano". Para esta construcción con ποιέω comp. 3 Kingdoms 20:7 LXX (MT 1 Reyes 21:7), σὺ νῦν οὕτως ποιεῖς βασιλέα ἐπὶ Ἰσραήλ: "¿Es así como actúa el rey de Israel?" El fallo al no reconocer esta estructura ha llevado a varias lecturas diferentes; así Cod. A tiene πείθῃ para πείθεις ("tú confías en que puedes hacerme cristiano"; comp. la enmienda de Hort πέποιθας para με πείθεις); el Texto Bizantino tiene γενέσθαι para ποιῆσαι (de donde KJV y Reina Valera "por poco me persuades para hacerme cristiano"). Ver en 11:26, n. 31.

había sido abiertamente proclamado en su nombre. Cualquiera que creyera en los Profetas y comparara sus predicciones con los hechos históricos con respecto a Jesús de Nazaret podía reconocer la verdad del Cristianismo. Agripa, de quien podría esperarse que creyera en los profetas, podría suministrar el testimonio que lo corroborara y decir a Festo que los argumentos de Pablo eran sanos y bien fundados, que el Evangelio que predicaba contenía "nada excepto lo que Moisés y los Profetas dijeron que pasaría".

26:28 El rey se sentía incomodado por la apelación de Pablo. Puede haberlo escuchado con suficiente interés, pero Pablo obviamente esperaba que su aparente interés se hubiera trasformado en algo más. La lógica del argumento era tan clara para Pablo que, apenas podía imaginar que tan experto en la religión judía fallara en aceptar la obvia conclusión. Pero Agripa no estaba dispuesto ni siquiera, al parecer, a prestar apoyo al caso de Pablo. ¿Qué hubiera pensado Festo si hubiera expresado—o incluso pareciera expresar—estar de acuerdo con un hombre cuya mente se había trastornado por su conocimiento? Por tanto, no podía admitir que creía en los profetas; por otra parte, no podía decir que no creía en ellos, porque entonces su influencia sobre los judíos y su posición entre los líderes religiosos se desvanecerían. Así que se giró hacia el lado de la apelación de Pablo con una sonrisa: "En resumen," dijo, "estás intentando hacerme jugar como un cristiano"—porque este parece ser el significado de sus palabras. ¡No iba a dejarse manipular de aquella manera en absoluto!

26:29 "En resumen o no," dijo Pablo, "Oro para que, no solamente Vuestra Majestad, sino todos los que están aquí hoy escuchándome, lleguen a ser cristianos como yo—excepto por estas cadenas" (dijo señalando sus muñecas encadenadas con un gesto).

14. Unanimidad en cuanto a la inocencia de Pablo (26:30-32)

30 *Entonces[45] el rey, el gobernador, Berenice y sus asesores se levantaron.*
31 *Cuando se retiraron a parte, lo comentaron entre ellos.*
"Este hombre," dijeron, "no ha hecho nada que merezca la pena de muerte o la cárcel".
32 *"No," dijo Agripa a Festo; "podría haber sido liberado si no hubiera apelado al César".[46]*

---

45. El Texto Occidental añade "cuando dijo esto".

46. Unos poco testigos (97 *pc* lat^{hw} syr$^{pesh\,hcl.mg}$), posiblemente representando al Texto Occidental, añaden "y así el gobernador decidió enviarlo al César" (ineptamente, porque ya no dependía del gobernador hacer tal decisión; estaba obligado a enviarlo tan pronto como Pablo presentó su apelación.

26:30-32 Sin embargo, ya se había oído demasiado para el propósito inmediato. La audiencia se dio por finalizada, y el gobernador, Agripa y Berenice, con sus adjuntos y séquito, comentaron lo que Pablo había dicho. Una cosa al menos estaba clara: incluso si estaba tan loco como Festo pensaba, no había hecho nada que incurriera en una sanción legal grave. A los ojos de la ley romana, en realidad, era completamente inocente y, como dijo el Rey, podría haber sido liberado allí y entonces si no hubiera apelado al César. Su apelación, sin embargo, había quitado el poder de decisión de las manos del gobernador, y tenía que ser enviado a Roma. Agripa, presumiblemente, no tuvo dificultad alguna en sugerir a Festo las líneas que deberían enmarcar su informe.

El presente acuerdo unánime sobre la inocencia de Pablo es una contribución más de Lucas al motivo apologético general de su obra. Pero ha sido argumentado que los primeros lectores de Hechos detectarían la nota siniestra en las últimas palabras de Agripa: "si no hubiera apelado al César". Entenderían, al seguir el argumento, que al apelar al César, Pablo había perdido toda posibilidad de ser puesto en libertad jamás, porque ellos estarían familiarizados con el historial de este César en particular al que él había apelado—Nerón.[47] Pero esto es leer demasiado en el texto. Nerón no es mencionado por nombre, y después de unas pocas décadas el lector medio podría no darse cuenta inmediatamente de que Nerón era el emperador cuando Pablo presentó su apelación. En aquel tiempo, por supuesto, las palabras de Agripa podían no tener una implicación siniestra: el *quinquennium Neronis* (los primeros cinco años del principado de Nerón los cuales, como se ha dicho anteriormente, fueron más tarde recordados como una edad dorada en miniatura) todavía no habían llegado a su fin.[48] Lo que Agripa quería decir es que al hacer su apelación, Pablo se había puesto así mismo en

---

47. Ver J. V. Bartlet, "Two New Testament Problems: 1. St. Paul's Fate at Rome," *Exp.* 8,5 (1913), pp. 465–66.

48. La política imperial hacia los cristianos empezó aparentemente a ser hostil a partir del 62 d.C. Ese año marcó un punto de inflexión en la carrera de Nerón; fue el año de la muerte de Burro y de su sustitución como prefecto de la guardia pretoriana por Tigelino y Faenio Rufo (Tigelino siendo el más poderoso de los dos), el año en el que Séneca se retiró, y del divorcio de Nerón de Octavia y su matrimonio con Popea. Popea era una ferviente amiga de los judíos, de hecho Josefo (*Ant.* 20.195) la llama una "temerosa de Dios" (θεοσεβής), lo que sea que quiera decir con eso. Su influencia puede haber sido hostil hacia el cristianismo. Por ese tiempo, también, debe haber quedado cada vez más claro para las autoridades romanas que el cristianismo no era simplemente un movimiento dentro del judaísmo, con derecho a compartir el reconocimiento que las congregaciones judías disfrutaban como *collegia licita*. Podría, por tanto, en cualquier momento convertirse en el objeto de supresión de la policía imperial, y una oportunidad para tales medidas surgieron como consecuencia del gran fuego de Roma en el 64 d.C. Pero la situación en el momento de la apelación de Pablo era, todavía en gran medida, como había sido cuando Galión dio un veredicto favorable en Corinto (18:12–17) siete u ocho años antes.

una nueva posición con respecto a la ley romana,[49] y el curso prescrito para los ciudadanos en esa posición—apelantes al emperador—debía ahora continuar. Pablo debía ser enviado a Roma, para tener la audiencia de su apelación en la Corte Suprema.[50]

---

49. El tiempo Pluscuamperfecto (ἐπεκέκλητο, "había apelado," v. 32) señala no solamente la acción de Pablo al apelar algunos días antes, sino a su situación legal en aquel momento como resultado de la apelación.

50. Ver C. J. A. Hickling, "The Portrait of Paul in Acts 26," in *Les Actes des Apôtres*, ed. J. Kremer, BETL 48 (Leuven, 1979), pp. 499–03.

HECHOS 27

E. VIAJE Y NAUFRAGIO DE PABLO (27:1-44)

La narración de Lucas sobre la travesía y el naufragio de Pablo en su viaje hacia Italia es un pequeño clásico por derecho propio, una pieza literaria de descripción grafica como ninguna otra en la Biblia. Por mucho tiempo ha sido reconocida como "uno de los documentos más instructivos sobre el conocimiento antiguo de la navegación marítima".[1] Es claramente el relato de un testigo presencial, que veía el mar a través de ojos griegos y, que aunque él mismo no era un hombre de mar versado en el vocabulario tecnológico de la marina, describió sus experiencias en su propio vigoroso lenguaje. Para la descripción de la tormenta y el naufragio en el mar contaba con un precedente literario sin paragón—sin que ello menoscabe de ningún modo el valor factual de su narrativa. Desde la *Odisea* de Homero en adelante, antigüos relatos de travesías por el Mediterráneo frecuentemente incluían una tormenta o naufragio. Homero, de hecho, estableció el precedente en cuanto a la forma en la que tales relatos continuarían narrándose durante muchos siglos. Este capítulo contiene una o dos inconfundibles reminiscencias de Homero.[2] También, el Antiguo Testamento contiene una famosa narración de este tipo, la historia de la travesía de Jonás por el Mediterráneo y la tormenta que él y sus compañeros de tripulación sufrieron; Lucas parece haberse inspirado también en este relato.[3]

La vida humana ha sido alguna vez comparada con un viaje a través de un mar tormentoso. No nos sorprende por tanto, que muchos lectores y expositores hayan encontrado una alegoría de la experiencia del alma en Hechos 27. Muchas han detectado incluso una predicción figurativa del curso de la historia de la iglesia.

---

1. H. J. Holtzmann, *Handcommentar zum Neuen Testament* (Freiburg im Breisgau, 1889), p. 421.

2. Especialmente en v. 41.

3. Compare vv. 18–19 con Jonás 1:5. Ver E. S. Krantz, *Des Schiffes Weg mitten im Meer: Beiträge zur Erforschung der nautischen Terminologie des Alten Testaments* (Lund, 1982).

Esta particular forma de alegorización se hace especialmente interesante al final de la historia, cuando el barco se quiebra y los pasajeros y la tripulación tienen que a llegar a la costa por ellos mismos. (Los prejuicios eclesiásticos del alegorista normalmente emergen cuando intenta identificar a aquellos que nadaron hasta la orilla y aquellos que lo hicieron utilizando tablas o fragmentos del barco.) Aquellos a los que les interesa este tipo de exposición pueden elaborar las correspondencias por sí mismo, pero guárdense de suponer que Lucas tenía tal interpretación en mente cuando escribió su relato.

Eso no significa que la narración carezca de lecciones morales y espirituales. Están aquí en abundancia para aquellos que tengan "ojos para ver". En particular, se puede aprender mucho de la descripción que Lucas hace del carácter y comportamiento de Pablo en circunstancias en las que el hombre real es más probable que se delate. El describe a Pablo en muchas circunstancias diferentes a través de Hechos, pero aquí lo muestra destacando como un hombre práctico en medio de una crítica emergencia—manteniendo la sangre fría cuando todos los demás parecen estar perdiendo la cabeza. No una vez ni dos el mundo ha tenido que agradecer a los grandes santos y místicos la oportuna ayuda proporcionada en momentos de crisis, cuando los hombres de asuntos prácticos y realistas son incapaces de hacerlo.

Que Lucas le dedique tanto espacio en su narrativa a los detalles de aquellas pocas semanas en el mar, se entiende mejor a la luz de su deseo de enfatizar la divina determinación de que el propósito de Pablo de ver Roma debía cumplirse, a pesar de que todos los factores indicaban que llegar allí era extremadamente improbable.[4] En pleno mar Pablo compartía el mismo peligro que sus compañeros, que perdieron toda esperanza de salvarse; al final del viaje él está en peligro por los soldados, quienes planean matar a los prisioneros por si acaso alguno de ellos escapaba; cuando llegaron a tierra en Malta, su vida parece haber sido amenazada por una serpiente venenosa. Pero era la voluntad de Dios que Pablo predicara el Evangelio en el corazón del Imperio, y su voluntad no iba a ser frustrada.

La descripción de la tormenta y el naufragio es parte integral de la historia de la carrera misionera de Pablo. Es un error que traiciona la intención de Lucas cuando Hechos 27 es básicamente considerado un relato popular de un naufragio, introducido para añadir una pizca de aventura a la narración, y que se conecta con el resto de Hechos insertando episodios removibles en los que Pablo aparece.[5]

---

4. Ver H. Chadwick, "The Circle and the Ellipse: Rival Concepts of Authority in the Early Church," *History and Thought of the Early Church* (London, 1982), pp. 3–7, especialmente p. 16.

5. Ver M. Dibelius, *Studies in the Acts of the Apostles*, E.T. (London, 1956), p. 107; H. Conzelmann, *Die Apostelgeschichte* (Tübingen, 1963), pp. 140–47; E. Haenchen, "Acta 27," en *Zeit und Geschichte: Dankesgabe an R. Bultmann*, ed. E. Dinkler (Tübingen, 1964), pp. 235–54.

(En cuanto a ser "removible" ha sido ampliamente observado que Pablo no era sino un pasajero a bordo, "y que los pasajeros son por definición removibles".[6])

Una ayuda indispensable para el estudio de este capítulo es *The Voyage and Shipwreck of St. Paul*, por James Smith.[7] Smith, un navegante experimentado y un hombre sin ninguna erudición clásica, hizo un cuidadoso estudio de la narración de Lucas en relación a la ruta que se traza—una parte del Mediterráneo con la que él estaba plenamente familiarizado—y formuló la estimación más aproximada a la exactitud del relato de Lucas en cada etapa del viaje. Para los tecnicismos de navegación de este capítulo confiaremos plenamente en el trabajo de Smith: aunque ha pasado más de un siglo desde que Smith publicó la última edición, sigue siendo insuperable, y de hecho, sin igual en su campo.[8]

1. De Cesárea a Mira (27:1-5)

1 *Cuando se decidió que debíamos navegar a Italia, entregaron a Pablo y algunos otros prisioneros a la custodia de un centurión llamado Julio,[9] que pertenecía a la compañía de Augusta.*

2 *Embarcamos en un navío de Adramitio, que estaba a punto de zarpar hacia los puertos a lo largo de (la proconsular) Asia, y así nos hicimos a la mar. Nos acompañaba Aristarco,[10] un Macedonio de Tesalónica.*

3 *Al día siguiente llegamos a Sidón. Julio trató a Pablo amablemente, le permitió ir a sus amigos allí y ser atendido.*

4 *Desde allí nos hicimos a la mar y navegamos a sotavento de Chipre, porque los vientos eran contrarios;*

5 *luego navegamos por alta mar cruzando hasta Cilicia y Panfilia[11] y llegamos a Mira[12] en Licia.*

6. R. P. C. Hanson, "The Journey of Paul and the Journey of Nikias: An Experiment in Comparative Historiography," *Studies in Christian Antiquity* (Edinburgh, 1985), pp. 22–26.

7. J. Smith, *The Voyage and Shipwreck of St. Paul* (London, 1848, ⁴1880).

8. Ver también A. Breusing, *Die Nautik der Alten* (Bremen, 1886); H. Balmer, *Die Romfahrt des Apostels Paulus* (Bern/Münchenbuchsee, 1905); A. Köster, *Das antike Seewesen* (Berlin, 1923); W. Stammler, *Apostelgeschichte 27 in nautischer Beleuchtung* (Berlin, 1931); L. Casson, *The Ancient Mariners* (London, 1959); *Ships and Seamanship in the Ancient World* (Princeton, NJ, 1971); V. K. Robbins, "By Land and by Sea: The We-Passages and Ancient Sea Voyages," en *Perspectives on Luke-Acts*, ed. C. H. Talbert (Edinburgh, 1978), with critique by C. J. Hemer, "First Person Narrative in Acts 27–28," *TynB* 36 (1985), pp. 79–109; C. K. Barrett, "Paul Shipwrecked," en *Scripture: Meaning and Method*, ed. B. P. Thompson (Hull, 1987), pp. 51–64.

9. El Texto Occidental sigue "y así el gobernador decidió enviarlo al César" (26:32b) con la paráfrasis: "Y al día siguiente llamó a un cierto centurión llamado Julio y lo entregó a Pablo, con otros prisioneros más".

10. El Texto Occidental añade "y Segundo" (del 20:4)

11. El Texto Occidental añade "en quince días".

12. Cod. B da a este lugar-nombre una nueva etimología al deletrearlo Μύρρα ("myrrh") en vez de Μύρα. Cod. 69 sustituye este "Esmirna" (σμύρνη es una variante del dialecto de

27:1 La narrativa "nosotros" es retomada aquí, después de haber estado interrumpida desde el 21:18. No tenemos ninguna información acerca de los movimientos de Lucas durante los dos años intermedios, pero sería fácil pensar que pasó la mayor parte de ese tiempo en, o cerca de, Cesárea (donde Pablo seguía bajo custodia) haciendo buen uso de las oportunidades para reunir información acerca de los primeros días del movimiento cristiano.

Una vez que Pablo había apelado al César, el gobernador estaba obligado a enviarlo a Roma; en la primera oportunidad que se presentó, por tanto, fue enviado bajo escolta. El centurión Julio,[13] bajo cuya custodia fue enviado, pertenecía (se nos dice) a la Compañía Augusta. (El término "Augusta," es decir "Su Majestad Imperial" era un título de honor otorgado a varias compañías de tropas auxiliares.)[14] El estatus concreto de Julio es difícil de determinar: de la autoridad que él había a su vez asumido (de Mira en adelante) al encontrarse a bordo de un barco fletado de grano de Alejandría, podría inferirse que era un *frumentarius*, un oficial a cargo de la supervisión del transporte de grano (*frumentum*) a Roma. En todo caso, Pablo fue confiado a él porque se dirigía a Roma, con un cuerpo de soldados bajo su mando. No se dice quiénes eran los otros prisioneros que tenía a su cargo; en cualquier caso, un ciudadano romano que había apelado al emperador recibiría especial consideración.

27:2 El puerto de embarque no se especifica; probablemente era Cesárea. Si hubiera sido algún otro (como el de Ptolomeo), Lucas sin duda lo habría mencionado, conforme a su práctica habitual. El navío en el que embarcaron pertenecía a Adramitio (actual Edremit), el puerto marítimo de Misia en el noroeste de Asia Menor, frente a la isla de Lesbos. Era un buque de cabotaje, que hacía escala en varios puntos de la provincia de Asia; en uno de ellos Julio sabía que encontraría un barco, preferiblemente de grano,[15] con destino a Italia.[16] Aristarco[17] no vuelve a ser mencionado expresamente en esta narrativa; es posible,

---

μύρρα). L tiene una lectura aún más aberrante "Listra" es encontrada en P^{74} א con las versiones en Latín y Boharica (Copto).

13. Su *nombre gentil* sugiere que él o mejor sus antepasados adquirieron la ciudadanía bajo Julio César o Augusto.

14. Encontramos inscripciones referentes a la *Cohorte Augusta I* en Siria bajo Augusto (*ILS* 2683), al σπεῖρα ᾿Αυγούατη en la misma área algunas décadas más tarde (*OGIS* 421); comp. también a la *Cohorte III Augusta* en Roma (*CIL* VI.3508).

15. En este caso, el "barco de Alejandría" que encontró en Mira era de hecho un barco de grano (ver p. 479, en v. 6), y si él era un *frumentarius*, esto contaría para la autoridad que ejerció a bordo de la nave (comp. v. 11).

16. Pero si llegaron tarde y encontraron que la época de navegación se había cerrado ya por el invierno, hubieran tomado sin duda la ruta de tierra a Roma a lo largo de la Vía Egnatia desde el Egeo hasta el Adriático (ver p. 309, en 16:11).

17. Ver 19:29.

por tanto, que estuviera viajando de regreso a casa en Tesalónica y no se uniera al segundo barco que tomó el grupo y que partió en dirección a Italia. Por otro lado, si Colosenses y Filemón son fechadas en el transcurso de la cautividad de Pablo en Roma, Aristarco estaba en compañía de Pablo cuando aquellas cartas fueron escritas (Col. 4:10; Filem. 1:24), así que puede que haya hecho todo el viaje con Pablo en esta ocasión; en ese caso, sin duda está incluido en el "nosotros" de Lucas a través de toda la narración. Es imposible estar seguros. Ramsay argumenta que Lucas y Aristarco "pueden haber ido" como esclavos de Pablo, "no solamente cumpliendo los deberes de esclavos"…sino realmente pasando como esclavos. De este modo no solamente tenía Pablo fieles amigos a su lado todo el tiempo, sino que eso también mejoró su imagen a ojos del centurión, y fue de gran importancia. La narrativa claramente indica que Pablo disfrutó de mucho respeto durante este viaje, tal que un viajero sin dinero y sin un sirviente que lo asistiera nunca habrían recibido ni en el primer siglo ni en el siglo XIX".[18] Mientras el argumento de Ramsay merece el debido respeto por su gran conocimiento de la historia y sociedad del Imperio Romano del Siglo I d.C., no es la *prima facie, que uno podría* inferir de la narración, y es realmente improbable. Aristarco podría haber pagado su billete como pasajero; Lucas (si la imaginación del lector puede darse el gusto) quizá se inscribió como doctor del barco.

27:3 Al día siguiente de zarpar, llegaron a Sidón, la antigua metrópolis Fenicia, que estaba a unas 69 millas al norte de Cesárea. Tenía un doble puerto.[19] Aquí Pablo recibió el primer de los varios gestos de amabilidad de parte de Julio. (Es notable como los centuriones invariablemente recibieron una descripción favorable en el Nuevo Testamento.)[20] En Sidón había una comunidad cristiana, fundada probablemente durante la persecución y dispersión que siguió a la muerte de Esteban (11:19). Pablo recibió permiso para ir a la costa y visitar a los miembros de aquella comunidad (por eso ciertamente nosotros entenderíamos "sus amigos"[21]) y disfrutó de toda la atención que su amor cristiano podría sugerir mientras el barco estaba en el puerto. Se puede asumir que un soldado fue destinado a acompañarlo.

---

18. W. M. Ramsay, *St. Paul the Traveller* (London, [14]1920), p. 316.

19. Comp. Achilles Tatius, *Leucippe and Cleitophon* 1.1. Luciano nos cuenta cómo un barco que zarpó desde Alejandría hacia Italia fue forzado por una tormenta a dirigirse a Sidón (*Ship* 7).

20. Comp. en 10:1, n. 4.

21. A. von Harnack sugirió que πρὸς τοὺς φίλους debería ser traducido "a los amigos"; él considera que esta era posiblemente la designación más frecuente con la que los cristianos se referían unos a otros. (*The Mission and Expansion of Christianity*, E.T., I [London, [2]1908], pp. 419–21). Comp. 3 Juan 1:15.

27:4 Echándose de nuevo a la mar desde Sidón, navegaron al este y norte de Chipre, es decir, al lado de sotavento de la isla, ya que los vientos predominantes del Levante eran del oeste durante los meses de verano.[22] Un barco que hiciera el recorrido inverso, desde el suroeste de Asia Menor a Siria, iría directamente sobre el mar, pasando al oeste de Chipre. Lucas, sin duda, recordaba haberlo hecho así cuando él navegó con Pablo y sus compañeros desde Pátara a Tiro dos años antes (21:1–3), y anotó el curso diferente tomado ahora.

27:5 Un tramo de mar abierto quedaba por cruzar—el mar entre Chipre y la costa sur de Asia Menor. Alcanzaron la costa de Asia Menor en un punto bastante al este, y luego el barco navegó lentamente hacia el oeste, ayudado por las brisas locales de tierra y por la corriente constante hacia el oeste que recorre la costa. "El barco Adramiteno se arrastraba de un punto de la costa a otro, aprovechando cada oportunidad para hacer unas pocas millas, permaneciendo anclado en los refugios de la sinuosa costa, cuando los vientos del oeste hacían imposible seguir avanzando".[23] De esta manera llegaron a Mira, o mejor al puerto Andriakē (unas 3 1/2 millas oeste al suroeste de la misma Mira).[24] Andriakē fue uno de los puertos principales en el servicio del grano imperial.[25] El antiguo asentamiento de Mira, una ciudad de Licia, es ahora conocido como Kocademre o Antigua Demre (muy importante por las antiguas ruinas del teatro, acueducto y tumbas de piedra); la actual Demre está a una milla hacia el sur.[26]

2. Transbordo en Mira para navegar a Creta (27:6-8)

6 *Allí el centurión encontró un barco de Alejandría que iba a navegar a Italia, así que nos embarcó en él.*

7 *Navegamos lentamente durante muchos días y llegamos a duras penas frente a Gnido, porque el viento nos lo impedía (llegar allí), navegamos a sotavento de Creta, frente a Salmón.*

8 *Bordeando con dificultad la costa a lo largo de Creta, llegamos a un lugar llamado Buenos Puertos, cerca del cual estaba la ciudad de Lasea.*

27:6 En Mira la primera parte del viaje llegó a su fin. Cuando el barco de Adramitio alcanzó el Puerto de Andriakē, había allí un navío perteneciente a la flota

---

22. J. Smith, *Voyage*, p. 68.

23. W. M. Ramsay, *St. Paul the Traveller*, p. 317.

24. Comp. 21:1, donde el Texto Occidental hace Mira el Puerto de trasbordo del último viaje de Pablo a Judea.

25. Ver C. J. Hemer, "First Person Narrative," pp. 94–95, para las evidencias de instalaciones para almacenar el grano en Andriakē.

26. Ver Estrabón, *Geography* 13.3.7; también G. E. Bean, *Lycian Turkey: An Archaeological Guide* (London, 1978), pp. 120–30.

del grano que hacía el trayecto entre Egipto y Roma; había salido de Alejandría e iba camino de Italia. Egipto era el principal granero de Roma, y el comercio regular de grano entre Alejandría y Puteoli u Ostia era de la mayor importancia; la estabilidad política de Roma dependía de ello. El servicio de navíos dedicado a este comercio era organizado como un departamento de Estado.[27] La corporación de propietarios de estos barcos recibía especial reconocimiento de Roma, porque en la práctica ellos eran sus agentes y concesionarios. Que el "barco de Alejandría" que estaba en el puerto en Mira cuando el centurión y su grupo llegaron allí, pertenecía a este flete es confirmado más tarde en la narración, cuando el cargamento de trigo del barco tuvo que ser tirado por la borda (v.38)—algo que solo se hacía en último extremo. "Con los vientos del oeste que prevalecen en esos mares," dice James Smith, "los barcos, particularmente aquellos de la antigüedad, desprovistos de brújulas y sin buenos medios para calcular el barlovento, naturalmente, permanecerían con rumbo hacia el norte hasta que llegaran a avistar tierra en Asia Menor, lo cual era peculiarmente favorable para la navegación de tales navíos, porque la costa es acentuada y segura, y la elevación de las montañas la hace visible a gran distancia; abundaba en puertos, y la sinuosidad de sus costas y la corriente occidental les permitiría, si el viento no soplaba desde tierra, ir a barlovento, al menos hasta Gnido, donde estas ventajas se acababan. Mira se encuentra al norte de Alejandría, y su bahía está bien calculada para proteger a los barcos contra el viento".[28] Aquí el centurión sabía, sin duda, que encontraría un buque fletado de trigo, en el que tendría funciones oficiales que realizar.

27:7 Después de haber embarcado en el navío, se encontraron con que desde Mira avanzaban con lentitud y dificultad por los fuertes vientos que soplaban del noroeste.[29] Después de varios días llegaron a Gnido, un puerto en el promontorio de Caria de Triopio, el cual era frecuentado por los barcos mercantes de Egipto.[30] Aquí podían elegir entre dos alternativas. Si pudieran llegar al puerto en Gnido, podían esperar allí hasta el cambio del viento; había amplia capacidad de alojamiento en Gnido, porque contaba con dos puertos, el del lado oriental siendo particularmente grande. Cuando llegaran los vientos favorables, podrían entonces navegar hacia el oeste por la isla de Citara. Pero si preferían continuar el viaje (que sería probablemente la elección del propietario del barco), el único curso posible sería dirigirse hacia el extremo oriental de Creta (Cabo Salmón) y, después de rodearla, navegar a sotavento de la isla (a lo largo de la costa sur). Eso es lo que hicieron; en realidad, la redacción aquí sugiere que el barco fue

---

27. Ver M. Rostovtzeff, *The Social and Economic History of the Roman Empire*, II (Oxford, ²1957), p. 708.

28. Smith, *Voyage*, pp. 72–73.

29. Smith, *Voyage*, pp. 75–76.

30. Thucydides, *History* 8.35.

incapaz de entrar en el puerto de Gnido. Del hecho de que lograron alcanzar el Cabo Salmón, Smith deduce que el viento debe haber sido del noroeste, que en todo caso es "precisamente el viento que cabría esperar en aquellos mares hacia el final del verano".[31]

27:8 Incluso bordear la costa a lo largo del sur de Creta fue difícil con el viento soplando del noroeste, pero al menos llegaron a la pequeña bahía, todavía marcada en los mapas de Creta como Buenos Puertos (*Kaloi Limenes*, puede tratarse más bien del renacimiento de algún antiguo nombre que de la supervivencia del mismo). Buenos Puertos era el refugio más cercano después de rodear el Cabo Salmón, así que llegaron allí y esperaron el cambio de viento. Dos leguas más al oeste se encuentra el Cabo Matala, y más allá del Cabo Matala la costa sur de Creta que tiende repentinamente hacia el norte, y ya no proporcionaba una protección eficaz contra el viento del noroeste. En las cercanías de Buenos Puertos, señala Lucas, se extiende la ciudad de Lasea; si hubieran decidido no proseguir más allá de Buenos Puertos, podrían haber encontrado alojamiento adecuado para pasar el invierno en aquella ciudad.[32]

3. El consejo de Pablo rechazado (27:9-12)

> 9 *Les había llevado mucho tiempo llegar hasta allí, y la navegación era ahora peligrosa—el Ayuno había pasado ya. Así que Pablo les aconsejó.*
>
> 10 *"Caballeros," les dijo, "Creo que este viaje va a ser desastroso y de gran pérdida, no solo de la mercancía y del barco sino también de nuestras propias vidas".*
>
> 11 *Pero el centurión prestó más atención al timonel y al patrón del barco que a lo que Pablo había dicho.*
>
> 12 *Como el puerto no era adecuado para pasar el invierno, la mayoría aconsejó que nos hiciéramos a la mar desde allí con la esperanza de llegar a Fenice, y pasar allí el invierno. Fenice era el puerto de Creta que da al sudoeste y noroeste.*

27:9 El retraso ocasionado por el viento adverso había empezado a ponerlos nerviosos. Mientras esperaban el cambio del viento en Buenos Puertos, pronto se hizo evidente que no podrían terminar el viaje a Italia antes del comienzo del invierno. La estación peligrosa para la navegación empezaba alrededor del 14 de Septiembre hasta el 11 de Noviembre; después de la última fecha toda navegación

---

31. Smith, *Voyage*, p. 76.

32. Lasaea es deletreada de diferentes maneras en nuestro testigo textual y en otra literatura. C. J. Hemer ("First Person Narrative," p. 95) cita de A. Plassart, "Les inscriptions de Delphes. La liste de théorodoques," *BCH* 45 (1921), p. 61, n. 3 (col. 4, line 9), ἐν Λασσοίᾳ (de una lista de ciudades cretenses organizadas en el sentido de las agujas del reloj en el ángulo suroeste de Gortina). Lasaea ha sido, provisionalmente, identificada con Lasos o Alos de Plinio (*Nat. Hist.* 4.59) y también con unas ruinas un poco al este de Buenos Puertos.

por altamar se suspendía hasta después del invierno.³³ Ahora estaban bien entrados en la estación peligrosa; como Lucas nota, incluso el Ayuno había pasado ya. El Ayuno es el Día de la Expiación (yôm kippûr), que cae el 10 de Tishri. Lucas solo lo habría comentado si cayera un poco más tarde de lo habitual en el calendario solar aquel año. En el 59 d.C. cayó el 5 de octubre, aunque en los años inmediatos, desde el 57 al 62 cayó, más temprano.³⁴ También se requiere una fecha tardía para las notas de las fechas del subsiguiente viaje a Italia. Cuando zarparon de Buenos Puertos, a unas 50 o 60 millas, el sotavento los llevó a Clauda (v.16); en la decimocuarta noche desde Clauda llegaron cerca de la costa de Malta (v.27), y al día siguiente (v.39) desembarcaron en aquella isla, donde pasaron tres meses (28:11). Los mares estaban cerrados para la navegación hasta comienzos de Febrero en el mejor de los casos;³⁵ los tres meses pasados en Malta deben haber sido, por tanto, los correspondientes a Noviembre, Diciembre, y Enero, así que deben haber abandonado Buenos Puertos no mucho antes de mediados de Octubre.³⁶ La fecha solar del Día de la Expiación en el 59 D.C. concuerda, pues, con la presunción de que el Ayuno tuvo lugar mientras esperaban en Buenos Puertos.

27:10 Pablo, que tenía experiencia en tormentas en el mar y naufragios,³⁷ vio que el plan de zarpar de Buenos Puertos entrañaba grave peligro, así que les dio su parecer a las autoridades—probablemente habló primero con el centurión, con quien había establecido una buena relación. Sin duda, como se deduce de los versos 11 y 12, hubo una reunión con los responsables del barco, pero es innecesario suponer como Ramsay, que Pablo como viajero experimentado, fue invitado a asistir.³⁸ El consejo de Pablo, que les recuerda después en el verso 21, fue que debían quedarse en Buenos Puertos durante el invierno. Su advertencia de que cualquier otro curso involucraría daño para su vida tanto como la pérdida del cargo y del barco, se contradice con su propia declaración posterior de que ninguna vida se perdería, aunque el cargo y el barco se hundirían (v.22). Pero en esa ocasión posterior él hablaba basándose firmemente en una visión sobrenatural; aquí expresa su personal, bien fundada, opinión.

---

33. Vegetius, *On Military Affairs* 4.39.

34. Comp. W. P. Workman, "A New Date-Indication in Acts," *ExT* 11 (1899–1900), pp. 316–19.

35. Vegetius, *loc. cit.*

36. "Deberíamos estar dispuestos a suponer que la Fiesta de los Tabernáculos, 10 de Octubre, cayó después de abandonar Buenos Puertos, de otra manera Lucas lo habría mencionado en vez del Ayuno, haciendo el peligro más evidente aún" (Ramsay, *St. Paul the Traveller*, p. 322).

37. Comp. 2 Cor. 11:25b.

38. Ramsay, *St. Paul the Traveller*, pp. 322–25.

27:11 El timonel[39] y el patrón,[40] sin embargo, pensaban que existía la posibilidad de llegar a un puerto más apropiado hacia el oeste, a lo largo de la costa sur de Creta, y el centurión, naturalmente, aceptó su punto de vista en vez del de Pablo. (El narrador parece encontrar la preferencia del centurión sorprendente, por no decir reprensible; este es uno de los toque en los que A.D. Nock y otros han reconocido "una transcripción auténtica de los recuerdos de un testigo presencial, con la confusión y el colorido que tan fácilmente se adhieren a los recuerdos")[41] Un patrón comerciante normalmente actuaba como el capitán de su propio barco. El propietario de este barco en particular sería un contratista para el trasporte del grano del Imperio. Pero la decisión final era del centurión, quien (especialmente por su pertenecía a los cuerpos de *frumentarii*) representaba al Imperio Romano. Él decidió que había que seguir el consejo de los expertos. Smith observa "que Buenos Puertos está también protegido por las islas, aunque no como Lutro [Loutrón, un puerto unas cuarenta millas más al oeste a lo largo de la costa], podía haber sido un muy buen puerto para pasar el invierno; y que considerando la imprevisibilidad, frecuencia y violencia de los vendavales que se desarrollaban por los vientos septentrionales, y la seguridad de que si un vendaval surgiera en el pasaje de Buenos Puertos a Loutrón, el barco podía ser empujado mar adentro, la prudencia del consejo dado por San Pablo podía probablemente ser incluso apoyado por motivos náuticos".[42]

27:12 El punto de vista del timonel y del patrón del barco, así como el de la mayoría de la tripulación, era que Buenos Puertos no era un puerto adecuado para pasar el invierno. Está, como dice Smith, protegido por pequeñas islas, pero tiene la desventaja de estar abierto en casi la mitad de la brújula. Se decidió, por tanto, zarpar de allí tan pronto como los vientos cambiaran a su favor, con la esperanza de alcanzar el puerto más conveniente de Fenice.

Fenice es descrito como un puerto cretense orientado al sudoeste y noroeste. El nombre se ha preservado hasta el día de hoy en Bahía Fineka, en el lado oeste del Cabo Mouros, 34 millas al oeste del Cabo Matala y 33 millas al este del extremo occidental de la costa sur de Creta. Antes de que se produjera el levantamiento sísmico del siglo VI d.C. que elevó el nivel de la costa aquí inclinando

---

39. Gr. κυβερνήτης. De acuerdo con Plutarco (*Precepts of Statecraft* 807B), "el timonel (κυβερνήτης) elige a los marineros y el patrón del barco (ναύκληρος) elige al timonel".

40. Gr. ναύκληρος (Latinizado como *nauicularius*). Ramsay (*St. Paul the Traveller*, p. 324, n. 2) cita de *IG* XIV.918 οἱ ναύκληροι τοῦ πορευτικοῦ Ἀλεξανδρείνου στόλου ("el patrón del barco del cargo Alejandrino"). Comp. M. Rostovtzeff, *Social and Economic History*, II, p. 607.

41. A. D. Nock, *Essays on Religion and the Ancient World*, II (Oxford, 1972), p. 823.

42. Smith, *Voyage*, p. 85, n. 2.

la isla de oeste a este. Esta bahía tenía dos entradas, una orientada al suroeste y otra al noroeste, exactamente como dice Lucas.[43]

Al lado este del Cabo Mouros está el Puerto de Loutrón, que Smith (usando la pronunciación local Lutro) prefirió identificar con Fenice de Lucas; él fue autoritativamente informado de que este es "el único puerto a salvo de todos los vientos en la costa sur de Creta".[44] Pero esto no era necesariamente así en el primer siglo. Además Loutrón está de cara a los vientos del este, no del suroeste y noroeste. Smith, sin embargo, argumenta que el texto griego quiere decir que el puerto mira en la dirección en la que soplan los vientos del suroeste y el noroeste—es decir, hacia el noreste y sureste (y este pensamiento subyace en la traducción de ARV, "mirando hacia el norte-este y sur-este").[45] Pero este argumento no puede sostenerse. El único sentido que las palabras griegas pueden tener es que el puerto en cuestión miraba al suroeste y al noroeste, y la Bahía Fineka encaja admirablemente con esta descripción. Sus dos ensenadas protegidas (como eran entonces) todavía están marcadas por playas elevadas y la ausencia de cualquier rastro de ocupaciones antiguas.[46]

4. Atrapados por el viento Euraquilón (27:13-20)

13 *Cuando un viento suave del sur empezó a soplar, pensaron que ya habían conseguido su propósito, así que levaron anclas y fueron costeando a lo largo de la orilla de Creta, manteniéndose muy cerca de tierra.*

14 *Pero no mucho después, un viento violento llamado Euraquilón[47] los golpeó desde tierra.*

15 *El barco fue atrapado por él y no podían hacerle frente, así que nos dejamos llevar y quedamos a la deriva.[48]*

---

43. Ver R. M. Ogilvie, "Phoenix," ITS n.s. 9 (1958), pp. 308–14.

44. Smith, *Voyage*, p. 91, n. 1.

45. En el margen de ARV se da como traducción literal "por el viento del suroeste y por el viento del noroeste," pero eso es un error en tal contexto de la preposición κατά en κατὰ λίβα καὶ κατὰ χῶρον. C. J. Hemer ("First Person Narrative," pp. 95–96) cita, de *IGRR I*. 177, las direcciones del viento sobre un plano de doce puntos, con los nombres en griego y en latín: Ἰάπυξ / *Chorus* (30 grados al norte del oeste) y Λίψ / *Africus* (30 grados sur del oeste). En esta inscripción Lat. *Chorus*, normalmente deletreada *Caurus*, es aspirada justo como aquí en su transliteración en griego χῶρος. El término λίψ es explicado (al menos en parte por la etimología popular) como significando "Libio".

46. Ogilvie, *art. cit*. For Loutron and Phoenix today see Xan Fielding, *The Stronghold* (London, 1955), pp. 215–24, 262–65.

47. El Texto Bizantino tiene la variante "Euroclidón".

48. Hay una ampliación de la lectura del texto Occidental: "Dimos paso al viento que estaba soplando y acortamos vela (συστείλαντες τὰ ἱστία) y, como ocurre en tales casos, el barco iba viento en popa".

16 *Cuando nos encontrábamos a sotavento de una pequeña isla llamada Clauda[49] a duras penas podíamos sujetar el esquife.*
17 *Despues de subirlo a bordo, usaron cables[50] para amarrar la nave; luego, temiendo que pudieran encallar en (los más grandes de) Sirte, echaron el ancla flotante[51] y siguieron a la deriva.*
18 *Como estábamos teniendo muy mal tiempo, al día siguiente empezamos a tirar la carga por la borda.*
19 *y al tercer día arrojaron los aparejos del barco con sus propias manos.[52]*
20 *Como pasaron muchos días sin que apareciera el sol, ni las estrellas, y la tormenta que rugía sobre nosotros no era nada pequeña, empezamos a perder toda esperanza de salir con vida.[53]*

27:13 Pronto, después de decidir intentar llegar a Fenice, llegó el cambio de viento que habían estado esperando. Se levantó un viento suave del sur, que prometía llevarlos a Fenice con poca dificultad. Así que partieron de Buenos Puertos y navegaron a lo largo de la costa hacia el oeste, sin apartase de la orilla. Una vez que rodearan el Cabo Matala, solo necesitaban unas pocas horas para llegar a su anhelado refugio, con ese viento favorable flotando a través de la amplia desembocadura del Golfo de Mesara.

27:14 Sin aviso, sin embargo, el viento cambió otra vez: "el cambio repentino del viento del sur a un violento viento del norte es común en estos mares".[54] Un furioso nordeste se levantó y se lanzó contra ellos desde el monte Ida, en el centro de la isla—un viento tifónico,[55] dice Lucas, para referirse al movimiento giratorio de las nubes y el mar causado por el encuentro de corrientes contrarias de aire. Los marineros reconocieron el viento como su antiguo enemigo, y tenían un nombre para él—Euraquilón.[56] (Hoy en día en las tierras Mediterráneas es conocido como gregal o procedente de Grecia.)

---

49. Muchos manuscritos y versiones deletrean Cauda (encontrado también en varios autores antigüos).

50. Gr. βοηθεῖαι, "ayudas". Ver n. 59 abajo.

51. Gr. χαλάσαντες τὸ σκεῦος (σκεῦος siendo una palabra de significado indeterminado—"instrumento," "objeto," "cosa"—como en 10:11).

52. El Texto Bizantino lee "lo arrojamos…con nuestras propias manos"; el Texto Occidental añade "en el mar".

53. Lit., "toda esperanza de llegar con vida de aquí en adelante nos fue arrebatada" (λοιπὸν περιῃρεῖτο ἐλπὶς πᾶσα τοῦ σῴζεσθαι ἡμᾶς).

54. Smith, *Voyage*, p. 102.

55. Gr. ἄνεμος τυφωνικός. Puede haber tenido el efecto de tornado o ciclón cuando los golpeó, pero después sopló consistentemente en una dirección. Ver también n. 60.

56. Euraquilón es un híbrido, del Gr. Εὖρος ("viento del este") y *Aquilo* ("viento del norte"). Aparece (deletreado como *Euroaquilo*) en Latín en Una Rosa de los Doce Vientos, de

27:15-16 La nave fue atrapada por el vendaval y, al no poder hacerle frente, se deslizó en él. Cualquier posibilidad de llegar ahora a Fenice estaba fuera de lugar. Veintitrés millas más o menos a sotavento se encontraba la pequeña isla de Clauda (actual Gozo),[57] a sotavento de la cual se encontraron enseguida. Hicieron uso rápida y ágilmente de la breve oportunidad de refugiarse que se produjo. Primero de todo, subieron a bordo el bote que arrastraban. El esquife era normalmente remolcado a popa, pero se subía a bordo cuando había mal tiempo. En esta ocasión no había habido tiempo de hacerlo antes, tan repentinamente el Euraquilón cayó sobre ellos. En aquel momento ya debe haber estado lleno de agua, y eso dificultó más asegurarlo. "Pudimos, con dificultad, asegurar el esquife," dice Lucas, usando la primera persona del plural; había algunos trabajos que solo los miembros entrenados de la tripulación podían realizar, pero cualquier marinero de agua dulce podía tirar de una cuerda, y los pasajeros sanos tuvieron que echar una mano. "Con dificultad," dice Lucas, "¡probablemente recordando sus ampollas![58]

27:17 Lo siguiente fue apuntalar el buque, pasando cables a su alrededor trasversalmente por debajo, con el fin de mantener las maderas unidas. La palabra que Lucas utiliza para estos cables significa literalmente "refuerzos"; aparece en otros autores griegos en un contexto náutico como este.[59] El tifón es descrito por Plinio el Viejo como "la peor pesadilla de los marineros, rompiendo no solamente los mástiles, sino el propio casco".[60] Como medida de seguridad, los navíos antigüos iban provistos de cables preparados para reforzar el casco de la fuerza destructiva de tales vientos. La operación de ceñir está mejor ilustrada en el dibujo egipcio de una expedición de la Reina Hatshepsut a la tierra de Punt

---

doce puntos gravada en un pavimento de Thugga en África, donde (empezando por el norte y leyendo en el sentido del reloj) encontramos *septentrio aquilo euroaquilo [uo] Iturnus eurus...* (*CIL* VIII.26652). Ver C. J. Hemer, "Euraquilo and Melita," *JTS* n.s. 26 (1975), pp. 100–111 (especialmente p. 103). En este artículo Hemer responde a A. Acworth, "Where was St. Paul Shipwrecked? A Re-examination of the Evidence," *JTS* n.s. 24 (1973), pp. 190–93, donde la lectura "Euroclidón" es preferida y se considera que significa viento del sureste. Pero el viento del sureste no habría empujado la nave a sotavento de Clauda.

57. En las inmediaciones de esta isla tuvo lugar la batalla naval generalmente conocida como la batalla de Cabo Matapan que se libró el 28 de Marzo de 1941. Hay, de acuerdo con Smith, un anclaje en Clauda, pero queda al lado de la isla abierta al Euraquilo, y por tanto no podría haber dado ninguna protección a la nave (*Voyage*, p. 113, n. 1).

58. Lake y Cadbury (*Beginnings* I.4, p. 332) sugieren que el trinquete, que se inclina hacia adelante, puede haber sido utilizado como grúa.

59. Comp. Aristóteles, *Rhetoric* 2.5.18; Philo, *On Joseph* 33. En vista de tal evidencia, es innecesario enmendar βοηθείαις a βοείαις ("con cuerdas de cuero de buey"), con S. A. Naber, "Nautica," *Mnemosyne* n.s. 23 (1895), pp. 267–69. Una palabra griega más técnica para estos cables es ὑποζώματα, usada en este sentido ("soportes, apoyos") en Platón (*Republic* 10.616C; *Laws* 12.945C), Callixenus, Herodotus Medicus, and inscriptions.

60. *Nat. Hist.* 2.132.

(¿Somalia?) a finales del siglo XVI a.C. reproducido en una serie especial de sellos postales emitidos para conmemorar el Congreso Internacional de Navegación en el Cairo en 1926.[61]

Solo quedaba tiempo para una tercera medida de precaución mientras disfrutaban del refugio de Clauda. La tripulación tenía miedo de que el barco fuera arrastrado hacia los Grandes Sirtes, bancos de arena de la costa Africana, al oeste de Cirene. (Los Sirtes menores se extendían más al oeste.) El Gran Sirtes estaba todavía a gran distancia, pero el viento podía continuar soplando durante muchos días, y esa era la dirección en la que estaba soplando. Así que, dice Lucas, bajaron el instrumento, no siendo específico quizá porque no sabía o no recordaba el nombre técnico de lo que fuera que bajaran. Lo más probable, de acuerdo con el relato, es que echaran el ancla flotante o anclaje de deriva, que se arrastraba por la popa en el extremo de una cuerda, de longitud adecuada, con el fin de ofrecer la mayor resistencia cada vez que el buque se hundía desde la cresta de una ola.[62] Luego, cuando todo esto se había hecho bajo aquellas circunstancias, la nave fue puesta rumbo a estribor (con el lado derecho al viento), con velas de tormenta, y por eso iba a la deriva lentamente, a una velocidad media de una milla y media por hora, a unos ocho grados al norte del oeste.[63]

27:18-19 Al día siguiente, como la tempestad no disminuía, comenzaron a echar por la borda parte de la carga.[64] Es verdad, el narrador no dice que era algo del cargo lo que echaron por la borda, pero no podía ser nada más. Ya que el transporte de grano era el propósito del viaje del barco, del que dependía el modo de vida del patrón, sacrificar incluso parte de ella empeoraba la desesperada situación. Al día siguiente, medidas más drásticas fueron necesarias: tenían que deshacerse de los aparejos de repuesto si querían tener alguna posibilidad de sobrevivir. Smith sugiere que "le tocó a la verga mayor; un inmenso mástil, probablemente tan largo como el barco, que requeriría el esfuerzo unido de pasajeros y tripulación para lanzarla por la borda".[65] La Versión King James utiliza la primera persona del plural aquí—"los arrojamos con nuestras propias manos"—y aunque

---

61. Ver H. J. Cadbury, " Ὑποζώματα," *Beginnings* I.5 (London, 1933), pp. 345–54; *The Book of Acts in History* (New York, 1955), p. 10.

62. Comp. J. Renié, "Summisso Vase," *RSR* 35 (1948), pp. 272–75. Esta interpretación es la asumida por el Antiguo Texto Latino del Códice *gigas*: "dejaron caer un determinado instrumento para arrastrar" (*uas quoddam dimiserunt quod traheret*). Smith sugiere que lo que bajaron fue "el 'cesto', o los aparejos relacionados con las velas de buen tiempo, tal como la vela superior," que "toda nave en una situación como ésta estaba, ponía abajo sobre la cubierta cuando se preparaba para una tormenta" (*Voyage*, p. 111).

63. Smith, *Voyage*, p. 114.

64. Comp. Jonás 1:5.

65. *Voyage*, p. 116. La palabra griega es σκευή (la única vez en el NT).

esta lectura no tiene tanto apoyo como la tercera persona, no hay duda, como Ramsay dice, de que "incrementa grandemente el efecto".[66]

27:20 Once preocupantes noches y días siguieron. La tormenta borraba el sol de día y las estrellas de noche, y así no tenían medios para llevar la cuenta o calcular su paradero. El barco sin duda tenía peligrosas fugas, y "no sabían que camino tomar para llegar a la tierra más cercana con el fin de varar el barco, el único recurso posible para un barco que se hunde; pero a menos que llegaran a tierra, se hundirían en el mar".[67] No es de extrañar, entonces, que perdieran toda esperanza de salvarse a medida que pasaban los días.

5. El ánimo de Pablo (27:21-26)

21 *Para ese entonces muchos estaban sufriendo por falta de comida,[68] así que Pablo se levantó en medio de ellos y dijo, "Caballeros, deberíais haberme hecho caso y no haber zarpado de Creta evitando este desastre y pérdida".*
22 *Pero ahora, aceptad mi consejo y ¡levantad el ánimo! Nadie va a morir; solamente el barco se perderá.*
23 *Anoche estuvo a mi lado un mensajero del Dios al que yo pertenezco, el Dios a quien yo adoro.*
24 *Él me dijo, 'No tengas miedo, Pablo; debes estar en la presencia del César, y mira, Dios te ha concedido la vida de todos los que navegan contigo".*
25 *Así que, caballeros, animaos. Tengo fe en Dios, que todo sucederá como se me ha dicho.*
26 *Pero debemos encallar en alguna isla".*

27:21 Estando las cosas como estaban, tenían pocas ganas de comer; además, habría sido bastante difícil preparar comida, y buena parte de sus suministros deben haberse echado a perder por el agua del mar. Entre los varios paralelos de su experiencia citados por Smith hay un pasaje de John Newton, el célebre clérigo y escritor de himnos inglés, relatando sus anteriores tiempos como marinero: "Nos dimos cuenta de que el agua había entrado en la bodega y los muebles estaban flotando, todos los barriles de provisiones se habían roto en pedazos por el violento movimiento de la nave. Por otra parte, la carne, como cerdo, oveja y aves, habían caído por la borda durante la tormenta; de hecho todas las provisiones que habíamos guardado…no hubiéramos sobrevivido más de una semana, con raciones pequeñas".[69] Y cualquiera que haya sufrido de mareos a bordo de un barco de pasajeros tan bien equipados de nuestros días, puede imaginar algo del

---

66. *St. Paul the Traveller*, p. 332. Ver n. 52.
67. Smith, *Voyage*, p. 117.
68. Gr. πολλῆς … ἀσιτίας ὑπαρχούσης, "habiendo mucha abstinencia de comida".
69. J. Newton, *Omicron's Letters* (London, 1774), Letter 7, citado por Smith, *Voyage*, p. 118.

horror en ese barco agitado por la tormenta, y puede entender el poco apetito que las víctimas deben haber tenido.

En medio del abatimiento general y la desesperación, Pablo se puso en pie por la mañana y les habló palabras de ánimo a sus compañeros de fatigas. Nos alegra ver antes que nada que en algunos aspectos muy humanos era bastante como nosotros: no pudo resistir la tentación de decir "¡Ya os lo dije!" a aquellos que rechazaron su consejo en Buenos Puertos.

27:22-24 Pero lo que siguió diciéndoles era exactamente lo que aquella situación de verdad requería, un mensaje de ánimo y esperanza. No era este mensaje el producto de una ilusión: habló como uno que ha recibido una promesa divina. Antes, en Buenos Puertos, les había advertido de que perderían la vida, tanto como la carga y el barco, como resultado de zarpar de aquel puerto. Pero en aquella ocasión habló simplemente como un viajero experimentado con sentido común. Esta no era la primera vez que había experimentado el poder destructor de una tormenta en el mar. Recordaba otro barco en el que una vez había navegado: había naufragado y pasó veinticuatro horas en altamar, probablemente aferrado a algún mástil del naufragio, hasta que fue recogido o arrojado a la orilla (2 Cor. 11:25). Hubo una considerable pérdida de vidas en aquella ocasión, podemos suponer, y él temía que lo mismo pudiera volver a suceder. Pero ahora tenía la confianza, aunque el barco estaba sentenciado, de que ninguna vida se perdería.

Ni la experiencia, ni el cálculo más perspicaz podían haberle dado esta seguridad; él adscribía su nueva confianza a una revelación sobrenatural que se le hizo durante la noche por un mensajero (probablemente un ángel)[70] de Dios. En una visión cuando su vida corría peligro en Jerusalén hacia dos años, recibió la promesa de que sobreviviría para llevar testimonio a Roma (23:11); esta seguridad ahora se había repetido y ampliado. No solamente eso: las vidas de sus compañeros de tripulación también estaban garantizadas por amor a él. La sociedad humana no tiene idea de cuánto debe, en la misericordia de Dios, a la presencia de hombres y mujeres justos.[71]

27:25-26 Habiendo recibido esta comunicación del cielo, Pablo estaba completamente convencido (tal era su fe en Dios) que las cosas ocurrirían tal como se le había dicho. El barco naufragaría, pero la gente a bordo sobreviviría: serían lanzados o arrojados a la orilla de la playa de una isla u otra. La isla, en cuestión, resultó ser Malta. Ya que no hubo oportunidad de tocar tierra en Sicilia (en vista de la dirección de la deriva), Malta era la mejor esperanza. Pero Pablo no podía haber sabido esto: su referencia a "alguna isla" era una expresión de fe. Si perdían Malta, no hubiera quedado nada excepto aguantar unas doscientas millas hasta que llegaran a las costa de Túnez, y nadie podía esperar que el barco aguantara tanto.

70. Gr. ἄγγελος ("mensajero"), habitualmente un ser sobrenatural en la Biblia griega.
71. Ver Gen. 18:26–32.

6. Se aproximan a tierra (27:27-29)

> 27 *Durante la decimocuarta noche, mientras íbamos a la deriva a través del mar de Adria, cerca de la medianoche, los marineros intuyeron que estábamos acercándonos a tierra.*
> 28 *Echaron la sonda y vieron que marcaba veinte brazas; un poco más tarde la volvieron a echar y marcaba quince brazas de profundidad.*
> 29 *Luego, temiendo que pudiéramos ser arrojados contra las rocas, arrojaron cuatro anclas por la popa y esperaron anhelando que amaneciera.*

27:27 Smith cuenta que hizo una cuidadosa investigación consultando a los navegantes experimentados del Mediterráneo, para determinar la velocidad media de una nave de este tipo a la deriva en semejante tormenta. La conclusión a la que llegó fue que alcanzaría una media de unas treinta y seis millas en veinticuatro horas. Los sondeos registrados en el verso 28 indican que la nave estaba pasando por Koura, un punto al este de la costa de Malta, de camino a la Bahía de San Pablo. "Pero la distancia desde Clauda al punto de Koura…es 476.6 millas, las cuales, a la velocidad deducida de la información…, hubieran llevado exactamente trece días, una hora, y veintiún minutos". No solamente eso: "la coincidencia de llegar a la Bahía de San Pablo desde Clauda, y la dirección en la que la nave debe haber sido llevada para evitar los Sirtis, es incluso aún más sorprendente que el tiempo empleado, y el tiempo calculado". Luego, después de calcular cuidadosamente la dirección del curso del barco con respecto a la dirección del viento, desde la proa de la nave con el viento, y de la deriva, continúa: "Por tanto de acuerdo con estos cálculos, un barco zarpando tarde por la noche desde Clauda estaría a medianoche del decimocuarto día a menos de tres millas de la entrada de la Bahía de San Pablo. Tengo que admitir que una coincidencia tan grande como esta es hasta cierto punto accidental, pero es un accidente que no podría haber ocurrido si hubiera habido alguna inexactitud por parte del autor de la narrativa en relación a los numerosos incidentes en los que se basan los cálculos, o si el barco hubiera sido destrozado en cualquier lugar excepto en Malta, porque no hay otro lugar en el que coincidir, ni ningún otro nombre o descripción, dentro de los límites en los que nos hallamos por los cálculos encontrados en la narrativa".[72]

El "Mar de Adria" mencionado en el verso 27 es el Mediterráneo central; es así llamado en varios lugares de la literatura antigua.[73] Ptolomeo, matemático y geógrafo del siglo II, distinguía el "Mar de Adria" o "Hadria" (Mediterráneo

---

72. *Voyage*, pp. 126–28.

73. Estrabón (*c*.19 a.C.) dice que "el mar Jónico es parte de lo que ahora se llama el mar de Adria" (*Geography* 2.5.20).

central) del "Golfo de Adria" (Mar Adriático).[74] Josefo cuenta cómo el barco en el que navegaba hacia Italia en el año 63d.C. se hundió en medio del Mar de Adria; él fue recogido por un barco de Cirene y llevado a su destino.[75] En días antigüos, e incluso en tiempos más recientes, algunas perversas interpretaciones de nuestra narrativa han sido sugeridas por comentaristas que pensaban que se trataba del Mar Adriático—como si fuera posible que un viento del nordeste soplara en esa dirección de la costa sur de Creta.[76]

La suposición de los marineros de que estaban acercándose a tierra refleja el lenguaje de aquellos acostumbrados a la vida abordo de un barco. Lucas, en condiciones normales, habría dicho "estábamos acercándonos a tierra". Pero hay una atractiva lectura variante de acuerdo con la cual "alguna tierra estaba resonando en sus oídos"[77] —esto es, podían oír las olas grandes. Si hubiera sido de día, hubieran visto las olas grandes igual que las oían. Porque, como Smith nos dice, ningún barco puede entrar en la Bahía de San Pablo desde el este sin pasar a una milla del punto de Koura; cuando se llega a esa distancia (y solo entonces), las olas grandes son inevitablemente visibles, porque son especialmente violentas allí por viento del noreste.[78]

27:28 La tradición que ha dado a la Bahía de San Pablo su nombre como el lugar del naufragio es confirmado por los sondeos que registra Lucas: estos coinciden con la dirección de un barco pasando Koura de camino a la bahía. Las veinte brazas de profundidad están cerca del lugar donde primero habrían tenido indicios de que se acercaban a tierra, llegando al este por el sur desde las quince brazas de profundidad, a una distancia que les permitiría prepararse para anclar en la forma mencionada en el verso 29. Smith estima que el "corto intervalo" entre los dos sondeos sería de aproximadamente media hora.[79]

27:29 Era peligroso seguir adelante en la oscuridad; las grandes olas les advertían de que las rocas se encontraban cerca, así que soltaron cuatro anclas para que sirvieran de freno hasta que el amanecer les mostrara dónde estaban.[80] Las anclas fueron lanzadas desde popa—un procedimiento inusual, pero ventajoso

---

74. Ptolomeo, *Geography* 3.4.1; 15.1.
75. *Life* 15.
76. Ver en 28:1 (n. 4).
77. Para προσάγειν B* lee προσαχεῖν (una forma Dórica equivalente al Ático προσηχεῖν), de donde probablemente *resonare* en el Antiguo Texto Latino Códice *gigas* y *Bobiensis* (s).
78. *Voyage*, p. 121.
79. *Voyage*, pp. 130-31.
80. "En la Bahía de San Pablo el anclaje es descrito en estos términos marinos: 'El Puerto de San Pablo está abierto a los vientos del este y del noreste. Es, no obstante, un caja de seguridad para las naves pequeñas, el suelo, por lo general es muy bueno, y mientras los cabos están amarrados no hay peligro, *ya que las anclas no se moverán*' " (Smith, *Voyage*, p. 132).

en ciertas circunstancias, como los comandantes navales sabían en la antigüedad y en tiempos modernos[81] (obviaba la necesidad de exponer los puntos débiles del buque al enemigo al hacerlo al revés, cuando la flota enemiga se perfila a lo largo de la costa). En esta ocasión, la proa seguía apuntando a la orilla mientras que estaban anclados por la proa, la nave oscilaría arriba y abajo por el viento. El barco estaba así preparado para ser varado en cuanto rompiera el día y los cables del anclaje fueran cortados.[82]

7. El intento frustrado de huída de los marineros (27:30-32)

30 *Cuando los marineros intentaron abandonar el barco y bajaron el esquife al mar con el pretexto de liberar las anclas de proa.*
31 *Pablo dijo al centurión y a los soldados, "A menos que estos hombres permanezcan en el barco, no podréis salvaros".*
32 *Entonces los soldados cortaron las amarras del esquife, y dejaron que se perdiera.*

27:30 Los marineros intentaron asegurarse su propia salvación a costa de los demás a bordo. Bajaron el esquife al mar, pretendiendo que iban a sacar las anclas de proa y de popa, pero con la intención en realidad de hacerse a la orilla.

27:31 Pablo detectó su intento, y lo previno. Quizá su propia experiencia náutica le decía que no podía haber ninguna ventaja en el anclaje de la nave por la proa en las circunstancias que estaban. Por qué la presencia de los marineros a bordo era necesaria para la seguridad de todos no se dice expresamente; pero hubiera sido sencillamente desastroso haber dejado el barco como estaba sin los expertos para trabajar.

27:32 Para ese entonces el centurión había aprendido que no era sabio desestimar el consejo de Pablo, aunque su consejo fue probablemente mal interpretado cuando los soldados cortaron las amarras y dejaron el bote a la deriva. El esquife podría haber sido de mucha ayuda para llevar la tripulación a tierra, o cuando el barco encalló como pasó más tarde (v.41). Sin embargo, el centurión puede haber decidido que la acción de los soldados era la más efectiva para mantener a los marinos a bordo.

---

81. En 147 a.C. los romanos bajo Escipión Emiliano ganaron una victoria naval en Cartago al anclar por la popa obviando así la necesidad de exponer los puntos débiles de los barcos de cara a los cartagineses "Apio, Guerras Púnicas 18.213). Por la misma razón Nelson ancló por la popa en la batalla del Nilo en 1798.

82. Smith reproduce, a partir de una imagen en Herculano, la figura de un buque provisto de escobenes de popa, a través de los cuales los cables del ancla podían pasar cuando fuera necesario. "Vemos, pues, que las naves antiguas estaban equipadas para anclar por la popa, y en el presente caso así se hizo por las importantes ventajas". (*Voyage*, p. 135).

8. La comida a bordo (27:33-38)

33 *Cuando comenzaba a amanecer, Pablo los animó a comer algo. "Este es ahora el decimocuarto día," les decía, "que estáis esperando y sin comer; no habéis comido nada.*
34 *Por tanto, os ruego que comáis algo. Lo necesitáis para salir adelante. Pues ni un solo cabello se caerá de la cabeza de nadie".*
35 *Después de hablarles así, tomó pan, dio gracias a Dios en presencia de todos, lo partió y empezó a comer.*[83]
36 *Entonces todos más animados, comieron también.*
37 *Éramos en total doscientas setenta y seis*[84] *personas a bordo.*
38 *Cuando ya se habían saciado con la comida, procedieron a aligerar la nave echando el trigo al mar.*

27:33-34 Ahora Pablo imparte nuevos ánimos a sus compañeros de tripulación. Cuando estaba empezando a amanecer les animó a comer algo, después de la abstinencia forzosa[85] de los últimos catorce días. La situación era un poco mejor ahora, y la comida podía ser más convenientemente preparada: tenían por delante un duro trabajo si querían llegar a salvo a tierra, les haría bien y les daría nuevas fuerzas y entusiasmo para lo que aún les quedaba por hacer si comían algo. Nuevamente les asegura que no sufrirían ningún mal ninguno de ellos.

27:35-36 Entonces los animó con el ejemplo tanto como por lo que les dijo; él mismo tomó algo de pan, dio gracias a Dios de manera que todos lo pudieran oír, lo partió y empezó a comer. Los demás siguieron el ejemplo; no había necesidad de escatimar, y todos comieron bien.

Hay un grupo de palabras y frases aquí—"tomó pan," "dio gracias," "lo partió"[86]—que resultan familiares en el contexto eucarístico. Esto apoya

---

83. El Texto Occidental añade "dándonos también a nosotros" (usando el mismo verbo, ἐπιδίδωμι, como en Lucas 24:30; comp. también Marcos 14:23 y paralelos).

84. Unos testigos, entre B y el Sahídico (Copto) leen "cerca de setenta y seis" en vez de "doscientos setenta y seis".

85. Abstinencia de comida, no ausencia de comida, está implícito por el adjetivo ἄσιτος (comp. el nombre ἀσιτία en v. 21).

86. Gr. λαβὼν ἄρτον εὐχαρίατηαεν ... κλάσας. Estas palabras aparecen en otras comidas proporcionados o compartidas por Jesús, por ejemplo, la alimentación de las multitudes o la cena en Emaús (Marcos 6:41; 8:6 y paralelos; Lucas 24:30), y en realidad pertenecen al vocabulario general de las comidas de carácter social judío, pero había algo evidentemente distintivo acerca de la acción y palabras de Jesús en tales ocasiones. La alimentación de la multitud puede ser interpretada como una anticipación de la Eucaristía, y la acción de Jesús en Emaús como un recordatorio deliberado del mismo. Ver B. Reicke, "Die Mahlzeit mit Paulus auf den Wellen des Mittelmeers, Act 27,33-38," *TZ* 4 (1948), pp. 401-10. W. Kelly, *Exposition of Acts* (London, ³1952), p. 387, niega todo significado eucarístico en la comida que nos ocupa: "Es el objeto de la Eucaristía lo que le da su carácter, y esto está bastante fuera de lugar. Pero la comida más habitual debería ser santificada

el punto de vista de muchos comentaristas de que la comida aquí descrita fue una comida eucarística. Probablemente lo fue en un sentido limitado: todos compartieron la comida, pero para la mayoría era una comida habitual, mientras para aquellos que comían con intención eucarística (Pablo y sus compañeros cristianos) era una eucaristía válida: "el pan que nosotros partimos, es nuestra participación en el cuerpo de Cristo". (1 Cor. 10:16). Ellos, sin embargo, no se retiran a un rincón para compartir: Pablo dio gracias "en presencia de todos," y los cristianos comulgantes partieron el pan y comieron en compañía de toda la nave. No se menciona el vino aquí; los términos "vino" y "copa" están ausentes en todo el libro de Hechos.

27:37 Es en este momento que Lucas nos dice cuantas personas había abordo. Hay algunas evidencias antiguas de una cantidad menor—"setenta y seis" en vez de "doscientas setenta y seis"—pero no es nada improbable el número más grande y mejor atestiguado: la malograda nave en la que Josefo navegó hacia Italia unos cuatro años más tarde llevaba a bordo seiscientas personas.[87] La mención del número en el contexto de la comida sugiere que era necesario contarlos para dividir el pan disponible de manera equitativa entre ellos.

27:38 Cuando habían comido hasta saciarse, usaron sus renovadas fuerzas para tirar por la borda el resto de la carga de trigo.[88] Parte había sido arrojada por la borda al principio de la tormenta (v. 18), pero se había guardado suficiente como lastre y también para la comida. Ahora, sin embargo, era esencial que el barco se llenara lo menos posible de agua, y varara bien en la playa. Deshacerse del trigo era una medida extrema, pero no se podía hacer nada más dada la situación.

9. El naufragio (27:39-41)

> 39 *Cuando se hizo de día, no reconocieron el lugar, pero vieron una bahía que tenía playa y planearon, si era posible, varar[89] la nave allí.*

---

por la palabra de Dios y la oración, y el apóstol aquí actúa conforme a sus propias instrucciones a Timoteo (1 Tim. 4:5, 6)". Pero a los ojos de Pablo el objetivo de la Eucaristía puede haber estado muy en su sitio aquí. Barrett, "Paul Shipwrecked," pp. 59-63.

87. Josefo, *Life* 15. No hace falta ver ningún significado especial en el hecho de que 276 es un número triangular (la suma de todos los números enteros del 1 al 23), como 120 en 1:15; 153 en Juan 21:11; 666 en Apocalipsis 13:18.

88. Para aligerar el peso del barco comp. Jonás 1:5. S. A. Naber, sobre la base de que el trigo había sido arrojado por la borda ya (v. 18), emienda σῖτον ("trigo") aquí en ἱστόν ("palo mayor"), bastante innecesariamente (" Τρίτον τοῦτο ἔρχομαι /Ad Novum Testamentum," *Mnemosyne* n.s. 9 [1881], p. 293; "Náutica," *Mnemosyne* n.s. 23 [1895], p. 269).

89. Gr. ἐξῶσαι (de ἐξωθέω), para el cual B* C y un número de otros testigos leen el homófono ἐκσῶσαι (de ἐκσῴζω), "llevarlo a salvo," que es una expresión menos natural aquí.

40 *Así que, cortaron las anclas y las dejaron en el mar. Al mismo tiempo, soltaron las amarras del timón, izaron al viento la vela de proa y pusieron rumbo a la playa.*
41 *Pero se encontraron en un lugar entre dos mares, y la nave encalló:*[90] *la proa se clavó enseguida y se quedó inmóvil, pero la popa se rompió por la violencia de las olas.*

27:39 Cuando se hizo de día, los marineros no reconocían la tierra a la que se acercaban. La Bahía de San Pablo está a alguna distancia del gran Puerto de Valletta, con el que algunos de ellos habrían estado familiarizados. Pero se dieron cuenta de que había una ensenada con una playa, y decidieron llevar la nave allí. La combinación de esta ensenada con las rocas (v.29) y el lugar entre dos mares (v.41) confirma la tradición que localiza este incidente en la Bahía de San Pablo. Smith muestra en detalle "cómo estas características todavía se distinguen perfectamente en la costa".[91] El lado oeste de la bahía, al que el barco debe haber sido conducido, es rocoso, pero tiene dos ensenadas, una de ellas todavía tiene arena en la playa. (Smith, sin embargo, piensa que la otra ensenada, es la mencionada por Lucas, ya que está más cerca del lugar "entre dos mares," considerando que su playa de arena ha sido ahora "erosionada por la acción del mar".)[92]

27:40 Las cuatro anclas ya no tenían más utilidad, así que las dejaron en el mar. Al mismo tiempo soltaron las amarras del timón[93] e izaron una pequeña vela[94] en el trinquete, al viento; así el barco podía ser dirigido a encallar en la playa que habían avistado.

27:41 Pero había algo que no habían visto, porque no podía verse hasta que entraran en la bahía. "Desde la entrada de la bahía, donde la nave debe haber sido anclada. No podían sospechar que en la parte inferior de la misma podía haber una comunicación con el mar de fuera".[95] La Bahía de San Pablo está protegida en el noroeste por la isla Salmoneta, que está separada de la parte continental de Malta por un estrecho canal de unas cien yardas de ancho. Este canal es el lugar "entre dos mares". Aquí el barco, en palabras de Smith, "hubiera golpeado el fondo

---

90. Gr. ἐπέκειλαν τὴν ναῦν (hay una ampliación del Occidental "en un lugar donde había arena movediza," en el Harclean Siriaca). Esta es la única vez que aparece el termino clásico "nave" (ναῦς), el cual, en conjunción con el verbo ἐπικέλλω ("encallar"), se ha considerado una reminiscencia homérica (comp. *Odyssey* 9.148, νῆας ... ἐπικέλσαι).

91. *Voyage*, p. 141.

92. *Voyage*, p. 142.

93. Gr. πηδάλια.

94. Gr. ἀρτέμων, la aparición más antigua de la palabra en la literatura griega. Su ausencia anterior es accidental, porque ciertamente existía; aparece como un préstamo en Latín en *Vitruvius*, que escribió bajo Augusto, significando el bloque principal de una entrada (*On Architecture* 10.2.9). En el contexto náutico fue usada para "una vela más pequeña en la parte delantera de un barco; con la que se aumenta la velocidad, excepto que el curso está dirigido" (S. A. Naber, "Nautica," p. 269).

95. Smith, *Voyage*, p. 143.

fangoso que gradualmente se convertía en una pegajosa arcilla, en la que la parte delantera de la nave se habría clavado y rápidamente hundido, mientras que la popa quedaba expuesta a merced de la fuerza de las olas".[96] Después de los largos embates que el barco había sufrido durante las dos últimas semanas, la parte expuesta no podía soportar por más tiempo el castigo, y rápidamente se desintegró.

"Así," dice Ramsay, "la proa del barco se mantuvo hasta que cada pasajero llegó a salvo a tierra firme. Solamente la más rara conjunción de circunstancias favorables podría haber traído un final tan afortunado a su situación aparentemente desesperada; y uno de los mejores servicios jamás prestados a la erudición del Nuevo Testamento es la prueba de James Smith de que todas estas circunstancias se unen en la Bahía de San Pablo".[97]

10. ¡A salvo en la playa! (27:42-44)

42 *Los soldados planearon matar a los prisioneros, para que ninguno se escapase nadando.*
43 *Pero el centurión[98] deseaba salvar la vida de Pablo y les impidió llevar a cabo su plan. En vez de eso, ordenó que los que pudieran nadar saltaran primero para llegar a tierra.*
44 *A los otros les ordenó que fueran en tablas, o con otros pedazos de la nave. Así resultó que todos llegaron sanos y salvos a tierra.*

27:42-44 De acuerdo con la disciplina tradicional de Roma, los soldados eran responsables de guardar a los prisioneros a su cargo. Pero ahora sería fácil que alguno de los prisioneros escapara en medio de la confusión general de abandonar el barco. Los soldados, por tanto, decidieron evitar cualquier intento de este tipo matándolos. El centurión, sin embargo, les prohibió hacer tal cosa: estaba demasiado agradecido a Pablo como para exponerlo a ese destino. Dejó que los prisioneros llegaran a tierra junto con los otros, dijo "no será demasiado difícil rodearlos después y mantenerlos bajo vigilancia". Aquellos de la tripulación del barco que pudieran nadar debían sumergirse en el agua y nadar hasta la orilla.

---

96. *Voyage*, p. 144.
97. *St. Paul the Traveller*, p. 341. "La única dificultad," añade, a lo que Smith "ha aplicado una solución bastante violenta," es el hecho de que en el lugar tradicional en el que el barco encalló ya no hay ninguna playa de arena ahora. Pero la evidencia es satisfactoria si la ensenada con una playa de arena que los marineros percibieron se identifica con la ensenada donde está todavía tal playa (ver n. 92). W. Burridge, *Seeking the Site of St. Paul's Shipwreck* (Valletta, 1952), sostuvo en base a la observación local que el naufragio tuvo lugar no en la Bahía de San Pablo, si no en la Bahía Mellieha más al norte.
98. El Antiguo Texto Latino de *gigas*, quizá preservando la lectura Occidental original, es como sigue: Pero el centurión prohibió que esto fuera hecho, principalmente con respecto a Pablo, para salvarlo. Y mandó a aquellos que podían nadar llegar a tierra primero, y a los demás hacerlo con ayuda de los tablones; y por tanto todas las almas llegaron a salvo a tierra".

El libro de los Hechos

El resto podía flotar hasta tierra en los tablones o mástiles; algunos de los que no podían nadar podían incluso ser llevados a tierra por los nadadores.[99] En cualquier caso, de una manera o de otra, todos llegaron a salvo a tierra. La promesa angélica dada a Pablo en su hora más oscura había sido cumplida al pie de la letra: la nave y el cargo estaban perdidos, pero todas las vidas a bordo se habían salvado.

---

99. Las palabras "en piezas de cosas del barco"—literalmente, "en algo de las (cosas) del barco" (Gr. ἐπί τινων τῶν ἀπὸ τοῦ πλοίου—podría plausiblemente significar "en algunas de las (personas) del barco," por ejemplo, a espaldas de los miembros de la tripulación.

HECHOS 28

F. INVIERNO EN MALTA (28:1-10)

1. ¡Bienvenidos a Malta! (28:1-6)

1 Cuando ya estábamos a salvo en tierra, supimos que la isla se llamaba Malta.[1]
2 Los nativos fueron extraordinariamente amables: nos dieron la bienvenida[2] a todos con un fuego que habían encendido porque estaba lloviendo y hacía frío.
3 Pablo recogió un haz de leña y lo echó al fuego, entonces una víbora emergió del fuego y se le prendió en la mano.
4 Cuando los nativos vieron la criatura[3] colgando de su mano, se dijeron unos a otros, "Seguro que este hombre es un asesino: ha escapado del mar, pero la Justicia no le ha permitido seguir con vida".
5 Pero Pablo se sacudió a la criatura en el fuego y no sufrió ningún daño.
6 Ellos esperaban que comenzara a hincharse o que cayera muerto de repente, pero cuando vieron que el tiempo transcurría y no le pasaba nada malo, cambiaron de parecer y empezaron a decir que era un dios.

28:1 No fue hasta que llegaron a tierra que supieron en qué isla habían desembarcado. Sin duda, muchos de la tripulación sabían que era Malta, pero estaban acostumbrados a desembarcar en Valeta, en el gran puerto, y no reconocieron esa parte de la isla. La idea de que la isla en la que habían desembarcado era Mljet

---

1. Los más antigüos en B y otros pocos antigüos manuscritos "Melitene" (Gr. Μελιτήνη) en vez de "Melita" (Gr. Μελίτη); el Latín de la Vulgata tiene Militene. La forma más larga puede ser el resultado de un diptografía de alguna de las letras en Μελίτη ἡ νῆσοσ.

2. Gr. προσελάβοντο, "ellos nos trajeron (el fuego)". Si, con ℵ* Ψ y un número de minúsculos, leemos προσανελάμβανον (comp. Latín de la Vulgata *reficiebant*), tenemos el sentido más satisfactorio "nos reanimaron (a todos)".

3. Gr. θηρίον (lit., "bestia salvaje"). En el griego más tardío la palabra vino a ser especializada en el sentido de "serpiente"; de la palabra en este sentido se deriva θηριακή (por tanto nuestra "melaza"), originalmente un preparado medicinal de carne de serpiente para curar mordeduras de serpiente.

(Meleda) de la costa de Dalmacia[4] está relacionada con la errónea interpretación del "Mar de Adria" (27:27) como el Mar Adriático; ambas identificaciones son imposibles si Euraquilón es reconocido como el nombre del viento que los condujo lejos del sur de la costa de Creta (27:14). Fueron los navegantes fenicios los que primero le dieron el nombre de Melita a la isla: es la palabra cananea para "refugio," debieron haberlo encontrado como un verdadero refugio en más de una ocasión. Se ha sugerido incluso que cuando Lucas escribió "supimos que la isla se llamaba Malta (Melita)," en realidad quería decir, "reconocimos que le habían dado un nombre muy apropiado".[5] Pablo, en cualquier caso, se habría dado cuenta del significado del nombre por su conocimiento del hebreo.

28:2 Los malteses nativos eran en gran medida de origen Fenicio, y su lengua era un dialecto fenicio.[6] Eran, pues, considerados tanto por los griegos como por los romanos como "barbaros"—personas que hablaban una lengua extranjera.[7] Pero en esta ocasión, si eran bárbaros por su idioma, se mostraron verdaderamente civilizados en su comportamiento, recibieron a 276 náufragos con cálida hospitalidad. Era una fría, lluviosa mañana, y los hombres del barco naufragado estaban mojados y temblando de frío cuando llegaron a tierra; ¡Qué bueno fue ver el fuego que los malteses amablemente habían encendido para que pudieran calentarse y secarse!

28:3 Pablo, que había demostrado ser una persona tan práctica y de tanta ayuda a bordo de la nave, continúo ayudando en tierra. Un gran fuego en la playa era algo excelente, pero pronto se consumiría sino era alimentado con más madera. Pablo, por tanto, empezó a recoger ramas para ayudar a mantenerlo encendido. Pero cuando había recogido un buen haz de leña y lo puso en el fuego, una serpiente venenosa saltó del fuego y le mordió la mano o al menos se le prendió en la mano. Probablemente la habría confundido con una pequeña ramita, ya que estaba en el suelo rígida y fría, pero el calor la trajo a la vida rápidamente. Un paralelo ha sido citado por T. E. Lawrence (de Arabia): "Cuando el fuego ya calentaba, una larga serpiente negra enrollada se deslizó lentamente en medio de nuestro grupo; debimos haberla cogido nosotros, aletargada, junto con las ramas".[8]

---

4. Esta identificación parece haber sido hecha antes que nadie durante el siglo X por el emperador bizantino Constantino VII Porphyrogenitus (*On Administering the Empire* 36). Ha sido recientemente defendido por A. Acworth, "Where was St. Paul Shipwrecked? A Re-examination of the Evidence," *JTS* n.s. 24 (1973), pp. 190–92, y O. F. A. Meinardus, "Melita Illyrica or Africana? An Examination of the Site of St. Paul's Shipwreck," *Ostkirchliche Studien* 23 (1974), pp. 21–36 (cf. his *St. Paul's Last Journey* [New Rochelle, NY, 1979], pp. 79–85); que han sido respondidos de manera concluyente por C. J. Hemer, "Euraquilo and Melita," *JTS* n.s. 26 (1975), pp. 100–111.

5. Comp. J. R. Harris, "Clauda or Cauda?" *ExT* 21 (1909–10), p. 18.

6. El actual Maltés es una forma de Árabe.

7. Gr. βάρβαρος, como en 1 Cor. 14:11 (comp. también Rom. 1:14; Col. 3:11).

8. *Revolt in the Desert* (London, 1927), p. 107.

¿Qué clase de serpiente era? La palabra griega significa "víbora".[9] Pero se nos ha dicho que no hay víboras, ni serpientes venenosas de ningún tipo en Malta hoy día. Esto, sin embargo, no es un argumento concluyente. "Las objeciones que se han presentado, de que ahora no hay víboras en la isla, y solamente hay un lugar en el que crecen árboles, son demasiado triviales como para ser considerados. Tales cambios son naturales y probables en una pequeña isla, densamente poblada y civilizada durante mucho tiempo".[10] Uno podría compararla con Irlanda, que ha estado libre de serpientes durante siglos, aunque la tradición asegura que una vez estaba llena de ellas hasta que fueron expulsadas—por San Patricio (de acuerdo a la tradición cristiana) o por Fionn MacCumhail (de acuerdo con una leyenda pagana más antigua). Cuando leemos que esta serpiente "se prendió""[11] en la mano de Pablo, debemos entender que lo mordió, si de verdad se trataba de una víbora, ya que las víboras no se enroscan.

28:4-6 Los malteses presentes vieron el réptil colgando de la mano de Pablo por los colmillos,[12] y sacaron sus propias conclusiones. Era claramente la voluntad del cielo que este hombre perdiera su vida—sin duda era un asesino y Némesis iba tras sus pasos. Había escapado de ahogarse en el mar, de hecho, pero la Justicia divina no podía ser burlada: había encontrado un modo alternativo

---

9. Gr. ἔχιδνα (v. 3).

10. W. M. Ramsay, *St. Paul the Traveller* (London, [14]1920), p. 343.

11. Gr. καθῆψεν. F. Blass insiste en el significado de "morder," como también lo hace Lake y Cadbury. "Pero es un hecho bien demostrado que la víbora, una serpiente venenosa, solo ataca una vez, apresando sus venenosos colmillos en la carne por un momento, y retirando la cabeza instantáneamente. Esta acción nunca podría ser identificada con la que Lucas presenció, como testigo ocular, de la víbora de Malta: que colgaba de la mano de Pablo, y que él se sacudió en el fuego". Así dice W. M. Ramsay, quien prosigue con la sugerencia de que podría haber sido una *Coronella leopardinus*, una serpiente encontrada en Malta y "tan parecida a una víbora que podría ser fácilmente confundida incluso por un buen naturalista hasta que atrapara y examinara el espécimen. Este réptil también se prende, e incluso muerde pero sin hacer daño alguno. Que los rústicos malteses confundiera esta serpiente inofensiva con una venenosa no es extraño…Cada detalle en el relato de Lucas es natural, y conforme a los hechos del campo" (*Luke the Physician* [London, 1908], pp. 63-65).

12. *Coronella austriaca*, una especie de la misma familia que la *leopardinus* (ver la nota previa), "es conocida por ser bastante irritable, y capaz de fijar sus pequeños dientes con tanta firmeza en la piel humana como para quedarse colgando y se requiere un poco de fuerza para desprenderla, aunque sus dientes son demasiado pequeños como para hacer ningún daño grave en la piel" (Ramsay, *Luke the Physician*, p. 64). La precisa identificación de este réptil debe evidentemente ser dejada en manos de los pocos que combinan el experto conocimiento de esta rama de la historia natural, con el experto conocimiento de los términos griegos de Lucas (comp. también C. J. Hemer, "Euraquilo and Melita," pp. 109-10). Pero preste atención el lector a la observación adicional de Ramsay: "Un médico capacitado en tiempos antigüos era generalmente una gran autoridad en temas de serpientes, al que se le otorgaba considerable respeto en la medicina y costumbres antiguas" (*Luke the Physician*, pp. 63-64).

de castigarlo.[13] Lo estuvieron observando durante un rato después de haberse sacudido la serpiente en el fuego, pero no paso nada: no empezó a hincharse, ni a sufrir ningún malestar obvio. Claramente su conclusión original había sido errónea: él no era un asesino perseguido por la justicia divina, sino una persona divina, inmune a los infortunios que resultarían fatales para los demás mortales. No es difícil detectar el sentido del humor de Lucas en su relato de este repentino cambio de pensamiento. Podemos comparar y contrastar la descripción del cambio de opinión entre la población nativa de Listra, que al principio saludaron a Pablo y Bernabé como dioses, y luego apedrearon a Pablo casi hasta matarlo (14:11–19). Lucas probablemente insinúa que solamente las personas incultas como los de Listra y Malta—"barbaros," como se les llamó—pensarían que Pablo era un ser divino.[14]

2. Trabajo de sanidad en Malta (28:7-10)

> 7 Cerca de aquel lugar había una propiedad que pertenecía al principal hombre de la isla, de nombre Publio, quien nos recibió y nos hospedó amablemente durante tres días.
> 8 El padre de Publio estaba enfermo con fiebre y disentería, y Pablo fue a verlo y oró, poniendo las manos sobre él y lo sanó.
> 9 Cuando pasó esto, las otras personas de la isla que estaban enfermas vinieron a él y fueron tratadas.
> 10 Ellos también nos colmaron de atenciones, y cuando íbamos a zarpar, pusieron abordo todo lo que necesitábamos.

28:7-8 La expresión "el principal hombre de la isla"—literalmente "el primer hombre de la isla"—es probablemente una designación oficial: aparece en una inscripción en Malta.[15] El "primer hombre" en ese tiempo, llamado Publio, tenía

---

13. Comp. Wisd. 1:8. Un poema en la griega *Palatine Anthology* (7.290) cuenta la historia de un hombre que escapó de una tormenta en el mar y naufragó en la costa de Libia, solo para ser matado por un víbora. Ver también G. Miles y G. Trompf, "Luke and Antiphon: The Theology of Acts 27–28 in the Light of Pagan Beliefs about Divine Retribution, Pollution and Shipwreck," *HTR* 69 (1967), pp. 256 –67.

14. Él no es siquiera un "hombre divino" (θεῖος ἄνθρωπος o θεῖος ἀνήρ), como se supuso por H. Conzelmann, *Die Apostelgeschichte* (Tübingen, ²1972), p. 147; E. Haenchen, *The Acts of the Apostles* (Oxford, 1971), E.T., p. 716. La anécdota, dice M. Dibelius, "es contanda en una forma completamente secular…no se parece a la tradición cristiana con respecto a Pablo" (*Studies in the Acts of the Apostles*, E.T. [London, 1956], p. 204, n. 27). Es mejor entenderlo como el recuerdo de un testigo presencial. Puede haber un reflejo del incidente en el apéndice más largo de Marcos (Marcos 16:18, "serán mordidos por serpientes").

15. En *IG* XIV.601 un L. Castricius, un miembro de la orden ecuestre, es llamado (entre otras designaciones) πρῶτος Μελιταίων, "el principal de los malteses". Un paralelo en latín ha sido a menudo reconocido en *CIL* X. 7495, donde las palabras *Mel(itensium) primus omni[um]* aparecen

una finca cerca del lugar donde había naufragado el grupo, y los trató como sus invitados durante tres días. Publio era un frecuente *praenomen*: Ramsay sugiere que los campesinos locales usaban ese nombre cuando le hablaban familiarmente, "y Lucas (que no tenía mucha simpatía por las nomenclaturas romanas) tomó el nombre que escuchó que usaban habitualmente".[16] El padre de Publio estaba sufriendo de ataques intermitentes de fiebre gástrica[17] y disentería, de la que Pablo lo curó poniendo sus manos sobre él y orando por él.

28:9-10 Las noticias de la curación se propagaron rápidamente; en consecuencia, las personas que estaban padeciendo diferentes tipos de enfermedades vinieron de toda la isla para recibir el tratamiento adecuado. Quizá Lucas fue capaz de añadir sus habilidades médicas al don de sanidad de Pablo. De cualquier modo, dice Lucas, ellos "nos honraron con muchos honores," que en este contexto podría bien significar honorarios o regalos materiales.[18] Harnack, al señalar que toda la sección precedente (vv. 3–6) "está teñida de colorido medico," añade: "y viendo que en los versos 7-10 también el tema y la fraseología son predominantemente médicos, se puede decir que toda la historia de la estancia del narrador en Malta es contada a la luz de un ambiente médico".[19]

Cuando llegó el momento de que el grupo abandonara Malta, los malteses mostraron su aprecio a Pablo y a sus amigos subiendo a bordo todas las cosas que suplirían sus necesidades y les facilitarían el resto del viaje.

G. ¡POR FIN ROMA! (28:11-31)

1. El último tramo: ¡Y así llegamos a Roma! (28:11-15)

11 *Después de tres meses nos hicimos a la mar en una nave que había pasado el invierno en la isla—un barco de Alejandría que tenía por insignia Los Gemelos Celestiales*[20] *.*

---

en yuxtaposición; el significado puede ser, de hecho, "el primero de todos los malteses," pero la mayor parte del contexto está mutilado, y la referencia podría ser a alguien que fue el "primero" de los benefactores en otorgar obras arquitectónicas o estatuarias a la comunidad (ver C. J. Hemer, "First Person Narrative in Acts 27–28," *TynB* [1985], p. 100).

16. *St. Paul the Traveller*, p. 343. Polibio, el historiador griego, generalmente se refiere al General Romano Publio Cornelio Escipión Emiliano simplemente por su *praenomen* Publio (Gr. Πόπλιος, como aquí).

17. Lo que es llamado tradicionalmente fiebre de Malta (ahora ya no es una amenaza pero una vez lo fue) está causada por un microbio en la leche de cabra.

18. Gr. τιμή ("honor") también puede significar honorarios; Comp. Sir. 38:1, "Honra al médico con el debido respeto, de acuerdo a tu necesidad de él" (o "…de acuerdo a sus necesidades," cuya fraseología se asemeja más a nuestro texto presente); Cicerón, *Letters to his Family* 16.9.3, "ese 'honor' debe ser pagado al médico". Para la ambigüedad comp. 1 Tim. 5:17, "que los ancianos que gobiernan bien sean considerados dignos de doble honor".

19. A. Harnack, *Luke the Physician*, E.T. (London, 1907), p. 179.

20. Gr. Διόσκουροι (lit., "hijos de Zeus").

12 *Llegamos a Siracusa, y nos quedamos allí tres días.*
13 *Allí levamos anclas[21] y llegamos a Regio. Un día después se levantó viento del sur y llegamos a Puteoli.*
14 *Allí encontramos a algunos hermanos, y nos invitaron a pasar[22] siete días con ellos. Y así llegamos a Roma.*
15 *Cuando los hermanos de Roma, se enteraron de nuestra llegada, vinieron a vernos hasta el Foro de Apio y las Tres Tabernas. Cuando Pablo los vio dio gracias a Dios y se ánimo mucho.*

28:11 Los tres meses que pasaron en Malta fueron los tres meses de invierno; no podían continuar su viaje hasta el principio de la primavera, cuando los mares empezaban a abrirse otra vez para la navegación. El Viejo Plinio[23] dice que la navegación empezaba a reanudarse cuando empezaban a soplar los vientos del oeste el 8 de febrero; fue seguramente por esa fecha que el grupo izó velas desde Malta. La nave en la que embarcaron era un barco de Alejandría, probablemente también pertenecía al flete de trigo; había pasado el invierno en Malta, presumiblemente en el Puerto Valeta. Los barcos, como las posadas, llevaban los nombres de sus testaferros.[24] Los "Gemelos Celestiales" cuya insignia aparecía en el mascaron de proa de la nave eran Cástor y Pólux, patronos de la navegación y objeto favorito de la devoción de los marineros. Su constelación, Géminis, era considerada una señal de buena fortuna en la tormenta:

> "Pues a través del rugido salvaje del Egeo
> Las brisas y los Hermanos Gemelos
> Harán flotar mi pequeño barco a tierra".[25]

Ramsay sugiere que se refiere a este barco por nombre, aunque no refiere el de ninguno de los otros, porque el nombre fue lo primero que supo de él: escuchó las noticias acerca de este barco antes de verlo, mientras que se habría familiarizado con los demás barcos solo cuando al verlos.[26]

---

21. Gr. περιελόντεσ (la traducción que se toma es una forma acortada de τὰς ἀγκύρας περιελόντες, "soltando fundición"; comp. 27:40). Una variante en la lectura es περιελθόντες (P^{74} א^c A con unos cuantos minúsculos y el Texto Bizantino), "navegando alrededor" o "pegándose" como si se refiriera a un ángulo agudo para conseguir girar a través del Estrecho de Mesina.

22. Gr. ἐπιμεῖναι, "permanecer". Una variante en la lectura es ἐπιμείναντες (Η Ψ y varios minúsculos), "habiendo permanecido" (el cual tiene sentido).

23. Plinio, *Nat. Hist.* 2.122. Vegetius (*On Military Affairs* 4.39) dice que el mar estaba cerrado hasta el 10 de Marzo; esto podría ser para viajes lejos de la costa. En la práctica, el estado del tiempo determinaría la reanudación de la navegación en cualquier año en particular.

24. Gr. παράσημος.

25. Horace, *Odes* 3.29.62–64.

26. *St. Paul the Traveller*, p. 346.

28:12 En este barco, entonces, izaron velas desde Malta, y (probablemente después de navegar un día) llegaron al Puerto de Siracusa, en la costa este de Sicilia. Aquí pasaron tres días—posiblemente como sugiere Ramsay, porque el viento del sur, que los había traído desde Malta, cesó.[27] Siracusa, con sus dos puertos, era la ciudad más importante de Sicilia. Fue fundada como una colonia corintia en el 734 a.C., y pasó a estar bajo el control de Roma durante la Segunda Guerra Púnica, en el 212 a.C.

28:13 Desde Siracusa hicieron el camino (quizá con viento virando hacia el nordeste) hacia Regio (Regio di Calabria), en la puntera de Italia. Regio era un puerto importante de Italia en el lado del Estrecho de Mesina, unas sesenta o setenta millas a través de Mesina, en la esquina nordeste de Sicilia. Tuvieron que esperar en Regium un viento apropiado que los llevara a través del estrecho, pero no tuvieron que esperar mucho, porque un día después se levantó viento del sur, y al día siguiente llegaron a Puteoli (Pozzuoli) en la Bahía de Nápoles, "habiendo completado la distancia de unas 180 millas náuticas en menos de dos días".[28]

"Puteoli era entonces, como es ahora," continúa Smith, "la parte más protegida de la Bahía de Nápoles. Era el puerto principal del sur de Italia, y, en particular, fue el gran emporio para los barcos de trigo alejandrinos. Séneca, en una de sus epístolas, da una interesante y grafica descripción de la llegada de la flota de Alejandría.[29] Todos los navíos que entraban en la bahía estaban obligados a amarrar las gavias (*suppara*), excepto los barcos de trigo, a los que se les permitía llevarlas. Podían ser, por tanto, fácilmente distinguidos siempre que aparecían. Solía enviarse delante de ellos un barco de navegación rápida (*tabellariae*) que anunciaba la inminente llegada de la flota; y la circunstancia de las gavias que llevaban hacia que se distinguieran entre una multitud de embarcaciones. El *suppara*, por tanto, era la señal inequívoca de los barcos alejandrinos cargados de trigo".[30]

A esto habría que añadir que, después de la construcción de las grandes instalaciones portuarias en Portus, cerca de Ostia, durante el principado de Claudio,[31] los barcos de la flota de grano generalmente eran llevados allí para descargarlos, pero los pasajeros desembarcaban en Puteoli (como Pablo y su compañía hicieron).[32]

---

27. *St. Paul the Traveller*, p. 345.
28. J. Smith, *Voyage* (London, ⁴1880), pp. 156–57.
29. Seneca, *Epistle* 77.1.
30. *Voyage*, p. 157.
31. Comp. *CIL XIV*. 85 (inscription of Claudius, A.D. 46); Suetonius, *Claudius* 18.3; Dio, History 60.11.4, 5.
32. Josefo desembarcó en Puteoli (al que él se refiere con su nombre griego *Dikaiarcheia*) en 63d.C. (*Life* 16). Ver C. J. Hemer, "First Person Narrative …," p. 93.

28:14 No es extraño que se pudiera encontrar cristianos allí en un puerto tan importante como el de Puteoli. Había una importante colonia judía también—aparentemente la más antigua en Italia después de Roma.³³ Tenemos que concluir basándonos en el texto que los asuntos oficiales del centurión incluían una semana de cese allí, y que durante esa semana a Pablo se le permitió disfrutar de la hospitalidad ofrecida por la iglesia local. Había recibido un permiso similar en Sidón muy al principio de su viaje.³⁴ Después de la estancia de una semana en Puteoli continuaron su viaje por carretera; "Y así llegamos a Roma", dice Lucas, pero después vuelve atrás y hace una crónica particularmente alentadora de esta última etapa del viaje.

28:15 Después de unas cuantas millas de su viaje desde Puteoli llegaron a la Vía Apia, una de las principales carreteras romanas al sur de Italia, nombrada así en honor a Apio Claudio, bajo cuya administración había sido planificada (312 a.C.). A lo largo de esta carretera hicieron su viaje a Roma. Pero las noticias de que se acercaban habían llegado a los cristianos de la capital ya (llevadas probablemente, por los hermanos de Puteoli); y un número de ellos se dirigieron hacia el sur por la Vía Apia para encontrar a Pablo y escoltarlo durante el resto del viaje a Roma.³⁵ Algunos de ellos llegaron hasta *Tres Tabernae* ("Las Tres Tabernas"), un lugar de descanso en la Vía Apia a unas treinta tres millas de Roma; otros caminaron diez millas más y lo encontraron en el *Appii Forum* ("Mercado de Apia"):

"Después el Foro de Apia, lleno de noche casi hasta ahogarse,
Con publicanos pícaros y marineros famosos".³⁶

Lucas está lejos de dar la impresión de que Pablo fue la primera persona en llevar el Evangelio a Roma.³⁷ Su llegada a Roma, sin duda, supuso un gran avance en el testimonio del Evangelio en la ciudad,³⁸ pero la presencia de aquellos cristianos—"los

---

33. Fue allí en el 4 a.C.; ver Josefo, *BJ* 2.104; *Ant*.17.328.

34. Ver 27:3; comp. Ramsay, *St. Paul the Traveller*, p. 344, n. 1.

35. Este es el sentido del Gr. ἦλθαν εἰς ἀπάντησιν ἡμῖν ("vinieron a recibirnos"); ἀπάντησις era casi un término técnico para las bienvenidas oficiales a los dignatarios visitantes por una diputación que salía de la ciudad para saludarlo y escoltarlo durante la última parte del viaje; comp. el mismo uso en Mt. 25:6; 1 Tes. 4:17 (también Cicerón, *Letters to Atticus* 8.16.2; 16.11.6).

36. Horace, Satires 1.5.3-4. Cicerón menciona el Fórum de Apia y las Tres Tabernas juntos en *Letters to Atticus* 2.10.

37. Contrasta Haenchen, quien incluso en este contexto dice que Lucas "quería que Pablo proclamara en Roma el Evangelio hasta ese momento desconocido" (*Acts*, p. 720). El lector inteligente puede haber inferido de la introducción de Priscila y Aquila en 18:2 que el Evangelio había llegado a Roma antes de que ellos se marcharan: Lucas sabe que ellos eran creyentes, pero no insinúa que fueran convertidos de Pablo.

38. Comp. Fil. 1:12-18.

hermanos," como Lucas los llama—son una prueba más que evidente de que el Evangelio había llegado ya a Roma.

Pablo bien puede haber dado gracias a Dios y haberse animado mucho a la vista de estos hermanos. Había tenido el deseo de visitar Roma desde hacía mucho tiempo; habían pasado tres años desde que él había enviado su carta a los cristianos allí para prepararlos para su anhelada visita.[39] Ahora su oración había sido contestada, en circunstancias que él no había previsto cuando dictó la carta, para ver a los cristianos de Roma cara a cara. Probablemente, se habría preguntado de vez en cuando qué clase de recepción le darían. Ahora, cualquier duda que pudiera haber tenido, fue eliminada por la reconfortante acción de aquellos miembros de la iglesia de Roma que caminaron tanto para darle la bienvenida en medio de ellos.

2. Pablo es entregado y sigue bajo custodia (28:16)

16 *Cuando entramos en Roma, a Pablo se le permitió vivir donde quisiera con un soldado que lo custodiaba.*[40]

28:16 Al final, entonces, llegaron a Roma, entraron a la ciudad por la Puerta Capena. Aquí el "nosotros" de la narración llega a su final. Si las cartas a Filemón y a Colosenses fueron enviadas desde Roma durante el confinamiento de Pablo allí, entonces son una evidencia de que Lucas estuvo en Roma durante algún tiempo: se envían saludos de él a Filemón y a la iglesia de los colosenses.[41]

El Texto Occidental, seguido en parte por el texto Bizantino, provee más información en este punto: "el centurión entregó los prisioneros al prefecto militar, pero a Pablo se le permitió vivir fuera del campo de prisioneros con un soldado que lo custodiaba". El "prefecto militar" ("comandante del ejército" o "comandante del campo de prisioneros") debería ser más probablemente identificado como el comandante del campo de prisioneros o barracones donde la guardia pretoriana del emperador estaba alojada, cerca de la Puerta Viminal.[42] Podemos comparar

---

39. Comp. Rom. 1:9–13 15:22–32.

40. El Texto Occidental (seguido por el Bizantino) da una lectura más completa de este verso: "Cuando entramos en Roma, el centurión entregó a los prisioneros al prefecto militar, pero a Pablo se le permitió vivir fuera de los barracones con un soldado que lo custodiaba".

41. Comp. Filem. 1:24; Col. 4:14.

42. Es bastante improbable que aquí se refiera a un tan importante oficial del estado como el prefecto de la guardia pretoriana (en ese momento Afranio Burro). Trajano ciertamente ordenó al Joven Plinio enviar un prisionero encadenado "a mis prefectos del pretorio" (Plinio, *Epistles* 10.57.2), y cincuenta años antes Claudio envió al prefecto pretoriano en persona a Baie para arrestar a Valerio Asiático y traerlo a Roma encadenado (Tacitus, *Annals* 11.1), pero Valerio era un poderoso ex-cónsul. Otra interpretación para prefecto militar es la favorecida por T. Mommsen (*Historische Schriften*, III [Berlin, 1910], pp. 552–53) y W. M. Ramsay (*St. Paul the*

Filip.1:13, donde Pablo utiliza el término *praetorium* o para la guardia pretoriana o para su cuartel general.⁴³

Si la frase "fuera del campo de prisioneros"⁴⁴ es parte del texto original o no, expresa el hecho de que Pablo no fue encerrado en los barracones, sino que recibió permiso para permanecer en alojamientos de su propia elección—el lugar en el que recibió a los representantes de la comunidad judía local del verso 23 y muchos otros visitante de acuerdo con el verso 30. Así disfrutó, hasta cierto punto, de libertad personal mientras estaba bajo custodia: se le permitía vivir como un residente más, y un soldado (presumiblemente uno de la guardia pretoriana) fue designado para custodiarlo. A este soldado estaría ligeramente encadenado por la muñeca, con la cadena con la que llamó la atención de sus visitantes en el verso 20. El soldado sería relevado cada cuatro horas o así, pero para Pablo no había semejante relevo. El resultado, sin embargo, es que se convirtió en tema de conversación entre los miembros de la guardia pretoriana.⁴⁵

3. Pablo y los judíos de Roma (28:17-28)

a. Primera entrevista (28:17-22)

17 *Despues de tres días Pablo invitó a los líderes locales de la comunidad judía para verse. Cuando se hubieron reunido, procedió a decirles, "Hermanos, estoy aquí como un prisionero de Jerusalén. Aunque no he hecho nada contra nuestra pueblo o contra nuestras costumbres ancestrales, fui entregado en manos de los romanos.*

18 *Cuando más tarde me interrogaron,⁴⁶ pensaron en soltarme.*
porque no encontraron en mi ninguna causa para sentenciarme a muerte.

19 *Pero los judíos objetaron,⁴⁷ así que me forzaron a apelar al César, aunque no tengo ninguna acusación contra mi nación.⁴⁸*

20 *Por esta razón os he invitado, para veros y hablar con vosotros, porque es por causa de la esperanza de Israel que estoy atado con esta cadenas".*

Traveller, pp. 315, 348), que lo identifican con el comandante de la *castra peregrinorum*, el cuartel general (en la colina Celio) de los funcionarios de enlace de las legiones (todos ellos con el rango de centurión) de permiso en Roma. (Este comandante era llamado el *princeps peregrinorum*, una forma que de hecho aparece en el Códice *gigas* de la Antigua Vulgata para la traducción del Gr. στρατοπέδαρχος.) Pero esta interpretación es menos probable que la propuesta.

43. Ver F. F. Bruce, *Philippians*, GNC (San Francisco, 1983), pp. xxii-xxiv, 17.

44. Gr. ἔξω τῆς παρεμβολῆς, una frase que aparece en sentido alegórico en Heb. 13:11 (reflejando Ex. 33:7; Lev. 16:27, en referencia al campamento de Israel en el desierto). Lucas ha utilizado ya esta expresión Gr. παρεμβολή en (21:34, etc.) con respecto a la Fortaleza Antonia en Jerusalén.

45. Comp. Fil. 1:13.

46. El Texto Occidental añade "mucho".

47. El Texto Occidental añade "y gritaban, '¡Afuera con nuestro enemigo!'"

48. El Texto Occidental añade "sino que yo pudiera entregar mi alma de la muerte".

21 Ellos le dijeron: "Ni hemos recibido cartas de ti desde Judea, ni ninguno de nuestros hermanos que han venido de allí, han informado o dicho⁴⁹ nada malo de ti.

22 Pero deseamos escuchar personalmente cuál es tu punto de vista; ya que con respecto a esta secta, de todos es sabido que la gente habla contra ella en todas partes".

28:17-20 Fiel con su procedimiento habitual, Pablo tomó la iniciativa, tan pronto como fue posible, para contactar con la comunidad judía de la ciudad a la que había llegado. No era conveniente aquí ir a una de las sinagogas a buscarlos; tenía que estar donde estaba. Si hubiera podido moverse libremente, había varias sinagogas en Roma que podría haber visitado; los nombres de algunas de ellas se han preservado en inscripciones.⁵⁰ En vez de ir a ninguna de ellas, Pablo invitó a los líderes de la comunidad judía en Roma para que vinieran a verlo. Se presentó brevemente a sí mismo e hizo un resumen del curso de los eventos que lo habían traído como prisionero a Roma, teniendo la precaución de decir tan poco como fuera posible acerca de la responsabilidad de las autoridades nacionales en Jerusalén. Decir que "había sido entregado en manos de los romanos" es una manera muy discreta de decir cómo fue rescatado por los soldados romanos de la turba que intentaba golpearlo hasta la muerte—aunque encaja bastante bien con la profecía de Ágabo (21:11) y, más importante aún, con el lenguaje utilizado repetidamente acerca de la pasión de Jesús (Lucas 9:44; 18:32).

Pablo insiste en que está hablando estrictamente en su propia defensa; que no tiene ninguna queja que presentar contra su propia nación o contra los líderes en Judea. Su apelación al César se había hecho solamente con el propósito de probar su inocencia. De la misma manera era su devoción a la esperanza ancestral de Israel que le había costado su libertad y ser traído bajo custodia a Roma. En Roma, como en Judea, enfatiza Pablo, el mensaje de la resurrección que proclama, lejos de minar la religión de Israel, es su cumplimiento divinamente anunciado.⁵¹

28:21-22 La respuesta de los líderes judíos a Pablo es un modelo de diplomacia. Es bastante sorprendente que las autoridades de Judea no hayan enviado un comunicado acerca de Pablo a los judíos de Roma, ya que "el eje Jerusalén-Roma era fuerte".⁵² Quizá había sido enviada una carta, pero aún no había llegado por causa de las dificultades de los viajes durante el invierno. Sin ningún mensaje desde Jerusalén, los líderes judíos en Roma no estaban dispuesto a comprometerse de ninguna manera—"una indicación implícita de parte de

---

49. "Reportado" (ἀνήγγειλεν) oficialmente o "hablado" (ἐλάλησεν) no oficialmente.

50. Los nombres de las once sinagogas en Roma han sido así preservadas; ver H. J. Leon, *The Jews of Ancient Rome* (Philadelphia, 1960), pp. 135–66; Schürer *III*, pp. 95–98.

51. Para el argumento en general, y especialmente para el énfasis de la resurrección de Jesús como la vindicación de la esperanza de Israel, 23:6; 24:14–15 26:6–8, 23.

52. R. E. Brown, *Antioch and Rome* (London, 1983), p. 104.

Lucas de que los judíos en Roma miraban a Jerusalén para recibir orientación".[53] Seguramente no tomarían ninguna iniciativa en el enjuiciamiento de un ciudadano romano que había apelado al César.

En cuanto a la cristiandad que Pablo profesaba y proclamaba, tenían alguna información de oídas, pero estaban de acuerdo en que no era favorable: todos sabían que "esta secta de los nazarenos"[54] fuese lo que fuese, tenía mala fama universalmente. Pero podemos estar seguros de que no eran enteramente ignorantes de la presencia cristiana en la misma Roma. Cuándo surgió la comunidad cristiana en Roma es incierto, pero cuando Pablo envió su carta a la iglesia de Roma al principio del año 57 d.C. había ya una iglesia bien establecida, reconocida por su fe y lealtad en todas las iglesias.[55] Puede que haya sido una de las primeras iglesias fundadas fuera de Judea y Siria, y diez u once años antes de la llegada de Pablo a Roma, la introducción del Evangelio en la comunidad judía allí, como hemos visto, parece haber dado lugar a disturbios que provocaron el surgimiento del descontento imperial contra la comunidad.[56] Pero en esta ocasión los líderes de la comunidad juzgaron políticamente más correcto no comprometerse con el tema—al menos no hasta que oyeran personalmente la versión de Pablo sobre él mismo y sobre sus creencias, y recibieran instrucciones de Jerusalén acerca de él.

b. Segunda entrevista (28:23-28)

23 *Así acordaron una fecha para reunirse, y muchos vinieron y aceptaron su hospitalidad.[57] Él les exponía el tema a ellos, dando testimonio del Reino de Dios y hablándoles persuasivamente acerca de Jesús a partir de la Ley de Moisés y de los Profetas, desde la mañana hasta la noche.*

24 *Algunos de ellos prestaban seria atención[58] a lo que decía; otros no creían.*

25 *Cuando no pudieron ponerse de acuerdo entre sí, se dispersaron, después de que Pablo les dijera esta última cosa:*

"Bien dijo el Espíritu Santo hablando a través del profeta Isaías a vuestros padres:

26 *'Ve a este pueblo y diles: vosotros ciertamente oiréis,[59] pero de ningún modo entenderéis; ciertamente mirareis, pero de ningún modo veréis.*

---

53. R. E. Brown, *Antioch and Rome*, p. 97.

54. Ver en 24:5.

55. Comp. Rom. 1:8; 15:14.

56. Ver en 18:2 (p. 347).

57. Gr. εἰς τὴν ξενίαν (ξενία es primeramente "hospitalidad," pero puede ser incluido el lugar en el que la hospitalidad es ofrecida; comp. Filemón 1:22, donde se traduce como "habitación de invitados").

58. Gr. ἐπείθοντο, "estaba a punto de ser persuadido".

59. La construcción (lit., "para que oyendo oigáis...mirando veáis"), tomado aquí de la Septuaginta, representa el uso hebreo del Infinitivo Absoluto delante del verbo principal para expresar énfasis.

27 *Porque el corazón de este pueblo ha sido hecho insensible; se han vuelto duros de oído; han cerrado sus ojos. Para que no vean con sus ojos, ni oigan con sus oídos, ni entiendan en su corazón, ni se vuelvan a mí, y yo los sane.'*

28 *Por tanto, sabed que este mensaje de salvación ha sido enviado a los gentiles: ellos sí lo escucharan".*[60]

28:23 Se acordó un día para una discusión profunda, y en la fecha señalada muchos de ellos vinieron al lugar en el que Pablo se hospedaba y escucharon lo que él tenía que decir. No hay un resumen considerable de lo que se dijo, pero de los informes de su línea de argumentación habitual con los judíos en partes anteriores de Hechos,[61] así como del material relevante suministrado a través de sus cartas, el esquema de su exposición puede ser inferido, ya que habló solemnemente acerca del Reino de Dios y les contó la historia de Jesús persuasivamente, mostrándoles como así se realizaba el cumplimiento de la ley y los profetas. Durante todo aquel día trabajó para demostrarles que el Evangelio de Cristo era el precioso florecimiento de la religión de Israel, que el curso completo de la historia y profecía hebrea llevaba y se consumaba en él. Su texto fue el volumen completo de lo que nosotros llamamos Antiguo Testamento, interpretado por los eventos del advenimiento, pasión y triunfo de Jesús de Nazaret, "designado Hijo de Dios en Poder de acuerdo al Espíritu de santidad por la resurrección de entre los muertos" (Rom. 1:4). La mayoría de los "testimonios" mesiánicos que ya han aparecido citados en Hechos[62] fueron aducidos, sin duda, y más también. Uno puede fácilmente imaginarse cómo Pablo en esta ocasión debe haber ejercido todas las poderosas cualidades de su mente y corazón a medida que se esforzaba por persuadir a los dirigentes judíos de Roma de la verdad del Evangelio. Tampoco su exposición tomó la forma de monólogo. El debate debe haber sido perspicaz y apasionado.

Ni quizás fue la verdad del Evangelio el único tema de debate. Si alguno de los presentes sabía alguna cosa de Pablo, podían haber cuestionado su afirmación de que no había "hecho nada contra nuestro pueblo o nuestras costumbres ancestrales" (v. 17). En su propio testimonio, el vivía como un judío sujeto a le ley cuando estaba entre judíos, pero no se adhería a las "costumbres ancestrales" cuando se encontraba en la compañía de gentiles.[63] Un judío verdaderamente fiel, podrían haber argüido ellos, habría sido especialmente escrupuloso en observar aquellas costumbres en un ambiente gentil, como algunos otros prisioneros judíos

---

60. El Texto Occidental y Bizantino añaden la frase: "Y cuando había dicho estas cosas, los judíos se marcharon, manteniendo un gran debate entre ellos" (v. 29 en TR y KJV).

61. Comp. 13:17–41; 17:2–3; 26:22–23.

62. Comp. 2:16–21, 25–28, 34–35; 3:22–23; 4:25–26; 8:32–33; 13:33–35.

63. Ver 1 Cor. 9:19–23.

en Roma de la misma época, quien (de acuerdo con Josefo) restringían su dieta a higos y nueces, para evitar comer comida sospechosa.[64] Pero si tales asuntos se trataron, Lucas no dice nada de ellos.

28:24-28 Algunos de los visitantes de Pablo estaban impresionados con lo que decía, pero la mayoría seguía sin convencer. La mayoría de la comunidad judía en Roma, líderes y seguidores por igual, declinaron reconocer a Jesús como Mesías. Así se repetía la pauta que había sido establecida en otras ciudades en las que Pablo presentó el Evangelio. Ya que el pueblo judío, que tenía el derecho prescriptivo de oírlo primero no lo aceptaba, tenía que ser ofrecido directamente a los gentiles. En Hechos, como en las cartas paulinas, mientras la orden de predicar el Evangelio es "a los judíos primero y también a los griegos" (Rom. 1:16), el orden de su recepción es "por los gentiles primero".[65] No está claro si Lucas seguía a Pablo al añadir estas últimas palabras, "y también (aunque más tarde) por los judíos" (comp. Rom. 11:11–32). Lucas informa de la expansión del cristianismo entre los gentiles, pero al mismo tiempo informa del rechazo por una comunidad judía tras otra (la comunidad de Berea siendo una notable excepción).[66] En Roma el rechazo definitivo tuvo lugar, y este ejemplo es presentado como una adecuada conclusión al citar un antiguo "testimonio" cristiano"[67] —el pasaje de Isa. 6:9–10 en el que Isaías, en su llamado al ministerio profético, es advertido de que no espere una respuesta favorable de este pueblo al que es enviado. El efecto de su ministerio, a pesar de ser divinamente ordenado, será hacer al sordo aún más sordo (no hay más sordo que el que no quiere oír), hacer al ciego más ciego (no hay más ciego que el que no quiere ver). El uso temprano de este texto de Isaías como un augurio profético de la resistencia general del judaísmo al Evangelio tenía autoridad suprema: ambos, Marcos, seguido por los otros dos sinópticos (Mr. 4:12 par. Mat. 13:13 y Lucas 8:10), y Juan (Juan 12:39–40) dicen como nuestro mismo Señor lo aplicó a sus impasibles oyentes.[68] Su posición aquí, al final de Hechos, es comparable a su posición en Juan 12:39–40, donde aparece al final de la narración de Juan sobre 'la revelación de Jesús "al mundo"' (comp. Juan 1:11, "El vino a los suyos, pero su propio pueblo no lo recibió").[69] Podemos

---

64. Josefo, *Life* 14.

65. Ver J. Munck, *Paul and the Salvation of Mankind*, E.T. (London, 1959), pp. 42–48 *et passim*.

66. Ver 17:11–12 (p. 327).

67. "Pablo siempre dice la última palabra—generalmente con un efecto devastador" (Lake y Cadbury, *Beginnings* I.4, p. 347).

68. El texto completo de la LXX, como aquí en Hechos, es citado en Mt. 13:14–15.

69. Ver J. R. Harris, *Testimonies*, II (Cambridge, 1920), pp. 65, 74, 137; C. H. Dodd, *According to the Scriptures* (London, 1952), pp. 36–39; B. Lindars, *New Testament Apologetic* (London, 1961), pp. 159–67; A. T. Hanson, *The Living Utterances of God* (London, 1983), pp. 34,

también comparar la probable alusión de Pablo al mismo texto de Isaías (entre otros) en Rom. 11:8 y, más en general, en su lucha con el doloroso problema de la incredulidad de Israel en Rom. 9–11. Como antes en Pisidia de Antioquía (13:46), Corinto (18:6), y Éfeso (19:8-10), así aquí, otra vez, en Roma anuncia—y esta vez con una nota de resolución solemne—que en lo sucesivo los gentiles tendrán la prioridad de escuchar la Palabra de Vida y que, a diferencia de los judíos en general, ellos la aceptaran. "La narración alcanza un clímax solemne—el rechazo de unos por un lado, la aceptación sin estorbos y esperanza de otros".[70]

4. *El Evangelio avanza sin dificultad en Roma (28:30-31)*

> 30 *Así Pablo permaneció allí dos años enteros, financiando él mismo sus gastos. Recibía a todos los que iban a verlo.*
>
> 31 *predicando el Reino de Dios y enseñando la verdad acerca del Señor Jesucristo. Disfrutaba de libertad completa para hablar, y nadie lo molestaba.*[71]

28:30 Durante dos años, entonces, Pablo permaneció en Roma. Las condiciones de su custodia no le permitían ir a ninguna parte que él deseara, pero cualquiera que lo deseara podía venir y verlo a él, como habían hecho los líderes de la comunidad judía.[72] Él vivía, dice Lucas, "de sus propias ganancias" o "financiando sus gastos";[73] esto quiere decir que el lugar en el que estaba habría sido ciertamente "su casa de alquiler" (como dice la versión King James) o al menos su propio apartamento alquilado (probablemente en un bloque de viviendas de tres pisos).[74] Quizá fue capaz de seguir "fabricando tiendas," aunque hubiera sido muy difícil si estaba continuamente encadenado por la muñeca a un soldado.

El significado de los "dos años completos" ha sido muy debatido. Hay unos cuantos paralelos literarios, pero ninguno de ellos tiene relevancia directamente.[75] Un punto de vista popular ha sido que los dos años comprendían un

---

67, 114–15; F. Bovon, "Schön hat der heilige Geist durch den Propheten Jesaja zu euren Vätern gesprochen (Act 28,25)," *ZNW* 75 (1984), pp. 226–32.

70. F. H. Chase, *The Credibility of the Acts of the Apostles* (London, 1902), p. 52.

71. Hay una extensión del Occidental: "diciendo que este es el Cristo, Jesús Hijo de Dios, por quien todo el mundo va a ser juzgado". Esto debilita el efectivo final del verdadero texto.

72. Ver Ramsay, *St. Paul the Traveller*, p. 349.

73. Gr. ἐν ἰδίῳ μισθώματι. El sentido de "alojamientos alquilados" no está por otra parte atestiguado para μίσθωμα. Ver H. J. Cadbury, "Lexical Notes on Luke-Acts, III. Luke's Interest in Lodging," *JBL* 45 (1926), pp. 321–22.

74. Como el poeta Marcial (ver p. 401, n. 28).

75. E.G., Filón (*Flaccus* 128–29) dice que Lampon estuvo en prisión durante los dos años que duró el juicio, descrito como "un muy largo tiempo" (πρὸς μήκιστον χρόνον); el joven Plinio (*Epistles* 10.56-57) habla de un *biennium* fijado como en término dentro del cual aquellos

período estatutario de unos dieciocho meses en los cuales los fiscales podían venir y exponer su caso contra Pablo, junto con algunos meses más que se necesitaban para atender las formalidades de descargo, cuando los fiscales no se presentaban.

Este informe de la situación, aceptado una vez por Ramsay[76] y otros,[77] se ha sabido ahora que surge de un error de interpretación de un edicto imperial del siglo III que trataba sobre un tipo de caso diferente de aquel en el que Pablo se hallaba involucrado.[78] Además, es erróneo suponer que un caso simplemente se anularía por defecto si los fiscales no aparecían para ejercer; la presencia de los fiscales y los acusados era obligatoria. Los fiscales que no se presentaban incurrían en sanciones, pero su no comparecencia no significaba que el acusado quedara libre de los cargos imputados automáticamente.[79]

La prolongada estancia de los dos años de Pablo en Roma podría ser adecuadamente explicada por la congestión del tribunal de justicia. Llevaba cierto tiempo conseguir la audiencia de un caso. Siempre era posible que, por tal congestión, los casos de los acusados por faltas no muy graves fueran sobreseídos, mediante el ejercicio de la "clemencia"[80] imperial; pero es correcto inferir por el informe de la visión de Pablo a bordo del barco (27:24) que su caso fue escuchado, que él "comparecería ante el César," y que Lucas, cuando escribió, sabía que así sería. Puede parecer de lo más extraño que, si Lucas sabía esto, no dijera nada del resultado del caso. Quizá el veredicto del caso era tan bien conocido para los lectores de Lucas que no necesitaban más información sobre ello; en cualquier caso, Lucas había logrado su objetivo por escrito cuando describe a Pablo predicando el Evangelio sin obstáculos en Roma durante un largo período de tiempo.

En 1913 J. V. Bartlet argumentó que los fiscales de Pablo, habiendo hecho la debida notificación de sus intenciones, procedieron con el caso contra Pablo. Llegaron a Roma al principio del año 62 y lo acusaron con éxito como perturbador de la paz de las provincias (comp. 24:5).

Él argumentó además que los lectores de Lucas conocían, por los informes posteriores de Nerón como perseguidor, cual habría sido el veredicto del tal

---

injustamente sentenciados por Julio Basso (cuyas actas habían sido anuladas) debían reclamar el derecho a un nuevo juicio.

76. "The Imprisonment and Supposed Trial of St. Paul in Rome," *Exp.* 8, 5 (1913), pp. 264-84, reprinted in *The Teaching of Paul in Terms of the Present Day* (London, 1913), pp. 346-71.

77. Comp. K. Lake, "What was the End of St. Paul's Trial?" *Interpretation* 5 (1908-9), pp. 147-56; H. J. Cadbury, "Roman Law and the Trial of Paul," Beginnings I.5, pp. 325-36.

78. *BGU* II.628 recto reproducido por Cadbury in *Beginnings* I.5, pp. 333-34, y por H. Conzelmann, *Die Apostelgeschichte*, pp. 157-58.

79. Ver A. N. Sherwin-White, *Roman Society and Roman Law in the New Testament* (Oxford, 1963), p. 117.

80. Sherwin-White, *Roman Society...*, p. 119.

proceso ante él (más incluso en vista de los sentimientos a favor del judaísmo de Popea, con quien se casó en el 62).[81]

Cincuenta años más tarde J. N. D. Kelly, adjuntando un peso considerable a las evidencias de ver la ejecución de Pablo como un incidente más en la más amplia persecución de los cristianos que estalló como consecuencia del gran fuego en Roma (fechado en Julio del 64 d.C.), ha concluido que el supuesto de que Pablo fuera liberado y, después de unos pocos años de libertad, fuera arrestado, encarcelado, condenado y ejecutado, "parecen tener un base firmemente sólida".[82] Debe ser confesado que nosotros no estamos seguros.

28:31 Durante estos dos años, sin embargo—y esto es lo importante a los ojos de Lucas—el Evangelio fue proclamado libremente en Roma a través de los labios de su mensajero jefe. El valor apologético de este hecho es grande. Es poco probable, indica Lucas, que si el Evangelio hubiera sido considerado propaganda ilegal y subversiva, hubiera podido ser proclamado libremente durante dos años en el corazón del imperio por un ciudadano romano que había apelado al César y que estaba esperando en custodia la audiencia de su caso. Las autoridades deben haber sabido lo que estaba haciendo en todo momento, sin embargo, ningún obstáculo fue interpuesto en su camino. El programa esbozado por el Señor resucitado en 1:8 se había llevado a cabo con la residencia de Pablo en Roma, donde él dio testimonio "sin obstáculos". La palabra final de Lucas es una expresión legal; con ella el informe de Hechos cierra con una nota de triunfo.[83] "La Victoria de la Palabra de Dios," dice J. A. Bengel: "Pablo en Roma, la cúspide del Evangelio, el final de Hechos... empieza en Jerusalén; termina en Roma. Aquí, oh iglesia, tienes el modelo; es por eso que tienes que preservarlo y guardarlo en depósito".[84]

---

81. "Two New Testament Problems. 1. St. Paul's Fate at Rome," *Exp.* 8, 5 (1913), pp. 464–67 (una respuesta al artículo de Ramsay, "The Imprisonment and Supposed Trial of Paul," citado en n. 76). J. Moffatt fue incluso más positivo que Bartlet; con una seguridad injustificada y sin rodeos afirmó que "de hecho, Pablo no fue puesto en libertad" (*Introduction to the Literature of the New Testament* [Edinburgh, ³1918], p. 313).

82. J. N. D. Kelly, *A Commentary on the Pastoral Epistles,* BNTC (London/New York, 1963), pp. 9–10. La tradición de un período más de ministerio entre el primer y el segundo encarcelamiento de Pablo en Roma se encuentra en Eusebio (*HE* 2.22.2). Para la reconstrucción de los acontecimientos de este período intermedio ver L. P. Pherigo, "Paul's Life after the Close of Acts," *JBL* 70 (1951), pp. 277–84; S. Dockx, "Chronologie de la vie de saint Paul depuis sa libération de la première captivité romaine à son martyre à Rome," *Chronologies néotestamentaires et Vie de l'Église primitive* (Leuven, 1984), pp. 151–60.

83. La última palabra del libro ἀκωλύτως, "sin impedimento"; de acuerdo con J. H. Moulton y G. Milligan, *The Vocabulary of the Greek Testament* (London, 1930), p. 20, "la palabra es legal hasta el final" (de manera que esa etiqueta legal "sin permiso o sin impedimento" podría considerarse una traducción apta.)

84. J. A. Bengel, *Gnomon Novi Testamenti* ([Tübingen, 1742] London, ³1862), p. 489.

ÍNDICE GENERAL
EL LIBRO DE LOS HECHOS

Abraham, 11, 66, 73, 80–81, 86–87, 89, 132–133, 135–141, 144, 157, 187, 208, 237, 266, 269, 298, 301, 383, 467

Acaia, 321
  Iglesias en, 15, 318
  Evangelización, 16, 55, 121, 125, 184, 202, 218, 222, 230, 234–235, 256, 260–261, 278, 281, 292, 294, 297, 309–310, 314, 335, 360, 364, 367
  provincia Romana, 186–187, 219, 253, 260–261, 320, 358, 417, 453

Aceldama, 43

Adramitio (Edremit), 495, 496, 499

Adria (Mediterráneo), 509, 510, 518

Afrodita, 257, 360

Ágabo, 236–238, 241, 252, 417–418, 527

Ágora, 336, 342–345, 357

Agripa. *Ver* Herodes Agripa, 240–242, 244, 246, 248, 249–252, 423, 473–475

Alejandría, 55, 57–58, 127, 136, 202, 231, 242, 246, 298, 326, 338, 349, 352, 373, 385, 457, 496–499, 521–523
  interpretación bíblica, 376
  Iglesias en, 15, 318
  judíos en, 41, 56, 58–59, 134, 231, 298, 319, 361, 370, 406, 421, 425, 433, 527–529, 531
  comercio, 107, 359–360, 362, 499

Alejandro (judío efesio), 393

Alejandro Janneo, 180

Alejandro Magno, 320, 322, 335, 389, 415

Alfeo, 40–42

Ananías de Damasco, 433

Ananías y Safira, 105–107, 109, 111

Ananías, Sumo Sacerdote, 45, 64, 69, 82, 90–93, 102, 104–109, 111–114, 128, 132, 158–159, 186, 188–189, 192–197, 200, 246, 298, 373, 383, 392, 428, 430–431, 433, 440–444, 447–448, 455–456, 461, 474, 485

Anás II, sumo sacerdote, 45, 64, 69, 82, 90–93, 105, 112–114, 128, 132, 158–159, 186, 188, 197, 246, 248, 383, 392, 428, 430–431, 440–444, 447–448, 455–456, 461, 474

Anás, sumo sacerdote, 45, 64, 69, 82, 90–93, 100, 105, 112–114, 128, 132, 158–159, 186, 188, 197, 246, 248, 383, 392, 428, 430–431,

535

440–444, 447–448, 455–456, 461, 474

Ancianos en la iglesia, 403–405

Anfípolis, 335

Ángeles, 39, 55, 130, 155, 157, 160, 443, 445

   mensajeros, 12, 36, 39, 80, 134, 156–157, 206, 211, 213–216, 221, 229, 286, 309

   ministerio, xiv, 6–7, 12, 30, 32, 36, 39, 42–44, 46, 48, 63, 67, 74, 79, 86, 109, 111–112, 115, 121, 124, 130, 161, 170–171, 174, 191, 193, 195, 204, 208, 219–220, 226, 234, 251–252, 254, 259, 262, 268, 277, 292, 300, 312–313, 317–318, 321, 330, 336, 370, 379–380, 382, 384–388, 397, 400, 404–406, 408, 418–419, 421, 425, 434, 485–489, 530, 533

   en el Antiguo Testamento, 32, 36, 45, 52, 82, 106–107, 110, 113, 136, 146, 159, 165, 180, 197, 205, 255, 288, 304, 415

Anti-Marcionita, 3–6, 237

   Prólogo, 3–6, 28–29, 219, 237, 321

Antioquía, Pisidia (en Frigia), 3, 5–6, 11, 14, 16, 25, 121, 123, 136, 227, 230–238, 247, 251–256, 259–262, 270–271, 276, 278–279, 281–284, 288–299, 301, 303, 307–310, 312–316, 318–319, 323, 336, 341, 348, 364, 371–372, 380, 404, 417, 488, 531

   historia, xiii–xiv, 1–2, 5, 10–11, 14–15, 26, 28–29, 32–33, 39, 42, 45–47, 63, 79, 88, 90, 92, 104–106, 108, 120, 123, 125, 134, 136, 138, 147, 155, 158, 161, 163, 165, 174, 177–179, 182, 186–187, 190–191, 195, 203, 207–208, 212, 216, 218–219, 227–229, 232, 245, 247, 256, 264, 269, 271, 285, 287, 291, 301, 304, 313–314, 321–322, 334, 352, 367, 369, 373–374, 380, 388, 416, 426, 428, 438, 457, 472, 477, 493–494, 497, 519–521, 529

   judíos de, 47, 57–58, 122, 127, 136, 156, 169, 197, 207, 235, 262, 274, 276, 288–289, 300, 307, 316–317, 339–341, 361, 364, 375, 393, 417, 421, 425–426, 445, 456, 460, 463, 526–527, 529

   Pablo en, 3, 5, 8, 11–14, 16, 29, 31–32, 129–130, 136, 168, 188, 193–194, 196, 198, 201–203, 222, 229, 235, 256, 259–260, 262, 270–271, 273, 278, 281, 287, 294–295, 306, 309, 314, 324, 330, 334, 341, 345–348, 354, 358, 361, 363–364, 371, 374–375, 379, 382, 385–388, 397, 399–400, 404, 410, 414, 417, 419, 422, 425, 430–434, 438, 446, 452, 457, 461, 477, 483, 485–486, 493–494, 497, 516, 529, 532–533

   Sinagoga, 11, 58, 69, 73, 126–127, 136, 166, 186–187, 209, 220, 256, 259, 261–262, 264, 270, 274–276, 278, 280–281, 287, 289, 317, 324, 326, 335–337,

339, 341-343, 348, 356, 358-359, 362-371, 373, 375, 380-381, 404, 406, 434, 437, 461, 482-483

Antioquía, Siria, en Orontes (Antakya), 3, 5-6, 11, 14, 16, 25, 32, 57, 59, 80, 92-93, 113, 119, 121, 123, 136-137, 147, 149, 163, 169, 187-188, 196, 200-202, 207, 218, 227, 230-238, 240, 247, 251-256, 259-262, 270-271, 276, 278-279, 281-284, 288-299, 301, 303, 307-310, 312-316, 318-319, 323, 336, 341, 346, 348, 352, 364, 369, 371-373, 380, 396, 402, 404, 413-415, 417, 430-432, 441, 453, 459, 465, 468, 479, 488, 496, 498, 514, 528, 531

Iglesia en, 2, 14, 58, 78, 133, 167, 177, 233, 235, 290, 304, 318, 380, 403, 405

y evangelización gentil, 230, 278

historia, xiii-xiv, 1-2, 5, 10-11, 14-15, 26, 28-29, 32-33, 39, 42, 45-47, 63, 79, 88, 90, 92, 104-106, 108, 120, 123, 125, 134, 136, 138, 147, 155, 158, 161, 163, 165, 174, 177-179, 182, 186-187, 190-191, 195, 203, 207-208, 212, 216, 218-219, 227-229, 232, 245, 247, 256, 264, 269, 271, 285, 287, 291, 301, 304, 313-314, 321-322, 334, 352, 367, 369, 373-374, 380, 388, 416, 426, 428, 438, 457, 472, 477, 493-494, 497, 519-521, 529

y Lucas, xiii-xv, 1, 3-16, 19, 23, 28-32, 34-35, 37-47, 51, 53, 55-56, 58, 61-62, 64, 67-68, 70-75, 77, 79-80, 82-87, 89, 91-94, 98, 100, 103, 106, 111-113, 118-119, 121-123, 125-127, 130-131, 134-135, 138, 152-153, 157, 160-161, 163-166, 168-169, 172-173, 175, 177-178, 180, 182, 184, 187, 191, 193, 195-204, 206, 208, 210-212, 216, 218-222, 229, 231, 233, 235-238, 244, 246-254, 256, 258-260, 262, 269-270, 273, 276-279, 281, 284-287, 289-295, 299-300, 302-303, 306, 310, 312-314, 318, 320-323, 325-327, 329-330, 332, 334, 343, 345, 347-348, 352, 360-362, 364, 369, 371-372, 375, 378, 380, 383, 385-387, 392, 398-402, 404-406, 408, 412-414, 416, 418-421, 423-424, 426-429, 435-436, 443, 445-446, 449, 451-453, 456-457, 459, 461, 463-464, 466, 469, 472, 474, 477, 481, 486, 488, 491, 493-498, 500-501, 503-506, 510, 512-514, 518-521, 524-528, 530-533

y Pablo, xiv-xv, 1-16, 25, 29, 31-33, 36, 39, 47-48, 52-53, 55-56, 58-59, 65, 67, 70-71, 85-86, 89, 94, 106, 108, 115, 117, 120, 127, 129-130, 135-136, 139, 147, 157, 163-164, 166, 168, 172, 175, 184, 186, 188, 190, 193-203, 210, 221-223, 227, 229,

232-233, 235-238, 244,
246-247, 251, 254, 256-263,
268-278, 280-300, 303-304,
306-393, 395-440, 442-453,
455-498, 500-502, 507-533
Antíoco IV de Comagene, 282, 316
Antíoco III, 57
Antípater, 452
Antípatris (Rosh ha'Ayin), 450, 452
Antonia, Fortaleza, Jerusalén, 7-9, 11,
14, 16, 25, 31-32, 34, 37, 39-44,
46, 52-54, 56, 58-60, 62, 64,
66, 73, 75, 79, 82-85, 87, 91-92,
96, 102-103, 106-107, 109-111,
114, 117-118, 122, 125, 127,
129-130, 134-136, 147, 149-153,
161, 166-170, 173, 175, 178-181,
183, 186-187, 191-196, 199-204,
207-208, 217, 219, 222-223,
225-227, 229-230, 232-238,
241-244, 246-248, 251-252,
256, 259, 264, 267-270, 277,
284, 286, 292-300, 302-304,
307-312, 314, 316, 318, 350,
352, 369, 371-372, 374-375,
377-378, 380, 385, 387,
398-400, 402-403, 406,
408, 413-415, 417-421, 423,
425-431, 434-436, 438-439,
443-444, 446-450, 452-453,
458, 460-464, 466, 468-471,
473, 475-476, 479-480,
482-483, 485-486, 488, 508,
526-528, 533
Antonio, 323, 427, 438, 453-454
Apii Forum, 524
Apia, Vía de, 524
Apio Claudio, 524

Apolo, 232, 325, 357, 374
Apolonia, 322, 335
Apolos, 197, 327, 373-379
Apóstoles, Hechos de los, xiii-xiv, 1,
3-4, 10, 13, 17-19, 21-23, 25,
28, 30-36, 38, 40-48, 51, 59,
61, 68-70, 72-75, 77-79, 85,
90-91, 93-94, 97, 100-105, 107,
110-118, 120-124, 126, 130,
161, 164, 166-168, 170-171,
173-174, 176, 178, 194, 199-201,
203, 219, 222, 226-227, 230,
234, 237-238, 241-242,
255, 271, 280-281, 286, 293,
296-297, 299-302, 308, 310,
316, 374-375, 379, 411, 415
autoría, 3, 6, 357
fecha, 4-5, 9-11, 32, 41, 45, 50,
71, 129, 138, 149, 162, 183,
198, 219, 222, 237-238, 247,
250, 294, 329, 334, 344,
352, 360-362, 367, 371, 373,
380, 389, 402, 424, 449, 467,
500-501, 522, 528-529
dedicatoria, 30
propósito, 4, 6, 8, 11-13, 29, 31,
36, 44, 60-61, 65, 67, 87,
94, 102, 118-119, 140, 143,
152, 155-157, 172, 184, 189,
195-196, 220, 244, 261, 284,
306-307, 310, 317, 323, 352,
355, 369, 377, 386, 407-408,
414, 481, 491, 494, 503, 506,
527
fuentes, 14, 41, 58, 78, 174, 201,
209, 220, 237, 361, 404
Apóstoles, xiii-xiv, 1, 3-4, 10, 13,
17-19, 21-23, 25, 28, 30-36, 38,

40–48, 51, 59, 61, 68–70, 72–75, 77–79, 85, 90–91, 93–94, 97, 100–105, 107, 110–118, 120–124, 126, 130, 161, 164, 166–168, 170–171, 173–174, 176, 178, 194, 199–201, 203, 219, 222, 226–227, 230, 234, 237–238, 241–242, 255, 271, 280–281, 286, 293, 296–297, 299–302, 308, 310, 316, 374–375, 379, 411, 415

comisión, 12–13, 30–31, 34, 36–37, 146, 168, 174, 184, 194–195, 197–198, 200, 222, 235, 277–278, 297, 374, 408–409, 431, 433, 483, 485, 488

cualificaciones, 46–48, 208, 409

acuerdo, 7–8, 14, 16, 31, 35, 40, 44, 47, 49–51, 54, 57, 59, 64, 68, 74–75, 79–80, 92–93, 100, 108–109, 117, 123–124, 126, 129, 137, 139, 141, 143, 150, 154, 156, 158, 161–162, 168–171, 178, 180, 184, 187, 190, 196, 200, 208, 211, 213, 217, 219, 222, 229, 238, 241–242, 250, 256, 266, 269–270, 273, 275–276, 295, 297–298, 309, 314, 324, 336, 344, 348, 354–357, 362, 365, 371–372, 375, 377–379, 381, 383–384, 392, 397, 414, 419, 421, 424–425, 428, 431, 435, 444, 446, 448, 452, 459, 464–465, 469–470, 475–476, 481, 490–491, 502, 505–506, 509–510, 515, 519, 521, 526, 528–530, 533

testimonio, 1–2, 6, 10, 13, 15, 36–37, 39, 45–46, 65, 67–68, 73–75, 87–89, 95–96, 101–102, 110, 116, 120, 129, 134, 150–151, 154–155, 157, 160, 167, 170, 174, 182, 184, 196, 202, 219, 221–222, 242, 245, 263, 265, 281, 286–287, 291, 294, 301, 307, 309, 316, 326, 339, 364–365, 386, 397, 408, 429, 433–435, 440, 446–447, 464, 487–488, 490, 508, 524, 528–530, 533

Aquila, 359–363, 369–370, 373, 375, 378, 524

Arabia, Nabateo, 16, 143–144, 196, 198, 200, 435, 518

Arameo, 41, 46, 50, 54, 56, 81, 96, 106–107, 110–111, 118, 122, 154, 159, 187–188, 194, 205–206, 219–220, 237, 429–430, 432, 436, 484

Areópago, 12, 287, 342, 345–346, 348–349, 352, 355–358

Aretas IV, 59, 198

Aristarco, 336, 391–392, 396, 398, 495–497

Aristóbulo, 240, 475

Arquelao, 119

Arrepentimiento, 32, 35–36, 62–63, 69–73, 84–85, 106, 114–115, 160, 183, 223–224, 230, 266, 268, 354–355, 377, 379, 405, 486

bautismo de, 35–36, 44, 47, 70, 196, 230, 266, 268, 331, 373, 375, 377–379, 486

llamada a, 62, 68, 232, 261

para vida, 230, 275, 278

Artajerjes III de Persia, 56
Artemisa, 370, 388-394, 397
Ascensión, 10, 28, 30-32, 35, 37-39, 42, 46, 117, 263, 453
Asia, 7, 13, 15, 25, 52-53, 57-58, 126-127, 202, 259-261, 283, 292, 294, 303, 311-312, 317-320, 324, 349, 370, 372, 377, 380, 386, 388-390, 392, 394-398, 402-406, 408, 410, 415-416, 425-426, 429, 438, 460, 463, 465, 487, 495-496, 498-499
  iglesias de, 168, 200-201, 203, 299, 314, 318, 386, 398, 462
  evangelización, 16, 55, 121, 125, 184, 202, 218, 222, 230, 234-235, 256, 260-261, 278, 281, 292, 294, 297, 309-310, 314, 335, 360, 364, 367
  geografía, 55, 61, 299
  judíos de, 47, 57-58, 122, 127, 136, 156, 169, 197, 207, 235, 262, 274, 276, 288-289, 300, 307, 316-317, 339-341, 361, 364, 375, 393, 417, 421, 425-426, 445, 456, 460, 463, 526-527, 529
  religión, 2, 7-8, 15, 71, 117, 136, 139, 209, 278, 296, 298, 328, 344-345, 349, 445, 473, 476, 480, 487, 490, 527, 529
  provincia romana, 186-187, 219, 253, 260-261, 320, 358, 417, 453
Asiarcas, 7, 391-392
Asón (Behram-kale), 402
Astarté, 232

Atalia (Antalya), 291
Atalo II de Pérgamo, 292
Atenas, 33, 47, 102, 202, 222, 278, 287-288, 335, 340-345, 347, 349-350, 356-359, 389, 404
  cultura, 143, 203, 355, 360, 489
  Pablo en, 3, 5, 8, 11-14, 16, 29, 31-32, 129-130, 136, 168, 188, 193-194, 196, 198, 201-203, 222, 229, 235, 256, 259-260, 262, 270-271, 273, 278, 281, 287, 294-295, 306, 309, 314, 324, 330, 334, 341, 345-348, 354, 358, 361, 363-364, 371, 374-375, 379, 382, 385-388, 397, 399-400, 404, 410, 414, 417, 419, 422, 425, 430-434, 438, 446, 452, 457, 461, 477, 483, 485-486, 493-494, 497, 516, 529, 532-533
  filósofos, 136, 317, 342-343, 348, 354
  religión, 2, 7-8, 15, 71, 117, 136, 139, 209, 278, 296, 298, 328, 344-345, 349, 445, 473, 476, 480, 487, 490, 527, 529
  mujeres, iii, 32, 36, 40, 42, 52, 59-60, 78, 84, 91, 111, 147, 167, 171, 183, 186, 213, 218, 275, 278, 287-288, 306, 323-325, 329, 335-336, 339, 341, 343-344, 352-353, 430, 486, 508
Augusta, Cohorte, 185, 207, 242, 260, 338, 427, 450, 495-496
Augusto, emperador, 10, 29, 41, 119, 167, 170, 185, 202, 227, 231, 236,

240, 250, 256–257, 261, 283, 290, 319–320, 323, 326, 336, 338, 340, 361–362, 366, 370, 395, 441, 451, 453, 457, 470–474, 491–492, 496, 514, 518, 525

edificio, 78, 92, 130, 133, 136, 141, 154, 165, 169, 216, 246, 364, 381, 384, 389, 401, 420

gobierno, 248, 257, 266, 311, 421, 464, 472

instituciones de apelación al César, 4, 10, 527

Azoto (Asdod), 179, 185, 204

Bahía de San Pablo, 509–510, 514–515

Barjesús, 257–259

Barrabás, 82

Bautismo, 31, 35–36, 44, 47, 50–52, 59, 68, 70–72, 82, 100–101, 173, 182–184, 192, 196–197, 217, 220, 224–225, 230, 241, 266, 268, 298, 306, 325, 331, 373–375, 377–379, 434, 486

Cristiano, 1–3, 29, 37, 42, 68, 71, 75, 79, 95, 134–135, 160, 177, 192, 204, 233, 235–236, 242, 254, 256, 291, 296, 302, 342, 344, 353, 362, 365, 373–375, 379, 393, 407, 435, 457, 464–465, 476, 489–490, 496–497, 530

de Cornelio, 175, 196, 207–211, 213–214, 216, 218–219, 223, 229–230, 268, 297, 302–303, 307

de muerte, 7, 64, 68, 78, 115, 158, 162–163, 166, 168, 186, 206, 425–426, 469, 476–477, 482, 490

del etíope, 182–184, 224

de Jesús, xiv, 1, 3, 6–8, 10, 26, 30, 32–33, 35–45, 47, 51, 63–65, 67–72, 75, 80, 82–91, 93–99, 101–102, 110, 112, 114–116, 119–122, 127–128, 130, 132, 135, 145–146, 153, 158–162, 164–165, 167, 170–171, 174, 179, 181–182, 187–188, 191–197, 199–200, 202, 206, 212, 216, 219–221, 227, 232, 235, 241–242, 246–247, 254, 258, 268–269, 276–277, 284, 287, 289, 305, 307, 319–320, 324–325, 336, 342, 344, 364, 373–374, 378, 381–384, 400, 407, 412, 422, 428, 431, 434–435, 442, 446, 458, 461, 476, 481–484, 488–489, 512, 527–530

por Juan, 31, 35, 51, 66, 70, 217, 374

de Lidia, 57, 172, 323–324, 332, 334

por Pablo, 7–8, 106, 157, 175, 196, 203, 223, 229, 256, 270–271, 284, 287, 309, 316, 341, 348–350, 352, 364, 384, 390, 392, 399

de Pablo, xiv, 1–5, 7–16, 25, 29, 31–32, 36, 39, 48, 55, 58, 70, 85–86, 89, 108, 115, 130, 136, 190, 193, 196–199, 201, 210, 221–222, 232, 235–237, 254, 260, 262–263, 270–278, 282, 284, 287, 290–291, 293–295, 297–299, 307–309,

311, 314–315, 318–319, 321, 324, 329–330, 333–334, 336, 339–341, 345–348, 350–351, 353–354, 356–358, 360–362, 364–365, 367, 369, 371, 373, 375–376, 378–380, 382, 384–388, 391–393, 397–401, 404–406, 410–411, 414, 416–418, 421–425, 427, 429–438, 440, 442–453, 455, 457, 459, 461, 463–473, 475, 477–478, 480–488, 490–494, 497–498, 500–502, 507, 511–512, 515, 519, 521, 524–525, 527–533

Prosélitos, 54–55, 58, 231, 274, 276, 298, 337

y re-bautismo, 379

y Samaritanos, 88, 134, 169–170, 173–175, 178, 224, 379–380, 441

en el Espíritu, 41, 47, 52, 75, 153, 229, 342, 373–374, 385–386, 415

Berea, 276, 321, 339–341, 358, 365, 396–397, 530

Berenice, 251, 473, 475–477, 490–491

Bernabé, 3, 7, 14, 102–104, 107–108, 189, 199–201, 222, 232–236, 238, 241, 247, 251–253, 255–257, 260, 274–278, 280–299, 303–304, 308–310, 312–316, 319, 372, 398, 462, 488, 520

Apóstol, 1–4, 12–13, 28–29, 48, 174, 195, 200, 207, 215, 233–234, 241, 258, 281, 357–358, 401, 415, 442, 486, 512

trasfondo, 2, 110, 174, 295, 482

carácter, 6, 12, 48, 53, 68, 75, 93, 103, 106, 108, 110, 122, 127, 136, 151, 154, 176, 188, 190, 192, 200, 212, 231, 234, 244, 266, 269, 287, 304, 314, 331, 379, 388, 432–433, 454, 466, 469, 472, 494, 512

y Concilio de Jerusalén, 161, 208, 222, 225, 247, 293, 308, 423

con Pablo, 6, 195, 281–282, 318, 341, 348, 382, 387, 392, 398–399, 421, 424–425, 431, 443, 453, 477, 497–498

Betania, 40

Bitinia, 236, 319–320, 390, 472

Blasfemia, 128, 151, 158, 162–163, 286, 393

acusación contra Esteban, 130, 163, 426

por Herodes Agripa I, 109, 227, 240, 248, 423, 441, 454, 465, 474, 475

significado, 5, 12, 29, 49–51, 62, 64, 66, 69, 71, 80–82, 84, 86, 95, 104, 123, 130, 139, 141, 146, 151, 174, 181, 190, 212–213, 220–221, 234–235, 248, 258, 268, 298, 344, 346, 373–374, 379, 384, 415, 426, 429, 438, 444, 450, 486, 490, 504, 512–513, 518–520, 531

castigo, 236, 328, 333, 437, 476, 515

y Saulo de Tarso, 168, 186, 203, 234

Blasto, 248–249

Buenos Puertos (Kaloi Limenes), 498, 500–504, 508

Caifás, 84, 91–94, 100, 132
Capadocia, judíos en, 41, 53, 56–59, 134, 231, 290, 298, 319, 361, 370, 406, 421, 425, 433, 527–529, 531
Capernaum, 80, 205, 208, 222, 259
Casandro, 335
Cástor y *Pólux, 522*
Cauda, Clauda (Gavdhos, Gozzo), 504, 518
Cayo, emperador, 10, 29, 41, 167, 170, 185, 227, 236, 240, 250, 257, 290, 319, 323, 336, 338, 340, 361–362, 366, 370, 441, 451, 453, 457, 470–474, 491–492, 496, 518, 525
Céncreas, 359, 369, 398–399, 423
Centuriones, 208, 427, 448–450, 497
Cesar, Julio, 10, 29, 120, 170, 179, 185, 187, 207, 211, 213–215, 223, 226–230, 233–234, 238, 242, 248–250, 261, 287, 301, 323, 338, 360, 364, 367, 370–371, 406, 415–419, 435, 450, 452–453, 455, 459–461, 464–466, 468–471, 473–477, 479, 495–497, 531, 533
Cesárea, 170, 179, 185, 207, 211, 213–215, 223, 226–229, 233–234, 242, 248–250, 261, 287, 301, 371, 406, 415–419, 435, 450, 452–453, 455, 459–461, 464–466, 468–470, 473–477, 479, 495–497

creyentes en, 43, 105, 110, 205, 246, 272, 299–300, 421
y Cornelio, 33, 79, 175, 196, 207–211, 213–216, 218–219, 222–225, 227, 229–230, 242, 268, 287, 293, 297–298, 301–303, 305, 307, 375, 521
Ciudad Gentil, 207, 248
Historia, xiii–xiv, 1–2, 5, 10–11, 14–15, 26, 28–29, 32–33, 39, 42, 45–47, 63, 79, 88, 90, 92, 104–106, 108, 120, 123, 125, 134, 136, 138, 147, 155, 158, 161, 163, 165, 174, 177–179, 182, 186–187, 190–191, 195, 203, 207–208, 212, 216, 218–219, 227–229, 232, 245, 247, 256, 264, 269, 271, 285, 287, 291, 301, 304, 313–314, 321–322, 334, 352, 367, 369, 373–374, 380, 388, 416, 426, 428, 438, 457, 472, 477, 493–494, 497, 519–521, 529
Pablo en custodia, 466
visita de Pablo, 7, 237, 294, 367, 371, 387
y Pedro, 3, 5, 11, 13–14, 33, 40–46, 48, 51, 54, 60–70, 73–75, 77–91, 93–99, 101, 104–109, 111–115, 131, 146, 169–170, 172–174, 176–178, 181, 183, 185, 190, 193, 200, 204–230, 234, 240, 242–248, 256, 258, 268–273, 284, 286–287, 294–297, 300–307, 311, 314, 330, 336, 374, 380, 383, 419–420, 435
y Felipe el Evangelista, 222, 415

puerto, 185, 231, 255–256, 292, 320, 322, 341, 369–371, 391, 402–403, 406, 414–415, 496–500, 502–503, 508, 510, 514, 517, 522–524

Cesárea de Filipo (Banias), 475

Chipre, 7, 103, 171, 230–232, 238, 252, 254–260, 292, 294, 303, 313–314, 372, 413–414, 418, 465, 495, 498

y Bernabé, 3, 7, 14, 102–104, 107–108, 189, 199–201, 222, 232–236, 238, 241, 247, 251–253, 255–257, 260, 274–278, 280–299, 303–304, 308–310, 312–316, 319, 372, 398, 462, 488, 520

creyentes en, 43, 105, 110, 205, 246, 272, 299–300, 421

evangelización de, 16, 235, 256, 261, 367

geografía, 55, 61, 299

gobierno, 248, 257, 266, 311, 421, 464, 472

historia, xiii–xiv, 1–2, 5, 10–11, 14–15, 26, 28–29, 32–33, 39, 42, 45–47, 63, 79, 88, 90, 92, 104–106, 108, 120, 123, 125, 134, 136, 138, 147, 155, 158, 161, 163, 165, 174, 177–179, 182, 186–187, 190–191, 195, 203, 207–208, 212, 216, 218–219, 227–229, 232, 245, 247, 256, 264, 269, 271, 285, 287, 291, 301, 304, 313–314, 321–322, 334, 352, 367, 369, 373–374, 380, 388, 416, 426, 428, 438, 457, 472, 477, 493–494, 497, 519–521, 529

y Pablo, xiv–xv, 1–16, 25, 29, 31–33, 36, 39, 47–48, 52–53, 55–56, 58–59, 65, 67, 70–71, 85–86, 89, 94, 106, 108, 115, 117, 120, 127, 129–130, 135–136, 139, 147, 157, 163–164, 166, 168, 172, 175, 184, 186, 188, 190, 193–203, 210, 221–223, 227, 229, 232–233, 235–238, 244, 246–247, 251, 254, 256–263, 268–278, 280–300, 303–304, 306–393, 395–440, 442–453, 455–498, 500–502, 507–533

comercio, 107, 359–360, 362, 499

Cibeles, 327

Cilicia, 16, 57–58, 119, 126–127, 166, 200–202, 235, 256, 260, 308, 310, 313, 315–316, 318, 346, 372, 428, 430, 475, 495

iglesia en, 2, 14, 58, 78, 133, 167, 177, 233, 235, 290, 304, 318, 380, 403, 405

Judíos en, 41, 56, 58–59, 134, 231, 298, 319, 361, 370, 406, 421, 425, 433, 527–529, 531

Pablo en, 3, 5, 8, 11–14, 16, 29, 31–32, 129–130, 136, 168, 188, 193–194, 196, 198, 201–203, 222, 229, 235, 256, 259–260, 262, 270–271, 273, 278, 281, 287, 294–295, 306, 309, 314, 324, 330, 334, 341, 345–348, 354, 358, 361, 363–364, 371, 374–375, 379, 382, 385–388, 397, 399–400, 404, 410, 414, 417, 419, 422, 425, 430–434, 438, 446, 452, 457, 461, 477, 483, 485–486,

493–494, 497, 516, 529, 532–533

Circuncisión, 58–59, 124, 133, 139, 154, 208–209, 223, 225–227, 294, 296, 298, 300, 306–307, 311, 317, 422

y Abraham, 11, 66, 73, 80–81, 86–87, 89, 132–133, 135–141, 144, 157, 187, 208, 237, 266, 269, 298, 301, 383, 467

y Gentiles creyentes, 293, 307, 312, 318

de judíos creyentes, 153, 227, 306, 307, 421, 424

de judíos y/o prosélitos, 54, 55, 58, 231, 274, 276, 298, 337

Judíos, termino para, 7–9, 12, 41, 45, 47, 49–50, 53–59, 62, 64, 67, 69, 73, 75, 78, 87, 89–90, 98, 100, 102, 110, 122, 125, 127, 130, 134, 136, 152–153, 156–157, 160–161, 166–167, 169–171, 174–175, 187, 193, 196–198, 207–209, 211, 213, 216–217, 219–220, 222–224, 227, 230–232, 234–235, 238, 240–243, 247–248, 255–256, 262, 268–269, 274–276, 278, 280–281, 286–289, 292–298, 300–302, 306–308, 311–312, 316–317, 319, 324, 326–328, 332, 334, 336–337, 339–343, 349, 359, 361–366, 368–370, 373, 375, 380, 382–383, 391–393, 396, 403, 405–406, 417–419, 421–422, 424–426, 428–429, 433, 435, 439, 441, 445–448, 450, 454–458, 460–463, 466, 468–469, 473–475, 478–481, 485–487, 490–491, 526–531

de Timoteo, 317–318, 422

Cirene (Cirenaica), 53, 57, 58, 127, 230–232, 386, 506, 510

Ciudadanía Romana, 4, 203, 207, 258, 333, 435, 437–438, 451

y Pablo, xiv–xv, 1–16, 25, 29, 31–33, 36, 39, 47–48, 52–53, 55–56, 58–59, 65, 67, 70–71, 85–86, 89, 94, 106, 108, 115, 117, 120, 127, 129–130, 135–136, 139, 147, 157, 163–164, 166, 168, 172, 175, 184, 186, 188, 190, 193–203, 210, 221–223, 227, 229, 232–233, 235–238, 244, 246–247, 251, 254, 256–263, 268–278, 280–300, 303–304, 306–393, 395–440, 442–453, 455–498, 500–502, 507–533

derechos, ii, 15, 179, 187, 327, 333, 343, 442, 471

y colonias romanas, 323

y Silas, 7, 308–310, 312–316, 318, 320–321, 326–335, 339–341, 362–363, 372

y Tito Justo, 364

Claudio, emperador, 10, 29, 41, 58, 167, 170–171, 185, 227, 236–237, 240, 247, 250, 257, 279, 290, 319, 323, 336, 338, 340, 359, 361–362, 366–367, 370, 386, 417, 438, 441, 450–451, 453, 456–457, 464, 470–474, 491–492, 496, 518, 523–525

nombramientos, 123

asociados, xiv, 7, 151, 154, 199, 247, 300, 302, 319, 339, 368, 393–394, 420–421, 458

expulsión judíos Roma, 361, 362

hambruna, 237–238, 417

principado, 237, 257, 366, 438, 464, 471–472, 491, 523

Cleofás, 41–42

Colonias Romanas, 261, 323

Colosas, 381

Columna de Salomón, 76, 80–81, 90, 94

Comida leyes, judías, 8–9, 30, 41, 52, 56–59, 64, 78, 95, 127, 130, 157, 163, 209, 212, 232–233, 263, 281, 308, 324, 367–368, 371, 422, 431, 457–458, 467, 491

abrogadas, 227

y el Concilio de Jerusalén, 161, 208, 222, 225, 247, 293, 308, 423

y gentiles, 7–8, 10, 16, 23, 27, 32, 37, 44, 47, 55–56, 62, 64, 73, 78, 87, 89, 99–100, 110, 121, 152–153, 156, 161, 169, 184, 192–193, 195, 198, 202–203, 207–210, 213–214, 216–218, 220, 222–227, 230, 232–235, 237–239, 242, 247, 254, 256, 262, 268–269, 274–278, 280–281, 287–288, 291–308, 310–312, 314, 317–318, 324, 326–327, 336, 343, 346, 356, 362–363, 367, 371–372, 386–387, 397, 401, 405, 417–426, 434–436, 458, 462, 464, 466, 470, 473, 477, 483–488, 529–531

Comunión, 73–74, 238, 247, 293–298, 301, 307, 312, 386, 458

apostólica, xiv, 33, 36–37, 42–44, 46, 52, 63, 72, 74, 83, 88, 115, 123–124, 177–178, 194, 218–219, 221, 223, 236, 238, 242, 263, 269, 291, 297, 308, 312, 314, 411, 424, 445, 484

entre judíos y gentiles creyentes, 312

entre Pedro y los gentiles, 204

Confirmación, rito, 3, 8, 10, 14, 32, 43, 54, 57–58, 71–72, 74, 80–81, 92, 97, 118, 123, 127, 134, 138, 141, 143, 145, 150, 152–154, 156, 160–161, 163, 171, 174, 181–183, 204, 208, 220, 222, 229, 232, 241, 256, 267, 269, 275, 278, 290, 298, 303, 317, 322–323, 343–344, 348, 351, 357, 374, 383–384, 387, 389–390, 397, 399, 404, 406, 416, 428, 433, 437, 447, 460–461, 463, 481, 487, 492, 502, 505, 510, 522, 531–532

Corinto, 7, 15–16, 52, 60, 108, 175, 309, 311, 321, 323, 341, 357–370, 375–378, 380, 386–387, 397–399, 457, 471, 491, 531

y Apolos, 197, 327, 373–379

iglesia en, 2, 14, 58, 78, 133, 167, 177, 233, 235, 290, 304, 318, 380, 403, 405

evangelización de, 16, 235, 256, 261, 367

judíos en, 41, 56, 58–59, 134, 231, 298, 319, 361, 370, 406, 421, 425, 433, 527–529, 531

Pablo en, 3, 5, 8, 11-14, 16, 29, 31-32, 129-130, 136, 168, 188, 193-194, 196, 198, 201-203, 222, 229, 235, 256, 259-260, 262, 270-271, 273, 278, 281, 287, 294-295, 306, 309, 314, 324, 330, 334, 341, 345-348, 354, 358, 361, 363-364, 371, 374-375, 379, 382, 385-388, 397, 399-400, 404, 410, 414, 417, 419, 422, 425, 430-434, 438, 446, 452, 457, 461, 477, 483, 485-486, 493-494, 497, 516, 529, 532-533

y Priscila y Aquila, 362, 369-370, 373, 375, 378, 524

y Timoteo, 287, 316-318, 321, 327, 334-335, 340-341, 363, 386-387, 396, 398, 422, 512

Cornelio, 33, 79, 175, 196, 207-211, 213-216, 218-219, 222-225, 227, 229-230, 242, 268, 287, 293, 297-298, 301-303, 305, 307, 375, 521

trasfondo, 2, 110, 174, 295, 482

y circuncisión, 58-59, 124, 133, 139, 154, 208-209, 223, 225-227, 294, 296, 298, 300, 306-307, 311, 317, 422

Gentil caso probado, 274

y el Espíritu Santo, iii, 11, 13, 28, 30-31, 34-36, 43, 46-47, 49, 51-52, 66-67, 69-72, 91, 93, 99, 101, 106-107, 114, 116, 121, 123, 126, 131, 157, 160, 174, 176, 183-184, 195, 202, 214, 217-218, 220, 223, 228-229, 233-234, 253-255,

257, 275, 291, 301-302, 309, 312, 318, 331, 377-379, 386, 406-408, 415, 417, 479, 528

y Pedro, 3, 5, 11, 13-14, 33, 40-46, 48, 51, 54, 60-70, 73-75, 77-91, 93-99, 101, 104-109, 111-115, 131, 146, 169-170, 172-174, 176-178, 181, 183, 185, 190, 193, 200, 204-230, 234, 240, 242-248, 256, 258, 268-273, 284, 286-287, 294-297, 300-307, 311, 314, 330, 336, 374, 380, 383, 419-420, 435

visión, 38, 50-51, 135, 137, 141, 144, 158-159, 161-162, 189-190, 192-194, 202, 207-214, 216, 222, 224, 227-228, 245, 319-321, 363, 433-434, 446, 483, 485-486, 501, 508, 532

Corte de Gentiles, 151, 425

Corte de Israel, 425, 440

Corte de las Mujeres, 79

Cos, 413

Cotiaeum (Kütahya), 320

Creta, 59, 218, 349, 352, 498-500, 502-503, 507, 510, 518

Geografía, 55, 61, 299

Judíos en, 41, 56, 58-59, 134, 231, 298, 319, 361, 370, 406, 421, 425, 433, 527-529, 531

Crispo, 363-364, 368

Cristiano, 1-3, 29, 37, 42, 68, 71, 75, 79, 95, 134-135, 160, 177, 192, 204, 233, 235-236, 242, 254, 256, 291, 296, 302, 342, 344, 353, 362, 365, 373-375, 379,

393, 407, 435, 457, 464–465, 476, 489–490, 496–497, 530
Crucifixión, 7, 58, 64, 70, 82, 84, 219, 221, 267–268

Dámaris, 357–358
Damasco, 16, 58, 145, 147, 149, 186–194, 196–201, 235, 269, 300, 428, 430–433, 435, 446, 483–486
  creyentes en, 43, 105, 110, 205, 246, 272, 299–300, 421
  historia, xiii–xiv, 1–2, 5, 10–11, 14–15, 26, 28–29, 32–33, 39, 42, 45–47, 63, 79, 88, 90, 92, 104–106, 108, 120, 123, 125, 134, 136, 138, 147, 155, 158, 161, 163, 165, 174, 177–179, 182, 186–187, 190–191, 195, 203, 207–208, 212, 216, 218–219, 227–229, 232, 245, 247, 256, 264, 269, 271, 285, 287, 291, 301, 304, 313–314, 321–322, 334, 352, 367, 369, 373–374, 380, 388, 416, 426, 428, 438, 457, 472, 477, 493–494, 497, 519–521, 529
  Judíos en, 41, 56, 58–59, 134, 231, 298, 319, 361, 370, 406, 421, 425, 433, 527–529, 531
  y Pablo, xiv–xv, 1–16, 25, 29, 31–33, 36, 39, 47–48, 52–53, 55–56, 58–59, 65, 67, 70–71, 85–86, 89, 94, 106, 108, 115, 117, 120, 127, 129–130, 135–136, 139, 147, 157, 163–164, 166, 168, 172, 175, 184, 186, 188, 190, 193–203, 210, 221–223, 227, 229, 232–233, 235–238, 244, 246–247, 251, 254, 256–263, 268–278, 280–300, 303–304, 306–393, 395–440, 442–453, 455–498, 500–502, 507–533

David, 43, 45–46, 57, 63, 65–68, 73, 82, 88–89, 99–100, 115, 150–154, 175, 182, 197, 220, 263–270, 303, 305–306, 481
  vida, 31, 33, 38, 42–43, 48, 50, 52, 63, 68, 71, 75, 79, 81, 83, 85, 88, 107, 112–113, 117, 120–121, 129–131, 136–138, 143, 179, 181–182, 187, 189–191, 195, 198, 201–203, 209, 221, 230, 247, 249–250, 259, 270, 273, 275–276, 278, 284, 296, 302, 307–308, 317, 325, 327, 339, 343–344, 346, 351, 354–356, 360, 365, 386, 390, 392, 400–401, 406–407, 409, 411, 415, 423, 427, 432, 434–435, 437, 440, 445, 447, 449–452, 479–482, 484, 488, 493–494, 501, 504, 506–508, 510, 515, 517–519, 531
  significado de, 29, 49, 62, 69, 84, 86, 95, 104, 141, 174, 181, 213, 221, 268, 373, 415, 450, 486, 490, 519, 531
  profeta, 46, 53, 60–62, 66–67, 82, 87–89, 134, 145–148, 150, 152, 154, 165, 170, 179, 181–183, 189, 195, 212, 220, 257–258, 263, 265, 273, 326, 417, 428, 485, 528
  Hijo de, 31, 40–41, 46, 48, 55, 64, 67–69, 86, 88, 92–93, 100, 103, 127, 143, 152, 158–159,

165, 179, 183, 193–194, 196–197, 203, 220, 222, 227, 233–235, 241, 246, 254, 263, 266, 269–270, 278, 305, 314, 316–317, 341, 355, 366, 396, 441, 443, 448, 474, 481–482, 486, 529, 531

Delfos, 326, 366

Demetrio de Éfeso, 390, 391, 393, 394

Derbe, 280–283, 288–290, 316–318, 372, 391, 396, 398

Día del Señor, 60–62, 108, 298

Diáconos (asistente social), 124

Dieciocho bendiciones, 59, 81

Dionisio el Areopagita, 357–358

Discípulos, 13, 28, 31–32, 34–39, 42, 44–47, 50–52, 54, 60, 67, 70–71, 74, 79–80, 82, 96, 98, 101–102, 110, 116–117, 121–122, 125, 159, 168, 170, 174–175, 184, 186–187, 193, 196–199, 205–206, 222–223, 229, 232–233, 236, 269, 275, 279, 289, 291, 301, 326, 371, 373, 375, 377–380, 388, 391, 396, 408, 413–415, 418, 431, 482–484

Doce, los, i–iii, xiii–xv, 1–19, 21–23, 25, 28–130, 132–238, 240–533

Domiciano, 10, 29

emperador, 10, 29, 41, 167, 170, 185, 227, 236, 240, 250, 257, 290, 319, 323, 336, 338, 340, 361–362, 366, 370, 441, 451, 453, 457, 470–474, 491–492, 496, 518, 525

Dorcas, 205–206, 419

Dorylaeum (Eski*f*ehir), 320

Drusila, 251, 454, 464–465

Dyrrachium (Durrës), 397

Ebonitas, 88, 134, 164, 166

Echarles mano, 242

Éfeso, 7, 12, 16, 278, 319, 321, 343, 365, 369–373, 375, 377–395, 397, 402–403, 405, 408–415, 425, 457, 487, 531

iglesia en, 2, 14, 58, 78, 133, 167, 177, 233, 235, 290, 304, 318, 380, 403, 405

ancianos, 12, 60, 90–92, 99, 128, 236, 238, 242, 247, 261, 285, 289, 291, 293, 297, 299–300, 303–304, 308, 310, 313, 316, 318, 403, 405, 407–408, 410–414, 419–424, 430, 447–448, 455, 460–461, 473, 521

Judíos en, 41, 56, 58–59, 134, 231, 298, 319, 361, 370, 406, 421, 425, 433, 527–529, 531

Pablo en, 3, 5, 8, 11–14, 16, 29, 31–32, 129–130, 136, 168, 188, 193–194, 196, 198, 201–203, 222, 229, 235, 256, 259–260, 262, 270–271, 273, 278, 281, 287, 294–295, 306, 309, 314, 324, 330, 334, 341, 345–348, 354, 358, 361, 363–364, 371, 374–375, 379, 382, 385–388, 397, 399–400, 404, 410, 414, 417, 419, 422, 425, 430–434, 438, 446, 452, 457, 461, 477, 483, 485–486, 493–494, 497, 516, 529, 532–533

549

Puerto, 185, 231, 255–256, 292, 320, 322, 341, 369–371, 391, 402–403, 406, 414–415, 496–500, 502–503, 508, 510, 514, 517, 522–524

y Priscila y Aquila, 362, 369–370, 373, 375, 378, 524

Egipcio, el, i–iii, xiii–xv, xvii, xix, xxi, 1–238, 240–533

Egipto, 11, 50, 52–54, 57–58, 133, 136, 139–141, 143–147, 156, 173, 186, 218, 237–238, 262–264, 285, 367, 386, 414, 481, 499

Elam (Elimais), 56

Eleazar, 50, 298, 442

Capitán del templo, 90, 113–114, 442

Elimas, 171, 257–258, 465

Eneas, 55, 204–206, 337, 419

Epafras, 381

Epicureísmo, 344

Erasto, 386–387

Esceva, 382–384

Esenios, 41, 125, 134, 458

España, ii, 386, 398

Espíritu Santo, iii, 11, 13, 28, 30–31, 34–36, 43, 46–47, 49, 51–52, 66–67, 69–72, 91, 93, 99, 101, 104, 106–107, 114, 116, 121, 123, 126, 131, 155, 157, 160, 173–176, 183–184, 194–195, 202, 214, 217–218, 220, 223, 228–229, 233–234, 253–255, 257, 269, 275, 291, 301–302, 309–310, 312, 318, 331, 377–379, 386, 406–408, 415, 417, 479, 528

Bautismo, 31, 35–36, 44, 47, 50–52, 59, 68, 70–72, 82, 100–101, 173, 182–184, 192, 196–197, 217, 220, 224–225, 230, 241, 266, 268, 298, 306, 325, 331, 373–375, 377–379, 434, 486

Descenso, 43, 47, 49, 52, 71, 174, 223–224

Llenos de, 54, 60, 80, 216, 275, 279, 353

don, 35, 43, 52, 55, 60, 62, 66–67, 69–72, 74, 78, 96, 115, 124, 174–176, 184, 223, 228, 234, 236, 255, 276, 312, 318, 325, 327, 379, 414–416, 521

dones, 72, 175

guide, 498

y los últimos días, 60–62, 156

y obediencia, 36, 117, 125, 197, 284, 317, 414, 418, 486

y oración, 13, 40, 42–43, 46, 48, 64, 68, 73–75, 77–78, 80–81, 100–101, 106, 121, 133, 145, 151–153, 161, 164, 175, 191, 209–211, 215–216, 242–247, 250, 261–262, 276, 288–289, 291, 322–326, 330, 353–354, 356, 400, 412, 418, 435, 445, 478, 481, 499, 512, 525

prometido, 34, 51, 71–72, 89, 140–141, 170, 336, 364

y señales, 12, 28, 60–64, 67, 73, 75, 77–78, 80, 99, 101, 110, 119, 126, 145–146, 168, 171, 175–176, 270, 280–281, 297, 303, 379 testigo, 5, 44, 46, 94, 97, 116, 128, 160, 164, 200, 202, 241, 247–248, 253, 256, 289, 317, 321, 382, 433–435, 440, 484–485, 493, 500, 502, 519–520

Esteban, 11–12, 88, 93, 121, 123, 125–138, 140, 142–144, 146–169, 187, 198, 201–203, 227, 230–231, 234, 238, 241, 263, 270, 290, 299, 314, 326, 350, 414, 426, 430, 434–435, 483–484, 497

muerte, xiii–xiv, 6–7, 9, 28, 32–33, 37, 45–46, 48, 63–65, 67–68, 74, 78, 81–90, 93–94, 104–106, 108–111, 114–115, 117–118, 132, 134–135, 137–138, 156–158, 160–169, 181, 183, 186, 201–203, 206, 221–222, 231, 233, 238, 241, 248–249, 251, 261, 267–270, 272, 299–300, 329, 335–336, 344, 354, 379, 381, 386, 395, 407, 414, 418, 425–426, 428, 430, 444, 451–453, 465, 467, 469, 475–477, 481–483, 488–491, 497, 526–527

y Epístola a los Hebreos, 376

uno de los Siete, 169, 415

y sistema sacrificial, 135

predicaciones, 219, 287–288

y templ, 7, 9, 38, 49, 51, 54, 59, 61, 69, 74–79, 81, 90–92, 106, 111–114, 117, 120, 125–130, 134–136, 146, 149–150, 152–155, 161–165, 169, 187, 191, 194, 202–203, 216, 244, 247, 284–285, 350, 360, 369–370, 388–390, 393–394, 420, 422–427, 434, 437, 439, 442, 447, 451–452, 455–456, 458–463, 469–470, 479, 482, 485, 487

Estoicismo, 343–344

Etiopía (Nubia), 180

Eucaristía, 400, 512–513

Eunice, 317

Euraquilón (viento del noreste), 503–505, 518

Eutico, 396, 400–401

Exorcismo, 170, 326, 382–383

Fariseos, 41, 49, 90, 116–117, 120, 162, 212, 297, 299–300, 308, 431, 443–446, 448, 457, 461, 481

Felipe II de Macedonia, 345

Felipe, 40–41, 47, 121, 123, 125–126, 168–171, 173–175, 177–185, 204, 214, 217, 222, 227, 234, 241, 345, 392, 415–417, 469, 474–475

apóstol, 1–4, 12–13, 28–29, 48, 174, 195, 200, 207, 215, 233–234, 241, 258, 281, 357–358, 401, 415, 442, 486, 512

Felipe, evangelista, 40–41, 47, 74, 121, 123, 125–126, 168–171, 173–175, 177–185, 204, 212, 214, 217, 222, 227, 234, 241, 253–254, 345, 392, 415–417, 469, 474–475

en Cesárea, 207, 214, 223, 226, 233, 248–249, 287, 301, 371, 415–416, 418–419, 452–453,

460, 465–466, 468, 470, 475–477, 479
   y al Etíope, 180, 227
   en Judea, 8, 119, 168, 204, 207, 226, 236–238, 248, 252, 369, 373, 379–380, 416, 419, 438, 456–457, 464, 470–471, 478, 527
   en Samaria, 168, 171, 258, 415, 454
Felipe, tetrarca, 7, 40–41, 47, 59, 100, 121, 123, 125–126, 168–171, 173–175, 177–186, 204, 214, 217, 222, 227, 234, 241, 253–254, 345, 392, 415–417, 469, 474–475
Félix, 7–8, 29, 387, 421, 429, 440, 450–453, 455–460, 462–469, 471, 473–476, 480, 482
   Trasfondo, 2, 110, 174, 295, 482
   y Pablo, xiv–xv, 1–16, 25, 29, 31–33, 36, 39, 47–48, 52–53, 55–56, 58–59, 65, 67, 70–71, 85–86, 89, 94, 106, 108, 115, 117, 120, 127, 129–130, 135–136, 139, 147, 157, 163–164, 166, 168, 172, 175, 184, 186, 188, 190, 193–203, 210, 221–223, 227, 229, 232–233, 235–238, 244, 246–247, 251, 254, 256–263, 268–278, 280–300, 303–304, 306–393, 395–440, 442–453, 455–498, 500–502, 507–533
Fenicia, iglesia en, 2, 14, 58, 78, 133, 167, 177, 185, 230–231, 233, 235, 249, 290, 299, 304, 318, 380, 403, 405, 413–414, 497
Fenice (Bahía Fineka), 500, 502–505

Festo, Porcio, 7–8, 29, 163, 333, 437, 457, 466–480, 482, 487, 489–491
Filipo, 7, 229, 240, 278, 309, 314, 320–322, 474–475
   iglesia en, 2, 14, 58, 78, 133, 167, 177, 233, 235, 290, 304, 318, 380, 403, 405
   Pablo en, 3, 5, 8, 11–14, 16, 29, 31–32, 129–130, 136, 168, 188, 193–194, 196, 198, 201–203, 222, 229, 235, 256, 259–260, 262, 270–271, 273, 278, 281, 287, 294–295, 306, 309, 314, 324, 330, 334, 341, 345–348, 354, 358, 361, 363–364, 371, 374–375, 379, 382, 385–388, 397, 399–400, 404, 410, 414, 417, 419, 422, 425, 430–434, 438, 446, 452, 457, 461, 477, 483, 485–486, 493–494, 497, 516, 529, 532–533
   Colonia Romana, 7, 167, 185, 261, 283–284, 320, 322–323, 327–328, 360, 364, 415
Filomelium, 319
Frigia, 53, 57, 260–261, 279, 282–284, 292, 317–320, 371–372, 377
   Distrito, 204, 275, 322–323
   Judíos en, 41, 56, 58–59, 134, 231, 298, 319, 361, 370, 406, 421, 425, 433, 527–529, 531
   Pablo en, 3, 5, 8, 11–14, 16, 29, 31–32, 129–130, 136, 168, 188, 193–194, 196, 198, 201–203, 222, 229, 235, 256,

259–260, 262, 270–271,
273, 278, 281, 287, 294–295,
306, 309, 314, 324, 330, 334,
341, 345–348, 354, 358, 361,
363–364, 371, 374–375, 379,
382, 385–388, 397, 399–400,
404, 410, 414, 417, 419, 422,
425, 430–434, 438, 446, 452,
457, 461, 477, 483, 485–486,
493–494, 497, 516, 529,
532–533

Galacia, 15, 57, 200, 260–261, 279,
281–282, 290, 292, 298, 310,
316, 318–319, 321, 336–337,
371–372, 377, 398, 457

Iglesias en, 15, 318

Historia, xiii–xiv, 1–2, 5, 10–11,
14–15, 26, 28–29, 32–33, 39,
42, 45–47, 63, 79, 88, 90, 92,
104–106, 108, 120, 123, 125,
134, 136, 138, 147, 155, 158,
161, 163, 165, 174, 177–179,
182, 186–187, 190–191, 195,
203, 207–208, 212, 216,
218–219, 227–229, 232, 245,
247, 256, 264, 269, 271, 285,
287, 291, 301, 304, 313–314,
321–322, 334, 352, 367, 369,
373–374, 380, 388, 416,
426, 428, 438, 457, 472, 477,
493–494, 497, 519–521, 529

Judíos en, 41, 56, 58–59, 134, 231,
298, 319, 361, 370, 406, 421,
425, 433, 527–529, 531

Pablo en, 3, 5, 8, 11–14, 16, 29,
31–32, 129–130, 136, 168,
188, 193–194, 196, 198,
201–203, 222, 229, 235, 256,

259–260, 262, 270–271,
273, 278, 281, 287, 294–295,
306, 309, 314, 324, 330, 334,
341, 345–348, 354, 358, 361,
363–364, 371, 374–375, 379,
382, 385–388, 397, 399–400,
404, 410, 414, 417, 419, 422,
425, 430–434, 438, 446, 452,
457, 461, 477, 483, 485–486,
493–494, 497, 516, 529,
532–533

Galión, 7, 365–369, 452, 467, 471,
491

Gamaliel el Viejo, 117–120, 431

Gayo de Corinto, 364

Gayo de Derbe, 396, 398

Gaza, 178, 180, 183–185, 217, 233

Gentil misión, 89, 121, 135, 153, 161

y Antioquía, 3, 5–6, 11, 14, 16, 25,
121, 123, 136, 227, 230–238,
247, 251–256, 259–262,
270–271, 276, 278–279,
281–284, 288–299, 301, 303,
307–310, 312–316, 318–319,
323, 336, 341, 348, 364,
371–372, 380, 404, 417, 488,
531

y Bernabé, 3, 7, 14, 102–104,
107–108, 189, 199–201,
222, 232–236, 238, 241,
247, 251–253, 255–257, 260,
274–278, 280–299, 303–304,
308–310, 312–316, 319, 372,
398, 462, 488, 520

y circuncisión, 58–59, 124, 133,
139, 154, 208–209, 223,
225–227, 294, 296, 298, 300,
306–307, 311, 317, 422

y Concilio de Jerusalén, 161, 208, 222, 225, 247, 293, 308, 423

desarrollo, 19, 44, 55, 67, 88, 190, 435, 445

y etíope eunuco, 227

profecía, 35, 61–62, 65, 68, 86, 88, 181–182, 217, 221, 236–238, 241, 251, 277, 287, 305, 327, 414–418, 527, 529

y temerosos de Dios, 55, 209–210, 256, 262, 268, 274, 276, 278, 280–281, 287, 307, 335–336, 341–343, 362, 403

y Espíritu Santo, iii, 11, 13, 28, 30–31, 34–36, 43, 46–47, 49, 51–52, 66–67, 69–72, 91, 93, 99, 101, 104, 106–107, 114, 116, 121, 123, 126, 131, 155, 157, 160, 173–176, 183–184, 194–195, 202, 214, 217–218, 220, 223, 228–229, 233–234, 253–255, 257, 269, 275, 291, 301–302, 309–310, 312, 318, 331, 377–379, 386, 406–408, 415, 417, 479, 528

y comisión de Pablo, 13, 485

y predicación de Pablo, 348

y Pedro, 3, 5, 11, 13–14, 33, 40–46, 48, 51, 54, 60–70, 73–75, 77–91, 93–99, 101, 104–109, 111–115, 131, 146, 169–170, 172–174, 176–178, 181, 183, 185, 190, 193, 200, 204–230, 234, 240, 242–248, 256, 258, 268–273, 284, 286–287, 294–297, 300–307, 311, 314, 330, 336, 374, 380, 383, 419–420, 435

respuesta, 10, 15, 34, 36, 41–42, 70, 72–73, 79, 83, 96, 98, 102, 110, 114, 136, 146, 148, 154, 156, 158–159, 170, 178, 183, 189–190, 193, 210, 218, 225, 236, 242–243, 252–253, 273–274, 276, 298, 306, 321, 332–333, 355, 358, 378, 405, 418, 421–422, 432, 437, 462, 527, 530, 533

sinagoga, 11, 58, 69, 73, 126–127, 136, 166, 186–187, 209, 220, 256, 259, 261–262, 264, 270, 274–276, 278, 280–281, 287, 289, 317, 324, 326, 335–337, 339, 341–343, 348, 356, 358–359, 362–371, 373, 375, 380–381, 404, 406, 434, 437, 461, 482–483

uso de, 45, 59, 70, 88, 93, 103–104, 110–111, 115, 121, 149, 153, 187, 191, 193, 203, 249, 278, 284, 302, 326, 352, 374, 378, 382, 388, 395, 437, 457, 496

Gerizim, 134, 154, 169

Monte, 39–40, 73, 90, 134, 137, 143–147, 151, 169, 198, 244, 340, 345, 349, 377, 391, 428, 504

culto en, 147, 389, 445

Gnido, 498–500

Gnosticismo, 32, 171, 177

Harán, 33, 132, 137–138, 522

Helenistas, 121–123, 127, 135–136, 143, 167, 170, 199, 201, 231–232, 419, 435, 486

evangelizados por, 174
de Jerusalén, 7–9, 11, 14, 25, 34, 37, 39–43, 54, 59, 62, 64, 73, 79, 82, 84–85, 87, 92, 96, 102–103, 107, 111, 117, 122, 127, 129–130, 136, 149, 161, 167, 173, 175, 178, 186–187, 193–194, 200–203, 208, 222, 225, 227, 230, 232–234, 236, 238, 241–243, 246–248, 251–252, 256, 264, 267–268, 277, 284, 286, 292–300, 303–304, 307–311, 314, 316, 318, 350, 352, 371–372, 375, 378, 380, 387, 406, 414–415, 417, 419, 421, 423, 426, 429–431, 434–435, 444, 447, 450, 452, 458, 460, 462, 483, 526, 528

Helenistas (*cont.*), 127, 414, 456

y Saúl, 265

los Siete, 121, 124, 126

Hermes (Mercurio), 285

Hermosa, Puerta, 77–79, 81, 106, 109, 154, 178, 192, 208, 213–214, 228, 242–246, 284, 286, 291, 299, 323, 330, 362, 364, 372, 525

Herodes Agripa I, 109, 227, 240, 248, 423, 441, 454, 465, 474–475

Muerte, xiii–xiv, 6–7, 9, 28, 32–33, 37, 45–46, 48, 63–65, 67–68, 74, 78, 81–90, 93–94, 104–106, 108–111, 114–115, 117–118, 132, 134–135, 137–138, 156–158, 160–169, 181, 183, 186, 201–203, 206, 221–222, 231, 233, 238, 241, 248–249, 251, 261, 267–270, 272, 299–300, 329, 335–336, 344, 354, 379, 381, 386, 395, 407, 414, 418, 425–426, 428, 430, 444, 451–453, 465, 467, 469, 475–477, 481–483, 488–491, 497, 526–527

Ejecución de Santiago, 164

encarcelamiento Pedro, 90

Herodes Agripa II, 474

en Cesárea, 207, 214, 223, 226, 233, 248–249, 287, 301, 371, 415–416, 418–419, 452–453, 460, 465–466, 468, 470, 475–477, 479

familia, 7, 66, 89, 91, 93, 103, 127, 139–140, 163, 185, 207, 229, 240–241, 254, 257–259, 268, 302, 305, 323–324, 331, 344, 351, 358–359, 362–364, 367, 373, 383, 415–416, 419, 438, 464, 475, 519

influencia, xiii–xiv, 2, 13, 44, 77, 82, 92, 117, 138, 141, 147, 149, 161, 202, 237, 279, 323, 368–369, 375, 391, 424, 438, 453, 464, 467, 472, 490–491

y Pablo, xiv–xv, 1–16, 25, 29, 31–33, 36, 39, 47–48, 52–53, 55–56, 58–59, 65, 67, 70–71, 85–86, 89, 94, 106, 108, 115, 117, 120, 127, 129–130, 135–136, 139, 147, 157, 163–164, 166, 168, 172, 175, 184, 186, 188, 190, 193–203, 210, 221–223, 227, 229, 232–233, 235–238, 244, 246–247, 251, 254, 256–263, 268–278, 280–300, 303–304,

555

306–393, 395–440, 442–453, 455–498, 500–502, 507–533

Herodes Antipas, 7, 59, 100, 186, 208, 254, 453, 475

Herodes de Calcis, 441

Herodes el Grande, 118, 170, 185, 231, 240, 248, 251, 254, 427, 452–453

   Edificio, 78, 92, 130, 133, 136, 141, 154, 165, 169, 216, 246, 364, 381, 384, 389, 401, 420

   Muerte, xiii–xiv, 6–7, 9, 28, 32–33, 37, 45–46, 48, 63–65, 67–68, 74, 78, 81–90, 93–94, 104–106, 108–111, 114–115, 117–118, 132, 134–135, 137–138, 156–158, 160–169, 181, 183, 186, 201–203, 206, 221–222, 231, 233, 238, 241, 248–249, 251, 261, 267–270, 272, 299–300, 329, 335–336, 344, 354, 379, 381, 386, 395, 407, 414, 418, 425–426, 428, 430, 444, 451–453, 465, 467, 469, 475–477, 481–483, 488–491, 497, 526–527

   Familia, 7, 66, 89, 91, 93, 103, 127, 139–140, 163, 185, 207, 229, 240–241, 254, 257–259, 268, 302, 305, 323–324, 331, 344, 351, 358–359, 362–364, 367, 373, 383, 415–416, 419, 438, 464, 475, 519

   y Jesús, iii, xiv, 1, 3, 6–8, 10, 21, 26, 28, 30–48, 50–51, 53, 58, 61, 63–75, 79–91, 93–102, 108, 110, 112, 114–116, 119–122, 127–135, 143–146, 151–153, 155, 157–165, 167–168, 170–171, 173–174, 179, 181–183, 187–197, 199–200, 202, 205–206, 208, 212, 216–217, 219–222, 227, 231–233, 235, 241–242, 246–247, 254, 257–259, 262, 266–270, 276–277, 279, 284, 287–289, 298, 300–301, 305, 307, 319–320, 324–326, 329–331, 335–336, 338, 342, 344, 353, 355–356, 359, 362–364, 373–375, 377–379, 381–384, 400, 405–407, 410–412, 417, 422, 427–428, 431–435, 442, 444, 446, 449, 451, 453, 458, 461, 465, 473, 476, 481–484, 486–490, 512, 527–531

Herodianos, 236

Herodías, 59, 475

Hierápolis, 241, 381, 415–416

"Hijo de Dios" en predicación, 158, 179, 183, 193, 482

Hijo del Hombre, 38, 64, 131, 157–161, 181–182, 222, 355

Hillel, 117, 360

Hombre libre, 127

Hospitalidad, 214, 216, 285, 334, 398, 418, 518, 524, 528

Iconio (Konya), 275, 279–284, 288, 290, 316, 319, 372

Idolatría, 147–150, 296, 304, 307–308, 348

   en Atenas, 102, 222, 278, 287, 341–345, 347, 349, 356, 358, 389 y convertidos, 15, 70–71, 86, 159, 173–175, 193, 200, 234–235, 279, 281, 288, 291, 296–300, 305–306, 308, 336–337, 339, 341, 362, 364, 372, 380, 384, 404, 406, 410, 419, 421–422, 524

de Israel, 2, 8, 11, 32, 34–37, 41, 45, 52, 54, 56, 63–64, 66, 68–69, 71, 78, 80, 86–87, 92, 95, 99–100, 110, 113, 115–116, 119–120, 128, 132, 135–136, 139, 142, 144–145, 147–150, 156, 158–159, 163–164, 173, 180, 186–187, 193, 197, 203, 209–210, 213, 217, 219, 221, 232, 237, 250, 262, 264, 266, 276–277, 287, 298, 305–306, 308, 324, 350–351, 363, 383, 421, 425–426, 435, 440, 444–445, 457, 461, 480–483, 485, 488–489, 526–527, 529, 531

Iglesia, xiv, 2, 5, 12–14, 25, 28, 31–32, 41–43, 45, 51–53, 58, 65, 67, 71, 73–74, 78–79, 87–88, 101–102, 106–110, 122–125, 130, 133, 155, 164, 166–168, 175, 177, 184, 186, 200–203, 206, 208, 219, 227, 230, 232–238, 240–243, 246–247, 251, 253–256, 275, 281, 283, 289–301, 304–315, 318–319, 324, 334, 339, 358, 362, 364, 368, 371–372, 375, 380, 387, 399–401, 403, 405, 407–411, 414–415, 419–421, 431, 435, 440, 447, 458, 461–462, 464, 493, 524–525, 528, 533

Crecimiento, 125, 292, 319, 345, 368, 472

término, 41–42, 45, 59, 101, 110, 113, 118, 122, 124–125, 127, 133, 138–139, 149, 155, 159, 167–168, 176, 180, 187, 195, 203, 209–210, 215, 221, 235–236, 242, 248, 251, 270, 274, 280–281, 302, 311, 316, 322, 328, 334, 337, 344, 349, 382, 385, 394, 407, 421, 423, 445, 456–458, 462, 473, 485, 496, 503, 524, 526, 531

Isaac, 80–81, 133, 139, 141, 144, 208

Jacob, Santiago el Justo, 41, 54, 66, 80–81, 94, 133–134, 139–141, 144, 150, 152, 158, 163–164, 208, 230, 238, 240–242, 245, 266, 277, 363, 411, 488

y concilio de Jerusalén, 161, 208, 222, 225, 247, 293, 308, 423

muerte, xiii–xiv, 6–7, 9, 28, 32–33, 37, 45–46, 48, 63–65, 67–68, 74, 78, 81–90, 93–94, 104–106, 108–111, 114–115, 117–118, 132, 134–135, 137–138, 156–158, 160–169, 181, 183, 186, 201–203, 206, 221–222, 231, 233, 238, 241, 248–249, 251, 261, 267–270, 272, 299–300, 329, 335–336, 344, 354, 379, 381, 386, 395, 407, 414, 418, 425–426, 428, 430, 444, 451–453, 465, 467, 469, 475–477, 481–483, 488–491, 497, 526–527

líderes iglesia de Jerusalén, 91

el hermano del Señor, 166, 200, 304, 420

Jasón, 336–337, 339

Jerusalén, 7–9, 11, 14, 16, 25, 31–32, 34, 37, 39–44, 46, 52–54, 56, 58–60, 62, 64, 66, 73, 75, 79, 82, 84–85, 87, 91–92, 96, 102–103, 106–107, 109–111, 114, 117–118, 122, 125, 127, 129–130, 134–136, 147, 149–153, 161, 166–170, 173, 175, 178–181, 183, 186–187, 191–196, 199–204, 208, 217, 219, 222–223, 225–227, 229–230, 232–238, 241–244, 246–248, 251–252, 256, 259, 264, 267–270, 277, 284, 286, 292–300, 303–304, 307–312, 314, 316, 318, 350, 352, 369, 371–372, 374–375, 377–378, 380, 385, 387, 398–400, 402–403, 406, 408, 413–415, 417–421, 423, 425–431, 434–435, 439, 443–444, 446–447, 449–450, 452–453, 458, 460, 462–464, 466, 468–471, 473, 475–476, 480, 482–483, 485–486, 488, 508, 526–528, 533

apóstoles en, 41, 74, 173, 194, 241, 302

(ver también Jerusalén, Concilio), 92, 95–98, 114, 117–118, 161, 208, 222, 225, 247, 283, 293–294, 300, 303, 307–310, 345, 423, 443, 446, 448, 463, 472, 476

y testimonio apostólico, 6, 37, 74

cristianos refugiados de, 187, 191

discípulos en, 45–46, 52, 54, 116, 125, 174, 196, 205, 223, 229

fondo ayuda contra el hambre, 202, 238

judíos en, 41, 56, 58–59, 134, 231, 298, 319, 361, 370, 406, 421, 425, 433, 527–529, 531

y Pablo, xiv–xv, 1–16, 25, 29, 31–33, 36, 39, 47–48, 52–53, 55–56, 58–59, 65, 67, 70–71, 85–86, 89, 94, 106, 108, 115, 117, 120, 127, 129–130, 135–136, 139, 147, 157, 163–164, 166, 168, 172, 175, 184, 186, 188, 190, 193–203, 210, 221–223, 227, 229, 232–233, 235–238, 244, 246–247, 251, 254, 256–263, 268–278, 280–300, 303–304, 306–393, 395–440, 442–453, 455–498, 500–502, 507–533

Jerusalén, 7–9, 11, 14, 16, 25, 31–32, 34, 37, 39–44, 46, 52–54, 56, 58–60, 62, 64, 66, 73, 75, 79, 82, 84–85, 87, 91–92, 96, 102–103, 106–107, 109–111, 114, 117–118, 122, 125, 127, 129–130, 134–136, 147, 149–153, 161, 166–170, 173, 175, 178–181, 183, 186–187, 191–196, 199–204, 208, 217, 219, 222–223, 225–227, 229–230, 232–238, 241–244, 246–248, 251–252, 256, 259, 264, 267–270, 277, 284, 286, 292–300, 303–304, 307–312, 314, 316, 318, 350, 352, 369, 371–372, 374–375, 377–378, 380, 385, 387, 398–400, 402–403, 406,

408, 413–415, 417–421, 423, 425–431, 434–435, 439, 443–444, 446–447, 449–450, 452–453, 458, 460, 462–464, 466, 468–471, 473, 475–476, 480, 482–483, 485–486, 488, 508, 526–528, 533

Concilio de, 161, 208, 222, 225, 247, 293, 308–309, 423

Jerusalén iglesia, 227, 230, 238, 242, 243, 246, 247, 292, 293, 294, 296, 299

    dispersión, 14, 54, 56–57, 59, 75, 118, 122, 127, 136, 167–169, 238, 262, 300, 303, 307, 414, 425, 457, 497

    evangelización judíos, 222, 256

    membresía, 58, 92, 107, 175, 187, 227, 293

    necesitados

    Pablo visita, 238, 396

    bienvenida a creyentes Samaritanos, 224, 379

Jope (Jaffa), 205–207, 216, 227, 435

José (Antiguo Testamento), 139, 144, 145

José Barsabás (Justo), 44, 47

José, hermano de Jesús, 41–42, 44, 47, 50, 93, 103, 133–134, 139–141, 144–145, 227, 246–247, 268, 309, 330

Josue, 49, 105, 141, 151, 164

Juan el Bautista, 35, 46, 50, 70–71, 80, 126, 170, 221, 254, 268, 374, 378, 407, 486

    bautismo de, 35–36, 44, 47, 70, 196, 230, 266, 268, 331, 373, 375, 377–379, 486

    discípulos de, 35, 42, 70, 102, 110, 159, 170, 174, 197, 199, 373, 375, 377–378, 414–415, 418, 431, 484

    ministerio, xiv, 6–7, 12, 30, 32, 36, 39, 42–44, 46, 48, 63, 67, 74, 79, 86, 109, 111–112, 115, 121, 124, 130, 161, 170–171, 174, 191, 193, 195, 204, 208, 219–220, 226, 234, 251–252, 254, 259, 262, 268, 277, 292, 300, 312–313, 317–318, 321, 330, 336, 370, 379–380, 382, 384–388, 397, 400, 404–406, 408, 418–419, 421, 425, 434, 485–489, 530, 533

Juan, hijo de Zebedeo, 31, 34–36, 40–42, 44, 46–48, 50–51, 53, 66, 70–71, 74, 77–78, 80–82, 85–86, 88, 90–99, 112, 114, 116–117, 120, 123, 126, 129, 162, 169–170, 173–174, 176, 178, 181, 191, 204–205, 216–217, 219, 221–222, 227–229, 234, 240–241, 245–247, 251, 254–256, 259–260, 266, 268, 294, 313, 355, 370, 373–375, 377–381, 407, 415, 420, 428, 442, 453, 461, 469, 486, 497, 513, 530

    apóstol, 1–4, 12–13, 28–29, 48, 174, 195, 200, 207, 215, 233–234, 241, 258, 281, 357–358, 401, 415, 442, 486, 512

    arresto, 90, 93, 98, 112, 417, 458, 487

    en Samaria, 168, 171, 258, 415, 454

ante el Sanedrín, 11, 100, 112–113, 128–129, 438–440, 448, 452, 460
Juan Hircano, 66, 117, 169
Judas Barsabás, 314
Judas el Galileo, 116, 118–119
Judas Iscariote, 41, 43, 45
Judas, hermano de Jesús, 4, 30, 40–46, 48, 116, 118–119, 192–194, 227, 247, 308–310, 312, 314
Judas, hijo de Santiago, 4, 30, 40–46, 48, 116, 118–119, 192–194, 308–310, 312, 314
Julio Cesar, 187
Julio, centurión, 10, 187, 207–208, 213, 218, 233, 238, 323, 360, 364, 367, 370, 436–437, 449, 464, 474, 495–502, 511, 515, 524–525, 531, 533
Justificación, 271–274, 351, 395, 405, 440
Justo, 41–42, 44–45, 47, 81–82, 85, 89, 134, 155–158, 163–164, 213, 215, 217, 222, 229–230, 236–238, 242–243, 246, 363–364, 398, 415, 421, 433, 503

Kandake, 179, 180
Koura, 509–510

Laodicea, 381
Lasea, 498, 500
Latigazos, cuarenta, 28, 31–32, 35, 37–38, 50, 98, 120, 134, 142–143, 145, 148, 162, 217, 262–264, 269, 340, 447–448, 468, 502

Lenguas (glosolalia), 52, 53, 60
Lesbos, 402, 496
Ley de Moisés, 92, 127–128, 148, 221, 271–273, 296, 298–300, 302, 308, 317, 443, 528
Libia, judíos en, 41, 53, 56, 58–59, 134, 231, 298, 319, 361, 370, 406, 421, 425, 433, 520, 527–529, 531
Licaonia, 261, 281–285, 290, 317, 372
Licia, 260, 413–414, 495, 498
Lictores, 328, 332–334, 437
Lida (Lod), 204
Lidia de Tiatira, 324, 325,326,329
Lidia (Asia Menor), Judíos en, 41, 56, 58–59, 134, 231, 298, 319, 361, 370, 406, 421, 425, 433, 527–529, 531
Lisanias, tetrarca, 7, 59, 100, 186, 240, 253–254, 469, 474–475
Lisanias, tribuno, 240, 427–429, 436–439, 443–444, 446–451, 453, 455, 463–464, 474
Listra (Zostera, Zoldera), 283
   trasfondo, 2, 110, 174, 295, 482
   y judíos, 7–9, 12, 41, 45, 47, 49–50, 53–59, 62, 64, 67, 69, 73, 75, 78, 87, 89–90, 98, 100, 102, 110, 122, 125, 127, 130, 134, 136, 152–153, 156–157, 160–161, 166–167, 169–171, 174–175, 187, 193, 196–198, 207–209, 211, 213, 216–217, 219–220, 222–224, 227, 230–232, 234–235, 238, 240–243, 247–248, 255–256, 262, 268–269, 274–276, 278,

280–281, 286–289, 292–298, 300–302, 306–308, 311–312, 316–317, 319, 324, 326–328, 332, 334, 336–337, 339–343, 349, 359, 361–366, 368–370, 373, 375, 380, 382–383, 391–393, 396, 403, 405–406, 417–419, 421–422, 424–426, 428–429, 433, 435, 439, 441, 445–448, 450, 454–458, 460–463, 466, 468–469, 473–475, 478–481, 485–487, 490–491, 526–531

Pablo, xiv–xv, 1–16, 25, 29, 31–33, 36, 39, 47–48, 52–53, 55–56, 58–59, 65, 67, 70–71, 85–86, 89, 94, 106, 108, 115, 117, 120, 127, 129–130, 135–136, 139, 147, 157, 163–164, 166, 168, 172, 175, 184, 186, 188, 190, 193–203, 210, 221–223, 227, 229, 232–233, 235–238, 244, 246–247, 251, 254, 256–263, 268–278, 280–300, 303–304, 306–393, 395–440, 442–453, 455–498, 500–502, 507–533

y Timoteo, 287, 316–318, 321, 327, 334–335, 340–341, 363, 386–387, 396, 398, 422, 512

Llírico, 398

Lutro (Loutrón), 502, 503

Lucas, xiii–xv, 1, 3–16, 19, 23, 28–32, 34–35, 37–47, 51, 53, 55–56, 58, 61–62, 64, 67–68, 70–75, 77, 79–80, 82–87, 89, 91–94, 98, 100, 103, 106, 111–113, 118–119, 121–123, 125–127, 130–131, 134–135, 138, 152–153, 157, 160–161, 163–166, 168–169, 172–173, 175, 177–178, 180, 182, 184, 187, 191, 193, 195–204, 206, 208, 210–212, 216, 218–222, 229, 231, 233, 235–238, 244, 246–254, 256, 258–260, 262, 269–270, 273, 276–279, 281, 284–287, 289–295, 299–300, 302–303, 306, 310, 312–314, 318, 320–323, 325–327, 329–330, 332, 334, 343, 345, 347–348, 352, 360–362, 364, 369, 371–372, 375, 378, 380, 383, 385–387, 392, 398–402, 404–406, 408, 412–414, 416, 418–421, 423–424, 426–429, 435–436, 443, 445–446, 449, 451–453, 456–457, 459, 461, 463–464, 466, 469, 472, 474, 477, 481, 486, 488, 491, 493–498, 500–501, 503–506, 510, 512–514, 518–521, 524–528, 530–533

y Antioquía, 3, 5–6, 11, 14, 16, 25, 121, 123, 136, 227, 230–238, 247, 251–256, 259–262, 270–271, 276, 278–279, 281–284, 288–299, 301, 303, 307–310, 312–316, 318–319, 323, 336, 341, 348, 364, 371–372, 380, 404, 417, 488, 531

medico, 521

Lucio de Cirene, 253

Lucio Vitellio, 163

Macedonia, 15, 318–324, 335, 337, 340–341, 345, 363, 366, 385–387, 391, 396–398, 400 iglesias en, 15, 318

historia, xiii–xiv, 1–2, 5, 10–11, 14–15, 26, 28–29, 32–33, 39, 42, 45–47, 63, 79, 88, 90, 92, 104–106, 108, 120, 123, 125, 134, 136, 138, 147, 155, 158, 161, 163, 165, 174, 177–179, 182, 186–187, 190–191, 195, 203, 207–208, 212, 216, 218–219, 227–229, 232, 245, 247, 256, 264, 269, 271, 285, 287, 291, 301, 304, 313–314, 321–322, 334, 352, 367, 369, 373–374, 380, 388, 416, 426, 428, 438, 457, 472, 477, 493–494, 497, 519–521, 529

y Pablo, xiv–xv, 1–16, 25, 29, 31–33, 36, 39, 47–48, 52–53, 55–56, 58–59, 65, 67, 70–71, 85–86, 89, 94, 106, 108, 115, 117, 120, 127, 129–130, 135–136, 139, 147, 157, 163–164, 166, 168, 172, 175, 184, 186, 188, 190, 193–203, 210, 221–223, 227, 229, 232–233, 235–238, 244, 246–247, 251, 254, 256–263, 268–278, 280–300, 303–304, 306–393, 395–440, 442–453, 455–498, 500–502, 507–533

Magia, 171–172, 176, 382–385

práctica de, 107, 117, 218, 227, 256, 267, 360, 384, 423, 480

Magistrados, 7, 47, 64, 124, 280–281, 290, 326–328, 332–334, 337, 339, 457

Malta (Melita), 517–519

Manaén, 253–254

Marcos, Juan, iii, 4–5, 9, 31, 34–36, 38–42, 44, 46–48, 50–51, 53, 65–66, 68, 70–71, 74, 77–78, 80–82, 85–86, 88, 90–99, 108, 112, 114, 116–117, 120, 122–123, 126, 129, 162, 169–170, 173–174, 176, 178, 181–182, 191, 204–205, 216–217, 219, 221–222, 228–229, 234, 240–241, 245–247, 251–252, 254–256, 259–260, 266, 268, 294, 313–314, 355, 370, 373–375, 377–381, 383, 407, 415, 420, 428, 442, 453, 461, 469, 486, 497, 512–513, 520, 530

Maria, madre de Jesús, 40, 42, 240

Maria, madre de Marcos, 240, 246

Mariamne, 240

Mateo, 40, 42, 46

Media, judíos en, 29, 41, 56, 58–59, 88, 125, 134, 157, 184, 195, 200, 206, 231, 236, 282, 298, 319, 329–330, 361, 370, 389, 401, 406, 421, 425, 433–434, 501, 506, 509–510, 527–529, 531–532

Menahem, 254

Mesiánico testimonios, uso de, 45, 59, 70, 88, 93, 103–104, 110–111, 115–116, 121, 149, 153, 187, 191, 193, 203, 205, 249, 278, 284, 302, 326, 352, 374, 378, 382, 388, 395, 412, 428, 437, 457, 496

por Pablo, 7–8, 106, 157, 175, 196, 203, 223, 229, 256, 270–271, 284, 287, 309, 316, 341, 348–350, 352, 364, 384, 390, 392, 399 por Pedro, 78, 174, 185, 193, 219, 223, 229, 243, 269–270, 284, 303, 374

por Felipe, 170, 174, 415–416

Mesopotamia, 53, 56, 132, 137–138, 140, 144

Mileto, 12–13, 402–404, 412–413

Militene, 517

Mira (Kocademre, Antiguo Demre), 498

Misia, 319–320, 496

Mitraísmo, 210

Mnason, 167, 226

Moisés, 12, 38, 62, 81, 87–89, 92, 94, 127–129, 133–134, 136–137, 141–151, 154–156, 170, 173, 198, 221, 265, 271–273, 296–300, 302, 304, 308, 317, 419, 421–422, 443, 451, 487–488, 490, 528

profeta, 46, 53, 60–62, 66–67, 82, 87–89, 134, 145–148, 150, 152, 154, 165, 170, 179, 181–183, 189, 195, 212, 220, 257–258, 263, 265, 273, 326, 417, 428, 485, 528

rechazo, 12, 87, 272, 276, 288–289, 385, 530–531

Muerte, xiii–xiv, 6–7, 9, 28, 32–33, 37, 45–46, 48, 63–65, 67–68, 74, 78, 81–90, 93–94, 104–106, 108–111, 114–115, 117–118, 132, 134–135, 137–138, 156–158, 160–169, 181, 183, 186, 201–203, 206, 221–222, 231, 233, 238, 241, 248–249, 251, 261, 267–270, 272, 299–300, 329, 335–336, 344, 354, 379, 381, 386,

395, 407, 414, 418, 425–426, 428, 430, 444, 451–453, 465, 467, 469, 475–477, 481–483, 488–491, 497, 526–527

miedo de, 113, 450, 506

de Jesús, xiv, 1, 3, 6–8, 10, 26, 30, 32–33, 35–45, 47, 51, 63–65, 67–72, 75, 80, 82–91, 93–99, 101–102, 110, 112, 114–116, 119–122, 127–128, 130, 132, 135, 145–146, 153, 158–162, 164–165, 167, 170–171, 174, 179, 181–182, 187–188, 191–197, 199–200, 202, 206, 212, 216, 219–221, 227, 232, 235, 241–242, 246–247, 254, 258, 268–269, 276–277, 284, 287, 289, 305, 307, 319–320, 324–325, 336, 342, 344, 364, 373–374, 378, 381–384, 400, 407, 412, 422, 428, 431, 434–435, 442, 446, 458, 461, 476, 481–484, 488–489, 512, 527–530

Mujeres, posición de, iii, xiv, 3, 9–10, 32, 36, 40, 42, 45–46, 52, 59–60, 68, 72, 78, 81, 84, 86, 91, 97, 101–102, 105, 111, 117–120, 124, 126–127, 138, 147, 155, 163, 167, 171, 175–176, 183–184, 186, 195, 213, 218, 220, 224, 247, 262, 274–275, 278, 287–288, 300, 306, 310, 323–325, 329, 335–337, 339, 341, 343–344, 352–353, 364, 368, 379–380, 404, 406, 416, 422, 430, 433, 437, 441, 449, 451, 466, 481, 486, 508, 510

Muratori, Canon, 4, 5

Nabateos, 16, 59, 196, 198

Nazarenos, 73, 98, 110, 445, 455-458, 528

Nazaret, 63, 66-67, 70, 77, 79, 84, 92, 94, 101, 128-129, 155, 181, 217, 220, 262, 375, 432, 434, 458, 482, 490, 529

Neápolis (Kavalla), 322

Nerón, emperador, 9-10, 12, 29, 41, 167, 170, 185, 227, 236, 240, 250, 257, 290, 319, 323, 336, 338, 340, 361-362, 366-368, 370, 395, 441, 451, 453, 457, 464, 467, 470-475, 478, 491-492, 496, 518, 525, 532

Nicolaítas, 123

Nicolás de Antioquía, 121, 123, 124, 232

Nicomedia, 123

Olivos, 9, 34, 39-40, 428

Onesíforo de Iconio, 282

Oración, de los apóstoles, xiii-xiv, 1, 3, 10, 17-19, 21-23, 25, 31, 34, 40-43, 46-48, 59, 68, 72-75, 77-78, 80-81, 85, 90-91, 97, 100-105, 107, 110-114, 121, 152-153, 161, 164, 166, 171, 174, 176, 178, 191, 194, 209-211, 215-216, 219, 222, 227, 237, 241-245, 247, 280, 289, 291, 293, 300-301, 310, 316, 323-326, 330, 412, 418, 435, 445, 481, 512, 525

de Cornelio, 175, 196, 207-211, 213-214, 216, 218-219, 223, 229-230, 268, 297, 302-303, 307

y Espíritu Santo, iii, 11, 13, 28, 30-31, 34-36, 43, 46-47, 49, 51-52, 66-67, 69-72, 91, 93, 99, 101, 104, 106-107, 114, 116, 121, 123, 126, 131, 155, 157, 160, 173-176, 183-184, 194-195, 202, 214, 217-218, 220, 223, 228-229, 233-234, 253-255, 257, 269, 275, 291, 301-302, 309-310, 312, 318, 331, 377-379, 386, 406-408, 415, 417, 479, 528

de Pablo, xiv, 1-5, 7-16, 25, 29, 31-32, 36, 39, 48, 55, 58, 70, 85-86, 89, 108, 115, 130, 136, 190, 193, 196-199, 201, 210, 221-222, 232, 235-237, 254, 260, 262-263, 270-278, 282, 284, 287, 290-291, 293-295, 297-299, 307-309, 311, 314-315, 318-319, 321, 324, 329-330, 333-334, 336, 339-341, 345-348, 350-351, 353-354, 356-358, 360-362, 364-365, 367, 369, 371, 373, 375-376, 378-380, 382, 384-388, 391-393, 397-401, 404-406, 410-411, 414, 416-418, 421-425, 427, 429-438, 440, 442-453, 455, 457, 459, 461, 463-473, 475, 477-478, 480-488, 490-494, 497-498, 500-502, 507, 511-512, 515, 519, 521, 524-525, 527-533

de Pedro, 3, 5, 13-14, 46, 51, 60-65, 67-70, 73-75, 78, 80-81, 83-88, 90, 105-106, 108, 111-113, 115, 131, 172-174, 177-178, 204, 206,

208, 212–213, 215–216, 218–220, 222, 224, 226–230, 240, 242–248, 268, 270–271, 296–297, 301, 303–307, 314, 330, 380, 383, 419, 435
de Esteban, 11–12, 88, 125–130, 132–138, 140, 143–144, 148–149, 153–164, 166–168, 202–203, 231, 238, 241, 263, 270, 299, 326, 350, 414, 435, 483–484, 497
unidos, 100, 187, 267, 276, 331, 437

Pablo, xiv–xv, 1–16, 25, 29, 31–33, 36, 39, 47–48, 52–53, 55–56, 58–59, 65, 67, 70–71, 85–86, 89, 94, 106, 108, 115, 117, 120, 127, 129–130, 135–136, 139, 147, 157, 163–164, 166, 168, 172, 175, 184, 186, 188, 190, 193–203, 210, 221–223, 227, 229, 232–233, 235–238, 244, 246–247, 251, 254, 256–263, 268–278, 280–300, 303–304, 306–393, 395–440, 442–453, 455–498, 500–502, 507–533
Apostolado, 44, 48, 173, 190
apelación al César, 4, 10, 527
apariencia, 62, 190, 246, 282
discurso Areópago, 345, 346, 348
trasfondo, 2, 110, 174, 295, 482
y Bernabé, 3, 7, 14, 102–104, 107–108, 189, 199–201, 222, 232–236, 238, 241, 247, 251–253, 255–257, 260, 274–278, 280–299, 303–304, 308–310, 312–316, 319, 372, 398, 462, 488, 520

comisión, 12–13, 30–31, 34, 36–37, 146, 168, 174, 184, 194–195, 197–198, 200, 222, 235, 277–278, 297, 374, 408–409, 431, 433, 483, 485, 488
conversión, 184, 186, 189–191, 195, 198–199, 202–203, 218, 233, 235, 238–239, 259, 262, 274, 276, 287, 293, 299, 329, 337, 364, 372, 431, 433–435, 484–486
Y Concilio de Jerusalén, 161, 208, 222, 225, 247, 293, 423, 463
Muerte, xiii–xiv, 6–7, 9, 28, 32–33, 37, 45–46, 48, 63–65, 67–68, 74, 78, 81–90, 93–94, 104–106, 108–111, 114–115, 117–118, 132, 134–135, 137–138, 156–158, 160–169, 181, 183, 186, 201–203, 206, 221–222, 231, 233, 238, 241, 248–249, 251, 261, 267–270, 272, 299–300, 329, 335–336, 344, 354, 379, 381, 386, 395, 407, 414, 418, 425–426, 428, 430, 444, 451–453, 465, 467, 469, 475–477, 481–483, 488–491, 497, 526–527
doctrina, 41, 43, 91, 155, 272–273, 300, 353, 356, 409, 445, 462
sanidades, 520
y Espíritu Santo, iii, 11, 13, 28, 30–31, 34–36, 43, 46–47, 49, 51–52, 66–67, 69–72, 91, 93, 99, 101, 104, 106–107, 114, 116, 121, 123, 126, 131, 155, 157, 160, 173–176, 183–184, 194–195, 202, 214, 217–218,

220, 223, 228–229, 233–234, 253–255, 257, 269, 275, 291, 301–302, 309–310, 312, 318, 331, 377–379, 386, 406–408, 415, 417, 479, 528

y Jerusalén, 7–9, 11, 14, 16, 25, 31–32, 34, 37, 39–44, 46, 52–54, 56, 58–60, 62, 64, 66, 73, 75, 79, 82, 84–85, 87, 91–92, 96, 102–103, 106–107, 109–111, 114, 117–118, 122, 125, 127, 129–130, 134–136, 147, 149–153, 161, 166–170, 173, 175, 178–181, 183, 186–187, 191–196, 199–204, 208, 217, 219, 222–223, 225–227, 229–230, 232–238, 241–244, 246–248, 251–252, 256, 259, 264, 267–270, 277, 284, 286, 292–300, 303–304, 307–312, 314, 316, 318, 350, 352, 369, 371–372, 374–375, 377–378, 380, 385, 387, 398–400, 402–403, 406, 408, 413–415, 417–421, 423, 425–431, 434–435, 439, 443–444, 446–447, 449–450, 452–453, 458, 460, 462–464, 466, 468–471, 473, 475–476, 480, 482–483, 485–486, 488, 508, 526–528, 533

y fondo de ayuda, 237–238

último viaje y naufragio, 493, 513

descripción de Lucas, 201, 290, 392

procedimiento misionero, 256

nombre, 1, 5–6, 9, 13, 29, 32–33, 41–42, 44, 46–47, 49–50, 60, 63–65, 68–73, 77–83, 87, 90–99, 101, 103, 106–107, 110, 112, 114–120, 123–124, 126, 128, 138, 142, 144, 149, 151–152, 154, 157, 162–163, 171, 173–174, 180, 188–189, 192–194, 196, 199–200, 204–205, 207, 217–218, 220, 223–225, 228, 231–232, 234–236, 240, 246, 254–261, 266, 268, 273, 276–277, 283–284, 286, 290, 292, 300, 303–306, 309, 317, 320, 322–326, 336, 341, 345, 349, 357–359, 361–362, 364, 366, 370, 373–374, 377, 379, 381–384, 389, 391, 393, 398, 407, 409, 413, 415, 417, 423, 427, 433–434, 438, 441, 451, 453, 456, 458, 465, 474–475, 482, 490–491, 495–496, 500, 502, 504, 506, 509–510, 512, 518, 520–523

uso Antiguo Testamento, 263, 264, 273

persecución iglesia, 440

y Pedro y Juan, 77–78, 80–81, 90–91, 93, 95–99, 112, 170, 173–174, 176, 178, 234, 294, 420

predicación a Gentiles, 274

predicación a Judíos, 262

predicación a paganos, 380

ciudadano romano, 10, 15, 127, 235, 258, 315, 333, 364, 425, 429, 436–439, 444, 449–451, 464, 470–472, 474, 496, 528, 533

y Silas a, 315, 332

dones espirituales, 175
y Esteban, 162, 166, 435
sufrimiento, 6, 36, 45, 61, 65, 84, 120, 144, 181–183, 194, 277
y visita a Tarso, 199
Timoteo, 287, 316–318, 321, 327, 334–335, 340–341, 363, 386–387, 396, 398, 422, 512
visiones, 60–62, 243, 352, 365
Pablo, xiv–xv, 1–16, 25, 29, 31–33, 36, 39, 47–48, 52–53, 55–56, 58–59, 65, 67, 70–71, 85–86, 89, 94, 106, 108, 115, 117, 120, 127, 129–130, 135–136, 139, 147, 157, 163–164, 166, 168, 172, 175, 184, 186, 188, 190, 193–203, 210, 221–223, 227, 229, 232–233, 235–238, 244, 246–247, 251, 254, 256–263, 268–278, 280–300, 303–304, 306–393, 395–440, 442–453, 455–498, 500–502, 507–533

en Antioquía (Orontes), 291, 293, 372

en Antioquía (Pisidia), 259, 262

en Arabia, 200

en Atenas, 102, 222, 278, 287, 341–345, 347, 349, 356, 358, 389

en Berea, 340

en Cilicia, 58, 166, 235

en Corintio, 359

en Chipre, 7, 171, 238, 256–258, 292, 294, 303

en Damasco, 58, 187, 191–192, 196, 198–201, 430, 432, 486

en Derbe, 283, 290

en Éfeso, 7, 278, 321, 343, 365, 369–370, 375, 378, 380–382, 385–390, 393–395, 397, 403, 405, 408, 410, 412, 415, 425, 487

en Galacia, 200

en Iconio, 280–283

en Jerusalén, 8, 14, 16, 34, 37, 40, 44, 52–54, 56, 58–60, 66, 73, 91, 103, 106, 109–110, 125, 127, 129, 134, 136, 149, 151–153, 166–170, 173, 175, 183, 192, 194, 196, 199–201, 204, 217, 223, 226–227, 229, 232–235, 238, 242, 246–247, 251–252, 268, 270, 294, 299–300, 303, 307, 369, 372, 374, 387, 398, 402, 413–414, 417–421, 428, 431, 439, 446–447, 449–450, 453, 460, 463, 468–471, 473, 475–476, 480, 482, 486, 488, 508, 526–527, 533

en Listra, 281, 283, 287–289, 316, 404

en Malta, 289, 494, 501, 509, 517, 519–522

en Filipo, 7, 278, 314

en Roma, 2, 9–10, 29, 32, 58, 171, 207, 209, 235, 237, 240, 246–247, 288, 328, 334, 338, 349, 361–362, 366, 375, 386, 398, 438, 446, 453, 472, 474, 478, 496–497, 524–525, 527–528, 530–533

en Tesalónica, 335–337, 341, 356, 363, 365, 381, 457, 470, 497

en Troas, 320–321, 396–400

Pentecostés, consecuencias, 13, 28, 31, 47, 49–55, 62, 64, 70–72, 75, 77, 88, 91, 95, 97, 101–102, 107, 115, 147, 174–176, 183, 193, 223–224, 229, 268, 270–271, 284, 302, 354, 366, 374, 379, 389, 397–398, 402–403, 414, 425, 460

fiesta, 49–50, 54, 241–242, 249, 369, 371, 398, 425, 460, 501

de Gentiles, 216, 233, 275, 422, 529

y Espíritu Santo, iii, 11, 13, 28, 30–31, 34–36, 43, 46–47, 49, 51–52, 66–67, 69–72, 91, 93, 99, 101, 104, 106–107, 114, 116, 121, 123, 126, 131, 155, 157, 160, 173–176, 183–184, 194–195, 202, 214, 217–218, 220, 223, 228–229, 233–234, 253–255, 257, 269, 275, 291, 301–302, 309–310, 312, 318, 331, 377–379, 386, 406–408, 415, 417, 479, 528

y viajes de Pablo, 400

discurso de Pedro, 46, 61, 80, 88, 218–219, 268, 270, 301, 304

en Samaria, 168, 171, 258, 415, 454

Páfos, 171, 257, 259

Palas, 453, 464, 466, 467

Pan, Partimiento del "Edificadores" (maestros), xx, 34, 38, 42, 46, 49, 53, 57, 73–75, 88, 125, 137, 216, 240, 242, 259–261, 291–292, 313, 327, 330, 343, 353, 391, 396, 399–401, 458, 475, 495, 512–513

Panfilia, 53, 57, 259–261, 291–292, 313, 495

Partia, judíos en, 41, 56, 58–59, 134, 231, 298, 319, 361, 370, 406, 421, 425, 433, 527–529, 531

Parusía, 33, 36, 38–39, 160

Pascua ("Días de panes sin levadura"), 49, 240, 242, 396, 399

Pátara (Janto), 414, 498

Pedro, 3, 5, 11, 13–14, 33, 40–46, 48, 51, 54, 60–70, 73–75, 77–91, 93–99, 101, 104–109, 111–115, 131, 146, 169–170, 172–174, 176–178, 181, 183, 185, 190, 193, 200, 204–230, 234, 240, 242–248, 256, 258, 268–273, 284, 286–287, 294–297, 300–307, 311, 314, 330, 336, 374, 380, 383, 419–420, 435

y Cornelio, 33, 79, 175, 196, 207–211, 213–216, 218–219, 222–225, 227, 229–230, 242, 268, 287, 293, 297–298, 301–303, 305, 307, 375, 521

y el concilio de Jerusalén, 161, 208, 222, 225, 247, 293, 308, 423

escapada de prisión, 112

judíos evangelizados, 231

y Gentiles, 7–8, 10, 16, 23, 27, 32, 37, 44, 47, 55–56, 62, 64, 73, 78, 87, 89, 99–100, 110, 121, 152–153, 156, 161, 169, 184, 192–193, 195, 198, 202–203, 207–210, 213–214, 216–218, 220, 222–227, 230, 232–235, 237–239, 242, 247, 254, 256, 262, 268–269, 274–278, 280–281, 287–288,

291–308, 310–312, 314, 317–318, 324, 326–327, 336, 343, 346, 356, 362–363, 367, 371–372, 386–387, 397, 401, 405, 417–426, 434–436, 458, 462, 464, 466, 470, 473, 477, 483–488, 529–531

sanidades, 77, 204 ,205

en Jope, 205–206, 218, 228

y Pablo, xiv–xv, 1–16, 25, 29, 31–33, 36, 39, 47–48, 52–53, 55–56, 58–59, 65, 67, 70–71, 85–86, 89, 94, 106, 108, 115, 117, 120, 127, 129–130, 135–136, 139, 147, 157, 163–164, 166, 168, 172, 175, 184, 186, 188, 190, 193–203, 210, 221–223, 227, 229, 232–233, 235–238, 244, 246–247, 251, 254, 256–263, 268–278, 280–300, 303–304, 306–393, 395–440, 442–453, 455–498, 500–502, 507–533

en Samaria, 168, 171, 258, 415, 454

predicaciones, 219, 287–288

sin formación rabínica, 96

Perdón, predicación del, 32, 62, 65, 69–71, 74, 84, 105, 114–115, 123, 165, 177–178, 183, 217, 219, 222, 256, 271–272, 274, 281, 287, 293, 363, 484–485

Perge, 259–260, 291–292, 314

Persecución, 9–10, 156, 167–168, 192, 199, 203–204, 231–232, 238, 241, 275, 279–280, 290–291, 334, 339, 431, 440, 472, 484, 497, 533

de convertidos, 234–235, 281

de discípulos, 206, 223, 378

de Nerón, 9–10, 367–368, 395, 467, 472, 491, 532

de profetas, 372

Pisidia de Antioquía., 260–261, 284, 289–290, 319, 341, 364, 488

Ver Antioquía, Pisidia, 11, 136, 259–262, 270–271, 276, 278–279, 281, 283–284, 289–292, 316, 319, 323, 336, 341, 348, 364, 372, 404, 488, 531

Pisidia, 11, 136, 259–262, 270–271, 276, 278–279, 281, 283–284, 289–292, 316, 319, 323, 336, 341, 348, 364, 372, 404, 488, 531

Politarcas, 366

Pompeya, 58, 127

Poncio Pilatos, 6, 99–100, 236, 453

Ponto, Judíos en, 41, 53, 56–59, 134, 231, 261, 279, 298, 319, 359, 361, 370, 406, 421, 425, 433, 527–529, 531

Popea, 491, 533

Portus, 523

Priscila (Prisca), 359–362, 369, 373, 375, 378

Prócoro, 121, 123

Profecía, don de, 35, 45, 60–62, 65, 67–68, 86, 88, 176, 181–182, 217, 221, 234, 236–238, 241, 251, 268, 276–277, 287, 305, 325, 327, 336, 362, 414–418, 521, 527, 529

Prosélitos, 54–55, 58, 231, 274, 276, 298, 337

Providencia, 15–16, 234, 245, 287–288, 455–456
Ptolomeo I de Egipto, 58
Ptolomeo II, 415
Ptolomeo VIII, 186
Ptolomeos (Acco, Acre), 415, 495
Puerta de Nicanor, 78
Publio, 119, 520–521
Puteoli (Pozzuoli), 523

Quíos, 402–403
Quirinio, P. Sulpicio, 119

Raiphan, 149
Regium (Reggio di Calabria), 523
Reino de Dios, 28, 32–33, 35–36, 64, 75, 171, 173, 221–222, 289, 338, 380–381, 408, 446, 528–529, 531
Resurrección, xiv, 1, 6, 8, 11, 29, 31–34, 37–39, 42, 44, 46, 48, 61, 63, 65–67, 69, 75, 83, 86–91, 97, 102, 105, 153–154, 217, 219, 221–222, 267, 269–270, 276, 300, 305, 336, 342, 344, 355–357, 443–446, 460–463, 476, 480–482, 487, 489, 527, 529
  negada, 92, 356, 445–448, 461
  general, xii–xiii, 8–9, 29, 64, 87, 111, 117–118, 123, 125, 127, 133–134, 173, 175, 198, 204, 214, 221, 227, 234–235, 253, 261, 271–273, 276, 287–288, 292, 295, 300, 307, 309, 311, 320, 345, 348, 351, 355, 359–360, 364, 381, 385, 388, 393, 404, 410, 417, 421, 423, 433, 437–438, 444, 451, 453, 456–458, 469, 479, 483, 491, 508, 510, 512, 515, 521, 525–527, 530–531
  y muerte natural, 105
  y fariseos, 41, 49, 90, 116–117, 120, 162, 212, 297, 299–300, 308, 431, 443–446, 448, 457, 461, 481
  y Saduceos, 41, 49, 90, 112, 117, 162, 443–446, 457
Resurrección apariciones, 31, 34, 37, 38, 42
Resurrección de Jesús, 6, 8, 33, 37, 39, 63, 87, 89–91, 97, 153, 219, 221, 269, 336, 461, 476, 481, 527
  en predicación apostólica, 33, 36, 46, 83, 88
  acción divina, 66
  profetizada, 63–66
  testimonio a, 73, 222, 301, 435, 487, 508
Rode, 245–247
Rodas, 413
Roma, 2, 6–11, 16, 29, 32, 37, 41, 44, 48, 53, 58, 90, 119, 127, 163, 171–172, 202, 207, 209, 231, 235, 237, 240, 246–247, 254–255, 266, 279, 282–283, 288, 322–323, 327–329, 334, 337–338, 340, 345, 349, 359–362, 366–368, 370, 375, 381, 385–387, 394, 398–399, 401, 406, 414–415, 438–439, 441, 446–447, 453, 457, 461, 466, 470–472, 474–478, 487, 491–492, 494, 496–497, 499, 508, 515, 521–533

iglesia en, 2, 14, 58, 78, 133, 167, 177, 233, 235, 290, 304, 318, 380, 403, 405
objetivo del Evangelio, 531
Judíos en, 41, 56, 58–59, 134, 231, 298, 319, 361, 370, 406, 421, 425, 433, 527–529, 531
Paul in, 8, 25, 271, 284, 343, 346–347, 404, 492, 532
planes de Pablo, 386
comercio, 107, 359–360, 362, 499

Salvación, camino de, 25, 36, 137, 161, 167, 179–180, 190, 194–195, 233, 235, 269, 291, 300, 325–326, 331, 377, 406, 418–419, 431–433, 435, 446, 468, 477, 485, 499
Sacrificio, 59, 78, 85, 87, 149, 181, 183, 210, 285–286, 311, 418
Saduceos, 41, 49, 90, 112, 117, 162, 443–446, 457
Salamina, 255–257
Salmoneta, 514
Samaria, 34, 37, 167–174, 186, 202–204, 222, 234, 258, 299, 415, 454
    ciudad, 7, 9, 14, 40, 54, 57, 59, 64, 66, 99, 110, 114, 123, 127, 129, 137–138, 146, 161–162, 165–171, 174, 179–180, 185, 187–188, 192–193, 198–199, 201–203, 205–207, 210, 228, 231–236, 243, 247–248, 250, 256, 260–261, 274–275, 278–282, 284–285, 288–290, 292, 304, 308–309, 320, 322–324, 326–328, 332, 334–343, 346, 348, 357, 360–363, 366–367, 370–373, 384, 387, 389, 391, 393–395, 402–403, 406, 413, 415–417, 421, 425–426, 428–433, 435, 456–458, 460–461, 476, 498, 500, 523–525, 527
    evangelizados, 174, 231, 233, 238, 386
    teología, iii, xiv–xv, 90, 182, 343, 409, 444, 480
Samotracia, 322
Samos, 344, 402–403
Sanedrín, 7, 11, 91–93, 95, 97, 100–101, 112–117, 120, 124, 128–130, 132–133, 160, 162, 166–168, 238, 268, 304, 431, 438–440, 443–448, 451–452, 455, 458–464, 468–470, 475–476, 482–483
    membresía, 58, 92, 107, 175, 187, 227, 293
    Y Pablo, 14, 56, 247, 256, 281, 283, 286, 294, 297, 303–304, 309, 313, 328, 359, 362, 376, 398, 401, 415, 429, 434, 453, 464, 520
    y Pedro y Juan, 77–78, 80–81, 90–91, 93, 95–99, 112, 170, 173–174, 176, 178, 234, 294, 420
    y Esteban, 11–12, 88, 93, 121, 123, 125–138, 140, 142–144, 146–169, 187, 198, 201–203, 227, 230–231, 234, 238, 241, 263, 270, 290, 299, 314, 326, 350, 414, 426, 430, 434–435, 483–484, 497

571

Sanidad, 77, 79-80, 83, 91-93, 97-99, 101, 112, 126, 170-171, 204-206, 208, 221, 283-284, 344, 382, 485, 520-521
- por Pablo, 7-8, 106, 157, 175, 196, 203, 223, 229, 256, 270-271, 284, 287, 309, 316, 341, 348-350, 352, 364, 384, 390, 392, 399
- por Pedro, 78, 174, 185, 193, 219, 223, 229, 243, 269-270, 284, 303, 374
- por Felipe, 170, 174, 415-416

Santiago, hijo de Alfeo, 11, 13, 40-42, 48, 134, 158, 161, 163-166, 169, 173, 190, 200, 227, 230, 238, 241-242, 245, 247-248, 294-297, 303-309, 311-312, 419-421, 460

Santiago, hijo de Zebedeo, 11, 13, 40-42, 48, 134, 158, 161, 163-166, 169, 173, 190, 200, 227, 230, 238, 241-242, 245, 247-248, 294-297, 303-309, 311-312, 419-421, 460

Sardis (Sefarad), 57

Saúl, rey, xviii, 7, 26, 32, 68, 81, 83, 89, 99, 108, 111, 115, 119, 133, 139-143, 147, 149, 151-154, 156, 159, 161, 163, 171, 180, 194, 197-198, 220, 237-238, 240, 242, 248-249, 251, 261, 263-266, 269, 282, 292, 298, 306, 312, 316, 338, 352, 423, 454, 456, 465, 473-477, 479-480, 486, 489-491

Saulo de Tarso. *Ver* Pablo, 168, 186, 203, 234

Segundo, xv, 1-2, 4, 6, 28-31, 46-47, 69, 88, 108, 138, 143, 154, 162, 164, 195, 223, 241, 246, 249, 257, 259-260, 269, 284, 293, 311, 335-337, 342, 356, 366, 396, 398, 416, 431, 495, 497, 533

Seléucida (Pieria), 255, 371

Seleuco Nicátor, 371

Señor, Cena de, 28, 32-39, 42, 44-48, 51, 53, 60-63, 66-69, 71-74, 76, 80-82, 84, 87-88, 98-100, 102, 108-113, 126, 128, 144, 146, 150-152, 154, 157, 161-162, 164-166, 168-169, 173-174, 176, 178-182, 184, 186, 188-195, 197, 199-200, 202-205, 207, 211-212, 214-215, 217-220, 222-224, 228, 231-234, 238, 243-245, 249, 251, 253, 255, 257, 259, 266-267, 269, 274-275, 277-278, 280, 283, 289, 291, 298, 300-301, 303-306, 309, 313, 316, 318-320, 323-326, 329-332, 346, 350, 353, 359, 362-365, 373-374, 377-380, 385, 405-407, 409-411, 414, 417-418, 420, 432-435, 441, 444, 446-447, 456, 477-478, 483-485, 530-531, 533

Sergio Paulo, 257, 259

Shekhinah (nube de gloria), 38, 162

Sicilia, 508, 523

Sidón, 248-249, 495, 497-498, 524

Siervo de Dios, 83

Siete, los ("diáconos"), 37, 54, 62, 121-126, 169, 242-244, 257, 259, 263-264, 311, 324, 367,

370, 381–382, 389, 396, 408, 413, 415–416, 423, 425, 460, 491, 522

Silas (Silvano), 313

   y concilio de Jerusalén, 161, 208, 222, 225, 247, 293, 308, 423

   con Pablo, 6, 195, 281–282, 318, 341, 348, 382, 387, 392, 398–399, 421, 424–425, 431, 443, 453, 477, 497–498

   profeta, 46, 53, 60–62, 66–67, 82, 87–89, 134, 145–148, 150, 152, 154, 165, 170, 179, 181–183, 189, 195, 212, 220, 257–258, 263, 265, 273, 326, 417, 428, 485, 528

   ciudadano romano, 10, 15, 127, 235, 258, 315, 333, 364, 425, 429, 436–439, 444, 449–451, 464, 470–472, 474, 496, 528, 533

   y Tesalónica, 288, 309, 321–322, 335–341, 356, 363, 365–366, 381, 391, 396–397, 457, 470, 495, 497

Simeón de Jerusalén, 277

Simeón Niger, 253

Simón de Cirene, 57, 232, 246, 254

Simón el curtidor, 206, 213, 215

Simón el Mago, 164, 170–173, 176, 178, 247, 258

Simón el Zelote, 40, 41

Sinagoga de Hombres Libres, 127

Sinagoga servicio, 127

Siracusa, 384, 522–523

Siria, 16, 57, 59, 92–93, 119, 121, 137, 163, 187, 196, 200–202, 207, 231–232, 235, 237, 240, 260, 292, 308, 310, 313, 315, 318, 352, 369, 371, 373, 380, 396, 402, 413–415, 431, 441, 453, 465, 496, 498, 528

   iglesia en, 2, 14, 58, 78, 133, 167, 177, 233, 235, 290, 304, 318, 380, 403, 405

   judíos en, 41, 56, 58–59, 134, 231, 298, 319, 361, 370, 406, 421, 425, 433, 527–529, 531

   Pablo en, 3, 5, 8, 11–14, 16, 29, 31–32, 129–130, 136, 168, 188, 193–194, 196, 198, 201–203, 222, 229, 235, 256, 259–260, 262, 270–271, 273, 278, 281, 287, 294–295, 306, 309, 314, 324, 330, 334, 341, 345–348, 354, 358, 361, 363–364, 371, 374–375, 379, 382, 385–388, 397, 399–400, 404, 410, 414, 417, 419, 422, 425, 430–434, 438, 446, 452, 457, 461, 477, 483, 485–486, 493–494, 497, 516, 529, 532–533

Sirtis (arenas movedizas), 509

Sópater, 341, 396, 398

Sóstenes, 366, 368

Tabernáculo, 38, 135–136, 145, 148–150, 152–154, 303, 306

Tabita, 205–206

Tadeo, 41

Tarso, 16, 117, 120, 127, 166, 168, 186, 192–193, 199, 201–203, 233–235, 333, 342, 344, 428–431, 435, 438, 449, 480

Temerosos de Dios, 55, 209–210, 256, 262, 268, 274, 276, 278,

280–281, 287, 307, 335–336,
341–343, 362, 403

definición, 495

mujeres, iii, 32, 36, 40, 42, 52,
59–60, 78, 84, 91, 111, 147,
167, 171, 183, 186, 213, 218,
275, 278, 287–288, 306,
323–325, 329, 335–336, 339,
341, 343–344, 352–353, 430,
486, 508

Templo, 7, 9, 38, 49, 51, 54, 59,
61, 69, 74–79, 81, 90–92, 106,
111–114, 117, 120, 125–130,
134–136, 146, 149–150,
152–155, 161–165, 169, 187,
191, 194, 202–203, 216, 244,
247, 284–285, 350, 360,
369–370, 388–390, 393–394,
420, 422–427, 434, 437, 439,
442, 447, 451–452, 455–456,
458–463, 469–470, 479, 482,
485, 487

Destrucción, 9, 65, 78, 85, 95,
108–109, 118, 127, 129–130,
134, 154, 169, 199, 250, 279,
298, 355, 427

y gentiles, 7–8, 10, 16, 23, 27,
32, 37, 44, 47, 55–56, 62,
64, 73, 78, 87, 89, 99–100,
110, 121, 152–153, 156, 161,
169, 184, 192–193, 195, 198,
202–203, 207–210, 213–214,
216–218, 220, 222–227, 230,
232–235, 237–239, 242, 247,
254, 256, 262, 268–269,
274–278, 280–281, 287–288,
291–308, 310–312, 314,
317–318, 324, 326–327, 336,
343, 346, 356, 362–363, 367,
371–372, 386–387, 397, 401,
405, 417–426, 434–436, 458,
462, 464, 466, 470, 473, 477,
483–488, 529–531

sanidad en, 83, 520

nuevo, i–iii, xiii–xv, 1–3, 10, 19,
32–33, 42, 45, 47, 51–52, 54,
60, 71–72, 74, 82–83, 85–86,
92, 94, 97, 101, 110, 113, 117,
120–121, 124, 126, 130, 137,
141, 149, 153–154, 157, 159, 161,
166–169, 175, 182, 185–188,
193, 196, 201, 204, 208, 216,
226, 228–230, 232–235,
245–246, 249, 255–256,
263, 266, 269, 271, 273–274,
277, 290, 303, 305, 307,
310, 313–315, 345, 354, 372,
379–380, 389, 403, 405, 408,
411, 414, 428–429, 433, 456,
458, 461–462, 467–468, 470,
474, 483, 497–498, 515, 531

visión de Pablo en, 434

policía, 90, 112, 114, 191, 246,
458, 491

reconstrucción, 200, 253, 533

tumulto en, 461

de Salomón, 38, 76, 80–81, 90, 94,
110, 112, 136, 152–154, 162,
169, 266, 417

visión de Esteban, amenazado, 135,
159, 161, 367

culto en, 147, 389, 445

Teófilo, 1, 5–6, 10, 12, 28–29

Tértulo, 455–456, 458–460,
463–464, 469–470, 480

Tesalónica, 288, 309, 321–322, 335–341, 356, 363, 365–366, 381, 391, 396–397, 457, 470, 495, 497

evangelización, 16, 55, 121, 125, 184, 202, 218, 222, 230, 234–235, 256, 260–261, 278, 281, 292, 294, 297, 309–310, 314, 335, 360, 364, 367

historia, xiii–xiv, 1–2, 5, 10–11, 14–15, 26, 28–29, 32–33, 39, 42, 45–47, 63, 79, 88, 90, 92, 104–106, 108, 120, 123, 125, 134, 136, 138, 147, 155, 158, 161, 163, 165, 174, 177–179, 182, 186–187, 190–191, 195, 203, 207–208, 212, 216, 218–219, 227–229, 232, 245, 247, 256, 264, 269, 271, 285, 287, 291, 301, 304, 313–314, 321–322, 334, 352, 367, 369, 373–374, 380, 388, 416, 426, 428, 438, 457, 472, 477, 493–494, 497, 519–521, 529

Judíos en, 41, 56, 58–59, 134, 231, 298, 319, 361, 370, 406, 421, 425, 433, 527–529, 531

Pablo en, 3, 5, 8, 11–14, 16, 29, 31–32, 129–130, 136, 168, 188, 193–194, 196, 198, 201–203, 222, 229, 235, 256, 259–260, 262, 270–271, 273, 278, 281, 287, 294–295, 306, 309, 314, 324, 330, 334, 341, 345–348, 354, 358, 361, 363–364, 371, 374–375, 379, 382, 385–388, 397, 399–400, 404, 410, 414, 417, 419, 422, 425, 430–434, 438, 446, 452, 457, 461, 477, 483, 485–486, 493–494, 497, 516, 529, 532–533

politarcas, 366

Testigos, 4–5, 34, 36–37, 39, 43, 56, 59, 66–67, 75, 81, 90, 92, 98, 114, 116, 128–130, 133, 161–164, 168, 188, 194, 217, 221, 229, 242, 251, 259, 266–267, 269, 271, 275, 295, 303, 308, 329, 346, 388, 396, 406, 421, 432, 458, 463, 469–470, 473, 485, 490, 512–513

falsos, 3, 128–130, 294, 297, 405, 409, 422

Testimonio, 1–2, 6, 10, 13, 15, 36–37, 39, 45–46, 65, 67–68, 73–75, 87–89, 95–96, 101–102, 110, 116, 120, 129, 134, 150–151, 154–155, 157, 160, 167, 170, 174, 182, 184, 196, 202, 219, 221–222, 242, 245, 263, 265, 281, 286–287, 291, 294, 301, 307, 309, 316, 326, 339, 364–365, 386, 397, 408, 429, 433–435, 440, 446–447, 464, 487–488, 490, 508, 524, 528–530, 533

de los apóstoles, xiii–xiv, 1, 3, 10, 17–19, 21–23, 25, 31, 34, 40–42, 46–48, 59, 68, 72–75, 77–78, 85, 90–91, 97, 100, 102–105, 107, 110–114, 121, 161, 164, 166, 171, 174, 176, 178, 194, 219, 222, 227, 237, 241–242, 280, 293, 300–301, 310, 316

del Espíritu Santo, 11, 28, 30–31, 35–36, 47, 49, 51–52, 66–67, 69–72, 91, 99, 101, 106, 121, 123, 126, 131, 157, 160,

575

174, 183–184, 195, 214, 223, 233–234, 253, 257, 275, 291, 302, 312, 378–379, 386

de los profetas sobre Cristo, *ver* testimonios Mesiánicos, 45, 94, 529

Teudas, 116, 118–119

Tiatira, 323–324

Tiberio, emperador, 10, 29, 41, 167, 170, 185, 227, 231, 236, 238, 240, 249–250, 257, 290, 319, 323, 336, 338, 340, 361–362, 366, 370, 441, 451, 453, 457, 470–474, 491–492, 496, 518, 525

Timoteo, 287, 316–318, 321, 327, 334–335, 340–341, 363, 386–387, 396, 398, 422, 512

y Pablo, xiv–xv, 1–16, 25, 29, 31–33, 36, 39, 47–48, 52–53, 55–56, 58–59, 65, 67, 70–71, 85–86, 89, 94, 106, 108, 115, 117, 120, 127, 129–130, 135–136, 139, 147, 157, 163–164, 166, 168, 172, 175, 184, 186, 188, 190, 193–203, 210, 221–223, 227, 229, 232–233, 235–238, 244, 246–247, 251, 254, 256–263, 268–278, 280–300, 303–304, 306–393, 395–440, 442–453, 455–498, 500–502, 507–533

Tirano, 343, 380–381, 388, 406

Tiro, 171, 248–249, 406, 413–415, 417, 498

Tito Flavio Clemente, 29

Tito Justo, 364

Tito, 10, 29, 253, 317, 363–364, 397, 399, 425, 475

Tres Tabernae ("Las Tres tabernas"), 524

Troas (Alexandria Troas), 320

Trófimo, 396, 398, 425

Trogyllium, 402

Ur de los Caldeos, 137–138

Valletta, 514–515

Vía Egnatia, 322, 326, 334, 335, 340

Visiones, 60–62, 243, 352, 365

de Cornelio, 175, 196, 207–211, 213–214, 216, 218–219, 223, 229–230, 268, 297, 302–303, 307

de Pablo, xiv, 1–5, 7–16, 25, 29, 31–32, 36, 39, 48, 55, 58, 70, 85–86, 89, 108, 115, 130, 136, 190, 193, 196–199, 201, 210, 221–222, 232, 235–237, 254, 260, 262–263, 270–278, 282, 284, 287, 290–291, 293–295, 297–299, 307–309, 311, 314–315, 318–319, 321, 324, 329–330, 333–334, 336, 339–341, 345–348, 350–351, 353–354, 356–358, 360–362, 364–365, 367, 369, 371, 373, 375–376, 378–380, 382, 384–388, 391–393, 397–401, 404–406, 410–411, 414, 416–418, 421–425, 427, 429–438, 440, 442–453, 455, 457, 459, 461, 463–473, 475, 477–478, 480–488, 490–494, 497–498, 500–502, 507, 511–512, 515, 519, 521, 524–525, 527–533

de Pedro, 3, 5, 13–14, 46, 51,
60–65, 67–70, 73–75, 78,
80–81, 83–88, 90, 105–106,
108, 111–113, 115, 131,
172–174, 177–178, 204, 206,
208, 212–213, 215–216,
218–220, 222, 224, 226–230,
240, 242–248, 268, 270–271,
296–297, 301, 303–307, 314,
330, 380, 383, 419, 435
de Esteban, 11–12, 88, 125–130,
132–138, 140, 143–144,
148–149, 153–164, 166–168,
202–203, 231, 238, 241, 263,
270, 299, 326, 350, 414, 435,
483–484, 497

Voto nazareo, 369, 422, 423, 475

Zacarías, hijo de Joiada, 46, 126, 135, 165

Zacarías, padre del Bautista, 46, 126, 135, 165

Zelotes, 41, 119, 448, 468

Zeus (Júpiter), 285, 353

Zodiaco, doce signos del, 55

Zoroastrismo, 246, 445

ÍNDICE DE AUTORES

Aberle, M. V., 29
Abrahams, I., 19, 136, 261–263
Achilles Tatius, 497
Acworth, A., 504, 518
Adler, N., 174
Aeschylus, 285, 357
Agustín de Hipona, 44, 57, 181, 188, 484
Alexander, L. C. A., 5, 16, 29, 251, 360
Alford, H., 16, 278
Allen, R., 14–15, 23, 291
Alzinger, W., 370
Ambrosio de Milán, 181
Anaxilas, 385
Andresen, G., 291
Apio, 476, 511, 522
Appasamy, A. J., 190–191, 245
Applebaum, S., 367
Arato, 346, 353
Arator, 160
Aristóteles, 342, 505
Artabano, 142, 143
Atenea, 357
Aune, D. E., 14, 237
Avi-Yonah, M., 453
Avigad, N., 244

Bacchiocchi, S., 400
Bacon, B. W., 133, 270–272, 347
Ballance, M., 290
Balmer, H., 495
Bammel, E., 162, 293
Bammer, A., 389
Baring-Gould, S., 334
Barnard, L. W., 133, 374
Barnes, T. D., 347
Barnett, P. W., 429
Barr, J., 36
Barrett, C. K., iii, xiv, 6, 12, 19, 40, 160, 172, 177, 181, 291, 293, 296, 311, 346, 374, 380, 404, 495, 512
Barth, K., xv, 72
Bartlet, J. V., 16, 416, 491, 532–533
Bauer, W., xvii, 373
Bauernfeind, O., 16, 86
Bauman, R. A., 338
Baur, F. C., xiv, 19, 421
Bean, G. E., 498
Beasley-Murray, G. R., 33, 72
Beckwith, R. T., 400
Bede of Jarrow, 437
Behm, J., 174
Bell, H. I., 16, 373

Índice de autores

Bengel, J. A., 16, 31, 160, 265, 305, 356, 410, 533
Benndorf, O., 370
Benoit, P., 38, 427
Bentley, R., 57
Bentzen, A., 183
Berger, K., 463
Bernard, J. H., 38, 241
Bernard, T. D., 19, 426
Bertram, G., 65
Betz, O., 86, 385, 434
Beyer, H. W., 16, 295
Beyschlag, K., 172
Beza, T., 127
Bickerman, E. J., 236
Bieler, L., 215
Bieneck, J., 197
Bihler, J., 133
Bion of Soli, 180
Bishop, E. F. F., 19, 57, 408
Black, M., xviii, 19–20, 63, 182
Blackman, E. C., 2
Blass, F., xvii, 16, 20, 111, 226, 267, 316, 322, 374, 396, 419, 480, 486, 519
Blinzler, J., 162
Blunt, A. W. F., 16, 105
Böcher, O., 53, 434
Bonsirven, J., 311
Boobyer, G. H., 38
Bornhäuser, K., 20, 75, 125
Bornkamm, G., 340
Borsch, F. H., 159
Bovon, F., 530

Bowker, J. W., 264, 306
Bradeen, D. W., 345
Brandon, S. G. F., 373
Brassac, A., 367
Bratcher, R. G., 191
Breusing, A., 495
Brice, W. C., 138
Brierre-Narbonne, J. J., 183
Brinkman, J. A., 55
Brock, S. P., 103
Broneer, O., 360
Broughton, T. R. S., 260, 320
Brown, C., 5, 20, 43, 64, 232, 280, 527–528
Brown, R. E., 5, 20, 43, 64, 232, 280, 527–528
Brown, S., 5, 20, 43, 64, 232, 280, 527–528
Browne, L. E., 17, 106, 131, 201–202, 245, 252
Browning, R., 344
Bruce, F. F., 17, 31, 46, 57, 88, 94, 157, 200, 214, 239, 248, 281, 294, 334, 387, 453, 526
Büchler, A., 261
Buck, C. H., 239, 463
Buckler, W. H., 285
Bullinger, E. W., 160
Burkitt, F. C., 20, 55, 57–58, 314
Burridge, W., 515
Burton, E. D., 337

Cadbury, H. J., 5, 18, 20, 28–29, 36, 122, 139, 150, 168, 199, 204, 206, 254, 259, 271, 321, 340,

347, 381, 391, 436, 467, 469, 480, 505–506, 519, 530–532
Caird, G. B., 44
Cairns, D. S., 64
Calder, W. M., 260, 283, 285, 319, 372, 438
Callimachus, 352–353
Callixenus, 505
Calvino, J. page xv
Capper, B. J., 107
Carroll, K. L., 445
Casey, M., 159, 172, 260
Casey, R. P., 159, 172, 260
Casson, L., 495
Catchpole, D. R., 162, 293, 309
Cato, M. Porcius, 60
Chadwick, H., 387, 494
Chapman, J., 20, 43, 415
Chase, F. H., 20, 43, 51, 223, 267, 269, 344, 404, 531
Cheyne, T. K., 154
Chilton, B. D., 33, 338
Chilton, C. W., 33, 338
Cicerón, 282, 328, 333, 340, 345, 346, 394, 521, 524
Clark, A. C., xx, 1, 17–18, 20, 24, 26
Clarke, W. K. L., 311, 330
Claudius, 24, 235, 238, 250, 290, 337, 361, 367, 454, 523
Clement of Alexandria, 373
Clemente de Rome, 48
Cleón, 345
Clermont-Ganneau, C. S., 345
Clines, D. J. A., 183

Coggins, R. J., 170
Cole, R. A., 51, 126, 155
Colpe, C., 159
Constantino VII Porphrogenitus, 518
Conybeare, F. C., 164, 166, 402
Conzelmann, H., xiii–xiv, 17, 20, 322, 346, 409, 424, 467, 480, 494, 520, 532
Cook, A. B., 320, 326, 394, 402
Cook, J. M., 320, 326, 394, 402
Coppens, J., 159
Cormack, J. M. R., 337
Corssen, P., 416
Coverdale, M., 122
Cowper, W., 144
Crisipo, 456
Crisóstomo, 57, 80, 191, 231, 259, 331, 352, 358, 392, 414, 418, 436, 449
Cullmann, O., 20, 33, 72, 82, 106, 110, 170, 183–184, 295, 300, 303, 400
Cumont, F., 55
Curtius, E., 346
Cyprian, 94, 255

Dahl, N. A., 305, 404
Dalman, G. H., 54, 92, 159, 183, 188–189, 432
Darby, J. N., 160
Davies, J. G., 20, 53, 59, 187, 302
Davies, P. R., 20, 53, 59, 187, 302
Davies, W. D., de Boor, C., de Bruyne, D., 20, 53, 59, 187, 302
De Lorenzi, L., 461, 463

Índice de autores

de Zwaan, J., JI,, 10, 19, 293, 318, 355
Deissmann, A., de Leeuw, V., 20, 103, 127, 326, 349, 362, 382–383, 385–386, 390, 403, 478
Demóstenes *(orador)*, 345
Demóstenes, 211, 344
Denney, J., 38
Dibelius, M., xiii–xiv, 10, 15, 20, 57, 100, 111, 127, 208, 212, 218, 227, 229, 287–288, 293, 295, 330, 346, 348, 351, 355–356, 404, 438, 494, 520
Dídimo de Alejandría, 349
Dillistone, F. W., 211
Dindorf, G., 56
Dinkler, E., 177, 291, 368, 494
Dio Cassius, 180, 237, 338, 366, 475
Dio Crisóstomo, 352
Diógenes Laertius, 349, 352
Dix, G., 174
Dockx, S., 239, 533
Dodd, C. H., 9, 21, 33, 45, 88, 94, 159, 182, 219–220, 270–271, 273, 488, 530
Doeve, J. W., 263–264
Dostoyevsky, F., 189
Downey, G., 232
Drane, J. W., 172
Driver, G. R., 62, 183
Driver, S. R., 62, 183
Drummond, A. L., 53
Dubarle, A.-M., 346
Duff, A. M., 127
Duhm, B., 154
Dumais, M., 273

Duncan, G. S., 21, 29, 386, 395, 397
Dunham, A. G., 403
Dunn, J. D. G., iii, 21, 49, 72, 296, 309, 424
Dupont, J., xiv, 14, 17, 21, 239, 252, 305, 404

Easton, B. S., 21, 434
Efrén el Sirio, 50, 286, 289, 405
Ehrhardt, A., 11, 15, 21, 172, 176–178, 201, 209, 373, 375, 378
Eisler, R., 361
Eissfeldt, O.
Eissfeldt, O., 149
Eleazar ben Pedath, 50
Ellis, E. E., 6, 21
Eltester, W., 293, 346
Emerson, R. W., 317
Enslin, M. S., 14
Epictetus, 300
Epiménides de Creta, 349, 352, 353
Erasmo, D., 179, 188
Estrabón, 180, 184, 185, 202, 232, 259, 260, 290, 348, 389, 402, 498, 509
Eupolemo, 143
Euripides, 394
Eusebio de Cesárea, 15, 47, 142, 143, 158, 164, 219, 231, 237, 242, 248, 329, 357, 399, 416, 467

Farrar, F. W., 444, 463
Farstad, A. L., 179, 455
Fascher, E., 183
Fasholé-Luke, E. W., 346

Feldman, L. H., 209
Feret, H. M., 295
Fergusson, J., 389
Field, F., 21, 322, 415, 436-437, 476
Fielding, X., 503
Filón de Alejandría, 136, 298
Findlay, J. A., 17, 118, 416, 418
Fink, R. O., 209
Finkel, A., 117
Finkelstein, L., 21, 49, 117
Finley, M. I., 8
Finn, T. M., 209
Firmilia, 283
Fitzmyer, J. A., 6, 21, 115
Flemington, W. F., 72
Flender, H., 11, 21
Flusser, D., 172
Foakes-Jackson, F. J., xvii, 17, 21, 58, 108, 133, 172, 208, 218, 317
Foss, C., 370
Fridrichsen, A., 40, 133
Fuks, G., 209
Fuller, R. H., 31
Funk, R. W., xvii, 239

Gager, J. G., 143
Gapp, K. S., 238
Gardner, P., 271, 347, 404
Garnsey, P., 472
Garofalo, S., 463
Gärtner, B., 287, 347
Gasque, W. W., 21, 40, 290, 424
Geagan, D. J., 342, 345
Georgi, D., 463

Georgios Hamartolos, 241
Geyser, A. S., 318
Gibson, M. D., 352
Giles, K. N., 203
Ginzberg, L., 187
Glasswell, M. E., 346
Gnilka, J., 159
Gomme, A. W., 393
Goodspeed, E. J., 14, 364
Goulder, M. D., 22, 177
Gourgues, M., 22, 68
Graves, R., 108, 339, 361, 457, 469-470, 532
Gray, J., 33
Green, E. M. B., 22-23, 26, 202
Griffith, G. T., 336
Grundmann, W., 162
Gschnitzer, F., 337
Guilding, A., 264
Guthrie, W. K. C., 389

Haacker, K., 53, 367, 434
Haenchen, E., xiv, 5, 17, 160, 274, 293, 322, 382, 424, 446, 460, 477, 494, 520, 524
Hagner, D. A., 367
Hahn, F., 69, 295, 297
Halstead, S., 343
Hammond, N. G. L., 17, 322
Hanson, A. T., 17, 45, 408, 488, 495, 530
Hanson, R. P. C., 17, 45, 408, 488, 495, 530

Índice de autores

Harnack, A. von, 2–3, 9, 22, 79, 206, 272, 321, 340, 346, 362, 404, 415–416, 497, 521

Harris, J. R., 45, 94, 165, 293, 367, 488, 518, 530

Harris, M. J., 45, 94, 165, 293, 367, 488, 518, 530

Hart, J. H. A., 374

Harvey, A. E., 197, 220, 251, 317

Harvey, C. C., 197, 220, 251, 317

Hauck, F., 311

Hawkins, J. C., 321

Hay, D. M., xv, 4, 8–9, 11–12, 14–16, 35–36, 39, 41, 47, 50, 52, 57, 59, 61, 63, 67–68, 72, 77, 80–81, 83, 85, 92–95, 99–100, 105, 107–109, 119–120, 123, 125–127, 150, 156–157, 159, 161–162, 164–166, 174, 179, 181–183, 188–189, 191–192, 196, 201, 207, 209, 213, 224, 227–228, 230, 235, 237, 244, 250, 254–255, 257, 264, 267, 272–273, 278, 286, 288, 290, 294, 310, 312, 314, 317–318, 324, 327, 336, 341, 346, 349–358, 361–362, 364, 368, 372, 376–379, 382, 384, 386, 388, 393–394, 396, 400, 402, 405, 411, 419–420, 423, 431, 441–442, 450, 457, 459–462, 467–469, 473, 477–479, 481, 484, 503, 505, 507, 509–510, 512–515, 519, 529–531

Heberdey, R., 390–391

Hegesippus, 241

Heinemann, J., 261

Helly, B., 337

Helvidius, 42

Hemer, C. J., 258, 319–320, 324, 345–346, 367, 370, 453, 495, 498, 500, 503–504, 518–520, 523

Hengel, M., xv, 5, 22, 41, 86, 88, 122, 164, 167, 170, 197, 234, 237, 246, 299, 303, 307, 317, 415, 420, 453

Henley, W. E., 343–344

Hepding, H., 349

Herodian, 394

Herodotus Medicus, 505

Herodotus, 505

Heth, W. A., 311

Heumann, C. A., 29

Hick, J., 177

Hickling, C. J. A., 492

Hicks, E. L., 390

Hierax, 282

Higgins, A. J. B., 159, 181

Hilario, 267

Hilgenfeld, A., 17, 111

Hill, D., 237

Hinneberg, P., 347

Hipólito, 101, 171

Hobart, W. K., 22, 79, 206

Hock, R. F., 22, 361

Hodges, Z. C., 22, 179, 455

Hoey, A. S., 209

Hofius, O., 200

Hogarth, D. G., 389

Holl, K., 463

Holladay, C. R., 215

Holtz, T., 22, 133, 293

Holtzmann, H. J., 17, 493

Homero, 184, 324, 329, 389, 403, 493

Hommel, H., 346

Hooke, S. H., 31, 94

Hooker, M. D., 82, 159, 181

Horace, 522, 524

Horbury, W., 445

Hort, F. J. A., 22, 28, 99, 110, 150, 203, 267, 274, 310, 321, 407, 481, 489

Howard, J. K., iii, xv, xx, 35, 72, 376

Howard, W. F., iii, xv, xx, 35, 72, 376

Hubbard, B. J., 62

Humphreys, C. J., 62

Hunt, B. P. W. s,, 45, 94

Hunter, A. M., 22, 30

Iamblichus, 75, 285

Ignacio, 48, 222, 410

Iliffe, J. H., 426

Irineo, 3, 80, 123, 124, 171, 184, 246

Isho'dad, 352

Jacquier, E., 17, 46

Jeremías, J., 46, 103, 110, 148, 153, 156, 195, 238, 266, 421, 485

Jerónimo, 42, 56, 57, 156, 237, 349, 438, 467

Jervell, J., 15, 22, 404, 486

Jewett, R., 22, 239, 295, 441

Jocz, J., 115

Johnson, S., 190

Johnston, G., 110

Jones, A. H. M., 22, 133, 240, 283, 333, 471–472, 475

Jones, M., 22, 133, 240, 283, 333, 471–472, 475

Jonson, B., 389

José ben Halafta, 50

Josephus, xvii–xviii, 23, 118, 249, 394

Judge, E. A., 22, 160, 310, 338, 340, 361, 373, 451

Justino Mártir, 4, 35, 170, 171, 178, 282

Juvenal, 58, 232, 475

Kahle, P. E., 138

Käsemann, E. xiv, 374, 380

Keble, J., 55

Keck, L. E., 22, 196, 272, 346, 409

Kee, H. C., 284

Keil, J., 370

Kelly, J. N. D., 17, 160, 408, 442, 444, 512, 533

Kelly, W., 17, 160, 408, 442, 444, 512, 533

Kennedy, J. H., 22, 386

Kent, J. H., 387

Kenyon, F. G., 23, 382

Kilgallen, J., 133

Kilpatrick, G. D., 155

Kim, S., 159, 190

Kimelman, R., 445

Klausner, J., 23, 99, 105–106, 136, 162, 189, 431, 449, 465

Klein, G., 291

Kleiner, G., 403

Klijn, A. F. J., 83, 133

Klostermann, A., 23, 103, 258
Knauf, E. A., 198
Knibbe, D., 370
Knox, J., 1, 4, 16, 23, 57, 239, 294–295, 310, 331, 346, 354–355, 371, 397, 412, 463
Knox, W. L., 1, 4, 16, 23, 57, 239, 294–295, 310, 331, 346, 354–355, 371, 397, 412, 463
Köster, A., 495
Kraabel, A. T., 209
Kramer, F. J., 69, 457
Kramer, W., 69, 457
Krantz, E. S., 493
Kremer, J., 23, 172, 293, 404, 492
Krenkel, M., 23, 118
Kretschmar, G., 49
Kuhn, K. G., 209, 274
Kuhnert, E., 385
Kukula, R. C.
Kukula, R. C., 389
Küng, H., 110
Kutscher, E. Y., 54

Lachmann, K. K. F. W., 267
Lackmann, M., 287
Ladd, G. E., 33
Lake, K., xvii, 18, 21, 23, 36, 53, 139, 150, 168, 198–199, 259–260, 274, 293, 301, 320, 341, 343, 353, 372, 381, 391, 436, 467, 469, 480, 505, 519, 530, 532
Lambrecht, J., 404

Lampe, G. W. H., 23, 37, 43, 45, 59, 71–72, 126, 168, 174–175, 184, 195, 223, 237, 374–375, 380, 462
Laourdas, B., 337
Lapide, C., 79
Lawrence, T. E., 518
Leon, H. J., 58, 527
Levick, B., 260, 283
Levine, L. I., 185
Lietzmann, H., xiv, xix, 10, 23, 293, 295–297, 309, 423
Lightfoot, J. B., 23, 43, 219, 294, 408, 415
Lincoln, A. T., 49
Lindars, B., 45, 159, 488, 530
Lindsay, T. M., 408
Linton, O., 200
Lisco, H., 386
Livy, 323, 348, 394
Lloyd, S., 138
Lofthouse, W. F., 35, 116
Lohmeyer, E., 23, 44, 183
Lohse, E., 11, 183
Loisy, A., 18, 371, 449
Lösch, S., 250
Lövestam, E., 73
Loyd, P., 23, 52
Luciano, 251, 349, 497
Luckock, H. M., 395
Lüdemann, G., 16, 23, 100, 203, 239, 367, 371
Lundström, G., 33
Lutero, M., 122, 376, 484
Lyttelton, G., 190

Macdonald, D. B., 88, 148, 170
Macdonald, J., 88, 148, 170
Machen, J. G., 232
Macurdy, G. H., 475
Madden, F. W., 467
Magie, D., 370, 392, 394
Maimonides, M., 308
Makaronas, C., 337
Mann, J., 261
Manson, T. W., 9, 24, 135, 151, 155, 159, 161, 181, 294–295, 341, 376, 408, 445
Manson, W., 9, 24, 135, 151, 155, 159, 161, 181, 294–295, 341, 376, 408, 445
Marción de Sinope, 2, 302
Marsh, H. G., 72
Marshall, I. H., xv, 6, 18, 24, 29, 34, 49, 84, 119, 122, 158
Martial, 381, 531
Martin, R. P., 21, 40, 290, 400, 424
Martyn, J. L., 22, 196, 272, 346, 409
Marxsen, W., 44
Mason, A. J., 174
Mastin, B. A., 383
Mattill, A. J., 24, 424
Mayor, J. B., 1, 7, 15, 43, 47, 54, 70, 72, 89, 94–95, 101, 107–108, 115, 138, 157, 169, 197, 209, 226, 228, 250, 273, 275, 282, 289, 292, 304, 312, 317, 321, 331, 334, 344, 372, 375, 377, 385, 398, 431, 448, 456, 460, 472, 474–475, 496, 499, 506, 513, 520
McGregor, M. F., 345

McKelvey, R. J., 129
McLach1an, H.
McLachlan, H., 23, 392
McNeile, A. H., 201
Meeks, W. A., 232, 404
Meier, J. P., 20, 232
Meinardus, O. F. A., 518
Menander, 327
Menoud, P. H., 75, 105, 309
Merrins, E. M., 250
Metzger, B. M., 38, 56, 184, 385
Meyer, E., xiv, xix, 18, 24, 106, 198, 250, 346–347, 415
Meyer, H. A. W., xiv, xix, 18, 24, 106, 198, 250, 346–347, 415
Meyshan, J., 250
Michaelis, W., 386
Michel, H.-J., 86, 404
Michel, O., 86, 404
Miles, G., 56, 249, 419, 520
Milligan, G., xx, 235, 365, 388, 533
Mills, W. E., 53
Miltner, F., 370
Minucio Felix, 349
Mitton, C. L., 404
Moffatt, J., xx, 151, 267, 280, 488, 533
Molland, E., 373
Momigliano, A. D., 24, 290
Mommsen, T., 525
Montefiore, H. W., 376
Moore, G. F., 174
Morgan, G. C., 24, 48
Morgenstern, J., 250

Moule, C. F. D., 99, 122, 129, 154, 159–160, 162, 165, 196, 256, 400, 405, 409
Moule, H. W., 99, 122, 129, 154, 159–160, 162, 165, 196, 256, 400, 405, 409
Moulton, J. H., xx, 171, 191, 229, 235, 246, 313, 351, 365, 378, 388, 407, 459, 466, 480, 533
Mowinckel, S., 182
Müller, P.-G., 293
Munck, J, xiv, 18, 24, 134, 295, 404, 421, 530
Mundle, W., 133
Murphy-O'Connor, J., 316, 360, 367
Myres, J. L., 257

Naber, S. A., 505, 513–514
Nauck, W., 346
Nestle, E., xx, 280, 382, 488
Neubauer, A., 54, 183
Neusner, J., 117
Newton, J., 507
Nickle, K. F., 463
Nineham, D. E., 219
Noack, B., 50
Nock, A. D., 24, 258, 326, 346, 421, 502
Norden, E., 24, 345–347, 349
North, C. R., 182, 220, 300, 485
North, J. L., 182, 220, 300, 485

O'Brien, P. T, 43
O'Neill, J. C., 4, 24
Oepke, A, 43

Ogg, G, 24, 239, 290
Ogilvie, R. M., 503
Oliver, J. H., 337, 367
Orchard, B., 294
Origen, xiv, 4–5, 51, 100, 116, 123, 129, 148, 172, 219, 227, 257, 311, 351, 356, 383, 394, 518
Orosius, 237
Osborne, H., 441
Otto, R., 33, 74, 86, 149
Ovid, 285
Owen, H. P., 160, 346

Pablo de Alejandría, 55, 58
Pallis, A., 24, 111
Papías de Hierápolis, 241, 381, 416
Parratt, J. K., 380
Paul, G. J., 256
Paulus, 15, 23, 26, 55, 239, 241, 250, 257, 287, 293–295, 297, 338, 340, 346, 386, 404, 434, 463, 471, 486, 495, 512
Pauly, A. F., xxi, 390
Pausanias, 348–349
Peake, A. S., 241, 372
Pedersen, S., 15
Perrin, N., 33
Pesch, R., 18, 159
Pherigo, L. P., 533
Philip of Side, xix
Philostratus, 349
Pickering, S. R., 373
Pierson, A. T., 24, 31
Plassart, A., 367, 500

Plato, 441
Plinio el Joven, 472, 483, 525, 531
Plinio el Viejo, 286, 505, 522
Plooij, D., 29
Plümacher, E., 4, 24, 405
Plutarch, 345
Podro, J., 361
Pohlenz, M., 346
Polibio, 208, 521
Polycarp, 392, 418
Powell, B., 362
Preisendanz, K., 383, 385
Preisker, H., 374
Proclo el Montanista, 416
Ptolemeo *(geógrafo)*, 509, 510
Pusey, K., 59

Quinn, J. D., 30

Rabin, C., 306
Rackham, R. B., 9, 18, 52, 308, 411, 443
Ramsay, W. M., xviii, 10, 25, 30, 140, 172, 202, 243, 247, 253, 256, 259–260, 278–280, 282–284, 289–290, 316–317, 320, 324, 331–332, 339, 343, 345, 357–358, 362, 364, 366, 369–370, 372, 377, 386, 391–395, 397–399, 401, 403, 418–419, 438, 443, 466, 486, 497–498, 501–502, 507, 515, 519, 521–525, 531–533
Ramsey, A. M., 38
Regul, J., 3

Reicke, B., 25, 285, 293, 295, 374, 380, 512
Reifenberg, A., 467
Reitzenstein, R., 25, 112, 330, 346
Renan, E., 334
Rengstorf, K. H., 40
Renié, J., 506
Repo, E., 187
Richardson, A., 64
Ridderbos, H. N., 33, 201, 294
Riesenfeld, H., 38
Rivkin, E., 117
Roloff, J.
Robbins, Y. K., 495
Robert, L., 394
Roberts, C. H., 326, 373
Robertson, J. A., 200
Robinson, D. F., 9, 25, 38, 85, 94, 170, 183, 247, 309, 378, 464
Robinson, D. W. B., 9, 25, 38, 85, 94, 170, 183, 247, 309, 378, 464
Robinson, H. W., 9, 25, 38, 85, 94, 170, 183, 247, 309, 378, 464
Robinson, J. A. T., 9, 25, 38, 85, 94, 170, 183, 247, 309, 378, 464
Robinson, J. A., 9, 25, 38, 85, 94, 170, 183, 247, 309, 378, 464
Roloff, J. xv, 18
Ropes, J. H., 18, 25, 150, 267, 321
Rordorf, W., 400
Rosenthal, F., 54, 429
Ross, J. M., 57
Rossner, M., 392
Rostovtzeff, M., 499, 502

Índice de autores

Rowland, C., 189
Rowley, H. H., 59, 146, 148, 182, 277

Sa'adya Ga'on, 461
Safrai, S., 25, 187, 367
Salmon, G., 172, 226, 256, 419
Samarin, W. J., 53
Sanders, E. P., 25, 302, 445
Scharlemann, M. H., 134
Schechter, S., 187
Schermann, T., 156
Schille, G., xv, 18
Schlatter, A., 18, 460
Schlier, H., 297
Schmid, W., 346
Schmidt, K. L., 86, 110, 219
Schmidt, P., 86, 110, 219
Schmithals, W., 256
Schnackenburg, R., 33, 40, 159
Schneckenburger, M., 25, 424
Schneider, G., xv, 18, 291, 408
Schoeps, H.-J., 25, 88, 134, 148, 150, 156, 164, 166, 172
Schrenk, G., 346
Schubert, K., xiv, 162, 409
Schubert, P., xiv, 162, 409
Schuler, C., 337
Schulz, F., 311, 333
Schulz, S., 311, 333
Schürer, E., xxi, 26, 58-59, 78, 90-92, 117-118, 127, 136, 198, 209, 240, 261, 302, 324, 367, 467, 471, 474-475, 527
Schütz, J. H., 26, 40, 44

Schütz, R., 26, 40, 44
Schwank, B., 367
Schwartz, E., 198, 241, 250
Schweitzer, A., 346
Schweizer, E., 85, 110, 374
Scobie, C. H. H., 88, 134, 170
Scofield, C. I., 305
Selwyn, E. G., 94-95
Seneca, 523
Sevenster, J. N., 293
Shakespeare, W., 323, 384
Shaw, G. B., 158
Sherwin-White, A. N., 4, 26, 328, 333, 394-395, 438, 472, 532
Short, A. R., 251
Siegert, F., 209
Simon, M., 26, 129, 133-136, 149-150, 152, 154, 172, 293, 383
Simons, J., 92
Skeat, T. C., 326
Smallwood, E. M., 26, 361, 367, 467
Smaltz, W. M., 247
Smith, B. T. D., xviii, 26, 123, 172, 373-375, 380, 495, 498-500, 502-507, 509-511, 514-515, 523
Smith, J., xviii, 26, 123, 172, 373-375, 380, 495, 498-500, 502-507, 509-511, 514-515, 523
Smith, M., xviii, 26, 123, 172, 373-375, 380, 495, 498-500, 502-507, 509-511, 514-515, 523
Snyder, W. F., 209
Sófocles, 348
Souter, A., 253, 389, 399
Spicq, C., 125, 376

Spiro, A., 134
Stammler, W., 495
Statius, 366
Stauffer, E., 78
Stelzenberger, J., 441
Stendahl, K., 484-485
Stenger, W., 293
Stern, M., 25, 187, 209, 367
Sterrett, J. R. S., 283
Stewart, J. S., 258, 357
Stewart, Z., 258, 357
Stier, R., 48
Still, J. I., 26, 29
Stob, R., 353
Stonehouse, N. B., xiii, 4, 26, 29, 38, 72, 174, 223, 262, 346, 350, 353, 358, 380
Stott, W., 400
Strecker, G., 239, 294
Streeter, B. H., 29, 165, 190-191, 245, 302, 371, 408
Strobel, A., 293, 296
Suetonius, 475, 523
Suhl, A., 26, 340
Sundar Singh, 190, 244-245
Sweet, J. P. M., 53
Swete, H. B., 271, 347, 404, 408
Swinburne, A. C., 344
Syncellus, 56
Synge, F. C., 150

Tacitus, 338, 475, 525
Talbert, C. H., 5, 8, 26, 30, 43, 62, 495
Tarn, W. W., 336
Tasker, R. V. G., 45
Taylor, L. R., 40, 59, 69, 82, 197, 392
Taylor, T. M., 40, 59, 69, 82, 197, 392
Taylor, V., 40, 59, 69, 82, 197, 392
Teodoro de Mopsuestia, 352
Tertullian, 156
Theodoretus, 251
Theodotion, xxi, 178
Thomas, O. S. R., 325, 340, 361
Thomas, W. D., 325, 340, 361
Thornton, T. C. G., 154
Thrall, M. E., 441
Thucydides, 345, 499
Tischendorf, C., 127
Tödt, H. E., 159
Torrance, T. F., 59
Torrey, C. C., xviii, 26, 81, 99, 111, 156, 220, 237, 306
Trites, A. A., 43
Trompf, O., 520
Turner, C. H., 125, 322
Tyndale, W., xxii, 22, 26, 110, 273

Ussher, J., 138

Valckenaer, L. C., 316, 396
Valentino, 2
Valerio Máximo, 346
van Bruggen, J., 371
Van Elderen, B., 290
van Unnik, W. C., xiv, 2, 26, 96, 178, 293, 388, 431
Vegetius, 242, 371, 501, 522

Veltmann, F., 8
Vermes, G., 64, 159, 187
Victorinus of Pettau, 123
Vielhauer, P., 272
Vincent, L. H., 127
Virgilio, 55
Vitruvius, 514
von Campenhausen, H., 2, 20, 31
von Wilamowitz-Moellendorff, U., 347
Vos, O., 33, 151, 197

Waddington, W. O., 62
Wallace-Hadrill, D. S., 232
Webster, T. B. L., 327
Wedderburn, A. J. M., 53
Weinrich, W. C., 374, 380
Weinstock, S., 55, 58
Weiser, A., xv, 18
Weiss, J., 19, 26, 297, 415
Wellhausen, J., 27, 371
Wenham, J. W., 31, 247, 311
Wenham, O. J., 31, 247, 311
Wernicke, K., 390
Wesley, C., 51, 243
Westcott, B. F., 28, 99, 274
Whybray, R. N., 183
Wiegand, T., 403
Wikgren, A. P., 14
Wilcox, M., 27, 81, 115, 209, 237, 265

Wilken, R. L., 232
Williams, C. S. C., 9, 16, 19, 22, 24, 27, 201, 309
Wilson, S. O., 19, 27, 30, 92, 346
Windisch, H., 122, 199, 412
Winter, P., 162
Wiseman, J., 360
Wissowa, O., xxi, 390
Wolff, H. W., 183
Wood, H. O., 293, 389
Wood, J. T., 293, 389
Workman, W. P., 501
Wright, A., 256, 263
Wright, O. E., 256, 263
Wycherley, R. E., 343, 346

Xenophon Ephesius (2nd cent. AD)
Xenophon Ephesius (siglo II d.C.), 415
Xenophon, 344, 415

Yadin, Y., 244, 427
Yohanan, R., 54

Zahn, T., xxii, 10, 19, 30, 34, 40, 43–44, 103, 253, 258, 295, 358, 415
Zimmerli, W., 82, 183
Zuntz, O., 293, 301, 306, 309, 311

ÍNDICE DE REFERENCIAS BÍBLICAS

GÉNESIS

1,24–25	229
2,7	31
6,20	211
8,22	288
9,4	307
9,9	73
10,2–31	54
10,4	255
11,26	138
11,27–31	138
11,32	138
12,1	137
12,3	89, 139
12,4	138
12,7	139
13,15	73, 139
14,18	326
15,7	137
15,13	139, 264
15,13–14	137
15,16	139
17,7–8	73
17,9–14	139
17,23–27	139
17,25	139
18,26–32	508
21,4	139
22,18	89
23,16	141
28,11	94
37–45	140
46,17	141, 258
46,27	54, 141
48,13–20	124
49,10	266
49,29–32	141
50,13	141

ÉXODO

1,5	141
1,11	141
2,1–10	142
2,2	141
2,11	143
2,12	142
2,22	143
3,1–4,17	144
3,2	144
3,2–5	50
3,4	144
3,6	80, 81, 144
3,7	144
3,12	137, 144
3,15	81
4,10	142
4,22	197
6,1	264
6,6	264
7,7	143
8,15	85
12,6	102
12,18	242
12,40	139
14,19	146
15,18	32
16,29	40
17,2	109
17,12	94
18,3–4	143
19,1	50
19,11–25	144
20,11	100, 287
20,18	54
20,24	144
22,28	394, 443
23,16	50
25,9	151
25,40	151
26,30	151
27,8	151

27,21	151	15,2	148	18,22	53
29,39–42	78	18,20	103	19,15	39
32,1–6	147	18,24	103	21,22–23	115
32,32–33	278	19,12	423, 425	21,23	115, 268, 269
33,5	156	24,16	326	23,1	180
33,7	526	25,7–13	186	25,3	120
33,14	146	25,13	41	26,5–10	136, 263
34,22	50	27,23	124	29,18	177
38,21	151	28,26	50	32,8	54, 55, 351
40,34	38	28,26–31	54	33,2	157
		35,5	40	33,3–4	411

LEVÍTICO

DEUTERONOMIO

				33,7	169
1,4	124			34,7	143
2,2	210	1	264		

JOSUE

3,2	124	1,6	144		
4,4	124	1,31	262, 264	3,15	52
6,13	51	4,19	147	5,11	49
11,2–47	212	4,25–46	264	7,1	105
16,21	124	5,31	148	7,19	164
16,27	526	6,4	59	14,1–2	264
17,10	307	6,4–5	302	14,1–5	264
18,6–18	311	6,16	109	24,2–13	263
23,7	49	7,1	264	24,17–18	263
23,10–11	221	10,9	103	24,32	141
23,10–14	49	10,16	156		

JUECES

23,15	49	10,22	141		
23,29	87, 88	12,16	307	1,31	415
24,14	163	12,23–25	307	3,9	266
26,41	156	13,1–5	53	4,21	109
		13,9–10	163		

NÚMEROS

1 SAMUEL

		14,2	304, 305		
6,3	423	16,10	50	4,1–7,2	151
6,14–15	423	17,3	147	12,3	411
6,18	369	17,7	163	13,13–14	265
11,16–17	378	17,14–20	241	13,14	89, 264, 265
11,24–29	378	18,1–2	103	15,23	265
11,26	52	18,15	87, 88, 145, 146	15,26	265
11,29	62	18,15–19	87, 170	15,28	89, 265
12,1	142	18,16	146	16,9–10	301
14,3–4	147	18,19	87	16,13	89

28,7	325
28,17	89

2 SAMUEL

6,1–7,29	151
6,17	152
7	265
7,6	152
7,6–16	264
7,14	197
23,3	82

1 REYES

5,9–12	249
6,2	153
8,10–11	38
8,16	301
8,23–53	153
8,27	153, 154, 350
8,41–43	152
8,44	301
11,29–39	417
17,21	401
18,12	179
18,40	186
19,10	41, 186
19,14	186
21,7	489

2 REYES

1,3	179
2,16	179
4,9	82
4,34–35	401
12,1	205
21,3	147
21,5	147
23,4–5	147
23,21–23	169

1 CRÓNICAS

7,30	258
15,1	152
17,5	152
21,1	107
25,1	61
28,4–5	301
28,19	154

2 CRÓNICAS

5,13–14	162
7,1–2	162
24,22	165
30,1–11	169
31,18	102

NEHEMÍAS

3,16	66
9,6	100
9,6–37	136
9,7	137, 301

JOB

1,6–2,7	107
2,4–7	108
16,9	158
32,19	60

SALMOS

1	267
2	100, 267, 269
2,1	100
2,1–2	100
2,7	82, 100, 101, 182, 196, 197, 269, 270
2,9	45, 100
4,7	288
9,8	354
16	65
16,8–11	65
16,9	66
16,10	68, 270
18,4	65
18,5	65
18,50	73
22,7	85
24,7	441
29,3	137
31,5	164
35,16	158
41,9	46
50,9–12	351
55,17	211
66,16	291
67,2	92
68,17	157
69,9	85
69,21	85
69,25	46
69,28	278
74,2	409
78	136
78,37	178
78,67–72	263
82,1	324
89	265
89,3–4	263
89,19–29	265
89,26–27	197
89,34–37	73
89,49	265
96,13	354
98,9	354
103,19	32
105	136
105,16–23	140
106	136
106,16	82

106,28	149	8,13	69	56,3–5			180
106,30–31	186	8,14–15	94	56,7			152
107	136	11,1	458	57,15			154
109,8	46	11,1–5	220	57,19		73,	220
110,1	68, 69, 86, 159	14,14	326	58,6			177
110,4	68	19,25	218	60,1–3			488
115,4	147	20,2–4	417	61,1–2			220
115,4–8	354	25,6	288	63,9			146
116,3	65	28,16	94	63,10–11			378
118,16	67	28,21–22	273	66,1–2	150,	154,	155,
118,22	94, 95	29,14	273				350
119	302	32,1	82	66,2			154
132,2–5	151	35,5–6	221				
132,5	153	35,6	80	**JEREMÍAS**			
132,11	67	42,1–53,12	220	1,5	195,	278,	485
132,11–12	73	42,1	82, 182, 220,	1,7–8			485
135	136		363	2,2–3			148
135,15	147	42,1–7	485	2,5			287
135,15–18	354	42,5	100	4,4			156
136	136	42,5–9	485	6,10			156
136,11–12	264	42,6–7	485	7,21–23			148
141,2	210	43,10	36	8,2			147
146,6	100	43,21	305, 409	8,19			287
147,20	32	44,8	36	9,26			156
148,10	229	44,9–20	354	12,15			305
PROVERBIOS		45,21	305	19,13			147
		45,23	69	23,5			266
16,18	442	46,1–2	148	30,9			266
16,33	47	49,3	277	31,34			356
ECLESIASTÉS		49,6	36, 277, 488	32,6–15			103
		52,7	220	33,16			266
9,7	288	52,13–53,12	82, 181, 182	**EZEQUIEL**			
ISAIAS		52,13	82, 182, 363	1,26			189
1,10–17	148	53,7–8	182	2,1			485
2,2	61	53,10	181	2,3			485
4,3	278	53,11	82, 223	3,14			184
6,1–13	434	53,12	182	3,16–21			408
6,4	50, 51	55,3	65, 270	4,1–3			417
6,9–10	530	55,11	417	4,14		212,	229

8,3	184	**JOEL**		**MALAQUÍAS**	
13,10–16	95, 442	2,12–14	62	1,10–12	153
20,13	148	2,28–32	35, 61, 378	4,5–6	86
20,25–26	147	2,32	69, 73, 193	**MATEO**	
21,7	109	**AMÓS**		2,1	171
21,27	266			2,1–12	488
33,1–9	408	5,25	148	2,23	458
33,5	364	5,25–27	147	3,8	486
34,23–24	266	5,27	145	3,11	35
37,9	31	9,7	218	4,7	109
37,9–14	50	9,11–12	305	5,11–12	194
37,11	68	**ABDÍAS**		5,32	311
37,24	266			6,1	218
44,7	156	20	57	6,10	33
47,1–2	51	**JONÁS**		7,12	308
DANIEL				7,15	409
2,35	94	1,5	493, 506, 513	8,11	208
2,44	32	3,3	141	9,6	80
3,26	326	**MIQUEAS**		10,2–4	41
4,27	218			10,4	41
6,10	211	4,1	61	10,5	174
6,12	278	5,12	61	10,5–6	173
7,13	159, 355	6,6–8	148, 351	10,8	412
7,13–14	32, 159, 222	6,8	218	10,17–22	120
7,13–27	159	7,11	95	10,33	160
7,23	337	**HABACUC**		11,2–6	80
8,4	178			11,25–27	197
8,9	178	1,5	273	11,29–30	302
12,1	278	2,14	356	12,6	130
12,2	445, 461	**SOFONÍAS**		13,13	530
OSEAS				13,14–15	530
2,14–15	148	1,5	147	13,19	221
4,1	355	**ZACARÍAS**		13,39	221
4,6	355			13,55	42
6,2	221	3,1–2	107	14,21	91
6,6	148, 355	9,9	82	16,18	110
11,1	197	12,10	85	18,10	246
				18,17	110
				19,9	311

índice de referencias bíblicas

19,28	45, 86, 481	4,12	530	14,61	68, 197
22,8	276	5,7	326	14,61–64	128
23,4	302	5,27–34	383	14,62	38
23,21	162	5,34	284	14,63	286
23,27	442	5,41	206	14,70	54
23,29–37	156	5,43	204	15,16	453
23,30	156	6,3	42	15,21	57, 232, 246, 254
24,26	428	6,41	512		
25,6	524	6,56	383	15,29–30	129
26,63	197	7,14–19	212	15,40	42
26,71	246	7,19	212	16,5	39
26,73	54	8,6	512	16,18	47, 520
27,5	46	8,8	199	**LUCAS**	
27,7	46	8,31	217		
27,9–10	46	9,1	32	1,1–4	4, 29
27,19	469	9,3	39	1,2	256, 480
27,63	217	9,7	88	1,3	27, 28, 480
28,3	39	9,12	86, 182	1,5–6	126
28,13	97	10,14	183	1,8–22	135
28,19	174	10,33	417	1,9	79
28,20	39	10,35–37	48	1,17	86
MARCOS		10,35–45	35	1,21–22	79
		10,39	241	1,32–33	67, 152
1,4	70, 379	10,45	181	1,69	67
1,8	35	11,17	51, 152	1,69–70	481
1,11	82, 182, 197	12,10–11	191	1,70	84
1,14–15	32	12,34	446	2,1	237
1,14–20	47	12,35–37	68	2,2	119
1,15	70	12,41–44	78	2,11	68
1,22	259	13,2	129	2,25	54
1,24	82	13,8	65, 237	2,29	100
1,27	259	13,9–13	120	2,29–32	277
1,32–34	111	13,14	27	2,32	488
2,9	205	13,26	38	2,44	191, 235
2,10	222	13,32	36	3,1	27, 240, 474
2,10–11	80	14,1	242	3,2	92
2,14	41	14,2	242	3,3	70
2,16	446	14,23	512	3,8	486
3,16–19	41	14,41	64	3,16	35
3,18	41	14,58	129, 154	3,16–17	50

3,21	43	11,20	64	22,70	197
3,22	82, 197, 270	11,29	73	23,1–25	83
4,1	30	11,51	165	23,2	456
4,12	109	12,8	160	23,4	27
4,14	220	12,11–12	120	23,6–12	453
4,16–27	262	13,3	70	23,7–12	100
4,17–21	220	13,5	70	23,13–25	82
4,22	410	13,16	221	23,15	27, 84
4,32	75	13,28	158	23,18	428
4,40–41	111	13,28–29	208	23,24	27
5,23	77	14,14	461	23,26	57, 248, 254
5,24	80	16,16	xiv	23,27	84
5,32	70	17,11	299	23,34	84, 165
6,13–16	30	18,14	273	23,35	85
6,14–16	40	18,32	527	23,41	468
6,15	41	19,1	372	23,44–45	62
6,38	412	19,20	383	23,45	79
7,2–10	208	20,17–18	94	23,46	164
7,16	64	20,21	218	23,48	84
7,18–23	80	20,27	445	23,50–53	268
7,22	221	20,35	276	23,55	42
8,2–3	42	20,35–36	461	24,4	39
8,10	530	20,39	446	24,25–27	45
8,55	204	21,6	427	24,26	336
9,5	279	21,12–19	120	24,30	512
9,17	193	21,14–15	93	24,30–31	34
9,22	336	21,20	27	24,31	38
9,29	39	21,24	352	24,32	45
9,34–36	38	22,1	242	24,33	40
9,41	73	22,9	191	24,35	34
9,44	527	22,12	192	24,36	40
9,51	414	22,24–27	35	24,39	222
9,52–55	173	22,25	221	24,41–43	222
10,11	279	22,30	45, 481	24,42–43	34
10,20	278	22,37	182	24,44	336
10,21–22	197	22,42	418	24,44–47	45
11,2	302	22,59	54	24,44–49	30
11,9–13	412	22,66	92	24,45–47	32
11,13	35	22,67	197	24,46	84
11,15	64	22,69	68	24,47	219, 222

Índice de referencias bíblicas

24,49		34	8,44	221	**HECHOS**	
24,50		40	10,12	409	1–15	35
24,51		28	11,18	40	1,1	31, 140
24,53		51	11,44	383	1,2	195
			12,20	181	1,3	31, 173, 269,
JUAN			12,21	152		381, 408
1,11		530	12,29	191	1,4	34, 222
1,20		268	12,39–40	530	1,5	35, 229, 378
1,21		88	13,18	46	1,6	35, 86
1,25		88	13,34	412	1,8	36, 168, 174,
1,26–34		379	14,12	74		184, 533
1,35–51		47	14,15–17	35	1,10	39, 217
2,16		51	14,22	41	1,11	39
2,19		129	14,26	35	1,13	40, 119, 421
2,20–21		153	15,18–25	120	1,14	42, 99, 101
2,21		129	15,26–27	35, 116	1,15	44, 73, 513
2,23–24		173	16,2–3	120	1,18	103
3,8		50	16,7–10	35	1,21–22	46, 269
3,23		170	16,12–15	35	1,22	35, 36
4,4–42		170	17,12	46	1,23	47, 246, 416
4,19		88	18,3	114	1,26	122
4,20		134, 169	18,12	114	2	451
4,25		88, 170	18,13	93	2,1–4	v, 31, 49
4,29		88	18,13–24	92	2,1–41	101
5,5		98	18,21–23	442	2,2	50, 51
5,8		80, 205	18,22	442	2,2–8	136
5,25–27		355	18,28	216, 453	2,3	35, 50, 55
5,27		222, 355	19,11	94	2,4	51, 223
5,28–29		461	19,13	469	2,5	167
6,14		88	19,15	338, 428	2,9–11	55, 56
7,5		42	19,25	41, 42	2,9–19	136
7,15		96	19,31	268	2,10	209, 232
7,32		114	19,37	85	2,11	224
7,38		51	19,38–42	268	2,14	115, 122
7,39		378	20,7	383	2,14–36	v, 60, 219
7,40		88	20,12	39	2,14–41	51
7,45		114	20,19	40, 400	2,16	61
7,46		114	20,22	31	2,16–21	529
7,49		96	20,26	40, 400	2,17–21	35
7,53		112	21,11	513	2,20–29	136

2,21	193	3,3	79	5,1	103
2,22	63, 86, 146, 432	3,6	67, 75, 176, 205, 283, 326	5,3	27, 103, 107, 221, 258
2,23	64, 100	3,7–8	79	5,6	108
2,25–26	197	3,11	76, 81	5,8	103
2,25–28	65, 529	3,12–26	219	5,10	104
2,25–31	45	3,13	81, 144, 182	5,11	102, 109, 146, 409
2,25–36	268, 306	3,14	156, 433	5,12	76
2,27	82, 270	3,15	36, 113, 115	5,12–13	126
2,29	66, 139	3,18	65, 100, 301	5,12–16	vi, 110, 111
2,30	46, 301	3,19	70, 71, 85, 272, 486	5,15	130, 383
2,30–34	136	3,22	146, 269	5,16	380
2,32	36	3,22–23	87, 170, 529	5,17	457
2,33	67, 115	3,24	89, 265	5,19	179, 330
2,33–35	39	3,26	115, 269	5,19–23	244
2,34	69	4,1–22	112	5,20	269
2,34–35	68, 529	4,2	90, 445	5,21	92
2,34–36	45	4,5	117	5,23	92
2,35–43	136	4,6	132	5,24	90
2,36	68, 446	4,7	93, 345	5,26	90, 114
2,37–41	224	4,8	52, 101, 131	5,29	98
2,38	70, 174, 223, 225, 272, 374, 379, 486	4,8–12	219	5,29–32	219
2,38–42	175	4,10	67, 252	5,30	89, 168, 221, 268
2,39	72, 220	4,12	95	5,31	67, 83, 272
2,40	73	4,15	92	5,32	36, 67, 116, 217, 405
2,42	74, 400	4,19	115	5,33	117, 158
2,43	75, 77	4,25	46	5,34	90, 117
2,43–47	111	4,25–26	269, 529	5,34–39	166
2,44–50	137	4,25–28	45, 100	5,37	119
2,45	103, 104	4,27	59, 82, 220, 254	5,41	194
2,46	120, 288	4,29	96	6,1	122, 206, 231
2,47	110	4,30	103	6,2	102
3,1–4,23	78	4,31	52, 96, 101	6,3	124
3,1–4,31	v, 77	4,32–35	vi, 75, 102, 111	6,3–6	415
3,1	75, 79, 210	4,33	103	6,4	124
3,1–3	77, 425	4,34	103	6,5	102, 123, 232, 234, 238
3,2	79	4,36	232, 234		
3,2–8	380	4,36–37	vi, 103, 104		
3,2–10	284	5	118		

Índice de referencias bíblicas

Ref	Págs	Ref	Págs	Ref	Págs
6,7	vi, 125, 251, 385	8,5–40	123	9,26–30	vii, 199, 238, 434
6,8–8,40	27	8,9	116, 258	9,27	200, 235
6,9	57, 166, 232	8,9–24	215	9,28	252
6,12	117, 129	8,14–17	vii, 173	9,29	435, 486
6,13	426	8,14–25	78	9,29–30	435
6,15	130, 161	8,16	72, 379	9,31	vii, 125, 202, 203, 251
7,2	138, 430	8,17	124, 224		
7,2–53	vi, 27, 127, 132, 133	8,18–24	vii, 176, 380	9,32–11,18	27
7,4	137	8,21	178	9,32–42	419
7,6	264	8,22	70	9,32–43	vii, 185, 204
7,6–7	138	8,25	vii, 178, 204	9,35	205, 486
7,8–9	66	8,30–35	217	9,36–41	380
7,16	137	8,32–33	181, 529	9,43	196, 206
7,27	145	8,32–35	82	10,1–11,18	55
7,30	113	8,36	224, 225	10,1	207
7,32	80	8,37	179	10,2	55, 209
7,35	144, 180	8,39	184, 331	10,3	214
7,37	88, 146, 170, 269	8,40	185, 204, 416	10,3–6	210
7,38	144, 146, 180	9,1	186, 431	10,7	213
7,41–43	135	9,1–2	vii, 168, 186	10,9–16	vii, 210
7,46	150, 151, 265	9,1–22	431	10,10	401, 435
7,46–47	67	9,2	186, 431	10,11	504
7,47	51, 153	9,4	191, 194, 484	10,11–12	228
7,47–50	350	9,5	432	10,12	228
7,48	129, 153, 326, 390	9,6	432	10,14	229, 302
7,52	82, 156, 433	9,7	191, 432	10,14–16	208, 212
7,53	144, 157	9,8	188	10,16	228
7,55	131	9,11	166	10,22	229, 236
7,56	128	9,12	124	10,26	286
7,58	435	9,13	193	10,28	213, 302
8,1–11,18	37	9,15	27, 193, 210	10,30	213
8,1	vi, 166, 275, 435	9,15–16	433	10,30–32	209
8,1–25	174	9,17	124, 194, 433	10,35	229
8,2	54	9,18	434	10,36–37	218
8,3	168, 186, 431	9,19	204	10,36–38	217, 220
8,4	169, 231	9,20	196, 486	10,37	35, 46, 268
8,5–25	299	9,21	168	10,38	31, 36, 63, 101, 107, 220, 258, 269
		9,23	196		
		9,23–25	vii, 59, 198		
		9,26	199		

10,39	36, 115, 221, 268	11,28	102, 237, 241		479
10,41	34, 36	11,30	238, 241, 247, 251	13,16–41	viii, 27, 136, 262, 347, 348, 356, 404
10,42	33, 86, 222, 355	12	118		
10,43	89, 222, 272	12,1–3	227	13,17–22	viii, 262
10,44	223, 229	12,1–17	27	13,17–41	529
10,44–48	vii, 175, 196, 223	12,1–23	241, 474	13,21	163, 194
		12,2	48, 241	13,22	115, 265, 269
10,45	227, 240	12,3–17	247	13,23	268, 306
10,47	183, 301	12,6–10	112, 113, 330	13,24–25	35, 46, 268, 379
10,47–48	224, 230	12,7	244		
10,48	174	12,7–11	380	13,25	407
11,2	226, 419	12,10	244	13,26	113
11,2–3	227	12,10–11	244	13,28	82
11,4–17	vii, 209, 218, 228	12,12	40, 47, 246	13,29	115
		12,15	241	13,31	36, 43, 222
11,5	435	12,17	42, 227, 230, 247, 304	13,32–37	306
11,5–10	216			13,33	82, 89, 196, 197
11,6	228	12,19	417	13,33–35	529
11,11	213	12,23	109	13,34	65, 89
11,12	215	12,24	viii, 125, 251	13,38	222
11,14	331	12,25	viii, 251, 313	13,39	272
11,15	218, 223	13–20	57	13,45	457
11,16	35, 378	13,1	57, 232, 251, 253, 312, 320	13,46	89, 276, 531
11,17	224, 225, 378			13,47	37, 277, 485, 488
11,18	vii, 224, 230	13,2	254		
11,19	167, 231, 299, 414, 497	13,3	255, 315	13,48–14,23	294
		13,3–4	281	13,48	274
11,19–20	167	13,4	231, 255	13,50	278, 457
11,19–26	27, 55, 121, 169	13,5	256	13,51	364
		13,6	258	14	281
11,20	57, 232, 254, 280	13,6–11	171, 380	14,2–5	457
		13,7	27	14,3	281, 410
11,21	233, 486	13,8	465	14,4	27, 234, 255
11,22	173	13,9	47, 246	14,6	279, 281
11,25	202	13,10	107, 221, 365	14,8–10	380
11,26	489	13,12	27, 259	14,9	95, 326, 331
11,27	236, 372	13,13–14,26	27	14,11–19	520
11,27–28	253, 417	13,13	259, 292, 314	14,14	27, 286, 328
11,27–30	vii, 236, 241	13,16	viii, 262, 429,	14,15	100, 486

índice de referencias bíblicas

14,15–17	286, 348, 404	15,28–29	295	17,5–9	ix, 336, 457
14,16	354	15,29	311, 420	17,6–7	337, 457, 470
14,20–21	398	15,30	372	17,11	276
14,21	279, 290	15,32	320	17,11–12	341
14,22	194, 290	15,38	260	17,12	278, 373
14,26–27	255	15,38–39	27	17,13	341, 457
14,27	299, 332, 372	15,40	312, 318	17,14–15	136, 341
14,28	313	15,41	318	17,18	204, 343
15	238, 239, 294, 295	16,1	231	17,22	346, 473
		16,1–2	316	17,22–31	ix, 27, 287, 345, 404
15,1	297, 372	16,3	317, 422		
15,1–5	300	16,4	313, 318	17,24	100, 350, 390
15,2–30	294	16,5	ix, 125, 318	17,24–25	153
15,3–4	421	16,6	319, 372	17,25	350
15,4	299, 332	16,6–8	396	17,26	34, 351
15,5	300, 457	16,6–10	ix, 27, 318	17,29	353
15,6	viii, 300	16,10–17	27	17,30	70, 288, 354
15,7–9	208, 224, 301	16,11	322, 399, 496	17,30–31	288
15,7–11	viii, 55, 273, 301	16,12–17,10	397	17,31	33, 222, 354
		16,14	278	17,33	345
15,8	48, 223	16,15	364	18,1	341, 359
15,9	213	16,16	325	18,2	58, 235, 337, 359, 524, 528
15,12	viii, 102, 286, 294, 303	16,16–21	27, 390		
		16,17	187, 326	18,3	359
15,13	227, 304	16,18	326, 380	18,4	280, 359, 362
15,13–21	ix, 42, 247, 303	16,19–24	ix, 278, 326	18,5	341, 363, 387
		16,21	316	18,6	279, 457, 531
15,14	304, 363	16,22	328, 437	18,7	398
15,14–18	161	16,23	329	18,9	447
15,16	61	16,24	115	18,12	366, 467, 469
15,17	71	16,25–26	380	18,12–17	ix, 27, 365, 457, 471, 491
15,19	306, 486	16,25–28	244		
15,20	307, 420	16,31	229	18,15	300, 452
15,21	57, 308	16,31–34	364	18,16	469
15,22	47, 309, 318	16,35	332	18,18	369, 398, 423
15,23	310	16,37	436, 437	18,21–22	377
15,24	297	16,37–38	315	18,22	371, 460
15,25	286	16,37–39	27	18,22–23	ix, 27, 371
15,27	318	17,2–3	197, 336, 529	18,25	35, 379
15,28	27, 310	17,3	84	18,25–26	187

603

18,26	375	20,7	400	21,27–22,29	460
18,28	197	20,9	396	21,27	460
19,1	377	20,9–12	380	21,27–29	425, 470
19,1–7	ix, 175, 375, 377	20,11	211	21,27–36	459
19,3–4	35	20,13	6, 402	21,28	129, 163, 216
19,4	268, 379	20,16	403, 414	21,28–29	78
19,5	174	20,17	x, 291, 403	21,29	396, 398
19,6	124	20,18–35	x, 27, 405	21,30	135, 426
19,8	380	20,19	425, 457	21,31–23,32	244
19,8–10	ix, 380, 531	20,20	76	21,33	438
19,9	187, 381, 457	20,21	70, 486	21,34	526
19,10	280, 381, 410	20,22	414	21,38	337
19,12	380	20,22–23	447	21,40	479
19,16	445	20,23	414	22,1–21	x, 203, 430
19,20	x, 125, 385	20,24	281	22,3	117, 202, 203
19,21	386, 398, 406, 414, 463	20,28	291, 408	22,3–21	27, 479
		20,29–30	27	22,4	187
19,23	187, 388	20,30	413	22,5	92, 193, 431
19,23–27	27, 327	20,31	381	22,6	178, 188
19,23–41	x, 278, 388	20,32	281, 410	22,7	194, 484
19,26	154	20,34	361, 381	22,8	188, 483
19,28	390	21,1	498	22,9	191
19,29	391, 398	21,1–2	402, 413	22,10	188
19,31	27	21,1–3	498	22,12	54, 433
19,32	110, 392	21,4	414	22,13	194
19,34	388	21,8	185, 415	22,14	82, 85, 156, 189
19,35	370, 393	21,8–9	123	22,14–16	194
19,35–41	x, 27, 393	21,9	47, 416	22,14–21	485
19,37	443	21,10	237	22,16	71, 196
19,39	110	21,11	527	22,17	135, 447
19,41	110	21,13	194	22,17–21	x, 202, 434
20,1–2	400	21,15	371, 418	22,20	164, 166
20,2–3	367, 387	21,16	167, 418	22,21	235
20,3	398, 463	21,17	420, 460	22,25	332, 333, 437
20,4	316, 336, 341, 391, 463	21,18	42, 238, 247, 420, 460	22,25–29	429
				22,28	258, 451
20,5–21,18	27	21,20	230, 247, 298	22,30–23,10	460
20,5	320	21,23–26	369, 462	23,1	440, 484
20,5–6	334	21,25	304, 423	23,1–10	xi, 440
20,6	322, 399	21,26	424, 460	23,2	430, 441

23,6	27, 444, 461	25,21	170	27,22	501
23,6–8	117	25,25	473	27,23	113
23,8	461	26,2–23	xi, 27, 431, 480	27,23–24	365
23,9	117	26,2–29	203	27,24	446, 532
23,11	xi, 365, 446, 447, 508	26,6–8	27	27,27	501, 509, 518
		26,8	461	27,29	510
23,12–15	xi, 447, 448	26,9	440	27,38	513
23,12–30	460	26,9–11	xi, 431, 482	27,39	501, 514
23,23	427	26,10	168	27,40	514, 522
23,25–30	xi, 450, 464	26,11	186	27,41	514
23,26	29, 438, 451	26,13	188	28,1	510, 517
23,26–30	310, 474	26,14	188, 191, 194, 432	28,3–6	521
23,31–33	460			28,4–6	289, 519
23,35	185	26,15	432	28,6	43, 215
24,3	29	26,16	85, 189, 434	28,7–10	xii, 520, 521
24,4	480	26,16–18	194, 435, 485	28,11	501, 522
24,5	63, 470, 528, 532	26,18	222, 411	28,17	27
		26,20	70, 219	28,17–20	27, 527
24,5–8	369	26,22–23	xi, 197, 487, 488, 529	28,20	27, 438, 526
24,6	452			28,22	6
24,7–8	464	26,23	27, 84	28,23	529
24,10–21	xi, 27, 459	26,25	29	28,24	339
24,12	27	26,28	236, 490	28,28	160, 276
24,14	187	26,29	490	28,29	529
24,14–15	27	26,30–32	xi, 27, 490, 491	28,30	526, 531
24,16	440, 484			28,30–31	xii, 27, 531
24,17	387, 462	26,32	495	28,31	32, 125, 533
24,18	425	27,1–28,16	27	**ROMANOS**	
24,18–19	463	27,1	207, 496		
24,22–25,25	27	27,2	391, 398, 496	1–3	348
24,22	187, 464	27,3	497	1,1	193
24,24	251, 465	27,5	414, 498	1,3	66, 67
24,27	xi, 416, 466	27,6	498	1,4	31, 69, 86, 196, 355, 481, 482, 487, 529
25,8	27, 457	27,11	501, 502		
25,9	470	27,12	501, 502		
25,10–11	27, 470	27,14	504, 518	1,5	125, 193
25,13	251, 465, 474	27,16	501	1,8	386, 528
25,16	132	27,18	513	1,9–13	525
25,19	349, 451, 461, 482	27,18–19	506	1,9–15	398
		27,21	501, 507	1,13	340

1,14	518	14,2–6	422	2,3	365
1,16	89, 231, 256, 530	14,14	412	2,8	137
		14,17	184	3,4	376
1,18–23	287	15,1	411	3,6	376
1,19–20	288	15,3	85	3,16–17	106
1,19–22	348	15,8	124	4,4	441, 484
1,20	352	15,12	67	4,12	411
1,24	147	15,14	386, 528	4,14	410
1,26	147	15,17–20	27	4,17	387
1,28	147, 354	15,19	397	4,18–21	27
2,5	354	15,20	386	5,1	311
2,6	229	15,22	340	5,1–13	360
2,7	229	15,22–29	398	5,3–5	27
2,9–10	89	15,22–32	525	5,5	108
2,11	218	15,23–29	408	6,11	405, 434
2,16	354, 399	15,24	386	6,12–20	296, 360
3,2	146	15,25–28	387	7,10	412
3,21	354	15,25–32	418	7,20	297
3,25	354	15,26	399, 462	7,24	297
7,7–25	485	15,28	386	8,1–11,1	296
8	196	15,30–31	406	8,5	232
8,17	194, 290	15,31	447	9,1	189, 434
8,18–23	86	16,3	362	9,3–15	411
8,23	39	16,3–16	386	9,3–18	361
8,32	65	16,13	254	9,5	43
8,34	68	16,16	398	9,6	281
9–11	406, 531	16,19	386	9,14	412
9,5	66	16,21	254, 341, 398	9,16	485
9,33	94	16,23	364, 387, 398	9,19–23	529
10,1	435	16,26	125	9,20	424, 470
10,2	431			9,21	64
10,9	69	**1 CORINTIOS**		9,22	355
10,12	220	1,1	368	9,23	317
11,1	163, 265	1,8	354	9,24–27	407
11,8	531	1,12	376	10,2	434
11,11–32	530	1,14	364	10,7–8	296
11,13	386	1,14–16	175	10,11	62
12,8	408	1,16	331	10,14–22	296
12,11	374	1,21	343	10,16	513
13,14	456	2,2	358	10,20	342

10,28	311	16,13	410	12,2–9	235
11,24–25	412	16,15	358	12,7	108, 428
11,30	108	16,15–18	291	12,9–10	407
12,3	53, 69, 483	16,18	201	12,12	27
12,4–11	175			12,13	411
12,7–11	409	**2 CORINTIOS**		12,14	387
12,10	52	1–9	397	12,18	399
12,11	72	1,8–11	386	12,21	360
12,13	71, 223	1,19	196, 309	13,1	387
12,28	237	1,21–22	175	13,1–4	27
14,2–19	52	1,22	39	**GÁLATAS**	
14,11	518	2,1	387		
14,18	60	2,12–13	397, 400	1,1	194, 433
14,23	60	4,4	189	1,11–12	433
14,24–25	237	4,5	411	1,11–20	194
14,25	107	4,6	189	1,12	433, 434
14,29–32	237	4,7–12	407	1,13	168, 431
15,3–4	336	5,1	154	1,14	168, 203, 421, 430, 431
15,4	221, 269	5,5	39		
15,5	122	6,4–10	407	1,15	203
15,5–7	31	7,5	14	1,15–16	193, 278
15,5–8	190	8,1–9,15	387, 462	1,15–17	196
15,6	44	8,6–23	399	1,16	189, 193, 196, 235, 434, 435, 485, 486
15,7	42	8,18	399		
15,8	189, 269, 434	8,18–19	399		
15,10	27, 203	8,23	234	1,17	198, 435
15,16–17	444	10,1–12,13	27	1,17–24	486
15,20	221, 487	10,5	317	1,18	199, 200, 371
15,20–23	462	11,7	361	1,18–20	200
15,22	461	11,7–11	411	1,18–24	200
15,23	221, 236, 487	11,9	363	1,19	42
15,24–28	86	11,23	27, 386	1,21	202, 235
15,25	68	11,23–27	194, 235	1,22	201, 203
15,32	386	11,24	120	1,23	235
16,1–4	238, 387	11,24–25	437	2,1	239, 372
16,2	400	11,25	289, 328, 501, 508	2,1–3	253
16,4	387			2,1–10	222, 238, 239, 247, 294, 295, 371
16,8	387, 397	11,32	59		
16,10–11	387	11,32–33	198		
16,12	376	11,33	199	2,2	235, 294, 407

2,3–5	294, 317	2,8–10	487	3,8	407, 449
2,4	297	2,11	154	3,9	440
2,4–5	294	2,19	486	3,20–21	462
2,6	218	2,19–22	153	4,3	278, 334
2,6–9	299	2,20	94	4,10–16	334
2,7	235	3,1–10	486	4,15	405
2,9	78, 256, 278, 281	3,7–13	193	4,16	363
		4,10	39	4,18	210
2,10	420, 462	4,11	237	**COLOSENSES**	
2,11	247	4,27	258		
2,11–14	294, 295, 309	4,28	411	1,7–8	381
2,12	227, 295, 297, 309	4,30	39	1,12	411
		5,18	60	1,12–14	485
2,13	314	5,26	434	1,13	485
2,15–21	272	6,5	76	1,24	407
3,2–5	405	6,9	218	1,28	410
3,5	281	6,11	258	2,1	381
3,8–9	89, 269	6,12	485	2,11	154
3,10	270	6,19–20	473	2,23	462
3,10–14	115	6,21–22	398	3,1	68
3,13	168, 270			3,11	518
3,16	73	**FILIPENSES**		3,22	76
3,16–29	89	1,1	125, 291, 408	3,25	218
3,17	139	1,6	354	4,2	410
3,19	157	1,10	354	4,7–8	398
3,26	353	1,12–18	524	4,10	103, 246, 314, 398, 497
4	196, 294	1,13	453, 526		
4,13	260, 405	1,19–20	473	4,11	47
5,2–4	422	1,27–30	334	4,12–13	381
5,12	337	1,29–30	194	4,14	5, 321, 525
5,22	184	2,9	69	**1 TESALONICENSES**	
6,2	411	2,10	69		
6,6	291	2,10–11	33	1,1	309
6,15	317, 422	2,11	69	1,9	286, 287, 339, 355
6,17	289	2,16	407		
		2,17	407	1,9–10	338
EFESIOS		2,29	291	1,10	288, 356
1,13	378	3,5	127, 163, 203, 265, 355	2,1–2	405
1,14	39, 409			2,3–12	411
1,17	137	3,6	431	2,5	405

índice de referencias bíblicas

2,9	361
2,10–11	405
2,14	168, 203
2,15–16	156
2,18	339
3,1	341
3,1–6	341
3,2	341
3,3–4	405
3,6	341
3,6–10	363
4,2	405
4,11–12	411
4,15	412
4,17	524
5,1	36
5,2	354
5,4	354
5,6	410
5,10	410
5,12	408
5,12–13	291

2 TESALONICENSES

1,1	309
1,5–8	194
1,10	354
2,2	354
2,5	405
2,5–7	338
3,7	405
3,7–10	411
3,8	361
3,10–13	411

1 TIMOTEO

1,18	318
1,19	125
1,19–20	410
1,20	393
3,2	408
3,6–7	258
3,8–13	125
4,1–3	410
4,5–6	512
4,6	125
4,14	318, 408
5,3–16	206
5,17	521
5,18	412
6,10	125
6,20	171

2 TIMOTEO

1,5	317
1,6	318
1,15	27, 410
2,12	194, 290
2,17–18	410
2,19	110
2,26	258
3,1–9	410
4,7	407
4,10	397
4,11	246, 314
4,12	398
4,14	393
4,16	464
4,17	473
4,19	362
4,20	398

TITO

1,2–3	36
1,7	408
1,10–14	59
1,12	352
2,10	105
2,14	305
3,12	397, 398

FILEMÓN

22	528
23	314
24	246, 497, 525

HEBREOS

1,2	62
1,3	68
1,4	157
1,13	68
2,2	157
2,4	64
2,10	83
4,8	151
4,12	146
5,6	68
6,5	64
7,4	66
8,2	151
8,5	151
9,9	135
9,23–24	151
9,26	62
10,1	135
11,6	353
11,13	141
11,23	141
11,24	143
11,24–26	143
12,2	83
12,15	177
13,11	526
13,13	135
13,15–16	210
13,17	408, 410
13,22	261

SANTIAGO

1,1	169
2,1	218

2,5	304	5,12	309	1,13	159
2,7	306	5,13	246	2,4	410
5,6	82			2,6	123
5,16	243	**2 PEDRO**		2,13	435
5,17	286	1,1	303	2,14	311
5,20	108	1,21	309	2,15	123
				2,18–29	324
1 PEDRO		**1 JUAN**		2,20	311
1,1	169, 319	2,1	82	3,7	82
1,10–11	61	2,18	62	6,10	100
1,11	181, 336	2,20	82	6,12	63
1,17	218	4,2	53	7,4–8	481
1,20	61, 62	5,16–17	108	9,11	429
1,23	146			13,8	278
2,4–10	130	**3 JUAN**		13,18	513
2,6	94	7	120	14,4	159
2,9	305, 409	15	497	16,16	429
2,13	338			17,6	435
2,17	338	**JUDAS**		17,8	278
2,24	115	1	42	20,12–15	278, 461
3,15	69			21,12	481
4,16	235, 236	**APOCALIPSIS**		21,27	278
5,2–3	411	1,7	38, 85		

Como muestra de gratitud por su compra,

visite www.editorialclie.info
y descargue gratis:

"Los 7 nuevos descubrimientos sobre Jesús que nadie te ha contado"

Código:
DESCU24

www.ingramcontent.com/pod-product-compliance
Lightning Source LLC
Chambersburg PA
CBHW012149240426
43668CB00042BA/2409